北京石景山年鉴(2013)

Beijing Shijingshan Nianjian(2013)

北京市石景山区人民政府 主办
北京市石景山区地方志办公室 承编

中华书局

图书在版编目（CIP）数据

北京石景山年鉴. 2013/《北京石景山年鉴》编纂委员会编.
—北京：中华书局，2013.10
ISBN 978—7—101—09655—2

Ⅰ. 北… Ⅱ. 北… Ⅲ. 石景山区—2013—年鉴
Ⅳ. Z521.3

中国版本图书馆 CIP 数据核字（2013）第 229575 号

责任编辑：朱 慧

北京石景山年鉴 2013
《北京石景山年鉴》编纂委员会 编
*
中 华 书 局 出 版
（北京市丰台区太平桥西里 38 号 100073）
http://www.zhbc.com.cn
E-mail:zhbc@zhbc.com.cn
廊坊市金虹宇印务有限公司印刷
*
889×1194 1/16 34 印张 29 插页 1 352 千字
2013 年 12 月第 1 版 2013 年 12 月第 1 次印刷
印数：1500 册 定价：260.00 元

ISBN 978—7—101—09655—2

地址

北京市石景山区
八角西街27号

电话

010-68883642

传真

010-68880579

邮编

100043

电子信箱

sjsqzb@126.com

《北京石景山年鉴》编纂委员会

《北京石景山年鉴》编辑部

特约编辑

（按姓氏笔画为序）

万红梅　于　娜　于　娟　于　培　于长林　卫　桐　马　光
马玉秋　介卫星　孔存娣　孔　微　尹成云　方南火　王　成
王　欣　王　耿　王　辉　王　鹏　王　蕾　王　薇　王立永
王成成　王亚智　王志坚　王秀荣　王　芹　王桂洋　王艳君
王　琦　王琳琳　王　静　王　磊　邓志宏　乐　园　付国龙
仝　韬　冯　瓅　包和平　叶　萌　白雪松　任　群　刘　可
刘　泽　刘会生　刘润荣　刘爱君　刘鸿静　孙　蕊　孙金梅
安先光　巩云鹏　曲　欣　何艳珺　吴英莉　张　才　张　凡
张　旭　张　青　张　晨　张　焰　张　楠　张　慧　张　瞏
张　涛　张小军　张宏印　张建国　张俊帮　张振颖　张桂清
李　凯　李　威　李　菲　李　蕾　李文娟　李世龙　李艾娟
李如松　李江宁　李孟琦　李岳坦　李明轩　李贺强　李寅娇
李淑萍　杜　雷　杜玉敏　杜志刚　杜海营　杨　晶　杨文彪
杨宗耀　杨秉洪　杨朝红　杨嵩松　周　萍　周　烈　周晓敏
孟令妹　岳继华　岳敬平　庞　红　范金慧　郑文靖　南英杰
姜　月　姜葵葵　战　菲　段　娜　炼立颖　贺琼瑶　胡　浩
胡　蓓　胡成杰　胡光熠　赵　枫　赵　亮　赵　莹　赵　勤
赵秀华　赵国廷　赵超英　卿　亮　唐　艳　席　兰　徐艳丽
徐鑫岩　贯卫平　贯海艳　高　鹏　高文玲　崔　乐　崔　凯
崔建国　常　嘉　曹丽娟　隗　婉　程华祥　程怀宇　董妍君
谢　昊　谢光辉　甄　珍　蒙　巍　路庆华　靳献乐　黎　铮
魏　莉　魏国清

编 纂 说 明

一、《北京石景山年鉴》是石景山区人民政府主办、区地方志办公室按年编纂、连续出版的大型综合性、权威性、资料性工具书。以邓小平理论、“三个代表”重要思想、科学发展观为指导，遵循实事求是的原则，力求体现时代特征、地区特点、行业特色。以全面、系统记录石景山区经济和社会发展的基本情况为任务，旨在为社会各界了解、研究石景山区提供基本资料，同时为修编《北京市石景山区志》积累史料。

二、年鉴收录范围以地域为界，凡在石景山区境域之内的部门单位、各行各业，不论其性质、隶属关系和级别，均在收录之列。本卷以详记区属各系统、各单位情况为主，适当记述辖区内中央、市属单位情况，既突出主题又概括全貌。

三、年鉴所收录资料信息的主要形式为文字（文章和条目）、数据（表格）、图片，采用分级分类编纂法，以条目体为主，用规范的语体文直陈其事，文字力求言简意赅。按栏目、分目、次分目、条目四级结构层次编排。

四、年鉴基础框架保持稳定。本卷分为：总述、特载、专文、大事记、中共石景山区委员会、石景山区人民代表大会、石景山区人民政府、政治协商会议石景山区委员会、纪检·监察、民主党派·工商联、人民团体、政法、军事、综合经济管理、财税·金融、中央市属驻区企业、商业贸易、旅游业、规划建设、城市管理、科学技术、教育、文化·传媒、医疗卫生、体育、社会事业、社会建设、人物、统计资料、附录等30个栏目。按政治、经济、文化、社会的顺序，依次排列。共分栏目31个，分目136个，次分目193个，条目2083个，彩页65幅、图片213张、表格54个。全书总计约135万字。

五、《北京石景山年鉴》从2006年开始逐年编纂。2012年始，版式改为国际大16开，图片进条目正文。2013卷为总第9卷。其内容记述时限均为2012年1月1日至12月31日，本卷中凡未注明年份的事物，均为2012年内所发生。各级负责人任职情况，一律以2012年12月31日在册统计为准。

六、本鉴所用文章和条目，部分由区属各部门和驻区有关单位确定专人撰写或提供，并经撰稿单位主管领导审核。综合性统计资料由区统计局提供，业务部门的统计数字则由各主管部门提供。随文图片由各单位提供为主，编辑部提供为辅。

七、本鉴卷首有“总目”和“分目”，卷尾有“索引”。索引采用主题分析法，按主题词首字汉语拼音字母顺序排列。“总目”采用中英文对照，便于涉外交流。

八、本鉴在编辑出版工作中，得到全区各单位及各方面的大力支持和配合，也得到中国版协年鉴工作委员会、市志办领导和专家的悉心指导，在此谨表诚挚谢意，同时希望进一步得到关注和帮助。年鉴中存在的疏漏讹误之处，恳请读者批评指正。

编 者

2013年12月

2月17日，中共中央政治局委员、北京市委书记刘淇到八大处公园调研

10月9日，中共中央政治局委员、北京市委书记郭金龙到中关村石景山园调研

11月26日，北京市代市长王安顺到中关村石景山园检查指导工作

1月22日，区委书记荣华慰问北京市第九中学新疆班学生

1月9日，区人大常委会主任赵玉民慰问消防支队官兵

1月22日，区长夏林茂到北京石景山游乐园检查节前安全生产

2月16日，区政协主席岳德顺视察科技园区工作

4月24日，石景山区党代表会议召开，选举出席北京市第十一次党代会代表

9月20日，石景山区创先争优活动总结大会召开

11月20日，石景山区举办学习党的十八大精神辅导报告会

11月17日，十八大代表刘宏在金顶街五区宣讲十八大精神

12月20日，北京市党风廉政建设责任制第五检查组到八角北里社区检查工作

3月9日，第一期处级干部进修班开班

6月25日，石景山区召开社会领域“星级争创”暨基层组织建设年工作推进会

6月2日，石景山区八角街道公园北社区举行换届选举

5月25日，石景山区召开2012年经济发展推进大会

1月6日，石景山区人民政府与中煤地质工程总公司签署战略合作协议

10月26日，盛景国际广场开业

3月2日，石景山区人民政府与中国石化石油分公司签署《合作发展协议》

9月27日，北京国际设计周北京设计产业高端论坛在石景山区举办

9月27日，石景山区电子商务研究实训基地签约授牌

9月8日，第三届北京台湾美食文化节在台湾街开幕

2月9日，石景山园区企业北京华录百纳影视股份有限公司在深圳证券交易所挂牌上市

8月23日，动漫北京开幕

沃尔玛山姆会员店

9月8日，第三届京西消费节开幕

4月27日，第十一届八大处茶文化节开幕

首届首钢灯光节

第十二届花车行进表演

石景山区第六次获得“全国双拥模范城”称号。7月26日，召开创建“全国双拥模范城”大会

积极应对“7·21”特大自然灾害

8月27日，鲁谷社区惠民乐园启动

4月13日，石景山区第二届司法行政开放日

11月7日，石景山区婴幼儿早期发展指导中心揭牌

7月12日，石景山区百名"身边榜样"表彰大会举行

第29届古城之春艺术节

3月27日，第五届清明诗会

9月7日，石景山区教师节大会

中国科学院大学举行学位授予仪式

学雷锋健康咨询活动

12月24日，石景山区档案馆晋升国家一级档案馆

石景山医院新医疗楼内护士站

9月16日，石景山区第27届金秋体育盛会开幕

10月15日，石景山区召开创建全国绿化模范城市工作汇报会

中国国际广播电台

盛景国际广场

绿色环抱的

3月8日，石景山区召开迎接国家卫生区复审工作动员会

石景山万达广场

融景城小区

苹果园小区

石景山刘娘府新貌

石景山莲石湖新貌

10月12日，首钢举办钢铁韵律赵成民钢雕艺术展

2月10日，首钢与三个联合研发中心合作启动会

10月26日，首钢京西重工产品在国际汽车零部件博览会展示

8月22日，首钢与中国冶金报社签订战略合作协议

12月11日，首钢与京城控股签订战略合作协议

10月16日，首钢与歌华有线签订有线电视高清交互数字化建设合作协议

9月18日，灯光节开幕式

“闪耀北京”光影文化季暨首钢灯光节

10月10日，首钢人口述历史影像资料录制工作启动

石景山段阜石路高架桥

鲜花簇拥灰姑娘城堡

总 目

CONTENTS

目 录

石景山区人民代表大会

石景山区人民政府

政治协商会议石景山区委员会

纪检·监察

民主党派·工商联

人民团体

政　法

军　事

综合经济管理

财税·金融

中央市属驻区企业

商业贸易

旅 游 业

规 划 建 设

城市管理

科学技术

教　　育

文化·传媒

医疗卫生

体育

社会事业

社 会 建 设

人　　物

统 计 资 料

附　　录

总　述

石景山概览

石景山区位于北京西部西山风景区南麓和永定河冲积扇上，因燕都第一仙山——石景山而得名。地理坐标为北纬39°53′～39°59′，东经116°07′～116°14′，东至玉泉路与海淀区毗连，南抵张仪村与丰台区接壤，北倚克勤峪与海淀区搭界，西濒永定河与门头沟区为邻。辖区东西宽约12.25千米，南北长约13千米，最东端距天安门14千米，总面积84.32平方千米。

石景山区地势北高南低，海拔高度70～130米。西北部山地是太行山余脉，约占全区面积的三分之一，40余座山峰比肩而立。南部横亘着古老的永定河，蜿蜒曲折。中部和东南部是永定河冲积扇形成的夹带残丘的平原，为全区人民生产生活的主要地区。本区地处暖温带半湿润大陆性季风气候区。全年平均气温为12.7℃，接近常年(12.4℃)平均值；全年总降水量964.5毫米，比常年(558.0毫米)偏多。

石景山区自古就是京西历史文化重镇，既是西进京城的军事交通要塞，也是北京现代工业的发祥地，历史文化独特鲜明。境内名胜古迹众多，有近现代重要史迹及代表性建筑20余处，以“三山八刹十二景”著称的一代名园八大处、以明代壁画闻名于世的法海寺、石刻造像美仑美奂的田义墓、第四季冰川遗迹陈列馆、八宝山革命公墓等均荟萃于这块美丽的土地上。

石景山区是“中国十佳绿色城市”，绿化覆盖率达到49.6%，人均绿地面积107.58平方米，居城六区之首。城市道路网覆盖全区，道路总长度180多公里。拥有长安街西延长线、阜石路、莲石路三条东西走向城市主干道，108、109国道经由本区连接外省市，地铁一号线西起点连接大部分城市轨道交通线路，成为海淀、丰台、门头沟三区重要连接点和京西板块空间的关键支撑点。

石景山区是本市继东城、西城之后第三个没有农业户籍人口的城区，下辖八宝山街道、老山街道、八角街道、古城街道、苹果园街道、金顶街街道、广宁街道、五里坨街道及鲁谷社区等9个街道办事处。全区有46个民族，常住人口63.9万人。

石景山区曾是北京传统重工业区，以首钢为核心的重工业在地区经济社会发展中占有重要地位。根据北京市赋予石景山区“一区三中心”的城市功能定位，随着首钢搬迁调整的逐步深入，石景山区于2006年确定“打造北京CRD，构建和谐石景山，建设现代化首都新城区”的发展战略，在2011年区第十一次党代会上提出由传统工业石景山向绿色生态石景山转型的总方向。2012年，全区认真贯彻落实党的十八大和市第十一次党代会精神，牢牢把握“稳中求进”的工作总基调，按照“求快、求好、求实”要求，着力稳增长、惠民生、保稳定，圆满完成全年各项任务，实现良好开局。

区域经济发展

全区地区生产总值完成320亿元，同比增长8%，第三产业比重达到60%；公共财政预算总收入完成44.7亿元，同比增长11%；公共财政预算收入首次突破25亿元，完成25.06亿元，同比增长10.6%，增速居城六区第二位；社会消费品零售额完成162亿元，同比增长16.9%；全社会固定资产投资完成168亿元，同比增长10%；居民人均可支配收入达到31936元，同比增长13.8%；城镇登记失业率为2.04%。

主导产业发展态势良好。文化创意和高新技术产业高端融合发展。本区被中宣部等五部委认定为“国家级文化和科技融合示范基地”。文化创意产业实现收入240亿元，同比增长20%。北京华录百纳影视股份有限公司、本土科技股份有限公司等高新技术企业登陆创业板。园区形成了以文化创意产业为特色、高新技术产业为主体、科技型现代服务业为支撑的产业发展格局，全年园区企业总收入超过800亿元，同比增长30%以上。现代金融产业发展实现新突破。全年新引进金融企业33家，注册资本金96.45亿元；全区各类金融机构总计达到90家，对区域经济增长贡献度达到25%；发起设立全市最大规模、注册资本金为10亿元的盛丰小额贷款公司；初步形成以投资、担保、贷款和企业上市为一体的金融综合服务体系。商务服务产业不断壮大。丰富消费载体，盛景国际广场开业运营；举办“京西消费节”等特色活动，消费市场繁荣活跃；制定促进商务服务业发展的指导意见，瑞达大厦被评为北京市首批电子商务特色楼宇，成功举办第七届中小企业电子商务大会。旅游休闲产业融合发展特征明显。完善加快发展旅游业的政策措施，举办2012“闪耀北京”光影文化季暨首钢灯光节等旅游品牌活动，全年实现旅游收入34.43亿元，同比增长10.1%。

重大项目建设扎实推进。强化领导牵头负责制和倒排工期督查考核机制，推进91项重大项目建设。投资38.1亿元建设十项重点工程，16个分项全部按计划开工，永定河生态绿色景观升级改造、京广铁路沿线环境整治等7个分项按期完成。总投资109亿元的西北热电中心项目开工建设。运作38个土地储备项目，苹果园交通枢纽商务区F地块等3个地块实现上市。启动西山八大处文化景区建设，组建景区管委会，形成初步建设方案。新首钢高端产业综合服务区建设取得新进展，控制性详细规划经市政府批复正式发布。

招商引资工作向高端化、优质化发展。坚持"招大引强"，建立以经济贡献配置经济资源的机制，全年新登记注册企业2843家，其中注册资本金亿元以上企业16家。注册资本金40亿元的中国农业发展基金公司落户本区，天安人寿、光大永明、中煤地质等知名企业成功入驻。拓展招商引资平台，成立招商办专职工作机构，与15个省市驻京商会建立合作招商机制，组建新首钢投资服务中心，推进连锁招商、政企合作招商。参加第十六届京港洽谈会，联合香港投资推广署、贸易发展局共同举办宣传推介会，扩大区域发展影响力。

经济发展环境进一步优化。制定出台优化经济发展环境的系列政策，实施石景山服务"118"行动计划，完善服务企业的政策体系。坚持区领导联系重点企业制度，制定营业税改增值税后扶持企业的配套政策，出台促进中小微企业发展的具体措施，为驻区企业创造更加有利的发展环境，形成具有区域特色的"石景山服务"品牌。完成区属国有企业改革三年规划。系统梳理集体建设用地，增强集体经济发展基础。

城市建设与管理

强化规划龙头作用。围绕构建产业布局合理、基础设施完善、城市功能配套的空间发展格局，组织编制综合交通规划、电力专项规划、教育基础设施发展规划和衙门口地区发展规划方案；完成园区北I区城市设计、南区和五里坨建设区控规优化方案；组织区文化中心、五里坨保障房和社区用房的设计招标工作，提升了城市形象。

完善市政基础设施。投资3.52亿元，实施杨庄大街一期、京门新线等城市主干路建设工程；投资2230万元，续建五里坨路、新隆恩寺路等一批城市次干路；投资5193万元，完成道路大中修工程16项，修复道路总面积16.5万平方米。推进停车设施建设，增加停车位4700个。实施八角东街、八角北路等14条道路架空线入地工程，铺设管道32公里。加强供热、供水管网改造，全区供热、排水管网纳入全市管网系统。五里坨污水处理厂基本建成。

提高精细管理水平。实施京广铁路、莲石路、阜石路沿线景观提升工程，拆除各类违法建设347处共8万平方米；投资6850万元，完成古城漫水桥、黑石头非正规垃圾填埋场治理工程和20个居民小区垃圾分类达标工作；西黄村、北辛安等14处环境脏乱地区得到有效整治，清理垃圾渣土8万余吨，城市面貌明显改观，顺利通过"国家卫生区"复审。推进"智慧石景山"建设，实施物联网综合运用示范工程，提高城市管理信息化水平。

提升生态环境质量。完成281亩平原造林任务，实施4处公园和22条道路绿地建设工程，"全国绿化模范城市"创建工作通过全国绿化委员会专家组的核查验收。投资44.49亿元实施环保十件实事，完成鲁谷集中供热厂、北重供热厂燃煤锅炉清洁能源改造414蒸吨，全区清洁能源供热面积达到388.8万平方米。加大节能减排力度，万元地区生产总值能耗同比下降2.6%，可吸入颗粒物、二氧化硫等主要污染物平均浓度进一步下降。

社会建设和管理

健全社会保障体系。扎实推进就业再就业工作，全区新增就业岗位12910个，登记失业人员实现就业7234人，"零就业家庭"保持动态为零。投资1.22亿元，实施99项"济困工程"，提高社会救助水平。落实老年人优待办法和"九养"政策，发放居家养老补贴1533万元，惠及1.4万人。全面落实社会保险各项制度，确保及时足额支付；推进医保付费制度改革，支付医保基金15.68亿元。加强保障性住房建设，建成各类政策性住房7328套。老古城、五里坨定向安置房3308户居民实现回迁入住，站前小区经济适用房(廉租房)、第二水泥管厂定向安置房、京源路7号公租房项目全部竣工。

发展社会各项事业。实施北京九中扩建和杨庄中区幼儿园新建等工程，新增幼儿园学位1100个；深入推进绿色教育综合改革实践，教育质量和满意度不断提高。实施石景山医院住院楼装修改造工程，加强重大传染病防控，公共卫生服务保障水平和医疗服务质量有了新提高。大力弘扬和践行"北京精神"，开展百名"身边榜样"评选活动；深入实施文化惠民工程，启动区文化中心建设项目，完成前期各项工作，项目建设快速推进；加强文化广场等基层公共文化设施建设，修缮皇姑寺、承恩寺等文物古迹。区档案馆晋升为国家一级档案馆。群众体育蓬勃开展，37个社区获得"北京市体育生活化社区"称号。

完善社会服务管理。投资3.5亿元，对八角北里等9个老旧小区进行综合改造，完成抗震加固6.57万平方米、节能改造68.79万平方米。投资6000万元，实施158项便民工程，建设55处便民设施。完成30个社区用房建设项目，全区141个社区活动用房平均面积达到420平方米；推广"千百十"便捷家园服务模式，48个"一刻钟社区服务圈"被评为市级示范点。顺利完成社区居委会换届选举工作。拓展"强军育才接力工程"，深入推进军民融合式发展，荣获"全国双拥模范城"六连冠。

安全维稳

圆满完成十八大安保维稳任务。成立"迎接党的十八大维护社会稳定指挥部"，组建专项行动督查组5个，召开全区十八大安保动员部署大会2次，组织专项督查130余次。以"十大专项行动"为抓手，开展社会治安清理整治行动13次，安全生产联合执法96次；组织社会面安全隐患排

查1124次，消除各类隐患236起；召开网络舆情和情报信息会商会51次，排查化解各类矛盾纠纷226件；落实重复访、集体访包案工作制度，初信初访化解率达到95%。精心做好“9·18”涉日维稳工作，完善全民参与的维稳工作格局，全年参与各项安保、维稳和应急抢险工作的专群力量达65.9万人次。全区秩序类治安警情同比下降47.6%，刑事立案同比下降49.3%，实现“大事不出、小事也不出”的工作目标，打赢十八大安保维稳攻坚战。

妥善应对“7·21”特大自然灾害。面对突如其来的特大自然灾害，区委区政府坚持把人民群众生命财产安全作为头等大事，沉着应对、靠前指挥，迅速组织抢险救灾。组织巡查抢险人员8000人次、车辆400台次；对9处新增地质灾害隐患点和16处城市主要道路积水点开展全面整治；向重灾地区捐赠100万元的救灾款和救灾物资。在特大自然灾害面前，广大党员干部、驻区部队、公安干警不怕牺牲、冲锋在前，广大人民群众守望相助、共同应对，经受住了重大考验。

党的建设

党的建设得到进一步加强。深入学习、宣传、贯彻党的十八大和市第十一次党代会精神，领导班子和领导干部思想政治素质和领导科学发展能力进一步提高。深入开展“基层组织建设年”活动，全区972个基层党组织参与分类定级，851个评定为“好”和“较好”；评选区创先争优先进基层党组织55个、优秀共产党员100名、优秀基层党建创新项目50个。顺利完成141个社区“两委”换届和街道社会工作党委换届工作，扩大党的组织和党的工作覆盖面；创新“共建双承诺”和“星级争创”等活动载体，启动社区党建“三级联创”活动，加大非公领域党建工作力度，基层党建工作进一步加强。

完善和落实“双推、双考、双公示、双票决”的干部选拔任用工作机制，常委会全年共讨论决定干部任免15批215人次。完成第二个五年大规模培训干部工作任务，全年培训领导干部508人次。落实党风廉政建设责任制，召开廉政风险防控管理工作推进大会，组建城建和国资两个系统的联合纪检监察组。深化惩治和预防腐败体系建设，检查16个重点单位落实责任制及惩防体系完成情况。开展党务公开“回头看”，全区1620个基层党组织全部实行党务公开。严肃查处违纪违法案件，维护党纪政纪的严肃性，营造风清气正的良好环境。

特　载

在区委十一届六次全体(扩大)会上的工作报告

中共北京市石景山区委书记 荣 华

(2012年12月31日)

同志们:

我受区委常委会委托,向全会作工作报告,请予审议。

一、2012年工作回顾

2012年是我们党和国家历史进程中具有特殊重要意义的一年。一年来,在市委市政府的坚强领导下,区委常委会坚持以邓小平理论、"三个代表"重要思想和科学发展观为指导,认真贯彻落实党的十八大和市第十一次党代会精神,牢牢把握"稳中求进"的工作总基调,紧紧围绕稳增长、惠民生、保稳定的重点任务,坚持谋全局、把方向、抓大事、聚力量,先后召开29次区委常委会、3次四套班子联席会、1次常委务虚会和40次区委专题会、专题工作汇报会,科学民主决策重大事项,统揽全局、协调各方,团结带领全区人民攻坚克难、锐意进取,圆满完成了全年各项任务,实现了良好开局。

(一)区域经济实现平稳较快发展。面对世界经济持续低迷、国内经济下行压力加大的不利影响,常委会切实加强对经济工作的领导,在第一次四套班子联席会上及时提出"求快、求好、求实"的工作要求,把稳增长放在更加突出位置,召开第六次经济发展推进大会,出台了系列政策举措,推动区域经济实现了平稳较快发展。全年预计实现地区生产总值345亿元,同比增长7.7%;公共财政预算收入首次突破25亿元,完成25.06亿元,同比增长10.6%;社会消费品零售额预计完成183亿元,同比增长13%;全社会固定资产投资预计完成143.9亿元,同比增长10%;第三产业比重达到62%;居民人均可支配收入达到34810元,同比增长9%;城镇登记失业率为2.04%,自2006年以来首次控制在2.6%以下。年初确定的指标任务全面完成。一是努力扩大内需稳增长。投资38.1亿元实施十项重点工程,16个分项全部开工,永定河生态绿色景观升级改造等7个分项按期完成;总投资109亿元的西北热电中心项目开工建设,新首钢高端产业综合服务区建设取得新进展。积极主动谋划重大项目,西山八大处文化景区经市委专题会研究并在市第十一次党代会上确定为重大文化项目,正在扎实有序推进。不断拓展消费空间,举办特色消费活动,形成了投资、消费协调拉动经济增长的良好局面。二是加快培育主导产业调结构。文化创意产业收入达到240亿元,同比增长20%。高新技术产业健康发展。商务服务产业不断壮大,电子商务集聚发展。现代金融产业发展实现突破。金融企业总计达到90家,新增金融企业33家,注册资本金96.45亿元。旅游休闲产业融合发展特征明显。成功举办"闪耀北京"光影文化季暨首钢灯光节等主题活动,旅游市场进一步活跃。三是强化招商引资增实力。坚持"招大引强"和"深层挖潜"相结合,建立经济贡献与资源配置挂钩的招商机制,全年新登记注册企业2843家,注册资本金亿元以上企业16家。四是着力优化环境促发展。研究制定了优化经济发展环境的一系列政策措施,积极打造"石景山服务"品牌,为经济稳定增长营造了良好环境。

(二)圆满完成党的十八大安保维稳任务。做好党的十八大期间我区的安全稳定工作,是市委市政府继奥运会和庆祝新中国成立60周年之后交给我们的又一项光荣而艰巨的重大政治任务。常委会高度重视,全面加强组织领导,确保各项工作高效有序开展。及时成立"迎接党的十八大维护社会稳定指挥部",组建5个专项行动督查组,以"十大专项行动"为抓手,全员动员、全力以赴,组织开展了1124次社会面安全隐患排查整治,消除各类隐患236起,召开51次网络舆情和情报信息会商会,排查化解了226件各类矛盾纠纷。精心做好"9·18"涉日维稳工作,确保了全区社会面持续稳定。加强社会治安综合治理,全区秩序类治安警情同比下降47.6%,刑事立案同比下降49.3%,营造和巩固了和谐稳定的大好局面,实现了"大事不出、小事也不出"的工作目标,打赢了十八大安保维稳攻坚战。

(三)有效应对"7·21"特大自然灾害。面对突如其来的"7·21"特大自然灾害,常委会坚持把人民群众生命财产安全作为头等大事,沉着应对、靠前指挥,迅速组织抢险救灾;各级党组织和广大党员干部、驻区部队、公安干警快速反应、冲锋在前;广大人民群众守望相助、共同应对,夺取了"7·21"防汛抢险工作的重大胜利。同时,积极做好善后维稳、灾后重建和救灾捐助等各项工作。向重灾地区捐赠了100万元的救灾款和救灾物资,体现了"一方有难、八方支援"的互助精神。成功应对"7·21"特大自然灾害,充分体现了全区各级党组织和广大党员干部过硬的政治素质和敢打硬仗的良好作风,得到了人民群众的拥护和赞誉。

(四)首都新城区建设取得新成效。大力加强城市基础设施建设,城市承载能力进一步增强。京广铁路等重点路段和城市边角地等重点区域环境得到有效治理,城市面貌明显改善,顺利通过了"国家卫生区"复审;生态环境建设成效显著，实施鲁谷集中供热厂、北京重型电机厂清洁能源改造工程等环保十件实事，完成281亩平原造林任务，城市绿化覆盖率达到49.6%，“全国绿化模范城市”创建工作通过了全国绿化委员会专家组的核查验收。

（五）保障和改善民生工作成效显著。投资6000万元，实施158项便民工程和政府购买服务项目。投资1.22亿元，实施99项济困工程。开展老旧小区综合整治，完成八角北里等9个小区内144栋楼共计75.36万平方米的抗震加固和节能改造。扎实做好社会保障工作。加快保障性住房建设，建成各类政策性住房7328套，老古城、五里坨定向安置房等项目3308户居民回迁入住。高度重视就业工作，全年新增就业岗位12910个。大力发展教育事业，实施北京九中扩建和杨庄中区幼儿园建设等工程，办学条件持续改善。加强社区卫生服务体系建设，卫生事业健康发展。深入推进文化惠民工程，启动区文化中心建设并实现了快速推进，公共文化服务体系日益健全。体育、人口计生、老龄工作取得新成效。

（六）民主政治建设和社会服务管理扎实推进。社会主义民主政治建设继续加强。区人大、区政协围绕中心、服务大局，充分履行各自职能；人大代表、政协委员广泛开展“走基层、访民情、办实事”活动，有力促进了全区各项工作的开展。完善统战工作制度，加强党外代表人士队伍建设，经济和社会领域统战工作不断深化。加强社会服务管理，深入开展“六型”社区创建活动，48个“一刻钟社区服务圈”被评为市级示范点。加强社会主义核心价值体系建设，评选表彰100名“身边榜样”，营造了奋发进取、共建和谐的良好氛围。民族、宗教、侨务和对台工作取得新进展。支持工会、共青团、妇联等人民团体积极发挥作用，形成了共促发展的强大合力。推动军民融合式发展，荣获“全国双拥模范城”六连冠。

（七）党的建设得到进一步加强。深入学习、宣传、贯彻党的十八大和市第十一次党代会精神，领导班子和领导干部思想政治素质和领导科学发展能力进一步提高。深入开展“基层组织建设年”活动，创先争优活动取得丰硕成果。顺利完成141个社区“两委”换届和街道社会工作党委换届工作，党的组织和党的工作覆盖面进一步扩大；创新“共建双承诺”和“星级争创”等活动载体，启动社区党建“三级联创”活动，加大非公领域党建工作力度，基层党建工作进一步加强。对处级领导班子和领导干部进行综合考评；不断完善和落实“双推、双考、双公示、双票决”的干部选拔任用工作机制，常委会全年共讨论决定干部任免15批215人次，进一步扩大了干部工作民主，提高了选人用人公信度，激发了干部队伍活力。干部培训和人才队伍建设取得新进展，完成第二个五年大规模培训干部工作任务，全年培训领导干部508人次。认真落实党风廉政建设责任制，召开廉政风险防控管理工作推进大会，组建城建和国资两个系统的联合纪检监察组。深化惩治和预防腐败体系建设。严格执行领导干部述职述廉、廉政谈话等制度，巡视工作不断深入。开展党务公开“回头看”，全区1620个基层党组织全部实行了党务公开。严肃查处违纪违法案件，维护了党纪政纪的严肃性，营造了风清气正的良好环境。

同志们，以上是区委常委会今年的主要工作。成绩的取得，是市委市政府正确领导、亲切关怀的结果；是区四套班子齐心合力、开拓进取的结果；是全区各级党组织、全体党员干部群众团结一心、共克时艰的结果。在此，我代表区委常委会，向大家表示衷心的感谢！

在肯定成绩的同时，我们也清醒地认识到在工作中还存在一些问题和不足，主要是：经济发展的质量和效益有待提高，主导产业培育力度还需进一步加大；城市综合服务功能有待完善，基础设施建设还需进一步加强；转型发展过程中的社会矛盾仍然突出，公共服务水平还需进一步提升；少数基层党组织和党员干部工作作风有待改进，党的自身建设还需进一步加强。对于这些问题，我们必须高度重视，切实加以解决。

二、深入学习贯彻党的十八大精神

党的十八大是在我国进入全面建成小康社会决定性阶段召开的一次十分重要的会议。大会确定了全面建成小康社会和全面深化改革开放的目标，对建设中国特色社会主义“五位一体”总体布局进行了全面部署，对全面提高党的建设科学化水平提出了新的明确要求，为党和国家事业进一步发展指明了方向。我们要以强烈的政治责任感，广泛、深入、持久地学习宣传和贯彻落实好党的十八大精神，自觉把思想和行动统一到党的十八大精神上来。

北京建设中国特色世界城市，将在更高水平和更深层次加快转变发展方式，推进城市精细化管理，加强社会服务管理创新，推动文化大发展大繁荣，促进人与自然和谐发展。当前，我区经济结构正处于转型发展的关键阶段，城市运行服务正处于全面转型、提高综合承载力的关键阶段，社会服务管理正处于由单位管理向社会管理体制转变的关键阶段，促进经济社会持续健康发展的任务十分艰巨。市第十一次党代会对首都西部转型发展做出了重大部署，市委市政府对提升我区在首都西部转型发展中的重要地位提出了新的要求，我们具备了更为有利的发展条件和发展环境。要把学习贯彻党的十八大精神与贯彻市第十一次党代会精神结合起来，深刻认识和把握首都发展和我区转型的阶段性特征，抢抓机遇，乘势而上，在新的起点上实现新的更大发展。

坚持不懈地加快转变经济发展方式。加快转变经济发展方式是我区转型发展的主线，促进产业结构优化升级是深化全面转型的中心任务。要认真落实市第十一次党代会和区第十一次党代会部署，高度重视、毫不动摇地发展现代服务业。要坚定不移推进CRD发展战略，围绕“一轴、一带、一核、一园、多支点”的总体空间布局，加快培育和不断壮大文化创意、高新技术、商务服务、现代金融、旅游休闲等五大产业，促进产业结构优化升级。

坚持不懈地推进改革创新。改革才能进步，创新才能发展。要坚持解放思想、更新观念，坚决破除一切妨碍科学发展的思想观念和体制机制弊端,以更大的勇气和智慧推进改革,实现创新发展。要坚持系统思维,加强改革的顶层设计,突出重点领域和关键环节,着力创新政策体系、服务方式和工作载体,加快构建科技创新和文化创新"双轮驱动"格局,不断增强区域发展的动力和活力。

坚持不懈地保障和改善民生。牢固树立以人为本、执政为民的理念,多谋民生之利,多解民生之忧,在学有所教、劳有所得、病有所医、老有所养、住有所居上持续取得新进展,努力让群众过上更好生活。要把保障和改善民生放在优先位置,像抓发展一样抓紧、抓好、抓实,在改善民生中加强和创新社会管理。要深入推进"平安石景山"建设,切实维护社会和谐稳定。

坚持不懈地加强和改进作风。党风正则人心齐,人心齐则事业兴。党中央出台改进工作作风、密切联系群众的八项新规定,具有重大而深远的意义。要认真贯彻落实好中央和市委有关要求,加强和改进工作作风,形成奋发有为、干事创业的良好氛围,把精力集中到深化转型发展上,把功夫下到推动工作落实上。更加自觉地坚持发展第一要务,不动摇、不懈怠、不退缩,聚精会神搞建设,一心一意谋发展,全力以赴促转型。

坚持不懈地加强党对经济工作的领导。充分发挥区委统揽全局、协调各方的领导核心作用,议大事、抓大事,切实履行好领导经济工作的职能。通过加强理论武装,围绕科学发展选准干部、配强班子、聚集人才、建设队伍,加强和改进新形势下党的基层组织和党员队伍建设,从思想上、政治上、组织上、作风上为推进科学发展、深化全面转型提供有力保证。要突出抓好干部能力建设,完善考核办法和奖惩机制,加强监督检查,提高领导经济工作的科学化水平。

三、2013 年工作任务

2013 年是全面深入贯彻落实党的十八大精神的开局之年,也是落实"十二五"规划和 CRD 战略第二步目标承前启后的关键之年。全区工作总的要求是:深入学习和全面贯彻党的十八大、中央经济工作会议和市第十一次党代会精神,以邓小平理论、"三个代表"重要思想、科学发展观为指导,紧紧围绕主题主线,突出创新驱动引领深化转型,突出民生重点加强和创新社会管理,突出绿色发展加强生态文明建设,突出作风保证提升党建科学化水平,坚定信心、攻坚克难,不等不靠、主动作为,实现区域经济持续健康发展和社会和谐稳定,加快建设现代化首都新城区。

统筹考虑区域经济社会发展的实际,经常委会研究,建议 2013 年经济社会发展的主要预期目标安排为:地区生产总值增长 8%左右;公共财政预算收入增长 10%;社会消费品零售额增长 12%;全社会固定资产投资增长 10%;居民人均可支配收入增长 9%;城镇登记失业率控制在 2.6%以内。提出这样的安排,既考虑了党的十八大提出的全面建成小康社会的目标任务要求,同时也充分考虑到了我区经济社会发展的基础条件,更重要的是要提振信心、鼓舞士气,带领和动员全区人民为实现区第十一次党代会确定的发展目标共同奋斗。

完成 2013 年的各项目标任务,重点要做好以下几方面的工作:

(一)着力促进经济持续健康发展。牢牢把握"稳中求进"的工作总基调和"求快、求好、求实"的工作总要求,以提高经济增长质量和效益为中心,加快转变经济发展方式。一要把握扩大内需战略基点。发挥投资对经济增长的关键作用。加大对在建、续建工程的投资力度,扩大基础设施、生态环境、防灾减灾、改善民生等领域的投资。培育新的消费增长点,大力发展电子商务等新兴业态,促进民生消费,增强消费对经济增长的基础作用。二要培育主导产业发展新优势。做大做强文化创意产业,不断巩固文化创意产业的支柱地位。坚持实体经济发展方向,大力发展战略性新兴产业,提升高新技术产业发展水平。制定促进商务服务业发展措施,推动商务服务业创新发展。坚持差异定位思路,大力引进新型金融机构,壮大现代金融产业,打造特色金融集聚区。加快旅游功能区和旅游服务体系建设,推进旅游休闲产业与其他产业实现融合发展。三要提升招商引资工作水平。坚持"招大引强",集中精力招大商、引大资。坚持挖潜提效,以优质服务支持企业发展壮大,提高存量企业对区域经济发展的贡献。坚持"招商"与"引资"并重,筹建区投融资平台并做大做强;制定切实可行的政策措施,鼓励和吸引更多社会资本参与区域经济建设。

(二)着力构建创新驱动发展格局。紧抓中关村扩区和市委市政府加强国家服务业综合改革试点工作的机遇,大胆进行探索创新,加快构建以企业为主体、市场为导向、产学研政相结合的技术创新体系,加快形成科技创新和文化创新"双轮驱动"的发展格局,提高区域创新能力。加快中关村石景山园建设步伐,完善"石景山创新平台"等配套基础设施,吸引人才、资本、技术等高端创新要素不断聚集。深入推进"石景山服务"品牌建设,形成系统、专业、规范的企业服务体系。加强创新人才引进培养,注重发挥企业家才能,建设好人才公租房等服务设施,增强创新驱动发展新动力。

(三)着力抓好重大项目和重点区域建设。健全区领导牵头统筹项目建设制度,完善重大项目推进指挥部工作机制,全力破解重大项目建设过程中的瓶颈制约,加快重大项目和重点区域建设,发挥战略引擎作用,形成辐射西部发展新优势。一要扎实推进重大项目建设。确保十项重点工程按照计划和进度实现开工建设。积极协调并加快推进苹果园交通枢纽、京西商务会展中心、西北热电中心二期等项目建设。二要加快推进新首钢高端产业综合服务区建设。按照团结配合、改革创新要求,推进与首钢的统筹共建、利益共享、融合发展。发挥市、区、企业多方联动的合作机制作用,尽快启动新首钢核心区建设。三要加快推进西山八大处文化景区建设。加快工作节奏,高标准完成景区建设总体规划,开展姚家寺塔、清凉寺等文物复建工作和景区周边基础设施建设,打造首都文化旅游产业精品项目。四要加快推进西部地区开发建设。按照统筹建设、把握节奏、高端发展原则，进一步深化和拓展总体发展规划研究，明确产业定位和空间布局，做好建设区域控规调整。加大土地一级开发力度，有计划地推进土地上市交易。建立强有力的推进机制，创新开发建设模式，使西部建设取得实实在在的新进展。

（四）着力提升城市综合服务功能。深化系统研究，加快解决城市发展中面临的突出问题和矛盾，提高城市综合承载能力。统筹规划城市道路建设，积极推进长安街西延线、S1线、京西高标准城市主干路等城市道路建设工程。巩固“国家卫生区”复审和“全国绿化模范城市”创建成果，持续开展城市公共空间环境综合整治，坚决遏制新生违法建设，维护城市管理秩序，推动城乡结合部等重点地区环境品质提升。认真总结应对“7·21”特大自然灾害经验教训，健全组织体系和快速反应机制，提高应急管理水平。加强对地质灾害隐患点、下凹式立交桥积水点整治，加快防汛项目建设，建立地下管线综合管理体系和防洪排涝体系，提升防灾减灾能力，确保城市安全运行。加强资源节约和减排降耗工作，推进水资源管理体制改革，深化以大气为重点的污染治理，抓好主要大街和重点区域的绿化美化，提高生态文明建设水平。

（五）着力加强民主政治建设。坚持和完善人民代表大会制度，支持区人大及其常委会依法履行职能，高度重视并切实办理好人大代表议案、建议。支持政协围绕团结和民主两大主题，积极主动开展工作，更好地协调关系、汇聚力量、建言献策、服务大局。加强与民主党派的协商，落实好党外代表人士队伍建设工作意见，做好民族、宗教、侨务工作，提高统战工作水平。充分发挥工会、共青团、妇联等人民团体的桥梁纽带作用，进一步凝聚力量。健全基层群众自治工作机制，深化政务公开和厂务公开，扎实推进基层民主建设。加强党对政法工作的领导，进一步规范执法行为，提高依法治区水平。继续加强国防教育，搞好国防后备力量建设，深入推进军民融合式发展，巩固军政军民团结，争创“全国双拥模范城”七连冠。

（六）着力推动文化繁荣发展。坚持文化兴区战略，进一步提高首都文化娱乐休闲区的影响力和美誉度，增强区域文化软实力。加强社会主义核心价值体系建设，大力倡导社会主义核心价值观，以纪念“向雷锋同志学习”题词50周年为契机，深入开展精神文明创建活动，大力弘扬和践行“北京精神”；加强互联网管理，把握正确的舆论导向，提高网络文明引导水平。大力实施文化惠民工程，加大区文化中心项目推进力度，实现项目主体开工建设。健全公共文化服务体系，完善街道社区文化设施，丰富文化服务和发展平台，广泛开展群众文化活动，不断满足人民群众的精神文化需求。

（七）着力加强社会建设和创新社会管理。提高社会服务管理水平，激发社会创造活力，维护社会和谐稳定。一要切实保障和改善民生。按照“守住底线、突出重点、完善制度、引导舆论”的思路做好民生工作。健全社会保障和救助体系，加强养老服务设施建设。继续实施“济困工程”，切实做好对困难群体的帮扶。扎扎实实推进“便民工程”，分阶段推进“蔬菜零售网络”建设，加大基层“科技创安”投入力度，提升便民服务设施水平。切实抓好就业再就业工作，促进教育、卫生、体育等社会事业健康发展。加快推进保障性住房建设，高标准、高质量建设好回迁安置房，扎实开展老旧小区综合改造，真正把安居工程建设成群众满意的民心工程、暖心工程。二要完善社会管理机制。稳步推进社会管理网格化体系建设，增强社区服务功能，强化企业社会责任，发挥枢纽型社会组织作用，引导社会组织健康发展，形成多元参与的社会服务管理工作新机制。继续做好流动人口服务管理工作。不断探索和创新社会管理新模式。三要全力维护社会安全稳定。坚持用群众工作统揽信访工作，深化大调解工作机制，做好维稳风险评估工作，最大限度地减少和化解社会矛盾。强化社会治安综合治理，发挥好治安志愿者、信息员等群防群治力量作用，完善人防、物防、技防“三防一体”的社会治安防控体系。依法打击违法犯罪活动，切实保障人民生命财产安全。加强公共安全体系建设，落实安全工作责任，确保安全生产平稳有序。

（八）着力提高党的建设科学化水平。以加强党的执政能力建设、先进性和纯洁性建设为主线，以作风建设为重点，认真抓好党的建设各项任务。加强思想政治建设，进一步组织好党的十八大和市第十一次党代会精神的学习宣传贯彻，切实增强道路自信、理论自信、制度自信。坚持和完善干部选拔任用“四双”工作机制，组织实施“百名青年干部培养计划”和“三个一百”工程，启动实施机关年轻干部基层锻炼的三年计划，做好处级后备干部集中调整工作，建设高素质的执政骨干队伍。巩固创先争优活动成果，深入开展社区党建“三级联创”活动，扎实抓好新建社区党建工作，建设学习型、服务型、创新型党组织。贯彻中央和市委要求，严格落实区委、区政府关于改进工作作风、密切联系群众的实施办法。按照中央和市委统一部署，扎实开展以为民务实清廉为主要内容的党的群众路线教育实践活动，提高做好新形势下群众工作的能力和水平。深入开展调查研究，求真务实，狠抓落实，以优良的作风服务人民、服务社会、推动发展。落实党风廉政建设责任制，加大巡视工作力度，加强廉政风险防控管理。不断完善惩治和预防腐败体系，坚决查处各种腐败案件。认真学习贯彻和遵守党章。强化对改进工作作风落实情况的督促检查，努力做到干部清正、政府清廉、政治清明。

同志们，实现中华民族伟大复兴的“中国梦”，需要的是实干。实现我区第十一次党代会确定的奋斗目标，也必须真抓实干。我们要紧密团结在以习近平同志为总书记的党中央周围，深入学习贯彻党的十八大精神，在市委市政府的坚强领导下，开拓创新，扎实工作，努力在推动科学发展、深化全面转型、加快建设现代化首都新城区的征程中取得新的更大成绩！

政府工作报告

——在北京市石景山区第十五届人民代表大会第三次会议上

(2013年1月9日)

北京市石景山区人民政府区长　夏林茂

各位代表：

现在，我代表石景山区人民政府向大会作工作报告，请予审议，并请各位政协委员提出意见。

2012年工作回顾

2012年，新一届区政府在市委、市政府和区委的领导下，在区人大、区政协的监督支持下，紧紧团结和依靠全区人民，坚持以邓小平理论、“三个代表”重要思想、科学发展观为指导，牢牢把握“稳中求进”的工作总基调，按照“求快、求好、求实”要求，着力稳增长、惠民生、保稳定，圆满完成了区十五届人大一次会议确定的各项任务，实现了良好开局。地区生产总值预计完成345亿元，同比增长7.7%，第三产业比重达到62%；公共财政预算总收入预计完成56.1亿元，同比增长11%；公共财政预算收入首次突破25亿元，完成25.06亿元，同比增长10.6%，增速居城六区第二位；社会消费品零售额预计完成183亿元，同比增长13%；全社会固定资产投资预计完成143.9亿元，同比增长10%；居民人均可支配收入达到34810元，同比增长9%；城镇登记失业率为2.04%。

一年来，我们主要做了五个方面的工作：

一、坚持稳中求进，区域经济实现平稳较快发展

主导产业发展态势良好。文化创意和高新技术产业高端融合发展。我区被中宣部等五部委认定为“国家级文化和科技融合示范基地”。文化创意产业实现收入240亿元，同比增长20%。两家高新技术企业登陆创业板。园区形成了以文化创意产业为特色、高新技术产业为主体、科技型现代服务业为支撑的产业发展格局，全年园区企业总收入超过800亿元，同比增长30%以上。现代金融产业发展实现新突破。全年新引进金融企业33家，注册资本金96.45亿元；全区各类金融机构总计达到90家，对区域经济增长贡献度达到25%；发起设立全市最大规模、注册资本金为10亿元的盛丰小额贷款公司；初步形成了以投资、担保、贷款和企业上市为一体的金融综合服务体系，对区域经济发展的服务支撑作用进一步增强。商务服务产业不断壮大。丰富消费载体，盛景国际广场开业运营；举办“京西消费节”等特色活动，消费市场繁荣活跃；制定促进商务服务业发展的指导意见，瑞达大厦被评为北京市首批电子商务特色楼宇，第七届中小企业电子商务大会在我区成功举办。旅游休闲产业融合发展特征明显。完善了加快发展旅游业的政策措施，举办了2012“闪耀北京”光影文化季暨首钢灯光节等旅游品牌活动，旅游休闲产业发展质量进一步提高。全年实现旅游收入34.43亿元，同比增长了10.1%。

重大项目建设扎实推进。强化领导牵头负责制和倒排工期督查考核机制，全力推进91项重大项目建设。投资38.1亿元建设十项重点工程，16个分项全部按计划开工，永定河生态绿色景观升级改造、京广铁路沿线环境整治等7个分项按期完成。总投资109亿元的西北热电中心项目开工建设。运作38个土地储备项目，苹果园交通枢纽商务区F地块等3个地块实现上市。积极主动谋划重大项目，按照市委专题会精神和市第十一次党代会部署，启动西山八大处文化景区建设，组建景区管委会，形成了初步建设方案。新首钢高端产业综合服务区建设取得新进展，控制性详细规划经市政府批复正式发布。

招商引资工作成效显著。坚持“招大引强”，建立以经济贡献配置经济资源的机制，招商引资工作不断向高端化、优质化发展。全年新登记注册企业2843家，其中注册资本金亿元以上企业16家。注册资本金40亿元的中国农业发展基金公司落户我区，天安人寿、光大永明、中煤地质等知名企业成功入驻。拓展招商引资平台，成立招商办专职工作机构，与15个省市驻京商会建立合作招商机制，组建新首钢投资服务中心，推进连锁招商、政企合作招商。参加第十六届京港洽谈会，联合香港投资推广署、贸易发展局共同举办宣传推介会，扩大了区域发展影响力。

经济发展环境不断优化。制定出台优化经济发展环境的系列政策，实施石景山服务“118”行动计划，进一步完善服务企业的政策体系。坚持区领导联系重点企业制度，不断提升财政、工商、税务服务水平，制定营业税改增值税后扶持企业的配套政策，出台进一步促进中小微企业发展的具体措施，为驻区企业创造了更加有利的发展环境，形成了具有区域特色的“石景山服务”品牌。完成区属国有企业改革三年规划。对集体建设用地进行了系统梳理，集体经济发展基础不断增强。

二、坚持建管并重，城市承载能力显著增强

规划龙头作用进一步强化。围绕构建产业布局合理、基础设施完善、城市功能配套的空间发展格局，组织编制综合交通规划、电力专项规划、教育基础设施发展规划和衙门口地区发展规划方案；完成园区北Ⅰ区城市设计、南区和五里坨建设区控规优化方案；组织区文化中心、五里坨保障房和社区用房的设计招标工作，提升了城市形象。

市政基础设施进一步完善。投资3.52亿元，实施杨庄大街一期、京门新线等城市主干路建设工程；投资2230万元，续建了五里坨路、新隆恩寺路等一批城市次干路；投资5193万元，完成道路大中修工程16项，修复道路总面积16.5万平方米。推进停车设施建设，增设停车位4700个。实施八角东街、八角北路等14条道路架空线入地工程，铺设管道32公里。加强供热、供水管网改造，全区供热、排水管网纳入全市管网系统。五里坨污水处理厂基本建成。

精细管理水平进一步提高。实施京广铁路、莲石路、阜石路沿线景观提升工程，拆除各类违法建设347处共8万平方米；投资6850万元，完成古城漫水桥、黑石头非正规垃圾填埋场治理工程和20个居民小区垃圾分类达标工作；西黄村、北辛安等14处环境脏乱地区得到有效整治，清理垃圾渣土8万余吨，城市面貌明显改观，顺利通过"国家卫生区"复审。推进"智慧石景山"建设，实施物联网综合运用示范工程，城市管理信息化水平不断提高。

生态环境质量进一步提升。完成281亩平原造林任务，实施4处公园和22条道路绿地建设工程，城市绿化覆盖率达到49.6%，"全国绿化模范城市"创建工作通过全国绿化委员会专家组的核查验收。投资44.49亿元实施环保十件实事，完成鲁谷集中供热厂、北重供热厂燃煤锅炉清洁能源改造414蒸吨，全区增加清洁能源供热面积388.8万平方米。加大节能减排力度，万元地区生产总值能耗同比下降2.6%，可吸入颗粒物、二氧化硫等主要污染物平均浓度进一步下降。

三、坚持民生优先，社会建设管理全面加强

社会保障体系更加健全。扎实推进就业再就业工作，全区新增就业岗位12910个，登记失业人员实现就业7234人，"零就业家庭"保持动态为零。投资1.22亿元，实施99项"济困工程"，提高了社会救助水平。落实老年人优待办法和"九养"政策，发放居家养老补贴1533万元，惠及1.4万人。全面落实社会保险各项制度，确保了及时足额支付；积极推进医保付费制度改革，支付医保基金15.68亿元。加强保障性住房建设，建成各类政策性住房7328套。老古城、五里坨定向安置房3308户居民实现了回迁入住，站前小区经济适用房（廉租房）、第二水泥管厂定向安置房、京源路7号公租房项目全部竣工。

社会各项事业全面发展。实施北京九中扩建和杨庄中区幼儿园新建等工程，新增幼儿园学位1100个；深入推进绿色教育综合改革实践，教育质量和满意度不断提高。实施石景山医院住院楼装修改造工程，加强重大传染病防控，公共卫生服务保障水平和医疗服务质量有了新的提高。大力弘扬和践行"北京精神"，开展百名"身边榜样"评选活动；深入实施文化惠民工程，启动区文化中心建设项目，已完成前期各项工作，项目建设快速推进；加强文化广场等基层公共文化设施建设，对皇姑寺、承恩寺等进行了修缮。群众体育蓬勃开展，37个社区获得"北京市体育生活化社区"称号。

社会服务管理成效显著。投资3.5亿元，对八角北里等9个老旧小区进行综合改造，完成抗震加固6.57万平方米、节能改造68.79万平方米。投资6000万元，实施158项便民工程，建设55处便民设施。继续加强社区建设，完成30个社区用房建设项目，全区141个社区活动用房平均面积达到420平方米；推广"千百十"便捷家园服务模式，48个"一刻钟社区服务圈"被评为市级示范点。顺利完成社区居委会换届选举工作。民族、宗教、侨务和人口计生等工作取得新成效，工会、共青团、妇联等人民团体作用进一步发挥。拓展"强军育才接力工程"，深入推进军民融合式发展，荣获"全国双拥模范城"六连冠。

四、坚持群策群力，重大安全维稳任务全面完成

圆满完成十八大安保维稳任务。两次召开全区十八大安保动员部署大会，组织专项督查130余次，深入开展"十大专项行动"。加强社会治安综合治理，开展13次清理整治行动和96次安全生产联合执法，营造了良好的社会环境；加强流动人口服务管理和社会面防控工作，开展9次集中排查和1124次日常排查，消除各类隐患236起；召开51次网络舆情和情报信息会商会，排查化解各类矛盾纠纷226件；落实重复访、集体访包案工作制度，初信初访化解率达到95%，确保了全区大局稳定，实现了"大事不出、小事也不出"的工作目标。

妥善应对"7·21"特大自然灾害。面对突如其来的"7·21"特大自然灾害，我们快速反应、靠前指挥，迅速组织巡查抢险人员8000人次、车辆400台次，奋力抢险救灾，努力维护人民群众的生命财产安全。妥善做好救灾善后工作，及时开展隐患排查，对9处新增地质灾害隐患点和16处城市主要道路积水点开展全面整治，确保城市运行安全有序。在特大自然灾害面前，广大党员干部、驻区部队、公安干警不怕牺牲、冲锋在前，广大人民群众守望相助、共同应对，经受住了重大考验。

不断完善全民参与的维稳工作格局。坚持专群结合、群防群控，形成了多层次、全方位、无缝隙的安保网络，全年参与各项安保、维稳和应急抢险工作的专群力量达65.9万人次。在全国"两会"、中秋国庆等重要节庆和敏感时期，及时启动社会面等级防控，打赢了安保维稳常规战和"9·18"涉日维稳遭遇战，营造了和谐稳定的社会环境。

五、坚持依法行政，政府效能建设取得新进展

认真执行区人大及其常委会的决议决定，坚持重大事项向人大报告制度。高度重视、认真办理人大代表议案、建

议,全年办结115件,办结率100%,代表满意率达到95%。主动加强与区政协的联系,认真听取民主党派、工商联、无党派人士和人民团体的意见与建议,积极做好政协委员提案办理工作,全年办结152件。完善重大行政决策合法性审查工作机制,严格落实"三重一大"制度,召开区政府常务会议、区长办公会议47次,对172个重要问题进行研究决策。切实提高行政服务水平,全年办结行政许可服务事项申请4.5万件。深入开展行政监察、审计工作,廉政建设进一步加强。"六五"普法工作顺利推进,统计、民防、外事和对台等工作取得新成绩,区档案馆升级为国家一级档案馆。对口援助和交流工作富有成效。

各位代表!

过去的一年,是全区人民团结一心、奋力拼搏并取得重要成就的一年。面对世界经济持续低迷、国内经济下行压力加大的严峻挑战,我们攻坚克难抓投资、促消费、招大商,推动经济实现了平稳较快增长;面对党的十八大安保维稳、应对"7·21"特大自然灾害等急难险重任务,我们全力以赴惠民生、保稳定、促和谐,确保了社会安全稳定;面对我区发展基础薄弱、资源不足等现实困难,我们蓄势积力打基础、抓谋划、强服务,为今后长远发展积蓄了正能量。

这些成绩的取得,是市委、市政府和区委正确领导的结果,是区人大、区政协大力支持的结果,是社会各界和全区人民共同努力的结果。在此,我代表区政府,向大家表示衷心的感谢并致以崇高的敬意!

在总结成绩的同时,我们也清醒地认识到发展中还存在一些问题和困难,主要是:经济发展载体和基础设施还比较落后,需要进一步加快推进功能区建设;产业集群效应和辐射带动作用还不明显,需要进一步加大主导产业培育力度;保障和改善民生工作仍然繁重,需要进一步加强和创新社会管理;少数工作人员的服务意识淡薄,需要进一步加强作风建设。这些问题和困难需要我们采取有力措施,认真研究解决。同时也希望大家给予支持和帮助。

2013年主要任务

2013年是全面贯彻党的十八大精神的第一年,也是落实"十二五"规划和CRD战略第二步目标承前启后的关键之年。做好今年的工作,面临不少困难和挑战,也拥有许多有利条件和积极因素。我们既要增强忧患意识,保持清醒头脑,又要强化责任观念,坚定必胜信心,团结一致,奋力拼搏,确保完成全年各项任务。

今年政府工作的总体思路是:全面贯彻落实党的十八大、中央经济工作会议和市第十一次党代会、区委十一届六次全会精神,以邓小平理论、"三个代表"重要思想、科学发展观为指导,围绕主题主线,牢牢把握"稳中求进"的工作总基调和"求快、求好、求实"的工作总要求,着力培育主导产业,着力抓实重大项目,着力保障改善民生,着力加强作风建设,攻坚克难,开拓进取,实现经济持续健康发展和社会和谐稳定。

今年经济社会发展的主要预期目标是:地区生产总值增长8%左右;公共财政预算收入增长10%;社会消费品零售额增长12%;全社会固定资产投资增长10%;居民人均可支配收入增长9%;城镇登记失业率控制在2.6%以内。

完成全年各项目标任务,区政府将重点抓好以下六个方面的工作:

一、加快转变经济发展方式,提高经济发展质量

坚持以现代服务业为主导的发展方向,发挥创新引领带动作用,不断增强经济发展内生动力,提升经济发展的质量和效益。

培育主导产业发展新优势。积极协调市政府有关部门出台推进国家服务业综合改革试点区建设的政策,并加快落地转化,不断发展壮大主导产业。巩固文化创意产业的支柱地位。推动数字娱乐、创意设计和文化旅游等产业集聚发展;发布实施设计产业发展规划,建立特色产业联盟,实施产业品牌示范工程,建设好北京设计产业示范基地;全区文化创意产业收入突破290亿元,同比增长20%。提升高新技术产业发展水平。以实体经济为基础,大力发展科技服务业、软件及信息服务业,重点推进物联网、移动互联网、节能环保等高新技术和战略性新兴产业发展。扩大现代金融产业发展规模。按照差异定位思路,进一步完善加快金融产业发展的政策体系,制定个性化服务方案,大力引进新型金融机构;制定金融产业区域空间布局规划,打造特色金融发展集聚区,进一步提高金融产业发展水平。推动商务服务产业创新发展。制定实施促进消费、建设良好消费环境的意见,落实鼓励消费的各项政策,加快商业载体和便民消费体系建设;组织特色消费活动,扩大居民消费,加快培育新的消费增长点。加大电子商务龙头企业引进力度,进一步扩大电子商务企业规模。促进旅游休闲产业融合发展。扎实推进首钢工业文化旅游区、数字动漫娱乐区等旅游功能区建设,实施石景山游乐园改造,推进智慧旅游平台建设,增强旅游设施服务功能。继续办好光影文化季暨首钢灯光节等特色旅游活动,增强品牌活动影响力。

提升招商引资工作水平。坚持"招大引强",细化以经济贡献配置经济资源的具体措施,实现从"招商引资"向"招商选资"转变,吸引更多的大企业、大集团、大总部落户。创新招商工作服务体制机制和招商引资平台,形成专业化、多渠道、广覆盖的招商服务网络。坚持"深层挖潜",深入推进"118"行动计划,深化"石景山服务"品牌建设。坚持区领导联系重点企业制度,切实帮助驻区企业解决实际问题,增强服务工作实效,进一步营造安商、扶商、富商的良好环境。

实施创新驱动发展战略。紧抓中关村扩区和市委、市政府加强国家服务业综合改革试点工作的机遇,大胆进行先行先试,着力构建以企业为主体、市场为导向、产学研政相结合的技术创新体系,加快形成科技创新和文化创新"双轮驱动"的发展格局。完成"石景山创新平台"和西山汇A2号楼平台载体建设,完善"绿色通道服务网络";扩大知识产

权试点企业规模，推进京西知识产权运营中心建设，支撑园区快速发展；全年园区企业总收入和税收分别突破1000亿元和25亿元，同比增长30%。召开全区科技创新大会，设立中关村文化创意产业高端人才创业基地和雏鹰人才创业基地，营造创新发展环境。深入推进国家可持续发展实验区建设，完成中期验收工作，承办中国可持续发展论坛。

推进新首钢高端产业综合服务区建设。按照统筹共建、利益共享、融合发展要求，加强与首钢的战略合作。贯彻市政府关于新首钢高端产业综合服务区转型发展意见，落实控制性详细规划，研究确定整体区域发展定位和产业发展方向。按照建设时序，启动土地一级开发。进一步发挥政企合作平台作用，加强协调配合，加快推进长安街西延线等重大项目建设；充分整合政企资源，加大合作招商力度，推动中国动漫游戏城产业平台落地，吸引企业入驻。

促进区内多种经济共同发展。加大区属国有企业改革力度，不断增强国有经济影响力。完成八大处农工商公司产权制度改革工作，实施古城创业大厦、泰然国际大厦建设和玉泉大厦改造等集体经济项目，推进集体经济向现代经济转型。毫不动摇地鼓励、支持、引导非公有制经济发展，落实促进中小企业发展的各项政策措施，为各种经济主体创造更加公平的市场环境，增强区域经济发展活力。认真做好“十二五”规划纲要中期评估和第三次全国经济普查工作。

二、加快推进重大项目建设，夯实经济发展基础

实施重大项目带动战略，以更大的决心、更有力的措施和更扎实的工作，加快推进重大项目建设，拉动经济平稳较快增长，支撑经济持续健康发展。

完善重大项目推进机制。健全区领导牵头负责重大项目制度，加强工作调度，加大推进力度。发挥重大项目建设指挥部统筹协调作用，明确牵头部门和配合部门的目标任务，抓好工作衔接，形成整体合力。完善重大项目建设倒排工期制度，加大督查考核力度，促进任务落实。总结成功经验，加强规律研究，全力破解重大项目建设过程中的瓶颈制约，加快推进项目落地。超前谋划重大项目，提前做好储备项目的前期工作，增强项目建设的可持续性。

拓宽重大项目融资渠道。发挥政府投资引导作用，积极争取上级资金支持，加大政府投资力度，带动社会资本参与区域经济社会建设。完成区投融资平台整改工作，发行企业债券，提高融资能力，推进规范发展，不断做大做强。制定融资规划，把短期融资和中长期融资有机结合起来，增强融资工作的计划性。积极创新融资手段，探索BOT、BT等多种融资方式，提高直接融资比例，鼓励和引导更多社会资本投资基础设施建设。

狠抓重大项目推进落实。全力推进77个重大项目，确保十项重点工程全部按计划进度完成任务，实现投资稳定增长。园区北Ⅰ区启动二级开发，实现部分地块开工建设；北Ⅱ区新媒体基地实现企业全部入驻；南区完成控规调整并加大推进力度。加快我区西部开发建设步伐，西北热电中心一期工程投入使用并启动二期工程；五里坨建设区部分商业地块实现上市，“三横三纵”路网全面通车，启动建设消防特勤站、规模学校等公益项目。银河综合商务区K地块实现开工，融科创意产业中心投入使用，京西商务会展中心、北京国际雕塑园地下文化娱乐中心等地块实现上市，苹果园交通枢纽开工建设。完成老古城、刘娘府等项目拆迁和第二水泥管厂项目征收任务，启动东下庄、西井等项目房屋征收工作。加快西山八大处文化景区建设步伐，高标准完成总体规划编制，推进姚家寺塔、清凉寺等文物复建和景区周边基础设施建设。

三、加强城市建设管理，增强城市综合服务功能

坚持高起点规划、高标准建设、高水平管理，促进区域协调发展，增强城市综合服务能力，提高城市现代化水平。

发挥规划引领作用。强化规划引导发展、规范发展的功能。完成五里坨建设区控规调整，统筹做好广宁、麻峪、高井地区总体规划，编制实施防洪专项规划；继续推进衙门口、西黄村等综合改造项目控制性详细规划编制工作，实现土地及空间资源的集约高效利用。开展M6、M11和苹果园交通枢纽等轨道交通站点周边区域的城市设计，提升城市建设品位。加强规划布局和开发模式研究，抓好前期工作衔接，加快项目推进步伐。

提高城市承载能力。进一步完善城市主干路、次干路和微循环道路系统，加快永引渠南路、北辛安路北段等城市主干路建设，开工建设金顶北路，完成京西高标准城市主干路、杨庄大街二期、北辛安路南段等项目前期工作。对21条道路和部分区属桥梁进行大修、中修。加快供水、雨洪利用工程建设，加强供水设备设施改造，推进供水体制改革。开工建设石莲、苹果园两个110千伏变电站。完善防灾减灾体系，加强地质灾害隐患点专项治理；分期治理小流域和西部沟渠，完成人民渠、北八沟治理工程，升级改造麻峪泵站，彻底解决金安桥、麻峪铁路桥下积水问题，确保今年安全度汛。

强化城市精细管理。创新城市管理机制，建立街道环境卫生保障体系，切实维护城市管理秩序。加强“门前三包”管理，加大对非法小广告、非法生产经营等痼疾顽症的打击力度。建立有效管理机制，坚决遏制新生违法建设。健全应急管理体制，完善各项应急预案，加大硬件设施投入，加强应急宣传和演练，着力提高应急处置能力。落实北京市第十阶段缓解交通拥堵工作任务，进一步缓解停车难问题。加快物联网在城市运行和城市地下空间管理中的运用，提升城市管理信息化、智能化、精细化水平。

四、切实保障和改善民生，建设平安和谐石景山

坚持以保障和改善民生为重点，强化公共服务和社会管理，办好惠民实事，增强发展的包容性。

提升社会保障和服务水平。投入6000万元，推进科技创安工程、社区托老所和“蔬菜零售网络”建设，加大政府购买公共服务力度，不断完善社区便民设施体系和服务体系，提高便民工程水平。投入1.11亿元，继续实施“济困工

程”,加大对低收入、贫困学生、病残人员等困难群体的帮扶救助。实施就业优先战略,加强职业技术培训,多渠道开发就业岗位,推动实现更高质量的就业。加强社会保障工作,按时足额发放各项社会保险待遇,积极稳妥推进社会保险关系跨省转移工作,确保各种惠民政策落实到位。继续实施老旧小区综合整治工程,完成62万平方米的建筑节能改造任务。加大土地供应,加强统筹协调,加快推进保障性住房和回迁房建设,确保工程质量,建设人民群众满意的安居工程。

推动社会事业健康发展。坚持教育优先发展,全面完成学前教育三年行动计划,新增幼儿园学位600个;优化教育资源配置,完善教师培养和交流机制,全面实施素质教育,积极创建平安校园,促进教育内涵发展。继续深化医药卫生体制改革,推进五里坨精神病医院新建、区妇幼保健院扩建工程,完善社区卫生服务网络,深入开展全民健康促进活动,加强慢性病管理,提高人民健康水平。大力推动文化繁荣发展,加强社会主义核心价值体系建设,弘扬和践行“北京精神”,以纪念“向雷锋同志学习”题词50周年为契机,深入开展精神文明创建活动;大力实施文化惠民工程,加大区文化中心项目推进力度,实现项目主体开工建设;健全公共文化服务体系,完善街道社区文化设施,打造文化精品工程,不断满足人民群众的精神文化需求。广泛开展群众性体育活动,提升竞技体育综合实力,加快体育产业发展。稳步推进事业单位分类改革。

加强和创新社会管理。推进网格化社会服务管理体系建设。以“六型”社区建设为抓手,扩大“社区规范化示范点”和“一刻钟社区服务圈”覆盖面。加强新建小区的管理,高标准完成9个新建社区的规范化建设。进一步完善社区内部运行机制,增强社区服务功能,提高社区治理水平。发挥枢纽型社会组织作用,引导社会组织健康发展,强化企业社会责任,形成多元参与的社会服务管理工作新机制,积极探索社会服务管理新模式。进一步完善商务楼宇“五站合一”工作机制,提高服务新经济组织工作水平。健全人口计生公共服务体系,举办第二届人口文化节。加强和创新流动人口服务管理,巩固“新居民互助服务站”建设成果。加强民族、宗教、侨务、对台、外事等工作。支持工会、共青团、妇联等人民团体开展工作。不断拓宽军地合作领域,深入推进军民融合式发展,巩固军政军民团结,争创“全国双拥模范城”七连冠。

维护社会安全稳定。深入推进“平安石景山”建设,完善社会治安打防管控一体化运行机制,严厉打击各类刑事犯罪,不断提升治安防范水平。深入实施“六五”普法规划,全面启动“法治石景山”创建工作,打造与经济社会发展相适应的法治环境。切实维护用工双方合法权益,构建和谐劳动关系。坚持用群众工作统揽信访工作,完善初信初访首办责任制,发挥“大调解”机制作用,有效化解矛盾纠纷,维护正常信访工作秩序,促进社会和谐稳定。牢固树立安全发展理念,严格落实安全生产责任制,切实抓好食品、药品、消防、交通等安全工作;加强公共安全体系和企业安全生产基础建设,加大安全监管力度,构建严密高效的安全保障体系,确保安全生产平稳有序。

五、切实改善生态环境,提高生态文明建设水平

把生态文明建设放在更加突出位置,加强资源节约和环境保护,着力推进绿色发展、循环发展、低碳发展,加快建设天蓝、地绿、水净、城美的绿色生态新城区。

加大环境治理力度。巩固和发展“国家卫生区”复审工作成果。加强永定河石景山段环境建设,提高莲石湖及周边配套设施水平。开展市容环境专项治理,加强背街小巷、老旧小区和平房区的环境整治,消灭一批脏乱死角。加强生态修复和保护,强化对土壤、水体的污染防治。做好生活垃圾、建筑垃圾和废弃物的源头、分类管理,促进垃圾减量和再生利用。

扎实推进节能减排。严格落实节能减排管理制度,完善环境监测网络,加强对重点领域和重点用能单位的监测监管,完成万元地区生产总值能耗下降指标。深入实施清洁空气行动计划,落实大气污染治理措施,加大以PM2.5为重点的大气污染治理力度。继续落实好环保十件实事,进一步控制扬尘污染和工业排放,全面完成区内20蒸吨以上燃煤锅炉清洁能源改造任务,实现可吸入颗粒物、二氧化硫等主要污染物平均浓度进一步下降,不断提高空气环境质量。

提高绿化美化水平。深化“全国绿化模范城市”创建工作,按计划完成平原造林任务,实施站前小区、晋元庄绿地等7处公共绿地建设与改造,新建和改建八角北路、五里坨路等22条道路绿地,全年完成绿化面积53万平方米。广泛开展首都绿化美化花园式单位、花园式社区创建活动。实施城市景观提升工程,继续改造主要街区、重要场所的夜景照明系统,增添城市魅力。

六、切实抓好作风建设,提高行政服务能力

深入学习贯彻党的十八大精神,严格贯彻落实中央、市委和区委关于改进工作作风、密切联系群众的各项规定,进一步转变职能、优化服务,建设勤政高效、清正廉洁的法治型、服务型政府。

坚持依法行政。自觉接受区人大及其常委会的法律监督和工作监督,认真办理好人大代表议案、建议。自觉接受政协的民主监督,认真听取民主党派、工商联、无党派人士及人民团体的意见。健全决策机制,规范决策程序,提高决策科学化水平。切实规范行政执法行为,完善行政调解制度和过错追究制度,提高依法治区水平。完善政府信息公开和办事公开制度,提高工作透明度,增强政府公信力。

提高服务效能。按照中央、市委和区委统一部署,积极开展党的群众路线教育实践活动,全面提高政府服务水平。大兴调查研究之风,大力改进文风会风,精简会议和文件,力戒形式主义和官僚主义,扎实解决发展难题,为群众办好实事好事。深化行政审批制度改革,优化行政审批流程,强化限时办结,提高工作效率。坚持清正廉洁,认真落实廉政建设“一岗双责”，严格执行党风廉政建设各项制度和规定。深入推进廉政风险防控管理工作，加强对重点领域、重点部门、重点项目、重点资金的跟踪审计。严格落实行政问责制度，加大效能监察力度，强化对工作人员的监督管理，全面提高基层科队站所和窗口单位的服务能力。坚决纠正部门和行业不正之风，着力整治庸懒散奢等不良风气，营造良好的政务环境，切实做到从严治政，政府清廉。

强化责任落实。以绩效管理为核心，以逐级负责为基础，以制度机制为保障，实行目标责任评价考核。围绕区政府重点工作和指标任务分解，与各部门签订绩效任务书，确保按时限、高质量完成工作任务。强化过程控制，加强督促检查，定期通报任务落实情况，确保工作按进度推进。严格执行考核督查制度，严抓不落实的事，追究不落实的人，努力做到言必行、行必果，雷厉风行干事业，一以贯之抓落实，提高政府执行力。

各位代表！

空谈误国、实干兴邦。只有真抓实干才能兴区富民。推动科学发展、深化全面转型，我们必须加倍努力。让我们紧密团结在以习近平同志为总书记的党中央周围，高举中国特色社会主义伟大旗帜，认真学习贯彻党的十八大精神，在市委、市政府和区委的坚强领导下，进一步解放思想，求真务实，锐意进取，扎实工作，为全面完成2013年各项目标任务，加快建设现代化首都新城区而努力奋斗！

北京市石景山区人民代表大会常务委员会工作报告

——在北京市石景山区第十五届人民代表大会第三次会议上

（2013年1月10日）

北京市石景山区人大常委会主任　赵玉民

各位代表：

我受石景山区第十五届人民代表大会常务委员会的委托，向大会报告一次会议以来的主要工作和2013年的主要任务安排，请予审议。

过去一年工作的回顾

2012年，在区委的领导下，常委会坚持以邓小平理论、“三个代表”重要思想和科学发展观为指导，紧紧围绕“人文北京、科技北京、绿色北京”和现代化首都新城区建设，突出重点，讲求实效，依法履职，圆满完成了区第十五届人大一次会议确定的各项任务，实现了本届人大工作的良好开局。

一、坚持制度依法履职，认真执行人民代表大会决议

作为区人民代表大会的常设机关，常委会依法履职，加强人民代表大会与常委会职权的有机衔接，有效地发挥了人大制度的优势和作用。

依法履行权力机关职责，圆满完成工作任务。常委会认真执行区第十五届人大一次会议决议，共举行了7次常委会会议，完成40项议题。行使重大事项决定权，作出了4项决议决定，批准了区级决算。行使监督权，听取和审议了“一府两院”8个专项工作报告，以及计划、预算执行情况和审计工作报告，发出8份审议意见书；开展了8次执法检查和视察。行使任免权，任免国家机关工作人员79人次，任免了19名人民陪审员，任命了新一届常委会各工作委员会组成人员和人大各街工委主任、副主任。依法召集了区第十五届人大二次会议、三次会议，圆满完成了各项工作任务。

依法监督计划和预算执行，监督实效进一步增强。区第十五届人大一次会议审查批准了年度计划和预算后，常委会加强计划和预算监督，坚持与政府相关部门及时沟通、财政部门定期报送预算执行情况等工作制度，不断增强监督实效。听取和审议了区政府关于2012年上半年计划和预算执行情况的报告，提出加快重大项目运作、抓紧主导产业培育、加大基础设施投入、改善民生和维护稳定，以及提高财政资金使用效益等审议意见，力促计划和预算的有效执行。在此基础上，常委会依法对2013年的计划和预算编制情况进行了初审，提出了初审意见，供本次人民代表大会审议参考。

依法办理代表议案和建议，推进重点难点问题解决。提出议案和建议，是人大代表行使法定职权、反映和实现民意的有效途径，督办好代表议案和建议是常委会的重要职责。区第十五届人大一次会议审查确立了4件议案，闭会后交区人民政府办理、人大常委会审议。这些议案涉及我区旅游休闲产业和商务服务业发展、文化惠民，以及城市交通环境改善等多个方面，关系区域经济社会转型和科学发展，集中反映了人民群众的意愿和要求。常委会综合运用视察、专题调研、听取和审议专项工作报告等方式，跟踪议

案办理情况，提出改进工作的意见和建议，与区政府共同努力，有力地促进了相关工作的开展。在建议督办工作中，常委会突出重点、统筹推进，坚持主任、副主任牵头重点督办，各工作委员会分类督办，代表联络部门及人大街工委跟踪检查的做法，有效地推动了关于“增加公办幼儿园学位”等民生类建议，以及群众普遍关心的城市建设与管理类建议的办理。区政府加大建议办理力度，努力把人民群众的愿望和要求融入部门的工作中，2012年新增了1100个幼儿园学位，老山、金顶街地区增建了公厕，高井排洪渠污水处理问题得到妥善解决。常委会还听取和审议了区政府关于代表建议办理情况的报告，推动建议办理工作整体见成效、上水平。经过区政府及有关部门的共同努力，区第十五届人大一次会议收到的111件代表建议（含议案转建议）已全部办复，其中得到落实或列入计划的占73%，代表满意率达95%。闭会期间收到的15件代表建议也已全部办复。

二、围绕中心依法履职，积极推动区委决策部署贯彻落实

按照区委关于转型发展的总体要求，常委会围绕中心、服务大局、突出重点，有效发挥监督职能作用，推动区委重大决策部署贯彻落实。

专题调研服务重大项目决策。根据区委的要求，着眼于文物保护与开发的相互促进关系，常委会成立专题调研组，对我区文物保护和利用情况进行了全面调研，汇集各方意见，向区委提出了以建设西山八大处文化景区为重要内容的调研建议，并听取和审议了区政府关于文物保护和利用情况的报告，建议政府发挥文物保护主导作用，合理开发、整合利用文物资源，抓好八大处文化景区建设，带动旅游休闲产业融合发展。常委会的意见和建议得到区委、区政府的高度重视，为促进我区依法保护、合理利用文物资源，统筹推进西山八大处文化景区建设发挥了积极作用。

推动主导产业加快发展步伐。为促进CRD主导产业的培育和发展，常委会重点对我区旅游休闲和商务服务产业发展加大了监督工作力度，组织代表视察和调研了两大产业的进展情况，以及新兴的电子商务发展情况，听取和审议了区政府的专项工作报告。针对产业发展中存在的困难和问题，常委会提出审议意见，推动政府加强政策研究，加速产业培育，做大产业规模，促进融合发展，不断提高主导产业对经济增长的贡献率。常委会还对我区现代金融产业、文化创意产业和高新技术产业发展情况进行了跟踪调研，促进我区不断提升主导产业对转型发展的带动能力。

力促改善城市环境质量。为推动我区进一步优化城市发展环境，常委会听取审议了区政府关于改善和提升城市交通环境情况的报告，建议政府在解决好具体问题的同时，探索建立长效管理机制，积极争取上级政策和多方资金支持，努力提升交通环境综合治理水平。围绕我区迎接“国家卫生区”复审和创建“全国绿化模范城市”，组织代表视察了苹果园交通枢纽、鲁谷集中供热厂清洁能源改造等重点工程，以及永定河、莲石路、阜石路景观升级改造情况和黑石头垃圾填埋场环保治理情况，推动政府在城市建设与管理上坚持绿色生态可持续发展，不断提升城市环境品质。

营造良好的司法保障和服务环境。随着我区文化创意和高新技术产业的蓬勃发展，知识产权保护工作日显重要。为充分发挥司法对知识产权的保障作用，常委会组织代表深入司法机关、政府有关部门以及相关企业，调研我区知识产权司法保护工作，旁听知识产权案件庭审，听取和审议了区法院关于知识产权审判工作情况的报告，提出了加强知识产权法制宣传、提高审判人员业务能力、进一步发挥能动司法作用等审议意见，推动司法部门努力为我区文化创意、高新技术等产业发展营造良好的法治环境。

三、关注民生依法履职，努力维护人民群众的根本利益

常委会始终坚持把涉及群众切身利益、群众普遍关心的问题作为监督重点，综合运用多种形式开展监督工作，力促和谐社会建设和民生改善。

促进教育卫生工作上水平。常委会高度关注义务教育优质均衡发展，组织代表走进学校，对我区推行绿色教育实验、探索基础教育集群化发展情况进行调研，支持和推动政府不断优化全区教育布局，扩大优质教育资源，提升教育综合实力。组织代表走进社区，视察社区卫生服务体系建设情况，支持和推动政府进一步完善社区卫生服务体系，不断提高医疗水平，努力为人民群众提供方便、优质的医疗服务。

促进食品安全工作见成效。常委会认真总结上届五年食品安全法执法检查工作经验，继续采取政府自查、代表抽查和常委会集中视察相结合的有效方式，对学校食堂、工地食堂、中小餐馆，以及大型超市的食品安全监管工作进行了重点检查。区政府认真落实常委会的执法检查意见，增加执法力量，加大资金投入，加强分类监管，食品安全工作保持了良好态势。

促进加快保障性住房建设。住房保障是关系困难群体基本需求的民生大事，常委会持续关注这项工作，组织代表对五里坨、京原路七号地的保障房建设情况进行了视察，督促政府继续加大保障力度，加快建设步伐，抓好质量安全，完善管理措施，把惠民政策落到实处。

促进文化发展成果惠及群众。实施文化惠民工程、建立健全公共文化服务体系是改善民生的重要内容。常委会听取和审议了区政府关于实施文化兴区战略、推进文化惠民工程情况的报告，建议政府充分发挥主导作用，加强统筹，完善机制，加快推进公共文化设施建设，不断提升服务水平，满足人民群众的基本公共文化需求。

促进维护和保障残疾人权益。发展残疾人事业、保障残疾人权益，是各级政府的重要工作之一。常委会听取和审议了区政府关于贯彻实施残疾人保障法情况的报告，建议政府强化职责，进一步完善残疾人服务体系和无障碍设施建设，抓好残疾人就业、残疾预防等工作，维护好残疾人的合法权益。

常委会还加大信访工作力度，积极在全区大信访工作

格局中发挥作用，全年共接待来信来访49件次，协调处理了2件区重点疑难信访件，维护了群众合法权益。

四、服务代表依法履职，充分发挥代表主体作用

服务和保障代表发挥主体作用是常委会的重要职责。开局之年，常委会注重建平台、打基础，为代表履职创造条件。

推进代表"家""站"建设，代表联系选民的渠道更加畅通。在街道层面设立"人大代表之家"，在选区建立"人大代表社区联络站"，是近年来加强和改进代表工作的一项重要措施。常委会认真总结经验，加强组织指导，将"人大代表之家"延伸到社区，建立"人大代表社区联络站"，畅通了民意诉求渠道，代表履职有了新平台，代表联系选民活动更加常态化。以"知民情、表民意、顺民心"为主题的代表联系选民活动成效显著，共有146名代表与2000多名选民见面沟通，收集到300多条意见和建议，大部分由街道协调解决，其余形成闭会建议交区政府办理。

积极组织代表开展各种活动，促进了代表主体作用的发挥。闭会期间，组织了新一届代表培训，邀请专家讲解代表法，为代表提供法律和人大知识读本。充分尊重代表主体地位，扩大代表对常委会工作的参与和监督。一年来，共邀请代表260人次列席了常委会会议、参加视察和执法检查，组织代表226人次参加了建议检查、专题调研、旁听法院公开审理案件等活动。代表们认真履职，在列席会议、视察调研中，提出了大量改进工作、推动发展的意见和建议，常委会工作与代表履职实现了有机结合。本次人代会前，集中安排了代表联组活动，初审各项报告，开展调查研究，为代表在会上审议报告、提出议案和建议、履行各项职责打下基础，有效地促进了代表主体作用的发挥。

加强市、区代表联动，进一步增强了代表工作合力。积极搭建联动平台，邀请市代表列席区人民代表大会及常委会会议，参加视察、专题调研等活动，共同为地区建设贡献力量。积极发挥市人大代表作用，把涉及全市层面、影响区域发展的意见和建议提交给市人代会。石景山团的市人大代表在市十三届历次人代会上，共提出267件议案和建议，集中关注了首钢搬迁后西部发展、市政基础设施建设等问题，直接推动了北京市《关于加快西部地区转型发展的实施意见》的出台和实施，促进了新首钢高端产业综合服务区建设，有力地保障了我区转型发展和民生改善。在"7.21"北京特大暴雨救灾中，代表们还积极献爱心，共捐资捐物价值60余万元。

五、加强自身建设，不断提高履职的能力和水平

开局之年，面对新形势，常委会自觉加强思想作风建设、制度建设、能力建设和机关建设，不断提高工作水平。

加强思想作风建设，密切联系代表和群众。常委会深入学习领会党的十八大和市委、区委第十一次党代会精神，增强坚持和完善人民代表大会制度的责任感和使命感。坚持常委会组成人员联系代表、代表联系选民制度，坚持走基层、访民情、办实事，深入开展调查研究，使人民群众的意志和愿望通过人大工作得到有序表达。

加强制度建设，改进监督工作方式。完善了审议意见交办制度。在常委会会后，根据常委会组成人员的审议意见，由主任会议研究把关，制发审议意见书，交"一府两院"研究处理、并限期提交处理方案报告和处理情况报告，常委会相关工作委员会同时加强跟踪检查，人大监督工作的连续性和实效性得到增强。

加强能力建设，提升依法履职水平。采取集中与分散、讲座与研讨相结合的方式开展业务培训，举办了人民代表大会制度专题讲座，召开了以"围绕转型发展，做好人大工作"为主题的研讨会，引导组成人员把智慧和力量集中到推动转型发展上来，集中到提高常委会工作水平上来。

加强机关建设，增强服务工作效能。在巩固创先争优成果的基础上，常委会机关全员参与、集思广益，总结提炼出"政治坚定，业务精通，作风优良，团结进取"的人大机关精神，引导机关工作人员钻研业务、改进作风，同心聚力在各项履职服务、十八大安保督查、"7.21"北京特大暴雨救灾等重大工作中做出贡献。机关环境氛围更加和谐，干部队伍更具活力，服务工作更有效率。

各位代表，回顾一年的工作，常委会在依法行使职权、服务代表履职、加强自身建设等方面，都取得了明显成效，这是区委正确领导，区人大代表和常委会组成人员共同努力，"一府两院"和全区人民大力支持的结果。在此，我代表区第十五届人大常委会，向各位人大代表，向所有关心、支持、帮助人大工作的同志们、朋友们，表示崇高的敬意和衷心的感谢！

在总结成绩的同时，我们也清醒地认识到，常委会的工作与科学发展观的要求，与党的十八大提出的"保证人民通过人民代表大会行使国家权力"的要求相比还有差距。主要是：监督工作的实效性还需要进一步增强，服务代表发挥主体作用的工作水平还需要进一步提高，常委会组成人员还需要进一步改进作风、深入调研。这些不足将在今后的工作中认真加以改进。

2013年的主要工作任务

2013年是我区全面贯彻落实党的十八大精神、实施"十二五"规划和CRD建设第二步走战略承前启后的关键之年。党的十八大提出了2020年全面建成小康社会的奋斗目标，2020年也是石景山区完成CRD建设"三步走"战略部署，基本建成首都文化娱乐休闲区的收官之年。面对宏伟目标和艰巨任务，常委会要进一步增强推动转型发展的紧迫感和责任感，高举中国特色社会主义伟大旗帜，以邓小平理论、"三个代表"重要思想、科学发展观为指导，坚持党的领导、人民当家作主、依法治国有机统一，以更加奋发有为的精神状态，扎实工作，开拓进取，全面落实区委决策部署，为推进我区经济、政治、文化、社会和生态文明建设，加快建设现代化首都新城区做出新的贡献。

2013年，常委会要认真贯彻落实区委十一届六次全会精神，着力从五个方面做好人大工作。

一、坚持发展为第一要务，围绕推进区域经济建设做好人大工作

要以科学发展为主题、以加快转变经济发展方式为主线，加大监督工作力度，促进区域经济持续健康发展。着力推动“十二五”规划中期评估工作，对主要规划指标进展情况、重点任务实施情况、重大项目推进情况开展评估调研，听取和审议区政府关于“十二五”规划纲要实施情况的中期评估报告。听取和审议区政府关于2012年预算执行和其他财政收支的审计工作报告，审查批准2012年决算。听取和审议区政府关于2013年上半年计划、预算执行情况的报告。初审2014年计划、预算草案。跟踪监督CRD主导产业发展情况，检查区政府落实常委会关于推进旅游休闲产业、商务服务业发展审议意见的情况。视察我区科技创新平台建设情况。

二、坚持人民主体地位，围绕推进民主政治建设做好人大工作

发展中国特色社会主义民主政治，本质和核心是实现人民当家作主，关键要坚持党的领导。常委会要坚持重大事项向区委请示报告制度，坚持发挥人大常委会党组的领导核心作用，依法行使监督、决定、任免等职权，推动区委决策部署贯彻落实，促进“一府两院”依法行政、公正司法。通过代表联系选民、会前联组活动、召集代表大会、落实大会决议等多种形式，汇集和表达全区人民的意志和愿望，代表人民行使国家权力。进一步加大代表议案、建议的办理和督办力度。继续以“人大代表之家”、“人大代表社区联络站”为依托，以“知民情、表民意、顺民心”为主题，开展代表联系选民活动，组织代表向选民述职、接受选民监督。依法补选区人大代表，召集好区第十五届人大四次会议，坚持和完善人民代表大会制度。

三、坚持文化引领，围绕推进文化兴区战略做好人大工作

文化是经济社会发展的重要支撑，在CRD建设中的地位和作用日益显现。要立足于提升我区的文化软实力，跟踪监督区政府落实常委会关于加强文物保护和利用审议意见的情况，关注西山八大处文化景区建设，推动我区加强历史文化遗产的科学保护和合理利用。跟踪监督区政府落实常委会关于实施文化兴区战略、推进文化惠民工程审议意见的情况，视察区文化中心建设，推动区政府落实文化惠民的各项政策和措施，加快公共文化基础设施和服务体系建设步伐。

四、坚持民生优先，围绕推进和谐社会建设做好人大工作

保障和改善民生是维护社会和谐稳定的重点。要继续加大对教育、食品安全、住房保障等民生领域工作的监督力度，听取和审议区政府关于校长队伍建设情况的报告，促进教育骨干队伍建设，不断提升我区教育质量。检查区政府贯彻实施食品安全法情况。视察保障性住房建设和管理情况。听取和审议区法院关于商事审判工作情况的报告，促进审判机关发挥能动作用，妥善化解经济发展方式转变过程中的矛盾和纠纷，维护社会稳定。听取和审议区检察院关于未成年人刑事检察和司法保护工作情况的报告，推进未成年人犯罪预防工作。跟踪监督区政府落实常委会关于实施残疾人保障法审议意见的情况、区法院落实常委会关于加强知识产权审判工作审议意见的情况。继续加强人大信访工作。

五、坚持生态立区，围绕推进绿色石景山建设做好人大工作

建设生态文明，关系人民福祉，是落实科学发展观的内在要求。要坚持由传统工业石景山向绿色生态石景山转型的总方向，听取和审议区政府关于促进园林绿化可持续发展情况的报告，视察区十项重点工程，跟踪监督区政府落实常委会关于改善和提升城市交通环境审议意见的情况，促进我区巩固“全国绿化模范城市”创建成果，在加快重大项目建设、提升城市建管水平的同时，加大自然生态系统和环境保护力度，推进城市环境可持续发展，努力建设天蓝、地绿、水净的美丽石景山。

各位代表，全面建成小康社会任务艰巨，加快建设现代化首都新城区责任重大。常委会要学习贯彻中央关于改进工作作风、密切联系群众的八项规定，深入调查研究，密切联系代表和人民群众，依法履行宪法和法律赋予的神圣职责，全面完成好今年的各项任务。让我们高举中国特色社会主义伟大旗帜，紧密团结在以习近平同志为总书记的党中央周围，脚踏实地，锐意进取，积极推进我区全面转型、科学发展，在中国特色世界城市和全面建成小康社会的新征程中做出我们新的更大贡献！

中国人民政治协商会议
北京市石景山区第九届委员会常务委员会工作报告

——在区政协九届二次议上的报告
（2013 年 1 月 8 日）

岳德顺

各位委员、同志们：

我受政协北京市石景山区第九届委员会常务委员会委托，向大会报告工作，请予审议，并请列席会议的同志提出意见。

2012 年工作回顾

2012 年，是石景山区深化全面转型的关键之年，也是区九届政协的开局之年。一年来，区政协在中共石景山区委的领导下，坚持以邓小平理论、“三个代表”重要思想、科学发展观为指导，认真学习贯彻中共十八大精神和市区第十一次党代会精神，牢牢把握团结和民主两大主题，紧紧围绕区委、区政府的中心工作，认真履行政治协商、民主监督、参政议政职能，在助推发展中尽力、在服务大局中尽责、在关注民生中尽心、在工作创新中尽职，不辱使命，扎实工作，各项工作都取得了新进展，为促进我区经济社会发展做出了新贡献。

一、坚持围绕中心、服务大局，在助推科学发展上取得了新成效

围绕中心、服务大局是人民政协履行职能必须始终遵循的重要原则，也是新时期政协事业必须坚持的基本方向。

着力服务全区重点工作。区政协坚持把促进经济社会发展作为履行职能的第一要务，开展了“服务委员、服务发展、服务社会”系列实践行动，为助推我区经济社会发展献计出力。积极开展招商引资工作。按照区委、区政府的工作部署，完善区政协招商引资工作制度，动员全体委员，发挥资源优势，利用广泛的人脉关系，主动服务招商、积极参与招商、全力支持招商。2012 年度，区政协共引进企业 57 家，注册资金超过 10 亿元。积极支持全区重大项目建设。按照区委、区政府的工作安排，区政协领导班子成员积极参与了永定河绿色生态发展带等 5 个重大建设项目的联系推动工作，组织政协委员视察了北京西山八大处文化景区建设项目，政协主席会视察了鲁谷供热厂清洁能源改造项目、苹果园交通枢纽商务区建设项目。积极参与十八大维稳安保工作。区政协常委会开展了社会治安综合治理视察，政协领导班子成员参与了十八大安保督查工作，为确保十八大顺利召开出了一份力。同时，区政协主席、副主席通过列席区委常委会、区政府常务会，参加区四套班子联席会等形式，参与和支持区委、区政府的重点工作。

着力促进我区文化发展与繁荣。文化是提高区域综合竞争力的重要因素，是经济社会发展的重要支撑，是人民群众的热切愿望。区政协常委会以“促进我区文化发展与繁荣”为主题，召开理论研讨会，大家从我区特色文化城市建设等不同方面、不同角度，提出了 27 条具有参考价值的意见和建议，并把研讨成果以提案、社情民意等形式，提供给区委、区政府作为决策参考。区政协以“促进我区文化发展与繁荣”为重点，组织委员开展专题调研视察活动，形成了“关于促进我区旅游文化产业发展”、“关于石景山区西部地区文物保护和开发利用情况”的调研报告和 2 个主席会建议案。同时，完成了区委委托的“关于建设北京西山八大处文化景区”的重点调研课题，提出了“将西山八大处文化景区打造成具有国际影响力的国家级文化景区”的对策建议 17 条，得到了区委主要领导的充分肯定和专家的好评。同时，区政协组织文史专家开展对文史资料的征集和抢救工作，编辑完成了约 40 万字的《石景山地名掌故》一书，丰富了区域文化内涵，增添了人文魅力，充分发挥文化传承历史、启迪现代、扩大城市文化影响力的作用。

着力促进中小微企业发展。我区一万多家中小微企业是就业的主渠道、创业的主平台、创新的主力军，是区域经济活力的重要支撑。近年来，中小微企业由于受国际金融危机的影响，发展面临许多困难和挑战。为此，区政协将促进中小微企业发展作为 2012 年重点调研课题，在深入调研的基础上，形成了“关于促进我区中小微企业发展”的专题调研报告和政协常委会建议案，从“树立信心，增强企业发展动力”等 4 个方面提出了 23 项具体建议。建议引起区政府高度重视，提出了“金融支撑、创优服务”等一系列支持发展的措施。同时，通过走访企业，邀请区政府领导作经济形势专题报告，组织企业家与政府经济部门负责人面对面沟

通交流，听取并反映企业的意见建议，鼓励企业正确分析形势，坚定发展信心，帮助协调解决企业在发展中遇到的困难和问题，都收到了很好效果。

二、坚持以人为本、履职为民，在推进民生改善上做出了新贡献

坚持以人为本、履职为民，围绕促进民生改善，用心、用情、用力，是人民政协的职责所在。

主动关注民生。区政协顺应我区经济社会发展，积极关注人民群众生活改善问题。组织委员围绕社区养老、环境卫生整治等开展了一系列调研视察活动，形成了“关于推进社区养老服务社会化”、“关于进一步提升石景山卫生管理水平”的专题调研报告和2个主席会建议案，完成了区政府委托的“关于我区水资源开发利用与供水保障”重点调研课题，得到了区政府主要领导的高度评价，促进了相关工作的改进和加强。

积极反映社情民意。政协委员工作在基层、生活在群众中，对民生状况最了解。区政协坚持把了解民情和反映社情

民意信息作为一项重要工作来抓，既通过视察、调研等渠道，广泛了解社情民意信息，又从平常工作生活中捕捉信息，畅通社情民意渠道。全年收到社情民意信息368条，向区委、区政府和市政协编发报送社情民意信息232期，市区领导批示68期次，协调解决了一批群众关心的城市管理、校园安全、垃圾处理等问题。

改进和加强提案工作。提案是人民政协履行职能的重要方式。区政协注重健全机制，拓展工作渠道，加强和改进提案工作，推动有关民生问题的解决。九届政协一次全会以来，共收到提案212件，经审查立案188件，其中民生类提案82件，占总数的45%。通过联合交办、党政领导领办、政协主席督办、提案办理成果视察等形式，提案办结率100%，满意率97%。

努力开展帮扶工作。区政协组织开展了“帮助困难群众、资助贫困学生、捐助公益事业”等各种扶贫帮困活动。组织委员开展了残疾人工作视察活动，在“助残日”政协委员为残疾人献爱心。去年“7.21”北京特大暴雨，委员们积极参加抗洪救灾，主动捐款捐物。据统计，一年来，各界别委员多种途径捐款达70余万元，安置下岗失业人员600余人，对1600名外来务工人员进行职业技能培训。

三、坚持团结民主、凝心聚力，在巩固统一战线基础上取得了新进步

在中国共产党的领导下，坚持团结民主，既是人民政协的永恒主题，也是人民政协继往开来的方向所在。

扎实推进民主政治建设。扩大和完善基层民主，是发展社会主义民主的基础。区政协围绕党风廉政建设和干部选拔民主制度建设，听取情况通报，进行专题协商；就加强基层基础工作，创新社会管理，提出意见和建议。坚持尊重和保障各民主党派、工商联和无党派人士的民主权利，建立工作联系制度，采取走访座谈等多种形式，认真听取意见、沟通情况、改进工作，促进了政党关系和谐。一年来，各民主党派、工商联共提交提案16件，反映社情民意100余篇，提交各类会议发言16篇，数量和质量都有了明显提高。

认真做好团结联谊工作。充分发挥政协联系广泛的优势，广交朋友、深交朋友。通过走访民族宗教界代表人士，关心他们的工作和生活，发挥他们的作用，促进民族关系和谐。通过加强同新的社会阶层代表人士的联系和沟通，增进了解，团结共事。通过举办政协委员、各民主党派、工商联、无党派人士新春联谊会、中秋茶话会、“三．八”节女委员联谊会，扩大了团结面，增强了凝聚力。

加强对外交流与合作。加强了与市政协的联系沟通，积极协助市政协完成多项视察、调研任务。开展区内外政协的交流与合作，学习先进经验，宣传石景山，扩大影响力。

四、坚持结合实际、创新实践，在提升政协委员科学履职上取得了新突破

创新是时代的要求，是发展的需要，也是政协工作永葆生机与活力的根本途径。

创新委员履职形式。政协工作的主体是委员，潜力、活力、实力也在委员。去年以来，我们着眼突出委员主体作用，激发委员履职活力，增强委员履职实效，在全区政协委员中开展了“我是委员我承诺，我为区域发展做贡献”主题实践活动。承诺活动的开展，激发了政协委员的荣誉意识和责任意识，据统计，全区175名委员围绕招商引资、维护社会稳定、服务民生等8个方面，提出承诺677项。承诺活动的开展，使各界政协委员“动”了起来，政协各专委会工作“活”了起来，政协工作“实”了起来，产生了良好的经济社会效果。

创新委员活动形式。去年以来，我们探索如何让委员的提案、建议更有针对性，区政协6个专门委员会分别在各委办局设立了基层联系点，开展对口协商活动16次。联系点的建立，使委员活动更加接“地气”，形成了委员向基层走、意见帮基层带、困难帮基层解的工作格局。区政协社法委选出14名有专业特长的政协委员，与区法院联合成立了“专业技术咨询委员会”，就知识产权等案件提供“外脑”支持。区政协经科委在科技园区建立了“政协委员科学履职实践基地”，成为委员推介石景山的宣传平台、招商引资的平台、与政府部门交流的沟通平台。

创新提案工作制度。平日提案是人民政协提案工作的重要组成部分。去年以来，我们着力推动政协提案工作常态化建设，首次向全体委员发送了全会闭会期间的提案征集通知，建立闭会期间提案审查程序，面向社会公开征集提案线索，使之向常态化推进。去年，收到平日提案16件，经审查立案12件。同时，修订了提案工作条例，更新了“石景山区政协提案管理系统”。

五、坚持加强自身建设、完善工作机制，在促进政协工作提高科学化水平上取得了新进展

加强自身建设，完善工作机制，是人民政协适应新形势新任务，不断提高工作水平的内在要求。

切实加强政协常委会自身建设。坚持把加强学习作为强化常委会自身建设的一项重要任务来抓，组织政协常委学习中共十八大和市区第十一次党代会精神，组织政协常委到西柏坡进行革命传统教育，举行了专题报告会和政情通报会，不断提高政协常委会的政治意识和责任意识。建立健全常委会工作机制，加强对常委会专题议政的研究，使课题调研更有深度，协商讨论更有针对性，提交的建议案更有价值。

切实加强政协委员队伍自身建设。针对换届后新委员多的情况，利用多种形式开展学习培训。特别是中共十八大召开后，组织委员认真学习领会中共十八大提出的一系列重要理论观点、重要战略思想、重要工作部署，自觉用中国特色社会主义理论武装头脑，指导实践，推动工作。开展"我是委员我承诺"主题实践活动，引导委员正确处理荣誉与责任、本职工作与履行委员职责的关系，进一步规范了委员行为，发挥了委员作用，提高了履职实效和水平。开展"走基层、访委员、察民生、促发展"活动，去年以来，政协主席和各专委会共走访委员企业和单位60余家，看望委员80余人，为156名委员送上生日祝福。

切实加强制度建设。针对新形势新任务的新要求，按照政治性、可操作性和创新性相统一的原则，区政协修订了提案工作、社情民意等31项工作制度。建立了区政协领导走访委员、委员履职考评等一批新制度，为推进政协工作规范化建设奠定了基础。

切实加强机关自身建设。进一步规范、改进、创新专委会工作，增强了专委会联系委员、联系界别、联系部门的主动性。以建设学习型、服务型、创新型机关为目标，进一步加强政协机关的思想、组织、作风和党风廉政建设，对政协机关干部提出了"五个不能让"的工作要求，对政协机关年轻干部提出了"把握形势、把握自己、把握未来"的要求，机关服务水平进一步提升。规范信息收集、报送、反馈机制，编发政协信息100期，区委信息采用60期。加强了对政协工作的宣传，在《人民政协报》、《北京日报》等媒体上稿160余篇次。

过去的一年，区九届政协工作取得了一些成绩，这些成绩的取得，是中共石景山区委正确领导、市政协具体指导的结果，是区政府真正重视、大力支持的结果，是政协各参加单位和广大政协委员共同努力、扎实工作的结果，是离退休老同志、社会各界人士积极参与、热情帮助的结果。在此，我代表区九届政协常委会，向大家表示崇高的敬意和衷心的感谢！

回顾过去一年的工作，我们深刻体会到，区委重视、政府支持、政协主动，是政协工作取得成效的前提条件；围绕中心、服务大局、履职为民，是政协工作始终遵循的基本原则；突出主体、体现特色、勇于创新，是政协工作不断增强活力的关键环节；加强学习、提升素质、强化服务，是政协工作提高水平的坚实基础。

在总结成绩的同时，我们也清醒地看到，工作中还有一些需要不断加强和改进的地方，主要表现在：协商民主制度化建设还需要进一步推进；政协界别和专委会在整体工作中的基础作用还需要进一步强化；委员主体作用还需要进一步发挥；政协机关干部队伍建设还需要进一步加强。对于这些差距和不足，常委会将在今后的工作中认真研究，切实加以改进。

2013年工作意见

各位委员，2013年是贯彻落实中共十八大精神的第一年，是推动区域战略转型的重要一年，也是区九届政协工作的深化之年。做好今年的各项工作，至关重要。面对新的形势和任务，今年区政协工作的总体要求是：在中共石景山区委的领导下，高举中国特色社会主义伟大旗帜，坚持以邓小平理论、"三个代表"重要思想、科学发展观为指导，认真贯彻落实中共十八大精神，牢牢把握"促发展、促民生、促稳定"的工作主基调，认真履行政治协商、民主监督、参政议政职能，更加主动地服务科学发展，更加主动地关注民生，更加主动地促进社会和谐，更加主动地创新实践，为实现坚持科学发展、深化全面转型，建设现代化首都新城区做出新的贡献。

为此，要着力做好以下几个方面的工作：

一、深化理论学习，把共同的思想政治基础夯的更实

坚持不懈地加强政治理论学习，巩固共同的思想政治基础，是人民政协事业发展的必然要求和根本保证。通过举办专题报告会、研讨会等形式多样的学习活动，组织政协委员认真学习中共十八大精神，把思想和行动统一到中央和市委的要求部署上来。特别是要认真学习好中共十八大关于统一战线和人民政协工作的新理论、新观点、新要求，深化对人民政协性质、地位、作用的认识，增强推动区政协事业不断发展的责任感和使命感。加强中共十八大提出"协商民主"重要论断的学习，深入研究如何完善协商制度，协商什么、与谁协商、怎样协商、协商成果如何运用等问题，推进政协工作创新发展。

二、深化协商议政，主动服务科学发展更到位

加快转变经济发展方式，推动石景山区科学发展，是区政协全年工作的重点，也是深化协商议政的着力点。我们要坚持"区委所想、政协所议，政府所做、政协所推"的工作理念，紧紧围绕区委、区政府一些重大决策、重大项目、重大问题，积极主动地开展协商议政活动，使代表民意的协商意见建议纳入决策程序，把协商民主的要求落到实处。要准确把握中共十八大报告关于加强生态文明建设的重要内涵，紧紧围绕我区由传统工业石景山向绿色生态石景山转型的总方向，开展专题调研和各类视察活动，为推动石景山区全面协调可持续发展献计出力。要把国家服务业综合改革试点区建设作为今年区政协常委会研讨的主题，并组织委员开展调研视察活动，为把试点机遇转化为发展机遇和发展实力献良策，为推进我区服务业向特色化、高端化、规模化发展做贡献。要以加快北京西山八大处文化景区建设为契机，深入挖掘区域文化资源，大力宣传区域特色文化，

广聚各方力量,为促进我区文化发展与繁荣献计出力。要继续抓好招商引资,做好服务企业发展工作,支持中小微企业提升发展水平。

三、深化履职为民,促进社会和谐更有效

加强以改善民生为重点的社会建设,维护社会和谐稳定,是政协义不容辞的职责。区政协坚持把改善民生和加强社会建设作为履行职能的重要出发点和着力点,努力为和谐石景山建设贡献力量。切实围绕党政关心、人民群众普遍关注的问题,就保障性住房建设、物业管理、稳定和促进就业、社区卫生服务、教育事业改革发展等关系民生改善和社会和谐稳定的热点难点问题,查实情、建实言、出实招,为党政决策提供有益参考。发挥政协组织人才荟萃、联系广泛、渠道畅通的优势,多方了解社情民意,及时反映社会各阶层的利益诉求和人民群众的新期盼,协助区委、区政府做好协调关系、争取人心、凝聚力量的工作,为维护社会和谐稳定尽心尽力。组织委员开展不同层次、不同群体、形式多样的扶危济困公益活动,扩大参与面,增大受益面,为构建和谐社会献爱心。

四、深化工作主题,推进统一战线基础更巩固

团结和民主是体现政协性质和作用的两大主题,也是政协开展工作的重要基础和保障。政协组织中的共产党员要主动与其他界别的委员讲友情、做朋友、深交流,帮助他们解决实际问题,不断增强政协组织的凝聚力。充分尊重和切实保障各民主党派、无党派人士、各人民团体、各族各界人士的民主权利,进一步加强联系与合作,充分体现政协委员代表面广、包容性强的特点。积极做好社会各阶层人士的联系与服务工作,真诚关心台胞台属、归侨侨眷、少数民族、宗教界人士的工作和生活。加强沟通联谊,增进对外交流与合作,大力宣传推介石景山,吸引外部社会资源,促进区域经济社会发展。

五、深化创新实践,推动政协工作更有活力

改革创新是人民政协事业不断发展的动力。深入开展"我是委员我承诺,我为发展做贡献"主题实践活动。在活动中,要充分发挥政协领导班子的带头作用、专委会的协调作用、委员的主体作用和机关的服务保障作用,加强对承诺实践活动的组织指导和典型引导,不断充实活动内容、完善推进措施、总结活动经验、深入理论探讨,把承诺实践活动打造成政协工作的创新品牌。深化专委会对口联系点工作。积极主动地加强与对口联系部门的沟通交流,丰富对口联系内容,总结对口协商经验,使委员履职有基地,了解情况有渠道,协商民主有内容,推动工作有实效。扎实推进提案工作常态化。要以提案工作常态化推动委员履职经常化。下发征集平日提案通知,进一步完善平日提案立案审查程序和交办督办工作。切实发挥政协界别的作用。建立政协界别活动小组,明确召集人,完善专委会联系界别制度,加强界别之间、委员之间的横向联系与交流,发挥政协界别在协商民主、提案办理、调研视察、反映社情民意等工作中的优势和作用。

六、深化自身建设,提高政协工作科学化水平更有保证

提高政协工作水平,关键在于加强自身建设。要认真学习贯彻中共中央关于改进工作作风、密切联系群众的八项规定及实施细则的精神,按照市区要求,进一步加强政协自身建设。进一步抓好政协常委会自身建设。加强理论学习和制度建设,进一步增强常委会组成人员政治意识、大局意识、创新意识和责任意识,充分发挥其在履行职能中的带头作用,不断提高常委会的领导能力。进一步抓好政协委员队伍自身建设。通过组织学习、开展承诺活动、落实走访委员制度、为委员送温暖、建立委员履职评价考核机制等措施,不断调动委员的积极性,提高委员的履职能力。进一步抓好政协专委会自身建设。通过强化学习,不断提高各专委会的素质和能力;通过建立健全专委会工作目标责任制,调动各专委会工作积极性和主动性,提高工作成效;通过加强各专委会之间的协调配合,形成工作合力,推动政协工作整体发展。进一步抓好政协机关自身建设。切实发挥机关党支部思想、能力、作风、团结的保障作用,进一步健全和完善各项工作制度,使机关干部队伍的素质有新提高,工作作风有新改进,工作能力有新发展,服务水平有新提升。进一步加强信息工作,切实发挥信息工作上情下达,下情上传的作用。切实发挥宣传对政协工作的推动作用。认真做好有关文史资料的抢救和编撰工作,发挥文史资料在推动我区文化繁荣与发展中的作用。

各位委员,各位同志,政协工作使命光荣,责任不轻。让我们在中共石景山区委的领导下,高举中国特色社会主义伟大旗帜,紧密团结在以习近平同志为总书记的中共中央周围,深入贯彻落实中共十八大精神,同心同德、群策群力,求真务实、锐意进取,不断开创政协工作新局面,为推进我区全面转型、科学发展做出新的更大的贡献。

专　文

关于坚持科技创新与文化创新“双轮驱动”引领石景山区深化转型发展的战略研究

第一章 “双轮驱动”的战略意义

创新是一个民族进步的灵魂，是一个国家兴旺发达的不竭动力。在新时期新形势下，科技创新与文化创新正在成为促进经济和社会发展的直接动力和源泉。构建科技创新和文化创新“双轮驱动”的发展格局，无论是从国家战略层面、首都发展层面，还是区域转型层面，都有着极其重要的战略意义。

一、“双轮驱动”加速大国崛起

纵览中国历史，科技与文化在民族发展中发挥了极为重要的作用。纵观世界各个大国崛起的历史，很大程度上也都是先进的科技和文化在国与国竞争中取得胜利的历史。在日益激烈的国与国竞争中，创新能力成为增强软硬实力的关键。

（一）增强硬实力，科技创新是支撑

科技创新在强国发展中始终起着重要作用。客观公允地解读世界大国的崛起路径不难发现，科技创新是贯穿世界强国崛起过程中的一条至关重要的主线。从荷兰人利用新技术对商船进行改进，到英国人发明瓦特蒸汽机，再到后期美国人在科学技术上的重大成就，等等，这些无一不彰显着科技创新对强国发展的重要支撑作用。我国历来高度重视科技工作。新中国成立之初，制定实施了十二年科技规划，取得了“两弹一星”等举世瞩目的成就。改革开放以来，党和国家着力推进科技改革发展，实施科教兴国、人才强国战略，把科技创新作为经济社会发展的重要推动力。党的十六大以来，国家把提高自主创新能力、建设创新型国家作为国家发展战略的核心和提高综合国力的关键。当前，科技创新在党和国家发展全局中的地位更加突出。可以说，要实现国家发展的战略目标，最根本的是要靠科技的力量，最关键的是要大幅提高自主创新能力。在经济建设中，科技创新是推动经济发展的内生动力，是转方式、调结构的关键力量；在社会发展中，科技创新还是提高民生福祉、提高社会管理水平的重要保障，是保障国家粮食安全、提高医疗健康和食品安全水平、应对重大自然灾害和保证国家主权安全的中坚力量。可见，科技创新在我国经济社会发展中的作用突出、使命重大。

（二）提升软实力，文化创新是关键

当前，国家之间的竞争不仅要靠“硬实力”，更要靠“软实力”。在过去的三十多年中，中国通过改革开放实现了经济的飞速发展，GDP跃居世界第二，综合国力大大提升。中国要想在全球战略格局中增强话语权，不仅需要经济快速发展，更需要彰显自身的文化影响力。进入新的发展时期，中央从战略高度深刻认识到文化的重要地位和作用，十七大报告、“十二五”规划都以专门章节对文化领域的发展和改革做出重大决策和全面部署；2011年10月，党的十七届六中全会通过的《中共中央关于深化文化体制改革推动社会主义文化大发展大繁荣若干重大问题的决定》更是将文化上升为国家战略。“文化兴国”战略的提出，不仅与先期的“科教兴国”构成一种深层次递进，更是对国家发展战略的丰富和完善，也是对世界发展潮流的契合。而实施文化强国战略的关键是“文化创新”，只有不断破除旧的思维方式和传统观念并对文化内容和形式进行大胆创新，才能不断增加我国文化的吸引力与国际影响力。毫无疑问，文化创新和科技创新的发展对于一个民族、一个国家，甚至整个世界的发展都起着决定性的推动作用。进入新时代，科技创新和文化创新已经成为推动我国经济社会快速发展的重要动力。

二、“双轮驱动”助推首都科学发展

长期以来，自主创新一直是北京发展的核心战略。自党的十七届六中全会提出“文化兴国”战略后，北京作为全国文化中心和国家文化体制改革试点区，也果断地将文化创新摆到了新高度，并适时提出“双轮驱动”发展战略，这既是对过去科技创新驱动战略的深化和拓展，也契合了北京建设世界城市的发展需求。

（一）从北京的发展阶段看，科技创新和文化创新是未来发展的必然选择

目前，北京已经跨入人均GDP超过1.1万美元、第三产业比重超过75%的发展阶段。依据哈佛大学波特教授的理论，国际大都市一般会经历要素驱动、投资驱动、创新驱动三个发展阶段。纽约、东京、伦敦等世界城市在本阶段的发展模式都开始快速向创新驱动转变，制造业比重大幅下降，高新技术产业和文化创意产业等产业迅猛发展，城市由经济之都演变为创新和创意之都。从北京的发展现状可以看出，已经迈入超越要素驱动和投资驱动后的创新驱动阶段。北京的未来发展，创新是关键，特别是科技创新和文化创新将成为北京建设世界城市的新动力。

（二）从北京的城市功能看，科技创新和文化创新是经济社会发展的重要引擎

北京作为中国首都、国际大都市，其产业多是高端高效、高知识含量的智慧密集型产业，这些产业发展的关键靠

创新。与此同时，科技创新、文化创新符合首都的功能定位，特别是国家科技创新中心、国家文化中心的定位与之更加契合。在这个意义上，“双轮驱动”构想的实施将更有利于北京履行其城市职能。

(三)从北京的发展目标看，科技创新和文化创新是宏观战略的具体路径

目前，北京正在大力推进“中国特色世界城市”和“五个之都”建设，正在积极实施“人文北京、科技北京、绿色北京”的战略。如何操作这些战略，如何实现这些发展目标，科技创新和文化创新就是实现目标的具体路径和方法。它一方面从机制层面承继宏观的发展战略，另一方面不拘泥于具体的发展政策和措施，因此，它是在中观层面丰富、拓展首都发展的战略思路，为北京实现发展愿景指明了方向。

(四)从转变经济发展方式角度看，科技创新和文化创新将起到关键性作用

随着科技与文化交融的日益加深，特别是文化消费和文化产业在消费结构、产业结构中的地位凸显，文化创新日益成为科技创新的精神引领和智慧支撑。文化创新所形成的创意产业不失为调整产业结构、支撑经济发展方式转变的重要力量。在科技创新驱动的基础上提出文化创新驱动，不仅深化了对加快转变经济发展方式的认识，更加契合了加快转变经济发展方式的演化方向。“双轮驱动”战略的提出，将为北京世界城市建设注入更大的活力，发挥更加积极的作用。

三、“双轮驱动”深化石景山区全面转型

石景山区作为首都城市功能拓展区，未来五年正处于由传统工业石景山向绿色生态石景山转型的关键期，深化全面转型，其核心就是要加快构建科技创新、文化创新“双轮驱动”的发展格局，“双轮驱动”无论是在初期还是中后期都是其转型时期的必然选择。

(一)回顾转型历程，科技创新和文化创新功不可没

回首石景山区转型历程，科技与文化始终血脉相连。“十五”期间，新的北京城市发展战略赋予了石景山区“一区三中心”的功能定位，即城市功能拓展区、城市职能中心、综合服务中心、文化娱乐中心。结合北京城市发展功能定位的要求，2006年，石景山区提出打造首都文化娱乐休闲区(CRD)的发展定位，并选择科技与文化高度融合的数字产业作为切入点，自此石景山区走上全面转型的发展道路，文化创意产业也开始在石景山区发展壮大。与此同时，石景山区科技园于2006年1月经国家发改委审核批准正式加入中关村科技园区，成为中关村国家自主创新示范区“一区十园”中的文化创意产业特色园，借助着中关村政策的东风，高新技术产业也获得了迅速发展，之后，文化和科技成为石景山区转型发展最重要的动力。“十一五”期间，石景山区处于全面转型的关键时期，开始从“工业经济”全面转向“服务经济”。为了推进产业的健康发展和社会的全面转型，石景山区继续积极推动科技和文化的发展，积极为文化、科技创新搭建平台、营造环境，取得了显著的成效，先后被科技部批准为国家科技进步示范区、国家可持续发展实验区，中关村国家自主创新示范区特色园区建设快速推进，首都文化娱乐休闲区(CRD)的形象不断深入人心。可以说，石景山区的功能定位及发展趋势决定了其发展与科技创新和文化创新密不可分，也正是依靠科技创新和文化创新，石景山区走出了一条特色转型的发展之路。

(二)全面深化转型，科技创新和文化创新仍是重要引擎

经过“十二五”时期的发展，石景山区的转型取得了重要成就。但也要清醒的看到，在首都经济社会进入新的发展阶段时，与全市的整体发展水平相比，与先进兄弟区县的发展相比，与人民群众的期待和要求相比，下一步的深化转型仍有大量的工作要做，深化转型必须“大步快跑”。

目前，石景山区面临的最突出的问题是主导产业接续问题。长期以来，石景山区的经济以第二产业为主导，重工业占地区生产总值比重接近六成，是支柱产业。2010年，首钢涉钢产业已全部停产，“十二五”时期确立的“文化创意产业、高新技术产业、商务服务、旅游休闲、现代金融”五大主导产业目前发展水平均不高，体量普遍偏小，优势不突出，还不能对石景山区经济持续增长形成有效支撑。但综合石景山区产业发展现状和北京市发展要求看，未来高新技术产业和文化创意产业将有望成为支撑区域发展的新的支柱产业。而且石景山区在“十二五”规划中也明确提出到“十二五”末，文化创意产业和高新技术产业占地区生产总值的比重要分别达到15%和25%。从石景山区主导产业的选择可以看出，转型后的产业主要集中在高端、高效、高辐射类型的高新技术、文化创新和商务服务等领域，而且由于石景山区的地域面积狭小，这些产业内的企业多数都集中于产业价值链“微笑曲线”的两端，也就是说主要集中于研发设计、营销和品牌服务等环节。而这种产业结构的特征决定了石景山区的企业要发展壮大，创新是关键。另外，从社会建设的角度看，随着转型的深入，石景山区高层次人才不断聚集，而高端人才的到来也对城区的文化环境、教育品质、城市管理、社会建设等各方面提出了更高的要求。满足居民追求高品质生活等需求，也离不开科技和文化的创新发展。也就是说，不管是从经济发展还是从社会建设方面看，科技创新和文化创新仍然是石景山区深化全面转型发展的重要引擎。

第二章 “双轮驱动”的基本内涵

“双轮驱动”是一个全新的理念和课题，在认识和实践上有待进一步探索。对于石景山区而言，要以科技创新和文化创新“双轮驱动”来引领区域深化转型，首先要深刻理解“双轮驱动”的内涵，准确理解其内在体系及构成要素，这是制定战略的前提。

一、“双轮驱动”的相关概念

(一)创新和创新驱动

创新最早产生于经济学中，是一个经济学的概念。第一个明确提出创新理论的是美籍奥地利经济学家约瑟夫·熊彼特(J·A·SchumPeter)。熊彼特通过对经济发展的深入

观察，提出了创新是经济增长最重要的驱动力，是经济发展的本质要求。熊彼特认为，创新是"新的生产函数的建立"，也就是企业家将生产要素和生产条件以一种从未有过的"新组合"引入生产系统以获得"超额利润"的过程。在他看来，创新有五种情况：一是采用新产品，即消费者还不熟悉的产品或产品的新特性；二是采用新的生产方法，即在有关的制造部门中尚未通过经验检定的方法；三是开辟一个新的市场，即有关国家的某一制造部门以前不曾进入的市场；四是控制原材料或半制成品的新供应建立来源；五是实现新组织，比如造成一种垄断地位或打破一种垄断地位。在熊彼特明确提出创新理论之后，创新的多角度研究逐渐展开，又引申出了产品创新、技术创新、市场创新、资源配置创新、制度创新等众多创新概念，创新的研究视角也更加宽泛和专门化。总而言之，创新驱动更多的是利用知识、技术、企业组织制度和商业模式等创新要素对现有的资本、劳动力、物质资源等有形要素进行新组合，以创新的知识和技术等改造物质资本、提高劳动者素质，进行科学管理，创新是驱动经济发展的关键动力。

(二)双轮驱动

本课题所研究的"双轮驱动"，主要是指某个区域将"科技创新"和"文化创新"作为该地区经济社会快速发展的重要推动力。具体到石景山区而言，就是如何实现科技创新、文化创新以及文化科技融合创新，以此推动石景山区深化转型。

二、"双轮驱动"的内在关系

(一)科技创新是推动文化发展的重要引擎

科技创新能影响和助推文化创新。历史经验表明，科技进步在给社会生产方式、全球竞争格局和国民财富获取方式带来重大变革，促进社会进步的同时，也深刻地影响着人们的思维方式、生活方式，并从文化内容、文化表现形式、传播方式及文化形态等各个方面，不断推动着文化的发展和演进。一方面，科技创新不断丰富着文化的内涵。科技作为社会智力发展的一方面，既是文化的重要内容，也是文化的重要体现形式和载体。一定时期科技的发展水平，不仅反映和代表了该时期社会智力发展状况和人们认识客观世界的能力，也反映了其文化发展的水平和特点。另一方面，科技创新是社会文化形态演进发展的催化剂。人类文明进步与社会发展是伴随着科技进步而不断演进发展的历程。从采猎文明、农耕文明到工业文明，再到今天的以工业化、信息化的高度发展融合为特征的后工业文明，技术的每一次革命性突破，都推动着社会及其文化形态产生深刻的变革。今天，中国文化要实现大发展大繁荣，要迎接来自国际文化产业强国的挑战，必须积极推进科技创新，以不断的科技创新来提升文化的竞争力。

(二)文化创新引领和推动科技创新

从人类历史的发展进程来看，任何一个进步的变革时期，任何一个创新活动活跃的时代，其背后都有一种新的积极的文化思想在引导，有一种新的文化环境在激励。也就是说，文化可以从思想、观念、价值观等意识形态层面去影响和引导科技创新的发展。例如，从17世纪到20世纪前期，意大利、英国、法国和德国先后成为世界科学活动中心，涌现出大量一流水平的科学成就，而这与文艺复兴、宗教改革、启蒙运动和哲学理论的高度发展等人文文化的特定历史环境紧密相关。又如，美国硅谷在科技创新发展方面取得了突出成绩，硅谷的成功被专家们归结为"硅谷文化"，硅谷文化可概括为：鼓励冒险，宽容失败，勇于创新和不断进取，硅谷在高科技方面取得的突出成就，深刻表明精神的力量不仅表现在各个民族的发展过程中，而且更突出地表现在科技创新发展中。

三、"双轮驱动"的构成要素

(一)科技创新的主体及其作用

一般而言，科技创新涉及政府、企业、科研院所、高等院校、中介服务机构等多个主体，包括人才、资金、科技基础、知识产权、制度建设、创新氛围等多个要素，他们共同构成一个区域的科技创新体系。在这个体系中，政府、企业、科研机构、中介机构等创新主体良性互动，制度、政策和环境相互协调，技术、人才、资金等创新要素协同作用，方可实现科技资源有效集成和合理配置。科技创新的主体中，企业、科研院所和高校等是科技创新的直接推动者，政府和中介组织等是间接推动者，他们在创新过程中所发挥的作用也有所不同。政府，是企业、高校及科研院所等主体创新发展的政策引导、激励和规范者；高校及科研机构，是人才培养、知识创造的供给者和使用者；企业、高校及科研机构呈现出动态、开放、相互影响、相互依赖的关系。知识流在企业、高校及科研机构之间循环流动，信息流在政府、企业、高校和科研院所之间循环流动，中介机构的作用是促进知识在企业、高校和科研机构中间流动；政府与企业、高校和科研院所的这种动态开放、相互依存的关系是产学研合作创新发展的基础。

(二)文化创新的内容与着力点

对于文化创新而言，从广义上说，文化创新的主体是广大的人民群众；从狭义上理解，可以认为主要是由政策制定者、文化产品创造者、文化服务提供者、文化科技工作者等组成。影响文化创新的因素也有很多，主要包括经济社会环境、人员素质、技术创新、政策支持、市场需求等等。一般而言，文化创新主要从文化理念、体制机制、内容形式等方面进行。首先，观念和价值观的创新是文化创新的基础和前提。观念和思维支配着人的行为活动，只有人的观念和思维获得了变革和更新，人的行为才有可能发生质的改变，因此文化观念创新是文化创新的前提。其次，制度创新是文化创新的中心环节。文化体制创新是文化创新的根本出路，是文化大发展大繁荣的前提。再次，文化内容和形式的创新是文化创新的核心和载体。文化创新的根本要求就是生产出思想内容与艺术魅力相统一的精神文化产品，因此，文化创新不论用什么方法，走何种路径，一定要坚持"内容为王"。文化的内容又与形式不可分割，一旦主题和思想内容确定，恰当的表现形式就显得非常关键。第四，文化科技创新是文化创新的手段和重要途径。文化科技创新有两层含义,一是指将先进的科学技术运用到文化产品的生产当中,提高产品的科技含量,使其紧扣时代脉搏;二是运用最先进的科技手段来传播文化,增加文化传播的深度、广度和速度,从而加强文化的影响力。文化创新是一个系统工程,在不同的时空、不同地区有不同的内容和形式,一个城市在推进文化创新时一般可从思想观念、文化体制机制、公共文化管理、文化产业发展、文化环境建设、城市景观建设等方面进行。

第三章 石景山区实施“双轮驱动”战略的现状分析

一、资源条件奠定创新基础

石景山区丰富的科技和文化资源是实施“双轮驱动”战略促进地区经济社会发展的前提,为创新发展奠定了坚实的基础。

(一)文化科技资源基础雄厚

1. 科技资源优势明显

科研机构实力较强。石景山区的主要科研机构包括:中央属院所院校8家,北京市属院所院校5家,区办院校1家,国家级重点实验室3家,北京市重点实验室2家,区级重点实验室5家和创意工作室5家,市级以上企业技术中心9家,总体呈现出数量精、实力强的特点。企业资源特色鲜明。以首钢为龙头的制造业科技研发创新实力较为强大。近几年快速兴起的高新技术产业和文化创意产业,也逐步成为石景山区科技创新的主力军。同时,石景山区的文化创意产业和高新技术产业融合发展特色明显,两大产业融合度已达到60%以上,具有鲜明特色的数字娱乐产业初具规模。研发及成果转化基地基础良好。自2004年北京数字娱乐产业示范基地落户石景山区后,2005年至2011年间,“国家数字媒体技术产业化基地”、“国家电子竞技运动发展中心”、“国家网络游戏动漫产业发展基地”、“国家动画产业发展基地”和“国家文化产业示范基地”等5个国家级基地也先后落户。以数字娱乐产业为主导的文化创意产业发展势头迅猛,石景山区已成为国内首屈一指的文化创意产业集聚区和先导区。科技人才队伍不断壮大。“十一五”末,石景山区科技人才已达到7万余人,其中专业技术人才约3.5万人,占总量的50%,企业经营管理人才约1.6万人,占总量的22%,企业已经成为吸纳和培养科技人才的主体。这些人才中有中央“千人计划”人选1名,北京市“海聚工程”人选7名,中关村“高聚工程”人选7名。

表1 石景山区重点科技资源列表

中央属院校院所		
1	中国科学院大学	全国招生,具有综合学科优势
2	中国科学院高能物理研究所	以基础研究和应用基础研究为主
3	中国新闻学院	隶属新华社,以继续教育为主
4	国家检察官学院	培养高素质检察人才的成人教育机构
5	中央财政干部管理学院	隶属于中央财经大学
6	电子科学技术情报研究所	信息产业部直属信息研究与服务机构
7	中国电子工业发展规划研究院	原电子工业部直属
8	中国电子科学研究院	国家级研究机构,科研开发基地位于石景山区
市属院校院所		
1	北方工业大学	以工科为主的综合性大学
2	北京市建筑材料科学研究院	市属重点科研院所
3	北京工业职业技术学院	以工科为主的综合性职业技术学院
4	北京钢铁学校	首钢总公司主办的市属中等专业学校
5	北京光明中医学院	医学为主
区办高校		
1	北京石景山区业余大学	石景山区政府主办
国家级重点实验室		
1	固废资源化利用与节能建材国家重点实验室	属北京建筑材料科学研究总院有限公司
2	核探测与核电子学国家重点实验室	属于中科院高能物理研究所
3	北京正负电子对撞机国家重点实验室	属于中科院高能物理研究所
市级重点实验室		
4	网络安全防护技术北京市重点实验室	属中国科学院高能物理研究所
5	绿色可循环钢铁流程北京市重点实验室	属首钢总公司
区级重点实验室		
1	冶金自动化控制技术研发石景山区重点实验室	北京首钢自动化信息技术有限公司
2	核技术无损检测与分析石景山区重点实验室	中国科学院高能物理研究所

续表

3	超宽带驻地网络技术石景山区重点实验室	北京东方信联科技有限公司
4	建筑墙体节能保温材料石景山区重点实验室	北京建筑材料科学研究总院有限公司
5	工业以太网交换技术石景山区重点实验室	北京东土科技股份有限公司
区级创意工作室		
1	冶金自动化控制技术研发石景山区重点实验室	华录文化产业有限公司
2	畅游(CYOU)石景山区创意工作室	北京畅游时代数码技术有限公司
3	互动新媒体技术石景山区创意工作室	北方工业大学
4	丽贝亚设计石景山区创意工作室	北京丽贝亚建筑装饰工程有限公司
5	3D游戏引擎开发石景山区创意工作室	趣游(北京)科技有限公司
国家级研发基地		
1	国家数字媒体技术产业化基地	2005年落户石景山区
2	国家网络游戏动漫产业发展基地	2005年落户石景山区
3	中国电子竞技运动发展中心	2005年落户石景山区
4	中国动画产业基地	2009年落户石景山区
5	国家文化产业示范基地	2011年落户石景山区

2. 文化资源特色鲜明

北京作为全国的文化中心是世界闻名的古都和历史文化名城,数千年来文脉绵延不断,底蕴深厚。石景山区作为北京市重要的功能拓展区,也拥有丰富且独特的文化资源。第一,历史文化资源丰富。石景山区的历史文化具有突出的古文化特征,涵盖了古刹、宗教、古镇、墓藏和宦官等方面的内容。截止2011年底,石景山区拥有33处各级文物保护单位。其中,国家级文物保护单位2处,市级14处,区级17处。第二,自然文化资源得天独厚。石景山区域内拥有西山八大处、石景山、天泰山和永定河等诸多山水资源,呈现出“一半山水一半城”的独特格局。对自然生态资源的合理开发利用,不仅能满足居民的休闲需求,而且还会为地区发展带来良好的经济效益。如,目前正在开发的永定河绿色生态发展带、西山八大处文化景区等,都是被看好的文化休闲项目。第三,现代娱乐文化资源优势突出。主要体现在主题公园、数码娱乐、休闲体育、休闲购物等方面。例如,北京国际雕塑公园是国家级的雕塑文化艺术园区,也是北京市十大精品公园之一;石景山区游乐园是国家4A级景区,建设布局在中国园林中融入了欧洲城堡建筑风格,特色鲜明;同时,石景山区还是北京数字娱乐产业示范基地核心区;另外,还有老山自行车场馆、万达广场等休闲场所。第四,工业文化特色鲜明。首钢具有近百年的冶炼史,首钢涉钢产业的搬迁,标志着石景山区一个特定历史时代的结束,但首钢作为一个时期的象征,留下了很多文化财富。第五,文化基础设施较为完善,文化社团及从业人员众多,文化活动丰富多彩。石景山区现有国家一级图书馆2座、国家二级文化馆1座、电影院2个,剧场5座;各街道均建有街道文化站,全区140个社区中138个社区建有社区文化室,建有率98.6%;文化广场125个,其中1000平方米以上的社区文化广场27个;9个街道全部建有图书分馆、基层图书流动网点64个。文化从业人员2135人,文化创意产业从业人员2万余人,并且已经涌现出一批领军人才。

表2 石景山区主要文化资源列表

分类	区域	主体	特点
历史文化资源	国家级重点保护文物	法海寺、承恩寺	依托历史文化资源石景山的八大处成为礼佛禅修宝地;同时,依托八大处等资源举办的重阳登高节、茶马古道等在北京颇具影响力。
	市级重点保护文物	田义墓、冰川馆、长安寺、灵光寺、三山庵、大悲寺、龙泉寺、宝珠洞、香界寺、证果寺、慈善寺、八宝山革命公墓、老山汉墓、皇姑寺	
	区级重点保护文物	万善桥、贤良寺塔院、双泉寺、石景山古建群、石景山古井、雍正御制碑、福田公墓、隆恩寺冰川擦痕、瑞王坟碑亭、翠云庵、崇兴庵、崇国寺塔、兴隆寺、礼王府、八大处冰川漂砾、四柏一孔桥、龙泉寺	
自然文化资源	永定河	永定河谷、湿地、湖泊	正在形成休闲景观体系
	西山一带	八大处、石景山、天泰山模式口等	自然风光迷人
现代休闲娱乐文化资源	石景山游乐园、老山、北京国际雕塑公园等	石景山游乐园、北京国际雕塑公园、老山自行车场馆、北京射击场、自行车馆、首钢篮球馆、石景山区体育场馆等	石景山核心景区,现代主题游乐场与新型运动场馆
	万达广场、奥特莱斯等	万达广场、华联商场、星座商厦、奥特莱斯等	休闲购物

续表

分类	区域	主体	特点
工业文化资源	首钢厂区	首钢厂区	首钢搬迁后遗留的大量工厂厂房，面积达8.63平方公里
公共文化基础设施	石景山区	图书馆、文化馆、电影院、剧场、文化站、区文化室、社区文化广场、市场化的文化经营场所	文化设施网络逐步健全，基本建立三级公共文化服务体系

(二)资源融合优势突出

石景山区的科技资源和文化资源在总量上并不是十分突出，但是在科技和文化的融合方面，石景山区的优势却非常明显。以文化科技融合为主要特征的数字娱乐产业和工业设计业正在石景山区迅速崛起；以数字娱乐为特色的文化创意产业已由石景山区的先导产业发展成为战略转型的支柱产业，品牌知名度不断扩大，在全国形成较强的影响力。

(三)创新需求日趋旺盛

随着近几年经济社会的快速变革与发展，作为北京重要的功能拓展区之一的石景山区对科技创新和文化创新的需求也日趋旺盛。首先，随着居民收入水平的提高，其对精神文化的需求越来越高。同时随着转型的发展，石景山区人口结构呈现多元特征，这也要求更加多元的文化产品和服务与之相适应。其次，社会对产品的创新提出新的要求。人们更加注重产品的设计是否人性化、差异化、个性化、超前化，是否能带来更多的新鲜体验等等，而这些都是推动创新的内在动力。第三，城市建设对科技提出不断创新的要求。石景山区的智慧城市、生态城市、和谐宜居城市的建设以及城市管理精细化的标准都为科技创新提供了强大的市场需求。

二、转型成绩彰显创新实力

近几年来，石景山区的科技创新和文化创新取得了较大成绩，对区域转型发展做出了较大贡献，初步展现了创新在推动转型过程中的驱动作用。

(一)科技创新成效显著

1. 特色产业快速发展

“十一五”期间，石景山区在探索中形成了文化创意与高技术产业融合发展的特色局面，吸引了一批龙头企业，落地了一批重大产业项目，凝聚了一批高端人才，一些重要产业和产品在国内具有举足轻重的地位。2005年，石景山区文化创意企业仅约300家，发展到2011年的时候已超过3000家，实现收入205.2亿元，利润总额达29.5亿元；高新技术企业已达到2075家，其中15家企业入选中关村“十百千”工程。龙头企业快速发展，千橡、人人网在纽交所上市，易华录登陆创业板，5家企业进入上市辅导期，2家企业积极筹备“新三板”，园区上市公司总数达8家。创新型企业的蓬勃发展，使区域科技创新能力明显提升，并推动第三产业增加值占全区国民生产总值达62%。(2011年数据)

2. 科技创新能力不断提升

“十一五”期间，石景山区企业的创新能力持续提高，涌现出大量重大创新成果。专利申请累计达6073项、授权2061项，其中发明专利申请3367项，发明授权349项，增速处于全市中上水平。版权数量超过5000余项，年均增速在50%以上。30家企业的61项产品纳入北京市自主创新产品目录，12家企业入选中关村百家创新型试点企业，2家企业入选首批56家中关村创新型企业。企业牵头或参与制定国家标准10余项，行业标准20余项，在数字音视频、电子标签等10余个行业处于国内领先地位。有20余家企业产品应用于奥运工程建设，龙头骨干企业的创新产品和技术应用于神六、神七等国家重大科技工程。近两年知识产权数量持续增长，质量不断提高。

3. 创新服务体系不断完善

产业孵育体系快速提升。为推动产业孵化体系的建设，石景山区出台了《石景山区科技企业孵育计划奖励实施办法(暂行)》。截止2011年底，石景山区孵化面积超过30万平方米，在孵企业数量超过2000家，已拥有3家市级孵化器和8家区级孵化器，如华海公司、首特公司、863孵化器等，主要集中在数字娱乐、软件开发、生物医药、节能环保等领域；投融资服务体系不断完善。针对初创期企业，制定专项政策鼓励小额贷款公司支持中小企业融资；针对中小企业转型发展，建立了“北京服务新首钢股权投资基金”；积极探索集合信托融资模式，拓宽中小企业融资渠道，针对具备上市潜力的企业，成立了创业板培育中心，针对拟上市企业的行业特点，通过召开一系列拟上市企业座谈会、培训会，筛选了20余家企业进入上市企业培育库。科技中介服务体系建设初见成效。集聚了各类中介服务机构近千家，建立了“科技中介服务平台”，成立了区“科技中介信誉联盟”，为企业提供技术评估、人才引进、专利代理、工商注册等各项服务。

4. 创新创业环境不断优化

“十一五”期间，石景山区集聚了大量的高端创新要素。科技人才队伍不断壮大。区域内已集聚了一批科技产业人才和行业领军企业家，目前全区科技人才总数已经突破7万人，体制机制初步形成。为促进区域科技创新发展，已实施科委、园区、知识产权局合署办公，科技管理效率明显提升，同时注重建立科学决策制度，科学研究决策重大发展问题。科技政策体系不断完善。先后出台了加快科技进步、促进企业发展、集聚特色产业、发展五大产业和鼓励青年创业等一系列政策。公共服务平台日益增多。为加强知识产权保护，建立了“石景山区知识产权服务中心首特站”并被纳入首批“北京市知识产权托管工程试点基地”，开通了“12330”知识产权服务热线；建立了“数字内容制作公共技术服务平台”等一系列公共科技平台；为提升全区服务水平，还积极打造以“118体系”为支撑的“石景山服务”品牌，这为区内企业健康快速发展起到了积极的推动作用。

（二）文化创新日趋活跃

1. 优秀文化作品层出不穷，自主创新活跃

目前，石景山区已有1000余款富有民族特色、具有自主知识产权的原创作品问世，每年制作原创动画约7000分钟。网络游戏《天龙八部》，影视剧《媳妇的美好时代》、《汉武大帝》，3D高清动画片《三国演义》等脍炙人口的创意作品均出自石景山区。《麋鹿王》、《劳拉的星星》等一批影视动漫作品走出国门。软件著作权及版权登记已达500余项，专利申请数量不断攀升，企业自主创新能力不断增强。

2. 传统文化活动纷呈，内涵形式不断创新

为发展和繁荣区域文化，石景山区不断对原有文化活动的内容内涵、表现形式进行创新。例如，不断改变表现形式，并赋予古城之春艺术节、夏日文化广场等已经具有一定区域影响力的文化活动以新的时代内涵；结合春节、清明、端午、中秋、重阳等传统文化节日，组织顺应时代要求的主题活动。将文化活动植入文物景点，承接"清明诗会"、"舞动北京"等市级大型群众文化活动。这些传统文化活动的新呈现及新活动的不断组织，一方面丰富了当地居民的精神文化生活，另一方面也提升了石景山区的文化辐射力、影响力。

3. 文化交流活动频繁，文化品牌影响逐步扩大

近几年，石景山区的精品文化交流活动不断，先后举办了中国动漫产业高峰论坛、动漫产业发展国际论坛、中国数字娱乐高层论坛等各级、各类文化创意活动60余次。2011年，成功举办第12届世界动漫大会和"首届动漫游戏嘉年华"等活动。这些活动的举办，为推动北京动漫游戏产业的发展起到了积极的作用，同时也扩大了石景山区的文化品牌影响力。

三、重大机遇带来创新空间

（一）国家宏观政策趋向为创新发展带来重大利好

转变发展方式已成为我国当前一项紧迫任务，科技创新和文化创新成为转变发展方式的主要推动力。国家"十二五"规划中明确提出要"坚持把科技进步和创新作为加快转变经济发展方式的重要支撑"；2011年，中共中央十七届六中全会做出了推动社会主义文化大发展大繁荣的决定。北京作为国家文化中心，石景山区作为首都功能拓展区和文化娱乐休闲区，顺应国家战略必将有更广阔的发展空间。

（二）北京全面建设中国特色世界城市将为创新发展提供良好契机

在建设中国特色世界城市的目标下，北京市第十一次党代会对完善区县功能定位提出了新的要求和期望，这对石景山区加快科技创新方面迎来了良好契机。另外，在新的发展形势下，北京市高度重视城市均衡发展，提出将以永定河绿色生态发展带建设为纽带，以首钢涉钢产业搬迁调整为先导，进一步加快西部地区转型发展，这为石景山区的科技创新和文化创新发展提供了广阔的空间。

（三）石景山全面打造CRD为创新发展注入新的动力

当前和今后一段时期，石景山区将坚持建设首都文化娱乐休闲区（CRD）的发展方向，按照"首都绿色转型示范区"的发展定位，全面转型、科学发展，为科技创新和文化创新发展树立了发展目标。建设"国家服务业综合改革试点区"、"国家可持续发展实验区"和"中关村国家自主创新示范区特色园区"，将有力地促进石景山区经济发展方式向服务主导、创新驱动型转变。加之中关村"1+6"政策、北京市文化创意产业促进政策等的出台和不断完善，都将为石景山区科技和文化等产业的发展争取更多市级政策、资金支持和重大项目，为科技创新和文化创新发展注入新动力。

（四）石景山区重点功能区建设为创新发展提供载体支撑

首钢搬迁调整后，石景山区在"十二五"期间将逐步形成"一轴、一带、一核、一园、多支点"的空间发展布局，重点建设长安街西延线综合发展轴、永定河绿色生态发展带、新首钢高端产业综合服务区、中关村石景山园，以及银河综合商务区、台湾文化创意商务区、西五环现代娱乐区、京西会展商务区、苹果园交通枢纽商务区、天泰旅游休闲区、中国动漫游戏城等重要支点，这些重点功能区的快速发展将有利于科技产业和文化产业的聚集和壮大，为科技创新和文化创新提供载体支撑。

四、主要瓶颈制约创新发展

经过多年的发展，石景山区的科技和文化的创新能力、创新环境等较之转型前有了较大的提升，但从全面转型的目标和要求来看，创新仍然任重道远。目前，影响石景山区科技创新和文化创新的问题主要集中在以下几个方面：

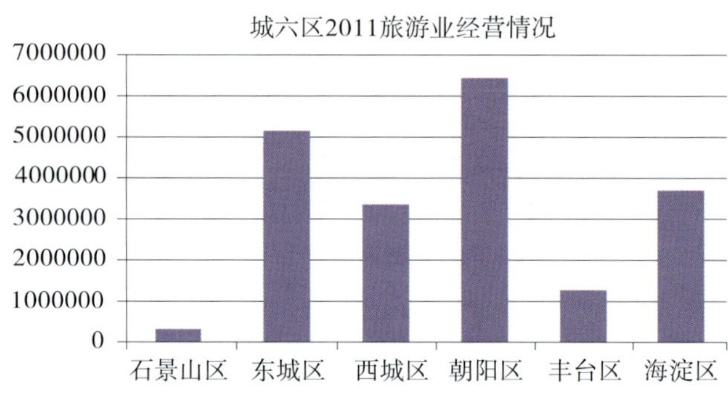

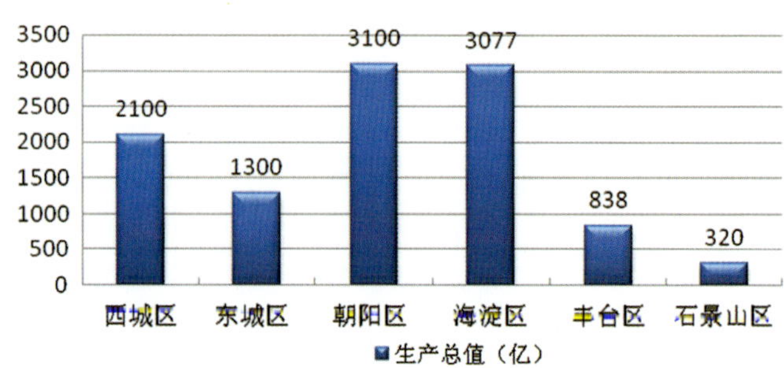

图1 2011年北京城六区生产总值对比图

（一）产业创新能力有待加强

石景山区产业创新能力偏弱主要体现在文化产业和科技产业总量偏少、龙头企业数量偏小、产业集群不强等方面，这些问题直接影响了石景山区的科技创新和文化创新的能力。

首先，文化和科技类产业总量偏小。文化类和科技类企业是石景山区最具活力的组成部分，是实施创新、优化产业结构、促进地区经济社会发展最重要的载体。因此，只有高新技术产业、文化创意产业等发展壮大，才能够更为有效地带动地区的科技创新和文化创新。自石景山区确立"首都文化娱乐休闲区（CRD）"发展定位后，高新技术产业、文化创意产业以及旅游休闲等产业得到了快速的发展。但总体而言，由于石景山区起步较晚，不但经济总量在整个北京市中占的比重较少，文化类和科技类产业占本区经济总量也偏小。例如，2011 年，石景山区文化、体育和娱乐业等占 GDP 的比重在 2.94%；各旅游景点接待旅游人数 1077 万人，实现旅游营业收入 31.3 亿元，这与其他城区相比存在一定差距。高新技术产业实现增加值 25.2 亿元，但总量仅占全区的 8.8%。

其次，企业自主创新能力有待加强。石景山区的文化和高新技术产业以中小型的民营企业为主（例如文化创意产业中，小民营企业占比约在 86% 以上），规模普遍偏低，企业自身实力的薄弱限制了企业对科技创新的投入，使企业在科技创新中的主体地位不够明确。在前一阶段的发展过程中，虽然已有行业领先企业入驻，但总体而言大型企业数量偏少，明星企业的感召力偏弱，而且这些企业中存在不少注册地与经营地分离的情况。

再次，产业集群发展尚待提升。石景山区的文化创意产业和高新技术产业集群除了中关村科技园石景山园等少数功能区发展相对较好外，其他功能区基本处于规划和建设阶段。不少功能区引进的部分企业还存在名不副实的情况，一些以高新技术产业为名注册的企业，实际上开展的仍然是较低端的传统制造业，企业创新能力较弱；而且在招商过程中，没有特别注重企业之间的关联性，企业入驻更多是因为有优惠政策，集聚区的内生动力不足，对本地区的依赖性不强。以上几种情况在不同程度上影响了区域产业集群的形成和发展，导致目前产业集聚虽已有雏形，但集群效益还不是很明显。

（二）创新资源整合力度不够

石景山区现有的产业基础多为重工业遗留，促进文化科技产业发展和创新的资源比较稀缺，发展所需要的载体、项目、资金、人才等处于待补充、待集聚的状态，资源存量还不够。同时，面对北京市创新资源优势和北京建设世界城市过程中国际创新资源与国内的互动趋势，石景山区在资源整合、激活、应用等方面也略显薄弱。

从科技创新方面看，石景山区央属、市属科研机构和国有大型企业科技创新实力强大，但这些科研机构与区内企业群体发展有所脱钩，因而对区域整体经济发展贡献度十分有限；而且石景山区的多数企业还是孤身作战，采取单打独斗的方式在市场中发展，产学研合作、企业之间的合作、本区域企业对外的创新合作等还相对缺乏。与此同时，作为对科技创新有效支持的科技投入资金虽然逐年有所增加，但资金分配相对分散。在科技创新的管理与服务方面也存在交叉分散的现象。研发、管理、资金等多种资源的分散导致区域科技创新难以形成合力，对区域经济发展极为不利。

从文化资源角度看，石景山区的文化资源较为丰富，但是很多宝贵的文化资源都缺乏与其价值相匹配的影响力。例如，"石景山"这座"燕都第一仙山"和八大处佛教旅游地的影响力还发挥不够。就旅游休闲产业发展来说，现有的旅游休闲产业链条还没有进行充分的挖掘，以八大处公园和石景山区游乐园为例，虽然其营业额在京城旅游景点中排名位于中上游，但是仔细研究游客的滞留状况会发现其活动区域仅限于园内，且滞留时间仅为 3－4 小时。这就说明，石景山区的旅游资源整合力度不够，景点基本处于"点线旅游"的初级阶段，各景点都各自为战、单打独斗，没有进行完整系统的发展规划，难以满足"吃住行游购娱"一体化要求。

（三）创新服务体系相对薄弱

第一，政策缺乏体系化，宣传力度有待加强。不同发展阶段、不同规模的企业，在创新与产业化过程中面临的问题不同，因此需要的政策支持也各不相同。为支持企业创新，石景山区曾出台过多项政策，但整体而言政策还缺乏系统性和针对性，这方面需要进一步加大力度。

第二，孵化器专业化服务能力有待提升。石景山区的孵化器已经为地区中小企业培育发挥了良好的作用，但从发展的角度，孵化体系的发展依然面临一些问题需要解决。表现为孵化器的创新服务能力不强、服务体系不健全、孵化器之间以及孵化器与创新源头的大学、科研院所等联系也较少，结合不够紧密等方面。

第三，中介服务尚需加强。中介服务是企业创新的重要部分，发达的中介体系可以有效促进区域经济的发展和繁荣。但目前石景山区上规模、上层次的中介机构数量少，专业化服务程度十分有限，远不能满足区域经济发展的需求，尤其是与产业发展休戚相关的行业性中介机构较少，在中介服务组织建设上还显欠缺。

第四，金融服务能力有待提升。由于投融资服务在促进高技术产业发展中的作用日益突出，石景山区正逐步构建并完善以政府投入为引导、企业投入为主体、金融贷款为支撑、其他投入为补充的多元化科技投入机制。但据有关调查表明，文化创新企业对投融资服务的需求依然十分迫切，"缺少资金"仍是很多中小企业发展的首要难题。

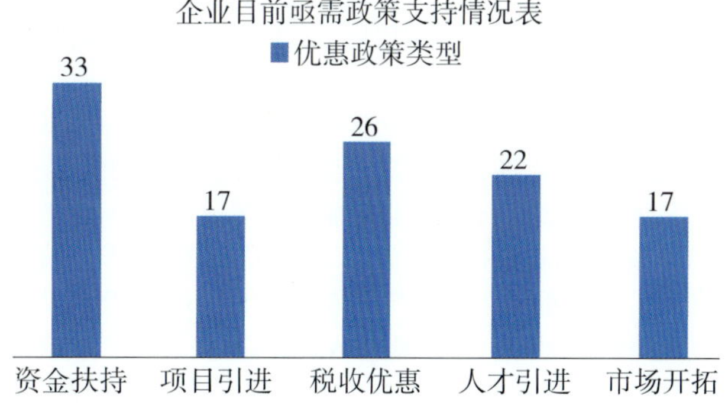

第四章 石景山区实施“双轮驱动”战略的目标思路

战略是筹划和指导全局的方略。实施科技创新、文化创新“双轮驱动”战略，需要切实把握好基本原则，并制定总体目标，明确总体思路。

一、基本原则

在实施科技创新和文化创新“双轮驱动”，引领石景山区深化转型发展过程中，应坚持以下基本原则：

(一)围绕大局，服务首都

紧紧围绕首都发展大局，牢牢把握北京市赋予石景山区城市功能拓展区的发展定位，按照把北京建设成为具有全球影响力的科技创新中心和高新技术产业基地，以及建设具有世界影响力的文化中心城市和中国特色社会主义先进文化之都的要求，深入推进科技创新、文化创新，使“双轮驱动”发展格局在建设中国特色世界城市和深化石景山全面转型中发挥重要作用。

(二)立足区情，彰显优势

从石景山区的区情出发，结合区域优势，通过不断的突破观念、整合资源、提升服务、优化环境等促进科技和文化不断创新，以创新引领区域的深化转型，加快建设现代化首都新城区。

(三)政府引导，企业为主

充分发挥政府在“双轮驱动”战略中的引导作用，通过制定政策、营造环境等促进创新发展。强化企业自主创新的主体地位，使企业真正成为研究开发投入的主体、创新活动的主体和创新成果应用的主体，鼓励企业根据市场需求决定创新方向，引导企业技术创新向研发前移，鼓励以企业为主体建立多种产学研结合形式。

(四)创新引领，促进融合

坚持解放思想、开拓创新，打破不适合创新的条条框框，加大改革力度，用新思路、新体制、新政策、新观念推动科技和文化创新，全方位、多层面推动市内外、国内外合作创新，在强强联合中发挥自身特色和优势，促进科技与文化的融合，与各主导产业发展的融合，服务区域经济社会发展。

二、战略目标

(一)总体战略目标

通过实施科技创新、文化创新“双轮驱动”战略，推动石景山区科学发展、深化全面转型，并最终将石景山区打造成为产业富有活力、生态环境宜人、文化魅力突出、居民幸福安康、创新创意活跃的现代化首都新城区，打造成首都城市统筹发展先行区、世界城市建设试验区和创新驱动引领区。

具体而言，就是通过文化创新进一步解放思想、创新管理和服务理念，打造适宜服务经济发展的体制机制环境；通过文化科技创新加快推进产业结构优化升级，提升高新技术产业、现代服务业、战略性新兴产业、文化创新产业等低碳高效产业的发展水平，抢占产业制高点；同时，通过文化科技产业与其他产业及其他领域的融合发展，带动城市建设、助力社会发展、改善生态环境、优化城市空间形态，为经济社会全面转型创造良好的环境，实现经济、社会、生态环境的全面协调可持续发展。

(二)科技创新与文化创新的具体目标

到2020年，石景山区科技创新和文化创新能力明显增强，基本建成围绕产业发展、以企业为中心的市场主导型区域技术创新体系，建成相对完善的区域创新体系，区域自主创新能力达到国际先进水平；重点发展的产业创新创意活跃，涌现出一批具有国际领先水平的重大自主创新成果；文化创意产业和高新技术产业集群竞争优势明显，成为推进自主创新的重要力量，发挥引领和示范作用；逐步形成多层次、多角度的以市场为导向的产学研合作模式；文化事业繁荣发达，文化活动丰富多彩，具有自主知识产权的优秀文化作品不断涌现；高端创新创意人才不断集聚，“首都创意人才特区”的地位更加稳固。

到2020年，R&D经费支出占GDP比重不断提升，企业R&D经费支出占全社会R&D经费支出的比重超过60%；每万人口年度专利授权数量达到20件以上；技术交易额实现年均增长20%以上。高新技术产业增加值占GDP比重在30%左右，文化创意产业增加值占GDP比重20%左右。公共文化事业、教育事业经费投入保持较快增长；企业经营管理人才总量达到7.16万人，专业技术人才总量达到16.15万人，高技能人才总量达到5.03万人。

三、总体思路

根据上述发展原则及目标，石景山区实施科技创新、文化创新“双轮驱动”战略，引领区域深化转型发展的思路，可概况为“围绕一个目标，紧抓一条线，突出一个主题，实施四大路径，做好四大保障”：

围绕一个主题：科学发展，深化转型。

紧抓一条主线：加快转变经济发展方式。

突出一个核心：提高自主创新能力。

实施四大路径：促进产业“四化”发展，完善四大创新体系，实施五大创新工程，打造六大重点项目。

做好三大保障：加强组织领导，转变政府职能，营造创新氛围等。

第五章 石景山区实施“双轮驱动”战略的主要路径

实施“双轮驱动”战略的关键是要有明确而清晰的路径，对于石景山区而言，促进科技创新和文化创新，应重点从促进产业“四化”发展，完善四大创新体系，实施五大创新工程，实施重点项目带动等角度着手。

一、推动产业“四化”促进创新

(一) 坚持高端化发展，做优做亮高新技术产业

以建设“科技创新示范区”为契机，依托石景山区科技园和新首钢高端产业综合服务区的开发，以中国绿能港为

先导区，以物联网、节能环保、新材料和新能源为重点，以招商引智引资为突破口，把石景山区打造为“首都战略性新兴产业集聚区”。围绕高新技术产业，重点应聚焦在以下几领域：

表2 石景山区主要文化资源列表

主要领域	领 域 细 分
信息技术	软件及电子产品开发、互联网信息服务、网络集成、电信增值服务、3G 网络等
节能环保	污染治理及服务、建筑节能、节电技术、污水处理、水资源利用、固体废弃物处理领域、废气治理等领域的技术研发、节能服务及投融资服务等
新能源	新能源技术咨询、新能源研发设计、新能源技术转移及产品展示平台、合同能源管理等
新材料	储能材料、先进复合材料、高性能金属结构材料、电子元器件支撑材料、功能薄膜材料、环境友好材料、纳米材料等材料的研发、技术转移、项目转化

一是积极推动“物联网城市试点区”建设，把石景山区建设成为北京市“物联网城市试点区”；二是促进企业总部和研发中心集聚，积极引进一批战略性新兴产业领域的企业总部和技术研发机构；三是鼓励企业建设研发，鼓励现有工业企业积极建立节能环保、新材料、新能源研发中心；四是创新投融资机制，加强对战略性新兴产业领域的金融支持力度，鼓励风险投资业务的发展。

（二）加强特色化发展，做大做强文化创意产业

抓住首钢涉钢产业搬迁和产业结构调整契机，以北京数字娱乐产业示范基地和中国动漫游戏城两大市级文化创意产业集聚区为主要载体，以网络游戏、影视动漫、数字媒体、电子竞技和设计服务为重点，以招商引智引资为突破口，把石景山区打造成为具有国际影响力的“中国数字娱乐中心”。文化创意产业应主打“设计牌”和“融合牌”，发展的重点产业及产业重点应主要聚焦在以下几领域：

表2 石景山区主要文化资源列表

主要领域	领 域 细 分	
影视动漫	影视动画策划、内容制作、版权销售、发行、展览展示、体验消费、高清数字影视技术等	
网络游戏	网络游戏设计、网络游戏制作、网络游戏引擎、网游运营平台、手机 3G 游戏平台、网络安全支付、电子竞技、虚拟现实体验	
数字媒体	3G 技术开发、3G 内容制作、数字出版，大型网络社区开发运营及跨网多媒体点播系统	
设计服务	工业工程设计	在工业设计领域，重点发展机床设计、模具设计、机械设计、装备制造、材料设计、工艺设计以及消费类电子产品设计等；工程设计领域，重点发展冶炼工程、钢厂流程、市政工程、交通工程、电力工程、桥梁等方面的设计
	规划建筑设计	建筑设计、景观设计、城乡规划、园林设计、环艺设计、室内设计、雕塑设计等
	时尚平面设计	服装设计、珠宝设计、首饰设计、餐饮设计、家居设计、室内设计、平面设计、包装设计、书籍设计等

一是促进产业融合发展，促进动漫与网络游戏、新媒体融合发展；建设动漫娱乐基础设施，促进动漫产业与旅游业、城市景观建设的融合发展。二是促进总部与研发中心集聚，大力引进国内外顶级数字娱乐企业总部、研发中心。三是创新完善投资体制机制，大力发展文化金融，促进风险投资业务发展，鼓励金融机构积极制定对文化创意企业的优惠措施。四是积极建立产学研平台，鼓励企业建立研发中心；促进校企合作，积极发展数字娱乐职业教育；五是加强动漫、网游设计等的知识产权保护。六是加强产业基地建设，重点加强国际创 E 园、国际创意谷、金榜文化创意产业基地、西山汇新媒体产业基地、中国动漫游戏城等产业基地建设。

（三）促进融合化发展，不断培育新兴产业业态

在新经济条件下，由于专业分工加强及产业间的融合发展，导致新产业业态的大量产生，新业态的产生也是产业高端发展的重要形式。对于石景山区而言，一方面要积极推动文化产业、高技术产业的快速发展；另一方面要促进科技产业与文化产业、文化产业科技产业与其他传统产业的融合发展。通过不断的整合发展来催生新兴服务业，促进产业集群的优化和升级。例如，可大力发展由网络技术和通信技术的融合催生的新兴服务业，如互联网产业、3G/4G 产业等；发展从高新技术产业价值链上分解出来的产业形态，如研发外包、设计、测试、咨询、技术交易等；发展以数字娱乐软件开发为主的文化创意产业，推进软件业价值主体由开发向服务转移，形成基于内容提供商（文化创意公司、软件公司）、服务提供商（ISP、SP）、技术支持商（设备、系统提供）共同形成的“数字化生活”综合服务新业态；推动高新技术与现代服务业的融合渗透，发展科技金融、电子商务、物联网、电子政务、电子银行、远程教育等服务业态。

（四）注重集群化发展，整体提升产业创新能力

产业集群是区域范围内各种要素综合作用的结果，它对区域吸引高端要素、提升区域内企业创新等有重要的作用。下一步石景山区产业集群的发展应以功能区为载体不断提升集群的质量及竞争力，着重从以下几个方面着手：

1. 加强企业集聚，增加企业间的关联度。对有一定基

础的功能区，要对不符合自身发展方向和要求的企业予以清理，严把招商质量关，注重产业链招商，根据产业链的完善程度不断进行优化；对于新建功能区也要严把招商质量关，要严格按既定的产业规划进行招商，同时也要注重产业的关联性，加强产业链招商；要鼓励功能区内企业间的联动。

2. 加大力度引入龙头性企业。要注重引入具有示范性和凝聚力的知名龙头企业，通过龙头企业的示范效应或产业关联等，促进产业集聚的发展。

3. 注重加强专业园区的发展建设。细分与集聚已经成为世界促进产业竞争力的普遍做法，石景山区要增强产业集群的竞争力，应首先增加专业园区的建设和管理。目前石景山区已经有一批专业园区，如北京数字娱乐留学人员创业园、文化传媒产业基地等。未来的发展应该根据各产业发展方向和细分产业的发展，有针对性的建设专业园区，如创意设计产业园以及围绕新能源、新材料等发展的专业园，同时要加强专业园区的软硬件建设，为产业发展提供良好的发展环境。

4. 鼓励和引导产业联盟的建设和发展。产业联盟可以让企业通过寻求外部资源弥补企业自身的不足，以此增强企业实力和降低风险。石景山区应根据区内产业的特点，积极鼓励和引导企业之间建设战略联盟，鼓励企业与中介组织、大学、研究机构等建立产业联盟，促进企业从“单打独斗”转向“集体作战”。

5. 不断提升功能区的服务水准。加强功能区的管理服务，通过搭建平台、创新良好的发展环境，来吸引企业聚集。

6. 注重功能区之间的差异化发展。例如，数字娱乐示范区和中国动漫游戏城，两个集聚区产业的重合度较高，必然带来区内竞争。因此，如何选择和布局中国动漫游戏城的主导产业，做到和原有的数字娱乐示范基地差异发展是未来建设必须要考虑的一个关键问题。

二、完善四大体系保障创新

（一）完善以企业为主体的技术创新体系

1. 强化企业的创新主体地位

鼓励企业建立以企业为主体的技术研发、技术投入和技术人才培养机制，使企业逐步成为研发投入和技术创新的主体。在未来发展中，石景山区一方面要不断增强中小企业创新创业活力，另一方面要支持大企业加强研发投入及加强创新资源的整合能力。一方面，精心扶持中小企业做大做强。石景山区在促进小微企业的发展中已经做了大量工作，在接下来的工作中，首先，应针对创业企业发展的需求制定一套系统的、切实可行的政策，从创业资金、商业模式、孵化器等与企业密切相关的角度入手，为中小企业提供全方位的支持；其次，要综合运用各种有效手段，支持中小企业开展自主品牌建设；鼓励有条件的中小企业建立企业技术中心，或与大学、科研机构联合建立研发机构，提高中小企业的技术创新能力；加快中小企业的信息化建设，提高中小企业的管理水平，等等。另一方面，大力支持大企业加快发展。促进国有企业加快现代企业制度建设，把技术创新能力作为企业考核的重要指标。创造条件出台政策，积极推动建立企业技术中心或企业研发机构，促进企业增加研发投入。另外还要创造条件提升大企业对资源的整合能力，鼓励大企业开展并购重组、开展委托研发和购买知识产权，加速创新资源向企业集聚，提升企业的自主创新能力；支持企业牵头和参与国家科技重大专项、国家重点工程建设和科技计划等，以此提高企业研究开发活动的层次和水平。支持有条件的企业走出去，在发达国家设立研发中心和产业化基地，吸纳高端人才，借鉴研发经验，开展多领域的自主研发活动，提高对国际资源的吸引和整合能力。

2. 加强“产学研”的协同创新

第一，积极搭建产学研合作平台，构建多元化的产学研合作模式。石景山区在构建产学研合作中，政府要充当媒介，积极搭建企业与高校、科研单位间的沟通交流平台，如建立“产学研合作公共信息服务平台”、定期举办产学研合作项目洽谈会或成果交易会、科技创业大赛等活动。充分发挥科技协会、学会和各种企业联盟的作用。同时要加大宣传力度，不断总结和宣传产学研合作的成功典型，解决企业和科研院所对产学研合作意识不强的问题。鼓励企业与高校通过多种形式加强合作。

第二，加强政府资助力度，建立产学研合作专项基金。在产学研合作中最大的困难是资金缺乏 ，尽管有时双方都想开展合作，但资金不足，影响到协议的签订。因此政府可设立一些专项基金，如：设立产学研合作项目专项资金。采用直接投资、贷款贴息、补助资金等方式，资助与石景山区发展密切相关、以行业关键技术突破和成果应用为主要内容、以企业为主导的产学研合作重大项目。设立专利申请资助专项经费，重点资助在石景山区注册的科技型企业申请国内外发明专利。

第三，加强机制体制建设，为产学研合作提供制度保障。产学研合作成功与否，关键在于能否按照市场运行规则，建立利益共享和风险共担的机制。因此应首先从制度上保障企业、高校和科研院所各方在产学研合作中的投入与收益，消除过去在产学研合作中怕投入、没诚信的短视行为。同时要进一步改革和完善大学科研转化的政策激励措施，对大学向本区域企业转化的科研成果、科技服务的收入可采取减免税收等政策，激励大学与企业科技创新的积极性，由此提高区域科技创新能力。

3. 搭建公共创新服务平台

要构建以企业为主体的应用技术创新体系，就需要不断加强公共创新服务平台建设，提升公共技术服务水平。石景山区要继续按照“整合、共享、完善、提高”的原则，通过政策、资金引导和市场化运作，鼓励和引导区域内各企业、高等院校、科研院所、孵化器等现有科技条件资源的开放共享，搭建具有公益性、开放性、基础性的技术研发平台、检测实验平台、信息平台等，为科技创新和文化创新提供高质量的服务。与此同时，还要根据区内企业发展需求，积极搭建能促进企业创新发展的公共研发及信息服务平台。如“十二五”期间，可着手构建“研发公共服务平台”、“创新信息服务平台(创新驿站)”等综合性的创新服务平台。

(二)完善以高校和科研机构为主体的知识创新体系

1. 继续支持现有知识创新机构的发展建设。一是加强现有重点实验室和创意工作室的建设,鼓励其围绕转型期石景山区经济、社会和科技发展,针对行业重大技术问题,开展共性关键技术、创意开发的应用研究;提升行业的创意、设计、方案、艺术成果,增强创新和创意辐射与扩散能力;鼓励它们开展面向其他单位的科技和创意服务;开展和参与国际、国家和行业技术标准的研究制订,发起和参与行业联盟,促进产业集聚,等等。二是促进央属市属科研资源与地方发展需求有效对接。这就要求相关部门要更加充分发挥主观能动性,加强与各科研机构的沟通与联络,为地方企业创造多种合作平台。

2. 加大科研机构的引进。要针对石景山转型时期的产业特点及发展阶段,加强引进一些与区内主导产业发展吻合度较高的重点实验室、工程技术中心、测试中心、研究开发基础平台等,引入主要从事高新技术开发的应用型的科研机构,引入文化促进中心、文化交流沟通机构等能够对文化创意及高科技产业发展直接服务、容易形成创新集群的知识型机构。同时,石景山区聚集知识型机构,还可通过共建大学科技园、科研单位创新园、专业孵化器以及共建研发中心、技术转移中心等方式构筑平台,实现知识型机构的引入,还可以通过建立虚拟大学科技园、产学研合作园等方式构筑平台实现知识型机构的引入。

(三)完善以政府和中介机构为主体的服务创新体系

1. 增强孵化器专业化服务能力

孵化器是培育新生中小型企业的摇篮,是促进中小企业创新创意的关键载体。针对目前石景山区孵化器存在的问题及促进企业创新的需求,未来发展的关键是引导各孵化器向专业化、网络化、国际化方向发展。

第一,加强专业型孵化器建设。要在继续加强综合性孵化器建设的同时,着力推进面向特定创业对象和特定行业领域的专业型科技企业孵化器的建设,如建成专门针对文化创意类、游戏动漫类、工业设计类、新能源新材料类、节能环保类等面向特定产业的专业孵化器和创业园或科技园。

第二,提升各孵化器的专业服务水平。目前,在一些专业化的孵化器里,企业能够得到技术、企管、市场、资金、场地设施等企业必需的五大支柱的全部支持,得到的越多,成长得越快,专业化孵化器已成为发展的方向。为此,石景山区要不断提升各孵化器的专业化服务水平,积极推广“创业导师+专业孵化+创业资本”的孵育模式,为企业提供增值服务、股权投资、公共技术服务及个性化服务等,为企业的成长打造良好的生态环境。

第三,加强孵化器的网络化。政府在促进和引导各孵化器专业发展的同时,要促进整个区域孵化器之间的联动,促使孵化器之间形成一个有机联接的网络组织,组织不仅包括孵化器,也包括大量的能够帮助创业企业成长的咨询服务机构或相关企业,把所有与企业孵化有关的主体联合起来,实现服务、信息、知识、资金、空间等资源的共享和优势互补。

第四,鼓励有条件的孵化器国际化。孵化器国际化就是支持和鼓励孵化器及孵化的企业走出国门,在项目和企业层面积极参与国际合作与竞争,通过国际化的发展来整合国外资源促进企业创新发展。例如,石景山区的“华海孵化器”成为国内第一家登陆硅谷的创业平台企业,这为其他孵化器的国际化做出了榜样。

2. 围绕特色产业完善中介服务

第一,强化区生产力促进中心的职能,将一些分散在其他部门的相关职能合并到区生产力促进中心,统一管理。

第二,依托区域特色产业基地,集中力量鼓励建设围绕文化创意、高新技术、商务服务、现代金融、旅游休闲五大主导产业提供专业化、特色化服务,建立集信息咨询、投融资服务、人力资源服务、知识产权服务、专业培训、法律及会计服务、管理咨询等细分领域构成的中介服务体系。通过“政府支持中介、中介服务企业”的模式,帮助企业获取低成本优质服务。

第三,建立健全专业服务标准体系,建立专业服务组织诚信档案和监管部门间信息互联互通制度。同时,要遴选一批商业信誉好、专业能力强、服务水平高的中介机构,纳入“石景山区优质中介服务资源目录”,动态管理,对外发布,促进服务供需双方的有效对接。采用与掌握优势资源的中介组织建立战略合作关系等方式,促进产业发展要素资源集聚。

3. 提升投融资服务能力

第一,加强政府财政资金的投入。一方面要确保政府的财政投入,对现有各类支持科技创新和文化创新的专项资金进行梳理,加强各专项资金管理部门之间的沟通、协调,大力推进整合优化工作,进一步提高资金的使用效率。同时要根据区财政的增长情况逐年扩大创新资金的规模,保证科技和文化经费的增长幅度高于财政经常性收入的增长幅度,发挥财政资金的激励和引导作用。另一方面,建议设立创新发展专项基金,对重大创新项目及促进创新的行为进行重点扶持。

第二,搭建专业化、多功能的金融服务平台。一是要鼓励、吸引各类投融资机构入驻石景山区。把石景山区现有的有关促进金融业发展的相关优惠政策扩大到创业投资和投资管理顾问等类型的企业,制定一系列金融优惠政策,鼓励、吸引各类投融资机构聚集,包括银行、风险投资机构、券商投行、担保、小额贷款、股权投资、融资租赁等各类金融机构,产权交易中心、评估、会计、律师事务所以及信用、担保、专利服务等服务于企业投融资的主要中介机构入驻,形成服务创新型企业的金融集群。二是建议建立技术资本产权市场,使其成为一个多功能、区域性的低端资本市场,为非上市企业股权交易、技术交易(合同、产权、专利)、股权融资、债权融资提供高效、便捷和规范的服务。通过金融机构

的吸引及技术资本产权市场的构建，最终在石景山区构建起涵盖政府产业资金、银行贷款、债权融资、股权融资、上市融资等多种方式的企业投融资服务，搭建为不同成长阶段企业提供完整供应链的融资服务平台。

第三，鼓励创新型金融产品，拓宽企业融资渠道。一方面区政府要通过政策和资金支持，鼓励、引导各类金融机构为石景山区中小企业提供股权信托、项目融资、金融租赁、知识产权质押贷款等创新型金融产品，拓宽中小企业融资渠道。另一方面要结合石景山区企业发展状况和项目特点，积极鼓励企业拓宽融资渠道，鼓励具备条件的中小企业进入“新三板”，推动非上市中小企业集合信托和发债，鼓励企业并购重组或资产股权化。

第四，加强企业融资辅导，开辟上市绿色通道。一方面要通过编制企业融资指南等方式，帮助企业管理者了解不同融资方式的要求、程序、特点、相关联系方式等，指导企业选择合适的融资方式。另一方面完善企业上市工作体系，加强对企业改制培训和辅导，邀请证监会、市金融局、业内专家和保荐机构开展重点上市企业培训，帮助企业解决上市中的重点、难点问题。建立拟上市企业资源库，加快培育上市后备资源。落实奖励政策，对在境内外成功上市的企业给予一次性奖励。

第五，建设投融资信息平台，拓展银政企沟通交流。一方面要建设投融资信息收集、分类、整理、发布与推介平台，采用互联网技术与传统线下沟通相结合的方式，解决闲置资本与投资项目之间信息不对称问题，凿通资金流通渠道。另一方面要积极拓展银政企沟通交流机制，通过定期举办融资需求洽谈会、项目说明会、金融机构产品推介会等形式，将企业的融资需求与专业融资机构的金融服务相对接，根据企业的各个发展阶段和项目特点，提供不同的融资解决方案。

4. 拓展知识产权服务

第一，建设国家专利产业化试点基地。以“知识产权托管”为抓手，引入专业资源、专家资源、专利审查资源，开展定向服务，积极培育知识产权优势企业，探索知识产权与科技金融结合的模式，推动企业专利成果转化。第二，支持企业创造知识产权。鼓励企业制定北京市地方标准、行业标准、国家标准和国际标准；鼓励企业获得国外发明专利授权；鼓励企业获得国内专利授权，按照发明专利、实用新型专利、外观设计专利给予不同额度的奖励。第三，支持企业运用知识产权。加强企业与高等院校、科研院所之间的对接服务，推进产学研一体化；支持企业发明专利成果转化，当年实施该专利成果产业化且取得一定经营收入的给予奖励；支持企业采用知识产权质押方式融资。第四，支持企业开展知识产权交易。支持企业通过软件和服务交易集市交易技术成果和文化创意产品，为企业提供从选型、实施、交付到结算的全程交易服务的指导。建设石景山区软件产品交易中心，建立覆盖专利、商标、著作权等各类知识产权的交易服务平台，实现软件产品、知识产权、服务的交易，形成孵化、培育、带动、扶植的知识产权服务链条。第五，成立文化创意产业知识产权保护联盟。以重点突破、专项带动的方式将知识产权战略做深做实，逐步建立适应现代互联网发展环境的知识产权保护机制，深化和凸显知识产权支撑和保障区域经济发展的战略价值。

5. 加强创新型人才队伍建设

第一，明确所需人才类型。结合产业发展需求，石景山未来发展亟须以下几方面的创新型人才：一是创业家及创业团队，所谓创业家，就是具有战略眼光、思维敏锐、敢冒风险的特殊人群；二是高层次的研发人才；三是创意策划人才；四是高端营销人才；五是高级管理人才。

第二，完善人才培养开发机制。不断完善人才培养开发机制，充分发掘现有人才队伍潜能。加大人才培养力度，充分发挥人才培养基地、实训基地、产业基地、研发基地在人才培训、培养方面的积极作用，广泛开展各种岗位培训和继续教育、远程教育、网络教育，完善人才培养机制。大力推进区域人才一体化发展，创新央地人才合作开发机制，充分发掘现有人才队伍的潜能。

第三，完善人才引进机制。推动创新人才队伍的发展，一方面要加大人才培养力度，另一方面要加大人才引进力度，尤其是高层次的创新人才。对于石景山而言，要重点完善人才引进“绿色通道”和“一站式”服务平台的内容、措施，提升对高层次人才和急需紧缺人才的个性化服务水平。实施多样化智力引进，按照“不求所有，但求所用”的原则，建立开放式、社会化的人才柔性流动和柔性使用政策，不断提升高层次创新人才引进工作水平。

第四，加强人才服务工作。建立和完善人才市场的供求和竞争机制，营造法制健全、运行规范、服务周到、指导监督有力的人才市场环境，完善网上人才市场，加大人才资源服务机构的扶持和培育力度，形成统一规范、信息互通、功能互补、竞争有序的人才市场体系。规范监督人才市场行为，发挥人才市场在人才集聚和人才引进、培养方面的作用。建立健全人才市场从业人员的资格认定和行业准入制度，提升从业人员的专业素质。围绕石景山区人才供求问题，完善人才交流、人才信息分析为一体的智能化、信息化、规模化和专业化的人才信息服务系统，提高人才工作效率和水平。

第五，优化人才激励机制。石景山区应坚持以人为本的价值取向，完善人才激励保障机制，激发各类人才的创新活力。按照精神奖励和物质奖励并重的原则，完善建立以政府奖励为导向、用人单位奖励为主体、社会力量奖励为补充的多元化人才奖励制度。引导企业不断完善与知识经济和现代企业制度相适应的市场化薪酬体系，进一步明确和强化对科技成果、创意成果的奖励措施和力度，提高知识和智力作为生产要素参加分配的比例。加强对高层次人才、创新型人才的服务保障，在其子女入学、职称评聘、配偶安置等方面，依据国家、北京市以及石景山区有关政策，积极配合，为其提供优质服务。进一步加大对区域内优秀创新人才的宣传力度，创造良好的内外环境，提高优秀人才的社会地位和区域归属感。

(四)完善以促进创新发展为目的政策支持体系

1. 完善并落实五个方面支持政策

目前,石景山区支持科技类、文化类企业创新发展的政策可分为三大类:第一是促进企业创新发展及园区建设的相关政策;第二是金融促进企业发展及创新的政策;第三是人才支撑企业创新发展方面的政策。总体而言,石景山区支持企业创新发展的政策较散,缺乏系统化、体系化。未来发展,应进一步结合企业发展需要,在实施好现有政策的基础上,重点围绕支持企业创新创业、做大做强、高端创新要素聚集与优化及建立创新发展专项基金等方面,着手整合和完善五个方面的政策。

第一,支持创业型企业创新创业的政策。在现有的"进一步促进中小微企业发展办法"和"促进北京青年创业园石景山园发展暂行办法"等政策的基础上,结合石景山区中小民营企业众多的现状,建议出台:促进创业孵化机构和大学科技园发展的政策,提升区域对创业企业的孵化能力;出台促进创业型企业创新能力提升支持办法,重点支持创业型企业科技创新项目、产学研合作创新、产业技术联盟建设及企业研发中心建设、企业公共服务平台的建设和运行等。

第二,支持创新型企业做大做强的政策。在现有的"石景山区服务重点企业暂行办法""石景山区关于贯彻落实中关村1+6系列先行先试改革政策的办法"等政策基础上,建议出台支持企业重组并购、国际化发展、发展产业技术联盟、加强政府采购等方面的政策。例如,出台优先采购自主创新产品方面的制度等。

第三,支持不同成长阶段企业创新发展的金融政策。在现有的"促进现代金融产业发展"、"鼓励股权投资业发展"、"鼓励企业上市"、"创业投资引导基金管理办法"等政策的基础上,建议出台促进信用担保机构支持中小企业贷款担保方面的政策,出台促进科技类、文化类中小企业金融服务专营机构发展方面的政策,出台知识产权质押贷款贴息方面的政策,出台促进文化创意产业投融资发展等方面的政策。同时还应把现有的有关促进金融业发展的相关优惠政策扩大到创业投资和投资顾问等方面的企业,以此鼓励、吸引各类投融资机构聚集石景山区,形成服务科技型、文化型企业的金融创新集群。

第四,促进高端创新要素聚集的政策。在现有的"鼓励海外高层次人才来石景山区创业和工作暂行办法"、"常青藤高端人才集聚区管理办法"、"知识产权奖励暂行办法"等政策基础上,建议出台促进中介机构发展、人才创新激励等方面的政策与规划。

第五,建立创新发展专项基金。专项基金使用财政性资金设立,主要用于引导企业进行自主创新和技术积累,支持组织及个人的重大发明、创新及重大创新项目的落地、公共创新平台搭建以及其他促进区域创新能力和创新环境优化的事项。同时,该基金还要重点支持文化事业发展、旅游产业发展以及其他促进文化创新发展项目。

2. 搭建石景山区创新服务平台

为有效落实政策及更好地营造石景山区创新发展环境,还可考虑搭建创新服务平台。创新服务平台的建设可与目前的"石景山服务行动计划"结合,在此基础上扩展服务内容。具体而言,平台的重要职责是进一步整合北京市及石景山区的各类创新资源,采取特事特办、跨层级联合审批模式,落实各类促进创新的相关政策和规划,同时围绕企业发展中遇到的人才、资金、技术转化、市场拓展等方面的瓶颈问题,融合各级政府部门、中介服务机构的丰富服务资源,通过一系列专项服务、定制服务,形成政府内部服务资源和社会服务资源互动协作的企业服务体系,营造最好的服务环境。

为提升石景山的创新服务能力,还可考虑成立创新工作领导小组,创新工作领导小组可考虑以"石景山服务领导小组"为依托,在此基础上增设服务部门。同时还可考虑成立专家顾问委员会、企业家咨询委员会等,共同参与石景山区的重大政策决策、战略和规划制定、重大项目论证等重大事宜,推进决策的民主化、科学化和程序化,促进创新工作稳定开展。

三、实施五大工程驱动创新

(一)实施资源整合聚力工程

一方面,加强文化资源的整合创新。首先,要树立新观念,增强资源整合的科学性。紧抓文化大发展大繁荣的大好时机,认真盘点石景山区文化资源底数,深入挖掘文化资源的内涵,做到统筹兼顾、突出重点、突出特色、突出亮点,做到科学合理地开发利用,以此做大做强文化产业。通过整合资源,形成合力,从而促使文化资源产生更大的经济效益。其次,要拓展新形式,创造文化资源的新价值。积极创新,在挖掘资源价值的基础上,有效开发利用。例如,可考虑策划"北京八大处佛牙文化节",深挖和提升石景山区佛教文化价值。再如,转换思维,通过撤并零散的、影响力小的节庆活动,集中力量在"春夏秋冬"每季推出一个主题性强、影响力大的节庆活动,将其打造成为在全国都有影响力的节庆活动。又如,结合石景山区正在大力建设"北京创意产业示范基地"的机遇及石景山区雄厚的文化融合优势,积极拓展思维,策划举办一系列的活动,如北京国际创意设计高峰论坛、北京国际创意设计展交会、北京国际创意设计大赛等,促进企业创新发展,提升对外影响力。第三,要创造衍生品,增加文化资源的附加值。重点做好一些高附加值环节,如产品策划、文化会展等。

另一方面,加强对外开放的互动创新。一是加强与周边区域合作共同创新。可考虑与周边海淀、东城、西城、朝阳、丰台等区域合作,实行科技资源开放和共享,联合推进科技基础条件平台建设,联合开展科技攻关,联合共建创新载体,联合开展国际创新合作与交流,等等。二是通过论坛、活动等加强区域企业间的交流。可充分利用石景山区良好的城市基础设施,针对特色产业的发展,积极引进、组织、策划和承办各类大型活动及会议、展览等,以此促进各区域企业间的交流、展示和交易,通过交流提升企业的创新活力和能力。三是支持企业走出去整合国外资源。要不断鼓励龙头企业进行技术并购,帮助企业在跨国并购中实现技术和资本的有效整合;还要大力支持有条件的企业走出去,鼓励企业在发达国家建设研发中心和产业化基地,以此帮助企业整合国内外资源。

(二)实施龙头品牌塑造工程

一是打造龙头项目。打造带动性强、影响力大、具有整合文化资源能力的龙头性文化项目、文化品牌或龙头文化企业,以龙头带动文化资源整合。在石景山区,石景山游乐园、八大处、首钢工业遗产等都具有成为龙头的潜力,且分别代表着现代时尚娱乐、工业文明和传统佛教三种文化,可以择其一打造龙头,也可以多管齐下。例如,可以八大处为龙头,打破条块分割,将八大处、法海寺、双泉寺、慈善寺等寺庙,沿西山古道有机地串联起来,打造西山八大处文化旅游景区;游乐园、首钢工业遗产等也均可系统策划,打造成龙头项目。二是塑造文化品牌。石景山区文化资源多而小,不易于形成公共记忆。认知心理学认为,人的记忆和思维都是通过符号进行的,尤其是视觉符号。凡是已经形成深刻公共记忆的文化,无一不是形成了含义确切、形象鲜明的视觉符号。石景山有代表性的文化符号,但是还不够突出、不够丰满。石景山区作为"设计之都"核心区,未来设计产业将会非常发达,因此,石景山区首先要为自己设计一套符号系统,把丰富的文化资源变成便于记忆、传播的符号,这样诸多文化资源便有了清晰的脉络和完整的体系。

(三)实施科技文化融合创新工程

1. 全面加强科技与文化资源方面的融合。加强文化领域技术集成创新与模式创新,推进文化与科技相互融合,促进传统文化产业的调整和优化,推动新兴文化产业的培育和发展。针对文物、民俗、佛教等各类典型物质与非物质文化遗产保护的需求,突破文化资源保护关键技术,促进高新技术与传统文化有机结合,加强对传统文化资源进行数字化保护和开发利用。促进文化馆、图书馆、博物馆、科技馆等文化资源的网络化建设,推动石景山区公共文化资源的共享。

2. 全力推进项目载体上的融合。以基地为依托、项目为载体,促进文化与科技融合。积极促进将重大文化科技项目纳入国家相关科技发展规划和计划,促进文化与科技创新资源与要素互动衔接、协同创新。推动企业与研发机构联合组建面向市场的研发中心、开放实验室,加快成果转化,提升技术支撑能力。加快建设中国动漫游戏城等文化与科技融合的园区。支持北京动漫游戏产业联盟、中关村网页游戏产业联盟等行业组织发展,鼓励行业组织开展标准制定、成果转化等服务。积极搭建高端融合平台,不断创办世界动漫大会之类的国际交流活动。

3. 积极探索工作机制上的融合。国家层面文化部与科技部建立了会商制度,为北京和石景山起了带头示范作用,石景山区也应探索跨部门文化科技合作新机制,形成有利于文化和科技发展的工作体系。加强文化科技合作制度、指标体系和调查方法的研究,逐步探索建立一套适用于评价文化科技发展速度、发展水平、发展潜力以及投入产出效益的评价指标体系。

(四)实施科技文化惠民工程

1. 全面加强公共文化设施建设。建设区级新的标志性文化设施。高标准建设好集文化馆、非遗中心、博物馆、活动中心、剧场等功能为一体的区文化中心。与总政、北京军区合作建设新剧场,建设石景山区规划展览馆。加强街道社区文化设施建设,形成布局合理、全面覆盖的公共文化设施体系。每年扶植建设1-2个街道文化广场,深入开展基层品牌文化活动;拓展资源,推进人防设施改建社区文化室工程。加大公共设施免费开放程度,不断丰富文化馆、图书馆的免费服务内容,积极争取一批"益民书屋"落户石景山区,提高免费公共设施的利用效率。推进信息化工程,实现资源共享,提升文化市场管理水平。

2. 不断拓展群众文化活动内容。推动主题文化活动向品牌化、特色化方向发展;多渠道开展为基层送文化活动,不断在节庆文化活动、基层文化活动上创新,拓新文化活动新形式,打造文化活动新亮点。由政府主导,实行公益文化项目推介,鼓励各类文化企业参与公共文化服务。完善"区级示范团队—各街道文体协会及艺术团—社区基层艺术团队"三级文化队伍体系,与北京军区文艺团体共建合作,打造高水平的演艺团体。推进"一街一品",深入开展基层品牌文化活动。引进资源、创新形式,促进"古城之春"等群众性文化活动品牌和传统节庆活动实现新突破。

3. 着力提升科技惠民水平。加大科技惠民工程的投入,积极衔接国家和北京市重大科技示范工程,大力引导企业和社会资金加大对民生科技的投入,加强民生科技基础设施和服务平台建设。全面推进可持续发展实验区建设,以节约能源资源、加强环境保护和建设生态文明为宗旨,组织实施生态文明建设的科技示范工程,加强生态环境综合治理,全面落实节能减排目标责任制,严格执行控制大气污染各项措施,全面提升环卫配套设施水平,推进垃圾处理无害化、减量化和资源化,不断改善生态环境质量。加快推进"智慧石景山"建设,深化"三网"融合试点,推动物联网广泛运用,构建全方位、全覆盖的网格化管理体系,提高城市精细化管理水平。围绕民生工程确定的重点任务,加强医疗卫生、公共安全、环境治理等民生领域的工作力度,组织实施各类安全管理,保障居民生活、劳动、出行安全。

(五)实施城市形象提升工程

1. 注重建筑景观创新。石景山区的转型面临着大规模的城市建设和改造,建设和改造之初应委托专业机构,坚持以人为本的理念,在建筑中融入时尚、娱乐、设计等主题文化元素,统一规划与协调好楼宇景观、广场景观、道路景观、社区景观、照明景观等建筑景观的建设,形成格局有序、色彩协调、错落有致、相得益彰的城市建筑体系,充分展现石景山的时尚气息和人文气息。

2. 突出靓化生态景观。石景山区具有良好的山水生态资源,而生态景观建设是实现石景山生态文化的主体。可在永定河沿线、社区、商务办公区、城市街道等场所进行靓化美化,通过栽植花木、建设湿地公园等措施,突出山水城区特色,不断提高石景山区的绿化水平,建设城区宜人的生态环境,推动绿色生态石景山建设,以良好的自然环境优化居民的居住生活条件,提升居民精神状态和幸福水平。

3. 布置特色雕塑景观。北京国际雕塑公园,是一个国家级的雕塑文化艺术园区。石景山区应充分利用这一优势资源,发扬雕塑文化,在城区的重要道路出入口、大型广场等公共场所设立大型的雕塑作品,形成城区的标志,建设以雕塑(石)景观(景)为特色的洋溢现代文化气息的石景山。而这些雕塑作品的设计要考虑能体现石景山区的创新精神,可以考虑著名的创新人物和企业等。

4. 统一城市家具风格。城市家具的布置体现着一个城市的文化内涵,也是城市魅力提升的一个重要途径。石景山要加快制定《石景山区城市家具配置导则》,统一规范各类城市家具(如路灯、长椅、电话亭)及其风格,合理布置,鼓励采用有创意、低碳环保的城市家具,营造具有特色和风格的文化景观。

四、打造重点项目带动创新

本着文化资源与科技资源相融合、存量项目与增量项目相结合、品牌项目与大众项目相结合的原则,具体打造以下六个重点项目。

1. 西山八大处历史文化景区

西山贯穿于石景山区的西北部,与石景山区八大处、模式口、天泰山等区域浑然一体,这些区域因集中分布着以“八大古刹”、法海寺、慈善寺为代表的历史上皇家寺庙建筑和古墓、古民居、石碑、石刻等历史文化遗产,被认为是一个有较高的历史、文化价值的区域,对石景山西山地区的历史文化资源进行系统的梳理、整合和提升显得尤为必要。可以西山八大处为龙头,打破条块分割,整合八大处、模式口、天泰山等地的历史文化资源,加快推进模式口、天泰山的改造开发建设进程,打造集文化传承、健身休闲、旅游观赏、生态文明为一体的“北京西山八大处历史文化景区”。将其发展成为北京标志性文化景区、中国文化旅游胜地和亚洲佛教文化交流中心,打造成为石景山区龙头性的文化旅游项目及石景山区一张靓丽的名片。一要体现佛教文化特色。彰显以佛牙舍利为标志、世界唯一、无与伦比的中国佛教影响力;以古刹复建为基础,恢复三个地区历史上作为皇家寺庙群的原有风貌。二要彰显古老历史文化。开发改造模式口和古香道观光线路,复原历史空间、生活场景,使古老的佛教文化、古道文化、休闲文化、民俗文化、古墓文化等得以一一浮现,呈现石景山区独特的历史文化魅力,传承和再造其文化精髓。三要营造绿色生态环境。加大黄栌的种植培育,加强污染防治和生态保护,确保生态环境持续好转。突出生态休闲旅游功能,营造一批以红叶、法海寺森林公园、南马场水库等为主体的绿色休闲生态景观,使生态旅游朝着更加绿色生态的方向发展。

2. 首钢工业遗产文化旅游区

随着首钢涉钢产业的搬迁,首钢主厂区成为一个规模庞大、保护完好、工业结构完整、历史久远的工业遗产区,首钢工业遗产区内具有集工业遗址、人文古迹、自然景观等于一体的多重优势。结合当前迅猛发展的旅游业及悄然兴起的工业文化旅游,打造集观光 、体验和自然风光于一体的旅游胜地,整合首钢主厂区内的工业遗产和山水人文资源,最终将该区域打造成为国内外著名的绿色转型地和工业遗产地、工业旅游目的地。对石景山区的文化旅游业发展具有重要的意义。一要结合当前首钢博物馆、中国冶金博物馆等博览园的建设,集中开发一二三四高炉及第一蓄水池所在区域内的生产类建筑物及设施设备,如高炉、烟囱和众多的管线,将该区域打造成工业建筑风貌强烈、钢铁文化氛围浓郁的工业遗产公园;同时还可以利用现有的工业厂馆,策划一些专题性较强的、反映钢铁生产工艺的主题馆。二要充分利用首钢厂区内的自然景观资源,依托石景山、永定河等山水资源,通过开发一些新项目,将该区域打造成与钢铁遗址相呼应的绿色灵秀之地。三要围绕群明湖及其周边资源,通过对群明湖周边场地及建筑物的整治、修缮与提升,最终将该区域打造成为独具魅力的工业文明背景下集文化、艺术、旅游、休闲、商业、娱乐等多种功能于一身的城市休闲区。

3. 石景山游乐园提升工程

石景山游乐园建于 1986 年,现有土地面积 35 万平方米,位于西长安街和西五环的西北侧。随着行业竞争的加剧以及其大多游乐设备年久老化,为提高自身竞争力及满足游客多元化的需求,游乐园亟须更新设备、丰富项目内容和提升技术水平,因此,非常有必要对游乐园进行扩容和提升。可考虑东扩,即与西五环东侧的八角公园、小轮车奥运场馆连成一片,并通过架设高架单轨列车等方式横跨五环路,连通东西两边,建成具有观光、休闲、娱乐、购物、餐饮等多种功能于一体的、能有效带动上下游产业的超大规模休闲娱乐区。提升工程可朝以下几方面努力。建设国内最大的室内主题乐园,建设大型水上世界主题公园,建设室内滑雪场,建设大型马戏演艺广场。同时,调整和更新现有游乐设施。对现有游乐设施使用情况进行评估,有保留价值但设备老化严重的,要及时维修或更新设备,确保设备运行安全;保留价值不大的,要研究予以调整,腾退出空间以便增加更好的新项目。

4. 永定河主题公园整合提升工程

根据北京城市总体规划及《永定河绿色生态走廊建设规划》的要求,永定河绿色生态走廊建成后,将自上而下形成溪流——湖泊——湿地连通的健康河流生态系统,建成各具特色的生态自然景观、城市景观、田园景观,形成“一条生态走廊、三段功能分区、六处重点水面、十大主题公园”的空间景观布局。按规划,位于石景山区的主要公园有麻峪湿地公园、首钢滨水(工业遗址)公园、南大荒湿地公园。在此背景下,可考虑以目前已经建好的莲石湖为中心,整合麻峪湿地公园和首钢滨水(工业遗址)公园等区域,通过开发系列项目，建成具有生态、观光、旅游、休闲、娱乐、创意等多种功能于一体的大型旅游休闲区。使生态、景观等资源变为生产力，促进自身经济社会发展及在北京的影响力提升。

5. 国际动漫游戏体验谷

近年来，石景山区数字娱乐产业发展迅速，以网络游戏、影视动漫、数字新媒体等优势产业为特色的“中国数字娱乐第一区”形象已初步树立。未来石景山区完全可以依托现有动漫游戏设计方面的优势，通过将“虚实互动”模式融入游乐项目，将线上线下两个互动娱乐平台进行有机整合，创新实现“虚拟”与“现实”的对接，建设更适合未来前往的动漫游戏体验性的公园，给世界一个全新主题，更进一步地树立“中国数字娱乐第一区”的形象。具体而言可以以首钢区域内、南大荒湿地公园为项目地域，以“动漫艺术、游戏文化”为主题，将超前的数字娱乐和高新技术完美融合，通过将游戏虚拟场景局部实景化的手段，将一个从未有过的、神秘未知的、超越现实的“奇幻世界”带入现实！游客将以主角的身份，在现实中演绎“穿越奇幻世界”之神话传奇。体验谷内可设置各个主题区，主题区的设置可以与石景山区企业开发的动漫游戏相结合，打造不同主题的动漫文化体验区，满足游客多元化需求。

6. 创意设计产业示范园

依托北方工业大学、首钢科教大楼、茂华大厦、泽洋大厦和东方家园等载体所在地，根据现有产业基础，重点发展建筑设计、规划设计、材料设计、工程设计，打造设计产业示范基地旗帜性园区。结合设计产业示范基地的建设，构建以设计产业为主，并集产、学、研于一体的国际化产业园区，园区主要集聚首都创意设计产业的龙头精英企业以及国内外知名创意产业、原创商业和服务机构、个性品牌专营、创意交流机构等。主要承担三大职责，即信息交流、人才交流以及招商引资。产业园可提供的服务可包括：提供业务机会、信息交流、设计外包、展示交流、人才输送培训、国际交流、产品展示推介、人才交流、人事代理、融资扶持和创业孵化等服务，能真正体现专业化孵化器的作用，促使设计产业在石景山得到真正的成长。在开发策略上，可积极发挥石景山设计产业龙头企业丽贝亚的主导作用，联合周边的北方工业大学、首钢科教大楼、茂华大厦、泽洋大厦和东方家园等载体资源，推动楼宇资源整合和空间载体扩大，运用“楼宇经济”模式和品牌优势，组织实施新建楼宇，利用丽贝亚等大型企业自身的行业资源和影响力，实行产业链招商方式，引进设计产业链上下游企业，推进先导区的开发建设。

第六章 石景山区实施“双轮驱动”战略的保障措施

一、加强组织领导

实施“双轮驱动”战略涉及范围广，运行环节多，落实任务重，必须强化组织领导，以此促进创新创意的活跃。一方面应加强战略引导，完善顶层设计。将“双轮驱动”作为今后一段时期石景山转型发展进程中的重要发展战略，并制定“双轮驱动”发展行动规划，细分任务和责任，协调科技发展规划、文化事业发展规划、文化产业发展规划、旅游产业发展规划、人才发展规划等所有与创新有关的规划，提高创新工作的整体协调性和科学性。另一方面应完善体制机制。整合部门资源，建立联席会等制度，完善相应机构。如，考虑成立创新专家顾问委员会和企业家咨询委员会，聘请国内知名专家、重点企业领导人等组成，为石景山区创新发展建设提供咨询，为区内重大创新型项目提供评审意见等。

二、转变政府职能

转变政府职能是营造创新发展软环境的关键，应积极探索政府变革，集全区之优，倾全区之力，努力为实施“双轮驱动”战略营造软环境。第一，营造学习氛围，构建学习型政府。加强对领导干部的宣传和培训，营造浓郁的学习氛围，转变思想观念，拓宽工作思路，把握科技和文化创新发展的规律和趋势，从而加强和提升创新领导力，为科技创新和文化创新的发展服务。第二，突出服务职能，构建服务型政府。政府作为创新环境的重要营造者，要切实从“指挥经济”转向“服务经济”，加强在市场监管、制度建设、社会管理、公共服务等方面的职能，集中精力为创新主体做好服务。具体而言，要结合自身实际情况，以当前已经制定的“石景山服务行动计划”为突破口，创新工作方法，提升办事效率，积极推进公开化、公正化、扁平化的政务管理流程，加强权力制约和完善监督机制，不断改善我区的服务环境。第三，不断突破观念，构建创新型政府。创新型政府是社会创新的表率，我区要实施“双轮驱动”战略必须先塑造创新型政府。政府部门要带头创新发展思路，要在管理理念、管理体制及工作方式等方面创新，同时要着力在“激发全民创业、激活自主创新”等方面上有新作为。

三、营造创新氛围

良好的社会氛围是保障科技创新和文化创新的提前。石景山区营造创新文化氛围要从四方面着力：第一，努力营造重视创新的良好氛围。石景山区要实施“双轮驱动”带动地区深化转型，就需要在全区深入宣传“尊重知识、尊重人才、鼓励创新、宽容失败”的创新理念，积极营造有助于创新的自由宽松的社会氛围。通过开辟新闻媒体“专题”、“专栏”等方式，做好创新驱动发展的宣传和舆论引导工作，加强文化科技创新的宣传和知识普及，在全社会营造起激励创新、支持创新、尊重创新的浓厚氛围。加强创新文化精品创作，开展各类创新竞赛活动。第二，切实发挥自主创新典型案例的示范效应。深入挖掘和发现创新型人才、创新型企业，鼓励先进，带动一般，广为宣传，树立石景山区自主创新的品牌和形象。在宣传创新型事迹过程中，既要宣传成功的经验和做法，又要宣传他们百折不挠、艰苦创业的精神。第三，开展企业自主创新模式的探索与推广。企业自主创新能力的提升是一个长期的、复杂的系统工程，要在企业实践的基础上总结经验，探索规律，为企业自主创新能力的建设提供理论指导。第四，要切实维护企业家的各项合法权益，强化企业家作为自主创新活动的核心地位，吸引和培育更多具有创新精神、创新意识的企业家，使石景山区真正成为创新创业者的乐园。

总之，构建科技创新和文化创新"双轮驱动"格局，是关系到北京建设世界城市进程和石景山区全面转型的一个重大而全新的课题，是需要不断探索和研究并持续加以推动的重大工程。本课题研究所取得的成果只是初步的，有待进一步深入研究，还需上级领导、有关专家和社会各界进行批评指正。

课题组长：荣　华
副 组 长：王文光　富大鹏　李　艳
责任单位：研究室

把握稳中求进总基调
不断提升石景山区经济实力的对策研究

第一章　石景山区把握稳中求进总基调的重要性

当前，国际政治经济环境复杂多变，国内经济运行不断呈现新情况新变化，这对我国的经济发展提出了新挑战。面对错综复杂的国内外经济形势，2011年12月中央经济工作会议将"稳中求进"确立为2012年国家经济工作的总基调。北京也在十届十次全会上明确提出，要实现发展目标，关键是把握好"稳中求进"的总基调，重点要处理好"稳"与"进"的关系，并要在"求进"上奋力拼搏，取得成效。对于进入深度转型发展关键期的石景山区来说，坚持稳中求进，不断提升地区经济实力，更是具有十分重要的现实意义。

一、宏观经济形势决定石景山区稳中求进

从国际层面看，受欧美债务危机的冲击，世界经济形势仍十分复杂严峻，经济复苏的不稳定性、不确定性呈上升趋势，全球经济短期内难以重现快速增长格局。从国内层面看，已呈现经济增速放缓、投资下滑、消费低迷的格局，经济增长下行压力不断加大，不仅中小企业发展面临困境，大企业也面临产能过剩、成本上涨等压力。在此背景下，石景山区不仅要面对自身转型带来的巨大压力，更要面对宏观经济形势的严峻压力。在宏观经济走势明朗化之前，如果轻率急躁、一味求进，必将带来更多的新问题和新矛盾，因此，在当前的国内外经济形势下，石景山区必须客观冷静，稳中求进。

二、自身阶段特征需要石景山区稳中求进

石景山区"十二五"规划确立了"首都绿色转型示范区"的发展定位，从"工业石景山"到"首都绿色转型示范区"，不仅要求产业结构全面转型，也需要从城市管理和社会服务水平等方面全面提升。从经济结构看，首钢涉钢产业搬迁调整任务基本完成，新首钢高端产业综合服务区建设刚刚起步，文化创意、高新技术、旅游休闲等新的主导产业处于加速发展期，加快产业结构优化升级、推动区域转型发展的任务十分繁重；从城市运行看，服务经济社会转型发展需要，营造良好的发展环境，提高区域对高端要素吸引力的任务还十分艰巨；从社会服务看，加快公共服务设施建设，提高社会服务管理能力，解决城市化过程中农转居遗留问题，维护社会安全稳定的任务也非常繁杂。因此，在石景山区整体转型时期，我们必须牢牢把握转型阶段的特征，正视转型中的突出矛盾和问题，稳中求进。

三、深度转型发展要求石景山区稳中求进

经过近年来的调整发展，石景山区转型取得了重要成就，转型思路逐渐清晰、产业方向逐步明确、空间布局渐趋合理，发展模式已由原来的"生产要素驱动"转向"创新创意驱动"。但在看到成绩的同时，我们也要清醒地看到面临的问题。当前，石景山区的经济实力落后于兄弟区县的差距明显拉大；从石景山自身看，新的支柱产业尚未形成，就业和社会保障压力较大，区域发展尚不平衡，高端资源要素聚集能力还较弱；从石景山未来发展看，提升区域经济实力面临的大多是体制和机制问题，国家服务业综合改革试点区政策如何争取，重大项目如何推进，与首钢如何有效协同发展等重大问题都受制于体制机制约束，需要政策突破和体制机制创新才能解决。在首都经济社会进入新的发展阶段时，与全市的整体发展水平相比，与先进兄弟区县的发展相比，与人民群众的期待和要求相比，石景山区下一步的深化转型仍有大量的工作要做，深化转型必须稳中求进。

第二章　石景山区经济发展现状分析

一、自身经济运行总体特征

（一）总量规模增长迅速，阶段增速波动较强

2011年，石景山区GDP达320亿元，与2000年相比增长了195%，年均增长率高达10.3%。由于受到首钢涉钢产业搬迁影响，2004年之后，GDP增长率大幅下降，年均增长率仅为8.4%，表现出明显的波动性；一般性预算收入从2004年的8.97亿元增长到2011年的22.66亿元，增长了152.6%，年均增长率高达14.2%。一般性预算收入在GDP中所占比重平稳上升，表现出良好态势。由于GDP的先行指标效应，一般预算性财政收入的年度增长率也出现较强的波动性，2005年到2011年间，波峰与波谷相差了25.94个百分点（图2－1）。

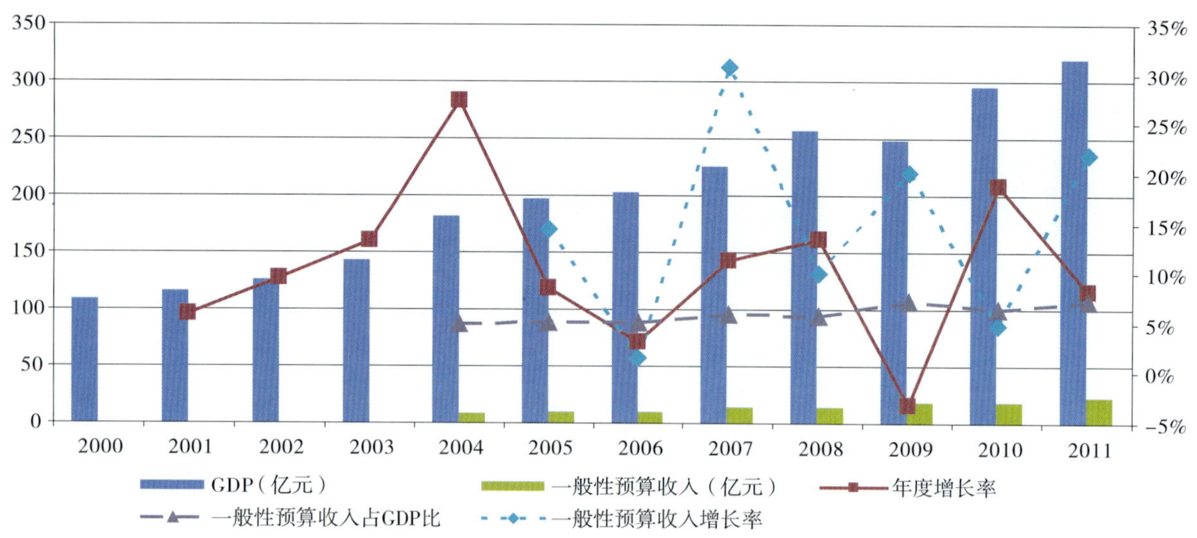

图 2-1 2000-2011 年石景山区 GDP 及增长率、一般性预算收入及其占 GDP 比重变化情况

(二)经济结构优化明显,主导产业逐渐清晰

石景山以功能区建设为支撑,以招商引资为抓手,转方式、调结构、保增长,在经济社会转型发展上迈出了坚实步伐,取得了明显成效。产业结构日趋优化,第三产业对 GDP 贡献度逐年提高,2011 年已达 62%(图 2-2)。特别是 2005 年以来,第三产业年增长率在多数年份明显高于 GDP 增长率(图 2-3)。这表明 CRD 战略成效显著,产业结构调整效果明显,第三产业对石景山经济发展的贡献越来越大。体现在区税收来源结构变化上,营业税在财政收入中的比重从 2004 年的 25.4%增长到了 2011 年的 41.2%,而增值税则从 31.2%下降到了 9.3%。石景山区应税企业以劳务及技术服务为主,具有较高的技术含量,验证了产业结构优化及 CRD 发展战略的效果。

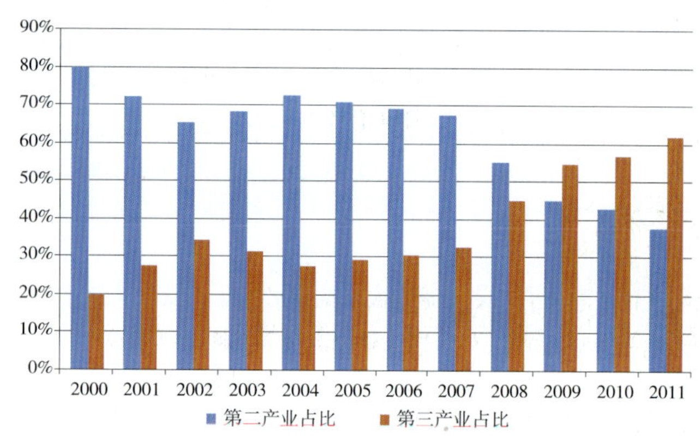

图 2-2 2000-2011 年石景山区第二、三产业在 GDP 中占比变化情况

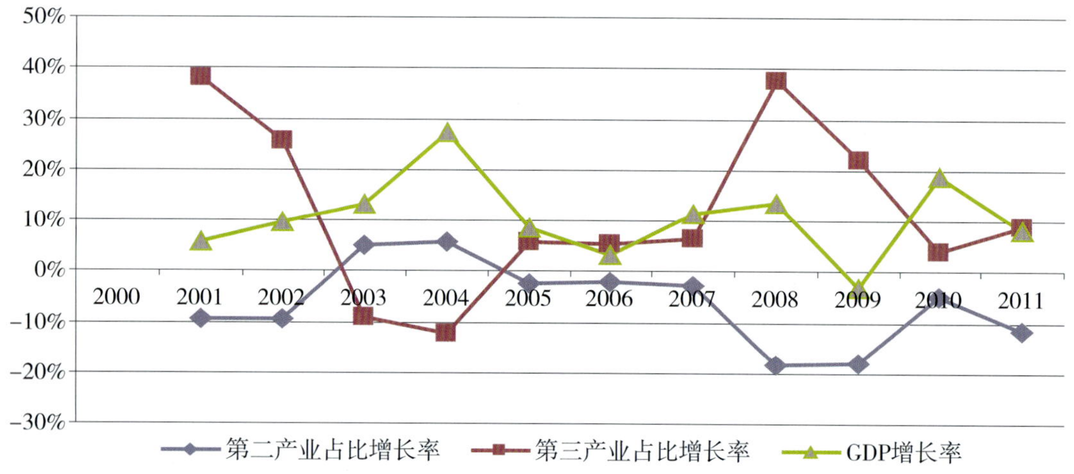

图 2-3 2000-2011 年石景山区相关指标增长率变化情况

(三)软实力提升显著,发展动力基础扎实

软实力为区域经济发展提供智力支持、制度保障,营造良好的发展环境,是区域竞争力提升的重要指标。软实力主要体现为区域吸纳能力和区域科技水平。2004 年到 2011 年,石景山旅游及星级饭店收入、暂住人口数量、迁入与迁出比例以及外来人口与常住人口比例、入境人数几个指标增幅明显(图 2-4),这表明:近年来石景山在国内外的影响力及吸引力明显提升。

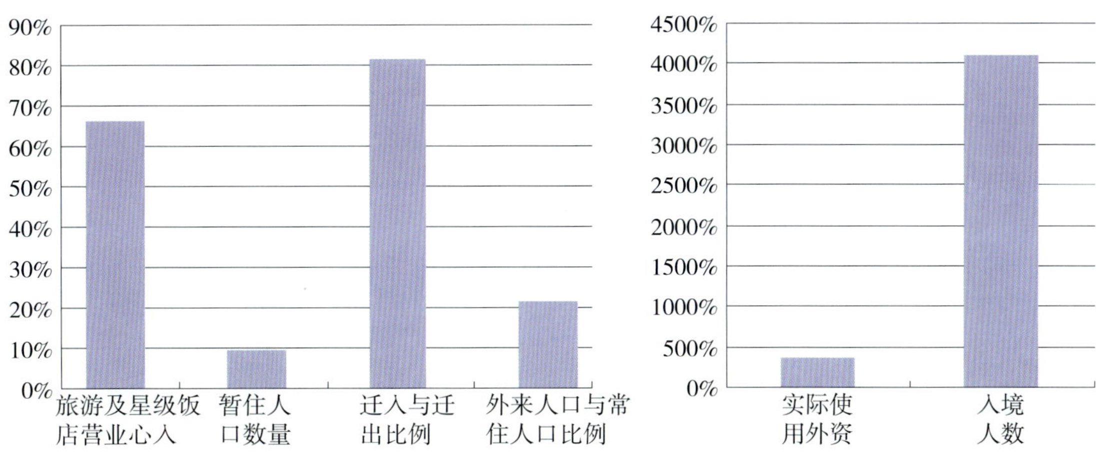

图 2－4　2004－2011 年石景山区部分吸引力指标值增长情况

科技水平是软实力的另一个主要指标，具体体现为区域公共文化机构及公共图书馆、技术合同成交、专利申请及授权。石景山公共文化机构、技术成交额及专利申请、授权四项指标增幅明显，技术成交项目数量及成交金额都有较大幅度提高，特别是项目金额提高幅度远远高于项目项数提高幅度(表 2－1)，这表明石景山单个技术交易项目成交额显著提高；2009－2011 年间的专利申请总量和发明专利申请数量稳步增长，专利授权总量和发明专利授权数量大幅增加，说明专利申请质量显著提高。在专利授权中，发明专利代表了专利的技术水平和层次，2011 年这一指标较 2009 年提高了 382.86%。知识产权优势逐步彰显，为工业企业做强及 CRD 相关产业做大提供了坚实的知识和技术支撑。

表 2－1　2009－2011 年石景山区科技水平发展情况

		2009	2010	2011	增长率
公共文化机构		3	4	16	433%
公共图书馆		2	2	2	0
技术合同成交	数量	255	352	479	87.81%
	金额(万元)	70907	152632	162934	129.79%
专利申请		1045	1457	1814	73.59%
	发明专利	475	629	886	86.53%
专利授权		377	1020	1206	219.89%
	发明专利	70	166	338	382.86%

(四)企业规模稳步扩大，运营效率有待提高

2004 年到 2011 年，石景山区规模以上工业企业总数呈现先减后升的“V”字型发展轨迹，企业规模结构朝着积极的方向变化，大型企业数量在增加，小型企业数量在减少(图 2－5)。

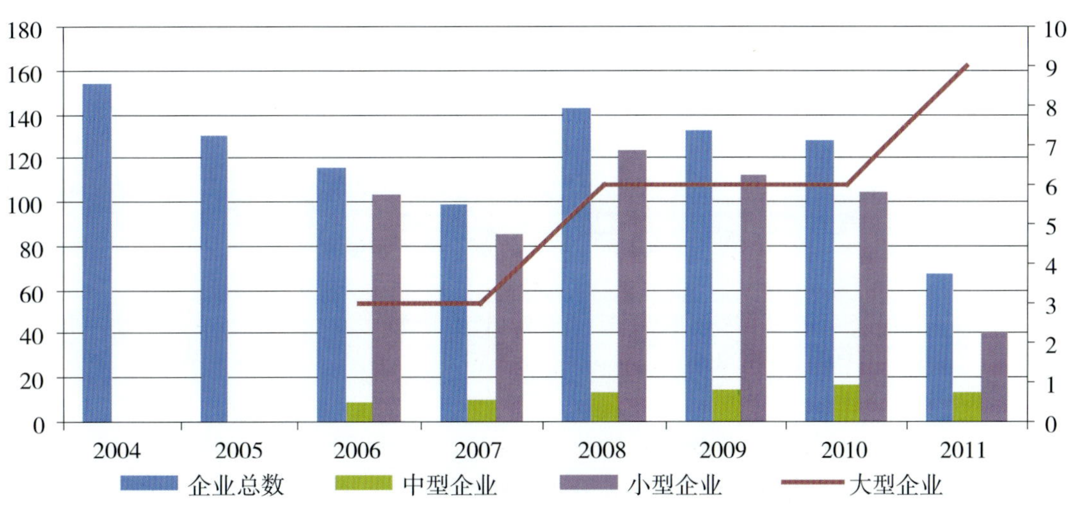

图 2－5　2004－2011 年石景山区规模以上工业企业数量变化情况

同期区工业企业产值却沿着“M”形轨迹发展，2008 年达到峰值 691.9 亿元后，2009 年下降到 539.7 亿元，虽然 2010 年有所提高，但 2011 年出现更大幅度下降，仅为 379.2 亿元，与 2004 年相比下降了 31.5%。从企业经营效率指标看，目前情形不乐观，除资产负债比稳定 50%左右外，利润率和利税率指标期间均在波动中下降(图 2－6)。

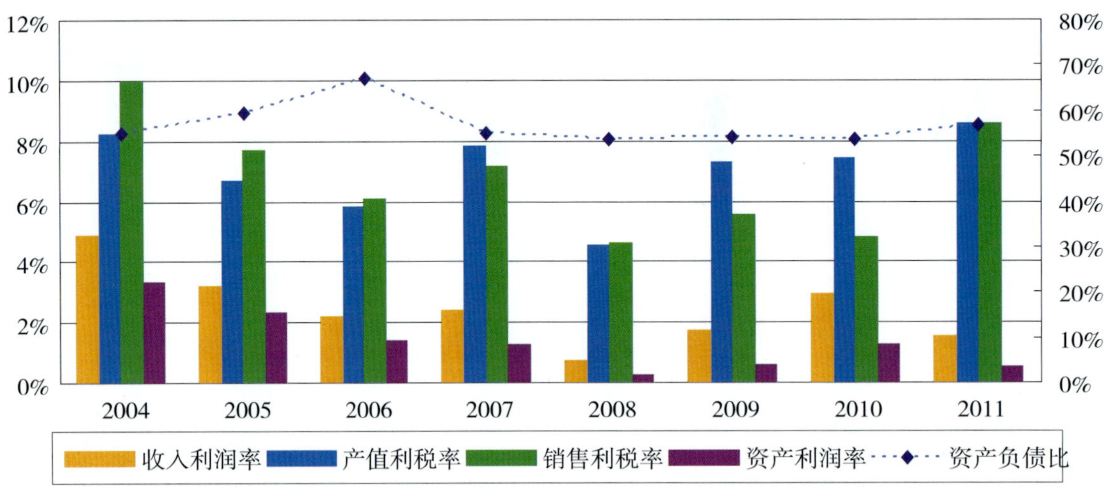

图 2－6 2004－2011 年石景山区规模以上工业企业经营效率情况

（五）第三产业发展迅速，内部结构有待优化

2011 年，石景山第三产业实现增加值 198.8 亿元，较 2004 年(50.1 亿元)增长了 297%，年均增长率高达 21.8% 。在行业总体高增长背景下，第三产业内部各行业也表现出了不同的发展态势。以各行业增加值占第三产业增加值比重排序，信息传输、计算机服务和软件行业发展最快，从 2004 年在产业内排位最后提高到 2011 年的产业内第一(图 2－7)。上述变化表明：第三产业技术密集度与社会影响力均有大幅提升，但从第三产业内部结构看，教育、金融及交通运输业、文化体育与娱乐产业、卫生社会福利与保障、居民服务几个行业成长性欠佳，而这几个行业恰是为第三产业发展提供人才、智力、资金支撑和服务的行业，因此，应加快此类产业发展。

2008－2011 年，规模以上第三产业经营效益发展态势良好，收入利润率、资产利润率以及人均利润稳步提高，三个指标在四年内年均增长率分别高达 15.8%、17.0% 和 39.2%，但指标绝对值依然偏低(图 2－8)。

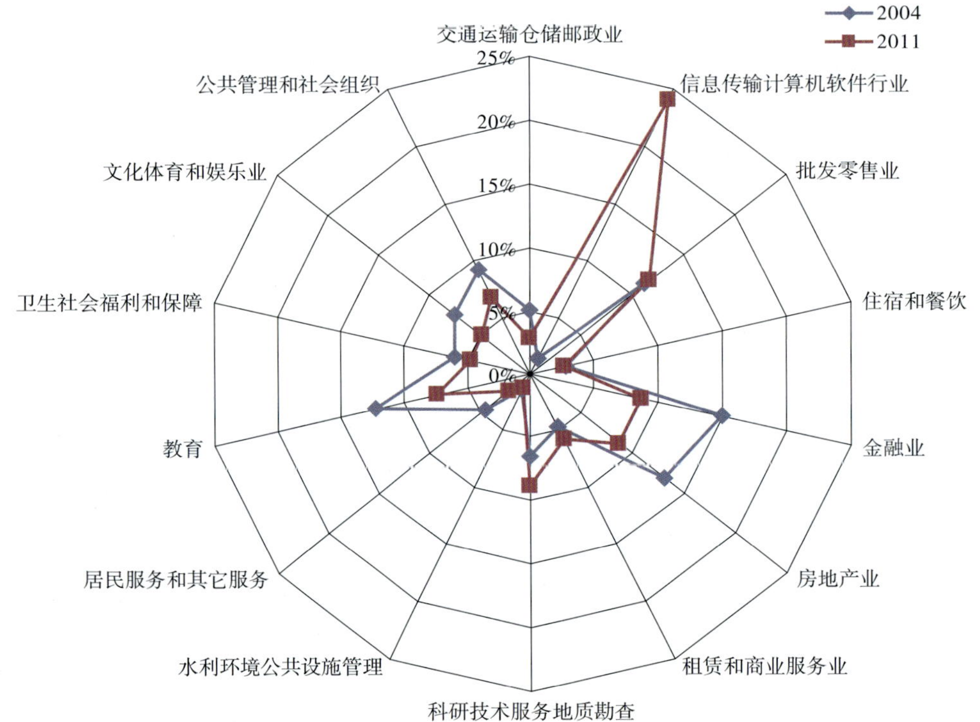

图 2－7 2004、2011 年石景山区第三产业内各行业增加值占第三产业增加值比重情况

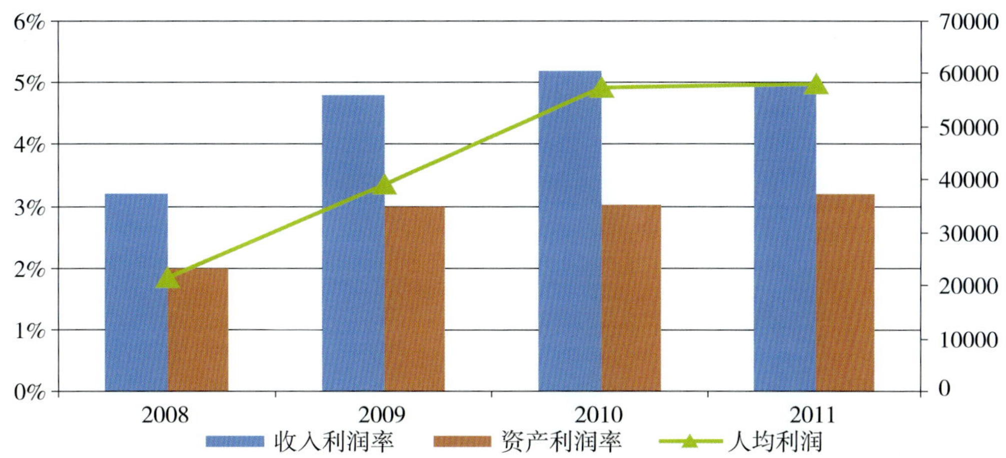

图 2－8　2008－2011 年石景山区规模以上第三产业经营效益情况

二、对北京经济贡献度和中心六城区比较分析

(一)对经济总额贡献度小，且增长不稳定

中心六城区在北京地区总产值中的份额一直保持在70%左右。但由于石景山区区域面积小，且处于转型发展期，目前的主导产业起步较晚，致使其对北京市 GDP 的贡献额度较小。从中心六城区经济增长率对比看，2009 年之前，石景山经济增长率一直处于中心城区的后列，2010 年以 18.83%的增长率排到中心六城区的第一位，随后 2011 年增长率又排在了中心六城区的最后一位(图 2－9)。与其他五个区相比，石景山区经济规模小，增长率波动幅度较大。

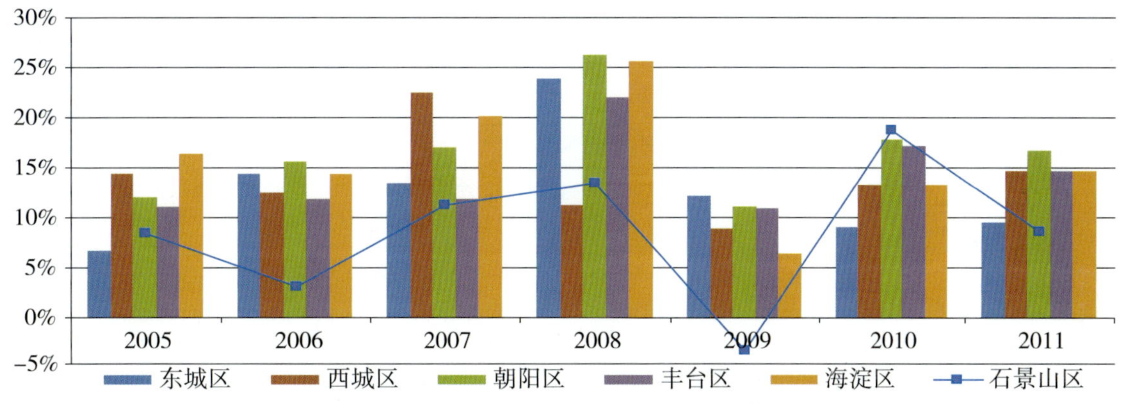

图 2－9　2005－2011 年北京中心六城区经济增长率

(二)对固定资产投资贡献度虽低，但贡献度增幅高

投资能力既是一个地区经济发展的结果，更是进一步发展的动力。近年来，北京市全社会固定资产投资增长迅速，从 2006 年的 3371.5 亿元增长到了 2010 年的 5493.5 亿元，增长了 62.94%。除东城区和西城区外，其余四城区都保持了较高的增长速度，其中石景山区四年间增长了 115.5%。从中心六城区对北京固定资产投资的贡献看，在 2006－2010 年间，石景山对北京固定资产投资贡献在中心六城区中仍然偏低，但处于上升态势。这表明：石景山区后发优势在经济发展过程中的作用开始显现(图 2－10)。

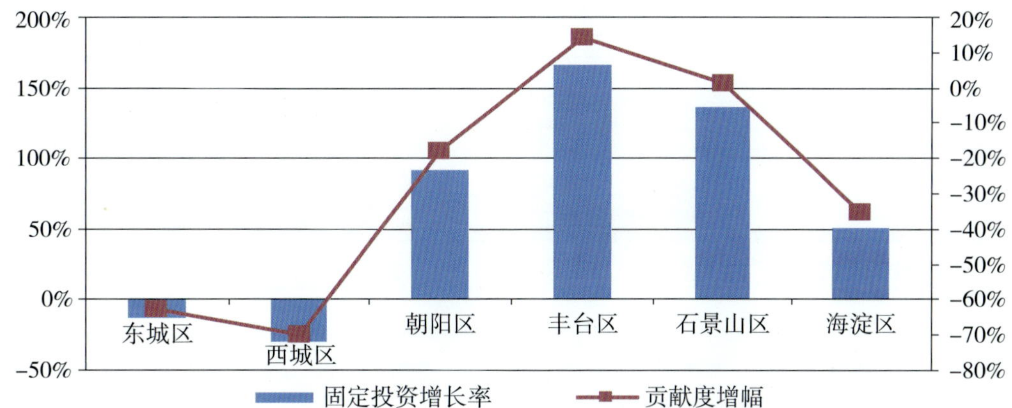

图 2－10　2006－2010 年间北京中心六城区固定资产投资增长率及贡献度变化对比

（三）对第三产业发展贡献虽小，但发展态势好

2004－2011年，中心六城区第三产业对北京市第三产业增加值贡献度差异明显，其中朝阳、海淀贡献度大且呈现逐年增长态势，东城、西城贡献度高但逐年下降，石景山虽然贡献度低（图2－11），但增长态势较好，在中心六城区中增幅最大（图2－12）。

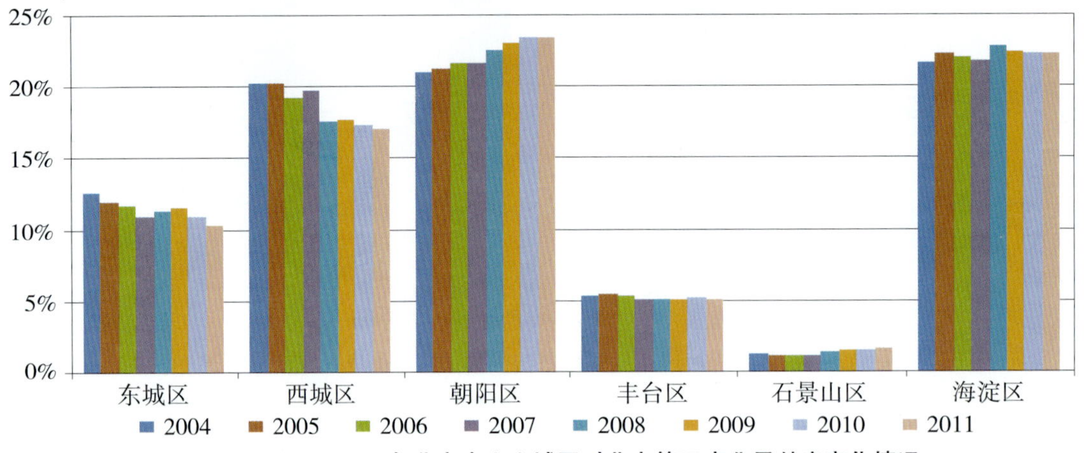

图2－11 2004－2011年北京中心六城区对北京第三产业贡献度变化情况

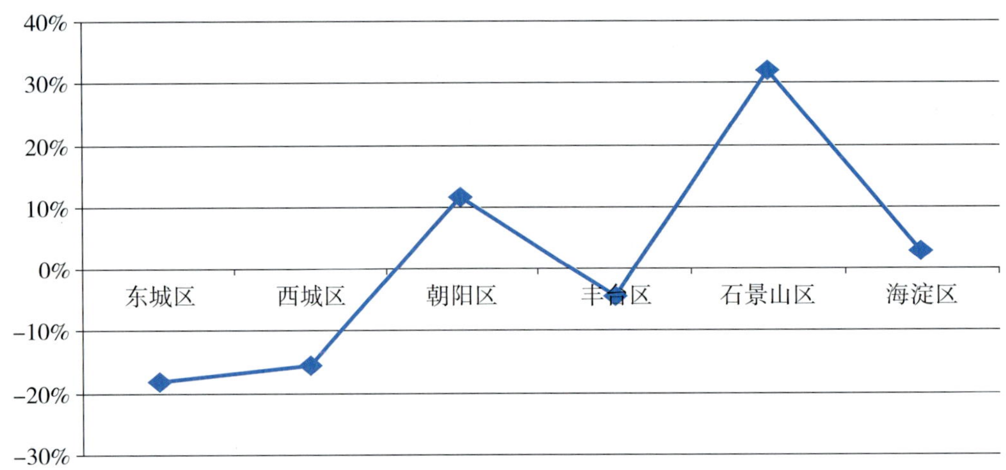

图2－12 2004－2011年北京中心六城区对北京第三产业贡献度增幅

对规模以上第三产业相关数据分析，石景山第三产业从业人员数量、资产、收入、利润等指标的增长率在中心六城区中除收入及利润增长率稍逊于东城外，其余指标均在中心六城区中处于领先位置（图2－13）。

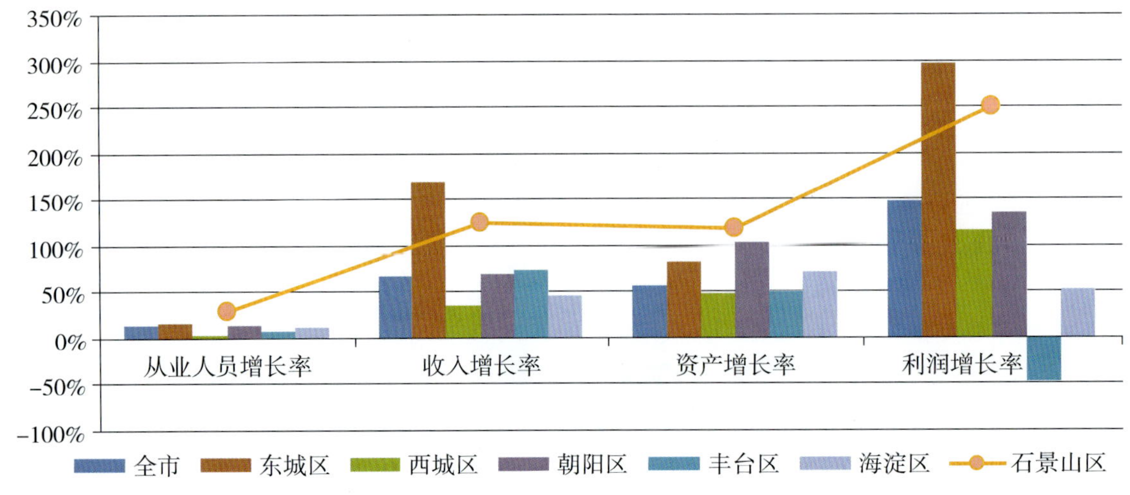

图2－13 2008－2011年北京中心六城区规模以上第三产业企业相关指标增长情况

（四）对软实力提升贡献虽小，但部分指标增长快

1、对外经济联系偏弱，贡献度较小

2004－2011年期间，石景山进口贸易下降了22.16%，出口贸易增长了79.15%，对北京进口贸易贡献度下降了71.7%，出口贸易贡献度略有提高，为15.34%，与西城、朝阳、丰台比仍存在较大差距（图2－14）。

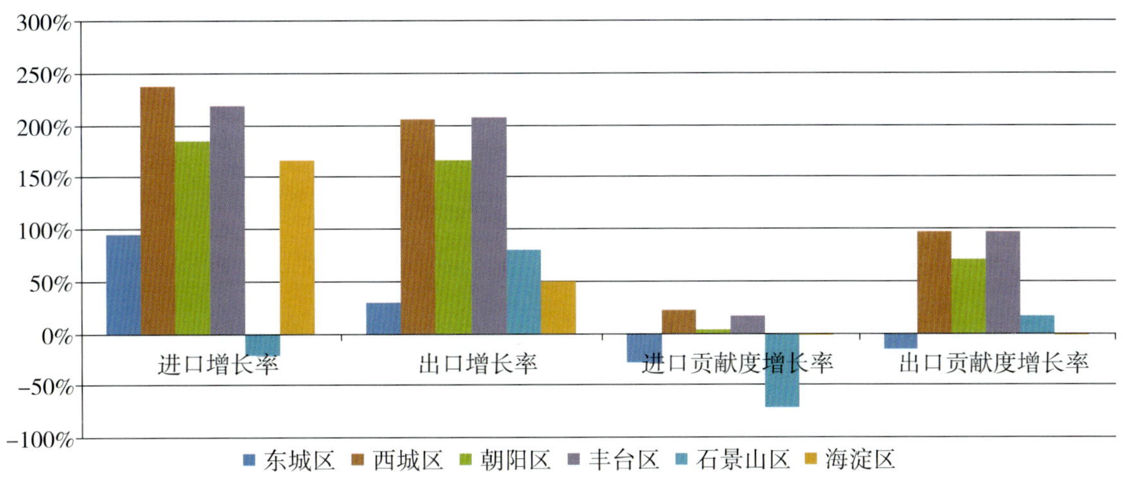

图2－14　2004－2011年北京中心六城区进出口贸易增长及贡献度变化情况

2011年，北京市实际利用外资705447万美元，比2004年增长了128.8%。六大中心城区对实际利用外资贡献度从2004年的65.97%增长到了2011年的75.2%。2011年，石景山对北京实际利用外资贡献度仅为0.96%，与其他城五区相比差距较大（图2－15）；但纵向看，2011年比2004年提高了104%，贡献度增幅仅次于西城区（图2－16）。

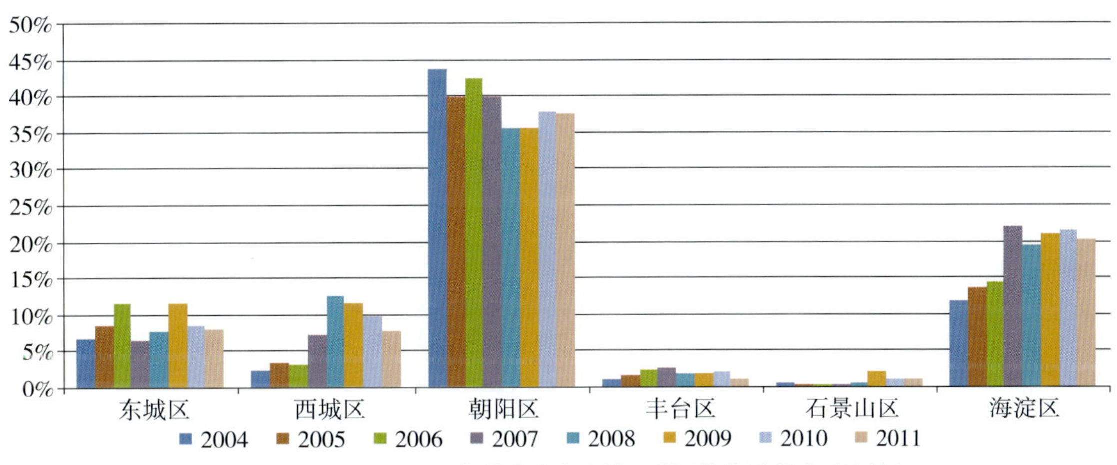

图2－15　2004－2011年北京中心六城区利用外资贡献度对比情况

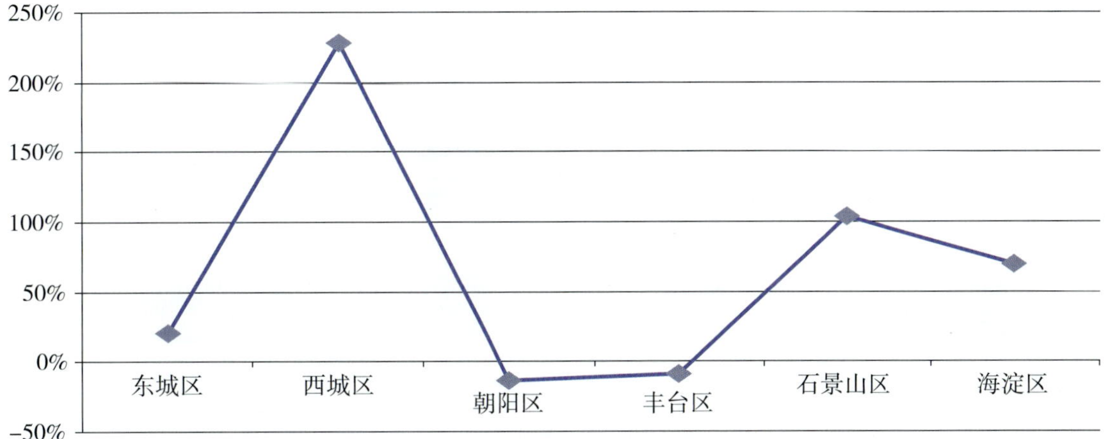

图2－16　2004－2011年北京中心六城区利用外资贡献度增长情况

2、科技水平贡献度虽小，但增幅高

2009－2011 年，北京市专利申请及授权数量均出现明显增长，但中心六城区存在较大差异，特别是石景山区与其他五个区差距较为明显。2009－2011 年间，石景山区专利申请总量和发明专利申请数量保持稳步增长，专利授权数量大幅增加，高达 219.9%。这表明石景山专利申请质量提高显著(图 2－17)。

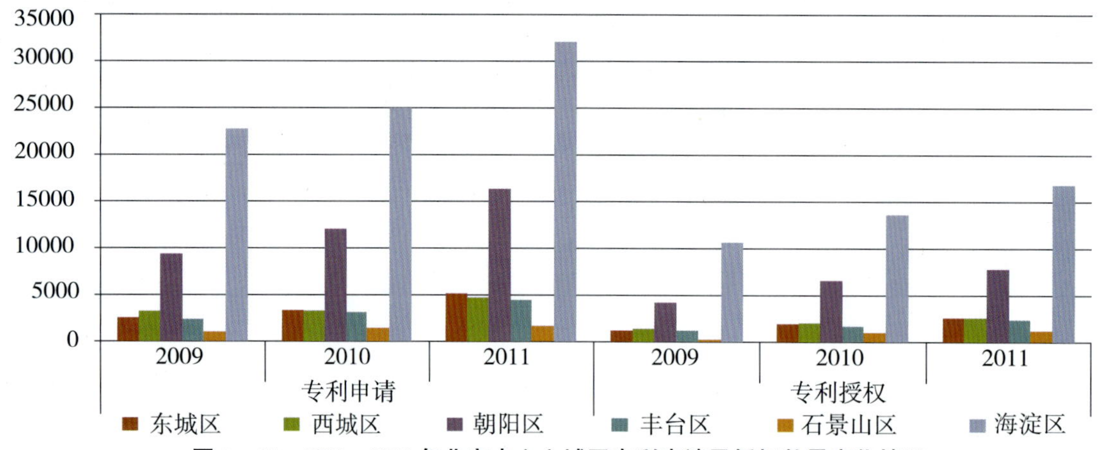

图 2－17　2009－2011 年北京中心六城区专利申请及授权数量变化情况

虽然石景山知识产权数量规模较小，排在中心六城区的后列。但在 2009－2011 年专利授权对北京贡献度增幅远超过其他城五区(图 2－18)。

2011 年北京市技术成交项目 53552 项，比 2009 年增长了 7%，实现技术成交额 1890.3 亿元，比 2009 年增长了 53%。石景山对技术成交项目数量与金额贡献均不足 1%。但石景山项目成交数量贡献度增长显著，排在中心六城区首位，项目金额贡献度增幅虽低于东城、西城与朝阳三区，但增长仍然十分显著(图 2－19)。

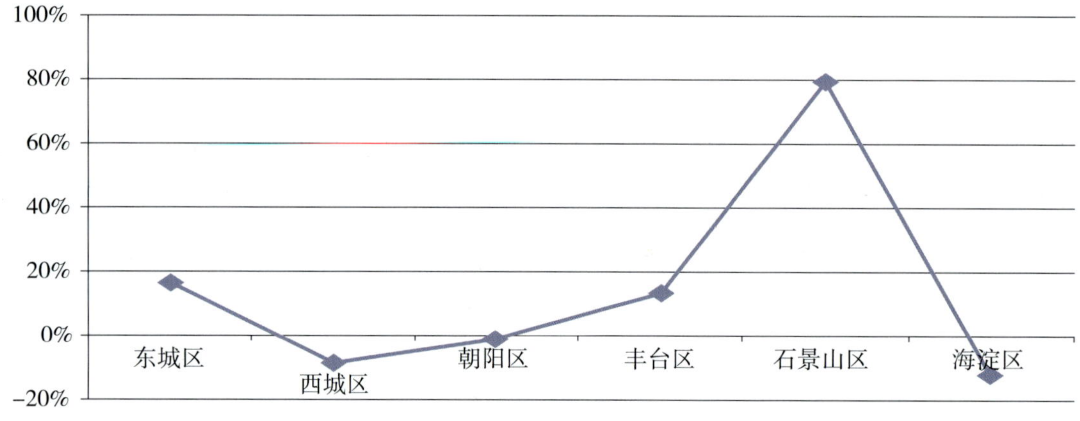

图 2－18　2009－2011 年北京中心六城区专利授权对北京贡献度增长情况

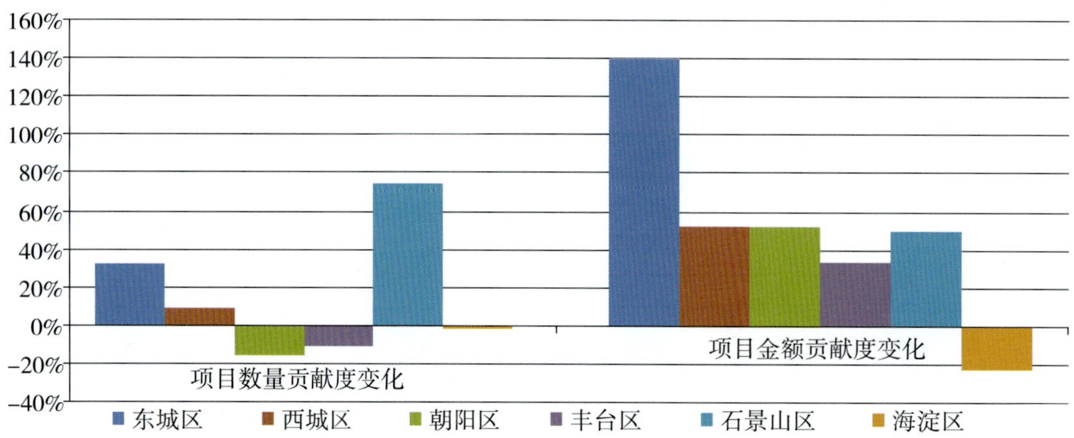

图 2－19　2009－2011 年北京中心六城区对技术成交项目数量与金额贡献度变化情况

综上，2004年以来，石景山区经济实力有了显著提升，地区总产值与财政收入增幅明显，区域吸引力、影响力与知识产权优势日益提升，为CRD战略目标的持续推进奠定了坚实基础。但由于石景山区域面积小，区域经济整体处于转型发展期，经济发展仍面临经济规模较小、经济增长不稳定、第三产业经济效益偏低及支撑性产业发展滞后于先导产业等亟待解决的问题。

与其他城五区相比，石景山区优势和劣势都很明显。从劣势看，经济绝对规模较小、投资能力偏弱、外资利用率较低、外贸带动作用较小是石景山区必须正视的问题；从优势看，知识产权质量高、第三产业企业运营效益高、经济活力强、发展后劲足，这为石景山区经济稳定、快速增长奠定了基础。石景山区经济实力提升的重点应是进一步提高经济增长速度，以速度优势弥补规模劣势。

第三章　石景山区经济社会发展面临的机遇和挑战

未来一段时期，是石景山区深度转型的关键期，也是必须紧紧抓住的战略机遇期，同时又是应对现实挑战、推进科学发展的攻坚期。石景山区只有深刻认识和准确把握内外部经济形势变化，抢抓机遇，应对挑战，才能加快推进区域全面转型升级，实现经济实力稳步提升。

一、发展机遇

(一)国家服务业综合改革试点区建设全面推进

为加快产业结构调整，转变经济增长方式，国家发改委出台了《国家发展改革委关于开展服务业综合改革试点工作的通知》，石景山区作为首批国家服务业综合改革试点区，将在服务业管理体制与机制创新、土地利用、投融资、服务业载体建设、服务业业态发展等方面享受国家先行先试政策。同时，结合国家科技进步示范区、国家可持续发展实验区等国家重点示范区的建设，必将极大地提升石景山区的服务品牌、科技创新品牌和绿色发展品牌建设，对促进石景山区形成服务主导、创新驱动的发展格局有重大推动作用。

(二)北京全面实施促进西部地区转型发展战略

为进一步加快构建多点支撑、均衡协调的城市发展格局，北京市出台了《关于加快西部地区转型发展的实施意见》，明确提出围绕生态重建和经济转型两条主线，突出首钢搬迁调整区和永定河绿色生态发展带两个重点，全力实施生态环境、重点区域、现代产业、基础设施等六大提升工程，推动西部地区整体转型升级。石景山区将在产业发展、高端产业功能区建设、基础设施建设、生态环境改善和民生保障等多方面获得北京市相关政策的支持，将有一批带动性强的重点项目落户石景山区，这将为石景山区的转型发展注入强大发展动力。

(三)新首钢高端产业综合服务区列入北京"四新"

为引导产业布局优化和集群发展，北京市提出加强高端产业功能区和各类园区的政策集成，提出构建"两城两带、六高四新"的产业发展空间格局。首钢高端产业综合服务区进入"四新"，成为全市重点打造的高端产业新区。北京市十一次党代会报告明确提出："加快新首钢高端产业综合服务区建设，推进西部综合服务中心区建设，增强对西部转型发展的辐射作用"。首钢新区纳入北京重点发展地区，将从市级层面获得土地审批、重大项目推进等方面政策支持，进一步推动人才、技术、资金等高端要素向石景山聚集，为"首都绿色转型示范区"建设提供强有力保障。

二、困难挑战

(一)空间资源开发利用难度大，成本高

在石景山区土地总面积中，山林绿化面积超过47%，大型国有企业、事业单位及部队占用了大量土地，石景山可自主开发利用的土地资源非常有限。同时，复杂的土地权属严重影响和制约了空间资源开发。例如，首钢搬迁调整腾退的土地一级开发权属归首钢，平原与山区交接处的大部分土地为部队用地，周边土地开发受到严格限制。这些因素直接导致石景山区在土地开发、重大项目推进等方面受到制约，使得开发利用难度大、成本高。

(二)区域各种社会矛盾凸显，压力大

受首钢涉钢产业搬迁、一次性农转居等影响，石景山区登记失业率一直较高，需要安置的首钢富余人员、农转居人员带来较大的就业与社会保障压力。在西部开发和城市化建设中，大规模拆迁也会带来一系列社会问题。另外，石景山区流动人口较多，管理和服务好流动人口也是一项具有挑战性的工作。要妥善解决以上问题，必须增加社会管理和城市管理成本，这在无形中会挤占经济发展资源。

(三)高端要素资源聚集能力弱，区县竞争激烈

近年来，石景山区CRD建设虽然取得重大进展，但其品牌形象还未得到广泛认同，加之城市基础设施承载力与全面转型的要求还有一定差距，这些都决定了石景山区对高端要素的吸引力尚显不足。当前，北京市正处于"退二进三"的转型期，全市东部、南部、北部各个方向都有政策，石景山区与其他区县在政策方面并无明显竞争优势。同时，各区县都非常重视招商引资，这将进一步加大石景山区吸引高端要素聚集的难度。

第四章　石景山区经济实力提升尚待解决的关键问题

一、差异优势尚未确立，品牌效应亟须彰显

首钢涉钢产业搬迁后，首钢作为原来的亮点和品牌、工业作为原来的特色产业都将逐渐淡化。当前，石景山区新的差异化优势尚未形成，地区品牌效应亟须彰显。

(一)亮点不多，冲击力尚待增强

石景山目前为人所熟知的仍是石景山游乐园、八大处公园，知名度较高的首钢集团已完成涉钢产业搬迁，新打造的银河商务区、台湾文化创意商务区、西五环现代娱乐区、京西会展商务区、苹果园交通枢纽商务区、天泰旅游休闲区

还处于发展建设中，引入的搜狐畅游等知名企业数量还少，区域整体转型发展尚需时日。相比其他区县如海淀区的“中关村科技园”、朝阳区的“CBD”、东城区的“王府井”、大兴区的“高端制造业基地”，石景山区经济领域亮点还不多，给人们的整体冲击力还不够。

(二)特色不明，吸引力尚待提升

首钢涉钢产业搬迁后，石景山尚未形成有别于其他区县的特色产业，文化创意产业虽有长足发展，但相对其他部分区县(如朝阳区)并无明显竞争优势，动漫网游产业虽形成了一定特色，但规模尚小，其他产业特色亦不够鲜明，对龙头企业的吸引力尚待提升。

(三)品牌不足，影响力尚待提高

石景山知名企业较少，旅游休闲品牌比较单一，现代化和国际化的商务氛围还不足，缺乏知名的教育和医疗资源。近年虽然举办了京西消费节、台湾文化艺术节、台湾美食节，形成了一定影响，但影响范围仍然较小。

二、招商环境有待优化，招商模式尚需改善

(一)载体分散不足导致企业落地困难

近年来，石景山区制定了完善的企业配套服务政策，具有较强的招商引资服务优势，但由于存在区域面积狭小，可以利用的土地资源不多，区内载体数量有限且布局分散，中高端商业楼宇欠缺等不利因素，使得本区很难满足大型企业的用地和用房要求，导致招商难，招到企业真正落地难。

(二)产业基础薄弱导致商务氛围不浓

石景山区规模企业、优质上市公司、品牌企业偏少，外资企业尤其是跨国公司总部偏少，金融、管理咨询、市场调查等服务性行业不发达，没有形成完善的产业链。缺乏高端酒店、会议中心、高端商业街区和商业中心，商务会谈、休闲活动场所不足。产业基础薄弱，导致了商务氛围和国际化氛围差强人意，对高端要素的吸引力不足。

(三)招商模式单一影响实际招商效果

石景山招商引资主体相对单一，招商引资策略较为简单，招商引资面向范围狭窄，影响实际招商引资效果。在招商引资主体方面，投资促进局是招商引资主体，缺乏市场化主体如中介机构和区内企业的参与；在招商引资策略方面，主要采用坐地招商，招商引资人员少，资金投入不足，难以做到走出去招商，招商引资活动范围小，接触的潜在入驻企业有限；在招商引资面向范围方面，主要面向北京市内企业，附带全国范围内的优质企业，属地招商方式使得招商对象有很强的局限性，在各区县招商引资竞争加剧的背景下，招商引资工作处于不利态势。

三、存量资源利用低效，体制机制有待理顺

(一)区政府与首钢协调机制有待强化理顺

石景山区政府与首钢总公司高层已经形成了较好的对接机制和工作小组联系机制，能定期或根据需要就重要问题协商沟通，但由于缺少北京市级层面权威协调领导机构，导致很多工作无法及时有效推进，政企合力促发展的局面面临挑战，经济发展潜力没有得到充分发挥。

(二)区属国企发展体制和盈利状况有待改善

石景山区属国有企业面向市场的发展体制尚未形成，经营管理缺乏活力，收入来源单一，产业布局有待优化，总体盈利状况不佳。主要表现在以下几个方面：

第一，受发展体制制约，经营理念比较保守，缺乏市场竞争力。大多区属国有企业受制于用人制度、激励制度，难以招聘或留住优秀人才，企业经营管理缺乏活力，市场开拓积极性不足，市场开拓能力较弱。多数企业仍延续老国企的经营模式，经营理念保守，在拓展市场和打造品牌等方面缺乏竞争力。

第二，创新不够，闯劲不足，收入来源依赖房屋出租业务。区国资委监管的多数企业原主营业务经营面临困难，停滞不前或萎缩，不能根据市场变化和区域经济发展形势，有效开展业务创新，约一半数量的企业主要依靠房屋出租获得收入。

第三，受经营能力和人力资源限制，国企发展未与区域主导产业相融合。石景山区重点发展的五大产业区属国有企业还没有完全参与进来，既没做到“借势”谋发展，更没有做到“造势”促发展。很多区属国有企业未能审时度势地开展新业务、进入新行业，深陷国有企业不擅长的低价值、高竞争性行业中，在运营机制上不如民营企业灵活，在企业规模上不及驻区非区属国有企业，资金紧缺、发展受阻，在竞争中处于不利地位。

第四，企业规模普遍较小，盈利情况不佳，成长性不足。石景山缺乏区属大型国有企业，相当一部分中小企业也是经营不善，盈利状况不佳。2011 年，区国资委监管下的 12 家一级企业、40 家左右的二级企业，约 30% 的企业仍处于亏损状态，多数企业处于微利状态或盈亏平衡状态，企业现有能力不足以支持未来发展，成长性不足。

(三)集体经济资源利用和经营方式有待优化

石景山区在 2002 年一次性农转居后，集体经济中原有的工业、服务业等传统产业逐渐萎缩，主要依靠土地出让、房屋出租获得收入。新形势下缺乏进入新产业、开拓新业务的意识、条件和能力，尚未探索出有效的业务模式。土地、房屋楼宇、资金等集体资产未能得到充分有效利用。具体表现在以下几个方面：

第一，实体经济减少，经营性业务收缩，收入渠道单一且难以持续。在石景山区经济转型中，集体经济的工业企业等实体经济数量进一步减少，部分农工商公司租赁和经营性业务逐年收缩，主要依赖房屋出租、土地征用和拆迁获得收入。

第二，未形成新的产业格局和业务发展模式。转制而成的农工商公司主要采取股份合作制，管理者、股东及员工主要是农转居人员，在进入新产业、开拓新业务方面缺乏经验和人才。部分农工商公司尝试进入新产业，但发展层次低、与区域发展方向融合度不够、发展速度缓慢，资金运营风险增加，经济效益不高。

第三，资金积累与资本运作陷入两难境地。一方面，石

景山区多数集体经济组织主营业务发展水平低或陷入停滞，承担大量“农转居”人员的社会福利保障责任，非经营性资金支出很大，资金积累甚微；部分农工商公司获取一定土地补偿资金，但大部分用于补缴职工社保、改制兑现股权以及偿还历史遗留的各类债务，缺乏优势产业项目。另一方面，随着城市化建设的加快，土地征用、拆迁集中推进，部分农工商公司短期内形成了较大规模资金积累，但经营管理人才缺乏，市场经验不足，资本运作能力有限，低收益、高风险并存。

（四）入驻企业后续发展需要加强关注支持

石景山区采取多种措施关注重点企业发展，但对优质存量企业扩大规模再发展还缺乏跟进措施，影响存量企业快速高效发展。部分有核心技术、有发展潜力的优质企业近几年实现了快速增长，形成了独有的竞争力，核心业务符合国家鼓励的高新技术或电子商务领域，有很好的发展前景，但由于载体扩充和资金等制约因素，企业发展受到影响。

四、主导产业仍需培育，支柱产业尚未形成

近年来石景山区招商引资效果显著，但相对而言，区内规模企业较少，主导产业规模较小，支柱产业尚未形成。一是规模企业数量明显偏少，具有强大感召力的明星企业匮乏，难以与中关村的微软、新浪等大型知名企业相提并论，大企业辐射效应还未充分发挥，带动效应不够；，二是相对集中的商业地块稀缺，商业载体分散，产业链不完善，产业集聚区尚未形成，除中关村石景山园内高新技术企业相对集中、万达广场商务区已成规模外，还未形成大的产业园区和新的规模商务区，产业发展缺乏聚集效应和协同效应；三是文化创意、高新技术稳定快速发展，在五大产业中具有相对较大规模，但年增加值还比较小，在北京市比较还缺乏竞争力；除此之外，旅游休闲、商务服务、现代金融产业规模也比较小，主导产业仍然处于培育期，支柱产业尚未形成。

五、政策优势利用不足，集成效应尚待发挥

“十一五”期间，三块国家级牌子相继落户石景山区、新首钢高端产业综合服务区纳入首都“六高四新”高端产业新区、北京市高度重视西部地区转型发展等，都为石景山区快速发展提供了政策保障。但需要注意的是，由于没有充分把“三块牌子”之间、“三块牌子”与石景山面临的重大机遇之间、“三块牌子”与石景山经济发展规划之间进行有效整合，使得政策集成优势未能显现。同时，在通盘考虑、顶层设计方面也欠缺充分挖掘，创新举措、政策争取、项目设计、资金落实等方面未及时有效跟进。从近两年实际运行效果看，现有政策优势并没有为石景山区带来先发优势和发展实效。

第五章　把握稳中求进总基调，提升石景山区经济实力的总体思路

一、明确发展思路，保持发展稳定

贯彻落实科学发展观，站在建设“人文北京、科技北京、绿色北京”和中国特色世界城市的战略高度，紧紧围绕“首都绿色转型示范区”发展定位，牢牢把握稳中求进的工作主基调，以结构调整为主线，以功能区建设为核心，以改革创新为动力，坚持“绿色、低碳、循环”的发展理念，通过实施“文化引领、科技驱动、绿色转型”发展战略，盘活存量，引进增量，培育产业，提升实力，努力打造北京西部经济增长极。

二、实施三大战略，保障发展目标

北京确立了“人文北京、科技北京、绿色北京”的发展战略，结合石景山区发展定位和CRD的发展目标，石景山区经济社会发展应坚持“文化引领、科技驱动、绿色转型”三大战略。

（一）文化引领战略

石景山区历史文化资源丰富、工业文化特色鲜明、文化科技融合发展已经形成特色产业。坚持文化引领战略，不仅是对北京建设世界城市的贡献，而且是对石景山区资源比较优势分析的结果，更是对已经确立的CRD发展目标的明确。文化引领就是要在思想观念、文化体制机制、公共文化管理、文化产业发展、文化环境建设、城市景观建设等方面进行创新，用文化引领产业发展，用文化引领城市转型升级，用文化引领城市特色建设和城市品牌塑造。在产业发展上，实施文化引领战略就是要重点抓好文化和科技融合、文化和旅游融合，着重发展文化创意产业和高端文化旅游休闲产业。

（二）科技驱动战略

科技创新是经济发展方式转变的先导和动力源，科技创新驱动产业发展，实现经济扩散，具有促进经济发展和经济发展方式转变加速的乘数效应。石景山已经获得“中关村国家自主创新示范区特色园区”称号，近年来又狠抓科技创新和文化创新，具备了科技驱动转型发展的后发优势。大力实施科技驱动战略，创新科技管理体制、机制，形成以企业创新为主体、政府创新服务平台为支撑、科技和产业紧密融合的科技创新体系。发挥中关村石景山园引擎、集聚、辐射、带动作用，做好科技和文化、科技和金融、科技和旅游等产业的融合，以科技驱动提升区内企业竞争力，打造科技产业新高地。

（三）绿色转型战略

石景山发展定位是“首都绿色转型示范区”，这次转型是产业结构、社会建设、城市建设、生态环境建设和体制机制创新“五位一体”的全面转型。实施绿色转型战略，就必须树立“绿色、低碳、循环”的发展理念，紧紧围绕绿色转型示范区建设去打造适宜转型要求的政策环境、产业环境、城市环境、文化环境、生态环境，实现产业发展、社会建设、城市建设和生态环境建设和谐发展。在产业发展上，大力发展高新技术、节能环保产业和以文化创意、商务服务、现代金融、旅游休闲产业为支撑的现代服务业。坚持绿色立区、生态立区、服务立区，使石景山成为全国加快转变经济发展方式示范区、全市生态文明建设重点区和首都城市功能拓展的重要承载区。

三、坚持五大原则，保证发展方向

（一）坚持规划先导，科学布局原则

区域发展，规划先行。目前石景山区正处于转型和改革的攻关期，“十二五”时期的发展将对未来产生深远影响，必须坚持科学规划、科学布局原则。在“十二五”发展规划下，根据形势发展变化，进一步优化园区规划、重点功能区规划、西部地区开发规划、重点地区详细规划。超前规划重点产业、重点项目、重点工程。在产业发展上，坚持“规划预定功能、功能引导项目、项目构建载体、载体聚集产业”的思路，全面落实石景山经济发展规划。规划确定后，各部门就要按照规划要求进行年度任务计划分解，明确工作重点、工作目标，创新工作方法，确保规划落实到位。

（二）坚持立足优势，特色立区原则

区域经济发展必须立足区域资源比较优势，只有找准比较优势，采取差异化战略，做出特色产业，才能赢得竞争优势。西山八大处的佛牙舍利享誉世界，永定河穿越石景山全境，这是我们独有的高端旅游资源。立足旅游资源优势，石景山必须高端规划、抓紧布局文化旅游休闲产业，抢占旅游产业制高点。从区位优势看，石景山北接中关村核心区，是科技创新资源成果的战略承接地；东连首都功能核心区，是长安街西延的重要战略节点；西邻永定河生态发展带，是首都西部发展的重要战略区域；南与南城行动计划区域相融，借助区域优势，加速高端要素集聚石景山，打造人才洼地、资金洼地和产业高地。

（三）坚持高端谋划，集群发展原则

打造区域主导产业必须依托特色产业，特色产业要形成主导产业，必须依托集聚区发展，集聚、集群发展是区域产业发展的趋势。“十二五”规划的五大主导产业和确立的“一轴、一带、一核、一园、多支点”的空间布局要强化落实，高端谋划特色产业集聚区，用集聚、集群发展解决“群而不集，聚而不联”问题，实现产业链式发展和集群发展。

（四）坚持做大增量，做强存量原则

坚持招商引资，做大增量不动摇，更重视存量企业做强、做大，只有增量放大、存量强大，区域经济实力才能全面提升。按照产业发展规划，强化产业链招商，大力引进龙头企业和核心企业，“招商选资”。同时引导存量企业向区域产业规划方向发展，把增量、存量企业一并纳入产业经济系统。坚持这一原则，不仅能实现增量、存量单方向各自增强，而且能用有效的增量带动存量结构调整和优化，推动区域整体产业升级，实现以增量带存量、增量存量共同发展的放大效应。

（五）坚持立足当前，放眼长远原则

石景山产业基础薄弱、社会负担重，转型任务艰巨，近期应该以稳为主，在稳的基础上进，稳是为更好的“进”，是为“好进”、“快进”奠定基础。在稳定发展基础上，科学规划、高度谋划，致力于长远目标的实现。新首钢高端产业综合服务区建设刚刚起步，未来会是首都经济新的增长极，更会成为石景山最具活力和产出最大的区域，从长远视角看待首钢问题，不急不躁，积极服务首钢转型发展，实现石景山区与首钢统筹共建、利益共享、融合发展。

第六章　把握稳中求进总基调，提升石景山区经济实力的对策

一、着力打造“石景山服务”，提升CRD品牌形象

（一）加强政策梳理研究，完善区域政策体系

研究分析现有政策，强化政策体系的整体性和系统性。对《关于建设国家服务业综合改革试点区的实施意见》、《关于建设国家可持续发展实验区的实施意见》进行重点研究，从政策落地、项目争取、资金支持等方面入手，认真研究政策。结合“十二五”规划产业发展定位，重点研究永定河绿色生态发展带、新首钢高端产业综合服务区、西山八大处文化景区、中国动漫游戏城等重大项目的发展政策，力争在主要制约因素上实现政策突破，有效推进项目进展。建立“1+3+X”政策体系，“1”即统一政策归口，重点明确政策条款的支持方式、门槛条件、支持方向、尺度标准和执行规范。“3”即三大政策层面，按行业领域、企业类型、环境要素三个类别细化制定分项支持。“X”即多个单项政策，对三大层面进行细化延伸、分解出数十个具体领域支持政策。

（二）加强人才队伍建设，优化人才汇聚环境

强化人才在推动技术创新中的主体作用，积极引进、培育、集聚和服务人才，全力助推产业结构调整和发展方式的根本转变。树立“人才是第一资源”的理念，加强人才工作的组织保障，成立石景山区人才工作协调小组，设立人才发展专项资金，推动优秀人才的引进和培养、科研项目和学术交流等方面工作的开展；建立优秀人才信息库，建设结构合理、功能完善、相互衔接、动态更新的优秀人才信息管理系统，促进人才信息资源共享。加大领军人才队伍建设力度，发挥创新团队引领作用。积极实施石景山区人才发展规划，以高层次人才带动人才队伍建设；健全以项目签约、考核和奖励为核心的管理制度，调动高层次人才的积极性和创造性。提高培训成效，培育符合区域功能建设的适用人才。整合人才培训资源，分类推进专业技术人员继续教育，实施高技能人才培养计划；加大区域非公有制企业人才服务力度，不断提高服务水平，努力满足企业对人才的多样化需求。

（三）搭建公共服务平台，促进企业创新发展

加强以共享技术和关键技术为核心的公共技术服务平台建设。要促进区域内企业不断创新和发展壮大，就需要不断加强公共技术服务平台建设，提升公共技术服务水平。未来发展，石景山区要继续按照“整合、共享、完善、提高”的原则，通过政策、资金引导和市场化运作，鼓励和引导区域内各企业、高等院校、科研院所、孵化器等现有科技条件资源的开放共享，搭建具有公益性、开放性、基础性的技术研发平台、检测实验平台、信息平台等，为企业发展和技术创新提供高质量的服务。与此同时，还要根据区内企业发展需求，

积极搭建能促进企业创新发展的公共研发技术服务平台。如"十二五"期间,可着手构建"公共研发服务平台"、"创新信息服务平台"等综合性的技术创新和共享服务平台。

加强中介服务平台建设。依托区域特色产业基地,鼓励围绕五大主导产业提供专业化、特色化服务,建立集信息咨询、投融资服务、人力资源服务、知识产权服务、专业培训、法律及会计服务、管理咨询等细分领域构成的中介服务体系。通过"政府支持中介、中介服务企业"的模式,帮助企业获取低成本优质服务。同时,还应建立健全中介服务标准体系,建立专业服务组织诚信档案和监管部门间信息互联互通制度,通过制定中介服务机构相关的优惠政策,引导中介机构快速健康发展。

(四)营造产业发展环境,提升 CRD 品牌形象

抓住北京"提高西部基础设施和公共服务水平"的契机,努力促进区域形象的根本性转变,构建国际化、现代化的产业发展环境。加快人文环境建设,树立 CRD 城市品牌形象。围绕 CRD 发展定位,依托山水生态文化,深入挖掘京西文化底蕴和文化资源,营造创新文化氛围,全力培育与 CRD 品牌形象相适应、以休闲娱乐为特色的主题文化。完善城市基础设施。结合城市未来发展,超前谋划好区域基础设施规划布局,以城市骨架路网、重要功能区以及土地一级开发地块周边道路、基础设施重要站点建设为重点,带动地下市政管线和交通、环卫等配套基础设施的建设,加快形成与区域经济发展相匹配的基础设施体系。加快形成现代、靓丽、和谐及富有文化韵味的区域形象,树立 CRD 特色景观,为 CRD 建设提供一流的发展环境。加大 CRD 形象的宣传推广力度,开发有影响力、有吸引力、覆盖面大、可持续举办的国内外活动,打造在国内外有影响力的主题品牌形象。

二、着力完善投融资创新体系,优化转型期投融资环境

进一步改革投融资体制,真正建立起"政府引导、社会参与、市场运作"的社会投资增长机制。创新金融服务,充分发挥投融资体系在石景山建设中的配置资源、调节经济、服务发展的功能,带动区域金融环境的整体优化,促进经济和金融良性发展,建立完善的区域投融资创新体系。

(一)搭建政府投融资平台,调动社会资金参与转型

"大手笔搭建平台、规范化管理运营、多渠道开展融资"是政府建设投融资平台的方向。通过政府投融资渠道,充分吸纳利用社会资金支持区域转型融资和企业融资需求,实现从融资渠道向融资效应的有效转变。建设统一化的政府融资平台,通过整合政府优质资源,利用市场化手段,多种渠道为政府募集资金,以落实重大项目的配套资金和区域发展资金,实现政府的投资引导意图。建设政府产业投资平台,根据区域产业政策代表政府进行产业投资,开拓投资资金来源,实现政策意图,在运作管理上采用市场化方式以提高投资效率。建设政府先导性的创业引导平台,发挥政府资金的种子资本作用,以国有资本先期投入引导战略投资者参与重大项目建设,更好地利用股权、基金等市场化手段与其他机构进行资金合作,通过资本经营服务、培育和辅导创业企业成长,发展与区域核心产业关联度高、市场前景广阔、经济效益好、技术含量高的新项目和新企业。建设市场化的国有公司及国有资产的管理平台,利用市场化手段对下属公司及划入的经营性资产进行整合,推动国有企业改革重组,实现国有资本有序进退,推进优质资产向优势企业集中,实现国有资产布局调整和产业结构优化的目标。

(二)设立高效信贷体系,助推企业健康发展

推动驻区银行设立专门的中小微企业信贷机构或设立科技支行,重点为科技型小微企业提供信贷服务,支持大型银行加强区域网点建设。支持小额贷款公司增资扩股,鼓励在区域设立服务网点,延伸服务机构,提高服务水平。重点扶植一些中介信贷机构和城市商业银行类机构。通过放宽金融市场准入限制,允许和促进股份制银行和外资银行发展。同时,推行金融工具多元化策略,为中小企业开辟新型的融资渠道。

(三)建立信用担保体系,解决融资担保困局

健全企业信用保险机构和信用保证机构,将信用担保体系和信用保险体系合并为一,形成政府与银行共担风险,担保与再融资(保险)相结合的企业信用担保体系。通过信用保证机构对企业融资进行担保,为企业融资开辟途径,增强其筹资能力,确保融资效应,促进企业健康发展。加快推进融资担保体系建设,鼓励财政和国有企业、集体经济组织出资或参股设立融资性担保公司,优先支持设立主要服务小微企业的融资性担保公司,促进融资性担保公司做大做强。

(四)构建企业信用体系,畅通投融资渠道

良好的信用环境是投融资环境建设的重要组成部分。按照"政府推动,政策引导,市场化运作"的原则,建立互为补充、相互促进、公平竞争、共同发展的中小企业信用服务体系。组织企业学习和借鉴国际信用体系建立途径和经验,增强企业对信用体系的认知度,提高企业的信用意识,不断提高使用信用产品的数量。成立石景山企业信用促进会,建立一支信誉好、服务水平高的中介服务组织队伍。政府与银行签署战略合作协议,通过银行中小企业信用档案系统建设、借款企业信用评级以及企业贷款卡的发放,推动区域与银行信用信息共享,树立区域信用体系的权威性,扩大信用产品的使用价值和功能,搭建金融机构了解石景山企业信用的通道,帮助企业拓宽与金融机构的融资渠道。

三、着力整合区域优势资源,打造旅游休闲领军品牌

(一)整合周边人文资源,打造大西山文化风景区

以西山八大处文化景区建设为突破口,创新旅游发展机制,整合区内文化旅游资源,促进文化、旅游、休闲产业联动发展,做亮旅游休闲产业。做好前瞻性规划。通过整合西山八大处、永定河、石景山游乐园等旅游资源,建设大西山文化风景区,全力发展休闲、旅游、会议及关联产业,把古刹复建、佛文化旅游、休闲产业纳入一起综合规划,打造北京高端旅游基地。弘扬佛教文化的张力。依托西山八大处文化景区建设,以佛牙舍利为核心,发挥佛牙舍利世界唯一地位的影响力,策划"佛牙节"、"慈善文化节"等佛事活动相

关的活动，带动西山八大处文化景区旅游的人气。整合区域大旅游概念。以西山八大处文化景区为核心，整合区内其他优质旅游资源，引进战略合作伙伴，实行股份制合作，完善法人治理结构，形成集自然和人文景观于一体，具有独特品牌优势的旅游集团，塑造北京西部最具特色的高端旅游品牌，确立石景山在北京世界城市建设中旅游休闲产业的重要地位，培育石景山区经济发展新的增长点。

(二)发挥山水生态优势，打造旅游休闲中心

大力发展以首钢工业遗迹文化为主导的工业遗产文化旅游。首钢涉钢产业迁出后，其主厂区是一个规模庞大、保护完好、工业结构完整、历史久远的工业遗产区。整合首钢主厂区内的工业遗产和山水人文资源，借助首钢历史遗迹的影响力，规划旅游项目，将该区域打造成为国内外著名的绿色转型示范基地和工业遗产保护名址，打造工业旅游目的地。大力发展休闲为主导的休闲健身旅游。综合利用西五环体育休闲产业带、永定河绿色生态带等休闲健身资源，策划系列、可持续的赛事和大型活动，带动休闲健身旅游产业发展。在已规划的天泰旅游休闲区，进一步挖掘、整合区域自然和人文景观，依托“天泰山·水岸绿都”等自然生态资源，重点打造以商务休闲、会议经济为主导的商务休闲旅游产业。

四、着力发挥园区引擎作用，推动科技文化融合发展

(一)依托集聚区，做好国家级文化科技融合示范基地

中关村石景山园是科技和文化融合发展的“中关村国家自主创新示范区特色园区”，石景山要提升经济实力，必须抓住、做强石景山园。要高效利用石景山园载体资源，充分发挥中关村创新引擎和“1+6”政策，大胆“先行先试”，推动政策创新，聚集高端资源要素，按照文化创新、科技创新双轮驱动的要求，采用“整园与园中园相结合”发展模式，发挥中关村石景山园的科技创新优势，依托北京数字娱乐产业示范基地和中国动漫游戏城两大市级文化创意产业集聚区，不断完善集聚区功能，依托集聚区把文化科技融合产业做大做强，获取竞争优势，提高特色产业在北京和全国的市场占有率和知名度，形成主导产业和支柱产业，实现文化创新与科技创新融合发展。同时，积极培育新一代移动通信、新材料、新能源、节能环保战略性新兴产业，打造高新技术产业高地，把石景山园做成经济产出价值最高的中关村板块。

(二)依托国际创E园，打造网络游戏开发基地

加快中关村石景山园的开发建设，国际创E园不仅要加快建设以节能环保、新能源为主体的高技术产业，更要结合石景山已有特色产业优势，重点发展网络游戏设计、网络游戏制作、网络游戏引擎、网游运营平台、手机3G游戏平台、网络安全支付、电子竞技、虚拟现实体验的网络游戏。鼓励发展包括3G技术开发、内容制作、数字出版，大型网络社区开发运营及跨网多媒体点播系统的数字媒体产业，重点布局软件及电子产品开发、互联网信息服务、网络集成、电信增值服务、3G网络等的信息技术，着力打造“网络游戏开发基地”。依托石景山网游制作企业集聚的现实基础，把网络游戏这一特色产业做专、做强、做大，并进一步发展成为区域主导产业。同时，依托产业活力板块培育高端产业，打造拉动区域经济发展的增长点。

五、着力加快设计产业发展，推进设计产业示范基地建设

面对北京建设“设计之都”的发展形势和机遇，石景山区要进一步提升区域竞争力和影响力，充分发挥“设计”在CRD产业发展中的高端引领作用，将新首钢高端产业综合服务区打造成为“北京设计之都核心区”，在此基础上推进设计产业示范基地建设。

(一)明确设计产业发展重点，谋划产业空间布局

石景山区已有涉及设计服务类企业1510家，初步形成以动漫游戏设计、工业工程设计、建筑规划设计为重点的产业发展格局，一批业内龙头企业快速集聚，示范带动作用明显，为石景山推动设计产业发展奠定了良好的产业基础。未来发展，应依托石景山区产业发展基础，突出设计产业发展特色，重点发展动漫游戏设计、工业工程设计、建筑规划设计、时尚平面设计等产业。统筹产业发展空间布局，以中关村石景山园、阜石路沿线和首钢主厂区为主要载体，高标准建设北京设计产业示范基地。

(二)搭建设计产业服务平台，营造产业发展环境

推动以市场为导向、企业为主体的设计产业产学研用创新体系建设，鼓励设计企业与区内外优质科研教育资源联合组建技术研发中心、重点实验室和创意工作室，提高设计产业的科技创新能力。搭建设计产业公共技术服务平台，组建设计产业联盟和行业协会，促进产业高端要素资源和设计高端人才快速集聚，同时积极推动设计产业对CRD相关产业的发展带动和转型升级。依托北京国际设计周等高端活动，加大行业交流与服务，营造浓厚的设计产业发展氛围。以重大活动为契机，以重大媒体为平台，加强品牌营销和宣传，提升石景山设计品牌的影响力。同时出台专项政策，在推动设计产业集聚、创新环境建设、品牌培育和设计人才引进服务等多方面给予支持，推动设计企业做大做强，实现设计产业从创业孵化、创新研发到集群发展的良好产业发展格局。

六、着力完善招商引资体制机制，提高招商引资效率效益

(一)拓宽招商引资视野，走全球化招商引资之路

加强与央企合作发展是做人做强我区特色优势产业、带动产业结构升级的有效途径；加强与世界500强大型跨国企业对接，了解世界500强企业的发展规划，积极创造条件与跨国公司实现沟通和对接；加强与新首钢高端产业综合服务区对接，形成招商联动机制，优先宣传推介新首钢高端产业综合服务区，通过加强宣传，扩大影响，提升品牌价值，吸引社会资本和高端要素进入，营造全社会支持新首钢高端产业综合服务区建设的良好氛围；加强与科研院所对接，建立“经济科研联动、学校企业共赢”的指导思想，在资

本与技术的结合中，共同发展、共担风险、共享利益。拓展与高校和科研机构的沟通联系，努力搭建科研机构和企业的合作平台。在人才聚集、科技研发、成果转化等方面下功夫，采取技术转让、技术投资、技术集成和技术许可等方式，将科研院所的技术通过企业生产经营进行转化，使技术和品牌等无形资产“有形化”，为今后的又好又快发展提供永续动力。

（二）建立招商引资长效机制，探索联合平台招商模式

随着资本市场的信息化、网络化，电子商务等新型招商手段越来越广泛，中介招商越来越成为大势所趋。中介招商的最大优势在于服务和专业化水平，能做到“市场化运作，保姆式服务”。石景山应努力与一批产业协会、地区商会、中介组织缔结“石景山区招商机构发展联盟”，设立“企业活动沙龙”，充分发挥联合招商平台作用，营造良好的招商环境。加强存量企业招商为主体的招商引资模式。石景山国有企业和集体企业拥有土地、房产等资产，有着更加便利的融资条件和优势，为了使这些资源得到充分和有效利用，政府应有序引导区内存量企业与有投资意愿的投资人结合起来，通过体制机制创新，利用自身优势资源，盘活国有和集体企业资产，积极引进企业，有效解决企业载体不足、落地困难的问题，实现资源的合理配置和使用。

七、着力做好存量资产经营，推动壮大区域经济实力

（一）整合区属国企资源，扩大区域经济贡献

以区国资经营公司为资本运作平台，实施对国有资本的清理、归集、集聚和统一运作，同时建立劣势困难企业退出市场机制，加大对亏损企业国有资本的调整。以国有资本运营、融资担保、高科技投入、区域重大项目投资等为主要目标，发挥其投资开发、股权管理、项目融资等主体功能，打造投融资平台、资本运作平台和支撑服务平台三大平台，推进重大项目的融资和新兴产业的引领。以核心企业为龙头，将分散经营的同业或产业链相关行业的优质企业进行组合，理顺产权隶属关系，形成产业集聚，促进产业升级、资源集聚、以点带面，实现国有资产的规模效应。通过资本引入、人才引进、品牌打造等方式，完善集团经营运作机制，以大企业集团作为市场主体参与竞争。借助现有资源，积极培育新兴产业。选择具有发展潜力、符合区域功能定位、有助于形成产业链的高科技企业进行股权投资，构建高新技术发展的产业投资平台，探索符合国有企业参与科技投融资的途径，最终达到推动区域科技产业发展、优化区域产业结构的目的。

（二）关注区属集体经济运行，引导做好两个主体

引导农工商公司转变观念，做好投资主体。整合、利用、盘活部分土地、房产、资金等资源，采取入股、合资等形式，进入现代金融、文化创意等高端服务业，适当放弃经营权行使资产所有者权力，通过外力使集体经济保值增值。引导农工商公司做好经营主体。结合石景山经济发展、自身优劣势等因素选择进入的产业，规范经营和管理方式，吸引优秀人才进入企业，使集体经济焕发新的活力。建议由金融办牵头，整合农工商公司资金资源，进入小额贷款、投融资等现代金融产业，盘活集体经济资产，增加资产回报，实现集体经济的保值增值。农工商公司还可以选择进入并发展会议经济、旅游经济，适当发展商业地产，不仅发挥自身能力和优势，而且可以有效解决农转居人员的就业问题。

（三）加强土地资源集约利用，扩充载体建设资源

整合区内政府土地资源，建设第二行政办公区。政府在公共管理事务中起着主导作用，计划经济时代在土地划拨方式下，政府部门占用了区域土地资源，这是历史形成的现实，也是政府拥有的可支配资源。政府部门分散办公，既影响行政办公效率、又占用大量土地和楼宇资源。针对石景山产业发展载体少的问题，为提高行政效能，提高政府土地资源的集约化运用效果，建议尽快研究建设石景山区第二行政办公区。通过建设第二行政办公区，将分散办公的相关政府部门的行政用地进行招商载体规划，用于现代商务、现代金融载体建设，推动招商引资工作的快速发展。

加大西部开发力度，丰富产业载体资源。按照西部地区发展规划，遵循“政府主导、市场运作”的开发建设原则，统筹规划、统筹协调、统筹推进，创新集体土地利用模式，加快土地储备运作步伐，加快重点产业项目建设，为产业发展提供载体支持，将西部地区打造成为石景山区未来发展的亮丽名片。

八、着力创建政企联动体制，共同推动首钢新区建设

（一）强化市政府协调作用，建立实质性推进机构

建设首钢新区是一项艰巨复杂的系统工程。建设过程中，功能区的发展定位、产业选择、空间布局、基础设施、科技人才、运作机制、政府引导等需要面对一系列重点难点问题。建议成立由市领导挂帅，市、区政府和首钢总公司组成的“新首钢高端产业综合服务区建设管理委员会”。着力将新首钢高端产业综合服务区建设成为符合北京建设中国特色世界城市的战略目标，符合市委市政府加快北京西部地区转型发展的战略部署，符合石景山 CRD 发展定位，提升区域建设发展层级，加快转变经济发展方式的示范区、首都经济创新驱动的核心区、引领西部地区转型发展的综合服务中心。

（二）强化区域参与作用，成立实体参与首钢新区建设

首钢新区的开发建设对资金的需求巨大，依靠政府或企业单一主体运作，难以保障多种要素的需求，必须探索建立多元化的投融资体制。首钢新区的核心区坐落在石景山，它坐拥长安街，背依永定河，位于长安街西延线和永定河绿色生态走廊交汇处，是北京市发展“一轴”、“一带”的西部节点，是连接门头沟、石景山和丰台三区的重要枢纽。石景山区游乐园位于西长安街沿线，毗邻地铁一号线，交通十分便利，区位优势明显。作为石景山区乃至北京市的知名游乐场所，不仅存在扩容需求，而且还存在设备更新、游乐项目丰富、技术水平提升等内在需求。建议用此优质地块与首钢新区毗邻永定河东岸地块合作，联合成立运营公司，将游乐园搬迁至永定河东岸，用巨大的首钢新区部分空间

打造"迪斯尼"游乐项目，充实"水岸经济"内涵。将石景山区游乐园原址，打造成为高端现代商务聚集区，将首都西部优质的土地空间资源，打造成为与首都世界城市相匹配的现代城市综合体。

课题组长：夏林茂
副 组 长：文 献
责任单位：政府办、研究室、发改委
执 笔 人：种 磊、赵恩国、高 明、吴 琨、徐培培

关于我区旅游休闲产业发展情况的调查报告

在北京建设中国特色世界城市的背景下，伴随首钢涉钢产业整体搬迁调整，石景山区进入全面转型的关键期。区十一次党代会提出，将旅游休闲产业作为我区打造首都文化娱乐休闲区（CRD）的五大主导产业之一，得到了区委区政府的高度重视和区人大代表的普遍关注。为促进我区旅游休闲产业的发展，区人大常委会专项听取和审议了区政府关于旅游休闲产业发展情况的报告。会前，我们组织部分人大代表开展了广泛调研，提出了一些想法，供有关部门参考。

一、我区旅游休闲产业发展现状

1. 基本情况

根据北京市统计局的有关数据统计，2011 年我区旅游综合收入为 31.3 亿元，在全市各区县排名第十三，比上年增长 17.1%，增幅全市排名第七；接待游客 1077 万人次，接待量全市排名第八，比上年增长 18.1%，增幅全市排名第四。截至 2011 年底，我区共有旅游经营单位 145 家，旅游业直接从业人员 4112 人。目前，我区主要景区点共有 8 家，其中，没有 5A 级（全市 4 家），4A 级 2 家（全市 56 家），全国工业旅游示范点 1 家（全市 14 家）。现有星级饭店 6 家（全市 725 家），其中，没有五星级（全市 59 家），四星级 1 家（全市 139 家），三星级 2 家（全市 262 家）。备案的旅行社分支机构或门市部有 15 家（全市旅行社 1002 家），其中，国内旅行社 14 家，国际旅行社 1 家。

2. 进展情况

"十一五"时期以来，在区委区政府的高度重视和大力支持下，在各有关部门和广大干部群众的共同努力下，我区旅游休闲产业呈现出较好的发展势头。一是明确了发展定位。区委区政府在推进传统工业石景山向绿色生态石景山全面转型的过程中，确立了打造北京 CRD 的发展定位，将旅游休闲产业定为五大主导产业之一，给予了积极扶植和促进。先后编制了《CRD 建设行动规划》、"十二五"时期产业发展规划、"十二五"时期旅游业发展规划、《首钢旅游发展总体规划》、《石景山数字动漫娱乐区总体规划》等，为旅游休闲产业快速健康发展提供了目标引领和战略支撑。

二是建立了工作机制。按照北京市创新旅游产业发展体制机制要求，区政府将原来的旅游局改革为旅游发展委员会，进一步强化旅游休闲的产业促进、资源统筹、发展协调、服务监管四项职能，推动旅游管理体制"由事业向产业、从配角向主角、从单一向统筹"的转变。成立了由区政府主要领导为组长的重大旅游项目建设领导小组，积极研究探索适应旅游休闲产业发展的政策措施和运行机制，为有效整合和开发利用全区有关资源，促进产业发展奠定了基础。

三是推进了项目建设。近年来，全区新建、改扩建旅游休闲项目 20 余个，万达广场、北京台湾街、当代商城鼎城店、石景山游乐园酒吧街等相继落成，永定河莲石湖公园成为市民休闲的好去处，法海寺、慈善寺、承恩寺等众多文物全方位修缮，以铂尔曼酒店、万商花园酒店、海航大酒店、京燕饭店为代表的西长安街酒店群初步形成。西山八大处文化景区和首钢工业文化旅游区建设被列为市级重点旅游建设项目。"东部现代娱乐旅游区"和"西部生态休闲旅游区"建设取得初步进展，旅游休闲产业的承载能力不断提高。

四是促进了产业融合发展。坚持以"政府支持、企业承办、市场运作、社会参与"为宗旨，举办各种节庆活动。"迎春洋庙会"、"中国园林茶文化节"、"重阳登高节"已成为全市重点节庆活动，"首钢灯光节"、"北京台湾美食文化节"、"京西消费节"等主题活动，取得了较好的社会效益和经济效益。与平安银行（原深圳发展银行）合作，发行 CRD 卡 18.1 万张，直接拉动消费 9 亿多元，探索了旅游休闲与金融、文化、商业等产业融合发展之路。

二、旅游休闲产业发展面临的困难和问题

当前，国务院《关于加快发展旅游业的意见》将旅游业发展上升为国家战略，并明确提出要"制定国民旅游休闲纲要"。中国特色世界城市建设目标对北京旅游业发展提出了新的要求，2011 年 8 月北京市召开的旅游产业发展大会提出，要努力把旅游产业培育发展成为首都经济的重要支柱产业和新的经济增长点，把北京建设成为亚洲商务、会展之都，国际一流旅游城市。面对这样的形势和要求，应该清醒地看到，我区旅游休闲产业规模总体依然较小，对区域经济转型发展的带动能力还不强，产业发展还面临一些困难和问题。主要有：

1. 产业发展的切入点有待进一步明确。旅游休闲产业的内涵和外延不甚清晰，该产业涉及国民经济的面很广，内容非常丰富。在现阶段，我区发展旅游休闲产业强调旅游方面偏多，侧重休闲方面偏少。目前，兄弟区县都很重视旅游和休闲产业的发展，石景山区的比较优势还不突出。若论旅游资源分布和质量，我区 4A 级景区较少，知名度从全国全市来看并不高，游客来京旅游能走到石景山，已属于"深度游"。若论休闲度假，我区位于中心城区到生态涵养

区的过渡地段，市民休闲度假绝大部分是行车路过，旅游休闲的消费没有留在石景山。鉴于以上因素，我区如何发展旅游休闲产业，提升经济效益，还有待深入地研究和思考。

2.政府对产业发展的指导有待进一步加强。旅游休闲产业跨行业多、综合性强。目前，区旅游发展委成立时间较短，在统筹推进旅游休闲产业发展方面的职能尚不明确，难以发挥统筹协调作用。旅游休闲产业发展规划与区"十二五"规划纲要、土地利用规划等需要更加有效地衔接。缺少促进旅游休闲产业聚集发展的有力政策，财政资金对产业发展的支持力度有待进一步加大。统计监测指标目前还是以旅游业发展指标为主，不能完整反映旅游休闲产业整体发展情况，对产业发展缺乏量化的考核依据。

3.市场化活力不够，产业发展项目支撑不足。两家4A级景区石景山游乐园和八大处公园为国有企事业单位，老山自行车馆、北京国际射击场等体育休闲项目受管理体制约束，市场化运营活力有待提高。法海寺、慈善寺等文物保护工作做得较好，但在挖掘资源价值、合理开发利用、带动产业发展方面尚待加强。目前重大旅游休闲项目还不多，产业项目储备不足，缺乏新的增长点。

4.资源整合成效不明显，基础设施配套不完善。景区分布零散，缺乏将主要旅游景区串联起来的主线，旅游资源整合受经营管理体制等因素的影响，尚未取得实质性进展。旅游基础设施建设总体滞后，酒店、宾馆接待能力还需进一步提高，部分景区周边环境有待整治，道路拥堵，停车位不足，旅游指示标识不明确，餐饮、购物、娱乐、公厕等配套服务设施还不完善，景区承载能力有限，软硬件服务水平都还有待提升。

三、促进我区旅游休闲产业发展的几点建议

"十二五"时期是我区坚持科学发展、深化全面转型的关键时期，旅游休闲产业作为打造北京CRD的主导产业之一，适应人民群众生活水平提高的需求，资源消耗低，带动作用强，就业机会多，综合效益好，是我区加快转变经济发展方式、产业结构优化升级的重要抓手，是建设美丽家园、提高人民生活品质的重要举措，是弘扬中华优秀文化、实现文化大繁荣大发展的重要载体。市政府已明确提出，到2015年旅游产业增加值要占全市GDP的10%以上。我们要抢抓机遇，乘势而上，充分依靠首都优势，认真落实"十二五"发展规划，努力将旅游休闲产业做大做强。

1.加强统筹协调，推进旅游休闲资源的整合集成。建立健全我区旅游休闲资源整合协调机制，形成区政府统一领导、主管部门牵头协调、有关部门相互联动、驻区单位协作配合的工作格局和工作机制。积极采取有效措施，逐步打破现有旅游休闲资源仍处于行政分割、封闭管理、部门垄断的状态，挖掘存量，开发增量，拓展旅游休闲产业发展空间，使我区特有的文化底蕴和城市资源转化为旅游休闲资源。统筹区域合作资源，开展跨区合作，实现互利共赢。以属地单位之间、区县之间的旅游休闲项目合作为载体，实现信息交流共享，质量监督联动合作，应急救援快速实施等。发挥市场配置资源的基础性作用，推进国有旅游企业改组改制，鼓励社会资本参与旅游休闲产业发展。整合现有的自然生态、文物文化、休闲娱乐资源，引入市场化运作模式，精心策划包装推介，开发特色旅游休闲线路。加强与旅行社的合作，提高餐饮、娱乐、购物品位，吸引旅游休闲消费更多地留在石景山。

2.注重产业研究，增强旅游休闲产业的发展后劲。要根据打造北京CRD的需求，加强旅游休闲产业特点和规律的认识和研究，建立旅游休闲产业发展研究的机制，客观认识我区在全市范围所处的区位条件，认真研究区域资源禀赋和发展基础，坚持有所为有所不为，找到产业发展的切入点和比较优势。比如佛教文化、工业文化、八宝山革命传统教育等独有的资源，需要系统挖掘内涵，整体策划开发利用。要研究加快旅游休闲产业发展的政策，用好"国家服务业综合改革试点区"牌子，营造良好的政策环境。积极争取市级专项资金，加大区级财政引导支持旅游休闲产业发展的投入力度。尽快建立旅游休闲产业统计指标体系，准确反映产业发展水平和对区域经济的贡献。要通过各种媒体、场合和机会，加强石景山城市形象与产业定位的宣传推介，增强我区作为旅游休闲目的地的吸引力。要继续转变政府行政管理职能，充分发挥企业、行业协会和中介组织的作用，提升旅游休闲消费的服务能力。积极发展多种旅游休闲的新业态，推进旅游休闲与文化创意、高新技术、商务服务、现代金融等产业的融合发展。把招商引资与促进旅游休闲产业发展相结合，做好新项目的储备工作，增强产业发展后劲。

3.突出区域特色，加快重大旅游休闲产业项目建设。抓住市委市政府关注八大处文化景区建设的有利契机，顺势而为，站在增强中华文化软实力、提高中国佛教文化国际影响力、建设国家文化中心的高度，扎实推进西山八大处文化景区建设，以此为龙头，统筹全区旅游休闲产业链资源，实现相互衔接，共赢发展。积极服务首钢做好工业文化旅游区的规划建设，系统打造特色旅游休闲项目。着力研究八宝山革命传统教育资源与红色旅游、莲石湖水岸经济与旅游休闲产业发展的结合点，依托中国动漫游戏城、石景山游乐园升级改造等重点文化和娱乐项目的规划建设，大力发展文化创意特色游和数字娱乐体验游。利用西五环体育休闲产业的相对聚集，探索开发旅游休闲与体育运动相结合的特色业态项目。依托重大旅游休闲产业项目建设，逐步整合形成我区旅游休闲功能集中、特色鲜明的空间板块区域，扩大我区旅游休闲活动的承载力、吸引力和知名度。

4.提高服务质量，打造适合旅游休闲产业发展的城市环境。要将旅游休闲纳入石景山城市规划、建设、管理的全过程，实现城市建设与旅游休闲产业发展一体化。优化城市景观，进行城市景观的旅游休闲化改造。完善城市旅游基础设施与公共服务体系，创造轻松、愉悦的城市旅游氛围。结合"智慧石景山"建设，以互联网、物联网为技术支撑，不断提高旅游休闲服务便利化、管理精细化能力，促进

旅游休闲产业成为人民群众更加满意的绿色产业。要围绕游客在旅游休闲过程中对“吃、住、行、游、购、娱”各要素的服务需求，整合配套服务环节，进一步从软硬件层面升级住宿、餐饮、购物、娱乐、休憩等配套设施，构建网络化的旅游通道，实现旅游休闲交通与城市公共交通的有效衔接。努力扩大规范化、专业化、人性化的旅游休闲服务面，推动北京CRD城市形象的全面提升。

课题主持领导：赵玉民
责 任 单 位：人大财经委
执 笔 人：尹仕朝

关于促进我区中小微企业发展的研究与建议的调研报告

中小微企业是推动我区经济社会发展的重要力量，是提供新增就业岗位的主要渠道，是企业家创业成长的主要平台，是科技创新的重要主体。近年来，为促进中小微企业健康快速发展，我区相继出台了若干相关配套政策，对促进中小微企业发展起到了积极作用。但是，由于受国际金融危机以及我区由传统工业石景山向绿色生态石景山转型发展中一些制约因素的影响，我区中小微企业的发展还存在着不同程度的困难和问题。因此，切实制定促进中小微企业发展的有效对策意义重大。区政协经济科技委员会同区科委、区工商联和民盟区工委一同开展了促进我区中小微企业发展对策的专项课题研究，在广泛征求政府相关部门、驻区企业、金融机构、中介组织意见的基础上，形成了关于促进我区中小微企业发展的研究与建议的调研报告。

一、我区促进中小微企业发展的基本情况

1、中小微企业的发展现状

根据区统计局、国税局和地税局的调查，我区企业数有32198家（截止2012年3月31日），正常纳税人8314户，按照（国经贸中小企〔2003〕143号文件）口径，我区有大型企业21家，主要是由国有央企组成，其余99.8%以上的企业均属于中小微企业。① 据对中小微企业调查，2011年中小微企业上缴入区库税额16.1亿元，占一般财政收入的77%；实现营业收入1454亿元，占总量的49.7%；实现利润35亿元，占总量的40%。中小微企业在吸纳下岗职工、保障我区就业上贡献突出，截至2011年底，中小微企业从业人数15.2万人，占总量的67%。

2、区政府扶持中小微企业发展的主要做法及成效

区政府各部门在服务中小微企业方面做了大量卓有成效的工作。主要表现在：

扩大对中小微企业的资金扶持力度。共获得各类支持中小微企业发展资金30余项，累计金额达4.4亿元。2007年－2011年间，区财政共向企业发放产业扶持资金约8.4亿元，其中财税奖励（技术改造和技术创新资金支持类）7.5亿元。

多途径缓解中小微企业融资难题。2011年北京市发改委、石景山区政府、首钢总公司、京煤集团共同发起设立了首期规模为10亿元、总规模达100亿元的“北京服务·新首钢”股权投资基金，基金主要投向生产性服务业、文化创意产业、高新技术产业。2011年区政府采购中心与北京银行建立了联动机制，银行为中小微企业量身定制了“短贷宝”贷款模式。此外，区财政出资5000万元参与成立北京石金小额贷款公司。区政府通过贷款贴息、担保费用补贴等方式支持中小微企业融资，降低融资成本。

提高政府对中小微企业的服务质量。区政府针对我区中小微企业需要开展了各种主题交流会，涵盖了人才引进，金融交流，技术交流，政府政策宣讲，投融资洽谈等。区政府各部门精简服务流程，提高服务质量，为重点企业开辟“绿色通道”，全方位为企业提供优质服务。

积极解决进京指标吸引外来人才。2011年，我区共引进人才14人，其中博士、硕士研究生各2人，本科生10人，具有高级职称8人，中级职称1人，接收安置高级人才随迁家属2人、区政府整合北方工业大学、北京工业职业技术学院等驻区大中院校，开设相关专业课程，举办专场招聘会，建立政、企、研人才对接平台。

制定并规范相关法律法规政策。区政府相继制定出台了《石景山区帮扶企业应对国际金融危机若干措施》、《石景山区促进文化创意产业发展的试行办法》、《北京市石景山区知识产权奖励暂行办法》和《石景山区常青藤高端人才集聚区管理办法》等一系列文件，帮助企业排忧解难。

二、我区中小微企业发展面临的主要困难和问题

1、中小微企业仍然面临融资难、融资贵问题

中小微企业融资渠道主要有银行借贷、担保公司、投资公司、小额贷款公司、基金管理公司、集合信托融资模式、文化创意发展集合票据等。渠道虽多，但受制于渠道的门槛约束和覆盖面较小，难以满足中小微企业的融资需求。银行融资门槛高，要求担保、借贷手续繁琐，中小微企业自身担保能力差，大多处于起步期和成长初期，不具备资产进行抵押。融资机构和企业之间信息不对称，企业内部的管理、财务信息以及信用信息无法被金融机构获知，往往被金融机构认定为借贷风险大。融资渠道少，覆盖面窄，2011年，我区中小微企业发展专项资金帮扶企业为84家，金额为仅1561.6万元。担保公司、小额贷款公司尚处于试点阶段，其机构性质尚未明确、税收政策亦不明朗，贷款规模受到限制。

① 按照国家有关部门企业规模划分标准（《关于印发中小企业标准暂行规定的通知》国经贸中小企〔2003〕143号）

集合信托融资模式和文化创意发展集合票据模式等创新的金融服务还处于起步期，受众企业少。风险投资、担保公司等金融业态在我区布局少，且受制于金融产品本身的局限和规避风险特性，受众企业范围很有局限性。

2、中小微企业的发展环境还不尽如人意

企业对发展环境有硬件和软件两个方面的要求。在硬环境建设上，我区还未形成良好的品牌形象，缺乏企业发展需要的人文环境。科技园区配套设施还不完善，如生活环境、教育环境、创业环境。企业引进和发展存在严重的载体不足问题，严重制约了招商引资工作的开展。硬环境的不完善直接影响到企业吸引和留住高端人才，也提高了企业成本。在软环境建设上，政策制定和政策落实有待进一步提高。在和中小微企业座谈时，企业反馈对我区出台的一系列支持和扶持政策知之甚少，政府同企业间信息不对称。在问卷调查中我区中小微企业对政策了解不透彻，甚至不知道，对一些审批流程也不明确。企业咨询、会计师事务所、律师事务所、知识产权等中介服务机构反映，政府与中介组织合作应该加大力度。

3、中小微企业难以引进和留住高端人才

企业普遍反映在发展中高端人才引进难、留住更难，究其原因有四个方面。一是中小微企业在人才吸引方面具有天然的弱势，高端人才、甚至是普通员工都趋向于去大型企业和国有企业就职，中小微企业缺少留人条件。二是我区原有的人力资源结构对中小微企业不能构成支撑。我区的产业定位是高新技术、文化创意、现代金融和休闲娱乐，现有的人力资源很难支撑新兴产业对人才的需求，绝大多数专业技术型人才和知识型人才需要外部引进。三是区域品牌形象还未对人才产生足够的吸引力。相当一部分人对于石景山区近年来的快速发展和产业政策缺乏了解，对于石景山的认识还停留在北京城西边，重工业区等片面的认识。四是区域配套环境建设还很不成熟，缺乏吸引高端人才集聚的创业环境、社交环境、生活设施和配套设施。

4、中小微企业自身创新能力不足

根据数据比较分析，中关村的企业经营时间平均在2.5年，而我区的企业平均经营时间为0.8年。这充分说明我区企业的竞争力和生命力明显低于经济发展核心区。截至2011年底，我区中小微企业专利申请量累计为11031件，而北京市中小微企业专利申请量将近8万件。可见，我区中小微企业的创新能力不足，其集中表现在，中小微企业缺乏高端技术人才，企业缺乏创新资金投入，缺乏交流沟通的平台。支持的企业技术创新资金大都和企业纳税直接关联，对中小微企业技术创新扶持力度较小，技术资金支持标准较高。企业缺乏知识产权保护意识，不重视知识产权管理，导致企业面临被收购的命运。区内缺少共享和关键技术平台，在发展初期很难投入大量资金进行创新设施投入。

三、促进我区中小微企业发展的建议

1、进一步健全支持中小微企业发展的政策体系

对现有促进中小微企业发展的政策进行梳理和整合，建议从五个方面进行有效的调整。①发挥财政资金支持引导和放大作用，统筹制定财政现有的产业技术研究与开发、重大科技专项、结构调整、扶持战略性新兴产业专项资金支持政策；②研究和制定符合我区产业发展方向，符合转型升级要求，减轻中小微企业经营负担的中小微企业税收优惠政策；③在确保我区社保支付能力不低于全市平均水平、确保企业退休人员养老金按时足额拨付和职工社保待遇不受影响的前提下，对符合转型升级要求、暂时经营困难的企业，实施社保补贴和岗位补贴政策；④全面贯彻落实国家和北京市支持中小微企业的金融政策，加大中小微企业贷款和信用担保风险补偿力度的政策支持。⑤在对我区现有商务办公载体普查和制定未来可提供载体建设规划的基础上，建立企业入驻区域支持产业载体补贴标准实施办法。进一步健全符合我区产业定位、引导中小微企业健康有序发展的政策体系。

2、继续加大对中小微企业融资的支持力度

制定营造良好的金融环境规划，切实加大我区中小微企业融资的支持力度。①增加政府财政的有效资金投入，建议区财政从2012年起，三年内每年新增2000万元用于中小微企业贷款风险补偿，尝试性的新增1000万元用于对小额贷款公司、贷款担保公司发放给中小微企业贷款产生的损失给予适当风险补偿，提高贷款贴息额度，降低享受贷款贴息额度标准，以促进金融机构对中小微企业的放款额度，帮扶企业面扩展50%以上。②有序引导和鼓励有能力和投资愿望的区内外企业成立或参股股份制小额贷款公司或融资性担保公司。对集体经济办下属投资公司（原农工商公司）的在账资金进行有效监管，引导资金向金融部门融资性需求转移，条件成熟时支持其开办融资性金融企业。③积极推行新型信贷产品，拓宽企业融资渠道，加大创新使用新型的银行融资渠道的政策支持，扩大“短贷宝”的受众企业范围和贷款金额，对申请获得“短贷宝”融资的中小微企业进行财税补贴。④建立企业信誉等级评估机构，实施中小微企业信誉评估、等级公开披露制度，增加中小微企业内部信息的透明度，为中小微企业融资和金融机构信贷提供可参考数据和基数，以提高中小微企业贷款需求的受益面。

3、不断完善人才引进、使用和留住的服务机制

全面落实《石景山区常青藤高端人才集聚区管理办法》（石政发〔2011〕17号）。①建议结合我区特点和产业发展导向，制定“石景山区重点人才发展计划纲要”，完善高端人才引进工作的政策措施和服务体系，精心打造首都西部人才高地。②强化政府人才工作目标责任制，建立企业经营管理、专业技术、公共管理人才评价体系，制定实施有关产业、融资、产权激励与保护等支持政策，健全职业资格制度和水平等级认证制度。扩大公开选拔、竞争上岗、公推公选适用范围，实现人才结构战略性调整。③积极向北京市申请户口进京指标，发挥户籍吸引人才的积极作用，优先满足高层次人才、紧缺急需人才落户需求。优化人才服务环境，大力实施人才安居工程，重点解决高端人才居住问题，加快推进

2500套高端人才公寓建设，扩大公共租赁住房、单位租赁住房的建设和供应规模。④开设人才服务绿色通道，优化人才的医疗、子女教育和文化环境，注重青年人才的利益诉求。推进人才公共服务标准化建设，开发人才公共服务产品，探索建立政府购买公共服务机制，凝聚一批知名企业家和业内领军人才到本区发展，营造优质环境助推中小微企业发展。

4、切实加强对中小微企业的知识产权保护

①积极申请上级部门专项资金，创立石景山区中小微企业核心技术和共享技术专业服务平台，对于参与技术平台并且提供优质技术的企业以优惠价格获得平台内其他企业的技术，同时获得政府提供的技术创新资金，降低中小微企业技术创新成本。②加强对技术创新的政策支持和资金支持，降低企业获得技术改造和技术创新资金的标准，提高技术改造和技术创新扶持资金的额度。增加技术经验交流会以及企业跟科研院校的交流活动，使企业间能够充分利用彼此优势达到优势互补。③发展"知识产权托管"服务，加强引导企业对知识产权的管理和保护，增加对中小微企业的知识产权方面的培训，积极发展"知识产权托管"工程，提供更多更优的知识产权托管服务，吸纳更多的企业进入知识产权托管服务工程。④切实加强知识产权保护工作，惩防并举，为我区中小微企业发展保驾护航，建立多部门依托行政执法和刑事司法"网上衔接，信息共享"机制，建立起多层次的立体网络，并采用多部门监督联动制度，共同构建我区知识产权执法信息网上共享管理平台。

5、加快推进企业发展所需的载体建设

在进一步优化企业发展硬环境上下大力气，优化资源配置和整合，为中小微企业提供发展的空间载体。①建议择址建设石景山区行政服务中心，对分散办公的政府部门进行整合集中办公，将腾退的政府部门原址进行商务办公载体规划，重点引进一批对区域发展高贡献率的企业，壮大区域经济实力。②鼓励区内外有实力的企业与首钢、特钢、巴威公司、集体经济办下属投资公司等有发展空间的企业进行商务办公载体建设对接，形成区域内土地资源的合理配置，从根本上解决我区产业发展的载体问题。③建议政府制定商务办公载体建设奖励支持方案，从载体建设审批绿色通道和财政资金支持两个方面制定办法，形成载体建设的政策支持氛围。④完善科技园区配套设施建设，在园内布局一些娱乐、餐饮、社交功能的设施，满足创业者需求，打造创新创意硬环境，建议在西山汇设计"车库咖啡"②模式空间，为早期创业者和中小微企业提供开放式的办公环境，满足中小微企业在起步期和成长期对资金、社交、资源、人才的需求。

6、着力打造一流的"石景山服务"品牌

①制定和完善扶持中介组织发展的政策，鼓励中介组织和招商机构来我区发展，建立石景山区工商注册、报税服务、知识产权申报服务等中介服务组织网上平台，通过市场化手段把中小微企业各产业环节对接起来，服务中小微企业发展。②建立"石景山融资"专刊、"投资石景山"电视专栏、"石景山中小微企业信息网"网络平台等企业和金融机构共享媒体，披露中小微企业信誉评估结果、提供企业授信依据、介绍金融产品，最大程度地解决银企之间信息不对称和融资难的问题。③建议设立政府部门、中小微企业、中介组织和金融机构以"促进、创新、成长、共赢"为主题的"中小微企业发展交流日"，搭建政府与中小微企业、中介组织和金融机构对话和交流平台；探讨促进中小微企业成长的发展政策，引导符合区域产业发展方向、成长性好的企业向我区集聚；帮助中小微企业申请市级、国家级的扶持资金；表彰促进中小微企业发展突出贡献的各类机构，营造一流的"石景山服务"环境。

课题主持领导：岳德顺
课题责任单位：区政协经济科技委员会、民盟石景山区工委
课题执笔人：刘卫东　赵继新

---

② 车库咖啡是创业者低成本的办公场所，是投资人的项目库和孵化器，创业者只需每人每天点一杯咖啡就可以在这里享用一天的免费开放式办公环境，并与早期投资机构对接。

大事记

2012年石景山区大事记

1月

6日 石景山区与中煤地质工程总公司签署《战略合作框架协议书》。

11日 工业和信息化部型号核准行政许可网上受理系统启动仪式在石景山区举行。

13日 北京军区司令员房峰辉、政治委员刘福连率军区领导班子成员，与石景山区四套班子领导座谈联谊。

19日 副市长苟仲文率队到石景山区检查安全生产工作。

※ 石景山区与首钢总公司联合举行以“共山水、融天下”为主题的新春联谊会。

2月

9日 中关村科技园石景山园企业北京华录百纳（股票代码：300291）影视股份有限公司成功登陆创业板。

17日 中共中央政治局委员、市委书记刘淇，市委常委、市委秘书长李士祥，到八大处公园调研西山八大处文化旅游风景区规划建设情况。

18日 中央纪委常委、监察部副部长屈万祥率国务院保障性住房分配及质量管理督查组，到石景山区就保障性住房工作进行督导检查。

20日 外交部大使参赞学习班一行41人到石景山区调研。

21日 市委常委、宣传部部长、副市长鲁炜带队督查石景山区全国“两会”安保工作。

27日 在全国双拥模范城（县）命名暨双拥模范单位和个人表彰大会上，石景山区连续第六次荣获“全国双拥模范城”称号。

3月

1日 国家开发银行等15家银行北京分行的负责人参加在八大处举办的石景山区银政合作座谈会。

2日 国务委员、公安部部长孟建柱到石景山万达铂尔曼酒店检查全国政协委员驻地安保工作。

※ 区政府与中国石化北京石油分公司签署战略合作协议。

5日 “弘扬北京精神，争做志愿先锋，深入开展学雷锋活动”表彰会召开。5支“优秀志愿团队”和9名学雷锋“优秀志愿者”个人受到表彰。

21日 创建“全国绿化模范城市”动员会召开。

23日 区政府与市热力集团有限责任公司供热合作框架协议正式签订。

26日 第五届北京清明诗会在石景山体育馆举行。

※ 石景山区深化创先争优活动暨开展基层组织建设年工作部署大会召开。

28日 市委副书记、市长郭金龙到石景山区就保障性住房建设工作进行调研。副市长陈刚，市政府秘书长孙康林一同调研。

31日 副市长丁向阳慰问清明指挥部。

4月

5日 市委副书记、市政协主席王安顺参加石景山区首都全民义务植树日暨平原地区造林工程启动仪式。

10日 以全国妇联党组书记、副主席、书记处第一书记宋秀岩为组长的中央综治委第六调研指导组到石景山区，实地调研加强和创新社会管理工作的开展情况。副市长丁向阳陪同调研。

20～21日 2012（第七届）中小企业电子商务应用发展大会暨“中国行业电子商务网站TOP100颁奖盛典”在万达铂尔曼大酒店举行。

25日 区体育局、区教委在全市率先联合启动“三大球”进校园活动。

26日 苟仲文带队到石景山区调研指导居住区停车设施建设工作。

27日 第十一届八大处中国园林茶文化节·陕西安康富硒茶文化周开幕式在八大处公园举行。文化部副部长、国家文物局局长励小捷等出席开幕式。

28日 北京台湾街观光文化节开幕。活动持续23天。

5月

2日 中央政法委副秘书长、中央综治办主任陈训秋率中央综治办调研组，就推进非公经济组织社会管理创新工作到石景山区进行专题调研。

3日 中国关心下一代工作委员会主任顾秀莲参加京源学校举行的“人的一生应该如何度过”主题活动。

15日 市政府在石景山区召开2012年加快西部地区转型发展工作动员部署会。市委常委、常务副市长吉林，市人大常委会副主任吴世雄及市人大财经委及市发改委、市经信委、石景山区、丰台区、门头沟区、房山区、首钢总公司等西部地区转型发展联席会议成员单位主要领导出席会议。

※ 石景山区第29届“古城之春”艺术节在北京国际雕塑公园开幕。

19日 第十七届北京商业科技周启动仪式在万达广场举行。

20日 中国可持续发展研究会2012年理事活动在石景山区举办。

25日 2012年经济发展推进大会召开。启动“石景山经济信息网”，为上年度区域经济发展突出贡献单位和纳税百强单位颁奖。

31日 全区老旧小区综合整治推进大会召开。

6月

1日 副市长洪峰走访慰问石景山区实验幼儿园。

5日 市委常委、纪委书记叶青纯对石景山区商务楼宇“五站合一”工作模式进行工作调研。

7日 副市长鲁炜、陈刚到石景山区调研西山八大处文化景区项目和保障性住房建设情况。

9日 吉林就国家服务业综合改革试点区和新首钢高端产业综合服务区建设进行工作调研。

11日 石景山区与部分驻区央企、市属企业联合举办以“倾情石景山，服务促发展”为主题的交流活动。

12日 在北京市双拥模范城（县）暨双拥模范单位和个人命名表彰大会上，石景山区被评为“北京市双拥模范区”。辖区4个街道、55个单位被评为“双拥模范街、乡、镇”和“基层双拥工作示范单位”。

13日 市委常委、中关村科技园区管理委员会党组书记赵凤桐调研石景山区教育工作和中关村科技园区石景山园工作进展情况。

15日 湖南省委常委、宣传部部长许又声到石景山区参观考察文化创意产业发展情况。

18日 在首届北京影视动画行业年度表彰大会上，石景山区获“2011年度影视动画产业扶持基地”奖。

21日 在中国人民对外友好协会和中国国际友好城市联合会主办的“2012百城论坛”上，石景山区获“城市科学发展奖”。

26日 庆祝中国共产党成立91周年暨创先争优活动表彰大会召开，对55个创先争优先进基层党组织、100名创先争优优秀共产党员和50个基层党建优秀创新项目进行表彰。

27日 副市长洪峰到景山远洋分校出席“北京市名师同步课程资源试播启动仪式”。

28日 石景山区博士后创新实践基地正式授牌。

29日 中国家庭服务业“万人培训计划”启动仪式在海航大酒店举行。

7月

11日 区委下发在全区学习宣传贯彻北京市第十一次党代会精神的通知。

12日 石景山区与北京城市学院合作共建首都文化艺术学院签约仪式在万商花园酒店举行。

※ “身边榜样”表彰大会召开，“助人为乐、见义勇为、诚实守信、敬业奉献、孝老爱亲、创新有为、志愿服务”七类共100名“身边榜样”受到表彰。

23日 丁向阳、程红率队到石景山区五里坨街道查看灾情、看望受灾群众。

24日 李士祥、夏占义率队检查指导石景山区“7·21”特大自然灾害救灾善后工作。

25日 社会领域“星级争创”暨基层组织建设年工作推进会召开。39个星级党建示范社区、40名星级党务工作者和70名星级党员受到表彰。

※ 全区领导干部会议召开，部署救灾善后工作。

26日 创建“全国双拥模范城”大会召开。授予35个“爱国拥军模范单位”，15个“拥政爱民模范单位”，70名“爱国拥军先进个人”，30名“拥政爱民先进个人”荣誉称号。对10个单位“国防教育先进单位”，10所“先进少年军校”，10对军地共建对子“军（警）民共建先进单位”进行表彰。

※ 石景山区第30次区长进军营现场办公会召开。

※ “八一”军政座谈会召开。

8月

6日 部分区领导及区人大代表、政协委员赴房山区慰问受灾群众。

12～17日 石景山区党政代表团赴新疆和田考察慰问。

13日 石景山区党的十八大安保专项行动动员部署大会召开。在全区范围部署开展“社会矛盾排查化解，突出治安问题和社会治安重点地区排查整治，邪教组织活动防范处置，公共安全隐患排查整治，信息网络管理，信访秩序维护，城市秩序治理，以及流动人口、特殊人群和社会组织服务管理”等十大专项行动。

13～18日 石景山区党政代表团赴青海玉树考察慰问。

14～15日 石景山区党政代表团赴内蒙古宁城县交流考察。

21日 中共中央政治局常委、国务院副总理李克强率中央和国家有关部委领导、部分省市领导到远洋沁山水社区考察保障性安居工程建设情况。

22日 石景山区向北京排水集团移交地区公共排水管网设施。

24～31日 石景山区党政代表团赴西藏拉萨市堆龙德庆县考察交流并慰问援藏干部。

28日 副市长刘敬民带队就石景山区铁路沿线周边环境建设工作进行调研。

9月

1日 市政协副主席沈宝昌参加石景山区实验小学开学典礼。

7日 首钢总公司主要领导与石景山区四套班子领导座谈交流，共话政企合作情谊。

8～23日 第三届“北京台湾美食文化节”在北京台湾街开幕。

※ “惊喜在京西——2012京西消费节”在万达广场开幕。活动为期1个月。

12日 中央信访工作北京督导组到石景山区督导检查工作。

16日 第二十七届金秋体育盛会在石景山体育场开幕。活动历时三个月。组织赛事活动30余项，91家单位参加，参与群众超过30万人次。

17日 2012“闪耀北京”光影文化季暨首钢灯光节在首钢主厂区开幕，副市长丁向阳出席开幕式。活动持续到10月7日。

18日 防汛救灾总结表彰大会召开。对120个“防汛救灾工作先进集体”和302名“防汛救灾工作先进个人”进行表彰。

※ 网格化社会服务管理体系建设推进大会召开。

20日 创先争优活动总结大会召开。

27日 2012北京国际设计周北京设计产业高端论坛在万达铂尔曼大饭店举行。

※ 园区企业北京东土科技股份有限公司（股票代码：300353）登陆深交所创业板市场。

10月

9日 市委书记郭金龙到石景山区电子商务主题楼宇瑞达大厦进行调研，市委常委、秘书长赵凤桐一同调研。

※ 中共中央党校中青班学员到石景山区考察学习。

13日 园区企业FAB精彩集团成功登陆美国纽交所庆典仪式在北京饭店举行。

15～17日 以原林业部部长高德占为组长的全国绿化模范城市核查组到石景山区核查创建工作。

24日 国资公司与北京市热力集团有限责任公司签署北京鲁谷供热厂无偿划转协议。

26日 中共中央委员、中央统战部副部长朱维群一行到石景山区调研民族宗教工作。

※ 市委常委、副市长陈刚带队检查石景山区十八大安全稳定和服务保障工作。

※ 盛景国际广场开业庆典暨石景山区电子商务特色楼宇授牌仪式举行。

※ 石景山区与天津众兴煤炭集团有限责任公司签订战略合作协议专题会召开。

※ 2012京港科技企业融资渠道高峰论坛在石景山区举办,“北京市石景山区京港投融资协会”揭牌。

11月

5~6日 组团参加第十六届京港洽谈会,与中节能香港投资公司签署战略合作协议。

16日 做好十八大安保维稳工作总结会召开,对31个先进集体颁发“做好党的十八大安保维稳工作突出贡献奖”。

19日 洪峰赴大唐国际高井发电厂组织召开西北热电中心项目现场协调会。

26日 代市长王安顺到石景山区就经济发展建设情况进行工作调研,考察畅游科技和东方信联公司及首钢总公司。市政府秘书长孙康林陪同调研。

27日 区委下发关于认真学习宣传贯彻党的十八大精神的通知。

12月

20日 市委常委、组织部部长吕锡文带队到石景山区检查落实党风廉政建设责任制和推进惩防体系任务完成情况。

※ 中国动漫集团有限公司主办的项目签约暨项目合作推介会在中国科技会堂举行。

※ 石景山区残疾人联合会第六次代表大会召开。选举产生新一届区残联主席团。

24日 石景山区档案馆晋升国家一级档案馆颁牌仪式举行。国家档案局副局长、中央档案馆副馆长李明华代表国家档案局将国家一级档案馆标牌及证书授予石景山区。

28日 区委下发进一步改进工作作风、密切联系群众的实施办法。

是月 区国资公司持有的贵金属交易所股权在北交所挂牌转让。

中共石景山区委员会

中共北京市石景山区委员会(简称区委)是中国共产党在石景山区的领导机关。本届(第十一届)区委由中共北京市石景山区第十一次代表大会于上年12月8日选举产生,由37名委员、8名候补委员组成。其中常委11人,荣华为书记,夏林茂、吴克瑞为副书记。区委设纪律检查委员会、办公室、组织部、宣传部、统一战线工作部、政法委员会、研究室、机构编制委员会办公室、直属机关工作委员会、社会工作委员会等10个工作机构;另设老干部局、保密委员会办公室2个部门管理机构。年内,区委在市委市政府领导下,贯彻落实党的十八大和市第十一次党代会精神,把握"稳中求进"的工作总基调,按照"坚持科学发展,深化全面转型"的战略构想,紧紧围绕稳增长、惠民生、保稳定的重点任务,坚持谋全局、把方向、抓大事、聚力量,科学民主决策重大事项,统揽全局、协调各方,团结带领全区人民攻坚克难、锐意进取,圆满完成全年各项任务,实现良好开局。全年实现地区生产总值345亿元,同比增长7.7%;公共财政预算收入首次突破25亿元,完成25.06亿元,同比增长10.6%;社会消费品零售额预计完成183亿元,同比增长13%;全社会固定资产投资预计完成143.9亿元,同比增长10%;第三产业比重达到62%;居民人均可支配收入达到34810元,同比增长9%;城镇登记失业率为2.04%,自2006年以来首次控制在2.6%以下。全面完成年初确定的指标任务,全区各部门、各单位以最强的组织领导、最广泛的宣传发动、最有力的保障措施,组织动员各方面力量,忠于职守、不辱使命,落实责任、齐抓共管,不畏艰难、无私奉献,最大限度地排查解决各类突出问题,圆满完成党的十八大各项安保维稳任务。区委、区政府靠前指挥、科学决策,全区党组织和广大党员干部勇于担当、率先垂范,广大军民和社会各界同舟共济、合力攻坚,有效应对"7·21"自然灾害,奋力夺取防汛救灾斗争的伟大胜利。全区上下凝心聚力,开拓进取,奋发有为,真抓实干,首都新城区建设取得新成效,保障和改善民生工作成效显著,民主政治建设和社会服务管理扎实推进,党的建设得到进一步加强。

(赵　枫)

区委重要会议

概　述

区委重要会议包括党的代表大会及由此选举产生的区委全体委员会,以及全委会选举产生的常务委员会所召开的会议。还包括党务工作会议、党代表会议、四套班子联席会议和领导干部会议等。这些会议所作出的决定,对贯彻执行中共中央、市委的方针政策和工作部署,加强地区党组织的自身建设,推进石景山区三个文明建设和转型发展起到决定性作用。

(赵　枫)

【区委十一届二次全会】 2月7日召开。会议采取无记名投票等额选举的方式,确定荣华、丁大文为石景山区出席党的十八大代表的推荐建议人选,并参加市委对推荐人选的遴选、考察、选举等各项工作。区委委员、区委候补委员出席会议。

(综　合)

【区委十一届三次全会】 4月18日召开。会议听取全区出席市第十一次党代会代表初步人选产生情况的报告,投票选举产生21名候选人预备人选,通过关于召开中国共产党北京市石景山区代表会议的决议。34名区委委员、8名区委候补委员出席会议。

(赵　枫)

【区委十一届四次全体(扩大)会议】 7月4日召开。荣华就学习贯彻市第十一次党代会精神提出要求,夏林茂作全区经济社会发展情况的报告,吴克瑞传达市第十一次党代会精神,会议全面总结上半年全区经济社会发展情况,并对下半年全区重点工作进行部署。区四套班子领导,区委委员、区委候补委员、区纪委委员、各单位党政主要领导和部分区党代会代表参加会议。

(赵　枫)

【区委十一届五次全体(扩大)会议】 11月19日召开。荣华讲话,夏林茂传达北京市学习贯彻党的十八大精神动员大会主要精神。会议部署全区关于学习宣传贯彻党的十八大精神初步工作方案。区四套班子领导,区委委员、候补委员,区纪委委员,区各单位党政正职领导参加会议。

(赵　枫)

【区委十一届六次全体(扩大)会议】 12月31日召开。荣华受区委常委会委托作工作报告并讲话。大会表决通过中共北京市第十一届委员会第六次全体会议决议(草案)。区四套班子领导,区委委员、候补委员,区纪委委员,

4月18日,区委十一届三次全会　(区委宣传部供稿)

各单位党政正职领导，部分市、区党代会代表参加会议。

（赵　枫）

【区委常委会】 区委坚持科学决策、民主决策，全年召开29次区委常委会，围绕经济建设、政治建设、文化建设、社会建设和党的建设中的重大事项审议议题184个。

区委常委会会议一览表

会议日期及名称	序号	议　题　题　目
1月9日 十一届3次	1	关于召开第十五届人大常委会第一次会议的请示
	2	关于统战工作要点的汇报
	3	关于社会建设工作要点的汇报
	4	关于北京军区通讯总站教导队土地腾退情况的汇报
	5	干部任免
1月30日 十一届4次	6	关于春节期间值守应急、城市运行、安全生产及旅游工作的汇报
	7	关于全市组织部长会议主要精神和组织工作要点的汇报
	8	关于宣传思想工作要点的汇报
	9	关于纪检监察工作要点的汇报
	10	关于政法工作要点及近期主要工作的汇报
	11	关于调研工作要点及重点协作调研课题计划的汇报
	12	关于筹备召开年度党务工作会议的汇报
	13	关于老旧小区电网配电设施改造项目有关情况的汇报
	14	关于推荐全国妇女创先争优先进个人的汇报
	15	关于十八大代表人选推荐提名情况的汇报
2月8日 十一届5次	16	关于上年度目标督查考核工作情况的汇报
	17	干部任免
2月20日 十一届6次	18	传达刘淇书记到区调研的重要讲话精神
	19	关于区委常委会当年议题计划的汇报
	20	关于召开第十五届人大常委会第二次会议的请示及人大常委会工作要点的汇报
	21	关于政协常委会工作要点的汇报
	22	关于老干部工作的汇报
	23	关于党风廉政建设宣传教育月活动计划及建立健全惩治和预防腐败体系任务分解方案的汇报
	24	关于精神文明建设工作要点的汇报
	25	关于出席北京市第十一次党代会代表选举工作方案的汇报
	26	关于推荐全国妇女创先争优先进个人的汇报
	27	关于上年区级领导干部年度考核工作情况的汇报
	28	关于干部提拔任职公示情况的汇报
3月5日 十一届7次	29	关于迎接党的十八大维护社会稳定工作汇报
	30	关于社区“两委”换届工作情况的汇报
	31	关于区委区政府部分工作部门拟设置内设机构情况的汇报
	32	关于本区因公出国(境)工作的汇报
	33	关于组织实施“百名青年干部培养计划”工作情况的汇报
	34	关于组织开展处级非领导职务遴选工作情况的汇报
3月16日 十一届8次	35	关于重大项目的工作安排和区领导分工负责重大项目建设实施方案的汇报
	36	关于老旧小区综合整治工作实施方案的汇报
	37	关于创建全国绿化模范城市工作方案的汇报
	38	关于选举出席北京市第十一次党代会代表相关事项的汇报
	39	关于推荐评选全国劳动奖章和北京市劳动奖状、奖章、工人先锋号工作情况的汇报
	40	关于全区处级干部上年度考核奖励情况的汇报
	41	关于当年第一次四套班子联席会筹备情况的汇报
	42	干部任免

续表

会议日期及名称	序号	议　题　题　目
4月11日 十一届9次	43	传达学习中办发电〔2012〕3号、5号文件精神及刘淇书记讲话精神
	44	关于《中共石景山区委党的建设工作领导小组2012年工作要点》的汇报
	45	关于文化中心项目进展情况的汇报
	46	关于落实北京市会议精神进一步规范公务员津贴补贴及调节事业单位收入分配相关情况的汇报
4月23日 十一届10次	47	关于召开第十五届人大常委会第三次会议的请示
	48	关于《〈石景山区第十一次党代会报告〉今后五年主要目标任务分解方案》的汇报
	49	关于进一步加强和改进党校工作的实施意见的汇报
	50	关于第一季度信访工作情况的汇报
	51	关于百名青年干部培养计划有关情况的汇报
	52	干部任免
	53	通报拟向市委专题会汇报事项的有关情况
4月24日 十一届11次	54	听取区党代表会议各代表团讨论情况
	55	确定出席北京市第十一次党代会代表候选人
4月24日 十一届12次	56	听取区党代表会议总监票人报告计票结果
	57	确定出席北京市第十一次党代会代表名单
5月15日 十一届13次	58	传达市委专题会议精神，研究近期贯彻落实工作情况
	59	关于一季度经济社会发展情况的汇报
	60	关于庆祝建党91周年暨创先争优活动总结工作安排情况的汇报
	61	关于组织开展公开选拔处级领导干部工作情况的汇报
	62	关于落实北京市“三个一百”工作情况的汇报
	63	挂职干部职务任免
5月18日 十一届14次	64	关于《石景山区重大决策社会稳定风险评估实施细则(试行)》的汇报
	65	关于做好党的十八大安保工作深化三项重点工作任务分工方案的汇报
	66	关于经济发展推进大会筹备情况的汇报
	67	关于《石景山区进一步促进服务业发展，深化区域经济转型的实施意见》的汇报
	68	关于《石景山区优化经济发展环境的实施办法》及表彰奖励上年度招商引资工作相关单位等情况的汇报
	69	关于《“石景山服务”行动计划》的汇报
	70	关于组建联合纪检监察组的汇报
6月4日 十一届15次	71	传达中办发电〔2012〕9号文件精神
	72	关于《石景山区关于进一步加强廉政风险防控管理的实施意见》的汇报
	73	关于组织工作满意度民意调查情况的汇报
	74	干部任免
6月18日 十一届16次	75	关于召开第二次四套班子联席会和区委十一届四次全体(扩大)会议筹备工作的汇报
	76	关于召开廉政风险防控管理推进大会有关情况的汇报
	77	关于召开庆祝中国共产党成立91周年暨创先争优活动表彰大会有关情况的汇报
	78	关于召开创建“全国双拥模范城”工作会和“八一”期间开展双拥月活动有关情况的汇报
	79	关于贯彻落实北京市网格化社会服务管理体系建设推进大会精神及下一步工作安排的汇报
	80	关于“身边榜样”评选工作情况的汇报
	81	关于《关于贯彻落实北京市委精神加强新形势下党外代表人士队伍建设的实施意见》的汇报
	82	关于西山八大处文化景区建立工作机构的汇报
	83	干部任免
6月27日 十一届17次	84	干部试用期转正
	85	干部任免

续表

会议日期及名称	序号	议　题　题　目
7月9日 十一届18次	86	中共石景山区人大常委会党组关于召开第十五届人大常委会第四次会议的请示
	87	关于学习贯彻北京市第十一次党代会精神的工作方案的汇报
	88	关于推荐参评第十一届北京市思想政治工作优秀单位、优秀思想政治工作者有关情况的汇报
	89	关于召开加强党外代表人士队伍建设工作会有关情况的汇报
	90	关于上半年经济社会发展情况的汇报
	91	关于对口支援工作考察慰问方案的汇报
	92	关于上半年财政预算执行情况的汇报
7月24日 十一届19次	93	关于7·21强降雨防汛工作的汇报
	94	关于上半年十项重点工程建设进展情况的汇报
	95	关于深化医药卫生体制改革工作情况的汇报
	96	关于二季度信访工作情况的汇报
	97	关于召开创建"全国双拥模范城"工作会有关情况的汇报
	98	干部任免
8月6日 十一届20次	99	传达北京市上半年经济形势分析会议精神
	100	关于深入开展十八大维稳安保及"十大专项行动"的汇报
	101	关于上半年固定资产投资和争取资金完成情况及下半年计划安排的汇报
	102	关于新首钢高端产业综合服务区建设进展情况的汇报
	103	关于中国动漫游戏城项目建设进展情况的汇报
	104	关于给予违纪人员党纪处分的请示
8月20日 十一届21次	105	关于防汛救灾总结表彰工作的汇报
	106	关于北京西山八大处文化景区管理委员会机构设置的情况汇报
	107	关于开展公开选拔年轻处级领导干部工作情况的汇报
	108	关于相关单位领导职务管理权限调整的汇报
	109	干部任免
9月3日 十一届22次	110	关于召开第十五届人大常委会第五次会议及第十五届人民代表大会第二次会议的请示
	111	关于进一步加大力度促进商务服务业快速发展情况的汇报
	112	关于石景山金秋旅游季活动的汇报(多媒体汇报)
	113	关于成立北京市西山八大处文化景区建设工作领导小组的汇报
	114	关于《石景山区自主择业军转干部住房补贴工作实施方案》的汇报
	115	干部任免
9月17日 十一届23次	116	传达全市办公部门贯彻落实中央文件精神工作部署会议精神
	117	关于上半年招商引资工作情况的汇报
	118	关于推进网格化社会服务管理体系建设的汇报
	119	关于防汛救灾专项考核工作相关情况的汇报
	120	干部任免
	121	传达《中共中央办公厅、国务院办公厅关于妥善处理部分群众抗议日本政府非法"购岛"游行问题切实维护社会稳定的紧急通知》精神
9月24日 十一届24次	122	关于召开第三次四套班子联席会筹备工作的汇报
	123	关于区属国有企业三年改革情况和未来三年发展思路的汇报
	124	关于市政协委员人选推荐工作的情况汇报

续表

会议日期及名称	序号	议　题　题　目
10月16日 十一届25次	125	关于国家可持续发展实验区建设情况的汇报
	126	关于本区公共文化服务体系建设工作情况的汇报
	127	关于健康北京人——全民健康促进工作情况的汇报
	128	关于流管工作交接情况的汇报
	129	关于本区就业与再就业工作情况的汇报
	130	关于组建区新一届专家顾问团有关工作的汇报
	131	干部任免
10月29日 十一届26次	132	关于召开第十五届人大常委会第六次会议的请示、关于召开第十五届人民代表大会第三次会议的请示、第十五届人民代表大会第二次会议主席团和秘书长名单(草案)
	133	关于召开政协第九届委员会第二次会议的请示
	134	关于三季度信访工作情况的汇报
	135	区总工会工作情况汇报
	136	团区委工作情况汇报
	137	区妇联工作情况汇报
	138	关于深入开展社区党的建设“三级联创”活动的汇报
	139	关于提名推荐市十四届人大代表候选人建议人选情况的汇报
	140	干部任免
11月12日 十一届27次	141	关于三季度经济社会发展情况汇报
	142	关于西部地区开发建设进展情况和下一步重点工作的汇报
	143	关于对全区落实党风廉政建设责任制推进惩防体系任务完成情况进行检查的工作方案
	144	关于区委巡视工作情况的汇报
	145	干部任免
11月22日 十一届28次	146	关于《石景山区2012年计划分配军转干部安置工作方案》的汇报
	147	关于事业单位清理规范工作情况的汇报
	148	关于推荐评选2011—2012年度“首都精神文明建设奖”和推荐“身边雷锋”等相关情况的汇报
	149	王文光同志通报《中共北京市委关于认真学习贯彻党的十八大精神的通知》的精神并汇报《中共石景山区委关于认真学习贯彻党的十八大精神的通知》
12月10日 十一届29次	150	关于区委常委务虚会筹备工作的汇报
	151	关于中关村国家自主创新示范区特色园区发展情况的汇报
	152	关于石景山国家服务业综合改革试点区建设情况及下一步工作思路的汇报
	153	关于现代金融产业发展情况的汇报
	154	关于《石景山区基础教育设施专项规划》的汇报
	155	关于本年财政支出预算变动情况和下年财政收支预算初步安排意见的报告
	156	关于《关于进一步加强和改进非公有制企业党的建设工作的实施意见》的汇报
	157	关于召开残疾人联合会第六次代表大会筹备工作的汇报
	158	关于推荐评选北京市妇女儿童工作先进集体和先进个人的情况汇报
	159	关于开展本年度处级领导班子和领导干部综合考核评价工作的汇报
	160	干部任免
12月18日 十一届30次	161	关于深入贯彻落实中央和市委文件精神进一步改进工作作风、密切联系群众的有关安排
	162	传达中央经济工作会和全市领导干部会议精神
	163	关于土地储备项目进展和下年储备计划有关情况的汇报

续表

会议日期及名称	序号	议　题　题　目
12月18日 十一届30次	164	关于便民工程建设情况和下年工作计划的汇报
	165	关于“济困工程”实施情况和下年工作计划的汇报
	166	关于安全生产工作总结和下年工作思路的汇报
	167	关于召开第十五届人大常委会第七次会议的请示,关于第十五届人民代表大会第三次会议主席团和秘书长等名单(草案)及说明的汇报
	168	关于区人大常委会工作报告的汇报
	169	关于区政协常委会工作报告的汇报
	170	关于区法院工作报告的汇报
	171	关于区检察院工作报告的汇报
	172	关于推荐评选全国巾帼文明岗和全国巾帼建功标兵的情况汇报
	173	关于推荐评选2010—2012年度北京城管综合行政执法系统先进集体和先进个人的情况汇报
12月24日 十一届31次	174	关于《石景山区关于进一步改进工作作风、密切联系群众的实施办法》的汇报
	175	关于区委十一届六次全体(扩大)会议筹备工作的汇报
	176	关于区委常委会工作报告和区委十一届六次全体会议决议(草案)的汇报
	177	关于区政府工作报告的汇报
	178	关于《石景山区2012年国民经济和社会发展计划执行情况与2013年国民经济和社会发展计划草案的报告》和《2013年全社会固定资产投资计划安排》的汇报
	179	关于招商引资工作情况和下年工作计划的汇报
	180	关于十项重点工程完成情况和下年计划安排的汇报
	181	关于下年双拥工作要点的汇报
	182	关于慈善协会第二届会员大会筹备工作的汇报
	183	关于老干部工作情况的汇报
	184	干部任免

(王　君　张海楠)

【区四套班子联席会】 全年召开3次。第一次四套班子联席会于3月19日召开。听取全区重大项目工作安排、区领导分工负责重大项目的实施方案、1~2月全区经济运行情况分析和重大项目进展情况,以及迎接党的十八大维护社会稳定工作方案的汇报。6月25日召开第二次四套班子联席会,听取1~5月全区经济运行情况、十项重点工程及土地储备项目进展情况以及迎接党的十八大维护社会稳定“十大专项行动”进展情况的工作汇报。10月8日召开第三次四套班子联席会,听取1~9月全区经济运行情况及重大项目建设进展情况,以及迎接党的十八大维护社会稳定工作进展情况的工作汇报。

(赵　枫)

【区党代表会议】 4月24日召开。通过无记名投票、直接差额选举的方式,推选鲁炜、熊大新、丁大文、门美子、王文光、王宏芬、叶艳、吕秀艳、刚杰、刘刚、孙博、李宁、李文起、吴克瑞、荣华、贾树庆、夏林茂、高殿亮等18人为市

4月24日,区党代表会议　(区委宣传部供稿)

党代会代表。会议由区委常委会主持,荣华为大会主持人,292名区党代表参加会议。

(谢 葵)

【领导干部会议】 1月19日,召开领导干部会议,对春节前后和全国"两会"期间的社会治安、服务保障工作进行安排部署。荣华讲话,53个单位负责人参加会议。4月10日,召开全区党员领导干部会议,传达中央精神和市委要求,并召开区委常委中心组(扩大)会进行学习讨论。区委坚决拥护中央关于停止薄熙来担任的中央政治局委员、中央委员职务、由中共中央纪律检查委员会对其立案调查的决定,要求全区上下要把思想统一到中央和市委要求上来,增强政治意识、大局意识和纪律观念,坚定不移地推动科学发展、促进社会和谐,以优异成绩迎接党的十八大胜利召开。7月25日,召开领导干部会议,部署"7·21"自然灾害救灾善后工作。荣华传达市委主要领导对"7·21"自然灾害救灾善后工作的要求,夏林茂讲话,文献通报"7·21"自然灾害防汛抢险和救灾善后工作情况,各街道(鲁谷社区)汇报辖区受灾群众安置情况。9月27日,召开领导干部大会,全面部署中秋、国庆"两节"期间安全稳定和服务保障工作。10月22日,召开全区领导干部会议,对做好党的十八大期间安全稳定和服务保障工作进行再动员、再部署。荣华讲话,夏林茂主持、吴克瑞传达全市领导干部会议精神,并通报有关工作情况。赵玉民等出席会议。

(赵 枫)

主要工作和重大活动

概 述

区委坚持以邓小平理论、"三个代表"重要思想和科学发展观为指导,认真贯彻落实党的十八大和市第十一次党代会精神,牢牢把握"稳中求进"的工作总基调,紧紧围绕稳增长、惠民生、保稳定的重点任务,坚持谋全局、把方向、抓大事、聚力量,科学民主决策重大事项,统揽全局、协调各方,团结带领全区人民攻坚克难、锐意进取,区域经济实现平稳较快发展,圆满完成党的十八大安保维稳任务,有效应对"7·21"自然灾害,首都新城区建设取得新成效,保障和改善民生工作成效显著,民主政治建设和社会服务管理扎实推进,党的建设得到进一步加强。

(赵 枫)

【走访慰问党员】 1月初,区领导荣华、夏林茂、赵玉民、岳德顺等分别对优秀党员、建国前入党的老党员和部分生活困难党员进行走访慰问,为他们送去慰问金及慰问品,并向他们致以节日问候。根据上年度接收首钢流转党员2200人的实际情况,为各街道新增困难党员帮扶名额62个,全区春节关怀、帮扶党员总数达到772名。按照享受市、区"生活困难党员帮扶专项资金"的困难党员。享受慰问金的一般困难党员和享受生活补贴的建国前入党无离退休金老党员及优秀党员代表等不同形式进行走访慰问。全区各基层党组织匹配相应资金,采取多种形式,对本系统、本单位每一位困难党员均上门走访一次。

(赵 枫)

【69家单位接受督察考核】 1月5日,召开上年度工作目标督察考核现场汇报互评会。各单位主要负责人全面汇报各项工作目标完成情况,接受区党代表、人大代表、政协委员的现场评分。此次互评会共有来自包括区委系统、政府系统、街道系统的69家单位进行现场汇报,工作目标督察考核工作以各参加考核单位的职能职责为依据,重点考核各单位所承担主要工作任务(区委重要决策和专项工作、区政府折子工程等)完成情况、领导班子建设、党组织建设、思想政治建设、党风廉政建设、机关作风建设及创新工作情况等20项内容。考核采取被考核单位按系统分组互评、主管部门考核、区领导测评、人大代表和政协委员评议及区委、区人大、区政府、区政协所属各单位与街道(鲁谷社区)系统之间互评相结合的方式进行。通过近年来不断努力,督察考核工作在增强各单位服务意识、牢固树立执政为民思想、提高工作效率等方面,发挥推动和促进作用。

(综 合)

【与驻区单位领导座谈】 1月6日,荣华、夏林茂等分别与武警三师师长李维杰、副政委李永利一行和中科院副秘书长、中科院研究生院党委书记、常务副院长邓勇,党委副书记、副院长苗建明,副院长、纪委书记马石庄、副院长侯泉林一行进行座谈,区有关领导和相关部门负责人参加座谈。

(赵 枫)

【军地领导联谊】 1月13日,区委区

1月13日,军民联谊 (区委宣传部供稿)

政府在万商花园酒店七层多功能厅邀请北京军区领导班子集体座谈联谊。北京军区司令员房峰辉，政治委员刘福连，副司令员李少军、段端武、张宝书，参谋长王宁，副政治委员程童一、黄建国，政治部主任崔昌军，联勤部部长董明祥，装备部部长王小京，政治部副主任廖可铎等与区四套班子领导共70余人参加联谊活动，互祝新春祝福，共叙军地鱼水情。北京军区与石景山区的联谊活动已连续举办6年，双方结下深厚友谊。荣华和刘福连分别致辞。

（赵　枫）

【与首钢领导联谊座谈】 1月19日，与首钢总公司联合举行以“共山水、融天下”为主题的新春联谊会，荣华、夏林茂、赵玉民、岳德顺等区四套班子领导，与首钢总公司党委书记、董事长朱继民等一行观看区经济社会发展图片展，听取上年新成就和未来5年新蓝图，以及当年的主要工作任务的介绍，双方领导欢聚一堂，共话美好未来。9月7日，首钢总公司党委书记、董事长王青海，党委副书记、总经理徐凝一行到区政府，与荣华、夏林茂、赵玉民、岳德顺等区领导座谈交流。首钢总公司与区委区政府多年来一直保持着良好的政企合作关系，双方制订“共建美好家园，共创美好未来，共谋发展大计”的“三共”方针。“十二五”期间，随着首钢转型发展的深入和北京西部开发进程的加快，双方交流与合作势必将更加广泛。

（赵　枫）

【与基层群众共度除夕】 1月22日晚，荣华、夏林茂等区领导分别来到区应急指挥中心、北京九中、金顶街街道、苹果园街道、八角北里社区，与基层干部群众共度除夕。荣华等首先到区应急指挥中心烟花爆竹安全管理指挥部、区委区政府值班室、民防指挥中心慰问节日值班人员和值守民警，并送去慰问品。随后在北京九中，夏林茂还受邀与新疆班孩子们一起跳起民族舞蹈。在八角北里社区，荣华通过视频慰问八角街道19个社区应急值守人员，并观看社区迎新春节目。

（赵　枫）

3月5日，荣华向志愿服务模范人物赠书　　（王祝炫　摄）

【全国双拥模范城“六连冠”】 2月27日，在人民大会堂举行的全国双拥模范城(县)命名暨双拥模范单位和个人表彰大会上，石景山区连续第六次荣获“全国双拥模范城”称号，实现“六连冠”工作目标。7月26日，召开创建“全国双拥模范城”工作会。夏林茂作题为“服务发展助转型、军民携手促融合，努力再创‘全国双拥模范城’”的双拥工作报告，吴克瑞主持会议并宣读区双拥工作领导小组关于表彰双拥工作模范单位和先进个人的通报。荣华和北京军区联勤部副政委张全荣为“全国双拥模范城”牌匾揭牌并讲话，市双拥办副主任由世钧致辞。区双拥工作领导小组授予苹果园街道办事处等35个单位为“爱国拥军模范单位”，66019部队等15个单位为“拥政爱民模范单位”，刘威等70人为“爱国拥军先进个人”，马华林等30人为“拥政爱民先进个人”荣誉称号。命名区少年国防教育基地等10个单位为“国防教育先进单位”，北京市天泰中学等10所学校为“先进少年军校”，中国人民解放军66018部队——苹果园街道办事处等10对军地共建对子为“军(警)民共建先进单位”。赵玉民、岳德顺区属各单位、各驻区企业负责同志，北京军区司、政、联、装机关及驻区团以上单位领导，受表彰的模范单位和个人代表，驻区部队官兵和各界群众代表近350人参加会议。

（赵　枫）

【开展学雷锋活动】 3月5日，“弘扬北京精神，争做志愿先锋，深入开展学雷锋活动表彰会”在海特饭店召开。苹果园街道公益反哺家园等5支“优秀志愿团队”和18年义务磨刀3万把的社区服务模范梁金才等9名学雷锋“优秀志愿者”个人受到表彰；荣华向弘扬和践行“北京精神”的道德楷模赠书。会上，志愿者代表孔庆媛向全区发出倡议：以雷锋为榜样，做爱国敬业的建设者，做创新自强的开拓者，做包容亲和的实践者，做厚德奉献的志愿者，让全区“人人学雷锋，时时做雷锋，处处有雷锋”。

（赵　枫）

【对口考察交流】 4月下旬，由陕西省安康市市委书记方玮峰带队，安康市党政代表团一行32人参加第十一届八大处中国园林茶文化节·陕西安康富硒茶文化周活动。期间先后到首钢总公司、华录集团、石景山游乐园，瑞达大厦“五站合一”工作站、库巴科技、趣游公司，通过听取介绍、实地查看、体验产品等方式进行考察。区四套班子主要领导陪同考察活动并出席26日举行的座谈会。当日晚，区委区政府在万商花园酒店举行欢迎宴会，双

方以书画会友，互赠礼物。6月14～17日，岳德顺率区党政代表团应邀参加第12届中国安康汉江龙舟节并考察交流，先后视察安康紫阳县的富硒茶园、五省会馆、城市规划展览馆等处，实地了解当地的经济、文化发展建设情况。自两地2010年3月3日正式签订经济合作框架协议，建立友好城市的合作关系以来，双方本着优势互补、互惠互利、长期合作、共同发展的原则，通过党政互访、商务考察、旅游贸易合作、干部挂职锻炼等形式，密切往来，加强交流，安康成为石景山区对外合作联系最密切、交流最广泛、成效最好的地区。

（赵　枫）

【中央综治办调研】　5月2日，中央政法委副秘书长、中央综治办主任陈训秋率中央综治办调研组，就推进非公经济组织社会管理创新工作到区进行专题调研。首都综治办主任、市流管办主任滕盛萍，区领导荣华以及相关部门领导陪同调研。陈训秋一行先后来到中关村科技园石景山园青年创业园（留学生创业园）和瑞达大厦实地考察，详细了解社会管理创新工作等情况。石景山区按照社会管理新格局要求，建立三级一体领导机制。在区级层面按照“双进入”体制建立统筹协调全区社会管理工作的领导机构，在执行层面强化区综治委在综治维稳工作中的牵头总协调职能、区社工委在社会领域的综合协调职能，在街道社区层面构建街道社会工作党委、综治维稳工作中心等社会管理基础网络，形成整体合力。陈训秋表示，石景山区在今后要不断总结经验，科学谋划，积极探索创新社会管理的新路子，为推动经济发展、社会和谐稳定增添动力，以更高的标准推进社会管理创新工作。

（赵　枫）

【京源学校主题队会】　5月3日，中国关心下一代工作委员会主任顾秀莲，北京市关心下一代工作委员会秘书长滕毅参加京源学校主题队会活动。顾秀莲在区领导荣华、区关心下一代工作委员会主任臧中凯等一行的陪同下，首先来到综合楼学生画室，参观学校宣传展板和学生画作，随后参加初二年级“人的一生应该如何度过”离队建团主题队会。5位少先队员代表讲述瞿秋白、方志敏、钱学森、周恩来、雷锋不平凡的人生经历，回答“人的一生应该如何度过”这一命题。在少先队辅导员宣布离队决议后，初二年级的学生们最后一次以少先队员名义敬队礼，并在诗朗诵《即将摘下红领巾》中摘下陪伴自己7年的红领巾。与会领导为第一批团员佩戴团徽。

（赵　枫）

【市委领导调研】　6月5日，市委常委、纪委书记叶青纯到区调研，实地参观趣游公司和库巴科技公司，了解瑞达工作站“五站合一”工作模式，观看华录集团自主创新成果展示。同月7日，市委常委、宣传部长、副市长鲁炜和市委常委、副市长陈刚调研西山八大处文化景区项目和保障性住房建设情况。9日，市委常委、常务副市长吉林就国家服务业综合改革试点区和新首钢高端产业综合服务区建设进行工作调研。13日，市委常委、市委教育工委书记、中关村科技园区管理委员会党组书记赵凤桐走访杨庄北区幼儿园、京源学校小学部、趣游公司、东方信联和瑞达工作站，听取关于教育工作基本情况和中关村科技园区石景山园工作进展情况的汇报。12月20日，市委常委、组织部部长吕锡文带队到石景山区检查落实党风廉政建设责任制和推进惩防体系任务完成情况。

（赵　枫）

【创先争优活动表彰】　6月26日，召开庆祝中国共产党成立91周年暨创先争优活动表彰大会。八角街道党工委和园区留学生创业园党支部被评为北京市创先争优先进基层党组织，门美子、叶艳、邵誉培被评为北京市创先争优优秀共产党员。同时区委决定对在创先争优活动中涌现出的区住房和城乡建设委等55个党组织、丁兆伟等100名党员和八宝山街道党工委的“党建联建门店”等50个项目分别授予石景山区创先争优先进基层党组织、优秀共产党员和优秀基层党建创新项目。荣华在讲话中要求全区广大党员把握时代特征，坚持科学发展，始终保持坚定正确的前进方向；把握党建规律，持续创先争优，始终保持基层组织的旺盛活力；把握工作大局，坚持稳中求进，始终保持奋发有为的精神状态。以“坚持科学发展、深化全面转型，加快建设现代化首都新城区”的优异成绩迎接党的十八大和市第十一次党代会胜利召开。夏林茂、赵玉民、岳德顺等区四套班子领导参加会议。

（赵　枫）

【贯彻市党代会精神】　7月11日，下发关于在全区学习宣传贯彻北京市第十一次党代会精神的通知，明确学习、

9月20日，创先争优总结会　（赵　昂　摄）

7月12日，百名“身边榜样”受表彰　（区委宣传部供稿）

宣传和贯彻市第十一次党代会精神的重点：学习领会和准确把握市第十一次党代会报告的精神实质；深刻领会和准确把握市第十一次党代会报告对加快首都西部和转型发展作出的重要部署。在具体安排上，以区处两级理论中心组为龙头，分层次抓好党员干部的学习工作；以党代会精神宣讲活动为主要内容，广泛开展基层宣传教育活动；以落实党代会精神促进区域发展为重点，精心策划新闻宣传工作。

（赵　枫）

【“身边榜样”表彰大会】　7月12日召开。王玉娟等20名助人为乐榜样、贾树庆等5名见义勇为榜样、赵书兵等5名诚实守信榜样、门美子等25名敬业奉献榜样、范金慧等15名孝老爱亲榜样、谢家麟等20名创新有为榜样、邵誉培等10名志愿服务榜样受到表彰。荣华、赵玉民、岳德顺等区四套班子领导与来自各系统的干部职工、社区居民代表和驻区单位主管部门400余人听取榜样代表的发言。区委区政府推进社会主义核心价值体系建设，开展公民思想道德建设活动，在全区范围组织开展首届“身边榜样”评选活动。经过群众推荐、组织审核、评委会评议、媒体公示等程序，从全区各单位推荐的449名候选人中最终评选出“助人为乐、见义勇为、诚实守信、敬业奉献、孝老爱亲、创新有为、志愿服务”七类共100名“身边榜样”，集中展现公民道德建设丰硕成果，为全区干部群众树立学习榜样。其中，“创新有为”和“志愿服务”是首次推出的两类先进人物。表彰结束后，组建“身边榜样”宣讲团，在全区进行巡回宣讲。将百名“身边榜样”的事迹编印成集、制作成展板，在141个社区广泛宣传。

（综　合）

【全力应对自然灾害】　当年汛期持续时间长、降雨强度大，特别是7月21日本区最大降水量达328毫米，居全市第三，全区出现16处严重积水点，是新中国成立以来地区遭遇的罕见大灾。面对严重自然灾害，在市委市政府坚强领导下，区委区政府高度重视，全面部署，主动应对，及时处置，做好各项防汛工作。成立“7·21”自然灾害救灾工作领导小组，区主要领导坐镇指挥，科学决策。7月25日，召开领导干部会议部署救灾善后工作。同日召开防汛工作部署会，提出具体要求。同月27日，荣华、夏林茂、赵玉民、岳德顺分赴重点地区，在一线指导防汛和突发事件处置工作。其中荣华带队到广宁街道新立街社区和麻峪社区、五里坨街道红卫路社区和高井社区以及南马场水库，检查社区救灾善后和水库防汛工作情况。夏林茂、赵玉民、岳德顺分别带队到老山街道、古城街道和鲁谷社区指导防汛工作。全区迅速启动应急值守机制，区应急办实行加班制度，加大调度力度，协调处置各类突出情况。区防汛办积极组织力量，到各重点部位开展防汛工作。市政、公安、消防、交通、园林、宣传、卫生、环卫、集体经济办、武装部等部门以及各街道（鲁谷社区）领导带队组织各类防汛力量，在一线开展防汛抢险工作。广大党员干部和防汛人员关键时刻冲在前面、主动工作，密切配合，连续作战，及时有效应对强降雨。全区出动抢险人员4000余人、车辆200余

7月21日，荣华查看灾情　（区市政市容委供稿）

辆，妥善应对多起突发事件，确保灾后及汛期城市平稳运行和人民群众生命财产安全，最大限度地减轻灾害损失，取得防汛救灾工作全面胜利。9月18日，区委区政府召开防汛救灾总结表彰大会，对防汛救灾工作进行总结，对区委办等120个“防汛救灾工作先进集体”和于泽生等302名“防汛救灾工作先进个人”进行表彰。荣华讲话，夏林茂对下一阶段工作提出明确要求。

（综　合）

11月20日，学习十八大精神动员会　（区委宣传部供稿）

【十八大安保维稳】 8月13日，召开党的十八大安保专项行动动员部署大会，部署开展“社会矛盾排查化解，突出治安问题和社会治安重点地区排查整治，邪教组织活动防范处置，公共安全隐患排查整治，信息网络管理，信访秩序维护，城市秩序治理，流动人口、特殊人群和社会组织服务管理”等十大专项行动。各委办局主要负责人以及社会面防控专群力量代表280余人参加，荣华、夏林茂提出要求。全区各单位积极行动，落实各项行动内容。公安分局组织开展突出治安问题、社会治安重点地区和公共安全隐患排查整治专项行动，消除安全隐患。区安监局结合工业企业和危化企业安全生产标准化建设活动，扎实开展以全区37家危化企业和88家工业企业为重点的隐患排查治理工作。区环保局抓好水、大气污染治理，确保企业污染治理设施正常运转，持续推进污染减排和环境质量改善。城管大队加大检查频次和力度，重点查处石景山路、地铁及周边的非法营运、无照经营等违法行为，形成“全天候、全方位、全覆盖”的管控网络。古城街道发挥维稳信息平台快、准、实的特点，扩大信息搜集渠道，确保问题及时发现，及时报告，及时化解，及时处置。八角街道发挥各成员部门联动力量，发挥基层组织力量，发挥社会单位力量，明确各自职责。鲁谷社区发挥衙门口综合管理办公室和警务中心作用，加大矛盾排查调处力度。各相关部门在工作部署上做到“不留空白、不留死角”，建立区、街、社区三级指挥机构，并依托区综治委、街道综治维稳工作中心两级平台，落实“条块对接、点面对接、属地与部门对接”，在指挥体系上做到上下贯通，运转高效。在实际工作过程中，各相关部门坚持“点面结合、以面保点”的工作原则，开展社会面“人、地、物、事、组织”五要素摸排，建立社会面防控整体台账。掌握重点地区和重点部位33处，重点单位555家。针对防控重点，各相关部门制订监管措施，做到定人、定岗、定责。与此同时，继续发挥“专群结合”的优势，有效盘整社会面防控力量，并依托社会面网格防控体系建设，将所有力量纳入网格管理和使用，实现防控效力的最大化。真正做到“一丝不苟、滴水不漏、准确无误、万无一失”，确保全区城市运行有序、交通安全顺畅、市容整洁优美、服务优质高效、社会祥和稳定，为党的十八大胜利召开营造安全、稳定、和谐的社会环境。11月16日，召开做好十八大安保维稳工作总结会，认真总结梳理十八大安保维稳工作的经验做法，并对区公安分局、城管大队等31个先进集体颁发“做好党的十八大安保维稳工作突出贡献奖”。荣华、夏林茂讲话，区四套班子领导出席会议。

9月18日，防汛救灾总结表彰　（郭　伟　摄）

（综　合）

【中央领导考察】 8月21日，中共中央政治局常委、国务院副总理李克强率中央和国家有关部委领导、部分省市领导到远洋沁山水社区考察保障性安居工程建设情况。李克强同已入住公租房的10余户家庭进行交谈，详细询问租住面积、房屋租金、政府补贴及物业服务等方面的情况，随后到小区物业公司考察，了解居民的实际感受和公共租赁公租房的分配使用和管理运营情况。

（赵 枫）

【市委书记调研】 10月9日，市委书记郭金龙一行来到电子商务主题楼宇瑞达大厦，实地查看趣游科技集团公司、北京东方信联（集团）公司及瑞达大厦"五站合一"工作站情况。座谈会上，郭金龙分别听取石景山区经济和社会发展情况、西山八大处文化旅游风景区建设和首钢总公司的工作汇报。郭金龙强调指出：石景山区已经进入深度转型发展的关键期，要牢牢把握阶段发展特征，加强与首钢的团结配合，不断改革创新，努力打造京西地区新的增长极。市委常委、秘书长赵凤桐一同调研，市有关部门领导，荣华、夏林茂、赵玉民、岳德顺等区领导，王青海、徐凝等首钢总公司领导参加调研。

（赵 枫）

【学习十八大精神】 党的十八大胜利闭幕后，区委根据中央、市委有关通知要求，把学习贯彻落实党的十八大精神作为首要的政治任务。11月27日下发关于认真学习宣传贯彻党的十八大精神的通知，明确全区学习宣传贯彻党的十八大精神的七个重点方面：领会党的十八大主题；领会过去五年和党的十六大以来十年党和国家取得的新的辉煌成就；领会科学发展观的历史地位和指导意义；领会中国特色社会主义的深刻内涵和夺取中国特色社会主义新胜利的基本要求；领会全面建成小康社会和全面深化改革开放的目标；领会建设中国特色社会主义事业"五位一体"总体布局的任务；领会全面提高党的建设科学化水平的新要求。

（赵 枫）

【落实中央精神】 12月28日，区委贯彻落实中央、市委的部署和要求，根据市委办公厅、市政府办公厅《贯彻落实中央关于改进工作作风、密切联系群众有关规定的实施意见》有关精神，结合本区实际，向全区下发关于进一步改进工作作风、密切联系群众的实施办法。从改进调查研究、精简会议活动、精简文件简报、规范出访活动、规范公务接待活动、改进新闻宣传报道和加强督促检查七个方面对改进工作作风、密切联系群众工作进行部署。

（赵 枫）

【开展专题调研】 荣华先后围绕经济建设、政治建设、文化建设、生态文明建设、社会建设等开展专题调研。

荣华主要调研情况一览表

类型	时 间	地 点	内 容	承办单位
经济建设	2月15日	库巴、通融通	走访重点企业	科委园区
	3月8日	华娱、丽贝亚	走访重点企业	科委园区
	4月12日	八角北里社区、苹果园交通枢纽、五里坨、京西会展中心	重点工程建设进展情况	住建委
	6月19日	瑞达大厦、机关702会议室	"智慧石景山"建设进展情况	经信委
	11月15日	石景山医院、北辛安路北段、苹果园交通枢纽G、J、P地块、永引渠南路、区文化中心、杨庄中区幼儿园	十项重点工程建设情况	住建委
政治建设	5月8日	苹四社区、高井路社区、古城路社区	基层组织建设、社区工作	社会工委
	3月1日	区委党校	党校相关工作情况	区委党校
	6月12日	苹果园西黄村西里社区、古城十万平社区、鲁谷久筑社区	基层组织建设、社区工作	组织部
政治建设	6月8日	机关北楼201会议室	区统战系统工作情况及党外干部人才培养情况	区委办
	7月11日	研究生院社区、玉泉西路社区、十一号院社区、翠谷玉景苑社区	基层组织建设、社区工作	社会工委
文化建设	7月10日	区文化馆、区图书馆、区少儿图书馆	区公共文化服务体系建设情况	文委
生态文明建设	5月14日	古城南大街、北工大、莲石湖	国家卫生区复审、创建全国绿化模范城市	市政市容委园林绿化局
社会建设	3月15日	五里坨建设组团01地块定向安置房项目、老古城定向安置房项目、京原路七号公租房项目	保障性住房建设进展情况	住建委
	7月19日	依翠园南居委会、七星园南居委会、六合园南居委会、聚兴园居委会、西厂居委会	"稳增长、惠民生、保稳定"专题调研	社会工委

续表

类型	时　间	地　　点	内　　容	承办单位
社会建设	7月23日	西山枫林居委会、八大处居委会、海特第二居委会、西井居委会	“稳增长、惠民生、保稳定”专题调研	社会工委
	7月25日	天翔社区、环铁社区、西路南社区、水泥厂社区、南大荒社区	“稳增长、惠民生、保稳定”专题调研	社会工委
	7月27日	广宁街道新立街社区、麻峪社区,五里坨街道红卫路社区、高井社区,南马场水库	“稳增长、惠民生、保稳定”专题调研	社会工委 市政市容委
	8月7日	黄南苑居委会、杨庄中区居委会、地铁家园居委会、古城南里居委会、八角南里居委会、景阳东街第一社区居委会	“稳增长、惠民生、保稳定”专题调研	社会工委
	8月22日	军一、二社区,苹一、二社区	“稳增长、惠民生、保稳定”专题调研	社会工委
	8月28日	金顶街五区社区、模式口北里社区、模式口中里社区、模式口南里社区、模式口西里北区社区、模式口西里南区社区	“稳增长、惠民生、保稳定”专题调研	社会工委
	8月30日	八宝山街道玉泉西里北社区、玉泉西里中社区、玉泉路西社区、中铁建社区,鲁谷重聚园社区	“稳增长、惠民生、保稳定”专题调研	社会工委
	10月25日	鲁谷集中供热厂、北重供热厂	热力改造及供暖准备情况	市政市容委
	11月28日	鲁谷社区、培智学校、八角街道温馨家园、残联	推进残疾人社会保障和服务体系建设	区残联
社会建设	12月5日	易盟集团、苹果园社保所、人力社保局	健全人力资源市场,完善就业服务体系	人力社保局
	12月12日	寿山福海、广宁乐龄、福利院、永乐西社区托老所	应对人口老龄化,推动老龄服务事业发展	民政局
	12月20日	北京师范大学励耘实验学校小学部、杨庄中学、八角北路幼儿园、古城高级中学	均衡配置教育资源,推动区域教育优质发展	区教委
十八大安保	9月13日	机关北楼201会议室	十八大安保专项行动工作进展情况	综治办
	10月11日	苹果园、金顶街、机关北楼201会议室	十八大维护社会稳定工作	综治办
十八大安保	11月1日	万达广场、八宝山地铁、老山派出所、老山街道	十八大安保专项行动落实情况	综治办
	11月5日	区信访办、远洋山水农副产品市场、区工商分局	十八大安保专项行动落实情况	综治办
其他	5月21日	区民兵训练基地	改建区民兵训练基地及新建高射武器仓库有关情况	武装部

(孙　微　刘　彦)

区委日常事务

概　　述

区委办公室简称(区委办)作为区委的综合办事机构和参谋服务机构,是区委系统的中枢环节,是区委工作运转的重要依托,是区委对外形象的直接载体。下设4个科、1个室、1个局,分别为综合科、秘书科、信息科、会议科、督查室和机要局(挂密码管理局牌子)。现有工作人员15名,全部具有大学本科以上学历。年内,紧紧围绕区委中心工作,充分发挥职能作用,全力服务发展大局,圆满完成各项任务和队伍建设,实现参谋献策有高度、综合协调有广度、督查落实有力度、服务保障有精度四个目标,被评为“首都文明单位”。

地址:石景山区石景山路18号
电话:88699711 88699771
邮编:100043

(赵　枫)

【信息编报】 区委办坚持质量和时效并重,全方位、多角度提供信息服务,围绕北京建设中国特色世界城市目标和全区深化全面转型,编发各类信息刊物760期,全面反映全区重点工作,为市、区两级领导科学决策提供信息参考。其中，普刊126期，增刊181期，报送市委专报441期，业务通讯12期，市、区领导批示30条，市委信息采用106条。

（翟菁华）

【文秘工作】 区委办负责起草关于规划建设西山八大处文化景区工作进展情况的汇报等提请市委研究的汇报材料，在《北京工作》等刊物发表文章3篇，将区委工作及时向市委反映；起草、修改、整理区委重要文件、领导讲话共计200余篇。对党政联合发文依据进行梳理，细化"区委公文处理工作流程"；根据新的《党政机关公文处理工作条例》，落实全市办公部门工作部署会议精神，制定"区委文件印刷格式标准"，进一步规范全区的公文格式，严格精简发文数量、提高文件质量，全年制发各类文件65件。

（赵 枫）

【综合协调】 区委办全年完成各类接待活动90余项。其中接待副部级以上领导调研20余次；组织完成"十一"国庆广场敬献花篮等各类重要活动51次；协调把关区委领导参加各类活动48次。参与协调"7·21"抢险救灾、十八大安保维稳、创建全国绿化模范城验收、推进西山八大处文化景区建设等重点工作。完成1000余项各类电话和会议通知的记录落实工作，处理信访来信来电近300件，整理归档各类存档文件400余份。

（冯雅男）

【会议服务】 区委办组织筹备区委常委会31次、区委全会4次、区委专题会、专题工作汇报20次、区四套班子联席会3次、区委电视电话会10次等区委重要会议70余次。从把关会议材料、精心做好会务两大方面，保证区委重要会议顺利进行。

（王 君）

【强化督查】 区委办围绕重要会议、重大决策和民生事项，在督查中坚持抓大事、督难事、办急事，努力把握督查工作的方向，严把政策关、程序关、实效关，全年完成重点督办事项50余件，按照区委领导要求进行跟踪，书面反馈落实情况。完成人大议案、政协提案督办42件，办结率和满意率均达到100%。以密切联系群众、服务群众为宗旨，督办和处理群众信访209件。

（王晓华）

【机要密码】 区委办探索新形势下机要工作规律，注重从日常工作入手，制订完善规章制度，规范工作流程，改善服务态度，转变工作作风，机要工作水平得到较大提升。全年收发各类文件、电报9200余份，整理文书档案390件，实现无延误、零差错、零失密的目标。

（张文合）

组织工作

概 述

中共北京市石景山区委组织部（简称区委组织部）是区委的重要职能部门。设办公室、研究室、综合干部科、人才工作科、干部科、干部监督科、组织科、党员教育管理科和组织指导科，行政编制36人；下辖区党员电化教育中心（事业编制3人）。认真贯彻市、区十一次党代会精神，以迎接党的十八大胜利召开为主线，紧紧围绕"大调整、大建设、大发展"的工作主基调，统筹规划、稳步推进，进一步加强领导班子、干部队伍、党员队伍、人才队伍建设，着力深化干部人事制度改革、干部教育培训改革和基层党建创新，为实现"坚持科学发展、深化全面转型、加快建设现代化首都新城区"的战略目标提供坚强的组织保证。

地址：石景山区石景山路18号
电话：88699810
邮编：100043

（梁 汉）

【推荐十八大代表人选】 1月，根据中央、市委安排，全区各级党组织对十八大代表推荐人选进行民主提名推荐，遴选上报推荐提名初步人选15名。同月30日，召开区委常委会，集中多数党组织意见，根据人选结构比例要求，提出2名推荐建议人选。在征求全区基层党组织意见后，于2月7日召开区委全会，以无记名投票形式确定荣华为党员领导干部代表人选，丁大文为生产和工作第一线党员代表人选。经统计，在推荐提名过程中，全区1544个基层党组织和45144名党员的参与率和受教育率均达到100%。

（谢 葵）

【人才工作】 1月，调整区人才工作领导小组，荣华任组长，夏林茂任常务副组长，李文起、文献、李艳任副组长。2月，召开"创新驱动转型、人才引领发展"座谈会。会议邀请在本区创新创业的海内外高端人才、优秀企业家代表参加。为本区首批评定的3名海外高层次人才颁牌，发放一次性奖励20万元/人，为创业高端人才颁发CRD绿卡，增强区委区政府对广大人才的凝聚力。

（顾爱华）

【市党代会代表选举】 2月22日～3月2日，根据市委要求，按照程序安排，区委成立出席市第十一次党代会代表选举工作领导小组，由荣华担任组长，区委相关领导担任副组长，领导小组办公室设在区委组织部，负责日常工作。全区34个单位自下而上推荐提名，产生人选170名，其中区级领导干部18名（含享受区级待遇的领导干部），处级领导干部49名，生产和工作一线党员103名。按照市委比例结构要求，领导小组办公室提出24人组成的初步人选考察对象建议名单，经报请区委书记审阅、市委组织部同意，于3月9～12日提请区委常委会圈阅确定，形成考察对象名单。同月13日，启动考察工作，召开座谈会15个，发放民主测评表396份，个别谈话318人次，相关党组织和纪检部门均出具书面意见。16日，区委常委会研究确定24人组成的代表候选人初步人选名单。4月6日，召开情况通报会，向民主党派、工商联和无党派人士通报人选情况并征求意见。同月18日，召开区委十一届三次全体会议，投票确定21名代表候选人预备人选，并向市委上报预备人选名单。23日召开预备会。24日召开区党代表会议，推选荣华等18人为市党代会代表。26日，向市委报送选举代表情况报告。

（谢 葵）

【干部报告有关事项】 区委组织部贯彻落实中央关于领导干部报告个人有关事项“两项法规”规定。制定工作意见，召开专题部署会，按照工作方案的时间节点要求，采取专人查促措施，督促有关单位落实工作。2月15日前，完成全区43名区级干部和545名处级干部的个人有关事项报告工作。

（梁 汉 张 羽）

【经济责任审计】 2月，区委组织部委托区审计局在5家单位开展处级领导干部任期经济责任审计工作。3月和7月，相继委托区审计局在17个单位开展处级正职领导干部离任经济事项交接工作。11月，与区审计局共同召集召开经济责任审计联席会议，将区人力社保局纳为区经济责任审计联席会议成员单位，完善领导干部经济责任审计联席会议制度。

（陈洛湘 张 羽）

【社区“两委”换届选举】 2月，社区党组织换届选举工作正式启动，分为准备动员、组织实施和总结工作三个阶段。4月结束。根据市委要求，成立社区“两委”换届选举工作领导小组，区委常委、组织部长、统战部长李文起任组长，副区长刘亚泉任副组长，领导小组办公室设在区委组织部。截至4月，124个社区党组织完成换届选举，产生新一届社区党委72个，社区党总支30个，社区党支部22个，书记124名、副书记92名、委员462名。全区社区党组织直选比例为99.2%，同比提高43.2%。4～6月，126个社区居委会开展换届选举工作。116个选委会主任由社区党组织书记或副书记担任，占92.1%，选委会成员中党员827人，占83.03%。扩大基层民主，36个社区实行户代表选举，1个社区采取全体有选举权的居民直接选举，直选比例为29.4%。换届工作完成后，书记主任“一肩挑”81人，占书记总数65%，同比提高10%；“两委”交叉任职190名，占班子总人数28%，同比提高5%。交叉任职比例明显提高，选优配强社区班子，扩大党内基层民主，夯实党在城市基层的执政基础。

（谢 葵）

2月22日，市第十一次党代会代表选举部署 （周启迪 摄）

【严格社区“两委”换届纪律】 在社区“两委”换届工作中，区委组织部开展严肃换届纪律的专题培训。建立监督举报邮箱，公布12380举报电话，完善信箱、电话、信访和网络“四位一体”的举报平台，受理反映违反换届纪律的问题。社区“两委”换届工作结束后，在全区范围内抽取11个社区进行换届风气测评，回收有效答卷557份，总体评价中“好”、“较好”549份，占测评总数的98.6%，汇总社区党员书面意见建议12条。

（梁 汉 张 羽）

【基层组织建设年活动】 3月，区委组织部召开深化创先争优活动暨开展基层组织建设年工作部署大会，制定下发深入开展基层组织建设年活动的通知，明确组织覆盖、晋位升级、品牌创建、素质提升、工作保障、机制建设六项主要任务，并进行任务分解。全区972个基层党组织参与分类定级，432个评定为“好”，占44.4%；419个评定为“较好”，占43.1%；118个评定为“一般”，占12.1%；3个评定为“差”，占0.3%，各基层党组织查摆问题900余条，为晋位升级奠定基础。针对分类定级工作情况，制定基层党组织整改提高晋位升级工作方案，指导基层党组织做好整改提高、晋位升级各项工作。8月8日，召开全区深入推进基层组织建设年工作会，印发进一步推进基层组织建设年工作的通知，明确各项重点任务和工作要求。

（谢 葵）

【社区党建“三级联创”】 7月，区委转发市委关于启动全市社区党的建设“三级联创”从工作安排、工作任务、组织领导等方面，明确开展街道社区党建“三级联创”的活动要求，通过周密组织、扎实推进、深入指导等方式深入开展“三级联创”活动，从日常督查、专项述职、区委检查等方面入手加强监督检查工作，将社区党建“三级联创”工作落到实处。

（谢 葵）

【组织工作满意度调查】 4月，区委组织部制定下发工作通知与工作实施方案，委托区统计局进行组织工作满意度民意调查。通过随机抽样，在全区91家单位1000余名干部群众中发放调查问卷，收回有效问卷957份，统计分析调查结果，形成统计分析图表和分析报告。6月，召开全区组织工作满意度讲评分析会。

（梁 汉 张 羽）

【市党代表组团出发】 6月28日，石景山区参加北京市第十一次党代会代表团出发。本区出席中共北京市第十一次代表大会代表共有鲁炜、熊大新、丁大文、门美子、王文光、王宏芬、叶艳、吕秀艳、刚杰、刘刚、孙博、李宁、李文起、吴克瑞、荣华、贾树庆、夏林茂、高殿亮18人，其中，有2名市委提名人选。本区产生的16名代表中，各级领导干部9名，生产和工作一线党员7名，其中各类专业技术人员4名(兼备先进模范人物身份)，先进模范人物3名。党代表的性别比例、年龄结构、少数民族党员代表比例符合相关要求，总体呈现出政治素质好、群众基础好、议事能力强的特点，充分体现先进性、代表性和广泛性。

(马云尧　谢　葵)

【政工职称评定】 6月29日，区委组织部召开思想政治工作中级专业职称评审委员会。会议认定获得政工师资格9人，同意推荐申报高级政工师3人，经市思想政治工作高级专业职称评审委员会评审，3人获得高级政工师资格。向全区转发有关政工职评文件，组织机关、企事业单位思想政治工作人员参加本市申报政工专业职务人员考试及继续教育培训。

(顾爱华)

【纪念建党91周年活动】 "七一"前后，全区开展纪念建党91周年系列活动。包括开展以"我身边的先锋"为主题的创先争优专项评选表彰。经广泛推荐提名、层层选拔审核、区委确定62个候选基层党组织、120名候选党员，于5月14日通过《石景山报》、石景山政务信息网等区主要媒体，面向社会公示候选对象名单和主要事迹，并组织党员群众进行网络投票。6月26日，召开庆祝中国共产党成立91周年暨创先争优活动表彰大会，表彰全区各条战线涌现出来的55个创先争优先进基层党组织、100名创先争优优秀共产党员和50个基层党建优秀创新项目。组织四期以创先争优迎"七一"为主题的系列电视访谈，在区有线电视台每周播放1期，其中专访区领导1期、专访先进基层党组织1期、专访优秀共产党员2期。同月，拍摄"先锋——石景山区深入开展创先争优活动巡礼"专题片，总结创先争优活动开展情况。制作一套创先争优主题纪念邮册，展示发展成果和开展创先争优活动成效，面向全区基层党组织、党务工作者、优秀共产党员发放。分区、处两级集中组织党内走访帮扶慰问。在基层党组织中广泛开展征文、座谈会、总结表彰、文艺演出等群众性纪念活动。

(刘　远　谢　葵)

【创先争优活动】 8月23日，区委组织部召开全区创先争优活动总结工作部署会。9月20日，召开全区创先争优活动总结大会，对全区深入开展创先争优活动进行全面总结，荣华讲话。会议指出，2010年4月以来，在1544个基层党组织和45144名共产党员中深入开展创先争优活动，区委牢牢立足"全面转型、科学发展"的区情实际，坚持激发活力、夯实基础的活动方向，重点突出服务发展、服务群众的实践特点，认真践行简便易行、突出实效的工作原则，不断探索组织推动、丰富载体的工作路径，选树一批典型，创新活动载体，服务发展大局，夯实基层基础，巩固深化学习实践活动开创的凝心聚力、科学发展的良好态势，普遍形成党内创先、社会创业、岗位创优和全面创新的可喜局面，实现"推动科学发展、促进社会和谐、服务人民群众、加强基层组织"的总体目标。会议要求，建立创先争优活动长效机制，全区基层党组织要召开总结会或经验交流会，查找不足、明确方向、完善机制，确保创先争优活动常态化和长效化。会议印发在各级党组织和广大共产党员中持续深入开展创先争优活动的意见。

(谢　葵)

【区校合作】 8月，区委组织部接受清华大学5名研究生到区委研究室、宣传部、区经信委、金融办和投促局进行为期四周的挂职锻炼。发挥首都高校人才密集优势，建立互助共赢的区校人才培养合作机制。

(顾爱华)

【防汛救灾专项考核】 8～9月，根据市委组织部和区委部署，区委组织部通过自我总结、专题汇报、实地走访、推优认定相结合的方式，对35家相关单位进行专项考核，考核结果作为对领导班子、党组织整体评价和绩效考核的重要依据。全面了解掌握全区领导班子和党组织在应对"7·21"自然灾害及灾后恢复重建工作中的表现，探索优化班子整体结构、提升班子整体功能、完善班子运行机制的办法和途径。

(陈　鹏)

【基层党建考核评价】 10月25日，区委组织部召开基层党建考核评价和社区党建"三级联创"工作部署会，印发年度基层党建考核评价实施方案。基层党建考评工作由区委党建工作领导小组统一领导，区级层面考评由区委组织部牵头负责，考评范围为各工委、区委直属党委(党总支)。各工委、区委直属党委(党总支)负责所辖基层党组织考评工作。考评工作以基层党组织"五个好"(领导班子好、党员队伍好、工作机制好、工作业绩好、群众反映好)为基本标准，以"三述三评"方式开展，在区级层面，按照党组织性质、规模和党组织工作实际，全区14个工委、18个区委直属党委和2个区委直属党总支划分为三个组进行考评。12月13、14日，各工委、区委直属党委(党总支)按照组别以PPT的形式向区委党建工作领导小组集中述职汇报，领导小组成员根据汇报情况进行上级评价，同时各组别内的党组织进行互评打分。随后，成立3个考评组，通过听取汇报、群众评议、查阅档案、深入基层的方式，对区委直属党组织进行实地考评，进行量化打分。实地考评结束后，按照党建工作领导小组成员评分×30%＋区委考评组评分×30%＋党组织互评得分×20%＋群众测评得分×20%的计算方法，对各党组织进行综合评分，按照组别进行排名。

(谢　葵)

【社会领域党建】 12月，区委组织部召开非公党建工作推进会。印发进一步加强和改进非公有制企业党的建设工作的通知，明确工作思路、主要任务、强化工作保障。全年新建非公党组织42个，提升非公企业组织和工作覆盖率。稳步推进各街道社会工作党委换届选举工作，指导各街道党工委

严格程序、严把人选、严肃纪律。各街道分别召开社会领域党代会,选举产生第二届社会工作党委,9个街道(鲁谷社区)选举产生9名党委书记、24名副书记、74名党委委员。制定下发进一步加强街道社会工作党委建设的通知,加强换届后各街道社会工作党委工作,逐步推行党代表团提案制和党委成员建议制,凝聚共识、规范运行、履行职责、发挥作用,构建区域化大党建格局。年内,加大非公有制党建推进力度,明确非公党建经费年人均200元标准、增加新建非公党组织组建经费、聘请100人非公党建工作指导员、建设街道和园区非公党群活动中心等具体措施。

(谢　葵)

【成立西山八大处景区党工委】 12月,经区委研究决定,成立中共北京市石景山区委西山八大处文化景区工作委员会。加大西山八大处文化景区规划建设工作力度。

(谢　葵)

【市人大代表选举】 12月,区委组织部做好区第十五届人民代表大会第二次会议选举组织工作。起草选举办法,梳理会议日程。据市人大代表提名推荐条件和构成要求,确定22名代表候选人差额考察人选。对16名考察人选进行考察(6名区四套班子成员在上年已进行换届考察,不再另行考察)。组织346人参加民主测评,与329人进行个别谈话。经区委研究,确定荣华等19人为市人大代表候选人建议人选。组织召开民主协商会议,确定各政党、各人民团体联合推荐代表候选人21人(含市委宣传部、市国资委系统分配到区推荐的候选人人选2名),同时,另有市各政党、各人民团体联合推荐的7名候选人交由本区选举。21~23日,召开区十五届人大二次会议,荣华等28人当选,作为本区出席市第十四届人民代表大会代表。

(崔　乐)

【服务保障重大任务】 区委组织部围绕迎接和服务保障党的十八大,制定下发开展“我是党员我承诺,稳定和谐作贡献”主题实践活动的通知,组织全区基层党组织和广大共产党员用承诺、履诺、践诺的实际行动凝聚思想共识、发挥模范作用、促进稳定和谐、服务发展大局,制定发挥各级党组织和广大共产党员作用扎实做好十八大安保工作的通知,要求围绕社会稳定和谐的总目标,把握提升人民群众安全感和满意度的总要求,履职尽责、主动作为、化解矛盾、促进和谐。制定发挥各级党组织和广大党员作用扎实做好救灾、善后和维稳工作的通知,要求全区各级党组织和广大党员争做群众的“主心骨”、“贴心人”和“带头人”,在重大任务和重要险情面前,推动组织建设,检验党员干部,锻炼党员队伍。在全区老旧小区综合整治工作中,制定下发加强组织领导,健全组织体系,大力推进老旧小区综合整治工作的通知,在老旧小区综合整治工作指挥部办公室和各街道分指挥部分别成立临时党总支,在开展整治工作的老旧小区建立临时党支部,在各施工楼建立临时党小组,指挥部工作人员、相关部门联络人、施工方负责人、社区党员代表等各方面的党员代表全部进入,协调各方、服务群众,保障老旧小区综合整治工作。

(谢　葵)

【党组织及党员状况】 截至年底,全区党员总数45883名,其中正式党员45535名,预备党员348名。女性18097名,占39.44%;少数民族1235名,占2.7%;35岁以下4707名,占10.3%;60岁以上21170名,占46.1%;1949年以前入党的332人,占0.72%;1976年11月以后入党的36320名,占79.16%;大学本、专科以上学历的18313名,占39.91%,其中研究生以上学历1593人,占3.47%;初中及以下学历14184名,占30.91%。全区党员中,在职党员11624名,占25.33%,其中公有制经济单位在职党员8671名,占18.9%;非公有制经济单位在职党员2953名,占6.4%;离退休党员28360名,占61.8%。全区有基层党组织1714个,其中党委108个,党总支104个,党支部1502个。

(刘　远)

【推进党建研究】 区委组织部召开区党建研究会领导小组会和一届二次理事会议。发布党建研究课题指南,向会员单位广泛征集党建研究课题,经综合评审确定26个区党建研究会年度重点课题,并指导会员单位做好课题立项、推进和结题工作。推荐会员单位优秀研究成果参与市党建研究会课题评比,区国资委党委完成的“国有企业党建工作现状分析与对策”获市党建研究会年度优秀自选课题三等奖。扎实推进市党建研究会年度立项课题“关于建立党员党性定期分析制度的思考”研究工作,邀请党建专家进行工作指导和座谈研讨,提升调研工作质量,课题成果获市党建研究会优秀党建调研课题三等奖和1万元资金支持。加强自身建设,努力提高党建研究会秘书处工作和服务水平,向市党建研究会报送全区党建研究工作动态,全年报送信息20篇,图片新闻20张。

(宋　薇)

【组织干部培训】 区委组织部配合市委组织部完成39名局级干部、2名局级后备干部和2名优秀处级干部的调训和选学工作。在全区举办3期处级干部进修班,培训处级干部146人;举办1期中青年干部培训班,培训副处级后备干部51人。此外,举办1期党政正职学习贯彻十八大精神专题培训班,培训正处级领导干部108人;举办3期自主选学专题培训班,共培训干部508人次;指导各系统开展各类培训班79个,培训14795人次。完成培训工作五年总结,五年培训党政干部25623人次,社区干部、非公经济组织和社会组织党组织负责人9160人次,企业经营管理人员1871人次,专业技术人员37230人次,合计培训73884人次,实现全体在职干部轮训一遍的目标。

(王　军　刘明君)

【改革干部教育】 区委组织部制定2010~2020年干部教育培训改革纲要实施意见工作任务分工方案。形成党校培训、专题研讨、在线学习、高校培训、异地培训和境外培训相结合的“六位一体”干部教育培训新格局。创新培训内容，构建理论武装、党性教育、能力培养“三位一体”的培训课程体系。改进培训方式，继续在处级干部进修班中推进研究式教学，以千字文形式为区域建设建言献策；探索运用案例分析、拓展训练、现场教学等方法，注重启发式、参与式与主动式教学，增强培训的感染力和互动性；在异地培训中开展“按需选题 + 综合教学 + 工作拓展”的三段教学法，增强培训服务实践的力度；结合中心工作，打造精品专题选学课程，满足干部个性化培训需求。健全培训管理机制，在主体班次中全面完善“桌签”签到制，严格把关请销假制度，保障出勤率。

（王　军　刘明君）

【科级干部管理】　区委组织部以公务员全员库为基础平台，建立科级干部管理系统。该系统收录1956名区属各机关和事业单位科级干部信息，涵盖基本信息、行政职务、学历学位等10大项、136小项信息，具有干部职数管理，科级干部选拔任用纪实监督，重要信息维护监督审核，常用查询、统计等重要功能。12月24日，联合区人力社保局召开全区科级干部管理工作会议，推广使用科级干部管理系统，部署缺乏基层工作经历的机关年轻干部到基层锻炼和公务员平时考核工作。加强科级干部队伍建设、促进年轻干部成长，提高科级干部选拔任用满意度，提升公务员队伍管理的规范化和科学化水平。

（王　军　刘明君）

【公务员统计情况】　截至年底，全区各党政机关有公务员2716人。其中，女性1163人，占42.8%；少数民族163人，占6%；中共党员2235人，占82.3%；研究生学历668人，占24.6%；大学学历1764人，占65%；大专学历256人，占9.4%；中专、高中及以下学历42人，占1.6%。35岁及以下984人，占36.2%；36～40岁327人，占12%；41～45岁453人，占16.7%；46～50岁509人，占18.7%；51～54岁273人，占10.1%；55岁及以上174人，占6.4%。公务员统计工作连续八年获得市委组织部颁发全优秀统计单位荣誉。

（刘明君）

【培养资助优秀人才】　区委组织部开展年度市优秀人才培养资助工作。注重与区内人才工作重点单位密切联系，围绕区域经济社会发展和人才队伍建设的需要进行项目筛选，确保申报项目质量。经过文字审查、数据库汇总、调查核实、部务会研究等环节，确定16人申报个人项目，5人获得市优秀人才培养资助，总资助款23万元。加强受资助项目和受资助人的跟踪服务工作，为资助项目实施和受资助人成长创造有利条件。

（顾爱华）

【处级干部情况】　截至年底，全区有处级干部566人。其中，处级领导干部435人（正处135人，副处300人）。女干部183人，占32.3%；少数民族干部22人，占3.9%；党外干部19人，占3.4%。研究生241人，占42.6%；大学本科298人，占52.7%；大学专科25人，占4.4%；中专及以下2人，占0.4%。35岁以下34人，占6.0%；36～45岁157人，占27.7%；46～54岁282人，占49.8%；55岁及以上93人，占16.4%。

（崔　乐）

【干部选拔任用】　区委组织部贯彻2010～2013年党政领导班子建设规划纲要，全年召开20次区委干部工作专题小组会讨论酝酿干部，区委常委会讨论决定处级干部任免15批215人次。其中，提拔处级干部68人，占31.6%，包括通过面向全市和全区两次公开选拔干部13人；交流改任处级干部147人次，占68.4%。在提拔的68名干部中，正处级领导职务13人、非领导职务3人，分别占19.1%和4.4%；副处级领导职务38人、非领导职务14人，分别占55.9%和20.6%。在交流改任的147人次干部中，正处级干部83人次，占56.5%；副处级干部64人次，占43.5%。

（崔　乐）

【完善工作机制】　区委组织部完善以“资格准入、考任分离”为基本特点，以“双推、双考、双公示、双票决”为主要内容的干部选拔任用工作机制，将听取分管区领导等各方面意见、书面征求区纪委意见和定向民主推荐考察等做法规范化、制度化，推进实施干部选拔任用工作纪实监督系统。年内，对149名处级干部的调整任免进行常委会票决，对41名处级正职领导干部任职采取无记名投票方式征求区委全委会成员意见，对33个处级正职岗位拟任人选在区委委员、候补委员和其他区级班子成员中进行差额定向民主推荐。

（杨昆仑）

【领导干部公选】　按照全市统一安排和区委部署，区委组织部两次确定13个处级领导职位分别面向全市和全区开展公开选拔，其中确定1个正处级、2个副处级职位面向全市开展“80后”年轻处级领导干部公开选拔。经过层层选拔，优中选优，13名最终任职人选全部为大学以上文化程度，其中研究生以上文化程度9人，占69%，平均年龄36.9岁，最年轻的30岁，总体呈现出学历层次高、综合素质好、年富力强、实绩突出、群众认可等特点。

（沈　娟）

【干部挂职锻炼】　区委组织部加大区直机关干部与街道、企事业单位等基层一线干部的双向交流，全年有9名机关处级干部交流到基层一线任职，有4名基层一线的处级干部交流到机关任职。做好全市干部交流任职和挂职锻炼“三个一百”工程，精心选派4名优秀处级干部分别到中央、市级机关和外省市任职挂职。按照全市统一部署，做好对口支援西藏、新疆、青海和内蒙古8名援派干部相关管理服务工作。选派干部到边远艰苦地区挂职，开阔干部视野，提升干部应对复杂环境、解决实际问题的能力。做好外省区干部到本区挂职工作，接收新疆、内蒙古、甘肃等地挂职干部4批14人。

（陈　鹏）

【非领导职务遴选】　区委组织部在全区范围内组织开展处级非领导职务人选遴选工作，调动各年龄段干部工作积极性，发挥职数资源正向引导激励作用。经组织推荐、资格审查、统一笔试、组织考察、决定任用等环节,5名干部通过竞争的方式提拔到处级非领导职务岗位,树立注重实绩、崇尚实干的用人导向,在全区营造服务发展、干事创业的氛围。

(沈　娟)

【青年干部培养】　区委组织部继续实施“百名青年干部培养计划”,组织遴选第二批139名青年干部培养人选,安排21名青年干部到区委办、政府办、信访办、派出所等关键岗位和重点部门挂职锻炼。两批培养人选中,7人被选调到市属有关部门、14人在区内交流,23人提拔为处级领导干部,其中正处1名,副处22名。注重加强对青年干部的日常管理和服务,建立健全定期交流沟通工作机制,采取专题研讨、座谈、建立QQ群等形式,跟踪关注青年干部的思想动态,为青年干部交流和成长搭建平台。

(陈　鹏)

【干部综合考评】　区委组织部集中选取23个处级领导班子及106名处级领导干部开展综合考评,通过工作总结、述职述德述廉、民主测评、民意调查、个别谈话、实绩分析等环节,全面了解领导班子和领导干部的实绩表现,发挥考评工作的“风向标”和“指挥棒”作用,为区委科学配班子选干部提供参考依据。

(杨昆仑)

【干部日常管理和服务】　区委组织部完成上年度33名区级领导干部和538名处级干部的年度考核工作,116人获优秀考核等次。按照有关政策,坚持综合考虑、合理使用、人尽其才的原则,顺利安置团职军转干部30人,做好军转干部报到后任职、培训、落实待遇等相关协调工作;强化干部日常管理,扎实开展干部谈心谈话工作,年内,区委书记和组织部长与48名正处职以上干部进行任免职谈话;组织部长和分管干部工作的副部长与84名副处职及非领导职务干部进行任免职谈话。开展干部走访慰问活动,采取多种形式看望干部及其家属,了解干部生病住院、家庭出现重大变故等情况,有针对性地帮助干部解决实际困难。

(杨昆仑)

【离任检查】　区委组织部贯彻落实中央干部选拔任用工作四项监督制度和市相关实施办法。9月,组织检查组严格履行工作程序,在区旅游委、区计生委和团区委对因职务调整的3位具有科级干部任免权的处级领导,进行离任检查;与区国资委共同组成检查组,对石景山游乐园主要负责人进行离任检查。

(陈洛湘　张　羽)

【党员培训】　区委组织部联合区委党校,全年累计举办基层党员教育培训11个班次,培训范围涵盖街道社区、机关系统、企事业单位、“两新”(新经济组织,新社会组织)组织等基层党组织负责人、党务工作者、新发展预备党员、大学生社工党员、入党积极分子等1500余人,人均培训时间40学时。完成落实市委党员教育培训5年工作规划中期总结,分析全区基层党员教育培训工作现状,总结提炼出“培训对象来自基层、培训资源取自基层、培训内容针对基层、培训成果用于基层”等培训工作普遍具有的基层特性,重点培训基层党组织负责人、党务工作者、新党员、社工党员等基层骨干力量。结合创先争优活动,邀请市、区级“群众心目中的好党员”、“我身边的先锋”和“身边榜样”走上讲台,为参加培训的学员做报告,用身边的事教育身边人,营造学习先进、助推发展的良好氛围。

(刘　远)

【党员发展】　全区各级党组织年内发展党员330名。区委组织部调整完善发展党员5年工作规划。抓好发展党员主体培训,以入党积极分子和新党员为主,将培训纳入党员教育培训专项工程,提升到区级层面统一组织实施,全年举办入党积极分子培训班3期、新党员培训班1期,培训学员500余人次。抓好发展党员负责人培训,以开展业务培训为主,深入10余个街道社区、机关单位开展基层党组织负责人和党务工作者培训,与400余名工作人员面对面交流业务工作,指导完善工作流程,助推基层工作科学规范。坚持发展党员工作公示制、票决制、责任制,在下属各党工委中涌现出关于发展党员答辩制度的实施办法(试行)、发展党员监督机制等亮点工作,初步形成工作制度体系。

(刘　远)

【党内帮扶】　区委组织部在全区街道社区、机关系统、企、事业单位、教育系统、卫生系统等单位党组织中确定40名市级困难党员、127名区级困难党员和1330名一般困难党员,拨付专项资金124.6万余元。加大对建国前入党老党员生活情况的关怀力度,调查掌握全区23名建国前入党未享受离退休待遇的老党员基本情况,在市级400元补助标准基础上,将补助标准增至每名老党员600元标准,划拨专项资金16.56万元。做好共产党员献爱心集中捐款工作,收到147家单位19641名党员和4244名群众的捐款940411.1元。完善困难党员信息库,指导各单位认真审查生活困难党员情况,对不符合条件或已经解困的进行调整,对新出现的生活困难党员及时纳入关怀帮扶范围。春节和“七一”期间,区委分两次对建国前入党老党员、优秀共产党员和生活困难党员开展走访慰问活动,区领导分别到24名老党员、困难党员家中亲切探望党员本人及其子女,为党员解决生活困难;各党(工)委开展走访工作。

(朱　梅)

【党代表走基层】　区委组织部自上年11月开展“党代表走基层活动”后,年内继续开展“亮身份、走基层,办实事、体民情”主题实践活动。全区306位党代表,每月以“走基层”为载体,亮出身份,体察民情,倾听民意,将居民反映的问题上报有关部门,督促解决。活动以“体民情”为目标,以“五个一”为主要内容:召开一次座谈会,听取合理化建议;深入一次基层社区,倾听民意;联系一户困难党员家庭,解决实际困难;做出一条务实承诺,履诺践诺;参加一次志愿公益活动,展示代表风采。以“四访”为方式,坚持经常下访,节日走访,集中专访,跟踪回访,帮助解决实际问题，切实提升代表履职能力，增强党与基层群众的血肉联系。以"办实事"为重点，服务基层，惠及群众。活动开展以来，306名党代表共开展基层调研活动1000余次，走访群众15000余人次，发放调查问卷1858份，征求意见表8000余份，收集群众意见建议600余条，协调相关单位部门解决300多件关系民生的实际问题。

（马云尧）

【党代表任期制】 区委组织部制作下发代表联系手册306本，向19个代表组下拨活动经费38万元。各代表组采取座谈交流、通报情况、视察调研、参观学习等形式组织代表开展活动，通过活动增强新一届党代表的履职意识和对推行任期制完善党代表大会制度的认知。组织50名党代表到九中教育集团进行视察，听取全区教育工作成果和发展规划的汇报，参观教育硬件设施建设情况，了解区域经济社会发展，推进本区教育工作水平。有100名党代表应邀参加区级层面组织的活动，如列席区委全会、区人代会、军民联欢会、集中视察、党建工作考核、三级联创活动等，8名代表参加全区督查考核，10名代表担任公开选拔处级领导干部评委。

（马云尧）

【远程教育网建设】 区委组织部依托区政务信息网，加强党员干部远程教育网建设。收集党员电教资源，突出区内特色及原创作品，丰富网站资源片库，网站上传视频334部，总时长达到10406分钟。制定下发通知，细化评分标准，制定出符合本区实际的定级标准。全区各单位上报分类定级站点396个，其中先进站点117个，占29.5%；一般站点278个，占70.2%；后进站点1个，占0.3%。印发党员干部现代远程教育终端站点工作手册，建立健全党员电教工作六项制度，指导基层站点建立工作台账，规范全区396个党员电教终端站点有序运行。组织终端站点管理员和党员教育电视片创作人员参加市、区级现代远程教育培训班，培训工作人员179人次。明确终端站点管理员职责，帮助基层单位提高党员教育电视片选题与策划、脚本构思与写作能力。

（张晓东）

【党员教育电视片】 区委组织部制定下发开展党员教育电视片观摩交流活动的通知，收集电教资源片28部，集中反映全区基层党组织和广大党员在"打造北京CRD，构建和谐石景山，建设现代化首都新城区"工作中深入开展的创先争优活动，宣传先进人物和典型经验。其中《城管蹲点日记—老山女城管队长的故事》、《让青春在岗位上闪光》等7部作品被市委组织部采用。

（张晓东）

5月16日，区理论中心组赴电影博物馆学习考察　　（区委宣传部供稿）

宣传工作

概　述

中共石景山区委宣传部（简称区委宣传部）是负责全区宣传思想文化工作的职能部门。下设办公室、理论科、新闻科、宣传科，主管《石景山报》编辑部、《石景山工作》编辑部、文化创意产业促进中心。增加组织、协调本区文化创意产业相关工作和网络舆情管理的工作职责，强化精神文明建设、对外宣传的工作职能。年内，全区宣传思想文化战线围绕喜迎十八大、学习宣传党的十八大精神这条主线，按照高举旗帜、围绕大局、服务人民、改革创新的总要求，坚持贴近实际、贴近生活、贴近群众，实施思想道德引领战略和文化兴区战略，为经济社会发展稳中求进营造良好氛围，推进社会主义核心价值体系建设，推进文化繁荣发展，为全区坚持科学发展，深化全面转型，加快建设现代化首都新城区提供有力的思想保证和精神动力，营造健康向上的舆论环境。主要开展六项工作：广泛开展迎接学习宣传贯彻工作，为十八大营造良好氛围；坚持用中国特色社会主义理论体系武装党员干部，推进学习型党组织建设；深入开展主题宣传教育活动，扎实推进社会主义核心价值体系建设；牢牢把握正确舆论导向，加强对经济社会转型发展成就宣传；实施文化兴区战略，深入推进文化事业和产业发展；以科学发展观为指导，不断加强自身建设。本年度被评为区级先进基层党组织，获"2012年度影视动画产业扶持基地"称号。

地址：石景山区石景山路18号
电话：88699827
邮编：100043

（赵　亮）

【市"两会"宣传报道】 1月市"两会"召开期间，区委宣传部围绕区委区政府中心工作，突出科学发展深化转型的特色，加大CRD建设成果的宣传推介力度，紧抓主流媒体，形成宣传声势。《人民日报》4日17版，报道本区人

3月26日，第五届北京清明诗会 （区委宣传部供稿）

大代表候选人与选民见面。北京电视台12日，《北京新闻》报道石景山团活动采访荣华。北京电视台13日，《北京新闻》报道两会新闻"对话区县当家人"。《北京日报》13日6版，报道市人大代表荣华署名的稿件"石景山建首都文化娱乐休闲区"。《北京青年报》16日6版，报道荣华专访：首钢特钢将打造"绿能港"。

（赵　亮）

【政务官方微博上线】 年初，官方微博"北京市石景山"正式上线。截至年底，拥有近41万粉丝，发布信息近2800余条，开设话题包括石景山微新闻、微直播、温馨提示、最美石景山、出行提示等内容，力求服务民众、亲民沟通、网络问政、舆情引导、宣传推广，并协助11家委办局开设官方微博。

（赵　亮）

【区处两级中心组学习】 年初，区委宣传部下发北京市干部理论学习安排意见，制定区处两级中心组学习计划。以学习贯彻党的十八大精神为重点，全年组织中心组学习18次。其中报告会10次，参加市委市政府理论学习中心组学习（扩大）会3次，邀请专家为区、处两级中心组成员作报告5次。包括学习贯彻北京市第十一次党代会精神、学习党的十八大精神报告会等。全年组织区级中心组成员到密云县、中国电影博物馆和中国北方工业公司学习考察3次。全年向全区各单位下发学习资料15200本，向全区党员干部推荐学习书目44种。

（赵　亮）

【推进学习型党组织建设】 3月12日，区委宣传部转发北京市建设学习型党组织工作协调小组工作要点，召开学习型党组织建设工作部署会。建立学习型党组织建设信息报送工作机制、确定各单位信息联络员，建立基层单位上报工作信息制度。迎接市建设学习型党组织调研组考察。调研组对挂牌的示范点（区检察院机关党委和八宝山街道玉泉西里中社区党委）开展的品牌活动进行考察。

（赵　亮）

【承办北京清明诗会】 3月26日，"清明·咏怀"第五届北京清明诗会在石景山体育馆举办。诗会由市委宣传部、首都文明办、市文化局、市民政局、区委区政府、北京电视台共同主办。本届清明诗会以弘扬"爱国、创新、包容、厚德"北京精神为主题，分为"厚德润物"、"天地大爱"、"春华礼赞"三个篇章，采用吟诵古诗词、红色诗词、现代诗词、器乐演奏、歌舞合唱等形式抒发爱国情怀，倡导创新精神，弘扬和谐包容，传承厚德品质，诠释清明节追忆先贤、缅怀先烈、感恩生活、亲近自然的文化内涵和精神实质。由2000多名文艺工作者、驻京部队官兵、社区居民、大学生、环卫工人、建筑工人、城管队员、医务工作者方阵，与多位表演艺术家、歌唱家共同演绎20余首家喻户晓的诗歌作品。

（赵　亮）

【承办清明红色祭扫】 3月31日，由市委宣传部、团市委、市委教育工委、首都文明办、市民政局、区委区政府共同主办的"践行北京精神，缅怀革命先烈"北京市清明节红色祭扫活动在八宝山革命公墓举办。祭扫仪式包括奏唱国歌、向革命先烈敬献花篮、朗诵诗歌、青少年代表宣誓等内容。祭扫仪式后，组织各界代表在革命先烈墓前开展形式多样的纪念活动。此外，还组织清明踏青健身、清明文化进社区

10月31日，"党在百姓心中"百姓宣讲 （区委宣传部供稿）

展演展示、清明文化展览、网上祭扫等丰富多彩的主题文化活动。

(赵　亮)

【参评百姓宣讲“双十佳”】 4月26日,市百姓宣讲“双十佳”评选活动正式启动。全区组建13个基层宣讲团,70余名宣讲员参加。区委宣传部按要求上报2名宣讲员,2个基层宣讲团参加总评,其中一名宣讲员被评为市“十佳”宣讲员。开展市十一次党代会精神百姓宣讲活动,承办市公交集团工人宣讲团、天坛医院白衣天使宣讲团、首都文明引导员宣讲团、首都师范大学师生宣讲团和市委政法委首都监狱人民警察宣讲团到区开展5场宣讲,听众800余人次。开展迎接党的十八大“党在百姓心中”百姓宣讲活动,组织“身边榜样”宣讲团和参加市“双十佳”评选的宣讲团在全区开展巡回宣讲活动,在各街道社区、主要委办局、神农庄园等开展宣讲15场,听众2000人次。获百姓宣讲活动优秀组织奖。

(赵　亮)

【促进文化创意产业发展】 5月,区委宣传部对促进文化创意产业发展的试行办法进行修订。修订后的办法增加首钢高端产业综合服务区及中国动漫游戏城等重点项目建设内容,旨在明确重点区域,集聚重大项目,推动文化创意产业特色集聚发展;增加设立创业投资引导基金内容,旨在鼓励和引导更多社会资本投资文化创意产业,推动文化和金融产业融合发展;对相应支持金额、比例进行调整,其中提高对国家和北京市重点支持、为区域产业集聚提供支撑的重大项目支持额度,由原来的200万元提升到500万元,加大重大项目支持力度。

(赵　亮)

【获市文创专项资金支持】 5月,经过评审,本区16个项目获上年度市文化创意产业发展专项资金支持,总金额2366.071万元。其中,“国际创意谷”和“华录数字文化产业园”获得项目补贴支持,“天龙八部2.0”和“《趣游问剑》自主知识产权网络游戏”等13个项目获得奖励支持,电视剧《永不磨灭的番号》获得贷款贴息支持。12月,32个项目获年度市文化创新发展专项资金支持,总金额6210万元。其中,“中国动漫游戏城(首钢二通实验区)二期改造工程”、“网络游戏国际交流服务平台”、“5c数字社区文化生活综合服务平台的研发及应用”和“文化创意产业金融创新服务平台”等16个项目获项目补助支持;“天龙八部online”、“趣游集团自主知识产权网络游戏”和“电影《辛亥革命》”等13个项目获得奖励支持;“电视剧《青春四十》”和“《重返大福村》影视制作与发行”等3个项目获得贷款贴息支持。

(赵　亮)

【周末社区大讲堂】 5~10月,以“弘扬北京精神,提升人文素质”为主题,举办涉及历史文化、时事政治、健康养生等讲座73场,听众达8000人次。制定详细的活动计划和工作流程,为活动举办单位提供讲课经费,保证大讲堂活动的数量和质量。周末社区大讲堂活动在内容的选择上以群众的需求为出发点,提高讲座的针对性,根据群众的需求从备选专家名单中确定选题,最大程度满足群众需求。获“周末社区大讲堂活动优秀组织奖”。

(赵　亮)

【动漫游戏海外基地落户】 6月,中关村石景山园与华海基业孵化器合作,成立“中关村石景山园美国硅谷基地”,成为本区在海外的动漫游戏产业发展平台。该平台成功推动动漫企业三浦灵狐与国际十大知名动漫品牌之一的“菲力猫”合作,成为其中国独家代理商。

(赵　亮)

【宣讲市党代会精神】 7月6日,请市委副秘书长、市委研究室主任王力丁作学习宣传贯彻市第十一次党代会精神报告。从市第十一次党代会的重大意义、报告的起草过程、北京过去五年工作的总结和回顾、未来五年工作的基本要求、指导思想和奋斗目标、今后的主要任务以及党代会报告通篇体现的五个重要观点等六个方面解读。区处两级中心组成员、区直机关副处级以上干部、各单位组织干部、宣传干部参加。之后,区委宣传部、组织部、党校、社区学校等单位组建宣讲团,深入基层宣讲12次,联系实际宣讲市十一次党代会精神。

(赵　亮)

【做好防汛抗灾宣传】 区委宣传部带领全区宣传系统各单位,在“7·21”自然灾害的抢险及善后工作中,服从指挥、服务大局,发挥宣传工作特点,加大正面宣传引导力度,宣传在防汛救灾工作中涌现出来的先进集体和先进个人,体现基层党组织的战斗堡垒作用和广大党员干部的旗帜性作用,为防汛救灾工作营造良好舆论氛围。《北京日报》7月22日1版报道本区消防官兵在雨中救助群众。22~31日,在中央电视台、《北京日报》、北京电视台、《北京晚报》、《北京青年报》等市级主流媒体共刊发有关本区抗洪抢险的稿件56篇。9月中旬,举办风雨同舟图片展。从上千张纪实图片中精选百余张视角鲜明、含义特殊的照片组成“中流砥柱、爱心传递、坚强核心、心系百姓”四个板块。全方位体现全区人民同舟共济、万众一心,书写众志成城抗击特大自然灾害的动人画卷。同时编辑出版《风雨同舟——石景山抗击“7·21”特大自然灾害纪实》,全景式记录这一重要事件的整个过程。全书分为“众志成城”、“心系百姓”、“闪光记忆”三部分,图文并茂,制作精美,具有重要史料价值。

(赵　亮)

【爱国主义教育基地命名考评】 根据市爱国主义教育基地领导小组办公室的安排,区委宣传部推荐区档案馆、首钢陶楼及工业遗迹两家区级爱国主义教育基地申报市级爱国主义教育基地,并指导上述两家基地完成命名考评工作。8月,市爱国主义教育基地领导小组办公室正式发文,申报的上述两家单位均成功通过命名考评,升格为市级爱国主义教育基地,使辖区市级基地总数达到5家。

(赵　亮)

【“动漫·北京”系列活动】 8月23~26日,由区委区政府与市文化局、中国动漫集团共同主办的“动漫北京”系列活动成功举行。活动包括原创民族动漫形象大赛、民族动漫成果展、动漫产品推介交易会、论坛峰会等内容。活动期间有300家企业和近500部作品参加“民族原创动漫形象大赛”；完美世界、搜狐畅游、游戏谷和武神世纪等北京17家企业在动漫成果展上展示新技术、新成果、新产品；30多家海内外知名媒体对该活动进行跟踪报道，活动达成各类合作意向额55.8亿元人民币，创造近年来北京动漫产业洽商新高。

（赵　亮）

【政治宣传环境布置】　区委宣传部结合区域实际，通过张贴宣传海报、悬挂硬质横幅、设置宣传围挡、插挂国旗等多种方式开展政治宣传环境布置工作。10月1日前，组织发放和张贴庆祝建国63周年主题海报近8000张；协调市政管委，制作硬质横幅30块安装在石景山路、阜石路、莲石路、五环路石景山段等主要路段过街天桥、高架桥上，营造出喜庆热烈的节日氛围。10月底，组织发放和张贴迎接党的十八大胜利召开宣传画近万张；协调市政管委，制作安装硬质横幅30块，施工围挡3000多平方米，开启9块大型电子显示屏滚动播放迎接党的十八大胜利召开主题宣传内容。

（赵　亮）

【举办重阳诗歌会】　10月22日，以“厚德石景山 敬老重阳节”为主题的重阳诗歌会在八大处公园举办。通过诗朗诵《重阳节》、歌曲《微笑北京》、新民乐《重阳秋色》、小品《老人生活充满阳光》和著名朗诵艺术家曹灿现场朗诵作品《人生》等节目，以及对“身边榜样”代表的现场访谈，抒发厚德重阳、尊老敬老的人文情怀。作为传统节日重点文化活动，重阳诗歌会在弘扬传统文化，践行“北京精神”，倡导尊老、敬老、爱老、助老的社会风尚等方面发挥作用。

（赵　亮）

11月23日，成立十八大精神宣讲团　（区委宣传部供稿）

【重点文体活动宣传】　京西消费节、台湾美食文化节、“闪耀北京”光影文化季、第十一届北京重阳登高节、金秋体育盛会、石景山游乐园欢乐金秋游园会等活动集中在9、10月份举行，引起市民及各大媒体关注。区委宣传部精心准备，提前策划宣传亮点，组织召开新闻发布会，与相关单位密切配合，邀请主流媒体记者到采访报道。中央及市属主流媒体报道金秋旅游季活动的新闻50余篇。

（赵　亮）

【十八大信息网络管理】　区委宣传部作为信息网络管理专项行动牵头单位，与全区相关单位建立联动机制，制定信息网络管理专项行动工作方案、信息网络管理专项行动督查工作方案、信息网络管理专项行动考核评比办法、信息网络管理专项行动联动工作机制。截至10月31日，处置涉及的互联网舆情维稳信息91条，通报相关责任单位33家。

（赵　亮）

【组织十八大专题报道】　区委宣传部围绕科学发展深化转型的新成果、新举措，开展十八大主题宣传活动。主动策划选题，联合相关部门发挥各级媒体优势，分别在北京人民广播电台、人民网等媒体介绍本区近十年来的主要发展成就。邀请中央和北京市媒体开展主题集中采访报道活动，组织《北

8月22日，动漫北京－民族原创动漫发展论坛　（区委宣传部供稿）

京日报》、《北京晚报》等十几家主流媒体对先进党组织和优秀党员代表、重点工作进行系列报道，《北京日报》11月26日5版头条报道采访荣华“全力打造绿色生态石景山”。当月学习宣传贯彻落实十八大精神新闻报道72篇。

（赵　亮）

【学习贯彻十八大精神】 11月20日，组织开展区级理论中心组学习党的十八大精神报告会，邀请中共中央党史研究室原副主任石仲泉作为主讲人，为全区近400名党员干部详细解读十八大精神，报告会结束后，围绕十八大提出“打造美丽中国”，就如何建设美丽石景山，展开讨论。同月23日，成立学习宣传贯彻党的十八大精神宣讲团，并在区人力社保局进行首场宣讲。宣讲团成员由领导干部、区委党校和社区学院教师组成。从11月下旬开始，在全区机关、企业、学校、社区进行巡回宣讲。组织承办市学习宣传贯彻十八大精神百姓宣讲团在本区的宣讲活动，12月14～28日，完成20场宣讲。

（赵　亮）

【文创企业作品获奖】 本区文创企业制作和参与制作的5件作品获中宣部第十二届精神文明建设“五个一工程奖”。分别是：北京华录百纳影视股份有限公司参与制作的电影《建国大业》、《建党伟业》，北京天鹤信羽文化传媒有限公司参与制作的电影《辛亥革命》，北京华录百纳影视股份有限公司制作的电视剧《媳妇的美好时代》和瑞雪桃源（北京）文化传播有限公司参与制作的电视剧《解放海南岛》。

（赵　亮）

【文创产业增速20%】 全区文化创意产业收入达240亿元，增速达20%以上，占地区GDP比重超过12%，有力推动区域转型发展。《2012年北京动漫游戏产业发展报告》显示，北京动漫游戏产业总产值达到167.57亿元，在本区注册的动漫游戏企业总产值达到86亿元，约占全市的51.3%，其中网络游戏规模以上企业总产值约为85.5亿元，约占全市游戏总产值的54.8%，约占全国游戏总产值的14.2%。

（赵　亮）

【课题研究申报】 区委宣传部完成2项课题的研究和结项工作。完成北京市哲学社会科学规划项目一般课题《关于中国动漫游戏城项目服务平台建设的研究》的调研，并按要求完成结项工作。完成北京市哲学社会科学规划项目重点课题《关于将石景山区建设成为首都绿色转型示范区的研究》结项工作。完成“丹柯杯”理论成果申报，向市政研会上报10篇理论文章、调研报告参评优秀理论成果。完成“文化创意产业特色化集群化发展研究”、“加快文化创意产业集群发展提升区域竞争力的对策研究”、“开办政务微博的实践与思考”、“网络舆情工作的实践与思考”等区级课题。

（赵　亮）

【宣传“北京精神”】 区委宣传部把弘扬和践行爱国、创新、包容、厚德的“北京精神”作为推进社会主义核心价值体系建设的实践载体，策划和开展宣传活动，从认知、引领、践行三个层次上开展工作，完成气氛营造、宣讲宣传、活动组织等方面的工作。发放6000多份“北京精神”宣传海报，在机关企事业单位、社区、工地、学校、超市等处张贴，营造浓厚的氛围。发放5000套《北京精神50问》和《北京精神百家谈》，组织辅导全区广大党员群众、干部职工学习“北京精神”，引导干部群众将“北京精神”内化于心，外化于行。

（赵　亮）

【网络舆情队伍】 区委宣传部组建由全区73家单位、199人组成的互联网发言团队，提高网络舆情突发事件的处置水平，确保重大舆情事件信息的及时通报。会同区委组织部、社工委在全区社区工作者中招募网络通讯员近150名，组建网络通讯员队伍。细化工作任务，明确工作职责，推动专项行动的制度化与常态化，建立互联网舆情处置工作记录与政务微博工作日志等工作台账。建立健全网络舆情相关制度，编发互联网舆情报告和互联网舆情内参，向相关领导反馈，掌握工作主动权。

（赵　亮）

【强化外宣工作】 区委宣传部抓住市第十一次党代会和党的十八大召开的有利契机，宣传地区经济社会建设的新成就、新进展。全年在主流媒体刊发有关本区报道1600余篇，其中《人民日报》9篇，《北京日报》272篇，刊发各类专版19个。围绕石景山服务、全国绿化模范城等组织媒体集体采访，全面介绍科学发展、全面转型的情况。创新形式做好区域发展成果报道，立足大转型，挖掘经济报道的深度和广度，组织召开新闻发布会，与20余家主流媒体联手宣传，扩大受众面，将CRD建设成果及发展战略推向更高的知名度和美誉度。

（赵　亮）

精神文明建设

概　　述

北京市石景山区精神文明建设委员办公室（简称区文明办）是区精神文明建设委员会的办事机构，负责全区精神文明建设日常工作。以迎接党的十八大和市第十一次党代会胜利召开为契机，围绕社会主义核心价值体系建设这个根本任务，根据首都文明委工作部署的弘扬“北京精神”、“学雷锋，做文明有礼的北京人”为重点，以评选“身边榜样”、推进“六大公共文明引导行动”、规范创建活动、加强未成年人思想道德建设为抓手，较好完成各项工作任务。精神文明建设信息工作在全市评选中获第二名。《北京日报》整版刊登文章《唱响主流价值 引领文明风尚——魅力石景山绽放精神文明之花》，集中展示精神文明建设工作取得的成果。

地址：石景山区石景山路18号
电话：88699862
邮编：100043

（高　鹏）

【“北京精神”弘扬活动】 区文明办依托区市民学校总校在全市率先成立“北京精神”宣讲团，宣讲团成员进社区、进学校、进机关、进企业、进军营宣讲100余场次，累计受众万余人次。发挥社区文艺骨干力量，组织指导八角北里社区创作戏歌联唱《北京精神好》、小品《包容》、表演唱《北京精神与我同行》等践行“北京精神”原创节目，并进行百场巡回演出。在全区范围开展征文活动，倡导市民用手中的笔，记录下自己身边学习、宣传、实践“北京精神”的生动事迹，诠释其深刻内涵和现实意义。在《石景山报》开设“北京精神”宣传专栏，在区属各类媒体和公共场所发布、张贴“北京精神”表述语。在中小学组织开展弘扬“北京精神”新童谣征集、践行“北京精神”争当文明小使者等一系列弘扬践行活动。

（高　鹏）

【“学雷锋”实践活动】 区文明办按照中央办公厅和市委办公厅关于开展学雷锋活动的实施意见，组织开展“学雷锋宣传周”活动。区属各单位和社区通过召开学雷锋座谈会、经验交流会、讲雷锋故事等形式，深化对雷锋精神的认识。扎实开展“永远的雷锋”志愿活动，落实“周六学雷锋活动日”要求，采取志愿服务组织申报项目的形式，统筹安排每周六学雷锋各项活动。在中小学开展续写雷锋日记、寻找学雷锋榜样、争创雷锋班级雷锋小队、学雷锋做美德少年网上签名、新童谣征集等活动；在企业和窗口服务单位提倡岗位学雷锋，将学雷锋活动和弘扬“北京精神”有机结合。

（高　鹏）

【“身边榜样”评选活动】 区文明办在区属和驻区单位广泛开展“身边榜样”评选表彰活动。各单位积极响应、社会各界人士参与，推荐“身边榜样”候选人449名，经组织审核、评委会评议、媒体公示等程序，评选出“助人为乐、见义勇为、诚实守信、敬业奉献、孝老爱亲、创新有为、志愿服务”七类100名“身边榜样”。其中助人为乐20名，见义勇为5名，诚实守信5名，敬业奉献25名，孝老爱亲15名，创新有为20名，志愿服务10名。他们中，有身残志坚用双手服务社区的全能技师、30年义务助老扶幼的爱心大使、帮扶照顾困难家庭的攀亲达人、义务巡逻多次见义勇为的社区守护神。组建“身边榜样”宣讲团，开展巡回宣讲近30场次，现场听众2万余人。组织创作一批歌颂宣传“身边榜样”事迹的小品、快板、诗朗诵、歌曲等节目在区内演出。展览以“身边榜样”为题材的连环画。将“身边榜样”事迹集和400余张事迹报告会的视频光盘，下发至各系统、部门、社区，组织居民学习和观看。截至年底，全区141个社区、各机关企事业单位、学校、军营等，受教育干部群众超过6万人。

（高　鹏）

【思想道德教育全覆盖】 区文明办搭建领导干部学习平台。将“北京精神”融入中心组学习内容，对区、处两级领导干部重点实施“官德”教育。搭建干部培训平台。将“北京精神”融入区委党校培训内容，对全区科以上干部重点实施“公仆”教育。搭建市民教育平台。将“北京精神”融入市民学校教育内容，通过进社区、进企业、进军营等形式，对社区居民重点实施好市民教育，对社会单位重点实施自律诚信教育，对部队官兵实施爱国爱民教育。搭建青少年教育平台。将“北京精神”融入中小学思想道德教育内容，对中小学生重点实施基本思想道德教育。

（高　鹏）

【礼仪文明引导行动】 区文明办向市民发放2万份《石景山社区教育通讯》，普及文明礼仪知识。依托市民学校、社区活动中心等基层宣教阵地，利用多种媒体，运用公益广告、知识竞赛等形式，深入宣传普及礼仪知识，引导人们践行文明礼仪，倡导邻里之间文明礼貌、和睦友善、守望相助文明新风。对市民开展法律常识、合唱技巧、英语等教育，受训居民1500余人次。

（高　鹏）

【环境文明引导行动】 区文明办继续开展“垃圾减量、垃圾分类”、“节水护水我先行”等主题宣传教育，引导市民树立“低碳生活、绿色出行”等环保生活理念。全年组织各类宣传活动近60次，培训20余场，解决垃圾容器设置不规范、维护不到位，混装混运等16项内容，提高厨余垃圾的分离率，由1月每天2.51吨提高到10.08吨。全区实行垃圾减量、垃圾分类小区由45个扩展到60个。

（高　鹏）

【秩序文明引导行动】 每月11日为公共文明引导日，区文明办在旅游景点、公交站台、公交路口等公共场所开展宣传引导活动。完成春节、清明节等乘车人流高峰引导任务；发放宣传材料2万余份，清理站台周边小广告和卫生死角，帮助乘车困难人员2000余人次，咨询指路1.5万余人次，解决乘车纠纷84人次，劝阻不文明行为246人次，清除小广告1.5万余张，清理绿地98块、卫生死角32处。收到锦旗1面、感谢信6封、表扬电话5人次。

（高　鹏）

【服务文明引导行动】 区文明办在党政机关开展争创文明机关、争当“人民满意公务员”活动，逐步形成为民、务实、清廉、高效的政风。在窗口行业开展“诚信行业”活动，引导人们信守职业道德，维护行业信誉，提升服务水平。在企业开展做“诚信产品”，创“诚信单位”活动，引导企业员工和经营业户爱岗敬业、诚实守信。在市场开展“诚信市场”、“诚信业户”活动，规范服务行为和市场秩序，倡导文明经营。

（高　鹏）

【观赏文明引导行动】 区文明办以CBA篮球赛事中出现不文明观赛现象为警示，把文明观赛作为市民学校的重要教育内容，有针对性地对有关人群进行教育。邀请国家大剧院专家到区图书馆及社区普及高雅艺术欣赏常识，听众200余人次。开展“文明观赛——做文明有礼的北京人”宣传引导活动，通过比赛知识培训、观赛口号设计、赛场行为引导、文明观赛评比等多种措施，培育文明观众。

（高　鹏）

【网络文明引导行动】 区文明办网络文明引导行动有新举措。为每个网吧统一制作“如果您未满18岁，请不要入场消费”、“请上网消费者出示您的有效证件”等温馨提示牌。坚持“四二一一”（即文委执法队每周4天检查市场，双休日都有分队在市场检查，每周有1个晚上组织夜查，每周有1天集中办公、办案时间）巡查制度，查处网络游戏案件9起，罚款4万余元，取缔游商28个，黑网吧7家，黑游戏厅9家，收缴游艺机200余台。开展文明网站创建活动，加强文明上网宣传教育，完善网络文明公约，建立健全网络义务监督志愿者队伍，构建专群结合的网络文明社会监督机制。

（高　鹏）

【未成年人思想道德建设】　区文明办通过工作调研、借鉴经验、理性思考，撰写加强未成年人思想道德建设调研报告，对实施家庭、学校、社会三位一体的教育思路更加清晰，对文明办牵头、教委、团委、妇联主抓，全社会共同参与的工作机制如何有效衔接、形成合力的认识更加统一。结合“北京精神”表述语的发布，在中小学开展新童谣征集、践行“北京精神”争当文明小使者、网上祭英烈等一系列活动。“六一”前夕，为幼儿和小学生发放500册《爱党爱国爱首都做文明有礼的北京人新童谣优秀作品选》，“诵中华经典做有德少年”光盘274套。在全区中小学开展“童心向党同声欢唱”歌咏活动，以歌颂党、颂祖国、颂社会主义、颂改革开放。举办“让我玩”篮球联赛。为200多名流动儿童开展免费视力筛查，并为1名弱视儿童提供价值近万元的免费治疗。动员社会力量为儿童办好事实事，“六一”前夕，区四套班子走访慰问六所小学、幼儿园，赠送节日礼物和慰问款80万元。协调驻区企业为向阳小学捐赠5万元、为师范附属幼儿园赠送价值1万元的教学用具。

（高　鹏）

【军（警）民共建】　“做文明有礼的北京人”主题实践活动成为军地合力工程，驻区部队官兵通过参加六大文明引导行动、区济困工程、关爱弱势群体、国防知识讲座、孝星道德模范评比以及各类文化体育活动，爱北京、爱第二故乡的意识普遍增强。落实共建机制措施，军地领导高层互访、专题议军会、军政座谈会、区长进军营现场办公会、地方干部过军事日、军民联欢会等机制措施落实到位，通过务实合作，互相解决问题，密切军地关系。全区少年军校发展到51所，6000余名新生接受军训。协调北京军区司令部通信训练大队首次承担全区高中新生军训任务。10月25日，第九中学、京源学校、区青少年国防教育基地等受检单位，接受市学生工作办公室对高中学生军训工作检查。

（高　鹏）

统一战线

概　述

中共北京市石景山区委统一战线工作部（简称区委统战部），是区委主管统一战线工作的职能部门，与区台办合署办公，行政编制11人。年内，在区委领导下，统战工作坚持以“同心”思想为统领，围绕发展凝聚力量，围绕稳定促进和谐，围绕改革创新工作，扎实推进本区统战工作迈出新步伐、实现新突破、取得新成效，为区域经济社会科学发展、全面转型和党的“十八大”胜利召开营造良好社会环境做出积极贡献。区委统战部获评年度“北京市统一战线理论研究和调查研究优秀单位”、“北京市统战系统信息工作优秀单位”、区级文明单位、督查考核业绩突出单位等。

地址：石景山区石景山路18号
电话：88699232
邮编：100043

（于　娟）

【党外代表人士队伍建设】　7月13日，区委在全市率先召开加强党外代表人士队伍建设工作会议，深入学习贯彻《中共中央关于加强新形势下党外代表人士队伍建设的意见》（中发〔2012〕4号文件，简称中共中央4号文件）和市委7号文件精神，下发区委9号文件，研究部署加强党外代表人士队伍建设的各项任务。市委统战部常务副部长闵克、荣华先后讲话，会议由夏林茂主持，赵玉民、岳德顺等出席。区委常委、组织部长、统战部长李文起作工作报告，并对区委加强新形势下党外代表人士队伍建设的实施意见（区委9号文件）的起草和主要内容进行说明。大会进行工作经验交流，区委社工委、区工商联党组、石景山医院党委作大会发言，区委组织部、教工委、园区党工委、八角街道党工委作书面交流。区属各单位党政正职、主管统战工作的领导和统战干部140余人参加会议。市委常委、统战部长牛有成就荣华有关学习贯彻中共中央4号、市委7号文件精神的四点意见，批示“讲大局、站位高、举措实”。荣华在

11月21日，召开各民主党派、工商联、侨联学习中共十八大精神座谈会

（区委统战部供稿）

市委加强党外代表人士队伍建设座谈会上作专题汇报。年内健全党外代表人士队伍建设的培养、教育机制，并开展党外人才信息库建设。

（贾晓智）

【多党合作制度】 区委领导高度重视统一战线工作，荣华就统战工作和党外代表人士队伍建设进行专题调研，区委区政府划拨专款为各民主党派、工商联、侨联改善办公条件，补充增加统战代表人士专项慰问基金，定期走访慰问统一战线各界代表人士。协助区委区政府组织召开通报会、协商会10次，就重大问题进行协商。修订完善领导干部与党外代表人士联谊交友制度和党外干部工作联席会议制度。"7·21"自然灾害后，全区统一战线成员通过多种渠道参与向暴雨受灾群众捐款献爱心活动，捐款10万余元。

（贾晓智）

【主题教育活动】 区委统战部把组织各民主党派、工商联和侨联学习贯彻市党代会和党的十八大精神，作为全区统一战线的首要政治任务。先后召开统战系统座谈会，分类举办各民主党派主委、党外代表人士、党外处级干部中青年优秀干部、社区党组织负责人等不同层面的教育培训班，组织统战代表人士参加区中心组学习和政府工作会议，编辑《石景山报》"党派之声"栏目24期。深化统战人士对市情、区情的认识，把统一战线成员的思想统一起来、力量凝聚起来。

（于　娟）

【建言献策活动】 区委统战部在全区统一战线成员中组织开展"同心同行迎接十八大、我为区域发展献计策"主题建言活动，引导和支持统战成员围绕区域经济社会发展献智出力。全年编报各类统战信息、社情民意197条，被市、区有关部门采用92条，3条获市领导批示。"统战系统建言西山八大处文化景区建设"的信息被区委评为年度优秀信息，信息工作在全市70余家统战单位中名列第三名，获评全市统战系统信息工作优秀单位一等奖。

（于　娟）

【招商引资活动】 区委统战部凝聚统一战线力量，发挥各民主党派区工委、海联会等平台优势。创新招商引资工作机制，全年开展招商引资活动20余次，引进企业26家，注册资金2.1亿元，其中注册资金100万元以上企业23家。获评区招商引资工作先进单位。

（杨　雯）

【社会领域统战】 区委在推进经济社会发展战略转型进程中，始终坚持经济发展与社会建设并重，并将社会建设与统战工作紧密结合起来，立足本区实际，提出"双融入双服务"工作理念，将统战工作网络向街道社区纵向延伸，向"两新"组织横向拓展，建立工作平台载体，开展双向活动，推进典型示范引路，不断推进统战工作社会化，形成自己的一些特色，促进区域经济社会发展。区委统战部继续抓好"七有"工作标准落实，发挥商务楼宇"五站合一"工作站和新的社会阶层联谊会的平台载体作用，扩大社区、楼宇典型试点建设范围，形成多点开花、以点带面、全面推进的工作局面。开展社区统战工作调研，提出创新社会领域统战工作对策建议并形成调研报告。完善全区各民主党派、工商联和民族宗教领域的信息通报、情况会商、应急处置等制度。3月19日，沈阳市委统战工作考察团到区深入了解社区统战工作管理创新情况和商务楼宇统战工作情况。6月13日，区委统战部、社会工委利用社区党组织换届后的有利时机，组织开展新一届社区党组织书记社会领域统战工作培训。培训通过发放调查问卷，现场授课及参观见学等方式进行。市委统战部研究室主任、区委统战部副部长就如何开展社会领域统战工作等内容进行授课。全区各街道统战干部、社区党组织负责人150余人参加培训。

（刘景柱）

【经济领域统战】 区委统战部联合宣传部、科委园区、区工商联、海联会等部门，在《石景山报》、石景山信息网、石景山统一战线网、石景山园非公党建网、石景山非公经济信息网5个宣传平台，设立企业家论坛、企业风采和企业故事3个栏目，以企业文化建设、履行社会责任等为重点，多渠道互动，全年刊登24个专版。拉近区委区政府与非公经济企业的距离，提高社会公众对非公经济企业的认可度，增强企业的社会责任。打造招商引资推进平台、资源汇聚服务平台、建言献策调研平台和社会事业促进平台，协助工商联举办"企业服务季"活动，为非公经济企业提供全方位服务支撑。

（刘景柱）

【海外联谊会】 2月，区海外联谊会第三届理事会第三次会议在京燕饭店召开。区政协主席、海联会名誉会长岳德顺出席会议。会长马刚作理事工作报告，监事会监事长林宋报告上年度财务收支情况。会议增补副会长、常务理事、理事，表彰上年度在招商引资中做出突出贡献的单位和个人，100余名理事参加会议。海联会围绕全区中心工作，动员、组织会员单位和理事服务区域转型发展，为经济建设牵线搭桥。促进理事间交流与合作，开展多领域、多层次的交友联谊、外出考察、书画笔会活动，鼓励和支持理事发挥自身优势，吸引更多的海内外客商来区投资兴业。

（王　佳）

【调研与宣传】 区委统部组织各民主党派、工商联召开调研课题推荐会，围绕区委、区政府重点课题开展调查研究，形成18篇调研报告。编辑出刊《学习参考》、《统战简报》10期，完善石景山统一战线网站，更新信息102条，加强管理，严格执行上网信息审批制度。在《首都统战之窗》发表文章、简讯19篇，在《石景山工作》发表文章1篇。《石景山区社区统战工作现状与对策研究》、《统战社情民意信息在舆情汇集分析中的应用》分别获得全市统战系统理论研究和调查研究优秀成果一等奖和三等奖。

（王　佳）

对台工作

概　述

中共北京市石景山区委台湾工作

办公室、北京市石景山区人民政府台湾事务办公室(简称区台办)是区委区政府主管对台工作的职能部门,与区委统战部合署办公,承担全区涉台工作的组织、指导、管理、协调职能。在市台办的指导和区委区政府的领导下,结合两岸关系发展新形势和城市功能定位发展需求,为中央和市对台工作大局服务,为区域经济和社会发展服务。认真贯彻落实中央对台方针政策和北京市的对台工作部署,完成北京市对台专项任务;调整对台工作领导小组成员单位;协调解决各类涉台纠纷;支持和协助相关部门开展涉台活动;建立"北京市青少年涉台教育基地";走访台资企业106次,走访慰问台胞、台属30余人次;立项审批赴台交流项目24项,接待台湾考察团组4个。

地址:石景山区石景山路18号

电话:88699233

邮编:100043

(李 凯)

【接待台湾参访团】 6月6日,台湾功文文教基金会执行长蔡雪泥博士一行7人在市妇联副主席周志军陪同下到区参观访问。蔡雪妮是致力于台湾亲职教育的知名人士,多年来一直与大陆妇女界保持良好合作关系,同时也是石景山区的老朋友,曾于2007、2008和2010年三次率团来访,区有关部门也曾派团回访。

(李 凯)

【领导小组成员调整】 6月,调整区委对台工作领导小组和区台胞权益保障协调小组成员单位。领导小组由吴克瑞任组长,李文起、司马红任副组长,小组由23个成员单位组成。协调小组由25个成员单位组成。

(李 凯)

【市人大有关领导调研】 7月17日,市人大常委、市人大民族宗教侨务委员会主任席文启和全国人大代表、市人大常委、台盟北京市委常务副主委陈军带队对北京台湾街经营管理情况进行专题调研。区委统战部部长代表区委区政府介绍本区服务对台工作大局、维护台商合法权益的情况;区商务委、国新公司汇报台湾街经营管理情况和存在的问题。调研组与台商代表进行座谈交流,了解台商经营中的困难和建议,提出希望北京台湾街与"前门台湾文化商务区"差异发展,共同成为特色鲜明的京台经济文化交流平台、司马红两岸交流合作新亮点。区领导赵玉民等陪同调研。

(李 凯)

【台湾"动漫之父"考察】 8月7日,区台办邀请台湾宏广集团董事长王中元一行到中关村科技园区石景山园进行参观考察。王中元在业内被称为台湾"动漫之父",也是国际动漫产业的标志性人士。区科委负责人为考察团详细介绍石景山园的发展情况,就数字动漫产业发展及政府引导服务的情况进行座谈交流。王中元对本区文化创意产业快速发展给予高度评价,并建议发展动漫产业要同时提高艺术和科技水平,才能具备国际竞争力。考察团一行还考察参观北京台湾街。

(李 凯)

11月29日~12月13日,台商在万千百货举办展览 (区台办供稿)

【对口交流】 8月,区台办协助区科委(园区)组团赴台参加"2012两岸科技园区中小企业合作与发展论坛"。论坛上,本区代表大陆27个省市和高新区作大会发言。在台期间,考察团拜会台北科技产业服务中心、台北内湖科技园区发展协会,考察台湾科技园区发展情况和企业服务体系建设情况,学习台湾科技园区的管理经验。另外,协助区少年宫、北京瑞丰恒基房地产开发有限公司、理光感热技术(北京)有限公司等企业赴台开展文教和商务交流。11月,组团赴台参加第十五届"京台科技论坛"交流研讨活动。同月22日,台湾文化机构考察团一行5人到区考察文化产业。考察团参观文创成果展示中心,了解首都文化娱乐休闲区建设情况及"政府引导、企业主体、市场化运作"的创新机制。双方针对两岸文化产业发展经验、管理机制及产业聚集发展等问题进行座谈交流。

(李 凯)

【涉台教育基地挂牌】 区台办指导区教委在全区中小学开展涉台教育工作。11月13日,景山学校远洋分校通过市级涉台教育基地评比验收。12月27日,市台办、市教委联合召开全市青少年涉台教育工作会,授予景山学校远洋分校"北京市青少年涉台教育基地"称号。

(李 凯)

【台湾商品展】 12月,区台办支持北京台商在万千百货举办"台湾新生活商品展"。参展台湾商户23家,推出近百种台湾特色商品,通过随时讲解、现场演示和实际体验向消费者展示台湾特色和台湾文化。

(李 凯)

【化解矛盾纠纷】 区台办全年走访台

资企业106次,召开台商座谈会2次,处理台商、台胞投诉案件11次,化解经济纠纷、合同纠纷等矛盾。解决台湾街宝岛夜市承租台商与物业管理公司、台湾商户的纠纷及"歇业风波"。协助区商务委对北京台湾街宝岛夜市的管理模式进行调整,更换经营主体,减少管理层级,加大对台湾商户的扶持力度。

(李　凯)

决策研究

概　述

中共北京市石景山区委、石景山区人民政府研究室(简称研究室)是负责全区综合性政策研究,为区委区政府科学决策服务的区委工作部门。年内,奋发有为,扎实工作,圆满完成全年任务。加强对事关地区发展重大问题的调查研究并取得一批新成果。全区完成调研报告1180篇,其中区领导牵头的重点协作课题25个,处级党政正职领导完成调研110篇。编印年度优秀调研报告文集,编发《决策参考》14期。高质量地完成一批重要文稿的起草任务。全年起草各类报告、讲话等综合文稿20余篇30余万字。本区获2010—2011年度北京市调查研究工作先进单位。

地址:石景山区石景山路18号

电话:88699721

邮编:100043

(赵秀华)

【确定调研课题】 研究室贯彻落实区第十一次党代会精神,坚持科学发展,深化全面转型,推进CRD建设第二步走和"十二五"规划,根据当年调研工作要点部署,制定全区重点协作调研课题25个。分别为:"关于坚持科技创新与文化创新双轮驱动引领石景山区转型发展的战略研究","关于在我区开发建设中保留和传承西部地区历史文化风貌的调研与思考","关于把握'稳中求进'总基调不断提升区域经济实力的对策研究","关于我区水资源利用与管理工作的调研","关于促进我区旅游和休闲娱乐产业发展的调研","关于促进我区中小型企业发展的对策研究","关于化解涉法涉诉矛盾促进地区和谐稳定的研究","关于进一步推进党务公开制度的调研与思考","关于促进干部选拔任用人岗相适提升干部工作科学化水平的实践与思考","关于我区文化创意产业特色化集群发展的思考与研究","关于在绿色转型发展过程中环境保护重大项目建设问题的研究","关于我区城市精细化管理的深化研究","关于提升我区公安机关打击破案能力的研究","关于进一步优化区委工作机制的研究","关于我区实施文化兴区战略推进文化惠民工程的调查与思考","关于改善和提升我区城市交通环境的调查与思考","关于进一步推进我区商务服务业快速发展的调查与思考","关于人大代表联系选民的调查与思考","关于打造'石景山服务'品牌的研究","关于深入挖掘文化旅游资源推进我区旅游产业发展的调研","关于我区绿色教育发展理念与实践现状的调研","关于我区'一刻钟社区服务圈'建设情况的思考","关于加强我区环境卫生整治工作的调研","关于提高区属国企法制建设水平确保国有经济持续健康发展的调研","关于深化永定河绿色生态发展带开发利用的思考"。

(赵秀华)

【完成综合文稿】 研究起草各类报告、讲话等综合文稿20余篇30多万字。包括:服务区委区政府重要会议,完成区委十一届六次全会工作报告、政府工作报告、在区委十一届四次全体会议上的讲话、在经济发展推进大会上的讲话、在京港洽谈会上的讲话——大力发展现代服务业 打造北京新的增长极等文稿。服务区域经济社会建设,起草区域社会管理创新工作情况汇报稿"加强和创新社会管理,推进区域转型发展",起草荣华向中央信访督导组的信访工作汇报材料"开拓创新抓好抓实信访工作,为党的十八大胜利召开营造良好环境"。服务区域宣传工作,在《前线》、《北京工作》刊登"深入学习贯彻市党代会精神,推进科学发展深化全面转型"等多篇文章;制作《石景山区区情》专题宣传片。

(赵秀华)

【市重点关注课题】 "关于坚持科技创新与文化创新'双轮驱动'引领石景山区深化转型发展的战略研究"和"关于把握'稳中求进'不断提升区域经济实力的对策研究"是市重点关注调研课题。前者由荣华任组长,王文光、富大鹏、李艳任副组长,区委办、组织部、宣传部、区文委、科委园区、旅游委、统计局等部门参与。该课题在4~10月的课题调研中,赴沈阳铁西区进行实地考察,走访8家部门和多家企业,形成1个总报告,7个分报告,共计15万字的调研成果,明确本区以科技创新、文化创新推动转型发展提供决策参考。后者由区长夏林茂任组长,文献任副组长,区发改委、研究室、政府办牵头负责。该课题经过4~11月的调研,完成1个总报告、11个分报告,共计11万余字的研究成果,为区委区政府科学决策提供重要参考。

(赵秀华)

【编辑调研文集】 编辑完成上年度《石景山区优秀调研报告文集》。文集收录优秀调研报告70篇(其中一等奖10篇、二等奖20篇、三等奖40篇),将区领导主持的区重点协作调研课题22篇以及近两年部分重要文件收录其中。

(赵秀华)

【调研成果转化】 荣华主持的关于坚持科技创新与文化创新"双轮驱动"引领石景山区深化转型发展的战略研究在《北京调研》(2012年11月)以《专辑》刊发,刊发优秀调研成果8篇,12万字。全区调研成果许多进入区委区政府工作决策,在深化区域全面转型,促进科学决策中发挥重要作用。

(赵秀华)

机构编制管理

概　述

北京市石景山区机构编制委员会办公室(简称区编办)是区机构编制委员会(简称区编委)的常设办事机构,在区编委领导下,负责本区行政管理体制和机构改革以及机构编制管理的日常工作，既是区委工作机构，又是区政府工作机构，列入区委机构序列。年内，围绕全区“大调整、大建设、大发展”的工作主基调，在做好机构编制日常管理工作的同时，着力深化行政管理体制改革和事业单位改革，进一步完善推动区域经济社会协调发展的体制机制，大力推进机构编制管理创新，加强机关自身建设，机构编制保障工作取得新成效。

地址：石景山区石景山路18号
电话：88699276
邮编：100043

（靳献乐）

【六部门“三定”规定修订】 上半年，区编办根据十一届区委第7次常委会的决定，组织开展区委办、区研究室、组织部、宣传部、统战部、政府办六部门内设机构设置及“三定”规定修订工作。以部门主要职责承接到位、内设机构职责清晰准确为原则，梳理六部门工作职责的调整变化情况，修订部门的主要职责，核定新设置内设机构的职责，合计梳理新增、划入划出、取消职责12项。

（靳献乐）

【事业单位登记管理】 下半年，区编办在全区开展网上登记管理培训。举办专题培训班2期，培训220余人次，全区正式启动事业单位网上登记工作。全年完成60家事业单位法人设立、变更及注销登记工作，完成300余家事业法人年检工作，年检率、合格率均达到100%。

（靳献乐）

【机构编制调整】 区编办组织召开专题小组会4次、编委会3次，讨论研究涉及54个单位的63个机构编制事项，形成60份批复文件和60余份通知，解决相关单位的机构编制问题。在区信访办、安监局、档案局增设监察科，完善纪检监察机构设置。依据市编办加强和规范区县密码管理部门机构建设的通知，将区委机要室（密码室）更名为区委机要局，为区委办公室内设副处级行政机构。设立区密码管理局，履行本地区密码管理职责，与区机要局一个机构两块牌子，明确机构职责、充实人员编制配备，加强和规范密码管理机构设置。将各街道文化站更名为街道综合文化中心，并相应增加事业编制9名。为检察院、法院、司法局新增内设机构5个，核增科级领导职数8名。设立北京师范大学石景山附属幼儿园，在北京师范大学励耘实验学校增设小学部。优化部门机构设置，重新调整财政局、商务委、卫生局、城管大队等部门的内设机构。探索机构编制动态调整机制，核减集体经济办、房屋修缮所部分行政和事业编制。完成上年度接收安置军转干部的编制核定工作。

（靳献乐）

【规范管理与创新】 区编办推进规范管理与创新工作。根据中央及北京市的指导精神和决策部署，结合全区实际，贯彻落实加快发展旅游业的有关精神，做好旅游体制和职能调整，重新核定区旅游委“三定”规定，强化旅游发展统筹协调和产业促进的职能。贯彻执行市委、市政府专题会议关于“规划建设西山八大处文化景区”的决议，建立西山八大处文化景区管理工作机制。设立景区管委会，明确其主要职责和机构规格。建立健全房屋征收工作管理体制，设立区房屋征收事务中心。整合设立区社会保险事业管理中心。增设公共卫生事件应急处理办公室。通过合理调整和设置机构，健全职责体系和组织结构，推进服务型政府建设。完善机构编制动态调整机制，推行机构编制季度统计报告制度，使机构编制实名制管理工作在动态化和准确化方面取得重要进展。全年完成9个议事协调机构的职责审核工作。

（靳献乐）

【事业单位清理规范】 区编办结合全区实际，开展“撤四并三减一”工作。撤销擅自设立、职能萎缩、未正式组建、名存实亡等四种机构；整合规模过小、职责相近、涉及部门整合等三种机构；核减大量空编两年以上的单位编制。核减事业单位4家、收回自收自支事业编制10名，在不增减编制的前提下，对6家事业单位的编制进行内部调整。在清理规范基础上，重新核定300余家事业单位的机构编制。

（靳献乐）

老干部工作

概　　述

中共北京市石景山区委老干部局（简称区委老干部局）由区委组织部管理，是负责贯彻落实党的老干部政策，为本区离休和副处级以上退休干部服务的职能部门。现归属区委老干部局服务管理的离退休干部共计754人，其中有离休干部193人，易地安置离休干部12人，平均年龄83.4岁，按参加革命时期划分：抗日战争时期的49人，解放战争时期的144人。副处级以上退休干部549人。离退休人员按所在单位性质划分：党政机关549人，事业单位139人，企业单位66人。其中区职离退休干部25人。全年去世22人。年内，全区各单位认真贯彻落实市、区第25次老干部座谈会精神，以落实老干部政治、生活待遇为重点，结合迎接党的十八大召开等政治活动，开展“北京精神我践行 创先争优乐晚年”主题活动。另外，组织多种形式的政治文化、体育健身活动，圆满完成年度工作任务。

地址：石景山区古城东街113号
电话：68845174
邮编：100043
网址：www.sjslgb.cn

（王　欣）

【走访慰问】 区委老干部局组织区领导对全区离退休干部普遍进行走访慰问。元旦、春节期间，区四套班子领导对41名14级以上离休干部和区职退休干部进行走访慰问并发放慰问品。老干部局对10名生活有特殊困难的离退休干部每人给予1000元补助；对96名企、事业单位的处级退休干部每人给予400元补助；对12名易地安置离休干部每人给予400元补助；全年对11名因患重大疾病造成生活困难的离退休干部，根据病情和使用自费药情况，每人给予3000～7000元补助，

看望慰问生病住院离退休干部200人次。9月，开展"进百家门、认百家人、知百家情、暖百家心"入户走访100名老干部活动，重点走访83岁以上离休干部。

（王　欣）

【文体活动】 1月中旬，在万达铂尔曼宴会厅举办春节团拜会。区领导向全区老同志致以新春问候，450多名离退休老领导参加团拜会并观看欣苑艺术团表演节目。全年组织老干部观看主旋律影片12场。10月中旬，组织年度老干部自赛活动，老干部活动中心的象棋、乒乓球等自管组织开展为期3天共11项的自赛活动，300余人次参加。组织新老四套班子领导中秋座谈会，区四套班子领导与原区职老领导30余人一起座谈，并参观本区首创的商务楼宇"五站合一"工作模式，考察以趣游公司为代表的"国家网络游戏动漫产业发展基地"建设及运行情况，荣华介绍市第十一次党代会对首都西部地区和本区转型发展的部署要求，夏林茂通报全区经济社会发展情况，老领导代表就各项事业发展发表意见。组织126名离退休干部方阵参加首都老干部喜迎党的十八大文艺演出大会节目的录制，老干部合唱队参加区首届民族歌曲大家唱比赛，获得二等奖，参加第29届"古城之春"合唱节比赛，获得一等奖；模特队和舞蹈队参加市、区中老年健身项目表演赛均获得优秀奖，协助北京电视台拍摄节目专题片，并在《晚晴》节目上播出。全年举办4期摄影展，展出作品200余幅。举办三期文化大讲堂活动。书画会举办4次书画讲座，举办各种各类书画展8次，展出作品1128幅。

（王　欣）

【健康体检】 2月下旬，区委老干部局在石景山医院体检中心组织全区647名离退休干部健康体检。9月，与区卫生局联合组织"九九重阳专家义诊活动"，邀请区属十几名专家为老干部及家属提供现场诊疗。举办健康知识讲座活动。保健室继续开展日常为老同志测量血压、健康咨询服务。

（王　欣）

【参观疗养】 4月，区委老干部局组织100余名离退休干部赴山东、云南参观。5月，组织全区老干部开展"我看新北京"一日游活动，参观国家博物馆"复兴之路"近现代革命历史的主题展览，全区离退休干部350余人参加。10月，组织70名离退休干部到顺义就近疗养。12月，组织局职退休干部赴海南参观疗养。

（王　欣）

【支部建设】 年初，区委老干部局召开老干部党支部书记年会，通报上年度工作及本年度工作要点。全年举办区老干部党校学习班4期，300余名老干部参加学习。9月初，完成老干部局党总支换届选举，选举产生新一届总支部委员会委员。全年组织各类专题报告会8场、举办老干部党校学习班4期，组织老干部与驻区部队战士开展现场笔会、座谈交流党史等共建活动。创办内部报刊《欣苑》。

（王　欣）

【服务工作】 9月，区委老干部局召开全区"利用社区资源做好离退休干部服务工作"经验交流会，完善在街道建立的利用社区资源做好离退休干部服务工作三级网络及相关工作机制。年底，建立老干部党校社区课堂指导员制度，挑选部分离退休干部担任老干部党校社区课堂指导员。八角街道八角南路社区被定为市"四就近"服务试点社区。

（王　欣）

【健康老人评选】 10月，区委老干部局继续在全区离休干部和75岁以上退休干部中开展年度评选表彰"十佳"健康老人活动。在28名候选人中，经各单位提名、老干部局评议和公示，裴金声、黎勇星等10名离退休干部被评为年度"十佳"健康老人。重阳节，在老干部局活动中心举行颁奖仪式。

（王　欣）

保密工作

概　述

中共北京市石景山区区委保密委员会办公室（简称区委保密办）是区委保密委员会的办事机构。区委保密办和区国家保密局，是一个机构，两块牌子，既是区委保密委员会的办事机构，又是区政府管理保密工作的职能部门，由区委办公室管理。以科学发展观为指导，认真落实中央和市委领导关于加强新形势下保密工作的指示精神，以新修订的《保密法》及其配套法规为遵循，围绕全区工作大局，加强保密工作的领导力度，深入开展保密宣传教育，建立健全保密规章制度，规范保密工作管理方式，认真进行保密检查，加大技术防范和监管力度，着力做好十八大安保中的保密工作，为本区经济发展和社会稳定提供有力保障。

地址：石景山区石景山路18号
电话：88699872
邮编：100043
邮箱：baomiju@bjsjs.gov.cn

（王志坚）

【行业年审注册】 3月中旬，区委保密办开展定点企业（复制国家秘密载体定点单位）年审工作。为区内定点印刷企业北京中防安全印务有限公司办理年审注册。同时，检查该单位各项保密制度落实情况，就有关保密安全防范措施提出具体要求。

（王志坚）

【保密宣传教育月】 4月15日～5月15日为全区保密宣传教育月，区委保密办召开宣传教育月动员部署大会，邀请市国家保密局法规宣传处处长姚非为各单位主管领导、涉密人员、保密干部及中青年干部培训班学员280余人作保密形势报告。宣传教育月期间开展一系列宣传教育活动：深入基层单位开展保密讲座10余次，听课人数600余人；在领导干部培训班、新任科级干部培训班、初任公务员培训班、军转干部培训班上设立保密培训课程，对400余人进行保密教育培训。编写涵盖组织规范、行为规范、技术规范和制度规范等内容的《保密工作指导手册》，在全区推广实施。开展《保密知识简明读本》学习活动，以读本为主要内容开展保密知识答题活动，全区

2600余人参加。开展保密动画、DV征集活动,主题主要包括法规知识讲解、以案说法、警示教育、图说保密等内容。区教委等6个优秀组织单位,鲁谷社区马玉秋等6名优秀创作者、政府办等12个参与单位获得表彰。

（王志坚）

【保密警示教育展】 5月25日~6月1日举办。展览分为保密基本常识、窃密技术演示等五个部分,展出32场,党政机关、企事业单位、社会团体600余人参观展览,其中处级以上领导干部80余人。警示教育展通过文字说明、图片材料、音像资料、实物展示和技术演示等形式,对全区领导干部、涉密人员和保密干部起到深刻的警示教育作用。

（王志坚）

【考试试卷监管】 区委保密办开展对包括高考、中考、自考和成考在内的国家教育考试试卷保管使用情况的监管力度,做到保证在考试期间每天检查保密室不少于两次,试卷运送过程中全程押运,试卷交接过程中履行手续。针对今年高考适逢上合组织峰会等特殊情况,6月4日,由区领导带队,保密委员会及招生考试委员会部分委员参加,检查高考保密安全工作及考点周边环境,重点检查区教育招生考试中心及九中、京源学校两个考点,确保各类考试试卷保密安全。

（王志坚）

【信息安全培训】 8月6~7日,区国家保密局、区经信委联合举办一期信息安全保密培训班,各党政机关、企事业单位保密员、网管员100余人参加培训。培训班设新政务门户建设情况及使用操作方法、《保密工作指导手册》辅导讲解;信息安全工作培训三个专题。通过理论讲解、业务辅导等方式,促进保密干部的知识更新,增强防范能力,为做好党的十八大期间信息安全和保密工作奠定基础。

（王志坚）

【十八大安保保密管理】 8月17日,区委保密办专门对十八大“十项专项行动”牵头单位联络员及办公室全体成员、各街道联络员等进行保密教育。重点讲解十八大安保行动各个环节中容易发生的泄密隐患和需要注意的问题。对行动中的定密工作、涉密文件保密管理、汇编文件等提出明确要求。对协调小组办公室及相关牵头单位的计算机网络进行多次检查,对存在问题和隐患提出改进意见。

（王志坚）

【涉密工程审核】 区委保密办根据公安分局,区法院的申请,对区看守所监控系统,法院监控系统等涉密工程进行审核,并对施工单位进行保密教育。

（王志坚）

【保密警示标识】 区委保密办加强保密警示教育,信息设备管理更加科学化,规范化。为全区103家单位的380余台涉密计算机,230余台涉密打印机,180余个涉密U盘,20余台涉密多功能机,8300余台非涉密计算机,2700余台非涉密多功能机配发粘贴保密标识。

（王志坚）

【网络清理检查】 区委保密办在全区开展保密专项检查和网络清理。重点检查文件制发、网络使用、信息发布、网站监管等情况。市局检查组对本区检查清理情况进行验收,实地检查部分党政机关、涉密单位和旧货市场、再生资源回收市场。

（王志坚）

【涉密载体管理】 区委保密办加强移动存储介质和内部文件资料保密管理,所有涉密载体管理责任落实到人。建立健全涉密载体台账制度和涉密设备档案制度,确保离岗、离职涉密人员持有涉密载体的清退。坚持实行涉密载体集中销毁,新建存放涉密载体的仓库,全年集中销毁11次,销毁硬盘38块,U盘15个,录像带80余盘,磁带40余盒,光盘500余张,纸介质文件资料近40余吨,保密局全程监销,杜绝销毁环节失泄密问题的发生。

（王志坚）

【组织保密检查】 区委保密办对全区103家单位,按照涉密等级不同,采取不同检查方式。对12个一级单位全年进行两次检查,对29个二级单位全年进行一次检查,对65个三级单位进行重点抽查。深入各单位对计算机信息系统,互联网络,保密要害部门部位保密管理,涉密载体管理,政府信息公开审查,保密宣传教育落实等情况进行专项检查,对检查中发现的问题当场提出改进意见。

（王志坚）

【目标督查考核】 区委保密办坚持落实目标督查考核制度,继续把保密工作列入年终目标督查考核之中,采取单位自查、协作组组织互查的方式,发挥保密协作组的作用。组织全区103个单位,在8个保密协作组开展目标督查考核。考核重点包括:涉密人员教育、管理制度以及落实情况;要害部门、部位保密管理制度及其落实情况;涉密载体保密管理制度及其落实情况;涉密计算机及其网络管理制度以及落实情况;保密工作档案建立情况等等。确保目标考核覆盖面达到100%。

（王志坚）

企业党建

概 述

区国资委党委履行区委规定的职责。截至年底,系统有70个基层党组织,其中,党委7个,党总支部5个,党支部58个。共产党员753名,其中,35岁及以下154名,占20.5%;女性275名,占36.5%;大专以上(含大专)学历574名,占76.2%。优化党员队伍结构,提高党员素质。年内,全面落实区委各项工作部署,认真贯彻落实科学发展观,坚持围绕中心、服务大局,发挥优势、提供保证,为国企改革、发展、稳定提供强有力的政治保证、思想保证和组织保证。

地址:石景山区杨庄东街59号今尊大厦11层

电话:68883490

邮编:100043

（胡　蓓）

【抢险救灾】 面对“7·21”自然灾害,系统各级党组织发挥战斗堡垒作用,带领广大党员群众迅速开展抢险救

灾、恢复重建和安全维稳工作。实兴腾飞公司党委成立以党员和骨干为主体的抗洪抢险工作队伍，调用抢险设备、设施和物资，全力抢险救援。盛景嘉和物业公司党总支带领抢险突击队员昼夜奋战，20天内维修屋面防水1000余户。房屋经营和市场管理中心领导班子暴雨当晚全部到岗，深入一线指挥抢险救灾工作。游乐园党委安排党员坚守岗位消除设备设施积水，测试设备、修复因暴雨造成的故障和隐患24处。

（胡 蓓）

【基层组织建设】 区国资委党委以"选树身边典型"为抓手，先后召开创先争优表彰大会和总结大会，总结活动经验，表彰先进典型，转化活动成果，实现创先争优的制度化、常态化、长效化。万商公司党委通过发放调查问卷的方式集聚民意，了解广大党员群众对公司党委开展创先争优活动的意见和建议，不断完善工作。宏润公司党委以党员在本职岗位取得的工作成绩检验活动成效，推进公司经营管理水平的提升和整体经济效益的提高。举办基层党组织书记专题培训，提升履职能力。开展分类定级、查摆问题、整改提高、晋位升级和基层党组织集中换届等工作。全系统各级党组织查摆问题99个，制定整改措施106条，清理文件46个，20个任期届满的基层党组织完成换届工作。组织开展系统基层党建考评工作，召开党建工作述职汇报会，总结工作成果，交流工作经验。通过相互学习、取长补短，提高系统党建工作科学化水平。热心服务党员群众，加大对困难党员群众的帮扶力度，全年走访慰问困难党员群众20余人次，发放慰问金5万余元。广泛动员党员群众参加"共产党员献爱心"活动，1500余名党员群众参加，捐款7万余元。

（胡 蓓）

【干部队伍建设】 区国资委党委加强企业领导人员管理，推进企业领导班子和人才队伍建设。调整优化充实企业领导班子。结合企业改组改制工作，做好企业领导班子考察配备和调整充实工作，全年提拔、调整企业领导人员7人。在全系统启动"四好"领导班子创建活动，推动政治素质好、经营业绩好、团结协作好、作风形象好的"四好"领导班子创建。建立健全工作制度，完善干部选任程序。完善国有企业领导人员选拔任用工作机制，新增拟提拔后备干部任前考察测评环节，完善新提拔企业领导人员考察、任前公示、试用期等制度。严格执行企业领导人员请假制度，规范出国出境程序。开展企业中层干部选拔任用工作调研，促进企业科学发展。加强经营管理人才培训，实施人才强企战略。通过专题讲座、拓展训练、辅导班、外出考察等途径，加强经营管理人才队伍建设。全年，系统经营管理人员参加培训850人次，内容涉及组工业务、财务管理等。

（胡 蓓）

【十八大精神宣传】 区国资委党委开展学习宣传贯彻十八大精神系列活动。制定国资委系统学习宣传贯彻党的十八大精神工作方案，明确学习十八大精神的任务要求、内容重点、时间安排。邀请中央党校专家对系统领导人员和党务干部进行十八大精神专题辅导。系统各单位部署系列学习实践活动，通过学习十八大报告、开展征文评选、专题座谈交流，把党的十八大精神贯彻落实到国资监管和国企改革发展的各项工作中。

（胡 蓓）

【十八大安全维稳】 区国资委党委从系统遗留问题多、难点问题多、群体性问题多的特点出发，部署十八大安全维稳专项行动。成立四个维稳小组，党政领导牵头任组长，包企业包案件。国资公司党委组织党员、骨干对经营性资产、出资企业和承租企业进行走访，定期进行安全巡视，制定应急预案，及时排查隐患。建筑公司党委准确掌握农民工基础底数，全面加强施工现场安全管理，确保安全措施落实到位。物资总公司党总支与下属公司、科室签订"十八大安保责任书"，做好出租房屋的隐患排查整治和检查。燕金源公司党支部做好重点人员的维稳工作，控制影响社会秩序的突出问题。

（胡 蓓）

转居地区党建

概 述

中共北京市石景山区委农村工作委员会（简称区委农工委）是负责全区农村系统党的建设、思想政治工作和干部管理工作的区委派出机构，与集经办合署办公。整建制一次性农转居后，为维护和保持农转居地区的社会稳定，区集经办系统管理体制依然保留，农转居地区党的建设仍由农工委负责。截至年底，全系统有党总支13个、党支部47个，党员537人。年内加强党组织建设和党员教育管理，全面加强领导班子和干部队伍建设，落实党风廉政建设责任制和廉政风险点的防控，加强理论学习，理清工作思路、明确发展方向，关心群众利益，提高政务能力，保持农转居地区稳定。

地址：石景山区杨庄西口
电话：68861910
邮编：100043

（胡 浩）

【基层党组织建设】 区委农工委做好基层领导班子和干部的任用调整，基层党组织领导班子和干部配备优化。加大对干部调整工作的组织考察和监督力度，推动景阳完成董事会换届选举工作，麻峪完成董事会直选工作；同时严格按照干部选拔任用规定做好机关和事业单位科级干部竞争上岗相关工作。各单位注重在重要岗位、重要时点上大胆使用、锻炼后备干部，先后有8名后备干部进入基层公司董事会或监事会。按照创先争优活动中强化基层党建的要求，指导全系统各基层党组织以"我是党员我承诺"、"五好"基层党组织创建、共建双承诺、学习型党组织建设等创先争优中的重点活动和"基层党组织建设年"、"践行北京精神"相关系列活动为契机，健全、完善党建制度和创先争优长效机制，提升基层党组织规范化、科学化、制度化水平，广大党员的党性意识、责任意识、民主意识明显提高。

（胡　浩）

【党风廉政建设】 区委农工委严格落实党风廉政建设责任制，深化廉政风险防控管理。以党风廉政责任制为抓手落实廉政建设责任，通过层层签订责任书，开展廉政谈话，一级抓一级，党政齐抓共管的责任体系巩固完善。在各基层党组织在纪工委指导下继续深化廉政风险防范管理工作，不断查找廉政风险点，部分单位还将此做法向中层、基层延伸。开展廉政教育，落实“三重一大”等相关制度。全系统以党风廉政教育月为契机，结合实际部署廉政教育活动，广大党员干部依法行政和廉洁从政的意识得到提高，各单位严格执行“三重一大”、在招投标及对外投资等管理方面更加严格规范。对涉及集体资产和群众利益的重大事项、重要岗位人员调整、大额度资金、土地使用等，坚持班子集体研究、民主决策，完善工作程序。

（胡　浩）

直属机关党建

概　　述

中共北京市石景山区委直属机关工作委员会（简称区直机关工委）是区委的工作部门。负责领导和管理区直属党、政、群机关基层党组织。截至年底，有58个基层党组织，其中：党委4个，党总支7个，党支部47个，党员1861人；区直机关工会分会57个，会员2361人；机关团工委团支部6个，团员61人。以全面贯彻落实党的十八大，围绕全区“大调整、大建设、大发展”工作大局，推进机关党建工作创新。围绕庆祝建党91周年，深入推进创先争优活动，切实加强机关作风建设和反腐倡廉建设，使机关党的建设更好服务大局、促进发展，为本区全面建设提供坚强组织保证。

地址：石景山区石景山路18号
电话：88699175
邮编：100043

（张俊帮）

【创先争优活动】 区直机关工委围绕建党91周年，开展以“身边的先锋”为主题的创先争优专项评选活动，对30个创先争优先进基层党组织、100名创先争优优秀共产党员、10个基层党建优秀创新项目进行通报表彰；开展建言献策活动，收集意见和建议60条；召开座谈会，各基层党组织负责人相互交流基层组织建设工作中的好做法、好经验、好措施，增强机关党建的生机和活力。

（张俊帮）

【共建双承诺活动】 区直机关工委推进“共建双承诺”活动，搭建共建平台，使机关和社区资源高效融合，实现优势互补，加强组织建设。年内，基层党组织与社区党组织开展“共建双承诺”活动80次，机关党组织对社区党组织支持资金54500元，物品530件，走访慰问特困党员和群众830人次，解决社区实际问题40件，社区党组织为机关党组织提供50项服务。此活动被评为市“优秀党建创新项目”。

（张俊帮）

【喜迎十八大系列活动】 区直机关工委先后完成党的十八大代表和市第十一次党代会代表的推荐提名工作。开展党代表“亮身份、走基层、办实事、体民情”主题实践活动，召开座谈会等活动144次，走访慰问困难党员、困难群众1154人次，投入资金12万余元，捐赠物品498件。组织本系统党员干部1020人次参与社区维稳和交通岗值勤工作。为所属1759名党员购买新党章和十八大报告读本，动员所属党组织和党员学习、宣传、贯彻落实十八大精神。

（张俊帮）

【机关党建基础工作】 区直机关工委召开6次会议，研究决策党建重大事项18项。全年接收预备党员41名，有37名预备党员转为正式党员。加大对基层党支部书记、工会主席及组织、宣传、工会干部培训力度，全年举办3期党务知识培训班，其他各类培训班6期，累计培训人员300余人次，将培训规范化、制度化。

（张俊帮）

【党建宣传阵地】 区直机关工委全年出版“机关家园”专板10期，新闻15条，广电新闻报道11条。投入资金3000余元购置书籍。指导各基层党组织结合单位实际，建图书室、兴趣学习小组。运用在线学习、QQ互动、学习论坛等学习平台开展宣传工作。加强精神文明创建工作，区直机关系统有处级单位62家，其中“首都文明单位”11家，区级“文明单位”26家；落实党报党刊的征订工作，完成占全区总任务量30%的征订工作。

（张俊帮）

【党风廉政建设】 区直机关工委主要

6月29日，纪念建党91周年暨创先争优表彰　（区直机关工委供稿）

采取讲党课、树典型、办培训等多种形式,强化机关党员干部特别是领导干部的理想信念、修德律己教育。同时以密切联系群众,始终保持党的先进性、纯洁性为重点,强化机关作风建设,开展走基层、转作风,党员践诺履诺等实践活动。开展警示教育活动,组织基层党组织负责人50余人次,参观反腐倡廉警示教育影像展。推进制度创新,做好源头防治腐败。结合机关实际,抓长效机制建设,推进廉政风险防范管理向机关各单位及其所属科、队、站、所延伸,组织党组织负责人及纪检委员业务知识培训班2期,有效建立制度防线,为从源头上防止腐败提供制度保障。实施监督检查,提高反腐倡廉制度执行力。完善党内监督,加强监督检查。按照2012年党务公开工作要点,采取专题培训、开展调研、监督检查等多种形式,推进机关各基层党组织党务公开工作,提高基层党组织民主决策、民主管理、民主监督能力。探索查办案件工作的途径和方法,畅通信息渠道,采取会议培训等形式,查隐患、抓苗头,做到防患于未然,营造风清气正的机关环境,全年区直机关系统党员没有违纪违法案件发生。

(张俊帮)

【发挥群团作用】 区直机关工会组织政府大楼全体干部职工开展春节团拜活动。组建区直机关乒乓球队、足球队、篮球队,乒乓球队在区第六届"和谐杯"乒乓球比赛中,获1个二等奖、3个三等奖及优秀组织奖。先后举办网球培训班、瑜伽练习班、游泳班、八段锦培训班、应急救护专业技能培训班等30期次,培训人员近千人次。组织580名科级及以下干部职工进行体检。丰富机关干部职工文化生活,增强体质,组织区直系统干部职工进行"秋季登山"、广播操比赛等活动。举办区机关"五一"、"十一"主题升旗活动。组织机关干部参加"十一"向人民英雄纪念碑献花活动。机关妇委会组织女支部书记"庆三八"风采展示活动、区直机关"庆三八"女性健康知识讲座等。

(张俊帮)

党校工作

概　述

中共北京市石景山区委党校(简称区委党校)是在区委直接领导下培养党员领导干部和理论干部的学校,是区委的重要部门,是培训轮训党员领导干部的主渠道。区委党校兼有区行政干部学校、区社会主义学院、区团校的职能,负责全区党员领导干部、国家公务员、民主党派及无党派人士、团干部培训和成人学历教育等。区委党校实行校务委员会领导体制,校务委员会由5人组成,其中,常务副校长1人,副校长2人,校务委员2人,党校校长由区委常委、组织部长兼任,日常工作由常务副校长主持。党校下设7个处室,分别是办公室、培训处、教务处、教研室、科研处、电教信息中心和总务处。现有教职工32人,其中,参照公务员管理25人,事业编制7人。专职教师4人,其中,高级讲师2人,讲师1人,助教1人。还有一支由中央党校、国家行政学院、北京市委党校和知名高校专家教授组成的兼职教师队伍。全年举办21个类型50个班次,受训学员3956人。其中:组织部培训15个班次,培训1691人;人力资源和社会保障局培训5个班次,培训266人;帮助委办局举办30个班次,培训1999人。连续19年被评为"首都文明单位"。

地址:石景山区八角北路9号
电话:68870925
邮编:100043
传真:68870931

(方南火)

【基层党支部书记大讲堂】 2月24日、3月29日、5月31日、8月31日,区委党校举办四期基层党支部书记大讲堂。贯彻落实新一轮大规模培训干部的工作部署,满足干部多样化、个性化的学习需求,提高基层党支部书记的综合素质。大讲堂开设专题包括:提升基层组织建设、中国传统文化与幸福人生、组工干部业务培训、市第十一次党代会精神辅导等,来自区属单位的基层党支部书记参加培训,听课达480人次。

(方南火)

【处级干部进修】 3月9日~4月6日、4月23日~5月18日、9月3~28日,区委党校举办三期处级干部进修班,受训学员146人。进修班以"提高领导科学发展的能力"为主线,采取深化理论学习与研究实际问题相结合的方式进行。培训分为三个阶段,即集中学习阶段、实践研讨阶段、成果反馈阶段。集中学习阶段包括拓展训练、集中授课和异地培训三个部分,其中

10月22日,党外处级干部培训开班　(郭　伟　摄)

集中授课内容分六个单元,包括政治理论、科学发展能力、公共管理、领导科学与人力资源管理、依法行政、本区经济社会发展及相关知识等。实践研讨阶段以小组为单位开展建言献策千字文的撰写和研讨活动,每位学员在指导教师带领下就工作中遇到的问题展开研究讨论,形成千字文。主要授课专题包括:《共产党宣言》导读、毛泽东思想基本问题、当代中国的民族问题、中国社会转型与政府管理改革、当前国际形势与国家安全、社会转型时期公民有序政治参与研究、以制度和机制建设创新社会管理、提升领导干部群众工作水平、提升执政能力、领导干部的法制思想、预防职务犯罪讲座、领导干部问责制、区域经济与打造首都经济圈、本区"十二五"时期人才规划介绍、文化创意产业的发展情况、话语沟通、中国古代的用人艺术等。

(方南火)

【科级干部任职培训】 3月9~23日、9月7~21日,区委党校与区委组织部、区人力社保局联合举办两期科级干部任职培训班,受训学员75人。培训分为拓展训练、专题讲座(含现场教学)、研讨交流、科级干部素质答辩和自学读书五个模块。主要培训专题包括:当前国际国内形势的若干主要问题、科长的职位分析与素质要求、会议的安排与行政礼仪、网络媒体对政府工作的影响、依法行政的热点难点问题、文化创意产业创新和发展、国学辨惑、本区城市发展规划、《党史》二卷辅导、廉政教育、行政公文与信息写作、会议安排与行政礼仪、科级干部心理健康与心理调节、科级领导能力素质答辩、《保密法》解读等。以此提升科级干部思想理论水平、职业道德修养和实际工作能力。

(方南火)

【地税局科级干部任职培训】 3月26~30日,区委党校协助石景山、门头沟区地税局举办科级干部任职培训班,受训学员37人。主要培训专题包括:当前国际形势分析、中国古代官德、科长的职位分析和素质要求、首都经济形势与实体经济发展、树立正确的政绩观(案例教学)、突发事件应对与危机管理、传统文化与幸福人生、运动使生命更精彩、心理调适、音乐欣赏等。提高税务系统科级干部的政治理论素质和工作能力,培养造就适应税务机关领导岗位工作的高素质干部队伍。

(方南火)

【面试考官培训】 4月5~6日,区委党校与区人力社保局共同举办"第四期面试考官培训班",受训学员69人。开设人事测评概论、基于胜任特征的面试评价(人际沟通)、基于胜任特征的面试评价(综合分析)、结构化面试中考官的误差控制等专题讲座。

(方南火)

【中青年干部培训】 4月6日~6月29日,区委党校举办第18期中青年干部培训班,受训学员51人。培训分为拓展训练与军训、理论培训、异地培训三个阶段。理论培训包括基础理论与党性修养、领导能力、公共管理、依法行政、区情和知识拓展等六个模块。主要培训专题包括:中国特色理论体系研究、当前国际形势分析、中国古代官德、行政权运作中的法律界限、依法行政的热点难点问题、北京经济发展的新特点新趋势、领导人才成长战略、应急管理(案例教学)、摄影作品赏析与拍摄技巧、加强和创新社会管理、《保密法》解读、现代领导素质与艺术、廉政教育、领导干部问责制、公选面试的有关问题、政府工作人员如何面对新闻媒体、招商引资攻略、领导干部作风建设的思考、首都经济形势与实体经济发展、对突发事件的应对与管理、提升领导能力、如何开展区情调研、基督宗教与西方文明、黄帝养生之节气养生、心理健康讲座等。

(方南火)

【公务员初任培训】 4月6~20日、11月16~30日,区委党校与区人力社保局联合举办两期公务员初任培训班,受训公务员106人。培训分为拓展训练、专题讲座(含现场教学)、研讨交流与自学读书、初任公务员宣誓和结业考试五个模块。培训专题讲座主要包括:公务员的行为规范与职业精神、人际沟通与交往、初任公务员职位分析与素质要求、区情介绍、自救互救知识、会议的安排与行政礼仪、信息工作交流、行政公文写作、依法行政、廉政教育、《保密法》解读、心理健康与心理调节和党的十八大报告基本精神解读等。

(方南火)

【处级干部专题培训】 6月11~15日、6月18~21日、7月9~13日,区委党校举办处级干部公共管理危机应对、社会管理创新、经济转型发展等三期专题培训班,受训处级干部295人。培训专题有:突发事件应对中的媒体应对、领导力思维拓展、政府突发事件管理与媒体策略、危机应对与应急救援、国外危机管理的经验与借鉴、转型期群体性事件的预防与处置、危机管理中的公众参与、社区发展与社区建设、当代中国社会结构与社会阶层、社会建设背景下的社会工作、加强和创新社会管理、建立覆盖城乡居民的社会保障体系、中国现阶段社会矛盾问题研究、社会组织的发展与管理、城镇化中后期的流动人口管理、我国经济发展方式转型的历史经验与路径、知识产权保护问题研究、文化产业发展战略与对策、扩大内需与收入分配问题研究、北京建设世界城市必须加快金融业发展、我国社会就业问题研究、转变经济发展方式与中国人口战略等。

(方南火)

【团干部培训】 6月11~15日、10月29~31日,区委党校与团区委共同举办第四期、第五期团干部培训班,受训学员248人。培训内容包括:学习胡锦涛总书记在纪念建团90周年大会上的讲话、当前国际国内形势的若干主要问题、会议安排与行政礼仪、演讲与口才、公文写作、摄影技巧、传统文化的继承与创新、市第十三次团代会报告解读、利用新媒体与青年人沟通的技巧、北京经济发展的新特点和新形势、讲话方法与言谏之术、地区投资环境介绍等。

(方南火)

【党外处级干部培训】 10月22~31日,区委组织部、统战部和社会主义学

院联合举办党外处级干部、党外中青年优秀干部培训班，受训学员39人。培训内容包括：我国多党合作制度理论体系、中共中央4号文件精神解读、党外干部如何发挥作用、应重点加强的“四种能力”、统战信息工作介绍、首都经济形势与实体经济发展介绍、党外干部素质能力提升等。

（方南火）

【入党积极分子培训】 2月27日～3月15日，区委党校和区委组织部联合举办三期入党积极分子培训班，参训学员474人。培训专题包括：中共党史辅导、入党文书写作及公文写作、端正入党动机、党的纪律介绍、坚定理想信念、《党章》学习辅导等。通过培训，进一步增强入党积极分子的理论修养和党性意识，确保新党员发展的质量。

（方南火）

【学历教育】 学历教育分为三个系列：中央党校在职研究生班，在校生83人，包括2009级行政管理专业班53人，2010级社会学专业班30人。市委党校学历班（2010级行政管理本科班），在校学员50人。北方工业大学学历班6个班次，在校学员199人，共开设计算机信息管理、会计学两个专业。年内毕业学员74人。

（方南火）

【科研工作】 区委党校坚持“以科研促教学、以科研带队伍”的工作思路，完成论文38篇。其中，完成区级调研课题1篇，校级调研课题7篇，公开发表论文14篇，核心期刊上发表论文9篇。出版党校内部刊物《干训专报》8期，刊载文章、信息80余篇。教科研人员参加三期处级进修班学员“建言献策千字文”以及第18期中青年干部培训班调研报告的指导工作，参加学员研讨40余人次，指导调研报告和建言献策千字文145篇，形成《建言献策成果集》三册，共计20万余字。

（方南火）

党史资料征集

概　述

中共北京市石景山区委党史办公室（简称区委党史办）是区委主管的职能部门。年内，创办《见证石景山》；面向社会各届征集各类稿件。对党史资料做到主动收集、及时整理，快速编撰，创新工作方式方法，建立完善的体制机制。在石景山党史网及时发布更新，用百度搜党史网页点击率为全市第三。

地址：石景山区石景山路18号
电话：88699320
邮编：100043

（程怀宇）

【创办《见证石景山》】 3月，区委党史办正式创办本区第一本党史期刊《见证石景山》（季刊），荣华作创刊寄语，区委常委、区委办主任、区委党史领导小组组长富大鹏担任主编。《见证石景山》在栏目设置上力争特色鲜明，内容上力争丰富生动，形式上力争新颖多样，突显权威性、知识性和可读性，并借此平台，建设党员干部学史、读史、研史园地，创立党史爱好者学习交流窗口。刊物在宣传党史、保存史料、介绍党史知识等方面受到关注和好评。但也遇到因经验不足带来的一些问题。6月7日，市委党史研究室副主任、《北京党史》主编陆兵与编辑部全体人员进行研讨交流。从期刊的形式与内容，办刊宗旨与编辑方针以及工作思路、读者对象、栏目设计、编校基本要求等方面进行有辅导，并就如何发挥区位资源优势，围绕资政育人设置栏目等提出指导性意见。

（程怀宇）

【向基层单位赠书】 3月中旬，区委党史办与区人才交流中心、军转干部服务中心就对党员进行党史教育等问题进行座谈交流。服务中心有流动党员248人，自主择业军转干部274人，在党员教育过程中缺乏合适教材。双方就运用现有党史编研成果对党员进行宣传教育、建立党员教育共建长效机制等问题进行探讨。会后，区委党史办向区人才交流中心、军转干部服务中心赠送《石景山改革开放30年》、《石景山建设史》、《中国共产党北京市组织史资料（石景山卷）》、《北京党史》等一批丛书和刊物，此次赠书活动是党史编研成果的转化，进一步拓展基层党史教育辐射面。

（程怀宇）

【党史宣传教育】 区委党史办根据北京市2011～2015年党史工作规划要求，在每年的7月1～7日，举办党史宣传周活动，内容包括党史知识竞赛活动等。迎接党的十八大召开，与街道合作举办“中国共产党历次全国代表大会简介”巡回展览，参观达万余人次。加强石景山党史网页建设，发挥网络平台作用，区委党史网页年内点击率在百度中排行第三。

（程怀宇）

【党史业务培训】 7月3日，区委党史办举办全区党史业务员培训会。富大鹏作培训动员，市委党史研究室副主任陆兵作题为“做好资政育人的党史工作”的培训报告。区委党史工作领导小组成员和各单位党史联络员共110人参训。

（程怀宇）

【市委党研室调研】 8月28日，市委党研室主任谢荫明、副主任陈志榈等到区委党史办调研工作。谢荫明对党史办工作尤其是建党90周年活动及组织史资料征集工作给予肯定，指出要将资料征集与地域优势相结合。就市委党研室下一步工作重点进行介绍，并就今后如何开展工作提出指导意见。

（程怀宇）

石景山区人民代表大会

北京市石景山区人民代表大会(简称区人大)是石景山区地方国家权力机关。区人大常务委员会(简称区人大常委会)是区人大的常设机关,由区人大选举产生。在区人大闭会期间,依法行使地方国家权力机关的职权,对区人大负责并报告工作。区十五届人大常委会组成人员27人,其中主任1人、副主任5人、委员21人,设财政经济工作委员会、城建环保工作委员会、教科文卫工作委员会、内务司法工作委员会和维护妇女、儿童、老年人权益小组5个工作机构。设办公室、代表联络室(市人大代表联络处)、财政经济工作委员会、内务司法工作委员会、教科文卫工作委员会、城建环保工作委员会、研究室7个办事机构,行政编制30人。年内,贯彻党的十七届五中、六中全会和市委、区委第三次人大工作会议精神,牢牢把握"大调整、大建设、大发展"的工作主基调,按照法律规定依法履行职责,着力服务发展大局,着力做好监督工作,着力发挥代表作用,着力加强自身建设。开展8项视察和执法检查,受理人民群众来信来访46件次。圆满完成区十五届人大一次会议确定的各项任务,为推动区域经济社会又好又快发展作出贡献。

地址:石景山区石景山路18号

电话:88699578

邮编:100043

(包和平)

重要会议

概　述

区人大重要会议包括区人民代表大会,区人大常委会和主任会议。区人大常委会在区第十五届人大闭会期间,年内共召开7次常委会会议,19次主任会议,听取和审议"一府两院"8个专项工作报告和有关工作情况报告,作出4项决议决定和审议意见,依法任免国家机关工作人员79人次。

(包和平)

11月21日,区第十五届人民代表大会第二次会议　　(区人大供稿)

【区十五届人大二次会议】 11月21～23日在万商花园酒店举行。会议选举出席北京市第十四届人民代表大会代表。依据选举法的规定,经市、区各政党、各人民团体联合推荐、代表十人以上联名推荐,确定正式候选人34人,差额比例为应选名额的20%。包括北京市各政党、各人民团体联合推荐的候选人7人,石景山区各政党、各人民团体联合推荐的候选人21人,代表十人以上联名推荐候选人6人。153名区人大代表出席预备会;162人出席第一次全体会议;167人出席第二次全体会议;156人出席第三次全体会议。23日,会议依法选出出席市第十四届人代会代表28人。

石景山区出席北京市第十四届人民代表大会代表名单
（按姓名笔画排列）

马丽萍(女)　王全礼
王金兰(女)　王晓纯
王跃春(女)　叶青纯
田　汉　付生柱
成　卓(女)　安丽娟(女)
许保国　吴克瑞
汪文忠　张　令
张杰庭　张国栋
张翠熙(女)　张黎明
陈婷婷(女)　南海涛(女)
荣　华(女)　赵巨鹏
赵玉民　夏林茂
夏尚武　徐　凝
章更生　韩大庆

(包和平)

【区人大常委会第一次会议】 1月18日召开。区人大常委会主任赵玉民主持,副主任付生柱、石玉贵、张文华、范北燕、马丽萍等常委会组成人员共25人出席。会议以无记名投票方式,通过夏林茂提请的人事任免名单。区长夏林茂、区法院院长王忠华、区人民检察院检察长王春风列席会议。

(包和平)

【区人大常委会第二次会议】 3月1日召开。赵玉民主持,24名常委会组成人员出席。会议决定人事任免事项;审议通过区人大常委会当年工作要点;审议通过区第十五届人大常委会代表资格审查委员会主任委员、委员名单;审议通过区十五届人大常委会各工作机构组成人员名单;审议通过区人大常委会各街道工作委员会主任、副主任名单。常务副区长文献等"一府两院"负责人列席会议。

(包和平)

【区人大常委会第三次会议】 5月10日召开。赵玉民主持,25名常委会组成人员出席。会议听取区监察局关于党风廉政建设工作情况的通报;听取和审议区政府关于上年财政决算草案情况的报告；听取和审议区政府关于上年预算执行和其他财政收支的审计工作报告；听取区人大常委会财政经济工作委员会关于上年财政收支决算草案情况报告的初步审查意见；结合审议审计工作报告，对上年区级决算草案和区级决算的报告进行审查，同意初步审查意见，批准上年财政决算；听取和审议区法院关于知识产权审判工作情况的报告；听取区人大常委会内务司法工作委员会关于区法院知识产权审判工作的调查报告，经主任会议讨论通过后，形成审议意见书，交由区法院研究处理；区人大常委会教科文卫工作委员会提交关于视察社区卫生服务体系建设情况的书面报告。决定人事任免事项。文献等“一府两院”负责人和部分市、区人大代表列席会议。

（包和平）

【区人大常委会第四次会议】 7月19日召开。赵玉民主持，25名常委会组成人员出席。会议听取和审议区政府关于上半年财政预算执行情况的报告；听取和审议区政府关于国民经济和社会发展计划上半年执行情况的报告；听取区人大常委会财政经济工作委员会关于上半年国民经济和社会发展计划及财政预算执行情况的初步审查意见；听取和审议区政府关于旅游休闲产业发展情况的报告；听取区人大常委会财政经济工作委员会关于旅游休闲产业发展情况的调查报告；听取和审议区政府关于文物保护和利用工作情况的报告。听取区人大常委会教科文卫工作委员会关于区政府加强文物保护和利用情况的调查报告；区人大常委会教科文卫工作委员会向区人大常委会提交关于检查食品安全法实施情况的书面报告。决定人事任免事项。文献等“一府两院”负责人和部分市、区人大代表列席会议。

（包和平）

【区人大常委会第五次会议】 9月13日召开。赵玉民主持，22名常委会组成人员出席。会议听取和审议区政府关于进一步加大力度促进商业和商务服务业快速发展情况的报告；听取区人大常委会财政经济工作委员会关于促进本区商务服务业快速发展情况的调查报告。会议对报告的审议意见，由人大常委会财政经济工作委员会在会后进行整理，经主任会议讨论通过后，形成审议意见书，交由区政府办理。听取和审议区政府关于贯彻实施残疾人保障法情况的报告；听取区人大常委会内务司法工作委员会关于区政府贯彻实施《中华人民共和国残疾人保障法》情况的调查报告。会议对报告的审议意见，由人大常委会内务司法工作委员会在会后进行整理，经主任会议讨论通过后，形成审议意见书，交由区政府办理。会议决定，区第十五届人大第二次会议于11月21～23日召开。区人大常委会城建环保工作委员会提交关于视察本区保障性住房建设与管理工作情况的书面报告。会议以无记名投票方式，通过区人大常委会主任会议、夏林茂提请的人事任免名单。副区长杨东起等“一府两院”负责人和部分市、区人大代表列席会议。

（包和平）

【区人大常委会第六次会议】 11月1日召开。赵玉民主持，22名常委会组成人员出席。会议听取和审议区人大代表联络室关于区第十五届人大第一次会议代表建议、批评和意见办理工作情况的报告和区政府关于办理区十五大一次会议代表建议、批评和意见工作情况的报告。听取和审议区政府关于实施文化兴区战略推进文化惠民工程情况的报告；听取区人大教科文卫工作委员会关于区政府实施文化兴区战略推进文化惠民工程情况的调查报告。会议对报告的审议意见，由人大常委会教科文卫工作委员会在会后进行整理，经主任会议讨论通过后，形成审议意见书，交由区政府办理。会议听取和审议区政府关于改善和提升本区交通环境情况的报告；听取区人大城建环保工作委员会关于区政府改善和提升本区城市交通环境情况的调查报告。会议对报告的审议意见，由人大常委会城建环保工作委员会在会后进行整理，经主任会议讨论通过后，形成审议意见书，交由区政府办理。会议审议通过区十五届人大代表资格审查委员会关于代表资格的审查报告。会议决定将报告提交区十五届人大第二次会议，向全体人大代表通报。会议审议通过区十五届人大第二次会议议程（草案）；审议通过区十五届人大第二次会议主席团和秘书长名单（草案）。会议决定，区十五届人大第三次会议于2013年1月9～11日召开。会议以无记名投票方式，通过区法院、区检察院提请的人事任免名单。副区长司马红等“一府两院”负责人和部分市、区人大代表列席会议。

（包和平）

【区人大常委会第七次会议】 12月20日召开。赵玉民主持，22名常委会组成人员出席。会议听取和审议区政府关于国民经济和社会发展计划执行情况与下年国民经济和社会发展计划草案的报告；听取和审议区政府关于下年财政收支预算初步安排意见的报告，以及关于当年财政支出预算变动情况的报告；听取区人大财政经济工作委员会关于对下年国民经济和社会发展计划与财政收支预算初步安排意见报告的预审意见。会议原则同意区政府国民经济计划草案的报告、财政收支预算的初步安排意见和财政支出预算变动情况的报告，国民经济计划草案和财政预算草案提交区十五届人大三次会议审查、批准。讨论区人大常委会向区十五届人大三次会议所作工作报告（讨论稿）；审议通过区第十五届人大常委会代表资格审查委员会关于代表资格的审查报告，会议决定将报告提交区十五届人大三次会议，向全体人大代表通报。审议通过区十五届人大三次会议议程（草案）；审议通过区十五届人大三次会议主席团和秘书长名单（草案），国民经济、社会发展计划和财政预算审查委员会主任委员、副主任委员、委员名单（草案）和议案审查委员会主任委员、副主任委员、委员名单（草案）；决定区十五届人大三次会议列席人员名单。会议以无记名投票的方式，通过区法院提请的人事任免名单。文献等“一府两院”负责人和部分市、区人大代表列席会议。

（包和平）

【人大常委会主任会议】 区人大常委会全年召开19次主任会议，研究处理人大常委会的重要日常工作，指导和协调人大常委会工作机构开展工作。研究确定7次人大常委会会议召开的时间和日程安排，提出各次会议议程草案；研究讨论人大常委会年度工作要点草案及主要工作安排；研究讨论召开区十五大二次会议和三次会议筹备工作方案、议程及有关名单草案、人大工作报告讨论稿；研究讨论人事任免事项79人次；研究讨论召开人大工作研讨会。

（包和平）

【人大工作研讨会】 7月20～24日，区人大常委会以“围绕转型发展，做好人大工作”为主题在宁夏银川市召开人大工作研讨会，24名常委会组成人员出席。与会人员围绕会议主题，结合自己所熟悉领域的工作实际，从不同层面，对本区新兴产业、国有和非公经济发展，文化对转型的引领带动作用，城市和社会管理，人大工作的改进和完善等多个方面，进行深入调研和思考，提出问题和对策建议，并提交研讨文章29篇。文献等参加会议。

（包和平）

重要活动

【围绕转型发展履行职责】 区人大常委会依法行使职权，围绕区“十二五”规划，对本区旅游休闲和商务服务产业发展加大监督工作力度、组织代表视察和调研两大产业的进展情况，以及新兴电子商务发展情况。建议区政府发挥主导作用，加快产业结构调整、优化区域发展环境，推进战略转型。听取和审议区政府关于文物保护和利用情况的报告，建议政府发挥文物保护主导作用，合理开发、整合利用文物资源，抓好八大处文化景区建设，带动旅游休闲产业融合发展。

（包和平）

【围绕城市建管履行职责】 区人大常委会围绕迎接“国家卫生区”复审和创建“全国绿化模范城市”，组织代表视察苹果园交通枢纽、鲁谷集中供热厂清洁能源改造工程，永定河、莲石路、阜石路景观升级改造和黑石头垃圾填埋场环境治理情况。听取和审议区政府关于改善和提升城市交通环境情况的专项工作报告；建议政府探索建立长效机制，提升城市环境综合治理水平，不断提升城市环境品质。

（包和平）

【围绕促进民生履行职责】 区人大常委会先后组织视察保障房建设和社区卫生服务体系建设情况，对本区食品安全监管工作进行重点检查。听取和审议区政府关于实施文化兴区战略、推进文化惠民工程情况的报告，以及区政府贯彻实施残疾人保障法情况的报告。督促政府加大工作力度，完善工作机制，切实保障和改善民生。

（包和平）

11月9日，检查农贸市场食品安全情况 （区人大供稿）

【围绕司法监督履行职责】 区人大常委会听取和审议区法院贯彻落实市人大常委会《关于加强人民检察院对诉讼活动的法律监督工作的决议》、接受检察机关法律监督情况的报告；听取和审议区检察院关于对“依法履行侦查监督和公诉职能情况的工作报告”审议意见落实情况的报告。提出完善行政执法内部监督机制、提升依法行政水平的意见和建议。

（包和平）

【执法检查和视察活动】 区人大常委会组织开展8次视察和执法检查活动。组织常委会组成人员、部分人大代表视察建设高标准国家卫生区工作情况、菜市场建设情况、检查《中华人民共和国食品安全法》贯彻实施情况、重点工程建设情况、视察区保障性住房建设情况、检查区政府办理人大代表建议重点单位工作情况，听取相关单位负责人情况介绍。视察后，将视察情况和代表的意见建议进行整理，形成人大常委会视察意见交办书，交区政府处理。

（包和平）

【督办人大代表建议】 区十五届人大一次会议期间，收到代表建议、批评和意见111件，全部按期办复，代表满意率为95%。完善建议督办制度，制定人大常委会主任、副主任牵头重点督办人大代表建议工作规程，对7件建议进行重点督办，对办理难度较大的建议加强跟踪督办。发挥人大各街工委的作用，采取多种形式加大建议督办力度，组织代表视察、检查建议办理情况，加强代表与承办单位的沟通协调，提高建议办理质量。加强对区政府办理代表建议工作的监督，听取和审议区政府关于代表建议办理情况的专项工作报告，检查区市政市容委、人力社保局的建议办理工作。

（包和平）

【代表联系选民活动】 6月，区人大常委会集中开展 “人大代表联系选民活

3月28日，区人大常委会“文物保护与利用工作”专题调研活动

（区人大供稿）

动”，由9个人大街工委和首钢代表联组组织开展，146余名区人大代表与2002名选民通过座谈会、走访等形式，进行面对面的联系沟通。活动收集到选民提出的意见和建议325件。经人大各街工委梳理、研究，其中由街道说明解释或协调有关单位解决的313件，作为闭会建议由市、区人大代表提出的12件。

（包和平）

【完善代表之家】 区人大常委会继续深化“人大代表之家”和“人大代表社区联络站”建设工作。代表之家和社区联络站全面覆盖9个人大街工委和79个选区。人大代表在社区排班，固定时间地点接待选民，收集问题。在街道设立闭会期间代表活动的固定场所，为密切人大街工委与代表、代表与选民、代表与代表之间的联系创建重要平台和载体。

（包和平）

【代表旁听法院庭审】 区人大常委会先后三次组织人大代表旁听区法院对刑事、行政和民事案件的公开审理。庭审后，人大代表与庭审法官、公诉人员、政府机关应诉人员进行座谈，询问有关法律问题，填写区人大代表旁听审理案件意见表，对庭审法官、公诉人员和行政机关应诉人员在依法审理、执行诉讼程序、公诉能力、应诉水平、举证能力、质证辩证能力、法律知识水平、仪表形象等方面提出意见和建议，经人大常委会内务司法工作委员会统一整理后，反馈给“一府两院”。

（包和平）

【区人大代表集中活动】 根据区人大常委会工作安排，人大各街工委、代表联组每季度确定一个主题，组织一次人大代表联组活动，通报全区或本地区重要工作进展情况、征求意见和建议、组织代表视察和调研活动。11月7日，各人大代表联组开展会前集中活动，为召开区第十五届人大第二次会议做准备。活动主要内容是：推选本代表团团长、副团长；学习有关法律法规；讨论会议程草案；讨论会议主席团和秘书长名单草案；讨论选举办法。12月25～27日，各人大代表联组开展会前集中活动。为召开区第十五届人大第三次会议做准备。活动主要内容是：推选本代表团团长、副团长；学习有关法律法规；讨论大会议程草案；讨论区第十五届人大第三次会议主席团和秘书长名单草案；讨论区第十五届人大第三次会议国民经济、财政预算审查委员会主任委员、副主任委员、委员名单草案；讨论区第十五届人大第三次会议议案审查委员会主任委员、副主任委员、委员名单草案；讨论区人大、政府、法院、检察院工作报告；学习提出议案、建议有关事项的说明，准备议案。

（包和平）

【市人大代表集中活动】 北京市第十三届人民代表大会闭会期间，区人大常委会根据市人大常委会工作安排，组织市人大代表（石景山团）开展集中活动。8月3日，组织市人大代表（石景山团）集中开展年中活动，学习郭金龙在全市上半年经济形势分析会上的

8月2日，区人大常委会视察保障性住房建设情况 （区人大供稿）

讲话精神，传达市人大常委会和市政府上半年主要工作情况。代表们对全市上半年经济社会发展情况表示满意，重点围绕如何更好地稳增长、调结构、转方式，以及反思“7·21”自然灾害等问题，提出意见和建议。20位市人大代表参加活动。

（包和平）

石景山区人民政府

北京市石景山区人民政府(简称区政府)是北京市石景山区人民代表大会的执行机关,是石景山区国家行政机关,对本级人民代表大会及其常务委员会和上一级国家行政机关负责并报告工作。本届区政府由石景山区第十五届人民代表大会第一次会议于上年12月24日选举产生。区长为夏林茂,常务副区长为文献,副区长为田利跃、李艳(女)、司马红(女)、杨东起、刘亚泉。区政府设置政府工作部门29个、部门管理机构1个。

新一届区政府在市委、市政府和区委的领导下,在区人大、区政协的监督支持下,紧紧团结和依靠全区人民,牢牢把握"稳中求进"的工作总基调,按照"求快、求好、求实"要求,着力稳增长、惠民生、保稳定,圆满完成区十五届人大一次会议确定的各项任务,实现良好开局。全年地区生产总值完成320亿元,同比增长8%,第三产业比重达到60%;公共财政预算总收入完成44.7亿元,同比增长11%;公共财政预算收入首次突破25亿元,完成25.06亿元,同比增长10.6%,增速居城六区第二位;社会消费品零售额完成162亿元,同比增长16.9%;全社会固定资产投资完成168亿元,同比增长10%;居民人均可支配收入达到31936元,同比增长13.8%;城镇登记失业率为2.04%。区域经济实现平稳较快发展,主导产业发展态势良好,91项重大项目建设扎实推进,新登记注册企业2843家。坚持建管并重,城市承载能力显著增强。坚持民生优先,社会建设管理全面加强。坚持群策群力,圆满完成十八大安保维稳任务,妥善应对"7·21"特大自然灾害。全年办结人大代表议案、建议和政协委员提案307件。本区被中宣部等五部委认定为"国家级文化和科技融合示范基地",并荣获"全国双拥模范城"六连冠。

(李　威)

主要工作和重大活动

概　述

石景山区进入深度转型发展的关键期,首钢涉钢产业搬迁调整任务基本完成,新首钢高端产业综合服务区建设刚刚起步,经济结构正处于转型发展的关键阶段;营造良好发展环境,增强区域对高端要素吸引力的任务十分繁重,城市运行服务正处于全面转型、提高综合承载力的关键阶段;加快城乡结合部建设,维护社会安全稳定的任务十分艰巨,社会服务管理正处于由单位管理向社会管理体制转变的关键阶段。区政府牢牢把握这三个阶段特征,进一步增强转型发展的自觉性和主动性。认真学习党的十八大精神,紧紧围绕"稳中求进、稳中快进"的主基调,全力以赴做好"稳增长、惠民生、保稳定"各项工作,推进全区科学发展全面转型。打好"国家服务业综合改革试点区"、"国家可持续发展实验区"和"国家自主创新示范区特色区"三张牌。坚持抓经济社会协调发展不动摇,抓重大项目建设不动摇,抓招商引资工作不动摇。着力培育高端引领、创新驱动、融合发展的实体经济,实现石景山区和首钢统筹共建、利益共享、融合发展。抓住加快建设中国动漫游戏城的契机,借助区域内历史文化资源优势,积极推动文化创意产业发展。加强城市基础设施和软环境建设,努力做好"四个服务",提高城市综合服务能力。切实做好保障和改善民生工作,让广大群众享受到转型发展的成果。确保全区经济平稳较快发展,圆满完成当年各项任务目标。

(李　威)

【政府常务会】 全年召开政府常务会17次(见下表)。

序号	会议时间	会议名称	会议议题
1	3月14日	第1次	区文化委关于区文化中心项目进展情况的汇报 区教委关于深入推进义务教育优质均衡发展的意见
2	4月25日	第2次	区财政局关于上年财政决算草案情况的汇报 区审计局关于上年预算执行和其他财政收支审计工作报告的汇报 区发展改革委关于一季度经济社会发展情况的汇报
3	5月30日	第3次	区卫生局关于报审《石景山区创建北京市慢性非传染性疾病综合防控示范区工作实施方案》的请示 工商分局关于促进个体工商户转型升级的请示
4	6月27日	第4次	区国资委关于报审《石景山区企业国有资产监督管理暂行办法》的请示 区旅游委关于旅游休闲产业发展情况的汇报 区文化委关于文物保护与利用工作情况的汇报
5	7月4日	第5次	学习《北京市生活垃圾管理条例》 区财政局关于上半年财政预算执行情况的汇报 区发展改革委关于上半年经济社会发展情况的汇报 人事任免有关事项
6	7月18日	第6次	区住房城乡建设委关于上半年十项重点工程建设进展情况的汇报 区发展改革委关于报审重点用能单位能源审计工作推广实施方案的请示 区卫生局关于深化医药卫生体制改革工作进展情况的汇报

续表

序号	会议时间	会议名称	会议议题
7	7月27日	第7次	区经济信息化委关于新首钢高端产业综合服务区建设进展情况的汇报 区经济信息化委关于中国动漫游戏城项目建设进展情况的汇报 区发展改革委关于上半年固定资产投资和争取资金完成情况及下半年计划安排的汇报
8	8月22日	第8次	区残联关于残疾人保障法贯彻落实情况的汇报 区商务委关于进一步加大力度促进商务服务业快速发展情况的汇报。
9	9月6日	第9次	学习《北京市行政问责办法》 区文化委关于公共文化服务体系建设工作情况的汇报 区国资委关于区属国有企业三年改革情况和未来三年发展思路的汇报。
10	9月14日	第10次	区投资促进局关于上半年招商引资工作情况的汇报 科委园区关于国家可持续发展实验区建设情况的汇报
11	9月28日	第11次	区卫生局关于健康北京人—全民健康促进工作情况的汇报 区商务委关于电子商务产业发展情况的汇报
12	10月23日	第12次	区文化委关于实施文化兴区战略推进文化惠民工程情况的汇报 区市政市容委关于改善和提升城市交通环境情况的汇报 区政府办关于人大代表建议、批评和意见办理工作情况的汇报
13	10月31日	第13次	区发展改革委关于三季度经济社会发展情况的汇报 区西部建设办关于西部地区开发建设进展情况的汇报
14	11月14日	第14次	区金融办关于现代金融产业发展情况的汇报 区编办关于事业单位清理规范工作情况的汇报
15	11月28日	第15次	学习《招标投标法实施条例》 区发展改革委关于服务业综合改革试点区建设情况及下一步工作思路的汇报 科委园区关于中关村国家自主创新示范区特色园区发展情况的汇报 区财政局关于财政支出预算变动情况和下年财政收支预算初步安排意见的汇报
16	12月11日	第16次	区发展改革委关于国民经济和社会发展计划执行情况和下年国民经济和社会发展计划草案的报告的汇报 区发展改革委关于便民工程建设情况和下年工作计划的汇报 区民政局关于"济困工程"实施情况和下年工作计划的汇报
17	12月19日	第17次	区住房城乡建设委关于十项重点工程完成情况和下年计划安排的汇报 区发展改革委关于全社会固定资产投资和争取资金情况及下年计划安排的汇报区委区政府研究室关于报审《下年政府工作报告》的请示

（李　威）

【区长办公会】 全年召开区长办公会30次(见下表)。

序号	会议时间	会议名称	会议议题
1	1月10日	第1次	人事任免有关事项
2	1月11日	第2次	区发展改革委关于老旧小区电网配电设施改造项目有关情况的请示 区住房城乡建设委关于《进一步提升邮政普遍服务水平的实施意见》的说明 区商务委关于报审《石景山区人民政府与中国石化北京石油分公司合作发展协议》的请示 国土分局关于报审《成立石景山区共同查处利用集体土地违法建设住宅销售行为工作组的通知》的请示
3	1月30日	第3次	区监察局关于聘请区政府新一届特约监察员的请示 区政府外办关于报审《石景山区企业人员申办 APEC 商务旅行卡暂行管理办法》的请示 区政府办公室关于报审《＜政府工作报告＞今后五年目标任务分解方案》和《石景山区人民政府二〇一二年折子工程》的请示
4	2月17日	第4次	科委园区关于上年园区相关政策落实情况的汇报 国土分局关于申请区财政借款用于土地储备项目经费的请示

续表

序号	会议时间	会议名称	会议议题
5	2月22日	第5次	人事任免有关事项 区市政市容委关于报审《石景山区迎接国家卫生区复审工作方案》的请示 区住房城乡建设委关于报审《老旧小区综合整治工作实施方案》和《统一廉租住房、公共租赁住房、经济适用住房和限价商品住房申请、审核及分配工作实施方案》的请示 区发展改革委关于苹果园交通枢纽商务区J、P地块等三个项目申请核准、备案的请示和召开节能降耗工作大会的请示 区社会办关于社区居委会换届选举工作情况的汇报 区信访办关于上年信访工作情况的汇报 区政府办公室关于上年区政府常务会议和区长办公会议议题计划落实情况及议题计划制定情况的汇报
6	2月29日	第6次	区重大项目办关于上年区领导分工负责重大项目建设进展情况和实施方案的汇报
7	3月14日	第7次	区社会办关于报审《社会建设拟办实事项目》的请示 区环保局关于报审《石景山区十件环保实事》和《加强环境保护重点工作的实施意见》的请示 区园林绿化局关于报审《创建全国绿化模范城市工作方案》的请示 区经济信息化委关于上年中小企业发展专项资金使用情况的请示
8	3月22日	第8次	区政府法制办关于报审《开展相对集中行政复议审理权试点工作的实施方案》的请示 区监察局关于报审《开展2012年民主评议基层站所(服务窗口)工作的通知》的请示 区发展改革委关于"北京服务·新首钢"股权投资基金 有关事项的请示 区发展改革委关于报审《新增固定资产投资项目用能限额标准管理办法》的请示 区政府办公室关于报审区政府联络区人大、区政协工作安排的请示
9	3月28日	第9次	人事任免有关事项 区市政市容委关于报审《石景山区缓解交通拥堵第九阶段(2012年)工作方案》的请示 区环保局关于报审创建扬尘污染控制区工作方案的请示 区国资公司关于确定衙门口住宅公建项目利润分配比例的请示 区人力社保局关于进一步规范公务员津贴补贴和调节事业单位收入分配的会议精神汇报
10	4月11日	第10次	区环保局关于报审《石景山区2012－2020年大气污染治理措施》和《分解实施石景山区清洁空气行动计划(2012年大气污染控制措施)任务的通知》的请示 区商务委关于"第七届中小企业电子商务大会"筹备工作进展情况的汇报 区安全监管局关于一季度安全生产工作情况的汇报 区信访办关于一季度信访工作情况的汇报
11	4月25日	第11次	人事任免有关事项 区市政市容委关于京广铁路沿线、莲石路、阜石路环境综合整治情况的汇报 区住房城乡建设委关于报审《石景山区进一步推进机关事业单位职工住房补贴工作实施方案》的请示 区人力社保局关于报审《石景山区社会保险扩面征缴工作方案》的请示 区人力社保局关于"五七"家属工参加职工基本养老保险的请示区教委关于与北京城市学院合作建立北京文化学院的汇报
12	5月19日	第12次	人事任免有关事项 区房屋征收办关于报审石景山区第二水泥管厂综合改造项目《房屋征收与补偿方案》、《社会稳定风险评估报告》和《房屋征收决定》的请示 区商务委关于参加首届京交会有关工作的请示 区发展改革委关于经济发展推进大会筹备情况的汇报 区发展改革委关于报审《石景山区进一步促进服务业发展,深化区域经济转型的实施意见》和《石景山区服务业产业发展导向目录》的请示 区招商办关于报审《石景山区优化经济发展环境促进经济转型发展办法》的请示 区经济信息化委关于报审《"石景山服务"行动计划》和《石景山区进一步促进中小微企业发展办法》的请示

续表

序号	会议时间	会议名称	会议议题
12	5月19日	第12次	区商务委关于报审《石景山区促进商务服务业发展的意见》的请示 科委园区关于报审《石景山区鼓励知识产权服务业和促进高技术产业发展办法》和《石景山区促进设计产业发展暂行办法》的请示 区投资促进局关于调整和完善区招商引资工作领导小组等情况的请示
13	5月23日	第13次	区市政市容委关于报审安全迎汛工作要点的请示 区市政市容委关于报审《石景山区既有节能居住建筑供热计量改造工作方案》的请示 区经济信息化委关于报审信息化工作要点和投资计划安排的请示 区人力社保局关于规范公务员津贴补贴相关工作和实施区县保留津贴建议的汇报 区人力社保局关于调整社区公益性就业组织专项补助经费标准建议的请示
14	5月30日	第14次	区人力社保局关于报审《石景山区博士后(青年英才)创新实践基地管理暂行办法》的请示 科委园区关于园区企业人才公寓有关工作的请示 区住房城乡建设委关于老古城等定向安置房项目产权办理有关问题和调整“景秀园”限价房房源性质事宜的请示 区公园管理中心关于CRD汽车电影文化园项目的请示 区集体经济办关于报审《北京市石景山区八大处农工商总公司产权制度改革实施方案》的请示
15	6月13日	第15次	人事任免有关事项 区委党校关于申请装修改造资金的请示 区园林绿化局关于报审《石景山区绿地系统规划》和《石景山区林地保护利用总体规划》的请示 区公安消防支队关于申请消防指挥大厅建设经费的请示 区市政市容委关于银河商务区智能交通试点建设项目的请示
16	7月11日	第16次	区发展改革委关于石景山区经济适用住房项目定价方案的请示 区安全监管局关于上半年安全生产工作情况的汇报 区信访办关于二季度信访工作情况的汇报 人事任免有关事项
17	7月27日	第17次	区住房城乡建设委关于报审《外省市来京工作人员在石景山区申请公共租赁住房有关问题的通知》的请示 区财政局关于开展预决算信息公开工作的汇报
18	8月1日	第18次	人事任免有关事项 各位副区长关于牵头负责部分重点建设和土地上市项目进展情况的汇报。
19	8月22日	第19次	区旅游委关于报审闪耀北京光影文化季活动方案的请示 区市政市容委关于报审石景山路沿线景观照明建设方案的请示 科委园区关于报审石景山区服务业综合改革试点区公共服务平台建设方案的请示 区发展改革委关于石景山区动物疫病防控体系建设项目申请立项批复的请示 区人力社保局关于报审《石景山区自主择业军转干部住房补贴工作实施方案》的请示 人事任免有关事项
20	9月6日	第20次	人事任免有关事项 区商务委关于报审“2012京西消费节”活动方案和第三届“北京台湾美食文化节”活动方案的请示 区财政局关于报审石景山区公务卡制度改革实施方案的请示
21	9月14日	第21次	区社会办关于推进网格化社会服务管理体系建设的汇报 区发展改革委关于报审《石景山区推进公共机构供热计量改造工作方案》的请示 区政府外办关于建立中俄“两国三地”友好交流合作联络处的请示 区卫生局关于申请追加零差率药品销售补贴的请示 各位副区长关于牵头负责部分重点建设和土地上市项目进展情况的汇报

续表

序号	会议时间	会议名称	会议议题
22	9月18日	第22次	人事任免有关事项 国土分局关于集体土地确权登记颁证有关工作的请示 区市政市容委关于报审道路清扫车辆购置计划的请示 区社会办关于进一步规范调整社区工作者待遇的请示
23	9月28日	第23次	区科委关于上年度科学技术奖励工作情况的汇报 区人力社保局关于就业与再就业工作情况的汇报 国土分局关于地质灾害隐患情况和工程治理建议的汇报 区市政市容委关于将已达标小区垃圾分类运行管理费用纳入财政预算的请示
24	10月23日	第24次	人事任免有关事项 区发展改革委关于参加第十六届京港洽谈会并举办“国家服务业综合改革试点区”专场活动的汇报
25	10月31日	第25次	区信访办关于三季度信访工作情况的汇报 区安全监管局关于三季度安全生产工作情况的汇报 区发展改革委关于申报下年市级重点建设项目情况的汇报 各位副区长关于牵头负责部分重点建设和土地上市项目进展情况的汇报
26	11月14日	第26次	人事任免有关事项 区人力社保局关于报审计划分配军转干部安置工作方案的请示 区人力社保局关于报审《继续实施促进就业优惠政策的通知》的请示 区教委关于报审《基础教育设施专项规划》的请示 区商务委关于给予当代商城鼎城店扶持资金的请示
27	11月28日	第27次	人事任免有关事项 区商务委关于报审《“菜篮子”建设工作方案》的请示 国土分局关于土地储备工作进展情况和下年土地储备计划的汇报 区发展改革委关于节能工作完成情况和下年节能工作计划的汇报
28	12月11日	第28次	区发展改革委关于投融资平台规范化发展建设情况的汇报
29	12月1日	第29次	人事任免有关事项 区经济信息化委关于报审《北京市弹簧厂拆迁改制安置方案》的请示 区投资促进局关于招商引资工作情况和下年工作计划的汇报 区安全监管局关于安全生产工作总结和下年工作思路的汇报 区商务委关于报审“促消费、保增长”资金奖励办法的请示 区人力社保局关于北京市工资工作会议精神的汇报
30	12月25日	第30次	区园林绿化局关于报审下年绿化美化工作计划的请示 区教委关于落实“市区签署义务教育均衡发展责任书”情况的汇报 科委园区关于中国可持续发展论坛暨学术年会筹备工作进展情况的汇报 区人力社保局关于将各街道社保所纳入工资规范管理的请示 区财政局关于完善行政事业单位国有资产管理工作的汇报区环保局关于排污申报登记和污染源动态活动水平调查情况的汇报

（李　威）

【与中煤地质签署协议】 1月6日，区政府与中煤地质工程总公司签署《战略合作框架协议书》。中煤地质工程总公司是一家以矿产资源投资与开发，煤炭和其他矿产资源勘察、开发及其延伸业为主导，多元发展的现代化大型国有企业。于2006年通过质量管理、环境管理和职业健康安全管理三标一体体系认证，2010年荣获中国煤炭工业协会AAA级信用企业证书。协议书的签署，标志着驻京大型央企与石景山区合作，在促进CRD建设，推动区域节能环保技术、地质勘察设计、矿产资源开发和综合利用发展，促进资源节约型、环境友好型社会建设等方面迈出新步伐。夏林茂表示，中煤地质工程总公司是驻京大型央企之一，吸引央企等社会资本助力西部地区转型发展是石景山区实现跨越式发展的重要引擎。

（李　威）

【政府工作会议】 2月3日召开。会议主要任务是：深入动员政府部门和全体工作人员，贯彻落实区十一次党代会和区十五届人大一次会议精神，明确责任，细化目标，强化措施，狠抓落实，确保全年各项目标任务顺利完成。会上，夏林茂分析经济社会发展过程中面临的严峻形势和大好机遇，对做好政府工作进行全面部署。重点强调认清形势、统一思想，切实增强转型发展的责任感和紧迫感；突出重点，狠抓落实，确保全面完成各项工作任务；转变作风、健全机制，为圆满完成各项任务提供坚强保障。

（李　威）

【华录百纳成功上市】 2月9日，北京华录百纳（股票代码：300291）影视股份有限公司成功登陆创业板。荣华、夏林茂发贺信表示祝贺。该公司创立于2002年，是国务院国资委主管的中央企业中国华录集团所属专业从事影视策划、投资制作、发行及演艺经纪的影视企业。公司拥有《电视剧制作许可证》（甲种）证书，具备年产300集以上电视剧的制作能力，代表作有《汉武大帝》、《媳妇的美好时代》、《王贵与安娜》、《双面胶》、《红楼梦》（新版）、《黎明之前》和《苍穹之昴》等。连续获得“五个一”工程、飞天奖、金鹰奖、白玉兰奖、澳门国际电视节、东京国际电视节、首尔国际电视节等海内外各级各类奖项200余项。还参与投资制作《大内密探灵灵狗》、《建国大业》、《刺陵》和《建党伟业》等电影。

（赵　亮）

【国务院督导组到区检查】 2月18日，以中央纪委常委、监察部副部长屈万祥为组长的国务院保障性住房分配及质量管理督查组，到燕山水泥厂保障性住房施工现场，听取施工方汇报，详细查看资料，了解工程进展及质量情况。在随后的座谈中，夏林茂就保障性住房分配管理、质量管理、廉政风险防范、个人住房信息系统建设等方面的工作及下一步住房保障工作任务的落实情况进行汇报。4年来，本区累计开工建设和调剂各类保障性住房164万平方米、22407套；累计审核保障性住房申请家庭27466户，为17083户家庭解决住房问题。

（李　威）

【打造绿色生态石景山】 3月21日，

1月6日，区政府与中煤签署合作协议　（杜　雷　摄）

召开创建“全国绿化模范城市”动员会。荣华等区领导出席，区委常委、副区长田利跃代表区创建全国绿化模范城市工作领导小组对工作进行部署，会议印发创建全国绿化模范城市工作方案。首钢园林绿化有限公司、区武装部、鲁谷社区3家单位代表进行发言。会议强调“树立形象，改善环境，群众受益”。提高城市绿化建设水平，改善地区绿化环境，建设生态石景山，号召全区增强积极性和主动性，建设宜居宜商的家园，使绿色成为地区转型发展中的响亮口号和鲜明底色。石景山区多年来一直积极践行“绿色北京”理念。统计数据显示，“十一五”期间，全区新增绿化面积176.3公顷，截至上年底，全区绿化总面积达到3937.33公顷，覆盖率达到49.6%，人均绿地面积达到107.58平方米，在城六区居首位。年内，计划完成绿化面积109.6公顷，其中新建绿化面积63.56公顷。为拓展绿化空间，增加绿量，还计划完成5900平方米屋顶绿化，并在立交桥两侧和护坡上增加1760延米的垂直绿化。

（李　威）

【供热合作框架协议】 3月23日，区政府与市热力集团有限责任公司供热合作框架协议正式签约。市国资委副主任钱凯，北京能源投资（集团）有限公司党委副书记、副董事长兼市热力集团党委书记、董事长李大维，区领导夏林茂等出席签约仪式。京能集团总经理郭明星表示，将严格按照框架协议内容，加快推动石景山地区燃煤锅炉清洁能源改造，按时保质做好供暖工作。双方以此次合作为契机，确保无煤区建设高标准建设、高速度推进、高质量运行。

（李　威）

【市长调研保障性住房建设】 3月28日，市委副书记、市长郭金龙到区就保障性住房建设工作调查研究。京原路七号是全市最大的公租房项目，由市属大型国有企业北控集团利用自有用地投资开发建设。市主要领导十分关心项目建设，2010年7月28日曾为项目开工奠基。时隔一年多，郭金龙再次来到这里时，8座塔楼拔地而起，全面封顶。项目竣工后，2400余户住房困难家庭将入住。郭金龙走进样板间，逐一察看户型设计效果。这里40、50、60平方米三种套型的样板间风格各异，但都合理利用居住空间。公租房内还配置电视、冰箱、沙发等生活设施，租户拎包即可入住。除幼儿园、超市、卫生服务站等配套设施，北控集团还出资建设能提供400个床位的养老院。郭金龙对此给予肯定，勉励企业积极探索利用自有用地建设、运营、管理保障房的新模式。随后，郭金龙主持召开座谈会，听取市住建委、市保障性住房建设投资中心、石景山区相关工

作汇报。副市长陈刚，市政府秘书长孙康林一同调研。

（李　威）

【电子商务应用发展大会】 4月20～21日，2012（第七届）中小企业电子商务应用发展大会暨“中国行业电子商务网站TOP100颁奖盛典”在万达铂尔曼大酒店举行。大会围绕“新模式、新思路、新希望”主题，就城市与电子商务发展、传统企业电子商务新营销等话题展开深入讨论，发布《中小企业电子商务应用调查报告2011－2012》、《中国行业网站调查报告2011－2012》。本区将发展电子商务纳入建设“国家服务业综合改革试点区”重要产业内容，推动电子商务产业发展。区政府打造的瑞达大厦、盛景国际等电子商务特色主题楼宇已吸引库巴网、西街网、电玩巴士、易宝支付等一批知名电子商务企业入驻，电子商务企业集聚度和电子商务应用程度在北京市名列前茅。

（李　威）

【中国园林茶文化节】 4月27日，第十一届八大处中国园林茶文化节——陕西安康富硒茶文化周开幕式在八大处公园举行。为期五天，围绕“同饮汉江水，共品富硒茶”的主题，重点推介安康富硒茶，利用“八大处中国园林茶文化节”平台，以媒体包装产地、文化包装产业、创意包装产品，把安康的富硒茶产业、旅游产业、民歌文化、宗教文化捆绑营销，联动发展，展示当地特色资源优势和发展成就，推动区域经济发展；同时深化京、陕两地合作交流，促进和安康市两地资源优势互补，共同协调发展。

（李　威）

3月2日，区政府与中国石化石油分公司《合作发展协议》签约（杜　雷　摄）

【京西燃气热力公司落户石景山】 4月28日，京能集团北京京西燃气热电有限公司落户石景山区揭牌仪式在万达铂尔曼大饭店举行。揭牌仪式由文献主持，荣华与京能集团党委书记、董事长陆海军共同为落户仪式揭牌。夏林茂等区领导及京能集团党委副书记、总经理郭明星等企业负责人一同出席揭牌仪式。京西燃气热电有限公司项目占地约9.876公顷，工程静态投资501705万元，单位投资每千瓦3837元；动态投资529242万元，单位投资每千瓦4047元。该项目落户后，将在西部高井地区建设3套F级燃气蒸汽联合循环供热机组，冬季可供热883兆瓦，折合供热面积1800万平方米，机组发电最大出力1307.6兆瓦。该项目由京能集团清洁能源公司投资，华北电力设计院进行主体设计，主要设备厂家为上海电气西门子公司和无锡锅炉厂。项目筹建任务于上年11月由京西发电公司承接，工程于2012年6月开工建设，2013年底机组投产运营。该项目的建设不仅可以替代燃煤锅炉，改善北京市环境质量，保障城市集中供热安全运行，加快“人文北京、科技北京、绿色北京”建设，还可以增强电网的稳定性和可靠性，提高电网的应急和调峰能力。

（李　威）

4月20～21日，第七届中小企业电子商务大会在本区举办（区商务委供稿）

【京西地区转型发展】 5月11日，市政府在本区召开加快西部地区转型发展工作动员部署会。市委常委、常务副市长吉林，市人大常委会副主任吴世雄，市人大财经委和市发改委、市经信委、丰台区、石景山区、门头沟区、房山区、首钢总公司等西部地区转型发展联席会议成员单位主要领导出席会议。会上，市发改委介绍《2012年加快西部地区转型发展实施计划》情况，石景山区、门头沟区作典型发言。同时，举行项目签约和揭牌仪式。签约项目包括中关村石景山园北I区高端产业总部基地、门头沟区“健康谷”、房山区数控动力总部基地、丰台区古民居文化展示区等。吉林、吴世雄为北京盛丰小额贷贷款公司成立揭牌，该公司作为京蒙两地深化合作的功能性项目，是迄今为止本市注册资金规模最大的小额贷款公司，重点支持西部服务业发展，注册资金10亿元。

（李 威）

【古城现代嘉园入住】 5月16日，荣华、夏林茂出席剪彩仪式。荣华为入住居民代表发放钥匙，对老古城居民喜迁新居表示祝贺。夏林茂向全体工作人员及建设团队表示慰问。老古城综合改造项目的安置房工程自上年3月正式动工，分两期建设，一期工程13栋楼、1898套房屋，二期工程10栋楼、1410套房屋完成竣工验收，符合交房条件，正式为业主办理入住手续。

（李 威）

【经济发展推进大会】 5月25日召开。会议总结交流上年经济发展成就和经验，全面部署下一阶段经济发展工作，动员全区上下牢牢把握“稳中求进”的总基调，加快转变经济发展方式，深化区域全面转型。夏林茂作题为“抢抓机遇，优化环境，加快推动区域经济平稳较快发展”的报告；国家发改委产业司副司长夏农、市政府副秘书长戴卫，荣华、夏林茂共同启动“石景山经济信息网”；文献宣读表彰决定，与会领导为上年度区域经济发展突出贡献单位和纳税百强单位颁奖。夏林茂强调，要坚定不移抓大产业，以大产业支撑大发展；要突出重点抓大项目，以大项目带动大发展；要齐心协力抓大招商，以大招商助力大发展；要集中精力抓大建设，以大建设蓄力大发展；要转变观念、强化服务，着力打造一流的政策环境、服务环境、经营环境和生态环境，使本区成为投资者创新创业的乐土、企业家做强做大的福地。荣华提出三点意见：把握难得机遇，进一步深化全面转型，要在国家和首都转方式、调结构的发展大局中抢抓机遇；要在加快首都西部地区转型发展的战略部署中抢抓机遇；要在始终坚持自身的发展定位中抢抓机遇。坚持稳中求进，要“求快”、“求好”、“求实”。优化发展环境，全力打造“石景山服务”品牌，要增强服务意识、完善服务机制、提升服务效能。中国国际广播电台、北方工业大学、中铁建设总公司、北京工业职业技术学院、工业和信息化部电子科学技术情报研究所、首钢总公司等驻区重点企业、单位领导出席会议。

（李 威）

【启动老旧小区改造】 5月31日，召开全区老旧小区综合整治推进大会。荣华、夏林茂出席并讲话，区住建委汇报老旧小区综合整治进展情况，30多个单位的相关领导等参加会议。老旧小区综合整治是市领导牵头挂帅的“十二五”期间重点工程和改善百姓生活的民生工程。经过2个多月的前期调查摸底，全区有1990年以前建成的老旧小区58个，774栋楼，建筑面积约315万平方米；简易楼5栋，建筑面积约0.29万平方米。年内先期启动8个小区，204栋楼，97.1万平方米。包括八角北里、古城北路、永乐小区、碣石坪1号楼、老山小区（东里、西里）、教委教工楼、苹果园四区、现代黑石头生活小区，属于大中型小区。改造后受益居民多。整治内容包括抗震加固、节能改造、环境整治三个方面，涵盖水电气热管线、防水、消防、绿化、照明、停车、安保、出行、店铺等诸多内容，涉及10大项、33小项。

（李 威）

【万人培训计划启动】 6月29日，中国家庭服务业“万人培训计划”启动仪式在海航大酒店三楼天泰厅举行。家政企业易盟集团在活动现场与来自8个省市的13家家政公司签订定向委培、就业及劳务输入合作协议。来自民政部、人力资源和社会保障部、商务部、中国家庭服务业协会、区政府等各级领导，部分地方协会和近百家家庭服务企业负责人和家政服务员出席启动仪式。易盟集团落实国务院发展家庭服务业五项政策措施，响应中国家庭服务业协会倡议的“万人培训计划”，针对保姆行业培训少、流动大、竞争趋恶性等情况，本着学会做人、学会做事、学会沟通、学会技能的“四会”原则，分岗位、分专业进行万名从业人员岗前培训。培训项目包括保姆、月嫂、小时工、陪护、保洁等。学员通过考核后可以取得国家认证的从业资格证书，享受终身职业再培训。

（李 威）

7月21日，夏林茂视察水灾现场　　（区市政市容委供稿）

【共建文化艺术学院】 7月12日，区政府与北京城市学院合作共建首都文化艺术学院签约仪式活动在万商花园酒店举行。北京城市学院党委书记、校长刘林，北京城市学院校长顾问籍之伟，区领导荣华等出席活动。学院重点培养文化艺术领域的高级应用型人才，开办表演（传统文化表演）、摄影、艺术设计（非物质文化遗产）、公共事业管理（影视文化管理）4个本科专业，以及艺术设计、戏剧舞台美术、音像技术、影视灯光艺术等4个专科专业，9月正式开学，首届招生规模为170人。学院聘请多名业界知名的专家教授担任各专业教学指导专家，每个专家配备在职教师组成基本教学团队，除本校专任教师外，还聘请清华大学、中央戏剧学院、北京电影学院等多所高校教师任课。授课教师中70%具有中高级职称。

（李　威）

【市领导检查救灾善后】 7月23日，副市长丁向阳、程红到五里坨街道查看灾情、看望受灾群众，并听取相关工作情况汇报。要求石景山区各相关职能部门加强协作配合，保证受灾群众的正常生活，面对近期的连续降雨，要积极主动，齐心协力，确保人民群众生命财产安全。丁向阳、程红一行还前往天泰养老院，实地察看灾情及医疗保障工作情况并慰问受灾老人。24日，市委常委、市委秘书长李士祥，副市长夏占义到区了解灾情，研究部署救灾善后工作。要求石景山区按照世界城市的要求，继续把灾后工作做好；要加强地质监测，加紧进行房屋修缮，要从这次灾害中吸取教训，强化防灾减灾教育和预警指挥工作，动用一切手段，实现灾害的24小时监控。

（李　威）

【全力做好救灾善后】 8月7日，召开“全力做好救灾善后工作，进一步加强防涝应急处置能力”座谈会，总结“7·21”自然灾害期间全区的防汛工作情况，部署下一步防汛工作重点。会议回顾总结“7·21”自然灾害对全区的影响及防汛救援工作的开展情况。全区出动抢险人员4000余人，车辆200余辆，妥善应对处置道路积水、民房进水、树木倒伏、停电停水、人员伤亡等多起突发事件。座谈会上，区防汛指挥部、规划分局、国土分局、区市政市容委、交通支队分别就防汛救灾应急处置工作、城市积水问题、地质灾害基本情况、防洪排涝有关情况、汛期交通应急处置措施进行汇报。夏林茂提出要求，全区上下要立足当前，全力以赴，确保安全度汛，各单位、各部门、各街道（社区）要继续发扬连续作战精神，用始终如一的精神、始终如一的措施、始终如一的力度，继续做好后续的防汛工作；要着眼长远，科学规划、科学建设、科学管理，抓住契机，着力解决一批突出问题，对于排查出的问题，各相关部门要加强值守，确保不淹车、不死人；围绕“十二五”规划，相关部门要认真规划城市排水基础设施建设，把城市基础设施系统工程建设好，借势而为，加大力度，对影响区域安全的问题尽快予以解决；各部门要加强协作，通力联手，共同解决问题。荣华在讲话中指出，要认真贯彻市委市政府重要部署和要求，提高对做好城市防涝工作重要性的认识，理清思路，着力从长远上解决地区防汛排涝问题。积极稳妥地做好救灾善后和维稳工作是下一步重点工作之一。要按照市委书记郭金龙所要求的，一定要让精神振作起来、作风硬朗起来、制度执行起来、责任明确起来，全力抓好各项工作，确保人民群众生命财产安全，确保地区和谐稳定。

（李　威）

【排水管网移交】 8月22日，石景山区与北京城市排水集团有限责任公司签订协议，由北京排水集团承担地区公共排水设施的管理养护工作。市国资委副主任张宪平，市水务局副局长潘安君，区领导荣华、夏林茂，北京排水集团党委书记、董事长林雪梅出席签约仪式。本区向排水集团移交排水管线335条，总长19776米，雨水泵站1座。其中雨水管线173条，污水管线139条，合流管线23条，移交排水档案284册。市排水集团对地区排水管网的管线数量、位置、方沟等一系列排水设施勘察工作全部完成，移交接管后，可以有效地解决地区排水设施建设管理水平不一、养护不到位等问题，进一步提高运行效率和处理突发事件能力。

（李　威）

【慰问援藏干部】 8月24～31日，夏林茂率区党政代表团一行14人，赴西藏自治区拉萨市堆龙德庆县考察交流并慰问援藏干部。堆龙德庆藏语意为“上谷极乐之地”，县域总面积2704.25平方公里，平均海拔4000米。2007年以来，石景山区先后投入1500余万元，实施包括改善办学条件、医疗设备、农牧民居住环境、办公条件、旅游设施等5个重点援藏项目，开展包括资金、项目、干部、智力、物资援藏在内的全方位、多层次的对口支援工作，极大地推动堆龙德庆县的经济社会快速发展。代表团一行参观援藏干部的工作和生活环境，并实地考察羊达现代设施农业示范园和堆龙石景山中心幼儿园。在座谈会上，本区援藏干部、堆龙德庆县委副书记、常务副县长刘盛杰介绍援藏工作情况。第六批对口支援堆龙德庆县援藏工作组被市委评选为“创先争优先进基层党组织”。

（李　威）

【京西消费节】 9月8日，“惊喜在京西——2012京西消费节”在万达广场拉开帷幕。市商务委副主任李薇薇、市商联会副会长兼秘书长丁淑芬，区领导夏林茂等出席开幕式。活动由石景山万达广场与市商务委、区政府联合举办。本届消费节活动以“指点时尚、惠生活”为主题，以电子时尚消费为主线，集娱乐、互动、优惠、美食等于一体。联合丰台、门头沟、房山、大兴等西南四区商家，联手为百姓打造吃、喝、玩、乐、购一站式的休闲消费体验。消费节以线上线下联动方式，围绕中秋、国庆等节庆时段，推出形式多样的主题消费活动超过300项，最大限度满足消费者的消费需求。活动持续到10月8日，为期1个月。消费节期间，石景山万达广场整合多家主力店及商户资源，推出联合促销。

（李　威）

【金秋体育盛会】 9月16日，第二十七

届金秋体育盛会在石景山体育场开幕。荣华、夏林茂、赵玉民等与市体育局副局长苑振洲，北京军区联勤部副政委张圣荣，首钢总公司党委副书记姜兴宏，北方工业大学校长王晓纯出席开幕式。该盛会始于1984年，因运动项目多、贴近百姓生活受到社会各界广泛欢迎，成为京西地区规模最大、参与范围最广、影响最深的综合性运动会。本届盛会适逢党的十八大召开和国庆佳节来临之际，以“欢聚在金秋，献礼十八大”为主题，历时三个月，是参与人数最多、规模最大的一届。尤其是在别开生面的趣味运动会上，来自机关、企事业单位、学校、社区、社会团体的1855名运动员参加个人跳绳、毽子踢准、双腿夹球跳、夹乒乓球折返跑等妙趣横生的项目，真正打造“体育的盛会、人民的节日”。

（李　威）

【“闪耀北京”光影文化季】 9月17日，2012“闪耀北京”光影文化季暨首钢灯光节在首钢主厂区开幕。副市长丁向阳，市委副秘书长傅华，中国钢铁工业协会常务副秘书长张宇春、市旅游发展委主任鲁勇、市国有文化资产监督管理办公室主任周茂非、市文物局局长孔繁峙，市国资委派驻首钢监事会主席刘义等市有关部门领导，中国国际广播电台副台长王明华、北方工业大学副校长杨军，区四套班子领导荣华、夏林茂、赵玉民、岳德顺以及首钢总公司领导王青海、姜兴宏出席开幕式。此次活动是首钢石景山主厂区停产后举行的首次大型活动，也是本区金秋旅游季新增的重点项目。在开幕式现场进行激光表演秀，播放水幕电影，水幕电影平均高20多米、最高处达38米。德国慕尼黑舞蹈团、澳大利亚阿德莱德青年艺术团、俄罗斯后贝加尔斯克歌舞团等来自11个国家的12个表演团队在群明湖水上舞台陆续登场。光影文化季跨过十一黄金周，持续到10月7日，期间相继举行“首钢灯光节”、“音乐晚会”和“光影装置艺术体验”等多个特色活动。区委区政府高度重视，荣华、夏林茂先后主持召开7次政府专题会议，2次区委常委会议，对该项活动进行专题研究，对活动的立意、主题、活动策划等提出很高的要求和标准。

（李　威）

10月26日，盛景国际广场开业　（区商务委供稿）

【北京设计产业高端论坛】 9月27日，北京国际设计周北京设计产业高端论坛在万达铂尔曼大饭店举行。此次论坛作为2012北京国际设计周设计之旅的重要活动之一，由市科委、区政府、北京国际设计周组委会办公室、首钢总公司联合主办，论坛以“创意石景山、设计核心区”为主题，邀请政府官员、专家学者、设计大师、设计企业等，就设计产业发展和北京设计产业示范基地建设进行深入交流研讨。清华大学美术学院教授柳冠中、丹麦GEHL建筑师事务所高级设计师丹尼尔森、LKK洛可可设计集团董事长贾伟分别围绕石景山区工业遗址城市再设计、“设计”本质的剖析、设计与文化传承的探讨进行主题演讲。在本次论坛上，区有关部门与相关设计企业分别签署“共建北京设计产业示范基地公共服务平台战略合作协议”和“企业入驻北京设计产业示范基地协议”。市政府副秘书长、北京国际设计周组委会秘书长侯玉兰，设计周组委会副秘书长、办公室主任、市国有文化资产监督管理办公室主任周茂非，区领导荣华、夏林茂，歌华文化发展集团副总经理陈工等出席论坛。市科委、市文资办相关负责人，市工业设计促进中心、区相关委办局领导，设计产业的专家学者，行业协会，高校院所，园区重点企业和媒体参加论坛。

（李　威）

【盛景国际广场开业】 10月26日，盛景国际广场举行开业庆典暨石景山区电子商务特色楼宇授牌仪式。市政协城建环保委员会主任张燕生，区领导荣华等为盛景国际广场开业剪彩。夏林茂分别为盛景国际广场和瑞达大厦颁发“石景山电子商务特色楼宇”牌匾。盛景国际广场位于长安街西延长线，总占地面积近1.8万平方米，总建筑面积7.7万平方米。商业、办公、小型办公各自相对独立，分区明确。目前，盛景国际引进苏宁电器、物美大卖场、江苏银行、儿童娱乐、品牌餐饮、专卖店等多种业态及知名企业。经营品种齐全，力求“一站式购齐”模式，为顾客提供物美价廉的生活服务。写字楼B座引进嘉曼服饰、大朴家居、金龟子等多个知名电子商务类企业，A座也将作为二期电子商务楼宇开展招商引资。

（李　威）

【参加京港洽谈会】 11月5～6日，第十六届京港洽谈会在香港会议展览中心举行。洽谈会推出近300个重点招商项目，涵盖金融、物流、高新技术、文

化创意产业等多个领域。夏林茂参加开幕式活动。在重大项目签约会上，文献代表石景山区与中节能香港投资公司签署战略合作协议。

（李　威）

【代市长工作调研】 11月26日，市委副书记、代市长、市政协主席王安顺带领市相关部门负责人到区，就经济发展建设情况进行工作调研。走访趣游科技和东方信联两家公司，实地查看企业运行情况。随后还考察首钢总公司。王安顺提出四点要求：要抓住转型发展良好机遇，实现更高水平科学发展；要全力推进首钢高端产业综合服务区建设，大力发展符合功能定位的现代产业；要加强城市精细化管理，全面提升城市综合服务功能；要加快推进城乡一体化发展，认真解决转居农民等遗留问题。市政府秘书长孙康林，首钢总公司董事长王青海，区领导荣华、夏林茂、赵玉民陪同调研。

（李　威）

【中国动漫集团项目签约】 12月20日，中国动漫集团有限公司主办的项目签约暨项目合作推介会在中国科技会堂举行。文化部、区政府相关领导出席，全国100多家动漫游戏企业代表与会。中国动漫集团分别与区政府和通用地产有限公司签署三方战略合作协议；与中国卫星通信集团有限公司、中国新华新闻电视网有限公司等渠道商签署战略合作协议；与中国普天信息产业股份有限公司、中国软件与技术服务股份有限公司、东软集团股份有限公司、中科软科技股份有限公司等软件开发商签署国有资本金项目开发合作协议；与上海奥琳娜文化传播有限公司签署上海国际品牌授权及衍生消费品交易博览会合作协议。中国动漫集团有限公司是2009年11月组建的国有独资文化集团，是全国动漫游戏行业的综合服务商。上年开始"国家动漫创意研发中心"、"动漫游戏无线整合运营平台"、"动漫内容集成分发平台"三个国有资本金建设项目。本次活动是动漫集团阶段性成果展示和平台项目与动漫游戏企业的合作开端。

（李　威）

【首钢富余人员分流安置完毕】 历时7年的首钢搬迁调整富余人员分流安置工作结束。做到顺利分流、平衡安置，为全市乃至全国创造经验。自2005年起，首钢向社会分流24100人，其中本区接收15156人，占分流人员总数的62.89%。其中上年分流的人员最多，1～7月分流10100人，其中本区接收6016人，占当年首钢向社会分流总数的60%。区委区政府充分调动和整合各方面力量，不断强化各项政策保障和服务内容。全区上下把安置工作作为政治任务来抓，敢于创新、敢于碰硬、敢于担当，多渠道开发就业岗位，首钢分流富余人员再就业率达到92.43%。与此同时，首钢分流富余人员社保关系转移也顺利完成。共办理社会保险转移12939人次，为首钢7000余名劳动合同制工人办理养老保险补缴手续，为12000人进行失业保险补填手续，为460名工伤职工办理一次性医疗待遇给付1212万元。

（李　威）

政府日常政务

概　　述

北京市石景山区人民政府办公室（简称区政府办）是区政府的综合协调部门和办事机构，设有综合科、秘书科（会议科）、联络科、信息科、信息公开科、机要档案科、督查室、应急办8个科室。年内，紧紧围绕区委区政府中心工作，锐意进取，团结拼搏，圆满完成各项工作任务，确保全年各项工作的顺利开展。

地址：石景山区石景山路18号
电话：88699600
邮编：100043
传真：88699611
办公时间：9:00－17:30
值班电话：88699600

（李　威）

【文稿起草】 区政府办以提高领导满意度、基层认同感和对实际工作的指导性为原则，力求出好文、出精品，主动参与全区发展，服务于领导实施决策和指导工作，紧扣中心工作要求，改进文风，先后完成各类综合文稿近200篇、50余万字，领导满意度和基层认同感不断提高。

（李　威）

【信息编报】 区政府办发挥主渠道作用，信息质量显著提升。编发信息刊物382期，向市政府、市应急委报送信息1500余条，获市区领导批示160余条。

（李　威）

【公文档案】 区政府办坚持从精、及时、实效的原则，规范办理标准，完善审核程序，自觉执行档案制度，加强保密意识，公文办理质量明显提高。全年制发500余件各类公文，100多万字，其中正式文件300余件，办理各类公文9827件，归档文件747件，实现"无差错"目标。

（李　威）

【信息公开】 区政府办督促区各重点部门主动公开"十二五"时期各类规划、财政预决算报告、重点工程等社会关注度高的政府信息。主动公开政府信息2305条，受理办结依申请公开102件，移送纸质信息576份。全区各单位于3月30日统一公布本单位上年度政府信息公开工作报告，社会反响良好。

（李　威）

【会议组织】 区政府办梳理办会流程，规范会议办理程序。组织区政府常务会议16次、区长办公会28次，对157个事关全局的重大议题进行研究，接转办理组织市、区各类会议1900余件，会议质量明显提高。

（李　威）

【服务保障】 区政府办高水平做好接待服务工作。完成王安顺、吉林等市领导及上级部门到区考察调研的服务保障工作；高质量服务保障光大银行等招商引资企业来区考察接待120余次，安排区长调研活动30余次。

（李　威）

【应急管理】 区政府办完成党的十八大服务保障任务。制定服务保障十八大工作方案和应急预案，加大应急值守力度，确保城市运行平稳。有效应对"7·21"自然灾害。主动承担急难险重任务，将防汛办与应急办合署办公，统一调度全区防汛抢险和善后维稳工作。化解各类风险隐患，协调处置各类突发事件150余件。

（李　威）

【督察落实】 区政府办督促办理市政府折子工程和市为民办实事等重要决策事项92项；办理通过《北京城市管理广播》反映的群众切身利益问题36件；督促区政府折子工程124项全面落实；办理市、区领导重要批示127件。接听非紧急救助电话7030个，受理反映问题7104件，办理市交办件1953件，《区长信箱》79件。

（李　威）

【联络服务】 区政府办围绕联络服务抓提高。组织办理市“两会”建议提案20件、区人大议案4件、人大代表建议101件、政协委员提案142件，办结率达到100%。

（李　威）

政府法制工作

概　述

北京市石景山区人民政府法制办公室（简称区法制办）是区政府主管法制工作的办事机构，对区政府法制工作负有指导、协调、组织和监督责任。年内，深入落实市政府加强法治政府建设的实施意见，推进法治政府建设，面对新的形势、新的任务，全区各级行政机关在区委区政府领导下，深入贯彻落实科学发展观，按照市政府要求，制定年度全面推进依法行政工作要点，明确全年依法行政工作的重点任务，依法行政工作领导小组各成员单位高度重视，认真落实，按时保质地完成各项任务，为推动法治政府和服务型政府建设迈上新台阶，提供坚强有力的法治保障。

地址：石景山区石景山路18号
电话：68607189
邮编：100043

（安先光）

【基层依法行政】 2～9月，区法制办以电子监察平台建设为契机，对全区行政职能和服务事项进行全面梳理，街道办事处和基层科队站所首次作为主体被纳入梳理范围。梳理内容包括依法行使的行政职权和便民服务事项的数量、名称、内容、办理主体、依据、条件、期限和监督渠道等。重新编制“权力运行流程图”，在办理主体内部明确办理的岗位、权限、程序和时限等。年内开展基层法制干部专题培训2期，夯实法律理论基础，培训审核监督标准和执法问题指导技巧等，加大街道办事处和基层科队站所的专兼职法制干部培训课程比重，严格要求基层法制干部每年学习课时不得少于72小时，无正当理由不得缺席市区政府组织的依法行政培训，考核情况直接纳入本单位年终目标督察考核内容。通过系列的专题培训和全方位的依法行政培训，提高基层法制干部利用法律思维思考问题的能力，提高基层法制岗位审核把关能力，发挥基层法制人员依法行政方面的参谋、助手和法律顾问能力。加大街道办事处指导力度，提升依法行政意识。现场调研指导13次，对街道办事处的调解、重大行政事项决策、规范性文件制定等方面工作进行摸底，现场解决部分办事处在履行职能、提供公共服务过程中的实际问题。结合街道实际工作情况，在目标督察考核的基础上，设置符合街道依法行政工作实际的考核实施细则，在试点街道推行，完善更符合街道工作实际的依法行政考核指标；以考核促推进，提高街道办事处依法行政的意识、能力和水平。

（安先光）

【行政处罚案卷评查】 7月16日，区法制办组织开展为期一周的全区行政处罚案卷评查工作。随机抽取18个行政执法单位的54本行政处罚案卷，评查组发现主体资格、事实和证据、适用法律、履行程序和一般规范性等五方面问题37种。针对发现的问题，对相关单位及时提出整改要求，并对其整改情况进行重点督察，规范行政执法行为。

（安先光）

【出台行政调解意见】 8月2日，区法制办出台行政调解与人民调解衔接指导意见。建立健全行政调解与人民调解衔接工作联席会议制度，定期研究衔接过程中具有普遍性的问题，探讨矛盾纠纷的特点、规律，总结化解矛盾纠纷的新方法、新途径和新经验；建立健全行政调解与人民调解工作协调机制，探索行政调解与人民调解衔接的工作程序，及时化解矛盾纠纷；建立健全行政调解与人民调解工作信息通报机制，定期通报、交流行政调解与人民调解衔接工作开展情况、案件数据分析、重点案例等工作信息。

（安先光）

4月5日，区依法行政工作会　（区法制办供稿）

【行政许可案卷评查】 9月25日，区法制办与区行政服务中心共同组织开展全区行政许可案卷评查。此次评查采取行政机关自查和集中评查相结合的形式，抽取11个行政许可单位的33卷许可案卷作为评查重点，依据《行政许可法》进行严格规范。总结并推广“简化许可程序、缩短办理时限、驻厅集中办理、统一制式文书、提供便民服务”等经验。

（安先光）

【领导干部学法】 区法制办落实政府常务会前学法制度，举办《中华人民共和国招标投标法实施条例》、《北京市生活垃圾管理条例》等法制讲座2次；举办依法行政专题研讨班2期，就《中华人民共和国行政强制法》、《北京市行政问责办法》进行专题研讨，结合区情和工作实际，探讨新法实施的衔接问题。组织处级领导干部培训班3期，增加处级干部任职培训和更新轮训中依法行政内容的比重，开展“从行政诉讼角度研讨依法行政问题”、“行政执法问题研讨”等课题培训达到12课时；各行政机关处级干部参加市级业务指导部门和区政府组织的统一法制培训，坚持领导办公会会前学法和自学等方式学习，完成业务相关法律知识培训均达到40学时以上。

（安先光）

【依法行政培训】 区法制办采取结合岗位设定培训课程内容、根据对象区分培训形式、对接工作需要开展专题培训等，将依法行政培训列入公务员常规培训和在职培训，逐步提高依法行政课程在培训中的比重。制定并下发公务员“六五”普法实施办法，促进公务员严格遵守《宪法》、《公务员法》、《行政诉讼法》、《行政许可法》，准确掌握和娴熟运用本岗位专业法规，增强遵纪守法、认真履职、依法行政、自觉接受监督的意识。年内，组织依法行政类培训常规班8期、专题班5个、系列讲座8期，2906人次参加培训，人均培训84学时。

（安先光）

【规范性文件管理】 区法制办围绕区委区政府中心工作，服务区域经济社会协调发展，重点审查有关本区经济发展和服务企业的规范性文件24件，向市政府法制办备案12件。其中针对本区中小企业发展的政策措施，涉及基础服务建设2件、产业发展5件、人才引进和服务2件、优化经济发展结构的政策措施4件，就业服务1件。参与政府及其所属部门对外订立合同的审查，依法严格把关。审查招商引资、项目落地、合作办学、对外交往等涉内外民商事合同14件，针对合同审查过程中发现的法律风险，及时提出意见建议，发挥政府法律顾问作用，服务区域经济转型发展。经过审查的合同，无一存在法律上的疏漏，有效预防和减少合同履约纠纷，为全区招商引资和重点投资项目建设提供法制保障。

（安先光）

【行政复议】 区法制办严格按照《行政复议法》和《行政复议法实施条例》的规定，抓好行政复议案件的受理、审查工作。符合法定受理条件的行政复议申请，依法办理受理手续；不符合法定受理条件的申请，做好解释工作并告知当事人依法寻求其他解决途径。探索创新复议案件审理方式，对所有立案审理案件，采取听证、协调会、专家论证会等多种办案形式，运用调解手段解决行政争议。全年，办理行政复议案件16件，行政复议的范围涉及城管、公安、工商、住房和城乡建设、人力资源和社会保障等部门。行政复议事项包括行政处罚、行政许可、信息公开、行政不作为等类型。稳步开展相对集中复议审理权试点工作。印发开展相对集中行政复议审理权试点工作的实施方案的通知，将区卫生局、人力社保局、公安分局、工商分局、区质监局、交通支队6个行政机关纳入试点工作范围，启动本区相对集中行政复议审理权试点工作。试点工作采取分别受理、集中审查、分别决定的审理模式，对于重大、复杂、疑难案件，由复议委员会非常任委员、区政府法制办工作人员和试点单位行政复议工作人员组成合议小组形成合议意见。利用专家资源，提升行政复议的公信力和权威性。落实国务院和市政府法制办部署的行政复议委员会试点工作，邀请专家学者参与复杂疑难案件的审理，发挥社会智力资源优势。组织行政复议委员会参与审理公安行政处罚、户籍登记管理、违法建设拆除等案件，3人12人次参加案件审理。成立第三届行政复议委员会，由10名法律专家和学者担任非常任委员，负责审议区政府重大疑难行政复议案件和研究本区行政复议工作中的重大问题，形成政府主导、专业保障和社会专家学者参与的案件审理模式。

（安先光）

【行政执法】 区法制办坚持定期梳理各执法部门执法主体、依据、职权，根据法律、法规、规章的立改废情况，对全区区属“执法依据”进行动态管理，建立政府权力清单，对外上网公布，接受社会监督，依法梳理区级行政执法主体40个。本区行政执法部门具体行政行为7类，3555项。其中，行政处罚2616项、行政许可199项、行政征收5项、行政给付19项、行政确认20项、行政裁决6项、其他行政执法职权690项。为各执法单位开通执法问题24小时咨询热线，热线解答执法现场问题20余次、适用法律探讨17次、案卷装订制作问题60余次，方便执法人员在执法过程中及时解决疑难问题，避免在执法过程中、制作案卷时，出现违法问题，保障执法合法化、规范化，提高执法效率。第三次修订《石景山区行政许可案卷评查标准》，取消20余项规范性标准，增加3项合法性标准，提出服务类建议16项，力争通过更合理的监管标准，实现许可人员“服务理念，服务效能，管理水平，服务形象”四个提升。

（安先光）

【行刑衔接】 区法制办与区检察院、监察局、经信委等部门共同建立行政执法与刑事司法相衔接工作管理办法，公安分局、烟草专卖局、区文委、地税局、国税局、工商分局、商务委、质监局、药监分局、卫生局、城管大队等重点单位作为联席小组成员，定期参与行刑衔接工作联席会议。转发市依法行政办印发《北京市行刑衔接案件移送工作规程》的通知，将全市统一的行刑衔接案件移送工作规程和移送的配套文书范本下发至各行政机关。区政府把“行刑衔接”信息共享平台建设纳入年度重点工作之中优先考虑、优先建设，拨付专项经费为“行刑衔接”工作搭建信息共享、案件移送及监督的快速通道。区检察院、法制办和经信委对各行政单位的日常执法和网络建设情况走访摸查13次，组织重点执法部分考察学习昌平、大兴区的成功经验和先进做法，为创建本区信息共享平台做好准备。检察院、监察局和法制办逐步探索研究本区行刑衔接案件移送和备案程序的细化规范，围绕行政执法机关移送、公安机关接受移送涉嫌犯罪案件，以及检察机关依法开展法律监督职责和程序等作详细规定、出台规范性文件，完善行刑衔接各项程序。区政府于平台正式投入运行前期，召开全区“行刑衔接”动员部署工作会，推动“行刑衔接”深入延伸，形成行政执法与刑事司法合力，发挥立案监督、侦查监督与反贪、反渎职能合力，加强与行政监察等部门的协作配合，坚决防止有案不移、当立不立等现象的发生，推动全区行政执法部门依法履行职责。

（安先光）

【行政监督】　区法制办建立健全行政执法责任制追究制度、重大行政决策责任追究制度，下发贯彻落实《北京市行政问责办法》的通知。各单位结合本单位工作实际，制定具体实施方案。组织党风廉政监督员和特约监察员20名，选聘450名民主评议代表，开展明察暗访36次，召开座谈会、议事会、对话会、公开述职、走访调查等各类形式的活动50余次，评议大会9次，对全区15个政府部门、19个公共服务单位进行民主测评，对67个基层站所、41个重点服务窗口开展民主评议，收集汇总群众意见及建议304条。经查，区行政投诉中心受理的59件投诉件中，查实7件次，部分查实4件次，投诉失实但存在其他问题4件次，查实投诉件问题中，均为行政机关日常行政管理瑕疵及工作人员态度问题，未发生违法行政问题；未发生未按照规定期限对群众举报、行政投诉作出处理和答复的情况。全年未出现行政问责情况。

（安先光）

9月27日，禅林文化节演出　（区文委供稿）

民族·宗教·侨务

概　述

全区有46个民族，少数民族人口21070人。辖区内有宗教活动场所5处，即八大处灵光寺、八大处大悲寺、模式口南里石景山清真寺、老山地区天主教弥撒点和古城地区基督教聚会点。区属归侨10人，全区侨眷1000余人，各社区有“侨友之家”34个。北京市石景山区人民政府民族宗教侨务办公室（简称区民宗侨办）是区政府主管民族宗教侨务工作的职能部门。年内，贯彻执行国家关于民族、宗教工作的方针、政策和法律、法规；监督检查民族、宗教政策执行情况，加强正面宣传引导少数民族群众做好服务工作，营造民族团结氛围；坚持依法规范管理宗教界人士，注重工作实效，努力维护宗教领域和谐稳定；搭建引资引智平台，着力凝聚侨心，开拓侨务工作新局面。依法保护归侨侨眷的合法权益，对有关部门和社会团体开展的侨务工作进行统筹和协调。获“全国侨办系统信访工作示范单位”称号。

地址：石景山区石景山路18号
电话：88699260
邮编：100043

（付国龙）

【参与慈善公益】　1月11日，区民宗侨办在八角街道举办“我们和你在一起”爱心捐助活动。活动连续四年与区佛教协会联合举办，为30户困难居民发放慰问品和慰问金（每户1000元）。区佛教协会会长常藏大和尚代表捐助方感谢政府为他们提供献爱心的机会。受助方代表感谢区委区政府的关心和爱护，感谢社会各界爱心人士的帮助。9月29日，在西山八大处举办“慈悲情怀 利乐众生”中秋慈善晚会。佛教界爱心人士捐出善款10万元，用于慰问21户困难家庭和在北京盛基艺术学校生活和学习的47名孤儿。

（付国龙）

【考察佛教文化】　3月7日，中国佛教协会秘书长王健、无锡灵山实业有限责任公司董事长吴国平、总经理陆一诚等一行十余人到区参观考察佛教文化，实地考察八大处姚家寺建设进程。就如何打造西山八大处文化旅游风景区，建设成为具有国际影响力、展现中国佛教文化特征的佛教圣地与有关方面进行座谈。

（付国龙）

【开展宗教活动】 4月8日为天主教、基督教的宗教节日复活节。7日晚，天主教老山弥撒点举行大瞻礼，300余名天主教信徒参加活动。8日早上，天主教老山弥撒点举行弥撒活动，约200名天主教信徒参加。古城基督教聚会点举行礼拜，约500名基督教信徒参加。节日期间，宗教活动秩序良好，平稳顺利。8月19日，全区穆斯林800余人到修缮一新的石景山清真寺参加开斋节庆典活动，区有关领导到现场慰问各族穆斯林群众。12月25日为天主教、基督教的圣诞节。恰逢周二，与23日主日礼拜、24日平安夜依次相连，参加活动的信教群众的总人数和活动时间较上年均有所增加。400余名天主教信徒和300余名基督教信徒分别参加老山弥撒点和基督教古城聚会点的平安夜庆祝活动；100余名天主教信徒参加25日在老山弥撒点举行的“天明弥撒”。

（付国龙）

【民族团结月活动】 5月12日，区民宗侨办联合体育局和社体中心在区体育中心举办民族传统体育项目比赛。全区170余名群众以“更快乐、更强健、更和谐”为理念，参加8个项目的竞赛。同月17日，在区青少年活动中心举行民族歌曲大家唱比赛。全区21支代表队、1000余名民族歌曲爱好者参赛。

（付国龙）

【民族健身操舞大赛】 7月12日，在石景山游乐园CRD剧场举行第四届民族健身操舞大赛。全区街道系统、教育系统、机关系统的18支队伍、19个舞蹈作品，500余名健身操舞爱好者参赛。同月28日，组织13支队伍参加市第七届民族健身操舞大赛。2支队伍获大赛金奖，4支队伍获银奖，区民宗侨办获优秀组织奖。

（付国龙）

【清真食品专项检查】 9月25日，区民宗侨办联合区委统战部、区商务委和工商分局，对部分清真网点进行联合检查和专项治理工作。重点对网点使用和出售的牛、羊、鸡等肉禽的进货渠道、生产加工和销售等环节进行检查，被检查商户都基本符合清真饮食规范相关要求。对检查中发现的一些问题，如合用执照等问题，检查组针对这些情况要求其立即进行整改，确保清真食品安全，杜绝“清真不真”问题。

（付国龙）

【中央统战部调研】 10月26日，中共中央委员、中央统战部副部长朱维群一行到区调研民族宗教工作，了解西山八大处文化景区建设进展情况。他肯定区委区政府近年来贯彻执行党的宗教工作基本方针，切实加强党对宗教工作的领导，在完善宗教工作机制、健全宗教工作机构、培养宗教界代表人士、落实宗教政策等方面做大量扎实有效的工作，取得明显成效。朱维群一行还听取有关灵光寺及佛牙舍利的情况介绍，随后到法海寺进行实地考察，并参观明代壁画。

（付国龙）

【爱心物资捐赠】 11月6日，区民宗侨办举行“关爱工程”爱心物资捐赠活动。此次活动的爱心物资由澳大利亚华侨魏基成夫妇等爱心人士捐赠，包括老花镜800副和助听器250套，为地区归侨侨眷、老人朋友奉献爱心。

（付国龙）

5月12日，在区体育中心举行民族传统体育项目比赛（区民宗侨办供稿）

行政服务

概　　述

北京市石景山区行政服务中心（简称中心）是政府统一、集中、联合办理行政许可和行政审批事项工作的组织、协调、指导、监督机构。内设办公室，协调管理科；下设服务保障部为全额拨款科级事业单位。以科学发展观为指导，深入贯彻中办和国办《关于深化政务公开，加强政务服务的意见》文件精神，围绕区委区政府工作部署，以提升行政服务中心主体地位为工作核心，进一步构建科学合理的管理机制，规范高效的运行机制，严密完善的监督机制，进一步优化政务环境，为地区大调整、大建设、大发展做出贡献。年内，24家具有行政审批职能的政府部门57人进驻办事大厅，进厅行政事项304项，其中即时事项27项，限时事项277项；行政许可类事项294项，审批类事项10项。驻厅单位全年接待办理行政审批服务事项107120人次，办理咨询事项68471件，受理行政许可服务申请38649件，审定行政许可服务事项37374件，送达行政许可服务决定37353件，行政收费470406元，接受感谢信29封，接受锦旗3面，有效行政投诉率为0；群众参与满意度测评满意率100%。

地址：石景山区八角西街16号
电话：68862778
邮编：100043

（段　娜）

【梳理行政许可（审批）事项】 中心对

全区具有行政许可审批职能单位的行政许可和审批事项进行新一轮梳理，梳理出全区37家具有行政许可审批职能单位的455项行政许可审批事项，其中313项行政许可事项，142项行政审批事项，进驻行政服务中心办事大厅办理的事项293项。并根据梳理情况，编制公示2012版行政审批事项目录。重点对进厅事项变更的21项和新增的34项行政审批事项操作规程进行重新核定，印制索取卡片对外公开，规范行政审批行为。

（段 娜）

【重点企业服务】 中心按照“保障一般，优待重点”原则及重点项目服务规则，采取重大项目联合办理和绿色通道做法，加强对重点企业的服务工作，接待首钢集团、物美集团、京能集团、石景山游乐园、大中电器、畅游公司等400家重点企业，办理涉及环保许可、餐饮许可、生活饮用水卫生许可、公共场所卫生许可、企业标准备案、特种设备使用权登记、刻章备案、组织机构代码登记、税务登记、统计登记、审批非京生源户口进京、审批北京市工作居住证等498余项行政审批业务。

（段 娜）

【加强基层指导】 中心多次组织召开居民事务大厅建设规范座谈会，制定出台街道居民事务大厅建设规范、街道居民事务大厅一次性告知工作规范和街道居民事务大厅信息公开工作规范等相关制度。配合区监察局开展民主评议基层站所（服务窗口）工作，先后召开各街道（鲁谷社区）和重点服务窗口自查自纠情况汇报会，在驻厅各单位开展民主评议，聘请特约监督员和大学生社会调查员参与民主评议。

（段 娜）

【争先创优活动】 中心开展驻厅窗口“争先创优”活动，调动驻厅窗口人员工作积极性。区卫生局、统计局、招商办、环保局、商务委、质监局等11个驻厅窗口，分别采取压缩审批时限、改进服务形式、规范审批流程等51项举措，改进服务方式，提高工作效能。贯彻区政府决战三季度决胜四季度工作会议精神，协调区统计局和质监局，配合进行统计登记补漏行动，做到应统尽统。协调国、地税两家单位配合、修订办理规程、改善信息公开三个方面做好营改增税务登记工作。

（段 娜）

【政府信息公开】 中心运用计算机网络、工作手册、操作规程索取卡和多媒体四种载体，对驻厅单位的组织机构、操作规程、文书范本三方面的信息进行公开。增置触摸查询系统设备，供办事人查询、使用。做好全区各单位纸制主动公开文件的接收及公开工作，接收38个委、办、局及街道办事处提供的主动公开文件及国务院公报、政府公报共1490份，整理成册，供办事人员查阅。

（段 娜）

【协助案卷评查】 中心会同区法制办采取自查、集中案卷书面审查和实地考察测评相结合方式，对22个行政审批部门进行检查。抽取11个部门的33个案卷，重点从许可主体、许可项目、适用法律、法定条件、办理时限、操作程序和文书规范等8个方面的111项指标进行评审。发掘、总结、推广“简化许可程序、缩短办理时限、驻厅集中办理、统一制式文书、提供便民服务”等方面先进经验，提高行政许可效率，提升服务水平。

（段 娜）

【非驻厅单位管理】 中心落实非驻厅单位季度工作会和月报表制度，加强与非驻厅审批单位间联系，了解行政许可（审批）情况。全年非驻厅单位办理行政许可和服务事项咨询160件，受理行政许可服务事项申请1126件，审定行政许可服务事项1113件，送达行政许可服务事项决定1113件，行政收费6046元。

（段 娜）

【加大招商引资】 中心制定“石景山服务行动计划”主责项目的工作安排，分别从8个方面和4个方面做好“进一步推进跨部门协同”、“简化和规范行政审批程序”两项工作，提升招商引资服务水平。全年引进企业38家，注册资本金17528万元。

（段 娜）

信访工作

概　述

中共北京市石景山区委、石景山区人民政府信访办公室（简称区信访办）是区委区政府负责组织协调信访工作、处理信访问题、人民内部矛盾纠纷排查调处和人民意见征集的职能部门。内设综合办公室、来信办理科、来访接待科、督查督办科和纪检监察科，人员编制为15名。全年受理群众信访3956件24742人次，同比件次上升2%、人次上升12%。其中，受理群众来信1869件5990人次（联名信79件4200人署名），同比下降23%；接待群众来访2087批18752人次，同比批次上升42%、人次上升19%（集体访550批16752人次，同比批次上升5%、人次上升17%）。因“7·21”自然灾害上访群众23批160人次。区领导阅批信访483件，占信访总量的12%。全区初信初访化解率为95%、重信重访化解率为92%，历史积案化解率为100%，实现全年无重大重复上访户、无信访群体性事件、敏感时期无非正常上访的工作目标。年内，收到信访群众送来锦旗12面，表扬信7封。本区获“北京市信访工作目标管理考核优秀单位”称号，杜涛被评为“全国优秀信访局长”。

地址：石景山区石景山路18号
电话：68607140
邮编：100043

（范金慧）

【信访宣传】 5月，区信访办围绕畅通信访渠道、宣传信访重点工作、推动信访包容性发展的主题，开展信访宣传月活动。全区各单位设立宣传站点120个，悬挂横幅100余条，设立宣传板报260块，张贴宣传画20套，发放宣传品3万余张、宣传纪念品1万余件，参加活动党员干部5000余人。11月，以为党的十八大胜利召开营造和谐稳定的社会环境为主题，开展“包容和谐有序·喜迎十八大”主题宣传活动。年内，编辑“信访工作动态”3期、“领导接

待情况通报”49期、“信访专报”17期。

（范金慧）

【专项行动】 区信访办成立信访秩序维护专项行动指挥协调小组，制定信访秩序维护专项行动工作方案、督查工作方案、考核办法和督查考核细则，召开信访秩序维护专项行动工作会，全面发动，深入排查。加大矛盾化解和领导包案力度，由5位区领导包案的9件重点重复集体访，将6件稳控在本区，转为常规信访案件。十八大期间（10月15日～11月20日）每天有一名区领导接访，每天备一辆车，做好接送上访群众工作。全区信访干部周六、日停休，随时接待来访群众。公安、武警每天派专门警力到信访办备勤，处置突发情况。

（范金慧）

【群众信访】 群众信访集中反映的突出问题是：申诉类344件，占信访总量8.7%；求决类3225件，占82%；批评建议类124件，占3.1%；揭发检举类96件，占2%；其他类167件，占4.2%。

（范金慧）

【领导接访】 区委区政府坚持区委常委会、政府常务会每季度听取全区信访工作汇报制度，掌握全区信访动态；坚持区主要领导参加信访专题会议制度，研究解决复杂疑难信访问题。年内，区委书记、区长亲自主持召开信访专题会议5次，研究解决突出信访问题。落实党政领导干部阅批群众来信和接待群众来访的“四访”制度，即开门接访、带案下访、解案约访、结案回访。区级领导57人次到信访办接待上访群众129批3436人次，占来访总量的6.2%和18%；阅批群众来信313件，占来信总量的17%，其中荣华阅批226件；区级领导约访18次；专题调研8次；召开重点信访专题会议22次。处级党政领导干部每周一、三上午在本单位、本部门接待上访群众1096批5733人次，约访、下访679次。

（范金慧）

【机制建设】 区信访办健全和完善首办责任制，规范信访事项办理程序，加大对初信初访问题的化解力度，对信访事项的办理情况实行有效跟踪、及时催办。全年办结中央和市、区领导转办的信访督办件22件，结案率100%；受理信访复查复核事项28件，全部结案，其中撤销并要求办理单位重新答复8件，到市政府申请复核的案件5件，全部给予维持，维持率全市排名第一。加强互联网信访舆情监测联动机制建设。编辑“互联网信访舆情专报”12期，预警20余次，消除各种不良舆论带来的影响。互联网信访舆情工作机制及做法得到市信访办肯定，《北京信访》刊物多次刊登本区优秀舆情案例。

（范金慧）

【排查调处】 年内，区级层面进行4次矛盾纠纷排查，排查出各类矛盾纠纷226件，全部落实主责单位和协办单位并确定化解时限。通过人民调解、组织调解矛盾纠纷2847件4862人次，调解成功2704件4371人次，成功率95%。通过窗口接待、集体会商（40次）、约访（133次）、下访（8次）等形式，化解矛盾1949件，将45件有越级上访倾向的信访问题吸附在本区。通过“4＋X”综合协调化解机制，化解15起跨地区、跨部门和涉及多个责任主体的信访案件。

（范金慧）

【资金使用】 区信访办按照区领导指示精神和信访矛盾排查化解工作专项资金使用规定，经矛盾纠纷主责单位研究上报，区主管领导同意，全年运用信访矛盾纠纷排查化解工作专项资金243.78万元，化解突出信访问题31件。

（范金慧）

档案工作

概　　述

北京市石景山区档案局、档案馆（简称区档案局馆）是区委区政府负责档案工作的主管部门，与区地方志办公室合署办公，编制30名。10月，增设监察科，核定编制1名（人员由编制内调剂）。年内，全区档案工作以服务保障为先导，全面加强业务工作和提升管理水平，将档案优质服务延伸至区域经济、城市发展和社会建设各领域，为服务区域转型发展发挥新作用。区档案馆以争创一流为目标，攻坚克难，“小部门作出大贡献”，作为当年北京市唯一一家创建国家一级档案馆的区县，以98分（全市历年最高分）的优异成绩顺利通过测评，成为全市第六家获此殊荣的单位，被授予年度首都文明单位、2009～2012年度市档案系统先进集体、市爱国主义教育基地、区巾帼服务品牌等荣誉称号。接收档案8024卷（件），接收政府公开信息文本1334件，扫描档案8300余卷（件）、形成目录3.5万余

12月24日，区档案馆晋升国家一级档案馆评测　（岳　星　摄）

条，完成馆藏近10万卷档案清查及80余万件纸质档案数字化副本异地备份。全区各级档案部门接待利用者9400余人次，提供利用档案17000余卷(件)。

地址：石景山区杨庄东路69号

电话：68833005

邮编：100043

(刘爱君)

【城市面貌记录工程】 年初，区档案局馆开办影像拍摄专题培训班，调整补充拍摄人员，形成一支由21名摄影爱好者组成的义务拍摄队伍。年内，对永定河绿色生态发展带、长安街西延长线、京九铁路石景山段整治、首钢地区等重大项目进行跟踪拍摄，拍摄照片2350张。

(刘爱君)

【指导与培训】 3月，区档案局馆举办继续教育培训班，培训重点为市档案工作者教育培训网的推广应用、档案工作基本知识和编研材料与档案信息的撰写方法，82人参加培训。4月，举办数码照片专题培训班，80人参加培训。5月，以住保、社区档案为专题，首次组织街道系统档案业务交流研讨，20余人参加。10月，联合区教委举办教育系统专兼职档案员培训班，培训突出档案法制教育和业务实际操作等，70余个中小幼和直属单位档案员参加培训。为推广北京市档案工作者教育培训网，年内组织全区专兼职档案人员参加继续教育在线学习，137人次参加，111人取得电子证书。全年对各立档单位摸底排查，开展各类指导700余次，106个单位档案基础工作得到加强。区社保、医保档案管理通过北京市达标验收并获优秀等次，区法院、苹果园街道获区县机关档案工作测评优秀单位。

(刘爱君)

【档案信息化建设】 6月，区档案局馆在全市档案系统率先建立“石景山档案”官方微博。11月，局馆官方网站全面改版升级，新增“城市记忆”、“档案故事”、“兰台之窗”等栏目，建成集信息收集、管理、应用和服务于一体的档案综合管理平台，实现网站与微博双线联动的档案信息化服务新形式。

(刘爱君)

【档案法制宣传工作】 6月，区档案局馆组织全区各单位参加国家档案局“飞狐灵通杯”档案法制知识有奖竞赛答卷活动，发放试卷2000份，回收1980份，回收率达到99%。9月3～9日，通过板报、横幅、知识答卷、内部刊物、宣传栏、网络和电视媒体等多种形式，组织全区开展“档案法制宣传周”活动，共悬挂横幅100余条、制作板报20余块、张贴挂图100余幅、发放各种宣传材料2000余份。

(刘爱君)

【“档案馆日”活动】 9月5日，区档案局馆举办以“弘扬档案文化、践行北京精神”为主题的第四届“档案馆日”活动。活动推出档案展览、编研成果展示、查询体验、书法笔会和兰台大讲堂等十个专门版块。十项特色内容和三个大型展览得到2200余名现场观众好评。市、区多家媒体对活动内容进行宣传报道，新浪、网易、千龙等10余家网站给予转载。

(刘爱君)

【档案收集范围扩大】 全区17个单位共向档案馆移交档案8024卷(件)，其中北京九中、区疾控中心、八角南路社区等二级立档单位档案被首次接收进馆。与区委宣传部建立协作机制，将一大批反映区域社会发展、风土人情和民俗文化等方面的文字、影像和实物档案资料征集进馆。

(刘爱君)

【重点档案监管加强】 区档案局馆对新首钢高端产业综合服务区核心区、中国动漫游戏城两个重点建设项目和五里坨、刘娘府等11个拆迁项目档案收集归档工作进行前期指导，完成永定河莲石湖等600余卷工程档案验收。联合区住保办对伤残抚恤、社会救助和“两委”换届等民生档案管理进行培训。

(刘爱君)

【档案安全保障】 区档案局馆加大档案安全隐患排查、安全专项检查和档案库房调整备案力度，完成馆藏近10万卷档案清查及80余万件纸质档案数字化副本的异地备份工作，在局馆各重点部位安装电子监控和门禁系统，实现全天候、全方位实时监控。

(刘爱君)

【编研和“基地”工作】 区档案局馆挖掘档案资源，完成《馆藏珍品画册》、《石景山历史上的今天》等精品编研材料。重点打造《村庄的记忆》和《石景山走过的路》大型展览，面向军转干部、公务员、中小学生等开展区情区貌主题教育，接待参观者2330人次。

(刘爱君)

【晋升国家一级档案馆】 12月24日，区档案馆晋升国家一级综合档案馆授牌仪式举行。国家档案局副局长、中央档案馆副馆长李明华代表国家档案局授予石景山区国家一级档案馆标牌及证书。国家档案局组织测评通过听取情况汇报、现场查验和审查印证材料，对区档案馆创建国家一级档案馆的工作给予高度评价，经过综合评议，区档案馆测评得分98分，达到国家一级档案馆标准，测评予以通过。

(刘爱君)

地方志工作

概　述

北京市石景山区地方志办公室(简称区志办)为区政府直属全额拨款参照公务员管理事业单位，与区档案局馆合署办公。年内，按时启动二轮志书初稿总纂工作，基本实现阶段任务目标。2012鉴成功实现改版升级，年鉴工作继续保持全市先进。《北京石景山年鉴》(2011卷)在全国年鉴检查评比中荣获最高奖——特等奖，在市首届年鉴质量检查评比中获最高奖——一等奖；被评为市地方志系统先进集体。

地址：石景山区八角西街27号

电话：68880579

邮编：100043

(杜京珊)

【年鉴改版升级】 年初，《北京石景山年鉴》编辑部立足创新，决定对2012鉴进行改版，打造精品年鉴。做到科学合理设计框架，调整丰富栏目设置，活跃更新版面形式，进一步提升信息

含量，突出年度特点和石景山特色，装帧设计向国内顶级年鉴看齐。进一步规范编纂流程，与修志工作齐头并进，采取有力措施确保“两不误”。通过前期调研、细化方案、反复切磋、上下沟通，打磨成稿，征求意见、修改校对、送审定稿、排版印制等环节，在全市各区县率先完成年鉴改版升级。改版后的2012鉴，由传统的小16开本改为国际流行的大16开，由单一的黑白印刷改为铜版全彩印制，由文字记述为主改为图文并茂，由书本式阅读改为书籍和光盘配套查阅。2012鉴设置条目1712个、采用图片275幅，总字数近120万字。12月成书，向全区140家单位发放1200本。同时，继续与外省市年鉴进行交流，积极参加全国版协和北京市组织的年鉴评比，扩大《北京石景山年鉴》的影响力，提升在全国范围的美誉度。

（杜京珊）

【开展初稿试写】 1～3月，区志编辑部先行启动《北京市石景山区志（1996～2010）》初稿试写。由各编辑选取部分单位提交的志稿，根据编纂要求和主编意图，围绕记述主体，用志书语言对其进行编写和加工，对部分内容再做取舍、调整和推敲。经部类主编审阅后，召开编辑部全体人员会逐个点评，解疑释惑。4月上旬，特邀市志办副主任侯宏兴、谭烈飞等修志专家对部分试写稿进行评议。通过点评，确定总纂路数，明确编纂标准，熟悉编纂技巧，为下一步启动志书初稿总纂积累经验。同时在450余万字部门志稿的基础上，进一步确定志书篇目设置。编、章基本不做大的调整，节、目在编写过程中根据需要进行适调与完善。5月，文化编志书初稿得到市志办专家肯定，并作为模板供各区县参考和借鉴。

（杜京珊）

【志书初稿成型】 4月下旬，区志编辑部整体转入志书初稿总纂阶段。主要做法是：不设编纂时段、不分先后次序，由四个部类自行依据各编、章的难易程度分别上手，齐头并进，流水作业，顺势滚动，各部类以每月完成1～2编的速度推进。总纂工作实行部类主编负责制。由各部类主编根据志稿政治导向正确、重要史实准确、文字简洁规范等方志编纂要求，各自把握编纂的节奏和质量，每完成一编经部类自审后送志书主编审读确认，实现分口把关，总体掌控；递进审阅，逐编通过；分头修改，一次合成；编辑部每月召开一次主编例会，主编碰头会灵活掌握，随机召开。截至年底，除少数编、章外，志书初稿基本成型，全书设31编、179章、672节，共计150余万字。篇目设置和记述内容突出经济转型、结构调整和产业升级，并作为一条主线贯穿全书始终，尽量凸显志书的地域性和时代性，记录区域经济社会转型历史。

（杜京珊）

【《广宁街道志》出版】 1月，《广宁街道志》正式出版。全志共设7节，约25000余字，记述时限为1995～2010年。志书记述16年来广宁地区机构、城市建设、特色社区建设等方面的发展变化，追溯永定河及广宁村由来的历史。志书的出版为提升地区的文化品位，方便居民了解广宁村历史具有积极作用。

（姜　月）

集体经济

概　述

北京市石景山区集体经济办公室（简称区集体经济办）是主管全区集体经济各项工作的区政府职能部门，挂动物卫生监督管理局牌子。认真落实监管责任主体，健全组织机构和相关制度，特别成立全系统“打非治违”和“十八大”安全保障工作领导小组，制定相关保障工作方案，同时与12家集体经济组织和5家直属单位签订安全生产责任书。做到整改措施、责任、资金、时限和预案“五到位”，确保未发生安全生产事故。集体经济在困境中保持平稳发展势头。全系统总收入实现86000万元，同比略有增长；实现增加值40000万元，同比增长10.5%；其中：第三产业完成36500万元，同比增长12.1%。上缴国家税金3600万元，同比略有增长。人均劳动所得2.78万元，同比增长15.4%。获市年度预防煤气中毒工作先进集体称号和防汛救灾工作先进集体称号。

地址：石景山区杨庄西口
电话：68861910
邮编：100043

（胡　浩）

【破解发展难题】 促成由区发改委、集体经济办公室牵头，规划分局等相关部门共同参与运作的“石景山衙门口地区发展规划”。开创集体经济与区域经济融合协调发展的新格局。古城创业大厦和泰然国际大厦建设工程纳入下年本区十项重点建设工程项目。玉泉饭店改造项目纳入下年区政府折子工程任务。

（胡　浩）

【推进重点项目】 区集体经济办在区政府支持下，近年来先后引进开发项目几十个，组织投资近30亿元，形成神农庄园、北京大公馆、爱玛峪家居购物广场、寿山福海国际养老中心、古城中小科技企业基地、永辉超市、景阳纸库等品牌项目。年内，古城中小科技企业基地、金宝山永辉超市、麻峪爱玛峪家居购物广场等已建项目实现税收1.6亿元；创造就业岗位近2950个。麻峪工贸中心与北京恒坤投资集团共同投资兴建的寿山福海养老服务中心经济效益提升，成为北京市首家五星级民办养老机构。10月23日，市民政局局长吴世民、市老龄委副主任李建国、市技术监督局副局长姚娉等市、区有关部门领导参加寿山福海标牌揭牌仪式。

（胡　浩）

【推动在建项目】 受规划开发、土地储备、批建政策收紧等多方因素影响，集体经济产业项目推进艰难，部分在建项目处于停滞状态。年内建成的项目有：八大处绿色产业服务中心项目，坐落在390余亩的绿化隔离带中，投资3亿元，建筑面积29000平方米，命名为合众建国五星级宾馆，已竣工营业；古城中小科技企业基地B座和综合服务楼项目，占地1730平方米，投资4000万元，规划建筑面积10856平方米，投资2500万元，已投入使用。

（胡　浩）

【扩大招商引资】　区集体经济办全年新引进企业22家，注册资金19000万元。6家注册资金在100万元以上，3家在1000万元以上。截至年底，全系统实际累计引进企业124家，累计注册资本金4.5亿元。被评为区招商引资工作突出贡献单位，5家企业被评为本区纳税百强企业，16家企业被评为区重点企业，北京永辉超市有限公司被评为区稳定就业先进单位。区集体经济办为820家租用集体性质房屋的企业办理工商注册登记；继续分解下达招商任务，全力梳理和盘活系统资源资产，梳理、整合细化招商载体约14万平方米。

（胡　浩）

【经济规范运行】　区集体经济办加强对基层单位经济规范运行的有效监管，按照市、区要求在系统内着手筹划建立“农村经济在线审计系统”，在线审计工作的基础会计电算化工作实施完成，在线审计方案论证落实，政府资金拨付到位。全年完成5个审计项目，涉及23个会计核算单位，累计审计总金额530055.3万元，提出审计建议19条。

（胡　浩）

【经济体制改革】　区集体经济办指导黑石头农工商公司完成新公司工商注册工作，全面完成黑石头农工商公司改制工作。从尊重历史、实事求是，维护好农转居人员切身利益的角度出发，推进八大处公司改制工作。集中精力开展社办企业改制工作前期调研。成立领导小组，制定工作方案。批准原改制企业麻峪工贸中心的股权量化工作。完成金宝山所属企业的股份制改造工作。

（胡　浩）

【推进信访维稳】　区集体经济办围绕八大处农工商公司改制工作和社办企业资产处置工作，做好信访工作。要求各集体经济组织主要领导深入一线化解矛盾，直接指导参与群体访和重点个案的化解工作。执行集体经济系统信访维稳责任评价考核办法，推行重大决策信访风险评估机制实施方案和处置紧急突发性集体访应急预案，每星期三领导信访接待日和每季度一次的全系统信访排查调处会制度，以硬措施保硬任务。调动发挥党员干部参与解决信访难题，化解信访难题。及时平息黑石头在校生家长要求子女视同劳龄、社办企业人员要求提高待遇、衙门口吸纳新股东等引发的重点群访问题。全年接待来访153批、1193人次，其中集体访47批、1039人次。

（胡　浩）

【提高转居人员待遇】　区集体经济办坚持农转居劳动力就业专项资金补助和奖励机制。年初下达安置农转居劳动力就业指导性指标，全系统全年新安置上岗职工2178人，就业率达到92.2%。做好1329名“老人老办法”人员退养费的调整和补发工作，发放补贴439万余元。与区民政局、各街道办事处配合，按“一老一小”政策为1352名无医疗农转居老人办理大病医疗相关手续，为安田参保的社办企业人员每月发放600元的生活补贴和每人500元的春节慰问金。

（胡　浩）

【开展渔政监察】　区集体经济办加强餐饮企业、农贸市场水产品经营行为的监督管理。重点检查餐饮企业经营国家保护水生野生动物的行为及市场内水产品销售商产地证明持有情况，督导农贸市场健全水产品自检机制，保障良好市场秩序。净化美化水资源，适时科学增殖放流。按照市渔政站要求，主要针对莲石湖公园、南马场水库等水域进行科学合理增殖放流，放流水面180余亩，放流鱼苗40000余尾。

（胡　浩）

【完成民兵整组】　区集体经济办完成区委区政府和区武装部下达的民兵整组任务。基干民兵任务数180人，其中反恐连一个120人，主要编在神农庄园酒店。步兵连一个60人，主要编在11个农工商公司。预备役指挥排两个，分别编在华美宏信有限责任公司16人、景阳天昊投资管理公司20人。民兵整组编制体现相对集中、便于收拢集结的原则要求。5月18日，接受北京卫戍区对应急反恐连的拉动检查验收。

（胡　浩）

西部建设

概　述

北京市石景山区西部建设办公室（简称区西建办）是全面组织协调石景

五里坨定向安置房39栋全部开工建设，其中C区11栋于9月11日入驻

（区西建办供稿）

山西部地区开发建设工作的区政府派出机构。内设项目推进科(同时挂工程管理办公室牌子)、规划发展科和综合办公室。围绕“坚持科学发展、深化全面转型、加快建设现代化首都新城区”的发展目标和战略举措,开拓创新、扎实工作,推进建设区控规调整研究;深化天泰山风景区发展主题研究;开展高井、麻峪、广宁地区规划研究;完成五里坨建设组团96%居民拆迁;实现部分居民回迁安置房入住;逐步完善“三横三纵”路网体系;完成污水处理厂主体结构;完成热力主管线工程建设并投入使用;站前小区、金谷香郡等房地产项目完工;学校、医院、法庭、派出所等公益项目选址基本确定。被评为区“文明单位”。

地址:石景山区五里坨车站路1号

电话:88907327

邮编:100042

(杜玉敏)

【做好善后救灾】 区西建办第一时间启动应急预案,与区市政市容委、街道办事处、驻区部队、驻地企业通力配合、明确分工,建立24小时巡查制度、汇报制度和反馈制度。组织工作人员和施工单位负责人对现场和周边居民区进行巡视,各项措施排除安全隐患。同时,对受灾情况进行梳理,准确向区委区政府部门汇报。组织召开现场办公会,到周边居民家中走访。通过抢修,各水毁道路包括村级道路基本通车,部队围墙建设完毕,灾害损失降至最小,未对百姓出行和部队安全造成严重影响。

(杜玉敏)

【五里坨控规调整研究】 区西建办会同规划分局、国土分局等单位,经过20轮修改,形成较为成熟的控规调整方案。方案着重优化教育、医疗、公共配套设施布局,调整增加保障性住房用地,适当提高浅山区地块的容积率,调整后增加建筑规模20万平方米。方案上报市规划院、市规划委。

(杜玉敏)

【旅游发展定位研究】 区西建办结合《关于打造北京西山八大处历史文化风貌区的调研与思考》的重点调研课题,深化天泰山旅游风景区规划研究。统筹落实文物资源的保护和利用,主动与西山八大处文化景区建设规划相衔接,提升西部地区文化吸引力、发展旅游休闲产业。

(杜玉敏)

【高井搬迁改造研究】 区西建办以西北热电中心开工建设为契机,与市规划委、区规划分局、高井电厂等相关单位沟通,通过电厂旧厂区的转型发展统筹解决高井村的规划调整和搬迁改造问题。年内,高井电厂开展旧厂区转型发展的前期论证,选定专业设计单位进行系统规划研究。

(杜玉敏)

【广宁村规划研究】 广宁村人口密度大,地理环境、土地权属复杂,利益诉求主体多元化,控规调整和搬迁改造的实施难度较大。年内,通过与区教委、规划分局、广宁街道办事处多次沟通,形成新的调整方案,就广宁村建设用地和教育用地进行重新规划。协同京能热电集团研究旧厂区土地利用问题,统筹解决广宁村控规调整和搬迁改造。

(杜玉敏)

【土地一级开发】 区西建办会同区住建委、重大办、国土分局、司法局、街道办事处、实兴腾飞公司等单位推进拆迁工作。采取现场联合办公、定期召开工作例会、重点对象上门谈话、提供司法调解服务等方式,营造公平、和谐、有序的拆迁环境和社会氛围,保障拆迁居民的合法权益。在做好维稳工作的前提下,对部分重点突出的特殊滞留户,坚决走裁决程序,协调区法院对已裁决户执行强拆。年内,五里坨建设组团土地一级开发完成投资50亿元,其中,居民拆迁完成96%;国有企业拆迁完成15%;集体土地地上物腾退工作,五里坨农工商公司完成90%,黑石头农工商公司完成85%;坟地迁出工作,五里坨农工商公司完成90%。

(杜玉敏)

【道路工程建设】 五里坨路北段工程仅剩20余米,南段开工建设。新隆恩寺路完成500余米的道路土方平整及雨污水、热力管线施工。京门路新线建设工程开工建设,雨水管线完成1200米,污水管线完成300米。新隆恩寺路西段大修工程、黑石头村路等道路基本完工。石门路大修工程竣工在即。

(杜玉敏)

【市政设施建设】 热力主管线工程全部完成并投入使用,累计完成投资2亿元。污水处理厂项目主体结构已全部完工。五里坨供水厂项目制定分散供水方案,满足近期定向安置房的供水需求,随着其他地块上市交易和建设供水需求将大增,需加速供水厂建设。区市政市容委已按区政府要求,重新确定建设主体,推进前期工作。

(杜玉敏)

【房地产项目建设】 区委区政府成立总指挥部,下设群众诉求解决方案制定、群众工作、施工管理等10个工作组。各部门各司其职、上下联动,在与市级主管部门、北京铁路局以及门头沟区相关部门协调和对接方面取得成效。年内,39栋定向安置房全部开工建设,其中,C区11栋于9月11日入住,其余28栋将于下年全部入住。五里坨2号地B地块保障房项目用地规模7.04公顷,总建筑规模16.7万平方米,初步规划方案设计建设保障性住房2900套,年内剩余1户住宅未拆除。南宫小区保障性住房项目,加快解决2009年底前1100余户限价房轮候家庭住房问题,经区政府研究,该项目调整为限价房配建公租房,公租房产权由上市中标单位持有运营,房源由政府按照有关规定分配,积极推进该项目土地上市工作。站前小区项目竣工验收,待区发改委定价后摇号配售。“金谷香郡”商品房项目全面完工,于9月26日办理入住。

(杜玉敏)

【社会公益项目建设】 学校、医院等项目选址基本确定,正在开展与优质院校洽商。五里坨特勤消防站完成前期手续。法院、派出所等项目选址工作基本确定。隆恩寺沟、潭峪沟治理工程、小青山公园项目有序开展前期工作。

(杜玉敏)

外事工作

概 述

北京市石景山区人民政府外事办公室(简称区政府外办)是负责本区外事和港澳事务的区政府工作部门。按照首都建设中国特色世界城市和“人文北京、科技北京、绿色北京”战略总体部署,围绕“大调整、大建设、大发展”工作主线,服务现代化首都新城区建设大局,着力构建“大外事”、“大开放”工作格局,不断提升外事管理与服务水平,拓宽对外交流与合作的广度和深度,加快推进区域国际化水平。获得外交部授予的“全国地方外事先进集体外事管理工作优异奖”、中国人民对外友好协会和中国国际友好城市联合会颁发的“百城论坛城市科学发展奖”、市政府外办颁发的“北京外语游园会最佳分会场”、“区委优秀信息单位”、“区政府信息公开工作优秀单位”等荣誉。

地址:石景山区石景山路18号
电话:88699516
邮编:100043

(冯 璨)

9月10日,与首尔麻浦商工会签署备忘录 (区政府外办供稿)

【发布APEC商旅卡暂行管理办法】 区政府外办服务本区经济建设,支持企业拓展海外业务,根据外交部领事司有关文件规定和市政府外办《北京市企业人员申办APEC商务旅行卡管理办法》及《关于试行为我市中外合资、外商独资和台港澳资企业中方(大陆)人员颁发旅行卡的通知》,制定企业人员申办APEC商务旅行卡暂行管理办法,经1月30日第3次区长办公会议通过,3月2日予以发布。APEC商务旅行卡系APEC Business Travel Card的简称(简称旅行卡),持卡人凭有效护照和旅行卡在三年内无须办理入境签证,可自由往来于已获批准入境的各APEC经济体之间。该卡旨在便利于APEC范围内各经济体的商务人员往来。

(冯 璨)

【国际友好城市交往】 区政府外办加强对国际友城工作的统筹规划,推进区域对外交流与合作,与国外22个市区建立国际友好城市和友好联系区,交往范围覆盖非洲以外的四大洲。1月,邀请赤塔市文工团参加本区军民春节联欢晚会;开展民间外交,派遣16名高中生参加市青少年漫画交流访问团到日本东京及北海道交流访问。2月,促成在有关网站设置俄罗斯赤塔市城市投资及旅游资源网站的链接,实现资源共享。2月、9月分别在日本东京都墨田区和板桥区举办“石景山今昔故事”区民摄影作品展以及“板桥区—北京石景山区交流15周年纪念风景摄影展”,促进日本民众对本区了解。5月,邀请麻浦区副区厅长金永淏率团来访。9月10~12日,在韩国首尔麻浦区厅长朴弘燮率团来区访问期间,安排麻浦区商工会和区工商联签署《加强交流与合作谅解备忘录》,并组织韩国企业与10家区重点企业进行商贸洽谈,达成一系列合作意向;同月18~19日,接待麻浦区派遣的第八个少年足球代表团。推动多个中俄“两国三地”友好交流合作项目,并进入实施阶段,三方友好交流与合作关系迈入新阶段。

(冯 璨)

【外交部大使参赞参观】 2月16日,外交部年度第一期大使参赞学习班学员一行41人考察调研本区文化产业发展状况。与市政府外办及区领导进行座谈,听取区情和文化产业发展总体情况介绍,考察有代表性和“走出去”实际需求的文化创意企业——搜狐畅游公司和华录集团,参观八大处二处灵光寺佛牙舍利。

(冯 璨)

【助推区域经济发展】 2月,区政府外办安排区主要领导与驻外总领事等高级外交官交流座谈。5月8日,邀请瑞士企业家考察团来区参观考察,并与区重点企业中环保水务投资有限公司进行商务洽谈;安排捷克比尔森州商会主席米罗斯拉夫·泽曼先生两度访问本区,就捷克啤酒合作生产、捷克啤酒温泉城等项目进行务实沟通。6月,支持区科委参加在巴西召开的“联合国可持续发展大会”政府边会,代表“国家可持续发展试验区”发言。11月,筹备两位区领导赴香港出席第十六届京港洽谈会,协助组织“京港双向投资暨国家服务业综合改革试点区推介会”;为区主要领导和相关人员申办相关手续,确保相关团组赴港考察地铁交通枢纽建设、运行和管理情况。同月,促成区体育局与阿根廷足球协会签署青少年足球人才培养合作备忘录;连续两年帮助九州羽翔(北京)贸易有限公司等驻区企业申请办理外国人来华邀请，促成企业产品出口。支持奥地利保时捷控股公司在本区发展，详细了解并协调解决企业经营过程中的问题和困难。与区商务委、科委园区共享外向型企业信息台账，从中遴选一批优秀企业，作为外事提供政策指导、信息咨询等服务的重点对象，开展定点服务工作。

（冯　璨）

【外交外事接待】 柬埔寨人民党代表团一行7人、土库曼斯坦民主党代表团一行8人分别于4月、5月到八角北里社区参观基层党建活动。8月8～13日，接待日本东京都区市町村友好代表团一行11人来区访问，精心安排日本友人参观考察基层社区建设及服务情况。同月，高标准完成外交部长杨洁篪、市政府外办主任赵会民来区指导调研工作的服务保障任务。11月，安排秘鲁、西班牙、委内瑞拉、哥斯达黎加等国的驻华大使及参赞到古城中学西语班进行参观交流。同月，配合安排东盟青年代表团一行28人到北京青年创业园石景山园参观交流。配合中央和市相关部门，做好“中非合作论坛”、“上海合作组织北京峰会”及“闪耀北京”光影文化季暨首钢灯光节等重大活动的接待、服务及保障等工作。全年接待党宾、国宾15人次，接待20个国家的18批来访团组252人次，安排来宾到区属重点对外参观单位考察37场次，区领导与来宾座谈交流17场次。

（冯　璨）

【国际语言环境建设】 区政府外办完善落实《首都国际语言环境建设工作规划(2011－2015年)》工作方案，以提高市民外语应用能力和国际化意识为目标，全面提升区域软实力。6月，召开市民讲外语活动周工作会议暨推进国际语言环境建设工作会议，对相关工作进行详细说明、全面部署和组织动员；组织开展征集市民讲外语活动十周年系列活动，收集档案照片65张、主题征文9篇、音频作品1个，报送信息4篇。7月，与区文明办、教委、社区学院共同举办市民讲外语活动周，近200人参加开幕式，来自全区各行各业的20人被授予区“市民讲外语突出贡献奖”称号；举办区旅游行业市民讲外语公益讲座，111人参加。在苹果园中学举办“体验英语、体验快乐”市民讲外语公益讲座石景山专场。全年举办窗口行业外语培训活动近30次，2000余人次参加，营造良好的语言氛围。高质量完成双语标识规范工作，14家单位完成自查整改工作，英语标识牌更正近70块，新增英语标识牌120余块；5家单位对英文菜单进行更正，8家单位新增英文菜单。答复各单位组织机构和职务职称译法问题40余次，为辖区外国友人提供便利。

（冯　璨）

【罗马区长来访】 11月15日，以意大利罗马市第十一区区长安德列·卡塔尔齐为团长的意大利代表团一行5人，到区进行友好访问。意方拟在区筹建融合经贸、文化、展览、美食、高端品牌于一身的“意大利之家”项目，并与区文委、旅游委、首钢开始对接合作意向。区投促局与意大利途西雅旅游协会签订委托招商协议，在欧洲建立招商引资海外平台，开展宣传推介及文化、专业知识培训工作，拟定期组织双边企业互访交流工作，形成常态化交流。

（冯　璨）

【因公出国(境)管理】 区政府外办健全计划管理机制，建立局级及以下党政领导干部因公出访情况数据库，严格落实市党政干部出访额度管理制度。健全教育防范机制，加强对双跨团组、中介机构及境外培训团组的教育管理，加强因公出访团组的行前教育培训，加强与区纪检、监察、组织、教育、财政等部门的协调配合以及对因公出国(境)任务审批、经费管理等环节的监督检查，确保审批无疏漏、管控无缝隙。健全成果转化机制，要求每一个出访团组必须根据出访任务，结合区域发展的重点领域和本部门职能对出访地进行考察，形成出访报告，确保实现“带着任务去，带着成果回”。健全证照管理机制，严格落实因公护照集中规范管理制度，实现护照收缴率100%、按期注销率100%和护照的零丢失，同时按照全市统一要求全面实施因公电子护照的签发工作，实现由传统护照向电子护照的平稳过渡。通过以上“四项”工作机制，逐步将制止公款出国(境)旅游专项治理工作转入常态化管理，全年为54批153人次顺利出访提供服务，涉及29个国家和地区，形成具有实践意义的出访报告17篇，境外培训干部59人次。

（冯　璨）

【提升涉外服务水平】 区政府外办率先制定涉外突发事件应急预案。与相关部门紧密配合，做好境外组织、机构、媒体、人员等在区活动的服务工作。加强联勤联动，发挥涉外突发事件应对管理联动机制的作用，完善固化各层级、各部门的协调联动，提高现场处置能力，形成工作整体合力。加强信息共享，完善纵向、横向的沟通联系机制、请示汇报机制和定期会商机制，寻求与市政府外办职能处室的沟通，加强与区属职能部门的会商，及时共享信息、准确研判形势、妥善处理问题。加强业务培训，两次组织全区范围的业务培训会，对各有关单位的主管领导和工作人员进行培训，不断提升领导干部和一线工作人员的应对意识和业务水平。全年接待境外记者约130人次。

（冯　璨）

政治协商会议石景山区委员会

中国人民政治协商会议北京市石景山区委员会(简称区政协),是政协北京市石景山区地方组织。九届政协委员会有委员175名,由26个界别组成。区政协常务委员会是区政协的常设机关,主持政协日常工作,召集并主持政协委员会会议。九届政协常委会组成人员33人,其中主席1人、副主席6人、秘书长1人、常委25人。下设办公室、研究室、专委会工作一室、专委会工作二室、专委会工作三室、专委会工作四室、专委会工作五室7个办事机构,行政编制26人。当年是九届政协的开局之年,在区委领导和市政协指导下,区政协常委会把握团结和民主两大主题,依靠各界委员,围绕中心,服务大局,把政协理论创新、制度创新、工作创新贯穿到政协工作的各个方面,在政协委员的履职方式、履职平台上积极探索,力求使政协工作更好地体现时代性、把握规律性、富于创造性。圆满完成九届一次会议部署的各项任务。全年开展5项专题调研,征集提案212件,其中会议提案196件,平日提案16件。经审查,立案188件,占提案总数的88%。其中,民主党派和人民团体提案16件,专委会提案3件,委员提案169件。188件提案已办复187件。收到社情民意信息368条,向区委区政府和市政协编发报送社情民意信息232期,市区领导批示68期次。6个专委会分别在各委办局设立基层联系点,如经济科技委员会联系石景山科技园,学习文史委联系区文化委,教文卫体委联系区教委等。通过开展形式多样的联组活动,增进委员与基层单位的联系,拓展委员履职的载体,丰富委员的活动形式,提升履行职能的质量和实效。3月启动的"我是委员我承诺,我为区域发展作贡献"活动得到委员的一致响应,175位委员除3位在国外,其余172名委员全部进行承诺。委员们围绕促进招商引资、诚实经营、增加就业、化解矛盾、履行委员职责、构建和谐社会等做出677项承诺。加强对委员的服务与管理。坚持用事业凝聚委员,用实践锻炼委员。通过走访、慰问、联谊、对口合作、联合开展视察调研等活动,增进了解,建立友谊。为85位委员过生日,走访中铁建、华夏银行、区科委等38家委员企业和单位,看望委员55人,得到委员及委员单位一致好评。

地址:石景山区石景山路18号
电话:88699212
邮编:100043

(李如松)

重要会议

概　述

区政协的重要会议包括全体会议、常务委员会、主席会议。在常委会领导下,围绕全区大局和中心工作,认真履行政治协商、民主监督、参政议政职能。全年召开常委会会议7次、主席会议8次,形成常委会建议案1个,主席会建议案4个。

(李如松)

【常务委员会会议】 第九届区政协召开7次常务委员会议。1月11日,岳德顺主持召开第一次常委会。审议通过区政协第九届委员会副秘书长名单、区政协第九届委员会专门委员会设置;审议区政协第九届委员会专门委员会主任、副主任名单和关于成立两个民主监督小组的决定。2月22日,刘国庆主持召开第二次常委会议。审议通过当年常委会工作要点(草案);学习区委第十一次党代会精神;传达刘淇关于本区文化创意产业发展情况的讲话;通过人事任免事项。5月29日,司尚国主持召开第三次常委会。会议听取并讨论司马红代表区政府所作的关于西山八大处文化景区规划方案和秋季灯光旅游文化活动规划方案的通报;听取并讨论刚杰所做的党风廉政建设工作情况的通报;听取区政协关于开展"我是委员我承诺,我为区域发展做贡献"活动情况的汇报。岳德顺在会上总结区政协九届常委会前阶段工作,对今后的工作提出具体的要求和建议。司尚国通报召开第二十一次政协工作理论研讨会的相关事宜。7月17日,刘建国主持召开第四次常委会。刘福利传达市第十一次党代会精神;审议并通过关于促进本区中小微企业发展的调研报告和关于促进本区中小微企业发展的建议案;总结上半年区政协工作,对下半年工作提出具体要求。8月9日,岳德顺与部分政协常委就本区社会治安综合治理情况进行第五次常委会议视察活动。会议视察金顶街街道、老山街道综治维稳中心、流动人口服务管理站后,召开工作座谈会,听取区综治办关于本区社会管理综合治理工作情况的汇报。司马红参加本次常委会视察。11月20日,岳德顺主持召开第六次常委会议。会议听取全区组织工作情况通报;听取并讨论区政协常委会建议案办理情况答复;传达并学习党的十八大精神。会议对全区组织工作和常委会建议案办理情况给予肯定,四位常委就学习党的十八大精神谈自己的学习体会。12月20日,赵继新主持召开第七次常委会议。会议审议通过区政协九届二次会议议程、日程(草案)、决议起草委员会建议名单(草案)、小组召集人建议名单;通报关于建立九届政协界别活动小组及召集人的情况说明。会议审议通过区政协关于表彰招商引资先进个人、优秀提案、优秀调研报告、优秀社情民意和委员承诺活动先进个人的决定。会议审议关于下年深入开展"我是委员我承诺,我为发展做贡献"主题实践活动的意见(草案);审议第九届委员会常务委员会工作报告(说明);审议常委会提案工作情况报告(讨论稿);审议区政协关于增补委员建议人选名单(草案)。

(李如松)

【主席会议】 九届区政协全年召开8次主席会议。1月11日,岳德顺主持召开第一次主席会议。审议通过各专门委会当年工作计划(草案);审议通过常委会工作要点(草案),建议提请区委常委会审议;审议通过关于沿用八届区政协各项工作制度的决定(草案),并提请区政协常委会审议;审议通过九届二次常委会议程(草案)。2月7日,岳德顺主持召开第二次主席会议。审议通过各专门委员会工作计划(草案);审议通过常委会工作要点(草案),建议提请区委常委会审议;审议通过关于沿用八届区政协各项工作制度的决定(草案),并提请区政协常委会审议;审议通过区政协九届二次常委会议程(草案)。2月22日,岳德顺主持召开第三次主席会议。听取提案分析情况报告;审议通过驻会主席、副主席、秘书长重点督办提案;审议通过"我是委员我承诺,我为区域发展做贡献"通知(草案);通过人事任免事项。5月25日,岳德顺主持召开第四次主席会议。审议通过专门委员会"我是委员我承诺,我为区域发展做贡献"活动情况;审议通过九届三次常委会议程(草案)。6月29日,岳德顺主持召开第五次主席会议。审议通过各专门委员会调研报告(汇报说明);会议决定把"关于促进我区中小微企业发展的建议案"作为常委会建议案,把"关于'关于石景山区推进社区养老服务社会化的对策研究'的建议案"、"关于进一步提升石景山区环境卫生管理水平的建议案"、"关于'促进我区文化创意产业与旅游产业融合发展调研'的建议案"和"'关于石景山区西部地区文物保护和开发利用情况的调研'的建议案"作为主席会建议案,报送区政府;审议通过第二十一次政协工作理论研讨会议程(草案)。11月7日,岳德顺主持召开第六次主席会议。听取主席会建议案办理情况答复;审议通过各专门委员会工作总结;审议通过区政协相关制度修订的说明,并建议有关制度提请区政协常委会审议;审议通过九届六次常委会议程。12月14日,岳德顺主持召开七次主席会议。审议通过区政协九届二次会议相关文件;审议通过关于建立九届政协界别活动小组及召集人的情况说明;审议通过区政协九届二次会议议程(草案)和九届二次会议决议起草委员会建议名单(草案)提交常委会审议通过;审议通过区政协关于表彰招商引资先进个人、优秀提案、优秀调研报告、优秀社情民意和委员承诺活动先进个人的决定(草案)并提交常委会审议通过;审议通过关于下午深入开展"我是委员我承诺,我为发展做贡献"主题实践活动的意见(草案);审议通过九届委员会常务委员会工作报告(审议稿)、提案工作情况报告(审议稿);审议通过关于增补委员建议人选名单(草案)。12月21日,岳德顺一行对区政府十项重点工程进展情况进行视察。

(李如松)

【政协工作理论研讨会】 7月16~20日,区政协召开第二十一次政协工作理论研讨会。政协常委以"贯彻落实十七届六中全会精神,促进石景山区文化发展与繁荣"为主题进行深入研讨。会议还传达学习北京市第十一次党代会精神,审议通过促进中小微企业发展的常委会建议案。荣华结合地区面临的形势与任务对区政协工作提出要求,要围绕稳增长积极履行职能,结合"我是委员我承诺、我为区域发展作贡献"主题实践活动,在促进重大项目加快建设、加大招商引资力度、优化区域服务环境等方面,找准工作着力点,积极建言献策。要围绕惠民生多办实事好事,对各项民生工程进行监督和推动落实。同时,组织发动企业界委员积极投身慈善事业,为困难群众多办实事好事。要努力协调各种利益关系,协助区委区政府化解各类社会矛盾,促进和谐、维护稳定。岳德顺对区政协下半年的工作提出具体要求。

(李如松)

专门委员会

概　述

根据政协章程规定和本区政协工作实际,九届区政协设置提案委员会、经济科技委员会、城建环保委员会、教文卫体委员会、社会法制与民族宗教委员会、学习与文史委员会等6个专门委员会。专门委员会是在区政协常委会和主席会议领导下,通过组织政协委员开展参政议政活动,确保政协工作经常化的工作机构。年内,贯彻落实区政协全体会议、常委会议精神,坚持把服务和推动区域转型发展作为履职重点,围绕区委中心工作和总体部署以及关系民生的重大问题,主动融入,主动作为,抓大事、献良策、求实效,凝心聚力助发展。主动发挥政协委员的主体作用和人才荟萃、联系广泛的优势,在创新政协委员履职方式上作积极探索。

(李如松)

【提案委员会】 全年组织开展活动28次,委员出席活动达107人次。其中组织学习交流座谈8次;提案督办8次;深入单位开展调研活动2次;走访委员8人次;总结联谊活动2次。推动提出提案42件,其中会议提案39件,平类提案2件,专委会平类提案1

8月9日,区政协检查区社会治安综合治理工作　　(张　媛　摄)

件。全年征集提案212件，其中会议提案196件，平日提案16件。经审查，立案188件，占提案总数的88 %。其中，民主党派和人民团体提案16件，专委会提案3件，委员提案169件。经区委区政府49个承办单位办理，办复187件，满意率97 %，同意率5件，占3%。年内，提案委探索新形势下党派提案工作的新方法和新途径，围绕提高党派提案质量、办理质量，召开不同形式座谈会，推进提案工作常态化。以往委员提交提案都集中在政协全会期间，时间集中，数量较大，有的承办单位只能应急答复，有的错过有利办理时限，导致办理提案质量不高。探索闭会期间政协提案的提交办理，发出关于认真做好平类提案工作的通知，对平类提案的选题、规范、立案、交办、督办及组织领导工作提出具体的要求。对致公党关于进一步挖掘文化内涵推动本区文化旅游发展的建议提案与区旅游委召开提案答复座谈会；对民革提出的关于本区设立全国性钢材交易所的建议、关于永定河水岸经济与“后首钢”建设协调发展的建议与发改委、金融办等单位召开集中答复座谈会。召开党派提案办理工作座谈会，听取相关单位办理党派提案情况的汇报，围绕党派提案办理工作中的做法、经验及存在问题等方面进行交流。按照政协常委会要求，对涉及提案工作的条例、办法等进行梳理，重新修订2个制度，废止4个暂行办法。按照市政协新修订的提案工作条例，结合本区实际，对提案工作条例作出规范，重点充实提案的分析和重点提案办理的检查督促等内容。由于工作条例变化，以及部门名称更改等原因，对党派、团体提案工作办法进行部分修改。全年收到社情民意信息368条，向区委区政府和市政协编发报送社情民意信息232期，市区领导批示68期次。

（李如松）

【经济科技委员会】 确立中小微企业为调研范围。制定调研工作计划，在广泛征求政府相关部门、驻区企业、金融机构、中介组织意见的基础上，根据本区企业规模的实际情况，针对中小微企业融资难、资源配置难、人才引进留住难和知识产权保护难等相关企业发展的实际问题开展专题调研。组织考察团赴温州、青岛等地，考察中小微企业的发展环境、金融政策。梳理本区相继出台的相关配套政策，理清由传统工业向绿色生态转型发展中制约因素的影响，形成“关于促进我区中小微企业发展的建议”专题调研报告。经政协常委会审议，形成常委会建议案呈报区委区政府，作为促进中小微企业健康可持续发展的对策参考。广泛开展“提供一条信息，引介一名客商，推介一个项目，服务一家企业”的“四个一”活动，发挥经科委委员主体作用，调动全委委员参与招商引资的积极性。主动与中国产业发展促进会、中国电子产业商会、中国贸促会北京分会等经济发展团体建立交流合作平台，促进引进企业与本区产业政策的融合发展。重点走访21家驻区企业，挽留3家拟迁移出本区的财政贡献突出企业。全年区政协引进企业53家，其中经科委引进50家，注册资金超过10亿元。开展委员承诺活动，涌现出一批“安排200名下岗职工”、“保障老百姓菜篮子”、“为驻区重点企业安排3000平方米职工宿舍”、“引入一个注册资金1亿元企业”、“每年资助10名贫困学生”等在招商引资、安商扶商、促进民生、推进建设、扶危济困等方面具有代表性的承诺。同中关村科技园石景山园协商建立“政协委员科学履职实践基地”，确立7家定点视察单位。

（李如松）

【城建环保委员会】 全年组织活动22次，出席委员人数210人次。开展提升环境卫生管理水平和水资源开发利用与供水保障两项课题调研。迎接全国卫生区复审工作，到区市政市容委、城管大队、环卫中心、鲁谷社区、八角街道、八宝山街道调研，赴四川省绵阳市学习城市环境治理的先进经验，经多次讨论修改，征求各相关部门和全体委员意见建议，完成“关于进一步提升石景山区环境卫生管理水平”的调研报告。最终形成主席会议建议案送区政府。通过实地考察、专家论证和分析研讨，摸清本区水资源开采利用、水源补给情况，掌握供水现状、居民饮用水水质及污水排放、雨水收集利用等多方面情况，完成“关于我区水资源开发利用与供水保障的调研”报告，提出保护开发利用水资源及加强供水保障的对策和建议，得到夏林茂肯定。开展委员承诺活动，城建环保委33名委员全部进行承诺，承诺履职内容118条，承诺率100%，完成率100%。承诺活动为“7·21”自然灾害受困群众、单位困难职工捐款捐物85万余元；招商

1月17日，政协领导慰问基层志愿者　　（吴赛赛　摄）

5月23日，区政协组织义诊　　（张　媛　摄）

引资，企业注册资金4500万元；不断创造就业岗位，解决7480人的就业问题；支持文化教育事业，不定期地看望民间机构收养的孤残儿童。

（李如松）

【教文卫体委员会】　全年组织各种会议、调研、视察等活动18次，参加区政协组织活动3次，参与相关部门活动10次，参加委员280余人次。组织召开区情通报会，为委员知情问政、科学履职奠定基础。结合调研和参政议政工作，组织委员参加政协理论知识培训和区情通报会；分别听取区委宣传部、区教委、卫生局、体育局等部门的工作情况通报。制定调研方案，成立调研小组，完成"关于促进本区旅游文化产业发展"调研课题，提出完善机制，整合资源；促进旅游、文化及其他领域融合发展，与现有特色景点融合，与特色文化创意产业结合，与特色社区文化相结合，与特色街区结合，与特色休闲体育结合，打造特色旅游精品线路和加大对外宣传力度等建议。调研报告经主席会议审议通过形成主席会建议案，为区政府决策提供参考。与提案委对九届政协第3次主席会议确定的民进区工委提出的"关于未来五年我区教育事业发展的几点思考和建议"重点提案进行督办。开展委员承诺活动，在活动中对300多人次进行就业方面培训，对3000名流动青少年生活技能和职业软技能开展培训，引进3家企业注册资金300万元，参加公益活动1200余人次，捐出善款15000元。

（李如松）

【社会法制与民族宗教委员会】　全年组织委员活动29次，委员出席活动211人次，其中调研、视察14次，走访委员4次，参加座谈4次，组织联谊活动2次，其他活动5次。确立以"关于石景山区推进社区养老服务社会化的对策研究"为课题的调研，并与民革区工委、致公党区工委组成联合调研组。多次进行课题论证，分别与区民政局、区相关街道和社区进行座谈，了解相关情况，进行实地视察，结合本区实际和采集数据，完成调研报告。经专委会委员讨论通过，提交主席会议审议后，形成主席会建议案。开展委员承诺活动，全委29名委员都签署承诺书，完成率100%。为区清真寺捐赠价值8000余元购置桌椅，为西黄村小学捐款2000余元解决学生教学书短缺问题；在"7·21"自然灾害捐款活动中，以灵光寺名义捐赠善款10万元；组织单位捐款36,500元；引进3家注册资金超过100万元的企业。与区法院组成对口共建联系单位，在175名委员中，选出14名有专业技术特长的政协委员，成立"专业技术咨询委员会"。组织委员视察双泉寺、大悲寺，对佛教文化及佛教旅游资源的开发情况进行视察、座谈。会后形成"关于本区佛教文化与旅游建设"的专委会提案，得到相关单位的及时办复。结合西山八大处文化景区建设，专门拍摄专题片，分别介绍西山八大处的历史、现状和未来规划。就"积极应对社会老龄化促进我区养老事业健康发展"和"关于将八大处公园打造成以佛牙舍利为核心的佛教文化高端旅游胜地的建议"的提案

5月23日，政协视察瑞达大厦　　（张　媛　摄）

落实情况，与提案委联合进行督办。

（李如松）

【学习与文史委员会】 全年组织委员全体活动17次，其中调研4次、学习考察3次、视察3次、讲座2次、专委会全体委员会2次、春节中秋茶话会2次、联谊总结会1次，参加347人次。邀请区政府领导为委员开展区情报告，邀请市政协有关领导围绕如何当好政协委员，履行好政协职能进行专题讲座，与政协办公室协作，组织政协常委对市委、区委十一次党代会精神和刘淇在八大处的讲话精神进行专题学习，组织政协常委到西柏坡进行革命传统教育。邀请区文委、旅游局领导向本委委员通报上年工作完成情况和当年工作思路。开展“关于石景山区西部地区文物保护和开发利用情况”的调研课题。组织委员深入五里坨、天泰山、八大处等地实地考察，形成调研报告，经主席会通过形成主席会建议案。配合政协研究室开展“关于打造北京西山八大处历史文化景区的调研与思考”的调研工作。先后走访区内外数个地区和单位进行调研考察走访，摸清历史文化资源的基本底数，获得许多宝贵经验，经过反复讨论、修改，形成1.6万余字的调研报告。组织委员到八大处、天泰山、西城区大栅栏、中国国际广播电台、北惠济庙、五里坨民众博物馆等地进行六次学习考察活动，听取公园管理中心、西开办、区文委等单位的情况介绍，并对姚家寺、清凉寺、弘德寺、弘福寺等进行实地考察，针对城市拆迁、旧村改造，城市变化带来的影响，提交“关于在旧村原址建立介绍原村名和村史碑亭”的提案和有关社情民意，结合文物保护和开发利用实际，提出相关意见建议。编写《石景山地名掌故》288篇，50余万字。

（李如松）

北京 2013 石景山年鉴

SHIJINGSHANNIANJIAN

纪检·监察

中共石景山区纪律检查委员会机关(简称区纪委)和北京市石景山区监察局(简称区监察局)合署办公,在区委区政府和市纪委监察局双重领导下开展工作。内设办公室、干部室、研究室(政策法规室)、宣传教育室、信访室、案件审理室、案件检查室(案件管理室)、执法监察室、纠正部门和行业不正之风办公室、领导干部廉洁自律办公室等10个职能室以及区行政投诉中心。年内,切实履行党章赋予的职责,深入推进党风廉政建设和反腐败工作,为实现"十二五"规划和建设现代化首都新城区提供坚强保证。加强专项督查工作,成立安保督查组,以召开会议、听取汇报、查阅资料、现场检查等方式,深入610办公室、司法局及各街道、社区开展督查20余次,确保党的十八大召开期间地区平安和谐,完成社会面防控督查任务。加大监督检查力度,推动市、区重大决策部署贯彻落实。综合运用执法监察、专项督查、立项监察等手段开展监督检查。对中高考、成自考、公选处级领导干部等200余个考场进行考场纪律检查;全程监督第二水泥管厂综合改造项目工作,通过开展监督检查,及时发现和纠正工作中存在的问题,有效预防和减少腐败现象的发生,推动各项工作健康顺利开展,保证政令畅通。以坚决惩处腐败问题为基础,加大查办案件的力度。加大反腐倡廉宣传教育力度,促使领导干部廉洁自律。开展以"践行北京精神,保持党的纯洁性"为主题的教育月活动,全区50余家单位开展讲党课活动,30余家单位1300余人次参观廉政教育影像展,以领导干部和重要岗位人员为重点,开展警示教育和勤政廉政教育。预防职务犯罪教育不断深化,对上年124名新任职的处级领导干部进行集体廉政谈话,强化领导干部廉洁从政意识。健全制约监督机制,促使领导干部正确行使权力。深入开展巡视工作,在老山街道等4家单位进行巡视。开展"回头看"工作,夯实党务公开工作基础,全区党务公开工作群众满意度达到95%。深化政务公开和加强政务服务工作,梳理政务公开事项目录834项。推进具有本区特色的电子监察平台建设,年底进入内测试运行阶段。深入推进廉政风险防控管理工作,制度建设不断加强。召开廉政风险防控管理工作推进大会及"三个体系"建设专题培训会。深化惩防体系建设,加强对权力运行的监督,区四套班子先后梳理集体决策事项,完善"三重一大"集体决策制度,编制"三重一大"权力运行流程图。六个试点单位共梳理涉权事项五类1300余项。深入推进政风行风建设,解决损害群众利益突出问题。持续开展民主评议基层站所工作,对全区17个重点服务窗口,67个基层站所,进行民主评议。全年收到行风热线群众反映的问题1053件,全部办结;接到行政投诉66件,全部办结,其中直查27件,直查率达到42.9%,发放监察建议书3份,相关单位上报整改报告10件,批评教育2人,解决一批群众关注的热点难点问题。加强纪检监察干部队伍建设,不断提高履职能力。探索归口派驻方式,推进监督体制机制创新,整合监督力量,组建国资系统和城建系统两个联合纪检组,切实加强对重点领域、重要部门、关键岗位的监督。深入开展创建"三型"机关活动,坚持每月业务交流学习制度,纪检监察干部能力素质不断提高。纪委信访室被评为区年度信访工作先进单位。"9·10"办案组获得市纪检监察系统案件查办工作先进集体三等功,纪委常委、案件检查室田成立获市纪检监察系统先进个人三等功。

地址:石景山区石景山路18号
电话:88699315
邮编:100043

(仝　韬)

纪　检

【党风廉政建设责任制】 2月28日,区纪委制定下发区委2012年建立健全惩治和预防腐败体系任务分解方案,明确15个单位牵头的36项具体任务。11月下发通知,对全区落实党风廉政建设责任制、推进惩防体系任务完成情况进行专项检查。要求各单位进行自查自评,并写出自查报告。12月中下旬,由16位区领导带队,组成16个检查组,对区住建委、古城街道等16个重点单位落实责任制及惩防体系完成情况进行检查,并将检查情况向被检单位进行书面反馈。同月20日,由市委常委、组织部部长带队,对本区落实党风廉政建设责任制、推进惩防体系任务完成情况进行专项检查。

(牛秋娟)

【党务公开】 3月,区纪委下发党务公开工作要点,继续深入推进党务公开"回头看"工作。重点是公开内容是否全面、公开形式是否丰富、公开程序是否规范、公开时限是否及时、公开效果是否明显。在全区1620个基层党组织全部实行党务公开,出台党务公开办法或意见、工作方案156项,提升党务公开规范化,增强针对性和有效性。

(牛秋娟)

【教育月活动】 4~5月,区纪委以"践行北京精神,保持党的纯洁性"为主题,以处级领导干部为重点,活动以"五个一"为载体,开展第21个党风廉政建设宣传教育月活动。"五个一"包括:一个主题党课,请市纪委领导给全区处级以上党员干部讲党课,各单位党政一把手给本单位党员干部讲党课;一次廉政谈话,各单位党政一把手或纪(工)委书记对本单位科级负责人开展一轮廉政谈话;一次参观活动,组织开展"风清气正扬宗旨——北京市反腐倡廉教育影像展览"专题参观活动;一次读书学习活动,组织学习阅读《北京精神50问》、《北京精神百家谈》等推荐书目,撰写读后感,组织知识答卷活动;一次自查活动,着眼于保持党的纯洁性,针对"庸、懒、散"现象,开展教育自查自纠活动,在查找不足的基础上召开恳谈会,进行整改提高。教育月活动广泛宣传,在《石景山周刊》、区有线电视台设专栏对各单位开展的活动进行宣传报导,全区5000余名党员干部参与到教育月各项活动中,锻炼党性,强化廉政意识,以"教育月"推动“廉政年”。

（刘　霞）

【廉政风险防控管理】　6月27日，区纪委召开全区深入推进廉政风险防控管理工作大会，下发进一步加强廉政风险防控管理的实施意见及实施方案。组建由区委办、政府办、经信委、编办、法制办等16个职能部门组成的联席会，加强工作领导，统筹推进廉政风险防控管理“三个体系”（权力结构科学化配置体系、权力运行规范化监督体系以及廉政风险信息化防控体系）建设具体工作。自6月底开始，在区发改委等6家单位，开展对权力分权制约、程序制约和标准制约机制的研究和探索的试点工作，积累权力结构科学化配置的经验。截至年底，各试点单位完成对公共服务和管理事项、行政执法事项等5类涉权事项的梳理，形成“权力清单”1516项，制作相应的职权目录、权力运行流程图。针对权力运行过程中的风险点，开展决策权、执行权、监督权相对分离、相互制约的机制探索。

（穆志斌）

【纪检监察干部培训】　11月21～23日，区纪委组织全区纪检监察干部进行集中培训。采取专题辅导与经验交流相结合，内容有十八大报告解读、纪检监察如何发挥监督作用及案件查办工作技巧等纪检监察业务知识的学习探讨、反腐倡廉网络舆情工作及信息工作培训的专题讲座，安排7家单位作经验介绍的直观推介，整个培训同时兼顾知识性与实用性。全区各单位专兼职纪检监察干部（含双管单位），委局机关各室、中心，区委巡视组和联合纪检组的纪检干部130余人参加培训。

（刘　霞）

【巡视工作】　区委巡视组坚持边巡视、边探索、边完善、边提高，编印区委巡视组规章制度汇编，不断完善巡视工作机制，不断改进方式方法，有效运用巡视成果。按照区委要求，对石景山医院、区体育局、老山街道和鲁谷社区进行全面巡视。通过查找问题，加强监督，推动工作，发挥“保健医”作用，体现区委巡视工作的价值和权威。

（王新华）

6月26日，纪检监察人员检查拆迁现场　（区纪委供稿）

【查办违法违纪案件】　区纪委加大案件初步核实力度，初核违纪线索27件，初核率55%，其中了结22件，经初核转立案5件。全年立案7件，其中大要案6件；移送司法部门5人；年内结案2件，给予处分2人，其中1人为副处级领导干部，受到党纪政纪双重处分，被追究刑事责任，另1人受到党纪处分。对在案件查办过程中发现的问题和管理漏洞，及时向发案单位发出《纪律检查建议书》，提出相应整改意见，有效发挥案件查办的治本功能。完善查办案件组织协调工作体系，做好立卷归档和案件统计分析等案件管理工作，从加强制度建设和落实入手，规范案件查办和管理工作。

（刘铁飞）

监　　察

【重点工程立项监察】　2月29日，区纪委、监察局制定并下发对当年十项重点工程建设开展立项效能监察实施方案。3月21日下发《监察通知书》。成立由区监察局、行政投诉中心、区政府督查室、发改委、住建委、审计局、财政局，区政府特约监察员组成的联合监察组，重点对工程进度、资金管理使用、工程质量、工作人员依法履职等情况进行监督检查。

（王　勋）

【电子监察建设】　3月，区纪委、监察局开展系统调研工作，包括行政审批、行政执法事项梳理和信息化建设，将区城管大队、住建委确定为本区电子监察建设试点单位。5月，确定前期监察应用模块，包括行政审批、政民互动、信息公开、重大工程、效能监察、行政投诉、视频监控等多个主题。6～8月，进行各主题监察模块的需求分析，要实现实时监控、预警纠错、绩效评估、统计分析、信息服务等功能。9月，进行系统开发。10～12月，进入内测试运行阶段，完善各模块功能。

（张世栋）

【保障性住房立项监察】　3月，区纪委、监察局制定下发对住房保障工作开展立项效能监察的实施方案及监察通知书。以保质量、保进度、保安全为前提，把握“四个注重”：注重量化考核指标；注重把握“重点部门”和“重要环节”的督察；注重培育典型经验；注重打造电子监察平台，促进全区保障性住房任务优质、安全、高效、廉洁完成。成立由区监察局、区行政投诉中心、区政府办督查室、区党风廉政监督员、区政府特约监督员组成的联合检查组，对14个被监察单位、10个保障性住房审

核窗口和相关建设工程开展检查。参加7次保障性住房廉政风险防范工作联席会议,4次保障性住房配租配售现场摇号监督工作。8月对当年本区住房保障工作目标责任书落实情况进行专项检查。9月开展住房保障资格审核窗口规范化服务专项检查,将存在问题及时通报有关部门,督促整改落实。

(张世栋)

【民主评议政风行风】 3月,区纪委、监察局制定下发民主评议基层站所(服务窗口)工作方案。4月,召开民主评议工作部署会,全区基层站所和重点服务窗口按照要求全面展开。5月,召开民主评议推进会,分两次集中听取17个重点服务窗口的自查自纠汇报。6~10月,组织20名党风廉政监督员和特约监察员分为四个评议督导组,分别对基层站所和重点服务窗口进行明察暗访和评分工作,在每个街道(社区)选聘50名评议代表,联合区行政服务中心聘请社会调查员,广泛征求各辖区和服务对象的意见、建议,发放并收回调查问卷1300余份,整理群众意见及建议304条。对全区67个基层站所、17个重点服务窗口、10个公共服务行业开展群众民主评议工作。根据依法行政、服务环境、政务公开、廉洁从政、行为规范、办事效率、社会监督七项内容的评议情况,评选出15个优秀基层站所和优秀服务窗口,在全区进行通报表彰。

(罗周智)

【十八大安保督查】 8~11月,根据十八大安保"十大专项行动"督查工作方案要求,区监察局组织力量纳入区十八大安保督查一组,以召开会议、听取汇报、查阅资料、现场检查等方式,对610办公室、司法局、八宝山街道、鲁谷社区四个单位落实党的十八大安保专项行动方案的部署和要求情况进行三次督导检查。

(王 勋)

【信访举报】 区纪委监察局全年受理信访举报97件次,同比减少28件次,下降22.4%。定期召开信访举报问题集体排查会,加强对信访举报问题的集体排查,加强与区委组织部沟通协调,坚持信访联席会制度,发挥案件线索价值评估机制作用。

(董 影)

【行政投诉】 区纪委监察局全年接待投诉113件,属于受理范围66件,直接调查27件,全部办结,涉及7个区属部门及8个街道办事处。加大直查快办力度,直查率达到42.9%,与上年同期相比上升125%,总结投诉案件的突出问题和主要特点,以季度为单位编写行政投诉分析,提出改进建议。根据发现问题提请区监察局下发4份监察建议书。开展市行政投诉电话96160宣传工作,在区政府和所属委办局、街道及社区便民服务大厅20家窗口单位增设宣传展板、发放宣传卡片,并利用石景山信息网、有线电视台、《石景山报》等媒体进行宣传。建立行政投诉信息系统,实现投诉件受理、登记、转办、反馈、批示、归档和查询的一站式、一网制功能。全年投诉案件实现档案电子化管理。

(张世栋)

【纠风工作】 区纪委监察局全年受理政风行风信件1053件,全部办结。开展以严厉打击以假充真、以次充好、哄抬物价、囤积居奇等扰乱市场秩序的食品安全专项治理工作;2~6月,在辖区一级及以上医院和社区卫生服务中心共35家机构中,开展医药购销和医疗服务专项整治;4~5月,开展大型零售企业向供应商乱收费专项治理工作,重点检查物美公司、大中电器公司与供应商签订的供销合同、财税账目和明码标价执行情况,规范企业行为;4~10月,开展教育乱收费专项治理工作,分别对29所幼儿园和13所中小学的收费情况进行检查。

(罗周智)

【组建联合纪检监察组】 区纪委制定推进纪检监察派驻管理体制改革的实施意见,成立国资系统和城建系统两个联合纪检监察组,加强对重点领域、重要部门、关键岗位的监督。

(李 贤)

民主党派·工商联

石景山区有中国国民党革命委员会、中国民主同盟、中国民主建国会、中国民主促进会、中国农工民主党、中国致公党、九三学社7个民主党派的区工作委员会(简称区工委),为各党派北京市委的派出机构。本届党派区工委均于上年6月完成换届。截至年末,7个民主党派区工委有支部37个,成员1014人,比上年增加63人。

各党派区工委在党派市委和中共石景山区委领导下,在区委统战部指导帮助下,认真学习贯彻中共十八大和中央4号文件精神,坚持走中国特色社会主义政治发展道路,进一步巩固中国共产党领导的多党合作的政治基础,适应参政党建设的发展规律,努力践行“同心”思想,在围绕中心、服务大局上,始终保持与中共石景山区委在政治上同向、思想上同心、工作上同步。发挥党派人才荟萃、社会联系广泛的优势,开展调查研究、建言献策,富有成效地履行参政议政、民主监督职能,为地区经济社会发展起到聚心、聚智、聚才、聚力的独特作用。各党派区工委始终把促进发展作为参政议政的第一要务,经济发展推进大会召开后,各党派区工委响应区委区政府号召,分别召开区工委全体会议传达贯彻会议精神,认真落实招商引资责任,大力宣传区域经济发展政策,广泛利用各种资源,发挥桥梁纽带作用,在招商引资工作中干实事,见成效。社会服务工作是各民主党派参政议政的延伸和重要社会实践活动。各党派区工委善于发挥自身优势,深入街道、社区和学校,开展文化、医疗、法律援助、扶贫助学等社会公益活动,扩大社会影响,为和谐社会建设服务。各党派区工委注重建设学习型参政党,努力加强自身建设,以思想建设为核心、以组织建设为重点、以制度建设为保障,夯实开展各项工作的基础,教育引导党派成员践行社会主义核心价值体系和“北京精神”,充分调动党派成员参政议政的热情,不断提高党派成员的理论学习能力、政治把握能力、参政议政能力、合作共事能力以及调查研究能力,认真做好党派成员的组织发展和教育管理,进一步增强组织凝聚力,始终保持蓬勃的发展活力,同心同德、积极作为,为推动地区转型、发展贡献力量。

石景山区工商业联合会(商会)是中国共产党领导的面向工商界、以非公有制企业和非公有制经济人士为主体的人民团体和商会组织,积极发挥自身作为政府管理非公有制经济的参谋和助手作用,在维护会员合法权益,参与公益性的光彩事业,促进就业等方面发挥桥梁和纽带作用。在团结、引导、服务非公经济人士,推进区内非公经济发展等方面发挥积极作用。

(于　娟)

中国国民党革命委员会石景山区工作委员会

概　述

中国国民党革命委员会北京市委员会石景山区工作委员会(简称民革区工委)是民革北京市委的派出机构。有4个支部,民革党员103人。年内发展党员16人,党员中有市人大代表1人,市政协委员2人,区人大副主任1人,区人大常委1人,区政协常委2人,区政协委员8人。年内,着力加强自身建设,创新工作方式,与市政协、民革市委、区政协等单位进行联合调研。积极报送信息,反映社情民意。坚持“同心”思想引领,践行共同价值理念;发挥多党合作效能,提升服务发展实效,切实发挥民革的独特优势和作用;加强干部队伍建设,整合高端人才,提高党员素质和履职水平。

地址:石景山区八角北路民主党派办公楼
电话:88927998
邮编:100043

(张　旭)

【思想建设】 民革区工委加强党员的政治把握能力、参政议政能力、民主监督能力和合作共事能力,增强接受中国共产党领导的坚定性和自觉性。7月11日,相继召开学习贯彻民革北京市第十二次代表大会精神座谈会和学习贯彻市十一次党代会精神座谈会。8月18日,举办暑期学习班,全国政协常委、民革中央副主席、市政协副主席、民革市委主委傅惠民与会,40多位党员参加,提交36条信息。10月24日,组织10余名骨干党员参加区委统战部在首钢党校举办的统战信息工作讲座。11月26日,召开学习贯彻中共十八大精神辅导报告会。12月1~2日,参加民革市委举办的学习贯彻中共十八大精神暨年度市、区两级领导干部培训会。

(张　旭)

10月19日,为社区和老党员提供医疗服务　　(民革区工委供稿)

【信息工作】 民革区工委全年报送信息200多条,其中被民革市委采用56条,被区委统战部采用42条。3月,被评为区统战系统信息工作先进单位特等奖,李凤芹、肖红、陈光、陆德山、柯玲、张旭被评为区统战系统优秀信息员。“关于北京精神宣传的建议”等4条信息被评为统战系统优秀信息。有9条信息被评为区政协优秀社情民意信息一等奖,占总数的41%;8条信息被评为区政协优秀社情民意信息二等奖,占17%。

(张　旭)

【参政议政】 8月24日,民革区工委针对“关于永定河水岸经济与‘后首钢’建设协调发展的建议”和“关于石景山区设立全国性钢材交易所的建议”党派提案,召开答复座谈会。区发改委、金融办、经信委、规划分局等单位相关负责人汇报提案办理情况,民革与会人员针对提案答复提出意见建议。11月5日,全体委员到区卫生局就深化医疗卫生体制改革工作问题开展调研,最终形成在区政协大会上的发言“关于进一步促进我区医疗卫生体制改革的建议”。完成“在建设世界城市背景下中关村科技园石景山园发展对策研究”,获区优秀调研报告评比一等奖;“加快石景山要素市场建设,促进全国性钢材交易所在我区的设立”被评为统战系统优秀调研报告;“关于石景山区推进社区养老服务社会化的对策研究”被评为区政协优秀调研报告二等奖。完成“石景山区防灾空间调研报告”,并转化为党派提案。“关于石景山区设立全国性钢材交易所的建议”、“关于规范社区工作,建立职业化社区服务队伍的建议”和“关于进一步提升石景山CRD内容的建议案”被评为区政协优秀提案。

(张　旭)

【推荐工作】 民革区工委分别召开民革市委委员人选民主推荐会、各支部代表民主推荐会、区工委主任会议、区工委代表会议等,正式选举李凤芹、陆德山、徐远平、肖红、李智勇、杨淑红、马丽萍作为本区代表,出席7月5~8日召开的民革北京市第十二次代表大会。李凤芹、陆德山当选为民革市第十四届委员会常委、徐远平为委员。李凤芹被推举出席中国国民党革命委员会第十二次全国代表大会。

(张　旭)

【支部换届】 2~3月,民革区工委制定支部换届工作方案。按照选举办法顺利完成支部换届工作。3月17日,召开支委述职评议会、新支委提名预选会和支委选举大会。述职结束后,与会党员对全体支委进行评议。随后举行支部选举,推荐支委均顺利当选。

(张　旭)

【社会服务】 3月1日,民革区工委社会服务专委会到苹果园街道西山枫林居委会举办医疗法律服务进社区活动,区工委委员宁煜和陈光分别就医疗和法律问题授课。4月24日,与区残联领导座谈,就帮助两位残疾儿童达成初步意向。5月16日,到肢体残疾患儿家中慰问,捐赠慰问金和慰问品。10月19日,在西山枫林社区开展医疗服务进社区以及关爱老党员活动,宁煜向居民讲解关节保健知识。在河南省慈善总会主办的大型慈善活动上,区工委肖红标价30万元的企业形象设计被河南省永威集团拍得,肖红将此款项全部捐给河南省慈善总会,用于关爱困境儿童。年内肖红无偿为“第三届两岸青年创新创业高端论坛”设计标识,为中央社会主义学院设计院徽、为“全国农产品加工业投资贸易洽谈会”、“中国民营经济国际合作商会”设计会徽。

(张　旭)

【组织活动】 4月20日,民革区工委第二支部到金隅集团北京现代建筑材料公司调研,就企业自主创新,经济、生态、社会效益相统一等问题进行座谈。8月4~5日,第三支部到辽宁省绥中县召开支部会议,传达学习区委统战部开展“同心同行迎接十八大　我为区域发展献计策”主题活动精神,研讨信息工作,并参观古碣石遗址。9月25日,由民革中央、民革市委与台湾中华花艺文教基金会联合主办的“2012北京·海峡两岸中华插花艺术交流展”开幕式在中华世纪坛中心展厅举行。组织20余位党员集体参观插花艺术交流展。12月7日,第二、三支部分别召开学习中共十八大精神座谈会。第二支部以艺术支部发挥优势,成为民革市委年度基层典型经验。

(张　旭)

中国民主同盟石景山区工作委员会

概　述

民盟石景山区工作委员会(简称民盟区工委)是民盟北京市委的派出机构,共有8个支部,盟员239人,其中女盟员107人;在职盟员146人,占61.1%,离退休盟员93人,占38.9%,平均年龄54.8岁。高教界盟员95人,占39.7%,普教界42人,占17.6%,科技界19人,占7.9%,医卫界20人,占8.4%,文化艺术6人,占2.5%,新闻出版6人,占2.5%,公有制经济24人,占10%,机关团体8人,占3.3%,新社会阶层18人,占7.5%,其他1人,占0.4%。高级职称(正高和副高)116人,占48.5%,中级职称84人,占35.1%。盟员中有市人大代表1人,市政协委员1人,区人大常委1人,区政协副主席1人,区政协常委1人,区政协委员6人。年内,区工委团结带领各个支部和广大盟员,继承和发扬民盟传统,践行“北京精神”,围绕中心、服务大局,锐意进取、勤勉工作,坚持把“立盟为公,参政为民”作为履行职能的根本宗旨,整合人才资源,发挥自身优势,建睿智之言;加强人才队伍培养,突出盟员优势,使区工委工作辐射各个领域,服务地区发展。

地址:石景山区八角北路民主党派人民团体办公楼
电话:88924684
邮编:100043

(张　慧)

【学习中共十八大精神】 民盟区工委按照民盟中央和民盟市委的部署和要求,通过多种形式学习贯彻中共十八大精神。把学习领会中共十八大精神与国情(包括市情、区情)教育结合起来，与学习民盟历史结合起来，注重学习民盟和中国共产党风雨同舟、休戚与共的合作历史，在广大盟员（特别是新盟员）中弘扬民盟优良传统，进一步明确广大盟员的政治责任感，坚定不移地走中国特色社会主义政治发展道路。

（张　慧）

【扩大民盟影响力】　民盟区工委做好对外宣传工作，努力扩大民盟组织的影响力。年内，向盟市委网站上传稿件96篇，为《北京盟讯》和《石景山报》等平面媒体投稿，报道区工委、支部以及盟员的工作动态，展现民盟组织的社会形象。各支部形成“有活动有报道”的良好工作习惯。

（张　慧）

【参与民盟市委换届】　民盟区工委先后完成民盟北京市第十一次代表大会代表和市委委员候选人推荐工作。推选出陈家葆等6位代表，参加6月17～19日召开的民盟北京市第十一次代表大会。区工委主委赵继新当选为第十一届市委常委，区工委副主委杨卫东当选为市委委员。及时向各支部和盟员传达会议精神。

（张　慧）

【严格组织发展】　民盟区工委组织发展速度快、层次高，保证发展盟员的质量，把好“入口关”。严格执行组织发展工作程序，坚持入盟前的谈话、外调制度，区工委审批通过之后上报盟市委。待审批的所有入盟材料均经过区工委会讨论（或者书面征求工委委员意见）通过，年内发展盟员20人，发展率为9％，净增率7.2%。新发展盟员平均年龄38.7岁。其中，女盟员9人；大学以上学历20人（硕士博士5人）；高级职称4人，中级职称7人；教育界6人，科技医卫界3人，新闻出版界、政府机关、公有制经济4人，新社会阶层人士6人，其他界别1人。同时，注意做好新发展盟员的后续培养工作，结合新盟员本职工作特长，通过参加新盟员培训班、报告会、座谈会等多种形式，进一步树立政治责任感，利用调研、信息、统战理论研究、社会服务等平台，锻炼他们的参政议政能力，提高综合素质，部分新盟员在较短时间内成长为盟务工作骨干。

（张　慧）

【统战理论研究】　民盟区工委完成课题文章（包括参与市委的课题）5篇，有部分论文由盟市委上报给相关单位参加评选。在12月25日召开的民盟市委统战理论研究工作总结会议上，陈家葆、伊大成、杨卫东、胡燕获盟市委“理论研究工作突出贡献奖”，陈家葆、伊大成被聘为民盟市委统战理论研究会指导委员会委员，杨卫东、胡燕、祝智军、吕荣霞、张慧等5位盟员被聘为研究会会员。

（张　慧）

【支部活动】　民盟区工委各支部活动开展活跃，杜绝“瘫痪”支部。北方工业大学支部组织各类活动10次，发挥支委带头作用，信息质量和数量均有大幅度提高。北京工业职业技术学院支部年内开展活动3次，学习中共十八大文件精神时邀请兄弟党派成员参加。首钢工学院支部开展各类活动7次，坚持每季度召开支委碰头会，坚持盟务工作集体研究决定制度。工业支部开展各类活动10次，与其他支部联合活动，活动数量和质量均有提升。中学支部全年组织活动6次，召开专题盟务工作会议，提高工作能力和水平。科技支部组织各类活动21次，创新工作思路，制定“季度负责人”制度，调动盟员参与支部活动的积极性、主动性，锻炼盟员多项能力。医务支部、综合支部分别组织活动4次、13次。

（张　慧）

【横向联系】　民盟区工委各支部在横向联合活动方面进行有益探索，实现资源共享，并初见成效。区工委下属8个支部均联合开展活动，少则两个支部联合，多则4～5个支部联合。活动形式有：参观考察，报告会，座谈会，献爱心等。提高盟员参与活动的积极性，拓宽盟员视野，加深盟员友谊，增强支部活力和组织凝聚力、向心力。

（张　慧）

【暑期学习班】　8月18～19日，民盟区工委举办暑期学习班。区工委委员、支部委员、新盟员和入盟积极分子等30余人参加。邀请区发改委、区委统战部分别作区情和信息工作辅导报告，并对区工委上半年工作进行总结。本次暑期学习班采用领导讲话、专题辅导、分组讨论、联谊游览等方式，在寓教于乐中，加深了解，增进友谊，提高学习效果。

（张　慧）

【调研工作】　民盟区工委把深化地区转型、促进科学发展作为参政议政的第一要务，凝聚智慧，深入调研、积极献策。完成5篇调研报告，分别为：“关于改进石景山区企业经营环境的调研”（转化为向区政协九届一次全会提交的党派发言和党派提案）；区工委委员完成调研报告“关于盘活石景山区存量资产促进存量企业发展的调查报告”；北方工业大学支部完成调研报告“石景山区文化创意产业发展中教育改革的建议”；北京工业职业技术学院支部完成调研报告“石景山区现代服务业发展的现状与对策”；科技支部完成调研报告“关于加强石景山区就业安置工作，构建和谐劳动关系的建议”（形成提案上交区政协）。

（张　慧）

【信息工作】　民盟区工委围绕中共区委区政府中心工作以及人民群众关心的热点、难点问题，发挥优势、集中民智，反映民意。向盟市委、区政协、区委统战部报送的信息总数346条，其中社情民意265条，工作动态81条。有64位盟员参与此项工作，约占盟员总数的28%。全年被区委统战部采用信息53条，名列各党派前茅，有多条信息被中央、市、区有关单位采用。3月，获区“统战系统信息工作先进单位”、被评为“调研工作先进单位”；盟员赵继新、张慧、杨卫东、祝智军被评为“优秀信息员”。信息“建议对我市公交专用道及站牌提示信息加以改进”（赵长坡、张慧）、“预留永定河河堤自行车道发展自行车休闲游产业”（赵继新、孙道银）、“民盟区工委开展纪念辛亥革命100周年活动”（综合采用）被评为优秀信息。

（张　慧）

【社会服务】　民盟区工委结合盟员的

本职和特长，开展社会服务工作。综合支部坚持并带动多个支部到顺义太阳村看望服刑人员子女，带去生活和学习用品。科技支部联合社会各方面力量援助黄庄打工子弟学校，在教学物资、教学经验咨询、学生安全和素质教育、家长和学生心理辅导、就业安置、法律法规解读等方面给予支持；向学校捐赠电脑和学生用具，举办现金知识讲座，盟员杨凯为新建操场提供所需砂石料。

（张　慧）

中国民主建国会石景山区工作委员会

概　述

中国民主建国会北京市委员会石景山区工作委员会（简称民建区工委）是民建北京市委的派出机构。现有基层支部7个，会员201人。其中男性会员130人，女性会员71人。研究生以上学历的有33人，占会员总数的16.4%；大本学历的有90人，占会员总数的45%；大专学历的有56人，占会员总数的28%。会员平均年龄52.7岁，其中40岁以下的有41人，占会员总数的20%；41～50岁的有67人，占会员总数的33%；51～60岁的有44人，占会员总数的22%；61～70岁的有14人，占会员总数的7%；71岁以上的有34人，占会员总数的17%。会员中具有高级职称的为46人，占会员总数的23%；具有中级职称的为53人，占会员总数的26%；具有初级职称的为15人，占会员总数的7%。民建北京市委委员2人，其中常委1人；市人大代表1人；市政协委员1人；区人大代表3人，其中常委1人；区政协委员14人，其中常委2人。年内，区工委牢记使命、恪尽职守，与中共区委同心同德、同心同向、同心同行，努力开拓工作新局面。关注时局发展，努力打造学习型政党，建设高素质的参政党队伍。准确把握形势，明确服务定位，整合优势资源，自觉服务于地区转型发展和稳定大局，开展调查研究，建言献策，反映社情民意；开展社会公益活动；加强自身建设，提高会员素质。

地址：石景山区八角北路民主党派人民团体办公楼
电话：68822161
邮编：100043
邮箱：mjsjsgw@163.com

（李　蕾）

【组织发展】 民建区工委全年发展会员14名。其中男会员12人，女会员2人。平均年龄39岁，其中40岁以下的8人，会员结构进一步优化。根据民建市委会员发展工作要求，结合地区会员现状，坚持数量与质量并举，注重质量，注意数量，发展综合素质高、参政议政能力强、代表性突出的会员加入组织。规范发展程序，从介绍会友到外调考察、从提交申请到上会讨论，对每个步骤都严格按照制度流程进行。

（李　蕾）

【组织活动】 民建区工委每季度召开一次会议，重要事项集体讨论，对各项工作进度和计划进行协商、考核，形成分工明确、高效配合的工作格局。上半年相继成立新一届理论宣传专委会、参政议政专委会。换届调整后的支部很快步入良性循环，分别组织多次活动。加强横向沟通，开展支部间联合活动三次，区全体会员活动两次。发挥会员专业化优势，为会员构建充分发挥其特长的平台。

（李　蕾）

【思想建设】 民建区工委根据民建市委和中共区委要求，开展政治交接学习教育、践行“社会主义核心价值体系”、“北京精神”等主题活动。以民建北京市第十次代表大会召开为契机，适时进行统战理论教育培训。围绕统战工作重点，进一步加强理论研究，形成“人民政协与扩大公民有序政治参与”。不断增强学习的系统性、针对性和时效性，围绕全国、市、区“两会”，民建北京市第十次代表大会、市第十一次党代会、中共十八大精神等，广泛组织学习活动，深入贯彻落实中共中央4号文件精神。尝试多种途径开辟宣传阵地。每季度出版一期内部刊物《石景山民建》，将工委会议活动等信息及时进行报道，开设QQ群和微博，对区工委定期发布消息、会员即时沟通交流、扩大民建影响力等起到重要作用。

（李　蕾）

【参政议政】 民建区工委结合工作实践，逐步建立健全调研和信息工作机制，进一步推进参政议政工作规范化、制度化。年内制定完善社情民意信息报送及奖励办法，量化报送要求，通过定期公布信息上报和采纳情况，督促鼓励会员广泛参与。通过信息网络及时转达各级关注的热点问题，信息员由各支部推荐，归纳总结支部成员热议的问题，形成建议。组织培训活动两次，分别请中共区委、市委统战部指导讲授写作要点，报送信息分别获得区委统战部特等奖及民建市委信息工作先进集体三等奖。与民建市委联合调研并负责执笔市委重点课题“推动本市电子商务行业健康发展”；参与市政协有关互联网健康发展调研以及调研报告的撰写；参与区政协主席调研课题“促进中小微企业发展”的建议和修改工作；完成区工委调研报告“互联网拉动村域经济的调研”和提案“整合西部文化资源，推动‘大西山’文化旅游产业发展的调研”的组织工作。

（李　蕾）

【社会服务】 民建区工委以“立足本区，放眼北京，服务全社会”为目标，不断开拓实践领域，扩大服务范围。关心八宝山街道贫困家庭现状，开展新春走访活动；为“7·21”特大暴雨自然灾害筹措善款；关注边远山区教育发展，为云南省丽江市永胜县东安小学和太极加禾小学捐助图书电脑等教学设备，资助贫困学生营养餐费，并安排会员到实地慰问。新设立爱心基金公益款。作为主要联系经济界人士的参政党，民建会员企业投身区域经济发展，贡献一己之力。会员所在中华职业教育社累计培训学员超过1000人次，安置培训人员和下岗工人就业800余人，志愿者服务项目工作被中华职业教育社总社和区委区政府立项推广。会员企业北京瑞杰灵通环境工程技术有限公司与区政府等相关部门启动“餐厨垃圾就地资源化处理”宣传教

育推广仪式，此项环保工程被民建市委与区级民建组织多年关注，有关垃圾分类处理问题形成多件党派提案、政协委员个人议案。会员企业北京标派科技有限公司为暴雨自然灾害捐款2万元，为怀柔区新农村民建基层会员解决果品滞销问题，捐助近3万元。会员企业哈佛摇篮幼儿园倡导发起的为云南省丽江贫困学校捐资助学活动，广泛引起会员关注。会员企业北京泰柯林工贸有限公司和北京一夫唐人广告有限公司走访河北唐山乐亭小学，捐赠15台电脑。

（李　蕾）

中国民主促进会石景山区工作委员会

概　　述

中国民主促进会北京市委员会石景山区工作委员会（简称民进区工委）是民进北京市委派出机构。截至年底，有会员169名，支部7个，分别是北京九中支部、教育分院支部、金苹古西支部、古东永乐联合支部、经济支部和退休支部、北方之星青年支部。工作委员会由主委1名、副主委4名，委员8名组成。会员中有民进市委常委1名、市政协委员1名、区人大常委1名，区政协委员10名（其中副主席1名，常委1名）。第四届区青联委员2名，区特邀监察员1名，区政协特约文史委员1名。年内，区工委坚持民进市委"有思有行、集智聚力、顺势而为、开拓创新"的工作方针，切实增强接受中共区委领导的自觉性，不断增进政治共识，进一步加强思想建设；以加强后备队伍建设为主线，着眼"人才强会"战略，认真搞好组织建设；以提高水平和实效为主旨，以新作为巩固老阵地，在顺势中开拓新领域，为推动地区经济社会转型发展建言献策；以提升服务能力为目标，切实加强自身建设，积极履行参政党职能，不断提高政治把握能力、参政议政能力、组织协调能力、合作共事能力，为开创地区工作新局面作出贡献。

地址：石景山区八角北路民主党派人民团体办公楼
电话：88924685
邮编：100043
邮箱：mjsjsgw@126.com

（杨朝红）

【思想建设】 民进区工委强化理论学习，提高会员的政策水平和理论素养，组织会员参加民进中央、民进市委、区委统战部组织的各种学习讲座，及时学习现阶段中共和国家的路线、方针、政策，及时传达重大会议精神。3月，组织工委委员和支部主任学习贯彻全国"两会"精神。5月，传达学习北京市第十一次代表大会精神。6月，传达学习中共北京市十一次党代会精神。8月4日，区工委暑期学习培训班在八大处公园六处培训中心举行。11月，组织工委委员认真学习中共十八大精神，畅谈对工作报告的认识及体会。古东永乐支部被评为民进市委"学习践行社会主义核心价值体系先进集体"。

（杨朝红）

【参政议政】 区工委多次召开调研课题研讨会、参政议政研究会。上半年制定调研工作计划，初步拟定调研题目；下半年工委调研小组分别到承恩寺和规划分局，与区文委、规划分局领导进行座谈，邀区政协前副主席陈国华讲解模式口古街改造意义，在此基础上完成调研报告"关于打造模式口历史文化街区的几点思考和建议"。到培智学校调研，完成"石景山区培智学校调研报告"，对培智学校存在的困难提出可行性建议。完成"石景山区中小学社会大课堂市级资源单位运行情况调研报告"；"石景山区高中学校特色发展调研报告"获区政协优秀调研报告。制定信息报送工作奖励办法。举办暑期班，请民进市委专家主讲信息写作；组织会员参加区委统战部信息要点培训班。会员报送信息踊跃，有23位会员报送社情民意信息64条，被民进市委采纳社情民意和提案10条。《石景山报》和民进中央网站分别登载工委活动信息4条和23条。主委于秀云《发挥参政党职能，同心同行促发展》刊载于7月30日的《石景山报》。信息工作获区统战系统年度一等奖，于秀云、宋竞男、杨朝红被评为优秀信息员。

（杨朝红）

【组织建设】 民进区工委制定完善工委和支部学习例会制度、会议纪要制度、档案管理制度、财务制度、组织工作制度和会员信息奖励制度等相关规章制度。工委委员兼任支部主任或由工委委员直接联系所在支部，配合支部主任开展工作，焕发支部活力。3月24日，举行新会员座谈会，对16名近几年新入会会员和发展对象进行培训。12月1日，组织部分新会员参观民进会史展览。金萍古西支部、古东永乐支部、经济支部、分院支部、九中支部、教育分院支部、退休支部等支部活动丰富多彩，平均活动4次，内容包括研讨学习、参观调研、文化讲座、公益活动等。在组织发展中注重质量，经市委会审核批准9人入会，均为大学学历，平均年龄38.2岁。

（杨朝红）

【社会服务】 3月，区工委主委于秀云到杨庄社会福利院座谈并进行调研，以福利院需求为帮扶内容，建立杨庄社会福利院——民进区工委社会服务基地。4月，经济支部王东向民进中央捐献马叙伦与朱德通信手稿，民进中央副主席朱永新、朱德长孙朱援朝、民进市委副主委毛桂芬参加捐赠仪式。4～5月，金萍古西支部主任、北京康复中心护士长丁永红利用自身专业优势，两次对杨庄福利院员工进行康复理疗知识和技能培训。7月底，参与"7·21"自然灾害捐款活动，通过民进市委向受灾地区捐赠5000元。10月，组织康复中心专业会员到苹果园三区开展医疗咨询活动，为居民举行养生讲座，进行高血压、糖尿病、亚健康、骨科、中医推拿、神经内科等方面咨询。12月，在石景山培智学校举行捐赠仪式，王东捐赠大米2吨。

（杨朝红）

中国农工民主党石景山区工作委员会

概　　述

中国农工民主党北京市委员会石景山区工作委员会(简称农工党区工委)是农工党市委派出机构。区工委有基层支部4个,党员112人,年内发展8人。74%的党员来自医药卫生界,其中:男48人,女64人;在职人员70人,退休人员42人;平均年龄54.8岁。硕士研究生以上学历20人,占18%;大学学历(含大专)84人,占75%;中专以下学历8人,占8%。高级职称56人,占50%;中级职称52人,占34%;初级职称4人,占4%。农工党北京市第十二次代表6人,区人大代表4人,其中区人大常委1人;区政协委员8人,区政协常委2人。担任区政府特约监察员4人。年内,区工委深入学习中共十七届六中全会和十八大精神,学习市第十一次党代会及农工党市第十二次代表大会精神,带领广大党员继承和发扬农工党与中国共产党团结合作的优良传统,继续践行社会主义核心价值体系,以思想建设为核心,以组织建设为基础,以制度建设为保障,加强自身建设;积极履行参政党职能,立足农工党的特色和优势,围绕政府关注、群众关心的重点、热点和难点问题,谋发展之道,献务实之策,为推动地区深化转型、科学发展积极贡献力量。

地址:石景山区八角北路民主党派办公楼
电话:88927996
邮编:100043

(王明生　王秀荣)

【参政议政】 农工党区工委贯彻落实中共十七届六中全会精神,深入学习和实践科学发展观,围绕地区中心工作,深入开展调查研究,为区委区政府科学决策提供参考。2月17日,工委召开扩大会议,研究部署年度党派调研工作,邀区发改委介绍区情。3月30日,召开调研课题调整会,确定选题“关于推进科技园区再发展的建议”、“关于进一步提升我区医疗卫生服务水平的对策研究”,与政协文史委联合开展“关于在建设中石景山西部文物保护和利用的研究”调研,与区政协经科委联合开展“关于我区小微企业发展情况以及培育服务重点的对策研究”。4月5日,获区统战系统信息工作先进单位一等奖;王明生、郑师方被评为优秀信息员;郑师方“关于北京精神宣传的建议”、王秀荣“纪念辛亥革命100周年”获优秀信息;工委“举全区之力,大力推进‘十二五’期间科技园区建设”获优秀调研报告。7月,组织50名党员参加“统战信息撰写与报送”专题培训。11月23日,召开工委会讨论政协大会发言稿“关于推进科技园区再发展的建议”。

(王明生　王秀荣)

【思想建设】 7月,农工党区工委召开学习市第十一次党代会及农工党北京市第十二次代表大会精神座谈会,要求各支部传达学习会议精神。11月,组织全体工委委员、各支部委员及部分党员观看中共十八大开幕式,要求党员深入学习十八大报告,增强政治意识,保持政治敏锐性,把讲政治、顾大局、守纪律的要求落实到实际行动中。12月,古城地区支部和首钢支部分别组织学习讨论中共十八大精神。

(王明生　王秀荣)

【社会服务】 6月,古城地区支部党员迟虹与古城民族幼儿园联合举办“播科技之种,燃希望之光”六一儿童节献爱心活动,为幼儿园捐赠400余件科技小制作及科普图书。八宝地区支部响应农工党中央开展中国环境与健康宣传周活动的号召,组织15名党员深入怀柔山区考察,了解山区生态环境情况。古城地区支部与区中医院在沃尔玛西广场举办“环境与健康宣传周”咨询活动,11名党员共接待500多名群众咨询,发放宣传资料400余本,张贴宣传画100余张。7月初,杨国军带领工商联合分会企业家10人,为河北省乐亭县新寨镇中心小学捐赠15台戴尔牌电脑,个人捐款1万元,解决学校无电脑的历史。9月,杨国军为工委捐助活动经费2万元。10月,石景山医院支部开展“同在阳光下,共享一片蓝天”爱心捐赠活动,为太阳村贫困孤儿捐赠衣物和生活用品。捐助现金3000元,捐献衣物近200件,捐助200多本书籍、2箱玩具、1台电脑及书包、台灯、球类、笔等学习生活用品,20多名党员参与活动。

(王明生　王秀荣)

【组织活动】 1月7日,农工党区工委召开年度工作总结会,表彰12名先进党员并颁发荣誉证书,为5名新党员举行见面仪式。7月,组织50名党员参观考察革命教育基地孟良崮战役纪念馆,王羲之故居、竹简汉墓、孔府、孔庙,感受齐鲁文化,品味历史底蕴。10月,石景山医院支部组织20多名参观顺义焦庄户地道战遗址纪念馆。11月,八宝地区支部组织22名党员到周口店镇,考察灾后恢复情况。12月,八宝地区支部组织参观复兴之路展览。

(王明生　王秀荣)

中国致公党石景山区工作委员会

概　　述

中国致公党北京市委员会石景山区工作委员会(简称致公区工委)是致公党北京市委的派出机构。现有3个支部,党员71人,其中男党员36人,女党员35人,少数民族4人;大专以上学历63人(其中硕士以上15人),占党员总数的89%;40岁以下19人,占27%,40岁以上52人,占73%;归侨、侨属、侨眷、留学归国人员51人。有全国政协委员1人、区人大代表2人、区政协副主席1人、区政协委员8人、区青联委员3人。年内,致公区工委认真践行“致力为公、参政兴国”的根本宗旨,深入贯彻落实科学发展观,发挥“侨”、“海”特色和优势,认真履行参政党职能,不断创新工作思路,自觉加强政治和思想修养,提高政治把握能力,提高履职水平,积极建言献策,倾情服务民生,大力拓展海外联谊,服务地区发展大局。

地址:石景山区八角北路民主党派办公楼
电话:88928001
邮编:100043

(刘　可)

【思想建设】 致公区工委注重党员政治理论学习和政治思想建设,组织全体党员开展理论学习和形势教育工作。全年召开全体委员会议、致公党北京市第八次代表大会代表选举会议、党员理论学习会、全体党员会议、迎国庆·庆中秋座谈会、学习贯彻中共十八大精神座谈会等多项会议。牢固树立和践行"致力为公"的宗旨,以践行"北京精神"为动力,做到与中国共产党同心同德、同心同向、同心同行。

(刘　可)

【组织建设】 致公区工委以支部活动为抓手,结合本区社会经济发展情况,发挥自身优势,探索党派工作新形式,展示工委活力与形象。年内,组织区政协委员中致公党员参加区政协各种联谊活动,组织女党员集体观看庆"三八"电影,协助并参与开展党员所在单位举办的区工委成立十周年庆典活动,召开入党积极分子座谈会,组织新党员参加致公市委中青年党员学习班。通过开展多项组织活动,与干部和党员加深了解和联系。

(刘　可)

【参政议政】 致公区工委围绕中心、服务大局,做好参政议政、调查研究和建言献策工作,切实履行好参政党职能。与致公西城区委联合组织党员到莲石湖公园、首钢老厂区实地调研文化创意产业和遗产保护工作。赴海淀区北京龙徽葡萄酒博物馆进行跨区文化调研,市人大常委会副主任、致公市委主委李昭玲,市委专职副主委谢朝华和区工委20余名党员参加调研学习活动。带领骨干党员与致公西城区委第二支部党员到天桥演艺区开展"从西城天桥演艺区到石景山数字文化产业创新基地看北京文化市场体系"课题调研活动。率调研组赴八大处公园就开发京西历史文化资源,弘扬、振兴和发展优秀传统文化进行调研。赴首钢总公司开展调研活动并组织党员参加"闪耀北京"光影文化季暨首钢灯光节活动。通过多次实地调查研究,撰写"加快打造首钢国际时尚前沿文化,助推区域经济转型全面发展"的调研报告,并形成区政协大会发言。

(刘　可)

【服务社会】 致公区工委响应致公市委及中共区委号召,开展基层组织社会服务工作,扩大致公党社会影响。开展结对共建工作,与爱乐小学持续共建,为学校解决实际问题。开展"温暖冬季月"活动,向青海、四川省的学校和社区捐赠1000余件学习和生活用品。向青海省某寄宿学校捐赠学习用品131件和过冬衣物404件。带队赴北京市太阳村儿童教育咨询中心开展调研活动,并向服刑人员未成年子女捐赠学习用品和过冬衣物5000余件。参加全国助残日活动,向多重残疾人捐赠慰问品;赴区社会福利院慰问患病老人和孤残儿童,并送去急需物品。与党员单位合作,开展为患有自闭症的儿童募捐献爱心活动。组织干部和党员开展向"7·21"受灾地区和群众捐款献爱心活动。年中,致公市委副主委、区工委主委高杰看望患病老党员并赴北京肿瘤医院慰问医护工作者。重阳节之际,探望70岁以上老党员9人,并去医院看望住院治疗的老党员。

(刘　可)

【海外联谊】 致公区工委发挥本党特点和优势,做好海外联络工作。在美国收集到有关八大处的珍贵历史资料,通过各种途径带回国内,捐赠给有关部门。为八大处文化景区和本区的发展、建设作出贡献,在具体工作中体现致公党的"侨、海"特色。

(刘　可)

九三学社
石景山区工作委员会

概　述

九三学社北京市委员会石景山区工作委员会(简称九三区工委)是九三学社市委的派出机构。全年发展新社员2人,区工委社员人数达到113人,其中女性56人,占总人数49.6%;男性57人,占50.4%;高级职称88人,占78%。区工委新一届班子大力弘扬爱国、民主、科学的优良传统,认真履行参政党职能。结合"同心"思想,实事求是地分析工委相关工作,针对存在的不足,找原因,想对策,明确改进措施。总结在参政议政和基层工作方面存在的差距,针对参政议政和党派调研的参与面窄、高质量信息少、支社活动形式不够丰富,以及社会服务工作主题不明确,缺乏系统性等方面的问

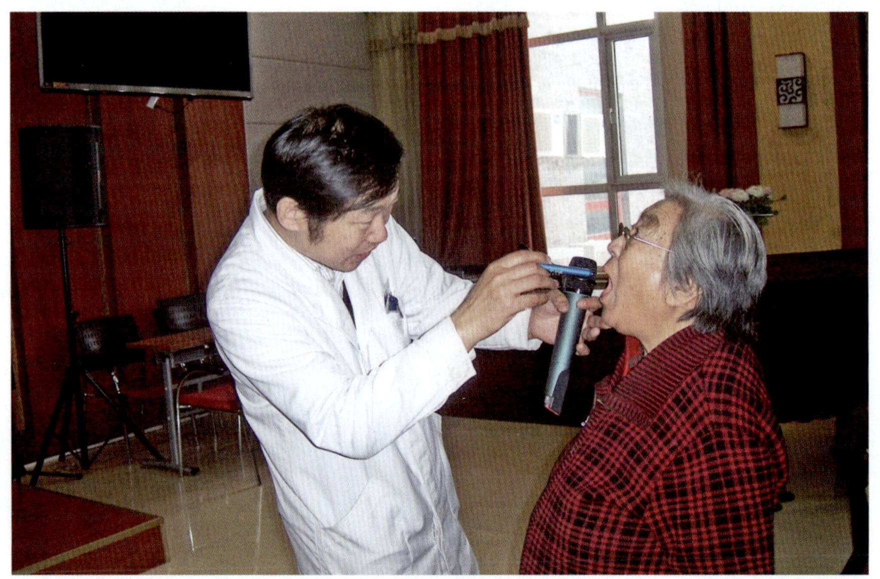

12月21日,组织社员到北京寿山福海国际养老服务中心举办为老年人送健康活动　(九三区工委供稿)

题，区工委提出抓好思想建设、组织建设、素质建设、机制建设，提高政治把握能力、团结社员能力、建言献策能力、制度保障能力的整体工作思路。整合社内资源，脚踏实地开展工作。发挥自身特点和优势，进一步提高履职水平，为推动地区深化转型、科学发展和多党合作事业作出新贡献。

地址：石景山区八角北路民主党派办公楼

电话：88927995

邮编：100043

（张建国）

【思想建设】 九三区工委结合本区实际，组织社员学习领会中共十八大精神和九三学社市十二次代表大会精神，牢固树立和践行社会主义核心价值观。结合“北京精神”研讨“九三精神”的时代内涵，提升社员的荣誉感和社会责任感，激发政治热情。2月15日～10月31日，组织开展“三个一”活动（即：一项活动——开展践行社会主义价值体系、向杨佳学习以及践行“北京精神”活动的主题活动；一篇稿件——参加社市委“践行北京精神、争做优秀九三人”主题征文活动；一篇信息——结合活动开展情况，报送一篇信息）。发动社员参加区委统战部“同心同行、迎接十八大我为区域发展献计策”活动，提高政治把握能力。

（张建国）

【参政议政】 九三区工委关注社会热点，围绕中心工作和地区转型发展，履行职能，发挥作用。提交3篇党派提案，作题为“拓宽政府融资渠道，加快区域经济发展”的大会发言。组织政协委员就区农工商公司租赁房统筹管理、对流动摊点实行分类管理、冬季供暖及节能、在本区设立储血点等方面提交个人提案9件，联名提案4件。向区人大提交“关于加强对我区中小学学校周边环境安全治理与监控的几点建议”，被列为区人大常委会年度重点督办提案。何云飞在区人大工作研讨会上提交“关于大力发展设计产业，促进石景山区经济成功转型的几点思考”，被选为重点研讨选题之一。信息和社情民意被采用65条，其中被区委统战部采用8条，九三网站采用31条、社讯采用15条、《石景山报》刊登3条，区《统战简报》刊登18条。部分社员受邀参加民主监督工作，左小兵为区住建委及石景山医院特约监督员，何云飞为社市委思想理论研究会成员，何云飞和金斗担任首钢总公司党政廉风建设监督员，张建国为区政府特邀监督员，赵百旺为公安分局警风监督员，陈文彰、赵平和刘喜波担任区人民法院专业技术咨询员，陈庆梅担任社市委城建专委会成员。

（张建国）

【社会服务】 3月7日，九三区工委召开庆“三八”座谈会，交流引导青春期阶段初中生学习问题，探讨养老、独生子女教育、养生、健康等热点问题。4月13日，与区老干部卫生协会在北京米赫眼科医院共同举办“健康百姓社区义诊活动”。4月25日～5月8日，参加在美国洛杉矶召开的第四届“全球华人乳癌病友组织联盟大会”。5月22日，组织社员参加九三学社中央举办报告会。9月9日，首钢支社社员张家敏作为总导演，策划组织“‘爱在天地间’罗氏让爱延续——第二届全国癌症康复者文艺汇演”，在北京展览馆剧场举办，来自全国近20个省市、地区的百余位癌友参加此次汇演，北京肿瘤医院、协和医院、宣武医院、307医院、世纪坛医院等10余家三甲医院的肿瘤专家、医务工作者观看汇演。同月15日，组织社员前往怀柔青龙峡景区郊游；参加社市委在中科院动物研究所组织的“谢家麟院士事迹报告会”。10月中旬，正式组建“粉红丝带志愿服务队”。12月21日，组织社员到北京寿山福海国际养老服务中心举办为老年人送健康活动，发放健康宣传资料100多份。

（张建国）

工商业联合会

概　述

非公有制经济已成为地区经济建设、社会发展不可或缺的重要力量。全区非公有制经济数量达3.8万户，总注册资金156亿元，从业人员11万人。创新能力不断增强，全区专利申请量累计达4853项，年均增幅达到200%，版权数量超过5000余项，版权申请年均增幅在50%以上，全区有1806家企业被认定为中关村高新技术企业，30家企业的61项产品纳入北京市自主创新产品目录，其中创新成果80%来自非公有制企业，经济贡献显著提高。石景山区工商业联合会（商会）（简称区工商联）是在区委区政府领导下的具有统战性、经济性、民间性的人民团体，是党和政府联系非公有制经济人士的桥梁和纽带，是政府管理非公有制经济的助手。在市工商联指导和区委区政府领导下，围绕“团结、引导、教育、服务”八字方针，发挥自身优势，主动融入地区“深化全面转型、推进科学发展”大局之中，进一步加强基础建设，深化服务职能，完善交流对接机制，创新服务载体，全力提升工商联各项工作水平。在国内外经济形势比较复杂，企业普遍面临压力较大的情况下，团结依靠会员单位和非公有制经济人士凝心聚力，攻坚克难，切实推动非公经济发展迈向新台阶。为改善和优化区域非公经济发展环境、促进非公经济“两个健康”发展、服务区域经济转型升级作出努力。

地址：石景山区八角北路民主党派办公楼

电话：68833579

邮编：100043

（徐艳丽）

【组织建设】 3月30日，区工商联召开八届二次执委会。在全市率先制定工商联代表人士综合评价指标体系，对代表人士经济贡献、企业规模、参政议政、参与光彩事业、社会责任进行全面评价，使一批在综合评估中脱颖而出的优秀企业家充实到工商联新一届领导集体。下发加强执委会建设的意见，明确执委职责，对执委的履职效能提出要求。成立招商引资、人才服务、宣教培训、科技服务、融资服务、社会事业促进、参政议政调研等七个专委会，将全体执委分别划分到各专委会中任职，充分发挥执委在班子中的作用。大会对替补的副主席、副会长、常委及执委进行表决。9月18日，在日东升置业集团召开八届三次主席会议，汇报企业服务季度完成情况，就近期的融资服务、金融服务进行总结；对"小微企业互助合作基金工作方案"作介绍；并进行研究讨论，填写可行性意见征集表，研究完善方案；由民生银行工作人员就研讨中提到的问题进行解答。10月23日，召开区工商联（商会）金属材料行业分会成立大会。大会听取和审议分会筹备情况，表决通过分会章程、选举办法以及理事会成员名单，通过选举产生区工商联金属行业分会会长、副会长、秘书长、理事会理事。与会领导向新当选的理事会理事颁发证书，向金属材料行业分会授牌。年内，完成区商会注册工作。

（李孟琦）

【企业文化建设】 区工商联以《石景山报》为主阵地，每周用一个专版宣传非公企业，引导企业自觉履行社会责任，踊跃投身公益慈善事业，同时利用网络同步登载，扩大宣传效果。启动"企业文化核心表述语征集活动"，首钢、中铁建、搜狐畅游、易华录等近100家企业参与，通过专家初评和公众投票评出的优秀表述语向社会发布，20家企业的优秀表述语获得表彰。在会员企业中开展"感恩"行动、"光彩公益之星"评选活动，引导企业参与社会事业建设，组织企业参与质量、纳税、再就业等评比表彰活动，推动企业精神文明建设。

（李孟琦）

【企业服务季活动】 4月，区工商联牵头开展企业服务季系列活动。由企业服务季启动仪式、金融服务专场、科技服务专场、人才服务专场、法律服务专场、政策辅导专场、招商项目推介专场组成，历时4个月。4月份主要活动有：与北京银行等8家银行签署服务非公经济的框架协议，为会员企业提供优惠贷款利率。5家企业获得北京银行1.39亿元贷款支持，3家企业获得招商银行3000万元贷款支持，2家企业获得工商银行980万元贷款支持。民生银行航天桥支行在承诺为工商联提供2亿元授信额度的同时，率先开展无抵押贷款业务，14家企业获得3296万元无抵押贷款支持。通过协调推进，有7家企业获得石金小额贷款公司1230万元融资。举办"精英论道"活动，邀请突破电气董事长林海青，景林投资合伙人石宏，盛大副总裁瞿海滨为近百家小微企业进行创业辅导。与区委组织部、区经信委共同推动"人才综合服务港"项目建设，解决企业引进和留住人才的高成本、高风险问题。采取会员制市场化运作模式，通过网上在线学习和定制式线下培训，推进院校教育与企业需求的有效对接。邀请市科委、商务委有关负责人为100多家企业进行科技项目申报、高新认定、文创产业发展专项资金申报的现场指导与政策解读。非公企业年内获得市级项目补助经费100多万元。5月份主要活动：组织企业参与民营企业招聘周活动，为企业解决岗位需求76个，职位289个。组织区内外多家法律服务机构，围绕专利、商标、著作权、版权等知识产权的申报和维权，为非公企业开展咨询服务上百余次。定期举办法律服务培训专场，邀请专家学者分别围绕劳动就业、社会保险、安全生产、社会救助、维权信访等内容，先后为200多家企业讲授辅导和互动交流，引导企业依法经营、依法办事、依法维权。6～7月主要活动：联合区发改委、科委园区、经信委、商务委、投促局、文创办等相关部门，针对新出台的促进区域转型和经济发展相关政策的新增或修订内容，为150多家企业进行宣讲和解读；发布促进区域转型和经济发展相关政策；招商引资项目专题推介。发挥工商联招商引资专委会和企业家的资源优势，与驻京各大商会建立联系，组织"外省市驻京商会走进石景山活动"，邀请山西、陕西、福建等13家驻京商会到区座谈交流和实地考察；邀请20多家区外大企业进行重点建设项目推介和对接，以商引商，以企引企。全年引进注册资金100万元以上的企业近33家，其中注册资金1000万元以上的6家，总投资额2.69亿元。

（李孟琦）

【学习大讲堂培训】 10月25日和11月30日，在业余大学阶梯教室举办两次企业系统专技人员、管理人员更新知识系列讲座，百余家驻区企业领导及相关负责人学习。本期"大讲堂"培训由区委组织部和人力社保局联合科委园区多家单位共同举办，首次将园区非公企业管理人员和专技人员纳入培训范围。内容主要涉及形势和区情教育、文化创意产业的发展和创新等专题。具有自选式培训特点，多个专题供参训人员自主选择，满足不同层次的多样化、个性化培训需求。

（李孟琦）

【光彩事业】 区工商联组织会员企业弘扬非公有制经济人士"致富思源，富而思进"，扶危济困，勇于承担社会责任的光彩精神，激励非公有制经济人士以实际行动践行"北京精神"。广大非公经济界人士在第一时间内，为灾区群众捐款捐物，一周内通过各种途径捐款捐物总计201万元。趣游集团公益协会遵循"奉献爱心，服务社会"的宗旨，弘扬"懂感恩，送祝福"的博爱精神，分别于8月26日和9月22日，举办"走进石景山区社会福利院趣游爱心义工活动"，15名志愿者到区社会福利院陪老人唱歌、聊天。4～12月中旬，开展"光彩公益之星"评选活动。

（李孟琦）

人民团体

辖区内人民团体主要有石景山区总工会(简称区总工会)、中国共产主义青年团北京市石景山区委员会(简称团区委)、石景山区妇女联合会(简称区妇联)、石景山区科学技术协会(简称区科协)、石景山区残疾人联合会(简称区残联)、石景山区文学艺术界联合会(简称区文联)、石景山区归国华侨联合会(简称区侨联)、石景山区红十字会(简称区红会)等。这些团体紧密结合实际,突出自身特色,发挥党与群众联系的桥梁和纽带作用,团结带领全区广大职工群众、团员青年、各界妇女、科技人员、残疾人、侨界和文艺界人士,学习贯彻落实党的十八大和市第十一次党代会精神,围绕区委区政府中心工作,按照"稳中求进"的总基调,进一步深化全面转型,推进科学发展,抓住机遇、乘势而上,转变观念、强化服务,依法维护各阶层群众合法权益,反映群众诉求,为群众办实事、解难题。创造性开展工作,实现活动经常化,工作活跃化,积极引导各阶层群众共谋石景山发展,共享发展成果,共创美好未来。

石景山区总工会

概　　述

截至年底,区总工会所属各街道(社区)、委、局、公司及直属基层工会696个,涵盖企业3227家,工会会员69236人。区总工会在区委和市总工会领导下,围绕经济社会发展大局,深入贯彻落实各级领导对工会工作的指示精神,坚持科学发展,深化全面转型。落实市总工会"1+9"文件要求,充分发挥枢纽型社会组织作用,团结带领全区广大职工,开拓创新,拼搏进取,推进科学发展,抓住机遇,乘势而上,为区域经济社会发展作出努力。全区9个街道全部成立总工会,并开展工会组建与会员发展工作。全年540家非工企业建立工会,发展会员5527人。明确建会工作的重点和目标,了解整理税务数据库内企业50761家。

地址:石景山区石景山路42号
电话:68863687
邮编:100043

(王　薇)

【送温暖工程】 自1月起,区总工会继续开展"两节送温暖"、"就业援助"、"金秋助学"、"单亲女职工子女助学"、"农民工慰问"、"临时应急救助"、"困难劳模慰问"和"夏日送清凉"等9大类专项帮扶活动。慰问困难群众、一线职工1100人次,累计发放慰问品价值27.2万元。对99名在册困难职工开展针对性定向帮扶工作,与其所在单位或街道社区建立助困联系机制。

(王　薇)

【打造和谐劳动关系】 2月,区劳动争议调处工作领导小组工作召开第九次联席会议。区总工会、人保局、司法局、信访办、法院五家单位共同回顾上一年工作成绩和不足,就下一步工作进行研讨。与会五方达成一致共识:联动工作建设要在提高联动机制工作质量、提高案件质量和提高律师团队的建设水平三个方面下工夫。提高工作质量即通过对调解案件的深入分析,规范企业依法用工,减少争议发生。提高案件质量即严格按照市总工会关于劳动争议调解案件的质量管理标准要求执行不走样。提高律师团队的建设水平即将调解案件录入软件管理系统,提高调解成功率、结案率,坚持开展"一街一月两日"律师志愿者服务活动。

(王　薇)

【服务职工在基层活动】 3月16日,区总工会在全区各级工会组织中开展"面对面、心贴心、实打实服务职工在基层"活动。专门制定实施方案,并根据基层工会调研实际,安排"五个一"的工作任务。即慰问一批困难职工和一线职工,各级工会组织深入每一户困难职工家中开展摸底调查,根据致困原因有针对性地提供帮扶。以慰问帮扶非公企业一线职工为重点,把工会服务覆盖到每一个中小企业。组建一支服务队伍,弘扬劳模精神,发挥劳模专业技能优势,组建劳模学雷锋服务队,设立劳模服务点,为职工群众提供免费服务。举办一场大型文艺演出,以服务职工为基点,以劳动创造幸福为核心,宣传践行"北京精神",宣传劳模先进事迹,唱响"劳动光荣,工人伟大"的主旋律。抓好一项联系制度,完善定点联系基层工会、工会服务站和职工的长效机制。每个部室协助街道总工会推动一个非公企业建立工会组织、推动一个非公企业开展工资集体协商并签订协议,每名机关干部当一天工会社会工作者。各基层工会确保实时掌握企业生产经营状况和职工思想动态。开展一期工作调研,重点深入非公企业、改制企业、生产经营困难企业和劳动密集型企业,真正走进职工群众,了解掌握企业需求与一线职工的工作和思想状况,有针对性地帮助基层企业和职工解决实际问题。

(王　薇)

【技能人才工作】 3月底,区总工会召开技能人才工作推进大会,为上年新评选的5个"职工创新工作室"颁发牌匾和奖金。新评选的职工创新工作室在各自领域均有着突出业绩。北京合康科技发展有限责任公司专业研发制造用于石油、煤炭、地质矿山等行业钻井轨迹测量的精密仪器,以总工程师温榕命名的职工创新工作室研发出众多科研成果,一举打破国外产品的垄断,为石油钻井行业节约百亿元资金。国家无线电监测中心检测中心王俊峰工作室进入市级前30名行列。全区共评选出区级"职工创新工作室"17家,推荐市级"职工创新工作室"3家,80%设立在民营企业。这些"职工创新工作室"是各企业自主创新、技术攻关的主力军,以名师带徒、技能培训、技术交流等形式,解决一线生产中的很多难题,为企业培养一批急需的研发、生产、经营、管理人才,带动行业技术技能水平的提高。年内,全区2000余家企事业单位4万名职工参与各级工会组织的技术创新、劳动竞赛和岗位练兵活动。群众性经济技术创新成果为区内企业及所属行业产生百亿元的经济效益。

(王　薇)

【京卡服务】 市总工会自4月23日

起推出在职职工医疗互助保障计划。随着“京卡·互助服务卡”优惠服务项目逐步增多,本区持卡职工会员享受到更多实惠。会员信息采集率达到95%,办理京卡43304张,办卡率65.64%。首批受益职工1186人,赔付金额逾21万元。累计已为14700名在职职工京卡门诊赔付241万元。新开发石景山体育馆、古城电影院、古城新华书店等6家京卡特约服务商户。参加此计划的在职职工患病,凭市医保认可的医疗机构开具的“北京市门诊收费专用收据”、“北京市医疗保险住院费用清单”,针对其中由个人承担“自付一”超过起付线部分的费用,最高每人每年可享互助金100653元。依据北京市基本医疗保险相关政策规定,门诊治疗、住院治疗的“自付一”费用可享受医疗补助。从起付线至封顶线部分,报销20%;封顶线以上部分,按40%~80%给予报销。目前,门诊医疗起付线为1800元,住院医疗起付线为1300元,二次以上住院起付线为650元。

(王　薇)

【劳模管理和服务】 4月,区总工会自下而上推荐评选全国“五一”劳动奖章1名、首都劳动奖章5名、首都劳动奖状1个、市工人先锋号2个。13名劳模被评为区“身边榜样”。与公安分局、广电中心、苹果园街道等单位赴山东潍坊,慰问全国“五一”劳动奖章获得者贾树庆及家人。组建劳动模范学雷锋志愿服务队,分法律宣讲、便民服务等七个小组开展志愿服务活动,服务职工群众300余人次。组织劳模深入部队、企业、院校、社区进行大讲堂宣讲劳模精神、“北京精神”等。8月,组织百余名劳动模范进行免费体检。参加体检的劳模来自全区公安、教育、环卫、商业、街道、农委系统和非公企业的全国劳动模范、全国“五一”劳动奖章获得者、北京市劳动模范和省部级劳动模范,年龄最大的88岁。体检项目包括:内外科、眼科、五官科、放射科、B超、妇科、男科、血常规、骨密度、癌胚抗原等项检查。全年投入劳模服务资金27.3万元,为13名退休劳模补差养老金5.8万元,为11名困难劳模发放补助金5.5万元,组织85名劳模赴辽宁丹东休养。

(王　薇)

【邀民营企业进校园】 5月,区总工会与人保局、区教委、工商联等单位在北方工业大学联合开展“石景山民营企业招聘周”活动。区内有实力的大型民企如万达铂尔曼酒店,趣游(北京)科技有限公司等20多家高新技术企业纷纷参与其中,为大学生提供200余个岗位。总工会在招聘现场专门设立展台,利用12351免费职介服务为大学生进行求职登记,同时向求职的学子们提供《劳动法》、《工会法》等相关政策咨询,解答他们将会面临的劳动合同、待遇、保险等各种问题。10月20日,“2012年第二届双向选择专场招聘会”在区电大院内举办,300余人参与此次招聘。招聘会当天共有51家企业参会、提供岗位1819个。区总工会联络企业10家,提供岗位210个。其中包括3家园区的高新技术企业。

(王　薇)

【劳动争议调解】 区总工会把握劳动争议的动态和工作重点,建立五方联席会议的案件移交、数据统计和信息通报等制度,大幅提高争议案件处理效率。区劳动争议调解中心依托专业律师资源开展职工法律援助工作,提供法律政策咨询816人次,受理劳动争议案件316件,94%的案件调解成功,涉及金额158万余元。健全区、街两级劳动争议调解组织,形成较为完善的区域性调解组织网络,为企业和广大职工提供劳动争议调解服务。5000人以上的企业集团建立劳动争议调解中心1个,100~5000人的企业建立劳动争议调解委员会39个,百人以下企业建立劳动关系协调员708人,基层工会设立11个劳动争议调解中心,全区37人取得劳动争议调解员资格证书。区总工会、物美集团等单位被评为“全国工会职工法律援助维权服务示范单位”。联合相关单位解决邓禄普公司无故解除中层管理人员案件,受到各方好评。

(王　薇)

【建设服务型工会】 政府投入资金150余万元新建380余平方米的区职工服务中心,增设服务窗口5个,设立办公岗位15个。整合政策咨询、法律援助、劳动争议调解、职工互助保障、工资集体协商、工会经费税务代收等30余项服务资源于一体,开展高效便捷的一站式综合服务。按市总工会要求,在各街道、高科技园区建立10个工会服务站,统一挂牌、职责上墙,设置在社区显要位置;在34个商务楼宇建立统一的“社会工作服务站”,包括工会服务站在内的“五站合一”服务站。招录16名专职工会社会工作者,充实基层服务站力量,全区专职工会社会工作者已达41名;区社会工委为工会配备3名社会工作者。

(王　薇)

【职工互助保险】 截至年底,全区参加职工互助保障会员3.2万人,参保率46%,新增会员2940人,五项险种保费总额达131万余元,受益职工达693人,赔付金额77万余元。连续四年被评为“全国职工互助保障工作先进单位”。职工互助保险代办处已连续多年被评为“北京市优秀代办处”。

(王　薇)

【工资集体协商】 区总工会组织召开全区工资集体协商和厂务公开民主管理工作推进大会,明确工作目标、内容和保障措施,58家百人以上建会企业签订集体合同,涵盖职工47728人。以北京央务恒远保安有限公司续签集体合同为典型示范,召开现场观摩会,交流成果,推广经验。建会企业集体合同签订率超过95%,工资协议签订率均达到93.8%;签订集体合同的企业也全部签订女工专项合同。为基层企业工会、劳资等岗位培训110名工资集体协商工作人员。以迎接全国和北京市厂务公开民主管理检查为契机,总结推广石景山医院、鲁谷社区、老山街道、科委园区、市政市容委等单位的典型经验。区厂务公开领导小组严格验收各单位工作情况,提出改进建议,共同研讨改进措施。以鲁谷集中供热厂职代会全票通过改制方案为代表,本区已建工会公有制企事业厂务公开、

职工代表大会建制率达到95%，已建工会的非公有制企业厂务公开、职工代表大会建制率达到81%。

（王 薇）

共青团石景山区委员会

概 述

全区有14～28周岁的青年22473人。团员总数9313人，其中女团员5349人，占57.4%；少数民族团员364人，占3.9%。基层团组织1021个，同比增长234个，增长率为29.7%。其中，团区委直属二级团组织38个，包括团工委15个，团委5个，团总支15个，团支部3个。团干部1410人，其中女性团干部928人，占65.8%；少数民族团干部66人，占4.6%。全年推优入党团员数18人，占0.2%。团区委是受区委领导、经团的地方代表大会选举产生的团的地方领导机关，负责全区共青团工作，领导少先队区工委，指导区青年联合会。年内，全区各级团组织深入学习贯彻胡锦涛总书记五四讲话精神，积极探索开展团的工作。将落实“两个全体青年”（力争使团的基层组织网络覆盖全体青年，使团的各项工作和活动影响全体青年）要求作为全团工作的根本目标，从加强思想引领、拓展组织覆盖、创新服务理念、夯实维权基础四个方面，全面推进各项工作开展，团结带领全区广大团员青年为区域经济社会发展作出积极贡献。

地址：石景山区石景山路18号

电话：68607210

邮编：100043

（崔 凯）

【启动春季公益活动】 2月24日，团区委联合万千百货公司在区内农民工子弟学校——华奥学校举办“华奥学子，万千栋梁”活动，正式启动万千百货公司2012年对口支援工作。万千百货公司于2009年底与华奥学校结为对口支援对子，连续开展6次活动，捐赠善款、教学物资价值十余万元，资助上百名华奥师生。年内，该公司与市青基会、团区委进行合作，探索建立万千百货助学基金和“员工－学子一对一”定向援助模式，将援助长期化、制度化，扩大企业员工参与度，提高援助工作实际效果。

（崔 凯）

“五四”表彰大会 （团区委供稿）

【“五四”表彰大会】 5月4日，“践行北京精神 追寻青春榜样”庆祝中国共产主义青年团成立90周年暨石景山区“五四”表彰大会在区青少年活动中心举办。荣华、赵玉民、岳德顺，团市委副书记刘震等领导出席大会，区相关委办局的领导，区青联委员、驻区单位代表、驻京团工委代表、社工代表以及青年学生、志愿者代表参加会议。大会表彰五四红旗团委（团支部）、五四优秀团干部、青年文明号、青年岗位能手、示范社区青年汇、优秀创业青年、优秀青年志愿服务团队、学雷锋青年标兵共八类奖项75个先进集体和优秀个人，与会领导向获奖单位和获奖个人颁发奖杯和奖状。区教育团工委表演配乐诗朗诵《青春石景山》，青年文明号和青年岗位能手代表通过医务护理、餐饮服务、健身运动、擒拿格斗等技能表演，展示各行业青年的职业风采。以“爱心相伴 快乐成长”关爱首钢周末家庭未成年子女志愿服务项目为背景，由北京师范大学志愿者参演的情景剧《我和你在一起》，得到青年志愿者共鸣。大会还展示社区青年汇主题摄影比赛优秀作品，

（崔 凯）

【推进社区青年汇】 5月18日，团市委副书记熊卓一行到区调研社区青年汇工作，先后参观区图书馆和中国电子竞技运动发展中心。自图书馆·社区青年汇挂牌成立以来，面向青年开展形式多样的公益活动近200次，吸引万余人参加；电子竞技运动发展中心·社区青年汇每年举办5个赛季的电子竞技比赛，吸引、辐射数万名青年人。熊卓一行最后与团区委全体人员进行座谈，观看社区青年汇工作短片，听取工作汇报。他指出，石景山团区委工作基础扎实，有创新举措，社区青年汇工作在体制机制方面进行积极探索，能够依托现有资源，围绕当代青年特点，有创新地挖掘、培养、建立社区青年汇。年内，团区委把握社区青年汇工作载体，使新生代农民工融入城市，增强服务社会管理的实效性。初步建成老山街道启明星·社区青年汇等3家市级示范社区青年汇，为每家青年汇配备1名专职青年社会工作者。开展“社区青年汇杯”羽毛球挑战赛、“新青年城市体验营”、“单身青年交友联谊”等各类活动数十次，密切联系青年1000余人。

（崔 凯）

【青年林落成揭牌】 5月24日,“石景山共青团青年林”揭牌落成仪式在香山南路北京射击场东侧青年林地块举行。青年林总面积约30亩,边缘树种以针叶类为主,内部核心区域树种以阔叶类为主,树木结合地势形成微地形风景林。青年林广场地面铺设红色五角星和圆圈相结合的团徽模拟图案,并精心设计制作青年林主题石刻。建成后的青年林将在团区委、区园林绿化局等单位共同维护下,成为共青团开展各类宣教、实践活动的新阵地,成为全区广大团员青年、志愿者参与全国绿化模范城市创建、贡献“绿色北京”建设的重要载体。团市委和区有关领导为青年林石刻揭牌,并为植绿护绿青年志愿服务队授旗,志愿者代表发出“植绿护绿”倡议。仪式结束后,团员青年分别开展草坪整理、花卉种植和爱心树挂牌等活动。

(崔　凯)

【选举市团代会代表】 6月5日,共青团北京市第十三次代表大会石景山区代表选举大会召开。团区委领导、机关干部及各基层团组织团员青年代表79人参加。大会表决通过候选人建议名单、选举办法(草案)、总监票人、监票人建议名单。经过代表投票,以不低于20%的差额比例从12名候选人中选举出10人作为正式代表出席市第十三次团代会。其中团市委机关代表1名,团区委机关代表2名,组织格局创新后,乡镇街道团组织负责人1名,基层一线系统团干部代表1名,学生代表1名,少先队辅导员代表1名,非公有制企业和社会组织代表2名,来京务工青年代表1名。

(崔　凯)

【推进非公团建】 6月5日,团区委召开非公有制企业和社会组织团建工作推进会,团区委工作人员与各团建领导小组成员单位对接,负责联系、指导、推进团建工作。全年新增非公有制企业和社会组织团组织216家,完成全年团建任务,有效提高团组织覆盖面。

(崔　凯)

【基层实践锻炼】 7月,团区委制定机关团干部基层实践“一五一十”工作方案。即组织机关团干部每人至少对接一个基层单位、体验五天基层生活、提交一篇调研报告、结交十个青年朋友,每名团干部与对接单位建立长期联系制度,通过基层走访、担任团建指导员等形式体验基层生活,在调研中知民情解民意,在实践中“接地气”炼作风,在服务中固根基强队伍。活动得到团区委机关团干部的响应和基层团组织的配合。团干部通过网上QQ聊天、电话交流、实地走访、参加对接单位的活动、为基层团组织进行团务知识授课等形式与基层取得联系,基层对接单位也纷纷表示欢迎团区委干部到基层指导、学习、交流,共同推动基层共青团工作的开展。团区委通过月度、季度、年度工作例会为团干部搭建交流展示平台,并把基层实践锻炼成效纳入工作考核。

(崔　凯)

【青年统战工作】 区青联在各界别组委员中开展“三个一”活动,即组织一次区情调研、提出一件工作提案、从事一项公益活动,调动委员参与辖区建设发展的积极性。7月7日,区青联经济一组、经济二组组织委员走访慰问困难党员,并开展郊游联谊活动;同月13日,社团组组织委员讨论就业、养老等民生问题,做好相关调研准备工作;8月8日,党派民宗侨组组织委员赴灵光寺,探讨文化产业发展及佛教文化。同月9日,文体卫组提出“积极推动文化与科技、金融创新融合发展的建议”的提案,全年开展区情通报、委员单位行等活动22次,参与委员520余人次。

(崔　凯)

【迎十八大系列活动】 团区委指导全区团组织各自开展“高举团旗跟党走 青春建功石景山”喜迎十八大系列活动,围绕中心、服务大局,深入开展“岗位建功、思想引领、志愿服务、关爱弱势、舆情收集、成果转化”六大类行动,关注重点青少年群体。12月27日,举行“高举团旗跟党走 青春践行十八大”区共青团系统学习贯彻十八大精神推进会暨第五期团校结业活动。全区各级团干部50余人参加。

(崔　凯)

【京剧进校园活动】 团区委联合北京幽兰文化基金会启动京剧进校园系列活动。活动自上年开展至今,已进行演出11场,幽兰文化基金会的年轻京剧演员带着专业的设备、乐器、服装与道具走进学校,为青少年进行传统文化讲解、京剧介绍、名段表演与现场互动。活动覆盖打工子弟学校、民办学校、公立学校及社区青少年,参加人数达千余名。上半年,活动又走进北京九中初中部、石景山中学、佳汇中学、京源学校、北京教育学院石景山分院附属学校5所学校,让更多孩子接触到国粹京剧,丰富青少年精神生活,让中国传统文化在青少年心中生根发芽。

(崔　凯)

【青年创业就业】 团区委以10家青年创业楼宇为核心,为青年创业企业提供创业培训等服务。与区人保局开展青联企业专场招聘洽谈会,为高校毕业生提供282个就业岗位。与北京农村商业银行石景山支行共同合作,为注册资本低的企业提供注册开户服务;与国资公司协调,为青年创业企业提供虚拟房号注册的便利通道,对于应届毕业生可以降低企业注册资金一百万的门槛。扶助27家企业进行虚拟房号办理,总计注册资本1133万元。

(崔　凯)

【青年志愿服务】 在第27个国际志愿者日到来之际,团区委广纳区内外各类公益志愿资源,策划开展“关爱民生、志愿奉献”主题志愿服务活动。11月27日,北师大白鸽志愿者协会的志愿者为黄庄打工子弟学校孩子们开展七彩课堂活动。同月29日,北京工业职业技术学院“蓝天行动”志愿服务队来到台京打工子弟学校为孩子们宣讲党的十八大精神和“北京精神”。12月1日,北师大“首钢关爱”志愿者来到老山街道活动中心为首钢困难家庭的孩子们开展学业辅导、亲情陪伴活动。同月3日,中国人保健康“七彩健康课堂”在华奥打工子弟学校开讲,人保健康志愿者马江波博士为孩子们讲解人体运动系统课;人保健康集团领导带

头出资为学校捐赠七彩图书角，并结合孩子们的年龄结构和身心状况聘请专家专门编写健康教学课件和科普书籍。4日是全国法制宣传日，团区委与区司法局、教委、妇联共同举办“弘扬宪法精神，服务科学发展”——青少年法制书写大赛颁奖活动。活动期间，各中小学的学生们在区内书法爱好志愿者的指导和帮助下，完成1000多件法制宣传书写作品，70名中小学生分获一、二、三等奖，获奖学生代表还向全区青少年发出《石景山区青少年遵纪守法倡议书》。全年组织志愿服务活动60余次，5300余人参与其中，

（崔　凯）

【青少年权益维护】　团区委召开预防青少年违法犯罪与未成年人保护工作会，明确目标、细化任务，落实责任。加强法制副校长和律师团队伍建设，提升工作水平和实效；巩固犯罪青少年季度通报、重大青少年违法犯罪案件告知制度，区域青少年违法犯罪率维持较低水平。全年开展星光自护、禁毒、防艾等教育活动26次，惠及青少年1500余人。

（崔　凯）

【弱势青少年群体帮扶】　团区委开展“爱心相伴、快乐成长”志愿服务项目，为20余名首钢周末家庭未成年子女提供亲情陪伴、学业辅导、感受社会等方面的关爱服务。开展“我和北京在一起”、“蓝天行动——关爱农民工子女”和“七彩小屋”等活动，促进流动青少年群体融入社会。“两节”期间走访慰问特困青少年家庭，送去新年礼物和慰问物资，带去节日的温暖与祝福。

（崔　凯）

【志愿公益长效机制探索】　团区委发挥希望工程工作站作用，广纳社会资源，推动“爱心基金”、“希望之星1+1”等品牌项目稳步开展。针对高三毕业生开展“学子阳光”资助家庭经济困难大学生助学金申请活动。活动坚持公开、透明的工作原则，共筛选家庭存在暂时经济困难的学生16名，资助标准为大学一年级新生每人0.4万元。累计筹集发放资金19.16万元，物资32.7万元，直接或间接扶助青少年5800余人。探索政府购买服务扶持志愿服务机制的建立，为项目长期稳定开展提供保障。设立“万千百货爱心基金”，定向资助打工子弟学校师生，探索、推广“结对+接力”长期定向扶助模式。

（崔　凯）

石景山区妇女联合会

概　　述

全区共有女性户籍人口31.2万人，占全区户籍总人口的49%。有街道（鲁谷社区）妇女联合会9个，社区妇代会142个，各类妇委会15个，企业女职工委员会221个，区级妇女工作研究机构2个，行业和特殊群体女性联谊组织9个。区、街两级专兼职妇女干部29人，女性志愿者近1.5万人。区妇联下设办公室、组宣部、权益部（儿童部）和区妇女儿童工作委员会办公室、妇女儿童活动中心。年内，围绕构建和谐社会主旋律，开展“巾帼建功”、“五好文明家庭”等主题活动，带领全区妇女为建设现代化首都新城区而奋斗；夯实妇联组织基础，加强能力建设，增强妇联组织活力；围绕“十二五”时期妇女儿童发展规划，加大维权工作力度，创新维权工作形式，营造良好妇女儿童发展环境。

地址：石景山区石景山路18号
电话：68607200
邮编：100043

（战　菲）

【送温暖活动】　“两节”期间，区妇联为9个街道（鲁谷社区）145名单亲贫困母亲、纯老年人生活困难妇女，每人发放600元爱心款；为3名抗日战争时期就从事妇救会工作的老妇救会主任每人发放800元慰问金并入户走访；为3名“两癌”查筛中发现患病的贫困妇女提供1.1万元的救助金。8月29日，区领导走访慰问金顶街街道的两户困难妇女和学生。年内，“关爱母亲 共建和谐”真情援助单亲家庭贫困母亲项目和“实兴腾飞助学基金”救助贫困母亲200名、困难学生152名，发放救助款物28.2余万元。

（战　菲）

【春风送岗位活动】　2月9日，区妇联与区人力社保局、区总工会联合开展主题为“搭建劳务对接平台，帮您尽早实现就业”专场招聘会。20余家招聘单位提供百余个就业岗位，包括文秘、设计、会计、司机、电工、保洁，工资待遇从1200～2500元不等。8名各行业专家提供指导服务，政府职能部门提供现场政策咨询，帮助就业、鼓励创业，共为部分流动人口提供就业咨询500人次，解答他们提出的疑问，现场有127人填写信息表，初步达成就业意向的有50人次。前来应聘的女性人数近半，妇联针对这次招聘会组织专门的服务政策宣传，发放维权手册200多份。

（战　菲）

【“三八”系列活动】　2月29日，区妇联在老山街道东部社区服务中心举办“三八”维权周高潮日活动。与会领导为“零家暴”社区揭牌；居民代表宣读反家暴倡议书；公安分局、区民政局宣读承诺书；为现场群众发放《妇女维权知识手册》等宣传材料。3月1～2日，与区商务委、当代鼎城店联合举办“三八巾帼再相聚，炫彩京西当代城”专场慰问展卖活动。同月2日，纪念三八国际劳动妇女节102周年大会在区青少年活动中心金鹏剧场召开。荣华与市妇联副主席李彦梅等为八大处公园综合经营部等23个获“巾帼服务品牌”的部门和单位授牌。大会同台举行以“践行北京精神，凝聚女性力量”为主题的女性风采展示晚会，包括护士礼仪、茶艺技能、餐巾折花、调酒表演展示以及歌舞表演、单弦合唱等，著名女书画家、女民间工艺家现场进行书画、剪纸表演为大会助兴。6日，在眉州东坡酒楼举办“风华正茂·激情绽放”——庆“三八”女领导干部联谊会。荣华为新当选的区“妇女之友”颁发奖杯；夏林茂向女领导干部致以节日问候。全区处级女干部、“妇女之友”近300人参加联谊会。13日，荣华等与国际广播电台、市检察院一分院、中科院研究生院、首钢总公司、中煤地质工

程总公司等驻区单位女领导进行座谈。

（战　菲）

【社区妇联换届选举】　3月，成立选举工作领导小组，下发社区妇联换届改选工作的意见。根据《中华全国妇女联合会章程》和《妇女联合会选举工作暂行条例》，制定社区妇联选举工作实施细则，召开街道妇联主席工作会进行动员。各街道妇联精心准备，组织各社区学习文件精神，落实部署换届选举。强调妇联主席应由社区"两委"副职以上人员兼任，选举工作由社区居民选举委员会主持并同步进行。截至6月，一大批政治素质较高、工作能力较强、年纪轻、有文化的妇女干部走上社区妇联工作岗位。与上届相比，社区妇联主席素质明显提高，呈现"两高一低"。社区妇联主席中党员107人，占75.9%。大学及以上文化程度92人，占65.2%。社区妇联主席45岁以下93人，占66%。

（战　菲）

【播撒绿荫争创模范城】　4月，在首都第28个全民义务植树日到来之际，区妇联组织"巾帼志愿者"、"妇委会"、"家庭志愿者"在永定河畔植树。围绕"坚持科学发展 深化全面转型 建设绿色生态石景山"主题，以争创全国绿化模范城市"有你有我"我们大家共同参与为内容，发动各级妇女组织参加全民义务植树活动，活动中，开展宣传落实《北京市绿化条例》及首都义务植树三个管理办法，搞好绿化、美化、法律、法规、科普知识的宣传普及工作，提高妇女对义务植树的认识和参与度，使广大妇女增强生态意识、树立生态理念、弘扬生态文化，培养"植绿、护绿、爱绿"意识，掀起"全民参与、共建共享"新高潮。

（战　菲）

【留守家庭帮扶】　5月18日，区妇联在区图书馆四层多功能厅举办家庭志愿服务行动启动暨"首钢留守家庭"征文颁奖活动，以此纪念5·15国际家庭日，弘扬雷锋精神和"奉献、友爱、互助、进步"的志愿者精神。近两年，区妇联以服务首钢"留守家庭"为落脚点，有针对性地解决"留守家庭"实际问题。以购买政府服务方式，成功申请到"首钢'留守家庭'关爱行动"项目，包括家庭志愿服务及"钢铁战士·和谐家庭征文"活动。市妇联和区有关领导为获得优秀奖的作者颁奖。会议决定在全区启动"践行雷锋精神——家庭志愿服务行动"，与会领导共同启动激光球。这次巾帼志愿者公益志愿活动，内容包括在一年内提供不少于10次的就业帮扶行动，不少于30次的志愿服务行动，不少于30次的身心关爱行动，并针对有维权需求的留守妇女和家庭提供法律服务，聘请专家开展活动知识讲座、进行个案维权，让远在河北的首钢职工放心、安心。

（战　菲）

【平安家庭创建】　5月22日，北京市"平安家庭"创建活动领导小组在鲁谷社区举办"践行北京精神，共筑首都平安"——2011年度"首都平安示范家庭"命名活动。自2005年开展"平安家庭"创建活动以来，区综治办、区妇联牵头协调，公安分局、区司法局、团区委等相关部门密切配合，以提高家庭防抢劫、防盗窃、防诈骗、防隐患的"四防"意识和能力，促进家庭无毒品、无赌博、无暴力、无犯罪"四无"目标，增强群众识别危险和隐患的能力，动员广大家庭参与创建活动，共同建设平安石景山。会议宣读命名决定，与会领导向"首都平安示范家庭"的代表颁发命名标识，本区3户户籍家庭和3户流动人口家庭中被命名为"首都平安示范家庭"。活动仪式后，市消防局为社区家庭进行夏季防火安全专题培训；组织家庭防火、防盗安全知识宣传和技防设备展示。

（战　菲）

【走访智障和流动人口学校】　5月23日，荣华等区领导和教委、残联、妇联、八角街道等部门负责人慰问培智学校、蓝天第一学校及小飞象训练发展中心，观看课间操表演及教学模式，为孩子们送去体育用品和文具、玩具等节日礼物。同月28日，荣华、赵玉民、岳德顺等走访慰问师范附属幼儿园和向阳小学，为孩子们送去价值60余万元的节日礼物。中国大唐集团新能源股份有限公司为向阳小学捐赠5万元现金；北京农村商业银行石景山支行为师范附属幼儿园捐赠价值1万余元的玩具。

（战　菲）

【"7·21"灾害救助】　区妇联第一时间向全区各级妇女组织及女性团体组织发出"灾害无情 人间有爱"——把爱献给受灾的妇女儿童专项募捐行动通知。虽然石景山区也是这次灾害受损失较严重的地区，但各街道妇联、社区妇联、巧娘工作室、妇委会、妇女儿童活动中心等还是克服困难，把爱心送到更需要帮助的群众手中。截至8月5日，捐款6万余元。同月13日，市妇联副主席赵丽君一行到区慰问"7·21"受灾的妇女儿童和受灾的妇女之家，并代表市妇联为受灾妇女儿童送去106919元捐助援助款。

（战　菲）

【基层妇联培训】　7～9月，区妇联采取先分散后集中的培训方式，对新当选的141名社区妇联干部进行业务培训。各街道按照区妇联的部署，分别开展培训活动。内容包括妇联工作任务和职责、多媒体指导教程、"妇女之家"信息平台的使用等。9月11日，市妇联副主席在社区妇联干部集中培训上，以"如何做好社区妇联工作的思考与实践"为题，从男女平等基本国策、全市妇女工作发展现状、社区妇联的重要性三个方面为大家授课。市妇联权益部部长从如何围绕中心，把握定位，做好妇女维权工作进行细致讲解。还就"妇女之家"信息管理系统操作进行培训。为配合做好基层妇联干部的教育培训工作，区妇联专门编写妇女工作手册，内容涉及妇女工作理论知识、具体工作内容等，针对性、实用性强，既是社区妇联干部的入门学习手册，也是基层妇女工作的指导用书。

（战　菲）

【"妇女之家"建设】　8月27日，依托地下人防工程建成的鲁谷社区"惠民乐园"正式启动。其中的"妇女之家"项目，通过妇女宣教室、亲子活动室和巧娘工作室，突出实用和服务功能，为

妇女同胞们提供展示才艺,相互交心的场所。成为继苹果园街道、金顶街街道之后,全区第三家依托地下人防宣教基地建设的街道级功能性"妇女之家"阵地,为拓展"妇女之家"阵地的覆盖面和强化服务功能起到推进作用。

(战 菲)

【婴幼儿公益项目启动】 8月28日,区妇联与区人口计生委、教委、投促局和东方爱婴集团共同举办的婴幼儿早期发展促进项目启动仪式在万商花园酒店七层多功能厅举行,区妇联主席代表区政府与东方爱婴集团签署婴幼儿早期发展促进项目合作协议。有10个家庭代表现场获得抱抱熊早教产品,每套产品中包含一本父母书、一本宝宝书、一张音乐CD、一张早教视频DVD、一个玩具、一张测评工具。辖区内近1万名0~3岁的孩子获得由东方爱婴捐赠的早教产品,同时通过父母课堂、社区成长活动、400早教咨询平台等多种形式,为全区适龄父母免费提供育儿讲座,为孩子提供丰富多彩的互动成长环境。

(战 菲)

【拓宽帮困渠道】 8月29日,区主管领导分别走访慰问金顶街街道的两户困难妇女和学生。为她们送去2000元的助学款和慰问品。区妇联充分发挥"联"字优势,在政府主渠道救助基础上,汇聚社会组织、爱心企业等社会各界力量,建立党委领导、政府支持、职能部门运作、爱心企业助力、全社会上下联动的济困格局,创新济困活动的载体和手段。2009年,区妇联联合区民政局、区慈善协会设立"关爱母亲 共建和谐"真情援助单亲家庭贫困母亲项目,项目实施三年来,投入资金30万元对600名单亲家庭贫困母亲进行救助。2010年又联合北京实兴腾飞置业发展公司设立"实兴腾飞助学基金"项目,投入资金100万元,分5年对家庭困难且品学兼优的大、中、小学生进行救助。项目启动后已对150名困难学生进行救助。2011年,区妇联与区慈善协会、区民政局签订《2012—2014年救助贫困母亲的合作协议》,继续对符合城乡低保、低收入家庭认定标准、因重大疾病或突发事件造成困难的贫困母亲实施救助,以帮助她们解决生活中的一些实际困难。年内,"关爱母亲 共建和谐"真情援助单亲家庭贫困母亲项目和"实兴腾飞助学基金"共救助贫困母亲200名、困难学生152名,发放救助款物28.2余万元。同时争取市、区两级资金20余万元救助300余名贫困母亲、纯老年生活困难妇女、身患癌症的妇女及7·21受灾的妇女儿童和家庭。

(战 菲)

【关爱流动青少年】 9月24日,区妇联与区红十字会在黄庄学校开展"共享蓝天 共筑彩虹"——外地打工子弟自救互救培训活动。增强流动青少年自救互救意识,提高他们在遭遇突发事件时的自救互救能力,460余名师生参加培训。"共享蓝天 共筑彩虹"项目是区妇联针对流动妇女儿童开展的公益项目。项目主要通过"送知识、送健康、送关爱"的形式为流动妇女、流动儿童做好服务。10月16日,将青春期教育读本及卫生用品送到区内4所打工子弟学校的学生们手中,解答他们的青春期困惑和疑问。

(战 菲)

【万名妇女免费筛查两癌】 9月,"户籍适龄妇女子宫颈癌、乳腺癌免费筛查"工作全部结束,共筛查10874人次,筛查出两癌患者12例。我国宫颈癌患病率和死亡率占世界三分之一,乳腺癌的发病率也逐年上升。根据上级文件要求,区妇联协同卫生局、财政局按照"自愿、免费"原则,以"每两年一次"的方式组织全区户籍35~59岁的妇女开展免费两癌筛查。年内,通过两癌筛查普及两癌防治知识,提高妇女防癌意识;各街道与筛查机构通力合作,及时沟通,探索社区－医疗机构合作新模式;健全以政府为主导,多部门协作,区域医疗资源整合,全社会参与的妇女常见病防治模式和机制,对适龄妇女"两癌"做到早发现、早诊断、早治疗,降低"两癌"对适龄妇女健康的威胁。

(战 菲)

【巧娘手工艺发展】 10月28日,区妇联举办"北京女美术家与巧娘共画石景山"活动。市女美术家联谊会30余名女美术家与20余名"巧娘工作室"负责人、巧娘就如何提升手工作品的艺术性、观赏性等进行交流。女美术家们与巧娘们共同画下《美丽石景山》,并为正在筹备中的发展促进会题词"巧手惠心 创业图志 天道酬勤 腾飞梦想"。11月13日,市妇联副主席王淑存到区妇女儿童活动中心进行工作调研。现场参观巧娘工作室及巧娘手工艺作品,肯定区妇联定位较准、起步较高。强调要打造"巧娘工作室"品牌,采取"走出去,请进来"多看多学方式,让巧娘开阔眼界,提升水平,打造精品,让巧娘手工艺品成为地区对外交流的特色礼品及名片,吸引更多的妇女加入巧娘行列。11月26日,区巧娘手工艺发展促进会第一次代表大会在区南楼会议室召开。全区108名巧娘代表、巧娘工作室负责人、街道妇联主席参加此次会议。会议表决通过巧娘手工艺发展促进会章程,选举产生理事会,并由理事会成员选举产生会长、副会长、秘书长、监事,特聘副区长李艳担任名誉会长,区妇联主席担任名誉副会长。

(战 菲)

【敬老爱老】 10月"重阳节"期间,区妇联开展"心系老年"主题宣传活动。主要针对提倡孝道,孝敬父母,关爱老人,普及老年人养生、健身、体检以及"老年病"防治等方面的健康知识,围绕如何提高老年人健康意识、健康素养及健康水平等进行宣传。组织各街道参与发放孝心工程、健康工程宣传册7200本,发动各社区"妇女之家"以"关爱老年人"为主题,组织开展"尊老、敬老、爱老、助老"系列活动。八角街道杨南社区"妇女之家"组织老年读报组永定河一日游;金顶街街道妇联组织机关干部20余人到慈善寺敬老院,帮助老人打扫卫生、与空巢老人聊天,为老人们精心准备舞蹈、评剧、京东大鼓、革命歌曲联唱等节目。

(战 菲)

【维权工作】 区妇联坚持"五管、四

建、三变”的工作思路，在老山地区开展“预防和制止家庭暴力”的专项活动。发挥四级妇女维权网络和信访“窗口”作用，健全维权信访工作制度、法律顾问定期接待制度和领导接待制度，接待和处理妇女群众来信来访，依法维护妇女儿童合法权益，全年接待信访405件。

（战　菲）

石景山区科学技术协会

概　　述

区科协所属学、协会9个、街道（社区）科协9个，一个民办非企业组织。年内，贯彻落实《全民科学素质行动计划纲要》。与所属团体动员组织全区科技工作者进行学术交流，组织社会组织及法人单位走进社区、学校开展科技周、科普之夏、科普日等大型科普益民服务活动，组织数码大赛、科普社区行及青少年活动等各类重点主题科普活动。获市“科普工作先进集体”（2家先进区县之一）等一系列荣誉。

地址：石景山区石景山路18号
电话：68607102
邮编：100043

（于　娜）

【科学思想库】 1月13日，召开央地高端科技人才工作交流会，20余家驻区单位人事主管领导到会并交流。年内，区科协与区委组织部、研究室共同开展“打造石景山科学思想库”工作。分两部分：借助首都人才资源优势，关注区域发展重点，先后组织“科技创新文化创新双轮驱动”、“7·21特大水灾对市政影响调研”的专家调研、编发两期《融智石景山》；完成央地高级科技人员数据库（二）建设，收录区属高端人才专家778名，初步摸清辖区高端人才分布情况。

（于　娜）

【科普项目立项申报】 年内，区科协组织科普法人志愿者单位参与优秀科普设施项目建设申报工作。申报《首都科普志愿者——行动指南》、24集中小学DVD科普教育教学片、科普志愿者服务管理体系建设工程、社区数字科普图书馆工程建设项目4个市级科普项目。获得市财政专项项目资金220万元。另外，组织法人科普志愿者等科技社团，通过政府购买服务等形式，开展科普项目。与北京创造学会开展“新兴创意功能区社工加油站”项目；与北京博爱动物医院有限公司开展“公众卫生健康知识普及服务及就业、创业帮扶服务的指导”项目；与解放军第三〇二医院开展“健康医疗”项目等。其中“新兴创意功能区社工加油站”主要是以社工亟需的写作和口才能力为重点，针对本区全体社区工作者开展写作、口才训练、“创造、创新”方法三项内容的综合培训。讲座采取报告、现场互动交流、课外阅读相结合的形式，为社区工作者搭建掌握基本知识的平台。2月16日，“新兴创意功能区社工加油站”首站培训——广宁街道科普大讲堂在广宁街道举办，北京博爱动物医院在相关社区也开展专业科普讲座与培训。内容包括：人畜共患病预防、宠物与人类健康的关系、科学饲养宠物、动物保护、动物食品安全与人类健康的密切关系等。

（于　娜）

【科普志愿者】 2月24日，在八角街道举办“科普益民服务卡”发放启动仪式。作为民生科普的突破重点，在全区推出科普志愿者法人单位开展科普志愿服务的一种新模式——科普益民服务卡，为社区居民提供服务。与会领导为19个社区居民代表发放科普益民服务卡，茂华口腔诊所代表科普志愿者法人单位宣读科普益民服务承诺书。年内，科普志愿者工作从调研、启动、试点到实施，在制度建设、活动策划、运行机制等方面逐步规范。与高校合作开展专题研究，完成社区科普志愿者长效服务机制与对策研究课题报告。在2个街道、6个社区进行试点。组建综合素质高、服务意识强的专业科普志愿者队伍（包括个人和法人单位）。在全市率先开展具有地区特色的科普法人志愿者服务项目，发掘科普志愿者活动项目。第一批30余家法人志愿者单位通过审核，予以授牌。11月23日，召开社区科普志愿者试点工作专家点评会。邀请中国科协、市科协、市委党校、中国科普研究所等相关专家，进行专业点评和交流研讨。专家与街道、社区共同探讨科普志愿者管理和队伍建设的新模式和新方法。12月27日，召开科普志愿者工作总结表彰会，评选出8家先进单位、100个先进个人和10个社区科普志愿者之星。并成立区科普志愿者协会和9家地区科普志愿者分会，形成科普志愿者队伍网络体系。

（于　娜）

【委员会及活动】 2月28日，区科协在区政府召开第七届委员会第四次全体会议。会议回顾总结上年工作，讨论通过当年工作计划。传达市科协第八次代表大会会议精神。完成科协七届委员的增补程序；通过区科协七届委员会副主席人选。3月2日，在区政府召开离任委员座谈会。促进区域创新发展双轮驱动，增强科协委员的创新意识。3月31日～4月1日，组织部分科协委员赴首钢曹妃甸厂区进行科技考察，先后在曹妃甸工业区和唐山抗震纪念馆开展考察活动。组织委员到厂矿、社区考察，了解卫生系统医疗基础情况，发挥委员为全区民生工程建言的针对性，做到优势资源互补，服务本区人民。10月17日，组织部分科协委员到北京大学首钢医院进行考察交流活动，活动包括座谈交流、科普报告、参观考察和咨询体检等四部分。

（于　娜）

【贯彻落实科素纲要】 3月21日，区科协、区科委在石景山科技馆报告厅联合召开科普工作会议。与会领导分别为第三批“区创新科普工作室”、区产业科普基地和市科普基地颁牌。区科素领导小组成员单位落实全民科素纲要分解目标，围绕领导干部和公务员、在职职工、青少年等重点人群，并延伸到社区居民，突出“节约能源资源、保护生态环境、保障安全健康、促进创新创造”主题，结合“科技周”、“科普之夏”、“全国科普日”、“科普社区行”等大型主题科普宣传活动，打造地区活动精品、形成区域科普品牌，推动地区精神文明建设。9月21日，召开区科学素质纲要工作研讨会。区人口计生委、卫生局、人力社保局作典型发言，其他成员单位分别对各自负责的《科学素质纲要》方案内容进行交流研讨。

（于　娜）

【数字生活技能大赛】　5月4日~9月22日，区科协组织开展第九届北京百万家庭数字生活技能大赛石景山赛区活动。征集数码摄影作品近1000幅，超过历届，DV作品40余件，获优秀组织工作单位一等奖；答题人数名列全市第八；联勤部社区、苹果园三区、依翠园北社区获市“数字魅力社区奖”。组织工作评分总分名列全市第二。

（于　娜）

【科技周活动】　5月20日，在古城公园举行以“打造民生科普，服务全区人民”为主题的第18届科技周开幕式。主场启动仪式以“科普惠及民生”为主线开展各项益民服务活动，面向9个街道发放科普益民服务卡。同时启动石景山区第九届家庭数字生活技能大赛和提高全民信息能力培训活动。内容包括以健康、安全、节能环保等服务民生为主题的宣传、咨询和义诊活动、健康知识讲座、数码知识讲座、科普知识展板宣传展示、科普数字视窗展示、视频科普短片、体验参与项目科普大篷车互动科普展项、少年儿童现场互动趣味游戏、知识竞猜等50余项科普惠民活动。科技周期间，区科素纲要领导小组成员单位、各街道科协、区属学（协）会，科普联席会成员单位、法人科普志愿者以及驻区有关单位围绕主题，组织开展10项标志性活动、28项重点科普活动和百余项基层社区活动。

（于　娜）

【青少年科技教育】　5~10月，区科协发挥“北京青少年科技创新大赛”引领和示范作用，组织全区中小学生参加区青少年科技创新大赛。征集中小学生科技创新作品600个，经过评审，评出92幅优秀科幻画作品、41个中小学生创新项目、7个优秀实践活动和12个辅导员创新项目，表彰24名优秀科技辅导员和10个优秀创新学校。评选出152件作品，参加第32届安捷伦北京青少年科技创新大赛。4个创新项目入围第27届全国青少年科技创新大赛。另有36幅优秀科幻画作品、18个中小学生创新项目、6个优秀实践活动和8个辅导员创新项目获得市级奖项，其中一等奖5个，二等奖19个，三等奖69个。在北京市和全国青少年科技创新大赛上本区72名学生获奖，其中1名同学和一名教师分别获全国青少年科技创新大赛一等奖和三等奖。倡导学生走向科技馆、博物馆体验科学兴趣，参加本市自然知识竞赛活动，获高中组冠军、初中组季军、小学组亚军，4000名中小学生参加活动。在北京青少年“机器人竞赛”和“我有一双灵巧手”比赛中，6名同学获市级奖。为苹果园中学争取市级资金48万元用于增加学校科技设施，表彰23名区级优秀科技辅导员、84名学生和10所中小学创新学校。发展青少年开展机器人活动，在古城教育集团组建机器人工作室，为该集团捐赠10台机器人和场地，为发展机器人活动搭建平台。邀请中科院专家团、驻区企业进校园开展科普讲座，进行安全防范及科学知识培训，组织科技教师开展交流活动，培养青少年创新意识和科学精神。

（于　娜）

5月20日，科技周活动启动　　（区科协供稿）

【科普之夏活动】　7月16日~8月31日，区科协举办科普之夏活动。全区征集67项重点活动、145项社区科普活动、19项科普教育基地活动。开展各类科普讲座51场，放映科普电影13场，展出科普展板2600余块，板报110块，悬挂横幅45条，张贴科普宣传画2万余张，举办科普知识竞赛14场，开展健身比赛20场，开展科普夏令营9次，文艺演出47余场，累计发放各类材料16万余份，受益群众20余万人次。7月26日，在鲁谷社区服务中心举行科普之夏暨鲁谷社区科普益民服务宣传活动启动仪式，表彰优秀科普社区、优秀社区科普宣传员，并为科普志愿者代表赠送“科普益民服务卡”。在活动现场同步设有食品安全与卫生咨询、医疗咨询服务、科普志愿者手工艺展示等专场主题活动。

（于　娜）

【科普日活动】　9月15~21日，在全国科普日活动期间，全区各相关单位围绕“食品安全与公众健康”活动主题，发挥各单位、各部门人才优势和专长，结合社会热点、焦点问题，通过进社区、进机关、进企业、进校园，举办专题展览和讲座、发放宣传资料、现场科技咨询等，向公众介绍科研最新发现、展示科技创新成果，让科技成果惠及人民群众。9月17日，在古城中学组织科技专家进校园——马式曾科普报告会。同时邀请相关专家走进九中初中部、苹果园中学开展科普日主题系列活动。

（于　娜）

【社区科普益民计划】　区科协继续实施市“社区科普益民计划”，推进以“一站、一栏、一员”为载体的基层科普建设。评选出6个科普社区，16名优秀社区科普宣传员，1个优秀基层科普场馆，1个户外科普园地，得到83万元市级专项奖励和资助。全年指导、监督社区科普益民计划项目实施，通过上年社区科普益民计划的专项检查。申报下年科普益民项目，其中推荐8名优秀科普宣传员、9个优秀科普社区、1个户外科普园地。八角街道八角北路社区被评为年度“全国科普示范社区”和本市第一批科普示范社区，获得中央、市级财政资金奖励40万元。10月18～23日，组织各街道（鲁谷社区）科协秘书长赴上海等地，进行社区科普、教育基地建设、特色科普活动等考察交流。

（于　娜）

【科技工作者之家】　区科协加强与地区两院院士的工作交流、组织科协委员开展研讨工作。拜访获国家科学技术大奖的高能所科学院院士谢家麟，其为科普工作题词“科技创新，造福人民”。努力为科技人才的成长创造条件及和谐环境，推荐北京易华录信息技术公司和北京丽贝亚建筑装饰工程公司白海波获得北京优秀青年工程师荣誉。举荐石景山医院王明生、北京东土科技股份有限公司李平为全国优秀科技工作者人选。

（于　娜）

石景山区文学艺术界联合会

概　　述

区文联所属文艺家协会、团队14家，分别为：作家协会、书法家协会、美术家协会、摄影家协会、音乐家协会、舞蹈家协会、戏剧家协会、曲艺家协会、民俗文化协会、老年书画研究会、楹联学会、集邮协会、传统文化技艺协会和天安交响乐团。登记在册会员1500多人，其中国家级文艺家协会会员40余人，北京市文艺家协会会员180余人。区文联是市文联的团体会员。主要职责是负责所属文艺家协会的联络、协调、服务和管理工作，组织、推动本地区文学艺术活动的开展。年内继续加强协会建设，完善艺术门类，支持法人注册。新成立区传统文化技艺协会，区集邮协会在民政局正式注册。不断壮大会员队伍，提升会员水平，区书法协会发展新会员12人、7名会员加入市书法家协会，作家协会1名会员加入北京市作家协会，集邮协会新发展会员89人。倡导协会深入基层，鼓励创作反映歌颂石景山建设的优秀文艺作品。区文学艺术界围绕区域经济社会发展进行主题文艺创作，举办展览。组织优秀文艺节目参加区县行业文联庆祝十八大胜利召开节目展演活动，获“市区县行业文联庆祝十八大胜利召开节目展演优秀组织奖”。区文联主席郭明，区民俗文化协会主席门学文被推荐为市文联第八次代表大会代表。

地址：石景山区石景山路18号
电话：68607213
邮编：100043

（王成成）

【组织专题活动】　1月7日，区文联组织区楹联协会、书法协会会员创作宣传“北京精神”的春联作品百余幅，福字二百余幅赠送机关社区干部群众。1月10日上午，在北京军区联勤部军营社区与部队书法家联合组织送春联活动。3月24～25日，在八角街道八角社区广场、区图书馆举办清明民俗文化展览。制作反映清明文化习俗的展板二十余块，在群众中宣传移风易俗和文明祭祀风尚。同日，区集邮协会在八角社区广场和图书馆举办清明缅怀英烈、颂扬雷锋精神集邮展。分为雷锋精神专题、开国元勋专题、共和国领袖人物专题、英模人物专题等，共20框。6月9日，配合“非物质文化遗产”日宣传活动，区集邮协会在承恩寺举办“邮票上的文化遗产”邮品展，展出邮品20框。

（王成成）

【重视协会建设】　4月18日，成立石景山传统文化技艺协会。吸收天安交响乐团为团体会员。完成传统文化技艺协会、天安交响乐团、集邮协会在民政部门的登记注册工作。支持集邮协会创办小报《石景山集邮》。出资支持区曲艺家协会和鲁谷社区结合，建立“石景山区曲艺家协会创作展示基地”，于10月16日举办挂牌仪式，鲁谷社区为区曲艺家协会提供日常的办公和活动场地，区曲艺家协会每年为鲁谷社区提供相关的文艺服务；出资和区文化馆、区图书馆建立合作关系，为协会解决日常活动场地。

（王成成）

【主题文艺创作】　4月24日，区文联组织基层采风活动。带领各协会负责人到首钢遗址、石景山、天台山、承恩寺、慈善寺等文物古迹、旅游景点等参观、写生，进行命题创作，创作一批反映区域特色的书法、美术、摄影、音乐及戏剧作品。其中，区书法家协会创作老舍在1949年到区军训时所做诗句的书法作品《野战行》，书写慈善寺《归心诗》。邀请舒乙考察本区文物古迹，创作《松风水月》、《双林八水》、《千年北京城 灵秀石景山》等书法作品；区民俗协会开展西山文物资源主题调研，挖掘历史文化内涵，开发文物资源，形成调研材料；区作协、区音协，天安交响乐团开展区歌创作活动，聘请著名词作家李幼荣作为创作顾问，创作出《我爱石景山》、《多姿多彩石景山》、《我身边的人》等歌曲；区美协、区老年书画研究会开展“古韵京西”为主题的创作活动，创作《古刹春晖》、《天泰幽静慈善寺》等一批优秀书画作品。其中由区美协画家彭世军创作的《灵光指径石景山》大型绘画作品，被区委区政府选中赠送给友好城市陕西安康市。

（王成成）

【参加文艺活动】　6月，区文联与区纪委、区委宣传部联合举办“践行北京精

舞蹈"放学路上"参加全市文艺节目展演 （区文联供稿）

神、弘扬清正廉洁——反腐倡廉文艺作品选拔活动"，9月底结束。选拔作品分艺术作品类，文学作品类、文艺节目类、动漫类四个类别。收到书画作品62幅，摄影作品19幅，文学作品11篇，文艺节目5部。选送28部作品参加市纪委、市委宣传部、市文联举办的"践行北京精神、弘扬清正廉洁——反腐倡廉文艺作品大赛"。部分优秀作品参加市里举办的各种展览并入选作品集。9月22～23日，组织三台文艺节目参加市文联举办的"庆祝党的十八大胜利召开 绽放北京精神——2012年区县(局)、产(行)业文联优秀节目展演"活动。其中金帆艺术团的《放学路上》获舞蹈类一等奖和创作奖；首钢艺术团的民乐合奏《挂红灯》获音乐类二等奖；区戏剧家协会的小品《包容》获曲艺类优秀奖；区文联获优秀组织奖。

（王成成）

【入选书法双年展】 9月22～25日，区书法家协会27幅作品入选市文联、市书法家协会举办的"第四届北京国际书法双年展"。作品在中国人民革命军事博物馆举办的"第一届北京市六城区书法艺术联展"上展出。

（王成成）

【"身边榜样"创作】 区文联组织相关协会配合区委区政府"身边榜样"宣传工作进行文艺创作。区曲艺家协会创作快板《鲁谷群星颂》、单弦《张大妈相亲》2部作品；区作协创作《感激》、《想起你们》等6首诗作。区美术家协会创作28幅大型连环画作《石景山人》，设计宣传画7幅；区音协创作歌曲《身边》并由区音协会员、"身边榜样"模范人物之一赵新演唱并制作MV光盘。

（王成成）

石景山区归国华侨联合会

概　　述

截至年底，有区属归国华侨10户，全区实有归侨109人，侨眷3103人。区侨联有委员共25人，其中主席1人，副主席3人，秘书长1人，专职侨联干部3人，基层侨联组织9个(街道{社区}侨联)，年内，区侨联团结带领归侨侨眷认真实践为侨服务的宗旨，努力维护归侨侨眷和海外侨胞的合法权益，不断加强自身组织建设，充分发挥侨联作为党和政府联系广大归侨侨眷、海外侨胞的桥梁和纽带作用，在凝聚侨心、汇集侨智、发挥侨力、维护侨益等方面努力开拓创新，践行"爱国、创新、包容、厚德"的北京精神，为提高为侨服务和为区域经济发展服务水平，构建和谐美丽石景山做出应有贡献。

地址：石景山区八角北路民主党派办公楼
电话：68863356 68811454 68878921
邮编：100043
传真：68811454

（孙金梅）

【服务经济发展】 区侨联发挥联系广泛的优势，开发和调动海内外侨界资源，为区域经济发展服务。在成功引进联创酷歌投资(北京)有限公司、新湖财富管理有限公司注册入驻后，又引进澳洲高端幼儿教育项目。2月，到石景山留学人员创业园进行调研，组织北京正兴天宝科贸有限公司总经理孙征、联创酷歌投资(北京)有限公司董事长赵敏哲等6位企业家参加中国侨联组织的以"新侨回国创业"为主题的调研。3月，中国侨联副主席、市侨联主席李昭玲一行视察本区侨企新湖财富投资管理有限公司和东方信联科技有限公司。组织侨联委员参观北京工业职业技术学院并与校领导进行交流与会谈。4月27日，组织具有侨界特色的活动——石景山侨企创业沙龙。为侨资企业家创业搭建"咨询、服务、沟通"平台。通过民间交往形式，向澳大利亚、俄罗斯、法国等7个城市的华侨华裔以及友好人士介绍区情以及投资环境和投资政策等，增进了解互信。

（孙金梅）

【依法维护侨益】 区侨联支持侨界人大代表和政协委员履行职责、发挥作用。"两会"召开前，召开侨界人大代表、政协委员座谈会，对发挥参政议政作用、履行参政议政职能进行座谈、提出要求。侨界人大代表和政协委员，围绕建设和谐石景山和文化大发展大繁荣的重点、热点问题，深入基层调查研究，反映侨情民意，为区域经济发展建言献策，年内，收集整理信息、意见建议30条，被市侨联《侨讯》杂志采纳3条。走访病困、住院、空巢归侨侨眷16人次，走访侨联委员、侨联骨干、热心侨联事业人士26人次。走访印尼老归侨董少英，并送去慰问金1000

元。国庆节前后，分别走访各职能部门的侨联委员5人，了解委员工作现状和资源优势。按照以人为本、为侨服务的要求，坚持把维护广大归侨侨眷和海外侨胞的切身利益放在首位。4月18日，与海淀侨联就法律援助服务项目达成维护侨益、资源共享的合作意向，在全方位律师团队的指导下，开设“咨询服务”等便民栏目，发放服务卡片1000余张。“7·21”后，动员侨界群众响应号召紧急组织开展“灾害无情 人间有爱”——把爱献给受灾群众的募捐行动。

（孙金梅）

【组织各项活动】 区侨联开展“有特色、出精品、高水平”的活动。“两节”期间举办侨界联欢会、电影招待会、侨资企业家团拜会和侨界迎新春招待会。5月8日，在归侨侨眷中开展“健康和谐大讲堂”活动，请解放军304医院ICU重症监护室主任何中杰讲“白金十分钟——急救技术普及篇”。7月，组织部分侨联常委、侨联工作者与内蒙古呼和浩特市侨联进行友好交流，增进友谊。中秋节、国庆节前夕，组织全体委员参加“喜迎十八大，中秋国庆座谈会”，组织街道侨联主席以及侨联顾问举办喜迎十八大中秋赏月会。参与石景山DV公社和天地人艺术团联合摄制的“‘北京精神’四重奏”拍摄工作。多次组织侨界网球联谊活动。在门头沟斋堂农家院开展新侨联委员“共创美好未来”交流谈心活动。组织侨联骨干百余人参加“北京·世界城市发展论坛”、“新侨创新成果交流会”、“喜迎十八大海内外侨胞座谈会”、“当今国内外形势报告会”、“首都侨界国庆招待会”等。

（孙金梅）

【社区共建活动】 区侨联按照“组织起来、活跃起来”的要求，继续营造“社区为侨服务，侨为社区贡献”的工作理念，指导各街道（社区）侨联开展适合自身特点的健康讲座、摄影比赛、书画培训、法律咨询、游园健身等数十场活动。举办“侨胞看北京”、“重阳婚庆”、“华诞中国·亲情北京·红螺印象”，组织“情缘石景山”等主题活动，以亲情、乡情、友情为纽带，发挥群众性、民间性、涉外性和统战性的特点，采取多种形式开展联谊工作。

（孙金梅）

【街道侨联换届】 当年是街道侨联换届年，根据章程规定，区侨联下发通知，分别召开各街道主管书记、侨联主席、秘书长对换届工作的动员和部署会，截至9月底，各街道侨联全部完成换届工作，产生新的街道侨联领导集体，实现基层侨联组织的全覆盖。

（孙金梅）

石景山区红十字会

概　　述

截至年底，所有社区居委会和中小学、职业高中100%建立红十字会组织。全区有基层组织213个，会员12297名，其中成人会员5385人，青少年会员6912人；有红十字志愿工作者7873人。区红会是中国红十字会的地方组织，依法取得社会团体法人资格，组织开展全区红十字工作。在市红会指导和区委区政府领导下，学习贯彻党的十八大精神、《国务院关于促进红十字事业发展的意见》和市红会九届理事会第四次会议精神，以弘扬红十字精神和“北京精神”为主题，以增强公信力、彰显公益性、扩大公开化为主线，以“改革为主线、提升公信力为重点的能力建设年”为契机，适应全区“大调整、大发展、大建设”新形势，扎实工作，努力创新，圆满完成各项任务，为加强和创新社会管理、保障和改善民生作出贡献。

地址：石景山区体育场南路6号院1号楼5层
电话：68606619
邮编：100043

（刘润荣）

【宣传传播】 区红会在“3·5”学雷锋活动日、“5·8”博爱人道月、“5·12”防灾减灾日、世界急救日等纪念日，集中开展宣传传播活动，发放宣传品5万余份。新建重聚园社区宣传教育基地，筹建石景山红十字公益网站，在大型公园、街道和学校设立8个红十字急救亭。获全国红十字防灾减灾知识竞赛最佳组织奖、中国红会总会报刊宣传工作三等奖、“首都第一届红十字双十佳人道公益活动”提名奖，区内外新闻媒体170余次报道开展工作的情况，在市红会介绍宣传传播工作经验。

（刘润荣）

【抗灾赈济】 区红会响应市会“7·21”自然灾害首都红十字关爱行动，向全区社会各界发出《抗击“7·21”特大暴雨自然灾害首都红十字关爱行动劝募书》，开展募捐活动。与区委组织部、区人大、区政协、科委园区、区工商联组织5场现场募捐，43家单位及个人捐款181.758万元，120万元用于本区灾后善后救助工作。支出救助款41.8万元，发放慰问品22万件，救助受灾家庭117户。募捐电话机、《紧急救援》科教片等物资400余件，价值4.75万余元，迅速发给受灾群众。

（刘润荣）

【应急救护】 区红会按照计划抓好逃生避险和自救互救培训，加强“7·21”灾后避险逃生知识和技能的普及培训工作，开展“红十字救在身边避险逃生社区行活动”。7000余人取得市会颁发的“初级急救员证”，5万余人参加逃生避险和自救互救普及培训。应急救护培训增加防灾应急内容，实现向地铁人员、公交和出租车司机、公园一线工作人员、商场和餐饮服务行业、看守所在押人员拓展。将红十字中安救援队纳入区应急救援队，加强3支专业应急救援队的训练管理，红十字蓝天救援队专业人员参加房山重灾区搜救和抢险。参加市红会“5·12”社区急救员救护技能比赛获优秀奖。

（刘润荣）

【募捐济困】 区红会开展“博爱在京城”活动，举办募捐启动仪式，募集善款85.2万余元。“两节”期间送温暖活动发放救助款28.65万元，慰问品价值6.18万余元，有3526户、8021人得到救助，给一线环卫工人赠送3120个“暖心宝”。日常救助慰问47户困难老党员、因病、因残和突发事件致贫家庭，发放救助款（物）36.3万余元。

给区小飞象训练发展中心捐赠值近10万元的全新第二代全智能儿童专用水疗机，改善0～16岁心智障碍儿童的康复治疗条件。募集善款超过上年2倍，赈灾和救助款（物）数额超过上年3倍，完成区政府济困工程任务。

（刘润荣）

【交流援助】 区红会与内蒙古宁城县红十字会等9个兄弟单位进行业务交流。开展“博爱送万家”募集物资活动，募集衣服8100余件、书籍1万余本、文具212个，分别送往内蒙古宁城县和陕西省紫阳县红会。支援宁城县红会10万元，用于改善博爱家园孩子们的学习和生活条件。为房山灾区捐赠20万元救灾款和价值80万元的救灾物资。

（刘润荣）

【志愿服务】 区红会扎实推进红十字学雷锋志愿服务活动常态化。组织师资志愿者队伍开展自救互救知识普及活动，分别在老山东里社区、西山枫林社区、八大处社区等单位开展红十字自救互救知识普及讲座11期。建立造血干细胞捐献工作站，在多所高校和首都钢铁公司等单位开展献血及捐献造血干细胞宣传和采集工作，万余人参加宣传活动，采集造血干细胞血样102人份。开展防病知识宣传进社区、进工地活动，区性病皮肤病防治协会红十字志愿者在外来人口较多的社区、工地和娱乐场所进行预防艾滋病、性病和皮肤病知识宣传600余人。

（刘润荣）

【红十字青少年】 区红会联合有关部门在景山学校远洋分校举办“防灾避险 从我做起”中小学应急疏散演练启动仪式。在33所中小学开设“红十字安全讲堂”，传播红十字文化，讲授应急救护和避险逃生知识技能；对60余名公共安全专职教师进行应急救护强化培训。举办6期400名学生参加的“红十字社区防灾应急夏令营”。

（刘润荣）

政　法

全区政法工作紧紧围绕做好党的十八大安保维稳工作这一中心任务，以深化三项重点工作为着力点，以开展政法干警核心价值观教育实践活动为根本保障，抓基层、打基础、破难题、建机制，全面提升政法维稳工作水平，为促进地区科学发展、建设现代化首都新城区提供法治保障，为十八大召开营造和谐稳定的社会环境。

圆满完成十八大安保维稳任务。2012年是继奥运会、建国60周年大庆之后政法系统再次经受严峻考验的一年，政法系统以高度的政治责任感和昂扬的工作斗志，实现中央、市委提出的十八大期间五个坚决防止和大事不出、小事也不出，一丝不苟、万无一失的工作目标。打赢落实维稳责任整体战，成立十八大安保维稳指挥领导体系，完善“十大专项行动”指挥协调小组，建立“分工明确、上下统一、条块结合、运转高效”的工作格局。打赢维稳情报信息主动战，完善判研会商机制，6月以来，召开维稳会商会，研判各类维稳情报信息，召开不同层次专题会，有效掌握和推动矛盾隐患的化解工作，确保市党代会、涉日维稳，特别是十八大安保期间，全区社会面保持平稳可控的局面。打赢社会矛盾化解攻坚战，抓好重点人重点事稳控，全年针对元旦春节、全国“两会”、市党代会、党的十八大开展矛盾纠纷排查4次。对排查出的各类矛盾纠纷，按照“谁主管、谁负责”和“属地管理、分级负责”原则，逐一制订工作台账；开展重点人摸排梳理工作6次，排查出各类重点人，做到底数清、情况明、措施到位、责任到人，特别是对国保重点人、上访重点人、“法轮功”人员等死盯死守。打赢安保维稳工作阵地战，全区点线面相结合构建强有力的社会防控体系，形成专群结合、警民联防、人人参与、共保安全的良好局面。

认真履行政法职能。服务大局，为区域发展保驾护航。区委区政府主动肩负维稳第一责任，发挥组织领导、统筹协调作用。公安分局坚持以“多破案、多抓人、提高打击处理量，最大限度地净化全区社会治安环境”为工作目标，履行打击破案主责职能，命案破案率连续七年保持100%。区检察院履行检察职能，探索职务犯罪预防工作模式，完善惩防体系建设，强化诉讼监督，促进司法公正。区法院探索调解机制，强化审判监督与管理，延伸审判职能，审判质量和效率不断提高。区司法局发挥法律服务、法律保障、法制宣传职能，规范和拓展人民调解工作，提高社区矫正和帮教安置工作水平，推进法制宣传“四季行”、法律“六进”等活动。区民政局惠民生、暖民心、解民忧，做好社会救助、社会福利、双拥优抚安置等工作。交通支队坚持“平安北京交通、微笑北京交警”的奋斗目标，实现道路交通安全稳定，路面秩序井然有序。消防支队坚持正规化建设规范化管理，首创火灾隐患情报信息工作站平台模式，确保全区全年未发生重特大火灾事故。驻区武警部队围绕全区工作大局，主动承担重大安保任务，与政法维稳部门密切协作，连续奋战。有关委办局在信息共享、工作协同、力量衔接等方面配合政法维稳部门，有效化解涉及本部门、本系统的各类矛盾纠纷，促进“大维稳”工作格局的形成。各街道、各地区落实属地责任，排查不稳定因素，协助主责单位化解大量社会矛盾。社会各界和广大人民群众主动参与，投身治安巡逻、矛盾化解、社会管理等工作，为维护区域稳定提供坚强后盾。坚持“严打”方针不动摇，严厉打击各种刑事犯罪活动，加大打击经济犯罪力度。在知识产权审判活动中提出“智护CRD”的工作思路，全方位、多角度为科技园提供优质的司法服务。完成涉法涉诉挂账案件化解工作，2009～2012年接收的中央、市委挂账案件已全部提前化解，全区政法单位接待的案件化解率达97%。

强化社会服务管理。加大民生保障力度。发展适度普惠型社会福利事业，继续鼓励社会力量参与养老事业，做好社会办养老机构运营资质审核；发展社区服务，不断完善社区服务网络平台。创新社会管理有效模式，通过“暖心”专项行动、引入社会力量开展心理矫正服务等。多种调解主体协同作战，多种调解方式多管齐下，创新开展法制副书记进社区、引导社会组织开展服务民生等活动。稳步推进“网络巡检、舆情反制”的互联网维稳工作；推进实有人口服务管理全覆盖体系建设。

坚持公正廉洁执法。坚持把执法规范化建设作为推进公正廉洁执法的重要举措，大力推行阳光执法，强化制度落实，规范执法行为；进一步完善联系人大代表、政协委员工作制度、审判公开制度和人民陪审员制度；进一步完善诉讼监督工作机制，以民事案件研讨会为载体实现三级院检察一体化创新办案模式，形成一体化监督态势。加大评查力度，提高依法办案质量。开展第三届“十大精品案（事）件”评选表彰活动。区法院强化审判委员会对审判质量的督导，加强审判监督庭对案件质量的抽查及评查力度，开展庭审、裁判文书“两评查”活动，查找问题，改进不足。组织召开公、检、法、司等部门主要领导参加的案件协调会27次，协调、解决各类重大、疑难案件38件；采取限期督办和跟踪督办相结合的方式，加强对中央、市委挂账案件的督办力度，提高案件办结率。

加强政法队伍建设。坚持政治建警、科技强警、从严治警和从优待警，提高队伍素质，增强凝聚力和战斗力。扎实开展政法干警核心价值观教育实践活动。将“青年党员门美子先进事迹报告会”、“石景山区第七届人民满意政法干警（单位）”评选等活动与核心价值观教育实践活动有机结合，营造“学先进、见行动，争优秀、比贡献”的浓厚氛围。集中对全区政法系统窗口单位和基层一线党支部建设情况进行全面检查和指导，采取“听、看、查、谈”相结合的办法，促进政法系统争创“执法为民先进窗口单位”活动和基层“五好”党支部建设工作的深入开展。加强典型引路，挖掘、培养、宣传一批不同岗位、不同警种、不同层面的先进典型，发挥引领示范作用。十八大前夕，区领导带队看望慰问战斗在一线的干警，为破获砸盗机动车案件的分局干警王树生等送去“关爱金”奖励，并在全区政法系统内进行通报表扬。加强从优待警四项制度，协调解决10名政法干警子女入托难问题和分局优秀干警家属就业问题，为区法院困难法官发放关爱金，使广大干警全身心投入到工作中。

（孙晓红　张　楠）

政法委员会

概　述

中共北京市石景山区委政法委员会（简称区委政法委）是区委领导政法工作的职能部门。内设维护稳定工作领导小组办公室（简称区维稳办），作为区维护稳定工作领导小组常设办事机构。年内，围绕区委区政府中心工作，全力做好维护社会稳定和服务区域经济社会发展工作。成立十八大安保维稳指挥领导体系，完善判研会商机制，落实重点人重点事稳控。领导、协调政法机关办理中央政法委、市委政法委挂账案件5批43件。全年排查、化解各类重大矛盾纠纷，完成涉众型经济案件处置稳控等任务。先后对阻止城市建设的“钉子户”房屋进行司法强拆，保障区内重点工程顺利进行，协调组织亿霖木业案款发还，超额完成市里下达的目标任务；妥善解决五里坨A地块建设工地纠纷，实现工程建设有序复工；化解五里坨回迁房面积缩水、电梯运行、刘娘府回迁房延期交付、八宝山羊毛衫厂纠纷等群体性事件。开展政法干警核心价值观教育实践活动和创先争优活动，坚持从严治警，深化从优待警“四项制度”，全年慰问困难干警51名、奖励有功集体1个，发放关爱金6.3万元，协调解决10名政法干警子女入托难问题，极大增强队伍凝聚力和战斗力，提升干警执法能力和执法水平。

地址：石景山区石景山路18号
电话：88699118
邮编：100043

（孙晓红　张　楠）

【维稳工作部署】　确保十八大顺利召开，以做好安保维稳工作为中心任务，4月，成立由荣华、夏林茂为组长，全区42个委办局、各街道（鲁谷社区）、有关社会单位为成员的十八大安保维稳工作领导小组。6月始，每周牵头召开社会稳定形势分析研判会商会。市党代会期间，每天进行会商；遇重点问题时时会商，先后提出十余次预警性信息，引起各级领导和有关部门的高度重视。十八大召开期间，每天由吴克瑞主持，启动由25个职能部门和街道参加的高级别会商。每次研判会商结束后，均以专刊形式将维稳形势、主要工作、存在问题及稳控措施等，上报区主要领导和市维稳办，全年编发《石景山维稳信息》130余期。其中针对十八大安保维稳工作开展大规模判研会商50次，专题会商20余次，编发《十八大维稳专刊》100余期，收集、判研、上报各类涉稳信息1100余条。发挥维稳情报信息的作用，使情报信息会商工作“实体化”模式运作、“规范化”流程报送、“动态化”信息掌握。发挥区、职能部门、街道三级风险评估机制预防、发现、化解、稳控作用，对二管厂综合改造、衙门口拆迁、五里坨建设项目纠纷、清明节群众祭扫接待等一批项目和活动实施风险评估。在各重大活动、工程项目，尤其是在容易引发不稳定因素的拆迁、建设、回迁等问题上，细化评估机制、规范评估流程、提高评估效能，消除矛盾隐患，确保社会安全稳定。

（张　凯　张　楠）

【创先争优表彰】　5月，区委政法委在公安分局召开政法队伍表彰大会。会议传达北京市政法队伍建设工作会议精神，对上年政法队伍建设工作进行总结，对当年政法队伍建设工作进行布置。大会对公安分局刑侦支队党支部等10个创先争优“五好”党支部、区法院民事审判第一庭等12个执法为民先进窗口单位、区检察院公诉处等7个公正廉洁执法先进集体以及区司法局计保城等8名公正廉洁执法先进个人进行表彰。在北京市第七届“人民满意的政法干警（单位）”评选表彰活动中，区检察院王立军被授予北京市第七届“人民满意的政法干警”荣誉称号；区司法局徐长禄被授予“人民满意的政法干警”争创奖荣誉称号；公安分局看守所、区法院立案庭被授予“人民满意的政法单位”争创奖荣誉称号。年内，全区政法队伍建设紧紧围绕“发扬传统、坚定信念、执法为民”主题，深入推进“社会矛盾化解、社会管理创新、公正廉洁执法”三项重点工作的创新开展。通过开展公正廉洁执法、创先争优“五好”党支部、执法为民先进窗口单位活动，巩固政法队伍公正廉洁执法理念，强化基层党建工作和群众

6月27日，政法系统庆祝建党91周年暨青年党员门美子先进事迹报告会

（区委政法委供稿）

工作能力，提升人民群众对政法工作的满意度。

（郝　山　张　楠）

【政法队伍建设】 组织开展政法干警核心价值观教育实践活动。“七一”前夕，召开政法系统庆祝建党91周年暨青年党员门美子先进事迹报告会，激励党员干部特别是青年党员振奋精神、开拓进取，主动投身于政法各项工作中。在“7·21”自然灾害防汛救灾和善后维稳工作中，向市委政法委推荐2个先进单位和2名先进个人。组织开展政法系统“身边榜样”评选活动，推出13名敬业奉献、诚实守信、创新有为的“身边榜样”。8月16日，召开第三届“十大精品案(事)件”评选表彰大会，表彰奖励获奖案(事)件承办单位及承办民警，并组织5名精品案(事)件的承办干警进行演讲，树立标杆。十八大期间，成立主题实践活动工作领导小组，开展“让党旗在十八大安保维稳工作一线高高飘扬”实践活动。全区政法系统成立临时党支部11个，组建129个战时党小组，成立147个党员责任区、148个党员先锋岗、42个党员攻坚组、90个党员突击队，跟进考察干部305名，战时培养考察后备干部15名，将全体党员干警进行统一管理和动员。对在十八大期间，侦破砸盗机动车系列案件的干警及专案组在全区政法系统中进行通报表扬，并以“关爱金”的方式给予奖励。

（郝　山　张　楠）

【化解涉法涉诉信访矛盾】 区委政法委和各政法单位迎接新形势带来的新挑战，以“案结事，息诉罢访”为目标，采取领导包案负责、“四员进社区”、“六步工作法”等措施，通过开展“清积”活动，建立工作机制、设立工作机构等方法，处理一大批涉法涉诉信访案件、化解一大批涉法涉诉信访矛盾。区委政法委从仅有的5名工作人员中安排2人专门从事执法监督和涉法涉诉信访工作。公安分局在办公室设立信访科，编制4人，区检察院由控申处负责涉检信访工作，有检察官7名；区法院成立信访办公室，定编5人，现有3人；司法局由人事法制科负责信访工作，有工作人员4名。2009年以来，区委政法委书记、常务副书记共主持召开由全区各街道、信访人所反映问题涉及单位、公安分局、检察院、法院、司法局等单位参加的案件协调会、案件化解工作会、“三长会”、“四长会”、政法委员会共140余次，办理、化解多件中央政法委、市委政法委、区领导交办的信访案件。当年化解中央、市委政法委挂账督办的涉法涉诉信访案件29件，自行接待并化解涉法涉诉信访案件43件。

（赵建立）

8月16日，“十大精品案(事)件评选表彰”会　（张　媛　摄）

社会治安综合治理

概　述

北京市石景山区社会治安综合治理委员会办公室(简称区综治办)是区委区政府解决社会治安问题的常设办事机构，承担维护社会稳定和社会治安综合治理“打击、防范、教育、管理、建设、改造”6项工作任务。年内，按照中央、市委和区委关于加强和创新社会管理的一系列决策部署，以党的十八大安保工作为首要政治任务，以加强和创新社会管理为主线，以“平安石景山”建设为载体，围绕区委区政府工作的重点、社会服务管理的难点、人民群众关注的热点，围绕影响社会和谐稳定的突出问题，加强整体谋划，严密治安防控，创新体制机制，夯实基层基础，全力服务于“大调整、大建设、大发展”，为党的十八大胜利召开，加快建设发展强劲、创新活跃、生态宜居、人文和谐的现代化首都新城区营造和谐稳定的社会环境。

地址：石景山区石景山路18号
电话：88699106
邮编：100043

（张桂清）

【总结表彰】 1月12日，第八届社区安全防范工作总结表彰大会在京燕饭店举行。会议宣读表彰决定，并向“十佳”社区民警、“十佳”社区巡防队员代表颁发荣誉证书，优秀社区综治委主任、先进治保积极分子、先进治保标兵、优秀治安巡逻志愿者，先进流管工作服务站、先进技防小区监控室、先进治保会等共157名先进个人和112个先进集体受到表彰。区有关领导，相关部门、各街道(社区)负责人和社区安全防范工作者代表300余人参加会议。

（张桂清）

【综治责任制】 2月15日，召开区社会管理综合治理委员会第一次全体(扩大)会议。通报上年度综治工作考核情况，进行治安形势分析，对各成员单位、街道主要领导综治工作述职评议。荣华、夏林茂、吴克瑞与全区50个成员单位、9个街道的党政正职签订《社会管理综合治理工作责任书》。年底,区综治委领导及"五部委"领导听取各街道和部分综治委成员单位的年度综治工作情况汇报,并按照"平安石景山"建设暨社会治安综合治理工作考核标准及评分细则对各单位综治工作进行考核评分。

(张桂清)

【中央综治委调研】 4月10日,以全国妇联党组书记、副主席、书记处第一书记宋秀岩为组长的中央综治委第六调研指导组到区进行专题调研。主要了解落实中央总体部署工作的进展情况、加强和创新社会管理综合试点工作中的成功经验、加强和创新社会管理工作中存在的问题、干部群众的意见和建议。调研组一行实地考察瑞达大厦、趣游科技有限公司,听取市委社会工委关于"两新"组织服务管理及开展社区便民利民服务圈建设工作情况、市民政局关于构建"大民政"服务体系工作情况、市妇联关于发挥妇女组织优势参与社会建设工作情况及本区在推进社会管理创新等方面的工作情况汇报。中央综治办一室副主任田大忠,全国人大常委会法工委社会法室主任滕炜,全国妇联权益部部长蒋月娥,天津市委政法委副书记、综治办主任马广智,上海市委政法委副书记、综治办主任林化宾,重庆市委政法委副书记、综治办副主任袁勤华等调研组成员参加调研,副市长丁向阳陪同调研。

(张桂清)

【重点地区整治】 4月,区综治办召开社会治安重点地区排查整治工作大会。制定下发迎接十八大开展社会治安重点地区排查整治行动工作方案,明确"市、区、街"三级挂账重点地区23个,分为治安秩序、市容环境秩序、交通秩序、市场经营秩序、旅游秩序、非法行医、黑职介、流浪乞讨救助工作、高发案地区、流动人口聚集村十类突出问题进行专项整治。年内,各职能部门与属地街道倾力配合,针对十类突出问题开展联合执法,发动群防力量11.3万人次,出动执法力量18845人次,执法车辆6332辆次,组织各类排查工作2113次,开展大规模联合执法135次,排查各类矛盾纠纷934件,消除安全隐患581处,查处各类非法营运车辆856辆,查处非法运营及无照游商2003起,暂扣各类经营工具及物品93587件,处罚非法运营人员1023人。

(张桂清)

十八大期间,巡逻民警与志愿者在辖区巡逻　(公安分局供稿)

【安全社区创建】 5月4日,区综治办与公安分局联合举办"创建平安干净社区——夏季安全防范宣传月"活动。9个街道141个社区以平安建设为主题开展相关宣传活动,印制宣传手册2万余册,制作宣传展板94块、横幅88条,设立宣传橱窗25处,发放宣传材料近3万份。6月13日,召开安全社区创建活动工作会,制定下发工作方案,成立创建工作领导小组。年内,各街道(社区)通过多种形式,定期通报社区治安秩序问题,分析研判,提前预防。组织动员社区居民、驻区单位、物业服务企业参与安全社区建设,利用社区服务站窗口、宣传栏、"社区之窗"信息屏等资源,普及社区安全防范常识,增强居民自我防范意识,丰富安全防范方法手段,提高邻里守望互助能力,遏制社区三类可防性案件的发生。自6月始,社区三类案件连续5个月呈现下降趋势,9月份三类案件发案15起,同比下降80.2%,群众安全感和满意度不断提升。

(张桂清)

【护路护线联防】 5月30日,区综治委召开护路护线联防专项组第一次全体扩大会议。首都护路办、护路护线联防专项组成员单位负责人,各街道(鲁谷社区)办事处综治主管主任、综治办主任,所属辖区的4个北京铁路公安段及派出所负责人参加会议。6月,成立护路护线联防工作专项组,办公室设在区综治办,明确相关牵头单位、责任领导及工作职责。集中开展京广铁路沿线环境综合整治,取缔占地约3万平方米的非法砂石料场,清理垃圾渣土4000余吨、拆除违法建设1200平方米、规范"门前三包"80余户、取缔占道经营30余起、拆除违规广告牌匾20余块、取缔非法经营2起、绿化补植5万余平方米、安装护栏300余米,环境管理长效机制得到全面落实,提高"进京第一印象工程"建设水平。8月28日,副市长刘敬民带队就本区铁路沿线周边环境建设工作进行调研。10月25日,首都护路办对本区铁路护路工作开展专项督查,并予以肯定。

(张桂清)

【十八大安保维稳】 8月13日、10月

16日，区委区政府先后召开十八大安保专项行动动员部署大会、全区领导干部大会，及时传达市有关会议精神。区委按照“双进入”工作机制，成立迎接党的十八大维护社会稳定指挥部，制定下发十八大安保专项行动方案，先后召开3次四套班子联席会、3次区委常委会和14次专题会，研究部署安保工作。区主要领导就专项行动开展专题调研5次，专题听取工作汇报、研究解决突出、重点问题。市委市政府、市委政法委、首都综治委先后8次派出督查组到区进行督查。各相关部门在工作部署上做到“不留空白、不留死角”，建立“区、街、社区”三级指挥机构，并依托区综治委、街道综治维稳工作中心两级平台，落实“条块对接、点面对接、属地与部门对接”，在指挥体系上做到上下贯通，运转高效。在实际工作过程中，各相关部门坚持“点面结合、以面保点”的工作原则，开展社会面“人、地、物、事、组织”五要素摸排，建立社会面防控整体台账。已掌握重点地区和重点部位33处，重点单位555家。针对防控重点，各相关部门制订监管措施，做到定人、定岗、定责。与此同时，继续发挥“专群结合”的优势，有效盘整社会面防控力量，并依托社会面网格防控体系建设，将所有力量纳入网格管理和使用，努力实现防控效力的最大化。

（张桂清）

【开展十大专项行动】 9～11月，开展“社会矛盾排查化解，突出治安问题和社会治安重点地区排查整治，邪教组织活动防范处置，公共安全隐患排查整治，信息网络管理，信访秩序维护，城市秩序治理，以及流动人口、特殊人群和社会组织服务管理”等十大专项行动。全区街头110刑事类警情环比下降40%，城管热线举报量同比下降7.6%，群众满意率同比上升9%。排查各类矛盾纠纷72件，化解53件，化解率73%。开展13次突击联合清理整治行动，对市级挂账的15处治安突出问题点位和9处高发案地区，进行阵地控制，有效震慑街头违法犯罪，成功处置解决金顶山村乞丐聚居问题。以“打非治违”、护航行动为龙头，拆除违法建筑4.9万平方米；组织开展食品安全隐患排查、公共卫生安全检查及无证无照经营整体波次整治等活动。以9处市级挂账的环境脏乱地区为重点，开展大规模、持续性、高强度的集中整治行动，环境秩序持续好转，通过国家卫生区复审。初信初访化解率达到95%，历史积案化解率达到100%，将11件有越级访倾向的信访突出问题稳控在本区。受理群众信访564件，接待群众来访379批3149人次。开展集中排查整治9次，发现并消除各类隐患64起，取缔非法行医窝点19家，关闭无照场所29处。经过1个月艰辛努力，将30名维吾尔族人（含总参及公安部监控的3名重点人）成功引导出区。对各类重点人按照“坚定、沉着、低调、淡化”的工作原则，因人施策、因地制宜，严格落实高风险1+X管控措施。对个别极端分子采取正面牵制、住地控制、应急处置措施，全区重点人均在可控范围内。同时，深入开展特殊人群“暖心”行动，先后走访社区矫正刑满释放人员816人次，帮扶100余人次。成功转化4名顽固痴迷人员，组建应急小分队123个，对98个重点区域、249个重点部位、321个光节点、150个广场大屏和楼宇电视逐一落实管控措施。成功处置突出网络舆情事件10余起，监测互联网舆情1万余条，通报网络舆情100余次。社会组织服务管理专项行动排查社区社会组织474家、非公企业2996家，整改安全隐患240起。

（张桂清）

【社会面等级防控】 区综治办主动适应当前形势，通过“志愿反哺”、“星级管理”等志愿者服务管理制度，更广泛地动员组织群众参与到社会面工作中来，确保全区社会面的绝对安全。将“两节”、“两会”、“六四”、市十一次党代会、中秋、国庆等重大活动和节假日的安保工作，作为重要的实战演练，查找漏洞、磨合机制、锻炼队伍。全年启动社会面防控等级7次，其中一级超常防控14天、二级加强防控26天，历时40天，累计出动专群力量78万余人次，社会面专群力量“峰值”达到3万人，确保全区社会面的持续稳定。

（张桂清）

【网格化社会服务管理】 区综治办合理划分网格，配备网格力量。9月18日，召开网格化社会服务体系建设推进大会，部署全区网格化社会服务管理体系建设工作。以全区141个社区为基础，以289个社会面防控网格为框架，整合市政市容委划分的1442个城市管理网格，实现“三网融合”，确保社会服务管理网格覆盖到9个街道和所有社区。将公安、城管、司法、卫生、流管、消防、工商、文化执法、工青妇、部分属地驻军、企业内保等力量纳入网格，参与社会面防控和社会服务管理，实现网格管理力量多元化。建立统一指挥平台，包括视频监控平台、指挥调度平台和信息网络系统，设专职工作人员26名，街道综合协调平台建成4个。全年通过网格化社会管理信息系统接受问题登记2.35万件，其中网格监督预案上报2.13万件，处置率达到93.1%。年内，区委办、区政府办联合制定印发推进网格化社会服务管理体系建设的意见和推进网格化社会服务管理体系建设的实施方案。

（张桂清）

【流动人口管理服务】 区综治办以“民生为本、服务为先、融合为要”理念为指导，严格落实“以证管人、以房管人、以业控人”的工作要求，深化全区流动人口管理和服务各项工作措施，开展新居民互助服务站建设，流动人口和出租房屋基础调查，实有人口调核录，个人出租房屋税收，管理员队伍建设和预防煤气中毒等工作。流动人口和出租房屋基础调查：全区有流动人口216539人，出租房屋20049户；年内新登流动人口41078人，核销46282人，更新7723人，市内迁移10647人；出租房屋新登1752户，核销1423户，更新584户。新居民互助服务站建设：建立新居民互助服务站194个，其中平房大院62个，楼房区115个，商务楼宇6个，集贸市场6个，普通地下室5个；共有3822名互助队员；覆盖全区流动人口18.9万余人，占总数的

91.4%。流动人口志愿者参与安保、日常巡逻等社会面治安防范工作33162人次，协助化解各类矛盾纠纷213件次。发挥各职能部门优势，共协调组织召开17次专场招聘会，有5147人达成就业意向。深化与中华职教社合作的范围和项目，6479人接受免费就业培训，1831人顺利找到工作。专项排查整治工作：完成流动人口、出租房屋的基础信息排查，各街道（社区）流动人口、出租房屋基础信息登记率、核销率、录入率、准确率均达100%；人房信息的匹配关联准确率达100%。大型集中宣传教育：联合区司法局、计生委、住建委、工商分局、人保局、教委等职能部门组织开展全区性集中宣传教育服务活动2次，各成员单位、街道、社区规模的宣传教育服务活动151次，发放“来京人员工作生活服务指南”、“致新居民的一封信”、“致流动人口的一封信”、“致出租房主的一封信”、“致房屋中介机构的一封信”、“致来京人员预防煤气中毒工作一封信”、“致出租房主预防煤气中毒工作一封信”等宣传材料23万份，覆盖流动人口达25万人次。出租房屋安全隐患排查：全区有人防工程73处，居住3728人；地下室186处，居住6044人；出租大院193个，居住25601人；废品收购大院46处，居住1109人。共有重点出租房屋780户，其中治安类220户，消防类38户，结构安全类89户；房屋中介机构134家。现有群租房涉及7个街道，47个社区，198户、22272.78平方米，隔成845间，住1293人。流动人口矛盾排查化解工作：坚持集中排查和日常排查相结合，突出日常排查的常态化管理。共核查发现流动人口重点人员335人，其中：法轮功人员8人、上访人员8人、维吾尔族46人、藏族33人，其他重点掌控人员240人。流动人口和出租房屋专项整治：区住建委牵头集中组织开展出租房屋和人员租住地下空间专项整治工作，加强房屋中介机构管理，消除各类安全隐患64起；公安分局牵头集中组织开展流动人口聚居区、高发案地区的集中排查整治工作9次，共检查大院132处、废品回收站46处、五小门店等各类重点场所93处，查验证件15719人次，查获非法行医39起，关闭无照经营场所29处。

（张桂清）

公安工作

概　　述

北京市公安局石景山公安分局（简称公安分局）立足十八大安保“大考之年”的工作实际，全力确保全区政治稳定和治安安定。圆满完成党的十八大、涉日维稳、“7·21”自然灾害等专项安保任务；妥善处置各类群个体访1684批21531人次。年内，依托社会治安综合治理工作机制，持续开展城市秩序清理整治，累计出动力量1.5万余人次；开展10类社会治安突出问题等系列清理整治专项行动。全年查处治安案件7634起；打掉涉黄、涉赌窝点48个，关停黑开行业场所61家，查扣赌博机800台，查处各类非法运营车辆967辆。年内，妥善处置各类警情和群众求助13.5万余件；全区110刑事类警情同比下降8%，刑事案件立案同比下降2%；组织群防群治力量115.6万人次，社区“三类”可防性案件同比下降32.8%。推动实有人口全覆盖体系建设，全区新登记实有人口25.5万人；落实驻区涉外警务工作，处置涉外案事件40起；完成全区社会面图像信息系统资源整合及图像传输主干线路扩容，实现翻一番的工作目标。履行公共安全监管职责，落实中小学幼儿园“高峰勤务”、医院等重点单位驻警制；危管物品安全监管到位率达到100%。开展15项消防安全专项整治行动，全区火灾起数同比下降9.3%。全年完成中央领导视察、八宝山革命公墓、全国“两会”住地等安全警卫任务314项。严格大型活动安全监管，全年321场次大型活动“零事故”。健全监所等级化管理模式，完善日常管理机制，实现“四零”工作目标。强化分局正规化建设，健全完善涉及12个业务系统的84项制度规范。坚持党委议事制度，执行“第一党支部”组织规范，落实“第一党支部”各项组织生活制度。开展党支部分类定级、换届、补选工作。坚持“民主、公开、竞争、择优”方针和“德才兼备、以德为先”的用人标准，以“优化班子结构、丰富干部阅历、降低廉政风险、提升工作水平”为目标，通过党委票决集体研究方式，提拔领导干部95人、岗位交流9人、免职15人。对136名单位班子成员加大战时跟进考察力度。对上年开展竞争选拔以来任职的159名领导干部进行集中脱产培训；推进对青年民警传帮带机制，结成75对师

4月，石景山分局开展大练兵，基层民警进行射击培训　（公安分局供稿）

徒开展岗位技能培训。组织开展减少投诉、舆情引导、涉外警务等专题培训27个，分局民警1800余人次参训。创新提出“待群众如亲人，提高群众满意度；待同事如家人，提高民警幸福感”的“两待”爱民爱警理念；完善警营开放日、来访接待日、民意库、投诉分析等4项工作机制，全年走访党政机关、企事业单位7500个次，走访群众12.5万户35.2万人次，推出便民措施17项，化解信访矛盾434件；加大户政、出入境等窗口警务公开力度，窗口服务实现“零投诉、零差错”。投入772万余元，推出52件爱警实事，建立民警代表制，建立分局社区卫生服务站，慰问帮扶困难民警及家属780人次，开展执法维权12次，推树全国先进典型2名，市局综合表彰奖励3个集体、141名个人。党员达到1104名，占到分局总警力的92.3%。

地址：石景山区古城南里甲1号

电话：68873814

邮编：100043

（王 成 路庆华）

【十八大安全保卫】 11月30日，总结十八大各项安全保卫任务完成情况。自上年11月全面部署十八大安保工作至当年11月15日大会闭幕，搭建安保三级领导指挥体系；完善方案体系推进安保工作落实；落实市局五次党委扩大会议等系列部署要求，坚持以面保点，突出安保重点，严密工作措施，狠抓任务落实，全警动员、连续奋战，实现十八大安保“六个严防发生”（严防发生严重影响政治稳定的重大事件，严防发生严重影响社会公共安全的暴力恐怖事件和个人极端暴力事件，严防发生大规模重大突发性群体事件，严防发生大规模赴京非正常聚集上访事件，严防发生影响恶劣的严重刑事案件，严防发生重特大道路交通、火灾、爆炸等安全事故）、“六个零”（政治稳定零事件、专项安保零失误、社会防控零盲区、打击整治零容忍、执法执勤零差错、公安队伍零违纪）、“三个负责”（对警卫对象和代表安全负责、对领导形象负责、对群众利益负责）和“三个满意”（人民满意、代表满意、中央满意）的工作目标。

（王 成 路庆华）

【安保方案体系】 公安分局立足区情实际，明确任务目标、职责分工和安保总体要求，从指导思想、组织领导、阶段划分、工作措施等七个方面，制定党的十八大安全保卫工作总体方案；结合部门实际，制定各分指挥部、各派出所的28个系列安保工作分方案，形成分局十八大安保方案体系，并随着形势和任务的变化，在安保实战中不断调整、修改、完善，汇编成册下发局属各单位；制定分局决战决胜阶段安保工作账单，明确决战攻坚从动员部署、全面深化到实战冲刺三个阶段的140项安保任务、时间节点和责任部门，确保每一项任务落实到具体部门、具体岗位、具体人员，确保十八大决战决胜阶段各项工作按步骤、分阶段、有层次地开展。

（王 成 路庆华）

9月3日，分局内保大队开展安全防范检查 （公安分局供稿）

【专项安保零失误】 公安分局推进警卫勤务工作规范化、大型活动管理标准化，完成十八大代表抵离京铁路线安全警卫任务。对要害单位、重点行业部位及重点人开展基础调查，建立完善工作台账，落实管控责任。完成八宝山革命公墓等安全警卫任务221项，其中，一级加强12项、一级103项、二级37项、三级30项、其他39项，确保各级警卫对象的绝对安全。圆满完成38项313场大型活动安全警卫任务，确保144万参与群众绝对安全。

（王 成 路庆华）

【专项安保警力支援】 十八大召开期间，公安分局先后组织11名防爆安检警力、20名便衣阵控警力、10名社会面督导检查警力支援中心区、住地等重点地区安保工作。支援警力坚持新老搭配、以老带新，严格检查、热情服务，日均安检1200余人次，确保住地的绝对安全；在中心区社会面督导检查中，支援警力严格履职，检查全市刀具销售单位142家、宾馆饭店49家、航空器销售单位22家，纠正、查处违法行为30起，批评教育27人，圆满完成市局交办的各项安保任务。

（王 成 路庆华）

【社会面巡逻防控】 十八大召开期间，巡逻民警屯兵街头，组建巡逻打击小组，依托站巡岗亭，发挥视频巡控优势，结合机动车、摩托车巡逻组、自行车巡段和携犬步巡段，严密全区社会面巡控网络。依据街头发案规律特点，在重点部位、重点社区，有针对性地开展“围点核录”、“外围内清”、“三道防线”、“B级堵卡”等专项行动。投入社会面防控警力8250人次，辅警力量1.6万余人次，全区接报110刑事类、秩序类警情分别环比下降94.1%和87%，达到市局刚性目标要求，确保全区治安秩序持续平稳。

（王 成 路庆华）

【社区安全防范】 十八大召开期间，公安分局累计发动群防群治力量43.5万人次，佩戴“红袖标”，参与安保实战。推进社区民警驻区制，完成7个派出所50个独立警务室、4个中心警务站的装修工作，完成99个社区警务室、中心警务站的公安网光纤改造升级，更新计算机120台。深入开展老旧小区图像信息系统改造等科技创安建设、整合、维保工作，全面加强社区科技创安水平。按照实有人口5%的标准，落实3.2万名群防群治力量实名登记，定人、定岗、定责完善防控等级方案。

（王 成 路庆华）

【专项行动打击犯罪】 公安分局强化“破案是硬道理”的主业意识，以打击整治“零容忍”为目标，依托破案攻坚“春雷行动”、“两会”便衣打击控制、“清风行动”、打击有组织犯罪“斩棘”行动、“打击六类抢劫犯罪”、“打击驾驶摩托车抢劫抢夺犯罪”等一系列专项工作，保持对刑事犯罪主动进攻和高压震慑态势。

（王 成 路庆华）

【各类违法犯罪活动】 公安分局全年破获各类刑事案件2477起，同比上升22.9%，刑事拘留犯罪嫌疑人802名，同比上升15.6%；4起命案全部在案发72小时内侦破，破案率连续七年保持100%；破获“赵国飞系列砸盗车内财物”等领导关注、群众关心的多发性侵财案件1921起，同比上升22.1%，占到破案总数的77.6%；经济案件、涉毒案件、预审深挖破案总数同比分别上升109.9%、44.8%和111.4%；全年逮捕、直接起诉等八类依法处理同比增长6.4%。

（王 成 路庆华）

【城市秩序清理整治】 公安分局强化民意主导，依托社会治安综合治理工作机制，全面牵动整合城管、工商等相关执法部门力量1.5万余人次，高频率、多波次、全方位地开展十八大安保“十大专项行动”、10类社会治安突出问题等系列清理整治工作。全年查处治安案件7634起，同比上升45.4%。打掉涉黄、涉赌窝点48个，关停黑开行业场所61家，查扣赌博机800台，查处各类非法运营车辆967辆，有效净化全区社会治安环境。

（王 成 路庆华）

10月25日，民警深入中小学开展安全教育 （公安分局供稿）

【社会治安防控】 公安分局全年妥善处置各类警情和群众求助13.5万余件，核查可疑人15.1万余名，全区110刑事类警情同比下降8%，刑事案件立案同比下降2%，社区“三类”可防性案件同比下降32.8%。全年发动群防群治力量115.6万人次，推动实有人口全覆盖体系建设，全区新登记实有人口25.5万人。落实驻区涉外警务工作，快速稳妥处置涉外案事件40起。完成全区社会面图像信息系统重点单位670路资源整合，完成全区图像传输主干线路扩容，实现翻一番的工作目标。

（王 成 路庆华）

【公共安全监管职责】 公安分局继续落实中小学幼儿园“高峰勤务”，推进医院等重点单位驻警制；对全区17家危管物品使用单位、25家刀具销售单位、9家小型航空器销售商铺，分别落实“四停一封”、“两个一律”、“三禁两报告”等安全监管措施，危管物品安全监管到位率达到100%；组织开展15项消防安全专项整治行动，检查社会单位1.6万余家，消除隐患3.1万余件，全区火灾起数同比下降9.3%。

（王 成 路庆华）

【监所实现“四零”目标】 公安分局主动邀请人大代表、政协委员、新闻媒体等40余批1800余人次参与监所对外开放活动，健全等级化管理模式，完善日常管理机制，确保实现“监管安全零事故、监管舆论零炒作、民警队伍零违纪、被监管人员非正常死亡零指标”的“四零”工作目标。

（王 成 路庆华）

【实有人口全覆盖】 公安分局如期完成实有人口“百日攻坚战”任务，健全完善基础台账，全区新登记实有人口25.5万人，其中，流动人口11.6万人、人户分离人口13.9万人；走访出租房屋3.5万间、标注空置房屋2.9万间，编制、张贴临时楼门牌1.3万张，纠错各种数据7.8万余条，从中新列管高危人员383名。

（王 成 路庆华）

案例举要

【破获发布网络中奖信息诈骗犯罪团伙】 2月29日，公安分局打掉一个通过发布搜狐邮件中奖信息进行诈骗的犯罪团伙，抓获犯罪嫌疑人7名。上年11月6日，事主李××报案称：被通过搜狐邮箱客服中奖邮件诈骗人民币4.8万元。经工作对该案初步串并，此案涉及全国90余起案件，北京地区14起。当年2月29日，侦查员在

海南省儋州市将叶××(男,30岁,海南省儋州市那大镇茶山村人)等7名犯罪嫌疑人抓获,收缴涉案银行卡40余张,涉案赃款人民币3万余元,核实涉及北京案件6起,外地案件2起。截至年底,该案正在进一步审查中。

(王 成 路庆华)

【破获冒用他人物品抵押贷款诈骗案】 上年11月,事主郭×与阎××(女,北京人)双方签订协议:由郭×出资39万元借款给阎××做生意,阎××将其名下的一辆奥迪A6轿车(京PW6P08)和一辆丰田汉兰达(京P1BS35)抵押给郭×。二人约定一个月的期限还清,如不能到期还款,就将两辆车过户到郭×名下。至约定期限,阎××既没有还款,也没有将车过户到郭×名下。郭×发现这两辆车是阎××从×汽车租赁公司租的车,阎××并没有车的产权。当年2月13日,郭×将涉嫌诈骗的犯罪嫌疑人阎××扭送至石景山分局。经审查,阎××先后利用同样手段共诈骗七名事主,涉案193万余元。

(王 成 路庆华)

【破获公司高管特大职务侵占犯罪案】 7月3日,经侦大队在重庆将涉嫌职务侵占的犯罪嫌疑人周×(男,38岁,重庆人)抓获,至此,原北京惠万环保技术有限公司高管特大职务侵占案犯罪嫌疑人全部到案。2011年11月15日,经侦大队接北京惠万环保技术有限公司报案称:该公司前任总经理王×(美籍)伙同销售经理周×、财务经理刘××等人,侵占公司流动资金人民币890余万元。经调查,经侦大队查明王×指使刘××、周×等人以支付咨询费名义将该公司流动资金转移并以多种手段占为己有的犯罪事实,当年6月底,在北京和黑龙江分别将犯罪嫌疑人王×、刘××抓获,被市局预审总队刑事拘留。

(王 成 路庆华)

【破获砸车盗窃财物案】 10月16日、18日,公安分局先后接到金顶街、苹果园、八角地区有多辆汽车玻璃被砸、车内物品被盗警情,被砸盗车辆共计34辆。经侦查,10月19日,专案组在丰台区青塔桥南侧路边,将该车驾驶员赵××(男,28岁,山东人,暂住北辛安大街81号出租房,2003年因抢劫被判处有期徒刑11年,上年底释放)抓获,当场起获"10·16"案中被盗望远镜1部以及钢钎、强光手电、导航仪、干扰器等作案工具。根据线索,侦查员又将涉嫌销赃的犯罪嫌疑人赵××(女,25岁,山西人)抓获。经审查,犯罪嫌疑人赵××对10月16日、18日凌晨在金顶街、苹果园、八角等地砸盗34辆汽车,盗窃车内价值5万余元财物的犯罪事实供认不讳。

(王 成 路庆华)

【打掉入室盗窃犯罪团伙】 3月27日,刑侦支队打掉一个利用锡纸技术开锁在全市范围内实施入室盗窃的犯罪团伙。同月1日11时,金顶街五区6栋一居民家中被盗人民币3.5万元及价值1800元左右的金银首饰;同日杨庄北区49栋1606号家中被盗价值28700元财物。经现场勘查,两起案件均属技术开锁类入室盗窃案,且现场足迹比对认定同一。经工作与朝阳、丰台区15起案件成功串并。经对串并案件的判研、侦查,27日18时,在苹果园三区东侧马路边将涉案的张××(男,吉林省公主岭人)、钟××(男,36岁,哈尔滨阿城人)、马××(男,吉林四平籍)等五名犯罪嫌疑人抓获。

(王 成 路庆华)

【打掉特大盗窃团伙】 5月22日,公安分局会同市局便衣总队、十二总队等单位成功打掉一个河南籍驾车尾随攀爬大货车盗窃车厢内财物的特大盗窃犯罪团伙,抓获犯罪嫌疑人4名,收缴作案车辆3辆、作案牌照2套、加力钳、裁纸刀等其他作案工具,起获被盗电脑及配件等电子产品140余箱。上年4~11月,西五环路先后发生五起物流货车在行驶过程中货物被盗的案件。专案组根据五起案件的作案时间、地点、对象、手段等特点对全市十余起类似案件进行串并,并先后前往河北、河南等省市开展大量细致的侦查工作。经侦查,专案组将该团伙的主要犯罪成员、窝赃地点、销赃渠道、作案工具、作案车辆等全部查清。5月22日,刑侦支队会同市局十二总队、便衣侦查总队,在大兴区团河南村将常××(男,38岁,河南淮阳县人)、刘××(男,44岁,河南淮阳县人)、刘××(男,37岁,河南郸城县人)、刘××(男,46岁,河南郸城县人)4名犯罪嫌疑人抓获,当场查获作案车辆、工具及大量赃物。

(王 成 路庆华)

【打掉特大合同诈骗团伙】 8月10日,公安分局组织经侦、刑侦、巡警、网安、法制、预审以及10个户籍派出所的300余名警力,一举打掉以支×、辛×等人为首的合同诈骗犯罪团伙,抓获涉案人员112名,其中刑事拘留64人,取保候审37人,教育释放11人。4月18日,事主郭××等人到分局经侦大队报案称:北京萤火之光网络技术有限公司、北京联华在线电子商务有限公司以"加盟创业"、"建立网上商城"等名义,骗取事主网店加盟费及技术服务费,涉及受害群众上千人,涉案金额达2000余万元。经侦查,8月10日,将该公司支×、辛×等主要犯罪嫌疑人和该公司涉案员工共计112人全部抓获,并查扣涉案公司两个办公地点的账目、合同、电脑等涉案物品。经审查,该公司自2011年12月~2012年8月10日,通过虚假宣传,已先后骗取投资人加盟费、网站运营、升级等费用上千万元。

(王 成 路庆华)

【破获涉嫌集资诈骗案件】 8月13日,公安分局破获涉案金额1.5亿元的北京欧尔佳股权投资基金管理有限公司涉嫌集资巨大。经侦查,欧尔佳公司在北京、天津、山东等多地设有办公地点,以投资返利、销售原始股等名义开展集资活动,涉案金额高达1.5亿余元,且该公司所获款项绝大部分用于支付高息返利,公司本身年盈利不足50万元。尚有7000余万元投资款不能返还。8月13日,分局在北京、山东两地同时开展抓捕工作,将师××(女,42岁,山东人,欧尔佳公司董事长)、张××(女,62岁,黑龙江人,欧尔佳北京公司负责人)等12名嫌疑人一举抓获,其中6名主要嫌疑人已被分局刑事拘留,其他6名嫌疑人取保候审。

（王　成　路庆华）

【破获销售假冒注册商标商品案】　8月20日,苹果园派出所破获一起销售假冒注册商标的商品案件,起获大量假冒名牌商品,案值110余万元。同月初,苹果园派出所接群众举报称,在天涯社区论坛等网站上有人低价销售名牌服装、箱包,发布者预留地址为“石景山外贸库房”。经工作,17日在海淀区建西苑南里将犯罪嫌疑人吴××(女,38岁,石景山人)、刘××(男,38岁,石景山人)抓获,当场起获大量假冒名牌产品。经审查,犯罪嫌疑人吴××、刘××对网络销售假冒名牌商品获利20余万元的犯罪事实供认不讳。

（王　成　路庆华）

【破获特大运输毒品案】　9月13日,刑侦支队禁毒中队会同禁毒总队侦查大队,破获一起特大运输毒品案,抓获犯罪嫌疑人3名,缴获毒品冰毒174.5克,查获用于运输毒品的别克轿车1辆。当日,分局接到在侦案件的三名犯罪嫌疑人行踪通报后,对重点部位进行布控蹲守。在老山西里小区附近将犯罪嫌疑人刘×(男,33岁,石景山人)、李××(女,27岁,四川宜宾人)抓获;在八宝山机三处宿舍将另一名犯罪嫌疑人查××(男,44岁,石景山人)抓获,当场收缴毒品冰毒174.5克。经审查,三名犯罪嫌疑人对运输毒品进京的犯罪事实供认不讳。

（王　成　路庆华）

【破获市局督办电信诈骗案件】　6月4日,刑侦支队接事主张×报案称:2011年9月～2012年5月期间,被一名在网络聊天中自称叫“陈小敏”的女子以谈恋爱为名,先后诈骗事主人民币19万余元。由于此类案件在本区属新型犯罪,被市局列为督办案件。分局有关单位会同市局相关部门组成专案组,对案件开展侦查工作。经侦查,侦查员掌握嫌疑人的活动区域,并通过网上侦查进一步确定嫌疑人“陈小敏”的真实身份,掌握嫌疑人的犯罪证据。9月14日,在广东省惠州市水口镇将犯罪嫌疑人贺××(女,31岁,湖北人)抓获。

（王　成　路庆华）

检察工作

概　　述

北京市石景山区人民检察院(简称区检察院)是国家的法律监督机关,在辖区内依法独立行使检察权,接受市人民检察院和中共石景山区委领导,对本级人民代表大会及其常务委员会负责并报告工作。年内新增设案件综合管理办公室、未成年人案件检察处、机关党委办公室。全院有干警142人,其中党员118人,助理检察员以上职务有92人。本科以上学历占到全体干警的97.2%,研究生以上学历占26.7%。涌现出北京市先进工作者李凯、北京市人民满意的政法干警王立君和全国政法系统优秀党员干警、北京市优秀青年知识分子门美子等先进典型。年内,区检察院学习贯彻党的十八大、区第十一次党代会和区第十五届人大一次、二次会议精神,围绕现代化首都新城区建设,忠实履行宪法和法律赋予的职责。全年受理审查逮捕案件477件691人,同比上升7.9%和23.6%,批准逮捕363件490人,同比上升0.8%和1.6%;受理审查起诉案件581件886人,同比上升28.3%和41.3%,提起公诉504件659人,同比上升18%和9.5%;受理各类职务犯罪案件线索69件,立案19件19人,同比上升90%,不立案13件13人,同比下降50%,其中,立案贪污贿赂犯罪案件17件17人,大要案12件12人;受理刑事立案监督案件8件,依法向公安机关发出《要求说明不立案理由通知书》7份。纠正漏捕后起诉6人,追捕到案并获有罪判决8人,纠正漏诉2人,追加犯罪事实14起,纠正违法2次,发出检察建议书9份。

地址:石景山区古城南里
电话:59734588
邮编:100043

（李　菲）

【职务犯罪预防】　1月11日,市检察院与市预防腐败局召开预防非公经济组织职务犯罪座谈会。市预防腐败局领导对石景山院在非公经济领域开展职务犯罪预防工作的前瞻性、系统性给予肯定,指出在非公经济领域开展预防工作是促进首都发展,建设世界城市的客观要求,也是践行“北京精神”,建设和谐社会首善之区的迫切需要。市预防腐败局将与检察机关携手,建立相关职能部门密切合作的联动机制,将非公经济领域纳入全市惩防体系的统一格局,发挥政府引领作用,促进非公领域诚信体系建设,从源头上防治腐败,服务经济社会健康发展。

（李　菲）

【民事案件研讨】　2月14日,区检察院与市检察一分院联合召开赠与合同撤销权纠纷问题研讨会。与会人员就石景山院办理的一起民事申诉案件所涉及的争议问题进行案例研讨。通过两位专家的精细解析,以及三级院代表从不同角度与咨询专家就争议问题探讨,最终从本案的法律基础和裁判的价值取向两方面厘清本案审查思路,就案件的处理达成基本共识。本次案件研讨会借鉴以往专家咨询会的成功经验,并在此基础上实现一体化办案模式的突破创新。

（李　菲）

【监管场所安全】　3月,区检察院切实做好全国“两会”期间监管场所安全工作,防止发生在押人员非正常死亡、脱逃、行凶、越狱、暴狱等事故。以“五个必须”(即:必须提升大局意识和责任意识,必须坚决执行情况报告制度,必须抓好安全防范工作机制的落实,必须加强与监管部门的沟通联系,必须严肃处理和查办监管违法问题)确保监管场所安全稳定。

（李　菲）

【“一级规范化检察室”揭牌】　在全国第三届规范化检察室评比中,区检察院驻所检察室被最高人民检察院授予全国“一级规范化检察室”。3月2日,市院党组成员、副检察长顾军和区检察院党组书记、检察长王春风共同为驻区检察室揭牌,并就加强看守所安

全稳定、依法行刑罚执行和监管工作、全面履行驻所检察职能等工作与区检察院、公安分局召开座谈会。

（李 菲）

【签署合作框架协议】 4月20日，在区知识产权联席会上，区检察院与科委园区（区知识产权局）、公安分局、区法院、司法局、民政局联合签署《司法保障助推中关村石景山园发展合作框架协议》，该协议达成三方面意见：规定共同职责；完善区政法系统服务中关村石景山园的工作机制；规定工作内容，包括加大对中关村石景山园知识产权的司法保护力度，促进社会组织健康有序发展，加大对园区创新创业主体合法权益的保护，开展法制宣传教育，提供法律预警服务等。

（李 菲）

【法制副书记进社区】 区检察院在全市首创法制副书记进社区工作机制，探索服务和谐社区建设新方式。选派3名新任中层副职赴八角街道办事处下属的古城南路、古城南里和建钢南里三个社区担任社区法制副书记，促进检察工作走向基层、走向社区、走进群众，探索推进社会管理创新途径。

（李 菲）

【检企共建教育警示基地】 5月29日，区检察院与大唐国际高井热电厂合作创立的“廉洁文化教育警示基地”正式挂牌启动。该基地是本市首家检察机关与国有企业合作创立的预防职务犯罪警示教育基地，通过展示违法犯罪典型案件、展出反腐书画、播放廉洁教育影片等形式，触及心灵，塑造品格，实现反腐倡廉建设与企业廉洁文化建设的深层次融合，成为面向驻区央企、市企干部、职工接受廉政教育的平台。

（李 菲）

【参与社会管理创新】 区检察院在做好原有法制副校长、社区检务工作站等工作基础上，拓展检察职能。6月4日，制定社区矫正检察联络室工作细则，做好社区矫正检察监督工作，加大对社区服刑人员的监管和维权力度，加强同区司法局协调配合，创新检察监督方式。促进监管和刑罚执行工作，实现对在押人员和社区服刑人员的有效管理和监督。分别与区看守所、区司法局签订重要信息通报制度，探索“监内监外执行同步监督”的新机制，实现信息互通，资源共享与动态监督。

（李 菲）

【会签检察官驻所办法】 7月10日，区检察院与公安分局法制处、八角派出所会签《关于检察官驻所工作办法》。检察官驻所制度是贯彻新刑事诉讼法的创新性探索尝试，进一步探索司法机关互相配合、互相制约的有效模式，对延伸检察监督、提高案件质量和诉讼效率具有促进作用。

（李 菲）

12月13日，举行检察开放日活动 （区检察院供稿）

【保护文化创意产业】 7月20日，区检察院召开京西法治沙龙暨检察机关服务文化创意产业科学发展论坛，加入区知识产权联席会，并开展服务区文化创意产业调研。与区科委等联合签署“司法保障助推中关村石景山园发展合作框架协议”。依法打击涉及侵犯驻区文化创意企业的犯罪，提起公诉5件9人，成功维护搜狐畅游等文化创意企业利益。全面探索网络检察联络室工作，出台派驻中关村石景山园区网络检察联络室工作办法，建立文化创意企业法务部门之间的“QQ群”，实现在线及时交流法律问题，有效加强同企业的联络与互动，为区域文化创意产业健康、科学发展提供优质的法律服务和保障。

（李 菲）

【市检领导调研】 9月12日，市检察院党组书记、检察长慕平就检察机关服务首钢搬迁调整工作进行专题调研。市检察院一分院党组书记、检察长高保京，首钢总公司领导王青海、徐凝，区委副书记、政法委书记吴克瑞参加调研。区检察院发挥检察机关的职能优势，与首钢总公司纪委从1999年成立预防职务犯罪网络，检企双方不断探索联合预防的方法与途径，按照“构建预防体系、扩展预防区域、创新预防方法、完善预防机制、提升预防质量、巩固预防成果”的思路，将严厉打击和强化预防职务犯罪相结合，把新厂区建设和老厂区拆迁中的资金和人员作为重点防控对象，与唐山市、唐海县两地检察院和首钢京唐钢铁联合有限责任公司联合制定关于服务京唐工程建设实施方案，成立联合预防工作领导小组和首钢搬迁专项预防执行小组，通过定期召开会议沟通工作进展情况和现场监督检查等方式，对厂房及设备的拆除、资产处置中的重点环节进行跟踪预防。协助首钢纪检委对京唐、迁钢、首秦等重点工程建设项目效能监察服务组进行定期检查指导工作，开展对前期管理、招投标、资金使用、施工进度、质量、安全等重点环节的全程监督，有效防范各种违法违纪行为。坚持“教育、制度、监督”并重，联合区纪委和首钢纪检委共同编写《让家庭远离腐败》、《让岗位远离腐败》、《让拆迁远离腐败》、《让权力远离腐败》系列教育书籍。联合举办“氧气杯”廉政建设有奖知识竞赛，向首钢领导干部、有业务处置权岗位人员及家属赠书，同时开展读书思廉演讲和征文活动，举办专业岗位人员廉政教育培训班，从思想上严防职务犯罪的发生。自2005年首钢搬迁调整以来，结合查办的典型职务犯罪案件向首钢发出多份检察建议，提出相关整改措施，协助首钢完善“靠制度管人、按制度办事、用制度规范行为”的管理机制。在办理首钢某部门多名员工受贿案过程中，发现该案具有“重要部门、重点岗位、小人物、群体性、涉及面广”等特点，及时与首钢纪检委沟通信息、联合办案。通过检察建议，协助首钢某部门出台“重点外购原料检验监督联系协作办法”、“原燃料抽查管理办法”等六项制度，并在采样、送检、化验等关键环节安装电子监控器等技术防范措施，有效地堵塞企业管理漏洞，确保搬迁期间企业经营的平稳、安全、高效。大胆探索科技预防新模式，在首钢运输部、质监总站的关键岗位建立电子监控系统，有效预防和遏制内外勾结的违法犯罪行为。配合首钢销售公司围绕易滋生腐败的资源分配、合同签订、价格管理、产品发运、财务结算等5个环节，确定16个监控点，强化过程监控，有效防止以权谋私现象发生。构建行贿犯罪档案查询绿色通道，为“阳光搬迁”保驾护航。与首钢纪检委联合签订首钢搬迁阶段行贿犯罪档案查询工作规则，指定专人为首钢工程项目提供集中、统一的查询服务，同时，设计专门工作流程和文书表格，保证绿色通道高效便捷，增强预防工作实际效果。

（李　菲）

【开展帮教活动】 11月26日，区检察院邀请十名市级人大代表、人民监督员和特约监督员到市女子监狱对石景山籍服刑人员开展帮教活动。带队检察长向女犯宣讲十八大的主要精神，并介绍“阳光中途之家”的情况，解答女犯就社区矫正和释放后就业、生活等方面的问题，并给女犯送去十八大宣传材料、学习用品和生活用品。

（李　菲）

1月11日，开展中小学生法制教育　（区检察院供稿）

【刑罚执行和监管活动】 区检察院开展交付执行专项检察、羁押期限专项检察工作，累计驻看守所检察280天，开展安全防范检查126次。对减刑、假释、暂予监外执行报请或裁定不当，提出书面纠正意见2件。完成监外减假保审查报告23份，发现2起漏管案件，分别向上海市、广东省等有关部门发出3份纠正违法通知书。向有关部门就漏管问题和扣押物品问题发出检察建议。

（李　菲）

【宽严相济刑事政策】 区检察院把维护社会和谐稳定作为首要任务，履行审查批捕、审查起诉等法定职责，加大对严重暴力犯罪、严重危害公共安全和市场经济秩序犯罪的打击力度，依法办理一批社会影响恶劣、敏感度高的案件，如涉案金额达到7000余万元的集资诈骗案、涉案金额达到1.7亿元的非法出售发票案等。对轻微刑事案件坚持可捕可不捕的不捕，可诉可不诉的不诉，依法对无逮捕必要的，决定不予批准逮捕59人，对犯罪情节轻微的，决定不起诉24人。在市委政法委组织召开的“扩大拘役适用工作现场会”上作经验发言。制定的《规范适用相对不起诉若干意见》被市院以文件形式下发，在全市加以推广。

（李　菲）

【审判监督和行政诉讼监督】 区检察院全年向同级法院提起刑事抗诉1件，获二审法院改判1件，就刑事判决存在的问题发出检察建议书1份。全年办理各类民事行政申诉案件30件，其中自行受理14件，协助市检察院一分院调查案件16件，提请民事抗诉3件，提出再审检察建议2件，提出一般检察建议4件。向区属某公司发出督促起诉意见书，该公司向法院起诉，维护国有企业利益。

（李　菲）

【反渎职侵权】 区检察院加大惩治和预防渎职侵权违法犯罪工作力度，依法查办司法人员渎职犯罪。全年办理渎职侵权案件线索4件，立案2件，完成市院交办协查任务4次，介入区安全生产事故调查6件。通过院内情报、线索移送机制成功侦破某县公安分局民警王×等人徇私枉法案，并获得法院有罪判决。在办理刑事案件中，发现涉及4个区的民生领域渎职线索，提升主动发现犯罪线索的能力。

（李　菲）

【化解社会矛盾】 区检察院集中力量化解上级挂账督办案件8件，与区法院密切配合，妥善化解市委政法委督办的吴×信访案。加大涉检信访工作力度，全年检务接待2000余人次。建立民事行政案件“四阶段”（案件审查、与当事人谈话、答复、息诉罢访）分解息诉工作法和涉检信访快速分流工作机制，使矛盾纠纷及时得到处置：“三延伸”（即延伸信访工作重点至办案各环节，延伸化解经验至办案过程中，延伸化解工作至刑事诉讼全过程）源头化解涉检信访的经验材料被市委政法委转发。

（李 菲）

审判工作

概 述

北京市石景山区人民法院（简称区法院）是国家审判机关，依法行使审判权，审判在法律规定范围内的第一审刑事案件、民事案件、商事案件、行政案件并承担相应的执行职责，通过依法审判，严惩犯罪分子，妥善化解民事、商事和行政纠纷。目前，区法院设刑事审判庭、未成年人案件综合审判庭、民事审判第一庭、民事审判第二庭、民事审判第三庭、知识产权审判庭、五里坨法庭、行政审判庭、执行局（下设执行一庭、执行二庭）、立案庭、审判监督庭、涉诉信访办公室、审判管理办公室、诉讼服务办公室、书记员室、研究室、办公室、政治处、监察室、法警大队、保卫科等21个局、庭、处、科、室、队及信息技术中心和机关后勤服务中心2个全额拨款事业单位。全院干警169人，其中法官88人，书记员56人，行政序列人员8人，事业编人员10人，司法警察7人；具有研究生及以上学历的93人，占总人数的55%，本科学历的73人，占43.2%。年内，区法院坚持“为大局服务、为人民司法”的工作主题，以全力维护社会稳定、迎接党的十八大胜利召开为第一责任，以提升审判质效和群众满意度为目标，充分履行审判职责，全年受理各类案件8649件，结案率96.2%，一审服判息诉率达84.9%，一线法官人均年结案185件，民商事和知产案件调撤率达到69.9%。加强诉前化解工作，将332件纠纷化解在诉前；全程开展行政协调工作，使超过30%的行政诉讼得以化解，其中劳动工伤类行政诉讼的化解率达75%；加大司法宣传力度，开展法官基层办案、法制宣传百余次，主动邀请人大代表、企业职工、社区居民来院参观、旁听案件审理数十次，在各级各类报刊刊登法制宣传稿件521篇，通过各级电台、电视台普法48次，开展庭审案件网络直播95次；接待案件查询和诉讼引导近万人次，进行财产保全和司法鉴定三百余次；对27件案件中生活确有困难的当事人减、免、缓交诉讼费；狠抓廉政建设，收锦旗92面，表扬信24封。

地址：石景山区阜石路169号
电话：68899888　68899777
邮编：100043

（张 晨）

10月23日，社区工作者普法教育基地揭牌　（区法院供稿）

【成立未成年人案件审判庭】 3月1日，区法院正式成立未成年人案件综合审判庭。未成年人案件综合审判庭集中审理辖区内涉及未成年人的刑事、民事案件，同时，还肩负着社会调查、心理辅导、跟踪回访等特色审判工作以及法制宣传教育、未成年人违法犯罪预防、矫治综合治理等司法延伸工作。年内受理、审结案件103件。

（张 晨）

【法、检建立沟通机制】 3月7日，区法院与区检察院举行沟通机制签约仪式，签订建立沟通机制的若干规定（试行）。沟通机制规定，法、检两院每半年将举行一次院级沟通会议，如有必要，经一方动议，两院协商一致，可即时举行会议。双方主要就工作机制、具体业务等方面的问题，及时通报、反馈、研究情况，统一执法标准，规范执法行为。双方可就达成一致的事项会签文件，会签文件对两院均有约束力。此项机制的建立有效促进法、检两院的沟通，对维护司法公正与权威具有较好的推动作用。

（张 晨）

【设立五里坨派出法庭】 3月9日，五里坨法庭正式对外办公。主要办理五里坨地区部分案件、迁安矿山巡回案件、机动车交通事故责任纠纷、劳动争议等四大类案件。便利偏远地区群众诉讼，保障区域重点工程建设。年内受理、审结各类型案件393件。

（张 晨）

【调解平复社会矛盾】 区法院在民事审判中探索完善“类型化”调解机制，在商事审判中建立商事纠纷“准点调解法”，在立案阶段推行“诉前调解”工作，在五里坨地区临时办公地点试行“社区定点调解工作”，在涉未成年民事案件中推行“全程调解”，410件服务、供热及劳务合同等群体性案件以调解方式得到解决，全年近70%的民事案件以调解或撤诉方式结案。

（张 晨）

【知识产权联动保护】 区法院提出“智护CRD”，整合司法和行政管理资源，为园区企业提供优质司法服务。年内深入搜狐畅游、中国华录等文化创意产业进行实地调研，了解企业司法需求及知识产权保护面临的困难。开展知识产权宣传月活动，深入科技园区开展典型知识产权案件巡回审判，起到“以案普法”的宣传效果。举办“园区讲堂”，为技术创新型企业提供专利和商业秘密保护方面的专题法律培训。与区知识产权联席会成员单位共同签订“司法助推科技发展合作协议”，强化区域知识产权联动保护机制。

（张 晨）

【商事纠纷预警服务】 区法院针对辖区商事纠纷特点，不断延伸审判职能，构建商事纠纷预警服务机制，帮助企业了解经营风险。如通过收集企业各类诉讼案例，及时发现企业在法律管理制度及经营行为等方面面临的合同、管理架构、劳务制度以及业务规范等多个商事纠纷风险多发点，由法院结合风险点向企业提出建议，并帮助制定解决方案。此项机制得到首钢、中铁建、物美及部分高新技术企业的支持与肯定。

（张 晨）

【涉重点工程拆迁案件】 区法院妥善处理涉市、区重点工程项目拆迁纠纷，对所有未结的司法强拆案件进行逐案分析，由院、庭领导亲自开展说服教育及协调化解工作，力争使被拆迁人主动腾退房屋，对于涉老古城保障房建设及五里坨村重点工程改造项目拒不腾退房屋的被执行人依法采取强制执行措施，确保区重点工程项目顺利推进。

（张 晨）

【重点案件排查】 区法院于十八大前夕开展重大矛盾排查稳控专项行动，重点排查涉稳定、涉民生、涉群体、涉少数民族类以及征地拆迁等具有危及和谐稳定苗头的矛盾纠纷，对排查出的5件重点矛盾纠纷案件进行维稳风险评估，制定应急预案，并落实包案领导和具体责任人，对正在审理的35件存在信访苗头的案件进行稳控，确保不出现问题；慎重处理社会关注的热点案件和劳动争议、房屋买卖、医疗纠纷、交通事故赔偿等涉民生案件，以及群体性纠纷案件，适时开庭、强化调解、择机宣判，切实维护地区安全稳定。

（张 晨）

【化解涉诉信访案件】 涉诉信访工作关系区域和谐稳定，也是法院面临的最大困难与问题。年内，开展领导大接访工作，制定方案，坚持每日都有一名领导干部在岗接待信访群众。化解涉诉信访案件，平复当事人情绪。院级领导共计接待、走访信访当事人42人次。院长、主管副院长逐案听取汇报，参与案情研究，提出化解建议，主动约谈信访当事人，院级领导亲自参与化解信访案件17件。加大审判质量管理与考核，杜绝案件低级错误，减少改发案件，从源头上预防信访案件的形成。做好信访救助工作，对于确需救助的当事人，主动争取党委、政府的支持，解决其实际困难。全年化解信访挂账案件15件。

（张 晨）

【舆论引导与应对】 区法院开展舆论引导与应对专项行动。先后2次组织中层领导干部及民事审判人员进行新闻舆论引导及突发舆情处置专项培训。出台加强敏感舆情引导应对工作意见，对舆情防范、应对等方面作出具体规定；制定下发使用微博等网络社交工具的管理办法，对法院工作人员使用微博等网络社交工具作出必要规范。

（张 晨）

【司法便民活动】 区法院通过“走出去、请进来”方式，将司法服务送进社区，将普法宣传经常化。开展法官下基层、法官留学、迁安巡回审判等项司法为民工作举措，开展“法院开放日”活动，举办“送法进首钢矿山社区”法制宣传活动，选派3名优秀法官分别担任八角街道三个社区党支部的法制副书记，10名优秀法官聘为普法教育基地教员，使群众了解法院、了解法官，提升社会各界对法院工作的满意度。

（张 晨）

案例举要

【生产、销售假药案】 9月11～14日，曾××等32名被告人涉嫌生产、销售假药，生产、销售伪劣产品案在区法院

4月17日，12名市人大代表参加开放日活动 （区法院供稿）

开庭审理。在市高院的统一协调下，市高院、一中院、二中院、东城法院、西城法院、朝阳法院、海淀法院、丰台法院、门头沟法院、房山法院、大兴法院共向区法院支援警车12辆，借调法警96人次，确保连续4天的开庭审理平稳有序进行。11月20日该案审结。经审理后查明：被告人曾××先后纠集被告人狄××、彭××、丰××、曾××、彭××等人，共同出资于2009年9月注册成立天顺天利公司，以代为发货、货到付款方式帮助在本市各处制售假药的人员将“止渴降糖胶囊”等150余种假药通过快递公司销售给全国各地的患者，销售金额共计人民币640余万元。其他被告人以非法获利为目的，未经批准由他人代为加工生产假药或者自行以中、西药原料加工生产成各类药品，自行张贴各类药品标签，通过在互联网、报纸发布药品虚假广告等方式，将假药通过天顺天利公司销售给全国各地患者。区法院审理后认为：被告人曾××等人明知他人销售的货物为假药，而为他人提供代为发货、代收货款服务并从中获取非法利益，应以销售假药罪论处，因同时构成销售伪劣产品罪，故应按销售伪劣产品罪定罪处罚。被告人阳××等人生产、销售假药且足以严重危害人体健康，应以生产、销售假药罪定罪处罚。故最终以销售伪劣产品罪判处曾××等6人有期徒刑十五年，并处相应罚金；以销售伪劣产品罪判处彭×等15人二年三个月至十年不等的有期徒刑，并处相应罚金；以生产、销售假药罪判处阳××等11人二年三个月至二年十个月不等的有期徒刑，并处相应罚金。

（张　晨）

【房屋买卖合同纠纷案】 2004年9月21日，北京市某砂石厂与李×签订《家属宿舍异地承租安置协议书》。根据协议约定，李×承租位于金福苑小区9楼7单元601号房屋，但新承租人必须与房屋的产权单位签订房屋租赁契约，并在承租房屋的物业管理部门签订相关协议，办理相关手续。2005年6月，李×与胡×签订《房屋买卖合同》将其承租的房屋以15万元的价格转让给胡×。双方在合同中约定，李×收到15万元房款后，将该房屋完全交给胡×，李×不再对该房屋享有任何权利，由胡×参加房改购房，并获得产权证，此合同签订后，即日起生效，双方自愿履行本合同，李×不得反悔。合同签订当日，胡×与北京市某物业中心（房屋产权人某房地产开发公司的代理人）签订《房屋租赁合同》，承租金顶山路168号院9号楼7单元601号，并交纳租金、物业等项费用。2009年10月，李×以双方买卖的房屋为公有承租房，系一种不受国家法律保护的违法行为，且其未征得配偶同意，无权单方处分该房屋等理由起诉至区法院，要求确认双方的买卖合同无效。被告胡×答辩称，首先，李×既非房屋产权人，亦非房屋承租人，因此，其不具备主体资格；其次，原、被告之间的合同已经实际履行并且已履行完毕，原告从未承租过涉案房屋，且物业中心已将涉案房屋出租给被告，因此，双方不存在买卖公有房屋的问题；最后，双方签订的合同是双方真实意思表示，合同的主要内容是原告放弃权利，这是法律允许的，因此，双方签订的合同是合法有效的。区法院审理认为，房地产开发公司作为诉争房屋的所有权人，将该房屋委托物业中心管理，双方存在委托合同关系。此外，原告主张其转让房屋时未征得配偶同意的意见，因原告在转让房屋时，被告有理由相信原告转让房屋的行为系原告夫妻共同协商一致的结果，故原告表示未取得其配偶同意的意见，法院不予认定。基于上述理由，法院最终判决驳回李×的诉讼请求。一审宣判后，当事人双方均未提起上诉，本案发生法律效力。

（张　晨）

司法行政

概　述

北京市石景山区司法局（简称区司法局）是区政府负责本区司法行政工作的职能部门，业务上受市司法局指导。内设办公室、政工科、法制科、监察科、基层工作科、法制宣传科、公证律师工作管理科、社区矫正和帮教安置工作科8个职能科室，同时承担着区法制宣传教育和依法治区领导小组办公室、区社区矫正和帮教协调委员会办公室的日常工作。行政人员编制60人。在全区8个街道和鲁谷社区、集体经济办公室分设10个司法所；设立1个参照公务员法管理事业单位（区法律援助中心），1个全额拨款

3月26日，青少年法制宣传教育活动暨首届校园法治文化节启动

（区司法局供稿）

事业单位(区阳光中途之家),1个自收自支事业单位(北京市燕京公证处)。切实发挥“特殊人群服务管理专项行动”牵头单位作用,加强对特殊人群的教育管控,统筹协调,打好十八大安保整体仗。扎实推进规范化人民调委会创建,做好矛盾纠纷排查预防、调处化解工作。规范社区矫正工作,中途之家正常运行,全面提升“两类人员”教育改造效果。推进“六五”普法规划全面实施,以法制宣传四季行活动为主题,开展各类法制宣传活动。加强对律师、公证、法律援助等法律服务行业管理,推行多项便民措施,不断满足人民群众法律服务需求。年内,被评为“首都文明单位”,获区“做好党的十八大安保维稳工作突出贡献奖”、“双拥模范单位”等多项集体荣誉,共有26人获部、市、区级奖励。

地址:石景山区八角北里

电话:68874144

邮编:100043

(王立永)

【法律服务村居行】 2月6日,市司法局在全市范围启动“法律服务村居行”活动。区司法局为每个社区配备一名常年联系律师,负责提供义务法律咨询和法律讲座,实现律师、法律工作者与126个社区一对一衔接。开展“四个一”活动,即开展一次主题明确的普法讲座,一次面对面的法律咨询,一次参与化解矛盾纠纷的调解工作,一次针对基层人民调解员和法律工作者的培训。全区142名律师在对口社区开展法制讲座、法律咨询、矛盾调解、上门服务等形式多样的法律服务活动,为社区居民提供法律咨询6367人次,参与纠纷调解121次,举办法律讲座36场次,代写法律文书132份,发放宣传资料9257份。

(王立永)

【青少年法制宣传季】 3月26日,区法制宣传教育和依法治区领导小组办公室、教委、司法局、团区委在苹果园中学举行“青春船长法治启航”青少年法制宣传教育活动暨首届校园法治文化节启动大会。全区各中小学校校长、高校普法志愿者、律师代表、各街道司法所长和苹果园中学部分师生参加启动大会。与会领导为“青春船长”代表颁发聘书,实验小学法制副校长、区检察院公诉一处检察员为师生上一节法制示范课,苹果园中学校长和学生代表作典型发言。“六五”普法伊始,区司法局调动社会力量,整合社会资源,组建法制宣传志愿者及青春船长两支队伍。深入开展“夏日扬帆 法治领航”青少年法制宣传季活动,根据市局关于在全市开展法制宣传“四季行”主题活动的通知和开展中小学模拟法庭展示活动的通知精神,6月19日,实验中学的同学们走进区法院多媒体法庭,以模拟法庭形式上一堂别开生面的法制教育课。模拟法庭活动通过选取贴近学生生活、具有代表性的案例,采用逼真的场景,让学生充当“模拟法官”的形式,了解审判程序,使台下学生互动学法,提高法律学习效果,从而达到青少年学法、知法、守法、用法的目的。

(王立永)

【司法行政开放日】 4月13日,区司法局举办以“司法行政在身边”为主题的第二届石景山区司法行政开放日。部分区人大代表、区政协委员、党风廉政监督员、机关、企事业单位代表、社区居民代表和农民工代表共500余人参加本次活动。活动发放宣传资料3000余份,制作宣传展板近40块,从服务群众生活、服务企业生产、服务社会稳定、服务经济发展等方面展示司法行政工作。

(王立永)

【“和风”专项行动】 5月24日,区司法局成立“和风”专项行动领导小组,会同各成员单位按照动员部署、集中排查、攻关调处、巩固提高和总结验收五个阶段,全力做好矛盾纠纷排查调处预防工作。按照抓早、抓小、抓苗头的原则,抓好日常和重大敏感时期矛盾纠纷排查化解工作。重大节假日、敏感期组织在全区范围内开展矛盾纠纷排查调处工作。发挥人民调解和法律服务优势,配合有关部门化解诸如台湾街商业区商户与业主经济纠纷等一大批存在上访隐患和不稳定因素的案事件。通过扎实细致的摸排调解工作,实现“三减四升五确保”的工作目标。

(王立永)

【“共建双承诺”机制】 9月26日,区司法局“共建双承诺”机制被评为市司法行政系统创先争优最受欢迎的长效工作机制。本着“优势互补、资源共享、互惠双赢、共同发展”原则,与八角北里社区开展结对共建活动,开展党建经验交流、法律服务进社区、同心携手扶贫济困、“点对点”结对帮扶、共建联欢会、文化大舞台等活动7场次,投入资金2万余元,帮扶困难居民群众10余人,将“我是党员我承诺”主题实践活动落到实处。

(王立永)

【律师行业和队伍管理】 9月始,区司法局对全区律师事务所开展100%的普遍巡查,对30%律师事务所进行重点抽查。10月10日,进行为期两周的寻访与检查,做好律师行业维稳工作。十八大召开期间,加强对重大敏感案件备案制度和律师事务所接收案件登记统计制度的落实,加强矛盾化解工作,加大对区律师协会投诉案件处理工作的监督、指导。继续做好律师参与区政府信访接待工作。安排律师参与信访接待49人次,为群众答疑解惑排忧解难,有效维护社会和谐稳定。“7·21”自然灾害发生后,积极开展家属安抚、善后处理等维稳工作。成立区律协党总支,下设六个党支部,覆盖全区范围所有律师事务所和党员律师。按照考核时间、标准、内容,完成对全区25家律师事务所、159名执业律师年度考核,办理各类律师行政许可事项44项。

(王立永)

【落实十八大安保责任】 9~11月,区司法局成立十八大维稳安保工作领导小组,按照动员部署、排查整治、巩固完善和战时严控四个阶段有序开展工作,切实发挥特殊人群专项行动牵头单位作用,全面加强社区矫正人员、刑释解教人员、吸毒人员、有肇事肇祸倾向精神病人、艾滋病危险人群的管理服务和教育管控工作。开展“暖心”专项行动,完善社区矫正人员、刑释解教

3月27日，组织法制宣传志愿者深入远洋山水建筑工地，为农民工送去法律服务 （区司法局供稿）

人员管理台账，全面开展走访工作，掌握所管人员的思想状态，实现重点人员"家庭生活状况清、就业情况清、思想状态清、社交活动范围清"的"四清"工作目标。做好新出监所矫正帮教人员的衔接工作。充分利用救助政策，协调民政、社保等部门为"两类"人员办理低保、落户、推荐就业等相关服务。共排查摸底4126人次，投入2万余元对300余人进行救助，521人在"暖心"专项行动中受益。配合开展信访秩序维护专项行动，扎实做好本单位的信访投诉处理工作，统筹兼顾打好十八大安保工作整体仗，全面实现十八大安保工作目标，获区"做好党的十八大安保维稳工作突出贡献奖"。

（王立永）

【"12·4"法制宣传日】 12月4日，以"弘扬宪法精神，服务科学发展"为主题的"12.4"法制宣传日暨石景山区青少年法治书写大赛颁奖仪式在古城外国语学校举行。本次大赛收到各学校推荐作品1000多件，经专家认真评选，选出一等奖10名，二等奖20名，三等奖40名，共有200余人参与此次活动。

（王立永）

【推进"六五"普法】 区司法局调整区法制宣传教育和依法治区领导小组名单，起草制定法制宣传教育工作要点，召开法制宣传教育和依法治区领导小组成员座谈会，围绕中心工作服务本区社会经济发展。根据季度特点和服务对象需求，开展主题鲜明、针对性强、受众面广的"法律宣传四季行"活动。以流动人口为重点，深入八宝山远洋沁山水等施工现场开展"春风送暖 与法同行"法制宣传活动；通过专题法制讲座、模拟法庭展示、法治书写大赛等形式，开展"夏日扬帆 法治领航"青少年法制宣传季活动；发挥志愿者作用，开展残疾人权益保护、爱老助老、婚姻家庭、消费维权等内容的"金秋送法 携手同行"宣传活动；以"情暖寒冬 文艺普法"为主题，开展"学雷锋 社区唱响北京精神"法治文艺演出进社区活动。全年，开展"法制宣传四季行"大型活动15次，发放宣传材料28500余册，受教育群众达13000余人次。不断创新形式、面向不同群体，通过讲座、咨询、帮教、培训等形式进行有针对性的普法宣传活动，法律"六进"活动形式更加灵活多样，覆盖群体不断扩大。

（王立永）

【规范拓展人民调解】 区司法局组建由司法行政干部、专业律师、心理学专家和优秀调解员作为师资力量的"人民调解员培训讲师团"。在全区范围开展人民调解员培训、宣传活动，组织30个调委会参与创建活动，确定10个规范化调委会作为全区示范性人民调解委员会。逐步建立健全多元调解体系，与区法制办共同协商签订行政调解与人民调解衔接工作指导意见，对于各行政机关在履行行政管理职责时涉及民事纠纷的，依法调解。由人民调解员在立案大厅办事窗口接待当事人，减少办案环节，提高调解效率。深化民间纠纷联合调解室、道路交通事故人民调解委员会等专业化、行业化调解组织建设工作，化解复杂疑难纠纷。服务区重点工作，组建法律服务组服务二管厂房屋征收等工作。全区有调解委员会183个，调解人员1493人，全年开展纠纷排查592次，预防纠纷1142件，防止群体性上访事件11件。调处矛盾纠纷3615件，涉及当事人13704人，成功化解3369件，履行1902件，涉案金额545.12万元，达成书面协议291件，12件申请司法确认。

（王立永）

【提升"两类人员"教育效果】 区司法局学习贯彻新修改的《刑事诉讼法》、两高两部《社区矫正实施办法》及《北京市社区矫正实施细则》，进一步规范社区矫正工作。严格按规定做好交付接收、矫正管理、教育劳动、考核评比等环节工作，建立健全相关工作制度，规范完善档案建设，密切联系居委会干部、社区民警，充分发挥矫正、帮教小组作用，扎实做好社区矫正人员和刑释解教人员教育管理工作。在社区矫正和刑释解教人员中开展"我与北京精神"主题教育，通过征集征文、摄影、书画、手工艺作品评选等方式，引导"两类"人员感受"北京精神"的浓厚底蕴和文化内涵，从而提高教育效果，预防和减少重新犯罪。全年，各司法所对"两类"人员谈话教育2649人次，走访1516人次，组织学习1081人次，组织参加公益劳动1974人次，社区矫正人员电话报到4034人次，当面报到1329人次。

（王立永）

【阳光中途之家规范运行】 区司法局

坚持软硬件建设并重,健全集中教育培训、课堂管理等30余项工作制度,配备学习教育、临时救助、心理调适等各类硬件设备,从教育矫正管理、就业指导技能培训、心理矫正服务和特困帮扶救助四方面开展具体工作,与部分监狱、劳教所签订结对协作协议,就管理教育帮扶等工作进行交流研讨,全面提高社区矫正人员和监狱服刑人员的教育改造效果。与阳光旅程心理咨询公司签订开展心理矫正辅导的合作协议,为社区矫正和刑释解教人员提供心理测评服务。全年,对400余名"两类"人员集中开展法制教育,对151人进行就业形势政策教育和就业指导,为46人提供再岗就业信息,入监所辅导98人次。为21人提供心理辅导,为200余人提供心理咨询。

(王立永)

【完善法律援助服务】 区司法局不断完善法律援助服务功能,推行多项便民措施。加大资金投入力度,改善大厅服务环境。规范文明服务、办案程序制度,更好地维护申请人的合法权益。不断完善网络构建,在全区多数单位建立工作站、联络点,提升法律援助的影响力和知晓率。深化推进"点援制",完成全区法律援助律师基本信息的搜集工作,增加选择机制,提升服务质量。开展"法律援助进社区"党建创新项目,通过宣传入社区、服务进社区、阵地在社区的全方位贴身服务,切实提高法律援助的便利性。扩大法律咨询范围,通过咨询及时发现矛盾纠纷隐患,开展排查化解。狠抓案件质量管理,严格遵照各项工作标准落实,实现律师被投诉率为零,受援人满意率100%。全年受理审批法律援助案件122件,其中民事案件84件,刑事案件38件,接待法律咨询6675件。

(王立永)

【提升公证服务水平】 区司法局按时完成公证机构及公证人员年度考核及事业单位年检工作。坚持依法办理各类公证事项,不断提升公证服务公信力。扎实开展服务规范化建设,注重服务态度和服务质量,开展公证质量检查,查找薄弱环节,强化整改落实。及时处理复查、信访事项,共处理复查事项7件,信访事项1件。配合区政府及有关部门工作开展,对五里坨等地区重点工程项目依法实施强制拆迁的事项提供公证服务,监督有关单位及部门依法开展工作。对保障性住房配售、配租摇号仪式,保障房项目选定评估机构及有关事项公示进行公证。为本区及周边多家全民所有制企业、集体所有制企业改制提供公证服务。全年办理各类公证事项11930件,其中国内民事、经济5522件,涉外民事6408件。

(王立永)

【公证便民措施】 燕京公证处投入专项资金购置电子叫号系统,解决居民办理公证排队时间长、秩序乱问题。同时,推行"一次性告知"、"留便条"等便民措施,提升工作效率,为居民提供便捷高效服务。

(王立永)

案例精选

【化解社区集体停水纠纷】 李×是八宝山街道×社区居民,因为家里排水管道经常被堵,他怀疑是楼上居民乱丢垃圾引起的,李×个人花费600元用于排堵,但楼上居民不同意分摊排堵费用,李×一气之下,将位于自家的自来水总闸关闭,并锁上家门出走,从而造成楼上住户集体停水。事件发生之后,街道办事处、司法所、社区调委会、联合调解室及时对纠纷发生原因进行调查。该小区属于老旧小区,没有专门的物业公司进行管理,产权单位也不负责任,再加上住户沟通不畅,因此才发生以上事件。街道办事处、司法所、联合调解室、社区调委会迅速联合制定应急方案。首先,对楼上停水居民进行安抚,并联系后勤保障对居民进行供水。通过与管道公司沟通,得知供水闸门一共有2个,其中一个闸门可以从外部进行恢复,另一个闸门被李×锁在家中。人民调解员通过多种途径与李×联系,协商打开另一个闸门,开始李×不接听电话,或者接听电话后拒绝接受调解,一时间,调解工作难以开展。经过人民调解员辩法析理,李×对《物权法》中相邻关系的规定和邻里关系有新的认识,在停水一周之后,终于答应和人民调解员见面。11月30日,司法所、联合调解室、社区调委会组织李×与楼上6户居民进行调解,在调解过程中,人民调解员不但从法律上详细阐述双方的权利、义务,而且从情理方面讲解和睦的邻里关系对构建和谐社会的重要意义,此次调解从上午一直进行到晚上7点多才结束。调解现场,双方本着互谅互让的原则,达成如下协议:1.由楼上居民承担部分排堵费用,以后杜绝乱丢生活垃圾。2.李×马上开闸供水,遇有类似情况及时进行沟通。3.×户居民因经济条件不好,李×放弃赔偿要求。通过调解,几户居民尽释前嫌,事情得到圆满的解决。

(王立永)

【法律援助助残扶弱】 李×为视力残疾,在×盲人保健院从事按摩工作。2011年10月13日,李×与按摩院另外一位按摩师焦×(正常人)发生争执,焦×将李×的衣服撕掉一大块,后在李×让焦×赔偿衣服时,两人再起纠纷,李×从衣兜里拿出一把刀将焦×扎伤,经鉴定构成轻伤。鉴于李×视力残疾,公安机关对其采取取保候审措施。区法律援助中心指派恒顿律师事务所邓洪杰律师担任李×涉嫌故意伤害案的辩护人。李×父母认为焦×属正常人,与儿子李×发生纠纷是欺负残疾人,但一定服从审判机关安排,配合律师做好出庭准备,争取能得到一个好的审判结果。1月12日上午9点于区法院开庭,邓律师提出李×自愿认罪,根据相关法律规定,对自愿认罪的被告人,可酌情予以从轻处罚,同时,李×平时积极上进,依靠勤奋学得一技之长独立生存,没有前科劣迹,系初犯。这次犯罪系因琐事引发纠纷,属临时起意伤人。因此,恳请法庭依法对其予以从轻处罚,并适用缓刑,给其一个改过自新的机会。邓律师按照法律援助的有关规定只负责刑事部分的辩护,但民事诉讼的妥善解决,在某种程度上可以体现李×的悔罪态度,同时对被害人也有所安抚。因此,

邓律师本着“合法、自愿”的原则为双方民事赔偿进行调解，双方对民事赔偿问题最终自愿达成调解协议，由李×一次性支付焦×1200元，焦×对李×的行为表示谅解。2月3日，区法院作出判决：被告人李×犯故意伤害罪，判处拘役三个月，缓刑三个月。该判决采纳辩护人的辩护意见。

（王立永）

军　事

区委牢记党管武装使命,履行党管武装职责,坚持把武装工作、国防后备力量建设融入全区工作整体布局,坚持把服务战场提高战斗力与服务市场促进生产力紧密结合,做到军地融合发展。加强领导干部和全民国防教育,增强全民国防意识,加强与军事相关的各项工作。

区武装部作为本区军事领导指挥机关,负责全区民兵组织建设、政治建设、军事训练及武器装备管理;组织民兵完成战备执勤任务、应急抢险救灾及参加地方"三个文明"建设;做好民兵预备役人员的登记统计和国防潜力调查工作,战时负责实施兵员动员和带领民兵参军参战、支援前线、保卫后方等任务;完成兵员征集任务,协助有关部门做好双拥工作,支援驻军部队建设。下辖23个基层武装部,有专兼职武装干部79人。

区民防局负责全区民防指挥通信建设与管理、人防工程建设管理与开发利用、防空防灾知识宣传教育、人防专业队伍建设、民防志愿者队伍建设;承担区政府赋予的应急指挥保障、公用人防工程安全管理等任务。强化综合管理和服务功能,加强对抗灾救灾的组织指挥与网络建设。提高快速反应和应急处置灾害综合协调能力,基本形成区、街道、社区三级民防体系。

人民武装

概 述

中国人民解放军北京市石景山区人民武装部(简称区武装部)是中共石景山区委军事部门,是区人民政府兵役机关,接受北京卫戍区和区委区政府双重领导。年内,坚持把民兵思想政治建设摆在各项工作首位,组织民兵学习党的十八大精神,深入开展"讲政治、顾大局、守纪律"、"赞颂科学成就、忠实履行使命"主题教育、"警卫战士忠于党"系统教育。召开国防动员委员会暨民兵预备役工作会议,组织国防教育讲座20余场次,举办国防知识竞赛10余次,协调驻区部队对全区大部分中小学生进行军训。围绕首都反恐维稳任务需要,开展专武干部培训,全区后备力量建设实现新发展。组织兵役登记、体检和政治审查工作,完成征兵任务。加强对武器装备和人员的安全管理,全年无责任事故。

地址:石景山区八大处路22号

电话:88962828

邮编:100144

(程华祥 赵国廷)

【强化军事训练】 1月中旬,区武装部参加上级机关组织的冬季适应性拉练训练。5~6月,抽调首钢总公司、北京重型电机厂、京能电厂、高井电厂的民兵高炮分队赴某部驻训。7月,组织5名现役干部参加卫戍区组织的基础训练科目比武竞赛,夺得全市第一名,实现"三连冠"。结合实际及民兵担负的任务,通过岗位分散训、利用基地集中训、依托部队挂钩训等形式,强化军事训练效果。

(程华祥 赵国廷)

【民兵组织整顿】 2~10月,区武装部针对区域经济转型,新兴企业增多的实际,拓宽民兵编组范围,优化组织结构,提高科技含量,尝试在高新技术和民营企业建立民兵组织,提高民兵编组质量。通过整组,较好地落实编制,配齐配强民兵干部,实现各类专业技术分队的结构合理布局。

(程华祥 赵国廷)

【抓好团队建设】 3月15日,驻区某预备役团召开党委全体(扩大)会议,军地领导就上年度工作和当年度任务进行总结和部署。6个预备役基层单位和21名预备役军官受到表彰。会上,团第一政委、区委书记荣华强调,牢牢把握"特别忠诚、特别过硬、特别稳定"的目标要求,始终坚持"完成任务、不出问题、过好日子、科学发展"的工作思路,深化军民融合力度,抓好团队全面建设,为预备役建设注入新的动力和活力。

(程华祥 赵国廷)

【民兵政治教育】 4月,区武装部将卫戍区编写的6课《民兵预备役部队警卫战士忠于党教育提纲》下发到基层民兵营、连,结合民兵整组训练、征兵等时机,组织基层单位广泛开展爱党、爱国、爱军教育,深入开展国防教育进校园、进社区、进企业活动。广宁街道、八角街道、苹果园街道、八宝山街道、京西电厂发挥刊授教育及社区民兵之家的阵地作用。结合国防教育法颁布11周年之际,各单位组织开展以"依法开展国防教育、增强公民国防观念"为主题的宣传周活动。在《石景山报》、区国防教育网等媒体开设国防栏目、开展国防知识讲座、组织国防知识竞赛和学生军训,增强全民国防观念和忧患意识。接受国家国防教育办公室执法检查组专项检查并获好评。

(程华祥 赵国廷)

【应急力量建设】 7月,区武装部组织民兵应急分队120人进行为期30天的专业训练。8月底,参加卫戍区组织的民兵应急分队维稳处突和山林灭火两个科目的检验性拉动演练,其中维稳处突科目演练被卫戍区评为唯一的优秀成绩。通过训练和演练,提高民兵应急分队遂行多样化军事任务的能力。按照"建在身边、抓在手中、用在关键"的目标要求,全年投入150余万元为民兵应急分队购买指挥通联类、通用类、灭火类、应急维稳类(含装备运输车1辆)共四大类训练装备器材。"两会"期间,神农重点民兵应急连完成重要桥梁、地下通道守护和外围治安查堵任务。

(程华祥 赵国廷)

【国防教育宣传】 9~10月,区武装部结合《国防教育法》颁布实施11周年,采取宣挂横幅、设立宣传站、播放宣传片等多种形式,在主要街道和社区集中宣传,在辖区中小学开展以"读书演讲、国防知识竞赛"为主要内容的国防教育进校园活动。9月邀请国防大学黄祖海教授为全区处以上干部上国防教育课。10月结合征兵宣传周活动,开展国防教育进校园、进企业、进社区等系列活动,在全社会形成关心、支持国防建设的氛围。

(程华祥 赵国廷)

【完成征兵工作】 9~12月,区武装部组织征兵工作宣传,进行兵役登记,精心组织应征青年体检和政治审查,严把征兵质量关，向部队输送117名新兵，其中男兵101人，女兵16人。大学生占到新兵总数的60%，超过全市56%的平均水平，完成冬季征兵任务。

（程华祥　赵国廷）

【推进双拥共建】 发挥武装部桥梁纽带作用，谋划推进双拥共建工作，推进军民融合式发展。按照“办出特色、办出亮点、办出效果”要求，组织开展一系列双拥活动。双拥活动月期间，全区组织各种活动50余场（次），参加人数近万人，打造“展现区域特色、富有文化内涵、军民踊跃参与、节日氛围浓厚”的双拥盛宴。“7·21”自然灾害发生后，驻区部队广大官兵主动参与抗洪救灾行动和开展善后募捐工作，展示军民融合的丰硕成果，以双拥共建优异成绩迎接党的十八大胜利召开。区武装部协助区“两办”举办八一军政座谈会及区长进军营现场办公会，为驻区部队解难题、办实事。在北京九中、京源中学继续开设拥军班，全年各中、小学招收现役军人子女187人。协调驻区部队出动1万余人次参加地方绿化植树、铲冰扫雪、护林防火、学生军训、环保宣传、环境治理、慰问演出等任务。

（程华祥　赵国廷）

【民兵训练基地】 5月21日，荣华一行到区民兵训练基地调研。听取基地情况汇报以及规划、国土部门有关改造、新建的规划。区民兵训练基地占地1.3万平方米，包括集训楼、轻武器射击靶场、武器库等设施，始建于上世纪七十年代，需要改造扩建。荣华指出，要高度重视训练基地的建设，要高起点规划、高质量建设、高标准管理，规划部门严把设计关，做成精品工程。

（程华祥　赵国廷）

民防工作

概　述

北京市石景山区民防局（简称区民防局）是区国防动员委员会常设办事机构，也是区政府人民防空工作主管部门。年内，贯彻落实“长期准备，重点建设，平战结合”的方针，突出重点、强化管理、狠抓落实，各项工作取得新成绩。完成元旦、春节、正月十五、全国“两会”、国际民防日、国庆节、十八大召开等应急保障任务，出动213移动指挥车、815D卫星指挥车10台次，保障人员20余人次，备勤50余人次。完成视频会议保障、接待上级参观检查和各种会议21次，其中市局视频连调3次，市局视频会议保障2次，其他会议16次。完成1台电声防空警报器安装工作，办理人防工程使用行政许可6件，验收人防工程2.8万平方米。

地址：石景山区石景山路18号
电话：88680178
邮编：100043

（崔建国）

【防灾减灾宣传】 3月1日，区民防局在西山枫林宣教基地举办国际民防日“防灾减灾 民防为民”主题讲座。社区居民、党外人士和社区工作者100余人参加，进行两个课题：中医保健专家宁煜讲解如何预防和防治骨关节疾病；专业律师详细讲解新的婚姻法出台后如何更好地保护自己的财产安全。讲座内容贴近民生和百姓需求，提高社区居民自我保护意识。

（崔建国）

【专项业务培训】 3月13日，区民防局在首钢武装部进行特种救援装备器材的操作培训，北京民防特种救援队石景山分队和首钢分队共计30余人参训。聘请消防总队技术人员对便携式万向剪扩钳、双轮异向切割锯、手动破拆工组、气动切割刀、混凝土链锯、斯蒂尔机动链锯等特种救援器材使用进行系统培训，提高救援人员对器材正确使用的实战技能。4月25～26日，区民防局在西山实创科技培训中心举办防空警报业务知识培训班，全区各街道（社区）民防干部和所有警报设点单位的维护管理人员55人参训。培训内容主要有防空警报设施的操作方法与常见故障、实际操作和模拟演示等，区民防局与各警报设点单位签订维护管理协议。通过培训，警报维护管理人员熟悉和掌握日常维护技能，提高实际操作能力，提升防空警报设施社会化管理水平。

（崔建国）

【设施维护管理】 3～10月，区民防局对全区所有警报器逐一进行维护保养和检测，对检测中发现的问题进行检修。组织警报器设点单位管理人员开展操作预演活动，规范警报器操作流程，确保设备处于良好使用状态。检测期间先后动用车辆60次，参检人员100余人次。

（崔建国）

【人防工程防汛】 3月，区民防局修订人防工程事故应急预案和人防工程防汛应急预案。成立专业应急抢险队，落实防汛抢险设备、物资。5月，对76处住人工程、10处人防车库防汛物资准备情况进行抽查、指导，确保汛期安全；对10处清空后未委托管理的人防工程提前做好处置，配备防汛沙袋400袋，做好防范工作；利用群发短信平台，在极端降雨天气前，向全区在用人防工程管理单位及区属民防干部群发信息，通报天气预警，做好应对准备。6月1日上汛前，组织召开各街道、人防工程使用人、单位工程责任人等不同层次的人防工程防汛工作部署会，与责任单位签订防汛责任书，提前布控，把各项准备工作落实在极端天气到来之前。机关全体人员分4个检查组，采取普查、抽查、重点检查、联合检查等方式，对全区人防工程防汛情况进行安全大检查，解决存在问题。组织抢险救援队伍开展防汛实战演练，投入近10万元资金，购置防汛物资。为12处清空的人防工程安装阻水挡板，对4处地势低洼的工程出入口加高门坎，修补门窗20余扇，将400多条沙袋堆放在人防工程出入口，防雨水倒灌、防早期工程坍塌。

（崔建国）

【指挥中心建设】 4月，区民防局对防空防灾指挥中心已到使用年限的UPS电源系统蓄电池进行更换，确保指挥中心、区623应急办、信息中心、呼叫中心等重要部门能够正常运行。对指挥中心的大屏主机显示卡进行更换，解决大屏缺色问题。对相关配套设备

(移动指挥车、电台、无线基站、卫星地面站、发电机等)进行维护维修,排除故障,确保正常使用。加强与街道指挥所的互联互通,随时检测各种设备的运行情况,及时解决出现的问题,保证通信的畅通无阻。

(崔建国)

【应急疏散演练】 5月4日,区民防局联合区红十字会和区教委在景山学校远洋分校举办"防灾减灾从我做起"市中小学校应急疏散演练启动仪式暨区防灾减灾日主题宣传活动。组织师生进行震后次生火灾背景下的逃生避险、自救互救、紧急呼救、伤员转送等实战演练;举行景山学校远洋分校"999安全讲堂"揭牌仪式;为师生赠送急救箱、急救包、999急救电话和《急救互救知识手册》;组织学生参观消防器材。6月15日,参加在北京佰乐迪量贩式歌厅举行的"安全警钟长鸣,幸福伴你同行"北京市文化娱乐场所消防应急疏散演练。活动中,通讯联络组、疏散引导组、医疗救护组等五个小组,果断处理突发情况。消防指挥车、器材保障车等11辆消防特种车展开救援,从火情报警、人员疏散到初期自救、专业救援全程用时15分钟;随后,专业人员进行业务技能演示与讲解。

(崔建国)

【公共安全知识培训】 7月10日,区民防局举办区中小学公共安全专职教师培训班。聘请北京广播电视大学傅伟如副教授讲解《学校突发事件处理》、区红十字会韩石华老师讲授心肺复苏和创伤救护。经考试合格,向学员颁发急救员证书。全区负责安全知识教学的专职教师共60余人参加培训。9月19~21日,在海特饭店举办全区公共安全宣传教育"进企业"培训班。培训内容主要有国防军事形势、化学危险品分析、预防灾害心理干预和救治、发生灾害应急医疗救护等。通过培训,掌握新的防灾知识,提高应急避险、自救、互救等技能。首钢总公司、金隅集团、万商集团和浩天救援队共计85人参加培训。

(崔建国)

【高效应对暴雨】 7月21日,61年不遇的强降雨袭击京城,区民防局及时启动防汛应急预案,加强应急值守和雨中巡查。安排专业人员对已关停的人防工程进行彻底排查,为20多处人防工程提供水泵,对出现渗漏的2处人防工程进行抽水、封堵;对1处早期人防工程进行回填处理,消除安全隐患。共筹备雨衣20件、雨鞋20双、水泵3台、编织袋3000个、遇水膨胀带500个。雨后,开展对人防工程的检查和评估,发放防汛物资,组织安排后续工作。出动检查人员近200人次,解决问题20余件。全区500多处人防工程未出现一处雨水倒灌事故,无人员伤亡和重大财产损失。

(崔建国)

【民防宣教基地】 8月27日,区民防局举办鲁谷社区民防宣教基地即"惠民乐园"的启动仪式,市、区有关领导出席并揭牌。"惠民乐园"于上年开工,总面积达1000平方米,为居民区内人防工程,建设得到市民防局、区文委、计生委、科委、妇联等12家单位的支持,政府各项累计投资超过200万元。"五园一中心"六个主体建设和功能,集中体现"快乐、健康、和谐"的核心理念,且各具特色:生命乐园以展示生命周期为内容;益民书屋藏书8000余册;科技趣味园运用"声光电"模拟高科技产品;妇女之家设有亲子活动室、妇女宣教室、巧娘工作室;警钟长鸣普及公共安全知识,传播法制维权相关知识;文化活动中心是歌舞爱好者的排练场。乐园为鲁谷辖区10万居民提供活动、休闲、娱乐、学习场所。

(崔建国)

【十八大安全保卫】 8~11月,根据市、区统一部署,区民防局结合各专项行动的开展,全面开展十八大安全保卫专项行动,制定安保专项行动工作方案。8月23~24日,分别召开各街道、首钢人防办、单位工程、公用工程使用单位十八大安保专项行动工作部署会,分解落实任务,签订《十八大安保工作责任书》75份;以科室为单位,将全体干部分为4个检查组,由主管领导任组长,对全区百余处在用人防工程分片包干,全面普查,每周五召开检查组碰头会,听取各组检查情况汇报,并对填写的检查记录单进行抽查。全年,区领导带队检查2次,组织街道、相关单位联合检查23次,出动检查人员2200余人次,检查工程950余处次,填写检查记录单500余份,消除各类安全隐患和不安全因素120余件。针对雍景四季小区18号楼人防工程擅自改变使用用途、改造房间等情况,依法进行关停处理,消除隐患,确保人防工程安全。

(崔建国)

【人防工程整治】 区民防局根据地下空间综合整治工作实施方案,落实年度关停计划。对协议到期散租住人工程进行关停和清理,对清理完毕的工程进行改造,恢复原状。关停散租住人的人防工程23处。明确各街道属地职责和具体任务,严格整治时间节点、考评方法和细则;将综合整治列入年终考核重要内容,实行一票否决。与区安监局、住建委、公安分局、消防支队、各街道办事处等单位配合,联合执法,形成合力,处理和解决难点问题。结合人防工程内住户早出晚归的实际情况,利用"五加二、白加黑"对住户进行法规宣传、发放《关停通告》。针对使用到期后不能按期关停或住户不能全部清退的情况,采取"清退、拆除同步进行"的新做法,每周定期检查,对已清空的房间经管理员确认后,组织施工人员对隔墙、隔板等违规项目进行拆除,恢复工程结构原状。订做防盗门将部分恢复原状后的工程进行封闭管理,既加快关停进度,又防止清空房间重复入住问题的发生。

(崔建国)

【民防志愿者队伍】 区民防局与区教委进行沟通,动员全区在校教师参加民防志愿者队伍。在"志愿北京"网站上注册教师近800人,协助承担学校灾害处置和突发事故救援,平时主要开展防空防灾公共安全知识宣传等工作。本区志愿者应急队伍注册人数达3100人,占全市总注册人数的十分之一。

(崔建国)

综合经济管理

综合经济调控

概　　述

北京市石景山区发展与改革委员会(简称区发改委)是负责研究提出全区经济和社会发展战略规划,进行综合平衡,指导本区总体经济改革工作,行使价格行政和监督检查职能的区政府职能部门。是年,是"十二五"规划和CRD建设第二步走的开局之年,也是首钢涉钢产业全面停产后转型建设的攻坚之年。年内,贯彻中央和北京市各项调控政策,把握主题主线,坚持"大调整、大建设、大发展"工作主基调,加快转方式、调结构、促增长、惠民生,全区经济继续保持平稳较快增长态势,各项社会事业和民生工程稳步发展。截至年底,实现地区生产总值320亿元,同比增长8%;实现第三产业增加值190亿元,同比增长13%;第三产业占地区生产总值比重60%;完成一般财政总收入44.7亿元,同比增长10%,其中一般预算财政收入21亿元,同比增长11.4%;全社会固定资产投资168亿元,同比增长10%;全年社会消费品零售额162亿元,同比增长16.9%;城镇居民人均可支配收入31936元,同比增长13.8%;城镇登记失业率控制在2.6%以内,实现连续五年逐年降低。全面完成年初区人代会审议批准的各项指标。

地址:石景山区石景山路18号
电话:88699333
邮编:100043
网址:http://www.sjsfg.gov.cn

(邢钦卉)

【便民工程管理】 1月,区发改委委托政府采购中心通过对外公开招标方式更新便民工程承包商库和监理单位库。全年实施便民工程建设工程158项(年初批复127项,调增31项),新建改造便民设施55处,消除安全隐患24处,绿化美化环境30处,修缮社区用房和道路49处。

(张　青)

【服务业试点区建设】 国家级服务业综合改革试点区授牌后,市、区两级采取多种措施,积极探索服务业综合改革实践,促进服务业快速发展。区发改委以国家服务业综合改革试点区建设为契机,积极探索传统重工业区向现代化首都新城区全面转型的途径与方法,相继完成"国家服务业综合改革试点区发展思路"、"开展国家服务业综合改革试点的思考"、"城区类国家服务业综合改革试点分析对比"等课题,明晰试点区建设目标和方向,同时利用电视、网络、报刊等新闻媒体多角度开展试点区建设宣传。国家发改委充分肯定本区试点建设工作经验,3月特以《石景山区多措并举推进国家服务业综合改革试点工作》为题以简报方式印发,并作为全国37个试点区中唯一一家,以专刊信息上报中办、国办。

(康乃溶)

【固定资产投资限额标准】 6月18日,区发改委发布新增固定资产投资项目用能限额标准管理办法(试行)。建立能耗准入机制,进一步完善节能登记和节能评估的审查机制,对新增项目的能源消耗做到能优尽优、能减尽减,从源头上控制新增项目的能源消耗水平,加强能源消费总量控制。

(顾术松)

【处置"7·21"灾情】 7月21日,北京市遭遇因强降雨引发特大自然灾害。由于极端天气导致区内多处电杆、通讯杆和树木倒伏,造成区内多点局部停电。区发改委根据应急工作原则,第一时间启动灾害天气应急预案,把抢险救灾作为创先争优活动的主战场,结合工作职能,靠前服务,出动区供电公司抢修人员开展各项电力抢险工作,及时有效遏制险情。

(吕　戈)

【压减燃煤全面提速】 10月15日,区发改委推动成立区压减燃煤工作领导小组。由区委宣传部,区发改委、环保局、市政市容委等26个成员单位组成。领导小组明确各部门职责并建立工作制度。下设办公室在区发改委,统筹协调推进压减燃煤工作。据测算,影响本市PM2.5的各种因素中,能源使用因素占4成。其中来自燃煤使用的排放约占16.7%。煤炭燃烧可直接产生烟尘、二氧化硫和氮氧化物,形成空气污染。同时,排放的二氧化硫、氮氧化物通过化学反应生成PM2.5。据环境部门监测,由燃煤带来的二氧化硫、氮氧化物和粉尘等污染物的排放分别占全市总排放的95%、25%和15%。冬季供暖燃煤排放是制约空气质量改善的重要因素,本区现有燃煤锅炉房3座。

(顾术松)

【规划实施情况】 当年是"十二五"规划实施的重要一年,区发改委持续推进"十二五"规划贯彻落实工作。主导产业发展态势良好,全区文化创意产业实现收入240亿元,同比增长20%。现代金融产业发展实现新突破,全区各类金融机构达到90家,对区域经济增长贡献度达到25%。旅游休闲产业稳步发展,成功举办"2012闪耀北京"光影文化季暨首钢灯光节等主题活动。城市承载能力不断提升,重点道路和微循环道路工程建设加快推进。完成全区供热管网、排水管网移交市供热集团、市排水集团工作。社会建设管理全面加强,社会保障体系更加健全、各项事业全面发展、服务管理成效明显。城市生态环境明显改善,全区绿化覆盖率达49.6%,人均公共绿地面积28.51平方米。节能减排工作成效显著,万元GDP能耗同比下降2.6%。

(郭志文)

【采购项目1306项】 全年政府采购中心完成采购项目1306项,合同金额1.3亿元,节约资金593.2万元,资金节约率4.5%。其中公开招标项目49项,合同金额3651万元;协议采购1039项,合同金额4215万元;便民工程151项,合同金额3714万元,便民工程节约资金294万元。

(赵　亮)

【支持中小企业发展】 区发改委发挥政府采购职能作用,支持中小企业发展。搭建融资贷款平台,与工商银行、北京银行、光大银行建立机制,为中小企业量身定制"政采通"贷款模式,依据政府采购促进中小企业发展暂行办法，在评分标准制定上给予中小企业6%的价格扣除，首次增加政府采购促进中小企业发展的实质性条款。

（赵　亮）

【清洁能源改造】 按照市发改委加快构建安全高效低碳城市供热体系有关意见的通知等文件要求，区发改委联合经信委开展清洁能源改造。全年统筹组织协调拆除北京首钢机电有限公司重型机器分公司、北重供热厂和鲁谷供热厂燃煤锅炉11台，共414蒸吨。安装完成19台、14兆瓦燃气锅炉。每年可削减燃煤10万吨，削减二氧化硫排放量1011.5吨、氮氧化物349.86吨、烟尘380吨。全年能源消费总量355万吨标煤，同比增长3.6%；万元GDP能耗1.04吨标煤，同比下降2.6%，完成“十二五”总体目标进度的130%。

（顾术松）

【社会项目管理】 实现开复工规模约6.45万平方米，完成投资约3.46亿元，其中：实验幼儿园改扩建等6个项目建成交付。加快运作文化中心、西山八大处景区、五里坨学校等6个重点项目，配合做好立项相关工作。加大与市发改委的沟通和协调，及时了解市资金支持方向及相关政策，积极争取上级部门资金补助。年内，社会领域共获得市级支持资金9122万元，涉及教育、消防、医疗、旅游等多个领域，有效缓解本区财政压力。

（张　青）

价格管理

【概况】 区发改委以“稳物价”为首要任务，以“保民生”为目标，以强化市场监管为手段，充分发挥价格监管在扩内需、促发展、保增长上的重要作用，为地区经济发展、改善民生、促进社会和谐、维护社会稳定作出贡献。被国家发展改革委评为年度全国价格监测工作先进单位。

（胡彩霞）

【完善价格调控】 区发改委落实市政府价格调控折子工程，制定十八大期间市场价格监管应急预案，完善价格预警应急预案。会同相关部门推进菜篮子工程建设，加强对流通环节治理力度，联合开展专项检查，维护地区市场价格稳定。制定本区价格调控措施。根据北京市价格调控分解任务，制定落实当年价格综合调控重点工作任务方案，分解实施6类16项重点工作任务，并督办抓好落实。推进平价商店建设工作。根据市发改委推进平价商店建设相关工作意见精神，拟定实施意见。

（王志鹏）

7月9日，区领导视察西部地区垃圾填埋场　　（区发改委供稿）

【停车收费管理】 区发改委以规范机动车停车场收费为抓手，会同区交通委、交通支队、城管大队等相关部门制定加强机动车停车收费的管理措施，探索机动车停车监管新机制。建立停车管理企业市场退出机制，通过信用管理体系淘汰不规范企业。强化节日市场监管，在十八大、全国“两会”召开之前组织重点行业、重点区域相关责任人召开价格告诫会，对反映较为突出的停车收费问题、违反明码标价规定问题、收费行为不规范等问题进行提醒告诫，确保特殊时期市场价格平稳运行。

（王志鹏）

【规范教育收费】 1月，国家发改委、教育部、财政部联合印发《幼儿园收费管理暂行办法》。区发改委贯彻落实《北京市幼儿园收费管理实施细则（试行）》规定，规范幼儿园各种名目的收费。采取召开会议解读政策、制发统一收费标牌、规范收费等多项措施，从源头上规范学前教育收费行为，保障受教育者和幼儿园的合法权益。

（王志鹏）

【价格监测分析】 区发改委着眼稳价安民，制定价格监管应急预案，掌握市场价格动态，完善监测应急预警。做好日常工作积累，开展动态信息研判，提高价格监测分析工作的主动性、超前性和细致性。建立全区15家加油站、14家大型商超价格突发事件处置档案，做到“一户一档”。关注社会民生热点，服务价格整体调控。着重对工业、农副产品、居民消费品等10余类、200多个品种进行价格监测分析，加强动态管理监测点。加大价格监测分析的频次和密度。建立价格监管协调机制，及时协调解决工作中出现的矛盾和问题。

（王志鹏）

【保障性住房价格管理】 区发改委推进经济适用住房定价工作，打牢定价基础，认真梳理、研判价格出台矛盾焦点，及时制定防范措施。通过深入调研，精心测算。通过实地走访等方式，全面掌握本区经济适用住房工程进展、配套设施建设以及各区县保障性住房价格等情况，对区与区、地块与地块之间的价格水平进行全面统计分析。会同区住建委、国土分局和规划分局等相关部门对拟定定价方案深入研究论证,充分考虑配售者承受能力,科学合理制定价格;与开发企业进行沟通对接,要求其从维稳大局出发,主动承担应尽的社会责任。经区政府批准第二水泥管厂和五里坨站前小区经济适用住房销售基准价格分别为每平方米6580元和4970元。提前拟定经济适用住房定价宣传提纲、《致居民的一封信》,加强舆论宣传,正面引导,为本区经济适用住房价格平稳出台奠定基础。

(王志鹏)

【行政事业性收费管理】 区发改委开展上年度本区行政事业收费年审工作,范围是区发改委核发《收费许可证》、实施行政性事业性收费的国家机关、事业单位及非企业组织。3月19日~4月6日,共审核68户行政事业单位,包括行政机关25户、事业单位42户(含学校33户)、社会团体1户(区医学会)。全面清理已取消或停止征收的行政事业性收费,未发现价格违法行为。

(王志鹏)

【开展市场检查】 区发改委组织开展生活必需品市场价格检查,重点查处恶意囤积、哄抬价格行为,以及其他变相涨价、串通涨价、牟取暴利的行为,全年共检查801户次,行政处罚17件,经济制裁总金额35.943万元,其中,没收违法所得31.625万元,退款2.258万元,罚款2.06万元。接到群众来访、来电、来信424件,其中,解答群众价格咨询358件;立案受理群众价格举报66件,核查出有价格违法问题34件,其中,行政处罚9件,罚款金额8400元;挽回消费者经济损失9771.80元。

(王志鹏)

【完成价格鉴定】 区发改委全年完成价格鉴定2560件,鉴定金额745万元。1名价格鉴定人员成为市价格认证中心复核裁定小组及应急机制小组成员,被评为国家级先进个人;2名价格鉴定人员被评为北京市价格认证系统优秀个人。

(董建华)

经济和信息化

概　述

石景山区经济和信息化委员会(简称区经信委)是负责本区工业、软件和信息服务业发展、服务首钢搬迁建设、推进中小企业发展和信息化工作的政府工作部门。年内,以加快转变经济发展方式为主线,着力调结构促发展,积极培育高端产业,大力服务企业发展,努力实现工业和软件信息服务业平稳增长,推进"石景山服务"、智慧石景山以及新首钢高端产业综合服务区的建设工作。全区68家规模以上工业企业累计实现主营业务收入667.7亿元,同比下降13.6%,实现利润82.7亿元,同比增长1.8倍,应交税金21.4亿元,同比下降0.5%。中国动漫游戏城土地一级开发立项正式批复。

地址:石景山区石景山路18号
电话:88699890
传真:88699665
邮编:100043

(廖慧　赵鹏)

【推进物联网示范应用项目】 自1月始,区经信委推进"城市安全运行及应急管理领域物联网综合应用"示范工程,争取市发改委固定资产投资3333万元,成立由区经信委等13家成员单位共同组成的项目领导小组。根据市发改委项目批复,依法合规地开展项目建设及项目监理服务招标。初步设计方案和投资概算报告委托具备工程咨询甲级资质的咨询企业编制并形成终稿,报送市经信委和市发改委审查审批。组织承建单位对13家参与单位的22类业务开展软件业务调研和建设点位的现场勘察工作。完成各业务的软件需求调研和外场点位现场勘察,收集各业务单位需求,了解现场安装环境,开展特殊业务和个性化传感器的研发、测试工作。5月22日,召开物联网综合示范应用项目工作会。区经信委拓展物联网综合示范应用,在五里坨、鲁谷、八宝山等地安装雨量监测设备4个,金安桥安装水位监测设备1个,在10所学校安装视频设备23个。传感器采用无线传输方式,经无线政务物联专网直接发送至区物联网应用平台后做进一步处理。已成功接收有效采集数据千余条,完成自动预警3次,实现监测信息的实时接入、统计、预警、转发和展现等功能。年内完成雨量、积水水位、森林防火等领域的物联网应用,推动智能交通试点工作建设。推进无线物联数据专网建设,完成22处基站选址和13处基站施工,实现全区40%的区域覆盖,其中70%为区内平原地区。区物联网综合示范应用项目以政务物联数据专网为基础,将围绕城市安全运行和日常管理中的工业用辐射源、医疗机构水污染物、环境质量、危险源、楼宇能耗、大型游乐设施、永定河水质、城市生命线、平安校园等9个领域开展区级物联网综合示范应用。

(赵鹏　吴琦)

【机房节能一期改造】 3月,区经信委完成区电子政务核心机房节能改造。经过近5个月运行,基本达到前期设计节能目标,电子政务机房日平均用电量从改造前的856度降低至701度,节电率近20%。

(王燕春)

【打造"智慧石景山"】 3月,区经信委围绕落实《智慧北京发展纲要》要求,开展"智慧石景山"建设发展战略顶层设计研究。年内,引导社会资金6.8亿元投入区域信息化基础设施建设,开展无线石景山工程、物联网综合应用示范工程、智慧社区建设、高清交互数字电视示范区建设。完善楼宇信息化建设,统筹开展西山汇等写字楼宇信息化基础设施建设,和中国瑞达装备公司携手建设"智慧石景山"智慧体验厅,打造"智慧楼宇"建设。

(吴琦)

【中小企业发展专项资金】 3月,通过公开征集,共收集中小企业发展专项资金项目135个,企业申报资金3758.5万元,经相关部门初审,区促进中小企业发展领导小组专题会讨论,通过初审的项目84个。6月,完成拨付上年度本区中小企业发展专项资金,支持项目84个,支持金额1561.6万元。主要用于支持工业结构调整和节能减排、促进战略性新兴产业发展、培育符合产业导向的小微企业项目、支持中小企业融资以及服务体系建设等。

(张　钦)

【西北热电项目获批】　4月,西北热电中心项目顺利获得市发改委核准批复。该项目作为北京市“十二五”期间打造“1+4+N”+X的供热体系的重要组成部分之一,总投资约110亿元,是“十二五”时期在本区投资额位居前列的项目之一。项目由京能集团和大唐国际发电股份公司北京高井热电厂在高井地区各建设3台35万千瓦级燃气热电联产机组,发电能力270万千瓦,供热能力3700万平方米。

(赵　鹏)

【促进中小微企业发展】　5月21日,区政府出台进一步促进中小微企业发展办法。办法呈现三大特性:保持政策的延续性。延续并细化现有政策,保留原有政策中成效显著的条款,在支持战略性新兴产业发展、支持企业融资、支持企业开拓国际市场等方面,继续给予政策资金扶持;强化政策的创新性。针对新形势下小微企业的发展需求,新增支持小微企业科技项目、支持高层次人才创新创业、支持获得风险投资的创新型小微企业发展等方面内容,加强小微企业培育;注重政策的配套性。配合“石景山服务”行动计划,新增支持设立产业联盟和行业协会、举办有影响力的大型活动、鼓励使用现有公共服务平台和开放实验室、提高创业基地孵化成功率等内容,完善服务体系建设,为打造“石景山服务”品牌提供保障。

(张颖莉)

【“石景山服务”品牌建设】　5月23日,成立“石景山服务”领导小组,建立联席会议和信息报送制度。区经信委着力打造“石景山服务”品牌。开展“石景山服务”课题研究,深入挖掘“石景山服务”品牌的内涵精髓,研究提出品牌建设的新思路、新举措。与科委园区共同组建新的企业服务平台,做到服务有重点、无死角。依托信息化手段,搭建信息主动推送、行业人才服务、软件产品交易等公共服务平台,筹建创业基地联盟,积极推进服务进楼宇。定期汇总各部门工作进展情况,解决企业服务中遇到的重点、热点和难点问题。同时制定出台“石景山服务”行动计划,提出实施“一个服务载体”(石景山服务大楼)、“一个服务枢纽”(石景山服务促进中心)和“八大服务工程”(投融资服务工程、人才集聚服务工程、知识产权服务工程、信息共享交互工程、经营拓展服务工程、企业培优服务工程、配套环境强化工程、行政效能提升工程)构成的118计划。将八大服务工程细化分为39个项目,每个项目明确任务分工、牵头单位、责任领导、责任单位。46个相关部门协同配合,使企业获得“经营成本更低、办事效率更高、信息获取更快、人才服务更优、市场拓展更强、产业配套更好”的服务体验,树立“石景山服务”品牌知名度和影响力。同时围绕企业在投融资、人才、知识产权、信息化、经营管理等八方面遇到的问题,提出有针对性的服务措施。

(张颖莉)

【受灾工业企业恢复生产】　在“7·21”特大自然灾害中,巴威、北汽轮、合康亿盛、东标电了、伏尔特5家重点工业损失较重,企业直接经济损失约为700万元。经过企业积极抢修与处理,均于8月恢复正常生产。

(赵　鹏)

【电子商务特色楼宇】　8月8日,市商务委认定命名首批“北京市商务服务业示范楼宇”和“北京市电子商务特色楼宇”,瑞达大厦成为4座“北京市电子商务特色楼宇”之一。副市长程红等领导为被命名单位授牌并讲话;瑞达集团党委书记、总经理陈小军代表“北京市电子商务特色楼宇”发言。瑞达大厦是区政府重点打造的电子商务主题楼宇,聚集国内3C数码企业巨头库巴购物、国内首席电视游戏电子商务平台电玩巴士以及中国最大的电子商务网络媒体亿邦动力网等20余家知名电子商务企业,从业人员2800人,年销售收入超过20亿元。

(赵　鹏)

【小企业公共服务平台】　10月,本区中小企业公共服务平台、北京数字内容公共服务平台被认定为第一批北京市中小企业公共服务平台网络窗口平台。11月,被认定为国家工信部国家中小企业公共服务示范平台。平台继续探索集合信托等创新融资模式,7家中小企业获得集合信托融资9700万元。市经信委按照集合信托融资额的2%给予贴息支持。

(沈晓风)

【信息化建设管理统筹】　全区信息化工作根据《智慧北京行动纲要》的八个

9月27日,区网络与信息安全大会　(区经信委供稿)

行动计划，围绕“推进《智慧石景山顶层设计》落地，强化区域经济发展服务能力、强化信息化统筹能力”的“一个推进，两个强化”工作重心，深入开展“信息化规划统筹、信息化基础环境建设统筹、信息化管理统筹、信息化项目建设统筹、信息化应用统筹、信息资源开发利用统筹”的6个统筹建设。全年实际安排资金2411.85万元，开展23项重大信息化项目。

（吴 琦）

【“无线石景山”建设】 区经信委扩大无线局域网（WLAN）覆盖。上年至是年末，无线石景山一期工程引导企业投入900万元，完成在万达广场、瑞达大厦、北京台湾街、西山汇、鼎城、北方中惠广场、万商大厦等地区约80.8万平米的WLAN覆盖。11月，启动“无线石景山”二期工程，扩大无线局域网（WLAN）覆盖范围。

（吴 琦）

【信息化基础设施建设】 区经信委引导社会资金投入7亿元，争取市财政补贴3393万元，提升全区信息化基础设施承载能力。资金主要用于扩展无线物联数据专网覆盖范围，完善楼宇信息化建设，持续发展通讯工程。全年完成64个小区约28.12万户居民宽带提速改造，44栋商务楼宇全部实现网络接入，覆盖总建筑面积183.3万平方米（其中光纤接入30栋，占总数的68.8%）。引导北京移动、北京联通、北京电信、歌华有线等企业投入3.2亿元，在区内新建通讯基站200个，开展4G建设，新铺设光纤435.45沟公里，推进光迁入户。

（吴 琦）

【高清交互数字电视建设】 区经信委完成高清交互数字电视前端平台建设；完成区广播电视中心传输机房的升级改造；开始首钢地区高清机顶盒发放工作；全面完成高清晰度交互式数字电视示范区建设。区财政补助资金分别拨付2698.49万元和106.452万元，区财政累计拨付3507.576万元。全年免费发放高清交互数字电视机顶盒13986台，累计共发放119500台，覆盖率93.02%。

（吴 琦）

【软件和信息服务业发展】 区经信委以提升服务水平，推动产业发展为指导思想，从为企业办实事、办好事角度出发先后搭建石景山IT企业服务群和软件信息服务业网，围绕物联网产业发展、通讯服务、人才服务等热点问题组织召开多次沟通和沙龙活动。11月6日，成立“中关村网页游戏产业联盟”。1～8月，全区软件和信息服务业增长态势明显。其中，75家规模以上企业，实现收入91.63亿元，同比增长12.4%；实现利润17.92亿元；税金6.9亿元，同比增长22.6%；从业人员18000人，同比增长18.3%。

（吴 琦）

【电子政务云计算建设】 截至年末，浪潮虚拟化平台部署虚拟机主机24台，戴尔虚拟化系统部署虚拟主机24台，实现主机虚拟化近50%。云计算平台的建设使用，大大节省机房物理空间，提高计算资源利用率，实现计算资源动态分配。同时缩短70%以上的主机部署时间，节约运维成本。

（张 媛）

【视频图像整合模式】 区经信委以视频图像为切入点，研究视频图像整合模式，从顶层设计的角度提出一套科学可行的全区视频图像信息整合平台建设的思路和方案，为建设具有视频信息快速采集、集中管理、高度共享，网络通畅无阻，决策过程科学化，控制手段多样化、自动化的新型、高效视频图像整合平台奠定良好基础。

（由 凡）

【电子政务建设】 石景山信息网紧密围绕政府网站“信息公开、在线服务、公共参与”三大功能定义，继续深化电子政务建设，细化梳理政府内部业务资源，深入挖掘政府服务事项，丰富在线服务内容，突出本区“大调整、大建设、大发展”的区域特点，建设服务区域百姓及企业的服务型政务网站。同时，开展数字沙盘、电子监察平台、人大系统、政协系统、人口库、法人库、统一认证系统等的建设及完善工作，全面提升行政效能。

（王 闪）

【石景山信息网改版】 年内，石景山信息网全面改版。打破原有的内容及版面设计理念，根据用户群体划分为政府站、市民站、企业站三个站点。网站下设14个一级栏目、108个二级栏目。1～12月，网站浏览量为17708719次，网站总点击数为90764302次。改版提升用户体验度，大幅度提高企业办事效率。

（邱 君）

【服务首钢搬迁调整】 区经信委稳步推进新首钢高端产业综合服务区建设。加强与首钢方面沟通和协调，加快推进首钢搬迁调整工作，与首钢做好首钢停产、转型发展及各项基础设施建设对接，加强首钢主厂区及周边区域产业布局、功能定位和土地一级开发模式及使用的政策研究。坚持规划引导，全面推进区域转型和产业集聚。争取政策支持，继续加大招商引资力度，促进区域建设和产业聚集，加快推进重大项目建设。

（许 辰）

统 计

概 述

北京市石景山区统计局、北京市石景山区经济社会调查队（简称区统计局、调查队）是区政府负责综合统计和国民经济核算的职能部门，受区政府和北京市统计局、国家统计局北京市调查总队双重领导。局机关设一室、一队、三中心、十四科：办公室，执法队，普查中心、数据中心、计算机中心，人事科、纪检监察科、综合科、工业科、商贸科、城建科、服务业科、价格调查科、住户调查科、能源监测科、人口就业科、专项调查科、宣传科、法规教育科。下设10个统计所。年内，区统计局、调查队围绕区“十二五”规划确定的主导产业及主要统计指标开展工作，确保全区各项重点工作顺利开展。共撰写各种统计分析176篇，调研报告48篇。其中，4篇统计分析先后被荣华、文献等区领导批示，1篇调研报告获北京市优秀统计分析三等奖。局、队制发《经济发展统计月报》11期，1650余册；《统计专报》5

期;《价格监测》10期。保证区政府折子工程顺利完成,局、队从加强数据管理入手,对原有单位数据加强质量控制,将新引进单位及时纳入统计范围,主动加强与市局、总队及区折子工程牵头部门沟通协作,强化部门统计指导,实现数据资源有效共享,为服务区域经济平稳、健康发展作出贡献。

地址:石景山区杨庄东路71号
电话:88920357
邮编:100043

(刘　泽)

【统计调研】 区统计局围绕CPI、节能减排、汽车零售市场等热点问题,报送统计专报5期。撰写进度类和专题类分析176篇。完成调研报告45篇。完成荣华牵头的重点协作调研课题分课题"关于以科技创新与文化创新'双轮驱动'提高区域生产力的研究",全文刊登于《北京调研》。"关于基尼系数不同估算方法的比较研究"被纳入市统计研究重点课题。"石景山区老年人口现状及应对老龄化问题研究"获市第六次全国人口普查优秀统计分析评比二等奖,并在《中国统计》发表。"石景山区重点企业情况说明"、"168家规模以上企业情况分析"得到区领导重视,荣华作批示。"重点关注企业情况及建议"、"我区招商引资企业纳入统计情况的报告"得到文献肯定。

(石海平)

【统计服务】 区统计局及时公布统计数据发布计划,畅通统计咨询和信息发布渠道,做好面向社会各界的统计信息服务。建立以石景山统计信息网、石景山信息网等网络发布为主,电话咨询和新闻媒体为辅的对外服务渠道,全年提供统计数据130万余笔次。每月第一时间向区领导提供主要经济数据。编印经济发展统计月报11期、统计年鉴(2012)、2010年人口普查资料。在区"两会"期间推出《乘风起航,2012两会统计专刊》,为代表和委员掌握全区经济发展状况提供统计信息服务。发行《北京市石景山区第六次全国人口普查课题汇编》光盘。

(石海平)

【统计年报】 区统计局召开上年定报工作布置会38场,培训单位近3000家、3850人次。在上年区县年定报及相关统计工作考核中,劳动工资等5个专业获满分,工业等3个专业获第1名。

(石海平)

【抽样调查】 年度人口抽样调查涉及全区9个街道,27个居委会,51个调查小区,登记总户数6500户,登记人口1.9万人。调查实施时间从8~12月,历经前期准备、入户摸底、登记复查、质量抽查、数据处理、工作总结、评估推算等环节。根据调查数据及部门数据推算,年末全区常住人口为63.9万人,常住外来人口为21.4万人;男性人口为32.7万人,女性人口为31.2万人;常住人口中0~14岁人口5.8万人,15~64岁人口51.7万人,65岁及以上人口6.4万人,60岁及以上人口9.1万人;出生人口6118人,出生率为9.61‰;死亡人口2884人,死亡率为4.53‰;自然增加人数3234人,自然增长率5.08‰。

(武洪敏)

10月1日,入户进行百分之二人口抽样调查　　(区统计局供稿)

【统计宣传】 区统计局不断完善制度,结合岗位特点,对人员分3个层次进行考核。丰富信息宣传内容,除对统计数据、经济分析等专业内容重点宣传外,还对党建、统计文化建设等方面的内容加强报道力度。注重加强与相关部门和媒体协作力度,扩大中国网、《数据》、《石景山报》、《石景山工作》及区有线电视台等媒体宣传渠道。全年报送信息817条,数量在全市政府统计系统中位列第一。局网站全年刊稿588篇,在《北京信息》、《数据》、《石景山政务》、《石景山信息》、《石景山报》、市统计信息网、石景山信息网等媒体刊稿281篇次。制发网站内容更新维护审批单和网上咨询、投诉批阅单,规范网站管理,严格审核把关。

(边亚楠)

【考核指标】 区统计局创新投资统计管理方法,全面落实区域内项目统计。结合卫星遥感调查,确保区域投资项目应统尽统。与区发改委、住建委、土地储备分中心等职能部门建立联席会制度,紧密协作,密切沟通。对重大、重点、新增项目单位加强培训,定期召开座谈会,调度项目进展,了解情况。制作十项重点工程展板和重大建设项目墙报,及时掌握项目进度。超额完成年度全社会投资市政府考核指标,完成投资144.8亿元。

(孙　锴)

【能源监测】 区统计局开展新能源与可再生能源利用调查,摸清35个新能源项目、31家区内企事业单位主要新能源与可再生能源利用现状。7月完成资源产出率统计试点调查,全区68家规模以上工业企业参加调查。"对石景山区转型发展中节能减排的思考"被评为区年度优秀调研报告并获一等奖，蔡婉妮被评为市节能先进个人。

（蔡婉妮）

【居民生活调查】 区统计局完成“城镇居民家庭生活情况日记账调查”、“城镇居民低保家庭生活情况日记账调查”、“北京市城镇住户粮油消费日记账调查”、“城镇居民生活能源消费情况调查”、“北京市城镇居民家庭用水器具情况调查”。7月开展城乡住户调查一体化改革工作，由国家统计局统一抽取本区40个调查小区和1200户城镇居民家庭记帐户作为未来5年调查样本框，12月开始将对新样本框中的400户城镇居民收入、消费及其他生活状况开展常规性调查。结合实际情况，利用网络数据采集平台，大力推广调查户网上记账和手持电子终端采集数据，不断提高住户调查工作水平和效率。

（孙晓亮）

【统计执法检查】 区统计局使用“执法检查单机版”的升级版软件及后期处理的网络版软件，执法效率和案卷质量明显提升；采取专业科室的联合执法及督导与常规执法相结合的检查方式，协助企业提升统计数据质量。全年完成341家单位的执法检查，超额完成71家，任务完成率在全市排名第四。其中立案110家（当场处罚80家，一般程序30家），罚款金额5.8万元。连续第七年被区政府评为“依法行政先进单位”，徐红艳入选国家统计局的全国执法人才库，张雪萌被国家统计局工业司抽调赴湖北执法检查。

（张雪萌）

国有资产监督管理

概　　述

北京市石景山区人民政府国有资产监督管理委员会（简称区国资委）代表国家履行国有资产出资人职责。监管和非监管企业、事业单位71户，其中监管企事业单位54户，非监管企业单位17户。年内，围绕“稳中求进”的工作主基调，谋发展大局、抓项目建设、促国企改革。严格按照《企业国有资产法》履行职责、强化监管，大力支持和促进监管企业发展，基本实现本区企业国有资产保值增值平稳发展。围绕CRD战略发展目标，国有企业在重大项目建设中彰显主力军作用，西部五里坨建设组团、苹果园交通枢纽商务区、西井、西黄村、衙门口综合改造、融景城四期、银河商务区及重点工程建设中心承担的各项重点建设项目稳步推进。拓展投资领域，国有经济建设取得进展，逐步形成新的增长点。国资公司出资5000万元，配合“北京服务·新首钢股权投资基金”运作，设立创业投资引导基金发挥资本放大效应；石金小额贷款公司稳步扩增贷款规模；华游竞界公司运营良好；银河嘉业公司实现扭亏为盈；扩大连锁发展规模，万商如一经济型酒店八角店实现试营业；探索与央企战略合作，宏润公司与北京中石化共同出资成立北京中石化京润油品企业管理有限公司。整合资源，增强投融资平台服务发展能力，服务区域重点经营性项目，促进区域经济发展，以国资公司为主体发行7年期10亿元企业债券工作有序推进；结合“十二五”规划形成2013－2015年区属国有经济三年发展思路；国企改革发展进展顺利。万商公司对海特饭店实施托管经营；鲁谷供热厂整建制划转、实兴锅炉房资产划转工作完成。加快股权调整，有序推进游乐园公司制改革、二建公司改革工作；进行同业整合，房地产集团公司组建思路逐步清晰。出台企业国有资产监督管理暂行办法，重新修订国有企业重大事项报告等7项制度，科学界定政府与国企的责任及审批权限，责权利关系进一步明确。履行国企社会责任，推进民生工程建设，五里坨定向安置房全面开工，C地块11栋楼房交付使用；五里坨幼儿园、杨庄中区幼儿园及小学项目开工；杨北幼儿园交付使用；鲁谷供热厂清洁能源改造工程完工。做好企业信访维稳，30余件历史遗留经济纠纷案件中的12件积案已通过司法调处得到处置。抓好企业安全生产，全年对系统进行4轮次安全大检查，年内未发生重特大安全生产事故。

地址：石景山区杨庄东街59号今尊大厦10－11层
电话：68880498
邮编：100043

（席　兰）

【国有经济稳步发展】 区国资委监管和非监管企事业单位全年主营业务收入总额13亿元，实现利润总额2.9亿元，实现税收1亿元。截至年底，区属国有企业资产总额117亿元，负债总额61亿元，净资产56亿元，国有资产保值增值率105.42%，实现国有经济

6月12日，国资委系统召开加强安全生产工作会议　　（区国资委供稿）

稳步发展。

（席 兰）

【重大建设项目】 区国资委全年承担52项区政府折子工程，其中4项牵头，48项协办。西部五里坨建设组团项目完成拆迁工作总量的96%；苹果园交通枢纽商务区项目稳步推进，F地块实现入市交易；苹果园廉租房项目住宅楼完工、配套公建楼封顶；京石客专征地拆迁等5项续建工程顺利完工；融景城三期商品房全部交付使用，四期项目进展顺利，并借四期项目与中储粮油脂公司签约额7.4亿元；完成银河商务区K地块拆迁，土地整体移交区土储中心；创业创新园综合体项目计划书编制完成；杨北幼儿园交付使用；与区教委合作开发的杨庄中区幼儿园及小学校项目开工；星座商厦改造工程完工；华联商厦改造工程进展顺利；西井、西黄村、衙门口综合改造及重点工程建设中心承担的S1线、杨庄大街及区文化中心等重点道路、公益性建设项目稳步推进。

（席 兰）

【加强产权管理】 区国资委开展国有资产产权登记年检工作，规范企业产权登记。国有企业产权登记采用新的登记系统和办法，全年共登记监管企业85家，非监管企业20家，其中被吊销营业执照的长期休眠企业12家。实收资本合计22.74亿元，其中国家出资3.19亿元，国有法人出资15.88亿元，国有绝对控股法人出资470.3万元，其他出资3.65亿元。通过产权登记年检，及时掌握和了解企业国有资产总量、分布和变动情况，加强产权管理，规范产权交易及流转，优化资源配置，防止国有资产流失。

（曹 宁 席 兰）

【完成引资指标】 区国资委全年利用国有企业资源引进企业4家，其中注册资金1500万以上企业2家，注册资金100万元的2家。三年共引进注册资金100万元以上企业16家，累计增加入区财政贡献额收入1515万元。

（曹 宁）

【经营业绩考核】 区国资委按照国有及国有控股企业负责人经营业绩考核办法，逐步开展对国有企业负责人经营业绩考核工作。完成国资公司、实兴腾飞公司、宏润公司、盛景嘉和物业、鲁谷供热厂5家国有企业负责人上年度经营业绩考核和兑现工作，并确定企业考核定级：A级企业暂缺，B级企业占20%，C级企业占60%，D级企业占20%，无E级企业。全面推开国有及国有控股企业负责人纳入经营业绩考核，引导国有企业加快做优做强。

（杨 洁）

【加强国企监管】 区国资委完善监管企业内部分配机制，推进企业负责人薪酬考核，开展企业年度工资总额调查，研究企业职工工资增长指导意见。规范产权管理，推动信息化建设。加强国有资产运营分析，完善动态监控报表体系，初步建立财务预算、动态监测和财务决算的管理推行。有序推动试点企业的新会计准则转换工作及年度财务决算、审计工作。推行企业法律顾问制度，参与企业重大决策。出台企业国有资产监督管理暂行办法、企业国有资产损失核销暂行办法、国有企业重大事项报告制度的暂行规定、2013—2015年区属国有企业改革发展思路及国有企业外派监事会工作报告暂行办法。把财务监管作为国资监管的重中之重，规范财务基础管理，面向全社会招聘财务总监，规范其工作范畴及职责职能，履行例会制度及报告职责。加强董事、监事管理，全年调整监管企业董事3名、监事会主席2名。

（席 兰）

【改革进展顺利】 区国资委围绕区域经济发展大局，推进重点区属国有企业改革重组，优化国有经济布局和结构。根据区政府与市热力集团供热合作框架协议，完成实兴金海锅炉房资产划转、鲁谷供热厂整建制划转并配合市热力集团完成鲁谷供热厂清洁能源改造。整合区属酒店资源，由万商公司对海特饭店实施托管经营，海特饭店经营状况好转。总结过去三年区属国有企业的改革发展情况，形成区属国有企业未来三年发展思路，加快股权调整，推动华游竞界公司股份制改革。明确星座商厦股权结构，强化各股东主体地位，完善法人治理结构，实现星座商厦的规模扩大和效益提升。推进游乐园公司制改革。以完成二建一队改革工作为突破，稳步推动二建本部改制。进行同业整合，推进房地产集团化进程，形成全区唯一一家具有房地产一、二级联动开发能力的综合性房地产集团公司。

（张 鹏 席 兰）

【民生工程建设】 五里坨建设组团定向安置房项目天翠阳光新城全面开工，C地块11栋住宅楼1410套房屋实现首批入住。苹果园廉租房项目住宅楼完工、配套公建楼封顶。杨庄北区幼儿园已交付使用。五里坨热力主管线工程全线竣工。配合相关单位推动鲁谷供热厂清洁能源改造，工程于10月底全部完工。探索保障性住房管理，完成站前小区经济适用房、站前小区及苹果园H地块廉租房的选房、楼书制作及项目费用测算。完成苹果园H地块、西山木材厂、衙门口东路配建廉租房的标准租金测算。

（席 兰）

【重视安全生产】 区国资委运用建筑安全专家小组力量，全力消除安全生产隐患，严格落实企业主体责任，对系统各单位进行4轮次安全大检查。采取专业检查和企业自查相结合，加大安全隐患专项排查力度，提高企业应急处理能力，全系统年内未发生重特大安全生产事故。

（席 兰）

【抓好信访维稳】 区国资委围绕系统信访工作重点，严格程序，明确责任，完善机制，化解各类矛盾纠纷。系统上下全力配合解决信访问题，西客站工程拆迁安置房屋问题得到妥善解决；及时处置水电气热突发公共事件；做好五里坨定向安置房项目的维稳工作。在解决即时信访问题的同时，加大对历史遗留信访问题的解决力度，历史遗留30余件经济纠纷案件中的12件通过司法调处得到处置。全年接待到访人员363人次，重大集体上访2起800余人次，区信访转办单61件，便民转办单44件，全部办复。

（席 兰）

区国资委监管一级企事业单位一览表

名　　称	性　　质	主营业务	地　　址	电　话	备　　注
北京市石景山区国有资产经营公司	国有独资企业	国有资产投资运营、政府投融资平台运作管理	杨庄东街59号	68887260	区国资委授权
北京实兴腾飞置业发展公司	国有独资企业	房地产开发与经营	杨庄东街59号	68880853	2006年由实兴、金鼎、兴华三家区属房地产企业重组建
北京石开房地产开发有限公司	国有控股公司	房地产开发业务	体育场南路2号	51810266	与金融街集团共同出资
北京市石景山区建筑公司	国有独资企业	工程建筑业务	西井路15号	68829495	具有房屋建筑工程总承包二级资质和城市道路照明工程专业承包三级资质
北京市石景山区第二建筑工程公司	集体企业	房产经营,基本没有工程业务	北辛安和平街6号	68874794	
北京燕金源置业有限公司	国有控股公司	苹果园交通枢纽商务区土地一级开发	杨庄北区甲12号楼底商2层	68868123	与首钢总公司等其他4家股东出资成立
北京石景山游乐园	国有独资企业	游艺项目	石景山路25号	68876016	1986年由政府投资兴建
北京宏润投资经营公司	国有独资企业	运营管理原九大公司国有商业经营性资产	八角西街商业1号楼	68875965	由原区属九大商业公司资产重组后成立的公司制企业
北京万商投资发展有限公司	有限责任公司	酒店经营、商业楼宇出租、投资经营等	石景山路22号	68681188	由原区城建开发公司二级公司改制
北京市石景山区房屋经营和市场管理中心	企业化管理的事业单位	负责本区直管公房和其他公共设施的经营、管理和维护工作,以及承担西下庄等6个市场的经营管理工作	古城东街103号	68861581	
北京盛景嘉和物业管理有限公司	国有独资公司	物业管理服务工作	鲁谷七星园小区4号楼南侧	68642511	具有国家二级物业管理资质
北京市石景山区物资总公司	国有独资公司	资产经营和钢材销售	古城北路3号	68861843	

（张　鹏　席　兰）

北京市石景山区国有资产经营公司

【概况】 北京市石景山区国有资产经营公司(简称区国资公司)有出资企业12家,其中全资子公司3家,控股公司4家,参股公司5家。主营业务涉及商务金融、现代服务业、电子竞技产业等领域。年内,按照区政府授权,发挥政府唯一对外投资主体作用,履行“五个平台”职能定位:一是推动区域经济和社会发展,实现区委区政府战略意图的投资平台;二是以市场方式进行资本运作的融资平台;三是持有全部出资或部分出资企业的股权管理平台;四是推动国企改革重组、实现国有资本有序进退的产业整合平台;五是促进先导产业发展和企业科技创新的创业投资平台。全年实现收入总额2755万元,完成预算指标的139.83%;实现利润754万元,完成预算指标的107.71%。区国资公司、石金小额贷款公司、华游竞界公司、银河嘉业公司四家企业实现合并利润1405万元,超过目标值的28%。年末,公司资产总额52亿元,负债总额37亿元,所有者权益15亿元。

地址:石景山区杨庄东街59号今尊大厦8－9层
电话:68887260
邮编:100043

（徐鑫岩）

【重点项目进展】 区国资公司服务区域经济发展大局和重大项目建设,扎实推进创业园、创新园综合体项目建设,对项目进行总体定位、产业遴选、项目策划及概念性建筑方案设计,促进国有资产转型升级,丰富和拓展区域经济发展的空间与载体。

（徐鑫岩）

【基金运行良好】 区国资公司作为引导基金受托管理机构,配合“北京服务·

11月22日，国资公司领导到华游竞界公司调研　　（区国资公司供稿）

新首钢股权投资基金”运作，出资5000万元。基金通过投资决策委员会审批资金2.93亿元，投资企业涉及科技、金融、环保等产业，业务发展稳定。配合区金融办完善创投基金制度建设。

（徐鑫岩）

【投融资平台整改】　区国资公司研究促进经济发展的金融手段，规划和布局投融资平台的未来发展方向，发挥区投融资平台职能。按照平台整改工作要求，健全管理机制，实现规范运作。落实偿债来源，筹集偿债资金，及时偿还4亿元贷款本息，实现投资、融资、建设、经营、偿债的良性循环。拓展融资渠道，探索平台商业化运作模式，形成企业债券融资方案。发挥区投融资平台职能，服务区域重点经营性项目，促进服务区域经济发展。

（徐鑫岩）

【中小企业金融服务】　区国资公司全力推进中小企业金融服务平台项目建设，申请国家发改委、市发改委补助资金，推行“阳光工程”，采用公开招标方式，确定项目装修工程及信息化建设工程的施工及监理单位。打造区域服务品牌，提升国有资产运营管理水平。

（徐鑫岩）

【银河嘉业扭亏为盈】　北京银河嘉业商务管理有限公司实现扭亏为盈，收入300万元，利润1.9万元。在党的十八大召开期间，协助区政府周边停车及交通疏导。通过扩大停车场经营范围，增加营业收入。开展预付卡、“京西消费节”联名卡业务合作，发展新兴电子商务，扩大业务收入。

（徐鑫岩）

【华游竞界运营良好】　北京华游竞界科技发展有限公司完成竞游ECL2012全年赛季比赛，邀请多家主流视频媒体进行全程直播，扩大影响力。升级改版竞游网主站，搭建页游平台，引入独代产品，增加业务收入。加快引进战略合作者，提升核心竞争力。全年实现收入623.96万元，净利润44.91万元。

（徐鑫岩）

工商行政管理

概　　述

辖区面积约86平方公里，共有各类市场主体45607户。其中内资企业19955户，外资企业339户，个体户25652户。北京市工商行政管理局石景山分局（简称工商分局）主要负责辖区内市场经济主体登记、商标广告监管、经济合同监管、市场竞争监管、流通领域食品安全监管、打假维权等工作，维护辖区市场经济秩序稳定。分局下设27个部门，其中，16个职能科室、5个工商所、5个事业单位、1个执法检查队。有干部职工204人，其中，公务员170人，事业单位31人，工勤人员3人。年内，认真落实市局、区委区政府各项工作部署，以建设良好市场生态环境为目标，围绕“强化监管抓特色，优化服务促发展”的工作思路，强化队伍建设，围绕区域经济发展特点，强化特色职能服务；注重风险防范，强化辖区市场监管。分局各项工作扎实推进，干部队伍精神面貌和工作作风不断改观，整体素质稳步提升。全年查处案件318件，罚没款482.54万元。

地址：石景山区实兴大街64号
电话：88791318
邮编：100041

（李贺强）

【春节市场秩序保障】　1～2月，工商分局加强执法力量，采取措施保障春节期间食品安全、市场防控等工作万无一失。节日期间，每日安排一定执法力量在岗在位，出动248人次、82车次，检查各类经营主体889户，其中检查食品经营主体523户。全区食品安全成员单位共出动执法人员1456人次，执法车辆469车次，检查各类经营主体973户，纠正违法行为1起，取缔无照经营209户，均为无照游商。同时，分局根据投诉举报情况，快速检测食品样本77个，合格率100%。严格监控各烟花爆竹零售网点，按照允许销售时间进行销售，并将烟花爆竹监管全面纳入风险控制。自1月18日起，实行每日两巡、错时巡查。节日期间，出动执法人员214人次、70车次对57户烟花爆竹经营主体累计检查1254次，未发现违法问题。分局12315投诉举报中心举报电话保持畅通，快速处置消费者投诉举报。期间接到辖区消费者投诉7起，其中涉及服务类5起，商品质量类2起；举报2起，涉及假冒注册商标1起，商品质量1起。分局执法终端、800兆数字集群通讯设备24小时处于开机状态，执法队全面启动应急机制，节日期间未接到市场秩序和食品安全重大突发事件报告。重点对涉及食品安全、消费维权以及单位重点人的思想状况进行排查，未发

现涉及春节安全稳定事件。

（李贺强）

【助力区域经济发展】 2月，工商分局针对区域经济发展形势，制定当年促进区域经济发展实施办法。一是提高工作效能，服务招商引资。开辟登记绿色通道，建立重大项目落地定向服务通道，降低企业市场准入资本；提高企业年检服务效能，对持有CRD绿卡重点企业、明星企业和纳税大户，免予审查，即时通过。二是加强准入服务，推动业态调整、产业升级。淘汰不符合地区发展战略的市场主体和市场业态，引导个体工商户向公司制企业转化，进一步提升辖区市场主体的质量。三是搭建融资平台，扩宽融资渠道。指导企业将股权、动产、商标专用权等资产通过抵押、质押和转让的方式实现融资贷款。实行动产抵押登记电话预约制度，进一步简化程序、缩短时限。上半年，帮助企业实现融资1.26亿元。四是营造良好环境，拉动消费内需。建立小额消费纠纷快速解决、电子商务解决消费者投诉绿色通道等多元调解体系。继续推动绿色通道企业承诺500元以下商品无障碍退货。五是建立数据分析体系，提供决策支撑。挖掘和利用现有工商登记、年检验照、市场监管等数据资源，为政府提供常态化的信息服务和决策支撑。六是开展为企业“送法律，送服务”工作，做好对企业的政策法规宣传培训，提升企业竞争软实力。年内，分局登记大厅特别设立重大项目落地定向受理室，实行预约式单独办理。针对绿色通道企业办理食品流通许可，指定专人接待，办理时限由法定的20个工作日缩短至5个工作日。

（李贺强）

【“两会”服务保障】 3月，工商分局强化对辖区市场秩序的控制力度，全力做好全国“两会”服务保障工作。强化24小时应急值守和领导带班制度。妥善处理行政执法中的问题，强化排查调处、信访接待，及时将矛盾化解在基层。区食品办组织卫生、质监等成员单位，对代表驻地周边商场、超市、餐饮等行业开展检查。重点对餐饮企业餐厨、加工操作、库房以及商场、超市索证索票、食品台账登记记录等情况进行检查，对食品存放不规范等问题及时予以纠正，确保驻会代表餐桌安全。三是加强风险点防控，重点对食品安全、“两会”代表委员驻地加强监管，对易发生群访群诉事件的美容、健身、洗浴等行业，加强巡查，妥善化解矛盾，及时发现并查处市场秩序安全隐患，将不稳定因素解决在萌芽状态。加强商标广告综合整治，对委员驻地万达铂尔曼酒店的周边地区及交通干道，开展户外广告专项检查。重点规范万达广场、家乐福超市的自设性广告、建筑外立面广告及商品促销广告等，净化辖区市容环境。同时，对商场、超市经营的驰名、著名商标商品进行抽查，确保不出现侵犯商标专用权的违法行为。

（李贺强）

【3·15宣传活动】 工商分局突出“优质服务促消费 凝心聚力保安全”主题，开展系列宣传消费政策、推进消费维权、提高消费信心、服务经济发展的3·15系列活动。包括举办第十届“物美杯”青少年消费维权知识竞赛，累计受众5万余人。组织“食品安全行”走进军营活动，聘请中国烹饪协会中式烹调师讲授膳食营养等知识，并进行现场咨询，北京军区联勤部领导、百余名部队官兵及社区代表参加活动。开展消费参观教育活动。组织以“走进企业，了解企业文化”为主题的参观学习。鲁谷所组织地区工商工作站站长、消费维权志愿者20余人代表参观西黄村牧业公司，了解生猪屠宰过程，强化消费者食品安全意识。金顶街所开展进山服务、送法下乡，推动“驼铃古道”品牌流动工商工作站建设。鲁谷所、苹果园所、八角所在辖区大中型商场、超市门前，举办系列宣传活动。

（李贺强）

【广告企业调查】 3月，工商分局按照市局部署，开展辖区广告公司、文化传播公司及兼营广告企业调查摸底工作。广告业调查面临涉及面广、联系方式变动多等困难，分局召开专门会议，提出“部门沟通是前提，多方通知解难题，统计数据找问题”的工作要求。辖区广告业及相关行业近700户，利用分局短信群发器，对相关企业实施短信群发，并及时在分局网站公布调查信息，方便企业领取调查表。同时，逐一采取电话通知的方式，确保不漏户。通过查找，350户企业电话变更，已按市局要求进行上报。针对广告企业中，部分企业注册在高科技园区，积极与园区管委会沟通，多方渠道通知企业参与调查。通过调查，全面掌握辖区广告业主体规模、产业结构及经济总量，反映广告业及相关行业对辖区经济社会发展贡献度，深入了

1月20日，检查烟花爆竹市场　（工商分局供稿）

解企业服务需求。

（李贺强）

【首家债转股企业登记】 4月5日，工商分局为北京东方信联无限通信有限公司办理全区首家债权转股权企业登记。“债转股”是国家重点鼓励发展的一种融资方式，通过实施债转股改革，优化亏损企业资产负债结构，实现企业扭亏为盈。东方信联公司将2006年1月～2012年2月的3845万元债权转化为股权。变更后，该公司注册资本由2000万元增至6000万元。

（李贺强）

【食品安全宣讲进社区】 4月，北京市食品安全与营养健康知识宣传教育进社区活动在本区启动。活动以“传播食品安全知识，倡导健康生活方式，促进科学安全饮食”为主题，区食品委员会各成员单位组织专家宣讲团，在139个社区开展大型食品安全、膳食营养、疾病预防科普知识宣讲20余场，同时免费发放食品安全相关宣传材料。活动持续一个半月。

（李贺强）

【五一市场秩序保障】 4月下旬至“五一”小长假期间，分局结合节日特点和辖区实际，增强执法力量，加大对旅游市场、商业网点监管力度。食品办牵头落实节日期间食品安全整治，组织各成员单位对市场、食品企业、工地食堂等开展食品安全检查。尤其针对第十一届八大处中国园林茶文化节，重点检查相关资质、索证索票、进货台账、存贮食品的规范、从业人员健康档案、现场制售等情况。在八大处公园、石景山游乐园等重点地区，强化巡查力度。加强对商场、超市、市场等经营企业的促销、广告宣传活动的监督检查。4月29日，出动执法人员50人次，执法车辆12车次。开展永定河大堤环境联合清理整治行动，营造侯庄子周边良好社会秩序和市容环境秩序。加强消费者投诉举报值守工作，受理投诉12起、举报4起，均得到调查处理。分局应急指挥系统全面启动，做好及时处置突发事件的准备工作。

（李贺强）

【首家个体转企业登记】 5月4日，首家个体北京飞逸汽车装饰中心转为企业登记注册。该中心是一家主营汽车装饰的个体工商户，受到投资规模有限、签约履行信用低、融资较难和抗风险能力不高等困扰，遭遇发展瓶颈，急需转换为企业。分局为其提供专门服务、缩短办事时限。安排专人接待并解答其相关问题，为其提供核名、受理、审核等一站式服务。

（李贺强）

【转变执法理念】 5月18日，工商分局“送法律，送服务”活动正式启动。“两送”活动定位于“企业所需，百姓所愿，工商所能”，旨在进一步宣传工商形象，为百姓和企业切实办实事。在区电视台开辟专栏《走进直播间》，宣传工商法规。在社区开设社区大讲堂、网络课堂，针对群众关注的热点、难点进行讲解。利用工商工作站、广播、电视、微博等媒体，加大对“两送”工作的宣传力度。部分人大代表、政协委员、特约社会监督员、企业代表参加启动仪式。活动中，把工作着力点放在促进工商监管方式转变、加快社会管理创新上；把服务重点放在为企业和老百姓排忧解难上，走进企业、贴近实际，摸实情、出实招，采用各种行之有效的方式方法，积极转变执法理念，不断提高工商监管服务整体水平。坚持问政于民、问需于民、问计于民，采取走出去、引进来方式，与企业形成互动，将法律和服务送到实处。局长带队开展“大走访”活动，主动走访辖区重点企业，召开征求意见恳谈会、发放调查问卷表，听实情，抓落实。在区有线电视台开通“工商走进直播间”栏目、开展行政指导工商开放日活动、制作“先导性教育”行政指导提示单，拍摄年检、执法系列工作情景剧、开通工商“网上服务平台”等，引导企业守法自律、诚信经营。采取“五表分析法”，设计制作“工商所任务领受单”，“企业、消费者调查问卷问题反馈单”，“企业消费者调查背景材料反馈单”，“两送工作问题派发单”，“两送工作问题解决反馈单”等，使各工商所、业务科的工作有效衔接，做到各工作环节的痕迹化管理。立足于企业所需，工商所能，坚持“两送”活动的四个结合（即：与工商社会化监管工作相结合，通过监管体现服务；与开展行政指导工作相结合，发挥行政指导柔性管理的优势；与实施“六五”普法规划相结合，以重大纪念日、节日为契机，开展普法专题活动；与各部门职能工作相结合）工作宗旨，提高“两送”活动的针对性、实效性。坚持分环节，抓特色、重衔接、促实效的工作模式，建立市场准入辅导机制，推出“工商行政指导提示单”，以“事前信息发布、具体事务提醒、申办事项告知”为内容，主动为企业服务，加强对企业的事前引导。通过发放企业、消费者调查问卷，解答企业咨询，主动宣讲法规。在年检工作中通过发放“守法经营告知书”对所有参检企业进行一次法规教育，提醒企业自觉守法经营。加强案后指导、提示和建议，对近年来查处的各类违法案件进行整理，归纳出主要的违法表现和问题。通过案件回访方式，促进企业对照检查，达到自觉消除再次违法风险的目的。活动突出行政管理与行政执法的人性化，受到政府部门和行政相对人的好评。

（李贺强）

【免征小微企业注册登记费】 5月，市局出台免征小型微型企业注册登记费的公告，自2012年6月1日至2014年12月31日，免征小型微型企业注册登记费。该项规定涉及农、林、牧、工业、建筑、商务服务、信息传输等16大行业类别。企业申请人，应向登记机关申请设立、变更及增补照时，提交“从业人员”、“营业收入”、“资产总额”等事项来认定企业是否属于免征范围。自公告颁布后，工商分局加强宣传、积极部署。在登记咨询窗口印制宣传材料，摆放在醒目位置，细心解答企业咨询相关问题。切实为企业减轻费用支出，提振企业发展信心，营造良好的创业环境。

（李贺强）

【食品安全监管机制创新】 6月12日，流通领域食品安全监管系统在工商分局正式运行。系统录入食品流通

3月9日，与区教委联合举办"物美杯"消费知识竞赛　（工商分局供稿）

许可数据2726条，日常巡查记录1357条，抽检抽测信息700条，回查新开企业和个体食品经营者585户，责令注销6户。搭建食品安全信息交流平台，形成食品安全社会防控体系。通过运用QQ群、微信群等网络工具及时传递食品安全信息，在不同食品经营主体、不同业态主体之间搭建信息共享平台，引导经营者参与监督管理。整合辖区各类食品经营主体流通许可、日常监管、检测、案件等数据信息，为风险管理、分类管理、信用管理提供支持平台。实施"项目表单式、多级立体式"特色巡查监管模式，构建辖区"三查四检一评一通报"的长效工作机制。提高监管效能和问题解决率，建立食品流通许可后续监督制度，完善准入程序与后续监管有效衔接。

（李贺强）

【灾后市场秩序保障】 "7·21"强降雨过后，工商分局紧急部署对市场、超市等食品经营主体进行检查，加强对灾后市场生活必需品的监管力度，严厉打击以假充真、以次充好、哄抬物价、囤积居奇等扰乱市场秩序的行为。一是加大对食品经营主体监管频次和力度，确保市场秩序稳定；二是检查辖区食品经营单位是否有过期、霉变食品；三是检查食品经营单位冷藏食品是否符合冷藏条件；四是对索证索票、台账情况进行检查；五是对销售禽类制品、鲜肉、矿泉水、方便面等商户，逐户进行检查，追溯其食品进货来源；六是重点对市场内散装肉类加强进货来源、检验检疫情况检查；七是对鲜肉、矿泉水、方便面等价格情况进行检查；八是加强对市场主办单位的宣传与督导，确保市场内的食品安全和市场秩序稳定；九是加强信息沟通和反馈，出现异常状况及时沟通和上报；十是相关部门和工商所加强申、投诉渠道畅通，节假日及时处理消费者投诉、举报。共出动检查人员79人次，检查食品经营单位210户。检查中，未发现食品经营单位经营过期、霉变食品以及哄抬物价等违法行为。分局快速检测肉制品、方便食品、糕点、罐头等食品26样次，重点进行亚硝酸盐、细菌含量等项目检测。经检测，所抽样品亚硝酸盐、细菌含量等项目均合格。未接到有关食品质量、物价等方面的投诉举报。

（李贺强）

【促进广告业健康发展】 7月，分局结合广告监管工作重点，加大行政指导力度，切实把"两送"活动落到实处。上半年，分局监测媒体发布广告，未发现违法问题；广告公司的网络广告违法率为0.2%，低于全市平均水平。分局结合对辖区媒介单位广告经营资质检查，逐户走访26家媒体。指导媒体做好广告发布事前审查，并宣传工商总局等十二部委发布的《大众传播媒介广告发布审查规定》，让媒体广告负责人尽早了解国家法规政策，降低违法风险。加强对自有网站发布广告的检查指导。分局对辖区近千户企业进行网络巡查，企业自设网站的有25家。通过检查有2家企业网络广告的内容存在轻微违法行为。及时开展行政指导，规范其广告发布内容。组织4家重点媒体广告负责人，出席总局组织的广告业经验交流会，提升企业自律意识，进一步促进辖区媒体广告管理。

（李贺强）

【电子商务消费维权】 8月30日，区电子商务领域解决消费争议企业联盟成立。工商分局制定电子商务企业消费投诉调解规范。电子商务企业自愿组成消费维权绿色通道联盟，通过政府引导、企业参与方式，加强行业规范。在接到投诉5小时内与消费者沟通，5个工作日内解决投诉。从事第三方电子支付的企业和购物网站，承诺对消费者的合理投诉给予100%的先行赔付。对于网上商家违约逃逸，恶意侵犯消费者权益的事件，互联网平台提供企业给予消费者30%的先行赔付款，并与工商、公安部门协作，查找违法商家，积极维护消费者权益。16家电商企业加入联盟，注册总资本4.1亿元。受理的电子商务类投诉明显下降，由每季度平均由116件下降至59件。

（李贺强）

【两节市场秩序保障】 中秋、国庆期间，工商分局启动节日期间应急机制，食品安全、消费者权益、市场控制、应急执法、综合值班五个保障组随时待命。严格落实防控措施，明确职责，确保全时段、全方位、无缝隙监管。分局出动执法人员192人次（涉及食品安全执法人员163人次），累计出动77车次（涉及食品安全执法人员64车次），检查各类经营户793户（食品经营主体483户）。在北京国际雕塑公园、八大处公园、石景山游乐园等重点旅游景区以及重阳登高节活动重点地区，增派执法力量,强化巡查力度。10月1日、5日,食品办组织卫生、工商、城管、质监、街道等食品安全成员单位对石景山游乐园、八大处等旅游景区食品安全状况进行检查。两节期间全区共出动人员1053人,车辆318车次,检查各类市场12个、检查餐饮企业68家、检查商场超市248家、检查其他经营主体395家、查处无照游商贩卖食品209起。同时针对节日消费热点,对辖区内重点食品、商品等开展检查,快检食品样本64个,其中不合格3个,纠正食品轻微违法行为16起。分局12315投诉举报中心、消费者协会每日安排值班人员,组成消费者权益保障组,受理消费者投诉举报。有效控制敏感问题,预防群访群诉事件发生。节日期间受理消费者投诉26件,其中涉及服务质量20件,涉及商品质量6件。投诉主要反映的是互联网企业在销售中,不能及时将商品发送至消费者手中,引发不满。受理举报8件,其中涉及商品质量3件、商标1件、合同1件、无照经营1件、广告2件。分局应急指挥系统全面启动,做好应急执法保障准备工作。

(李贺强)

【十八大期间市场秩序稳定】 十八大召开期间,工商分局继续深化社会化管理理念,坚持用"常态化"监管模式,做好"十八大"市场安保工作。针对辖区重点地区无证照经营等问题,利用工商工作站,发动社区管委会进行全面排查摸底,做到底数清、情况明。同时,通过市场主体网格监管系统"日常管理"中的"无照经营"模块,对重点地区的无照经营数据进行添加,形成重点地区的无证照经营分类台帐,坚持用"日常巡查"的主动性和有效性掌控市场秩序。延伸监管触角,实施风险控制。根据辖区风险点,密切联系相关部门,关注重点地区市场秩序风险情况。对社会影响面较大的位置,集中力量,重点突破。加强风险点巡查力度、频次。加大对超市、集贸市场内高风险食品的抽样力度和检查频次,组织力量对有形市场管理薄弱环节整改,发挥地区食品安全管理委员会,工商工作站和工商所网上服务平台作用,确保风险控制工作落实到位。遇有违法经营行为,在实施处理过程中依法办事,妥善处理,对少数确有特殊困难的经营户开展帮扶,全力维护社会稳定。按照"谁主管、谁负责"的原则,对不涉及行业许可审批,明确属于工商监管职责范围的违法经营主体,及时查处,全力以赴消除违法状态。对涉及行业许可审批的,及时函告或移转相关部门进行处理。

(李贺强)

【市场主体良性发展】 截至年底,全区有各类市场主体45607户,同比增长2.4%。其中内资企业19968户,同比增长13.39%;企业注册资本总额1452.6428亿元,同比增长24.21%。外资企业464户,同比增长14.57%,注册资本总额12.7014亿元,同比增长6.28%。个体工商户17,147户,同比增长-34.01%,累计资金数额2279万元,同比增长-55%。新设各类市场主体4619户,同比增长-54.37%。其中,新设内资企业2785户,同比增长-8.09%;新设外资企业58户,同比增长0%;新设个体工商户1776户,同比增长-74.75%。其中,中关村园区石景山园新入驻企业1974户,同比增长-11%,累计入驻企业8456户,同比增长34%。年内,登记千万元以上企业193户,同比增长-13.8%;注册资本合计497669万元,同比增长15%。期末实有千万元以上企业1363户,注册资本合计3112595万元。其中:上市企业7家,完成改制企业7家。

(李贺强)

【个体户转型升级】 工商分局落实市局加快产业优化升级加强业态调整的工作意见,制定促进个体工商户转型升级意见,优化业态水平。做好个体工商户验照工作,将注销、吊销工作做精、做准,清理辖区主体虚数,确保个体户基础数据准确。对于经营业绩及信用良好的个体户加大扶持力度,掌握需求、积极服务,启动"个转企"工作,引导个体工商户转型升级为各种企业类型。同时,加大相关政策宣传和引导,鼓励辖区个体工商户扩大规模、规范经营。区政府设立100万元奖励扶持基金,给予每户转型升级企业2000元奖励扶持资金。通过广泛宣传动员,提供转型升级咨询、指导及业务办理的"个转企"绿色通道,进一步释放新的生产力,大力推动民营经济的"隐形"增量向"显性"增量发展。截至12月20日,有70户个体工商户成功转成企业。

(李贺强)

【拥有注册商标5908件】 工商分局实施"进百家企业、育百件商标"措施,强化商标扶持。截至年底,辖区拥有注册商标5908件、已失效商标741件、迁出管辖区商标96件。489件商标处于审查期中。其中有中国驰名商标1件,北京市著名商标8件,并为获得"中国驰名商标"的"冲击波"商标企业发放奖励基金20万元。

(李贺强)

【注册代理机构整顿】 随着辖区招商引资力度的加大,登记注册代理机构日益增多。工商分局制订注册代理机构管理操作规程。通过加强注册备案、强化对辖区注册代理机构的培训和规范,进一步规范机构和人员执业行为,严把市场准入关,维护辖区登记注册环境。整顿内容包括:严查注册代理机构及人员合法资格以及代理机构的网登资料,实施"四制"管理方法(即备案制、失误错误记录制、反复错误提醒惩戒制和违法行为拒绝受理制),对呈报材料中出现错别字、涂改、缺失等问题进行警告,严查提供虚假注册文件行为,结合企业原始档案资料,核对登记文件签字,并对特殊房产的真实性严格把关。加强入资专户管理,协调各个入资专户银行,按月认真核对企业入资账户情况,发现可疑问题,及时移转办案部门,加大对"黑代理"检查力度。实行专门窗口受理制度,选派业务骨干,受理代理机构递交的材料,并建立相应台帐。试行注册代理品牌评选,与科委园区管委会共同对注册代理机构服务进行评选,优质代理机构可与园区签订长期合作协议。

(李贺强)

【社会管理创新探索】 工商分局推动区政府建立社会管理相关工作机制，区综治委制发加强社会化管理净化市场经营环境试点工作方案，形成"地方政府牵头、工商监管工作触角延伸、多部门齐抓共管"社会管理工作模式。由古城工商所为试点向五个工商所全面铺开，与公安、城管、环保、卫生等部门实现社区执法力量对接。探索建立多领域社会管理创新机制。一是苹果园所紧扣商务楼宇密集型经营特点，采用社会管理手段，发挥商务楼宇物业的作用，创建"三制一网"工作机制，即：商务楼宇监管联席制、商务楼宇工商工作站监管机制、企业主动报告制以及"苹果园工商所网上服务平台"，得到企业好评。分局与区司法局合作设立石景山区消费纠纷人民调解委员会，与区法院初步实现消费维权诉调对接，探索消费维权新形式，成为工商部门参与社会化管理的新举措。与烟草专卖局、烟酒生产厂家签订联合市场整治框架协议，加大对市场突出问题的综合整治力度。发挥组织格式条款争议论证委员会委员作用。提高分局执法人员合同专业法律知识和执法办案能力。鲁谷工商所从36个社区推选出7个社区作为社会管理创新工作试点，力求以点带面，全面推动社会管理创新。

（李贺强）

【加强合同服务指导】 工商分局采取多种措施，服务辖区企业发展。一是做好动产抵押，扩大融资渠道。加大对动产抵押登记办法的宣传力度，简化登记程序、缩短登记时限。全面推行动产抵押登记电话预约制度，对材料齐全符合规定的企业，确保"即时提交、即时审核、即时办理"。启用动产抵押登记网上申请及查询系统，提高办事效率。全年办理动产抵押新登记7件，变更登记3件，注销登记1件，为企业实现融资2.11亿元。二是健全拍卖行业，开展监督指导。不断充实完善对辖区拍卖企业的监管指导。加强对拍卖企业会前备案材料及会后备案材料的梳理，规范备案档案。强化对拍卖企业网上拍卖经营行为的网上巡查力度。及时开展现场监拍，加强对拍卖活动的实时监控。全年现场监拍5次，成交额256173.12万元。三是强化经纪管理，引导有序发展。截至年底，辖区有各类经纪公司377户（其中：房地产经纪公司285户，占76%；文化经纪公司60户，占16%；商业经纪公司11户，体育经纪公司2户，其他经纪公司19户）。

（李贺强）

【流通领域食品监管】 工商分局加大对流通领域食品经营者的宣传、培训、检查、处罚力度，营造良好市场消费环境。印制发放食品安全宣传册2000份，在商场、超市、食杂店制作张贴宣传展板600张，引导食品经营者发挥自律作用，严格执行进货检查验收、索证索票制度。与区私个协会共同举办食品经营人员培训班，培训中小食杂店经营人员200余人，并引导制定行业自律公约。同时，举办食品安全法规与技能比赛活动。制作发放书式行政提示单，书面提示经营者应做到的索证索票等保障食品安全的十五项要求，强化食品经营者第一责任人意识。通过采取事前告知方法，引导诚信自律，自觉执行法规制度。建立后续监督制度，流通许可证发放一个月后，按照"食品流通许可回查办法"进行回查，严格检查十五项规范要求落实情况，对经营假冒伪劣食品且来源不明无进货票据的依法严厉查处，高限处罚。统一制作规范的日常检查记录和日常巡查监管办法。各工商所加强日常巡查监管力度，提高监管效能和问题解决率。全年出动执法人员8225人次，检查各类市场主体12456户次，捣毁各类制售假冒伪劣食品黑窝点18个。食品经营主体的巡查率、抽查率、督查率达60%，发现和督促解决索证索票、无证经营、超范围经营、证照不符等突出问题41个。办理食品类案件72件，罚没款75.44万元（其中：无证照17起，罚没款12.17万元，商标侵权案件9起，罚没款10.94万元；不合格食品类案件41起，罚没款33.83万元）。严格执行办理食品流通许可的各项程序规范，年度新增食品流通许可证682个。辖区现存有效食品流通许可证2823个（其中企业746个，个体工商户2077个）。

（李贺强）

【流通领域食品检测】 工商分局加大食品检测力度，及时查办违法案件。充分利用抽样检验和风险监测数据，扩展案件发现的渠道，对侵害消费者权益和影响食品安全消费的突出问题，加大查办力度，严厉打击经营假冒伪劣食品行为，实现与案件查办工作的有效衔接。全年开展快速检测2653组，发现不合格样品271组，合格率89.79%；日常抽检707组，不合格51组，合格率93.79%。食品风险主要表现为调味面食制品违法添加着色剂、甜味剂，干果类食品超量使用防腐剂，干菜类食品重金属超标，鲜肉中检出瘦肉精，水产品检出甲醛等。

（李贺强）

【规范执法行为】 工商分局采取措施强化行政执法，严格执法办案程序，进一步规范执法行为。结合《行政强制法》实施，自行制作14类执法文书填写说明，下发各办案科、所、队，确保文书填写齐全、规范。加大培训力度、频次，通过召开依法行政工作会、办案经验交流会，明确依法行政重点，不断探讨、提升基层办案经验。同时，采取以诉代训方式，组织法制员、办案人员旁听诉讼过程，提高分局整体应诉水平。紧扣执法办案各个环节加强执法检查，将销案、裁量权应用、案件的执行情况、办理时限等环节作为重点，有效规范执法办案，提高办案效率。同时，加强案件移送工作，依法移送公安机关依法追究刑事责任案件3起，坚决杜绝以罚代刑现象发生。

（李贺强）

【消费受理成功率100%】 工商分局接收消费者申诉1720件，同比增加122.93%，其中受理1372件，调解成功1372件，为消费者挽回经济损失103.16万元。

（李贺强）

【消费申诉互联网企业占52%】 申诉涉及问题排名前三位为：互联网销售、网络游戏、家用电子电器类。互联网企业申诉由上年的334件，上升到1262件，同比增长277.84%（其中：网络购物860件，网络游戏402件）。申诉企业主要集中在中关村科技园区石景山园。园区的互联网企业申诉占全部申诉的52.54%。以苹果园工商所为例，全年申诉总量为994件，其中涉及园区经营企业的申诉909件。

（李贺强）

质量技术监督

概　　述

北京市石景山区质量技术监督局（简称区质监局）隶属北京市质量技术监督局，下设办公室、法制科、产品质量监督管理科、标准化科、计量监督科、特种设备安全监察科6个科室；稽查队、组织机构代码管理中心、计量检测所（产品质量监督检验所）、特种设备检测所4个直属单位。2月成立食品生产监督管理科，负责区内生产加工环节的工业产品、食品质量安全监督管理，组织实施标准计量工作，承担特种设备安全监察责任。年内，区质监局贯彻落实《质量发展纲要》，围绕区委区政府和市质监局的部署开展工作，扎实有效地抓质量、保安全、促发展、强质监，为促进区域"五位一体"建设，特别是经济建设健康发展做出贡献。全年开展执法活动764起，检查788家（次），出动执法人员1713人（次），完成计划的197%；行政处罚结案31起，罚没金额21万余元，100%收缴国库；办理投诉举报41起，咨询服务260起，打掉制假窝点3个。检验特种设备6500余台（套），检测计量器具3.66万台（件），完成年度工作目标和任务。在食品和特种设备安全保障、打击假冒伪劣、节能降耗、计量和特设检测、推进标准化和诚信计量、服务百姓生活等方面发挥重要作用。2次参加区法制办和市质监系统行政处罚案卷评审，分别取得96分、97分，成绩均名列前茅。获得区节能先进单位、区文明服务窗口、区行政服务中心优质服务金奖等荣誉。

地址：石景山区杨庄东路73号
电话：88921698
投诉电话：68827817
邮编：100043

（杨宗耀）

【"两节"食品安全监管】 1月，区质监局开展食品安全大检查。按照辖区责任制，由主管领导亲自带队，对全区食品生产企业执法检查。以食用油、调味品、糕点、熟肉制品、酒等节日需求量大的产品为重点。严厉打击使用非食用物质和滥用食品添加剂生产加工食品及生产销售假冒伪劣产品的违法行为，加大对高风险食品，涉及人身财产安全食品的执法打假力度。以城乡结合部、流动人口聚集区为重点区域，围绕食品生产许可证管理制度，加大对无证生产的查处力度，重点打击黑窝点。检查方式为"四查"：一查生产环境和条件，督促企业持续保持取证时的生产环境和条件；二查进货环节，重点检查企业进货票据、验收情况；三查添加剂使用环节，重点检查是否有超量、超范围使用添加剂，添加剂使用是否有备案；四查产品检验环节，重点检查出场检验记录，不合格品回收记录。成立食品安全应急小组，保持24小时通讯畅通，以应对节日期间突发食品安全事件。

（杨宗耀）

9月26日，区长夏林茂国庆安全检查　　（王祝炫　摄）

【生产企业监督检查】 春节前夕，区质监局执法人员对全区涉及生产直接关系公共安全、可能危及人体健康和生命财产安全产品的企业进行监督检查。检查重点是企业的原材料控制、生产必备条件、安全生产、出厂检验手段等情况。检查方式主要采用听取企业介绍、查阅安全生产管理制度、台账等相关资料、询问有关人员等方式，执法人员对企业节假期间安全生产进行提示，要求严格按照规定做好管理工作，保证产品质量和生产安全。

（杨宗耀）

【集中销毁750公斤牛蹄筋】 2月，区质监局对在"打四黑、除四害"专项执法活动中查扣的一批劣质水发牛蹄筋依法进行无公害销毁处理。此批牛蹄筋共计约750公斤，不法商贩通过浸泡双氧水方式进行漂白处理，造成碱性过高。此次无公害销毁处理严厉打击不法行为，有效防止不合格食品流向市场，维护消费者合法权益。

（杨宗耀）

【计量专项监督检查】 2月29日～3月5日，区质监局开展"维护市场计量秩序、保障和谐稳定"计量专项监督检查。出动执法人员30人次，重点检查10家加油站在用的强制检定计量器具。共检查加油枪96条，受检率100%，合格率100%；现场随机对10条加油枪进行计量检定，合格率为100%。

（杨宗耀）

【两会期间安全检查】 3月1~9日，区质监局对全国“两会”代表委员住会酒店周边特种设备安全情况进行现场检查。共检查7家次，其中解决12365投诉1起，出动14人次，检查电梯72台套，压力容器4台套，发现安全隐患4项，全部当场下发《特种设备安全监察指令书》限期改正。

（杨宗耀）

【通过资质评审】 3月3~5日，国家质检总局特种设备检测机构专家评审组对区质监局特检所检验资质进行评审。评审组听取特检所资质核准到期复审准备工作汇报，并对质量管理、检验条件、技术人员配备等18个项目进行全面评审。经过三天严格审核，核准小组一致认可特检所的管理体系、人员素质、各软硬件条件完全能够满足核准规则对检验机构的要求，具备申报的特种设备检测资格，一致同意通过评审。迎检准备工作历时4个月，内容包括规范质量体系管理，重新修订检验工艺，添置、校验检测设备，完善各项制度措施，对现有资源条件进行重新确认。通过评审后，取得18项检验资质。其中，新增起重机械监督检验和三类压力容器监督检验两个项目。全年完成电梯检验2641台，锅炉检验349台，压力容器检验1468台，压力管道检验35.7千米，安全阀校验1529台，起重机械检验382台；厂内机动车辆检验165台。

（杨宗耀）

【机动车检测场监管】 3月，区质监局根据《机动车安全技术检验机构监督管理办法》对辖区内的石景山机动车检测场和北京公共交通控股（集团）有限公司保修分公司六厂进行执法检查。着重对检测场资质、人员持证上岗、上墙公示的规章制度、工作流程、验车投诉记录、仪器检验周期及检测记录、检测设备运行等情况进行检查。经检查，两家机动车检测场的资格许可证书、计量认证证书均在有效期内，人员持证上岗、仪器设备检验周期和检测记录符合规定，仪器设备运行正常，未发现违规行为。

（杨宗耀）

9月17日，执法人员检查石景山游乐园安全设施 （区质监局供稿）

【捣毁无证生产桶装水窝点】 3月、10月，根据群众举报，区质监局联合工商、卫生、城管、公安等部门分别对两个无证生产桶装水的窝点进行联合整治。两窝点均位于鲁谷社区衙门口村的民租平房内，面积分别为约20、40平方米。生产设备简陋，卫生环境极差，内有已灌装好的桶装水90余桶、水桶200余个以及大量“娃哈哈”、“乐百氏”等品牌假冒商标、防伪码。经检查，两个窝点均无生产许可证、营业执照等相关资质。执法人员当场对窝点进行查封，捣毁造假设备，对水桶、假冒商标标识等涉案物品予以封存，并对窝点负责人进一步调查处理。

（杨宗耀）

【产品风险等级调查】 3月，区质监局贯彻实施“工业产品风险等级”分类监管，组织对获得工业产品生产许可证企业、强制认证企业、其他认证企业和近年来各类重点专项整治生产企业，以及高风险类别产品生产企业进行调查。调查历时两个半月，走访120余家企业，利用座谈会、现场巡查的方式了解企业管理模式和经营理念，从企业综合素质及外在表现中分析企业安全生产的风险程度，在沟通中了解企业需求，根据不同企业特征调整监管模式。对于诚信企业以服务为主，对于质量意识薄弱的企业加大监管处罚力度，保证重点企业产品的质量安全。着重解决部分企业的监管盲区，全面掌握辖区内生产企业情况，保证监管的有效性。

（杨宗耀）

【节前联合检查】 五一节前，区质监局对石景山游乐园在用56台大型游乐设施的定期检验、作业人员持证、应急预案、应急演练等情况进行检查。游乐园有在用A类大型游乐设施19台，B、C类游乐设施37台，全部在检验有效期内；管理人员持证1人，操作人员175人；应急预案、应急演练健全。对区内大型农贸市场进行监督检查，重点规范公平秤的设置，检查300余台（件）在用强制检定计量器具，受检合格率达95%以上，对检查不合格的计量器具责令整改并立即送检。会同工商、卫生、城管、住建委等区食品安全成员单位，对送餐企业、建筑工地食堂进行综合执法检查。执法人员重点检查各单位是否建立食品安全责任制以及食物中毒应急预案，查看食品制作流程、餐具清洁流程是否卫生规范，消毒设施是否完备，调味品、米、面、食用油等食品原料是否为正规厂家生产，有无QS认证，购进记录是否完善等方面，均未发现食品安全隐患。

（杨宗耀）

【特种设备安全宣传】 6月1日，国家质检总局、国家安监总局、教育部、共青团中央、北京市质量技术监督局等部门，在石景山游乐园开展特种设备安全宣传活动。各部门领导强调大型游乐设施等特种设备安全的重要性，呼吁动员各方力量共同抓好特种设备安全管理，确保百姓尤其是青少年的生命和财产安全。各级领导向参加活动的中小学生代表现场发放宣传材料，并对园内的特种设备安全宣传栏举行揭幕仪式。

（杨宗耀）

【酒类产品打假专项行动】 6月，区质监局在全区范围内开展以打击假冒白酒、葡萄酒为重点的酒类产品打假专项集中行动。重点打击侵权和假冒伪劣白酒、假冒进口葡萄酒；加工、销售假冒侵权酒类产品的窝点以及非法印刷、出售酒类产品商标标识和标签违法行为；严查涉嫌加工、销售假冒侵权酒类产品的单位和经营者。执法人员排查区域内全部酒类生产企业，企业资质齐全，且均在有效期内，生产工艺流程符合标准，未出现制售假冒侵权酒类产品等违法犯罪行为。

（杨宗耀）

【食品安全大家行活动】 6月，在以"共建诚信家园，同铸食品安全"为主题的2012年全国食品安全周之际，区质监局开展"质监邀您看企业·食品安全大家行"为主题的食品安全宣传活动。特邀请区人大代表、政协委员、消费者、企业负责人等30余人，对辖区内两家食品生产企业进行实地观摩。主要参观企业生产车间、原辅料库房、成品库房、检验室等主要生产场所。企业质量负责人就生产过程中如何加强食品安全控制进行详细讲解。质监局领导、食品执法人员与观摩人员、企业负责人等进行座谈，深入探讨对食品安全监管的相关问题。

（杨宗耀）

【生产企业摸底调查】 从6月开始，区质监局全体执法人员对全区生产企业进行摸底调查，调查内容涵盖企业注册信息、生产经营信息、质量管理信息、产品认证信息、标准化建设信息、计量设备信息、特种设备情况及相应的联系人信息等方面。制定企业质量信息档案，做到一企一档。以此全面掌握全区生产企业的基本情况，保证生产企业有序正常发展，进一步推动产品质量提升工作。

（杨宗耀）

【养老机构星级评定】 7月12日，北京市养老服务机构星级评定委员会，对本区寿山福海养老服务中心进行星级评定工作。评审小组听取养老中心的基本情况、标准体系建设及实施情况、星级评定的准备情况以及所取得社会经济效益的汇报。之后对养老院进行实地审查并进行随机问卷调查。最后经专家组讨论，一致认同该中心达到五星级养老院机构水平，审查结果报星级评定委员会最终审批。10月23日"九九重阳节"之际，寿山福海养老服务中心举行"五星级"养老服务机构挂牌仪式，成为本市首家"五星级"养老服务机构。

（杨宗耀）

【申报国家级标准化试点】 7月20日，国家标准委服务业标准部、市质监局标准化处有关人员到区指导服务业标准化工作。区安监局会同石景山园区管委会就园区建设发展及标准化工作作汇报，并提出建立"石景山国家级文化创意产业服务标准化试点"的工作设想。标准委认为石景山园是文化创意产业特色鲜明的园区，基本具备申报国家级服务业标准化试点条件，对下一步如何开展试点工作进行指导。8月30日，本区向国家标准委申报"石景山区国家级文化创意产业服务标准化试点"。通过标准化试点，借助标准化管理的理念和方法，提升文化创意产业公共服务水平，为社会提供优质、高效、可持续发展的文化产业公共服务。12月27日，国家标准化委员会批准本区国家级文化创意产业服务标准化项目，这是全市唯一国家级文化创意产业服务标准化试点项目。

（杨宗耀）

【食品安全保障】 8月31日，区质监局召开区食品办、9个街道和全区21家食品及相关产品生产企业负责人参加的十八大食品安全保障誓师会。要求企业高度重视十八大食品安全保障工作，落实企业主体责任，严格按照法规和标准生产。与各企业签订十八大食品安全保障承诺书。举办街道食品安全负责人座谈会，指导街道加强与区域内食品企业沟通及有效监管。9月12日，对豆制品、糕点等风险隐患较大的食品生产企业开展执法检查。至十八大召开期间，共执法检查52次，监督抽样23批次，合格率100%。

（杨宗耀）

【节能环保工程】 8月，北重供热厂、鲁谷集中供热厂19台14兆瓦煤改气工程动工，10月试运行，11月供暖期投入正常使用。两供热厂改造是市、区两级"十二五"节能环保重点工程，

9月25日，荣华带队检查密集场所在用特种设备安全　（区质监局供稿）

关系百姓生活、关系节能环保，区质监局按照职责分工完成大量锅炉安全与节能的特种设备相关工作。多次进行现场检查，指导锅炉施工单位、使用单位，与检验单位密切配合，完成锅炉的监督检验和能效测试，确保按期安全供暖。进入取暖期后，加强日常监督检查，督促供热企业遵守法规，按程序办好手续，做好锅炉安全与节能检测。服务北重供热厂，使其在全市节能减排锅炉房评比中取得好成绩。

（杨宗耀）

【食品质量抽查】 9月，按照市局十八大食品安全保障工作要求，区质监局对重点产品开展市、区两级监督抽查。结合辖区食品加工生产现状，借鉴日常监督情况，合理安排抽取的样品种类，对辖区内20余家食品生产企业抽取肉制品、蜜饯、啤酒、冰激淋、小米、食用菌、炒货、水果干制品、桶装水、豆制品和糕点制品等11类食品30余个样品。抽样过程中，执法人员严格按照抽样规范进行抽样，并在保证食品保存环境的条件下及时送达食品检验机构进行检测。

（杨宗耀）

【老旧电梯调研】 10月12日、19日，区质监局开展辖区老旧住宅电梯的专题调研，特种设备检测所、芳星园物业管理有限公司、首钢物业公司、部分维保单位等陪同调研。全区2025台居民住宅电梯中，使用时间超过15年的139台。其中，经过大修、改造的81台；未经大修、改造的电梯58台。调研发现，老旧居民住宅电梯得不到及时更新、改造、大修的主要原因有：一是多产权、无产权房成为收缴维修基金的瓶颈；二是电梯维护费用不足，造成恶性循环；三是提取公共维修基金困难，延迟更新、改造进程；四是设备本身先天不足，促使电梯加快老化。提出解决对策：一要规范电梯费的使用支出，做到专款专用。二要多渠道募集资金，如设立政府应急基金，先行垫付；简化公共维修基金使用手续，多举措弥补费用不足问题。三要强化管理，切实落实企业主体责任。四要加强文明乘梯宣传，提高居民安全意识。五要加强电梯生产和使用中的监管力度。六要应用新科技新技术提高电梯管理水平。

（杨宗耀）

【街道特设协管】 10月26日，区质监局对9个街道安全科的20余名人员，进行特种设备乡镇街道协助管理系统专项培训。该管理系统依托质监局特种设备安全监察数据库，下放特种设备的管理、查询权限，使街道相关管理人员，能够及时了解相关法规和要求，及时掌握本区域内特种设备使用状况、质量等级等信息。通过加强与街道的实时数据联通共享，可以及早发现和尽快消除特种设备的安全隐患。该系统在建设特种设备三级网络系统工作中，具有重要作用。

（杨宗耀）

【计量监督检查】 11月，区质监局对辖区餐饮业进行计量监督检查。共检查饭店10家，检查在用计量器具14台，受检率92.9%。检查重点是经营者是否配备与经营相适应的计量器具，在用计量器具性能及餐饮业经营者当场称重的商品是否符合零售商品称重计量监督管理办法要求，在用计量器具是否经过强制检定合格并在有效期。年内，开展“计量服务走进万家中小企业活动”。标准计量所建立14项社会公用计量标准，可开展27个项目和6项校准项目。全年检测计量器具3.66万件。其中，强制检定12142件，均超额完成年度指标。

（杨宗耀）

【排查安全隐患】 区质监局针对特种设备使用现状开展清理普查，培训特种设备作业人员、管理人员，督促企业落实主体责任。连续召开5次会议，对全区400余家使用特种设备单位部署十八大期间安全工作。下发特种设备普查登记表、十八大特种设备安全保障工作告知书、特种设备法规手册等相关材料400余份。制定详实具体的方案和应急预案，现场检查流动式起重机28台，及时处理电梯故障举报30余起，现场排除安全隐患4项。加强锅炉、压力容器、压力管道、电梯、起重机械、游乐设施的日常监督检查。强化压力管道和输送可燃、易爆、有毒、有腐蚀性介质的工业管道的隐患排查。确保十八大期间特种设备安全运行。

（杨宗耀）

【首钢特设安监】 首钢石景山主厂区停产前原有设备总量占全区70%以上，仅压力管道就长达40多万米，是高度危险源。停产后，在用设备仍达到3000余台。针对首钢提出帮助解决检测中心、机构资质核准、承压类检验人员培训及球罐、三类容器、压力管道定期检验等需求，制定解决方案。帮助首钢做到“三清”，即：停产前对特种设备的数量清，停产中对特种设备的状态清，停产后对特种设备的处理结果清。加强隐患排查治理，强化对重大危险源、大型锅炉、球罐、大型起重机械的管理，确保不发生任何特种设备事故。年内，行政执法人员15次到首钢及下属企业对特种设备安全监督检查，下发相关法律文书6份，促进特种设备安全制度落实。

（杨宗耀）

【产品质量抽查】 区质监局监督全年抽查生产企业34家，合格31家，合格率91.2%。企业涉及儿童服装、助力车、汽车防盗器、粉煤灰、矿粉、汽车防盗报警系统、特种劳动防护产品、橡胶密封制品、电线和电缆、人造板、防爆电器、燃气灶具、燃气调压箱、眼镜、学生文具、塑料购物袋、防伪技术产品、木制家具等。监督抽查肉制品、糕点、桶装水、豆制品等食品生产企业16家（次），30个样品，合格率100%。

（杨宗耀）

【重拳出击食品打假】 区质监局结合上级指示开展的“质监利剑行动”、“打四黑除四害”等专项整治活动，开展行政执法检查105起，出动执法人员218人（次），重拳出击食品知假造假的违法活动，打掉食品假冒伪劣黑窝点3个，打掉假冒品牌桶装水窝点2个，没收造假生产设备2套、塑料桶等配件2000余个。

（杨宗耀）

【诚信计量行动计划】 当年是“诚信计量三年行动计划”的第三年，任务是在7家医院、2家眼镜店开展诚信计量自我承诺，培育诚信计量示范单位。区质监局召开“推进医疗机构诚信计量启动会”，举办医疗机构计量管理培训班，顺利推进全区医疗机构诚信计量建设。先后在10家医院、8家眼镜店开展诚信计量自我承诺活动，培育诚信计量示范单位5家，超额完成年度目标任务。

（杨宗耀）

【提升窗口服务水平】 代码综合服务中心全年共办理组织机构代码9002份，同比增加950份，其中新办3457份，变更5229份（含年审611份），注销单位198家，强制注销118家。扫描档案9002套。办理行政许可629家、2442台件，同比增加61家、501台件。所有业务全部即时办理，没有一件超过时限。重新编写质监窗口工作手册、区政府代码政务公开信息、区行政服务中心触摸屏有关代码和行政许可受理操作规程材料，提高办事效率和服务质量。改进组织机构代码申请和变更示范文本，区分十一种不同情况，成倍增大信息量，方便申请人。

（杨宗耀）

【质监法制宣传】 区质监局广泛开展质监宣传。“3·15”消费者权益保护日前夕，在当代商场举办法律知识讲座，内容包括《质量法》、《计量法》、《标准化法》、《生产许可证管理条例》“三法一条例”，注重讲解获证商品的识别，提高群众对商品包装标识的理解，维护消费者合法权益。“3·15”消费日当天，开展“落实《质量发展纲要》，提振安全消费信心”主题活动，深入社区向市民宣传《食品安全法》、《食品添加剂管理规定》等有关法规，增强消费者食品安全意识，动员社会力量参与监管。3月21日，到八角北里社区进行质量知识宣传，宣讲质量方面的法律法规，教给大家如何识别假冒伪劣产品、安全乘坐电梯、老年人应如何正确使用血压计和配带老花镜等日常生活常识，并赠送宣传手册。“5·20世界计量日”前夕，围绕“计量与安全”宣传主题，结合眼镜制配场所诚信计量建设，与眼镜制配企业联合开展计量日宣传活动。向市民发放《关注民生，计量惠民》宣传手册200余份，宣传老百姓身边的计量行为，同时免费向市民提供眼镜检测服务。9月24日，联合市质监局宣教中心在八角街道礼堂组织开展以产品、食品、计量、特种设备等方面的专家志愿者讲座宣传活动，发放《质量安全知识手册》150多份。在“质量月”宣传活动中，出动执法人员138人次，开展各类宣传3次，发放各类资料1500多份。全年发放《质量技术监督法律告知手册》近700余册，各类宣传材料1.8万余份，在网站上刊发信息近300条，报刊发稿20余篇。

（杨宗耀）

安全生产监督管理

概　　述

石景山区安全生产监督管理局（简称区安监局）是区政府行驶安全生产综合监督管理的职能部门。年内，全区安全生产工作在市安委会和市安全监管局的指导和区委区政府领导下，坚持“安全第一、预防为主、综合治理”方针，深入以人为本、构建和谐社会的安全发展理念，贯彻落实“一树立、三坚持、三强化”的总体要求及市委、市政府20号文件精神，完成各项工作任务。全年举办特种作业培训班10期，培训人数8000余人，通过率80%以上。做好烟花爆竹监管工作，开展“安全生产月”咨询日集中宣传教育活动。全年检查生产经营单位1857家，下达执法文书1020份，查处隐患2207处，连续四年超额完成执法检查任务。行政处罚80家，处罚金额75.6万元。安全生产亡人数比上年减少7人，同比下降38.9%，连续四年未突破市安委会下达本区的年度亡人指标。39家企业达到三级以上安全生产标准化建设要求；八角和八宝山街道通过评定验收，成为市级首家安全社区。本区被市安全生产委员会评为“安全生产先进区县”。

地址：石景山区石景山路18号
电话：68607186
邮编：100043

（李江宁）

【开展安全大检查】 1月17～18日，荣华、夏林茂分别带队，对辖区部分超市、鲁谷加油站、沃尔玛山姆会员店和烟花爆竹销售点进行安全生产检查。22日是大年除夕，夏林茂率队对石景山游乐园、鲁谷供热厂、烟花爆竹销售点进行节前安全检查。大年初一，荣华率区安监局、公安分局、消防支队、交通支队、城管大队、区旅游委等部门负责人，到八大处公园、石景山游乐园，就春节期间安全工作进行检查。

（李江宁）

【烟花爆竹安全监管】 1～2月，区安监局按照“四个清楚”、“五个到位”（标准清楚、规定清楚、责任清楚、要求清楚。组织领导到位、责任落实到位、宣传教育到位、严格检查到位、应急职守到位）工作要求，成立春节烟花爆竹零售网点许可、销售（储存）安全生产工作领导小组，依法对57家烟花爆竹零售网点进行许可，制定下发零售网点许可、销售（储存）工作实施方案及零售网点安全检查工作方案。在严格行政许可审批基础上，提高准入条件，商户交纳保证金20万元，同时购买安全责任险。组织57家零售网点负责人及销售人员近300人培训，并进行上岗资格考试。区政府投入80万元，为全区57个销售网点全部加装视频装置，实现全时、动态监管。在烟花爆竹销售期间，与公安、工商、消防、街道等部门（单位）配合，对销售网点、重点部位、禁放区域进行监控和检查。除夕、初五、元宵节期间，出动人员1080余人次、车辆260余台次、检查销售网点1480余家次，确保节日安全。

（李江宁）

【烟花爆竹安全销售】 全区许可烟花爆竹零售经营网点57家，其中五环内21家，五环外36家。自1月20日开始组织销售，累计配货20450余箱，至2月6日销售结束时累计销售17200余箱，剩余烟花回收3250余箱，总配货金额达571.5万元。所有零售网点未出现超标、伪劣、不符合规定的产品；未出现内筒型组合烟花；未出现零售网点参与燃放活动；未出现视频监控设施丢失、损坏，起不到监控作用的问题；未出现网点有货、人员失控的问题；未出现销售举报情况。截至2月7日20时，57家零售网点所有剩余烟花爆竹全部按照规定由烟花公司安全回收；网点340余个视频监控探头及相关设备全部由技术支持单位回收。2月9日，零售网点临建销售大棚全部安全拆除。

（李江宁）

【职业病危害企业复核】 2月6～24日，区安监局开展存在职业危害企业核实工作。经复核，本区存在职业危害企业118家，涉及工业企业、家具制造、印刷、汽车修理、危险化学品使用、义齿加工等行业。

（李江宁）

1月22日，夏林茂带队检查节前安全 （岳 星 摄）

【全国“两会”安全监管】 3月，区安办制发全国“两会”期间安全生产保障工作方案，部署相关安全防范和应急保障措施，落实24小时值班和“零报告”制度，多个应急分队全时在岗备勤。联合有关部门和街道，对综合楼宇、人员密集场所、地下空间等场所进行安全检查，重点检查铂尔曼大酒店全国“两会”代表驻地及其周边200米和代表行车沿线的17家生产经营单位。共出动执法人员208人次，执法车辆57台次，检查生产经营单位532家次，组织联合检查6次，下达执法文书63份，查处并整改安全隐患159项，堵塞安全生产漏洞，确保全国“两会”代表驻地及周边安全。

（李江宁）

【交通运输执法检查】 3月13日～5月20日，区安监局协同区交通运输管理处、消防支队，集中开展交通运输专项执法检查活动。检查重点是机动车维修企业、危险物品运输企业和公共交通运输企业。检查内容有生产经营单位安全生产制度落实情况，安全管理和安全措施执行情况，隐患排查治理和整改情况，重大危险源和特种设备管理情况，应急救援和应急演练情况。通过专项执法检查，及时发现隐患苗头，推动交通运输企业进一步规范安全管理，有效制止“违章指挥、违规作业和违反劳动纪律”现象发生。

（李江宁）

2月29日，召开安全生产大会 （周启迪 摄）

【化工制药企业调查】 3月20日～4月20日。区安监局根据《危险化学品安全管理条例》要求，组织各街道（鲁谷社区），在全区范围内重点开展化工及制药企业安全生产基本情况摸底调查。及时掌握全区化学原料及化学制品制造业、医药制造业和化学纤维制造业生产经营现状，摸清化工、制药企业使用危险化学品单位使用品种、数量及安全管理情况，为化工、制药企业下一步及时办理危险化学品使用许可证做好准备。

（李江宁）

【“打非治违”行动部署】 4月17日，在全国集中开展安全生产领域“打非治违”专项行动电视电话会议后，区安委会立即组织召开“打非治违”专项行动部署会，54个区安委会成员单位的主要领导参加会议。夏林茂出席会议并讲话，明确四点要求：各部门、各单位要召开专题会，做好会议精神传达，严格依据职责划分和“一岗双责”要求，制定专项行动实施方案，确定工作内容和标准，确定专门领导和专门科室、人员负责，做好指导和协调配合工作。本着“属地负责、行业协同、联合检查、综合治理”原则，加强协作，密切配合，加强部门联动，形成执法合力。要明确属地责任，分级落实职责，各街道（社区）切实负起组织协调责任，组织实施本区域内的制止和查处违法建设和非法生产经营、消除安全隐患工作；集体经济办要严格履行工作职责，做好集体土地上制止、查处违法建设和非法经营的组织和实施工作。未依法取得相关许可及未取得合法用地手续的项目，必须立即停止建设、限期改正，逾期不改正的，坚决拆除。要加大宣传力度、注重宣传效果，动员和引导社会方方面面理解、参与和推进专项行动。5月9日，区安委会组织召开“打非治违”专项行动暨“护航”二次战役动员部署会。副区长刘亚泉作动员部署，常务副区长文献要求各单位结合各自职责，迅速行动起来，全力以赴抓好安全生产工作，促进全区安全生产形势持续稳定，以优异成绩迎接党的十八大胜利召开。

（李江宁）

【涉氯涉氨安全监管】 从4月中旬开始，区安监局对全区3家涉氯、涉氨使用单位进行专项执法检查．建立信息互通机制，及时掌握动态情况。同时，加强对建材市场与票据公司安全检查、对药业公司使用危险化学品情况检查、对重大危险源安全监管及备案落实。

（李江宁）

【职业卫生专项治理】 4～9月，区安监局开展职业卫生专项治理。督促企业加强职业安全健康工作，建立健全职业卫生管理制度，指导职业病危害项目申报。联合运管处、消防、街道办事处等部门重点对汽车修理、印刷、家具制作、石材加工等重点企业开展联合检查。对全区90家存在职业危害单位进行执法检查，下达执法文书71份，排除隐患151处，行政处罚4000元。

（李江宁）

【“打非治违”行动】 根据国务院办公厅关于集中开展安全生产领域“打非治违”专项行动的通知精神和市政府有关文件要求及市领导指示，经区政府研究同意，决定从4月中旬起至12月底，在全区范围内集中开展安全生产领域打击非法违法生产经营建设、治理纠正违规违章行为（简称“打非治违”）专项行动。分四个阶段进行：制定方案、自查自纠阶段（4月中旬～5月底），联合执法、集中整治阶段（6～8月），全面检查、突出重点阶段（9～10月底），督查总结、巩固提高阶段（11～12月）。区安监局坚持“四个一线”，全力推进“打非治违”行动，有效防范和遏制非法、违法建设行为导致的安全生产隐患。“四个一线”即排查摸底到一线，会同区住建委、规划分局、国土分局和街道（社区）对全区在建、新建和临建工程逐一进行排查摸底、甄别核准，对属于非法、违法建设的项目和工程逐一登记，建立台账，并将相关信息及时通报到区“查处违法建设指挥部”，为集中治理整治提供可靠信息资源。执法检查到一线，依法依规、依据政策，坚决治理纠正违规违章行为。各街道（社区）共组织检查组392个、组织检查人员3917人次，受检单位2471家，打击非法违法、治理纠正违规违章行为494起，排查发现非法、违法建设100余处，拆除面积3039.8平方米，拆除100%，责令停产、停业、停止建设41家，查处举报6家，关闭非法违法企业58家，行政拘留19人，全区共处罚金额63.05余万元。指导督查到一线，联合区监察局、政府督查室等有关单位通过联席会、现场督查（听汇报、查阅资料和现场抽查）等形式，确保“打非治违”和“查处违建”各项措施落到实处。宣传教育到一线，引导职工群众积极参与、支持“打非治违”和“查处违建”。截至年底，全区查处非法、违法生产经营建设行为6097起；关闭、取缔生产经营单位232家；停产（业）整顿240家；拆除违法建筑6万余平方米；处罚502万元；行政拘留49人。实现“有效防范和坚决遏制非法违规行为导致的全事故”的“打非治违”专项工作目标。

（李江宁）

【排查涉危企业隐患】 5月9日，区安监局部署“两重点一重大”危险化学品企业安全生产专项整治、液氨从业单位安全生产专项整治和全区危险化学品企业安全生产标准化工作，下发相关文件，对危化企业“安全生产月”、物联网加装设备和夏季高温高湿及防汛等相关工作提出要求，并指导各单位定期下载市安监局《危化信息专刊》，关注安全生产的新形势、新技术、新规定。通过普查与排查，准确掌握全区危险化学品的生产、经营和使用情况，完善涉危企业台账和非药品类易制毒化学品经营备案管理，加大对重大危险源、加油站以及涉危企业隐患排查治理和督导检查力度，确保绝对安全。

（李江宁）

【有限空间专项整治】 5月10日，区安监局下发有限空间专项治理工作方案。5～9月，在企业自查、街道检查的基础上，联合区市政市容委、商务委、住建委、民防局等相关行业部门，开展执法检查205次，出动人员526人次，下达执法文书22份，排除隐患128处，行政处罚5000元，涉及全区有限空间作业单位45家。

（李江宁）

【检查机动车维修企业】 5月14～15日，区安监局会同市运管局石景山管理处、区消防支队对辖区内15家机动车维修企业进行专项执法检查。检查重点是安全生产制度落实情况、安全管理和安全措施执行情况、隐患排查治理和整改情况、应急救援和应急演练情况、易燃易爆物品、有毒物品存放情况、烤漆房内安全管理情况及特种作业人员资质和上岗作业等情况。通过检查，发现问题隐患18处，下达执法文书8份。

（李江宁）

【检查在建工地】 5月，区安监局根据安全生产领域“打非治违”专项行动要求，对五里坨、广宁地区在建施工工地进行集中检查。重点检查作业现场安全管理、隐患排查治理、安全生产责任制以及各项制度建立及落实等情况。执法人员共检查施工工地6家，下达责令整改指令书5份，排查整改安全隐患14项，行政处罚1家。此后，针对施工单位开工、复工，进京务工人员增加，安全教育不够，安全意识薄弱等特点，对施工工地进行拉网式的安全大检查，督促开工单位注重安全，防止安全生产事故的发生。7～9月，针对高温、作业时间长等特点，结合“护航”联合行动二次战役相关工作要求，加大执法检查力度，确保全区建筑工地安全有序施工，促进企业主体责任落实。

（李江宁）

【安全生产月活动】 6月10日，区安办组织全区43个单位和部门在古城街道开展“安全生产月”集中咨询日宣传教育活动。25个咨询台发放各种安全生产宣传资料、挂图、手册2万余份，摆放宣传展板200余块，条幅150余幅，近4000名群众参加活动。《中国安全生产报》、《石景山报》和区有线电视台分别进行报道。“安全生产月”活动以“强化主体责任落实，推进安全生产发展”为主题，分四个阶段在全区各街道、各行业、各企业同时开展，其中部分活动贯穿全年。区安办组织全区相关部门开展安全生产宣传教育、政策咨询、知识竞赛、隐患排查、专项执法等一系列活动。

（李江宁）

【企业标准化建设】 根据市安办意见要求，成立区安全生产标准化领导小组，按照“统一规划，分类指导，典型引路，分步推进，全面实施”的思路，推进企业标准化建设工作。6月28日，召开工业企业安全生产标准化建设总结部署会。上年工业企业标准化建设工作取得初步成效，第一批21家试点企业被评为安全生产标准化达标企业。其中北京巴布科克·威尔科克斯有限公司被评为安全生产标准化一级企业；北重·阿尔斯通（北京）电气装备有限公司、首钢日电电子有限公司被评为安全生产标准化二级企业；18家单位被评为达标企业。会议表彰上年安全生产标准化工作的优秀单位和先进个人，并对当年工作进行动员部署。区安监局从21家市咨询复评机构中遴选出首都经济贸易大学、北京中安质环技术评价中心和北京维科尔安全技术咨询有限责任公司作为本区安全生产标准化建设技术支持和咨询机构，形成区指导协调、街道（社区）检查督促、企业具体实施、专家团队咨询服务的“四位一体”组织架构。9月12日，15家危化企业达到三级以上安全生产标准化建设要求。同月中旬，对43家首批开展标准化工作的企业进行培训，有24家工业企业达到三级以上安全生产标准化建设要求。

（李江宁）

【铁路沿线安全专项检查】 6月，区安监局集中开展铁路沿线“大排查、大调解、大整治”专项活动。加强与辖区铁路沿线4个铁路公安派出所的联系沟通，加强路地配合。加强全区铁路护路联防基层基础工作，区综治办协调相关责任单位，联勤联动，专人包片，加大对京九沿线违法建设查处力度。发动街道、社区群防群治工作力量，发挥城管志愿者力量，及时排查铁路沿线违法建设情况。发现和排除7处危害行车安全隐患。深入推进“平安铁路示范街道”创建活动，确保辖区铁路沿线治安持续稳定。

（李江宁）

2月6日，对烟花爆竹销售网点进行执法检查　　（区安监局供稿）

【社会面火灾防控】 7月11日，区安监局联合消防支队、区商务委对辖区部分商市场、人员密集场所、物业管理企业进行联合检查。要求受检单位认真吸取天津市蓟县城关镇莱德商厦重大亡人火灾事故和广州沿江高速油罐车爆炸事故教训。联合检查组对企业的安全生产规章制度建设情况、安全生产制度在一线的落实执行情况、隐患排查治理和重大危险源监控情况、应急管理情况、安全生产教育培训情况等进行全面细致的检查，对部分单位在安全生产方面所存在的岗位责任制不健全、教育培训内容、事故应急预案落实不到位等问题，现场提出整改意见，对存在安全隐患的单位下达责令整改通知书，并要求企业严格按照“四个到位”（即消除“三合一”现象到位，整理电气线路到位，防火分隔到位，消防器材配置到位）的标准组织生产经营，做到保证“不带病”生产经营。

（李江宁）

【应对极端天气】 7月21日，区安监局按照“四级应急响应”要求，及时调整应急值班，领导上岗带班，“10人应急处置分队”24小时严守岗位。对25家危化品生产经营及使用单位进行划区分片，安排5名安全巡视员以全区14个加油站点为重点，实行24小时监管巡视，遇有险情及时处置应对。23～27日，安监局执法队组成4个检查组，对全区49家建筑施工重点单位的防雷电雷击、防暴雨内涝、防高温中暑等防范措施进行逐一检查，对“三保、四口、五临边”等防范设施进行全面排查。对鲁谷社区、八角街道、古城街道67家有有限空间作业单位进行检查。组织专业队伍对全区污水井、排水井、电缆井、化粪池等有限空间安全状况进行排查，对存在问题及时解决处理。同时，组织辖区内25家危化品生产经营及使用单位负责人部署危化行业防汛抗涝工作，对隐患排查、完善预案、储备物资、应急值守和应急演练等工作进行安排。24～30日，由安监局牵头，会同区监察局、政府督查室、住建委、商务委和城管大队等行业主管部门组成3个督查组，全面指导9个街道（社区）和行业主管部门进一步完善应对极端天气的各类防范措施。确保全区安全生产形势平稳。

（李江宁）

【联合执法检查】 9月13日、10月23～24日，区安监局执法队配合市局执法总队对全区9家物美连锁超市和科技园区20家加工企业进行检查。检查重点是安全生产责任制及规章制度建立落实情况、从业人员安全教育培训情况、特种作业人员管理和日常检查及巡查等。出动执法人员46人次，下达责令整改指令书12份，行政处罚3家，罚款3000元。

（李江宁）

【重点隐患排查】 9月中旬，区安监局针对事故多发特点，组织安委会有关成员单位召开会议，明确工作重点，分析事故原因，商讨解决办法，制定整改措施，及时刹住事故多发事态。措施包括：加强道路交通安全治理，重点强化安全行车动态监控，严肃查处超员、超速、超载（限）、疲劳驾驶等行为；加强建筑施工安全治理，对在建施工工地各个环节全面开展工程质量、安全生产检查和专项整治，排查治理安全隐患。强化施工现场检查，建立和完善特殊工艺、异常气候等情况下安全检查预警机制和施工安全应急预案；加强人员密集场所安全治理，以治理火灾安全隐患为重点，大力整治“三合一”、“多合一”生产经营单位火灾隐患，开展高层建筑、地下空间、公众聚集场所专项整治活动，对非法经营和不具备消防安全条件、威胁公共消防安全的单位、场所和其他易燃易爆场所进行彻底整治。

（李江宁）

【“护航”联合行动】 区安监局落实市安委会开展十八大安全保障及安全生产“护航”行动工作要求，按照“属地负责、部门联动、联合执法、综合治理”和“行业抓重点领域、地区抓薄弱环节”工作原则，分四个阶段八个领域，集中时间、集中力量、集中精力，全力消除安全生产隐患，做到兼顾全面、突出重点。检查生产经营单位7635家（次），下达执法文书3254份，查处安全隐患10245项，停产（停业）整顿153家，关闭取缔19家，处罚184.5万元。11月7日，由市联合检查组对本区用于人员居住、人员密集场所和十八大会场及代表驻地周边200米范围内的地下空间实地检查。着重对重点地区、重点工程的安全隐患排查整治、流动人口重点人员排查、消防设备设施的完备及管理使用，以及各项应急处置、人员疏散预案等情况进行检查。

（李江宁）

【安全生产综合考核】 12月11～12日，区安委会根据年度安全生产综合考核细则内容，对9个街道办事处（鲁谷社区）、17个重点行业部门进行安全生产年度综合考核。采取听取汇报、查阅资料、街道和行业部门互评打分、参考平时工作完成情况等方式确定考核结果。区住建委等10家单位被评为区“安全生产先进单位”，消防支队孙玉海等28人被评为区“安全生产先进个人”。

（李江宁）

【加油站安全监管】 区安监局采取现场听汇报、看资料、查设施设备等形式，对16家加油站进行隐患排查。重点对各加油站储油区、加油区、服务区和卸油装置、加油装置、消防设施、监控设备、配电设备、应急物资等硬件设施，以及应急预案、巡检记录、培训记录、交接班手续等进行检查，消除一批安全隐患。8月下旬完成石门加油站拆除的安全监管工作。

（李江宁）

【安全生产事故情况】 全年发生交通、消防、铁路、生产安全事故4861起（其中交通4767起，消防88起，铁路1起，生产5起），伤1798人（其中交通1797人，消防1人），亡11人（其中交通5人，铁路1人，生产5人）。同比去年，事故增加1036起，上升27.1%；伤人数增加26人，上升1.5%；亡人数减少7人，下降38.9%。亡人数占市安委会下达本区年度亡人指标21人的52.4%。是年，北京市生产安全事故亡人指标整体压减16人，本区分减2人，占全市减少总数的12.5%。

（李江宁）

【隐患自查自报率66%】 区安监局与各街道（社区）联系沟通，督促全区生产经营单位完成安全生产隐患上报工作。截至年底，纳入安全生产隐患自查自报系统的企业714家。除重点监管的建筑工地、危化品单位，人员聚集场所以外，生产经营单位从业人员都在20人以上。在上报过程中，各街道（鲁谷社区）根据实际情况适时对数据库进行整理更新。全年上报企业414家，上报率66%。

（李江宁）

【安全生产投诉举报】 区安监局全年收到安全生产举报投诉45件，其中市安全监管局12350举报投诉中心转举报投诉事项38件；群众电话举报1件；市安委会办公室转至区政府违章建筑举报6件。全部办结。

（李江宁）

【开展演练593次】 区安监局、住建委、集经办、国资委、民防局、旅游局、消防支队等行业部门和各街道以及部分企业组织，开展以消防灭火、人员疏散、伤员救治、紧急逃生等形式内容的应急演练593次。有效提升企业员工和社会公众对突发事件的预想和处置能力。

（李江宁）

【强化应急能力】 区安监局严格落实24小时值班和应急分队值守制度。领导24小时带班，干部每天轮流在岗值班。成立重大节假日应急分队，及时处置突发事件及群众举报事件。组织相关行业、街道、企业，利用“安全生产月”、“安康杯”知识竞赛等群众性活动，使应急常识进社区、进企业、进学校、进家庭。依法建立安全生产应急指挥机构，做到机构、职责、编制、人员、经费五落实。7月中旬，对企业安全生产应急救援队伍、救援装备、技术专家等资源情况进行普查登记，完善应急资源数据库，加快专(兼)职救援队伍建设。9月中旬，分别与区消防支队、中铁建设集团、高井电厂、首钢总公司等行业部门和企业单位签订应急物资救援协议书。加强应急机构协调配合，提高管理水平和指挥能力。

（李江宁）

【宣传教育培训】 区安监局投入100多万元，每季度一个专题，每月一个重点，形成“电视有专题、报纸有专刊、宣传有横幅、活动有报道”的格局。3月，摄制以建筑施工、工业企业为专题的安全生产宣传片，在区有线电视台“记者视线”栏目中播出。4月，组织28家单位开展职业卫生和有限空间作业知识培训，增强基层干部安全发展理念和驾驭安全生产工作能力。8月，组织街道安全员38人和企业负责人100余人进行标准化培训和资格考试，取证率100%。9月，组织全区73家涉及职业危害的生产经营单位2100余人参加国家总局和全国总工会组织的“职业病防治法”有奖知识竞赛。全年举办特种作业培训班10期，培训人数8000余人，通过率80%以上。

（李江宁）

审　计

概　述

石景山区审计局(简称区审计局)是负责本区审计工作的区政府职能部门。依据《宪法》和《审计法》开展审计工作，对本区年度预算执行、领导干部经济责任、行政事业单位财务收支、政府重点投资项目和国有企业资产、负债、损益情况进行审计监督，对专项资金进行审计调查，向区政府和市审计局负责并报告工作。区审计局人员编制45人，领导职数4名，在编40人。设有行政事业审计科、财政金融审计科、经济贸易审计科、固定资产投资审计科、审计综合科、经济责任审计科、信息管理科、纪检监察科、办公室9个科室，区审计指导中心、区审计局经济责任审计中心2个事业单位。年内，依法履行审计监督职责，一手抓审计业务管理，一手抓审计机关建设，完成各项工作任务。全年开展各类审计工作71个。主要包括署、市联动项目3个、预算执行和财务收支审计5个、投资审计5个、经济责任审计5个、专项审计调查9个，重点监督项目32个，参加各类联合检查12个。通过审计，共核减工程造价10600万元，应调账金额2366万元，查出管理不规范金额26000万元；提出审计建议70条，采纳审计建议67条，制定整改措施12条。完成调研报告14篇，采用审计信息134篇次。领导批示审计报告4篇。

地址：石景山区八角西街甲32号
电话：68861879
邮编：100043

（王　鹏）

【预算执行审计】 区审计局围绕推进财政改革不断深化审计目标，坚持组织自查和重点审查相结合的组织模式，拓宽预算执行审计覆盖面，对教育、医疗、城市建设等重点资金进行普遍延伸，结合结余资金审计调查项目，同步开展自查196家部门预算单位预算执行情况，合规性审计9个街道预算执行情况，延伸审计11家单位结余资金情况。通过审计和监督，推动区财政部门梳理集中支付流程，细化管理办法，堵塞漏洞，促进区财政改革健康稳步推进。利用计算机辅助审计手段，分析数据，确定审计重点。通过对财政预算编制数据、预算执行数据和国库集中支付系统数据开展分析，确定财政资金投放区域、区重点工程的资金流向，锁定重点审计范围。灵活运用不同审计软件和数据库语句，利用VB程序开发出集中导入多个底层财务数据库的语句模型，提高数据采集效率。5月10日，代表区政府向区人大常委会报告上年度预算执行和其他财政财务收支审计工作。

（王　鹏）

【固定资产投资审计】 区审计局建立中标中介机构联系人制度，强化复核工作和中介机构培训，推动投资审计监督工作规范化和标准化。加强对重点监督工程审计管理模式研究和台账建设，使重点监督项目逐步与立项审计项目实现无缝对接。截至年末，在审项目32个，待审项目27个，送审金额89600万元，审定金额79000万元，核减工程造价10600万元。“7·21”自然灾害后，深入工地现场，对原定进行竣工结、决算审计的项目采取提前介入，了解评估水毁损失情况，确保后续

8月28日，审计人员在“7·21”水毁现场审计勘查　　（区审计局供稿）

审计工作的客观公正性。

（王　鹏）

【经济责任审计】　区审计局加强部门配合，建立交接机制，推进领导干部经济责任审计制度化、规范化。11月1日，协调召开年度经济责任审计联席会，推动建立领导干部“凡离必交”长效机制。指导因工作变动调整的16个单位的32位处级领导干部完成接离任经济事项交接手续。根据区委组织部委托，对5个单位的处级领导开展任期经济责任审计，实现经济责任审计工作的“五统一”（方案统一、程序统一、内容统一、范围统一、模板统一），经济责任审计的规范化、透明度大幅提高。

（王　鹏）

【专项审计调查】　区审计局重点围绕教育体制、卫生体制、社会保障体制改革和区产业结构调整等社会热点，开展社区养老、保障房建设、住房补贴、医院固定资产和文创资金等重点资金绩效情况等9大审计调查项目，审计调查资金量达到100000万元。通过调查，对政策执行、资金使用等综合情况进行分析，提出合理化建议，为区委区政府科学决策及相关单位加强财经管理提供保障。

（王　鹏）

【内审队伍建设】　区审计局以服务基层，加强指导和沟通为目标，大力开展内审培训和交流工作。对15家民营企业的内部审计工作开展调研，基本掌握企业内部审计工作情况，并向市内审协会提交调研报告1篇。开展内部审计法规技能培训。对75个企事业单位的190名内部审计人员进行事业单位财务规则、《北京市审计条例》、审计查账思路方法和高效沟通等方面培训。严格内部审计队伍准入机制，组织内审资格证书年检，为173名具有岗位资格证书的内审人员办理年检手续。

（王　鹏）

【贯彻审计条例】　《北京市审计条例》于7月27日经北京市第十三届人大常务委员会第34次会议通过，于10月1日起施行。区审计局制定贯彻落实《北京市审计条例》实施方案，组织审计人员扎实学习、深刻理解、熟练掌握。通过背条目、听辅导、组织考试、参加知识竞赛的形式，做到熟记于心、熟练应用。要求相关单位内审人员基本掌握，通过下户审计、内审培训、专题培训等形式，全面辅导、讲解条例内容，下发审计宣传手册200余本。协调相关部门和领导，在处级干部法规学习中增加条例学习内容。

（王　鹏）

烟草专卖

概　　述

石景山区烟草专卖局（公司）在市局（公司）领导下，依据国家法律法规，实行“统一领导、垂直管理、专卖专营”经营管理体制，承担本区烟草经营业务、净化卷烟市场、规范烟草经营秩序、对地区烟草专卖品经营企业实施全面监管职责。内设五科一室，有职工70名，其中处级干部4名，科级干部16名；党员19名，团员15名。年内，践行“国家利益至上，消费者利益至上”的行业共同价值观和北京烟草“服务别人就是服务自己，提高效率就是提高效益”的企业核心理念，以“精细管理 规范创新 团结协作 奋发有为”的工作方针为指导，严谨求实、扎实工作。被评选为“首都精神文明单位”、区年度“重点企业”、区“纳税百强企业”以及2011－2012年纳税信用等级A级企业。

地址：石景山区古城西路170号

电话：88708315

邮编：100041

（甄　珍）

【经济运行】　烟草公司完成卷烟销量25483箱，同比增长2.73%。其中，一类烟销量同比增长14.20%，二类烟销量同比增长24.50%；重点品牌销量同比增长9.02%，占总销量比重82.60%；单箱结构达到23200元，同比增长9.10%；实现毛利9690万元，同比增长7.40%；实现税利9551万元，同比增长8.42%。平均费用率3.57%，比上年同期降低0.42个百分点；上缴各项税金5951万元，同比增长10.20%，入区财政755万元，同比增长6.30%；合计罚没款，区财政入库金额778万元。

（甄　珍）

【市场营销】　烟草公司加大品牌培育，提高品牌销售量。泰山（青秀）卷烟销量由活动前的5.1箱增加到年内17.5箱，在所有新品卷烟销售排名中位居第二，品牌上柜率达48%，获市局营销策划评比二等奖。加强与工商分局协同，组织召开与福建中烟、北京卷烟厂、山东中烟等多家烟厂营销座谈

3月15日，开展“3·15”普法宣传进军营活动　　（区烟草专卖局供稿）

会。全年七匹狼品牌销售514箱，同比增长12.40%；中南海品牌销售3765箱，同比增长6.10%；泰山品牌销售539箱，同比增长14.90%。

（甄　珍）

【网络建设】　烟草公司推进网上订货，辖区网订客户占比81%，完成年度目标。深入终端建设，终端客户累计186户，占总客户数的20.20%，完成年度推广目标。实施"两卡"推广，分两步进行支票户、6档以上大客户及3至5档客户企业卡及信用卡推广，累计办卡144户(其中开卡64户)。开展零售户培训9次，参加客户663人，培训面72%，超额完成市局(公司)要求的培训目标。

（甄　珍）

【营销管理】　烟草公司维护客户信息，统一档位评定全区920个零售户。秉着公平、公正原则，综合评定客户经营能力，重新调整客户档位，逐步降低大客户比例，客户分布呈现"橄榄型"。治理"天价烟"，加强对经销超高档卷烟客户的筛选与资质审查；与27个客户签署高档卷烟限价销售协议书，加强零售客户自我约束管理。加大对超高档卷烟经销户例行巡访频率，保证辖区"天价烟"市场规范运行。

（甄　珍）

【打网办案】　区烟草专卖局全年查办涉烟违法案件195起，查获违法卷烟141.38万支。其中简易程序案件160起，一般程序案件35起(含5万元以上大要案11起)。与海淀烟草、丰台烟草共同破获"5·28"、"7·18"和"8·31"三起网络大案，超额完成"年度网络案1～2起"的目标任务。正式印发打击涉烟违法犯罪活动联合工作机制。11月5日，联合区流管办共同破获假冒雪茄烟大案，联合打假取得实效。

（甄　珍）

【市场监管】　区烟草专卖局全年新办许可证70个，变更12个，延续92个，停业13个，歇业35个。截至上年底辖区共有持证户937户，其中正常经营户920户，无效许可证占比1.92%；无证户18户，占持证户的1.92%。加大对无证户多发地点的检查频次，联合工商、城管等部门开展无证户集中清理整治行动3次，依法取缔无证户12户。制定创建诚信经营示范街实施方案，分两批举行诚信经营示范店授牌仪式，为99个零售户颁发诚信经营店标识牌，占辖区持证经营户总数的10.57%，达到市局(公司)的要求。

（甄　珍）

【内部监管】　区烟草专卖局根据内管系统预警提示。全年共发生异常预警280个，通过质询、实地走访相关人员调查得知，均属正常经营范围，不存在行业内部违规经营行为。预警处理完成率和规范率(优秀率)均为100%。9月，制定领导带队走访市场制度及烟草罚没卷烟管理暂行规定。年内监管营销部门完成罚没烟销售3次。严格规范停业、摘线(从营销系统终止零售户订烟)、恢复流程。走访市场随机抽查109个零售户，发现无证户3户，销售非渠道卷烟1户。为防止出现向停业户供货的代订卷烟违规经营行为，内管部门加强对经营过程的监管，严格规范摘线、恢复营业操作手续，避免不规范行为发生。

（甄　珍）

【法制宣传】　区烟草专卖局展开"3·15"消费者权益日普法宣传进商场活动。联合区工商分局、区消协在万千百货商场内开展普法宣传活动，发放卷烟打假举报名片、卷烟真伪鉴别手册和烟草专卖法律法规等宣传材料，解答群众问题。启动平房地区流管员培训工作。分三期对苹果园、金顶街、广宁、五里坨、八宝山五个街道的流管员进行法律法规、常见涉烟违法犯罪行为及涉烟违法犯罪活动主要特点的培训，累计培训流管员200余名。普法培训新办户、高档位客户、守法户、违法户。编制印发《零售户普法宣传手册》1000册。

（甄　珍）

财税·金融

财　政

概　述

石景山区财政局(简称区财政局)是贯彻落实国家和北京市关于财政、财务、会计管理法律、法规、规章和政策,主管全区财政收支管理、年度预决算编制、国库现金管理,国有资产管理、政府采购工作、会计管理和财政、财务监督管理工作的区政府职能部门。下设16个科室,6个事业单位。全年公共财政预算总收入576900万元,公共财政预算支出518188万元,实现财政收支平衡。

地址:石景山区阜石路167号

电话:68872800

邮编:100043

(常　嘉)

【财政收支平衡】 全年公共财政预算收入完成250656万元,为区人代会批准预算231000万元的108.5%,同比增长10.6%。市追加专项转移支付补助116210万元,加上一般性转移支付补助163669万元,上年结余46365万元,公共财政预算总收入完成576900万元,同比增长13.5%。按照“统筹兼顾、有保有压、突出重点、推动发展”原则,公共财政预算支出518188万元,上解支出3639万元。财政收支相抵,本年结余55073万元,实现财政收支平衡。

(常　嘉)

【公共财政预算收入】 全年公共财政预算收入实际完成250656万元,为预算安排231000万元的108.5%,同比增长10.6%。增长的主要原因:区经济运行逐步起稳,经济发展的内生动力不断增强,奠定财政收入增长基础;围绕区经济发展推进大会精神,落实“招大商、引大资”政策,招商引资实效明显,新增税源促进财政收入;全区各部门积极协作,挖掘增收潜力,全力以赴组织财政收入,保持财政收入合理、稳定增长。全年税收收入完成237145万元,为预算的107.2%,同比增长11.3%;非税收入完成13511万元,为预算的139.3%,同比增长0.6%。

(常　嘉)

【公共财政预算支出】 全年公共财政预算支出实际完成518188万元,为调整预算的90.4%,同比增长13.0%。其中,一般公共服务支出43946万元,同比下降1.9%;公共安全支出39707万元,同比增长15.7%;教育支出90678万元,同比增长27.3%;科学技术和中小企业发展等事务支出44281万元,同比下降23.6%;文化体育与传媒支出24589万元,增长274.7%;社会保障和就业支出104540万元,同比增长9.8%;医疗卫生支出32495万元,同比增长17.9%;节能环保支出14604万元,同比增长123.5%;城乡社区事务支出81194万元,同比增长26.8%;农林水事务支出20008万元,同比增长7.3%;商业服务业等事务支出11513万元,同比下降40.1%;住房保障支出3018万元,同比下降55.5%;援助其他地区支出及其他支出5029万元,同比增长9.6 %。

(常　嘉)

【部门预算】 区财政局坚持“科学化、精细化”管理原则,加强部门预算管理。强化预算绩效管理,加大部门预算中实施绩效目标管理的资金规模,规范绩效目标管理格式,进一步完善绩效目标内容。强化部门预算信息公开,年初起公开政府决算,按照积极稳妥的原则选取24家预算单位公开部门预算。强化预算编制完整性,加强对各预算单位除财政拨款以外的各项收入管理,特别是国有资产出租出借收入管理。强化预算支出结构调整,要求各部门从本部门的存量资金入手,坚持“有保有压”,将市、区政府重点事项优先在部门预算中安排,优先消化部门结余。强化预算编制准确性,按照规范公务员津贴补贴和绩效工资改革规定,安排各项人员经费支出,同时根据市场商品价格变动和单位实际开支情况,及时修订和完善公用经费部分项目定额标准。

(常　嘉)

【国库集中收付】 区财政局强化财政资金监管,深化国库集中支付制度改革。逐步完善集中支付系统功能,通过系统升级,修正运行中发现的相关问题,完善账务系统,改良接口程序。按照“先行试点、全面推进”的原则推进公务卡改革工作。11月1日,区公务卡制度首批试点改革正式运行,试点单位涵盖区审计局、财政局以及9个街道办事处等20家行政事业单位。稳步开展集中支付动态监控,考虑软硬件要求,逐条确定监控规则,详细研究工作流程,12月15日,顺利完成集中支付动态监控系统上线工作。

(常　嘉)

【政府采购】 区财政局按照“应采尽采”原则,不断拓展政府采购范围,提高公开招标比例,加大节能减排、城市建设、便民工程、普教技术装备、医疗卫生设备等民生项目的采购。全年完成政府采购项目1311个,政府采购项目预算金额为35188.69万元,实际采购金额为34270.04万元,节约资金918.65万元,节约率为2.61%。其中,集中采购比例为38.19%,公开招标采购比例为99.67%。公开招标成为政府采购的主要采购方式。政府采购规模同比增长10.9%,连续十二年攀升。

(常　嘉)

【绩效管理】 区财政局探索全过程预算绩效管理。采取以财政部门为主,联合主管部门开展绩效评价工作新方式,由财政部门全面参与考评的各个环节,增强工作主动性;修订完善社区公益事业补助资金绩效评价指标;财政部门通过事前布置、事中跟踪、事后评价的全过程参与,深入了解预算绩效管理。做好市对区县政府预算绩效管理考评工作。结合市对区县政府预算绩效管理考评细则,对区预算绩效管理开展情况进行梳理,完成预算绩效制度建设、对外宣传、绩效目标管理、绩效评价和结果应用等多项工作。

(常　嘉)

【财政监督】 区财政局认真梳理法律法规,审核行政执法依据,对2006年以来执行的有效行政执法主体依据25项、行政执法依据46项、行政执法职权依据137项进行认真梳理,报区法制办确定后向社会公布。履行监督职能，做好各项检查工作，对上年市追加本区专项资金收入、拨付、使用情况以及既往年度未拨资金实施全面梳理；对区文委、区图书馆、区广播电视中心2009～2010年区县文化事业发展引导专项资金进行重点检查；根据市局要求，开展会计信息质量检查工作。

（常　嘉）

【会计管理】　区财政局不断加强会计管理，夯实会计基础工作。规范会计核算，更新报表系统预算单位信息，调整预算支出功能科目和经济科目等，确保报表系统与预算、国库以及单位核算系统等相关基础数据同口径。利用会计报表系统内设的审核体系，规范单位会计核算，提高企业会计核算质量。完成会计考试组织工作，安排会计从业资格无纸化考试59场次，各科综合参考率为82%，通过率为19.7%，与上年持平。组织全国会计专业技术资格考试，其中，初级资格考试成功试点无纸化考试，设机房48个，备用考场1个，报名考生2110人，实际参考率57.3%；中级资格考试设考场67个，报名考生2166人，实际综合参考率37.8%。加强管理与服务，做好从业资格管理事务性工作，全年办理从业资格调转、变更、补证、视同教育事项等579件；办理延期注册登记17202件；加强代理记账行业管理，开展代理记账行业调研。截至年底，有代理记账机构36个。

（常　嘉）

税　务

国家税务

【概况】　石景山区国家税务局（简称区国税局）隶属北京市国家税务局，设有办公室、征收管理科、货物和劳务税科、所得税科13个科室；1个直属机构稽查局；信息中心、机关服务中心2个事业单位；6个派出机构（6个税务所）。全局干部职工244人。其中，大专以上文化程度224人，占全局总人数的91.8%；科以上领导66人；党员148名、团员7名。主要负责首钢总公司、北京京能热电股份有限公司、北京巴布科克·威尔科克斯有限公司等大中型国有企业、联营企业、股份制企业、外资企业及私营、个体集贸税收征管工作。辖区征管户20907户。其中，内资企业15972户、外资企业144户、港澳台企业162户，消费税纳税人43户，个人所得税20户。企业所得税纳税人10824户，个体工商户4169户，集贸市场45个。缴纳增值税户15745户，其中一般纳税人3745户、小规模纳税人12000户，占总户数的75.3%。年内，围绕区域经济转型与发展，坚持以组织收入为中心，深化挖潜增收，推进营改增试点改革和税收专业化、信息化管理，坚持依法治税，强化科学管理，完善纳税服务，组收工作取得显著成效。总体收入和区级收入双双实现历史新高。累计完成税收收入371952万元，同比增加50934万元，增长15.87%；累计入库改征增值税13071万元，若扣除改征增值税，累计完成税收收入358881万元，同比增加37863万元，增长11.79%。完成市局收入任务的109.53%，超收31211万元。完成区级收入59587万元（含改征增值税区级收入6536万元），若扣除改征增值税，完成区级收入53051万元，同比增加5481万元，增长11.52%，完成区级收入任务的100.10%，超收51万元。获首都文明单位称号。

4月1日，举办集中税法宣传活动　　（区国税局供稿）

地址：石景山区老山西街5号
电话：88972125
邮编：100049

（杜志刚）

【增值税管理】　区国税局落实增值税资格认定管理、纳税申报管理、专用发票管理、纳税评估11项岗位责任。评估26户采用简易办法征税的增值税一般纳税人，查补税款和调减留抵税额52160.89元，纠正问题，规范企业纳税行为。对10户企业开展铁路运输票抵扣凭证评估。对“营改增”110户免税企业免税备案和政策衔接。1月1日起，统一使用软件产品退税监控系统，加强软件企业资格审批及政策退税监控力度。全年软件产品增值税即征即退审批352户次，退增值税6807.40万元。注重科学管理，把好数据采集关，确保金税工程运行质量，年内未发生发票信息漏采现象，存根联数据采集率保持100%，并列全市第一。认真执行税务总局新修订增值税专用发票使用规定和抵扣凭证审核检查管理信息系统，提高增值税专用发票审核检查工作质量和效率。严格落实增值税一般纳税人资格认定管理办法和增值税一般纳税人纳税辅导期管理办法，借助“风险点预警系统”监控待办事项办理情况，提高一般纳税人源头管理和认定过程控制。针对混业经营且税负偏低企业，进行纳税评估，

调整增值税额766万元。

（杜志刚）

【推进“营改增”试点改革】 本市营业税改征增值税试点工作于9月1日试行，“营改增”开票及购票系统测试上线成功。根据政策规定，陆路(不包括铁路)、水路、航空、管道运输的交通运输业及研发和技术、信息技术、文化创意、物流辅助、签证咨询、有型动产租赁服务的部分服务业的单位和个人不再缴纳营业税，改为征收增值税。为确保营改增试点工作顺利实施和上线，采取多项措施：制定“营改增”方案和应急预案；针对不同纳税人类型，开展9批政策辅导培训，培训3830户(含转入原纯地税户2535户)，覆盖面76%；申报服务厅设立“营改增”工作站和电话热线。解答纳税人问题、办理确认手续，接待纳税人700户次，收取确认表870份，设备发行356户，三方协议154户；建立反馈机制，汇总“营改增”政策热点、难点问题反馈市局。“营改增”后首个征期申报率即99.88%，其中“营改增”企业申报率100%。年内，营业税改增值税累计入库13071万元。

（杜志刚）

【出口退税管理】 区国税局针对全球金融危机对外贸出口影响，严格出口退税工作流程和三级审批制度，实施分阶段制定出口退(免)税计划，加快退税进度，改原每月一次为两次，坚持出口退(免)税先报、先审、先退原则、及时办理退库、调库手续，审批过程不超过30天。年内，办理出口退税130户次，出口退税10404万元。利用出口货物税收函调系统完成敏感地区、敏感货物核实函26件，涉及发票79份、金额2133万元、税额363万元，防范骗税行为发生。

（杜志刚）

【所得税管理】 区国税局落实所得税政策，加强企业办税人员政策培训，举办各种培训班8个，培训人员1450人次；电话咨询1400余人次。统筹安排，科所协同，加强对工资薪金支出等六项重要涉税事项监控管理，做好上年度所得税汇算清缴。应参加上年度汇算清缴的企业为7277户，实申报企业7172户，未申报企业105户(含非正常户)，申报率为98.56%。同比提高0.44个百分点。汇算清缴净入库16758万元，同比减少7569万元，下降31.1%。规范企业所得税预缴管理，对符合标准、上年企业所得税入库税款在2000万元(含)以上的13户企业，预缴方法实施按月按实际利润预缴和定率方法预缴，13户企业所得税年累计入库73172万元，占所得税入库145457万元的50.3%。以企业所得税核定征收为突破口，加强中小企业所得税管理，核定4033户企业，提高企业有税率。加强所得税汇算清缴后续分析，对营业收入大于1000万且应纳税额小于1万的盈利企业、研发费加计扣除项目和房地产开发企业共计26户企业评估，发现有问题15户，应补缴税金合计399.3万元。开展中关村石景山园企业调研，摸清底数，完成《中关村示范区典型企业税收政策调研报告》、《中关村示范区优惠政策效应分析报告》，促进园区企业发展和管理。

（杜志刚）

4月12日，在首钢研究院召开企业辅导会 （区国税局供稿）

【大企业和国际税收管理】 区国税局以执行国家税收政策、服务纳税人为重点，加强大企业和国际税收管理。强化非居民企业管理，全年开具《税务证明》378份，涉及征税353份、涉及不予征税22份、免税3份，累计代扣代缴所得税7746.14万元，同比5414万元增加2332.14万元，增长43.08%。培训各税务所售付汇业务流程、售付汇日常审核等，提升售付汇业务管理水平。应对“营改增”政策对非居民企业缴纳预提所得税计税依据影响，对各税务所进行计税依据的正确计算方法培训，确保“营改增”政策衔接和落实。采取事前宣传辅导、事中提醒跟踪、查找催促和事后总结提高四项措施，完成上年度关联企业申报工作，企业关联业务申报3759户，申报率实现100%。完成关联交易总额前100户企业关联申报检查。对上年外资盈利企业派息情况开展清理和检查。辖区有84户外资盈利企业，其中1户上市公司，83户非上市公司；6户企业进行派息，78户企业未进行派息。上述外资企业利润总额318764万元，决议向非居民股东派息15290万元，应缴纳预提所得税1312万元，已缴纳预提所得税1043万元。加强大企业管理及上报数据管理，对列入总局定点联系全国大企业名册的24户大企业，将其注册登记信息纳入科所联动，层级重点管理系统，提升大企业专业化控管。落实“两函一书”，定期发送大企业，提高企业自我防范涉税风险能力。

（杜志刚）

【个体税收管理】 区国税局按照专业

化管理要求,对所辖45个个体市场实行统一管理。进一步规范委托代征市场代开机打发票管理,共调整代开机打发票市场19个,提高个体税收管理和服务质量。对98%的商户未达新起征点2万元,及时调整发票管理。对部分商户主动申请购领千元版发票,及时调整增值税达起征点2万元,税额600元,确保个体工商户正常经营和税款足额入库。全年个体工商户3414户,调整起征点441户,达起征点率由原2%增加到12.9%,税款由月2万元增加到26.5万元。做好个体营业税改征增值税接收、培训和核定工作。"营改增"个体工商户447户,其中个体出租车363户,其他74户。逐户提取税务登记数据、增加税种、进行定额核定审批。"营改增"后首个申报期个体工商户申报率100%。全年,个体税收入库500万元。

(杜志刚)

【税收稽查成效显著】 区国税局贯彻市局一级稽查工作部署,做好专项和各项检查工作。全年专项检查10户,其中:出口退税检查2户,农产品收购凭证检查2户,房地产检查2户,股权转让检查1户,金融卡检查3户。查结3户,在查7户;查补入库税款、罚款、滞纳金315万元。落实稽查案源管理办法,加强对案源全程监督,检查一户、结案一户、执行一户。全年市局下达案源49户(市局下达28户,本局提请案源21户),结案31户,结案率63.3%。按照"三必查"要求,重点查处"买方市场",与地税、公安联合开展打击发票违法犯罪行为。全年查处涉及发票违法案件累计30件,涉及发票666份,查补税款202.78万元,滞纳金62.63万元,罚款95.4万元。全年清欠4户、清欠税款33万元。全年,累计立案检查34户,结案34户,有问题31户,有问题率91.18%。组织企业自查6户。累计入库13084万元,滞纳金5763万元、罚款106万元。入库率、协查回复率均为100%。

(杜志刚)

【税收法制与宣传】 区国税局围绕组收工作,提升依法行政水平。以税收执法管理信息系统为依托,落实税收执法过错责任追究制度。制定《重大税务事项管理办法(试行)》,成立重大税务事项集体审理领导小组,按事项内容、决策程序、决策权限等规则,实行重大税务事项集体决策,提高决策科学性、准确度。年重大事项集体审理10件,涉及增值税专用发票审批、向外方支付特许权使用费申请免税等事项。制作涵盖三大类6种违法违章行为的8项税务行政处罚文书模板,规范执法人员操作程序,降低执法风险。按市局重点督察内容,通过自查、重点抽查、总结整改三阶段,对7类督察项目开展执法督察工作。坚持实体与程序并重,审理重大税务案件7件,查补税款159万元,罚款51万元。开展主题为"税收·发展·民生"宣传月活动。在纳税服务厅设立6名税收志愿者组成的"纳税诊所",解答企业纳税申报问题。建立税企QQ群、"税法宣传微博",扩大税收宣传面。与区地税局、投促局、等部门联合举办"服务区域经济、共建和谐税收"税法宣传,驻区16家重点企业代表参与座谈、谏言献策。举办100余个钢铁行业和医疗设备行业的自查辅导会。召开22户上市企业深层税收政策讲解服务会。开展"走出去"对大企业一对一政策辅导。开展送税法进军营、进台湾街、进市场活动,扩大税法社会影响力。

(杜志刚)

【纳税服务】 区国税局落实市局纳税服务工作规划,以服务纳税人、服务基层科所为重点,进一步优化纳税服务环境。坚持月发送税收常识、最新政策等到辖区重点企业邮箱和QQ群,共9900户次。根据纳税人需求,细化税法宣传资料,发送企业7500余份、"营改增"试点改革解答资料5000余册。完善以12366服务热线为主,科、所、办税服务厅为辅税收咨询服务系统。定期汇总各咨询热点问题,制作正确答案及时在网上、服务厅大屏幕等媒介发送。推广12366应用知识库,规范税收咨询解答,提高咨询热线的针对性、准确性,年更新咨询知识库10次,扩大"12366"的服务面和影响力。开展电话方式纳税咨询和查询发票流向服务3500余个。推广网上办税,网上即办受理办结税务登记变更、出口退税预审2470户次,占网上和窗口全部即办综合6384户次的38.7%;网上预约转办2868户次,占全部9373户次的30.6%。完善各项涉税制度和办税服务厅咨询功能,纳税服务水平大幅提升。在市国税系统年度满意度问卷调查中,综合得分91.4分,名列城区排名第一,全市排名第七。

(杜志刚)

【信息化建设】 区国税局提升系统运维能力,确保6个网络节点、38个应用系统、21台服务器、308台内网计算机和71台外网计算机设备正常运维。制定异常情况应急处置方案,为税收工作提供高效信息支持。确保"营改增"试点信息平台支持,做好各系统升级补丁、CTAIS系统后台升级9次、防伪税控系统前后台升级6次,优化"营改增"各业务功能支持和各模块功能,完成税种登记、票种核定、税控收款机资格维护、税银联网维护等业务模块测试。完成CTAIS系统各类提交单255份,对客户端计算机设备升级总计700多台次。做好网络与安全防护工作,完成金税三期网络改造。完成服务质量远程视频监控系统项目实施。完成400余台次办公软件正版化更新。开发办公督察督办系统,提高督查工作质效,该系统获市局年度创新成果奖。

(杜志刚)

地方税务

【概况】 北京市石景山区地方税务局(简称区地税局)隶属于北京市地方税务局,在北京市地方税务局和石景山区委区政府的领导下,行使石景山区行政区域内地方税收管辖权,负责营业税、企业所得税、个人所得税、契税、房产税、地方教育费附加(年内新增)等19种税费的征收管理工作。区地税局设14个科室、10个税务所、1个稽查局和1个后勤服务中心。有干部职工265人,平均年龄43.30岁,其中处级领导职务7人,科级领导职务63

人,大专以上学历253人,占全局总人数的95.47%;研究生8人,占全局总人数的3.01%。内设1个机关党委,19个党支部,1个团总支部。党员204名,占全局人数的76.98%;团员2名,占全局人数的0.75%。年内,全区税源登记户数达到36001户,同比增加3380户,增长幅度为10.36%。从企业经济类型看,内资企业19791户,港澳台及外商投资企业354户,个体工商户15856户;从企业行业分类看,社会服务业15338户,商业、餐饮业12928户,科教文卫业4502户,交通运输、仓储及邮电通信业930户,建筑业836户,制造业604户,房地产业437户,其他行业426户,分别占税务登记户总数的42.60%、35.90%、12.50%、2.60%、2.30%、1.70%、1.20%和1.20%。全年新增税源户3900户,因吊销、注销等原因税源户减少983户,净增2917户。

地址:石景山区八角南路28号
电话:68840281
邮编:100043

(高文玲)

【税收收入】 受区域经济转型、结构性减税因素影响,全区地方税收形式严峻。年内,针对全区组收工作中的困难,区地税局依托"七个税源平台",从税源监控和税收分析预测入手,实行严格组收工作责任制,采取"强责任、强服务、强手段、强监控、强协调"组收措施,完成收入任务。继续完善首钢、房地产、建筑、50万元以上大户以及园区招商引资企业、万达广场、台湾街七个平台的税源监控;完善区招商引资重点企业情况监控台帐,新增土地增值税清算情况台帐;将重点税源户分成市、区、所三级,分级、分层加强监督管理,促进税收分析质量稳步提升。建立税源管理数据库,促进税源管理对象和税源监控手段精细化。制定和完善本局各部门间信息传递、信息共享制度,以及组收工作小组会和税收分析会制度,加强部门间协调配合,整合数据资源,提高税源管理效率。建立与区内各兄弟单位间的信息传递制度,形成部门间信息共享数据库,从宏观、微观、横向、纵向多个层面,对税源情况进行全方位、多角度对比分析,促进税源管理。全年共组织各项收入499593万元,同比增加48332万元,增长10.70%;完成地方公共财政预算收入370648万元,完成市局下达任务368000万元的100.70%,同比增加21179万元,增长6.10%;区级地方公共财政预算收入完成177039万元,同比增加10543万元,增长6.30%。完成区政府下达任务171000万元的103.50%。

(高文玲)

【税收征管】 区地税局税源管理更加精细,征管质效不断提升。摸清税源底数,精细税源管理。年内,从六个"严抓"强化税源管理,即严抓登记率、报到率、非正常户管理、注销户管理、登记信息准确率、跨区县局迁移户的管理,税源管理越做越细。年内,全区36001户税源的征管质量登记率实现100%,在途户报到率98.39%,申报率99.97%,入库率100%,未申报户核实处理率98.24%,欠税率0。完成发票换版和税控升级工作。摸清底数,建立台帐;建立局、所税控服务部门协调机制;制定详细工作开展方案;做细宣传、服务、指导;加强市局、局、所间问题进度沟通。发票换版一步到位,税控升级平稳过渡,共实现3845台税控升级,保证纳税人办税需求。深入研究税源专业化管理办法,年内成立税源专业化研究与实践工作领导小组,草拟税源专业化管理工作实施方案及其细则,着手开展征管系列准备工作。开展基础性数据调研,对现有税源户和税收管理员工作职能进行统计、分类,研究税源与管理环节分类,整理行业特点,确定岗位职责。创建园区企业税源管理平台,并按月展示园区企业税源户登记基础信息、税款明细收入、相关政策法规等内容。

(高文玲)

【纳税服务】 区地税局着手完善各项纳税服务措施,不断优化区域税收环境。完善基础设施,深入推进办税服务厅、网站、外网邮箱和服务热线等纳税服务平台建设。办税服务厅配备电子显示屏、排队系统和扩音设备,增设发票窗口,为纳税人提供优质服务环境;推出网上发票预约领购系统,提高纳税服务的实效性和便捷性;完善《纳税指南》,便捷纳税人前置服务,开辟网上政策查询专栏和办税服务厅咨询窗口。在受理和处理投诉事件过程中,坚持"注重调节、化解争议"原则,有效协调各部门,依法保护纳税人以及税务干部的合法权益;在纳税服务投诉的管理过程中,定期通报纳税服务投诉情况,及时分析和总结,主动查找深层次原因,纳入绩效管理考核,有效降低投诉率,维护征纳双方合法权

石景山地税局营改增试点改革部署培训工作会

8月16日,组织召开"营改增"试点改革部署培训会 (区地税局供稿)

益。以税务指导为抓手，继续落实“六五”普法规划，丰富税法宣传月活动内容，开展税收宣传和实地走访活动；创建“雷锋岗”服务，推行“雷锋岗”服务标准，提升整体纳税服务水平；发挥税政指导和服务重点企业平台作用，通过税政指导和服务平台双机制的建立，主动帮助纳税人解决复杂涉税问题。

（高文玲）

【纳税评估】 区地税局坚持以“评估一个行业，规范一个行业评估，服务一个行业管理，指导一个行业纳税”为目标，努力实践“细评税源、依法征收、指导到位”工作思路，推动纳税评估工作精细深入、规范标准。以纳税评估与税源管理有效结合为出发点，制定建筑业自查情况表、完善《建筑业评估指导手册》，摸清税源底数，合理识别非正常无税纳税人，探索无税纳税人精细化管理，调整管理方向，制定分类管理措施。以信息管税为突破口，综合运用各类信息数据，提高评估准确率，增加评估户数及税款入库额度，规范评估数据比对频率及时限，建立数据分析模型，加强疑点核实，确保评估工作实效。将税务指导落实到纳税评估各环节：评估自查上纳税辅导；政策执行上税务指导；纳税遵从上理念引导；评估补税上入库督导。利用本局外网和内网中的相关栏目，有效开展纳税评估、税务指导及宣传工作。强化管理，夯实基础：提供一个保障，科学确定各项评估计划；建立一个抓手，评估案卷复查机制；建设一个能力，强化纳税评估科组织、指导能力和作用。全年，实施纳税评估 882 户，同比增长 155%；有问题 351 户，评估入库税款、滞纳金 1304 万元，同比增长 152%；入库率 100%，评估有问题率 40%。

（高文玲）

【税政职能】 区地税局开展税政指导，完成营业税改征增值税（简称“营改增”）试点改革，有效落实税收优惠政策，发挥税政职能作用。常态化开展“一课、一册、一平台”税政指导。对文化创意产业、现代服务业、动漫产业等行业进行税政指导；做好修订后个人所得税法、车船税法、营业税起征点提高等政策落实；开展中关村国家自主创新示范区“1 + 6”税收优惠政策落实，为全区招商引资、产业结构调整提供税收政策支持；继续加强土地增值税差别化预征和清算管理，完成土地增值税执法督察自查工作；走访、解决大企业股权交易涉税、拆迁补偿安置费征税、房地产代建房征税等复杂性税收问题。成立“营改增”试点改革工作小组，缜密部署，制定方案，细化内容；对全局近万户营业税纳税人进行逐户筛查、梳理，做好各项数据的统计与分析工作，确定“营改增”纳税人范围，并对税收收入影响程度进行分析、预测；开展分层次培训工作，做到底数清、政策明、程序懂；建立“营改增”工作台帐，基础数、转走数、收入数做到一清二楚。全年 4028 户企业完成“营改增”工作。落实税收优惠政策，惠及民生，全年为 3400 户小型微利企业减免企业所得税 2900 万元，对企业研发费用实行加计扣除减免企业所得税 1000 万元，对新办软件企业减免企业所得税 17000 万元，对企业取得技术性收入减免营业税 7300 万元，落实新的《个人所得税法》减免个人所得税 18000 万元，为保障区域经济的健康发展提供动力。

（高文玲）

【税务稽查】 区地税局开展税务稽查检查工作，进一步建立健全稽查工作制度，完善稽查工作机制，稽查案件质量控制管理不断加强。以查处重大涉税案件为突破口，采取措施，完善制度和管理机制，明确检查核心，严格把好政策关、程序关、证据关、定性关和审理关，发挥大案、要案集体审议以及稽查组织收入职能作用；向每户存在涉税问题的纳税人送达《税务稽查建议书》，从政策执行、财务核算等方面提出改进建议；将稽查信息及时向有关部门反馈，加强稽查成果转化，促进征管质量和办案质量双提高；坚持稽查案件审理协调会，加强稽查案件组织协调和督促指导；将打击发票违法犯罪工作与各类检查相结合，做到查案必查票、查税必查票、查账必查票，切实开展打击发票违法犯罪工作；采取实地核查、银行资金查询、发票比对和协查外调等措施，与公安分局经侦大队和海淀区地税稽查局密切合作，成功侦破一起非法倒卖发票案。开展“资本交易项目”、“房地产”、“建筑安装业”、“地方制股份银行”、“物业管理” 和“大型商业企业”等六个行业专项检查，立案 77 户。全年立案稽查 103 户，完成稽查 63 户，有问题 61 户，有问题率 96.83%；查补收入 5550.65 万元，是市局下达查补收入 2220 万元任务的 2.5 倍，是上年同期的 4.2 倍。

（高文玲）

金融服务

概　　述

石景山区金融服务办公室（简称区金融办），是负责促进商务金融产业发展和金融服务工作的区政府管理机构。年内，紧紧围绕“大调整、大建设、大发展”工作主基调，以“两服务一发展”为主线，为区域经济平稳较快发展提供坚强的金融支撑。组织召开现代金融机构贯彻落实党的十八大精神座谈会。深化招商引资，完成多家大型金融机构引进及分支机构设立。发挥资源优势，协调弥补区内土储建设及重大项目资金缺口。创新融资手段，召开创业投资引导基金第三次理事会。加强风险防控，举办北京市金融安全宣传活动启动仪式及多项金融安全讲座活动。现代金融产业保持快速发展，截至年底，全区有 93 家金融机构。银行存款余额 275.51 亿元，贷款余额 725.26 亿元；证券公司资产总额 6.83 亿元，实现收入 3441.8 万元；保险公司税收总额突破 550 万元；全区 4 家小额贷款公司累计贷款额 26 亿元，同比增长 351%；融资性担保公司资产总额突破 10 亿元，在保金额达到 3 亿元。实现金融产业总产值 23.6 亿元，同比增长 49%。对区域经济增长贡献达 24.6%，现代金融产业税收贡献 2 亿元以上。获得区招商引资工作突出贡

献单位称号。
地址:石景山区石景山路18号
电话:88699584
邮编:100043

(于 培)

【新增金融企业33家】 现代金融产业政策的引导作用逐步显现。年内,新增现代金融企业33家;累计注册资金96.45亿元,同比增长327%,其中注册资金亿元以上10家,10亿元以上3家。先后完成天安人寿保险股份有限公司总部从上海迁入本区、光大永明资产管理股份有限公司落户本区及注册资本达到10亿元的盛丰小额贷款公司设立工作。

(于 培)

【拓展融资渠道】 区金融办引导北京服务新首钢股权投资基金投向区文化创意、高新技术等领域的3家优质企业,投资额合计2.26亿元。针对京石科园、沁人心彩、安平置业等三家中小企业融资需求,通过采取立项与融资相结合的模式,落实5.02亿元贷款。年内,驻区银行共向中小企业发放贷款127笔,贷款金额16.2亿元;小额贷款公司累计向中小企业贷款234笔,贷款金额11.5亿元。

(于 培)

【解决39.8亿元土储贷款】 区金融办协调银行解决区内重点项目资金难题。有效利用政银企信息服务平台,促进金融机构与区内重大项目顺利对接。通过走访相关部门,详细了解资金需求,研究创新融资模式,与国家开发银行及区内金融机构沟通,促进各银行贷款额度倾斜,加快贷款审批进度,协调解决总计39.8亿元的土储贷款额度,极大缓解土储建设和还款资金压力。

(于 培)

【扶持区内金融机构】 区金融办协调北京市金融工作局,对符合本区政策优惠条件的金融机构给予扶持,落实企业引进市区两级政策补助500万元和上市改制成功补助10万元。为符合条件的金融企业申报金融企业住房公积金及人才引进政策,涵盖5家金融机构以及高端金融人才6人次。通过奖励兑现以及服务配套支持,强化区现代金融产业“1+3”政策落地效应。

(于 培)

普及金融知识进社区 (中国银行供稿)

【搭建政银企交流平台】 区金融办开展区金融家俱乐部活动,组织股权投资、融资担保、融资租赁机构高管人员共同聚焦现代金融发展议题。召开区银政合作座谈会,组织来自国家开发银行等15家银行的北京分行领导及区有关部门领导就区土地一级开发、重大项目资金需求及创新融资手段等内容进行座谈。举办工行杯羽毛球比赛,为全区20多家金融机构精英提供业余交流平台。通过多层次政银企沟通交流机制建设,帮助现代金融机构解决发展难题,有效搭建起区域银政企需求对接平台。

(于 培)

【上市企业达12家】 区金融办发挥区创业板企业培育中心优势,组织拟上市企业参与市、区两级企业上市专题培训班。组织召开年度企业上市工作座谈会,邀请市金融局及中信建投有关专家对12家拟上市机构进行上市辅导培训。协调市金融局等相关部门多次走访拟上市企业,协调解决困难。年内,北京华录百纳影视股份有限公司和北京东土科技股份有限公司成功上市。区内上市企业总数达到12家,分别为纳斯达克2家、纽交所1家、上交所和深交所主板各1家、香港联交所主板和创业板各1家、深交所创业板5家。

(于 培)

【加强金融风险防控】 区金融办承办年度北京市金融安全宣传活动启动仪式,提高金融机构以及广大市民金融安全意识和防范金融风险能力。组织召开金融机构会议并制定预案,按照“提前预警、应对及时、处置得当”的要求,妥善处置好各类金融风险事件。配合全市积极开展要素市场清理整顿,保障十八大前金融系统稳定。举办“防范金融风险,远离金融诈骗”为主题的社区讲座,向140个社区代表发放宣传材料,提升居民防范金融风险意识。举办“金融安全进网点”活动,在全区84个银行网点发放宣传海报和金融安全宣传手册。

(于 培)

驻区金融机构

概 述

十二五时期,市委、市政府对北京西部地区提出“整体转型 跨越发展”新要求,随着首钢涉钢产业搬迁调整和全面启动开发建设,石景山区进入经济社会全面转型关键时期,为充分发挥现代金融产业的辐射和放大作用,进一步贯彻落实《"十二五"时期现代金融产业发展规划》,区金融办坚持高起点策划、高标准推进,强化政策示范引领,在夯实传统金融机构基础上,重点引进高端、高效、高辐射型金融机构,先后完成天安人寿保险股份有限公司总部从上海迁入本区、光大永明资产管理股份有限公司落户本区,合作发起设立全市规模最大、注册资本10亿元的盛丰小额贷款公司。截至年底有93家现代金融机构入驻。有中国工商银行、中国农业银行、中国银行、中国建设银行、交通银行、北京银行、华夏银行、中国光大银行、北京农村商业银行、兴业银行、中国邮政储蓄银行、江苏银行、中信银行等13家银行在本区设立分支机构及营业网点;有信达证券、国泰君安证券、新时代证券、国联证券、中国银河证券、广发证券、中国建银证券、中信建投证券、第一创业证券、华融证券、平安证券等11家证券机构在本区设立营业部;有天安人寿保险、新华人寿保险、泰康人寿保险、中华联合保险、中国人民保险、中国人民财产保险、中国人寿保险、阳光人寿保险、安邦财产保险、太平洋财产保险10家保险公司在本区设立总部机构及分支公司。年末,银行机构贷款余额275.51亿元,存款余额达到725.26亿元,税收总额达1.34亿元。证券公司资产总额达到6.83亿元,实现收入3441.8万元,税收总额464亿元。创新型准金融机构取得新突破。全区有保险资产管理和经纪公司5家;小额贷款公司4家;担保公司6家;各类交易所4家;股权投资9家,其中,经国务院和北京市批准备案的2家;金融控股和投资公司15家;典当行15家;融资租赁1家。各创新型准金融机构共上缴税收5237.32万元,全年实现收入2.6亿元。其中,4家小额贷款公司向中小企业累计贷款金额达25.96亿元,总收入1.16亿元,税收总额2711.02万元。融资担保公司在保金额3亿元,总收入2717万元,税收总额155万元。

(于 培)

中国工商银行股份有限公司北京石景山支行

【概况】 中国工商银行股份有限公司北京石景山支行(简称工行石景山支行),隶属中国工商银行股份有限公司,是国有股份制商业银行。年内,有员工498人,其中在岗员工416人,柜员合同工34人,劳务人员48人;网点从业人员350人。下辖网点有八角支行,玉泉路支行,高井支行,北辛安支行,黄楼支行,八角北支行,古城东街支行,鲁谷支行,苹果园支行,八大处支行,游乐场支行,金顶街支行,重兴园支行,远洋山水支行,古城分理处,四平台分理处,五里坨储蓄所,第一储蓄所,莲石东路支行。8月23日,莲石东路支行开业,支行网点达到19个,包括综合网点17个,单一网点2个;其中财富管理中心1个,贵宾理财中心11个,另有自助银行7个。

地址:石景山区石景山路63号
电话:68874128
邮编:100043

(邹 玉)

【业务发展】 工行石景山支行全年实现本外币拨备前利润8亿元,增长25%。本外币各项贷款余额120亿元,增加9亿元。本外币各项存款余额386亿元,增加38亿元,经营效益稳步增长。

(邹 玉)

【个金业务】 工行石景山支行人民币储蓄存款余额244亿元,外币储蓄及理财余额0.5亿美元。信用卡新增发卡5.5万张,发卡量、消费额、融资额和收入四项核心指标继续保持同业领先地位。

(邹 玉)

【中间业务】 工行石景山支行实现本外币中间业务收入2亿元,增加0.5亿元,增幅31%。在中间业务收入总量中,信用卡收入4684.08万元,增加954.09万元;国际结算收入792.95万元,增加531.09万元。

(邹 玉)

【金融资产业务】 工行石景山支行贯彻总分行关于大力发展金融资产服务业务的部署,抓重点、调结构、促转型,力促收入结构不断优化。金融资产服务业务收入占中间收入的比重达到51.63%。全年,金融资产服务业务收入同比增长28%。

(邹 玉)

中国农业银行股份有限公司北京石景山支行

【概况】 中国农业银行股份有限公司北京石景山支行(简称农行石景山支行),隶属于中国农业银行股份有限公司北京市分行。下设8个部室、14个二级支行、1个分理处,在职员工359人(其中,党员148人,占员工总数的41.2%;本科及以上学历人员188人,占员工总数的52.4%;大专学历112人)。截至年底,全行各项存款余额210.9亿元,较年初增加34.6亿元;各项贷款余额82.6亿元,较年初增加24亿元,同比增长41%;实现中间业务收入1.01亿元;实现国际业务结算量10.89亿美元;新增信用卡9697张;新增自助设备35,其中,ATM机30台,自助缴费机5台。获年度区"纳税百强单位"、"重点企业"、"巾帼服务品牌"等称号。

地址:石景山区八角南路18号
电话:68803907
邮编:100043

(张 钰)

【深化银政合作】 农行石景山支行授信石景山土地储备分中心10亿元,用于支持区内重点工程和项目建设;通过银政联合营销,成功促使中国农业产业基金有限公司托管账户落户石景山区,实现政府、银行、企业三方共赢;配合区金融办组织开展"金融知识万里行"活动,普及百姓金融知识。

(张 钰)

【业务推广】 农行石景山支行支持区内医疗卫生建设,全力推动石景山医院"银医一卡通"项目,实现患者就诊流程优化,解决患者挂号时间长、排队缴费时间长、排队取药时间长等问题;全力支持区内重点企业及小微企业发展,为中铁建设集团有限公司发放贷款1亿元;为融景城、远洋山水项目分别发放个人贷款3420万元、899万元；支持区内小微企业12户，贴现共计发放2153万元。

（张　钰）

中国银行股份有限公司北京石景山支行

【概况】　中国银行股份有限公司北京石景山支行（简称中行石景山支行），隶属于中国银行股份有限公司北京市分行。下设5个职能部室，对外营业机构10家，包括支行营业部1家，二级支行8家，分理处1家。年内，有员工224人，其中，大专以上学历人员213人，占员工总数的95.1%，硕士及以上学历人员16人，占员工总数的7.1%，党员76人。坚持"以经济效益为中心，实现支行持续健康平稳发展"为主线，突出"强化内控管理和业务结构调整"两个重点，围绕"谋发展、防风险、带队伍"有针对性开展各项工作。年末，本外币全口径余额1916817.24万元，同比增长32.4%；各项存款余额1916817.24万元，同比增长32.42%；各项贷款余额214388.55万元，同比增长41.98%；中间业务净收入5524万元，实现国际业务结算量2.56亿美元；新增信用卡15507张、ATM机12台、自助缴费机3台。获年度市"三八红旗集体"、区"纳税百强单位"、"重点企业"、"巾帼服务品牌"等称号。

地址：石景山区石景山路20号
电话：57832255
邮编：100040

（尹元靖）

【深化银医合作】　7月9日，"银医一卡通"系统正式投产运行，该系统可以通过将银行卡与就诊卡功能合二为一，实现医疗资源合理配置和利用，减少患者在就诊过程中因挂号、交费、查询、打印产生的等候时间，大大便利就医流程，有效缓解看病难的问题。

（尹元靖）

【京西外经贸企业融资推介会】　7月20日，中行石景山支行承办的年度京西外经贸企业融资推介会举行，50余家外经贸企业代表参会。中行北京分行国际结算部、资金业务部、中小企业贷款中心介绍中小企业贷款政策、有关融资渠道、中行一体化金融服务等内容，并为有融资需求的企业进行专题咨询和融资辅导。该项活动被《北京青年报》、《京华时报》、《北京晚报》以《中行北京石景山支行金融服务支持京西外经贸企业融资》进行专题报道。

（尹元靖）

【金融知识普及进社区】　9月1日，中行石景山支行在石景山万达广场开展"普及金融知识进社区"活动，通过设立展台、发放材料，向公众普及借记卡、信用卡安全用卡知识，对客户在申请、使用、保管银行卡中的各类问题进行答疑。结合工作实例，宣讲如何有效防范电信诈骗。

（尹元靖）

中国银行北京石景山支行举办金融服务推广活动　　（中国银行供稿）

【产品创新】　中行石景山支行公司金融推出远期结售汇委托挂单、工商验资全程寄递E线通、企业网银在线申请、中银集富与时聚金等产品；个人金融推出"悦洋贷"、个人委托贷款、中银京东商城信用卡、长城维络城联名借记IC卡、长城比如世界联名卡、中银中友百货联名信用卡等产品。创新涵盖资产业务、负债业务、中间业务多个方面，进一步满足细分市场需求。

（尹元靖）

【改善营业环境】　中行石景山支行合理配置窗口，推进网点装修改造和布局优化。年内，完成营业部、长安支行、翠微支行、西翠路支行的装修改造工作。增加存取款一体机、中银自助通、存折打印机等自助设备投入，提高金融服务水平。

（尹元靖）

中国建设银行股份有限公司北京石景山支行

【概况】　中国建设银行股份有限公司北京石景山支行（简称建行石景山支行），成立于1992年1月4日，隶属于中国建设银行股份有限公司北京市分行。有员工226人，其中本科及以上学历人员117人，占员工总数的51.8%，党员63人。年内，北京市分行机构优化调整，石景山支行由直管支行转变为综合营业中心。内设公司银行部、零售银行部、综合部、营业部。所辖机构为西永乐支行、古城支行、杨庄东路支行、鲁谷大街支行、模式口支行、玉泉西里支行、八角北里储蓄所、西山枫林储蓄所，年内新增网点雍景支行并实现营业。年末全口径存款时点余额139.45亿元，各项贷款余额为103.65亿元，中间业务净收入6269万元。

地址：石景山区石景山路22号
电话：51993506
邮编：100043

（苗一聪）

【深化银政合作】　建行石景山支行着

力加强与区政府合作关系，成功营销区财政局下属城乡居民养老保险金专用账户、区重点工程建设中心、区房屋征收事务中心等重点账户在支行开户，为区域经济发展建设及支行可持续发展增添助力。

（苗一聪）

【开展供应链融资业务】 建行石景山支行为北京市红十字会急诊抢救中心及旗下游客户办理无追索权公开保理及订单融资、订单融资贷款、有追索权卖方保理等业务，在服务中小企业客户同时积累供应链融资业务经验。

（苗一聪）

【提升区域整体竞争力】 建行石景山支行优化网点布局，提升区域综合竞争实力。相继完成西现代城储蓄所迁址及西永乐支行、八角北里储蓄所、西山枫林储蓄所装修改造工程；完成新建网点雍景支行装修工程及各项开业审批手续，实现开业。

（苗一聪）

交通银行北京石景山支行

【概况】 交通银行股份有限公司北京石景山支行（简称交行石景山支行），隶属于交通银行北京西区支行管辖。有员工24人，其中本科及以上学历人员23人，占员工总数的96%，党员7人。网点内部设立8个对外营业窗口，其中包括对私业务窗口、对公业务窗口、贵宾通道、绿色通道和无障碍通道。网点设有自助设备6台，包括存取款一体机3台，ATM机1台，多媒体查询机2台。

地址：石景山区京燕饭店西配楼一层

电话：68876307

邮编：100043

（王梦扬）

【金融宣传】 交行石景山支行多次深入社区企业进行反假宣传，普及居民金融知识、增加识别假币能力；组织员工前往某农民工子弟小学捐款捐物，为孩子和老师们开展金融知识宣传活动，以实际行动践行社会责任。

（王梦扬）

【网上服务】 交行石景山支行拓宽服务渠道，满足客户需求。新增对公企业网银新增跨行代发业务及对私网银新增信用卡在线申请业务，实现企业网银用户向非交行个人账户批量划转资金及客户足不出户即在交行信用卡网站申请信用卡主卡、附属卡等业务。

（王梦扬）

北京农村商业银行股份有限公司石景山支行

【概况】 北京农村商业银行股份有限公司石景山支行（简称农商行石景山支行），隶属于北京农村商业银行总行。下设6个部门，1个营业部，3家非管辖行，11家分理处。截至年末，在职员工152人。对公存款余额34.64亿元，储蓄存款余额28.67亿元，对公理财产品销售额1.1亿元，公司授信业务实现历史性突破，全年投放贷款48.6亿元，年末正常类贷款余额比上年增加12亿元。

地址：石景山区杨庄东路78号

电话：68841937

邮编：100043

（蒋　雁）

【经营发展】 农商行石景山支行积极融入区域主流经济，加强银政合作。年内，加强与区政府及各职能部门的沟通合作，支持区域重点项目建设，通过向区土储分中心发放贷款，拉动下游相关企业账户资金19亿元存款，加强定向安置房资金账户监管；与区建委签订《公租房财政补贴代发合同》，进一步加强政府部门与房地产开发商合作关系。

（蒋　雁）

【理财业务】 农商行石景山支行个人理财产品销售额6.33亿元，对公理财产品销售额1.1亿元，获得总行“特定客户资产管理计划”优胜奖。

（蒋　雁）

【网点转型】 农商行石景山支行全面推进零售网点“服务营销型”转型，在岗位职责、服务流程、绩效考核、基础服务、内部布局、业务流程等方面进行优化和改革。加强员工管理，提高全员素质，以人的转变推进网点转型，力争打造一流零售银行。

（蒋　雁）

【公司授信】 全年投放贷款48.6亿元，综合授信额度大幅提高，实现对中国五矿集团公司24亿元资金支持，支行的贷款结构及授信客户质量明显提升。

（蒋　雁）

北京银行股份有限公司石景山支行

【概况】 北京银行股份有限公司石景山支行（简称北京银行石景山支行），隶属于北京银行股份有限公司。下设公司业务部、零售业务部、办公室、石景山营业室、京源路营业室5个部室。在职员工62人，其中，本科及以上学历人员39人，占员工总数的63%，大专以上学历人员56人，占员工总数的90%，党员10人。年内，率先办理同业代付业务，为中间业务手续费收入提供了新增长点。各项存款余额45.64亿元；各项贷款余额18.79亿元；中间业务净收入442万元；实现国际业务结算量0.394亿美元；新增信用卡2539张；新增自助设备2台，其中，ATM机1台，CDM机1台。年内，获区“纳税百强单位”、“重点企业”等称号。

地址：石景山区石景山路42号

电话：68878220

邮编：100043

（朱汉京）

【直贴业务】 北京银行石景山支行大力开展票据贴现业务，贴现累计发生额1.8亿元，弥补政府平台贷款下降导致利润下降的缺口。

（朱汉京）

【表外融资】 北京银行石景山支行整理土地储备，解决客户融资困难。实现北京银行全行第一笔银证信表外融资业务，金额达到4.3亿元，开辟吸收存款新途径。

（朱汉京）

【同业授信】 北京银行石景山支行通过营销中铁建财务公司，实现同业授信3.9亿，同业存款余额5亿，累计发生同业存款16亿。

（朱汉京）

【发放助学贷款】 北京银行石景山支

行凭借优质服务和严密的风险控制方案，承办北京市市属高校国家助学贷款业务，为北方工业大学、首钢工学院、北京工业职业技术学院三所高校发放助学贷款360笔，助学贷款余额达到975万元。

（朱汉京）

中国光大银行股份有限公司北京石景山支行

【概况】 中国光大银行股份有限公司北京石景山支行（简称光大银行石景山支行），隶属于中国光大银行北京分行，是其在本区唯一分支机构。设有办公室、营业室、公司业务部、零售业务部及24小时自助银行，有员工30人。其中，本科及以上学历人员28人，占员工总数的93%；研究生及以上学历人员5人，占员工总数的16%。年内，参与新经济、新产业发展，支持地方建设，为辖区内企业和群众提供优质金融服务。形成各主要业务条线均衡发展、零售业务人员贡献度不断提升、风险管理逐步完善、创新能力日益增强的经营格局。在重点发展中小微业务的同时，致力于发展成为石景山区域服务性银行。年末，支行全口径存款余额18.3亿元。其中对公存款余额为11.1亿元，同比增加31%；对私存款余额7.2亿元。零售九项资产余额10.57亿元。获石景山区重点企业、巾帼服务品牌等奖项。

地址：石景山区泽洋大厦北座首层101室
电话：52638610
邮编：100043

（张　丽）

【服务中小企业】 光大银行石景山支行推出中小企业“融易贷”、小微金融“快贷”等系列产品，打造全方位、立体化的中小微金融产品体系。拓宽支票易、乐惠金卡及白金卡等小额授信渠道，解决中小微企业用款难题。加强与区政府及各有关部门联系，搭建区域性金融服务平台。

（张　丽）

【服务百姓】 光大银行石景山支行根据客户理财需求和变化，提供股票、基金、债券、银行理财、个人黄金、外汇交易、出国金融等金融产品，满足客户个性化需求，开展一对一理财经理服务，提供最优化的资产配置方案。深入社区街道，举办、协办各项社区活动，拉近银行与社区居民的距离，普及银行金融产品知识，使“要理财，找光大”的理念深入百姓心中。

（张　丽）

【品牌宣传】 光大银行石景山支行秉承“阳光在心，服务在行”服务理念，打造“百姓心中最满意银行”服务品牌，定期宣传“打击非法集资”、“网银风险防范”等金融常识；每月举办理财知识讲座，普及股票、基金、保险、债券等金融知识，全面打造支行“专心、专业、专致”服务形象。

（张　丽）

华夏银行股份有限公司北京石景山支行

【概况】 华夏银行股份有限公司北京石景山支行（简称华夏银行石景山支行），隶属于华夏银行股份有限公司北京分行。下设公司业务部、个人业务部及营业会计部，在职员工40人，其中研究生以上学历4人，占员工总数的10%；本科学历32人，占员工总数的80%。党员12人。年内，推进经营策略转型，确立以效益为目标的经营策略。资产业务坚持“以存定贷、有收有放、结构调整、稳步增长”的发展策略，营销区域向符合分行授信条件的企业倾斜，在防范政策性、经营性风险的前提下，以信贷业务综合收益的高低作为介入标准和产品定价原则，提高信贷资产盈利能力。截至年底，本行本外币全口径余额43.78亿元，同比增加8.79亿元；各项贷款总额49.82亿元，同比增加6.42亿元；中间业务净收入3164万元；利润收入1亿元；信用卡11207张；个人网银10624户；TPOS161台，POS166台。年度获区“优秀纳税单位”、“重点金融企业”、“巾帼服务品牌”以及总行颁发的“龙盈理财”卓越营销支行等称号。

地址：石景山区石景山路66号
电话：68830863
邮编：100043

（高　飞）

【个人理财】 华夏银行石景山支行实行“以服务促发展”的战略，通过不断提高服务水平来促进业务发展，以总行发行的多期次、多产品理财产品为契机，对多项理财产品进行多方位、多角度、立体式交叉营销。累计销售人民币稳盈、增盈、创盈和天天理财等个人理财产品31.19亿元。

（高　飞）

【ETC速通卡业务】 华夏银行石景山支行借力速通信用卡的优惠政策，围绕

积极服务百姓，塑造文明窗口　（华夏银行供稿）

"惠享华夏 礼聚速通"客户增值营销活动,到首钢各厂区、政府机关、周边中高档社区、汽车园区等地进行沟通、洽谈,通过设点营销、悬挂横幅、发放宣传折页等方式全力营销华夏速通卡。截至年底,发行速通卡8039张。

(高 飞)

【TPOS业务】 华夏银行石景山支行全面推进华夏银行TPOS业务,针对京西电子市场、天圣发批发市场、锦绣大地批发市场、玉泉花鸟市场等市场,分析市场特点,推荐TPOS、POS营销方案,在多家市场开设TPOS业务。年内,共安装TPOS机具161台,POS机具166台。

(高 飞)

【信贷业务】 华夏银行石景山支行强化资本意识,调整信贷结构。对资产业务进行梳理和分类,做到"有进有退,有保有压";对风险小、综合回报高的重点优质客户给予扶持,扩大业务;对风险程度可以接受、但综合回报较低的业务增加派生业务,提高风险资产收益率;退出风险程度高的业务。截至年底,贷款总额49.82亿元,其中企业贷款48.63亿元,个人贷款1.18亿元。

(高 飞)

【加强政银合作】 华夏银行石景山支行与区政府多部门沟通,共同搭建中小企业融资平台,制定营销制度,提供优质服务。借助政府、担保公司、小贷公司等力量和资源,打开存款营销瓶颈,盘活营销局面。

(高 飞)

兴业银行股份有限公司北京石景山支行

【概况】 兴业银行股份有限公司北京石景山支行(简称兴业银行石景山支行)成立于2010年10月25日,隶属于兴业银行股份有限公司北京分行。年内,有在职员工27人(党员5名),其中研究生以上学历2人,占员工总数的8%;本科以上学历25人,占员工总数的92%;平均年龄30岁。支行设有综合部、营业部、企业金融部、零售业务部及24小时自助银行。支行坚持以科学发展观为指导,深入贯彻落实国家宏观经济政策和金融监管要求,坚持在合法合规的原则下稳健经营。年内,累计发放贷款4.6亿元,不良贷款率为零。存款年末时点余额26.65亿元。新增个人VIP客户1000户,累计销售理财3.8亿,新增POS商户80户,新增个人三方存管核心客户180户。

地址:石景山区玉泉西里二区1号楼

电话:68638655

邮编:100040

(乔 扬)

【深化银政合作】 兴业银行石景山支行为企业提供综合授信18亿元;与区政府达成框架合作意向,特别设计政府融资平台类及房地产类的结构化融资产品,为推进政府融资平台规范发展,加大对土地一级开发融资支持力度。

(乔 扬)

【服务中小企业】 兴业银行石景山支行解决中小企业融资难问题,结合区重点培育的文化创意、高新技术等产业,创设文化贷、科信贷、应收账款质押、节能减排、政府采购等信贷产品,为相关产业中小企业融资提供产品。

(乔 扬)

【特色个人业务】 兴业银行石景山支行推出一手二手住房按揭业务、个人商用房贷款业务、个人住房装修贷款、个人大额耐用消费品贷款、个人经营性贷款业务及个人商用房贷款等业务;提供贴心便民服务,包括定期开展反假币的社区宣传、理财讲座等。

(乔 扬)

【注册验资服务】 常年驻扎工商局业务办理一线,为在石景山区办理工商注册的公司提供验资服务,与工商局的其他环节配合,保证工商注册过程便捷顺畅。

(乔 扬)

邮储银行西区支行举办"邮储银行杯"中小企业创富大赛 (邮储银行供稿)

中国邮政储蓄银行北京西区支行

【概况】 中国邮政储蓄银行北京西区支行(简称邮储银行西区支行),隶属于中国邮政储蓄银行北京分行。下设办公室、财务会计部、公司业务部、信贷业务部、个人金融业务部、风险稽查部、渠道与科技部七大部室。秉持"进步与您同步"的企业经营理念,完善服务功能,加快各项业务发展。产品种类从传统的储蓄、汇款业务发展到零售负债业务、信贷业务、理财业务、国际业务、公司业务、批发类资产业务六大金融业务板块、数十项核心产品。年内,资产规模达到197亿元;拥有客户总量149万户;服务网点75家,自助机具达165台。依托邮储银行网络优势,西区支行不断融入地方、融入百姓生活,被社会誉为百姓银行、绿色银行,先后得到区委区政府的高度评价

和各界客户的广泛认可，获北京分行年度优秀管理经营单位称号。

地址：西城区阜成门北大街17号

电话：68332868

邮编：100035

（尹乃欣）

【中小企业创富大赛】 3月29日，邮储银行西区支行与工商分局、区私个协联合举办的“邮储银行杯”中小企业创富大赛正式启动。市工商行政管理局、邮政储蓄银行北京分行有关领导，区金融办、商务委、科委、经信委、工商联、团委等部门负责人及260家中小企业代表出席启动仪式。常务副区长文献在讲话中指出，要以创富大赛为载体，达到“营造氛围、搭建平台、开辟通道、鼓励创新”的目的，形成政府、银行、协会合力支持中小企业发展的局面。活动期间，大赛组委会派出30余名工作人员，对全区540余家企业进行实地走访和分析，共设立固定报名点13个，接受咨询千余人次。6月21日，在海航大酒店进行决赛。本次大赛设一、二、三等奖和专项奖共39名，参赛选手可享受邮储银行提供的信贷、现金管理、票据贴现、增值理财等全方位的金融服务，并可在最快时间内获得融资支持。经过激烈角逐，北京藏经阁收藏品文化中心等9家企业在层层选拔中脱颖而出，获得500万元到1000万元不等的融资机会。

（尹乃欣）

【关注中小企业成长】 全区在册企业共计18000余家，总体处于实体经济规模扩大、资金缺口较大，融资需求相对集中的快速发展阶段。作为定位于“面向三农、面向社区、面向中小企业”的零售商业银行，邮储银行西区支行不嫌利小，不怕繁琐，始终秉持“进步与您同步”的经营理念，认真履行社会责任，持续关注中小企业成长。分别与区私个协签署个体私营企业金融服务合作协议，到年底提供20亿元资金支持个体私营企业发展；与团区委签署“贷”动青春金融服务合作协议，全力支持青年创业，为“创业园”青年创业者解决融资难题。

（尹乃欣）

【银企合作】 邮储银行西区支行注重发挥网络优势，不断拓宽对公服务领域。与企事业单位建立合作关系，服务涉及电力、通信、化工、科技、IT、金融、零售等多个行业领域。形成对公存款、贷款融资、支付结算、中间业务、票据业务、现金管理、国际业务、企业网银八大产品体系，为企业提供便捷的金融服务。

（尹乃欣）

【代发养老金】 邮储银行西区支行每月发放养老金数额2亿元，涉及435家企事业单位近6万人，为全体养老金客户免费开办短信通知业务，配套创新电视银行业务。与社保部门联合开展“银政联手，金融便民，创先争优”养老金客户服务专项活动，发挥网点优势，搭建养老金客户服务网络。

（尹乃欣）

【服务民生】 邮储银行西区支行着力打造“水、电、气、热、话、网”六位一体，“营业柜面、ATM、网上银行、电视银行”齐头并进的综合业务体系，与众多行业客户建立广泛合作，合作内容涵盖电话费缴费、代理一卡通售卡、充值等业务、代收水费、供暖费、代收歌华有线电视费、代收报刊款、电费等业务；开展POS收单业务；代销基金、理财、保险等。

（尹乃欣）

信达证券股份有限公司北京古城路证券营业部

【概况】 信达证券股份有限公司北京古城路证券营业部（简称信达证券营业部）前身为中国金谷信托股份有限公司北京古城路证券营业部，成立于1994年12月，是包括石景山、门头沟在内的北京西部第一家证券营业部。现有正式员工62人，经纪人1人，其中30岁以下员工37人，占员工总数的60%；40岁以上员工25人，占员工总数的40%；本科及以上学历39人，占员工总数的62%；大专学历23人，占员工总数的37%。年内，营业部秉承“崇德精业，诚信为本，规范经营，创新发展”的经营思想，以“客户至上”为经营原则，通过服务创新、产品创新、技术创新，为客户提供专业、优质高效的服务，坚持与客户共同成长，为社会创造更多的经济和社会价值。拥有机构及个人客户4700户，托管资产近40亿元，证券交易额达217亿元。年度被公司团委授予“青年文明号”、“金融产品销售半年销售冠军奖”，公司“精彩晨夕会”比赛第一名、“信达之星”交易业务技能竞赛获第一名、“创新大赛”获“最具价值奖”；被中国青少年发展服务中心授予“少数民族大学生实习见习基地”。

地址：石景山区八角西街68号

电话：68843741

邮编：100043

（安一卓）

【服务区域】 信达证券营业部为辖区多家企业提供金融服务，周末在营业部大厅举办免费“财富讲座”，传授理财知识、倡导理性投资。

（安一卓）

【投资理财】 信达证券营业部推出“现金宝集合资产管理计划”、开展“一对一资产管理”业务、推广汇聚优选基金的“信达基金港”、高端资讯平台“信达牵牛花网上营业厅”；为投资者提供方便快捷的网上交易、开设手机炒股，满足不同投资者的交易需求。

（安一卓）

【融资服务】 信达证券营业部帮助客户解决资金周转及卖空获利需求，为150余位投资者提供融资融券服务；稳步推进约定购回式证券交易业务，通过质押持有的股份获得可自由支配的流动资金；通过为中小企业投资者提供发行中小企业私募债服务、协助企业完成IPO达到企业融资目的。

（安一卓）

国泰君安证券股份有限公司北京鲁谷路营业部

【概况】 国泰君安证券鲁谷路营业部（简称国泰君安营业部）于2010年2月9日正式开业，是国泰君安证券在京设立的第七家营业部，也是区内首家国内双A级券商营业部，依托总部从事证券经纪业务、多项创新业务，服务范围覆盖整个京西地区。遵照总部“多元化创收全面业务”服务宗旨,二季度成立财富管理部。财富管理部下设投资顾问岗和客户经理岗。客户服务部下设综合管理岗、客户服务岗、账户业务员岗、柜面运行岗、系统运行岗。年内,有在岗员工24名,其中研究生学历3人,占12.5%;本科学历20人,占83.33%。针对不同客户推出钻石卡、金卡、银卡,证券交易额近60亿元。营业部总经理索喆获年度团市委、市人力资源和社会保障局联合颁发的北京青年岗位能手称号。同年获得国泰君安证券公司青年岗位能手称号及北京分公司优秀管理人称号。鲁谷路营业部获区统计工作先进单位。

地址:石景山区鲁谷路35号电子一所一层

电话:68658719

邮编:100040

(吴长峰)

【证券投资业务】 国泰君安营业部满足不同客户投资需求,形成一条股票、基金、债券、货币、量化、市值管理多个系列的完整产品线。设立多种金融产品体验区,为投资者展现专业金融服务能力。

(吴长峰)

【多元化创新业务】 国泰君安营业部创新业务范围,为客户提供资产配置、融资融券、中小企业私募债、约定购回、新三板、大小非减持、B股、港股见证等多项创新业务。

(吴长峰)

【投资沙龙】 国泰君安营业部举办营业部投资沙龙35场,搭建客户与营业部沟通平台,为客户理性投资提供技术服务。

(吴长峰)

广发证券股份有限公司北京鲁谷路证券营业部

【概况】 广发证券股份有限公司北京鲁谷路证券营业部(简称广发证券营业部)成立于2011年9月13日,内设市场营销部、客户服务部、综合部、电脑部,正式员工24人。年内,营业收入202.48万元,股票基金交易量55.29亿元。

地址:石景山区鲁谷路74号中国瑞达大厦F608室

电话:68609565

邮编:100040

(江笑怡)

【证券投资服务】 广发证券营业部优化经纪业务服务平台,为投资者提供高效便捷的证券交易服务。开设汇集股票、国债、企业债、开放式基金销售业务、代办股份转让业务、期货业务、融资融券等业务,投资者可体验9种交易方式、31种投资资讯产品、21种投资增值服务以及为投资者量身定制的专属投资理财服务。

(江笑怡)

【创新金融业务】 广发证券营业部发展新型金融产品,拓展个性化金融服务。开展国家级高新园区企业股份制改造、新三板挂牌、定向增资及交易、信息披露等业务。

(江笑怡)

【金管家服务】 广发证券营业部推出为客户量身定制的金管家服务。包括:金管家投资顾问服务、金管家e对壹短信、金管家e对壹彩信、金管家投资宝典、金管家专线95575、金管家手机证券、金管家财富频道GFTV、金管家VIP服务系统等。

(江笑怡)

中信建投证券北京时代花园南路证券营业部

【概况】 中信建投证券北京时代花园南路证券营业部(简称中信建投证券营业部)成立于2011年10月31日,在岗员工19人,全部为正式员工。研究生学历员工2名,占10.53%;本科学历17名,占89.47%。年内,秉承“诚信、专注、成长、共赢”目标,以“客户至上”的服务理念从事证券经纪业务,服务范围覆盖整个京西地区。

地址:石景山区时代花园南路17号1层102

电话:88980800

邮编:100043

(甄宏伟)

【财富管理中心】 中信建投证券营业部全力打造财富管理中心,逐步构建基金超市、信托计划、持有期业务等丰富的理财产品池,通过产品组合和资产配置,为不同风险承受能力客户提供合适的投资理财方案。为客户提供专业的“智多星”投资顾问服务。

(刘丽娟)

【公司金融业务】 中信建投证券营业部为上市公司、中小企业等机构提供债权融资、股权融资、财务顾问、新三板、股权质押、约定购回等融资类业务和资产管理、市值管理、现金管理等资金管理类业务。逐步构建完善的企业投融资业务流程和周到的服务体系,全面推动企业客户发展,为实体企业经营提供金融支持。

(刘丽娟)

【融资融券业务】 中信建投证券营业部稳步开展融资融券业务,有序开展投资者教育工作。为有融资和融券需求、符合条件的客户开立融资融券账户,并提供业务及交易支持。

(刘丽娟)

中国中投证券北京鲁谷路证券营业部

【概况】 中国中投证券北京鲁谷路营业部为中投证券2011年在本区设立的新型营业部。内设市场部、客服部、交易部、电脑部和财务部5个部门,有正式员工20名,全部为本科以上学历。营业部定位高端,始终以“创新、专业的服务,提升客户价值”为宗旨,为客户提供优质、专业的理财服务。

地址:石景山区鲁谷路35号冠辉大厦7层

电话:88684886

邮编:100040

(赵春峰)

【创建服务品牌】 “金中投·鲁谷丰登”是中投证券鲁谷路营业部全力打造的创新服务品牌,集合客户分析系统、个性化产品定制、信息推送等为一体。

(赵春峰)

平安证券有限责任公司北京石景山路证券营业部

【概况】 平安证券北京石景山营业部

成立于是年5月8日，有员工10人，全部为本科及以上学历，平均年龄32岁。平安证券凭借中国平安集团雄厚的资金、品牌和客户优势，秉承“稳中思变，务实创新”的经营理念，建立了完善的合规和风险控制体系，各项业务均保持强劲增长态势。在上年券商分类评级中，首次被评为A类AA级证券公司。

地址：石景山区石景山路40号信安大厦一层

电话：59731828

邮编：100043

（王飞宇）

【金融创新服务】 平安证券北京石景山营业部致力于为企业客户和高净值客户提供专业化服务，以客户多维度、个性化需求为导向，从融资类、投资类和服务类三方面提供金融创新服务产品和解决方案。其中，融资类产品包括：股权质押、大小非减持及承接、IPO融资、约定购回式业务、融资融券及新三板等；投资类的产品包括：固定收益类、报价回购、IB业务和券商集合理财等；服务类的产品包括：安e理财、明星财富顾问服务等。

（王飞宇）

天安人寿保险股份有限公司

【概况】 天安人寿保险股份有限公司（简称天安人寿保险）成立于2000年11月，其前身为由美国恒康人寿保险公司和中国天安保险股份有限公司合资组建的恒康天安人寿保险有限公司。2009年12月，经中国保监会批准，改制为股份有限公司，名称变更为天安人寿保险股份有限公司。是年2月，经审核，总部注册地由“上海市浦东新区浦东南路528号南楼2203室”迁至“北京市石景山区实兴大街30号院8号楼”。公司设战略管理部、银代业务管理部、个人业务管理部、创新业务部、法人业务管理部、精算部、产品开发部、财务管理部、人力资源部、投资部、资金结算中心、机构管理部、办公室、法律合规部、审计部、运营管理部、客户服务部、信息技术部、董事会办公室19个部门。在编员工268人，其中博士学位、博士后经历人员占总人数的2%；研究生以上学历占36%；本科以上学历占76%。截至年底，公司在上海、河南、山东、河北四省以及青岛市开设分公司，主要销售包括分红、万能、普通寿险、意外险等53款产品，全年实现总规模保费收入14.5亿元，同比增长97.3%；偿付能力充足率168%。开发32款新产品，推出“T－PAD”移动保险服务平台及“天保盈”智能化保险服务平台，组织“天安人寿杯”全国少儿音乐大赛、“T－PAD”移动保险服务平台联合发布会、“品质天安，专注为你”——客户服务月等品牌活动，为北京国际越野挑战赛、“白金十分钟——全国自救互救日”等活动提供支持。获年度“卓越竞争力创新服务保险公司”、年度“全国优质服务公众满意单位”等多个奖项。

地址：复兴门外大街6号光大大厦

电话：88657666

邮编：100045

（刘梦慧）

【协办少儿音乐大赛】 6月15日，首届“天安人寿杯”少儿音乐大赛活动启动。活动历时三个多月，在北京、上海、河南、河北、山东五个赛区进行初赛、复赛、地区决赛。全国有近3000名7～14岁选手参与。其中，20名选手进军北京全国总决赛。本次大赛亮点之一是公益性强，比赛全部环节均为免费。虽然首届比赛只在5个赛区展开，但选手来自全国近30个省份。

（刘梦慧）

【主营业务】 天安人寿保险围绕“一体化营销”模式，强力推进各项经营计划，保费规模实现新突破，业务指标呈现新水平。截至年底，实现年度总规模保费收入28.42亿元，同比增长265.2%。其中，银代业务规模保费22.6亿元，年度达成率113%；个人业务实现期交保费1.06亿元；法人新契约规模保费收入7258万元；经代业务新契约规模保费39.9万元；续期业务规模保费收入3987万元。

（刘梦慧）

【产品创新】 天安人寿保险年内开发32款新产品，5款产品获第七届中国保险创新5项大奖。其中红天利C款、天保利1号累计实现24.2亿元保费收入。天保盈创新产品平台的创新理念与服务优势获得客户与队伍的广泛好评。

（刘梦慧）

【移动保险服务平台】 5月22日，天安人寿领跑保险2.0时代——“T－PAD”移动保险服务平台联合发布会在京召开。“T－PAD”平台是天安人寿联合联想集团、快钱支付清算信息有限公司、北京天融信网络安全技术有限公司、中金数据系统有限公司四家公司创新性地运用3G技术和移动终端技

5月1日，首届“天安人寿杯”少儿音乐大赛启动　（天安人寿供稿）

术共同打造基于保险服务全流程的无限技术平台，使客户可以通过3G技术，完成所有的保险购买过程。同时具备产品介绍、邀约申请、保险合同及时完成、保险费转账结算、业务人员管理及所有交易的验证和查询等功能。

（刘梦慧）

泰康人寿保险股份有限公司北京分公司石景山支公司

【概况】 泰康人寿保险股份有限公司北京分公司石景山支公司（简称泰康人寿支公司），隶属于泰康人寿保险股份有限公司北京分公司，内设营销部、培训部、保费部、运营室，两个外勤营业部。在职外勤员工105人、内勤员工7人。年内，个险新契约标准保费达成982万，全面完成分公司任务，实现正增长。

地址：石景山区石景山路22号万商大厦2015－2016室
电话：68650067
邮编：100043

（孟　祥）

【缩短小额理赔时限】 泰康人寿支公司对于索赔资料齐全、责任明确、赔付金额在3000元以内的标准件，受理1个工作日内完成审批。在寿险行业创新使用3G电子化理赔服务，以移动终端为载体，通过无线传输技术，实现理赔人员移动办公、现场受理、资料拍照实时上传、简化理赔流程、提升理赔时效。对于赔付金额小于3000元的标准案件，平均15分钟结案。

（孟　祥）

中华联合财产保险股份有限公司北京市石景山支公司

【概况】 中华联合财产保险股份有限公司北京市石景山支公司（简称中华财保支公司）隶属于中华联合财产保险股份有限公司北京分公司，成立于2004年4月。公司设立经理室、业务部、综合部、理赔中心四个部门，主要经营各种企业财产保险、车辆保险、货物运输、责任保险、农业保险、健康保险、医疗保险、各种短期人身保险等保险和上述业务的再保险业务及中国保监会批准的其他业务。

地址：石景山区古城北路5号
电话：13641032805
邮编：100043

（孙淑平）

【经营成果】 中华财保支公司业务规模较上年增长25%，服务网点遍布辖区整个区域，与4S店在内的多家汽车销售维修服务企业合作，提供优质便捷的财产保险服务体系。

（孙淑平）

【普及保险知识】 中华财保支公司在八角社区组织“普及保险知识，服务区域居民”为主题的社会服务活动。利用展板普及宣传保险知识，现场问卷调查了解居民对保险知识空缺点，发放宣传品增进对保险公司了解等。

（孙淑平）

光大永明资产管理股份有限公司

【概况】 光大永明资产管理股份有限公司（简称光大永明）是由中国光大（集团）总公司和光大永明人寿保险有限公司共同发起设立的保险资产管理公司。是中国保监会核准的第十二家保险资产管理公司。于上年9月获批筹建，是年3月2日成立。下设职能部门17个，在职员工130人，其中硕士以上学历90人，占员工总数的69.2%；36名员工具有海外留学或工作经历，占员工总数的27.7%；党员52人。6名员工获注册金融分析师（CFA）资格。年内，公司资格获取、业务拓展等取得突破性进展，获得3项保险机构投资管理能力备案，实现盈利。成为中国银行间市场交易商协会、中国保险行业协会会员。

地址：石景山区实兴大街30号院8号楼3层307号房间
电话：57570088
邮编：100033

（曹姗姗）

【投资管理能力备案】 光大永明获得由中国保监会授予的股票投资能力、基础设施债权投资计划创新能力和不动产投资能力备案。

（曹姗姗）

【首单产品成功发行】 6月18日，光大永明推出首单基础设施债权投资计划产品（营口港债权投资计划），于11月16日获批发行，高效程度业内鲜有。

（曹姗姗）

北京石金小额贷款股份有限公司

【概况】 北京石金小额贷款股份有限公司（简称石金公司）成立于2009年9月27日，是石景山区首家经北京市金融工作局批准设立的专业贷款机构。公司是由北京市农业投资有限公司与石景山区国有资产经营公司、北京宏润投资经营公司、北京长安投资集团有限公司、北京理想产业发展有限公司5家企业共同发起成立，注册资金1亿元人民币。公司下设信贷部和办公室两个部门，共有员工11人。其中本科及以上学历人员8人，占员工总数的73%。大专学历2人，占员工总数的27%。成立至是年底，公司累计发放贷款107841万元。贷款余额为16696万元，公司业务稳步增长。获年度区重点企业称号。

地址：石景山区石景山路20号中铁建设大厦2005－2010
电话：52656105 52656198
邮编：100131

（明翠萍）

【服务中小企业】 石金公司利用自身资金及融资资金，面向区内小微企业、科技型中小企业，提供信贷服务和融资新渠道。建立科学风险控制体系，防范和降低贷款风险，确保在稳健经营的基础上发展金融服务创新。探索开展专项委托贷款业务，最大限度地满足中小微企业资金需求，解决企业发展资金不足、融资困难等问题。全年累计发放贷款总额31397万元，实现利润1548万元。

（明翠萍）

北京金陵小额贷款有限公司

【概况】 北京金陵小额贷款有限公司（简称金陵公司）成立于1月9日，在职员工9人，其中本科以上学历7人，从事金融工作20年经历3人。截至

年末,公司贷款余额10470万元,累计放款21808万元,累计收回11338万元。实现净利润734万元,上缴税金325万元 。

地址:石景山区石景山路2号台湾街C2-5-D

电话:68647601-809

邮编:100040

(张燕虎)

【业务发展】 金陵公司全年300万元以下贷款余额10470万元,扶持区内小微企业99家。公司贷款业务支持区内小微企业发展,服务区域经济,成为区内小微企业发展的推力之一。

(张燕虎)

【业务推广】 金陵公司开发信用类贷款产品服务小微企业,不需抵质押和担保,采用对企业主及企业的还款能力、经营状况和还款信誉等方面进行综合评价,据此为小微企业提供相应额度贷款,业务办理更加简便快捷,满足小微企业"短、急、快"融资需求。

(张燕虎)

北京铭鑫小额贷款有限公司

【概况】 北京铭鑫小额贷款有限公司(简称铭鑫公司)是经北京市金融工作局批准,在石景山区发起设立的股份制企业,公司主要发起人为北京市景山房地产有限公司、北京澳达天翼投资有限公司等,注册资金为1亿元人民币。公司3月31日注册成立,6月18日开业。公司实行集团统一管理方式,采取集团审批集中制,公司下设综合管理部、信贷部两大部门。公司秉承为守信客户提供便捷贷款服务经营理念,以专业的团队、高效的管理、快捷的流程为客户提供融资增值服务,以降低客户融资成本、提升客户市场竞争力。年内,发放贷款16 470万元,贷款余额9970万元。

地址:石景山区西井路17号2号楼四层

电话:88794608

邮编:100041

(唐丽君)

【服务对象】 铭鑫公司集金融产品开发、市场推广、信贷审批和贷后管理等专业化智能于一体,主要为区内急需资金支持的个人、个体工商户、中小、小微企业及其他组织机构提供小额贷款服务。

(唐丽君)

【主要产品】 流动资金贷款、综合授信额度贷款,担保方式可接受房产抵押、存货质押、商圈联保、第三方保证以及小额信用等。

(唐丽君)

北京市盛丰小额贷款有限责任公司

【概况】 北京市盛丰小额贷款有限责任公司(简称盛丰公司)成立于5月10日,注册资本为10亿元,是北京市资金量最大的小额贷款公司。最大单笔贷款金额为3000万元。经营区域覆盖中关村国家自主创新示范区及京西地区。年末,共为73家客户累计发放贷款128382万元,贷款余额66850万元,实现利息收入5518万元,上交税金1690万元。

地址:石景山区时代花园东街8号院2号楼

电话:88937113

邮编:100046

(张立民)

【服务对象】 盛丰公司业务对象主要为三农、中小、微小企业、个体工商户及自然人提供融资渠道,重点扶持有前景的优质创新型科技企业、文化创意企业和涉农类企业。年内,向企业客户累计发放贷款106900万元,其中:农林牧第一产业9500万元,生产制造第二产业4300万,服务业等第三产业93100万元。

(张立民)

【金融服务】 盛丰公司突破传统商业银行信贷理念基础,为抵、质押物不足、担保缺失的企业提供全新融资服务方式。产品可单独或组合运用,亦可在一定期限和授信额度内循环周转使用,随借随还,节省利息。

(孙宏宇)

【拓展金融服务】 盛丰公司与各大商业银行、信托、国内外知名风险投资机构(VC)和私募股权投资机构(PE)等专业金融服务机构建立合作伙伴关系,构建多层次、多样化贷前、贷中和贷后服务平台,为客户提供融资增值服务,帮助客户降低融资成本,提升客户市场竞争力。

(马和利)

北京 2013 石景山年鉴

SHIJINGSHANNIANJIAN

中央市属驻区企业

驻区中央、市属规模以上工业企业共有18家，完成现价工业总产值244.1亿元，销售产值242.5亿元，实现主营业务收入595.5亿元，利润总额85.0亿元。受国际国内经济形势及首钢涉钢产业搬迁调整影响，全区工业生产大幅下滑。68家规模以上工业企业（主营业务在2000万元及以上企业）累计完成工业总产值312.7亿元，同比下降17.5%。累计实现主营业务收入667.7亿元，同比下降13.6%，实现利润82.7亿元，同比增长1.8倍，应交税金21.4亿元，同比下降0.5%。工业节能降耗明显，综合能源消费量273.2万吨标准煤，同比下降4.6%，工业能耗呈现稳步下降态势；全年耗水量5208.5万立方米，同比下降7.1%；煤炭消费总量619.5万吨，同比下降2.1%。

（赵　鹏）

首钢集团

概　　述

首钢集团是以钢铁业为主，兼营矿业、电子、机械、建筑、服务业和海外贸易的大型企业集团。首钢总公司为母公司，下属北京首钢新钢有限责任公司、北京首钢股份有限公司、首钢迁安钢铁有限责任公司、秦皇岛首秦金属材料有限公司、北京首钢特殊钢有限公司、首钢矿业公司、中国首钢国际贸易工程公司、北京首钢房地产开发有限公司、北京首钢机电有限公司、北京首钢自动化信息技术有限公司、北京首钢实业有限公司、北京首钢国际工程技术公司、北京首钢建设集团有限公司13家子公司及其他独立经营单位。国内有山西长治钢铁公司、贵州水城钢铁公司、贵阳特殊钢公司、新疆伊犁钢铁公司、吉林通化钢铁集团、贵州首黔资源开发有限公司和首钢凯西钢铁有限公司7家钢铁企业；香港有首长国际企业有限公司、首长四方集团有限公司、首长科技集团有限公司、首长宝佳集团有限公司4家上市公司；南美洲有首钢秘鲁铁矿股份有限公司。年内，首钢集团销售收入2255亿元，实现利润盈亏持平。资产保值增值率99.8%，流动资产周转率1.9次/年。生铁产量3228万吨，粗钢产量3139万吨，钢材产量3026万吨。销售钢材3158万吨。出口钢材127.11万吨，同比减少26.3万吨。钢铁企业降成本54.1亿元。实施降低成本、产品开发、市场开发目标倒推机制，加强精细化管理。挖掘内部潜力，降低库存，减少资金占用。完善钢铁业上下游产业链，加强供应销售管理，降低采购价格，提高销售价格。依靠科技进步，促进产业和产品结构优化升级。首钢总公司被评为国家技术创新示范企业。《新首钢高端产业综合服务区控制性详细规划》获市政府批准。二通园区动漫游戏城土地一级开发项目获得批复，完成2兆瓦光伏发电项目设备安装，完成拆迁安置补偿方案编制、市政管线施工图设计，对园区环境、景观进行改造，开展工业文物搜集工作。股份公司资产置换取得重大进展，置换方案获股东大会通过，已上报证监会。非钢新产业保持较好盈利水平。首钢集团非钢单位实现利润51.7亿元，销售收入1090亿元。精矿粉产量482万吨。承揽制造合同7.1亿元。京西重工完成“北京技术开发中心”的工商注册及认定。“鲁家山城市固废循环利用基地实施方案”通过国家发改委组织的专家评审。北冶公司和吉泰安公司整合进入实施阶段。增加进口矿现货采购，钢材出口创汇8.2亿美元。参加市海水淡化产业联盟。与新西兰朗泽公司合资的工业煤气制乙醇项目启动。首钢集团在岗职工人均年收入5.79万元，同比增长4.1%。

地址：石景山区石景山路厂东门
电话：88293520 68873606
邮编：100041
网址：www.shougang.com.cn

（李淑萍）

【合作与发展】 2月10日，首钢总公司与中国钢研科技集团、北京科技大学、东北大学分别签署战略合作框架协议。3月，与徐工集团签署战略合作协议、与志高空调签订购销协议。6月，与中联工程起重机分公司签署供货技术协议。7月，与福田汽车签订高强供货技术协议。9月，与中联重科签署战略合作协议，并与鞍钢重型、大连华信重工、武汉锅炉、上海宝冶达成合作。12月11日，首钢总公司与京城机电控股公司签订战略合作协议。

（李淑萍）

【世界网络炼钢大赛夺魁】 2月14日，首钢迁钢公司路飞、于晨以管线钢精炼吨钢成本12.7美元的成绩，荣获第六届世界网络虚拟炼钢企业组挑战赛冠军。世界网络虚拟炼钢挑战赛是由国际钢铁协会举办的钢铁冶金行业唯一的国际技能大赛，总决赛于2月8日在比利时首都布鲁塞尔举行，来自中国、美国、英国、印度等6个国家5大钢铁企业和4所高校的18名挑战赛预赛地区冠军进行比赛。选手利用钢铁大学网络比赛平台，在两个小时内，以炉外精炼工序冶炼管线钢，在规定范围内的杂质和夹杂物以及质量和冶金原理符合条件的前提下，成本消耗最低的选手获得冠军。

（李淑萍）

【男女篮双夺冠】 2011－2012赛季，首钢男女篮球队在CBA、WCBA中国篮球职业联赛中，双双获得联赛冠军。2月24日，副市长刘敬民、市体育局局长李颖川等在首钢篮球中心接见获年度总决赛冠军的北京首钢女篮全体队员、教练员，并表示祝贺。3月30日，市长郭金龙在五棵松体育馆为首钢男子篮球队颁发联赛冠军至尊鼎。4月1日，首钢总公司在首钢篮球中心为凯旋的首钢男女篮球队举行祝捷会，总公司领导朱继民、姜兴宏、许建国、郑章石、孙伟伟、孙永刚、陈世杰等参加，授予首钢男女篮球员、教练每人一枚“功勋金质奖牌”。金牌为24K纯金制作，每枚重20克。同月6日，中央政治局委员、市委书记刘淇与郭金龙等市领导，在北京国际饭店接见北京首钢篮球俱乐部男女篮球队并座谈。

（李淑萍）

【高磁感取向硅钢下线】 3月7日，首钢第一卷高磁感取向硅钢正品卷在迁钢取向硅钢热拉伸平整机组成功下线，产品试制质量检验接近先进企业实物水平。取向硅钢牌号 30SQG110，属于 0.30 毫米厚度系列高磁感取向硅钢的中高档次，主要用于 220 千瓦变压器。

（李淑萍）

【重点项目建设】 3 月 15 日，北京首钢冷轧薄板有限公司的二期罩式退火生产线项目主体工程建设完工。项目占地 51 亩，于 2010 年 9 月 29 日开工。工程包括在 850 米主厂房内的一条电解脱脂机组、39 座罩式退火炉（其中引进 24 座，国产 15 座）、一条四辊平整机组、一条重卷分卷机组、一条重卷检查机组、一条重卷拉矫机组、一条半自动包装机组，总投资 6 亿元。4 月全部投产，全年试生产 10034 吨，钢种以 CQ、DQ 为主，试生产高强钢和铝镇静钢，覆盖主要产品规格。项目年生产能力 60 万吨，主要生产汽车板和家电板。该项目建成投产后与顺义冷轧现有产品形成互补，进一步满足不同档次汽车板、家电板市场的需求。

（李淑萍）

【获全国先进称号】 4 月 27 日，在全国总工会召开的庆祝“五一”国际劳动节大会上，卫建平和首钢矿业公司杏山铁矿开拓作业区分获全国“五一”劳动奖章和“全国工人先锋号”荣誉称号。卫建平是北京首钢机电有限公司机械厂数控中心主任和“卫建平工作室”负责人，他研制的半体零件中心快速定位装置、回转体零件任何位置一种加工螺纹的编程创新方法、薄壁轴承座孔加工定位装置等 3 项成果获实用新型专利。杏山铁矿开拓作业区在探索和优化爆破设计、提高掘进速度、减少断面眼数、提高工作效益的同时降本增效等方面，做出突出贡献。年内，首钢技术研究院高级技师刘宏获第十一届（2012）“全国技术能手”荣誉称号；首钢技师学院被授予“国家技能人才培育工作突出贡献单位”荣誉称号。

（李淑萍）

【水质改善工程】 5 月 22 日，北京市城区自备井供水水质改善一期工程开工仪式在首钢动力厂举行。10 月 26 日，改造后的自备井出水，经检测水质优良，各项指标均好于国家标准。首钢纳入改造的自备井共 15 眼，投资 6400 余万元，使首钢新产业园区和居民区近 20 万人的生活水质得到改善。

（李淑萍）

11 月 26 日，代市长王安顺一行到首钢调研　　（首钢公司供稿）

【首钢博物馆筹建】 6 月 6 日，总公司党委召开工作会议，下发进一步做好首钢工业遗产保护及文物征集工作的通知。首钢博物馆筹备工作取得阶段性成果：总公司成立“工业遗产保护领导小组和工作组”、“首钢重点文物鉴定小组”，首钢博物馆筹备办公室在《首钢日报》、首钢电视台刊发文物征集广告，对个人收藏的文物进行征集，并设计印制首钢重点文物保护标志，对有价值的文物进行抢救性贴牌保护。建立文物仓库。10 月 10 日，启动“首钢人口述历史”影像资料录制工作。截至年底，收集到相关文物、资料 1200 余件（套）。

（李淑萍）

【技术创新联盟成立】 6 月 14 日，中关村新能源海水淡化产业技术创新联盟成立暨示范项目启动仪式在曹妃甸举行。创新联盟由市发改委、经信委和中关村管委会组织，首钢集团等 13 家单位共同发起。首钢建设的工业煤气发酵制乙醇示范工程与新西兰朗泽科技公司合作，利用首钢京唐公司产生的二次能源废煤气发酵制造乙醇。

（李淑萍）

【市领导调研】 6 月 19 日，市委常委、常务副市长吉林出席在文馆召开的首钢总公司领导干部大会并讲话，对首钢领导班子的工作给予肯定，对首钢党建和人才工作提出要求。11 月 26 日，市委副书记、代市长王安顺到首钢总公司调研。王安顺一行察看老厂区周边环境，听取首钢对老厂区全貌和部分规划的介绍，肯定首钢为国家发展所做的重要贡献。他指出，首钢要保留工业遗迹。首钢老厂区是一块“宝地”，要研究如何形成投入资金最少、税收最高、产出多的业态；要求石景山区和首钢总公司要一并考虑，在现有规划基础上，加紧研究总体规划问题，协调好各方面工作，加快落实规划速度，加紧启动推进基础设施规划、交通、排水、污水及垃圾处理等方面工作。

（李淑萍）

【获国企海外投资 50 强】 在 6 月 23 日举行的第五届跨国公司领袖圆桌会议颁奖仪式上，首钢总公司获得“中国企业海外投资 50 强”，列 38 位。会议（原名中外跨国公司 CEO 圆桌会议）由中国国际跨国公司促进会与联合国开发计划署、联合国贸易和发展会议、联合国环境规划署、联合国工业发展组织、联合国全球契约组织共同主办。中共中央政治局常委，全国政协主席贾庆林发表致辞，50 余位中外 500 强跨国公司总裁、副总裁，全国人大、全

国政协、工业和信息化部、商务部、国家质量监督检验检疫总局、国务院参事室、中国银行业监督管理委员会、北京市政府等30余位部级领导，各国驻华使馆、商会相关负责人、中外500强企业代表出席会议，

（李淑萍）

【中标西气东输三线工程】 6月，在中石油西气东输三线工程招标中，首钢中标46.5万吨管线钢，中标总量占中石油管线用钢招标总量的36.4%。首钢研制出高强度级别X120管线钢，试制成功21.4毫米规格X80管线钢。管线钢产品供应国内宝鸡钢管、华油钢管、番禺钢管等客户及希腊、土耳其、沙特等国家。

（李淑萍）

【再次进入世界500强】 7月9日，美国《财富》杂志发布世界500强排行榜单，首钢集团列295位，再次跻身世界500强。由美国《财富》杂志每年评选出的“全球最大五百家公司”，以上年度企业营业收入为依据排出座次。首钢集团营业收入2335亿元人民币。

（李淑萍）

【首钢股份资产重组】 8月23日，北京首钢股份有限公司召开重大资产重组的股东大会。经股东现场投票和网络投票表决，首钢股份提交股东大会审议的关于公司符合重大资产置换及发行股份购买资产条件等各项议案获得通过。根据重组方案，在完成中国证监会审核等一系列法定程序后，首钢迁钢公司将以资产置换的形式置入首钢股份。立即启动矿业公司的注入程序，在3年内推动下属首钢矿业公司铁矿石业务资产通过合法程序，以公平合理的市场价格注入首钢股份。

（李淑萍）

【首钢灯光节】 9月17日～10月7日，由市旅游委、区政府和首钢总公司共同主办，区旅游委、首钢源景公司和每日传播集团承办的“闪耀北京”光影文化季暨首钢灯光节开幕式在首钢厂区群明湖国际灯光节艺术广场举行。依托首钢园区内的工业遗存，以新兴高科技支撑的光媒体艺术为主线，以建筑照明为辅助，营造水、传统建筑群、工业构筑物、山、焰火合一的整体夜景观氛围，形成水面表演层、仿古建筑层、首钢工业遗存层、石景山景观层及以焰火、云投影构成的高空景观层等5层光艺术景观。副市长丁向阳出席开幕式。

（李淑萍）

【可循环钢铁流程验收】 10月，首钢承担的“十一五”国家科技支撑计划“新一代可循环钢铁流程”项目通过科技部验收。专家验收组认为：该项目在低成本高效化洁净钢生产、钢铁流程资源高效利用及清洁生产、钢铁生产流程能源转换以及先进钢铁材料生产等方面攻克共性关键技术，并通过系统集成技术创新构建新一代可循环钢铁流程，对中国钢铁工业具有重要技术引领和示范作用。首钢总公司被科技部授予“十一五”国家科技计划执行优秀团队奖。

（李淑萍）

9月17日，首钢“灯光节”亮相 （杜 雷 摄）

【入选国家示范企业】 11月，工业和信息化部、财政部联合发布国家技术创新示范企业名单，首钢总公司名列其中。国家技术创新示范企业是指工业主要产业中技术创新能力较强、创新业绩显著、具有重要示范和导向作用的企业，工业和信息化部联合财政部每年集中认定和授牌一次，每三年复核评价一次。

（李淑萍）

【高端产业综合服务区建设】 《新首钢高端产业综合服务区控制性详细规划》年初获市政府批准。开展规划设计，完成供水等8个专项规划设计说明和图纸。制定长安街西延、北辛安路和首钢总部区域的拆迁方案，完成厂中村拆迁的80%，以及古城南路地上物及资产权属清理。二通园区取得土地一级开发项目立项批复，形成实施方案，完成拆迁安置补偿方案编制、市政管线施工图设计，对园区环境、景观进行改造，开展工业文物搜集工作。制定主厂区招商引资标准，建立招商项目数据库，先后与20多家央企、民企进行对接。完善新首钢高端产业综合服务区管理体系，管委会与高端产业开发部机构合设，房地产公司二通项目部与二通园区办公室合设。组建金属公司，负责高端金属材料产业开发和管理。调整源景公司组织机构，负责文化创意产业的开发和管理。能源环保部职能与能源环保产业事业部实体分设。

（李淑萍）

【首席技师工作室】 刘建斌、卫建平、王文华等3个工作室被命名为“北京市首席技师工作室”。全年工作室举办技师研修、案例分析研讨、专题培训班35个，3680人参加，11人晋升为厂级以上技能操作专家。

（李淑萍）

【钢铁生产】 首钢集团生铁产量3228万吨，粗钢产量3139万吨，钢材3026万吨。冷轧汽车板产量122万吨，同比增加31.6万吨；管线钢产量129.9万吨，同比增加18.3万吨；电工钢产量74.5万吨，同比增加30.6万吨；耐候钢产量75万吨，同比增加16.4万吨。京唐公司实现稳产高产。3月28日，1580毫米热轧生产线首次轧制规格3.5毫米－4.0毫米×1270毫米的DC03汽车外板，板卷表面质量和强硬度等技术指标全部符合标准。3月14日，2230毫米生产线轧制出高强汽车板FD(最高等级)，钢卷强硬度等指标全部符合标准，合格率、一级品率100%，钢卷表面级别首次达到FD级别。完成北京奔驰、华晨宝马、北京现代、一汽大众等合资品牌认证，长城汽车、华泰汽车、吉利汽车等29家自主品牌认证。迁钢公司优化热轧产品结构，高牌号取向硅钢实现两个系列、三个国标牌号生产全覆盖。

（李淑萍）

【矿产资源业29项排名第一】 首钢集团全年精矿粉产量482.13万吨，销售收入158.85亿元，实现利润2.91亿元。60项可比技术经济指标中，38项进入同行业前三名，其中29项排名第一。大石河铁矿挖掘排土场资源潜力，搬迁裴庄东土线34号高压铁塔，回收塔基下部资源；强化裴庄果园土线干选，加快羊崖山区域剥废，实施二马南土线、杏山北土线切方工程，回收土线资源。水厂铁矿采剥总量5929万吨；修改尾砂再选设计境界，增加可采尾砂量，延长再选服务期限。开展“烧结矿稳定品位、提高粒级、降低返矿率以及球团矿提铁降硅”等技术攻关，360平方米结矿高炉槽下筛分率稳定控制在20%以下；球团矿品位65.3%。建成加气混凝土砌块及蒸压砖生产线，生产并向社会销售。沙石料产品获得北京地区登陆证书。二马地采项目，采矿权设置方案获得河北省政府批复，完成资源开发利用方案、划定矿区范围报告和初步设计编制，开展水资源论证等相关行政审批工作。马兰庄铁矿露天转地采项目，采矿权设置方案通过河北省政府审批。完成水厂新选厂旋流器取代螺旋分级机改造和二次磁选机升级，实施老选厂部分系列浓缩磁选机改造，整治振网筛系统。建立并运用放矿浓度与起坝速度关系模型，在尹庄尾矿库实施池填法放矿，延缓坝体上涨速度。矿业公司被评为中国资源综合利用年度影响力企业。“大型露天矿山穿孔爆破工艺数字化系统研究与应用”获得冶金矿山科学技术奖。矿业公司地采数字化建设项目被确定为国家地下金属矿山数字化建设示范工程。

（李淑萍）

【钢材产品销售】 首钢集团全年钢材销售量3158万吨，比上年增长7.4%。管线钢全年订货量131.32万吨，中标“西三线”及“中缅二线”管线钢46.5万吨；集装箱板销售70万吨，比上年增长27%；高强钢全年销售10.74万吨。形成以家电板、汽车板为主导的产品格局。家电板全年销售量193万吨；专用板销售量28.6万吨；汽车板销售量121万吨。开发120毫米厚规格E690齿条钢，完成32千克级耐蚀船板工业试制以及配套焊接工艺研究；针对保险柜用和专用车用高强钢市场，推出新牌号防爆钢SFB700和挂车用钢SG700。累计新开发用户235家，其中直供与三方直供合计156家。首钢汽车板与46家终端用户建立合作关系，其中战略用户11家、重点用户12家，成为北京现代、长城汽车、山东时风、河北中兴、北汽福田和北汽集团最大的国内钢板供货商。上海、广州、山东分公司共计钢材销售量459万吨，同比增长5.43%。全年累计完成钢材加工量45.35万吨，比上年增长26.32%。全年大客户满意度93.5%；合同兑现率平均92.23%，重点合同兑现率85.29%。向中石油公司、海尔集团、中集集团等24家重点战略客户派驻16名大客户代表。实施区域分公司属地化管理及“一业四地”轻微质量异议实施统一管理，整体质量异议处理周期缩短至9.7个工作日。举办客户座谈会4次。全年出口钢材127.11万吨，比上年增长26.64%。

（李淑萍）

【进出口和海外工程】 首钢集团全年进口矿石量2456万吨，钢铁产品出口量127.11万吨，出口创汇8.69亿美元。产品销往世界29个国家和地区。销售收入688.5亿元，实现利润37.99亿元。全年实现减免税6536万元，同比增长92%。全年海外工程承揽合同额共计855万美元。完成印度布山焦化和印度JBIL35万吨焦化项目。4月，马来西亚综合钢厂项目开工。10月，秘鲁铁矿除尘项目启动。组建合资股份公司开发尾矿利用项目，进行项目环保批批和基本设计工作。规范境外机构内部管理制度，完善财务制度体系。监督、审查境外机构执行制度情况。设立境外信息平台。秘铁公司改造老区工艺和设备，先后完成磁选、浮选设备的更新，产能近1000万吨规模。全年产量981.38万吨，销售量989.88万吨，实现销售收入48亿元，均创历史最高水平。新区建设完成可研报告，环评获得秘鲁政府批准。

（李淑萍）

【科技创新】 首钢集团全年工业试制新产品89个牌号，累计生产10.9万吨。迁钢顺义生产线汽车板完成中高端品牌22个车型、173个零件的认证，进入宝马供应商序列，600兆帕连退DP钢和TRIP钢实现向北京现代月批量供货2900吨。京唐公司生产线汽车板完成16个品牌、352个零件的认证；管线钢卷板完成中石油0.8设计系数X80的千吨级试制，中标4.7万吨；中厚板抗大变形17.5毫米X70管线钢首批通过中石油和中钢协新产品鉴定，完成商业供货1.18万吨；完成海工钢120毫米E690的开发，向辽河石油装备制造总公司供货3062吨。迁钢顺义生产线试制1.2×1125毫米供神龙汽车DP980，汽车板产品的强度等级提升至1000兆帕。京唐公司生产线共开发95个产品，汽车产品的强度等级800兆帕；京唐家电板2.0毫米薄规格集装箱板实现稳定生产，薄规格产品比例39%；中厚板开发调质高强钢Q890D，向平顶山煤机公司供货

997吨;开发改良型P20系预硬化合金塑料模具钢638J,向广东金型公司供货213吨;核电安全壳用钢SA738Gr.B完成认证材料的工业试制。全年新增金杯奖产品8项,金杯奖总数30项。京唐公司"集装箱用热连轧钢板和钢带"获"特优质量奖"称号;"首钢牌"钢铁产品获"北京知名品牌"称号。全年受理质量异议626件,同比降低25%,万元工业产值质量异议损失率1.56元/万元,同比降低9%。与北京汽车股份有限公司合作成立汽车材料联合研发中心,首钢汽车板在北汽自主品牌占有率70%以上。获得市政府支持项目6项,支持资金2830万元。参加"第七届国际钢铁大会"、"第五届亚洲钢铁大会"等学术会议61次;完成"首钢总公司与台湾中钢公司第二届技术交流会"。全年完成科技成果鉴定验收124项。"首钢4300毫米中厚板超快冷系统开发及新一代TMCP的应用"和"特大型超高风温热风炉关键技术研究与应用"获得北京市科学技术一等奖;首钢总公司被工业信息化部、财政部联合认定为国家技术创新示范企业。全年专利申请513项,获得授权专利287项,授权专利中发明专利127项;参与修订国际标准39项;国家、行业标准46项;其中8项国际标准、11项国家标准和2项行业标准已颁布实施;发表科技论文156篇,其中国外学术期刊、国际学术会议、国内一级期刊16篇。完善《首钢科技信息资源整合系统》,全年发布信息7000余条,用户访问量达到2.6万余人次。

(李淑萍)

11月22日,首钢建筑垃圾铺就环保路　(首钢公司供稿)

【信息化项目建设】 首钢集团完成迁钢公司、顺义冷轧公司、首秦公司信息化项目,完成总公司绩效考核指标(KPI)平台项目,推进销售公司客户营销服务平台项目。1月,首钢钢铁业64个绩效考核指标(KPI)平台项目启动。5月,首钢信息化系统实现从ERP4.7到6.0的平滑升级。9月,启动外埠钢铁企业沟通机制信息化建设。12月,经营分析平台上线运行。年内,迁钢硅钢纳入信息化系统管理;迁钢一冷轧信息化系统上线运行,二冷轧无取向高牌号系统、取向硅钢系统上线运行。首秦公司新增工序、设备纳入钢轧MES系统,建立统一的计划和生产执行平台。顺义冷轧公司完成ERP、MES和IT基础设施建设,系统按照与生产物流同步、全流程应用的方式上线运行;冷轧落料线信息化项目上线运行。首秦船板实现电子印章及质保书防伪打印。

(李淑萍)

【完成环保治理项目7项】 首钢集团全年完成环境污染治理项目7项,投入资金5080万元。迁钢公司"安装废钢辐射监测系统"、"污染源排口安装在线监测装置"及顺义冷轧公司"废水排口安装在线监测设备"等4项竣工投入运行。质量检查站焦炭、烧结矿制样间新增除尘器项目,矿业公司球团一系列烟气脱硫项目处在实施中。迁焦废水深度治理项目开工建设。首钢京唐公司一期工程生产试运行的请示获得河北省环境保护厅批复,专家评审该工程符合环境保护验收条件。3月,北京首钢股份有限公司重大资产置换环保核查获得环境保护部批准。完成首钢石景山厂区场地环境评价识别报告及现场采样工作方案的编制,并开展采样工作。获得市环保局1000余万元资金支持。实施北京地区设备设施拆迁工程控制污染的全过程管理,组织并监督开展环保工作,五一剧场热力改造项目拆迁项目、精品棒材拆迁项目等裸露地面进行苫盖近7.54万平方米,动力厂回收离子交换树脂75.4吨、回收废油38桶。

(李淑萍)

【完成节能项目13项】 首钢集团全年完成13项节能项目。包括京唐公司的厂前公寓地源热泵替代燃煤锅炉项目、炼钢转炉汽化冷却排污系统改造项目,迁钢公司的煤气排水器及仪表蒸汽伴热改电伴热项目(铁区、轧区)、一炼钢RH炉蒸汽系统改造项目、压缩空气干燥站改造项目、三高炉富氧管道改造项目、1号高炉除尘改造及增加TRT发电项目、1号高炉热风炉双蓄热改造项目,首秦公司的嘉华建材公司水渣烘干改用高炉煤气项目、炼铁喷煤用压缩风改氮气项目、连铸火焰切割技术应用、炼钢RH炉蒸汽系统改造,矿业公司的杏山铁矿地采实施水源热泵技术项目。总投资31010万元,年经济效益8349万元。

(李淑萍)

【生物质能源发电项目】 北京首钢生物质能源发电项目施工建设取得阶段性成果。采用机械炉排炉焚烧处理城市生活垃圾,配置4台垃圾焚烧炉—余热锅炉配2套汽轮发电机组,机组额定装机容量2×30兆瓦。截至年底，土建工程、设备安装完成，设备进入调试阶段。

（李淑萍）

【房地产项目收入14.3亿元】 首钢地产实现销售收入14.3亿元，实现利润3.2亿元。秦皇岛首府项目新开工10.31万平方米，竣工17.95万平方米。其中首府一期住宅销售率96%，商业销售率100%，已交房入住。累计签约10.31亿元、回款10.21亿元；首府二期各楼土方工程完成。重庆美利山项目新开工面积10.4万平方米，竣工面积2.67万平方米。销售面积8.4万平方米，销售签约额6.7亿元。实现销售收入2.31亿元。美利山别墅区荣获绿色生态住宅小区称号。首钢房地产公司重庆分公司享受国家西部大开发鼓励政策和重庆市经济激励政策，可直接降低税收2亿元。河北大厂项目取得的2464.03亩建设用地指标完成结算，实现结算收入3.53亿元。招商18家，签约土地3460.13亩，收到入驻企业税收返还款549.74万元。北京万年花城取得的二级开发项目所有房源均已售罄，11号地已竣工交房。该项目实现净利润1.64亿元，首钢地产获取投资收益6500万元。天津宝坻唐泉广场一期办公楼完工，唐泉尚苑一期工程完成二次结构施工。南戴河鸥洲项目完成77栋楼的工程验收、10万平方米的竣工备案，办理产权证346本。吉林蛟河美丽城项目实现销售回款2100万元。首钢拆迁工作取得业绩。铸造村三期集资建房住宅区域已拆迁30户，拆除房屋建筑面积4800平方米。非住宅区域完成拆迁面积7.42万平方米。首钢厂区四个“城中村”拆迁完成10.68万平方米，其中影响长安街西延线施工的庞村及养马场村全部拆除完毕。

（李淑萍）

【首钢国际工程公司收入26.9亿元】 首钢国际工程公司全年签订合同42.42亿元，实现营业收入26.9亿元。设立驻巴西和印度代表处。参加巴西、土耳其、印度等国际冶金展会，签订韩国浦项托盘运输项目合同。签订四川德胜球团、华坪容大焦化等总承包项目合同，攀枝花钛联、安徽铜陵等项目设计合同，广西盛隆等5个干熄焦总包项目合同。承揽首钢贵钢公司精品线材总承包和炼铁设备成套及项目管理，以及霍邱炼钢总承包、项目总体设计、部分子项工程设计，京唐产品结构调整工程设计等项目。制订公司出口退税业务管理办法，促进出口退税业务规范开展，成为享受出口退（免）税快捷服务的首批企业。全年获市级以上科技进步奖5项，申报专利43项，获得冶金行业优秀工程设计奖10项，其中一等奖5项。被科技部认定为高新技术企业。“低温多效海水淡化系统在我国的创新应用”入选“年度世界钢铁工业十大技术要闻”。获“全国企业文化建设优秀单位”、“首都文明单位”。

（李淑萍）

首钢制造的盾构机　　（首钢公司供稿）

中铁二十二局集团有限公司

概　　述

中铁二十二局集团有限公司（简称集团公司）是拥有铁路工程施工总承包特级，铁道行业甲（Ⅱ）级设计资质。公路、市政公用、水利水电、房屋建筑施工总承包一级，公路路基、桥梁、隧道、钢结构工程专业承包一级，地质灾害治理工程甲级和城市轨道交通工程专业承包资质企业；拥有对外工程和境内国际招标工程的经营资质、外派遣实施境外工程所需的劳务人员特许经营权的集团公司。年内，新购设备343台（套），总金额8105万元，累计节约资金464.62万元。至年末，集团公司在建项目213个，总投资727亿元，剩余投资333.6亿元。完成主要实物工程量：路基土石方4393万方，桥梁44成桥千米，隧道49.8成洞千米，房屋建筑37.8万平方米，铁路制梁1503孔（T梁、箱梁），公路制梁2630片，铁路架梁1421孔，公路架梁1836片，铺轨421千米（含正线、站线），无砟轨道施工51千米，通信线路181千米，电力线路56千米。2项科研课题获股份公司立项，资助经费50万元，同时集团公司自主立项科研课题26项，资助经费115万元。全年有14项科技成果通过省部级鉴定和股份公司评审。其中，鉴定5项，股份公司评审9项；成果水平评价为国际领先水平的2项，国际先进水平的4项，国内领先水平的6项，国内先进的2项。获省部级“科学技术奖”5项，获股份公司“科学技术奖”8项。获省部级工法10项。获国家23项实用新型专利和3项著作权。集团公司参与编制的“铁路混凝土梁支架法现浇施工技术规程”

11月15日，承建的京石客专铁路工程完工 （中铁二十二局供稿）

1月1日通过铁道部批准正式颁布执行。年度集团公司本级组织9项科研课题申报北京市科委组织的企业"加计扣除"科研项目鉴定工作，实现减免税收413万元。集团公司所属单位合计减免989万元。获国家级质量奖4项(其中国家优质工程银奖2项、全国市政金杯示范工程奖1项)、省级"优质工程奖"8项、部级"优质工程奖"2项。集团公司被评为"全国工程建设质量管理小组活动优秀企业"及区纳税百强单位、区域经济发展突出贡献单位。

地址：石景山区石景山路35号

电话：51889839

邮编：100043

（万红梅）

【主要经济指标】 集团公司新签合同112个，合同总额3126000万元。完成企业总产值1725100万元。国有资产保值增值率117.83%，应上交款完成率100%。全年上缴利税总额为108595.9万元。其中，上缴企业和个人所得税为12441.58万元，上缴地税总额为67893.11万元。

（王志刚）

【京石铁路JS－1标段完工】 京石客运专线是京广铁路的重要组成部分，集团公司承建管段于9月中旬全部完工，全线进入联调联试阶段，11月15日联调联试结束，进入试运行阶段，12月20日京广铁路正式全线通车。负责施工的京石客运专线工程包括：线下工程60.7千米，无碴轨道铺轨284千米，有碴轨道铺轨61千米，总投资18.7亿元，施工历时3年零11个月。

（李 坛）

【铁路贵昆线承揽工程完工】 集团公司承建六沾铁路乌蒙山一号隧道的施工并铺设无砟轨道，隧道全长6480米，总投资7.6亿元，施工历经5年。该隧道被称为"中国隧道地质百科全书"，隧道内包含偏压、浅埋、突泥突水、岩溶、瓦斯等大量不良地质段。管段内的六沾铁路于3月无砟轨道施工完毕，主体工程全部完成。12月6日全线通车。

（李 坛）

【广珠铁路SG－3标段完工】 集团公司负责广珠铁路SG－3标，包含线下工程29千米，140千米正线铺轨，29千米站线铺轨，总投资18.1亿元，施工历时3年8个月。承建的铺轨任务于10月底全部完成。12月16日，全线开始动态验收。20日，进入安全评估。29日，业主召开全线开通仪式。

（李 坛）

【通灌铁路DT1标段工程完工】 本标段为东北东部铁路新建通化至灌水段DT1标段，位于辽宁省丹东市的宽甸满族自治县和辽宁省本溪市桓仁县境内，线下工程全长51.7千米，里程为凤上线K78＋000～通灌线DK50＋000，含既有线改造1.7千米，共51.7千米的线下土建工程、及全长79千米线上工程，即：凤上线K78＋000～通灌线DK79＋000段的铺架及桥梁预制工程、站场工程。总投资13.2亿元，8月底主体工程全部完成，施工历时3年零6个月。9月26日，举行通灌铁路开通仪式。

（李 坛）

【前抚铁路工程完工】 前抚铁路是黑龙江省抚远县的首条铁路，也是国内最东端的一条铁路，地处东北极寒地区，最低气温达零下43摄氏度。集团公司承建的前抚铁路新建正线长169.20千米，设置车站7个(新设车站6个)，接轨站1个(前进镇)，预留车站6个)。主要工程为：大桥6座、中桥12座、小桥18座、公路桥11座、框构桥42座、铁路涵洞460座；正线铺轨169.2千米、站线铺轨19.36千米；房屋20558平方米。总投资9.4亿元，2009年7月开工，是年12月完工。

（李 坛）

【大郑铁路工程完工】 集团公司承建施工的大郑铁路位于辽宁省锦州市黑山县境内，里程范围为大郑线K0＋000－K58＋254.15，施工起点为大虎山车站(沈山线K137＋071.13)，终点为新立屯车站，线路全长58.254千米。是平行于哈大线、纵贯东北西部地区的重要铁路干线。工程量为：路基60正线千米，区间路基土石方3395450施工方，挖土方884993立方米。合同总投资7.46亿元。10月24日，全线正式开始运营。

（李 坛）

【红烟铁路工程完工】 兰新铁路红柳河至烟墩段电气化改造工程是兰新线电气化改造工程中的一段。其中红柳河位于甘肃省，烟墩位于新疆自治区哈密地区，改造段落线路全长154.725千米，为国家Ⅰ级双线铁路，设计速度目标值160千米/小时。集团公司承接施工标段为红柳河至山口段的HDK1190＋000～HDK1231＋487，全长

41.487千米。主要工程为：路基土石方491.46万立方米，其中填方361.29立方米，挖方130.17立方米；双线特大桥2759.23延长米/2座，双线大桥690.75延长米／2座（合计砼49720.6立方），双线涵洞1611.8延长米/57座，浆砌工程132732立方。工程总投资为3.1亿元。12月9日完工。

（李　坛）

【安全质量】 集团公司坚持"安全第一、预防为主、综合治理"和"百年大计、质量第一"方针，以标准化建设为主线，风险控制为关键，抓重难点工程监控，强化施工过程控制，落实集团公司安全质量责任，提升项目管理水平，安全生产形势基本稳定，工程质量态势总体可控，完成年度安全质量目标。开展"全国安全月"和"全国质量月"活动，召开质量安全专题视频会议，以重难点工程为重点，深化安全质量专项整治和隐患排查治理。集团公司七次组织全局范围内的安全质量大检查，重点围绕隧道与地下工程、深水大跨高墩的桥梁施工、既有线施工、铺架作业、火工品的安全管理、拌合站的质量管理和冬季施工七个重点及汛期防洪、防地质灾害等，构建安全质量长效机制，遏制安全质量事故发生，保持安全生产稳定局面。全年组织6期、235人的安全质量培训、再教育和取证工作。截至年底，集团公司A类安全人员（企业负责人）66人，B类安全人员（项目负责人）340人，C类安全人员（专职安全管理人员）521人，注册安全工程师88人，专职质检员526人。

（任朝敏）

【科技成果】 集团公司2项科研课题获股份公司立项，资助经费50万元，同时集团公司自主立项科研课题26项，资助经费115万元。全年有14项科技成果通过省部级鉴定和股份公司评审，其中鉴定5项，股份公司评审9项，成果水平评价为国际领先水平的2项，国际先进水平的4项，国内领先水平的6项，国内先进的2项。获省部级"科学技术奖"5项，其中："厦门翔安海底隧道建设与运营成套技术"获福建省科学技术一等奖、"岩溶地区高风险瓦斯突出隧道施工关键技术"获重庆市科学技术二等奖、"广州新客站综合施工技术研究"获中国施工企业协会科学技术特等奖、"隧式运架一体机研制及应用"获中国施工企业协会科学技术一等奖、"多因素综合作用下的大断面瓦斯突出隧道施工关键技术"获中国施工企业协会科学技术二等奖。获股份公司"科学技术奖"8项。获省部级工法10项。获10项股份公司级优秀工法，13项三级工法。获国家23项实用新型专利和3项著作权。集团公司参与编制的"铁路混凝土梁支架法现浇施工技术规程"于1月1日通过铁道部批准正式颁布执行。组织9项科研课题申报市科委组织的企业"加计扣除"科研项目鉴定工作，实现减免税收413万元。所属单位开展此项工作，合计减免税收989万元。

（应爱武）

3月，"660MW高度材料开发"科研项目评审会　（北重公司供稿）

北京北重汽轮电机有限责任公司

概　述

北京北重汽轮电机有限责任公司（简称北重公司）是以生产经营火力发电机组（包括电站汽轮机、汽轮发电机及其辅机）为主导的电力装备制造企业。北重公司注册资本7.6亿元，现有员工2000余人，其中工程技术人员300余人。公司拥有以数控设备为主的加工设备800多台（套）。占地面积26万平方米，其中建筑面积18万平方米。年内，北重公司贯彻落实科学发展观，面向国内外发电设备细分市场，以"清洁高效、制造精良，成为在细分市场中具有竞争优势的发电设备制造和服务的供应商"为使命，形成以亚临界、超临界300MW　360MW湿冷、空冷、单双抽供热火电机组和超超临界660MW机组等大机组，以及余热利用、生物质发电、热电联产、垃圾发电、工业汽轮机等领域小机组为主导的产品系列，具有年产5000MW火电机组的生产能力。公司拥有专业的售后服务平台，能够为客户提供660MW及以下汽轮发电机组改造、技术咨询以及电厂节能降耗解决方案，具备电站设备成套、工程总包业务能力。生产的300MW等级及以下机组在"全国发电可靠性火电300MW级金牌机组"及"全国火电300MW级机组竞赛"评比中获多项荣誉。产品遍及中国各大发电集团和地方（企业）电力公司的众多电厂及印度、印度尼西亚、越南等国家。华能海南发电股份有限公司海口电厂8号机组获30万千瓦级纯凝湿冷机组能效对标及竞赛一等奖；大唐辽源发电厂3号机组获30万千瓦级供热湿冷机组一等奖。汽轮机数控加工中心荣获全国"工人先锋号"称号；杨继锋创新工作室和刘凤娟创新工作室分别荣获机械冶金建行行业系统的"工人先锋号"称号。电机技术部高级工程师刘凤娟获市"三八"红旗奖章。

地址：石景山区吴家村57号
电话：68632552
传真：68639675
邮编：100040
电子邮箱：office@bzd.cn
网址：http//www.bzd.com.cn

（唐 艳）

【主要指标完成情况】 北重公司主营业务收入完成10.71亿元。其中大机组业务完成6.8亿元；小机组业务完成1.09亿院；服务业务完成2.81亿元。利润总额完成1746万元。应收账款净额为4.52亿元。新增订货完成9.07亿元。主营货币收入10亿元。产品产量包括：电站汽轮机大机组7台/1610MW，小机组10台/337MW；汽轮发电机大机组4台/1260MW，小机组12台/317.5MW；汽轮机改造1台/626.9MW；发电机改造1台/30MW；辅机330MW冷凝器2台、低加2台、机座4台，600MW低加1台。

（唐 艳）

【创新运营机制】 北重公司加快落实"十二五"战略产品及业务定位，实施组织机构调整，组建电站服务部，建立快速、灵活的运营机制。完善小机组运营机制，制定小机组业务阶段性总结及完善方案，在市场聚焦、技术开发、质量管理、生产管理、信息化管理等方面形成一系列方法和措施。落实采购管理制度，统筹管理采购资源，撤销物资部和协作保障部，成立采购部，加强管控，降低采购成本。

（唐 艳）

【市场营销】 北重公司加强营销策划，密切跟踪重点项目，针对用户要求制定详细方案，全年大机组业务共签订4个项目供货合同，总价7.02亿元；小机组完成新增订货5200万元。服务业务新增订货1.34亿元。

（唐 艳）

【科技开发】 北重公司"660MW高温材料开发"项目通过院士专家评审，为超(超)临界机组试制奠定基础。汽轮机产品开发：完成超临界350MW直接空冷、间接空冷机组系列开发；总结国电大开超临界350MW项目在采购、制造、检验、现场安装等环节出现的问题，对设计、工艺进行整顿和完善；完成印度TRN330MW凝汽式汽轮机等16项合同产品开发；完成新型生物质发电汽轮机等4项小机组新产品开发；完成超(超)临界660MW汽轮机主机应力分析等6项科研项目开发。电机产品开发：完成新疆其亚360MW等20个合同产品开发，其中上海外高桥30MW变频空外冷发电机为公司首次设计开发，为进一步开拓市场提供技术储备；完成20MW～40MW空冷4个等级电机技术设计；完成330MW双水内冷发电机等3项新产品开发；完成660MW发电机转子护环强度分析等8个科研项目。技术管理：获得4项实用新型专利；完成企业标准化管理信息系统的上线；完成"永磁同步发电机技术条件"标准编制和申报、"660MW超(超)临界凝汽式汽轮机开发基础研究"项目申报。

（唐 艳）

【数字化管理】 北重公司完善预算编制、平衡、调整流程，努力提高预算编制水平。完成科技部863计划"MRO行业应用构件开发及应用研究"的验收。完成北京市"发电装备全生命周期绿色设计制造系统"应用课题的立项。成立ERP生产管理项目前期工作组，开展行业应用调研，邀请软件公司制定初步方案，为ERP生产管理项目实施做前期准备。

（唐 艳）

【财务管理】 北重公司加强成本费用管理，制定完成公司成本费用管理工作计划，在各业务环节确立26项降成本重点项目。实施建造合同准则，梳理、调整成本核算及管理流程，加强项目制运营下的成本管控，完成300MW等级系列机组报价模型。通过银行、保险公司等金融机构，运用各种金融工具协助进行货款催收、对供应商欠款实施债务重组，共节约资金成本238万元。获财政部批准年度免税96万元。落实采购管理制度，加大审批力度，全年成套目录外采购成本降低6.8%。

（唐 艳）

【质量管理】 北重公司精心组织和策划，首次通过ISO14000环境管理体系、OHSAS18000职业健康安全管理体系认证，实现三体系并行。以"四个零缺陷"通过ASME质量控制体系联检复评，通过300MW(及以下)等级机组及600MW等级机组低压加热器、凝汽器中国电能产品认证。完成并发布QC项目8项，其中两项获"全国机械工业优秀质量管理小组活动成果"一等奖。

（唐 艳）

【签订供货合同】 6月，北重公司与内蒙古君正能源化工股份有限公司一举签订超临界2×350MW汽轮发电机组、亚临界2×330MW汽轮发电机组和超高压1×200MW汽轮机共计5台汽轮机和4台发电机的供货合同，3个项目分别位于内蒙古锡林浩特市、蒙西工业园和乌海市乌达工业区。本次合同机组中的超临界350MW汽轮机要求提供工业用汽，机组采用直接空冷方式；200MW汽轮机同样要求提供工业用汽，采用间接空冷方式。二者在结构上均要求采用旋转隔板实现工业用汽需求，这两种机型均为全新机型，是北重公司实现产品多样化与丰富350MW等级机组系列化的又一重要里程碑。

（唐 艳）

北京巴布科克·威尔科克斯有限公司

概 述

北京巴布科克·威尔科克斯有限公司(简称北京巴威公司或B&WBC)，是美国巴布科克·威尔科克斯有限公司(简称美国B&W公司)与北京京城机电控股有限责任公司各投资50%组建的国内首家合资电站锅炉制造企业，具有生产百万及以下等级超临界电站锅炉、超超临界电站锅炉、W火焰超临界电站锅炉、锅炉岛以及烟气脱硝(SCR)等相关电站环保产品的生产能力,为电站提供最佳设计方案和最优技术服务,年生产能力达到800万千瓦,总资产达51亿元。年内,面对电力市场需求下滑、竞争惨烈的市场环境,提出"转变经营思路,寻求市场突破"的总体工作目标,签订越南太平2×600MW锅炉岛项目、贵州习水二郎电厂2×660MW W火焰超临界锅炉项目、甘肃八〇三项目合同和第二个百万安徽平圩2×1000MW超超临界锅炉项目;完成越南Vung Ang项目的设计、采购、制造和发货,按期收回货款,控制住风险,获得用户好评。同时,公司加强研发力度,持续完善和提升产品等级;持续进行内部管理改进,提高生产管理能力,完成重点人才回流工作;顺利通过高新技术企业复审。全年签订合同额超过50亿元,实现销售收入16.5亿元,利润1.72亿元,获"北京市企业管理现代化创新成果"一等奖1项、二等奖1项;获京城机电控股有限责任公司(简称控股公司)产品创新二等奖1项以及1200万元的研发资金支持。获"北京市专利试点企业"称号。

地址:石景山区石景山路36号
电话:68862244
传真:68861336
邮编:100043

(南英杰)

【安徽平圩电厂锅炉合同】 2月28日,北京巴威公司与中电国际安徽平圩电厂签订安徽淮南平圩电厂三期2×1000MW燃煤发电工程超超临界锅炉机组及SCR项目合同。该项目由中国电力国际发展有限公司和淮南矿业(集团)有限责任公司共同投资建设,三期工程拟建设2×1000MW级超超临界燃煤发电机组,并留有进一步扩建条件,工程同步建设烟气脱硫和脱硝装置,项目位于安徽省淮南市以西约17千米淮河北岸的平圩镇。工程由华东电力设计院负责总体规划,锅炉型号为B&WB 3280/28.35-M,设计锅炉最大连续蒸发量3280t/h,过热蒸汽出口压力28.35MPa(g),过热蒸汽出口温度605℃,再热蒸汽出口温度603℃,锅炉型式为超超临界参数、变压直流炉、单炉膛、前后墙对冲燃烧,一次再热、平衡通风、露天岛式布置、固态排渣、全钢构架、Π型布置。安徽淮南平圩电厂三期工程作为"皖电东送"工程的项目之一,是为优化华东地区能源资源配置的一项重大战略。其中1000KV淮南—浙北—上海特高压交流输电示范线路工程,成为国内首个特高压交流同塔双回路输电工程,已于上年获得"路条",当年9月投入商业运行。

(南英杰)

【技术创新获奖】 2月,北京巴威公司600MW等级超超临界锅炉项目获控股公司技术创新技术进步奖二等奖,技术管理体系项目同时获控股公司技术创新管理创新奖二等奖。优化设计的超超临界锅炉技术,通过提高锅炉出口蒸汽参数、优化布置方法、降低炉膛阻力,大大减少电厂初投资,降低运行成本,提高电厂效率和能源利用率,达到节能和环保要求。经专家严格评审,认为各项技术指标完全达到甚至超过预期效果,在大型电站燃煤锅炉技术上处于国内领先水平,可广泛应用到所有炉型当中。

(南英杰)

【攻克世界性难燃煤种】 4月14日,北京巴威公司为越南汪秘热电厂设计制造的330MW燃煤机组完成360小时试运行,成为世界范围内第一台纯烧越南无烟煤运行的锅炉。上年,公司工程部成立技术攻关组,对锅炉燃用煤质进行分析,经反复研究,多次进行方案设计和试验,最终解决越南无烟煤的点火和稳燃的关键技术问题。在"W"型火焰锅炉常规设计基础上,采用钝体稳燃结构,解决低挥发分无烟煤着火问题;运用锥体回流结构进行优化,确保煤粉前期稳定燃烧;设置OFA风箱,有效降低NOx排放。首次将带粉的三次风喷口放入燃烧OFA喷口中,解决乏气煤粉的燃烧问题,同时减少低温的系统乏气对炉内燃烧火焰的冲击。并且对分级风喷口位置采取打破常规的布置,为炉内空气动力场的稳定,减少炉内负压波动起到决定性作用。攻关组利用三维设计软件对整台锅炉进行模拟施工,为现场施工提供直观、有效的初验;并利用CFD数值模拟计算进行锅炉运行模拟,模拟结果为工程方案的具体实施提供有力依据,通过与现场实际情况的对比,CFD锅炉数值模拟计算结果与最初设计方案在运行中得到很好验证。330MW燃煤机组的成功运行,是在"W"型火焰锅炉基础上的再创新,它攻克世界性无烟煤难燃煤种,保持北京巴威公司"W"型火焰锅炉技术领先地位。

(南英杰)

北京巴威公司工程技术人员在进行方案设计 (南英杰 摄)

北京巴威公司与韩国 Daelim 公司签署越南太平项目国际标准

（王江滨 摄）

【越南翁岸锅炉岛项目】 4月27日，北京巴威公司设计制造的越南翁岸锅炉岛项目(2×600MW)1号锅炉一次水压试验获得成功。本次水压试验范围为1号炉再热器冷段、锅炉本体再热器系统、再热器热段及低压旁路系统。系统设计压力5.0MPa，水压试验压力7.5MPa。该锅炉二次汽系统于26日开始上水，27日00:10分开始升压，07:40分达到水压试验压力7.5MPa，稳压30分钟，08:40分降至设计压力5.0Mpa后对系统进行全面检查，各焊口、焊缝、阀门无渗水、泄漏等异常现象，09:40分二次汽系统水压试验圆满成功。由浙能集团供货的1号锅炉主蒸汽系统也一次水压试验获得成功。2009年6月，公司与LILAMA签订越南瓮岸项目，这是公司首台直接出口合同。同年7月越南翁岸项目启动，12月与LILAM续签锅炉岛POP合同。上年7月第一批锅炉部件开始发货，12月厂内制造部件全部完成；当年进入安装阶段。

（南英杰）

【邯郸350MW锅炉项目】 5月24日，国电邯郸2×350MW超临界燃煤供热机组项目正式移交北京巴威公司。中国国电集团公司邯郸2×350MW超临界燃煤供热机组是国电廊坊六个打捆招标项目之一，因特殊原因从打捆招标项目中抽离出来，于上年6月底进行单独招标，巴威公司成功中标。上年3月双方正式进行合同与技术协议谈判，5月9日，公司正式收到电厂返回的签字盖章合同。邯郸项目厂址位于河北省邯郸市东部，本期建设2×350MW超临界燃煤供热机组，同步建设烟气脱硫、SCR脱硝装置(脱硝钢架由公司设计供货，脱硫、脱硝装置另行招标）该项目的设计参数为蒸发量1125吨/小时，过热器出口压力25.5MPa，过热器出口温度571°C；燃用煤种为贫煤。项目规定在合同生效后5个月开始第一层钢架供货，第11个月完成第一台锅炉的供货，第二台与第一台间隔两个月完成供货。

（南英杰）

【贵州习水660MW W锅炉项目】 6月13日，贵州习水二郎电厂2×660MW W火焰超临界锅炉项目移交北京巴威公司。项目由中国电力投资集团公司、贵州省开发投资有限责任公司、徐州矿务集团有限公司、重庆隆电实业发展有限公司和贵州省习水县国有资产投资经营有限责任公司合资建设，3月拿到国家能源局4×660MW超超临界机组批文，一期建设工程为两台超临界机组，4月13日，由中国电能成套设备有限公司公开招标，北京巴威公司成功中标，5月19日，双方正式签订合同，这个跟踪8年之久的项目终于尘埃落定。本期工程由西南电力设计院负责总体规划，煤质为贵州无烟煤，习水二郎电厂是黔渝两省市能源合作的重点项目，建成后将向重庆输电，既缓解重庆市近年高速发展所带来的电力缺口，同时也将大幅增加当地税收，带动贵州山区区域经济发展和人员就业，是真正的“双赢”项目。

（南英杰）

【SCR EPC 项目合同启动】 6月21日，甘肃电投张掖发电有限责任公司2×325MW机组烟气脱硝装置EPC总承包工程项目启动会在北京巴威公司会议中心召开。张掖电厂原有2×325MW两台机组，分别于2005年11月和2006年7月投产发电。该电厂是西北地区第一个以城市污水处理回用的节水电厂，也是第一个烟气脱硫与机组建设同步的电厂，还是甘肃电投乃至甘肃省示范环保电厂。5月对SCR EPC进行招标，北京巴威公司成功中标，负责对烟气脱硝装置实行设计、制造、安装总承包，保证两台机组安装烟气脱硝装置后正常运行。

（南英杰）

【签订最大国际项目合同】 7月3日，北京巴威公司成功签订越南太平2×600MW锅炉岛项目。电厂位于越南太平市，距离河内约170千米，规划容量2×600MW亚临界W火焰机组，1号机组计划2015年10月投产发电，2号机组计划于2016年4月投产发电。这是公司有史以来签订的最大项目合同，也是公司独立走出国门、独立承担锅炉岛供货范围最广的项目合同，包括锅炉本体、锅炉范围内保温和护板、仪表控制和电气、烟风道、灰渣处理系统、四大管道、磨煤机、煤粉管道和脱硫岛等。上年8月，北京巴威公司决定作为韩国Daelim公司的分包商，负责锅炉岛的设计和供货。Daelim公司与日本的Sojitz公司联合体作为该项目的动力岛总包商，负责整个电厂动力岛的供货及融资安排，将北京巴威公司的锅炉岛范围涵盖在整个总包合同下。在北京巴威公司向Daelim公司提交投标及报价之后，经过近9个月的相互沟通协作，Daelim公司就越南太平用户关注的技术偏差、电耗、设计和材料标准、分包和供货商资质等问题进行多次协商，并不断补充相应文件。上年5月，Daelim公司开始与北京巴威公司进行商务合同和技术协议的谈判工作。

（南英杰）

【成立电站技术服务分公司】 8月6日，北京巴威公司电站技术服务分公司举行开业仪式。下设营销项目、工程技术、成套采购和人力资源等职能部门，主要担负电站技术改造与服务，提供锅炉环保产品和配套产品。面对国内国际复杂的市场环境和激烈的市场竞争，北京巴威公司转变发展方式，寻求市场突破，提出开拓环保产品，完善电站技术服务业务的新设想。分公司的成立是落实控股公司“坚持战略引领，加速结构调整”的具体实践，对促进市场营销，推动技术进步，增加新的利润增长点起到重要作用。

（南英杰）

【燃烧器改造项目】 10月8日，电站技术服务分公司与浙江浙能长兴发电有限公司签订2号锅炉低氮燃烧器改造项目合同。浙能长兴发电有限公司位于浙江省北部、太湖南岸的长兴县经济技术开发区，隶属浙江省能源集团有限公司。2号锅炉燃烧器改造采用美国B&W公司最新型的燃烧器——AireJet燃烧器，公司与美国B&W公司经过一个多月的技术交流，最终确定AireJet燃烧器的引进方式。由美国B&W公司负责设计AireJet燃烧器并制造一次风管，公司负责制造二次风管。由于是首次使用AireJet燃烧器的改造项目，美国B&W公司非常重视，特别委派专业技术人员对燃烧器技术特点和安装进行培训和指导。在一次风管进厂之初，公司派全体参与改造人员对其进行考察。此次改造结合大量理论依据与实际运行经验，通过对现场多次勘查以及大量计算与技术讨论，确定改造方案，确保锅炉有良好的着火和启动性，独特的抗结渣性，良好的煤质适应性以及低负荷稳燃能力。在降低NOx排放的同时不给锅炉带来其他负面影响。

（南英杰）

【宁夏大坝脱硝改造项目】 10月16日，电站技术服务分公司与宁夏大坝发电有限责任公司在北京举行炉内脱硝改造项目签字仪式。该电厂是宁夏首座百万千瓦级火力发电厂，西北第一台30万千瓦机组的诞生地，其一期2×330MW、二期2×300MW共计四台燃煤锅炉均为北京巴威公司设计制造。公司重视宁夏大坝电厂炉内脱硝改造项目，前期做了大量工作，包括初步方案设计、水循环动力计算和烟风阻力计算等；工程部多位专家对改造方案反复论证，最终确定最为合理的改造方案。项目为四台锅炉燃烧器改造，这是电站技术服务分公司成立以来签订的最大LNB燃烧器改造项目。

（南英杰）

【智能吹灰优化系统】 11月5日，电站技术服务分公司与内蒙古国华准格尔发电有限责任公司签订1号锅炉智能吹灰优化系统项目合同，成为北京巴威公司第一台具有商业价值的智能吹灰项目。内蒙古准格尔电厂二期2×330MW和三期2×330MW烟煤锅炉分别为北京巴威公司2001年和2004年设计制造。智能吹灰系统是业内唯一运用性能计算与锅炉模型相结合的方式来判断吹灰，基于热力平衡基本理论，由电厂DCS/PLC提取出的相关锅炉受热面温度压力流量等运行数据，根据传热平衡原理计算出锅炉各受热面的吸热量及该受热面的清洁度，按照事先设置的吹灰策略和规则对锅炉的相关受热面进行选择性吹灰，以达到最优吹灰效果，实现吹灰的真正智能化。能高效节约电厂运行成本，具有非常大的市场价值。国华集团对智能吹灰项目十分重视，将其列入技改项目重点试点工程。

（南英杰）

【2×300MW亚临界锅炉项目】 12月27日，北京巴威公司与大唐八〇三发电厂签订2×300MW亚临界燃煤空冷抽汽供热发电机组项目合同。大唐八〇三发电厂是中国大唐集团公司所属的内部核算火力发电企业，位于甘肃矿区，始建于1958年，现装备4台汽轮发电机组，锅炉总出力为920T/H。主要承担向甘肃矿区内的中核四〇四厂及华源钛白公司供汽供电，又兼做甘肃矿区政府和中核四〇四厂的保安电源。由于原机组服役时间较长，设备老化、生产能耗高，机组面临关停，供热能力已不能满足需求。八〇三发电厂按照“上大压小”方式建设2×300MW亚临界燃煤空冷抽汽供热发电机组，项目从2007年开始可行性研究，经中国大唐集团公司审核批复，2011年取得国家发改委核准的批文。厂址西距玉门新市区约20千米，东距嘉峪关市约100千米，工程项目为改扩建工程，计划下年5月底第一台机组投产，8月底第二台机组投产。2×300MW亚临界锅炉是北京巴威公司的成熟产品，根据电厂在设计、技术、质量和环保上的要求，公司全力做好各项合同要求，优化设计，精细管理，保质保量地完成各个部件生产制造，保证部件按期运往安装工地，实行全程技术服务，确保电厂按期投产发电。该项目是北京巴威公司在甘肃境内的首个锅炉项目。

（南英杰）

【积极研发锅炉技术】 北京巴威公司在已有“W”火焰超临界锅炉、褐煤锅炉技术及产品投运等方面经验的基础上，将现有技术发展至1000MW等级容量，并结合用户需求，将参数向更高方向发展。随着市场竞争日趋激烈，高效、节能、环保成为市场对锅炉产品的基本需求，垂直炉膛成为产品发展趋势。1000MW等级低质量流速“W”型锅炉主要特点为：炉膛采用新型管材、双拱垂直炉膛塔式或Π型设计；水冷壁系统选取较低的质量流速，在保证水动力安全性前提下，改进目前螺旋炉膛和中高质量流速垂直炉膛超（超）临界汽水系统阻力过大，给水泵耗电量较大等缺点，提高能源利用率，有效降低超（超）临界锅炉的设计、制造、安装和维护成本。燃烧系统为分隔风箱，燃烧器双排布置方式并配置OFA喷口的低NOx排放的清洁高效燃烧系统，适应1000MW等级容量要求。双拱炉膛结构设计、炉膛水动力设计和选材计算、双拱双排燃烧系统设计等技术是1000MW"W"VTUP锅炉关键技术所在。1000MW"W"VTUP锅炉容量大，适应市场对燃用无烟煤锅炉大用量的需求；高效率低能耗和低运行成本使其具有良好经济性；清洁环保，NOx排放低；具有高的可用率、可靠性、安全性；对各种负荷要求有良好适应性，满足变压运行要求；维护性能简便可靠，同时具有好的成本效用。

（南英杰）

【SCR烟气脱硝环保产品】 烟气脱硝是目前发达国家普遍采用的减少NOx排放的方法，其中SCR（选择性催化还原烟气脱硝技术）在欧洲和日本应用广泛。美国B&W公司自1982年起大力发展SCR技术，烟气脱硝效率高达90%以上，具有脱除效率高，运行可靠，便于维护等优点，能满足各国环保标准，是世界公认的有效的锅炉脱硝技术。北京巴威公司早在2003年就开始与美国巴威公司进行频繁的深层SCR技术交流，双方于次年11月签订全面的SCR技术引进协议。公司环保产品已在安徽平圩、甘肃张掖、宁夏大坝等项目上得到应用。

（南英杰）

【完成VTUP炉型研发】 北京巴威公司年内完成VTUP炉型的研发。新型VTUP直流超临界锅炉具有UP锅炉和SWUP锅炉的优点，是锅炉技术的发展方向。已经投入商业运行的湖南金竹山#3机组锅炉是世界首台采用这种技术的超临界锅炉，VTUP炉型通过改善和增加产品结构，提高了产品等级，这项新技术已投向市场。

（南英杰）

北京 2013
石景山年鉴
SHIJINGSHANNIANJIAN

商 业 贸 易

新模式 新思路 新希望
012第七届中小企业电子商务大会
11年度中国行业电子商务网站TOP100颁奖盛典

石景山区共有各类商业网点5000余个，其中商业零售门店3000余家，餐饮店1000余家，各类专业市场40余家。形成较完善的商业业态类型，如百货店、超级市场、大型综合超市、专业市场、购物中心等。“十一五”期间，大体量商业不断涌现，商业服务设施总体规模迅速扩大。2008～2010年全区新增商业面积40多万平方米。新增体量几乎是之前商业总面积的一倍。有1万平方米以上综合百货店4家，综合型购物中心1家，仓储式商场1家，3000平方米以上超市9家，专业店6家。以万达商业广场为代表的规模商圈逐步形成，当代商城、北京台湾街等保持良好发展势头。社区商业网点有3570个，基本能满足区域居民日常生活的各种消费需要。作为国家首批服务业综合改革试点区之一，石景山区以服务业为重点发展方向的未来清晰可见。

石景山区在利用外资总体规模、设立形式、产业结构、涉及领域、投资者品牌、已有高端外资项目和吸引外资的环境等方面，与之前相比均有较大改进。“十一五”期间引进外资企业160家，全部符合地区产业定位，投资总额5.3亿美元，分别较“十五”增长97%和8.2%，实际利用外资达到1.4亿美元(不含投资公司)，连续四年保持50%以上的增速。从工业生产到商业零售、汽车出租、科技研发、咨询服务、文化创意产业等领域引资取得突破。沃尔玛、家乐福、埃森哲、日本电气、新日铁、阿尔斯通、理光、保时捷等世界知名大企业和著名品牌企业相继落户本区，外资来源遍及亚洲、美洲、欧洲和大洋洲的30个国家和地区，成为建设CRD的一支重要力量。

商　　务

概　　述

北京市石景山区商务委员会(简称区商务委)是负责本区内外贸易和对外经济合作的区政府工作部门。年内，围绕“促发展、惠民生、保稳定”工作重心，完成市、区折子工程及各项工作任务。推出“魅力京西·2012主题消费年”、“2012京西消费节”、“第三届台湾美食文化节”等活动。促进盛景国际广场开业运营，推动星座、华联升级改造，引导万达、当代进一步优化品牌结构，实现大型商业品牌升级。保证惠及民生工程落实到位，提出以菜市场、生鲜超市、便民菜店为主体，以车载市场为补充的蔬菜零售网络“3＋1”发展模式及本区蔬菜零售网络三年发展规划，稳步推进“农超对接”、“基地直营直供”等新模式。制定推进社区商业便民服务体系建设工作方案，帮扶物美、首饮等品牌企业进驻社区，提高社区商业连锁化率。出台《石景山区促进商务服务业发展的意见》，建立商务楼宇“一站三平台”服务体系。编制电子商务发展规划纲要和创建电子商务集聚区工作方案。全年实现区社会消费品零售额184.5亿元，同比增长13.9%。实际利用外资完成7809万美元，同比增长15.4%。获北京市促消费突出贡献单位及北京市利用外资先进单位称号。

地址：石景山区石景山路18号
电话：68607225
邮编：100043

(郝　响　张　焰)

【签订战略合作协议】　3月2日，区政府与中国石化北京石油分公司签订战略合作协议。根据协议，区政府支持中国石化北京石油分公司在区域的发展，在政策允许范围内为其提供优惠政策和服务。中国石化北京石油分公司发挥资金、人才、科技、市场等优势，支持本区经济建设。

(刘　珊　邓　磊)

【第七届电子商务大会】　4月20～21日，由市商务委、区政府支持，亿邦动力网主办的中小企业电子商务领域盛会“第七届中小企业电子商务大会”在万达铂尔曼大饭店召开。行业专家、企业家代表1800余人参会。大会以“新模式、新思路、新希望”为主题，深入讨论城市与电子商务发展、中国B2B行业网站发展出路等热点话题。对获得上年度中国行业电子商务网站TOP100、最具影响力垂直电子商务网站10强、中国行业电子商务优秀服务商、行业电子商务网站特别贡献奖进行颁奖。

(徐　沫　张　震)

【台湾街观光文化节】　4月28日～5月20日举行。活动期间，客人不仅能吃到正宗的台湾美食，买到正宗的台湾商品，还可以通过现场设置的台湾特色景点，了解日月潭、101大厦、阿里山、渔人码头等宝岛风情，欣赏台湾电影和全天免费的街头音乐表演等，参加“集印章，免费吃喝玩乐”促销活动。每周六、日有大批美院学生团体到台湾

5月19日，举办“第十七届北京商业科技周启动仪式”　(区商务委供稿)

街写生作画。

（董　华　徐　沫）

【完成粮油平衡调查】　4月，区商务委完成上年度本区粮油供需平衡调查。调查城镇居民64户、粮食经营及转化企业29家、餐饮企业及单位食堂30家，形成《2011年度石景山区粮油供需平衡调查报告》，基本掌握全区上年粮油产品供给量、需求量、库存量等基础性数据。

（刘　珊　邓　磊）

【商业科技周活动】　5月19日，区商务委与区商业联合会联合承办的第十七届北京商业科技周启动仪式在石景山万达广场举行。本届科技周以“树立绿色消费理念，倡导科技生活方式”为主题，商业系统各单位开展系列宣传和促消费活动。通过活动将商业科普宣传、节能产品展示和促消费有机结合，突出新科技在消费品领域的应用，让消费者深切体验科技生活，取得良好效果。

（刘　珊　邓磊）

【参与国际贸易会】　5月28日～6月1日，区商务委组团参与首届中国（北京）国际服务贸易交易大会，设立专门区域展示本区电子商务和商务服务业政策环境和发展空间。6月1日，“北京日”活动中，本区作为全市唯一国家服务业综合改革试点区进行专题推介。组织驻区企业库巴科技（北京）有限公司、北京丽贝亚建筑装饰工程有限公司分别与韩国乐金集团、日本三井集团签订亿元以上服务合同。

（董　华　徐　沫）

【举办职业技能大赛】　7月18日，市第三届职业技能大赛石景山赛区收银员工种技能操作初赛在黄庄职业高中举行。本次竞赛以“创新驱动发展、技能成就未来”为主题，区内6家企业33名一线员工参赛，成绩合格率77.42%，13名选手晋级复赛，达到以赛促训的目的。

（刘　颖）

【完成成品油行业年检】　8月，区商务委完成上年度成品油站点经营资质检查，12家加油站提交的年检材料通过审查并换发新证，4家加油站因为申请变更事项等原因推迟年检。

（刘　珊　邓　磊）

2012京西消费节　　（区商务委供稿）

【台湾美食节接客3.5万人】　9月8～23日，由市台办、市商务委、区政府联合主办的第三届“北京台湾美食文化节”在北京台湾街举行。市台办主任马玉萍，市商务委副主任束为，区领导夏林茂等出席开幕式。本届美食文化节延续第二届“味觉印象·咫尺台湾”的主题，以休闲消费为主线，以台湾特色美食为核心，突出“商业、文化、旅游”三大主题活动，通过台湾文化展示墙、主题音乐演出、露天电影、文化大讲堂及街区商户联合促销和慈善售卖等活动，让消费者既可以品味宝岛美食又能感受台湾风情文化。活动期间，北京台湾街百大馆、邓丽君主题音乐餐厅等11家主力店累计实现营业额327.7万元，同比增长14.58%，环比增长9.97%；累计接待顾客3.52万人，同比增长7.98%，环比增长20.55%。

（刘　珊　邓　磊）

【京西消费节活动超300项】　9月8日～10月8日举办。活动延续“惊喜在京西”主标题，突出本届“指点时尚·惠生活”活动主题，以电子时尚消费为主线，以“指点时尚之美食‘惠’”、“指点时尚之休闲‘惠’”、“指点时尚之乐购‘惠’”、“指点时尚之网购‘惠’”和“指点时尚之节庆‘惠’”五大主题活动为主要内容，涵盖京西商家活动超过300项，全面带动京西消费市场，打造石景山吃、喝、玩、乐、购一站式休闲消费体验。据统计，直接拉动企业销售额增长近20%。

（刘　颖）

【出台商务服务业意见】　9月，区商务委结合国家服务业综合改革试点区建设，在全市各区县中率先出台促进商务服务业发展的意见，进一步明确总体思路，量化发展目标，确定发展方向和重点，保障措施，优化企业快速集聚发展环境。意见指出，进一步扩大“京西商务中心”品牌知名度，将石景山建设成为服务京西、辐射全市、面向环渤海的区域性商务服务中心。

（徐　沫）

【创建“数字商务”管理系统】　区商务委开创“数字商务”理念，创建电子信息管理系统，采用信息化管理手段，引用地理信息技术，全面、准确、形象地展示本区商业、商务服务业现状，科学分析业态布局合理性及需求差距，并叠加未来土地规划情况，实现对商业、商务服务业未来规划布局指导，为领导决策提供依据。

（董　华　张　震）

【打造电子商务集聚发展环境】　区商务委研究编制电子商务发展规划纲要

和创建电子商务集聚区工作方案，出台促进电子商务发展暂行办法，宏观指导辖区电子商务发展。其中《办法》共计二十三条，支持对象主要为在辖区办理工商注册和税务登记的电子商务企业。核心内容包括办公用房、企业运营补助、吸纳就业、产业聚集以及资金配套等17条促进政策，共涉及财政支持条目14个。主要内容以完善电子商务发展环境，鼓励发展第三方电子商务服务平台，发展电子商务服务外包和普及电子商务应用为重点。同时，组织实施电子商务研究实训基地的创建。9月底举办北方工业大学、北京工业职业技术学院两个基地授牌仪式，发挥政、校、企三方资源优势，共同推进本区电子商务发展。截至年底，全区共有电子商务类企业200余家，电子商务企业集聚度和电子商务的应用程度在北京市名列前茅。电子商务人才开始向石景山区集聚。已聚集以库巴网，西街网、酷运动为代表的知名网上零售企业，以易宝支付为代表的大型电子支付企业，以亿邦动力网为代表的电子商务媒体和咨询机构，电子商务产业链初步形成。瑞达大厦、盛景国际广场两座区域电子商务特色楼宇，为电子商务企业的发展提供良好平台，带动楼宇经济的发展。其中瑞达大厦被授予北京市首批电子商务特色楼宇称号。

（董　华　徐　沫）

【消费品零售增速列城区第二】 区商务委采取政策奖励、促销活动、发展电子商务等一系列应对措施，实现社会消费品零售额快速增长。举办京西消费节、北京台湾观光文化和北京台湾美食文化节活动，扩大消费增长势头。全年实现社会消费品零售额184.5亿元，同比增长13.9%，完成市13.7%的增长目标，增速列城六区第二位，获市“促进消费突出贡献奖”。

（刘　颖）

【打造特色商业街】 区商务委继续打造北京台湾街品牌。举办2012北京台湾观光文化节、2012北京台湾美食文化节和台湾新春庙会活动，促使商街知名度和影响力进一步提高。为北京台湾街争取政策扶持，获市商务委特色街改造项目后续600万元资金支持，做好扶商、安商、养商工作。

（刘　颖）

【社区商业便民服务】 继续推动社区商业便民服务体系建设，完成全区第二批57个社区的商业便民服务工作（五里坨街道西街社区和苹果园街道边府社区由于在迁暂未实现全覆盖）。高井路社区便民综合服务点建设项目等12个社区商业便民服务项目获得区政府便民工程专项资金支持200万元。

（刘　珊　邓　磊）

【应对“7·21”自然灾害】 区商务委成立防汛应急指挥工作领导小组，启动应急工作机制，加强24小时应急值守，完成物资保障任务。召开重点连锁企业和菜市场保证供应稳定物价工作会，要求各商业企业积极组织货源，丰富市场，增加蔬菜和生活必需品供应，做到供应不断档、不脱销，不哄抬物价，其中物美、永辉两家连锁超市7月22日～8月20日，调运蔬菜近6500吨，散装米2000余吨，面510吨，鸡蛋500吨。接收市商务委、二商集团、物美集团等单位各类物资捐助价值140余万元，及时发放至9个街道办事处、天泰养老院、水孩儿等重点受灾领域和防汛一线干部职工。向3家重点应急储备连锁超市和20余家社区菜市场下发公开信，呼吁广大商业企业响应区委区政府号召，积极开展各项救灾工作。带领永辉超市和华农农资两家公司向房山区青龙湖镇捐赠3000箱矿泉水、500箱方便面救灾物资。启动重点监测企业蔬菜价格日报送制度，各重点监测企业及时、准确上报监测数据，及时了解市场信息，关注市场变化。

（邓　磊　刘　颖）

【典当行业管理】 区商务委年内批准新增典当企业3家，分别为北京金泽通宝典当行有限公司、北京中京典当有限公司、北京鼎瑞典当有限责任公司。典当企业增至15家。4月，完成年度北京市典当企业核查，全区15家典当企业全部通过审核，其中14家被评为A类企业（最高级），1家被评为B级。全年15家典当企业开展业务1488笔，典当总额累计70743.73万元，同比增长13.2%，业务范围涵盖动产质押、房地产抵押、财产权利质押等。

（刘　珊　邓　磊）

【加强安全教育】 区商务委举办大型安全培训2次，聘请市安全协会专家，以政策宣传、案例分析、法律法规解读等形式，对全区商务行业企业法人、安全生产负责人授课。各企业结合工作实际开展各类安全培训36次，企业员工受教育面达到90%。4月1日，开展“两个安全生产规定”实施5周年宣传活动；6月10日，参与本区组织的“安全生产月”大型咨询日活动，制作安全宣传展板9块，发放安全生产宣传材料1000余份。

（迟小丽　张　弋）

【安全生产监管】 区商务委立足“安全第一、群防群治、无缝对接”工作目标，加强对消防安全、预防煤气中毒、食品安全等专项安全隐患排查整治力度。结合“打非治违”、“护航”联合行动、“火灾隐患排查”、“燃气隐患排查”、“安全生产月”等专项行动，深入推进商务行业“抓安全、查问题、改隐患”安全大检查活动，全年检查企业256家次，出动512人次，查出安全隐患49处，整改率100%。

（迟小丽　张　弋）

对外经济

概　述

区商务委完成实际利用外资7809万美元，同比增长15.4%；新批外商投资企业49家，投资总额1.3亿美元；注册资本9646.8万美元；合同外资总额7737.3万美元；平均投资规模265.3万美元。开业外商投资企业新增投资总额6800.2万美元，其中外方增资3901.2万美元。投资总额1000万美元以上的大项目2个，合计投资总额2927.5万美元，注册资本2117.5万美元，合同外资总额1644.3万美元，分别占全部新批项目的22.5%、21.9%和

21.3%。对外投资新设立企业6家，变更6家，对外增资4730万美元。对外贸易经营者备案173件。完成进出口总额6.3亿美元，其中出口额3.4亿美元。全年缩短承诺审批率71%。获市商务委颁发的“宣传出口信用保险先进单位”荣誉称号。

（刘玉杰　崔晶雪）

【参加“京交会”】　2月23日，成立由区13个相关部门组成的石景山区“京交会”工作领导小组，明确参加“北京日”推介活动和推荐区服务业优势企业参会。有8家企业参加“动漫游戏企业洽商会项目配对”活动，其中2家企业进行项目推介。为期4天的动漫游戏专业板块活动中，本区企业达成签约意向10.5亿人民币，占全市动漫游戏专业板块签约意向总额的23 %。驻区企业库巴科技（北京）有限公司、北京丽贝亚建筑装饰工程有限公司分别与韩国乐金集团、日本三井集团签订服务合同。

（刘玉杰　崔晶雪）

【外贸进出口】　全年完成进出口总额6.3亿美元，其中出口额3.4亿美元，占全部进出口总量的54.4%。出口商品以工业制成品为主，主要销往美国、香港、南非、日本、新加坡、荷兰、英国、德国等国家和地区。进口总额2.9亿美元，同比增长22.1%。

（刘玉杰　崔晶雪）

【外资结构】　截至年底，开业外商投资企业310家。按企业生产方式划分，生产型企业71家，非生产型企业239家；按合作方式划分，合资企业91家，独资企业216家，合作企业3家。累计投资总额20.3亿美元，注册资本12.6亿美元，合同外资8.5亿美元，企业平均投资规模654.8万美元。

（刘玉杰　崔晶雪）

【外资来源】　累计外资主要来源32个国家和地区。其中企业数量最多为中国香港，设立“三资”企业163家，外资额为3.7亿美元；其次为美国，设立“三资”企业22家，外资额为1383.2万美元；英国（含维尔京群岛和开曼群岛）首次超过日本，位居第三，设立“三资”企业20家，外资额为8964.3万美元；3个国家和地区的投资企业数分别占全区外资企业总数的52.6%、6.8%和6.5%。

（刘玉杰　崔晶雪）

【新批外资规模】　新批外商投资企业49家；投资总额1.3亿美元；注册资本9646.8万美元；合同外资7737.3万美元；平均投资规模265.3万美元。开业外商投资企业新增投资总额9096万美元，其中外方增资4597万美元。

（刘玉杰　崔晶雪）

【新批外资结构】　新批“三资”企业中，从企业类型上分，合资企业10家，投资总额4097.5万美元，注册资本3902.3万美元，合同外资总额2000.7万美元；独资企业39家，投资总额9026.1万美元，注册资本5744.5万美元，合同外资总额5736.6万美元。从产业结构上分，新批“三资”企业全部符合区产业发展定位。其中，商务服务类企业占新批企业95.9%。主要涉及科技研发、商业批发、商务咨询、外贸进出口等行业。

（刘玉杰　崔晶雪）

【外资大项目】　引进外资项目在规模和质量上不断扩大和提升。新批项目中，投资总额1000万美元以上的大项目2个，合计投资总额2927.5万美元，注册资本2117.5万美元，合同外资1644.3万美元，分别占全部新批项目的22.5%、21.9%和21.3%。

（刘玉杰　崔晶雪）

【促进金融企业发展】　针对金融危机以来国际市场持续低迷，造成外经贸企业出口压力，通过搭建企业与企业之间、企业与金融机构之间、企业与政府之间沟通互动服务平台，推动外经贸企业发展。7月，举办京西外经贸企业政策培训会，整合优势资源，有针对性的就外经贸企业的融资、国际结算、海关、政策等方面进行讲解，近80家企业100余人参加会议，发放政策汇编等宣传资料300余册。10月，举办小微外贸企业政策培训会，通过政策引导，帮助中小企业挖掘潜力，稳定中小企业外贸出口。全年2次组织区内外贸企业参加由市商务委与市政府外办、海关、出入境检验检疫、国税、外汇管理等部门联合举办的“进出口政策服务咨询会”。

（刘玉杰　崔晶雪）

【外贸扶持资金审核】　支持中小企业走出国门，开拓国际市场，是市实施“走出去”战略的重要支持政策。年内，有33家企业报送资料，申报待审批项目84个，合计实际拨付金额147.1万元。申报项目中：境外展览会30个、境外市场考察21个、管理体系认证8个、产品认证8个、国际市场宣传推介9个、电子商务4个、广告商标注册4个。其中，拥有自主知识产权和自主创新产品1家。办理“中小开”

6月，文献在“京交会”上介绍本区服务业发展环境　（区商务委供稿）

(中小企业国际市场开拓资金)企业资质审核11家。

(刘玉杰　崔晶雪)

招商引资

概　述

北京市石景山区投资促进局(简称区投促局),是区政府组织、管理、协调、指导全区招商引资工作的职能部门。年内,坚持以"深化专业招商,优化品牌服务,推动区域经济全面转型"为主线,以引进税源型龙头企业为重点,建设综合服务平台、投资信息平台、创新发展平台,打造专业化招商队伍。按照"求快、求好、求实"的指导思想,全面推进招商引资工作向纵深发展。符合CRD产业方向发展的企业持续增加;文化创意、高新技术产业品牌效应持续提升;旅游休闲、商务服务产业新增亮点持续呈现;现代金融环境持续优化。实现招商引资和形象宣传两个突破:全年新引进企业1804家,累计注册资金90亿元,全区累计新增企业8243家,实现税收30亿元,入区财政10亿元,经济总量不断提升,财政收入稳步增加;承担政府36项折子工程,其中牵头5项。举办"驻京中外知名企业石景山行活动",全年组织召开、参加包括文博会、科博会、京港洽谈会等各种宣传推介活动17余次,接待瑞士企业代表等投资考察团14次,宣传受众数千人次。区投促局以打造"石景山服务"品牌为目标,围绕服务重点企业进行走访和解困工作,竭力解决中小企业融资难的问题。结合区情实际,研究制定《石景山区优化经济发展环境的实施办法》,统筹全区新出台政策;编印《石景山区经济促进政策指南》改版区情介绍PPT。坚持以培育新兴主导产业为重点,全面整合资源,招商引资成效明显。成功引进中煤地质、中国光大银行信用卡中心等具有较大影响力的企业。

地址:石景山区石景山路18号机关南楼

电话:88683088

邮编:100043

(张　涛)

【市区联动招商】 5月30日,市投资促进局和区政府联合主办的"驻京中外知名企业投资石景山行"活动在万商花园酒店举办。市投促局局长周卫民致辞,夏林茂介绍首钢涉钢产业搬迁后石景山区面临的发展新机遇,着重强调"石景山服务"品牌在投资优惠政策、政府服务团队等"软环境"建设方面的主要优势。文献推介国家服务业综合改革试点区,北京京西创投基金管理有限公司代表进行"创新金融模式 助力区域发展"主题演讲。同时,政企代表之间还进行深入对话和互动交流。活动吸引来自中国航空油料、香江国际、广发证券、昆吾九鼎、屈臣氏集团、香港商会等141家企业约220位代表参加活动,涵盖驻京跨国公司、大型民企、领军企业和上市公司、VC/PE投资机构、央企、国内外商(协)会、招商中介机构等八大类企业,是"驻京中外知名企业投资区县行"活动举办以来,参与人数较多、规模较大的一次。会后,部分企业代表考察中国动漫游戏城、永定河绿色生态发展带和中关村石景山园。在会前和会中,区投促局先后下发《现场提问调查表》、《项目信息收集表》,深入了解投资人的服务需求和投资意向,为项目对接和持续跟进做好充分准备,会后派人及时跟进追踪项目情况。这次活动对接洽谈了包括文化创意产业、体育休闲健康产业等在内的18个项目,投资意向金额约246亿元人民币。

(张　涛　赵　娜)

【创新企业走进石景山】 7月17日,区政府在京燕饭店与北京民营科技实业家协会联合主办"创新企业走进石景山活动"。文献向与会者介绍区域投资环境、产业定位、项目规划和优惠政策。同方股份有限公司、北京交大微联科技有限公司、北京中科红旗软件技术有限公司等70余家企业参会,并考察中关村石景山园南区。区政府有关领导和区发改委、经信委、国资委、科委园区等13家部门负责人出席会议。

(张　涛　赵　娜)

【搭建投融资新平台】 10月26日,京港科技企业融资渠道高峰论坛在本区举办。该论坛旨在为投融资双方搭建一个沟通交流与合作共赢的平台,通过围绕中小企业和科技企业发展面临的融资难题等问题进行深入探讨,为企业发展寻找方法。来自183家企业的200余名代表参加论坛,其中兴业银行、天裕创投、环球(香港)科技有限公司等企业对地区投资环境给予肯定,对企业融资项目表示合作意愿。会上,举办石景山区京港投融资协会揭牌仪式。该协会已发展20名投融资领域的企业家和30家投融资方面的代表企业作为协会的个人会员和单位会员,其中包括赛伯乐中国、中港融通基金、中富投资集团等业内知名企业。

(张　涛　赵　娜)

【参加第十六届京港洽谈会】 11月5日,区投促局参加在香港举办的第十六届北京·香港经济合作研讨洽谈会。通过专题推介、座谈交流、滚动播放宣传片、展板、发放宣传材料、文汇报及明报专版介绍等方式,展现国家服务业综合改革试点区、新首钢高端产业综合服务区潜力与前景,扩大区位优势及投资环境的吸引力和CRD品牌知名度。会上,区政府与中国节能环保投资有限公司签署战略合作协议。区企FAB精彩集团分别与香港山城集团、香港鸿翔科技集团就5C数字多媒体终端机——智慧(香港)旅游项目、5C数字文化产业国际平台项目签订合作协议,签约资金36.1亿元。

(张　涛　赵　娜)

【拓展海外招商平台】 11月23日,区投促局与意大利途西雅旅游协会签署海外招商机构委托协议。内容包括中方在欧洲设立招商引资海外平台,开展宣传推介及文化、专业知识培训工作;意方负责协助在境外宣传本区投资环境和推介重点招商项目。

(张　涛　赵　娜)

【中国动漫集团落户】 12月20日,区政府、中国动漫集团、通用地产有限公司在中国科技会堂签署三方战略合作协议。中国动漫集团购买石景山通景大厦9－14层约12000平米写字楼用于“中国动漫游戏行业综合服务平台”建设，该服务平台主要包括“一中心、一系统、一平台”，即国家动漫创意研发中心、动漫内容集成分发系统和动漫游戏无线整合运营平台。中国动漫集团有限公司是由国家财政部出资、文化部管理的国有独资文化央企，自上年启动国家动漫创意研发中心、动漫内容集成分发平台、动漫游戏无线整合运营平台三个国有资本金项目建设，项目分别申请资金5.6亿元、2.6亿元和1.5亿元，首批资金合计2.2亿元年底拨付到位。

（张　涛　赵　娜）

【新引进企业1804家】　全区新引进企业1804家，同比上升6%；引进企业中，注册资本金千万元以上规模企业160家；注册资本金亿元以上规模企业16家。新增企业全年实现税收30亿元，同比增长27%，实现入区财政10亿元，同比增长20%，占全区一般性财政收入40%。

（张　涛　赵　娜）

【招商形式多样化】　区投促局利用商会、协会、中介机构开展委托招商，建立广泛联系制度和企业专项服务制度，搭建合作招商机制，共同引进和培育符合区域产业定位企业。与驻京省（市）级商会对接，建立商会定期走访制度，深入挖掘优质企业资源，掌握各商会会员投资动向。主动参与举办大型活动，增加与成熟企业交流机会，扩大区域影响力。借助各类市级商会，与参展商直接对接。主动参与重点展会，针对符合地区产业定位的全国参展企业，直接开展区域项目宣传推介，做好后续追踪，确保项目落地。

（张　涛　赵　娜）

【助推区域经济转型】　区投促局多措并举，优化投资服务环境，促进区域经济转型升级。打造服务品牌，创新服务体制机制，制定优化经济发展环境的实施办法、“石景山服务”行动计划等一系列政策文件，建立区创新服务平台，设立“石景山服务”专项资金，建设服务支撑载体，组建服务专业团队。继续实行“一企一策”支持方式，逐步扩大获得“石景山区CRD绿卡”重点企业范围，完善领导联系重点企业制度，重新评定317家重点企业，调整确定33位区领导及享受区级待遇的领导联系68家重点企业的工作分工，改编、印制和下发新版服务重点企业工作手册和区领导联系重点企业工作手册。在完善联络员体系基础上，季度性收集各成员单位为驻区重点企业办理行政审批事项和提供个性化服务情况。年内，31家“绿色通道”服务体系单位为317家重点企业办理行政审批事项及个性化服务4049项。联合区工商分局、国税局、地税局组织召开企业座谈会，围绕区域经济发展服务、招商引资工作服务、商务楼宇业主服务、入驻企业服务四方面打造招商引资“一站式”精品服务品牌。举办主题为“倾情石景山，服务促发展”交流活动，为企业提升国际竞争力创造良好条件。

（张　涛　赵　娜）

【依托载体扩大宣传】　区投促局以各类经济会议为平台，通过编印招商材料、宣传册、展板、PPT等形式扩大宣传，依托电视台、报纸、网站等有效途径推介本区投资环境。与区广电中心联合推出《石景山服务》栏目，主要关注转型时期本区文化创意、高新技术等主导产业的发展情况和优惠政策。以年招商引资工作重点和方向、本区服务品牌建设和第六次经济发展推进大会为题，制作三期对外播出。

（张　涛　赵　娜）

企业经营

北京万商投资发展有限公司

【概况】　北京万商投资发展有限公司（简称万商公司）是由原石景山区城市建设开发公司于2006年6月改制重组的国有独资企业，以酒店经营、物业管理、资产运营和机动车检测为主要业态。公司下设万商花园酒店、万商如一酒店管理公司、万商物业管理公司、石景山机动车检测场等多家子公司，具备雄厚发展实力。年内，围绕“增收创效”主题，以“稳定”、“稳进”为指导，积极推动K地块拆迁，不断深化企业改革，持续加强企业管理，全面推动经营工作的开展，企业经营状况趋稳。全年公司实现营业收入1.7亿元，向国家上缴税金1716万元；全年实现安全生产无事故，圆满完成各项经营管理指标。1月9日，北京万商如一快捷酒店管理有限公司在区工商局完成注册。加强区国有资源整合调整，区国资委将直接监管的海特饭店交由万商公司托管。4月，完成托管交接。6月对长期亏损的独资子公司顺康装修队进行调整剥离。7月11日，万商如一酒店管理公司与北京景阳天昊投资管理公司成功签约京原路1号项目。北京万商花园酒店餐饮部获区青年文明号称号。北京万商如一快捷酒店管理有限公司党支部获区国资委系统创先争优先进基层党组织称号，管理的奥林匹克公园店获年度锦江之星优秀经营奖。

地址：石景山区石景山路22号
电话：68681188
邮编：100043

（卿　亮）

【华联商厦装修改造工程启动】　3月8日，位于石景山路22号的华联商厦正式停业改造。华联商厦是万商公司重要出租房产之一。地上5层、地下2层，总建筑面积1.5万平方米，工期预计为18个月，改造后新增面积约2000余平方米。

（卿　亮）

【花园酒店完成标准化验收】　3月，花园酒店参加酒店标准化培训班，全面推进酒店标准化建设。年内完成酒店星级复核。通过市政府采购中心复核验收，完成中央政府采购合同续签工作。

（卿　亮）

【检测场推行网上预约验车】　8月，根据市交管局要求，石景山机动车检测场推行“网上预约验车，不用排队等候”等措施。提供预约车客户休息室，室内免费提供电脑、电视、报纸杂志等，客户可以实时观看整个验车流程。

（卿　亮）

【如一游乐园店试营业】 12月28日，如一酒店八角游乐园店对外试营业。该店成为北京万商如一快捷酒店管理有限公司经营规模最大的酒店，建筑面积10603平方米，有客房224间。

（卿 亮）

【经营业绩】 年内，公司全体员工以减亏增效为主题，深入推进企业改革，全面拓宽经营思路，实现总营业收入1.7亿元。公司加强商用资产管理，完善租赁管理制度和工作流程，加大写字楼欠租清缴力度，提高出租率，全年实现房产租赁收入3969万元。万商花园酒店加强会务接待和高端顾客市场拓展，实现营业收入4840万元。万商运动中心坚持以经济效益为中心，实现营业收入1130万元。万商如一酒店管理公司坚持以服务取胜、以质量取胜的经营理念，实现营业收入4260万元。机动车检测场秉持“热情服务，严格执法、规范验车”理念，年内验车63000辆，实现营业收入1280万元。海特饭店借助与万商公司托管合作的良好契机，实现营业收入1428万元。

（卿 亮）

【K地块拆迁全部完成】 K地块东邻银河大街、西临鲁谷北路、南临鲁谷村路、北邻鲁谷北街，用地面积40500平方米，地面建筑物建筑面积37320平方米。K地块拆迁是服务于银河商务区建设的区政府折子工程。至上年11月，完成工业厂房的租户腾退工作。1月，基本完成京西电子城搬迁洽谈工作。11月，拆迁任务全部完成，搬迁后的土地整体移交区土地储备中心。

（卿 亮）

【机动车检测场新增尾气线】 石景山机动车检测场是京西地区大型检测场之一。为应对逐步增长的市场需求，新增加一条尾气检测工作线以提升检测能力。检测场全年验车量超过6万辆。

（卿 亮）

北京市永定林工商公司

【概况】 北京市永定林工商公司（以下简称公司）隶属于北京市园林绿化局。公司占地总面积141万平方米，其中苗木用地124万平方米，工副业用地17万平方米，办公厂房建筑2.2万平方米，所属企业总注册资金3021万元。公司机关设办公室、人事劳资科、计划财务科和经营管理科，苗木生产科、后勤服务部。下设都西景河绿化公司、林业送变电工程公司、永定金属材料厂、永定液压件厂、永定化工厂等九个直属单位。公司职工500余人，其中高级技术人员3人，中级技术人员25人，中高级技术工人90人。党委下设八个党支部，有党员67人。年内，按照“坚持绿色转型、提升经营发展、传承永定精神、打造一流公园”发展方针，促转型、谋发展、凝众心、构和谐，带领干部职工以经济效益为中心，以推进休闲森林公园项目建设为重点，探索公司未来发展之路，经营管理和党务政工等各项工作取得重大进展。按照“整合资源、产业转型、长效发展、团结共进”工作思路，一方面积极拓展业务、开源节流，加大产业结构调整力度，努力压缩各项成本开支，一方面全力抓好产业项目推进等各项工作，不断提升市场竞争力和经营效益水平。超额完成年初职代会确定各项工作目标与任务，全年实现经营收入1.877亿元，税前创利378万元，上交各种税金1021万元。

地址：石景山区京原路55号
电话：88958104
传真：88957379
邮编：100043

（巩云鹏）

【完成主题公园主体建设】 公司承建永定河绿色生态发展带“五园一带”项目之一的永定河休闲森林公园项目，总面积1815亩，其中潜流湿地450亩，总投资1.58亿元，公园内部依势分为生态休闲、森林氧吧、田园休闲、待建湿地四个区域，园内主要景观按照“一带、两核、多点”为布局，一带为3公里滨河风景带；两核为主入口广场、永定河文化广场；多点以园区内分布的休闲广场为结点，打造全园三季有花、四季常青的自然景观效果，是集市民休闲、娱乐、集会、文化、体育健身等功能为一体的公益性城市公园。年底完成主体建设。

（巩云鹏）

【调整产业结构】 公司应对首钢搬迁和首都电力行业调整的冲击，调整产业结构，终止与两家“夕阳”产业单位承包协议，调整一家经营单位主营业务，成立园林绿化公司。与各所属企业签订新一轮经营承包协议，明确各项指标与任务，权责进一步明确。

（巩云鹏）

【加强安全生产】 年初，公司与所属各相关单位签订安全、交通、防火责任书，修订各项安全管理制度和安全预案，做到安全责任到人。组织60多名职工参加安全生产月知识竞赛。邀请市局应急处对公司中层干部进行安全应急知识培训，提高安全意识和应急处理能力。与驻地武警共建单位建立防火联合体，互通信息，联防联治，确保防火安全。全年安全检查12次，发现隐患全部整改。

（巩云鹏）

旅 游 业

石景山区地处北京西山风景区，自然风光优美，区域旅游资源丰富多彩，得天独厚，呈现“一半山水一半城”的独特格局。西有八大处、法海寺、天泰山和永定河等诸多文物古迹和山水资源，东有石景山游乐园、老山郊野公园和北京国际雕塑公园，特有的都市山林资源具备天然旅游、休闲娱乐的优势。正在开发的永定河绿色生态发展带、西山八大处文化景区等，均为被看好的旅游文化休闲项目。旅游业基本形成“一轴连城郊、一带贯京西、三核带三区”的总体空间布局。“一轴”是指以长安街西延长线为主轴，连接核心城区与门头沟区，打开北京西大门；“一带”指永定河绿色生态走廊，串联北京西南五区的旅游资源和旅游市场；“三核”即石景山游乐园及奥运场馆群、首钢工业文化旅游区、八大处公园；“三区”即东部现代旅游区、中部创意休闲区、西部文化旅游区三个旅游休闲特色鲜明的功能区。

近年来，区委区政府坚持以打造首都文化娱乐休闲区为主线，全面加强“东部现代娱乐旅游区、西部生态休闲旅游区”建设，着力推进由观光旅游向购物、休闲游转变，由传统的旅游消费向综合性消费转变，促进区域旅游产业快速发展，旅游经济实现快速增长。新建、改扩建旅游休闲项目20余个，旅游及相关项目投资达到24亿多元；累计开展主题营销活动52个，直接拉动区域消费11亿多元。通过资源整合，形成众多传统旅游文化品牌活动。春有“迎春洋庙会”和八大处中国园林茶文化节，夏有“北京狂欢之夏”，秋有北京重阳登高节，已成为北京市重点旅游活动。

旅游休闲成为地区五大主导产业之一。旅游综合收入实现连年增长。据统计，“十一五”期间，实现旅游综合收入69.33亿元，年均增长15.6%，增幅在全市位居前列；接待游客3868.5万人次，年均增长10.33%，增幅居全市之首。2010年旅游收入占全区GDP的6.5%，上年旅游综合收入为31.3亿元，在全市各区县排名第13位，同比增长17.1%，增幅位居全市第7位；接待量1077万人次，全市排名第8位，同比增长18.1%，增幅排名第4位。有主要景点8家，其中4A级2家（石景山游乐园、八大处公园），文物参观点4家（法海寺、慈善寺、田义墓、第四纪冰川遗迹陈列馆），全国工业旅游示范点1家（首钢工业游），精品公园1家（北京国际雕塑公园）。全区有星级宾馆6家，其中四星级1家，三星级2家，二星级3家；待评五星级饭店1家，拟申请四星级饭店1家；社会旅馆有89家。备案的旅行社分支机构或门市部15家，其中国内旅行社14家，国际旅行社1家；旅游经营单位有145家，经营规模进入全市旅游统计范围的97家，旅游业直接从业人员4112人。

（李文娟）

旅游管理

概　述

北京市石景山区旅游发展委员会（简称区旅游委）是负责本区旅游行业管理的区政府工作部门。是年，随着地区进入战略转型、爬坡上行关键时期，区旅游委确立大旅游发展理念，有效整合区域旅游资源，围绕“打造北京CRD，构建和谐石景山，建设现代化首都新城区”的战略目标，稳步推进两个旅游功能区建设，加快推进旅游项目建设，夯实产业发展基础，积极构建创新发展格局，成功举办系列旅游活动，举办首届“光影文化季”暨首钢灯光节活动，推动旅游业再上新台阶。全年旅游接待人数925.5万人次，实现旅游综合收入34.46亿元，同比增长10.2%；旅游综合收入创历史新高，进一步确立旅游支柱产业地位。

地址：石景山区石景山路18号
电话：68607216
邮编：100043

（李文娟）

【春节接待游客82.35万人】 春节黄金周期间，旅游节庆活动丰富多彩：石景山游乐园北京洋庙会成功将欧美时尚元素融入中国传统庙会集市，洋为中用，中西合璧，已成为石景山区的一个品牌；八大处公园举行的新年敲钟祈福活动，吸引大批游客前来祈福纳祥，仅大年初一就有11.8万名游客汇聚此地，敲钟、祈福、迎接新年；北京国际雕塑公园以“炎黄子孙共度佳节，龙的传人同庆新春”为主题，举办第四届新春文化庙会暨首届“北京·台湾新春文化庙会”，将宝岛台湾的春节气息带到大陆。旅游综合收入实现既定目标，纳入监测范围的重点旅游经营单位共28家，黄金周期间共接待游人82.35万人次，实现综合收入1340.53万元，分别下降18.52%和25.56%。其中，石景山游乐园接待游客31.1万人次，综合收入870万元；分别下降11.9%和23.6%；八大处公园接待游客22.01万人次，综合收入80.71万元，分别下降8.4%和25.3%；国际雕塑公园接待游客28.75万人次，综合收入32.34万元，分别下降23.5%和47.2%。纳入假日旅游统计范围的住宿单位接待人数和综合收入分别为2978人和350.05万元，同比增长40.7%和下降26.1%。

（李文娟）

【节日旅游秩序良好】 为确保游客度过一个欢乐祥和的春节，旅游、公安、安监、工商、城管、交通、消防、文委、卫生等区假日办成员单位全力为假日旅游保驾护航。各成员单位开展多种形式的执法检查、市场监测和环境整治工作，加大对“一日游”旅游市场、治安、防火、食品、交通、特种设备的安全检查监管力度。共出动执法人员4235人次，执法车辆1095台次，检查景点、餐饮、商（超）市、文物等旅游企业及文化娱乐场所369家，查处各类违规行为216起。实现“安全、秩序、质量、效益”四统一的假日旅游工作目标，重点住宿单位除为游客准备形式多样的除夕年夜饭以外，还在春节期间的住宿、餐饮、休闲、娱乐等方面采取优惠酬宾措施。

（李文娟）

【获“智慧旅游”行动支持】 3月，区旅游委按照北京市2012－2015年“智慧旅游”建设行动计划，结合本区实际，积极争取"智慧旅游"行动支持。已经确定的支持项目有:A级旅游景区改造星级厕所2个;增设中、英、俄、韩、日五种文字全景牌2块;A级旅游景区和三星级(含)以上饭店配装旅游信息电子触摸屏5块;老山郊野公园旅游配套项目等。

（李文娟）

【市旅游委调研旅游资源】 4月8日,市旅游委主任鲁勇对石景山区旅游项目资源进行调研。夏林茂等陪同调研。鲁勇一行听取区政府对举办首届北京国际灯光(焰火)节筹备情况以及八大处景区旅游项目规划的汇报。实地察看首钢老厂区设施设备。鲁勇指出,要发挥首钢自然资源和工业遗产资源,立意要高,主题要更突出。使北京首钢国际灯光节与世界接轨,发挥创意想象,展示北京城市文化;要零整结合,商业运作。区分好白天与夜晚的主题,利用厂区资源优势做好衔接,营造独特的灯光艺术氛围,为文化创意人才提供展示舞台;要注重体验,挖掘消费潜能。使游客在欣赏炫目灯光的同时可以充分体验和互动,并研究相关的衍生旅游产品,努力挖掘灯光节的效益最大化;要注重完善灯光节的长期运行模式,并把它作为A级景区进行配套。

（李文娟）

【"五一"接待游客22.72万人】 "五一"小长假期间,列入假日旅游统计监测单位28家,其中旅游景区8家,住宿单位20家。实现旅游综合收入840.16万元,接待游人22.72万人次,分别增长10.8%和30.2%。其中八大处公园接待游人9.35万人次,综合收入43.22万元,分别增长15.4%和15.1%;石景山游乐园接待游人7万人次,综合收入470万元,分别增长22.8%和15.2%;国际雕塑公园接待游人6.07万人次,综合收入6.84万元,分别增长9.7%和15%;全区20家市、区级住宿监测单位接待人数和综合收入分别为1687和291.38万元,同比下降21.5%和增长8.14%。

（李文娟）

【首钢旅游区开放】 5月19日,第八届首钢月季赏花会开幕。期间有300多个品种的11万余株月季开放;可乘坐"先行号"小火车游览首钢厂区,观看"首钢改革历程展"、"新首钢高端产业综合服务区规划展"等展览及多项文艺演出。本次活动是首钢上年全面停产后,首次向公众开放。

（李文娟）

【中国旅游日活动】 5月19日是"中国旅游日"。八大处公园、石景山游乐园、法海寺、海特饭店、万商花园酒店等旅游经营单位以提供旅游咨询、发放宣传册、免票入园、优惠票价等形式开展形式多样的服务、优惠活动。首钢集团、区图书馆、性与生殖健康科普展、区科技馆于5月19日、9月27日设立旅游开放日,向公众免费开放。

（李文娟）

【参与旅游美食大集】 6月22～24日,区旅游委率八大处公园、石景山游乐园、台湾街、区残联实康苑商贸中心等单位参加市旅游委在奥林匹克公园组织的"吃在北京—北京旅游美食季"北京旅游美食大集活动。以突出传统特色美食为主题,通过现场品尝及文化展演等方式向游客宣传石景山旅游和美食,突出展现参展企业品牌形象,吸引众多业内人士和旅游者参观咨询。活动期间展区接待游客5000余人次,发放宣传资料6000余份。

（李文娟）

【参与行业技能大赛】 6月28日,历时三个月的全市旅游行业安全技能大赛结束。石景山游乐园、海特饭店等9个单位代表本区旅游行业参加全市安全技能大赛,获一个第2名、一个第5名、一个第6名及最佳精神文明奖。

（李文娟）

【首届光影文化季】 9月17日～10月7日,2012"闪耀北京"光影文化季暨首钢灯光节在首钢石景山主厂区群明湖水上舞台开幕。活动由区政府、市旅游委和首钢总公司联合主办,以"光影新首钢·闪耀北京城"为主题,以光影为主线,举行"首钢灯光节"、"北京国际光影装置艺术展"、"新声音乐节"、"国际花车巡游"等系列旅游文化活动,融"光影艺术"、"工业旅游"、"科技环保"、"创意文化"为一体,为北京夜间的旅游项目融入全新元素,点亮首都"西大门"。活动期间,石景山游乐园南门绿色广场举办首届北京国际光影装置艺术展,展出来自世界各地的10多名光影装置艺术家的近60件环保光影艺术作品,游乐园内对重点项目及主要景观进行灯光装饰,并开展主题游览、快乐嘉年华、动漫盛典、周末剧场等系列旅游文化活动,石景山路沿线景观照明工程"亮丽西长安"也亮丽呈现。本次活动历时21天,期间接待游客4万余人次。

（李文娟）

游人参观首钢　　（首钢公司供稿）

9月17日，首届光影文化季开幕　　（杜　雷）

【"十一"接待游客75.53万人】　中秋、国庆假日，全区旅游安全有序，旅游人数和旅游综合收入稳定增长，纳入监测范围的25家重点旅游经营单位，共实现旅游综合收入2010.26万元，旅游接待人数约75.53万人次。同比分别增长1%和15.37%。其中，石景山游乐园接待游人29万人次，实现营业收入1020万元；八大处公园接待游人34万人次，实现营业收入107.3万元；国际雕塑公园接待游人11.2万人次，实现营业收入15.38万元。纳入假日旅游统计范围的住宿单位接待人数和综合收入为4065人和720.93万元，同比分别增长14.4%和24.93%。节日期间，举办丰富多彩的旅游节庆活动。2012"闪耀北京"光影文化季暨首钢灯光节、国际光影艺术装置展、2012"京西消费节"、第27届石景山区金秋体育盛会、第二届北京重阳文化节暨第25届北京八大处重阳游山会、石景山游乐园欢乐金秋游园会等系列活动在节日期间悉数登场亮相。

（李文娟）

【评选"我喜爱的石景山礼物"】　10月11日，由区旅游委主办，区旅游协会承办的第九届"北京礼物"旅游商品大赛石景山赛区"我喜爱的石景山礼物"评选活动揭晓。八大处普洱四季养生大礼包、京剧人物画《同光十三绝》、柿柿如意礼盒、《铁色记忆》最后一炉钢小镇尺、石府石雕工艺品、京西八景剪纸、八大处芸天下大红袍、京剧四大名旦鼠标垫、首钢八景系列纪念杯、伊文木人服饰10件商品作为最佳商品推荐至市"北京礼物"旅游商品大赛组委会，代表本区参赛。

（李文娟）

【首钢群明湖项目通过评审】　12月18日，市旅游委组织的北京市旅游专项资金专家评审会通过首钢群明湖国际灯光艺术广场项目。该项目是打造首钢工业文化旅游区的一期工程，于9月建成。内容包括音乐喷泉、水幕电影、水上舞台、球罐3D灯光照明系统、群明湖水榭灯光装饰、土建改造工程等。项目总投资4843万元，申请奖励资金1759.5万元。

（李文娟）

北京石景山游乐园

概　　述

北京石景山游乐园是一座以童话世界、梦幻乐园为主题，亚洲地区游艺项目最多的大型现代化游乐园。年内，落实区委区政府"打造北京CRD，构建和谐石景山，建设现代化首都新城区"的战略目标，以"打造品牌增效益"为中心，按照"改革、改造、发展、创新"的工作思路，坚定信心，紧抓机遇，努力提升品质与档次，增强吸引力，提高社会知名度和美誉度，创造良好的经济效益与社会效益，实现企业健康、快速、可持续的发展。全年购票入园人数134万多人次，综合经营收入9670万元。被评为全国精神文明建设工作先进单位，首都文明单位标兵、市旅游标准化示范单位、市交通安全先进单位，区重点企业、区国资系统创先争优先进基层党组织、区爱国拥军模范单位、区防汛救灾工作先进集体等荣誉。

地址：石景山区石景山路25号
电话：68876016
邮编：100043

（刘鸿静）

【第十二届北京洋庙会】　1月23～29日（大年初一至初七）举办。活动以"中西合璧异域风情'北京洋庙会'，吃喝玩乐激情狂欢石景山游乐园"为主题，以2012名洋人逛洋庙会、五洲风情盛装花车行进表演、首届冰雪嘉年华炫酷登场，中西合璧美食品洋味等九项活动为主要内容，以体验经典游

洋庙会上的洋小吃
（石景山游乐园供稿）

艺项目为载体，按照“看洋景儿、听洋曲儿、品洋味儿”的活动总要求，通过五洲风情盛装花车行进表演、西方民俗表演和童话卡通表演等形式，以及运用新服装、新道具、新造型、新彩车、新旋律营造出“洋庙会”狂欢氛围。7天入园人数25.6万多人次，全园综合经营收入实现1036万元。

（刘鸿静）

【第十二届春之韵游园会】 4月29日~5月1日举办。以“动感时尚游乐园，欢乐聚‘惠’春之韵”为主题，集休闲、观光、踏青、游乐为一体，融合低碳、环保、健康理念，通过品尝缤纷美食超级乐购、寻觅春日笑脸秀灿烂、体验巅峰游艺狂欢等活动体现游园会特色。活动首日，区工会组织劳模代表到游乐园免费参观游览，乘坐游艺项目。

（刘鸿静）

【第九届环球宝贝活动】 6月1~3日，游乐园与中国国际友好文化节组委会、国家质检总局、中国游艺机游乐园协会共同举办。“环球宝贝庆六一”活动以“为了孩子的安全幸福，为了明天”为主题，内容包括：特种设备安全宣传；环球宝贝庆“六一”国际儿童节联谊会；首家“XD飙风速世界体验馆”亮相。活动得到教育部、国际教科文组织、联合国儿童基金会驻华代表处、中国特种设备安全与节能促进会、中国特种设备检验协会、市质监局和区政府的支持。

（刘鸿静）

【第九届北京狂欢之夏】 7月11日~8月31日举办。同步开展为期52天的以“打造品牌增效益”为中心，以“安全、优质、高效”为主题，以“三比、三赛”为主要内容的第二十三次劳动竞赛活动，同时开展晚场经营。

（刘鸿静）

【刷卡系统停用】 9月28日，游乐园内电子刷卡系统正式停用，启用纸质票，改善门区使用刷卡系统出现游客拥堵和滞留现象。结合乐园实际对电子刷卡系统进行全面提升改造，以满足经营需要。

（刘鸿静）

【欢乐金秋游园会】 9月30日~10月7日，游乐园举办以“金秋欢聚，精彩炫动”为主题的“欢乐金秋游园会”活动。主要内容包括北京国际光影装置艺术展、“炫彩年华”涂鸦艺术周、东风奇绝艺术展演、建园二十六周年感恩游客系列优惠活动等。游园会8天入园人数13.2万多人次，同比增长11.50%；全园综合经营收入1096万余元，同比增长13.60%。

（刘鸿静）

【园内设施更新改造】 游乐园投入资金400多万元对园内部分设施进行更新改造，完成东区及绿色文化广场地砖铺设。完成“风神过山车商亭”、南门卫生间、南门售票处和职工餐厅改造。完成三个门区不锈钢栏杆更换。蓝桥增设中心护栏，无分流通道改为游客上下双向步行桥，消除客流集中的安全隐患。重点部位增设三处治安岗亭，方便游客报警、求助、捡拾物品登记及加强夜间职守等。

（刘鸿静）

【提示信息】 入园开放时间4月1日至10月31日每天9:00~17:30；11月1日至3月31日每天9:00~16:30。节假日期间正常营业。闭园时间根据当日具体情况适当延长。持老干部离休证、残疾证和身高不足1.2米的儿童免门票入园；持学生证、老年证购买门票享受半价优惠。

（刘鸿静）

八大处公园

概　　述

八大处公园是国家AAAA级景区、北京市一级一类公园。年内，公园以推进景区建设为中心，以强化行业管理为重点，以提高公园知名度和影响力为目标，开拓创新、扎实工作，圆满完成本年度各项任务。公园全年接待游客470万人次，同比增长5.5%；门票收入1594万元，同比下降3%；综合经济收入4449万元，同比增长10%。获年度市三八红旗集体荣誉称号。

地址：八大处路3号
电话：88964661
邮编：100144
网址：www.badachu.com.cn

（于长林）

【游客中心建设】 4月1日，公园游客服务中心的建设单位、设计单位、监理单位及施工单位相关技术负责人一同对游客服务中心附属用房地下结构进行验收。附属用房地下结构为一层，采用钢筋混凝土筏板基础，地下结构为钢筋混凝土剪力墙，验收组对工程质量满意，认定验收合格，并对地上结构施工提出更高要求。游客服务中心工程于上年10月破土，是年11月主

4月27日，第十一届园林茶文化节开幕　（杜　雷　摄）

体建筑基本完成并举行正脊合拢布金仪式。该项目设计面积3792平方米，投资3000万元。

（于长林）

【中日佛教友谊林添新绿】 4月7日，“中日佛教界祈福世界和平法会”在西山八大处灵光寺隆重举行。法会结束后，中国国际友好联络会、中国佛教协会、灵光寺四众弟子、八大处公园管理处和日本阿含宗友好访华团一行100余人参加“中日佛教友谊林纪念植树”活动。中日佛教界高僧携手种下象征和平友好的友谊树（黄栌、碧桃、金叶国槐）400余株。

（于长林）

【第十一届园林茶文化节】 4月27日～5月1日，区政府与陕西省安康市政府联袂举办第十一届八大处中国园林茶文化节暨陕西安康富硒茶文化周活动。本届文化节以“同饮汉江水，共品富硒茶”为主题，以生态安康、人文安康为主线，推出陕西安康春茶供佛斋僧甘露法会、安康茶艺、两地书画家笔会等系列展演展示活动。其中，极富陕南特色的茶艺表演和汉剧展示从开幕式一直持续到5月1日，来自汉剧之乡——陕西安康的民间汉艺术团在二处广场上演汉剧《打金枝》等传统戏曲，列为首批国家非物质文化遗产的紫阳民歌也在园内唱响。安康富硒茶大汇展在公园搭建27个茶（食品）展区进行展示展销。中国国际茶文化研究会、中国茶叶流通协会、市旅游行业协会、陕西省茶业协会给予支持。活动接待游客14万人次，门票创收100余万元。

（于长林）

【应对暴雨】 7月21日，北京遭遇61年来最大暴雨袭击，城市多处出现积水。北京电视台发布全市雨量最大的十个地方，八大处是其中之一。公园安全负责人及时到达现场，坐镇指挥。上午9:00～10:00向游客发出紧急警报，疏导游客离园。下午14:00启动防汛应急预案，60余人冒雨投入防汛。15:00第一次洪峰沿翠微山、平坡山、卢师山咆哮而下，山洪很快将映翠湖填平，数十名职工冒雨堆集沙袋。17:00洪峰过去，公园内人工铺设的砖全部冲跨，各部门抓紧时机组织游客安全有序撤离。17:30大雨第二次到达。公园票房已用沙袋堆起一米多高防汛堤。票房班各种票据全部转移，配电室也对部分线路采取断电措施。18:30～19:30，第二次洪峰到来，大水漫过映翠湖面，冲出门区，淹没票房20厘米以上。票务、安全负责人全部坚守岗位。门区水位已没过膝盖以上，公园门区、停车场变成一片汪洋。7月22日凌晨1:00第三次大雨来临，公园处处有人值守、观察水情。从凌晨3:00组织工作人员、保洁人员清理现场，60多名抢险人员一夜未眠。公园正点开门迎客，游客观赏到难得一见的八大处十二景之一的“雨后山洪”。

（于长林）

【首届晒经文化节】 7月24日（农历六月初六），“八大处公园首届晒经文化节”在六处香界寺藏经楼院举行。中国佛协，市、区佛协，中国佛学院等宗教机构领导，中国知名佛教寺院的住持、中国著名书画家等共计200余人应邀出席晒经法会。本届圣会所晒经书为古刹香界寺所藏之千年珍贵遗存。同期开展“西山八大处百年文物图片展”及茶道、香道表演及书画笔会。

（于长林）

【第二十五届重阳游山会】 9月28日～10月7日，由区委区政府指导、区公园管理中心主办，八大处公园和区佛教协会共同承办的第二届北京重阳文化节暨第二十五届北京八大处重阳游山会举行。本届游山会推出的“‘喜迎十八大·歌舞献给党’老年朋友文化文艺周”活动、组织“‘九九重阳·水墨北京’大型笔会”99位著名书画家现场挥毫及开展“茶道与养生”、“国学与幸福”、“重阳与民俗”三大文化讲座活动受到游客欢迎。接待游客34万人次，门票创收250余万元。

（于长林）

【中秋慈善晚会】 9月29日，由区佛教协会和北京灵光寺共同主办、八大处公园和区民宗侨办协办的2012中秋慈善晚会在北京灵光寺广场举行。晚会以“慈悲为怀 利乐众生”为主题，为少数困难群众发放慰问金，受济群众代表发表感恩发言；灵光寺住持常藏大和尚和区有关领导致辞。灵光寺佛乐团和念佛团的艺术家参加演出。市民委主任、市宗教局局长池维生，区领导岳德顺等出席晚会。

（于长林）

【重阳慈善晚会】 10月23日，公园在六处香界寺举办“敬老感恩 欢度重阳”慈善晚会。来自区敬老院的99位老人和十几个和谐家庭在香界寺欢聚一堂，共度重阳节。公园为来宾准备丰盛的“重阳家宴”和精彩的文艺节目。各寺庙内还推出挂吉祥牌、请如意符、搓“龙洗盆”、打金钱眼、敲吉祥钟等传统祈福活动。

（于长林）

【基础设施建设】 3～7月，公园投资121万元改造修缮灵光寺大悲院“十四间房”，工程占地面积2000平方米。5月，公园上水系统改造工程正式启动。该系统为上世纪80年代所建，担负着一处至八处及办公楼的供水与消防用水。随着近年来公园发展及园内基础设施日益完善，园内消防任务增加，公园用水需求增多，原有供水系统供水能力有限，管道老化严重，多处出现跑冒滴漏等现象，已不能满足公园发展需求。为满足公园进一步发展，提升公园硬件设施与服务水平，公园积极筹措资金，先期完成对原有上水系统的调研，推进上水系统设计工作。

（于长林）

规划建设

规划管理

概　　述

北京市规划委员会石景山分局(简称规划分局)是市规划委的派出机构。设办公室、纪检监察科、综合科、建设工程管理科、规划科、用地科、市政交通科、执法队。下辖区城市建设档案信息中心,负责全区城建档案信息管理工作。年内,规划分局在市规划委和区委区政府领导下,以科学发展观为指导,以迎接十八大为契机,以“首都规划核心价值观”为指引,以创先争优活动为载体,结合区域发展实际,充分发挥规划管理在各项事业发展中的科学性、前瞻性和综合性服务作用,强化规划管理,提升规划服务水平,扎实推进规划各项工作。推进五里坨污水处理厂、刘娘府水厂、西北热电中心规划建设。完成北重和鲁谷供热厂清洁能源改造工作。为市规划展览馆石景山展区提供图片500余张,文字2万余字,展示2006~2010年度的发展风貌。全年主动公开信息64条,处理信访件124件,接待群众来访110余人次,接听群众电话800余人次。截至年底,核发各类建设项目行政许可148件。其中,核发规划意见书6件,城镇工程规划许可证48件,市政工程规划许可证22件,城镇工程用地规划许可证9件,市政工程用地规划许可证5件,规划意见复函14件,规划验收37件,建筑物命名5件,地名命名2件。受理、核发信息公开24件。承办区人大代表和政协委员建议、提案18件,其中主办件4件,会办件14件。全部办理完成,答复满意率100%。

地址:石景山区八角南路9号

电话:68870345

邮编:100043

(曲　欣)

【五个项目获批】 1月,鲁谷银河商务区F地块商业金融项目规划验收通过。该项目为上年区十项重点工程项目之一。建筑规模113468.5平方米,其中地上建筑面积为85073平方米,主要为办公和商业。项目四至范围为:东至规划银河东二路,西至规划银河东一路,北至政达路,南至鲁谷路。同月,区结核病防治所项目建设用地规划许可证审批通过,该项目总用地面积2914.3平方米,是当年度固定资产投资项目之一。3月,京原路7号院养老院项目设计方案复函审批通过。该项目东邻骅悦隆商贸有限公司,南至规划市政用地,西邻托幼及公租房项目,北隔规划道路与北京朝阳医院西院区相邻,用地面积8000平方米,拟建建筑11层,建筑规模24600平方米。同月,燕山水泥厂经济适用房项目配套规划许可审批通过。4月,第二水泥管厂经济适用住房部分住宅楼和公建规划许可审批通过。项目位于八角,规划用地性质为二类居住用地。项目四至为:东至八角东路,南至第二水泥管厂安置房项目,西至现状厂区道路,北至规划商业金融用地。此次建设工程规划许可证审批通过的项目是第二水泥管厂经济适用住房项目中的1号、3号、4号、5号住宅楼和垃圾楼。用地面积19755.129平方米,建筑面积47013.61平方米。为确保上述项目进度,规划分局积极与建设单位进行沟通协调,协助其加快项目进度,并按相关法律法规要求,高效办理建设用地规划许可证。

(曲　欣)

【市规划委调研】 2月28日,市规划委刘玉民副主任带队,现场调研石景山区规划建设情况。听取规划建设总体情况及北京国际雕塑公园地下文化娱乐中心、CRD休闲广场、香山南路28号亚视城及市级重点村衙门口村综合改造、麻峪村广宁村安置及总政歌舞剧院等重点项目进展情况及现阶段所面临问题。刘玉民指出:规划部门要主动牵头做好基础性研究工作,市规划委将在各项工作中给予大力支持,同时明确市规划委与本区各项重点工作的对接部门及人员,对重点项目如何进一步推进做出相关指示。区领导夏林茂等及各相关单位负责人陪同调研。

(曲　欣)

【遏制新生违法建设】 4月,启动“远离违法建设”宣传周活动。活动主题是:“提升知法守法意识,遏制新生违法建设”,促进首善之区环境秩序总体提升。活动引导广大市民群众自觉远离违法建设,不建、不租违法建设,创造优美、整洁、文明、有序的城市环境。年内,规划分局加强监督执法人员的日常巡查,及时发现新生违法建设,并通过区查违办组织联动查处。落实区政府关于京广铁路、莲石路、阜石路沿线环境综合整治工作方案,拆除、整治违建283处。配合城管等部门,以“防控反弹、遏制新生、分类管控、逐步拆除”为工作思路,以“快速发现、快速报

10月26日,深入京原路7号公租房项目现场调研　(规划分局供稿)

告、快速调查、快速拆除”为工作原则，探索完善工作机制，积极预防、主动作为。加强宣传早告知，深入宣传违法建设的危害，引导群众自觉远离违法建设，告知修建、翻建房屋所必需的相关手续及注意事项。立足巡查早发现，联勤联动，将执法人员日常巡查与社区志愿者协查相结合，构建严密的违法建设防控网络。深入调查早介入，工作中做到细致调查、合理取证、依法认定、摆正事实、及时告知，第一时间打消建房人对其违法行为的质疑，明确自己的权力和义务。解除相对人抵触情绪，降低执法风险。283处拆违中实现自拆和助拆的比例占拆违总数90%以上。加强管控早制止，抓早治小，关口前移，及时发现，及时报告，及时查处，说服劝导与严厉执法相结合，使建房人明确法律的严肃性，违法建设的危害性，促使其自觉主动停止违法建设行为。快速拆除一批群众反映强烈，社会影响恶劣、安全隐患突出的违法建设。实现无因查处违法建设引起重大暴力抗法事件、无因查处违法建设引起群众上访事件、无因查处违法建设引起群体性事件、无因查处违法建设引起行政诉讼或行政复议败诉案件的“四无”工作目标。

（曲　欣）

【重点项目督查督导】 5月28日，规划分局召开专题会，针对区政府当年重点项目进行督查督导。会议对重点项目逐一进行梳理，对完成进度、未完成的原因、难点和建议进行分析和汇报，根据实际完成情况提出下一步安排，包括办理时间、责任人、协调有关方面工作等。坚持对涉及规划的区重点项目和折子工程开展行政效能监察。年内完成区民生大厦、市水务局党校等重点项目选址工作。主动采取措施扩大幼儿园建设规模，对第一幼儿园等改扩建项目确定规划条件。力推京原路7号公租房项目建设，成为全市位置最优、规模最大、配套齐全的范例。选定五里坨02地块等地块作为保障性住房项目用地。推进国际雕塑园地下文化娱乐中心项目。

（曲　欣）

3月22日，《北京人文地理·石景山卷》编委会第三次全体会议

（规划分局供稿）

【鲁谷北路工程设计方案获批】 6月上旬，鲁谷北路道路工程设计方案获得市规划委批复。工程起点为鲁谷村路（鲁谷路）、终点为复兴大路（石景山路），长约399.13米，道路等级为城市支路，红线宽15米、20米。鲁古北路建成后，行车道宽9米，机非混行，两侧人行道各宽3米，西侧绿化带宽3米（含挡墙），东侧绿化带宽2米（含挡墙）。道路交叉路口形势均采用平交灯控形式。

（曲　欣）

【《北京人文地理·石景山卷》出版发行】 6月20日，《北京人文地理·石景山卷》发布会在北京规划展览馆举行。市规划委主任黄艳向夏林茂赠送《北京人文地理·石景山卷》杂志5000册。《北京人文地理》由市规划委主办，市测绘设计研究院负责承办，各区政府协办，被列入北京市“十二五”时期历史文化名城保护建设规划重点项目，得到市政府、国家文物局、国家测绘地理信息局及各区县领导的高度重视。《北京人文地理·石景山卷》的主题是“燕都仙山，河防重地”。编辑工作于上年8月启动。以中国地图出版社的《地图》杂志为载体，依托丰富的地理信息资源，深入挖掘石景山历史文化资源，以雅俗共赏的形式，将石景山区人文地理的精华呈现给社会大众，为北京规划建设与发展提供历史依据。该刊分为六部分，共160页。由中国地图出版社出版发行。

（曲　欣）

【防汛部署】 6月，规划分局落实区政府防汛部署，强制拆除二道堤内11处违法建设，拆除面积8103平方米。期间，会同城管、公安等14个部门，共出动执法人员610人次、车辆140台次。

（曲　欣）

【“7·21”特大暴雨成灾原因】 7月21日，城区平均降雨量215毫米，城区最大点为本区模式口328毫米，达到百年一遇，超出雨水排除设施1～3年一遇（36～50毫米/小时）的排水能力，同时也暴露市政基础设施薄弱等问题。规划分局结合地区市政基础设施规划研究工作的阶段性成果，具体分析积水成因：1. 北八沟断面较小，不能满足排水要求，雨水管道排水出路不畅，行洪能力不足；2. 部分地区，如古城、刘娘府地区排水体制以合流制为主，污水管道系统不健全。同时存在管道排除能力不足，雨水口设置数量不足、雨水口堵塞等问题；3. 部分现状立交雨水泵站抽升能力不足，泵站下游排出管能力不足，遇到大雨，积水现象比较严重。4. 中心城现有排水系统中，下

游的市属河道均已按规划实施，但在城乡结合部地区的区属中小型河道仍未按规划实施，且大多位于丰台区，因此影响区域雨水排除。区委区政府据此要求规划分局着眼长远，科学规划、科学建设、科学管理。规划、国土、水务、城管等部门要紧密联手，按照“十二五”规划，加快排水设施建设，坚决拆除泥石流发生区及影响排泄设施的违法建设，实现可持续发展。

（曲 欣）

【苹果园交通枢纽设计获批】 8月27日，市规划委副主任王玮组织召开专题会，审议通过苹果园交通枢纽一体化规划设计方案。苹果园交通枢纽位于石景山区中部，是北京西部区域性副中心，西部交通中转中心，西部金融商业服务中心。项目占地4.77公顷，总建筑规模30.765万平方米，是一处集轨道交通、快速公交、常规公交、出租车、小汽车、自行车、行人等多种交通方式相互衔接综合客运枢纽。同时与周边商业建筑进行“厅厅”、“无界”衔接，融为一体。

（曲 欣）

【西山八大处文化景区规划】 9月28日，区政府听取市规划院开展的《西山八大处文化景区总体规划》工作汇报。市规划院总体所从现状情况分析、景区规划定位、其他景区对比借鉴及空间规划和遇到的问题等九个方面对《西山八大处文化景区总体规划》进行汇报。规划梳理八大处文化景区的现状情况，通过与国内外案例比较分析，提出协调好生态环境、文物保护与景区发展的关系，保障地区全面可持续发展；挖掘文化内涵，提升文化景区国际影响力及梳理石景山区及北京西部地区空间资源，辐射带动周边地区发展的规划原则。同时，综合已有方案，拟将景区规划定位为：北京标志性文化景区、中国文化旅游胜地、有世界影响力的文化场所，并提出“一带、两线、一圈、多散点”的整体空间结构和“温故、知新、融汇、贯通”的规划理念。参会各单位和人员从不同方面就规划编制内容进行交流，就如何做好八大处景区规划编制工作进行深入研讨。10月8日，荣华、夏林茂等专题听取西山八大处文化景区规划建设工作汇报。按照区委区政府安排，规划分局落实贯彻市委专题会精神，结合建设文化创意产业区和提高石景山文化软实力的要求，主动协调相关部门配合市规划院，推进市重点项目——西山八大处文化景区规划建设工作。开展前期场地勘查，现状调研，分析景区规划定位等工作，并就市政、交通等基础设施问题与市规划院交通所沟通，建议启动专题研究；配合区发改委等部门研究运营模式，做好有关文物复建的先期启动，推动佛牙舍利供奉建筑物等规划条件尽早提出。

（曲 欣）

8月29日，开展《测绘法》宣传 （规划分局供稿）

【京西商务中心周边路网规划】 10月，京西商务中心周围道路网规划方案确定。京西商务中心位于石景山路以南，古城路以西，二炼钢南路以北，金顶东路南延以东，建设用地面积约8.57公顷，地上建筑规模约38.6万平方米。该项目将利用古城路、石景山路、金顶东路南延、二炼钢南路、古城南一路和规划南北向小区路组织对外交通。其中石景山路规划为城市主干路，红线宽78米；古城路规划为城市主干路，红线宽60米；金顶东路南延规划为城市次干路，红线宽40米；二炼钢南路规划为城市次干路，红线宽45米；古城南一路规划为城市支路，红线宽20米；南北向小区路红线为20米。京西商务中心将建成以金融服务业为主题的集高端办公、一线商业购物、会议及顶级餐饮娱乐为一体的全功能京西高端商务新地标。

（曲 欣）

【交通规划修编】 11月27日，规划分局完成《石景山区综合交通规划(2012－2020)》，并向区领导作专题汇报。年内，牵头组织对06版《石景山区综合交通规划》进行修编，及时更新梳理原综合交通体系与城市用地之间的关系，发挥综合交通在城市发展中的引导和保障作用。基于现状和问题，从交通需求的预测、专项规划的编制、规划实施的保障，以及近期建设计划几个方面进行细致分析论证，形成《石景山区综合交通规划(2012－2020)》的初步成果。新规划涵盖交通发展战略、道路网络系统规划、公共交通系统规划、停车系统规划、自行车及步行系统规划、加油站规划、旅游交通规划、交通防灾规划、交通管理规划等。年内，配合相关部门完成六号线西延段环评的公参。完善二管厂、老古城综合改造项目的周边道路及市政管线等市政道路、管线规划审批。配合市规划委、市规划院、市公联公司，开展北辛安路南段、古城大街南延、锅炉厂南路前期工作。

（曲 欣）

【规划实施评估】 11月底，规划分局完成“规划实施（2005－2011年）评估报告”相关工作，提升规划实施评估的科学化、体系化、动态化水平。年内，进一步落实地区功能定位，加强对规划实施的科学引导，开展规划实施评估有关工作。与市规划院沟通，召开规划评估工作部署会，对评估工作的具体内容、基本要求及相关工作安排进行部署。加快工作进程，多次与相关单位沟通，收集并梳理全区18家委办局提供的基础资料，深入剖析城乡建设典型问题和实践经验，明确发展方向和实施重点，提出促进规划实施策略，形成初步成果。

（曲　欣）

【规划研究与编制】 规划分局开展农村集体土地利用调研，为转制后的集体经济寻找出路。开展重点功能区调查，针对“7·21”自然灾害立项研究，将麻峪桥、金安桥纳入市重点改造项目。开展城乡结合部地区绿色空间规划及实施评估工作。研究本区养老服务设施建设工作。年内，主持编制中关村科技园石景山园南区控制性详细规划、北一区城市设计方案、石景山西部地区暨高井热电厂控规、五里坨建设区控规方案、西山八大处文化景区建设、区基础教育设施专项规划等7个项目规划。

（曲　欣）

【加强规划监督】 规划分局强化规划监督，推进建设项目按规划许可内容实施。严格按照规定程序与标准对项目建设实施情况进行核验，开工前核验灰线以保证项目不发生移位；正负零时复验，再次确定项目位置以及项目工程的高程实施情况；竣工时验收，保证项目各项规划指标实现，保证项目代征用地的腾退完成。通过上述全程规划监督，对发现的违法情况及时处理并责令立即整改，把违法行为消除在萌芽状态。针对地质情况复杂、地貌高差大的项目，着重核验项目工程，制止开发商为降低工程造价擅自降低项目高程而造成的工程遇大雨时可能整体受灾进水问题。

（曲　欣）

【重大项目效能监察】 规划分局多措并举，开展重大项目效能监察。制定效能监察办法，确定效能监察对象。根据重点工程倒排工期表和折子工程督查落实计划表，对11个项目的规划设计方案、“一书两证”和9个项目的控规调整、土地供应规划条件、规划编制、规划设计方案进行立项效能监察。确定效能监察内容。以项目审批、工程进度为重点，对规划过程中的各主要环节进行监督检查。制定效能监察四步程序，即监察立项、定期报告、全程监督和分析报告。明确效能监察责任追究，为重大项目规划建设的优质、廉洁、高效提供保证。

（曲　欣）

【服务规划建设】 规划分局积极推进区政府固定资产投资项目和争取资金项目规划行政许可手续办理工作。其中西北热点中心、杨庄大街一期、永定河绿色生态发展带景观提升工程、九中宿舍楼及体育活动室等项目上半年顺利实现开工建设。五里坨污水处理厂、燕山水泥厂保障性住房、古城西路商业金融等项目有序推进。北辛安路北段、第一幼儿园、银河商务区E地块商业金融项目等，下半年开工建设。

（曲　欣）

【无障碍设施改造】 规划分局践行“首都规划核心价值观”，推动无障碍环境建设。年内，区重点工程无障碍设施建设和改造任务纳入到老旧小区改造，改造对象为八角北里小区、古城北路小区、永乐小区、八角北路四个小区，改造内容与老旧小区主体建筑和小区环境整治同步实施。规划分局作为牵头单位，全程参与无障碍设施建设和改造工作，协调设计院方案设计、资金测算、招投标及监督。重点做好“六个抓”：抓“小区”，对老旧居住小区主体建筑出入口及楼道栏杆扶手的无障碍设施进行综合改造；抓“小区配套商业”，重点完成小区内小超市、小商场的无障碍设施综合改造，包括主要出入口坡道改造；抓“社区服务中心、居委会”，包括大门坡道改造；抓“小区道路”，重点对小区内道路无障碍设施建设，全部要求坡化、符合条件铺设盲道；抓“宣传”，通过无障碍公益广告、社区宣传栏等，宣传无障碍法规、常识及开展无障碍工作情况，提高公众意识；抓“监督”，区残联组织无障碍监督员队伍对全区无障碍设施进行监督检查。无障碍设施整改工作有设计，有施工，有管理，成绩突出，多次受到市、区领导表扬。其工作开展方式、方案设计原则及图集标准成为通则，树为标杆，在全市16个区县进行推广。

（曲　欣）

【刘娘府综合改造】 规划分局主动协调区发改委、住建委及国土分局等相关部门，研究刘娘府综合改造项目拆迁工作中面临的问题，为按期完成安置房建设出谋划策。针对项目拆迁难度大、周期长等问题，要求开发单位在理清目前房屋缺口数据及拆迁所需具体金额的基础上，研究规划建设的可行方案，同时，提出是否能够在永引渠北岸建设部分安置房以缓解安置压力的建议。

（曲　欣）

【卫星查违核查】 规划分局做好卫星查违核查工作，通过利用科技手段，及时发现并查处区内新生违法建设。年内进行4次、30处卫星查违图斑的现场核查，认定违法建设18处。其中，程序违法4处，部队项目8处，首钢自管项目1处；有证项目1处；误判2处。通过分析，主要违法建设形式为在集体土地上由单位擅自建设违法建设，占80%以上。卫星查违图斑现场核查率100%。首查处理率100%。

（曲　欣）

国土资源管理

概　述

北京市国土资源局石景山分局（简称国土分局）为北京市国土资源局的派出机构，在市国土局领导下，按照管理权限，负责组织实施本行政区域内土地、矿产资源的行政管理工作。根据市国土局“三定”（定职责、定岗位、定人员）方案，分局重新设置科室，做到任务细致分解、责任层层落实，增

设政工科、综合科。科室设置具体为：办公室（财务科）、综合科、地籍科、土地利用科（耕地保护科）、地质矿产科、政工科、纪检监察科、执法监察队、土地权属登记事务中心、土地利用事务中心、土地储备分中心、国土管理所、土地一级开发管理中心（区属事业单位）。编制75人，其中行政编制27人、事业编制48人。年内接收军队转业干部2名，招录副科级机关工作人员1名。12月，分局领导班子完成调整。按照市国土局及区政府工作部署，围绕保障和改善民生，重点开展土地登记确权工作、集约节约用地工作、"卫片"执法检查工作及"二上"数据核查工作。本区被国土资源部授予首届"全国国土资源节约集约模范县（市）"；分局被国土资源部评为"全国国土资源系统纪检监察先进集体"。土地整理储备分中心获"青年文明号"表彰。

地址：石景山区八角西街66号方地大厦
电话：68861188
邮编：100043

（李寅娇）

【国土资源概况】 辖区土地总面积为84.38平方千米，其中山地占35.7%、平原占64.3%，绿化覆盖率45%，常住人口61.6万人。中部为山顶浑圆、坡度平缓的丘陵地带，东部和东南部是由永定河反复改道而形成的扇状冲积平原，其间散布着马鞍山系的老山、八宝山与田村山。东距市中心的天安门16千米，东抵八角东路、玉泉路与海淀区相连；南至吴家村、张仪村一线与丰台区搭界；西临永定河与门头沟区相邻；北倚海淀区的克勤峪、香山、卢师山。

（李寅娇）

【城镇土地利用现状】 城镇土地汇总工作范围5268.81公顷，其中商服用地385.8公顷，占7.3%；工矿仓储用地1389.72公顷，占26.4%；住宅用地1381.47公顷，占26.2%；公共管理与公共服务用地974.35公顷，占18.5%；特殊用地505.61公顷，占9.6%；交通运输用地561.89公顷，占10.7%；其他土地69.97公顷，占1.3%。

年度城镇土地利用现状调查表

单位：万平方米

指标名称	土地面积	百分比
合计	5268.81	100.0
商服用地	385.80	7.3
工矿仓储用地	1389.7	26.4
住宅用地	1381.47	26.2
公共管理与公共服务用地	974.35	18.5
特殊用地	505.61	9.6
交通运输用地	561.89	10.7
其他土地	69.97	1.3

（齐　鲁）

【土地征收】 国土分局完成北京工业职业技术学院教学楼、中关村科技园区石景山园北一区土地一级开发项目的征地初审工作，共征用（收）土地65.5039公顷。张贴区结核病防治所项目、刘娘府综合改造C1地块土地一级开发项目、五里坨组团02地块土地一级开发项目、中关村科技园石景山园西井北Ⅱ区地块土地一级开发项目、中关村科技园区石景山园北一区土地一级开发项目的征地公告，办理征地结案110.6707公顷。

（陈　晶）

【土地供应计划】 9月19日，国土分局会同区发改委、规划分局、住建委召开全区2013年土地供应计划工作会。各用地单位在前期上报用地需求的基础上，详细介绍项目情况，与会委办局从项目立项、规划、土地审批办理情况、拆迁情况、推进中的问题困难等几个方面对用地项目进行逐一筛选确认，根据项目实施进程，客观安排供地时序，确定下年土地供应计划项目。完成2013年度国有建设用地供应计划建议方案及附表编制工作。全区计划供应18个项目，计划供地总量为67.74公顷。

（陈　晶）

【建设用地预审】 国土分局完成26个项目的建设项目用地预审工作，审批用地面积约226.27公顷。完成3个项目的建设项目用地预审意见延期审批工作。

（崔茜倩）

【耕地占补平衡】 国土分局完成刘娘府储备地块耕地延庆区异地占补平衡工作及中关村园区北一区8.983公顷耕地使用市级指标初审上报。

（刘丽娟）

【使用权划拨】 国土分局完成北京京禹石水务有限公司五里坨污水处理厂一期，京汉置业公司二管厂经适房，京汉置业公司衙门口住宅配建廉租房，实兴腾飞公司五里坨组团2号地配建幼儿园，燕山水泥厂经适房人防、设备层和自行车库补办划拨等5个项目共

9月11日，市国土局、市规委等部门就土地储备项目上市到区调研

（国土分局供稿）

4月12日，荣华到京西商务中心项目现场调研　　（国土分局供稿）

计6.62公顷国有建设用地供地方案及划拨审批。

（孟　婧）

【补办出让手续】　国土分局完成北京华润置地公司七星园3号住宅楼、北京实兴腾飞公司海特花园39号楼1306号等44套商品房补办土地出让手续工作，收缴土地出让金69.6823万元。

（孟　婧）

【集体土地管理】　5月28～30日，约谈违法违规用地行为突出的4个农村集体经济组织负责人。本着“立足教育、诫勉监导、责令纠错”原则，就违法违规用地原因进行分析，宣传土地管理法律法规及相关政策。要求责任单位认清形势、制定有效措施、控制住违法占地行为，对有效防范和遏制国土资源违法违规行为的蔓延起到震慑作用。10月19日，农村集体土地确权登记颁证工作例会在区政府602会议室召开。会议确定按照四部委文件要求，此次集体所有权确权登记颁证工作只统计调查不发证，但仍要按照发证要求做好调查和统计工作，形成“集体土地所有权权属卡”。下年在报征地、供地、规划、执法等业务中以“集体土地所有权权属卡”作为集体土地所有权依据，代替集体土地所有权证的功能。年内，对集体经济组织进行土地利用、耕地保护相关政策专业培训。参与衙门口地区、北辛安地区和五里坨地区发展规划调整，提出土地管理相关意见。经争取，获得集体经济组织产业用地项目协议出让的优惠政策。国土资源管理所贯彻执行最严格的耕地保护制度，围绕国土资源执法监察动态巡查工作重点，与地籍等相关部门沟通，了解全区耕地分布情况，根据没有乡镇机构设置的特点，将本区共182块耕地按照各自所属集体经济组织或单位区分颜色全部落实上图。明确此图作为巡查重点的耕地巡查区域和巡查路线，逐步落实“以图管地”目标，进一步提升动态巡查工作管理水平。

（刘丽娟）

【闲置土地清查】　国土分局清查、现场踏勘、照相，梳理2006～2011年来27个出让项目，对未按合同约定项目进行清理、督办和汇报。对年度出让项目建立日常台帐和监督管理。

（刘丽娟）

【新增林地核查】　国土分局与区园林局沟通开展新增林地核查工作。依据区规划绿地、土地利用总体规划数据，完成百万亩新增林地地块图上核查及今后4年新增林地地块筛选工作，遴选出下年拟新增林地地块，形成新增林地地块核查情况报告。

（赵　亮）

【基础数据更新】　国土分局完成年度土地变更调查外业核查及遥感监测内外业成果核实工作。在“二调”数据基础上叠加历年发证数据及变更调查数据，更新城镇地籍调查数据；同时收集各项经济统计数据，开展年度典型城镇土地利用强度调查。准备农村土地确权登记颁证内外业地类及权属工作底图，开展全区市属市政道路、铁路钉桩成果及区界数据信息导入系统工作。

（周金亮）

【土地确权】　国土分局完成永定河沿线、区属20条沟渠、中关园北Ⅰ区、东下庄、“7·21”特大暴雨苹果园塌方地区及京原路7号公共租赁房北侧道路等23个项目的土地权属意见。

（周金亮）

【土地登记初审】　国土分局完成区园林局、实兴公司、北京军区联勤部等69宗城镇国有土地的使用权划拨、出让的初始及变更登记初审工作。完成海蓝科技、远洋及储备分中心等38宗地的抵押登记审核工作。

（周金亮）

【土地权属审核】　国土分局完成瑞达、京汉及五里坨、刘娘府等一级开发项目共计20宗地的权属审查意见。完成南宫A、B地块，五里坨02B地块，老古城C、D、J、JD地块，香山南路28号等上市前回函市储备中心意见工作。

（周金亮）

【土地权属纠纷调处】　国土分局与市国土局地籍处、法制处及区法制办、环卫中心、金顶街街道等研究并解决马德芳信访问题。参加白连启行政复议案听证会，调查核实相关证人证言，办理其提出的新的上访诉求。调解北京京西发电公司和大唐国际北京高井热电厂土地权属纠纷。牵头调查处理八大处农工商公司与八大处公园、黑石头农工商公司与西山林场、衙门口农工商公司与总后某部的土地权属纠纷工作。

（周金亮）

【土地变更调查】　国土分局配合完成土地遥感监测变更调查工作，协助作业单位开展外业调查、资料收集与核

对,对年度21个监测图斑进行逐块核实、分析,做到无一例违法占用耕地。

(齐　鲁)

【土地登记业务】 国土分局受理权属类土地登记业务663件、办结589件,包括发证360宗(国有初始登记30宗、划拨变更登记10宗、小业主转移登记108件、抵押登记212宗)、权属审查告知业务33件、地籍调查70件、集体土地所有权地籍调查126件,全年退件64件。及时向中国土地市场网上传大业主抵押登记数据,完成自1993年颁发土地证书以来历年登记结果784条、抵押登记结果57条,上传至分局外网及首都之窗——北京市政府信息公开专栏进行主动公开。

(胡晓明)

【苹果园F地块上市交易】 苹果园交通枢纽商务区F地块项目总用地面积1.11万平方米,规划建筑面积3.89万平方米,规划用途为商业金融用地。11月2日,发布该地块国有土地使用权招标出让公告,23日进行投标、开标和评标工作,北京住总房地产开发有限责任公司与北京骏洋房地产开发有限公司联合体以3.72亿元竞得该地块,实现政府收益1.85亿元。

(刘相汝)

【储备开发计划编制】 土地整理储备分中心完成2013年度土地储备开发计划编制。土地储备项目计划33个,总用地面积651.40万平方米,规划建筑面积595.39万平方米。是年底结转项目33个,其中东部地区项目8个、中部地区项目17个、西部地区项目8个,2013年计划新增项目0个。2013年度计划供地项目9个,总用地面积50.67万平方米,规划建筑面积118.41万平方米,其中商业金融96.88万平方米,居住21.53万平方米。2013年度预计总投资为30亿元。

(刘相汝)

【地质矿产管理】 国土分局完成矿产资源开发利用年检,经审查,本区所有在产矿泉水企业均通过年检。开展矿泉水生产企业生产用源水的水质检测,经资质部门检测,本区矿泉水生产企业的生产用源水全部符合要求。完成矿产资源数据库数据模块创建工作。按规定征收矿产资源补偿费与采矿权使用费。开展北京城市地质土壤调查与评价工作,完成压复矿产资源的审核。办理土地储备衙门口地块、京石科园、北京工业技术学院、实兴置业公司、何家坟地块等项目用地的矿产压覆审核工作。开展八大处文化景区建设用地地质环境调查评估工作。

(赵晓宾)

【地质灾害防治】 国土分局地质灾害防治工作坚持预防为主,早谋划、早动手,编制预案、方案。汛前,召开预防工作会,更新地质灾害应急通讯录,与有关街道办事处签订责任书,落实汛期"七包七落实"工作。7月26日,完成26.8平方千米面积的隐患排查工作,确定新增隐患点9处,均属人工边坡,由人为因素形成的不稳定斜坡和滑坡隐患。对新增隐患点全部设置警示牌,对隐患点居民发放防灾明白卡,对新增隐患点及时制定隐患险情调查及治理初步方案。起草区政府进一步加强地质灾害防治工作方案,修订突发地质灾害应急预案。本区原有7处地质灾害隐患点,由于群测群防有力,经受住"7·21"自然灾害考验,未出现险情。

(赵晓宾)

【"地球日"宣传】 4月22日是第43个"世界地球日"。国土分局围绕"珍惜地球资源,转变发展方式——推进找矿突破,保障科学发展"主题,与广宁街道办事处开展"地球日"宣传活动及进校园进社区活动。向高井中学及广宁街道部分社区赠送挂图、知识手册、科普书籍等宣传资料。活动注重宣传与科普结合,得到民众关注,提高学生及民众珍惜地球资源,保障科学发展意识。同日组织30人前往中华世纪坛参加国土资源部和市政府开展的"世界地球日"主会场宣传活动。

(赵晓宾)

【执法监察】 国土分局核查上年度土地变更调查涉及的135块图斑、是年的87块图斑,占耕地的违法用地已经全部处理完毕并恢复耕种条件,复耕面积11.2亩,违法占用耕地问责比例降至零,通过上年度土地卫片执法检查省级验收。立案查处案件7宗,结案7宗,罚款147.53万元,没收地上违法建筑物面积18360平方米。执法巡查141天、294人次,总路程约3480千米。累计下发"责令停止国土资源违法行为通知书"68件,办理完毕违法线索举报、信访投诉等工作事项34件。

(薛　佳)

【违法查处】 8月18日夜22时,有人举报在衙门口村南已拆除违法建设的集体土地里,有大型挖掘机正在挖取砂石,并有运输车3~5辆来往拉运。国土分局接到举报后迅速报告区政府。与公安分局于19日凌晨零点50分,果断联手出击。当场对盗采砂石的两名司机以及砂石加工场内涉嫌违法收取砂石料的人员予以传询,采取强制措施,及时制止这次盗采砂石的违法行为。国土和公安部门共出动执法警力20多人,出动执法车辆9辆。年内,联合公安部门制止2起非法盗采砂石案件,

(薛　佳)

【政府信息公开】 国土分局在分局网站、首都之窗的政府信息公开专栏主动公开政府信息180条,公开10项行政许可事项、36项行政服务事项的名称、依据、条件、数量、程序与期限。受理政府信息公开申请111件,主要为五十年代老地契(35件)及土地一级开发国有土地使用批准文件(批文、附图)、国有土地使用权登记、国有土地使用权出让转让合同、国有建设用地批准书、国有土地使用证(76件)。涉及行政诉讼案件6件,其中拆迁行政裁决纠纷2件,在法院审理过程中经协调后,当事人主动撤回诉讼请求;规划行政许可纠纷2件,分局胜诉;因政府信息公开不全面造成分局败诉2件。

(赵　亮)

建设管理

概　述

北京市石景山区住房和城乡建设委员会(简称区住房城乡建设委)是负

责全区城乡建设、建筑业行业管理、房屋管理、住房制度改革、保障性住房建设和管理的区政府职能部门。年内，全区房地产开复工面积275.30万平方米，同比减少5%，其中新开工面积58.57万平方米，同比减少56%；竣工面积46.37万平方米，同比减少24%。完成投资64.45亿元，同比增加3%。商品房实现销售收入23.03亿元，同比增加5%。

地址：石景山区八角西街66号方地大厦
电话：68829989
邮编：100043

（何艳珺）

【重点工程专题协调会】 2月14日，区住房城乡建设委组织召开当年十项重点工程之一创新创意产业发展中心专题协调会。会议听取项目进展情况和存在的主要问题，区发改委、规划分局、国土分局就项目存在问题进行认真讨论和研究，提出解决问题的意见和建议。会议要求该项目建设单位总结项目情况及存在问题，以文字材料并附所有手续办理资料复印件，报送工程项目主责单位园区管委会，由园区管委会汇总情况后专题上报区政府。同时，区发改委、规划分局、国土分局等政府职能部门配合做好与市级相关部门沟通协调，推进项目前期工作。

（何艳珺）

【第二水泥管厂项目房屋征收】 3月20日，区住房城乡建设委发布第二水泥管厂综合改造项目房屋征收暂停公告。同月25日公开选定房地产价格评估机构，3月31日～4月5日完成入户核查登记工作，同时完成项目公益性论证、社会稳定风险评估报告，拟定补偿安置方案征求意见稿，经征求公众意见后，修订完善。拟定项目征收工作方案，成立“十横十纵”工作组，召开项目启动动员大会。5月24日，区政府作出房屋征收决定，并在征收现场张贴发布。6月1日正式启动房屋征收工作。8月中旬顺利完成99%居民协议搬迁。11月底，区政府对最后1户依法作出房屋征收补偿决定。

（张佰军　武　月）

【摇号家庭选房】 6月29日，区住房城乡建设委组织参加第十批限价商品住房的摇号家庭，在石景山体育馆按照摇号顺序进行选房签约活动。此次所选房源为北京市调配给本区的通州区马驹桥限价商品住房项目剩余房源62套，共有90户家庭、200余人参加选房活动，其中有52户申请家庭签订购房意向书，38户家庭放弃本次选房。剩余房源10套。由于前期准备工作充分，现场组织得力，选房活动秩序井然，群众反映良好。7月上旬组织第十批摇号的后续家庭继续完成剩余房源的选房签约。

（王晓庆　左静伟）

【住建部到区检查】 7月11日，住房和城乡建设部专员蔡力群带队检查本区保障性住房建设工作。检查组听取近年来住房保障各项工作情况、存在困难和工作措施，当年开、竣工项目的汇报。随后，视察第二水泥管厂定向安置房、老古城定向安置房、西山木材厂廉租住房和京原路7号地公租房项目；实地检查工程进度、配套设施建设和落实建设工程质量终身制等各项工作。检查组对本区在极端困难情况下努力开展住房保障工作，并取得较好成绩给予高度评价，并对项目施工组织、落实建设工程质量终身制、信息公开和全程阳光工程给予充分肯定，同时希望继续克服困难、积极挖潜，全面贯彻中央关于住房保障工作的要求，扎实、稳步地推进住房保障工作。

（张　明　郭家麟）

【东下庄项目房屋征收】 7月23日，区住房城乡建设委发布东下庄综合改造项目房屋征收暂停公告。同月30日，公开选定房地产价格评估机构。8月14～21日，完成入户测量及调查登记工作。

（张佰军　武　月）

【重点工程建设】 区政府确定景园大厦、永定河生态绿化景观升级改造工程等10大项、16分项重点工程建设，总投资79亿元。其中，永定河生态绿化景观升级改造工程、京广铁路沿线（石景山段）环境整治工程、清洁能源改造工程、老旧小区综合改造工程、实验幼儿园平房改建工程、老古城定向安置房和五里坨定向安置房工程等7项建设完成，南宫公租房建设工程、石景山医院住院病房楼装修改造工程、杨庄中区幼儿园建设工程、创新创意产业发展中心建设工程、景园大厦（苹果园交通枢纽商务区G地块）、苹果园交通枢纽商务区（J、P地块）、文化中心建设工程、北辛安路北段建设工程和永引渠南路建设工程9项开工建设。

（闫晓辉　贾　洁）

【保障性住房建设】 年内，开工建设及收购各类保障性住房1213套，竣工和

5月16日，举行老古城综合改造定向安置房入住仪式

（区住房城乡建设委供稿）

基本建成7328套，超额完成5000套的竣工任务。其中酱菜四厂公共租赁住房项目建筑规模1.8万平方米，建设公共租赁住房275套；老古城E地块定向安置房6万平方米，建设定向安置房693套；五里坨2号地B地块建筑规模15.7万平方米，建设限价商品住房1912套、公共租赁住房1024套。竣工和基本建成各类保障房项目6个：京原路7号地公共租赁住房、西山木材厂配建廉租房/定向安置房、站前小区经适房/廉租房、老古城定向安置房（A、B地块）、第二水泥管厂定向安置房、五里坨定向安置房项目（C地块），竣工总面积62.2万平方米、套数7328套。

2012年第一批计划开工建设的政策性住房项目情况

项目名称	建设地址	建设套数	开工时间
老古城E地块定向安置房	石景山老古城地区	定向安置房693套	2012年5月28日

2012年计划竣工的政策性住房项目情况

项目名称	建设地址	竣工套数	备　注
五里坨站前小区	石景山五里坨地区	经济适用房90套	
		廉租房312套	
五里坨住宅项目	石景山五里坨地区	廉租房106套	
苹果园交通枢纽H地块	石景山苹果园地区	廉租房354套	
京原路7号地	石景山八角地区	公租房2436套	
老古城定向安置房（A、B地块）	石景山古城地区	定向安置房1898套	已竣工1410套
第二水泥管厂定向安置房	石景山八角地区	定向安置房1040套	

（张　明　郭家麟）

【保障性住房管理】 区住房城乡建设委落实保障性住房相关政策，实现申请家庭应保尽保。审核通过廉租住房申请264件，3044户享受廉租住房待遇，租金补贴2219户、2474.75万元，收缴租金26.33万元。至年底，实物配租466户，通过租金补贴还贷方式解决买房难问题2户。举行1次经济适用住房选房签约活动，2736户家庭签订购房意向书；举行2次限价商品住房摇号配售活动，738户家庭签订购房意向书。在全市率先出台外省市在本区工作人员申请公租房政策，审核新申请公租房家庭299户，其中外省市人员申请家庭72户。组织进行1次公租房摇号配租工作，为171户家庭配租公租房。为127户入住家庭发放租金补贴87.88万元。

（王晓庆　左静伟）

【房地产企业资质管理】 区住房城乡建设委为36家房地产开发企业办理开发资质升级、延续、变更等手续。截至年底，全区有房地产开发企业63家，其中一级资质企业4家、二级资质企业3家、三级资质企业2家、四级资质企业25家、暂定资质企业29家。

（闫晓辉　贯　洁）

【房改售房管理】 区住房城乡建设委核准批复房改售房方案13件（含农转居安置住房方案3件）。对125个单位次（含退件17件）的房改售（调）房进行审核备案，共售1103套、73353.19平方米（其中中央20个单位次售64套、4016.97平方米，市属52个单位次售751套、50514.17平方米，区属16个单位次售100套、6387.66平方米，办理调房20个单位次188套、12434.39平方米）。审核售后公有住房公共维修基金使用申请1件，核准资金11.92万元。审核宏润投资公司支取售房款用于维修工程1件，核准资金45.70万元。审核无线电元件四厂支取售房款用于缴纳公积金单位缴存款1件，核准资金4.68万元。

（安建恒　戚金章）

【滞留项目拆迁】 年内，在施拆迁项目37个，均为上年结转项目。采取“合力协调、以裁促迁、以新带旧”推进方式，全力清理滞留项目，其中五里坨建设组团07地块、01地块Ⅱ标段、2号地B地块，五里坨西路、黑石头路、南宫住宅小区土地一级开发项目等完成住宅拆迁工作。

（张佰军　武　月）

【老旧小区整治】 2012～2015年，按照“政府主导、社会参与、业主自治，着眼长远、标本兼治，区级统筹、属地负责，突出重点、分步实施”的原则，计划完成58个老旧小区综合整治工作，建筑面积315万多平方米，全区近四分之一的居民将从中受益。其中年内先期启动8个老旧小区的改造，建筑面积97万平方米，涉及有老旧小区的8个街道办事处。2～3月，成立老旧小区综合整治指挥部，组建专项指挥部和办公室，制定工作方案；4月完成设计方案并报区政府确定，月底召开专题部署会。整治工作在八角北里率先启动。该小区建于上世纪80年代，是著名的脏、乱、差社区，聚集首钢、巴威公司等十多家产权单位，共47栋楼，建筑面积约22.7万平方米，共3200多户居民。整治内容涉及10大项33小项，分为建筑本体和公共部分两块，涵盖抗震加固、节能改造、平改坡、水电气热通信管线改造、防水改造、无障碍设施改造、消防设施改造、绿化景观改造、道路照明设施改造、补建机动车和非机动车停车位等内容。5月进行招投标,5月中旬至11月,进入组织实施阶段,12月组织工程验收,实现居民生活居住品质全面提升。

(陈京燕　张倩倩)

【房屋抗震加固】 1980年(不含)以前建成的住宅,普遍存在抗震防灾能力不足、节能水平较低、附属设施老化等诸多问题,居住品质很差。为提高住宅的安全水平和居住品质,让广大市民住得安心、住得舒心,区政府决定用政府补贴、引导社会积极参与的办法,实施对既有住宅进行一次包括抗震加固、节能改造和附属设施改造在内的抗震节能综合改造。全年完成抗震加固任务15栋楼、建筑面积6.57万平方米,其中已拆除的7栋、3.39万平方米,满足抗震需求的7栋、2.42平方米,已加固改造的1栋、0.76平方米。完成抗震加固鉴定工作29.8万平方米。一般采用简单加固改造方案,即外加圈梁、构造柱、室内增设钢拉杆的方法实现抗震加固,不增加住户的使用面积。

(陈京燕　张倩倩)

【节能综合改造】 区住房城乡建设委实施节能改造68.79万平方米,涉及9个小区、144栋楼、594个楼门。改造项目包括外墙保温、屋面保温、更换节能外窗及热计量改造。其中外墙保温工作全部完成;外窗更换完成22栋楼,建筑面积10万平方米;热计量改造完成委托设计45万平方米,完成改造3栋楼(黑石头生活小区),129户,建筑面积0.73万平米。

(陈京燕　张倩倩)

【建筑节能标准】 区住房城乡建设委严格执行"新建建筑节能强制性标准执行率达到100%"的要求,强化对新建建筑各环节的节能闭合监管,层层落实把关。完成36项新建工程项目节能设计备案,建筑面积107.68万平方米,收缴"两项基金"费用1150.39万元(其中,收缴新型墙体基金1076.85万元,代市收缴散装水泥基金费用73.54万元);退返"两项基金"费用149.59万元(其中,5个项目的新型墙体返退138.75万元,7个项目的散装水泥返退10.8万元);新型墙体基金返退比例94.13%,散装水泥基金返退比例74.05%。对15项、建筑面积47.3万平方米的新竣工工程项目采取建筑节能分部验收,严格落实"不达到节能设计标准不予以竣工验收"的规定要求,建立并实施与区管委供暖办及供热单位的供热计量装置检查联动机制,确保节能标准有效执行。

(李红印)

【工程质量监管】 全区开复工工程89项、建筑面积370万平方米。截至年底,在监工程69项、建筑面积302万平方米。其中,商品房1项、4.6万平方米,有手续保障性住房20项、85.3万平方米,无手续保障性住房4项、66.4万平方米,公建29项、67万平方米,完工未验收5项、6.3万平方米,装修工程5项、3.4万平方米,老旧小区改造一大项、68.8万平方米,市政4项、投资金额3348万元,收监38项、87.9万平方米,验收20项、68.3万平方米,办理竣工验收备案24项、74万平方米。

(曹　宇　陈　溪)

【工程施工招标】 区住房城乡建设委办理建设工程施工招标95项(其中公开招标71项,邀请招标24项),招标工程建筑面积391771平方米,中标价200019.63万元。办理建设工程监理招标45项(其中公开招标32项,邀请招标13项),中标监理费7137.68万元。办理专业工程施工合同补备案83项,合同金额42800.58万元。

(张洁民　高相波)

【施工现场安全监管】 区住房城乡建设委强化政府监管职责与企业主体责任落实。着力规范施工组织行为,积极开展打非治违和护航等隐患排查治理。全面落实十八大安保工作。成功抵御"7·21"特大暴雨。加强工地扬尘监管,强化绿色文明施工管理,顺利迎接国家卫生区复审,全区工地扬尘控制达标率达90%以上,7家工地争创北京市绿色施工安全文明工地。施工安全形势总体处于平稳受控状态,施工现场综合管理水平逐步提升。

(杨剑海　白　石)

【建筑业资质管理】 区住房城乡建设委完成44家次企业申报资质的受理、审核、上报工作,20家企业取得资质证书,其中11家新设立企业取得资质、3家原有企业取得资质晋级、5家原有企业获得资质增项。完成43家企业资质内容变更审批工作,其中1家拆除二级资质企业和1家环保三级资质企业迁入。完成二级建造师322人的初审工作,其中初始注册223人、变更注册62人、注销27人、遗失补办5人、区内转移3人、增项2人。完成年度《安全生产考核合格证书》续期的初审工作,共计308人,其中A证22人、B证104人、C证182人。

(李万生　杨慧宇)

10月,京原路7号地公租房项目竣工　　(区住房城乡建设委供稿)

【劳务管理】 以“全力维护建筑市场和谐稳定，确保党的十八大胜利召开”为工作重心，落实《石景山区施工项目劳务管理手册》区域管理政策，继续推行各项行之有效的措施办法。深入开展全区劳务管理联合执法检查，加大部门协作力度，逐一排除矛盾隐患，完成十八大保稳定任务，期间未发生农民工群体上访情况。出动各种劳务执法检查力量320人次，覆盖全区所有备案工地，保证40余家总包企业、160余家分包企业及25000多名农民工的合法权益，总体情况处于受控状态。总结近几年农民工群体上访情况，完成“农民工群体上访成因分析及对策”调研报告。

（李万生 杨慧宇）

【汛期房屋安全检查】 面对北京汛期天气复杂多变，降雨量和强降雨增多的严峻形势，区住房城乡建设委迎难而上，贯彻“安全第一、常备不懈、以防为主、全力抢险”的防汛方针，强化防汛意识，落实防汛预案，完成城镇房屋和建设工程防汛工作。开展全区房屋及设备安全检查工作，检查城镇各类房屋建筑面积1987.61万平方米，比上年增加156.62万平方米；检查城镇私有房屋6198户、36147间，建筑面积约46.99万平方米，其中查出危房2间，全部在上汛前得到解危。整个汛期，防汛分指挥部出动216人次，检查楼房2839栋次、平房11557间次，发现平房漏雨581间、楼房漏雨1153幢、院落积水76处、雨水进屋637间、地下室倒灌14余处，均在第一时间得到处理，其中95%以上的汛情在第一时间得到解决，完成全年房屋防汛工作。

（张 欢 郭倩楠）

【物业资质管理】 截至年底，在本区登记注册的物业服务企业54家，其中一级资质2家、二级资质10家、三级资质40家、三级暂定2家。

（张 欢 郭倩楠）

【房地产经纪机构】 区住房城乡建设委组织召开全区房地产经纪行业工作大会。突出十八大安全保障工作，加大政策法规的学习和宣传力度。开展房地产经纪行业的专项整治，妥善处理经纪纠纷和经纪机构违规行为，进一步引导和规范经纪机构及执（从）业人员的经营行为。截至年底，全区房地产经纪（分支）机构登记备案数量为124家（经纪机构46家，分支机构78家）。检查经纪机构237家，发出责令整改通知书27份。受理并处理房地产经纪行业投诉21件（网上投诉16件，电话投诉5件）。对检查和投诉受理后发现的违规行为，按照有关规定和程序进行立案调查4家，罚款6万元。办理房地产经纪机构初始备案证明21家（经纪机构7家，分支机构14家）、变更备案证明78家（经纪机构47家，分支机构31家）、注销备案18家（经纪机构1家，分支机构17家）。

（张继奎 董 静）

【房屋租赁管理】 区住房城乡建设委办理非居住房屋租赁登记备案24件、建筑面积12597平方米，其中办公用途19件、建筑面积7311平方米，商业营业1件、面积2079平方米，其他类用途4件、面积3207平方米。

（张继奎 董 静）

【普通地下室管理】 区住房城乡建设委进一步加大普通地下室综合整治力度。全年累计日常巡查3017处次，与相关部门联合执法检查45次，消除各类隐患391处，向相关管理部门发出执法工作移送单22份，对存在违规使用和安全隐患的普通地下室安全使用责任人进行约谈，累计254人次。关停存在安全隐患、违规使用和合同到期的普通地下室21处（散租11处、员工宿舍6处、其他4处），清退租住人员750余人。处理投诉、信访28件。办理普通地下室使用备案17处。

（张继奎 陈 哲）

【房屋权属管理】 区住房城乡建设委全年登记23031件，建筑面积239.80万平方米。其中所有权登记17655件，建筑面积176.51万平方米；抵押权登记5165件，建筑面积58.90万平方米；其他登记211件，建筑面积4.39万平方米。档案查询8000卷，为老弱病残人士上门服务75次。预售许可初审5件。建立市场监管“全过程监管、全过程服务”制度，预售许可事前约谈5次。本年被评为区优秀服务窗口和“巾帼文明岗”。

（果雪梅）

【房地产市场监管】 区住房城乡建设委进行常规检查、日常检查、重点检查24次，处理市建委监管平台投诉20余次，办结率100%，满意度90%。严格监管销售企业对购房资格的审核，掌控预售房源一房一价政策的执行。商品房预售资金监管政策试行后，对实施资金监管的预售项目进行实时监察，保证预售资金全部存入商品房预售资金监管专用账户，严格按照办法规定管理、支出。

（果雪梅）

【信访排查调处】 区住房城乡建设委处理各类信访件1306件，其中普通信访事项346件、监察投诉事项112件、区便民热线转办件321件、政民互动337件、市长信箱190件。牵头接待和调处集体访52批2000余人次；组织工作人员参与区领导信访接待43次，完成信访复查13件次。根据区政府及市住房城乡建设委要求，牵头完成11次矛盾排查工作。被市住房城乡建设委评为“十八大安保专项行动先进单位”、“信访矛盾排查调处先进单位”、“维稳情报信息报送先进单位”，获区“信访先进单位”。

（李国成 何 丹）

【行政处罚】 区住建委进行行政处罚8起，处罚金额7.3万元。其中，一般程序行政处罚5起，分别为对经纪机构监管的行政处罚4起、施工现场安全管理行政处罚1起；简易行政处罚3起，均为施工现场安全管理行政处罚。

（李国成 何 丹）

房屋经营和市场管理

【概况】 石景山区房屋经营和市场管理中心（简称中心），坚持贯彻落实科学发展观，紧紧围绕创新与发展两大主题，抓住发展机遇、重点工程建设、关系民生的服务保障工作，完成年初制定的工作目标，实现总收入3807.80万元，比上年增长5%。

地址：石景山区古城东街103号
电话：68880771

传真:68861581
邮编:100043

（任 群）

【安全无事故】 中心制定十八大安保专项行动工作方案,与各基层单位签订安全生产目标责任书。全面落实安全目标责任制及各类事故和突发性事件报告制度。全面检查经营性外租房、廉租房、人员密集场所、用电安全、有限空间、高层住宅消防设施等场所,普查登记四个换热站的供暖、消防、电梯、空调设备等,制定改造方案并落实。全年组织集中安全检查20余次,包括电梯设备6次,消防设施6次,下发责令整改通知10次。中心全年无安全责任事故。

（任 群）

【信访维稳】 中心制定信访维稳工作方案,实行“包保责任制”。坚持党政领导亲自抓,及时反馈便民电话信访20件,回复信访事项27件。对于西客站工程拆迁历史遗留问题,先后20余次召开专题会议,配合区信访办做好计算房价及宣传解释售房政策工作以及调查、回复、接待和劝访等工作,使矛盾纠纷得到有效控制。全年无各种政治性问题和影响社会稳定的问题发生。

（任 群）

【廉租房管理】 中心全面落实区住建委对廉租房项目的考核标准和内容,加大对金顶阳光廉租房后期服务监管力度,注重加强日常零维修工作,租金收缴率96%以上。继续探索新润公司在保障性住房管理工作中的定位,并完成站前小区经济适用房、站前小区廉租房、苹果园H地块廉租房三个项目选房、楼书制作及项目费用测算工作;完成苹果园H地块、西山木材厂、衙门口东路配建廉租房项目标准租金测算。

（任 群）

【物业管理】 中心主动做好房屋安全普查和鉴定、房屋修缮、供暖、设备普查、节能改造等物业管理服务工作。共普查房屋总面积69.1万平方米,辖区楼房158栋,正规楼130栋、62.52万平方米(其中托代管11.85万平方米);简易楼28栋、0.44万平方米;平房3676间、6.14万平方米。安全鉴定工作共完成提取住房公积金维修房屋、廉租房、和危险房屋鉴定133处,总面积约33万平方米。有序推进房改售房工作,完成办理标准价(优惠价)改成本价手续5户;京九铁路拆迁安置房屋产权办理25户,已交回购房申请表230户。

（任 群）

【测绘管理】 中心按照测绘质量管理规定,不断提高测绘质量;加强素质培训,努力提高人员技术水平,特别是针对“GPS”应用等新技术、新方法的使用。全年累计完成各类房屋测绘面积19.5万余平方米,房产发证21件,个人售房405套、住宅楼5栋、公正和翻建3件,拆迁616个院,其他业务10件。

（任 群）

【市场管理】 中心整修、升级改造老山自立市场屋顶结构,面积1325平方米;模西市场南面彩钢板520平方米,市场外的护栏67米。配合政府加快蔬菜网络建设。配合区商务委开展“限价菜”推广活动、开展“周末车载市场”、大力发展直营直供社区菜市场。

（任 群）

【拆迁工作】 中心针对重要节点等敏感时期,耐心细致地做好拆迁户的思想疏导工作,及时有效化解矛盾,未出现矛盾激化和集体上访事件。第二水泥管厂成套楼拆迁项目采取调整选房策略和适当增加补偿款促迁方法争取批量走户。共完成43户居民搬迁工作,拆迁总户达到222户,占总拆迁户数40.22%,占总拆迁建筑面积40.32%。

（任 群）

房地产开发

北京石开房地产开发有限公司

【概况】 北京石开房地产开发有限公司(简称石开公司)于2006年2月8日成立,注册资本4亿元,由北京市石景山区国有资产经营公司和金融街(北京)置业有限公司共同出资组建。公司主营房地产开发建设、商品房销售,是全国房地产开发资质一级企业、银行资信一级企业。石开公司是在原北京市石景山区城市建设开发公司的基础上进行企业改制组建而成的。原北京市石景山区城市建设开发公司是以房地产开发为龙头,集物业管理、餐饮、酒店、娱乐等多种经营,跨行业发展的企业集团。公司现有职工81名,其中研究生文化程度员工8名,大学文化程度员工51人,大专文化程度员工18人;具有高级职称6人,中级职称25人,初级职称20人。年内,以“以客户服务为导向,凭管理和效益实现跨越”为理念,公司上下协同作战,全力以赴,依靠自身优势和努力,全面推进融景城三期、四期开发建设,销售回款及新项目获取前期基础工作。实现营业收入15.84亿元,实现净利润3.05亿元,实现销售签约9.79亿元,销售回款7.06亿元,全年纳税1.03亿元。获区人民政府2012年重点单位、2011年度区区域经济发展突出贡献单位、2011年度区纳税百强单位及首都文明单位等称号。

地址:石景山区体育场路2号
电话:61810266
邮编:100043

（马 光）

【融景城5栋楼交付】 9月18～23日,融景城B1、B3、B4楼集中办理入住手续,提前42天交付,6天办理入住手续398户,入住办理率85%,一次收房率100%。融景城A5、B5、B6、B7、B8于10月27～31日按期交付,5天交付479套,入住办理率83%,一次收房率99.8%。

（马 光）

【融景城C6号楼签约】 11月27日,石开公司与北京京石科园置业发展有限公司签署景秀园C6号楼销售协议,签约面积1.7万平方米,签约金额约1.17亿元。

（马 光）

【与大客户签约7.4亿元】 石开公司利用区政府和金融街控股股份有限公

融景城三期交房 （石开公司供稿）

司资源，对大企业客户进行项目推介。加强与大客户央企中储粮油脂有限公司沟通频率及力度，通过住宅和公建项目绑定销售，完成四期写字楼与中储粮油脂有限公司销售签约。6月27日，与中储粮油脂有限公司签署融景广场写字楼及地下车库一揽子销售协议，签约面积3.17万平米，签约金额约5.17亿元，签约当天实现回款1.03亿元。12月11日，完成三座独栋商业和部分住宅的整售，签约金额2.23亿元，总签约金额累计达7.4亿元。

（马　光）

北京实兴腾飞置业发展公司

【概况】 北京实兴腾飞置业发展公司（简称实兴腾飞）注册资金6000万元，总资产13亿元，为二级房地产开发资质，是本区最大的国有房地产开发企业。下属8家子公司，包括5家全资子公司（北京实兴金海物业管理中心、北京实兴建材公司、北京实兴腾飞酒店物业管理有限公司、北京天泰兴业置业发展有限公司、北京鎏金置业有限责任公司）1家参股子公司（北京石海兴业置业发展有限公司）；1家控股子公司（北京西部联合置业发展有限公司；1家代管公司（北京金鼎园大学生公寓物业管理中心）。年内，实现经营收入22464万元，实现利润总额6853万元，净资产收益率18.14%，成本费用利润率48.93 %，不良资产率19.77%。与国资委下达的考核指标（利润总额5566万元、净资产收益率15.3 %、成本费用利润率19.47 %，不良资产率20.52%）相比，利润总额超额1,287万元，净资产收益率超额完成2.84%，成本费用利润率超额完成29.46%，不良资产率下降0.75%，全面完成国资委下达的年度经营考核指标。

地址：石景山区杨庄东街59号
电话：68880853
邮编：100043

（张小军）

【五里坨建设组团项目】 五里坨建设组团定向安置房项目天翠阳光新城开工，顺利实现首批入住。8月底，B地块瑞通养护中心拆除，标志整个安置房建设实现全面开工。截至年底，A地块南区完成工程总量的50%，北区完成80%；B地块一施工段完成总量的85%，二、三施工段分别完成45%；C地块11栋住宅楼1410套房屋于9月30日入住。五里坨幼儿园9月30日动工。安置房销售累计签约4740套，占安置房总量的86%，发放拆迁补偿款约31亿元。五里坨建设组团项目一级开发住宅拆迁累计签约3521户，完成总量的96.5%，剩余产权户126户，发放延期周转费、综合补助费共3823万元。02号地B地块挂牌上市。安置房地块内的拆迁工作全部完成。非住宅国地拆迁完成15%，集地拆迁完成90%。

（张小军）

【杨庄北区幼儿园竣工】 杨庄北区幼儿园是区十项重点建设工程之一，位于杨庄北区教育小区西北角，地上建筑面积5875平方米，地下建筑面积1457平方米，总投资2300万元，年内竣工。

（张小军）

【项目开发子公司】 年内，天泰兴业公司站前小区保障性住房进入规划验收阶段；苹果园交通枢纽H地块廉租房项目住宅楼完成外装修，配套公建楼封顶。为西建办代建项目：五里坨路京门路北段全部贯通，京门路以南因拆迁尚未完成，暂未动工。五里坨热力主管线工程是本区西部地区新建的热力主要干线，9月28日全线竣工。新隆恩寺路西段道路大修工程竣工，移交政府职能部门管养。重点建设中心工程项目：涉及配合市属道路工程拆迁项目8项、区属道路工程9项，各项目争取市、区财政资金10729万元，累计支出8851万元。市属项目中杨庄大街一期完成拆迁工作。京石客专征地拆迁等5项续建工程顺利完工。一级开发的资金基本落实，整体实施方案包括安置房解决方案编制完成，等待政府认可。鎏金置业负责的西黄村项目与八大处农工商公司签订《集体土地征地地上物拆除补偿协议》，全年达成补偿协议16家，占总体30%，完成拆除工作13家，占总体25%。

（张小军）

【物业类子公司】 实兴金海物业受西井、海特供暖项目移交热力集团以及设备设施严重老化、社会最低工资不断增长、单位拖欠物业费等因素影响，年内实现经营收入1756万元，利润总额－319万元，成本费用利润率－15%，经营性房屋出租率和租金收缴率100%，物业管理费收费率75%。酒店物业通过质量、环境、职业健康安全三大管理体系认证，完成D座写字楼整栋出租，实际实现营业收入3917万元，利润340万元，成本费用利润率4%，经营用房出租率89%，租金回收率100%，物业管理费收费率99%。实兴建材实现利润总额12万元，建材销售2658万元，成本费用利润率0.5%，经营用房出租率和租金收缴100%。大学生公寓物业管理中心实现利润36万元，成本费用利润率5%。

（张小军）

【历史遗留问题处理】 实兴腾飞突出诉讼大案要案办理，全年挽回经济损失4558万元，其中追回京磁案款291万元（累计收回本息591万元）、天华博实欠款46万元、龙德公司案4221万元、其他案件避免经济损失300万元。

（张小军）

石景山区建筑公司

【概况】 北京市石景山区建筑公司（简称建筑公司），是区属全民所有制建筑企业。具有房屋建筑工程施工总承包二级资质，城市及道路照明工程专业承包三级资质。公司现有8个职能科室，8个土建分公司，1个电气分公司；正式职工175人，工程技术及专业管理人员150人。其中，具有高级技术职称3人，中级技术职称23人。截至年底，公司共获得北京市建筑工程最高质量奖结构长城杯和长城杯工程奖15项、北京市优质工程6项、北京市文明安全工地16个，连续多年获区“百强企业”及重合同、守信誉企业。年内，潭柘寺生态花园1～6号、8～13号楼等8项工程、京汉君庭住宅小区16号、17号楼、石景山区第二水泥管厂安置房竣工，杨庄中区幼儿园及小学校工程、区计划生育生殖健康技术指导中心改扩建项目开工。全年完成营业收入17248万元，上缴税金540万元；开复工面积13.2万平方米，竣工面积8.8万平方米。

地址：石景山区西井路15号静洋科技大厦五层
电话：68863898
传真：68829495
邮编：100041

（贾海艳）

【通过三体系认证监督审核】 12月7～8日，方圆标志认证中心专家审核组，对公司本部和所属基层项目部运行最新质量管理、环境保护、职业健康安全三体系及《工程建设施工企业质量管理规范》的情况进行认证审核，审核结论为“审核结果符合要求，给予认证注册资格。”

（贾海艳）

【潭柘寺生态花园8项工程竣工】 该工程位于门头沟区潭柘寺新大街6号，2010年10月份开工建设，建筑面积10988平方米，合同造价2728万元。工程由16栋独立别墅组成，1～6号、8～13号、17～19号楼为三层全现浇剪力墙结构，7号楼为三层框架结构。建设单位是北京潭墅苑房地产开发有限公司，由本公司第二分公司负责承建，8月竣工。

（贾海艳）

【京汉君庭16～17号楼竣工】 该工程位于河北省香河秀水街南侧，上年4月开工建设，建筑面积25211平方米，合同造价3751万元。两栋住宅楼均为全现浇剪力墙结构，地上十八层，地下二层。建设单位是香河京汉房地产开发有限公司，由本公司第六分公司承建，于11月竣工。

（贾海艳）

【二管厂安置房工程竣工】 工程位于石景山区八角地区第二水泥管厂内，2010年5月开工建设，建筑面积40350平方米，合同造价9736万元。工程为全现浇剪力墙结构和框架结构，由四栋高层住宅及配套公建和地下车库组成，该安置房工程于8月竣工。建设单位是京汉置业集团股份有限公司，由本公司第三分公司和第六分公司联合承建。

（贾海艳）

西部建设办公室

【概况】 石景山区西部建设办公室（简称西建办）是全面组织协调石景山西部地区开发建设工作的区政府派出机构。内设项目推进科（同时挂工程管理办公室牌子）、规划发展科和综合办公室。实有人员8人，其中，副主任2名，科级干部（含副主任科员）5人。年内，西部地区开发建设工作围绕“坚持科学发展、深化全面转型、加快建设现代化首都新城区”的发展目标和战略举措，开拓创新、扎实工作，推进建设区控规调整研究；深化天泰山风景区发展主题研究；开展高井、麻峪、广宁地区规划研究；完成五里坨建设组团96%居民拆迁；实现部分居民回迁安置房入住；逐步完善“三横三纵”路网体系；完成污水处理厂主体结构；完成热力主管线工程建设并投入使用；站前小区、金谷香郡等房地产项目完工；学校、医院、法庭、派出所等公益项目选址基本确定。被评为区文明单位。

地址：石景山区五里坨车站路1号
电话：88907327
邮编：100042

（杜玉敏）

【五里坨建设区控规调整研究】 会同规划分局、国土分局等单位，经过20轮修改，形成较为成熟的控规调整方案。方案着重优化教育、医疗、公共配套设施布局，调整增加保障性住房用地，适当提高浅山区地块容积率，调整后共增加建筑规模20万平方米。方案上报市规划院、市规划委。

（杜玉敏）

【旅游发展主题定位研究】 结合区主要领导关于打造北京西山八大处历史文化风貌区的调研与思考的重点调研课题，深化天泰山旅游风景区规划研究，统筹落实文物资源保护和利用，主动与西山八大处文化景区建设规划相衔接，为提升西部地区文化吸引力、大力发展旅游休闲产业奠定基础。

（杜玉敏）

【高井搬迁改造研究】 以西北热电中心开工建设为契机，与市规委、区规划分局、高井电厂等相关单位沟通，力求通过电厂旧厂区转型发展统筹解决高井村规划调整和搬迁改造问题。年内，高井电厂已开展旧厂区转型发展的前期论证，选定专业设计单位进行系统规划研究。

（杜玉敏）

【广宁村控规调整方案研究】 广宁村

人口密度大，地理环境、土地权属复杂，利益诉求主体多元化，使广宁村控规调整和搬迁改造实施难度较大。年内，通过与区教委、规划分局、广宁街道办事处多次沟通，形成新的调整方案，就广宁村建设用地和教育用地进行重新规划。同时，协同京能热电集团，共同研究旧厂区土地利用问题，统筹解决广宁村控规调整和搬迁改造。

（杜玉敏）

【土地一级开发工作】 会同区住建委、重大办、国土分局、司法局、街道办事处、实兴腾飞公司等单位多措并举，推进拆迁工作。一方面采取现场联合办公、定期召开工作例会、重点对象上门谈话、提供司法调解服务等方式，营造公平、和谐、有序的拆迁环境和社会氛围，保障拆迁居民合法权益。另一方面，在做好维稳工作的前提下，对部分重点突出的特殊滞留户，坚决走裁决程序，协调区法院对已裁决户执行强拆。年内，五里坨建设组团土地一级开发完成投资50亿元，其中，居民拆迁完成96%；国有企业拆迁完成15%；集体土地地上物腾退工作，五里坨农工商公司完成90%，黑石头农工商公司完成85%；坟地迁出工作，五里坨农工商公司完成90%。

（杜玉敏）

【道路工程建设】 五里坨路北段工程基本完工，南段开工建设；新隆恩寺路完成500余米道路土方平整及雨污水、热力管线施工；京门路新线建设工程开工建设，雨水管线完成1200米，污水管线完成300米；新隆恩寺路西段大修工程、黑石头村路等道路基本完工。

（杜玉敏）

【市政设施建设】 热力主管线工程全部完成投入使用，累计完成投资2亿元；污水处理厂项目主体结构全部完工；五里坨供水厂项目已制定分散供水方案，可满足定向安置房供水需求。

（杜玉敏）

【房地产项目建设】 五里坨定向安置用房项目，39栋定向安置房全部开工建设，其中，C区11栋于9月11日入住；五里坨2号地B地块保障房项目用地规模7.04公顷，总建筑规模16.7万平方米，初步规划方案设计可建设保障性住房2900套，年内剩余1户住宅未拆除；站前小区项目竣工验收；"金谷香郡"商品房项目全面完工，9月26日办理入住。

（杜玉敏）

【应对"7·21"自然灾害】 第一时间启动应急预案，与区市政市容委、街道办事处、驻区部队、驻地企业通力配合、明确分工，建立24小时巡查制度、汇报制度和反馈制度。组织工作人员和施工单位负责人对现场和周边居民区进行巡视，各项措施排除安全隐患。梳理受灾情况，准确向区委区政府部门汇报。灾后，组织召开部门现场办公会，到周边居民家中走访。通过抢修，各水毁道路包括村级道路基本通车，部队围墙建设完毕，灾害损失降至最小，未对百姓出行和部队安全造成严重影响。

（杜玉敏）

北京燕金源置业有限公司

【概况】 北京燕金源置业有限公司（简称燕金源公司）是本区国有控股的房地产公司，注册资本4.5亿元，具有房地产开发四级资质，负责实施苹果园交通枢纽商务区土地一级开发项目的建设工作，配合做好苹果园交通枢纽建设相关工作。苹果园交通枢纽商务区项目位于石景山区中部，其四至为：东至苹果园大街、杨庄大街，南至阜石路，西至规划金顶西路，北至琅山苗圃（其中，不包含苹果园交通枢纽范围）。总用地面积52.81公顷，总建筑控制规模55.14万平方米。苹果园交通枢纽位于地区中部，以苹果园地铁站为中心，北至苹果园路，南至阜石路，东至金顶东路，西至规划一路。规划占地规模为5.19公顷，总建筑面积为29.16万平方米，其中枢纽6.28万平方米，商业18.33万平方米。枢纽客流规模约24万人次/日。规划汇集M1线、M6线和S1线三条轨道交通，数十条公交线，7种交通方式（轨道交通、快速公交、常规公交、出租车、小汽车、自行车、步行）相互衔接，拥有15万平方米公共服务设施，成为本市最大、同时也是最复杂的综合客运交通枢纽。

地址：石景山区杨庄北区甲12号楼底商二层

电话：68868123

邮编：100043

（孙 蕊）

【协办枢纽建设各项工作】 7月10日，燕金源公司取得枢纽项目交评报告批复，完成交评批复工作。12月24日，市政府批复苹果园交通枢纽综合体规划设计方案。同月19～20日，拆除粮食局宿舍楼。

（孙 蕊）

【商务区F地块上市】 F地块位于苹果园地铁站东侧，其四至为：东至苹果园住宅小区，南至苹果园南路，西至苹果园大街，北至金苹路。该地块规划为商业金融用地，用地面积11100平方米，建筑面积38850平方米。11月26日，北京住总房地产开发有限责任公司和北京骏洋房地产开发有限公司联合体以37249.3888万元竞得F地块。

（孙 蕊）

城市管理

市政市容管理

概　述

北京市石景山区市政市容管理委员会(简称市政市容委),是主管全区市政基础设施建设与管理、爱国卫生、城市环境整治工作的区政府职能部门。下设22个职能科室,8个直属事业单位。年内,完成杨庄大街一期、京门新线城市主干路建设工程,续建五里坨路,新隆恩寺路微循环道路建设工程,推进长安街西延、永引渠南路、北辛安路北段、京西高标准城市主干路建设,进一步完善全区路网结构。加强交通基础设施管理,发挥区交通工作领导小组和交通委员会统筹协调作用,加快推进银河商务区智能交通试点项目建设,推行错峰停车、建设临时停车场、改造老旧小区停车设施,增设停车泊位,有效缓解停车难问题。增设公交线路和通勤快车,绿色出行比例大幅提升。加强水务基础设施建设,加快小流域治理工程建设,推进永定河绿化升级改造工程,加强莲石湖水体维护。完成河湖基本情况、水利工程情况等10个水务普查专项数据审核和普查表填报,建立水务普查数据档案。落实水资源管理制度,推进五里坨水厂建设前期工作,加强供节水信息平台建设,完成5700套智能水表改造任务。做好防汛工作,全面排查安全度汛隐患,妥善处理险情,积极应对"7·21"特大自然灾害。加大环境整治力度,开展京广铁路、莲石路、阜石路沿线环境整治。完成20条重点大街环境建设达标工作和老旧小区、街巷胡同环境整治。完成14条道路架空线入地,完成管道建设32千米。加强市容环境管理,组织对脏乱死角实施专项整治,加强环境卫生保洁情况监督检查,强化垃圾渣土规范化管理。完成黑石头和古城漫水桥非正规垃圾填埋场治理工程。按照"科技北京"行动计划,完成48个环卫充电桩建设,在环卫行业示范应用90台纯电动环卫车。组织完成20个小区生活垃圾分类达标工作,完成达标试点小区50%的目标。通过国家卫生区复审,再次荣获"国家卫生区"(2012-2015)称号。区市政市容委坚持建管并举、重在管理的"大市政"理念,以重点工程建设带动市政基础设施完善,将市政管理、交通管理、环境建设、水务管理、爱国卫生、防震减灾等城市管理工作有机统一,不断健全城市管理体系,进一步提升城市建设管理的精细化、常态化、法制化、社会化和专业化水平,为区域经济发展奠定坚实基础。

地址:石景山区杨庄东路9号
电话:68866937
邮编:100043

(周　萍)

【市政设施养护管理】　1月,市政市容委根据城六区部分城市道路设施管养职责调整工作方案,调整12条道路及其附属设施管理养护职责。区管公共排水设施全部移交北京市排水集团有限责任公司管理养护。巡查、监管全区地下管线及检查井井盖,对无主或权属不清地下管线及井盖进行维修养护,全年协调各权属单位更换问题井盖1000余个、雨箅子250余个。区政府投入资金5193万元,实施道路大中修工程16项,总长度8515米,总面积16.5万平方米。修补路面3万余平方米,整修方砖步道1.3万平方米,整修检查井500座,安全检测区属24座桥梁。开展铁路道口宣传教育、安全培训、应急演练,强化道口监督检查,实现全年安全无事故。

(周　萍)

【"一铁两快"环境整治】　1月,"一铁两快"(京广铁路石景山段和莲石路、阜石路)沿线整治工作正式启动。其中,区政府将京广铁路沿线(石景山段)环境整治列入当年区十项重点工程,莲石路、阜石路沿线环境整治是北京市2012年为民办实事任务和区年度环境综合整治重点。市政市容委与市、区20余家相关部门建立沟通机制,成立由区长任组长,主管副区长任副组长的领导小组,办公室设在市政市容委。由领导小组负责整治工作的全面统筹、协调、部署、检查、指导。制定全区工作计划,编制环境建设任务书,对12个重点问题进行分解,包括问题地区、整治内容、整治标准、完成时限及相关单位责任。同时编制环境建设规划,从提升城市景观出发,将京广铁路沿线划分为四个区域,分别进行生态、科技、绿色和人文景观建设。具体内容有:清运垃圾渣土、粉饰建筑外立面、规范广告牌匾、拆除违法建设、规范施工工地、实施亮丽工程、规范门前三包、绿化景观提升等。相关部门组建整治队伍,完善联合执法,加强工程管理。"一铁两快"环境建设于12月完工,共清理

建成后的莲石湖景观　　(区市政市容委供稿)

垃圾渣土5万余吨、拆除违法建设1200余平米、规范门前三包80余户、取缔占道经营40余起、拆除违规广告牌匾70余块、取缔非法经营8起、莲石路老旧居民楼楼体粉饰13万平方米、外立面改造3500平方米、施工工地苫盖3.5万平方米、绿化20万余平方米、安装护栏1500余延米。完成五芳园休闲公园改造、玉泉鲁谷农贸市场改造等工程，腾退土地3.2万余平方米。

（李　彦）

【莲石湖工程竣工验收】　3月14日，市政市容委组织验收委员会召开莲石湖工程竣工验收会。通过听取建设管理工作报告，查看工程现场和技术资料，一致认为莲石湖工程已按批准的设计文件内容完成建设，工程质量合格，工程资料齐全，初期运行正常，同意通过竣工验收。莲石湖工程总投资4.67亿元，自麻峪延伸至京原铁路，全长5.8千米，由12级跌水组成，平均宽300米，平均深1.5米，最深处达到10多米，水面102.5公顷，完全蓄水后蓄水量将达到300万立方米。现蓄水量约260万立方米。

（马　惠）

莲石湖水毁景观修复　（区市政市容委供稿）

【制定缓堵方案】　3月28日，第9次区长办公会研究通过由区交通委牵头、会同区交通工作领导小组成员单位研制的缓解交通拥堵第九阶段（2012年）工作方案。5月28日，以区政府文件形式下发全区各相关单位，并组织实施。城市交通拥堵已成为人们关注话题，年内，区交通委进一步完善缓解交通拥堵措施，通过新建、修复城市道路，增加区域停车泊位，完善高峰时段交通缓解方案，进一步提升城市交通承载能力。完成晋元庄路、古城东街、八角西街、翠园西街（北段）、金顶路（东段）、鲁谷大街6条道路常规疏堵工程。协调开通"袖珍公交"线路。建成1000辆规模的公共自行车服务系统。重点推进八大处停车场、CRD地下停车场等社会公共停车场建设。其中八大处停车场由市公联公司投资建设，计划增加停车位151个，年内完善设计方案；海特广场地下停车场正在进行方案设计，预计增加停车位700个。到年底，局部地区交通拥堵得到缓解，交通拥堵指数控制在2.4以下，道路交通安全水平和公共交通服务水平较快提升，初步建立起高效、优质、功能结构完善的综合交通体系。

（马超骥）

【改善道路状况】　自1月起，区政府不断完善区域交通路网结构，进一步拉开骨架，提升道路配套功能。全力推进城市主干路建设，杨庄大街一期、京门新线，分别于3月、4月开工建设，12月底基本完工，道路全长3.8千米。永引渠南路、北辛安路北段两项重点工程实现节点性开工，实施微循环道路建设，以西部地区和重点村周边道路为重点推进五里坨路、金顶北路、古城西街等8条道路建设，道路全长9.17千米。加快推进京西高标准城市主干路、北新安路南段等城市主干路项目前期工作，实现开工建设。加强道路大中修改造，对苹果园大街、银河大街等16条道路实施大中修改造，提高道路完好率。

（张　亮）

【增加停车泊位】　年初，市政市容委进一步完善工作实施方案，明确停车设施建设计划，详细梳理各阶段申报资料，明确各阶段工作要求。通过与市有关部门沟通，加快推进居住区停车设施建设。鲁谷社区重兴家园路两侧居住区十分密集，重兴家园小区、重聚园小区、京汉旭城小区、聚兴园小区等居住区内停车泊位远远不能满足机动车停放。结合重兴家园路道路大修工程将该路西侧现状荒废绿地一并纳入改造，新建路外公共停车场，增加停车泊位86个，缓解停车难问题。完成黄南苑小区、老山小区等11个居住区停车设施新建工作，完成6个老旧小区停车设施改造工作，通过畅通消防车通道、增加停车设施、绿地改造等综合措施，增加停车泊位约3150个。在加快推进停车设施建设的同时做好相关资料的保存工作，确保全程资料准确、真实、完整，同时做好信息收集和每周及时上报进展情况工作，保证市区两级信息畅通。

（顾　雪）

【校园周边整治】　3月，市政市容委开展以净化校园周边环境为重点的"护蕊工程"宣传月活动。设立宣传点位150个（次），宣传横幅150条，发放宣传材料2万余份。联合执法45次，查处无照游商等违法行为1850起，清除非法小广告480余处，清理垃圾脏乱点22处，发放门前三包告知书3120余份，规范门前三包325起。

（周专祥）

7月21日，排水抢险 （区委宣传供稿）

【停车设施调研】 4月26日，苟仲文副市长带队调研居住区停车设施建设工作。苟仲文一行先到首钢苹果园三区调研停车设施改造工作情况，并实地查看改造成效。随后召开座谈会，听取城六区推进居住区停车设施建设情况的工作汇报。苟仲文对城六区居住区停车管理工作予以充分肯定，对石景山区解决居住区停车难、停车乱的做法和措施给予高度评价，并提出要积极总结首钢苹果园三区停车设施改造建设的经验和做法，作为典型向全市推广。苟仲文要求有关部门和单位提高认识，高度重视，建立主管领导负责制，发挥社区自治和综合管理作用，加大居住区停车设施建设力度。要积极从居住区、企事业单位大院和商场等方面开源，加大停车位供给，缓解本市停车供需矛盾。市交通委、运输局及市发改委、市财政局、市规划委、市住建委、市园林绿化局、市公安交管局、市城管执法局、城六区政府主管领导及有关部门负责人陪同调研。

（顾　雪）

【垃圾填埋场治理】 4月，古城漫水桥南非正规垃圾填埋场治理工程开工。该工程是全市1011座非正规垃圾填埋场治理项目之一，纳入当年区政府折子工程。该垃圾填埋场位于永定河冲积扇顶部，总占地面积19174平方米，地下水污染风险评估为A级，存在渗滤液污染地下水以及填埋气污染大气的风险。工程历时120天完工。将垃圾填埋场范围内现状标高至原状土层表面标高之间的陈腐垃圾全部挖除、筛分。生活垃圾消纳至综合处理厂回收利用，筛出腐殖土用于绿化，然后回填至设计标高，再通过植树进行生态恢复。共开挖土方15.8万立方米，筛分垃圾19.8万立方米，实施回填14.2万立方米，生活垃圾外运及消纳3.9万立方米。

（周　萍）

【效能监察检查】 5月30日，市交通委、市监察局联合检查组到区开展缓堵立项效能监察检查工作。检查组一行首先查看重兴嘉园路道路建设及停车设施改造施工现场，了解区交通委清理开发商代征代建道路、进行微循环系统改造、增设小区居民停车设施等工作的进展情况。随后召开座谈会，听取区交通委落实缓解北京市区交通拥堵第九阶段工作方案的工作汇报，并就区域道路微循环建设、停车管理工作、重点地区缓堵措施落实等重点工作展开讨论。区交通委在区委区政府和市交通委指导下，通过高标准定位、高水平谋划、高质量实施，积极推进缓解交通拥堵各项措施落实。上半年缓堵工作取得较好成效，交通指数、路侧施划停车位、公共停车楼建设、老旧小区停车设施建设等工作均达到或超过市区交通拥堵第九阶段工作方案要求。检查组希望，石景山区继续争取微循环、停车泊位建设、综合疏堵项目等政策支持，进一步推动苹果园交通枢纽建设工作，提前统筹好首钢厂区相关道路、公交接驳、轨道运营、停车管理等方面工作，加强信息报送，促进工作交流。要突出工作亮点、集中攻克难关，未雨绸缪做好区域交通工作。在下半年的工作中，对照缓堵工作要求，按时、保质完成好相关工作，积极谋划2013年工作，为全市缓

阜石路金安桥下排水 （石　硕　摄）

解拥堵下步工作提供支持。

（顾　雪）

【应对自然灾害】 7月21日上午10时至7月22日上午6时，本区普降大暴雨，局地特大暴雨，平均降雨量277.7毫米，最大降雨量出现在模式口地区，为328毫米，日降雨量为本区有记录以来历史同期最大值。根据市防汛指挥部发布的暴雨预警信息，区防汛指挥部立即启动应急预案，做好各项应对准备工作，针对主要道路、易积滞水路段、平房地区、低洼院落等薄弱部位，提前进行布控，做好预防措施。在区防汛指挥部的统一协调下，各部门积极联动，开展应急抢险工作。全区共出动抢险人员4934人次，车辆297台次，出动水泵63台、大型抢险单元1台、救生筏6艘以及大量其他设备物资。在第一时间安全转移群众309人，将区内道路60多处积水点全部清理，位移井盖全部恢复原位，雨篦子拦截的杂物全部清除干净，恢复正常交通。

（刘松林）

【莲石湖水毁修复】 "7·21"特大暴雨中，永定河流域平均降雨量144毫米，其中最大降雨量发生在卢沟桥，降雨量为281毫米，为1951年有记录以来最大降雨量。三家店拦河闸向下游泄洪97万立方米。据市水利规划设计研究院测算，洪峰流量约为500立方米/秒，超过永定河"四湖一线"景观三年一遇的400立方米/秒的防洪设计标准。由于暴雨强度大、水流下泄速度急、冲刷面大，加之莲石湖与三家店水库距离较近，受洪水影响较重，在主体结构完好的情况下，滩地过流，形成下切的冲沟、拉裂，下泄雨洪携带大量淤泥及垃圾，致使莲石湖部分植被、园路等受损。市水务局组织专家现场勘查、研究，确定水毁的主要原因。根据8月31日市水务局"7·21"特大自然灾害中永定河"四湖一线"、"一湖一线一湿地"水毁修复工作协调会精神，区市政市容委组织人员对受损部位进行详尽排查、统计，并与设计单位沟通协调，确定受损设施修复方案。对第一、二标段跌水及其两岸包括帽石、两侧护岸及构筑物、园路、自行车道等结构，对第三标段减渗工程及其它附属设施等进行修复。

（马　惠）

【公交专46路开通】 9月21日，本区开通境内第一条"专"字头微循环专46路。线路从老山公交场站至京原路口东，全程7.3千米。接连地铁1号线，方便融景城、京源中学、衙门口村、远洋山水等小区居民换乘地铁。该线路于工作日高峰时段运营。

（张　庆）

【十八大环境保障】 9月25日～11月8日，市政市容委根据迎接党的十八大城市环境建设百日集中行动工作方案，开展十八大环境保障工作。按照"属地管理、区域负责"的原则，各相关部门协调配合，主要从治理重点地区环境突出问题；提高街巷胡同、居住小区环境水平；落实环卫专业作业管理；保障城市运行安全稳定；开展群众性卫生大扫除；开展"两节"环境布置；强化环境保障体系建设等七个方面进行，圆满完成保障任务。

（李　彦）

【缓解交通拥堵】 区交通委积极做好应对9月、10月重点时期的大客流冲击及重大活动保障工作预案。在早、晚高峰时期增加公交车运营班次，加大重点旅游景区、商业场所周边运力配置，依据实际情况，划出租汽车临时上下客停车位。同时做好商业打折促销、旅游活动、文化体育等大型活动周边道路交通秩序维护工作。针对节前或节日部分时段可能出现的特大客流，督促苹果园站区做好应对准备，根据运行情况采取临时限流、疏导措施，确保地铁运营秩序。在重点道路、重点区域采取完善停车标志、加装隔离护栏、设置便道桩等措施，最大限度地规范停车秩序、挤占违法停车空间。开展联合执法，全面加强轨道交通站点、旅游景区、繁华商业街等重点地区监管，对影响环境秩序和运输安全的各种违法行为进行查处。对万达广场、沃尔玛、八大处公园、石景山游乐园等重点地区开展停车服务专项检查，组织停车企业参加市运输局统一开展的占道停车服务人员培训考试，确保持证上岗。对已审批的占掘路工程加强管理，随着工程进度逐步腾退占道路段，开展对交通基础设施专项检查，严肃查处非法占掘路行为。进一步完善应对恶劣天气造成交通严重拥堵应急预案，建立缓解交通拥堵会商机制，多部门协调联动，加强天气、路况的研判和预报。完善应急值守制度，发现道路塌陷、桥涵积水等情况，及时启动应急预案，确保道路交通基础设施安全运行。同时开展"文明出行引导月"和绿色出行文明交通引导活动，倡导低消耗、低排放的绿色出行方式。

（马超骥）

【道路环境建设达标】 11月，市政市容委组织完成莲石路、阜石路东段、杨庄大街、鲁谷东街、鲁谷路5条市级道路和八大处路、实兴大街等15条区级道路的环境建设达标工作。12月，通过首都环境办专家组的检查验收，环境建设全部达标。共拓宽改造道路2千米，铺设路面6万平方米，铺设步道1.5万平方米，绿化美化20万余平方米，粉刷建筑立面13万余平方米，改造升级休闲公园2个，规范石材城等市场立面4个，清理垃圾渣土1万余立方米，拆除违规广告283块，规范门头牌匾1000平方米，配置更新果皮箱等城市家具3000余个。

（周专祥）

【精细组织扫雪铲冰】 12月13日夜间至14日7时，地区普降大雪，降雪量5.4毫米，区环卫中心共出动6台多功能除雪车，28台融雪车、18台扫雪车，出动作业人员568人，使用融雪剂269吨，发动社会人员17500余人；区城管大队出动人员217人，车辆42辆，检查督促80条大街887个门前三包单位；区园林绿化局出动300余人，车辆16台，对30条道路沿线进行巡查清理，共清理面积约12万平方米；协调黑石头和五里坨农工商公司出动150余人对黑陈路进行铲雪作业，解决山上居民出行问题，协调驻区部队2000余人对石景山路段进行扫雪铲冰，确保道路畅通。

（李　娟）

【快速公交4号线开通】 12月30日，北京快速公交4号线（简称BRT4）开通试运营。BRT4隶属于北京公交集团第四客运分公司，采取18米通道空调车，是连接门头沟和城区的一条快速公交线。BRT4分为主线和支线，在本区设麻峪北口、石景山火车站、广宁村、金顶南路、杨庄和杨庄东6座车站。

（张　庆）

【完成水务普查】 12月，完成全国第一次水务普查工作，普查对象为全区境内的给定标准以上的河流湖泊、水利工程、供排水设施以及重点经济社会用水户。本次普查工作历时3年，普查标准时点是2011年12月31日，时期资料是2011年度。普查内容包括11个专项，本区涉及其中10项：分别是河湖基本情况、水利工程基本情况、河湖开发治理保护情况、经济社会用水调查、水土保持情况、地下水取水井情况、水务行业能力建设情况、供水设施、排水设施及水文化遗产调查。通过清查、筛查最终确定区1112个普查对象，采用全面普查和抽样调查相结合的方式，摸清辖区水务工作家底，建立水务基本信息数据库。对普查成果进行分析，编制水务普查成果公报、水务普查成果分析报告和水务普查成果图册，向社会及相关部门发布，为实施水务工作精细化、科学化管理奠定基础。

（赵振英）

【水务设施建设】 区政府把永定河生态绿化景观升级改造列为当年区十项重点工程之一，计划分3～5年完成莲石湖园区的整体规划、提升市政基础设施和优化产业结构，促进生态环境的可持续发展。市政市容委加快推进永定河绿化升级改造工程及莲石湖景区配套设施建设，完成莲石湖自来水引入方案规划设计，完成2300米管线铺设。加强莲石湖环卫设施建设，解决市民游览莲石湖景区“入厕难”问题。加强莲石湖景区运行管理，建立完善景区管理制度。完成老古城回迁安置房、五里坨安置房2眼配套水源井建设，实施衙门口三期工程等46项上水工程，铺设管线20千米。推进五里坨水厂前期工作。加强节水管理和水务普查。推进水务改革发展，建立完善水务基础设施数据档案。推进雨洪利用工程建设、节水技术改造，提高用水效率，下达用水指标849万立方米。加强供、节水信息平台建设，完成5700套智能水表改造任务。加快推进隆恩寺沟一期治理工程、八引渠小流域环境整治工程及人民渠首钢段治理工程。加大水务执法力度。加强洗浴、洗车等行业节水执法检查。全年检查社会单位172家，发放宣传材料2800份。

（周　萍）

【节约用水管理】 市政市容委落实最严格水资源管理制度，控制用水总量，提高用水效率。全年实际用水总量6262万立方米。万元地区生产总值水耗18.2立方米，同比下降11.2%。加强新增用水户监管，新增计划用水单位10户。推进供节水信息平台建设，投入资金510万元，完成信息平台三期工程，换装智能水表5150支。发挥平台作用，对用水单位的用水情况进行全程跟踪和实时监测，考核各单位用水指标执行情况，对出现超计划用水单位进行预警提示，全年发放预警通知300户次。规范行政审批流程，办理临时用水指标审批事项5个，建设项目配套节水设施竣工验收事项2个。开展联合节水执法检查，调查特殊行业用水情况，收回调查表235份，建立台账。加强自备井监管，区管自备井118眼，水表计量率100%。投入资金40.35万元，完成换装节水器具5000套（件）。投入资金44.21万元，完成12个节水型单位、2个节水型小区的创建。复测创建3年以上的14个节水型单位，合格率100%。

（鲁　翠）

【节水宣传活动】 市政市容委投入资金34万元印制宣传材料，在辖区广泛开展节水宣传系列活动。围绕第20届“世界水日”（3月22日）、第25届“中国水周”（3月22～28日）以及第21个“全国城市节约用水宣传周”（5月13～19日），发动街道、社区及全区用水单位广泛参与，开展形式多样的节水主题宣传活动。结合《北京市节约用水办法》颁布实施，加大宣传贯彻力度。在《石景山报》刊登《办法》全文，在主要街道悬挂宣传横幅10条，设立宣传灯箱广告30个，印制《办法》1万册，宣传画1000张，制作宣传品3万个，分发至全区各用水单位和街道社区，大力宣传节水办法及最严格水资源管理制度。

（鲁　翠）

【老旧小区街巷整治】 市政市容委在上年完成15个老旧小区、2片老旧平房区、15条街巷胡同和38所学校周边综合整治的基础上，年内又整治5个老旧小区、5条街巷胡同。整治内容包括外立面及门头粉饰、垃圾清理、违法建设拆除、牌匾标识规范等。共美化建筑立面400平方米，拆除私搭乱建40平方米，补建绿化植被4000平方米，清理垃圾脏乱点22处、清理乱堆物料100吨，改造老旧管线300米，完善公共照明33处，拆除违规广告306块、规范门头牌匾600平方米。

（周专祥）

【14条道路架空线入地】 市政市容委对14条道路两侧的通信、路灯等架空线进行入地改造，涉及道路总长度21528米。共计完成穿缆900余条、约400千米，清除废弃缆线约71200米、废弃线杆566根，完成管道建设约32千米，累计完成管道建设90%。自2010年启动架空线入地工作后，于上年11月13日完成鲁谷路、鲁谷东街、银河大街3条道路共计6093米架空线的入地工作，对缠绕在道路两侧电线杆上的通信线缆、路灯线缆和电力线缆进行清理，共清除废弃缆线29202米，废弃线杆276根，当年，加大力度，对八角北路、八角东街、实兴大街等14条主次干道两侧的通信架空线实施入地施工。8月完成线缆入地、割接、撤除废旧线杆工作，年底前完成全部线缆的入地，包括电信、移动、歌华、联通等企业在内的所有通信线缆以及电力线缆全部穿管入地，同时全面清理占道的废弃电线杆。

（史建春）

【黑石头垃圾场治理】 黑石头垃圾场治理工程是本区重点工程，全市1011座非正规垃圾填埋场治理项目之一，风险评估A级。该垃圾场位于五里坨北部，潭峪公路东侧山谷中，周边环绕八大处、慈善寺、双泉寺等名胜古迹、天泰山自然保护区以及两个自然村。占地面积14万平方米，填埋时间为1990年至2003年，填埋量约200万吨。由于不具备填埋气导出等基础条件，垃圾降解产生的甲烷等易燃易爆气体通过地表缝隙向外扩散，给周边居民、西山林场的安全造成严重隐患，并制约土地的开发利用和周边旅游业发展。区委区政府经过专题研究，作出实施“黑石头垃圾场环保治理工程”的科学决策。该项目2006年11月组织筹备，总投资约5000万元，选用好氧生物反应器技术（简称好氧降解技术）实施治理，技术方案在国内尚属首次应用。2009年10月完成工程建设和设备安装任务，12月1日开始运营。工程共建设成井218眼，总进尺约2000米：其中注气井87眼，抽气井90眼，温度观测井9眼，湿度观测井19眼，地下水观测井13眼。建立沉降观测点78个。铺设管道近万米，其中铺设给水管道3630米、抽气输气管道6350米。至上年11月30日结束，实际运营701天。运营期内消耗总电量2224981.00千瓦/时，消耗总水量14.4万立方米，向填埋场中注入总空气量3681.6万立方米，垃圾中的平均生物可降解度3.16%，垃圾填埋场的平均沉降量68厘米。系统设备运转正常，符合设计要求，治理效果达国外同类项目先进水平。周边环境空气质量良好，达到国家标准相关要求。生态环境由2009年以前的基本无植被生长到年内草本植物生长繁茂，大量木本植物生长，地区生态环境明显改善。

（李　娟）

垃圾分类宣传　　（区市政市容委供稿）

【垃圾分类达标小区81个】 区政府通过在社区建立生活垃圾分类达标试点、广泛宣传动员、加强政府监管、加大财政投入、加快设施建设等工作措施，推进生活垃圾分类投放、分类收集、分类运输、分类处理系统建设，使全区生活垃圾分类处理，垃圾减量化、无害化、资源化水平不断提高。年内新增生活垃圾分类达标试点小区20个，占辖区居民小区总数的13%，涉及2.3万户、6.5万人。全年共安置240升户外垃圾桶3600个，发放居民用分类垃圾桶2.5万个，分类垃圾袋1000余万个。购置电瓶垃圾运输车21台，用于达标小区垃圾收集。截至年底，达到生活垃圾分类达标小区81个，占全区居民小区总数的52%，涉及9.4万余户、26万余人。提前实现市政府折子工程中规定的“完成50%以上居住小区垃圾分类达标试点工作”的目标。

（周　萍）

【市容环境精细化管理】 市政市容委按照“专项资金、按量核算、动态调整、严格考核、专项审计”原则，加大资金投入，推进街道精细化管理，美化市容工作，改善地区环境质量。购置道路清扫车12台、水车6台、小广告冲刷车10台，113条城市道路安装果皮箱3000余个。推进首钢建筑垃圾资源化处置项目，设计处理规模3000～4500吨/日。组织完成八角南里密闭式清洁站改造，以及老山东小街、金顶阳光、金顶街南口3座公厕建设，启动22座旱厕改造。加强建筑垃圾综合管理，组织联合执法夜查70余次，查处违规运输车辆125台、施工工地违规行为89起，对280台运输车辆安装“四统一”标识。推进餐厨垃圾、废弃油脂专业化收运和资源化处理体系建设，组织完成废弃油脂收运工作招标。按照“科技北京”行动计划，完成34处、58个环卫充电桩建设工作，示范应用纯电动环卫车21台，用于结合部地区垃圾收集作业。

（李　娟）

【通过国家卫生区复审】 国家卫生区每三年复审一次。4月底，夏林茂就国家卫生区复审工作进行专题调研，带领区市政市容委、卫生局、环保局、工商分局、9个街道（社区）有关负责人实地查看全区道路、小街小巷市容环境、门前三包、“五小行业”卫生和绿地养护等。对存在的问题，要求相关单位及时处理清除。根据《国家卫生区标准》规定的10个方面任务和66项具体标准，按照“统一领导、部门牵头、辖区统筹、群众参与”原则，分解到7个工作组和各主责单位，加强部门联动，强化属地管理。区迎复审领导小组确立三个工作制度。一是建立例会制度：区级推进会由区长、主管副区长不定期召开，听取各单位阶段工作汇报，部署重点任务；迎复审工作推进会由区复审办主任定期召集各工作组主管领导传达领导指示，交流工作进度，会商突出问题，落实工作任务；各主责单位

工作会定期按照责任分工,查找薄弱环节,研究部署重点工作,加强督促检查。二是建立台账和信息报送制度:各责任单位成立迎复审工作领导小组,制定专项计划,落实责任,摸清底数,建立工作台账,解决各种问题。各相关单位信息员报送工作动态、突出问题和工作成效,复审办以工作简报的形式报迎复审工作领导小组。三是建立工作督办制度:包括发送迎复审问题通知单。复审办针对每个阶段工作重点,进行拉网式检查,对突出问题派发问题通知单。各责任单位按照问题通知单的要求和时限,认真落实,完成任务后及时消账;对没有按时完成通知单任务和无特殊原因落实不到位的工作,区政府督查室下达复审问题督办单进行督办;对群众反映强烈、迎复审工作中的重点难点问题,由区长或副区长主持召开相关责任单位现场会督办。加强环境综合整治,提高城市卫生水平,把治理“脏、乱、差”等严重影响城市环境面貌的问题作为重点,切实加大环境综合整治工作的力度,实现市容市貌、环境卫生状况在市复审小组暗访前得到较为明显改善和提高。各街道办事处(鲁谷社区)相继召开地区动员大会,采取多种办法和措施,逐项落实国家卫生区标准。区复审办在迎检期间,下发问题通知单65期、31440个问题台账,印发《迎复审工作简报》27期。2012年国家卫生城市(区)、乡镇(县城)复审结果于年底公布,本区成功通过复审,再次被国家爱卫会评为“国家卫生区”,成为全市此次复审通过的五个区县之一。

(周　萍)

【加强供热燃气管理】 市政市容委完成2011～2012年度供热工作,发放补贴资金4190万元。推进老旧供热管网改造和供热系统计量改造。完成鲁谷和北重供热厂清洁能源改造,并移交北京市热力集团管理。首钢地区居民供热全部移交北京市热力集团管理。加强区属燃气企业行业管理,开展燃气使用安全专项检查治理护航行动,落实燃气事故应急处置预案。

(刘松林)

【防震减灾】 市政市容委提升地震监测水平,完成南马场水库数字化强震台建设。做好日常数据采集分析会商和特殊时期震情保障,加强地震监测台网和应急避难场所管理。围绕“5·12”防震减灾日开展形式多样的主题宣传教育,发挥青少年国防教育基地宣传效应。配合区住建委开展8个老旧小区抗震节能改造工程。配合区规划委完成全区应急避难场所规划实施评估。组织学校、社区开展地震应急疏散演练;组建本区第一支地震志愿者服务队。

(杨　晨)

5月21日,防震减灾日宣传　　（区市政市容委供稿）

【网格化城市管理】 “城市管理和公共服务平台”全年接受各类问题31355件,立案21638件,结案20686件,结案率95.4%,其中区属案件21157件,结案20406件,结案率96.5%,市属案件462件,结案260件,结案率56.3%,问题主要集中在积存垃圾渣土垃圾、非法小广告、无照游商、路灯断亮等;协调街道、环卫、城管等部门解决疑难问题487件,结案率达到97.2%;城市管理监督员自行解决各类问题54758件,其中清理垃圾31256人次,清除非法小广告8万余张;在全市信息化城市管理绩效考核中获得96.43分,名列第二;完成第六次基础数据普查更新,城市部件数量增加到28.4万个;组织开展地下管网、交通涵洞、过街天桥等八项专项普查工作;加强汛期、十八大期间的安全保障,累计出动监督员1956人次,排查路面、井盖、线杆等安全隐患556处。

(周　萍)

园林绿化

概　述

截至年底,全区实有绿地3998.9公顷,实有树木474.27万株、古树1462株、草坪1076.49万平方米,绿地率47.62%;绿化覆盖面积4223.07公顷,绿化覆盖率50.29%;人均绿地面积107.7平方米;公共绿地总面积1103.87公顷,人均公共绿地面积29.73平方米。区属公园9个、占地面积315.34公顷。街旁绿地99.25公顷,道路绿化面积154.38公顷,居住区绿地面积129.27公顷,单位附属绿地面积569.32公顷,防护绿面积2035.11公顷。石景山区园林绿化局(区绿化委员会办公室,简称区绿化办)是负责本区园林绿化的区政府工作部门。年内,严格按照全国绿化委、首都绿化委要求,围绕建设首都绿色转型示范区的发展目标,以创建全国绿化模范城市为契机,明确把创建工作写入区委全委会报告和区政府工作报告,纳入当年重点工作和政府折子工程。将绿化美化工作作为提升区域形象、打造城市品牌的关键点和着力点，全力打造“绿色生态石景山”，绿化建设从单纯增加数量，逐步向提高质量过渡，全民“植绿、爱绿、护绿”意识日益增强，区域生态人居环境和城市品位得到显著提升，努力实现“山环水抱、一轴贯穿、多园支撑”的绿地空间布局。全区完成绿化面积113.11公顷，其中新建61.57公顷，改造51.54公顷，植树22.11万株，铺草32.3公顷，实施屋顶绿化3000平方米。重点完成节假日期间，主要道路、重点地区的花卉布置任务，栽摆花卉491.36万盆（株）。区机关行政处、中国人民解放军66018部队被评为“首都全民义务植树先进单位”；区园林绿化局、区绿化工程二队、区苹果园街道办事处被评为“首都绿化美化先进单位”；远洋沁山水小区、苹果园中学被评为“首都绿化美化花园式单位”；西黄新村西里社区、军区装备部社区被评为“首都绿化美化花园式社区”；常淑萍等11人获“首都绿化美化先进个人”称号。

地址：石景山区石景山路15号
电话：56317000
邮编：100049

（郑文靖）

【绿色进校园活动】 1月，区绿化办助力北京市京源学校第四届科技年会，开展以古树保护为主题的研究实践活动。由京源学校牵头组建的校际联盟，经过实地探访、调研，形成《我们的研究方向》、《拿什么拯救，我们的古树》、《我们的研究成果》等论文。3月，区绿化办组织区园林绿化局技术人员与京源学校生物课外小组教师进行植物病虫害防治基本情况座谈，技术人员向教师介绍病虫害分类、习性、危害、常见病虫害防治等知识，并就在学生中开展相关调研学习实践活动进行交流。在园林知识讲堂进校园活动中，发挥专业技术优势，向京源学校、景山学校远洋分校的师生们介绍植物修剪养护方法、植物识别特点和园林植物种植设计等多方面知识，完成校园空地园林规划设计方案图，指导学生编写《京源学校校园植物名录》。使

4月1日，各界民众在莲石湖植树　　（张立臣　摄）

同学们进一步了解身边花草树木的特点，丰富绿化常识，提高绿化意识，并积极参与到植绿、爱绿、护绿的行列中来。

（郑文靖）

【濒危古树排查复壮】 3月始，区绿化办在全区开展濒危古树排查工作。本区在册古树1462株，其中树龄高于300年的一级古树133株。古树由于处于生命衰退周期，生命力下降，抗逆性差，容易引起安全隐患。经排查全区濒危古树386株。对其中67株存在安全隐患的濒危古树进行抢救复壮工作，排除安全隐患点46个。

（蒲子雯）

【春季义务植树活动】 区绿化办积极筹划，以创建全国绿化模范城市为契机，结合平原造林工程建设，分别于3月29日、4月1日和4月14日组织三次大型义务植树活动，在全区掀起义务植树、美化家园的新高潮。4月1日是首都第28个全民义务植树日，市领导王安顺、洪峰，北京卫戍区司令员郑传福，首钢总公司党委书记、董事长朱继民，区领导夏林茂、赵玉民、岳德顺等与驻区部队官兵、驻区中央及市属企业事业单位干部职工、劳模代表和大中小学生等18个单位的1200余人参加在永定河莲石湖堤顶路以“坚持科学发展 深化全面转型 建设绿色生态石景山”为主题的首都全民义务植树日暨平原地区造林工程启动仪式大型活动，全区281亩的造林绿化工程正式启动。活动中共挖树坑800余个，种植油松、白皮松、雪松、毛白杨、榆叶梅、碧桃、玉兰等10种树木，共计800余株。是日，全区参加各种形式义务植树5万人，挖坑3万余个，植树3万余株，养护树木10万株，清扫绿地、平整土地40万平方米。同月14日，区绿化办组织在莲石湖公园栽植各类乔灌木1000余株。接待电子科学研究院、IBM中国研究院、北京科技大学、清华大学、经贸大学、区教委、团区委等9家单位和110多个家庭的1600余人参与植树活动，荣华等参加。5月24日，在射击场东侧代征绿地，与团区委合作建设的“青年林”举行揭牌仪式。

（郑文靖）

【开展绿化宣传活动】 当年是全民义务植树运动开展31周年，也是本区开展创建全国绿化模范城市工作的关键之年。4月1日，区绿化办开展各种形式的宣传纪念活动，倡导“植绿、护绿、爱绿”的生态文明新风尚。以北京国际雕塑公园北门为宣传主会场，团区委及各街道（社区）分别在华联商场门前“蓝立方”及区内主要大街设立宣传站点40个，就《北京市绿化条例》、义

务植树尽责形式、低碳生活及创建全国绿化模范城市等方面开展形式新颖、贴近百姓的绿化宣传及咨询活动。悬挂横幅近100条，发放《致全区人民的一封信》、绿化美化宣传材料及宣传品3万余份。结合“绿化进社区”活动印制宣传挂历、台历4万余份，发放到社区居民手中。9月，联合各街道(社区)在古城公园、国际雕塑公园及区内繁华地段设立宣传站点，开展绿化宣传及咨询活动，悬挂横幅22条，发放宣传材料、宣传品3万余份、绘制宣传板报20余块。确保实现创建全国绿化模范城市的知晓率达85%以上、市民对创建全国绿化模范城市的支持率达80%以上的目标，增强市民爱绿、护绿，积极参与义务植树活动的意识，

(郑文靖)

【平原造林工作】 根据市委、市政府关于开展平原地区造林工程的部署，石景山区于年内完成造林面积281亩，地点位于永定河堤顶路。4月1日工程启动，5月3日造林建设任务全面完成。累计清理渣土33320立方米，回填好土23200立方米，种植乔木、花灌木15681株，形成具有一定规模、树形整齐、生长良好无病虫害的林木景观带。

(郑文靖 翟 源)

【林木有害生物普防普查】 4月18日~10月31日，区园林绿化局在全区范围内开展3次以美国白蛾为主的林木有害生物普防和普查工作。全区出动防控队伍16支、累计投入人工6172人次，出动2269车次，动用防治机械18台套，使用药剂7.91吨，预防面积16.45万亩，有效控制虫情。其中累计普查区域包括135千米公路、60千米铁路、96千米河道、7个公园、20个重点单位，普查面积累计达16.9万亩，普查树木约291万余株。

(蒲子雯)

【生物监测防控科普基地】 4月22日，区园林绿化局在石景山科技馆举行林木有害生物监测防控“石景山区科普基地”启动仪式。区园林局授予北京市京源中学、景山学校远洋分校等十余所学校的林木有害生物监测科普志愿者代表“绿色森林小卫士”旗帜；公布本区林木有害生物市级监测点；进行林木有害生物科普知识宣传，发放病虫害识别与防治相关科普资料800余份。

(丁建新)

【集中释放周氏啮小蜂】 6月28日和7月5日，区园林绿化局在全区美国白蛾防控重点地段的64个释放点，集中释放美国白蛾天敌周氏啮小蜂1.6亿头。释放周氏啮小蜂是一种较为高效的无毒、无害生物防治手段，既预防美国白蛾还可以预防杨扇舟蛾、榆毒蛾和柳毒蛾等鳞翅目害虫。

(蒲子雯)

10月15日，全国绿化模范城市工作汇报 (张立臣 摄)

【拉拉秧专项治理】 8月9~22日，区绿化办联合各街道、系统对全区主要道路、铁路、河道、社区进行拉拉秧专项检查清理。全区出动17支队伍，清理道路115条，河道1条，清理林木绿地面积12388.8亩，拉拉秧157处，涉及拉拉秧地块123处，清除枯死树及干枝死杈4000余株，补植树木3863株。

(郑文靖)

【创建全国绿化模范城市】 区委、区政府召开全区创建工作动员大会和推进会，成立领导小组，安排部署创建各阶段工作任务。区绿化办在《国土绿化》、《中国绿色时报》、《北京日报》、《石景山报》等主流媒体和专业刊物刊登专版、在《石景山信息网》开设宣传网页，在主要大街、路口、过街天桥悬挂宣传横幅15条、在紫御国际等7处施工工地设立工地围挡广告；利用灯箱、公共汽车候车亭、阅报栏等公共媒体和立交桥大型公益广告进行宣传，设立广告87块；在街道、社区和单位发放招贴画6000张。开展多项绿化重点工程建设并对区域内现有绿化景观进行改造提高，清理大部分危死树木，消除隐患，促进绿化景观的整体提升。10月15日，以原林业部部长高德占为组长的全国绿化模范城市核查组到区核查创建工作。听取关于开展创建全国绿化模范城市(区)工作情况和首都绿委复查情况的汇报，核查本区城市绿化各项指标及文件资料，抽取核查点实地考察绿化现场。17日召开核查结果通报会，核查组组长高德占通报核查工作情况，充分肯定本区创建全国绿化模范城市工作。至此，石景山区正式通过创建全国绿化模范城市的核查。

(郑文靖)

【国庆、十八大花卉布置】 在国庆及党的十八大召开期间，区园林绿化局在景观层次布置上增加迎接十八大的主题元素，适当增加花境植物和草花密度，为十八大增绿添彩。选用金鸡菊、马蔺、万寿菊、日本小菊、鼠尾草、金娃娃等优良品种，在区政府、五环八角桥绿地、八角西街西北口、首钢厂东

门北侧绿地栽摆大型花坛4处，分别为“张灯结彩”、“入景”、“风鼓朝凰”、“七彩霞光”。向各街道提供凤仙、孔雀草、矮牵牛、羽状鸡冠、串红等花卉4万余盆，组织协调各街道、社区及主要社会单位在主要道路、社区、单位门前摆放鲜花。据统计，全区栽摆各类花卉共计491.36万盆株。

（郑文靖）

【森林防火宣传】 11月3日，区森林防火指挥部办公室在沃尔玛广场举办以“绿色森林你我共享，森林火灾你我共防”为主题的宣传日活动。以宣传《北京市森林防火办法》为主线，通过设置宣传牌、摆放展板、拉挂横幅、发放宣传手册、播放公益动画片等形式，宣传森林防火知识、法律法规，发放各类宣传品2万余份，制作森林防火宣传展板20块、出动宣传车5辆。

（马　蕾）

【保护野生动物】 11月28日～12月28日，区森林公安处联合区野生动物主管部门在全区范围内开展集中整治专项行动，整治非法捕捉、贩卖野生动物行为，查处粘鸟、售鸟等违法活动，净化区内文玩市场。共巡护清查野生动物分布区域55次、出动警力101人次，出动车辆48台次，清理整治各类市场60余次，开展法制宣传教育39次，签订市场责任书5份。全年救助狐狸1只、夜鹭1只、隼鸮6只，南美大蜥蜴1只，黄金蟒1条，黑眉锦蛇3条。

（丁建新　马　蕾　蒲子雯）

【重点绿化工程】 绿化美化建设重点实施“1、4、22”绿化美化工程建设。即：“1”带——永定河绿色生态发展带（石景山段）绿色景观提升工程；“4”处绿地——阜石路城市休闲公园（二期）、老山公园景观环境建设、科技园区内绿地、银座CRD东侧代征绿地建设；“22”条道路绿地——莲石路等22条道路、绿地的建设及改造工作。种植各类乔灌木14.89万株，色块27.96万株，铺草51.71万平方米，栽摆花卉346.9万株。

（张莉非）

【森林防火下降25%】 全区发生火情3起，同比下降25%。春节期间，出动森林防火巡护力量1832人次，其中森林专业消防大队60人24小时备勤，专职护林员816人次、兼职护林员480人次，出动警力巡逻、巡护及备勤车辆161台次、巡逻里程5250千米。3月5～14日全国“两会”期间，出动护林员1428人次，检查及备勤车辆144台次，巡逻警力42人次。“清明”期间6个重点日出动巡护人员2370人次，出动车辆106台次，设森林防火检查站、宣传站11处、发放防火宣传材料和在散坟上压放防火宣传材料1万余份。“五一”节日期间安排防火宣传车1台次，上岗护林员306人次，增派临时巡护人员150人次，两支专业森林消防队60人24小时备勤，森林公安处出动警力15人次、巡逻车辆6台次。实现无森林火灾和人员伤亡事故的工作目标。

（马　蕾）

【群众性绿化】 区绿化办完成八角四小区、黄南苑、苹三区3个老旧小区改造。开展“一棵树工程”、见缝插绿、补植增绿和立体绿化等身边增绿活动。共计完成绿化改造面积5.95公顷，种植各类乔灌木8.8万株，种草4350平方米。完成年度花园式单位（社区）创建工作，八宝山远洋沁山水小区、北京市苹果园中学被评为“首都绿化美化花园式单位”，苹果园街道西黄新村西里社区、军区装备部社区被评为“首都绿化美化花园式社区”。动员义务植树单位和社会各界力量参与新农村建设，截至年底，全区新增3个单位与4个行政村完成对接，实现对口帮扶。

（郑文靖）

【绿地扬尘污染控制】 区园林绿化局制定扬尘污染控制预案，成立领导小组，下设办公室和专职联络员。编制施工台账，准备充足防尘物资、机械和人员。加强日常绿化养护作业规范，实施绿化带、行道树树堰降土等措施，对因绿地养护而产生的草屑，树枝等垃圾做到随修剪随清理，避免对环境造成污染。同时加强监督管理，加大巡查力度，发现问题及时纠正。

（张莉非）

【园林学会活动】 园林学会组织参加区科学技术协会科技周活动，接待咨询义务植树、绿地认建认养、园林科技运用以及生活养花常识等，发放宣传彩页6000余份，发放科技、环保宣传品1500余份，受益15000余人。组织参加“第十四届中国国际花卉园艺展览会”、“年度北京市花木有限公司品种展示会”、“北京园林绿化行业新技术新材料推介会暨专题报告会”、北京园林技术设备推介展示会、“世界风景园林大师学术报告会”，“园林绿化实用技术”、“园林绿化施工与植物养护”、“公园风景区研修班”等科普参观、培训活动。

（叶　宏）

公园管理

概　述

北京市石景山区公园管理中心（简称中心）是负责全区区属公园及其他所属机构规划、建设、管理、安保、服务、科技工作的区政府直属相当正处级全额拨款事业单位。所属三个公园管理处，分别为八大处公园管理处、北京国际雕塑公园管理处和古城公园管理处。其中古城公园管理处由法海寺森林公园、老山城市休闲公园、石景山雕塑公园以及古城公园组成。八大处公园历史悠久，是北京历史名园之一，是地区重要的绿色休闲旅游景点，是地区西部的旅游龙头。法海寺森林公园是法海寺周围占地面积118公顷（含山林）的林地，中心派驻力量进行森林安全防火。保护山林的同时，也保障着法海寺、田义墓、承恩寺、冰川擦痕纪念馆等文物景点的周边安全。年内，围绕区委区政府中心工作，牢牢把握“稳中求进”的总基调，在保稳定、保安全、保服务基础上，坚持做到四个提升：提升区属公园基础设施建设水平，推进区属公园绿化美化工程，争创全市绿化模范景区；提升区属公园服务管理水平，不断加大培训力度，提高行业人员职业素养；提升区属公园四季节庆活动品质，加强旅游产品研发力度，扩大旅游消费规模；提升区属公

北京国际雕塑公园第四届新春文化庙会　　（区公园管理中心供稿）

园造血机能，开发现有旅游资源，培育优势产业，增强可持续发展能力。加快文化强园步伐，努力提高区属公园的知名度和美誉度。创造培育特色旅游项目——西山八大处文化景区项目，成立筹备建设工作组临时办公室，统筹协调市、区两级各部门到八大处公园调研、规划及项目实施等工作。并建立宣传报道、建设、接待、资料整理等相关工作小组，为西山八大处文化景区前期准备工作打好基础。经济收入稳中有增，全年区属公园接待游人1110万人次，同比增长10%；门票收入2130万元，同比增长8%。获"首都文明单位"、市"森林防火工作先进集体"、市"三八红旗集体"、市"基层双拥工作示范单位"、市"交通安全先进单位"、"首都文明旅游景区"等荣誉称号。

地址：石景山区八大处路3号
电话：88961698
邮编：100144
邮箱：sjsgyzx@163.com
网址：http://www.sjsacp.org.cn

（叶　萌）

【系列文化活动】　1月22日，以"炎黄子孙共度佳节，龙的传人同庆新春"为主旨的北京国际雕塑公园第四届新春文化庙会在公园东区奥运文化广场举行。4月2日，第九届玉兰节在北京国际雕塑公园园内举行。活动期间，举办"花为媒"万人相亲大会、群众文艺演出、非物质文化遗产展示、玉兰"摄影展"、"践行'北京精神'，保护绿化环境"公益宣传活动。被中国公园协会评为"年度全国公园优秀文化活动"。4月27日，第十一届八大处中国园林茶文化节·陕西安康富硒茶文化周开幕式在八大处公园举行。被中国公园协会评为"年度全国公园优秀文化活动"。9月28日，以"登高赏秋欢度重阳节，欢歌载舞喜迎十八大"为主题的第二届北京重阳文化节暨第二十五届八大处重阳游山会在八大处公园举行。为期10天，开展"喜迎十八大歌舞献给党"老年人文化文艺周、特色讲座关爱老年健康、重阳敬老月倍圆、孝老爱亲重阳餐、重阳老将军书画笔会、"孝行天下"区县旅游委及各大旅行社展示等形式多样的重阳敬老活动。

（叶　萌）

【完成森林防火】　春节期间，中心所属各公园共增派护林员450人次，出动备勤车辆8台次，筹集的防火所需物资全部到位。在大年三十、初一、初五重点日结合禁放工作对重点地区林下可燃物进行增湿处理，降低火情发生率。中心各部门在重点日期间坚持24小时领导带班制度，所有人员在重点日全部停休，各公园值班室电话24小时有人值守，通讯联络畅通，遇有险情及时上传下达。春节期间各公园林区内无森林火情、火警发生。制定清明节期间森林防火应急保障方案，各有林单位严查内部火险隐患，做到重点地区、重点时段，任务到岗、责任到人、措施到位。各有林单位对防火重点区域林下可燃物进行增湿处理，采取增设防火牌示、发放清明文明祭扫宣传材料、悬挂横幅等措施开展防火宣传。护林人员、防火工具、装备、车辆落实到位，在高火险期随时处于临战状态。发挥友邻单位扑火增援作用，搞好联防联控。

（叶　萌）

【重点项目】　中心成立西山八大处文化景区筹备建设工作组临时办公室，推进西山八大处文化景区项目。年初，中心组织人员深入研究、规划、起草可行性方案。2月17日，刘淇到八大处公园调研，听取西山八大处文化景区的专项汇报，对该项目给予肯定。而后，中心组织相关部门对国内同类景区实地考察，召开多次专题研调会。聘请专业机构对景区进行概念性设计，形成向市委专题会汇报的初步方案，于4月23日在市委专题会议上通过，并写入市第十一次党代会报告中。市政府将此项目列入全市重点建设项目。

（叶　萌）

【春季义务植树】　3月24日，法海寺森林公园携手友邻单位区文委法海寺文保所，开展春季植树活动，共组织社会人士40余个家庭100余人参加，在法海寺森林公园四柏一孔桥北侧山坡种植碧桃60株。这些参与家庭自筹资金5万余元购买树苗及植树工具，利用周末休息时间种植树木，美化山林环境。当年是此项活动开展的第二个年头，两次活动共种植碧桃百余株，成活率达100%，参与人数300余人。

（叶　萌）

【系列宣传活动】　4月2日，配合首都第28个全民义务植树日，中心在八大处公园、北京国际雕塑公园、法海寺森林公园、老山城市休闲公园大门及广场显著位置设置宣传点，以摆放展板，设立咨询台、发放宣传品等形式开展主题为"大力开展身边绿化，建设祖国秀美山川"、"大力弘扬植绿、护绿、爱绿文明新风"的宣传活动。8月18日，组织所属各公园开展以"践行北京精神·弘扬公园文化"为主题的第七届北京公园节宣传活动。在八大处公园、北京国际雕塑公园正门显著位置均设立宣传点，工作人员统一身着"北京公园节"文化衫上岗，通过悬挂横幅、发放宣传册、知识问答等形式向游客宣传公园文化，提高公园节在游客中的知晓率，扩大公园节影响力。向过往游客发放《第二届北京景观之星事迹》、《北京公园十大服务民生品牌》、《游园"十要十不要"》、《公园"三字经"》等各类材料2000余份，方便游客学习游园知识，提高文明游园素养。组织游客参与公园节有奖知识问答活动，发放知识问卷300余份。问卷回收率100%，正确率达95%以上。让更多游客通过公园文化节这个平台，了解公园文化，感受公园创新管理的服务成果及全民参与的游园乐趣。

（叶　萌）

【领导调研】　6月7日，市委常委、宣传部长、副市长鲁炜，副市长陈刚对西山八大处文化景区项目建设进行工作调研。市政府副秘书长侯玉兰、张玉平，区领导荣华、夏林茂等陪同调研。在听取西山八大处文化景区项目建设工作情况汇报后，对项目工作进展情况给予充分肯定，针对项目提出指导性意见。

（叶　萌）

【专题会议】　7月5日，西山八大处文化景区项目建设协调会召开。区有关领导出席会议并讲话。区发改委、文委、旅游委、民宗侨办、规划分局、国土分局、公园管理中心、八大处公园等单位负责人参加会议。各部门围绕西山八大处文化景区项目会议精神，积极主动开展相关工作，取得一定成效。会议传达市领导调研和景区建设工作会议精神，听取项目进展情况汇报，对下一步工作进行部署。区领导要求北京西山八大处文化景区领导小组各成员单位，要紧密围绕市城市规划设计院提出的《西山八大处文化景区总体规划》编制计划，加快项目建设进度。

（叶　萌）

7月22日，清扫八大处公园门前淤泥积水　（张维良　摄）

【应急抢险】　进入防汛期后，中心多次组织行业检查，积极备战。7月中旬，中心主任再次带队对各公园进行安全检查，对各种可能发生的突发性情况作出部署，确定值班人员和应对措施。7月21日，暴雨袭击北京城，各公园均出现不同程度的房屋（配电室）漏雨、院墙坍塌、道路冲毁、植被及基础设施损坏、游客滞留等多种不安全因素。中心迅疾启动应急防汛预案，处级领导按照责任分工全部前往防汛一线现场，靠前指挥，冒雨带领干部职工沉着应对暴雨袭击。通过组织人力疏导排水口，对各公园重点防汛点及可能出现危险的地点进行地毯式排查，及时消除安全隐患；派遣车辆紧急疏散滞留园内游客，及时清理道路面淤泥，整修冲毁的园内道路、植被等，并根据可能出现的山体滑坡等危险地段，树立安全警示牌，保障游客生命财产安全。各公园造成直接和间接经济损失1528万元。灾后各公园组织力量抓紧抢修坍塌的墙壁、护坡及供水、供电等基础设施，尽快恢复园容园貌，尽最大努力把损失降到最低限度。

（叶　萌）

【专题调研】　7月12日，国家宗教局副局长蒋坚永、市宗教局局长池维生一行6人到区对西山八大处文化景区项目进行调研，区领导荣华、夏林茂，中国佛教协会副秘书长、区佛教协会会长、灵光寺方丈释常藏陪同调研。听取西山八大处文化景区建设工作进展情况汇报后，蒋坚永、池维生给予肯定，并分别提出指导意见。指出景区建设过程中涉及宗教的有关问题，要严格按照有关法律法规程序，尊重佛教界教义中的基本规定，多听取佛教界的建议和意见。要高度重视景区管理体制建设，正确处理好旅游、文物与宗教三者之间的关系，坚持以政府运作为主导，充分发挥佛教文化的积极作用。要充分依靠佛牙舍利的特殊地位，依托佛教文化与佛牙舍利的影响力和感召力，突出传承性、世界性、神圣性和公益性，充分发挥宗教文化的展示功能、交流交往功能和教育教化作用。

（叶　萌）

【节日保障】　9月28日，中心召开安全维稳工作会议，及时传达贯彻市、区有关会议精神，部署中秋、国庆假期期间区属公园维护稳定、安全生产、环境整治等相关工作。周密制定和完善两节期间的应急预案和各项工作方案，责任落实到人。各公园进行节前大检查，对容易发生事故和游人拥堵的地

段，采取设栏杆、立警示牌、划定单行线等必要措施。针对秋季天气特点，做好防火工作，落实防火措施和岗位责任制，防止发生火灾。在区属公园范围内开展精细化管理，保证服务质量，以“四优”标准认真做好节日接待服务工作。针对游人量情况及时增开售票窗口，增加临时服务设施，做好各项扩容准备。加强食品卫生管理，杜绝出现食品卫生事故。指定游客投诉接待部门及责任人，妥善处理游客投诉。区属各公园做好花卉布置工作，充分挖掘文化内涵，彰显自身文化特色，精心打造花团锦簇、欣欣向荣的节日景观，营造隆重、热烈、欢乐、祥和的节日氛围。节假日期间，执行领导带班制度，所有领导无特殊情况不得离京，全面负责突发事件应对工作。各单位遇有紧急、重要事项或重大突发事件时，迅速上报，及时报送当日运营情况，有事报事，无事报平安。

（叶　萌）

【“创绿”迎检】 10月16～17日，北京国际雕塑公园、石景山雕塑公园、八大处公园、老山城市休闲公园分别接受“创建全国绿化模范城市”专家检查组的实地检查。专家组对中心所属公园的“创绿”工作给予充分肯定，4个公园均顺利通过检查。年内，中心全力以赴做好“创建全国绿化模范城市”迎检工作，不断提升所属公园绿化美化养护管理水平。

（叶　萌）

【森林防火】 春节、清明和国庆重点日期间，中心所属各有林公园出动530人次，清理树下白色垃圾和干枝死杈等易燃物60余吨，面积55万平方米；劝阻入园游客在林地内吸烟、野炊和动用明火等行为102起；防火戒严期出动洒水车50次对部分山林绿地进行洒水阻燃处理，洒水60吨，洒水面积6万平方米；全年共投入资金6万余元购置新型灭火器材、灭火弹，安装监控设备、林地喷灌设备；组织全体干部职工、护林员进行消防知识讲座、消防设备使用、模拟消防实战演习等20余次；增设防火宣传牌示12块，张贴防火宣传标语25处，悬挂防火横幅16条（处），发放宣传材料5万份；全力打通总面积45万平方米的森林防火隔离带。

（叶　萌）

【安全管理】 中心所属各公园治理游园环境秩序，清理游商、倒卖门票等违法违章行为近400次。加强消防、古建文物、食品卫生等安全管理，建立健全隐患排查整治长效机制。严格落实安全生产责任制，加强安全管理队伍建设考核。春节、清明、五一、市党代会、国庆、十八大等重要节日和重大活动期间，采取安保措施得力，应急预案完备，整体游园秩序良好，未发生各类安全事故。开展以“安全生产月”为主题的宣传教育和应急演练活动，安全保障能力进一步提高。配合区发改委、供电部门对法海寺森林公园高压线下较高树木进行修剪，修剪树木20余株，确保十八大用电安全。

（叶　萌）

【创卫复审迎检】 中心所属各公园全年种植乔木150株，灌木1.7万株，花卉2.8万株，更换草坪约3.3万平方米，迎检区“创建全国绿化模范城市”工作。中秋、国庆“两节”和十八大期间，新添大小花坛景观十余处，摆放鲜花5000盆。清理卫生死角100余处，清扫面积为200余平方米，清理小广告300余处，运送垃圾1000余吨。迎检区“国家卫生区复审”工作。

（叶　萌）

【病虫害防治】 中心所属各公园采取每日信息报告制度，建立有效防治机制，健全监测、防控网络体系，重点时段加强巡视检查，各监测点加强应急值守，巡查员保持通讯畅通，使用无公害生物农药和仿生物制剂治理病虫害等措施加强美国白蛾及各类林木病虫害防控工作，降低对环境的影响。全年出动人力近1000人次，打药车700车次，使用各类防治药品1300公斤，防治面积200万平方米。

（叶　萌）

【工程项目】 年内，中心投资4000多万元启动实施老山城市休闲公园配套设施改造、古城公园上水系统改造、法海寺森林公园房屋修缮等23项工程。11月20日，区重点工程建设项目八大处游客服务中心工程合拢。全年新建、维修路椅、垃圾箱等设施300余个。

（叶　萌）

【土地房屋权属变更】 中心推进北京国际雕塑公园、老山城市休闲公园、古城公园、石景山雕塑公园、法海寺森林公园5所公园现有8宗土地证、3宗房产证的权属变更办理工作，涉及土地面积90多万平方米，房屋面积2000多平方米。

（叶　萌）

9月12日，补植花卉　　（区公园管理中心供稿）

市容卫生

概　述

石景山区环境卫生服务中心(简称区环卫中心)是区政府全额拨款直属事业单位。机关设9个职能科室,下属5个专业作业队和1个离退休人员管理办公室,有干部职工1855人。其中,在职424人,离退休414人,非事业编务工1017人。环卫中心承担着全区环境卫生方面的技术性、服务性、事务性工作。一线工作主要根据区政府下达的环境卫生作业任务、指标和要求,组织专业单位作业,并对其实施监督、检查和管理;负责全区主要道路以及部分受委托绿地、街巷道路清扫保洁作业和冬季道路除雪作业;全区环卫产权垃圾楼的管理及垃圾清运,区内环卫产权公厕的管理、粪便清运与消纳;环卫设施规划的提出和实施,环卫经费、单位国有资产的管理和使用;全区重大活动、重点节假日的环境卫生保障和特殊天气条件下的环境卫生应急保障。年内,以"创卫复审"工作为契机,围绕区中心工作,狠抓精细化管理,注重长效机制建设,强化队伍作风建设,全面提升职工素质,提高专业作业水平,加大对环卫设施设备全面升级改造投入。完成道路清扫保洁面积665万平方米,水冲道路面积242.5万平方米,水冲率达到99%,新工艺洗地面积106.4万平方米,水冲便道及中心隔离带作业面积46万平方米。全年处理生活垃圾14.9万吨,清运厨余垃圾2800吨。完成全区266座环卫产权公厕正常使用、保洁及维护,清掏处理粪便8.3万吨。全年2个技改项目获区经济技术创新优秀成果奖、环卫中心和道路清扫队分别被评为区级先进集体。

地址:石景山区杨庄东街65号
电话:68887692
邮编:100043

(张　才　谢　昊)

【稳步推进精细管理】 区环卫中心确定本年度为行政业务工作"精细管理年"。整理规范规章制度13大类、68项,涉及党务、行政、业务等各方面内容。整合规范各层次会议,形成阶段清晰、内容明确、重点突出、相互协调的工作机制。细化一线作业流程,使用全球定位系统(GPS)作业指挥调度系统,细化道路清扫保洁、垃圾清运转运、粪便抽运及处理、公厕保洁管理、应急突击保障等专业作业流程,制定作业流程图,确保作业过程流畅。重点加强对基建工程项目监督管理,实行中心纪委参与工程建设全过程监督措施,强化风险防范与控制管理,全年由中心组织的项目招标和工程建设,全部落实纪检工作监督到位。

(张　才　谢　昊)

【元旦春节环卫保障】 区环卫中心成立工作领导小组和应急分队,负责"两节"期间环境卫生保障工作。节前对全区责任范围进行环境卫生大扫除活动,重点清除责任范围内卫生死角,加强绿地内白色污染物以及道路遗撒、乱倒垃圾渣土的清理,加强所属环卫设施内外环境卫生清理。做好节前车辆、设施、设备安全排查和运行维护,加大对进出京通道及"春运"交通枢纽周边环境保障及重点地区周边公厕保洁清掏力度。做好烟花爆竹残屑清理,加强对各街道重点时段、重点地区水车消防辅助备勤,协助消防支队做好水源补给及重点地区洒水降尘工作。节日期间加强值班值守,确保生活垃圾日产日清。

(张　才　谢　昊)

【完成扫雪铲冰任务】 区环卫中心制定扫雪铲冰应急预案,做好备勤工作,密切关注天气变化。对主要大街主、辅路以"机械除雪、融雪剂融雪"为主要手段,机械与人工有效配合,按照"先重点、后一般"和"先打开一条路,再向两边扩展"顺序进行作业,快速恢复路面原貌。保证垃圾转运站场内道路以及通往焦家坡垃圾填埋场转运专用通道安全畅通,确保全区生活垃圾正常转运。雪后及时清除路面积雪,规范处理黑冰黑雪,做到"雪前准备"、"雪中除雪"与"雪后迅速恢复市容环境整洁"并举。期间累计出动扫雪铲冰人员3316人次,86车次,使用融雪剂60吨。

(张　才　谢　昊)

【重要节点环卫保障】 区环卫中心制定节日及十八大环卫保障方案及应急预案。以繁华商业区、旅游景点、重要交通枢纽等群众集聚地区为重点,严格实施环境卫生作业标准和工作责任。按照清扫保洁新工艺要求,增加作业频次。道路保洁工作,做到定人定段定时、巡回保洁不断线;做好重点区域、主干道环境卫生清理保洁、公共厕所的保洁管理以及责任范围内非法小广告的清除工作。加强垃圾收集清

2月11日,机械化清理步道积雪　　(区环卫中心供稿)

7月31日，环卫职工进行推水作业 （区环卫中心供稿）

运以及粪便清掏的管理，做到规范收集和运输，车容车貌整洁完好。垃圾转运站、粪便排放站加强设施安全运行和信息上报工作。强化一线作业人员、作业车辆的安全和运行管理，对环境卫生突发事件、群众反映的热点难点问题迅速进行处理。

（张 才 谢 昊）

【全面完成专业作业】 区环卫中心全年完成道路清扫保洁面积665万平方米。其中：机械清扫面积154.4万平方米，机扫率63.6%；机械保洁面积112.4万平方米，机保率46.35%；水冲道路面积242.5万平方米，水冲率99%；新工艺洗地面积106.4万平方米，洗地率43.88%；水冲便道及中心隔离带作业面积46万平方米。处理生活垃圾14.9万吨，做到生活垃圾日产日清，全部转运出区实行卫生填埋。做好61个小区分类厨余垃圾规范化密闭清运，清运厨余垃圾2800吨。完成全区266座环卫产权公厕正常使用、保洁及维护工作，清掏处理粪便8.3万吨，粪便抽运及处理全部达到规范要求。完成夏季雨后推水，强化雨天汛情巡查责任制。

（张 才 谢 昊）

【全力做好防汛抢险】 区环卫中心启动防汛应急预案，推出“六个及时”系列措施，全力做好防汛保障以及雨后环境恢复工作。措施包括及时恢复雨后道路通畅。对全区114条主要道路进行全面推水作业，通过“先人工清除、后水冲机扫”的模式，加快对全区道路积水、污物的清除速度，并出动道路应急突击队员对淤泥堆积较为严重地段进行清理。开展道路机械化作业，重点加强对暴雨残余积水、积淤点的清理作业，确保道路洁净度；及时延长作业时间、调整作业方式，确保生活垃圾正常清运。对暴雨积水堵路造成无法正常收集垃圾的垃圾站点及时进行排水作业，就近分流倾倒垃圾，以可能达到的最短时间恢复使用；及时加派挤压车进行应急作业，加快垃圾清运力度。延长垃圾楼作业开放时间，确保生活垃圾及时收集；及时做好垃圾出区通道的清理工作，增派转运车辆，做好填埋场入场防滑措施，确保垃圾雨后安全转运出区；及时加大巡查保洁力度，确保公厕正常安全运行，对进水公厕进行全面冲刷及消毒作业，对因暴雨造成的设施受损情况进行及时抢修，确保雨天公厕正常使用，延长粪便消纳站雨后运行时间，确保全区日产400余吨粪便100%无害化处理。同时对受灾情况进行核实，制定灾后恢复重建方案。清理赵山宿舍地区泥石流，出动突击队175人次，清理垃圾、淤泥296吨。清理八大处停车场、五里坨路段、高井路、铸造村路段、麻峪桥、隆恩寺路主要道路，清理淤泥80吨。抢修环卫中心所属受损的54座公厕及塌陷的7座粪井坑位，确保周边居民正常使用。对全区所属道路集中清扫保洁，确保居民正常出行。组织抢修受损设备，对基础设施进行安全隐患排查，采购新设备，完成安装调试，确保生产作业正常进行。

（张 才 谢 昊）

【全力保障创卫复审】 区环卫中心成立创卫复审领导小组，制定并实施迎接国家卫生区复审工作方案。9月9～14日，突击清理卫生死角和多处无主垃圾渣土，迎接创卫复审暗查。期间，中心出动作业人员4425人次，车辆设备1785台次，清理垃圾渣土4091吨，清理小广告54490条。同时处理职责范围以外环境卫生问题37件，出动作业人员385人次，车辆设备158台次，清理无主垃圾渣土1631吨。

（张 才 谢 昊）

【加速设施设备升级】 区环卫中心配合区市政市容委完成19台环卫车辆招标采购、接收工作，推进6台垃圾转运车采购，提高机械化作业能力和装备水平。按照市市政市容委密闭式清洁站升级建设工作规划，年内完成最后2座密闭式清洁站建设。历时3年完成44座密闭式清洁站升级建设任务。全年新建、改造公厕17座。协调区相关部门完成五环路石丰桥下道路清扫队水车分队场站建设。

（张 才 谢 昊）

【提升专业作业水平】 区环卫中心成立专业检查队、建设GPS环卫信息化指挥中心，建成环卫网格化监督管理体系及市、区、中心、基层作业队四级检查网络，强化对作业的监督检查，整体作业水平明显提高。推进专业作业向居民小区和城乡结合部延伸，机械化作业范围向街巷道路扩展，提高环卫作业专业化程度。强化作业运行组织，通过落实“精细管理年”具体措施，调整作业模式，弥补设备、人力不足的困难，精细划分道路作业等级标准，运用新型先进作业设备，作业方式科学合理，作业能力和作业效果明显提高。

响应环保应急联动，加强与环保部门配合，落实扬尘天气高压喷雾降尘方案，全年实施高压降尘面积168.2万平方米，有力支持全区大气环境整治。

（张　才　谢　昊）

【完善应急保障机制】　区环卫中心健全完善分类分级应急联动体系，规范应急作业流程，强化与区各部门之间的联系，形成高效应急保障机制，在环境卫生应急事件处理、城市紧急事件处置与环境恢复中做到反应迅速、保障有力。5月，成功处置五里坨拆迁安置项目建设中引发的群体事件。

（张　才　谢　昊）

2月29日，夜查机动车　（区环保局供稿）

环境保护

概　述

石景山区环境保护局（简称区环保局）是负责环境保护工作的区政府组成部门。年内，认真贯彻落实第七次全国环保大会和市环保工作会精神，坚持绿色转型发展战略，锐意创新、扎实进取，各项环保工作取得明显成效。可吸入颗粒物、二氧化硫、二氧化氮的平均浓度分别为0.122、0.013、0.067毫克/立方米，大气污染物浓度呈下降趋势；清洁空气行动计划全面实施，大气污染防治措施有效落实，扬尘污染控制区创建工作亮点突出；污染物总量减排成效初显，全年可减排二氧化硫6973.44吨、氮氧化物10451吨，超额完成市政府下达的污染减排任务；10件环保实事圆满完成；完成燃煤锅炉清洁能源改造414蒸吨，是市政府下达改造任务指标的2.5倍，占全市任务总量的四分之一；声环境质量持续改善，达标率稳步提高；环境执法力度显著加大，处罚金额大幅增加；排污申报登记顺利完成，环境监管能力进一步提升；群众环境权益得到切实保障，环境信访得到妥善处理；完善审批服务程序，服务区域经济能力进一步提升；自动监测子站一、二期工程顺利竣工，数字环保能力进一步加强；顺利通过实验室计量认证复评审工作，监测水平进一步提高；创新环保宣传教育形式，营造良好社会氛围。

地址：石景山区古城路8号
电话：68876190
邮编：100043

（卫　桐）

【扬尘污染控制区创建】　区环保局全面部署扬尘污染控制区创建工作，有效推动扬尘污染控制工作深入开展。联合区住建委、城管大队、市政市容委、园林绿化局、国土分局等部门出动310余人次，检查各类施工工地100余家次，联合约谈6家施工单位，对其中4家实施行政处罚。全区37家工地扬尘污染控制措施得到较好落实，创建6家绿色环保工地、12个清洁社区、15条清洁街巷、683家清洁“门前三包”单位，全区降尘量比上年下降1.1%。

（卫　桐）

【清洁能源改造】　区环保局完成清洁能源改造414蒸吨。其中，首钢机电有限公司重型机器分公司拆除3台共60蒸吨燃煤锅炉，北重供热厂、鲁谷供热厂8台共354蒸吨燃煤锅炉全部拆除，19台14兆瓦燃气锅炉在原锅炉房内全部安装并正式供热。

（卫　桐）

【工业污染治理】　区环保局深化约谈机制和违法企业通报机制，采取定期监察、临时抽查相结合的方式。检查京能热电公司、高井热电厂共20次，对其锅炉旁路烟道分别实施铅封6次、10次；在旁路紧急开启状态下，采取降低锅炉负荷、调整使用低硫优质煤等措施，严控污染物排放。检查北京特宇板材有限公司10次。对11家违法企业进行行政处罚，累计处罚金额16.71万元。

（卫　桐）

【机动车污染控制】　区环保局建立24小时联勤联动长效机制，发挥遥测监管优势，加大超标车辆处罚力度。出动环保执法人员3642人次，检查机动车18.1万辆，处罚超标机动车618辆。淘汰更新老旧车9000辆，是全年任务指标的2.2倍，提前完成市政府下达任务。在全市率先出台绿色环保星级加油站创建考评办法，在全区推行星级管理制度，评出4家五星级、8家三星级、2家一星级加油站；加大加油站执法检查力度，年内累计检查加油站382家次，责令7家实施限期整改。

（卫　桐）

【监测站周边管理】　区环保局出台加强古城空气质量自动监测站周边精细化管理的实施意见，在古城9号国控子站周边全面推行精细化管理。召开子站核心区45家餐饮单位油烟专项整治工作会，发放“致全区饮食服务业的一封信”。严格消夏大排档审批备案和监管，开展专项执法检查5次，对

7家申请经营大排档餐饮业未予审批，餐饮及大排档污染得到有效治理。

（卫 桐）

【10项环境治理】 区政府总投资44.49亿元，包括大气污染治理项目6件、水治理项目3件、环保能力建设项目1件。其中，北重供热厂、鲁谷供热厂8台共354蒸吨燃煤锅炉全部拆除，减少燃煤近10万吨，减少二氧化硫和氮氧化物排放各827.3吨、282.5吨；京能热电公司、高井热电厂投资654万元，修复损坏在线监测仪表，完善脱硝设施中控系统，脱硝系统实现稳定运行，为核定氮氧化物减排量提供技术保障。

（卫 桐）

【新增污染源控制】 区环保局审批建设项目176件，投资总额42.33亿元。在敏感地区周边实施四个"坚决不批"，即：带有煤炭烧烤性质的餐饮项目坚决不批，带有塑钢、不锈钢、石材等加工性质的项目坚决不批，扬尘污染控制方案编写不合要求的施工项目坚决不批，环保治理设施落实不到位的项目坚决不批。否决不符合环保准入规定的建设项目20件。接待许可咨询3144人次，服务满意率达100%，在行政服务中心评比中获"规范服务优胜单位"称号。

（卫 桐）

11月11日，污染源普查 （区环保局供稿）

8月22日，环境应急演练（区环保局供稿）

【国家卫生区复审】 区环保局编制迎接国家卫生区复审环保专项工作方案。每月定期组织召开全局会商会和部门协商会，及时分析协商存在问题，查找遗漏点；全面巩固环保工作成果，保障7项指标全面达标，顺利通过国家卫生区复审，国家、市级环保专家组的验收。

（卫 桐）

【环境安全】 区环保局制定整治违法排污企业保障群众健康环保专项行动工作方案。明确控制重金属污染、危险废物及危险化学品监管、污染减排、治理挥发性有机物、扬尘污染控制、排污申报登记等6项工作重点，并将责任落实到17家部门。全年出动监察人员590余人次，检查辐射源和射线装置单位、产生危险废物单位360家次。全年未发生环境污染事故。

（卫 桐）

【排污申报】 区环保局开展对工业、餐饮业、汽车修理业、燃煤锅炉单位、在建施工工地、搅拌站、一级（含）以上医院、加油站等8大重点行业排污申报登记工作。共登记污染源单位1336家，其中：餐饮业及其他三产服务单位1020家，一般工业及各类加工制造业147家，一二三类汽修单位88家，施工工地33家，医疗单位32家，加油站16家，分别占76.3%、11.0%、6.6%、2.5%、2.4%和1.2%。全面掌握全区污染源动态活动水平，为环境治理、环境监察及污染减排等各项工作提供支撑。

（卫 桐）

【VOC类污染物控制】 区环保局首次建立各类VOC单位环保工作台账，其中餐饮1192家、汽修26家、家具制造10家、印刷9家。对家具制造、汽修行业挥发性有机物排放进行专项执法行动，加强有机废气净化设施的监管，对排放不达标企业依法实施限期治理和停业整顿，先后关停6家排放VOC企业。首钢日电电子有限公司投资300余万元，实施活性炭吸附设施技术升级改造工程，预计全年可减排VOC 74.71吨。

（卫 桐）

【信访工作】 区环保局制定环境信访工作要点，建立领导接访制度。全年受理污染投诉件406件。其中：大气污染类投诉168件，占41.4%；噪声污染投诉204件，占50.2%；其他投诉34件，占8.4%。信访处理率、办结率均达100%，受到群众好评，其中10件信访案件被评为优秀案件。

（卫　桐）

【环境监管能力】 空气自动监测子站二期工程全面实施，总投资500万元，为环境决策和监管提供数据支撑。监测站顺利通过实验室计量认证复评审工作，检测项目由56项增至59项，基本满足区域内环境监测任务要求。完成上年度《环境质量报告书》、《污染源监测年度报告书》和《环境状况公报》的编写。全年报出有效监测数据7932个，区域环境监管能力大幅加强。

（卫　桐）

【环保宣传方式】 区环保局以环保宣传“六进”为载体，不断创新环保宣传思路。在新浪网开通区环保局官方微博——“绿色石景山”，截至年底共有4000余名粉丝关注，通过该平台处理4件信访事件。在全国首创编制《PM2.5一百问》科普手册，免费发放4000余册。在《中国环境报》、《北京日报》、《石景山报》等报刊刊发信息30篇，在《石景山报》制作环保专刊3期，区电视新闻报道60多条，制作电视专题节目10期。

（卫　桐）

【声环境质量】 区域声环境质量在国家标准之内，交通道路声环境质量由于机动车数量不断增加未达国家标准，同比降低1.8分贝。

区域环境噪声监测统计表

年份	监测网格数(个)	网格(米)	监测面积(平方千米)	环境噪声(分贝)标准:55
2012年	112	500×500	28.00	51.5
2010年	112	500×500	28.00	51.0
对比	0	0	0	0.5

交通道路噪声监测统计表

年份	监测路段数(条)	监测路段长度(千米)	平均车流量(辆/小时)	交通噪声分贝(标准70)
2012年	35	80.9	2177	70.8
2011年	35	74.44	3010	72.0
对比	0	0	415	-1.8

（卫　桐）

【水环境质量】 地下水环境质量除硬度略有超标外，其他指标均在国家三级标准内；地表水环境质量超过国家三类水体，为劣四类水体。

地下水环境质量监测主要项目数据统计表

毫克/升

年份	测点＼项目	总硬度	高锰酸盐指数	氨氮	亚硝酸盐氮	硝酸盐氮	氟化物
	三类国标	≤450	≤3.0	≤0.2	≤0.02	≤20	≤1.0
2012	首钢物业苹果园	511	0.5	<0.025	<0.003	12.4	0.30
	杨庄水厂深水井	298	<0.5	<0.025	<0.003	1.18	0.38
	杨庄水厂浅水井	490	<0.5	<0.025	<0.003	16.2	0.34
	永定林工商公司	456	0.6	<0.025	<0.003	9.97	0.36
	黑石头深水井	91.8	0.5	0.099	0.011	1.53	0.40
2011	首钢物业苹果园	490	0.6	<0.025	<0.003	12.4	0.30
	杨庄水厂深水井	294	<0.5	<0.025	<0.003	1.90	0.32
	杨庄水厂浅水井	530	0.8	<0.025	<0.003	14.2	0.30
	永定林工商公司	502	0.8	<0.025	<0.003	14.2	0.43
	黑石头深水井	—	—	—	—	—	—

地表水环境质量监测主要污染物数据统计表

毫克/升

年度	测点＼项目	石油类	高锰酸盐指数	生化需氧量	氨氮	氟化物	执行类别
	二类国标	≤0.05	≤4	≤3	≤0.5	≤1.0	
	三类国标	≤0.05	≤6	≤4	≤1.0	≤1.5	
	四类国标	≤0.5	≤10	≤6	≤1.5	≤1.5	
2012	麻峪村桥	0.50	14.1	17.1	14.2	1.06	三类国标
2011	麻峪村桥	0.51	25.2	51.4	25.2	1.03	三类国标

（卫　桐）

城市管理监察

概　　述

北京市石景山区城市管理监察大队(简称区城管大队),集中行使行政处罚权,专司行政执法。主要行使工商、园林、规划、市容、市政管理、公共事业等13个方面的312项行政处罚职能。编制264人,实有256人。内设党委办公室、行政办公室、信访办公室、查处违法建设办公室、宣传科、监察科、督察科、法制科、教育培训科、装备财务科、指挥调度中心;下辖3个直属队、10个地区分队。年内,城管大队按照区委区政府和市城管行政执法局的工作部署,结合实际,集中人力物力,不断加大执法力度,全面履行城市管理行政执法职能,不断创新管理举措、转变执法方式,探索人性化、精细化、数字化和全民参与的城市管理模式。组织开展56次专项行动、82次环境保障、323次联合执法,查处违法行为38563起,罚款137.845万元;拆除各类违法建设337处,面积79252.21平方米;受理热线举报10362件,群众回访满意率为85.8%;全区重点大街、重点区域、重点违法形态得到有效控制。

地址:石景山区八角西街32号
电话:68862289
邮编:100043

(吴英莉)

【综合整治宣传月活动】 3月20日,城市环境秩序综合整治宣传月活动启动仪式在石景山万达广场举行。城管大队主要负责人宣读宣传月活动实施方案,对活动进行具体部署,街道办事处和居民代表发言,38家环境秩序整治领导小组成员单位主管领导、区人大代表、政协委员、社会监督员、社区居委会、经营商户、志愿者、居民群众等社会各界代表、城管队员共计400余人参加启动仪式。活动月以"服务百姓 共建和谐"为主题,整合全区资源,悬挂宣传横幅200余条,发放宣传材料5万余份。取得显著社会宣传效果。

(吴英莉)

【清明期间环境保障】 3月24日～4月8日,区城管大队重点加强对八宝山革命公墓、人民公墓、骨灰堂、福田公墓、八宝山地铁、玉泉路地铁等地区周边巡查力度,派专人进行监控与盯守。清明前夕,对八宝山殡葬用品一条街、晋元庄市场、老山早市进行联合检查,共检查16家殡葬用品商店,查没冥币、冥纸、纸扎等封建迷信用品100余公斤,劝导擅自焚烧5起,查处户外宣传展板12块。清明期间开展"冥币换鲜花"文明祭扫宣传活动,通过查扣的"牙签嫁接鲜花"等假冒伪劣商品,现场开展辨真伪。倡导"珍爱环境文明祭扫"活动,号召广大市民摒弃陋习,组织万人签名活动。共向祭扫群众发放鲜花3000枝,换取冥币17000余张,为4000余名群众提供法律法规宣传、指路等服务。中央、市级媒体宣传报道32条(次)。

(吴英莉)

【农用机动车专项整治】 4月19日凌晨3点,区城管大队联合公安、交通、消防等部门,查扣农用售货车4辆。专项整治期间,组建2个由公安、交通、城管组成的实名制联合执法小组,对重点地区开展联合执法和重点管控。在治理农用机动车售货等各项痼疾顽症方面采取一系列有效措施,在全市具有很好的推广意义。

(吴英莉)

【开展"亮剑行动"】 6月1～20日,区城管大队开展"大干20天"环境秩序集中整治"亮剑行动"。全员停休上岗,集中整治早餐车、夜市大排档等6类违法行为。期间,开展5次全员大执法,按照"立规矩、亮旗帜、出重拳、求实效"工作要求,对违法行为该罚必罚,该扣必扣,切实解决一批影响环境秩序的问题。

(吴英莉)

【开辟临时便民市场】 区城管大队积极疏导苹果园大街、实兴大街、苹果园路西口及金四区马路便道上的无照经营人员,将其集中到苹果园地铁后门北侧、市政市容委闲置的约2万平方米的空场内,作为临时便民市场,既解决了居民吃菜难问题又让300余名无照经营人员有固定经营场所。北京电视台《法制进行时》、《北京,您早》等8个栏目对此进行专题报道。6月11日,16名商贩代表苹果园地区百名无照经营人员,给城管大队送来锦旗,表示感谢。

(吴英莉)

【拆除衙门口违建】 8月9日,区城管大队联合公安、消防、国土等13个部门联合对衙门口4处违法建设实施强制拆除。出动执法人员235人(其中城管120人,公安50人,消防支队10人),车辆60台,大型施工机械5台,施工人员93人,拆除违法建设面积

4月1日,清明节冥币换鲜花　　(区城管大队供稿)

8569平方米。

（吴英莉）

【“两节”社会面火灾防控】 中秋、国庆节前夕，区城管大队加强重点点位巡查盯守。在长安街沿线、地铁出口、万达广场、沃尔玛超市、八大处公园、法海寺等庆祝活动集中区、交通枢纽区、经营促销区和旅游重点区实施人盯车巡，重点时段设置专人盯守，确保重点区域联防联控。针对沿街商户堆物堆料、城乡结合部及老旧小区内违建、临建、施工工地易燃物存放地等火灾危险性较大区域开展火灾隐患排查整治；广泛发动社区、城管志愿者队伍，对社区内楼道堆物堆料、装修废料堆积等现象进行集中清理；联合新闻媒体和社会单位，加强社会宣传舆论营造。期间，开展防火防灾联合执法活动6次，查处店外堆物堆料43起，清理卫生死角、楼道堆物堆料等安全隐患150处，组织开展社会宣传活动5次，发放宣传品1600份。

（吴英莉）

【全员大执法行动】 9月8～14日，区城管大队出动执法人员1192人次，车辆304台次，设立宣传点位27个次、宣传横幅50条，发放宣传材料8000余份，查处违法行为4401起，收缴罚款45850元。

（吴英莉）

【环境整治检查验收】 11月21日，市环境整治办联合检查组对石景山区2012年环境秩序综合整治工作情况进行检查验收。城管大队代表区环境整治领导小组进行汇报，公安分局、工商分局、区商务委、住建委、民政局、市政市容委、综治办7个部门主管领导分别就本单位工作开展情况作汇报。市检查组查阅相关台账材料，实地检查首钢医院、苹果园地铁周边等重点点位环境秩序情况。冯重北大队长主持召开汇报会。市城管执法局执法协调处温天武处长及检查组成员一行参加会议。

（吴英莉）

【完成十八大安保】 截至11月底，城管大队圆满完成十八大安保等各项任务。围绕十八大安保城市秩序整治这一主线，集中人力物力，结合京九铁路沿线整治、国家卫生区复审、全国绿化模范城市检查验收工作，对各类影响街面环境秩序的违法行为开展多次专项集中整治。全员停休、全员上岗、全员上街、全员执法，加大整治力度，确保城市环境整洁有序。

（吴英莉）

【环境秩序综合整治】 区委区政府对地区环境建设高度重视，区委书记、区长组织召开环境整治推进会，亲自带队检查，提出整治标准。区政府对环境秩序整治从软件到硬件加大资金投入，改善地区环境建设软、硬件水平。组织推动各有关单位在环境秩序整治上实行精细化管理，各部门坚持联动捆绑，点对点、面对面，包干到人，出新招、见实效，精细化管理水平迈上新台阶。围绕全年环境秩序整治，在联勤联动捆绑执法机制上持续时间最长、力度最大、联动最紧、效果最好。由街道牵头，固化城管、公安、工商、卫生等部门参加的捆绑模式，坚持实名制，将“一车多人”的联勤联动长效机制落到实处。实行跨区联动，整治与门头沟交界处的侯庄子非法市场；强化部门联动，整治装司桥非法市场，重点地区市容环境秩序得到明显改善。在疏堵结合服务民生上狠下功夫，协调相关部门高位会商，在苹果园地铁后门及衙门口地区开辟临时便民市场，推动商贩规范化管理，同时满足市民诉求，为居民提供生活便利。城管大队在工作中体现大综合、大协调的作用，充分整合各种社会资源，不断强化责任意识、淡化部门意识，实现多部门多联动，遇到问题第一时间沟通、第一时间处置，工作效率不断提高，群众满意率明显提升。行政管理、行政执法、行政司法三个环节的协调配合日趋完善，为解决城市管理中各项难题提供强有力的执法保障，达到事半功倍的效果。全方面发动社会力量参与，工作有组织、有发动、有措施，得到市民的理解和支持，减轻执法压力，优化执法环境，提高执法效率。高标准完成100处环境脏乱重点地区整治任务，推动房屋建筑抗震节能综合改造工程，推动便民疏导设施建设，解决一批群众身边的环境秩序问题，实现“一降一升”目标。

（吴英莉）

【重要节点环境保障】 区城管大队完成元旦、春节、全国“两会”、清明、“五一”、“十一”和高考等69次重大环境保障工作。与公安、交通等职能部门建立共享、交流、联合处置机制，完成中国篮球职业联赛北京对山西比赛外围环境勤务保障、中国足球乙级联赛北京主场对新疆比赛外围环境保障、国务院检查组到区进行保障房调研等23次保障任务。

（吴英莉）

【规范“门前三包”】 区城管大队采取个别约谈、集体恳谈、成立自治联合会、创建示范街等多种形式，加大“门前三包”规范力度。树立鲁谷路“门前三包”管理示范街为精品街管理模式，在全区开展全民参与的城市管理活动。发放“门前三包”告知书3120余份，规范“门前三包”9900起，处罚351起，罚款10.04万元。

（吴英莉）

【京广铁路沿线环境整治】 京广铁路石景山段周边环境脏乱，渣土成堆、违建众多，还有很多非法垃圾回收点，多年来一直是“老大难”问题。区城管大队成立4个专项执法小组，重点解决土方物料苫盖、砂石料清理、私搭乱建、门头牌匾规范等难点问题。清理砂石料2.6万余方，拆除违法建设550平方米，清理工程车辆70余辆。

（吴英莉）

【施工扬尘和车辆遗撒整治】 区城管大队以控制施工扬尘、夜间施工为重点，及时发放举报单据并跟踪分队处理进程，加大施工工地违法行为管控力度。加强与建委、环保等部门沟通，实现齐抓共管。检查运输车辆117次，罚款29.45万元；检查施工工地987次，罚款31.5万元。

（吴英莉）

【违法建设查处】 区城管大队不断完善快速拆违工作模式，“抓早治小”、“快速拆除”查违工作格局日趋完善，“联勤联动”、“属地管理”工作成效日趋显著，执法效果与社会效果实现和谐统一。全年拆除各类违法建设337处，面积79252.21平方米，同比增长33.2%。其中，通过快速自拆或助拆拆除违法建设294处，面积48042.59平方米，分别占全年拆除处数和总面积的94%和68%；组织强制拆除18处，面积22575.84平方米；拆除二层及以上违法建设18处，面积6387.32平方米；立案19起，发放违法建设提示单638份，暂扣施工工具45件。全年未发生因拆违工作引起的群体性事件、安全事故、行政复议或诉讼案件。

（吴英莉）

【拆除卫片所涉违建】 区城管大队联合公安、鲁谷社区、五里坨街道办事处、国土等部门，对鲁谷衙门口和黑石头地区国土卫片所涉违法建设组织开展6次大型拆除行动，出动执法人员800余人次，拆除违法建设23564.31平方米，顺利通过国土资源部检查验收。

（吴英莉）

【"双护工程"行动】 区城管大队对学校、医院周边环境秩序进行集中整治，确保周边50米内的环境问题彻底解决，周边200米可视范围内环境秩序良好。摸底排查辖区中小学校和医院周边环境秩序情况，掌握各类违法行为的特点和分布时段，对存在问题进行分类汇总，并制定具有针对性的整治方案。向校园、医院周边店主宣传城管法规，对违法相对人进行耐心说服教育，劝导其规范经营，合法经营；完善台账。对校园、医院周边违法行为进行拍照取证，建立完善环境秩序基础台账，并在处罚教育结合的基础上，对多次违规者依法进行严肃处理。采取定点监控和不定时检查相结合形式，结合学校、医院需求和周边存在的环境秩序问题，建立长效管控机制，加大巡查频率，落实人盯车巡，严防违法行为的反弹，确保整治效果。其中开展各类校园周边专项治理41次，查处无照经营、非法客运等各类违法行为32起。在苹果园中学、八大处中学、杨庄小学等中学校周边开展宣传活动12次，发放宣传材料2000份。全年建立68处重点点位的整治任务书，设立宣传点位150个次、宣传横幅150条，发放宣传材料2万余份，查处违法行为870起，收缴罚款9.7万余元。

（吴英莉）

【提高应急保障能力】 区城管大队与公安、交通等部门建立联合处置机制，对重点区域、重点点位进行风险评估，制定具体的风险防范机制。完善指挥调度模式，以政务信息平台为基础，充分运用短信群发等手段，将应急预案、紧急通知等信息第一时间传达到每一位执法队员，形成快速反应机制。"7·21"自然灾害发生之后，稳步有序开展抢险救灾和参与灾后恢复重建工作。期间，出动执法人员1600人次，车辆320台次，排查1982户，发放、张贴《危房告知书》、《隐患建筑所有人及使用人限期自行拆除的紧急通知书》及汛期减灾防灾知识等材料1504份，整改拆除违法建设21处，面积15547.7平方米，劝离危屋内群众64户，安置转移9人。10月11日，联合防汛、水务、街道、公安、消防、卫生等部门，拆除广宁红电支渠麻峪段河道排洪沟上各类违建18处，面积820平方米，疏通该地区排洪"生命线"。

（吴英莉）

4月19日，夜查农用三轮车　　（区城管大队供稿）

【北方工大周边环境整治】 北方工业大学北门无照经营多、店外经营多、学生多，环境脏乱，是热线举报的重灾区。区城管大队主动与校方沟通，定期召开座谈会，了解学校意见和建议。联合工商、卫生、街道等部门，和学生会合作，定期开展"城管教您辨真伪"活动，每周集中开展2次宣传活动，引导学生认清无照经营的危害性，培养学生识别、远离无照经营的良好意识。开展"商户城管心连心"活动，逐一上门走访，通过上门约见、发放宣传单、签订责任书等有效形式，提示校园周边商户做好"门前三包"工作，自觉维护校园周边环境秩序。开展"环境秩序绿色通道"活动，通过发放卡片、悬挂条幅等形式，在校园周边公布城管举报电话，鼓励群众监督和举报。经过集中整治、综合治理，无照经营、小广告踪迹全无，各种车辆停放井然有序，热线举报下降为零。

（吴英莉）

【重点地区重点管控】 区城管大队彻底取缔侯庄子周边、古城南小街、北工大北门、装司桥周边等5处非法市场，对五环路八角桥周边进行管控，少数民族游商强买强卖行为得到有效控制，查处各类违法行为为18670起，完成各类专项执法23次，环境保障29次，联合执法121次，设立宣传点位196个(次)，发放宣传材料8万余份。

（吴英莉）

【非法市场综合治理】 装司桥非法市场位于苹果园街道与金顶街街道交界处，是一处自发形成的以花鸟古玩为主要交易对象的非法市场。大量人员、车辆聚集此地，使金顶山路拥挤不堪、交通中断、市容环境秩序混乱。年内，区城管大队会同公安、交通、街道办事处等多部门采取三项措施对装司桥非法早市开展集中治理，恢复该地区良好的市容及交通秩序。共出动执法人员80余人，车辆15辆，发放告知书500余份，劝离无照商贩200余起。

（吴英莉）

【信访结案率100%】 邀请专家对组长以上执法干部进行信访知识培训，提升一线干部处理初信初访能力素质。接待来信来访947件，同比上升15.6%，其中市、区两级信访投诉件367件，群众来访520人次，信访案件结案率100%。办结市、区领导交办和关注的批件87件，各职能部门移交的转办件211件，市政府便民电话1657件。

（吴英莉）

【建议提案办理】 区城管大队完成人大代表建议、政协委员提案办理。先后对涉及城管职责的16个具体问题和11个重点点位进行走访和核实，15次与人大代表、政协委员进行面对面沟通，7次联合工商、卫生、交通等部门开展集中整治。8件人大代表建议和12件政协委员提案得到代表和委员们认可。

（吴英莉）

【热线举报和回访】 区城管大队受理热线举报8804件，其中无照经营2921件、市容环境类1648件、城市规划类1459件、夜间施工类1508件、其他类1268件，同比减少166件，下降1.9%；回访满意率85.5%，同比上升7.6%；接收表扬件32件，同比上升33%。妥善处理远洋沁山水E3地块夜施扰民、衙门口西街倾倒垃圾及古城南小街、苹果园大街、实兴大街无照摊群、非法运营等29件互联网舆情报告和政府官方微博反映的问题。

（吴英莉）

交通管理

概　　述

北京市公安局公安交通管理局石景山交通支队（简称交通支队）是本区道路交通的管理机关，主要职能是对道路交通依法进行管理。截至年底，在编干警186人，支队下属7个职能科室，2个执勤大队。年内，围绕“民意主导警务”工作思路，大力开展人民警察核心价值观、执法理念、北京精神“三大支柱”教育，践行党的十八大精神，全面加强事故处理执法处罚、窗口服务等方面的业务培训，迅速提升队伍执法办案水平，广泛开展“三访三评”大走访活动，营造良好社会舆论氛围。全年处罚各类交通违法行为33.5万余笔，罚款5047万余元。查获酒后驾驶机动车734起、醉酒48起、非司机96人、涉牌15095起、行政拘留118人，暂扣残疾人三轮车768辆。接各类报警63655起。其中，事故报警17392起、拥堵报警1756起、反映情况报警44507起，群众满意率为100%。利用电视监控系统直接发现问题7147起。其中，事故4380起、故障车辆176起、拥堵180起、其他情况2411起。处理交通事故4903起。其中，一般程序87起、简易程序4816起。全年重大死亡事故6起、亡6人。事故科荣立市局集体三等功，6人立个人三等功，30人获市局个人嘉奖。

地址：石景山区杨庄路8号
电话：68873720
邮编：100043

（杨　晶）

【自然灾害交通保障】 7月21日，辖区部分路段出现积水，麻峪桥下水深接近4米，金安桥下水深1.5米，交通一度中断。按照市交管局统一部署，快速反应，全警动员，全力以赴做好雨天交通应急保障工作。当日，出动警力150人，警用清障车拖移机动车30余辆，联系社会救援公司拖移机动车60余辆，救助群众260余人。

（杨　晶）

【三大秩序整治工作】 12月8日，交通支队按照市局部署开展交通、治安、环境三大秩序整治工作，区联勤办公室细化工作安排、科学部署警力，整体稳步推进工作。12月17日晚高峰，对辖区秩序乱点苹果园地铁、苹果园南路东口周边等重点区域进行集中控制和打击。出动综合整治小组5组、43人，查扣黑车2辆、黑摩的5辆、劝阻违法停放车辆90余起，处罚无照游商占道售货49起，清理建筑物料侵街占道6起。协调安装20余米机非隔离护栏，加大违法监控探头拍摄力度，规范路口停车秩序。

（杨　晶）

【联合打击整治“倒分族”】 12月24日，交通支队协调公安分局治安支队、法制处等部门召开会议，专题研究打

11月3日，交警雨天值勤　　　　（区交通支队供稿）

击“倒分族”整治工作。与区公安分局治安支队共同成立专案组，通过暗访、调取监控录像等方法，对违法行为和违法嫌疑人进行取证。12月27日，联合公安分局治安支队，采取便衣蹲守、集中抓捕方式，打击车管办公大厅周边“倒分族”，抓获违法嫌疑人6人。其中，1人按照《中华人民共和国治安管理处罚法》第61条采取行政拘留7日，5人经批评教育后予以释放。

（杨　晶）

【小广告集中整治】　12月28日，区三大秩序联勤办公室组织交通、治安、城管等部门对阜石路杨庄东口在机动车道内乱发小广告的违法行为开展联合整治。支队和治安支队先期安排专人全天对整治地点进行摸排，详细记录违法嫌疑人的人数、体貌特征、活动时间、藏匿小广告地点等信息，全天进行影视资料的采集，为整治行动提供详尽的证据支持。先期制定对杨庄东口机动车道内散发小广告违法行为进行集中整治的工作通知，细化岗位、明确分工、通过采取“先期取证、便衣控制、制服跟进、分段合围、集中打击”方式开展整治工作。出动相关执法人员40人。其中，治安10人、交通20人、城管10人。抓获涉嫌违法在机动车道内散发小广告的违法人员6名，收缴各类小广告5000余张。

（杨　晶）

【优化区域道路】　交通支队全年审批各类施工180件，包括金顶路、鲁谷大街、杨庄大街、古城大街、苹果园大街、石门路等道路改扩建工程；召开区道路施工例会42次，进行各类施工检查290余次，未发生一起因施工引发的交通事故。全年申报各类优化区域方案115项，新增交通标志147面（包含19所中小学、幼儿园门前增设卡通宣传标志64面），增设停车诱导标志51面、标线复划合计170千米，增设护栏15487米。

（杨　晶）

【静态交通秩序整治】　交通支队全年粘贴违法停车告知单5.4万余张，现场处罚违反禁止停车标志指示1274起。以石景山路和规范大街、路口为重点，合理调配民警和协管员，对重点地区违法停车和各类交通违法行为进行全面综合整顿，确保静态停车秩序管理井然有序。利用各类物理隔离设施，杜绝违法停车等交通违法行为。多次与局秩序处、区交通委、地铁公司、公交公司的相关负责人现场调研，制定苹果园地铁、古城地铁周边完善交通设施方案。增设机非隔离护栏600余米，增加反光防撞桶8个，复划苹果园南路道路标线，施划提示标线等。针对群众反映强烈的地区开展集中整顿。重点整治重兴园小区、古城南路、金顶商务区等违法停车问题严重地区，加大执法处罚力度，营造严管氛围，力争达到群众满意。强化日常管理。在加强重点地区管控基础上，合理安排警力，突出重点时段重点管控。

（杨　晶）

【创新勤务指挥模式】　交通支队落实早晚高峰交通勤务机制，贯彻“未堵先疏”理念，遵循“民意主导警务”原则，强化日常岗位管理，科学安排警力投量、投向，坚持警力跟着警情走，干部跟着民警走，全力推进“自主警务”。探索改进重大活动交通安保工作，完善固化“绿波疏导”路线交通警卫模式，自觉维护中央形象，在确保中央领导交通出行绝对安全的前提下，最大限度减少对社会交通的影响。针对极端恶劣天气，自主启动高等级上勤方案，加强同相关部门、相关警种的配合，确保各类恶劣情况下交通平稳有序。加大非现场执法力度，强化科技应用。全年利用电视监控录入违法行为13838起，113系统录入违法行为77922起。加强日常监督检查，严格岗位调整申报制度，采取路面巡视、电视监控、单兵定位等方式，检查民警到岗到位情况。全年检查岗位3872处，调整岗位70余次。完成支队级堵点（金顶街路口）治理工作。

（吕吉成）

【交通安全宣传】　交通支队结合“客运安全年”、“牵手平安行”、“文明交通示范单位和驾驶人评选推树”等项活动，利用警营开放日，举办培训班，设立宣传站点等形式进行集中宣传。开展进学校、进单位、进社区、进部队、进公共场所等“五进”活动，通过形式多样的宣传方式，宣传道路交通安全法、交通管理常识、安全文明出行基本知识等。全年组织集中宣传活动87场，560余个单位，近1.2万人次参加活动。悬挂横幅近300条次、摆放展板1100块次，发放各类宣传材料近4万份。强化流动人口交通安全宣传教育，启动“携手新居民、幸福平安行”活动。

（杨　晶）

【交通安全培训】　交通支队以全区交通安全宣传教育基地为依托，组织民警深入社区、学校、单位、施工工地等场所举办培训会，讲授交通安全课，重点对单位车管干部、发生过严重交通违法行为的驾驶人、外埠驾驶员等重点人员进行加强交通安全学习，提高安全守法意识，严格遵守《道路交通安全法》，杜绝交通违法行为等方面的集中培训。全年深入单位94家，学校31所，社区71个，举办培训班95场次，培训人员4779人次，期间开展挂图巡展46场，播放光盘52场，讲授交通安全课83场，发放宣传材料11种、5000份，受教育人数9500余人次。

（杨　晶）

【重点车辆单位管控】　交通支队按照市局关于“道路客运安全年”部署要求，全面落实道路客运企业安全管理规范，提升客运企业安全管理水平，促进企业安全主体责任落实。对全区大中型客车进行摸底排查，经排查核实，本区大中型客3989辆，占市局下达的车辆信息指标的71.76%。其中，大型客车3488辆（单位3479辆，私人9辆），参与营运3283辆，非营运205辆；中型客车503辆，全部为非营运车辆。监管汽车租赁企业，从源头上遏制违法运营。本区有汽车租赁企业9家，经检查，9家单位无私车挂靠和违法运营问题。对客运、危化运输等易出现重特大及敏感事故的重点单位实施全天候重点防控。本区有危险货物运输单位3家，运输车辆58辆，驾驶员44名。其中，有13名属于外埠驾驶员；

客运单位15家，其中公交客运单位2家，有车辆8815辆，驾驶员11700余名。联合区运管、安监等部门组成联合或专项检查组，深入公交客运，危化运输等重点单位，检查交通管理工作方案和应急预案制定、责任书和承诺书签订、所属人员的安全教育、车辆的安全技术状况等情况，凡存在安全隐患的，责令其立即整改，凡整改不力的坚决采取强制措施进行停车整顿，在源头上杜绝隐患漏洞，遏制严重交通违法行为，预防重特大交通事故。全年组成检查组115个次，出动警力110余人次，动员地区安办人员540余人次，深入客运单位72家次，检查车辆9200余辆次，深入危化运输单位24家，检查车辆156辆次，核查驾驶员249人次。同时，检查大小餐饮单位45家，对涉及使用液化石油气罐的11家餐饮单位纳入重点监管视线。

（杨　晶）

【"三访三评"大走访活动】 交通支队组织民警学习、讨论开展"三访三评"活动进一步深化群众工作实施方案。走访调研各个街道、办事处、学校、企业等单位，发放调查问卷、安全防范宣传材料2000余份，并就如何提高服务质量、化解矛盾纠纷，如何解决南北交通不畅，市政道路两侧违法乱停车以及公交车站交通港湾交通环境改善等问题广泛征求群众意见。召开群众座谈会、恳谈会，举办警营开放日，开展法制安全宣传活动数十次，走访单位40余家。

（杨　晶）

【完成建议提案办理】 交通支队接区政府转人大代表建议、政协委员提案16件，全部按时限完成。其中，人大代表建议5件（主办4件，会办1件）；政协委员提案11件（主办3件，会办8件）。主办的7件建议、提案中，代表、委员满意率100%。

（杨　晶）

消防工作

概　述

北京市石景山区消防支队（简称消防支队）隶属于市公安消防总队，属于武警现役编制单位，在行政业务上归公安分局领导。年内，全体官兵忠诚履职，不辱使命；勇挑重担，攻坚克难；提振士气，决战决胜，全力做好十八大消防安保工作，以最实的措施、最佳的状态、最高的标准，全面实现市局"六六三三"和"五个确保"工作目标。下先手棋，打主动仗，先后组织开展"构筑社会消防安全'防火墙'工程"、火灾隐患大排查大整治行动、建筑消防设施排查整治行动、"护航行动"、"打非治违"、护校安园行动、老旧小区外保温建设工程专项整治等10余项消防安全专项整治，排查全区高层建筑、人员居住密集区、大型商市场、大型活动现场、铁路沿线等重点区域和单位，实现部队内部安全稳定和社会面火灾防控两个稳定。圆满完成各项工作任务。全年有6个集体、17名个人受到部局、市局、区委政法委表彰，2个集体12名个人受到总队表彰，1个单位荣立集体三等功，23人次荣立个人三等功、139人次受到嘉奖，43人被评为优秀士兵。总队获市局、区"安全工作先进单位"及"党的十八大消防安全保卫战成绩突出集体"。

地址：石景山区古城北路甲2号
电话：68886208
邮编：100043

（尹成云）

【三级网格化管理创新】 1月19日，公安部副部长刘金国在市消防总队上报的《北京市石景山区建立火灾隐患举报投诉工作站纵深推进"清剿火患"战役》上批示："举报投诉形成体系，这应该是我们的目标。北京石景山区做法很好，全国各地要学习。"消防支队根据隐患大小、整改难易程度，建立1个区级、9个街道级、146个社区级火灾隐患信息工作站，吸收培训450名社区民警、消防协管员、街道办事处（社区）工作人员为工作站专兼职人员。主要采取来电来访，信息移交、报告等方式接受投诉举报。对立即可以整改的火灾隐患，社区工作站以劝导方式督促整改；对突出火灾隐患，报街道级工作站核查处理；对重大火灾隐患，由区级工作站分析研判，并协调政府相关部门予以解决直至报区政府实施挂牌督办。工作站运行后，拓宽收集火灾隐患情报信息的渠道和来源，最大限度发现、最大程度整改、最大力度消除一大批火灾隐患。全年三级火灾隐患信息工作站共受理群众来电来访1750个，其中咨询类400件，举报投诉类1350件，接办总队转办举报投诉80件，查处回复率100%。召开火灾隐患和火灾防控效果分析会议45次，向各街道办事处提出消防工作建议45次，发出行业系统消防问题告知函57份。

（尹成云）

【"平安三号"行动】 4月18日～8月20日，按照总队要求，消防支队针对消防安全薄弱场所和地区，在全区范围组织开展"消防平安三号"行动。主要检查商场、各类商品批发市场、集贸市场、废品回收站点、餐饮场所、建设工程施工现场、校园及周边地区、彩钢板建筑、城乡结合部等地区的消防安全。联合区住建、安监、质检等相关职能部门，对建设工程施工现场开展联合检查；联合派出所对华联商厦违章冒险电气焊作业人员依法实施行政拘留。支队党委坚持政府统领，多次向区领导汇报工作，区委区政府领导作批示、指示30余次，有效整合并拓展相关部门和群防群治力量的职能，推动各项工作落实，形成严厉打击火灾隐患和消防违法行为的高压态势，有效预防和减少火灾发生，遏制重特大和群死群伤火灾事故发生。

（尹成云）

【交流研讨】 5月11日，法国巴黎消防代表团一行5人在消防总队李进副总队长、赵明生副参谋长等陪同下，就轨道交通灭火抢险救援工作进行参观座谈。代表团一行参观斯坦尼亚水罐车、云梯车、路轨两用车、陆虎雪炮车、抢险救援车、美国大力车、奔驰泡沫车排烟车、照明车以及侦检类、救生类、通信类、照明类、破拆类、防护类、洗消类、排烟类等消防器材。与法国巴黎消防代表团就全国救援队集结方式、人员调派、地铁突发事故抢险救援的处

置程序、预案制作与启动、部门联动与协作等进行探讨。

（尹成云）

【卫生服务站挂牌】 6月27日，消防支队卫生服务站正式揭牌启动。服务站作为支队党委的一项“暖心工程”，聘请地方医院的专家医生，依托卫生服务站，为官兵建立起快捷有效的医疗救治通道，为支队官兵训练、执勤备防提供健康保障。

（尹成云）

【特大抢险救援】 7月21日，北京遭遇61年一遇的特大暴雨袭击，辖区多处路面出现大面积积水，形成灾害。接到报警后，支队领导火速带领指挥部人员到达各险情地段，全程指挥救援。在坍塌事故现场，参战官兵用手刨、传递搬运等方式清理埋压人员周边杂物，抢救遇难者遗体和幸存群众。在深水地段，参战官兵纷纷下到齐胸深的水中，接力传递，将被困者转移至安全地带避险。为解救困在水洼中的车辆及被困者，参战官兵浸泡在齐腰深的水中，用腰斧将车窗玻璃凿开，用救生索等器械快速建立一条生命通道，成功将5名被困群众救出。全体官兵冒着生命危险，在抢险第一线连续作战十余小时，成功疏散群众3000余人次，救出遇险群众50余人次。

（尹成云）

【十八大攻坚决战】 8月28日，成立十八大安保指挥部消防安全分指挥部，同时启动会商机制。10月19日～11月20日，指挥部每周五召开由人口、法制、治安、情报中心、内保、警务督察、勤务指挥以及辖区14个派出所参加的社会面火灾防控调度会，分析研判辖区火灾隐患，制定整改措施。消防支队还协助区政府组织召开4次消防工作联席会，部署十八大社会面火灾防控工作；与各街道（社区）签订“十八大消防安全保卫责任状”；以区防火委名义制发工作方案。结合辖区实际，先后制定灭火救援、反恐处突、通信保障、信息网络安全保障、部队管理、思想政治工作、后勤保障、火灾防控、要害设施和服务保障等13个工作方案、预案。并结合形势特点及总队干部任职调整和十八大安保具体时限要求进行细化完善，同时，将总队及支队各类方案预案整理汇编成册，实行手册式管理、集中式教育，实现系统化，精细化管理，为十八大胜利召开创造优良消防安全环境。

（尹成云）

【打造消防铁军】 9月，在市消防总队铁军攻坚突击队实战拉动考核演练中，消防支队铁军攻坚突击队获“建筑物倒塌事故抢险救援”科目第一名。支队时刻做好救援战斗准备，组织官兵开展“六熟悉”（即熟悉消防中队责任区的交通道路、水源情况；熟悉责任区内重点单位的分类、数量及分布情况；熟悉主要灾害事故处置的对策及基本程序；熟悉重点单位建筑物使用及重点部位情况；熟悉重点单位内部的消防设施情况；熟悉重点单位的消防组织及其灭火救援任务分工情况）活动，逐一制定“六熟悉”卡，集中开展重点单位消防设施测试。立足提高“初战、攻坚、机动”三大能力，按照“5、10分钟”标准制定灭火救援预案，并通过实战演练，提高灭火救援预案的实用性和可操作性。全年完成灭火调研342次，制定“六熟悉”卡286个，开展重点单位建筑消防设施测试287次。制（修）定预案286份，实地演练263次。调研率、“六熟悉”卡片制定率、重点单位消防设施测试率、预案修订率、涉会场所演练率均达到100%。为提高攻坚克难能力，支队组建一支60人的铁军攻坚突击队，按照救援任务划分为灭火救援、抢险救援、化学救援3个攻坚分队，选派20名官兵参加总队灭火救援攻坚组集训，全部顺利通过考核并达到训练标准要求，获得铁军资格证书。年内，银河、八大处中队正式挂牌星级铁军中队，年底，古城中队在正规化建设验收中进入先进行列。

（尹成云）

【队站建设】 1月20日，区消防支队指挥中心及古城特勤消防站改扩建工程，完成办公大楼及附属设施建设，并投入使用。11月7日，新建五里坨特勤消防站项目完成设计招标。

（尹成云）

【灭火救援】 消防支队全年共接报总队119调度指挥中心警情1266起，同比（1083起）增加16.8%。其中，出动2460车次，出动警力16393人次。抢救被困人员103人，疏散被困人员565人，抢救财产价值1160余万元。其中灭火救援类717起，抢险救援类216起，社会救助类333起。

（尹成云）

【执法检查】 消防支队全年共检查单位16557家次，发现、督促整改火灾隐患或违法行为31098件（处），拘留71人、责令“三停”（停止施工、停止使用、停产停业）单位259家、查封425处、罚款342.7万元。27件市、区两级挂账隐患全部销账，处理大批消防违章违法行为的个人和单位，在全区形成强大的消防安全威慑力。

（尹成云）

【消防宣传】 消防支队广开宣传阵地，开展教育培训，在区有线电视台开辟“火灾隐患曝光台”。定期将存在重大火灾隐患的单位名称、存在的火灾隐患以及实施处罚情况在全区范围内进行曝光。同时在《石景山报》开辟“消防卫士”行动专栏，每两周刊登一期，内容包括火灾隐患曝光、消防演练演习、消防宣传教育与培训、“清剿火患”推进实施进展情况、消防专家谈防火常识、火灾案例分析等，十八大召开期间，将消防常识二十条、消防安全保卫战等宣传、检查内容作为报道重点，免费发放至全区各机关、团体、街道、企事业单位，阅读人群涵盖全区人口的80%。利用广播、电视、宣传橱窗、网络等媒体，通过设置警示牌、悬挂宣传标语，条幅、设置LED屏等多种宣传形式，针对人员密集场所，以从业人员、社区居民、弱势群体等为重点对象，开展宣传普及消防安全知识活动。开展“安正杯”家庭消防知识竞赛活动，经过各街道分赛及区级总决赛，参加人数累计超过3000人。全年在中央级媒体发表稿件11篇，在市、区级媒体发表稿件133余篇，中队对外开放接待群众3000余人次，发放《消防安全常识二十条》、《三提示》等材料约7万份，利用电子宣传屏播放公益宣传知识3万余条次，群众消防安全意识得到极大提升。

（尹成云）

【器材装备】 消防支队根据辖区特点以及实际灭火作战抢险救援需要，共配备消防车27辆（含古城中队摩托车2辆）。其中有32米登高车、大功率大吨位水罐车、陆虎60雪炮拖车、高倍泡沫排烟车、器材保障车、马基路斯路轨两用救援车、破拆车、消防泡沫车等。年末，支队共有器材装备287种16916件套器材，其中堵漏类器材34件套、防护器材7947件套、呼吸器材2366件套、警戒器材132件套、救援1283件套、灭火器材4196件套、破拆器材98件套、水上装备49件套、针检器材102件套、照明器材709件套。

（尹成云）

气　象

概　述

北京市石景山区气象局是科技型、基础性社会公益事业单位，受市气象局和区政府双重领导。下设综合办公室、业务科两个科室。有职工13人，其中大学本科以上学历4人；高级工程师3人，工程师4人；党员5人。年内，按照全市气象工作要点有关要求，全面完成区域内防灾减灾、地面气象观测、公共气象服务、气象科普宣传、气象依法行政、全区气象信息员管理等任务。年度获防汛救灾先进集体。

3月23日，世界气象日宣传　（区气象局供稿）

地址：石景山区杨庄北区20楼9单元201室
电话：68887008
邮编：100043

（王琳琳）

【气候评价】 本年度主要气候特点：气温接近常年平均值，降水偏多。年平均气温为12.7℃，接近常年（12.4℃）平均值。年极端最高气温38.0℃，出现在6月17日（常年平均值为37.4℃）。年极端最低气温为－14.4℃，出现在12月24日（常年平均值为－14.1℃）；年总降水量964.5毫米，比常年（558.0毫米）偏多，较上年700.5毫米偏多近4成。一日最大降水量为237.8毫米，出现在7月21日。本年度年平均气温接近常年（较常年偏高0.3℃）。2月、11月、12月较常年偏低，其中12月较常年同期明显偏低（偏低3.0℃），4月、5月、7～10月均较常年偏高，其中5月较常年明显偏高（偏高2.6℃），其余三个月接近常年。全年温度的季节变化特点为：春、夏季温度均比常年偏高，秋季接近常年，冬季偏低；本年度总降水量较常年偏多7成。降水时间分布特点为：春季较常年偏少，夏季偏多，秋季明显偏多，其中11月降水量是常年同期的10倍，冬季接近常年。降水集中在夏秋两季（占年总量的93%）；年无霜期209天，较常年213天偏少；年日照时数较常年略多；年内主要气象灾害为夏季暴雨，年内无大风，大雾日数2天。

各月平均气温统计表　单位：℃

	1月	2月	3月	4月	5月	6月	7月	8月	9月	10月	11月	12月	全年
2012	–3.6	–1.4	5.9	16.3	22.9	24.7	27.2	26.0	20.7	13.9	4.0	–4.3	12.7
2011	–4.7	–0.2	7.8	15.3	21.1	26.2	26.9	26.1	19.8	13.9	6.6	–1.2	13.1

（王琳琳）

【重要天气】 7月21日10时05分普降特大暴雨，日降水量237.8毫米，为1977年建站以来历史同期最大值；模式口自动站过程降雨量328.0毫米，为全区最大值。降雨强度大、持续时间长，给本区道路交通、生产生活和人身安全等都造成严重影响，并引发多起灾害事故。本区确认死亡5人，受伤2人；3123户民房进水；全区因房屋进水造成危房

44间;转移安置309人;两所学校进水,房屋漏雨94间,房屋倒塌2处。降雨造成四条道路严重积水,分别是北辛安路金安桥、苹果园大街、麻峪东街的麻峪桥、八大处路,其中金安桥下积水2米。金安桥下和麻峪铁道桥下由于积水较深,造成交通中断。

(王琳琳)

【启用称重式雨量传感器】 11月,在石景山国家气象观测站和模式口自动气象站正式启用称重式雨量传感器,实现冬季降雪观测自动化。按中国气象局部署,大气探测(地面观测)本年度为自动气象站观测正式投入运行第七年,保留不能实现自动化的人工观测项目。

(王琳琳)

【气象服务】 气象服务工作分常规气象服务和汛期气象服务。常规气象服务坚持每旬向政府、区应急办等部门转发长期预报和重要天气信息,为区防汛抗旱指挥部、区扫雪铲冰指挥部的领导和成员提供中、长期天气预报服务和短期预报电话、传真服务;汛期气象服务向区应急办、区防汛办和3个防汛指挥部发送气象信息专报(节假日预报)3期,共12份。天气预报、预警信息、降雨情况通报126期,共504份;通过手机短信平台向区各级防汛部门领导和下属防汛联系人、气象信息员和社会公众发送天气预报预警短信息214次,共83425条;通过信件向区防汛有关部门领导发送长期预报12期,共300份;通过电话转发天气预报534次。5月、10月,在市气象局专业台和气候中心的帮助下,分别制作"2012年夏季趋势预测分析报告"和"2012年冬季石景山天气预测与供暖形势分析报告",分发有关领导。吸纳区民政局290名灾害信息员为气象信息员,气象信息员增至308名。

(王琳琳)

【依法行政】 审批施放气球62次,施放气球1284个;受理、审批防雷装置行政许可6个单位。到施放气球现场检查60次,在施放气球过程中没有发生任何事故。对有防雷装置的单位进行安全检查检测60次。全年无行政执法处罚案件,无法人、公民或其他组织对气象行政执法进行举报和投诉。

(王琳琳)

【气象宣传】 结合"3·23"世界气象日、"法制宣传日"和"5·12"全国防灾减灾日,集中开展气象宣传。6月9日,在北辛安喜隆多商场参加区安监局组织的"安全与我行"社会公益宣传活动,发放500份宣传材料,制作10块气象知识宣传展板,施放4个升空气球及1个大型拱门。

(王琳琳)

北京2013 石景山年鉴
SHIJINGSHANNIANJIAN

科学技术

区委区政府不断加强对科技工作的领导,“科教兴区”战略已成为长期战略。围绕建设“首都文化娱乐休闲区(CRD)”的发展定位和全面转型、科学发展的方向,区政府科技工作领导小组在研究解决科技发展重大问题中,突出园区战略,狠抓招商引资,调整产业结构,优化发展环境,发展非公经济,提高科技支撑能力。区科委完善科技管理体制,引导科技创新、规范发展,科技工作地位不断提升,进入到区域经济发展的核心战场。科技投入逐年加大,本级科学技术支出9274万元,占当年本级财政一般预算支出比例1.8%,同比增长6.6%,为社会全面发展提供有力支撑。开创“奋力争先、科学发展”的科技工作新局面,石景山区跻身“全国科技进步先进区”、“国家可持续发展实验区”行列,区科委先后获得“全国科技管理系统先进集体”、“全国专利系统先进集体”等荣誉。“十一五”末,辖区科技人才已达到7万余人,其中专业技术人才约3.5万人,占总量的50%;企业经营管理人才约1.6万人,占总量的22%。这些人才中有中央“千人计划”人选1名,北京市“海聚工程”人选7名,中关村“高聚工程”人选7名。

中关村石景山园于2006年1月经国家发改委审核批准正式加入中关村科技园区,从市级工业开发区升级到国家级科技园区,面积从0.79平方千米扩展到3.45平方千米。是中关村国家自主创新示范区“一区十园”中的文化创意产业特色园,重点发展文化创意、高新技术产业及科技服务等符合区域发展定位的新兴高端产业,高科技产业、文化创意产业领域形成特色品牌。规模聚集效应逐步显现,园区企业达到2075家。其中包括以SOHU畅游、暴风网际为代表的娱乐互动门户企业、以华录为代表的影视文化产业、以东土科技、东方信联为代表的现代通信技术企业。随着“小园区大发展”战略的实施,辐射带动产业培育基地实现快速发展,一大批规模企业和高成长企业的驻园发展。科技园区逐步成为区域科技发展的主要载体和阵地,以高新技术产业为主体、以文化创意产业为特色、以现代服务业总部楼宇经济为支柱的产业格局初步形成。获得“中国十大最具投资价值科技园区”称号

石景山区科技资源基础雄厚。主要科研机构包括:中央属院所院校8家,市属院所院校5家,区办院校1家;国家级重点实验室6家,市级重点实验室4家,区级重点实验室5家和创意工作室5家,市级以上企业技术中心13家。企业资源特色鲜明,以首钢为龙头的制造业科技研发创新实力较为强大。近几年快速兴起的高新技术产业和文化创意产业,也逐步成为科技创新的主力军。同时,文化创意产业和高新技术产业融合发展特色明显,两大产业融合度已达到60%以上,具有鲜明特色的数字娱乐产业初具规模。研发及成果转化基地基础良好。自2004年北京数字娱乐产业示范基地落户石景山区后,2005~2011年间,“国家数字媒体技术产业化基地”、“国家电子竞技运动发展中心”、“国家网络游戏动漫产业发展基地”、“国家动画产业发展基地”和“国家文化产业示范基地”等5个国家级基地也先后落户。以数字娱乐产业为主导的文化创意产业发展势头迅猛,已成为国内首屈一指的文化创意产业集聚区和先导区。

科学管理

概　　述

石景山区科学技术委员会(简称区科委)是区政府主管全区科技工作的综合职能部门,与知识产权局和园区管委会合署办公,对内简称“科委园区”,现有编制60人。科委以打造“石景山创新平台”为核心,以国家可持续发展实验区、国家科技进步示范区和中关村国家自主创新示范区特色园区建设为目标,发挥科技创新和文化创新双轮驱动优势,圆满完成园区发展、实验区建设、科技创新和党建工程四项重点任务。启动“石景山创新平台”,建立八大中心,推进产业协同创新。创建国家级示范生产力促进中心,筹建石景山区生产力促进协会,组织或承办“北京设计产业高端论坛”、“2012北京跨国技术转移大会”等专场活动,建立健全“特色产业+知识产权+人才发展+创新激励”四位一体的政策体系,举办“园区讲堂”,推进“金桥工程”,组建产业联盟,搭建中小企业融资服务平台,培育创新型企业迅速成长。全年收入亿元以上企业75家,过千万企业270家。编制北京设计产业示范基地规划,出台促进设计产业发展暂行办法,启动“北京设计产业示范基地”建设。初步形成西安交大国家工业设计快速成型实验室、丽贝亚、银坐标设计等20余家建筑规划设计龙头企业。制定建设国家可持续发展实验区第二阶段(2012—2014)工作任务分解,发行《可持续发展石景山在行动》系列科普读本和可持续发展双月刊,启动“石景山区建设国家可持续发展实验区论文”活动,参加“里约+20”联合国可持续发展大会,在全区进一步树立可持续发展理念。科学技术奖励工作取得新突破,中科院高能物理研究所谢家麟院士获上年度国家最高科学技术奖。北方工业大学、首钢的3个项目获上年度国家科技进步二等奖。区高新技术企业东土科技公司的“实时同步冗余工业以太网技术研究与开发”等13个项目获得上年度北京市科学技术二等奖。45个项目获上年度区级科学技术奖,其中一等奖3项,二等奖8项,三等奖34项。深化知识产权战略,搭建知识产权服务平台,在全市各区县率先出台鼓励知识产权服务业和促进高新技术产业发展的办法。全年专利申请量为2162件,其中发明专利1116件,专利授权量累计达1185件,同比均大幅增加。登记技术合同687份,技术交易总额32.6亿元,同比增长1倍。年内,全区每万人拥有发明专利授权数为19.45件,占全市56.38%,比“十一五”末的8.93件提高1.2倍。突出产业科普特色,打造科普精品活动。建成石景山区文创展示交流中心,完成石景山区文创

3D宣传片、立体视觉等一批项目，区科技馆被中国科协授予"全国科普教育基地"，全年接待科普参观调研3万余人次。

地址：石景山区八角西街40号
电话：68863659 68863626
邮编：100043
网址：http://sjskw.bjsjs.gov.cn
邮箱：sjskw@263.net.cn

（岳继华）

【获国家最高科学技术奖】 2月14日、15日，石景山区国家可持续发展实验区代表北京市实验区出席2012全国科技工作大会。胡锦涛向获得2011年度国家最高科学技术奖的谢家麟院士和吴良镛院士颁发奖励证书。谢家麟是国际著名加速器物理学家、我国粒子加速器事业的开拓者和奠基人之一，曾任高能物理研究所副所长、"八七工程"加速器总设计师、北京正负电子对撞机总设计师和工程经理、粒子加速器学会理事长、高能物理学会副理事长、国家863高技术主题专家组顾问等职。1980年当选为中国科学院学部委员（院士）。

（石桂莲）

【获2011年度各级科学技术奖】 在2月14日举行的国家科学技术奖励大会上，北方工业大学的《大型矿山排上场安全控制关键技术》、首钢建设集团的《北京奥运会、残奥会开闭幕式关键技术研究与应用》项目获得国务院颁发的2011年度"国家科学技术进步二等奖"证书。在4月13日召开的北京市科学技术奖励大会暨2012年北京市科技工作会议上，首钢总公司、中科院高能物理研究所、东土科技股份有限公司等13个项目获市科学技术奖。其中一等奖1项，二等奖8项，三等奖4项。其中，首钢总公司牵头的"首钢西气东输二线用厚规格X80管线钢的开发与应用"项目获市科学技术一等奖；高新技术企业东土科技公司的"实时同步冗余工业以太网技术研究与开发"项目获得二等奖，是近年来本区首家获此荣誉的民营企业。

（石桂莲）

【参加北京跨国技术转移大会】 3月26日、27日，由科委园区、区生产力促进中心承办，2012北京跨国技术转移大会"数字科技与4G技术"专场活动在北京国家会议中心举行，该活动是2012北京跨国技术转移大会5个领域对接专场活动之一。来自中国、美国、英国等10多个国家及国际组织100余位嘉宾参加。副区长李艳在大会上介绍石景山区高新技术和文化创意产业发展状况，引起与会代表强烈反响。东方信联、易华录等20多家数字媒体企业参加10余个项目对接活动。

（王　云）

5月23日，第十五届科博会石景山展台　（区科委供稿）

【可持续发展实验区两课题通过验收】 3月29日，市科委组织专家对《国家可持续发展实验区（石景山）工作体系及创新服务平台建设》、《可持续发展实验区建设——城市典型风险综合监测平台建设》课题进行结题验收。专家组认为课题的实施对推动石景山区实验区建设，促进区域可持续发展起到积极促进作用和示范带动作用，取得阶段性成效。

（崔海霞）

【市重点实验室和工程技术研究中心】 5月23日，市科委公布2011年度认定北京市重点实验室和工程技术研究中心名单，本区航天测控公司的"高速交通工具智能诊断与健康管理实验室"和北方工业大学的"城市道路交通智能控制技术实验室"被认定为北京市重点实验室，北方工业大学的"变截面辊弯成形工程技术研究中心"被认定为北京市工程技术研究中心。7月12日，园区企业东标电气被市发改委授予"中压大功率变频技术北京市工程实验室"。该实验室以中压大功率变频器关键技术研发为核心，创新研发模式，参与制定行业标准，面向全市提供技术服务和产品测试，推动产品产业化发展。

（崔海霞）

【参加联合国可持续发展大会】 6月20～22日，"里约+20"联合国可持续发展大会在巴西里约热内卢举行。科技部与联合国开发计划署在巴西里约会议中心运动员村的"中国角"，联合主办"中国的科技创新与可持续发展"政府边会。国家科技部副部长王伟中、联合国开发计划署发展政策部环境能源局局长Veerle Vandeweerd女士分别代表主办方致辞，石景山区作为国家可持续发展实验区代表，在"中国的科技创新与可持续发展"政府边会上作题为"绿色经济助推石景山转型发展"的交流发言。会议现场发放石景山可持续发展实验区宣传册以及宣传材料优盘，获参会各方人士的积极评价。

（王　云）

【四项举措推进设计产业发展】 上半

年,科委园区四项举措推进设计产业快速发展。编制规划,建设北京设计产业示范基地;整合载体求发展,包括丽贝亚大厦、首钢科教大厦、北方工业大学、首钢核心区现有厂房改造等,形成设计产业发展空间,逐步吸引聚集高端设计产业资源,形成设计产业集群;出台促进设计产业发展暂行办法等产业政策,从人才引进、项目创新支持、贷款贴息、上市补助等多方面给予支持;建设北京设计产业示范基地公共服务平台,提供技术、产业配套服务。向中小企业开放资源,推动项目发展。构建设计产业专家库,为产业培育、企业发展出谋划策。

(马海涛)

【对外交流】 9月14日,发展中国家知识产权培训班一行到石景山区参观考察。该培训班由国家知识产权局国际合作司组织,阿根廷、巴西、墨西哥、智利、越南、吉尔吉斯共和国、蒙古国、朝鲜等八个国家的专利审查员30余人组成,到石景山区参观调研考察北京建筑材料科学研究总院有限公司。市知识产权局副局长周砚、北京金隅股份有限公司副总裁、北京建筑材料科学研究总院院长王肇嘉、院党委书记王子强、金隅集团技术质量和环境资源部、市知识产权局和区知识产权局等相关部门领导陪同考察。

(曹　洁)

【北京设计产业高端论坛】 9月27日,石景山区召开北京设计产业高端论坛。来自政府、设计相关专业机构、企业和媒体代表300余人参加论坛。在论坛上,石景山区与相关设计企业分别签署"共建北京设计产业示范基地公共服务平台战略合作协议"和"企业入驻北京设计产业示范基地协议"。荣华、夏林茂等和市有关部门领导参加论坛。

(崔海霞)

【区生产力促进中心搭建合作桥梁】 11月5日,区生产力促进中心组织园区企业参加滑铁卢大学技术推介会。该会议在王府井希尔顿酒店举行,由北京市技术交易促进中心主办。园区企业COMLAB(北京)通信系统设备有限公司、以色列SURF(北京)通信公司等优秀企业和北方工业大学参会,并与外方进行深入的技术交流与探讨。会上,滑铁卢大学与以色列SURF(北京)通信公司在4G安全技术上达成合作意向。同月7日,区生产力促进中心和国际技术转移中心在中关村鼎好大厦联合举办马来西亚多媒体技术交流会。石景山园多家优秀企业参会,其中趣游科技有限公司(中国最大的页面网游运营商)、北京科影国际影视策划有限公司(原创动画)等,带来先进的技术与最新的产品。马来西亚多媒体公司与趣游等多家园区企业达成合作意向。

(王　云)

9月27日,北京设计产业高端论坛　(徐　巍　摄)

【授予"全国科普教育基地"称号】 12月15日,中国科协办公厅发文,授予石景山区科学技术馆"全国科普教育基地"称号,示范期为2012－2016年。成为继中国第四纪冰川遗迹陈列馆之后本区第二家国家级科普教育基地。

(孙爱强)

【航天测控公司建市重点实验室】 12月15日,"高速交通工具智能诊断与健康管理北京市重点实验室"在石景山园重点高新技术企业航天测控公司正式成立。市、区及中国航天科工集团科技与质量部有关负责人出席揭牌仪式并致辞。至此,本区已有6个国家级重点实验室,4个北京市重点实验室和5个北京市工程技术研究中心。

(曹　洁)

中关村科技园区石景山园

概　述

中关村科技园区石景山园(简称园区),是中关村科技园区"一区十园"重要组成部分。园区以中关村国家自主创新示范区特色园区建设为目标,全面落实区十一次党代会精神,发挥科技创新和文化创新双轮驱动优势,着力完成园区发展、可持续发展实验区建设、科技创新和党建工程四项重点任务,扎实推进园区建设十项工程。石景山区被中宣部、科技部、文化部、广电总局和新闻出版总署联合认定为"国家级文化和科技融合示范基地",被国家标准委批复为"国家级文化创意产业服务标准化试点基地"。园区被市科委授予"4G工程文化创意产业基地"称号。全年新增注册资金过千万的企业187家,其中,注册资金亿元以上的企业35家,新增企业注册资本累计110亿。北京数字娱乐产业示范基地新引进企业300余家。园区形成以搜狐畅游、趣游科技、游戏谷、华录百纳、武神世纪、昆仑在线等为代表的文化创意产业为特色,合康亿盛、天山新材料、东土科技、世界星辉、易华录、无委会等为代表的高新技术产业为主体，物美、环球智康、学成世纪、通融通、库巴等为代表的科技型现代服务业为支撑的产业体系。园区全年实现收入突破800亿元，税收20亿元，同比增长达到30%以上。带动全区文化创意产业实现收入240亿元，税收10亿元，同比均增长20%。全年新上市企业3家，新三板1家。园区累计12家企业在境内外上市，4家企业登录新三板。15家企业入选中关村“十百千工程”，96家企业被评为中关村“瞪羚企业”。园区建设取得积极进展，北Ⅰ区完成控规调整和城市设计，总建筑规模增至56.3万平方米；北Ⅱ区新媒体基地、新材料研发中心竣工；南区完成控规优化方案，基础环境建设稳步推进。建立健全“特色产业＋知识产权＋人才发展＋创新激励”四位一体的园区发展政策体系。探索科技金融服务新机制，搭建中小企业融资服务平台，推进“科技金融服务联盟”建立。举办“信贷石景山”系列活动，制作“园区精品融资项目汇编”，征集2012年第一批融资项目80余个。推动商务楼宇社会工作站建设，建成市级楼宇工作示范站4个。郭金龙、王安顺等市领导先后到瑞达工作站调研，对工作站“五站合一”、“五员工作法”给予充分肯定。新增基层工会组织125家，累计达147家。5人荣获市“劳动模范”称号，1人获“首都劳动奖章”，东方信联和趣游科技公司获“首都劳动奖状”。

地址：石景山区实兴大街64号 八角西街40号
电话：88794457 68863659
邮编：100041 100043
网址：www.zgc-sjs.gov.cn
邮箱：sjskw@263.net.cn

（岳继华）

【园区企业获技术创新资金】 1月19日，市科委发布2012年度北京市科技型中小企业技术创新资金立项项目公告，吉威时代公司、北方卓立公司、伏尔特公司、中视互动公司等14家园区企业入围，获支持资金共计380万元。7月6日，科技部公布的2012年度中小企业创新基金立项名单，石景山区生产力促进中心和园区企业吉威时代、北方卓力、伏尔特等12家单位的12个科技项目入选，其中包括11个创新项目和1个平台项目，共获得项目支持资金750万元。

（崔海霞）

【搭建“石景山创新平台”】 1月，科委园区会同投促局、经信委相关部门共同搭建“石景山创新平台”。该平台下设招商引资中心、企业服务中心、规划建设中心、可持续发展中心、知识产权中心、重大项目中心、科技金融中心和人才发展中心等八个中心。该平台突出“石景山服务”品牌，投促局和科委园区联合组建招商引资中心，实现人员办公集中到位，率先建立以创新服务为导向的协同工作平台。

（曹　洁）

【园区企业科技研发能力显著提升】 1～5月，中关村石景山园共有科技活动人员7200人，同比增长37.6%；企业内部用于科技活动的经费支出合计5.5亿元，同比增长52.8%；技术合同成交总额0.7亿元，同比增长16.7%；申请专利102件，同比增长85.5%；授权专利17件，同比增长214.3%。

（陈　京）

【华录百纳成功登陆创业板】 2月9日，园区企业北京华录百纳影视股份有限公司成功登陆创业板。荣华、夏林茂发贺信表示祝贺。中国华录集团作为国务院国资委主管的中央企业，是从事影视策划、投资制作、发行及演艺经纪的影视企业。华录百纳秉承“近市场、大制作、出精品”的经营理念，出品《永不磨灭的番号》、《黎明之前》等一系列脍炙人口的优秀影视剧作品，并连续获得五个一工程、飞天奖、金鹰奖、白玉兰奖、澳门国际电视节、东京国际电视节、首尔国际电视节等海内外各级各类奖项200余项。先后被国家广电总局、文化部、商务部、新闻出版总署四部委评为国家文化出口重点企业。自2010年入驻石景山区发展以后，华录百纳抓住文化行业发展的历史性机遇和国家实施“广播影视精品工程”的契机，立足年年打造优秀精品电视剧的经营思路，整合行业资源，不断提升品牌形象，通过切合市场的产品定位，取得良好的作品收视率及业内赞誉，实现经济效益和社会效益的并肩发展。陆续被评为区重点企业和中关村“十百千”企业。华录百纳发行价为45元/股，股票交易代码（300291），发行量1500万股，募集资金6.7亿元，开盘当日收盘价55.46元，上涨23.24%。

（王　震）

【航天测控公司成立30周年】 3月30日，夏林茂等及来自国防科工系统及相关单位有关代表400余人出席园区企业航天测控公司成立30周年庆典活动。北京航天测控公司是隶属于中国航天科工集团公司的高科技企业，作为国防科技工业自动化测试技术研究应用中心、中国航天科工集团武器装备测试与保障中心，主要承担着国防军工领域测控设备和维修保障信息化装备的研发与生产任务。30年来，公司立足航天，坚持走技术创新、产品创新、人才强企、品牌建设和产业化发展的军民融合发展之路，形成电子测量仪器、软件与信息化、通用测试与诊断三大主业。用户遍及航天、航空、兵器、船舶、电子、核工业等国防军工领域以及石油、化工、电力、铁路、民航、汽车等民用领域。2008年入驻中关村石景山园，是园区高新技术产业龙头企业。公司圆满完成载人航天、探月工程等国家重大工程保障任务，先后获区“经济发展突出贡献单位”、“纳税百强单位”称号，被评为“北京市企业技术中心”、中关村百家创新型企业试点。

（曹　洁）

【3项目入选国家动漫精品工程】 4月19日，由文化部、新闻出版总署和市文化局共同主办的首届国家动漫精品工程项目推介会在京举行。园区企业中视互动科技发展有限公司的动画电影《麋鹿王》、漫巢文化传播有限公司的漫画产品《神龙九子》、银河长兴影视文化传播有限责任公司三维动画《三国演义》入选国家动漫精品工程。

（曹　洁）

3月26日，北京跨国技术转移大会专场活动　（郭　伟　摄）

【"4G工程"文化创意产业基地】　5月15日，北京"4G工程"成果发布会在北邮科技大厦举行。市、区有关领导和相关部门负责人出席发布会。李艳出席会议并作"石景山区文化创意与4G产业融合发展"的演讲。会上，石景山园被市科委授予"'4G工程'文化创意产业基地"荣誉称号。

（崔海霞）

【国家级文化和科技融合示范基地】　5月18日，在第八届中国（深圳）国际文化产业博览交易会上，科技部、中宣部、文化部、广电总局、新闻出版总署五部门联合发布首批16家国家级文化和科技融合示范基地，"北京中关村国家级文化和科技融合示范基地"名列榜首。"北京中关村国家级文化和科技融合示范基地"以数字技术与数字内容为特色，以中关村国家自主创新示范区海淀园为核心，含石景山园、雍和园、德胜园等园区。石景山园作为"北京中关村国家级文化和科技融合示范基地"的重要组成，对提升石景山"中国数字娱乐第一区"的品牌影响力具有重要促进作用。

（岳继华）

【授牌博士后创新实践基地】　6月28日，北京市博士后（青年英才）创新实践基地中关村科技园石景山园授牌仪式在金隅科技大厦举行。同月，区政府配套出台博士后（青年英才）创新实践基地管理暂行办法，设立博士后（青年英才）专项资金，资金总额1000万元。其中，对于科研成果转化效果显著，获得国家和北京市表彰的博士后创新实践基地、基地企业工作站，将给予10万元一次性奖励，对优秀博士后（青年英才）给予5万元一次性奖励。创新实践基地和工作站招收的博士、青年英才在站期间，每人每月还能获得1500元的住房补贴。市人力社保局在全市共批准设立博士后（青年英才）创新实践基地9家，在37家企业设立创新实践基地工作站，其中，石景山区有6家企业。

（孟宪然）

【参加国家高新区二十年成就展】　7月5～9日，国家科技部等有关部委在国家会议中心举办"国家高新技术产业开发区建设二十年成就展"，石景山园作为中关村十大园区中唯一单独受邀的园区以"和谐园区"板块为主题参展。园区龙头企业搜狐畅游、银河长兴等公司的动漫游戏互动产品和东方信联的智慧驻地通信系统、暴风影音的软件、意诺佳的三维人脸识别设备等数字科技产品，受到一致好评。

（马海涛）

【为"7·21"自然灾害捐款】　7月27日，科委园区组织开展为北京市"7·21"自然灾害受灾群众捐款活动。搜狐畅游、国家无线电检测中心、趣游、东土科技、通融通、丽贝亚、明城技术、冠坤文化等50家企业及代表和科委园区全体人员捐款计150万元。区红十字会现场接受全部捐款并为企业颁发捐赠证书。

（孟宪然）

【五措施助力动漫游戏城招商】　8月初，科委园区与区投促局推出五项措施，推进中国动漫游戏城招商引资工作。包括编制动态产业目录，指导招商引资方向，为动漫城招商指明方向；创新招商机制，园区招商人员入驻动漫城与首钢二通实验区成立联合招商办公室，全力引进龙头规模企业；建立投资企业信息、政策信息、厂区载体信息共享平台，实现信息互通、资源共享；对接政策服务，与二通招商人员共同梳理产业政策，完善网站内容，加大宣传推介力度；在动漫城挂牌"中关村石景山园二通产业基地"，将园区的品牌、政策和服务全面辐射到动漫城。至此，北京方正国际动漫有限公司、东方今典集团动漫文化有限公司等400余家企业完成注册。

（盛丽霞）

【南区一级开发项目融资研讨会】　8月10日，石景山园南区一级开发项目融资研讨会召开。会议听取关于南区一级开发项目的汇报，重点研讨项目的融资问题。市金融局银行处、区金融办根据北京市重大项目融资经验，提出石景山园南区土地一级开发项目应采取政策支持和多渠道相结合的融资办法。会议决定由市金融局银行处、区金融办和京石科园公司分别派专人负责对接该项目的融资工作。

（刘长余）

【第三届两岸青年创新创业高端论坛】

8月27日，由民革中央办公厅、北京歌华文化发展集团和台湾中华杰出青年交流促进会共同主办的"第三届两岸青年创新创业高端论坛"在北京中华世纪坛举行。全国政协副主席、民革中央第一副主席厉无畏，民革中央副主席郑建邦出席论坛，中央统战部、国台办、教育部、人力资源和社会保障部、科技部、北京市相关领导和来自海峡两岸的150多位创意产业领域的嘉宾参加论坛。石景山园受邀参加北京知名文化创意产业园区座谈会，并就园区文化创意产业发展成果及园区支持文化创意产业发展的相关政策、措施、服务和环境作专题推介。

（岳继华）

【入选德勤和工信部百强企业名单】 9月21日、28日，2012年德勤“高科技、高成长中国50强”及工信部“2012年互联网信息服务收入前百家企业名单”相继公布，园区企业趣游科技集团以6213.8%的三年收入平均增长率，位居德勤全国50强第二名；千橡网景、漫游谷、趣游科技、暴风网际、武神世纪、蓝港在线、国视通讯等7家企业入选工信部互联网企业收入百强名单。

（曹 洁）

【命名国家级文化产业示范基地】 9月24日，文化部2012年国家级文化产业园区基地命名授牌会议在北京友谊宾馆召开，会议对第四批国家级文化产业示范（试验）园区和第五批国家文化产业示范基地进行命名授牌。北京数字娱乐产业示范基地代表前四批200家国家文化产业示范基地在此次命名授牌会议上做典型发言。

（岳继华）

【东土科技成功登陆创业板】 9月27日，园区企业北京东土科技股份有限公司在深圳证券交易所创业板挂牌上市。荣华、夏林茂发贺信表示祝贺。公司2009年落户石景山园；是国内唯一一家拥有完全自主知识产权、具有高度自主创新能力的工业以太网交换机生产制造企业，产品成功应用于北京奥运会31家主场馆电力控制系统、北京奥运配套工程电力配网改造项目、奥运数字大厦控制系统、时速350公里京津高速铁路信号控制系统、青藏铁路全线综合监控系统、杭州湾大桥监控通信系统等多项国家重点工程项目，打破外国企业在这一领域的长期垄断局面。东土科技发行量1340万股，股票交易代码（300353），发行后总股本5351.28万股，发行价为20.75元/股，募集资金2.3亿元。

（岳继华）

【FAB精彩集团登陆美国纽交所】 10月13日，园区企业FAB精彩集团成功登陆美国纽交所庆典仪式在北京饭店举行。夏林茂等参加企业上市庆典仪式。此次FAB精彩集团成功登陆美国纽交所（NYSE）是通过其所属的核心运营实体与美国纽交所上市企业维萨软件公司（Wizzard Software Corp）的合并来实现的。合并后的上市公司更名为FAB Universal Corp.（精彩世界集团，交易代码为“FU”，寓意中国“福”或“富”。）FAB精彩集团成为中国正版音像行业首家进入美国资本市场的中国文化娱乐企业，开创中国文化企业与国际资本相融合的又一典范。FAB精彩集团创立于1988年，至今已构建以5C数字文化产业为核心运营的娱乐体验店、数字多媒体终端机、原创内容制作、数字文化产业园区建设等数字文化产业链业务平台。登陆纽交所后，公司将借助于美国维萨公司数千万的个人用户资源以及国际资本，为FAB数字内容集成与下载的国际化传播提供保障。

（马海涛）

【4企业入围中关村国家商标试点】 10月16日，经市工商局和中关村园区管委会组织评审，公布2012年中关村国家商标战略实施示范区第一批50家商标试点单位名单。园区有4家企业进入试点，分别是北京东土科技股份有限公司、北京东方信联科技有限公司、阿尔西制冷工程技术（北京）有限公司和北京暴风科技股份有限公司。

（陈 京）

【航天益来助北京监测空气】 11月1日，园区企业航天益来公司被市科委授予“北京市气环境监测工程技术研究中心”并正式挂牌。公司创建于1993年，隶属于中国航天科工集团公司，成立以来，先后承担国家“863”计划烟气排放连续监测课题、原国防科工委“军转民”专项技术脱硫脱硝尾气监测课题、集团公司“武汉智慧城市”项目、“智慧环保领域”规划与设计等重大项目，相关产品已获得多项发明专利，并在国内得到广泛应用。航天益来公司总经理宋玉成表示，公司将以该中心为平台，重点围绕空气、废气等监测领域，开展环境监测布点技术、采样技术、分析测试技术、综合评价技术等研究。

（崔海霞）

【获中关村创新资金支持】 11月9日，中关村公布2012年度创新资金移动互联网产业集群项目立项名单。园区的北京九州智通科技、北京德思源电子、北京意优创意、北京掌上冲浪等八家公司入选，合计获得支持资金235

8月23日，动漫北京开幕式 （周启迪 摄）

万元。项目涉及移动互联网所属云计算、云存储、互联网、移动智能和移动控制等领域。

（曹　洁）

【对外交流】 11月27日，韩国文化产业振兴院携Gorilla Bananan等5家韩国知名游戏、动漫企业到区参观考察。代表团一行先后考察中国动漫游戏城和园区重点企业趣游科技集团，并表达到石景山区投资发展及与区内重点企业合作的浓厚兴趣。韩国文化产业振兴院是为推动韩国文化产业发展而设立的公共机构，成立10余年来对韩国文化产业特别是动漫游戏的发展起到重要作用。此次考察是本区联合招商平台联动多方资源，合力开展招商引资的重要举措。

（岳继华）

【沃捷公司挂牌中关村“新三板”】 12月18日，园区企业沃捷文化传媒股份有限公司在中关村股份报价转让系统正式挂牌，成功登陆新三板。证券简称“沃捷传媒”，股份代码430174。沃捷传媒成立于2009年3月，是一家专业从事机场户外传播运营的广告公司，是园区文化创意产业和设计产业的代表性企业。现主要媒体项目包括首都机场及全国其他机场各类媒体、全国廊桥媒体、市内大型户外媒体、其他新型媒体共四大媒体版块，公司上年实现营收2.23亿元，净利润1093.65万元。至此，园区年内新上市企业3家、新三板1家，园区累计12家企业在境内外上市，4家企业登录新三板。

（曹　洁）

【硅谷归国创业团到石景山园考察】 12月10日，硅谷归国创业团到石景山园考察。该创业团由“中关村石景山园瀚海硅谷基地”组织，成员均具有斯坦福、哈弗、麻省理工等优秀教育背景。创业团详细了解园区发展情况和企业支持政策，并实地考察中国动漫游戏城之后，表达落户园区的浓厚兴趣。其中费越博士和郭旸博士分别就意向回国落地的“凌指”和“新一代芯片设计”等项目进行深入沟通。“中关村石景山园瀚海硅谷基地”是石景山园与瀚海智业集团联合共建的海外联络平台，硅谷基地企业Dragon Dream Entertainment的原创动漫项目已落地园区，并成立东方龙之梦数字科技有限公司。

（岳继华）

【中国动漫集团项目签约】 12月20日，“中国动漫集团项目签约暨项目合作推介会”在中国科技会堂举行。会上，石景山区与中国动漫集团和通用地产有限公司签署三方战略合作协议，共同打造动漫游戏行业综合服务平台，包括国家动漫创意研发中心、动漫内容集成分发系统和动漫游戏无线整合运营平台3个项目。来自全国100多家动漫游戏企业的代表与会。

（高延娜）

【32个项目获文创资金支持】 园区企业有32个项目获2012年度市文化创新发展专项资金支持，含项目补助、项目奖励、贷款贴息等方式资助，总金额达6210万元。包括：首钢创意产业投资公司的“中国动漫游戏城二期改造工程”、区生产力促进中心的“网络游戏国际交流服务平台”等16个项目获项目补助支持；畅游时代公司的“天龙八部online”、趣游公司的“趣游集团自主知识产权网络游戏”等13个项目获得奖励支持；华录百纳影视公司的“电视剧《青春四十》”、超炫文化传播公司的“《重返大福村》影视制作与发行”等3个项目获得贷款贴息支持。

（高延娜）

驻区科研单位

中国科学院高能物理研究所

【概况】 中国科学院高能物理研究所（简称高能所）是以基础研究和应用基础研究为主的多学科综合性研究所，主要学科方向是粒子物理研究、加速器物理及技术研究和射线技术及应用研究，并兼顾核分析技术及多学科交叉研究。建有北京正负电子对撞机国家实验室、核探测与核电子学国家重点实验室（与中国科学技术大学共建），3个院重点实验室：核辐射和核能技术重点实验室（北京分部）、粒子天体物理重点实验室、纳米生物效应与安全性重点实验室，2个市重点实验室：市射线成像技术与装备工程中心、网络安全防护技术北京市重点实验室，1个非法人研究单位：中国科学院大科学装置理论物理研究中心。下设实验物理中心、粒子天体物理中心、加速器中心、多学科中心、理论物理室、计算中心等7个研究单位，挂靠高能物理学会、粒子加速器学会等6个学会委员会，主办《中国物理C》（月刊）、《现代物理知识》（科普双月刊）两个刊物，拥有北京正负电子对撞机、北京谱仪、北京同步辐射装置、西藏羊八井国际宇宙线观测站、大亚湾中微子实验装置等大型科研装置，在建中国散裂中子源硬X射线调制望远镜、加速器驱动的以临界系统的强流质子加速器。截至年底，在职职工1344人。其中科技人员1081人、科技支撑人员341人，包括中国科学院院士7人、中国工程院院士2人、发展中国家科学院院士1人、研究员及正高级专业技术人员168人、副高级专业技术人员352人。国家海外高层次人才引进计划（千人计划）入选者4人（新增1人），“青年千人计划”入选者1人，中国科学院“百人计划”入选者45人（新增5人），国家杰出青年科学基金获得者18人（新增1人）。作为国务院学位委员会批准的首批博士、硕士学位授予权单位之一，本年增列核科学与技术、化学两个一级学科培养点，现设有理论物理等6个理学二级学科硕博培养点、计算机应用技术等2个工学二级学科硕博培养点、材料工程等7个全日制工程硕士培养点以及物理学等2个博士后流动站。年末有在学研究生463人（其中硕士生157人、博士生255人、全日制工程硕士生51人）、在站博士后44人。高能所坚持面向世界科技前沿和国家战略需求，实施“创新2020”和“一三五”规划，以实验室建设为牵引，打造研究所核心竞争力，在科学研究、大科学装置建造与运行、技术成果转化等方面取得丰硕成果。大亚湾中微子实验取得发现新的中微子振荡模式的重大成果，在全球引起热烈反响，入选美《科学》杂志2012年度十大科学突破。BEPCII稳定高效运行，对撞亮度比BEPC提高65倍，J/ψ总运行时间内获取的积分亮度为BEPC的120倍；BESIII取得首次观测磁偶极跃迁ψ'→γηc'等多项重要物理成果；BSRF专用光、兼用光运行支持近600个课题实验，取得一批高质量成果。CSNS土建工程进展顺利，加速器、实验、公用设施分总体非标设备的批量生产全面展开。HXMT按进度完成结构件、电性件、热控件研制，探月等粒子天体物理项目进展顺利。科技先导专项ADS全面启动关键技术攻关，取得Spoke012超导腔垂直测试成功等多项进展。多学科交叉研究在肿瘤低毒化疗纳米药物临床前研究、汞污染治理等方面取得重要进展。高海拔宇宙线观测站LHASSO计划和北京先进光源预研立项在积极推进中。高能所积极推进高技术转移转化，在辐照加速器、大型核医疗成像仪器、工业CT、超导磁选机等设备的研制和技术转移方面做出成绩。

地址：石景山区玉泉路19号乙
电话：88235008
邮编：100049

（蒙　巍）

【发现新的中微子振荡】 3月8日，实验合作组宣布以5.2σ的置信度发现新的中微子振荡，振荡幅度为9.2%。论文4月27日发表于美国《物理评论快报》。这一中国本土诞生的物理成果揭示中微子基本特性，被评价为“开启未来中微子物理发展大门”，引全球科学界热烈反响，入选美国Science评选的2012年全球十大科学突破，“瀚霖杯”两院院士评选的2012年中国十大科技进展新闻，“隆力奇杯”2012年国际国内十大科技新闻等。

（蒙　巍）

【BEPCII亮度创新高】 北京正负电子对撞机II（BEPCII）在Ψ'、J/Ψ、R值测量等60余能量点的取数，J/Ψ积分亮度为BEPC时的120倍。高质量地完成10亿J/Ψ取数，这是目前世界最大的J/Ψ事例样本，为获得重要创新成果，进一步加强我国在粲物理研究的国际领先地位，奠定坚实基础。

（蒙　巍）

【发现一批新粒子和新物理过程】 北京谱仪III实验国际合作组开展粲偶素物理、轻强子谱、粲物理、Tau和QCD领域的研究，取得多项重要成果：确定质子－反质子反常阈值增强结构的自旋、宇称为0^{-+}；首次发现很强的同位旋破坏过程$\eta(1405)\rightarrow f_0(980)\pi^0$；首次观测到磁偶极跃迁过程$\psi'\rightarrow\gamma\eta c'$；首次考虑干涉效应，精确测量ηc的质量和宽度。

（蒙　巍）

【同步辐射装置完成开放运行】 专用光机时1809小时，专用光、兼用光运行共完成591个用户课题，用户在生命科学、材料科学、凝聚态物理、化学化工、环境科学等取得一系列高水平研究成果。圆满完成院重大科学装置维修改造项目“BSRF光电子能谱实验装置的更新改造”；LIGA工艺、荧光分析、高压单晶衍射、成像及掠入射X射线衍射等实验技术取得进一步发展，为用户研究工作进展发挥重要作用。

（蒙　巍）

【理论物理研究取得若干成果】 高能所提出强子“三角圈图”奇点增大机制，以解释BESIII实验所发现的η(1405)衰变同位旋破坏的反常问题；从最新天文观测数据中重组出暗能量状态方程w从宇宙43亿年至今随时间演化的历史，发现w在2.5σ的置信度内随时间变化，且越过w＝－1；基于大亚湾实验的最新结果，率先系统地研究轻子味混合结构和与theta(13)相关的唯象学。

（蒙　巍）

【环境安全健康研究取得进展】 高能所探索金属元素与阿尔茨海默病发生、发展关系取得进展，发现随年龄增长引起的过渡金属元素在APP转基因小鼠特定脑区的蓄积和金属代谢异常，可能共同作用于该病的发生、发展。利用有机硒可以降低农作物中汞含量，促进长期汞暴露人群体内汞排出，从而提高机体健康水平。研究纳米材料在植物中的迁移与转化过程。承担环保部门的技术及政策研究项目，为国家危险废物和医疗废物技术管理体系的建设作出贡献。

（蒙　巍）

【核医学成像设备研制取得进展】 高能所推进核医学成像设备技术研发和临床注册：乳腺PET在第二家临床医院正式启动，共完成半数临床病例检查，注册取证相关工作稳步推进；完成人体PET系统的开发，进入性能测试阶段；完成乳腺专用CT实验样机的研制，关键技术有所突破；完成首台小动物PET/CT设备在用户单位的现场安装并交付使用，满足用户需求获得好评，并获得后续的定制合同；小动物SPECT/CT设备交付高能所分子影像应用平台使用，进一步丰富平台功能。

（蒙　巍）

【纳米安全性研究获国家二等奖】 高能所“纳米材料的安全性研究”项目荣获2012年国家自然科学奖二等奖。该课题完成中国大规模生产的金属及其氧化物和碳纳米材料的关键毒理学性质研究，取得主要成果包括揭示其进入机体的能力、作用靶器官与代谢动力学规律，第一次揭示氧化物颗粒存在易感人群；发现结构效应、剂量效应、表面效应等是决定纳米材料毒理学特性的关键因素；将同位素标记、中子活化、同步辐射等高灵敏和定量的分析方法与新兴学科交叉，突破生物样品中纳米颗粒定量检测的瓶颈，为纳米材料应用必须的健康效应评估建立创新的分析方法。其中碳纳米管中金属含量的绝对定量分析方法已被国际标准化组织ISO和国际电工组织IEC采用并颁布为国际标准，填补国际空白，成为100多个国家认可和使用的标准分析方法。该课题在世界著名学术杂志发表相关论文100余篇，研究成果被欧洲毒理学会会刊选入毒理学、药理学和药学三大领域共同遴选的25篇世界最热点论文长达5年多。

（蒙　巍）

工业和信息化部电子科学技术情报研究所

【概况】 工业和信息化部电子科学技术情报研究所（简称电子情报所）是工业和信息化部直属事业单位。现有职

工800余人,专业技术人员占85%以上,其中国家级突出贡献专家2人,部级突出贡献专家2人,享受政府特殊津贴人员21人。主要从事情报研究和信息咨询服务,服务对象遍及工业和信息化部、国防科工局、总装备部等政府和军队领导机关及相关科研院所、生产企业和高等院校。工业和信息化部行使情报、成果、期刊、电子知识产权、电子工业档案和工程建设等行业管理职能,并提供媒体出版、声像服务、文献服务、软件开发、数据库建设等多元化服务。编辑出版《中国信息产业年鉴》等公开出版物和《世界信息产业与技术发展年度报告》、《世界信息化发展年度报告》、《世界网络与信息安全发展年度报告》、《世界软件产业发展年度报告》、《国外军事电子发展年度报告》等系列研究报告,以及《世界军事电子装备与技术发展研究》等内部刊物。同时还是中国电子学会情报分会、国防科技声像服务中心、中国信息产业商会等社团组织的挂靠单位。由电子情报所控股的计世传媒集团是目前国内最大的IT传媒集团,经营规模连续多年位居全国报刊业前十强,出版《计算机世界》、《IT经理世界》、《网络世界》等业界知名品牌媒体。电子情报所成为工业和信息化部直属单位唯一一家同时获得"中央国家机关文明单位标兵"和"首都文明单位标兵"的双标兵单位。

地址:石景山区鲁谷路35号
电话:68632898
邮编:100040

(赵　莹)

【构建实虚结合研究体系】 电子情报所紧密围绕工业和信息化部和所的年度重点工作,初步构建"研究部门与虚拟中心结合、科研业务与经营业务互动"的情报研究组织体系,新成立所科技成果评价与推广中心、所知识产权司法鉴定中心,成为部知识产权管理办公室、中国语音产业联盟秘书处的依托单位,并组织搭建多个行业公共服务平台开展管理支撑服务工作。全年承担各类科研项目和支撑任务500多项。

(赵　莹)

【情报研究切入重点领域】 电子情报所在两化融合、信息安全、物联网、移动互联网、知识产权、智能语音、赛博空间等重点领域不断切入高层次研究和决策支撑,以重大课题项目和重点支撑任务带动研究咨询能力和水平不断提升。对国家物联网专项管理与决策支撑取得突出成效,形成物联网领域独家支撑的局面;《工业行业两化融合发展水平评估规范》获得国家标准化委员会国家标准立项;在工业和信息化部信息安全战略标准与评估专项研究领域,取得重大突破。

(赵　莹)

【推出多项科研服务类产品】 电子情报所形成情报研究类和服务类产品互为补充的情报研究产品体系,《美国半导体技术跨代发展及其经验》、《国际信息化发展测评指数中我国排名下滑原因分析》、《"火焰"病毒事件及启示》、《关于加快发展我国移动智能终端操作系统发展的报告》等一批紧跟产业发展趋势、聚焦当前热点难点问题的重要研究成果呈报到上级领导机关,受到国家领导人、省部级领导的批示和肯定,《工业发展质量评价2012年报告》被选为全国工业和信息化工作会议上会材料。

(赵　莹)

【深度参与软博会】 6月1日,由电子情报所承办的"2012第十六届中国国际软件博览会信息发布会"在北京展览馆召开,来自行业主管部门领导、信息发布机构以及中央电视台、新华社等40多家媒体的代表共计100多人参加本次信息发布会。工业和信息化部有关领导分别就软件和信息技术服务业分类、《软件和信息技术服务业"十二五"发展规划》、《信息安全产业"十二五"发展规划》进行解读;来自北京、上海等10个地方的行业主管部门和软件园区发布当地产业促进政策和园区优惠政策;中国软件行业协会、电子情报所、中国工业软件产业发展联盟、赛迪智库软件与信息服务业研究所分别发布最新研究报告;兰州北科维拓、安徽科大讯飞等11家企业发布最新产品。由电子情报所编著的《2012中国软件和信息服务业蓝皮书》在信息发布会上进行公开发布,承办的2012信息安全产业创新发展论坛和2012移动智能终端操作系统发展趋势论坛引起媒体和业界强烈反响。

(赵　莹)

【主办中国数字电视产业高峰论坛】 8月20日,由计世传媒集团《中国数字电视》杂志社和《IT经理世界》杂志社共同主办的第九届中国数字电视高峰论坛在京举行。该论坛作为宣传企业品牌、推广新技术和新产品、建立深入客户关系的有效平台,迄今为止已举办8届。来自政府部门、行业协会的领导,以及运营界、产业界、投资界的众多精英人士出席论坛。本次论坛的主题为"融合与变革",旨在深度探讨新技术推动下的整个产业链生态化发展。会上来宾就三网融合、互联网发展、新技术新产品的创新发明等方面进行充分研讨、深入沟通,对于推动我国数字电视产业的发展具有积极和深远的意义。

(赵　莹)

【承办中国RSA信息安全大会】 8月28日、29日,由美国RSA会议机构主办,电子情报所承办的2012中国RSA信息安全大会在四川成都举行。来自世界各地信息安全领域的专家学者、政府与工商企业的信息安全主管以及从事信息安全技术研发与应用的专业人士,近800人到会参与交流。工业和信息化部信息安全协调司司长、美国国务院网络安全协调专员以及美国微软、英特尔和国内启明星辰、绿盟科技等企业高管做主题演讲。中科院、北京大学等专家学者进行发言交流。来自国内外信息安全领域的主管和学术界的专家在两天里进行50场次的演讲交流,内容涵盖信息安全领域的各种前沿技术。此次大会的成功举办促进国内信息安全研究机构进一步加强信息安全研究,促使信息安全企业加强技术与产品的研发,并推动官、产、学、研、用等各界联合,共同推动信息安全事业的健康发展。

(赵　莹)

【取得知识产权司法鉴定业务资质】

利用电子情报所支撑行业的软硬件环境,以及多年来在知识产权领域开展研究工作所积累的丰富经验,成立"工业和信息化部电子科学技术情报研究所知识产权司法鉴定中心",并于7月正式通过北京市司法局领导的现场考察,得到北京市司法局的批文,正式获准开展知识产权司法鉴定业务。所内15位技术专家通过北京市司法局审核批准,成为所知识产权鉴定中心第一批鉴定人。

(赵　莹)

【举办中国IT两会】 11月29日、30日,由电子情报所和计世传媒集团《计算机世界》报社共同主办的中国IT两会——2012中国IT财富(CEO)年会和中国信息主管(CIO)年会在成都举办。本届大会以"融合·创新 凝聚中国经济发展的科技驱动力"为主题,全面解读信息产业结构调整政策和产业布局,深度聚焦IT企业技术、业务和管理创新的新模式,展望物联网、云计算、三网融合等多元融合的行业发展趋势。国家相关部委领导,国内外知名IT厂商负责人,IT及信息化领域专家学者,国内外新闻媒体记者等600余人参加会议。

(赵　莹)

北京建筑材料科学研究总院

【概况】 北京建筑材料科学研究总院成立于1959年(简称建材总院),隶属于北京金隅股份有限公司。2000年由事业型研究单位转制为高新技术企业,2007年成为金隅集团国家级企业技术中心,2010年成为固废资源化利用与节能建材国家重点实验室。经过多年的发展,北京建筑材料科学研究总院已成为集科研开发、质检服务为核心的综合型研发机构。年内,以北京建筑材料科学研究总院研发平台为基础成立金隅中央研究院。金隅中央研究院主要职责是研究开发与集团发展密切相关的水泥与混凝土、新型节能建材、水泥窑环保等高新技术、关键技术和超前技术,同时推进这些技术的产业化转化工作,形成新的高新技术产业。4月,荣获"首都劳动奖状"殊荣。

地址:石景山区金顶北路69号
电话:88721857
邮编:100041

(岳敬平)

【建筑材料检验中心挂牌】 4月,建材总院全资子公司北京建筑材料检验中心被评为首批"工信部工业产品质量控制和技术评价实验室"。中心自成立以来,着力强化实验室建设与管理,检测实力得到极大提升,成为国内建材领域最为优秀的检验机构之一。

(岳敬平)

【建筑干混砂浆技术获奖】 4月,市委、市政府召开北京市科学技术奖励大会暨2012年北京科技工作会议,建材总院"建筑干混砂浆产业化关键技术研究与应用示范"成果获北京市科学技术三等奖。项目系统研究决定干混砂浆产品性能和成本的各类化学外加剂,特别是研究对各类纤维素和可再分散乳胶粉对干混砂浆产品新拌砂浆性能及砂浆硬化体性能的影响关系。

(岳敬平)

【博士后培养基地】 6月,建材总院被授予"北京市博士后(青年英才)创新实践基地"工作站,本院高端人才培养和引进搭建平台。本院将进一步完善自主创新体系,加快创新步伐,借助博士后人员智力、信息、技术等优势,积极攻克和解决生产过程中的管理、技术难题,同时为青年人才提供更广阔的实践平台,以培养更多跨学科、复合型、创新型高层次人才。

(岳敬平)

【金隅砂浆有限公司成立】 9月,建材总院与北京金隅股份公司共同出资成立北京金隅砂浆有限公司。金隅砂浆成为继涂料产业后,建材总院自主培育并成功实施产业化的又一重要科技成果。

(王文姬)

【金隅中央研究院成立】 9月,北京金隅股份有限公司决定以建材总院为依托,组建成立金隅中央研究院。组建后将开展前瞻性创新和基础、共性、关键技术研究,重点突破核心关键技术的自主知识产权,加快新技术、新产品研发,实现新技术示范应用,开展重大技术合作研究,金隅中央研究院将建设成为金隅"新产品、新工艺、新技术的研发中心,新兴产业培育孵化器,高科技人才培养基地"。

(岳敬平)

【筹建防火产品质检中心】 年内,成功获得国家认监委关于筹建"国家建筑防火产品安全质量监督检验中心"批复。11月国家建筑防火产品安全质量监督检验中心建设工程在房山区窦店金隅科技园区正式开工。中心建成后,将成为"服务经济建设、服务企业、

9月14日,发展中国家知识产权培训班参观建材总院　(区科委供稿)

2月15日，首钢精品线材总承包合同签字仪式（首钢国际工程公司供稿）

服务政府”的有力技术支撑，为预防和减少建筑火灾，保障人们生命和财产安全等作出应有贡献。

（岳敬平）

【检验业务破亿元】 建材总院质检产业检测收入历史性的突破亿元大关，已发展成为国内规模和检验品种排名前列的综合性检测机构，为实现北京建材总院质检产业“十二五”发展规划奠定坚实基础。

（王文姬）

【科技成果】 建材总院根据国家政策导向，开发出兼具65%甚至以上节能标准和A级防火标准的外墙外保温体系。从2004年开始研究垃圾飞灰无害化和资源化处理技术，自主研发ACF和RST外墙外保温体系已经在30万平方米节能改造工程中成功应用。填补国内空白的首条年处置3万吨垃圾飞灰处置环保产业化示范线，11月在北京琉璃河水泥公司建成并运行投产。

（王文姬）

【科研项目】 建材总院先后承担一批“973”、“863”及国家“十二五”科技支撑计划课题，项目进展顺利；申报国家级项目5个，申报省市级项目2个，承担集团项目10个，院内项目6个；主持或参与编制标准30个，发表科技论文61篇，申请专利10项；获得北京市科学技术三等奖、中国建材联合会技术革新一等奖等多个外部奖项。

（王文姬）

【国际检验许可】 北京建材检验中心所属机构先后通过美国IAPMO和澳洲SAI认证机构对新项目的认可，获得国家质监总局授权的进出口商品检验鉴定许可，通过中国能效标识中心能效标识能源效率检测实验室备案，取得北京市住建委颁发的建筑幕墙工程专项检测资质。为中心培育新的业务增长点打下坚实基础。

（岳敬平）

北京首钢国际工程技术有限公司

【概况】 北京首钢国际工程技术有限公司（简称首钢国际工程公司）由北京首钢设计院于2008年初改制成立，是首钢总公司相对控股、公司经营团队持股、技术管理骨干参股的国际型工程技术公司。公司注册资本1.5亿元，设有23个专业，投资控股4家公司，投资2家中外合资企业。拥有工程设计综合甲级资质。公司员工1112人，平均年龄39.3岁，其中研究生以上学历258人，大学学历694人；高级职称345人，中级职称340人；新录用应届毕业生49人（其中硕士以上毕业生29人），招聘社会人才8人。年内，首钢国际工程公司坚定实施“走出去”战略开拓外部市场，精心服务客户，打造品牌工程，兑现合同承诺，经济运行质量良好，全面完成年度计划任务。3月，被国家科技部认定为高新技术企业，全年荣获市级以上科技进步奖5项。申报专利43项。技术成果应用参加行业评比创历史最好水平，获冶金行业优秀工程设计奖10项，其中一等奖5项；优秀工程总承包奖9项，其中一等奖3项，项目获奖等级和数量跻身国内先进企业行列。

地址：石景山区石景山路60号
电话：68872480
传真：88295389
邮编：100043

（白雪松）

【工程设计】 首钢国际工程公司修订完善“设计过程控制程序”等操作性制度，规范设计管理程序，明确设计管理标准，建立和完善各类项目初步设计文件格式标准化、前期项目报审文件标准化、总承包合同技术附件标准化，设计管理日趋规范，推进设计工作高效进行，开展首贵高线、霍邱炼钢及通钢系列项目等首钢工程，以及包钢热轧、涟钢高炉和昆钢棒材等社会设计工程，全面满足现场建设需要。

（白雪松）

【市场开发】 首钢国际工程公司实施“走出去”战略，提升服务品质，开拓国内外市场，签订韩国浦项托盘运输项目合同，以优势装备技术打入世界一流钢铁企业；签订云南华坪容大焦化、四川德胜球团和广西盛隆干熄焦等总承包工程；签订攀枝花钛联、安徽铜陵等球团，山东墨龙熔融还原炼铁（HIsmelt）工程设计合同，取得良好市场业绩，全年签订设计合同2.42亿元，总承包合同40亿元，完成年计划指标，公司经济规模总量持续增长，综合实力稳步增强。

（白雪松）

【承包工程】 首钢国际工程公司完善总承包管理机制，提高总承包工程质量和效益，打造“首钢服务”品质，总承包多项重点工程顺利投产，全面兑现合同承诺。巴西球团项目团队紧紧抓住国际项目特点，严格按合约执行，项目顺利投产，赢得业主赞誉，为公司组织海外EPS项目积累丰富经验。文水海威工程项目团队精心管理，克服寒冬投产困难，精心推进项目实施，烧结、炼钢和炼铁三大工程全部一次热试投产，标志着公司在总承包百万吨级以上综合钢铁厂工程方面取得突破；川威焦化和球团项目在与行业先进企业同台竞技中，各项综合评比始终名列第一，项目成功投产，已经成为公司在西南市场的名片；太钢球团项目团队连续获评光荣称号，工程顺利投产，质量优良，得到业主通报表扬，提升公司企业形象和市场影响力。

（白雪松）

【开拓市场】 首钢国际工程公司推进“集中整体”支撑下的“分层能级”，大力支持专业设计部门发挥专业技术优势，组织实施项目，促进其业务水平和工程组织管理能力的提升。专业设计部门以优势技术和装备实力积极开拓市场，承揽设计合同1277万元，总承包合同4.45亿元，分别占公司合同总额的5.3%和11.2%，有效支撑公司经济规模总量的提升，体现“集中整体，分层能级”机制的重要效用。

（白雪松）

【科技开发】 首钢国际工程公司科技开发工作按照“完善创新体系、提升创新能力、满足用户需求、追求技术领先、实现跨越发展”的指导方针，以产品功能性研究为重点，加强科技开发，推进科技成果应用，增强企业技术实力和核心竞争力。通过追踪和分析钢铁领域先进技术，选择49项重点课题进行研究、攻关，其中公司级5项，专业室级44项，投入研发经费776万元。课题主要包括：现代钢铁厂炼铁－炼钢界面工艺及设备关键技术研究与应用；现代钢铁厂炼钢－连铸－轧钢界面工艺及设备关键技术研究与应用；钢铁厂粉尘处理转底炉工艺及设备关键技术的研究与应用；BSIETMELT型熔融还原炉流体仿真试验用模型的研究与应用等。

（白雪松）

【科技成果】 首钢国际工程公司申报科技成果和技术成果奖励取得良好成绩，共获得市级以上奖励24项，其中首钢京唐300t转炉煤气干法除尘技术及关键设备研究与应用、首钢京唐公司水资源优化利用技术研究、特大型超高风温热风炉关键技术研究与应用、特大型无料钟炉顶设备开发研制与产业化应用获得北京科技进步奖；首钢京唐2#5500m^{3}高炉工程设计、首钢京唐1580mm热轧工程设计、首钢迁安1450mm冷轧电工钢工程设计、首钢京唐400万t带式焙烧机球团工程设计、首钢京唐2#500m^{2}烧结机工程设计5个项目获得冶金优秀工程设计一等奖；水钢棒（线）材生产线工程、四川德胜240m^{2}烧结工程、首钢迁钢4000m^{3}高炉煤气干法除尘系统3个项目获得冶金优秀工程总承包项目一等奖。

（白雪松）

【申请专利】 首钢国际工程公司申请专利43项，其中发明14项；实用新型29项。主要专利有球团原料开路湿式混磨工艺、一种高炉矿渣超细磨及储存方法、一种炼铁高炉水渣直接细磨工艺、一种高炉煤气循环综合利用装置的使用方法、一种不锈钢冶炼方法、一种采用直接还原铁冶炼不锈钢的方法、低温铁水喷吹脱磷预处理方法、一种钢包在线喷粉脱硫工艺、一种配重节能改造的重载步进机构及改造方法、一种适用于热轧生产线中的双排式托盘运输自动化系统、一种适用于工业热车间厂房的灯具安装方法。

（白雪松）

【标准编制】 首钢国际工程公司参加5项行业标准编制工作。主要包括《钢铁企业综合污水处理厂工艺设计规范》、《干熄焦节能技术规范》（YB/T 4255－2012）、《钢铁行业低温多效海水淡化技术规范》（YB/T 4256.1－2012）《钢铁污水处理膜法除盐技术规范》（YB/T 4257.1－2012）、《烧结冷却系统余热回收利用技术规范》（YB/T 4254－2012）。

（白雪松）

【技术合作】 首钢国际工程公司推进“产、学、研、用”技术创新体系建设，加强与高校和科研单位的技术合作。总图设计室与北方工业大学智能交通所在市政道路领域的项目合作；设备开发成套部结合棒材1号和2号飞剪样机及测试科技开发课题，同北方工大签订“棒材1号和2号飞剪力能参数测试”技术开发（委托）合同。同时结合公司课题开发需要，与秦始岛燕山大学科技开发总公司、北京首泰众鑫科技有限公司、东方博沃（北京）科技有限公司、北京京新传机电设备有限公司签订合作协议，进行相关技术

6月12日，与韩国浦项托盘运输项目合同签字仪式

（首钢国际工程公司供稿）

合作。

（白雪松）

【学术交流】 首钢国际工程公司积极参加行业会议并发表学术论文。在《第七届中国国际钢铁大会》《第五届亚洲钢铁大会》《全国炼铁生产技术会议》《全国炼钢－连铸生产技术会议》《全国轧钢生产技术会议》《全国冶金节水与废水利用》等学术会议发表论文20篇。在《中国冶金》、《钢铁研究学报》、《钢铁》、《炼钢》、《冶金设备》、《液压与气动》等杂志发表论文19篇。

（白雪松）

教　育

年末，全区有各类幼儿园48所，其中市立园11所、集体办园2所(街道办园1所)、部队办园4所、企事业单位办园4所、民办园27所。优质园所中，市级示范园5所，一级一类幼儿园17所，市级早期教育示范基地16所，市级特殊儿童教育示范基地2所。在园幼儿12000名。

全区有小学38所(其中一贯制学校小学部7部)，中学25所，其中初中12所，高中4所，完全中学2所，一贯制学校7所。有特殊教育学校1所，区属中等职业学校1所，全区小学在校生人数为21146人，初中在校生人数为9635人。全区义务教育阶段现有教职工3132人。全区小学、初中入学率、巩固率、毕业及格率连续保持在100%，超过首都教育发展纲要提出的全市义务教育入学率保持在99%以上的发展目标。全区东、中、西部义务教育均衡发展的格局初步形成。

辖区有1个社区市民总校(社区学院)，9个市民学校中心校(街道社区教育中心)，139个市民学校分校(设在居委会)。

全区经审核批准的各级各类民办教育学校、培训机构共104所。其中民办普通中学3所，民办幼儿园19所，民办职业高中1所，外地来京务工人员自办学校3所，其他文化、教育、技术等非学历培训学校78所。

辖区有北方工业大学、中国科学院大学、北京工业职业技术学院、首钢工学院、中国新闻学院、国家检察官学院等高等院校。

区委区政府始终坚持教育优先发展战略，将教育工作纳入区域发展重要议事日程，每年实施十件教育实事，助推教育均衡发展。依法实现教育经费的“三个增长”，为教育事业顺利发展提供坚强保障。采取多种措施大力推进义务教育均衡发展。年内，以绿色教育理念和可持续发展理念为引领，扎实推进基础教育课程改革。加快现代标准化学校建设，优化调整学校布局，接收金顶阳光、西山枫林小区配套学校；完成北京九中改扩建工程；启动黄庄职高扩建工程，推进西黄村、五里坨规模学校建设工程。投入4000余万元完成41所学校操场、24所学校卫生设施改造和31所学校教室照明工程改造，全区所有学校硬件设施均得到改善。加大人才引进力度，继续面向全国引进优秀教育人才。严把教师入口关，促进高起点师资力量的均衡配备。持续推进“名教师、名校长”培养工程，加大骨干教师队伍建设力度，促进高级职称和骨干教师的比例在义务教育阶段学校的均衡配置。深化课程改革，推动德育创新发展，促进学生全面健康成长。推进优质教育资源共享机制创新实践，深化教育集团化办学实践，扎实推进北京九中教育集团、古城教育集团办学实践，进一步优化区域义务教育办学格局。科学管理，加强督查，保障适龄少年儿童受教育权利。

教育行政

概　述

北京市石景山区教育委员会(简称区教委)是区政府主管教育事业的职能部门，负责管理、推动发展全区学前教育、基础教育、职业教育、成人与社区教育等工作。下设科室18个，有公务员77名，下属教育信息中心、青少年活动中心、业余大学等单位12家。年内，围绕“全面提高教育服务质量，办人民满意教育事业”的核心目标，实施“10项重点工程和50个主要项目”，推动落实“十二五”教育规划年度目标。稳步推进7项国家级和市级教育体制改革项目。深化“大学—区域—学校”三方合作，深入推动“绿色教育发展实验区”和“国家可持续发展教育实验区”建设。成立由15名教育专家组成的石景山区教育咨询委员会，推动教育科学健康发展。编制完成基础教育设施专项规划(2011—2020年)。推进学校标准化建设，完成13项市区级专项计划，全面改善学校办学条件。加速推进学前教育“三年行动计划”，新增学位1100个。全面完成市区签署“推动义务教育均衡发展责任书”任务。推动高中高品质特色发展，高起点开办景山远洋分校高中部，古城高级中学成立北京市首个西班牙语实验班。黄庄职业高中成为第三批“北京市现代化标志性中等职业学校”。大力推进学习型城区建设，保障特殊群体受教育权利，稳步推进新疆内高班各项工作。加强民办教育规范管理，开展民办教育品牌创建工程。认真办理人大代表议案、建议和政协委员提案，按期结案率100%，满意率100%，信访办结率96%。在“一网一报一刊一台”为主阵地基础上，新增教育新闻手机播报形式，多渠道宣传绿色教育成果以及各基层单位教育教学亮点和特色工作。全年出版《石景山教育》6期、增刊1期，《石景山报·教育导刊》20期，刊登网站新闻900余条，制作《教育新视线》栏目24期，发布教育新闻手机播报28期，同时在市级各类媒体刊稿450余条，进一步提升石景山教育整体形象。

地址：石景山区八角西街95号
电话：68872844
邮编：100043

(王　蕾)

【义务教育均衡发展】 区教委以实施“推进城区义务教育均衡发展试验”国家级教育体制改革项目为抓手，完成市区签署“推动义务教育均衡发展责任书”任务，实现全区义务教育学校基本均衡发展目标，顺利通过北京市义务教育均衡发展、小学规范化建设督导评估。开展“走进百姓身边的学校”活动，展示义务教育发展成就。创新优质教育资源共享机制，组建6对教育合作发展共同体、5个教育教学协作区，建立骨干教师交流机制，促进教育资源共享。

(王　蕾)

【推进素质教育】 区教委扎实推进学生思想道德建设，命名首批11所德育主题特色学校。开展培育和弘扬“北京精神”系列主题教育活动，坚持开展中学生模拟法庭和模拟联合国活动，加大社会大课堂课程开发力度，建立北京市首个社会大课堂服务评价网络平台。深入实施青少年领导力培养

“飞翔计划”和创新人才培养“翱翔计划”。成立“生涯教育工作室”，推动高中学生生涯规划项目实施。全面实施“体育、艺术2+1项目”，广泛开展阳光体育运动，启动“三大球进校园”活动。深入推动阅读工程，分协作区开展“诵中华诗文抒爱国情怀”阅读工程展示活动。举办“科技与文化融合，成长与快乐同行”第30届中小学生科技节、“绿色生命·阳光下成长”第15届学生艺术节。

（王　蕾）

【教师队伍建设】 48名教师入选第二期“名师成长工作室”，由北京市知名教育专家和特级教师组成导师团队，依托“名师工作坊”、“名师成长工作室”、“特级教师工作室”三个项目，深入推进名师培养工程。启动第二期“校长成长工作室”，5位校长参加“提升可持续发展教育领导力，提速优质教育品牌学校建设进程”专题培训。启动“十二五”时期教师培训工作，组织优秀教师赴英国培训，深入实施“教师成长阶梯研修计划”，整体提高教师队伍专业素质。严把教师入口关，新进中小学教师均达到本科以上学历。完善义务教育学校实施绩效工资政策，稳步推进非义务教育单位实施绩效工资改革，完善教师薪酬激励体系。选取8所试点学校探索推进骨干教师交流，初步建立起区域内干部、骨干教师跨校流动机制。选派40名中学校长和管理干部参加华东师大“中学管理干部研修班”。深化“绿色·生命·爱与尊重”师德教育活动，实施“教师身心关爱计划”，全面推进“职工之家”建设，优秀职工之家达到三分之一，教师职业幸福感得到提升。

（王　蕾）

【重点项目建设】 区教委制定基础教育设施专项规划（2011～2020年），科学规划建设，优化布局结构。完成北京市“城乡一体化学校建设”项目——景山学校远洋分校工程，扩大东部优质教育资源。顺利完成师范附属幼儿园、第三幼儿园、实验幼儿园、九中改扩建工程，杨庄北区幼儿园建设工程。接收金顶阳光小区配套学校。协调各部门加速推进五里坨规模学校、杨庄中区幼儿园建设。

（王　蕾）

【第15届学生艺术节】 3月21日开幕。本届艺术节以“绿色生命·阳光下成长”为主题，提出“立足普及，重在参与，倡导出新，鼓励创作”的口号。活动期间，来自45所中小学校的146支代表队共计3200余人参加班级合唱、校级合唱、京剧、校园剧、儿童歌舞剧、行进管乐等项目的比拼。为保证艺术节各项比赛评审的公平、公正，活动组织方特别聘请来自中国广播合唱团、国家交响乐团合唱团、战友文工团的5位国家一级演员担任评委。

（魏　莉）

3月21日，第15届学生艺术节　（区教委供稿）

【第4届中学生模联大会】 4月7～8日，石景山区第四届中学生模拟联合国大会在北京市古城中学礼堂召开。大会分为开幕式、正式会议、闭幕式和换届选举大会四个单元，分设联合国环境规划署、安全理事会、经济和社会理事会三个委员会。146名参与活动的学生，以88国“外交官”的身份共同商议全球变暖、利比亚战后重建、欧债危机、世界粮食危机等问题。“联合国大会”历时8个小时，整个过程紧凑、紧张、有序、有法，小外交官们分别从各自代表的国家立场出发，围绕中心议题，展开外交攻势。经过阐述、论辩、磋商、表决等程序，最终通过两份会议决议。8日，北京九中的胡千千同学当选新一届石景山区中学生模联协会秘书长。全区各高中学校领导、部分家长代表观摩会议。中国国际广播电台英语中心主任李培春莅临会议并给予指导。

（魏　莉）

【教育咨询委员会成立】 4月21日，石景山成立北京市首个区域教育咨询委员会。国家教育体制改革领导小组办公室副主任、国家教育咨询委员会秘书长、中国教育科学研究院院长袁振国出席成立仪式，区有关领导向来自教育部职业教育研究所、中国教育科学研究院、北京教育科学研究院、北京师范大学教育学部、首都师范大学、市教育科学规划办、《中国教育报》、《教育研究》、《学前教育》等科研、教育和新闻单位的15位专家学者颁发聘书。首届石景山区教育咨询委员会“智囊团”任期两年，将承担“十二五”时期及未来教育发展和改革创新项目进行规划、咨询、督查和评估任务。

（魏　莉）

【启动三大球进校园】 4月25日，区教委和体育局举行三大球进校园启动仪式。市有关部门和区主管领导为参与“三大球进校园”活动的15所学校代表授旗。古城第二小学、京源学校小学部、北师大励耘实验学校分别进行篮球、足球、排球展示，以吉喆为代表

4月25日，三大球进校园启动 （区教委供稿）

的首钢金隅男篮明星队还与学生代表队进行一场友谊比赛，“三大球进校园”活动在中小学校正式全面展开。此项活动覆盖辖区所有53所中小学校。每所学校将至少开展足球、篮球、排球项目中的一项，并将该项目列入各年级课表；同时结合体育课教学和课外体育活动，采取灵活多样的教学形式，动员全体学生积极参与“三大球”项目；定期开展校内“三大球”的班级、年级联赛。与此同时，每年全区将开展中小学“三大球”联赛，并定期组织球星进校园、夏令营、冬令营等活动。区体育局与区教委联合成立“三大球进校园”活动领导小组，共同投入专项经费及人力、物力支持，为活动开展提供保障。

（魏　莉）

【西班牙语实验班获批】 4月26日，古城高级中学“西班牙语实验班”正式通过市教委审批，成为当年市教委批复高中特色实验班中唯一一个小语种实验班。西班牙语实验班配备外语、心理、体育三位班主任，开设基础课程、选修课程、研究性学习课程和综合实践课程。古城高级中学分别与北京语言大学、首都师范大学、中国国际广播电台签订教育交流合作协议，为实验班学生教育实践提供支持和帮助。

（魏　莉）

【与国广台共建】 4月30日，区教委与中国国际广播电台签署共建协议。该协议主要包括，区教委支持记者编辑特色采访、对外传播工作和党团工会组织活动，北京九中、京源学校、景山学校远洋分校、古城高级中学、同文中学、古城二小、银河小学、区师范附属小学和幼儿园等与其建立教育资源单位；该电台协助建立区域特色小语种课程体系，培养优秀语言教师队伍，开辟中小学社会大课堂实践。

（曹艳玲）

【第二期名师培养工程启动】 5月31日，区教委召开名师培养工程第二期培养工作启动会。总结第一期培养工作成果，“第一期名师培养工作室”培养周期为两年，汇聚33位优秀骨干教师，2名教师成长为市特级教师，13名教师成长为市学科教学带头人。第二期培养工作将实施双导师制，培养周期为两年，依托“名师工作坊”、“名师成长工作室”、“特级教师工作室”三个项目来引领学科教学发展与教师专业水平的整体提升。

（魏　莉）

【小学规范化建设展示】 6月13日，“北京市小学规范化建设工程系列展示交流周——走进石景山”活动在六一小学举行。此次活动主题为“坚持育人为本 提升课程内涵 六年奠基一生”。小学规范化建设工程自2007年启动以来，取得可喜成绩。当年是小学规范化建设工程收官之年，市教委对总结验收工作进行部署，要求各区县和学校要全面深入总结，系统梳理经验，并在总结经验的基础上，提前谋划小学教育未来发展。

（魏　莉）

【北京数字学校建设试播】 6月27日，北京市义务教育阶段名师同步课程暨北京数字学校建设试播启动仪式在景山学校远洋分校举行。北京数字学校建设是当年市政府实事之一，即“为义务教育阶段中小学校学生和家长提供全科（21个学科、9500节）数字化名师授课资源”，3000位名师参与授课。国务委员刘延东批示“北京市拟试行的数字化名师同步课程资源建设，通过信息

5月31日，启动第二期名师培养工程 （区教委供稿）

化手段推进优质教育资源共享，对于义务教育均衡发展具有基础性、前瞻性的推广意义”。副市长洪峰和师生、家长代表共同启动名师同步课程试播，参观录课现场、同步课堂、家庭应用及同步备课等环节。有关领导、代表150余人参加活动。全市中小学校和部分市民家庭，可以通过网络和歌华有线电视首页“公共教育”栏目进入“名师同步课程”收看，也可登陆北京数字学校门户网站（www.bdschool.cn）参加虚拟课堂的学习。

（魏　莉）

【首都文化艺术学院落户石景山】　7月12日，区政府与北京城市学院签署合作共建首都文化艺术学院协议书。区政府将为首都文化艺术学院办学给予支持，在协议期内提供区业余大学西校区部分教学设施作为北京城市学院办学场所，同时为其在校学生提供社会实践和校外实习基地。北京城市学院将优先为本区培养所需的相关人才，为区内文化发展发挥自身作用，引进优秀人才、专家组织文化活动策划，促进首都文化创新与发展。首都文化艺术学院的建立，旨在重点培养文化艺术领域的高级应用型人才，开办表演（中国传统文化艺术）、摄影、艺术设计（非物质文化遗产）、公共事业管理（文化方向）4个本科专业，以及艺术设计（服装与舞台艺术）、音像技术（摄影摄像）、音像技术（影视方向）、影视灯光艺术（灯光工程）4个专科专业。北京城市学院2.3万在校生中，文化专业类的学生已达到5000多名，涉及到艺术设计、动画、影视表演等多个专业，学校拥有一批在北京乃至全国有一定知名度和影响力的教授和专家。

（魏　莉）

【百名校长学消防】　8月29日，北京市2012年校园消防安全新闻发布会暨石景山区“百名校长学消防”活动在区教委召开。此次校园消防安全宣传活动期间，区教委对全区百名校长就校园消防安全责任、校园消防安全管理、校园常见火灾隐患进行理论培训；并开展由幼儿组、小学组、中学组老师参加的灭油锅火、水带连接出水灭火及疏散逃生等竞赛活动。中央电视台、《人民日报》、新华社、北京电视台、《北京日报》等近40家中央市属新闻媒体记者对此次发布活动进行采访报道。活动邀请市消防局专家为全区各学校、直属单位主管校长讲解消防管理相关知识，并安排现场观摩演练。

（魏　莉）

学前教育

概　述

年内，在园（班）幼儿12393人（其中外省市户口3421人）。教职工1681人，其中园长84人，教师1109人，保健医63人。总占地面积204749平方米，建筑面积107279平方米。学前教育总投入19959.3万元，其中财政性学前教育投入19132.2万元，本级财政投入13528.19万元，财政性学前教育投入占财政性教育总投入的比例为15.14%。年内，区教委按照“管理促发展、研究促提高、师资兴教育”工作思路，以“绿色教育”项目研究为引领，关注队伍建设，着力提高精细、科学、规范化的保教管理质量；关注区域学前教育的内涵发展，着力解决入园难问题，克服小学化倾向，办好人民满意的学前教育。继续推进石景山区学前教育三年行动计划，并顺利通过北京市督导室对石景山区“学前教育三年行动计划”的专项督导。

（黎　铮）

【市区领导“六一”走访】　5月28日～6月1日，副市长洪峰、市教委副主任郑萼在实验幼儿园观看幼儿的器械操和区域游戏活动，听取落实“学前教育三年行动计划”开展情况的汇报。荣华、赵玉民、岳德顺等区领导走访慰问区师范学校附属幼儿园，参观办学环境、观摩特色课程，并赠送20万元改善办园环境。农商行石景山支行捐赠价值1万余元的玩教具，为教师和孩子们送去节日问候。

（黎　铮）

【推进教师培训项目】　5～11月，区教委推进“实施教师培养，提升教育品质”幼儿教师系列培训项目。5月召开推进会，邀请北京幼教界经验丰富特级教师、教研员、业务园长等8人共开展16次集中培训，内容涉及“幼儿园教育指导纲要”解读，幼儿一日生活组织和指导，幼儿园游戏活动组织，幼儿园环境创设，各领域活动组织与开展等方面。组织100余名未经注册幼儿园教师开展观摩幼儿半日活动教学与研讨活动。11月，召开总结表彰会。重点总结为期4个月对未经注册幼儿教师基础性培训工作情况，区第二幼

8月29日，举办北京市2012年校园消防安全新闻发布会暨石景山区“百名校长学消防”活动　（区教委稿）

儿园园长等3人分别代表培训者、骨干教师、受训者作交流发言，并向教师代表赠送专业书籍。共有183名教师顺利结业，其中22名非师范专业教师受到奖励。

（黎　铮）

【中小学校长走进幼儿园】 6月19日，区教委以“精细管理、提升品质”为主题开展“走进幼儿园”活动。中小学70名校长走进石景山幼儿园等8所公办园，参观办园环境，观摩幼儿半日活动，听取园长在精细管理过程中的经验与感悟。

（黎　铮）

【接受市财政局绩效评价】 6月21日，区教委通过市财政局委托会计事务所2011年学前教育项目绩效评估。区教委作“学前教育三年行动计划”和幼儿园的具体项目完成情况汇报。审查人员查看区第三幼儿园、区实验幼儿园、中国科学院高能物理研究所幼儿园等8所幼儿园教育项目专项资料，实地考察古城街道民族幼儿园、北京军区联勤部幼儿园和北辛安小学附属幼儿园。

（黎　铮）

【学前管理信息系统启动】 11月16日，区教委组织46所幼儿园60名数据采集人员接受专项培训。培训依照教育部“教育服务与监管体系信息化建设”总体规划，普查2011、2012年幼儿园基本情况，对在园幼儿基本情况、教职工基本情况、收支基本情况等内容，完成全面推动学前教育管理科学化、规范化基础性工作。

（黎　铮）

【获市幼儿教师“半日评优”表彰】 12月27日，区学前教师获得市教委幼儿教师“半日评优”活动表彰，3名参赛教师2人一等奖、1人二等奖。获奖展示录入《北京市幼儿园优秀半日活动集萃》书籍和光盘。

（范璐丹）

基础教育

概　述

年末，全区38所小学（其中一贯制学校小学部7部），有教学班670个，招生4240人（其中外省市户口借读生2483人），在校生21386人（其中外省市户口借读生12140人），毕业生3516人（其中外省市户口借读生1708人）。独立设置的小学教职工1600人，其中专任教师1386人。小学入学率100%，巩固率100%，毕业及格率100%。25所中学（其中初中12所，高中4所，完全中学2所，一贯制学校7所）有教学班462个，其中初中307个教学班，高中155个教学班。在校生14686人（其中外省市户口借读生5321人），其中初中9619人（其中外省市户口借读生4132人），高中5067人（其中外省市户口借读生1189人）。招生5253人（其中外省市户口借读生2220人），其中初中3410人（其中外省市户口借读生1626人），高中1843人（其中外省市户口借读生594人）。毕业生4344人（其中外省市户口借读生1127人），其中初中2964人（其中外省市户口借读生949人），高中1380人（其中外省市户口借读生178人）。初中入学率为100%，普通高中入学率为59.9%，高考上线率为97.8%，高考录取率为88.14%，应届高考录取率为90.63%。教职工2390人，其中专任教师1796人。特殊教育学校数1所，10个教学班，招生8人，结业16人，在校101人；教职工33人，其中专任教师29人；残疾儿童入学率100%，巩固率100%，结业率为100%。校外教育单位1个，教职工62人，其中专任教师33人。小学教师学历合格率98.5%，初中教师合格率99%，高中教师合格率99.3%。中小学具有高级技术职务488人，中小学具有中级技术职务1737人。全区中小学图书馆藏书1705489册。固定资产总值83632.15万元。全年教育经费投入133606.3万元，其中国拨126357.4万元，自筹7248.9万元。

（胡光熠）

【联合视导】 2月14日～9月4日，区教委机关、中小学教研员和区政府教育督导室60人分组联合视导石景山中学、外语实验小学。视导人员听取学校教育教学工作汇报，观摩学生早操锻炼、眼保健操、课间操活动，检查专用教室、实验室、图书馆等教育教学设备设施，查阅相关档案材料，向干部教师询问常规工作开展情况，各学科教研员听课，并做出把握西部发展机遇，提高站位、先行发展，凝练学校特色和文化建设意见的反馈。

（林　臻）

【绿色课堂改进项目研讨】 2月22日，区教委召开“深化绿色课堂研究，实现减负增效，提升教育质量”2012年绿色课堂改进项目研讨会。12所基地校和语、数、英三学科教研员40人参会。各基地校分别进行认识与培训、实践与行动、远景与规划等方面阐述，基教研中心从学科活动、绿色课堂行动成效和项目改进方面介绍整体推进情况。

（王贤鑫）

【推进国家教育实验区】 3月22日，区教委召开“可持续发展教育国家实验区2012年推进会”。会上做可持续发展教育实验区2011年工作总结，8个子项目负责人分别对项目工作推进进行研讨和交流。推进会决定：把推进ESD作为素质教育重要内容，通过课堂着力培养具有可持续学习能力的人；充分发挥社会大课堂作用，整合教育资源；学校设施与文化建设相结合，创建节约型学校；培养一支具有可持续发展价值观的教师队伍。

（王贤鑫）

【市攀登英语交流活动】 3月27日，区教委主办北京市“攀登英语阅读实验”交流研讨活动。实验小学做“Free reading”（自由阅读）模式实践汇报，推出六年级攀登阅读观摩课——“The World Through the Eyes of Animals”（《动物眼中的世界》）。北师大攀登英语项目主任秦晓红指出该模式围绕英语教学活动的价值意义，朝阳、顺义、房山等实验区县的小学英语教研员与会交流。

（刘　娟）

【第六届教育教学研讨月】 3月29日，区教委举办2012年中小学第六届教育教学研讨月启动仪式暨高井中学三级课程建设现场会。学校汇报主题为"五导机制促三级课程有效实施"。市教科院课程中心研究员李群从导体、导心、导行、导学、导长五个方面进行点评。至教育教学研讨月结束,共推出各级各类活动111项,其中区、校组织活动45项,科研带题授课33项,学科教研活动33项,覆盖所有中小学校,涉及思想道德教育、课程体系建设、学科课堂教学、心理健康教育等领域。

(林　臻)

【中学教师竞技比赛】 4月,石景山区中学教师参加北京市高中教师基本功培训与展示活动。高中教师6人获一等奖、8人获二等奖、4人获三等奖。初中教师参加市教委、市教育工会、市初中教育研究分会的"课程德育"说课比赛,一等奖2人、二等奖2人、三等奖2人。

(张树升)

【教育信息化深层次应用】 4月11日、9月13日,区教委与北师大信息化深层次应用推进课题组举办教育信息化深层次应用推进现场会。杨庄中学推出网络班试验语文、英语、政治和生物展示课,各校试验教师和区教研员40人听课评课、研讨交流。海特花园小学、杨庄中学、分院附校、杨庄小学、金顶街第二小学5所实验学校介绍推进情况。

(王贤鑫)

【数字学校课程资源建设工程启动】 4月18日,区教委承办义务教育阶段"数字学校课程资源建设工程"地方课程(含专题教育)校本课程录课工作启动会。启动地方课程和校本课程录课工作,并就下阶段具体工作进行部署。首批将完成238节地方课程、254节校本课程资源的特色化录制工作,促进地方课程、校本课程多样化、特色化发展。

(林　臻)

【市课程建设现场会】 5月10日,区教委承办北京市课程建设现场会——《依托奥尔夫教育理念展现爱乐生本课堂》。来自朝阳、大兴、房山、门头沟等区县参与校本课程BDS录课教师80余人,带来课程推进项目。三位教师作课堂教学展示,王泽钊老师现场点评文化传承、提升人文素养的教学成效;市课程中心希望各区县形成完备的课程体系,促学校特色形成,促学校与教师和谐健康发展。

(王贤鑫)

6月13日,小学规范化建设走进石景山　(区教委供稿)

【中小学生生涯规划项目研讨】 5月16日,中小学生生涯规划项目研讨会召开。该项目以区"十一五"市重点课题"高中生职业生涯规划辅导研究"成果为依托,向中小学校拓展延伸。10所学校项目负责人分别就实施目标、推进措施、保障措施、进度安排等基本情况进行交流。

(周　冬)

【中小学武林大会】 5月18日,区教委主办、高井中学与中华武校联合承办石景山中小学第三届武林大会暨2012年武术进校园项目展示活动。北京九中分校、麻峪小学等22所中小学509人参赛。集体项目有武术操、集体拳,个人项目有规定拳、一路长拳、二路长拳及棍术、刀术、鞭术等自选项目。古城第二小学等3所学校获最佳表演奖,实验小学等3所学校获最佳创意奖,北京九中初中部等13所学校获最佳精神风貌奖,麻峪小学等8所学校获最佳组织奖。

(王贤鑫)

【市高中课程实践研讨会】 5月21日,区教委承办市教科院课程教材发展中心主办的"帮助每个人发现并发展自己的天赋才华"——北京市高中"课程选择性"实践探索现场研讨会。古城高级中学包括必修课、选修课、研究性学习和社团活动等主题的12节课堂教学,向全市各区县教委、高中校代表百余人进行展示。

(张树升)

【高中职业生涯规划课程】 5月22日,区教委承办北京市高中职业生涯规划课程建设现场会。苹果园中学、京源学校、古城高级中学的包括主题班会、心理教育课、综合实践活动课等8节课堂教学向各区县教委、学校200余人展示。高中职业生涯规划课程建设为国家基础教育课程教材改革试验的"高中学生职业指导课程的开发、应用与推广"项目之一。

(张树升)

【中小学经典诵读活动展示】 10月26～29日,区教委"诵中华美文,抒爱国情怀"中小学生经典诵读评比展示活动,在五里坨、金顶街、苹果园、古城八角、永乐等5个协作区开展。活动通过读经典、唱经典、演经典等方式,全面展示学校在开展中华经典诵读活动以来所取得成果。

(胡光熠)

【第十届教育教学竞赛落幕】 11月10～18日，第十届"强化教师基本功，促进教师专业发展"教育教学设计与微格课竞赛落幕。竞赛覆盖所有中小学的全部学科，分中、小学两组；中学375人次、小学463人次共838人次接受教学设计和微格课展示评审。最终外语实验小学、北京市第九中学等15所中小学获教育教学五星奖，五里坨小学、北京市京源学校等15所中小学获教育教学四星奖，玉泉路小学、高井中学等11所中小学获教育教学三星奖；微格课展示部分小学15个学科中共96人次获得一等奖，145人次获二等奖，149人次获三等奖。中学18个学科中共85人次获一等奖，128人次获二等奖，127人次获三等奖；教学设计部分小学96人次获一等奖，149人次获二等奖，149人次获三等奖。中学85人次获一等奖，130人次获二等奖，128人次获三等奖。

（施　爽）

【学习困难研究会分会成立】 11月22日，北京市中小学生学习困难研究会石景山分会成立大会暨"双预"项目推进会召开。会议宣读并通过分会章程，向第一届理事会理事颁发聘书。区教科所介绍研究方案及研究进展，北京教育学院石景山分院附属学校和苹果园中学分校作项目实验校经验汇报。市教育学会、市中小学生学习困难研究会、北京教科院德育研究中心、区科协及23所理事学校60人参会。北师大首都基础教育研究院常务副院长梁威从"成立概况、活动开展、研究成果、研究推广"四个方面，作"努力为每一个孩子搭建成功阶梯"的专题介绍。该分会是在区教委领导下，致力于有关中小学生学习困难研究的群众性学术团体，通过开展课题研究、学术交流、人员培训等活动构建研究网络，为学习困难的学生服务，为全区中小学教师教育教学工作服务。

（胡光熠）

社区教育

概　述

全年完成各类社区教育市民培训264472人次。社区教育工作围绕创建学习型城区工作展开，依托《石景山社区教育通讯》等媒体面向社区宣传终身教育理念；评选、认定并表彰3个区级学习品牌、18个区级学习之星；加强对社区教育工作的管理和考核，建立健全社区教育中心各项管理制度；发挥社区学院龙头作用，举办社区周末大讲堂、全民终身学习活动周、社区学习节、市民公益英语大课堂、"名师送教进社区"、"一街一品"等系列活动，丰富市民文化生活。各街道社区教育中心结合自身条件，发挥自身优势，开展多项文化娱乐活动；街道建立老年大学分校，促进老年教育开展；开展青少年家庭教育，确保学校、社区、家庭三位一体教育模式的有效构建；推动中小学及驻区单位合作，促进社区教育资源共享。

（姜葵葵）

【学习型社区先进街道评估】 3月22日，市评估专家组对鲁谷社区进行为期一天的北京市创建学习型社区先进街道评估工作。通过评审工作，专家组对鲁谷社区创建学习型社区先进街道工作给予肯定、提出建议。鲁谷社区通过此次评估，正式成为北京市创建学习型社区先进街道。

（姜葵葵）

【第八届社区学习节】 6月，举办第八届石景山区社区学习节。对社区学院"教师送教进社区"等三个区级学习品牌，区档案局曹建峰等18名区级学习之星进行表彰。学习节期间，各街道开展学习成果展、知识讲座、知识竞赛等主题鲜明、内容丰富的系列终身教育宣传展示和学习培训活动。

（姜葵葵）

【市民讲外语活动周开幕】 7月7日，市民讲外语活动周开幕式在古城公园举行。区领导为第一批大学生志愿者颁发市民英语教育志愿者聘书，同时，授予20个先进个人"石景山区市民讲外语活动突出贡献奖"称号。开幕式活动现场划分为七个活动区域，为辖区广大外语学习爱好者提供相互学习与交流的机会。

（姜葵葵）

【终身学习周闭幕】 12月5日，终身学习周闭幕式暨社区教育志愿者协会表彰大会在区教委举行，建设学习型城区领导小组成员单位领导参加此次活动。3个区级学习型机关、2个区级学习型党组织、1个区级学习型街道、3个区级学习型学校、3个区级学习型企业、2个区级学习型社团、9个区级学习型社区、10个区级学习型家庭获得表彰；19个"书香家庭"以及"践行北京精神从我做起"、"走过十年，体验外语学习，感受生活变化"的48位征文获奖者受表彰；对10个优秀分会、10

4月21日，"学校、家庭、社区"联动教育研讨会　（区教委供稿）

名志愿者标兵以及145名优秀志愿者进行奖励。

（姜葵葵）

【"一街一品"特色课程完成初稿】 组织9个街道开展的"一街一品"特色课程教材初稿编写完成，课程内容包含欧楷书法、传统文化、学习楹联、低碳妙招、心理疏导、摄影技巧、剪纸艺术、戏曲鉴赏、花团锦簇。

（向左霞）

职业与成人教育

概　　述

全区有区属中等职业学校2所，在校生3908人，毕业生481人，就业率99%，职业资格证书取证率91%，招生1089人。教职工264人，其中专任教师217人，教辅人员47人。专任教师100%具有本科及以上学历，其中研究生学历15人，高级专业技术职务66人、中级112人。聘请校外教师41人，"双师型"教师123人。两校占地面积90600平方米，产权建筑面积78800平方米。图书馆建筑面积1600平方米，藏书42.8万册，其中，纸质图书12.8万册、电子图书30万册。固定资产总值13836.63万元。全年教育经费投入9885万元，其中财政拨款9524万元，自筹361万元。学校信息化经费投入950万元，拥有计算机1259台，多媒体教室座位1920个，网络信息点数1381个，校园网出口总带宽50Mbps，上网课程数5门，数字资源量4096GB。学校设有学历教育区、综合培训服务区、实训经营区、合作办学区和住宿生活区5大学区，开设信息科技、旅游服务、金融商贸、美容美发、综合（口腔修复工艺、服装设计与工艺、学前教育）五个学部，开设服装设计与工艺、美容美发与形象设计和计算机网络讲述等共11个专业，133个教学班。学校建有9个校内实训基地，17个校外实训基地，办学条件优良。全区有区属成人高校2所。石景山区业余大学开设有经济管理、市场营销、城市轨道运营与管理、会计、英语、信息管理、电脑艺术设计、

9月3日，首个西班牙语试验班成立　　（区教委供稿）

广告设计与制作、多媒体设计与制作、幼儿艺术教育10个专业，在校生879人，毕业290人，招生650人。北京电大石景山分校开设行政管理、工商管理、物业管理、计算机信息管理等7个专科专业和行政管理、广告、会计、学前教育、社会工作等11个本科专业。在校生3269人，春季招生496人，秋季招生515人；毕业生942人。两校实行合署办学统一管理。教职工126人，本科学历以上100人，其中研究生学历、学位31人。专任教师35人，其中研究生学历、学位26人，教授1人，副教授11人，讲师23人。学校有三个教学区，合计占地面积10636.3平方米，建筑面积24529.41平方米。图书馆藏书135643册，固定资产总值12555万元。全年教育经费投入3290.87万元，其中财政拨款1371.9万元。奥鹏远程学历教育开设护理学、工程管理、财务管理、汉语言文学等37个本、专科专业，在读生480人。全年共开设短期培训班2038个，培训学生30893人，开展社区教育培训项目11项，培训人数6817人。

（姜葵葵）

【现代化标志性学校评审】 3月中下旬，市教委专家组一行13人对黄庄职高争办"北京市第三批现代化标志性学校"进行评审。专家组认为黄职建设北京市标志校工作成效显著，月底市教委正式发文通知，黄庄职业高中成为"北京市现代化标志性中等职业学校建设计划"第三批项目建设学校，并被列入"国家中等职业教育改革发展示范校建设计划"北京市第三批推荐备选学校名单。

（姜葵葵）

【与企业互动发展】 11月1日，区职业教育与企业互动发展座谈会在黄庄职高召开。区4所中、高等职业院校代表及18家重点企业代表围绕探索共建新型的职业教育与企业互动发展平台，增强职业教育服务经济社会的能力进行交流讨论。北京工业职业技术学院等4所职业院校作发展情况介绍，黄庄职高就校企合作与相关企业作出初步合作意向。

（姜葵葵）

【创新设计夺"四连冠"】 12月，在2012年第五届全国三维数字化创新设计大赛北京赛区的比赛中，区业余大学2010级电脑艺术设计专业3名同学组成的团队创作的"时尚混搭风格家装"荣获一等奖，这是学校连续三年、第四次摘得桂冠。

（向左霞）

【成人高考新开专业】 经市教委批准，区业余大学成功申报"表演艺术（音乐舞蹈方向）"和"人力资源管理"

两个专业，列入成人高考。为区域“文化娱乐休闲中心”建设对文艺工作者及公司企业管理人员的需求提供优质教育服务。其中“人力资源管理”专业首次招生67人。

（向左霞）

【学历教育招生1800人】 区业余大学学历教育招生1800人，其中成人高考录取638人，录取人数连续3年保持在600人以上，连续12年完成市教委招生计划指标；电大春秋两季招生1011人，同比增长15%，招生人数位居城区第一；奥鹏远程教育招生151人，同比增长14.6%。学历教育在校生4628人，持续保持在4000人以上。

（向左霞）

【会计专业获市教学成果奖】 区业余大学首次申请财会教研室“会计专业实训教学体系”北京市高等教育教学成果，荣获二等奖。该体系从成人教育的特点出发，将教育教学与实际工作紧密联系，有助于提高学生动手能力，培养应用型人才。

（向左霞）

教育督导

概　述

石景山区人民政府教育督导室（简称教育督导室）依据“北京市幼儿园全面实施素质教育评价指标体系”和“学前三年行动计划”，研制实施细则，完成本区学前教育分布情况调研报告、学前教育发展状况监测统计。完成对6所小学规范化建设工程督导验收和13所小学回访复查。随访5所中学义务教育均衡发展和区残联残疾儿童入学、随班就读等工作；完成“2012年北京市义务教育均衡发展情况监测统计”。随访调研黄庄职业高中关于提升职业教育质量和5所高中校关于普通高中多样化发展特色背景下“教师队伍建设”情况。综合督导1所民办学校、督导随访6所文化教育类民办机构。开展本区教育法律法规执行情况自查工作，制发教育执法自查方案，完成教育执法自查报告；结合“义务教育均衡发展”、“学前三年行动计划”修订教育执法和实施素质教育目标责任分解；完成相关委办局34个责任单位、71位党政一把手和主管教育副职年度自查及领导干部考核。完成市政府教育督导室关于义务教育均衡发展、学前教育发展情况督导评估和高中教师队伍督导调研的迎检。会同区教委完成人民满意学校测评，向42所学校颁发“石景山区人民满意学校”奖牌。年内，教育督导室专职督学6人，兼职督学14人，特约督学15人，挂职督学2人。

（王桂洋）

【小学规范化建设工程督导验收复查】 3～9月，教育督导室组成综合督导验收评价组，从学校规划与干部队伍，教学与教师队伍，德育、体育、心理、校园文化，硬件建设四个方面，听取校长汇报、巡视校园环境、观看两操、学科听课，访谈干部教师，查看档案资料，召开学生座谈会等方式，完成对古城第二小学等6校规范化建设工程督导验收，逐校进行意见回复。全区小学规范化建设督导验收工作结束。31所小学全部合格。3～11月，区政府教育督导室完成对金顶街第二小学、杨庄小学等13校小学规范化建设督导复查。听取学校关于改进工作情况汇报，审阅相关工作档案，实地查看硬件建设改进情况，召开中层以上干部座谈会。所有小学均能完成改进计划，取得预期效果。

（千文芳　顾　奇）

【专题随访】 4月11～25日，教育督导室依据《北京市区县政府推进义务教育均衡发展工作督导指标体系》，分别对高井中学、北京佳汇中学、北师大励耘实验学校进行随访，调研学校义务教育均衡发展建设总体情况和经验总结。9月18日、20日，先后随访蓝天第一学校、天泰中学，听取校长工作汇报、巡视校园建设情况、查阅资料、访谈领导师生、参加教育教学活动，就学校加强教师队伍建设等方面提出建议。

（王桂洋　张寿山）

【督导随访】 4～11月，教育督导室依据民办学校办学水平综合评价方案，分别对信实培训学校、金晓培训学校等5所民办培训类学校“发展状况”、“办学特点”进行督导随访。9月11日，以义教均衡为主题随访区残联，就残疾儿童入学、随班就读、送教上门等工作与残联领导进行交流研讨。12月20日，依据中等职业学校全面实施素质教育评价要求，对古旅职进行“加强专业建设，提升职业教育质量”专题随访，了解专业发展特色、学生特长培养、输送社会合格人才等工作情况。

（王桂洋）

【人民满意学校问卷调查】 6～8月，教育督导室会同教委在全区范围内进行人民满意学校问卷调查，委托北京师范大学教育学部教育统计与测量研究所研制调查工具进行技术分析。五套调查问卷包括基本信息部分和对学校评价部分。面向家长和社会单位问卷，内容主要有环境设施、学校管理、教师素质、学校提供教育能力、学校氛围、家校沟通、校园安全几个方面的评价。面向中小学、职高生问卷，内容主要有环境和设施、教师和教学、学校氛围、学生管理和总体评价。问卷发放涉及全区所有中、小、幼、职学生家长，涵盖小学5、6年级，初中1、2年级，职业高中1、2年级学生，包括学校、幼儿园所在街道、社区、派出所人员。本次调查发放家长问卷28537份，回收有效问卷28239份；发放学生问卷12895份，回收有效问卷12832份；发放街道、社区、派出所问卷249份，回收有效问卷249份。回收总有效率99.13%。调查结果显示，全区教育满意率总体达94.41%。12月6日，教育督导室、区教委召开测评工作总结会，北京九中、景山远洋分校、外语实验小学、八角北路幼儿园等42所学校（幼儿园）获“石景山区人民满意学校”称号，杨庄中学、向阳小学介绍创建人民满意学校经验。

（王桂洋）

【随访调研5所高中校】 10～11月，教育督导室就普通高中多样化发展和特色建设背景下教师队伍建设情况开展调研随访。10月18～26日，调研组分为五个小组，访谈5所高中校的科研主任和教研组长以上的干部教师。10月25～31日，开展5所高中校关于教师队伍建设情况数据统计和教师问卷调查。10月30日，召开高中师资队伍建设工作研讨会，5所高中校分别就制度机制、教改成效、梯队建设、师德文化、问题思考等发言交流。北师大鲍传友教授、首师大王海燕教授莅临并做分析指导。11月5日、9日，与区教委、教育分院举行两次座谈会，进行区高中教师队伍建设情况交流，完成专题调研报告。

（王桂洋　张寿山）

民办教育

概　　述

各类培训机构全年注册人数达78354人，民办普通中学在校生1824人，民办幼儿园有幼儿3315人，已批准的来京务工人员自办学校在校生3194人。各类学校教职工合计2597人，其中专任教师1353人。另有2所尚未批准的打工子弟学校，在校学生945人。

（周晓敏）

【抽检民办校】　2月15～24日，区教委组成联合检查小组。抽检4所学历教育类民办校和7所民办非学历培训机构的安保设施、档案管理、教育教学管理制度的建立与执行情况，对于部分学校存在灭火器过期未更换、档案不完整、不规范、以及收退费制度等方面存在的问题提出整改意见。

（丁荣利）

【综合整治未批准自办幼儿园】　10月31日，区政府主管领导主持召开未经批准自办幼儿园的综合整治协调会。会议决定：要统一思想，按照“政府负责、齐抓共管、公办为主、依法规范”原则，加强对自办园的规范和引导；将保障自办园安全作为综合整治工作的首要任务，加强属地管理安全监管执法力度；坚决予以取缔不达标自办园，制定完善工作预案，确保在园幼儿的妥善安置；区教委要依据区域教育发展规划，依法审批以接收来京务工人员子女为主的民办幼儿园。

（郭燕艳）

【打工子弟学校教师培训纳入区师训】　11月12日，区教委组织召开5所打工子弟校共20多人参加的研讨会。会上，黄庄学校、华奥学校和台京学校的校长依次介绍各自基本情况，重点汇报教师培训工作。会议决定，建立打工子弟学校教师培训长效机制，由区教育分院有针对性地组织开展对打工子弟学校教师的专业培训。到年底，5所打工子弟学校教师参加区教研员组织的教研活动共计21人次。教育分院还采取送教下校的方式，对台京学校、华奥学校、树仁学校、黄庄学校、慧远学校五所学校110多名教师进行教育技术与学科教学整合、教育技术应用培训。

（丁荣利）

【区民办校年检】　12月24日，区教委召开民办校年检工作布置会，来自全区108所民办学校和教育培训机构负责人和财务人员近二百人参加。会议部署区民办学校年检任务，重点对民办学校章程、决策机构决议执行情况、各种制度的建立情况、安全管理执行情况、收退费备案公示情况以及各项财务收支使用等情况进行检查。

（周晓敏）

驻区高校

中国科学院大学

【概况】　6月27日，国家教育部（教发函〔2012〕106号）同意中国科学院研究生院更名为中国科学院大学（简称国科大）。国科大是教育部正式批准成立的一所以研究生教育为主的科教融合、独具特色的新型高等学校。设有数学科学学院、物理学院、化学与化工学院、材料科学与光电技术学院、地球科学学院、资源与环境学院、生命科学学院、计算机与控制学院、电子电器与通信工程学院、管理学院、人文学院、外语系、工程管理与信息技术学院、科技管理学院、中丹学院以及中国科学院虚拟经济与数据科学研究中心、科技资源管理研究中心等教学科研机构。国科大教师由专任教师、任课教师、指导教师组成，其中，专任教师354人（正高133人，副高150人），指导教师11526人（其中博导5759人），任课教师2245人。本年，国科大录取研究生13389人，其中，博士研究生5800人，硕士研究生7589人。在学研究生39591人，其中博士研究生19402人，硕士研究生20189人。毕业研究生8593人，其中博士毕业4880人，硕士毕业3713人。授予4951人博士学位，4305人硕士学位。在学外国留学生272人，其中博士研究生205人，硕士研究生67人；在学港澳台学生50人。外国留学生毕业20人，均为博士研究

12月14日，国科大年度奖学金、奖教金颁发　　（国科大供稿）

生；港澳台学生毕业2人，均为博士研究生。国科大主办有《中国科学院大学学报》、《自然辩证法通讯》、《管理评论》、《工程研究——跨学科视野中的工程》4个公开发行的学术期刊以及内部刊物《国科大》。学科授权点分布与上年相同。

地址：石景山区玉泉路19号(甲)
电话：88256162
传真：88256006
邮箱：po@ucas.edu.cn
po@ucas.ac.cn
网址：http://www.ucas.edu.cn
http://www.ucas.ac.cn
邮政编码：100049

（李岳坦）

【研究生开课1568门】 国科大春季学期668门，夏季学期261门，秋季学期639门。另外，开设文献阅读课12门，高级强化课98门，系列讲座116门。2011～2012学年参加公共必修课程学习的博士研究生1029人次；284名学生参加“跨学科课程兼修计划”学习。2012～2013学年共计5516位一年级全日制硕士生参加集中教学学习。继续完善实验教学体系，依托北京集中教学园区17个教学实验室，2011～2012学年共开设实验课41门，选课人数1771人次。视频课程资源累计1802门，通过“空中课堂”累计发布视频课程1157门，用户数累计达14万人，访问量达362万余人次。按学科对课程进行团组式督导、督察144门；评选出2011～2012学年校级优秀课程49门、院系优秀课程69门、夏季学期优秀教学组织单位7个和夏季学期课程特别奖4门。完成首批精品课程中期考核工作。启动“精品数字课程”建设项目。

（李岳坦）

【科研项目994项】 国科大在研项目994项(包括新增项目302项)。主要有：主持国家重大科技专项课题1项，主持国家重点基础研究发展计划(973)课题3项，主持国家高技术研究发展计划(863)项目1项，主持国家科技支撑项目课题1项(新增1项)，主持国家公益性行业专项课题1项(新增1项)，主持科技部国际合作项目1项(新增1项)；主持国家自然科学基金重点项目11项，面上项目116项(新增45项)，国家杰出青年科学基金项目3项(新增1项)，国家自然科学基金重大研究计划重点项目1项；主持中国科学院战略性先导科技专项课题1项。

（李岳坦）

【学术研讨】 1月1日、2日，研究生教育学术研讨会在深圳召开。来自中国科学院110多个研究所和教育基地的教育管理干部、导师及特邀专家等150余人参加。会议论文集共收录和汇编26个单位37篇研究生教育研究学术论文。

（李岳坦）

【授予学位】 7月9日，国科大2012年度毕业典礼暨学位授予仪式在玉泉路校区举行，9258名研究生，分别获得硕士、博士学位，其中硕士4305名、博士4953名。

（李岳坦）

【科教结合协同育人】 8月29日，教育部、中国科学院在京联合启动实施“科教结合协同育人行动计划”。首批有80余家中国科学院研究所、50余家高校参加，每年约有15万名研究生、本科生参与其中，有1800多人次院士、科学家、教授到高校授课，到中学开设科普讲座。

（李岳坦）

【开学典礼】 9月6日，国科大在玉泉路校区举行更名后的首次开学典礼。中国科学院院长、国科大校长白春礼出席典礼并致辞，中国科学院副秘书长、国科大党委书记兼常务副校长邓勇主持典礼。作为2012年13389名新生代表，近3600余名研究生参加开学典礼。

（李岳坦）

【国际交流】 9月10日，丹麦首相Helle Thorning－Schmidt女士访问国科大，出席中丹学院首次开学典礼并发表讲话。白春礼会见Helle Thorning－Schmidt首相一行，并向300余位中丹学院师生及国内外来宾发表致辞。10月24日，丹麦奥胡斯大学校长Lauritz Broder Holm－Nielsen一行9人访问国科大。

（李岳坦）

【国际研讨】 10月26日，国科大材料科学与光电技术学院和物理学院在玉泉路校区科研楼报告厅联合举办2012年国际磁流体力学专题研讨会。国际材料电磁过程会议第六届主席Yves Fautrelle教授担任此次研讨会主席。来自法国国家科技研究中心材料的电磁过程研究所(CNRS/SiMAP/EPM)、德国伊尔梅瑙科技大学(TUI)、英国考文垂大学(CU)、中国科学院金属研究所、东北大学、上海大学、钢铁研究总院等的专家代表出席会议。此次研讨会就磁流体力学、冶金与材料的电磁过程前沿和热点问题进行交流与讨论。

（李岳坦）

【国际论坛】 11月2日，由国科大主办，美国工程教育学会工程与社会分部、国际工程研究网络、美国科罗拉多矿业大学、中国自然辩证法研究会工程哲学专业委员会等十家中外单位协办的“fPET－2012哲学、工程与技术国际论坛”在北京友谊宾馆开幕，来自中国、美国、英国、德国、荷兰、俄罗斯、爱尔兰等国家的近百位知名学者参加会议。国科大副校长苏刚教授到会表示祝贺，钢铁研究总院殷瑞钰院士、国科大人文学院资深教授李伯聪先生、著名技术哲学家Carl Mitcham教授、Hans Poser教授应邀莅临开幕式并作主题发言。

（李岳坦）

【学术论坛】 12月9日、10日，中国科学院数学及交叉学科学术论坛在北京密云成功举行。论坛由中科院研究生教育基金会和中国科学院数学与系统科学研究院＼国家数学与交叉科学中心资助。教师、博士后、硕士和博士共120多人参加学术论坛。

（李岳坦）

【明德讲堂】 2012～2013年秋季学期新开设“明德讲堂”人文系列讲座，至今已举办51场报告，包括思想、社会、历史、文艺和人生五个系列。讲座邀请校内外知名学者、专家或其他社会人士现身说法，帮助学生开阔视野，更新观念,培养情操,使其逐渐学会以多种视角看待各种矛盾,以更为理性健全心态处理自我与他人、自我与社会关系。

（李岳垣）

【学子讲坛】　12月14日，2012年度优秀博士学位论文、院长奖、冠名奖学金及优秀导师奖颁奖典礼暨“中国科学院学子讲坛”在玉泉路校区礼堂举行。280名研究生获中国科学院院长奖,39位导师获优秀研究生指导教师奖,83篇学位论文被评为院优秀博士学位论文,578名研究生获各种冠名奖学金。首批来自184所高校1000名优秀大学生获得中国科学院与教育部联合开展《科教结合协同育人行动计划》中的“中科院大学生奖学金”。

（李岳垣）

北方工业大学

【概况】　北方工业大学(简称北方工大)占地面积480亩,建筑面积36.4万平方米。固定资产总值83223.62万元,其中教科仪器设备总值37787.57万元。2012年全年教育经费投入62510.34万元,其中,国家拨款49623.94万元、自筹经费12886.4万元。学校设有8个学院,14个教学实验中心,30个研究设计院(所);开设40个本科专业,19个一级学科硕士授权点、50个二级学科硕士授权点、11个专业硕士学位领域、同等学历人员申请硕士学位资格,1个第二学士学位点,1个新批准的博士生培养项目。有3个国家级特色专业,5个北京市特色专业,4个北京市品牌专业,1个北京市重点实验室,5个北京市实验教学示范中心,拥有数量经济学、经济法学、思想政治教育、机械电子工程、检测技术与自动化装置、计算机应用技术、电力电子与电力传动7个北京市重点建设学科。教职工1319余人,其中,专任教师759人。专任教师中,教授94人,副教授252人;硕士生导师363人,享受政府特殊津贴专家4人,外籍教师7人。毕业生4016人,其中,学历教育学生中全日制硕士研究生471人,普通本专科生2499人(本科2479人、第二学士学位20人、),成人教育本专科生1046人(本科489人、专科557人)。招生4282人,其中,学历教育学生中全日制硕士研究生586人,普通本专科生2698人(本科2678人、第二学士学位20人),成人教育本专科生998人(本科生519人、专科479人)。全校在校生14139人,其中,学历教育学生中全日制硕士研究生1570人,普通本专科生10212人(本科10184人、第二学士学位28人),成人教育本专科生2357人(本科生1214人、专科896人)。本科毕业生就业率97.92%,高考招生北京地区提档线一本理科474分,二本理科459分、文科454分。留学生毕业152人,招生243人,在校生306人。图书馆建筑面积1.97万平方米,馆藏图书140.75万册,其中,电子图书111.85万册。

地址:石景山区晋元庄路5号
电话:88802114
邮编:100041
网址:www.ncut.edu.cn

（杨嵩松）

【培养高水平运动队】　1月12日,北方工大与市体育局签署协议,合作培养高水平运动队(棒、垒球队)。按照国家相关规定持续招收芦城体校棒、垒球队队员进入北方工业大学学习。双方希望通过卓有成效的合作,提高运动员队伍科学文化素质,促进运动员德、智、体全面发展,提升队员持续发展能力。

（杨嵩松）

【教师教学发展中心成立】　4月5日,北方工大教师教学发展中心成立。该中心是为贯彻落实《国家中长期教育改革和发展规划纲要(2010－2020年)》和市教委关于开展北京高等学校教师教学发展中心建设通知要求,推进教育教学工作,提升教师特别是中青年教师教育教学水平,在2007年组建“青年教师教学研究中心”基础上成立。

（杨嵩松）

【举行全国软件专业选拔赛】　4月7日,由教育部高等学校计算机科学与技术教学指导委员会、工业和信息化部人才交流中心联合主办,中国软件行业协会、教育部高等学校高职高专计算机类专业教学指导委员会承办第三届“蓝桥杯”全国软件专业人才设计与开发大赛北京赛区选拔赛在北方工大举行,来自北京地区10余所高校的331名选手参加比赛。

（杨嵩松）

【获两项市科学技术三等奖】　4月13日,由北方工大李正熙教授智能交通创新团队主持完成的“北京市长安街交通信号控制系统”项目以及姜岩峰教授团队主持完成的“开关类电源管理集成电路IP核的设计与开发”项目,

10月23日,北方工业大学艺术学校建院10周年　（北方工大供稿）

10月30日，北方工大与西门子公司智能交通联合实验室挂牌

（北方工大供稿）

获北京市科学技术三等奖。

（杨嵩松）

【与中关村签署合作协议】 5月15日，北方工大与北京四方继保自动化股份有限公司签署《北方工业大学与中关村高端领军人才合作意向协议》。学校与中关村高端领军人才将在科学研究、青年教师培养、学科建设、研究生培养、实验室建设、实习基地建设等方面进行合作，同时积极探索校企在人才培养、科学研究等方面有效合作模式。

（杨嵩松）

【课题获资助】 5月21日，国家社科基金项目评审结果公布，北方工大有4项课题获准立项，立项总数是历年最多的一次。8月17日，国家自然科学基金委员会网站公布2012年度国家自然科学基金申请项目评审结果，北方工共有14项课题获得资助。

（杨嵩松）

【新增2个市级研究机构】 5月23日，北方工业大学城市道路交通智能控制技术北京市重点实验室、北京市变截面辊弯成形工程技术研究中心分别被科委认定为2011年度北京市重点实验室、北京市工程技术研究中心。

（杨嵩松）

【专业比赛获奖】 5月26日，在东南大学举行的第七届全国大学生交通科技大赛决赛结果公布，北方工大获三等奖，是学校首次在交通专业全国最高级别赛事中获奖。7月21～22日，第五届全国大学生机械创新设计大赛决赛在西安解放军第二炮兵工程大学举行。北方工大参赛学生获得二等奖，为参加该项赛事以来取得的最好成绩。在由国家工信部人才交流中心主办、北方工大承办的第四届全国电子专业人才设计与技能大赛北京赛区选拔赛上，共获得一等奖10项、二等奖17项、三等奖29项、优秀奖22项，各等级获奖数量及获奖总数创历史之最，同时获奖数量列北京市参赛高校首位。

（杨嵩松）

【《光明日报》发表校长文章】 7月4日出版的《光明日报》“校长笔谈”栏目登载校长王晓纯的文章，题为《学生不是流水线的产品》。文章结合学校在人才培养方面长期所做的探索实践和成功经验，明确提出：以本科生教育为主的学校，应把突出特色、提高教育教学质量作为重大发展战略。文章甫一刊发，就被搜狐网等主流媒体转载。

（杨嵩松）

【获全国大学生戏剧节最高奖】 8月18日，第十一届“金刺猬”全国大学生戏剧节颁奖典礼在北京九剧场举行。北方工大大学生艺术团话剧队参赛剧目《青春地平线》获2012“金刺猬”全国大学生戏剧节优秀剧目奖。《青春地平线》同时获得大学生戏剧节最高奖“金刺猬”奖，这是学校艺术团在全国性艺术比赛中获得的最高奖项。

（杨嵩松）

【参建2011计划项目】 9月2日，北方工大参建国家“高等学校创新能力提升计划（2011计划）”项目——“首都世界城市顺畅交通协同创新中心”揭牌成立。“首都世界城市顺畅交通协同创新中心”由北京工业大学联合北京交通大学、清华大学、北方工大、北京建筑工程学院、市交通委、市公安交通管理局、交通运输部公路科学研究院、城市排水集团有限责任公司、市政路桥建设控股（集团）有限公司9家单位共同建立，是为落实全国科技创新大会精神和教育部、财政部“高等学校创新能力提升计划”（简称“2011计划”）而建立的面向首都区域发展的协同创新中心。参建2011计划“首都世界城市顺畅交通协同创新中心”是学校向教学科研型大学迈进过程中取得的又一项标志性重大成果。

（杨嵩松）

【与中戏学院签署合作协议】 9月14日，北方工大与中国戏曲学院签署“关于剧场建筑与舞美工程专业建设的合作协议”。根据协议，北方工业大学将与中国戏曲学院本着“资源共享、优势互补、服务首都”的原则，联合培养剧场建筑与舞台美术工程设计与管理方面的跨学科、复合型专门人才，共同提升高校文化传承能力和创新能力，推动高等教育文化创意产业相关专业的发展建设。

（杨嵩松）

【第三实验楼工程获批准立项】 9月28日，市发改委（京发改〔2012〕1554号）批准北方工大新建第三实验楼工程立项。该项目建在西南校区东南侧（现排球场位置），总建筑面积38520平方米，共13层。其中，地上11层，建筑面积33072平方米；地下2层，建筑面积5448平方米。

（杨嵩松）

【西门子公司联合实验室挂牌】 北方

工大城市道路交通智能控制技术北京市重点实验室同德国西门子中国有限公司智能交通联合实验室正式挂牌，这是西门子 ITS 在中国惟一一个联合实验室。联合实验室将围绕智能交通控制技术开展合作研究和产品开发。

（杨嵩松）

【获批博士人才培养项目】 国务院学位委员会正式下发《关于批准服务国家特殊需求博士人才培养项目的通知》(学位〔2012〕40 号)。经多轮严格评审，北方工大“特大城市道路交通智能控制系统理论与技术博士人才培养项目”获得批准，依托学科为控制科学与工程，这是学校学科与研究生教育发展史上的一个重要里程碑。

（杨嵩松）

【新增一名市“科技新星”】 根据市科委公布的 2012 年度北京市科技新星计划入选人员名单，北方工大建筑工程学院宋志飞老师入选“北京市科技新星计划”。学校已有 8 名教师入选北京市“科技新星计划”。

（杨嵩松）

【获中国高校校报好新闻一等奖】 由中国高校校报协会举办的“2011 中国高校校报好新闻评选”结果公布。北方工业大学校报选送的作品有 3 篇获奖。其中，获得一等奖 1 项，二等奖 2 项。这是学校自 2009 年参加“全国高校校报好新闻评选”以来，首次获得全国一等奖，是历年来取得的最好成绩。

（杨嵩松）

【获两项国家科技进步二等奖】 由孙世国教授团队主持完成的“大型矿山排土场安全控制关键技术”项目以及李正熙教授智能交通创新团队参与完成的“机动车动态监控监管关键技术及应用”项目双双荣获国家科技进步二等奖。

（杨嵩松）

【获学籍学历管理先进称号】 教育部于上年 7 月启动“全国高等教育学籍学历管理工作先进集体和先进个人”推选工作。经市教委严格遴选推荐、教育部结合日常工作表现专门评审，在北京市近百个单位(包括研究生院、普通本科院校、高职院校等)中，共评出 14 个先进集体。北方工大教务处获“全国高等教育学籍学历管理工作先进集体”称号。

（杨嵩松）

北京工业职业技术学院

【概况】 北京工业职业技术学院(简称北工职院)占地面积 24.01 万平方米，产权建筑面积 19.25 万平方米、非产权建筑面积 0.41 万平方米。图书馆建筑面积 0.59 万平方米，藏书 151.58 万册，其中，纸质图书 51.58 万册、电子图书 100 万册。固定资产总值 56574.19 万元，其中，教学、科研仪器设备总值 32887.39 万元。全年教育经费投入 29307.64 万元，其中，国家拨款 25359.14 万元、自筹经费 3948.50 万元。学校信息化经费投入 931.58 万元，拥有计算机 4411 台，多媒体教室座位数 7015 个，信息化设备资产 4656.19 万元，网络信息点数 3400 个，校园网出口总带宽 410Mbps，电子邮件系统用户数 415 个，上网课程数 117 门，数字资源量 23245.77GB，管理信息系统数据总量 45.4GB。设有石景山 1 个校区，7 个系部，开设工程测量技术、机电一体化技术、通信技术和安全技术管理等高职专业 33 个，其中国家级重点专业 5 个，北京市重点专业 7 个。建有国家级精品课程 10 门，北京市级精品课程 11 门。教职工 484 人，其中，专任教师 366 人，包括教授及教授级高级工程师 21 人，副教授及高级工程师以上 141 人；博士 23 人，硕士 270 人；“双师型”教师 212 人。外聘教师 65 人。毕业生 1796 人，其中，高职生 1671 人，中职生 30 人，成人教育专科生 95 人。毕业生一次就业率 99.16%，一次签约率 85%。招生 2186 人，其中，高职生 1480 人、中职生 500 人，成人教育专科生 206 人。高考北京地区提档线文科 151 分、理科 154 分，单考单招 177 分。在校生 6476 人，其中，高职生 4811 人、中职生 1665 人，成人教育专科生 520 人。

地址：石景山区石门路 368 号
电话：51511004
邮编：100042
网址：www.bgy.org.cn

（谢光辉　白旭东）

【校企合作项目正式启动】 4 月 24 日，北工职院数控专业与智启维恩公司校企合作项目——数控机床逆向工程项目正式启动。成立“逆向订单班”，有 14 位同学培训合格到企业实习，企业给予毕业生的待遇优厚，并合作建立“逆向工程实训中心”，进行逆向工程技术培训、产品创新设计以及快速成型等环节。该项目本着践行“校企合作、工学结合”的职业教育发

6 月 26 日，北工职院荣获“全国职业院校技能大赛”高职组—测绘测量赛项一等奖二项　（北工职院供稿）

展理念，以此提高数控专业办学水平和人才培养质量，提高教师的理论和实践能力，培养学生的职业能力，使之在今后的专业教学中起到很好的导向作用。

（谢光辉 白旭东）

【荣获全国毕业生就业典型50强】 5月14日，由教育部组织开展2011～2012年度50所全国毕业生就业典型经验高校评选活动结果正式揭晓，北工职院作为北京地区唯一一所高职类入选就业典型经验参会并接受教育部授牌。上年度各省市申报并推荐的参加就业典型50强的评选高校共有129所，经国家统计局社会调查遴选出55所高校（其中高职15所）。教育部委托国家统计局社情民意调查中心，对候选高校进行的满意度调查中，北工职院毕业生的用人单位满意度在入围的全国15所高职院校中排在第一位。

（谢光辉 白旭东）

【全国职业院校技能大赛获佳绩】 6月29日，2012年全国职业院校技能大赛在天津闭幕。北工职院15支代表队分赴全国五省十个赛点参加高职组比赛，共获得一等奖5项，二等奖6项，三等奖3项。在全国1300多所高职院校中居于领先地位。其中获得测绘测量一等奖2项；电子产品检测与维修（芯片级）一等奖2项；汽车检测与维修一等奖1项。自动化生产线安装与调试二等奖2项；机器人技术应用二等奖1项、三等奖1项；电子产品设计及制作二等奖1项。信息安全管理与评估二等奖1项；煤矿瓦斯监测二等奖1项、三等奖2项。

（谢光辉 白旭东）

【获高等教育教学成果奖】 11月30日，市教委对2012年北京市高等教育教学成果奖获奖结果进行公示，北工职院2项成果获一等奖、3项成果获二等奖。《高职机电专业基于订单的工学结合人才培养模式深化创新》和《高职学生职业基本素养培养体系的创建与实践》获一等奖；《基于学生职业成长的通信技术专业改革与实践》、《高职工程测量技术专业“工程实践不断线”人才培养模式研究与实践》和《高职法律文秘专业（速录方向）人才培养体系的创建与实践》获二等奖。北京市高等教育教学成果奖四年评奖一次，是对各高校人才培养工作、教学建设和教学改革成果的检阅和展示。

（谢光辉 白旭东）

【首届高职信息化教学大赛获奖】 12月7～10日，北工职院教师参加在南京举办的首届“全国职业院校信息化教学大赛”，获得一等奖3项，二等奖1项。其中《flash脚本编程》获网络课程比赛一等奖；《民事法庭速录》和《钢筋工程量计算》获信息化教学设计比赛一等奖；《二手车鉴定与评估仿真教学系统》获多媒体教学软件比赛二等奖。本次决赛，共有全国36个省、市、自治区和新疆生产建设兵团等地遴选的609件作品，1146名教师参加比赛，通过网络初评与现场决赛，共有294件作品参加最后角逐。其中，高职组多媒体教学软件65项，信息化教学设计72项，网络课程53门。

（谢光辉 白旭东）

【通过“平安校园”验收】 12月20日，首都高校“平安校园”检查验收工作专家组通过听取汇报、查阅材料、走访系部、召开座谈会、实地走访、观摩实操演练等方式，对北工职院“平安校园”创建工作进行验收。学校安全教育渗透学生的学习、生活、实习各个环节，特色鲜明，在同类院校中起到示范引领作用，成为第一所通过验收的高职院校。

（谢光辉 白旭东）

【实施人才强教推进计划】 北工职院加强教学团队、科研创新团队建设和名师培养。1个团队入选北京高校“创新团队”、1人入选“长城学者项目”、1人入选“青年拔尖创新人才”，是全市入选“创新团队”和“长城学者”项目唯一的高职院校。1名教师通过各环节评审，由北京市向教育部推荐为“国家高层次人才特殊支持计划”教学名师候选人；2名教师获第八届北京市教学名师奖。

（谢光辉 白旭东）

【社会培训5700余人次】 北工职院作为市矿山安全生产培训基地，承担“千名班队长安全培训”、“北京市矿山救护大队安全培训”、“北京市安监系统信息化培训”等培训任务。与中煤能源集团鄂尔多斯公司等企业合作，采用订单培养方式，为企业培训技术人才。依托专业优势，开展面向京西地区企业职工职业技能培训，全年共完成各类社会培训5700余人次。推进军地融合式发展，继续与北京军区、区委区政府共同实施“强军育才工程”，开设6个培训点为驻区部队现役士兵免费培训职业技能。

（谢光辉 白旭东）

【助力辖区产业结构调整】 北工职院根据驻地辖区由重工业为主向服务主导型转型升级的需要，围绕地区5大主导产业，进一步调整优化专业设置。新增计算机动漫设计、旅游管理、会展策划与管理3个新专业，调整机电一体化技术、通信技术、电子信息、安全技术管理等8个专业的培养方向，增强专业结构与区域产业体系的匹配度。适应数字娱乐产业发展需求，与石景山园数字娱乐龙头企业威运达文化传媒有限公司共建动画学院和计算机动漫专业，与园区高新技术企业网拓联达合作开设计算机动漫设计订单班，与北京文化传媒集团山水笛声动画设计（北京）有限公司深度合作，多名动画师入驻学校指导学生参加央视104集大型民俗动漫作品《古城漫游记》的创作。

（谢光辉 白旭东）

【国际交流】 北工职院分别与日本京都信息大学、澳大利亚斯维本科技大学、韩国大邱未来大学、澳大利亚西悉尼学院签署校际交流合作协议。截至年底，正式建立校际友好合作关系的国外、境外高校和教育机构达28个。年内，英国贝尔法斯特城市学院、澳大利亚斯维本科技大学、美国俄克拉荷马州立大学、英国沃沙学院、台湾建国科技大学、美国西彭斯堡大学、澳大利亚西悉尼学院、香港专业教育学院代表团、俄罗斯职业教育考察团以及石景山区涉外涉侨机构和侨资企业领导和专家学者共9批60余人次，先后来校考察交流访问，进一步加快国际交流与合作步伐。

（谢光辉 白旭东）

文化·传媒

石景山区作为北京市重要的功能拓展区，拥有丰富且独特的文化资源。历史文化资源丰富。地区历史文化具有突出的古文化特征，涵盖古刹、宗教、古镇、墓藏和宦官等方面的内容。拥有33处各级文物保护单位。其中，国家级文物保护单位2处，市级14处，区级17处。现代娱乐文化资源优势突出，主要体现在主题公园、数码娱乐、休闲体育、休闲购物等方面。北京国际雕塑公园是国家级的雕塑文化艺术园区，也是北京市十大精品公园之一；石景山区游乐园是国家4A级景区，建设布局在中国园林中融入欧洲城堡建筑风格，特色鲜明。工业文化特色鲜明。首钢具有近百年的冶炼史，首钢涉钢产业的搬迁，标志着石景山区一个特定历史时代的结束，但首钢作为一个时期的象征，留下很多文化财富。文化基础设施较为完善，文化社团及从业人员众多，文化活动丰富多彩。现有国家一级图书馆2座、国家二级文化馆1座、电影院2个，剧场5座；各街道均建有街道文化站，全区140个社区中138个社区建有社区文化室，建有率98.6%；文化广场125个，其中1000平方米以上的社区文化广场27个；9个街道全部建有图书分馆、基层图书流动网点64个。文化从业人员2135人，文化创意产业从业人员2万余人，并且已经涌现出一批领军人才。

传统文化活动纷呈。不断改变表现形式，并赋予古城之春艺术节、夏日文化广场等已经具有一定区域影响力的文化活动以新的时代内涵。结合春节、清明、端午、中秋、重阳等传统文化节日，组织顺应时代要求的主题活动。将文化活动植入文物景点，承接“清明诗会”、“舞动北京”等市级大型群众文化活动。这些传统文化活动一方面丰富居民精神文化生活，另一方面也提升地区的文化辐射力、影响力。

文　化

概　述

北京市石景山区文化委员会（简称区文委），是负责全区文化艺术、文物、博物馆、文化娱乐、新闻出版和广播电影电视行业管理工作的区政府工作部门。年内，立足地区转型发展大局，坚持“文化兴区、文化惠民”的目标方向，坚持先进文化引领，夯实基础，创新驱动，重点突破，全面推进，大力实施文化惠民等工程，促进区域文化的繁荣发展。制定一系列推动基层文化建设的措施，完善公共文化三级服务体系，筹备专家顾问团，文化志愿者队伍不断壮大；区文化馆、图书馆、少儿图书馆、冰川馆、电影院强化和扩大阵地服务，为广大群众提供图书、观影、科普、文艺辅导等多种服务，惠及群众56万人次；建成并投入使用38个“益民书屋”。“名家讲坛”、“翠微艺苑”等特色品牌活动深受群众好评。全年以”北京精神”、“群心向党”为主题，举办大型群众文化活动30余场、各类群众文化活动600余场次。创编一批具有区域特色的文艺作品，《孔子说》入围全国第十六届群星奖；获第八届“舞动北京——群众舞蹈大赛”团体、单项金奖以及最佳创作奖；全年各类比赛共获国家级创作奖项3个，市级奖10个。与专业团体合作，提升“古城之春”艺术节、春晚、重阳登高节等区域品牌活动水平。承办清明诗会、全国少数民族文艺会演等市级文化活动。培育鲁谷、八角社区艺术节等十余个基层文化品牌。全年争取市级文物专项资金5980万元，完成承恩寺壁画保护工程，崇兴庵、双泉寺的修缮工程，慈善寺护坡抢修和法海寺技防工程，启动皇姑寺三期修缮工程。组织文化市场“扫黄打非”专项行动。完善区域内联合执法和群防群治的工作机制，推进文化市场信息化工程，保证文化市场的安全。全年共出动执法人员2000余人次，出动执法车辆300余台次，检查各类文化经营单位2800余家次，重点点位达百余处次；落实举报24起；收缴盗版图书8000余册，收缴非法报刊200余份，盗版光盘14600余张；立案72起，罚款13万余元；联合取缔游商43人次、“黑网吧”3家、“黑游戏厅”4家、“黑歌厅”1家；收缴卫星电视广播地面接收设施20余套，收缴游艺机200余台。实现“大事不出，小事也不出”的安全目标。在北京市文物局、文化局、执法队组织的文物、文化、文化市场管理比赛评比中被评为北京市先进集体。

地址：石景山区石景山路18号
电话：68607158
邮编：100043

（张　譞）

1月15日，创编节目——炫动石景山　（区文委供稿）

群众文化

【概况】 群众文化事业着眼中国特色世界城市和社会主义先进文化之都建

设，坚持“文化兴区”战略，先后举办2012年石景山区军民春节联欢晚会、第29届“古城之春”艺术节、第五届北京“清明诗会”、第八届“舞动北京”群众舞蹈大赛等主题文化活动。提升公共文化设施建设水平，推进文化惠民工程，打造区域文化品牌，不断加强公共文化服务体系建设，推动公共文化事业建设再上新台阶。

（王　辉）

【军民春节联欢晚会】　1月18日，石景山区军民春节联欢晚会在区体育馆举行。北京军区司、政、联、装各部首长，区有关领导和来自全区各条战线的1800余名群众、部队官兵欢聚一堂，共贺新春。活动以“古韵京西、和谐家园、发展腾飞”为内容主线，以综艺晚会的形式展现区域转型发展成就和双拥共建成果，实现思想性、艺术性、群众性的高度结合。

（王　辉）

1月18日，举行军民春节联欢晚会　（区文委供稿）

【区级品牌团队评选】　2月，区文委在全区范围内开展区域第二批区级群众性品牌文化团队评选活动。来自各街道社区、残联、老干部局、教委、首钢工会等13个单位的21支群众文化团队参评。首钢老干部艺术团、区教委同文中学民乐团、八角南路社区老年书画会等10支团队被评为第二批品牌团队。

（王　辉）

【第29届“古城之春”艺术节】　5月15日，为期两个月的第29届“古城之春”艺术节，在北京国际雕塑公园拉开帷幕。艺术节以迎接“十八大”召开、弘扬践行“北京精神”、“雷锋精神”为主题，以舞蹈、合唱、文艺演出、摄影、故事演讲等文化艺术类比赛展演活动为主要形式，面向全区各界群众，举办八大区级主题文化活动。包括：“身边的精彩”群众文化活动优秀摄影作品展览，“唱响心中最美的歌”群众合唱比赛，“炫舞石景山”群众舞蹈大赛，创业青年艺术大赛，“多彩文化和谐社区”社区文艺展演评比，“北京精神”原创文艺作品征集评选和“北京精神我践行，学习雷锋做表率”故事演讲比赛等。各街道、机关企事业单位、驻区高校等60余家单位结合自身文化特色，开展百余场次丰富多彩的群众艺术比赛和文化活动，惠及群众5万余人次。作为石景山区传统品牌文化活动，“古城之春”艺术节连续走过28个春秋，此届艺术节呈现出品牌延续性、主题鲜明性、形式多样性等特点，成为全区人民群众自己的文化节日，成为对外展示全区文化建设成果的平台和窗口，在全市享有一定知名度，得到社会各界广泛认可。

（王　辉）

【夏日文化广场活动】　7月18日，第29届“古城之春”艺术节闭幕式暨2012年夏日文化广场开幕式在区广电中心举行。活动从7月持续到10月上旬，以广场演出、艺术培训、展览展示为主要形式，相继举办开幕式演出、“夏日辉煌 文化共享”城市文化交流汇演、践行“北京精神”献礼十八大品牌团队创作节目展演、“京腔京韵话禅林”传统文化系列展览展示活动、百姓明星群英会活动、周末剧场周末演出活动和阵地艺术培训活动等。每个街道抓好1个文化广场作为重点活动场所。组织社区居委会依托基层文化广场、文化室开展各类艺术比赛、展览、演出等群众性文化活动。组织文化活动百余场次，惠及群众5万余人次。

（王　辉）

【翰墨青衣动漫工作室落户】　8月28日，北京四维雅乐剧团、翰墨青衣动漫工作室落户石景山文化馆。该项目由区文化委、区文化馆与中国京剧艺术基金会、中国关心下一代工作委员会、梅兰芳艺术研究会、东方国艺（北京）科技有限公司等多家社团、机构联手打造，旨在将传统中国戏曲与现代科技动漫有机结合，通过戏曲惠民演出、文化讲座、动漫衍生品开发推广等多种形式地弘扬优秀民族文化精髓，传承独具特质的中国戏曲艺术。区有关领导与众多曲艺界人士出席活动。

（王　辉）

【“闪耀北京”灯光节】　由市旅游委、区委区政府、首钢总公司共同主办的2012“闪耀北京”光影文化季暨首钢灯光节9月17日～10月7日在首钢厂区群明湖艺术广场举行。区文化委特邀红樱束女子打击乐团和北京歌剧舞剧院等专业院团参加演出活动。

（王　辉）

【品牌文化团队文艺展演】　9月24日，由区文委主办、区委老干部局、区残联、首钢工会、全区各街道办事处承办的主题为“践行北京精神 喜迎十八大”区级品牌文化团队文艺展演活动在老山街道文化活动中心举行，来自街道500余名观众观看演出。本次展演活动汇集区级各优秀品牌文化团队，通过歌舞、小品、快板、时装等表演形式，弘扬时代主旋律。作为夏日文化广场系列活动，分别在区文化馆、广宁街道等举办，受到群众好评。

（王　辉）

【“舞动北京”群众舞蹈大赛】 9月29日，由市委宣传部、市文化局等单位联合主办，北京文化艺术活动中心、北京电视台、区文化委员会等单位承办的第八届“舞动北京—群众舞蹈大赛”决赛暨颁奖晚会在石景山体育馆举行。本届舞蹈大赛以喜迎“十八大”、弘扬“北京精神”为主题，分为少儿组、成人组、老年组及广场组，在760余个初选节目中精选出16支精品舞蹈进入决赛。石景山区获大赛团体金奖、优秀组织奖，少儿舞蹈《放学路上》获综合单项金奖及最佳创作奖。本届大赛是历届规模最大、群众参与面最广的一次，吸引全市16个区县、各系统的群众文化团队，万余人参与。

（王　辉）

【北京重阳诗歌会】 10月22日，以“厚德石景山、敬老重阳节”为主题的2012重阳诗歌会在八大处公园举行，活动由市委宣传部、首都文明办、市文化局、市文联、区委区政府共同举办。诗歌会通过歌曲、小品、诗朗诵等多种艺术形式，弘扬“尊老 敬老 爱老 助老”的传统美德。国家一级演员、著名朗诵艺术家曹灿出席活动并选取古今经典重阳主题诗词和朗诵作品进行吟诵。通过活动强化市民群众对重阳文化的认同感，进一步彰显时代主旋律。

（王　辉）

【基层文化设施建设】 区文委争取市区级财政资金1.5亿元用于公共文化建设，投资规模同比上年增长7倍。投入资金1400余万元用于基层文化阵地设施设备建设。探索新途径，采取资源共享、合作挂牌、新建改扩建等多种形式拓展街道文化服务中心空间面积。实施鲁谷社区地下人防工程惠民乐园、广宁街道高井文化广场、八角街道文化广场等一批街道社区设施工程，为9个街道文化站、40个社区文化室配备灯光音响等设备设施。

（王　辉）

【非遗保护】 区文委结合非遗项目特点和传承保护活动实际情况，确定“京西太平鼓”、“永定河传说”、“京式旗袍制作技艺”非遗项目传承教育基地。开展非遗项目《永定河传说》资料的搜集整理和统计上报工作。以春节、清明、端午、中秋、重阳等传统节庆活动为契机、“古城之春”艺术节、禅林文化节等区域文化活动为载体，开展非遗项目宣传教育活动。落实《非遗志》初稿的编撰。进一步夯实非遗项目基础数据整理工作，为传承保护奠定坚实基础。

（王　辉）

9月29日，第八届舞动北京群众舞蹈大赛举办　　（区文委供稿）

【文艺创作】 区文委结合区域历史文化内涵和CRD建设成果，创编一批反映传统历史文化、展现区域转型发展成就、弘扬“北京精神”的文艺作品。排演《梦幻法海寺》舞剧实景演出，创编《清波绿韵永定河》、《炫动石景山》、《北京的微笑》等节目深受好评。歌曲《孔子说》入围第十六届群星奖评选活动并取得优异成绩。

（王　辉）

【文化馆阵地建设】 区文化馆丰富文化馆阵地服务项目和内容。组织业务干部417人次辅导群众14000余人次；举办艺术培训班106期，培训1480余人次；10个馆办业余艺术团组织排练活动868次，参加演出110场，22240人次参与排练，惠及群众5万余人次。馆办艺术团队全年获市级以上奖项22个。文化志愿者分中心全年招募560名志愿者，参加服务保障2700余人次。

（王　辉）

图　书　馆

【概况】 石景山区图书馆是国家级图书馆，现有藏书50万册，日平均接待读者能力3000人以上。区图书馆和少儿图书馆全年办理借阅证11989个，接待读者51.06万人次，外借图书43.38万册，送书下基层226次、12.79万册次，开展讲座、演出、征文、比赛、展览等读者活动245场次，参与人数达5.52万人次。区图书馆全年代检索课题14项，编制二次文献3种。

（王　辉）

【万伯翱作客名家讲坛】 1月12日，中国传记文学学会会长万伯翱作客图书馆“名家讲坛”，万伯翱从“下乡、读书、写作”三个方面向广大读者介绍他的人生经历和写作方法技巧，受到现场读者好评。

（王　辉）

【为残疾读者搭建阅读平台】 4月21日，区图书馆联合区残联举行“牵手残疾人，走进图书馆”系列活动并成立残疾人阅读指导委员会，原首都图书馆副馆长杨素音进行“让阅读走进生活，让生活更精彩”的主题讲座，市残联冷

5月23日，“共享阅读　文化助残”爱心活动　（区文委供稿）

新雪老师带领大家表演手语歌并与残疾朋友亲切互动交流，全区9个街道的百余名残疾读者及工作者参加活动。

（王　辉）

【周末社区大讲堂】　7月18日，周末社区大讲堂走进93658部队开展专题讲座。活动由市委宣传部、市社科联主办，区委宣传部承办，区图书馆协办。邀请首都师范大学历史学院城市文化管理系主任、北京史学科带头人郗志群主讲，通过讲座开阔官兵视野，拓宽知识面。自5月起，区图书馆围绕“北京精神”先后在全区范围内举办7场讲座，进一步弘扬社会主义核心价值观。

（王　辉）

【共享阅读文化助残】　在第22个全国助残日到来之际，区少儿图书馆举办主题为“共享阅读 文化助残”的爱心活动，200余名残疾儿童参加活动。区少儿馆为残疾儿童表演印度舞蹈、诗朗诵等节目，新确立18个互助残疾家庭并赠送图书借阅证。

（王　辉）

【少儿特色读书活动】　区少儿图书馆践行“北京精神”，先后开展“龙年第一课开卷有益”科学读书会、“小小书虫俱乐部”、“开心菜园——我是小小园艺家”蔬菜种植活动、“儿童绘本图书阅读体验剧表演”、“育儿心理”讲座、读绘本、做手工、画图画等一系列开发小读者智力、培养小读者兴趣、促进亲子融洽的读者活动，受到广大小读者的欢迎。

（王　辉）

文物管理

【概况】　区文委按照“保护为主，抢救第一，合理利用，加强管理”的文物工作方针，围绕全区中心工作和市文物局重点工作，进一步解放思想，创新思路，真抓实干，按照政府主导、社会协同、公众参与的原则，进一步加强政府主导作用和文物主管部门的监管作用，发挥专家顾问团、文物保护协会、文化市场监督员的作用，加强同规划、旅游、园林等多部门的协调合作，强化文物使占单位的责任，形成政府主导、主管部门实施，多部门推进，全社会共同参与的社会化的大文物工作机制，圆满完成文物保护和利用工作，确保文物安全，促进文物事业的发展。

（贾卫平）

【文物保护】　区文委投资150万元，先后启动皇姑寺展陈工程、慈善寺展陈工程及普查文物标志牌安装工作。争取国家局资金100万元，完成法海寺技防工程。区财政投入36万元，完成承恩寺壁画保护工程；区财政投资130余万元，完成“7·21”自然灾害所造成的慈善寺护坡滑坡、承恩寺部分地面塌陷、冰川馆电器故障等文物保护单位的排险抢险工程。争取社会资金300万元完成崇兴庵修缮工程。引进社会资金200万元，对双泉寺进行修缮；配合西部建设，完成传统民居影壁、门楼的迁移和四方塔的抢险工程。

（贾卫平）

【申报文物保护项目】　区文委完成2012年文物保护工程项目申报，共两批14个项目，7901.03万元。其中：第一批申报六个项目，资金3023万元。包括：1、涌泉寺复建工程，1201万元；2、显应寺（皇姑寺）修缮工程，1048万元；3、模式口76号院修缮工程，505万元；4、慈善寺技防工程，99万元；5、法海寺技防工程，140万元；6、抢险物资，30万元。第二批申报八个项目，申报资金4878.03万元。包括：1、慈缮寺修缮工程，1088万元；2、田义墓修缮工程，322万元；3、田义墓化学保护，104万元；4、姚家寺塔抢险修缮工程186.7万元；5、八大处六处香界寺修缮，1618万元；6、八大处七处宝珠洞修缮，711万元；7、八大处三处三山庵修缮，771万元；8、清凉寺、圣水寺考古107.33万元。

（贾卫平）

【八大处文化景区规划建设】　西山八大处文化旅游景区被列入北京市重点工程项目。区文委结合自身工作职能，完成八大处景区相关历史资料（含54处庙）的调研，为景区建设提供强有力的文化内涵支撑；举办“八大处文化丛谈”讲座，聘请市文物研究所初步完成清凉寺遗址、姚家寺遗址现场考察，完成姚家寺塔抢险修缮方案制定、申请资金186.7万元。

（贾卫平）

【利用文物资源实施惠民工程】　落实北京市“关于进一步加强中小学生社会大课堂工作的意见”，冰川馆联合北京市第九中学接待社会大课堂实践活动学生500余人次，先后举办“红红火火迎新春冰川馆里过大年”活动、“我爱祖国好山河·精品矿石展”——5·18博物馆日活动、组织科普大棚车进学校、进社区活动10余次。开展“禅林文化节”、“慈善寺冯玉祥将军”纪念活

动,慈善寺被区纪委授予石景山区廉政教育基地。承恩寺举办2012年“中国遗产日”宣传展示活动。

(贾卫平)

【利用文物资源弘扬京西文化】 区文委发挥区域文物资源优势,弘扬京西文化,先后开展禅林文化系列活动、国际博物馆日、中国文化遗产日主题宣传等活动。禅林文化系列活动以“京腔京韵话禅林”开幕式暨“梦幻法海寺”演出为起点,相继举办古典壁画展、古道茶香——中秋品茶会、百年慈善——冯玉祥定居慈善寺一百周年、“古韵京西和谐家园”北京重阳诗会、“敬老感恩·欢度重阳”闭幕式晚会等系列文化活动,形成文物搭台,文化唱戏,部门联手,打造精品的文物利用的良好局面,有效地发挥历史文化资源的辐射作用,提升和传播区域文化形象,吸引更多游客参观旅游。

(贾卫平)

【加大执法力度 确保文物安全】 区文委不断强化文物安全和执法意识、责任,完善“文物安全工作长效机制”,建立区文化委、各文物使占单位和社会团体、文物安全监督员组成的三级监控体系,打造立体防范平台,确保文物安全的“零死角”。特别是在两会、两节、十八大期间,文委领导亲自带队巡视检查,有力的促进文物安全工作的落实,实现“大事不出,小事也不出”的工作目标。年内组织文物巡视检查60余次,出动执法人员180人次。

(贾卫平)

文化市场

【概况】 区文委全年接待咨询办事人员1800余人次,受理各类行政许可48件,其中新审批游艺娱乐场所6家、歌舞娱乐场所1家、文艺表演团体3家,出版物发行单位38家。受理各类变更事项14家次。完成年度审核换证245家,其中歌舞厅33家、网吧58家、电影院2家、文艺表演团体5家、书店117家、有线电视共用天线设计安装单位7家、印刷企业23家。全年共出动执法人员2000余人次,出动执法车辆300余台次,检查各类文化经营单位2800余家次,重点点位达百余处次;落实举报24起;收缴盗版图书8000余册,收缴非法报刊200余份,盗版光盘14600余张;立案72起,罚款13万余元;联合取缔游商43人次、“黑网吧”3家、“黑游戏厅”4家、“黑歌厅”1家;收缴卫星电视广播地面接收设施20余套,收缴游艺机200余台。实现“大事不出,小事也不出”的安全目标,为党的十八大胜利召开营造良好社会文化环境。

(赵　勤　王艳君)

【“世界知识产权日宣传”】 4·26世界知识产权日,区文委联合区知识产权局、区商务委、区法院,在沃尔玛超市店前广场举办以“保护知识产权·推动科学发展”为主题的法制宣传活动。共接待咨询者50余人次,展出各类宣传展板10余块,发放法律法规宣传资料300余册、知识产权宣传品50余件,现场接受法律法规咨询20余次。

(王艳君)

【查处网络市场违规案件】 5月上旬,区文委文化行政执法队办结首起网络游戏违规经营案件,成为十六区县首个成功查办网络游戏领域违规经营的区县文化执法部门。针对文化市场主体的多元化、经营模式多样化的特点,探索拓展新的文化执法领域。全年查处各类网络游戏案件9起,立案处罚6起,警告3起,罚款金额4万元。

(王艳君)

【“北京阅读季”】 5月,区文委在2012“北京阅读季”大型主题活动中,组织参与读书益民工程风采展、演讲比赛、知识竞赛和读书征文等各项活动,配合市新闻出版局集中展示读书益民工程先进事迹和先进人物,宣传益民书屋建设所取得的成绩,获得“组织奖”、演讲比赛“三等奖”。

(赵　勤)

【消防应急演练】 6月15日,在北京佰乐迪量贩式歌厅举行“安全警钟长鸣,幸福伴你同行”北京市第八个文化市场安全日活动。活动分为现场会、消防应急疏散演练、消防业务技能演示与互动三部分。以模拟歌厅包间内发生“火情”拉开消防应急疏散演练的序幕,从火情报警、人员疏散到初期自救、专业救援全程共用时15分钟,整个演练过程秩序井然、有条不紊。市文化局、市公安局消防局、市安监局、市文化行政执法总队、市公安局治安总队等部门,各区县文委,区相关职能部门负责人,部分首都新闻媒体记者,区文化娱乐场所经营单位负责人等300余人参加演练活动。现场发放宣传品2500余份。

(王艳君　赵　勤)

【专项治理】 6月中旬,区文委针对区域内文化传播公司多数注册在写字楼内,且规模小、人员少、业务范围广的

10月16日,开展消防应急演练　　(区档案局供稿)

特点。开展文化传播公司专项治理行动。共检查文化传播公司28家，责令整改3家，立案处罚2起，刑事处理1起。有效净化规范出版物市场经营秩序，促进行业良性发展。

（王艳君）

【督导检查“扫黄打非”】 11月5日，中纪委驻新闻出版署副局级专员董伊薇率全国“扫黄打非”督查组到区督导“扫黄打非”工作。督查组一行检查永辉超市、四季青印刷厂、京西电子市场、天宇市场和苹果园地铁报刊亭等重点单位和场所。区有关领导和公安分局、工商分局、城管大队等部门分别就迎接十八大深化“扫黄打非”专项行动工作情况进行专题汇报。董伊薇专员认为本区领导重视，组织到位，“四个纳入”与“区域联合”的工作模式十分有效，实现“大事不出、小事也不出”的工作目标。

（王艳君）

【益民书屋建设】 益民书屋建设作为新闻出版公共文化服务体系建设的重点工作，连续几年被列入北京市为民办实事的项目之一。读书益民工程已发展到丰富建设内涵、提升建设层次的关键时期。工程建设对解决群众“买书难、借书难、看书难”的问题，保障群众基本文化权益具有重要意义。读书益民工程自上年启动，经过一年发展，已建成益民书屋20个，覆盖全区各街道及驻区部队。

（赵　勤）

【公益电影放映】 根据市广播电影电视局“2012年北京市电影公益放映工作指导意见”和“北京市农村电影放映工程建设目标责任书”要求，针对本区公益电影放映工程的具体特点，区数字电影流动放映暨电影公益放映领导小组落实市政府的“党在我心中”公益电影放映计划，在人员和资金方面给予最大限度保障。在保证安全的前提下，为首钢迁安社区，共建部队及家属区，区内少年军校，重点拆迁工地的农民工进行多场次放映。同时配合区属大型文化节（台湾街）放映，满足更多层次人民群众的精神文化需求。

（赵　勤）

【取缔黑开场所】 发挥“扫黄打非”平台作用，利用职能部门联勤联动协作机制，联合公安、工商职部门开展查处取缔“黑场所”专项打击行动。共取缔“黑网吧”3家、“黑游戏厅”4家、“黑歌厅”1家。收缴游艺机200余台，电脑主机23台，游艺主板20个。移送公安机关涉案违法人员7名。

（王艳君）

传　媒

广播电视

【概况】 石景山区广播电视中心（简称区广电中心）是区属公益性事业单位，下设北京蓝宇文化传媒中心和北京蓝宇星辰广告中心两个经营实体。围绕区委区政府工作重心，把握正确舆论导向，发挥电视宣传职能，为区“十二五”发展开好局、起好步、全面推进“CRD”建设提供强大的舆论支持，全年制作播发《石景山新闻》2256条，制作完成专题片30部，制作播发自办专题栏目996期，其中《石景山新闻》255期，新闻专题栏目《记者视线》250期，社教类电视栏目制作播出178期，生活服务性栏目52期，区县合作栏目《区县风采》247期，《百姓明星》12期。在市以上电视媒体播发新闻410条。其中：中央台播发15条，北京电视台播发新闻395条。全年两个频道实现安全播出17568小时。产业创收保持稳步增长势头，全年实现总收入1678万元（事业收入1028.5万元），与去年相比增长8%。中心获“首都文明标兵单位”，在市局“确保十八大安全播出百日竞赛”活动中被评为先进集体。获北京台“7·21”特大自然灾害宣传报道突出贡献奖。获市委组织部《闪光的足迹》党员教育电视片观摩交流活动最佳作品。专题片《高原之行》——石景山区玉树爱心之旅纪实获北京市广播电影电视局电视专题片三等奖，新闻《公益反哺哺公益明星》获三等奖。

地址：石景山区古城大街61号
电话：68849799
邮编：100043

（张　凡）

【新闻栏目】 区广电中心全年制作播发《石景山新闻》2256条，制作完成专题片30部，制作播发自办专题栏目996期，其中《石景山新闻》255期，新闻专题栏目《记者视线》250期，社教类电视栏目制作播出178期，生活服务性栏目52期，区县合作栏目《区县风采》247期，《百姓明星》12期。

（张　凡）

【新闻外宣】 区广电中心在市以上电视媒体播发新闻410条。其中：中央台播发15条，在北京电视台播发新闻395条（其中，北京新闻播发57条）。

7月21日，多路记者跟踪报道抢险救灾　（区广电中心供稿）

与上年375条相比,增长9%。

(张　凡)

【公益·专题】 区广电中心完成公益宣传片8部《最美石景山》、《关爱老人、关注耳聋耳鸣》、《三十年后的约定》、《身边的先锋》、《党在我心中》、《爱护公共环境不往车外丢垃圾》、《感受家乡新变化,喜迎党的十八大》、《飘扬的一面旗帜》。完成11部电视专题片:区政府专题片《稳中求进 科学发展》、区政协专题片《科学履职 助推发展》、石景山有线电视20周年专题片《风华正茂》、石景山区社会管理创新工作专题片《以人为本构建和谐》、石景山区《身边的榜样》专题片、教委《承载未来放飞希望》、计生委《人口文化节》、《如此办证》、科技馆《CRD漫游系列短片》、石景山供电公司《赤诚筑防线》、区工商联《服务为本、力推发展》等。

(张　凡)

【践行"走转改"】 区广电中心开展"大力弘扬北京精神"系列宣传。全年在《石景山新闻》中推出"身边的榜样"、"身边的感动"等系列报道,集中展现石景山区公民道德建设的丰硕成果。同时,围绕典型事迹,制作人物专题10余部在《记者视线》中播出,宣传"北京精神",营造文明、和谐的社会环境。利用演播车,深入机关、厂矿、社区、街道挖掘群众身边的好人好事,努力树立新风尚,营造文明和谐的社会环境。下半年开办《百姓DV》栏目,把老百姓的真实生活、真实情感,呈现给广大电视观众。

(张　凡)

【十八大宣传】 十八大召开前,在石景山新闻中推出《看身边变化喜迎十八大》主题新闻,通过一系列的新闻、专题、访谈,全面、深入地展示石景山区发生的巨大变化和取得的巨大成就,为十八大的召开营造良好的舆论氛围。十八大召开后,在《石景山新闻》中开设专题、专栏,全面解读大会精神。推出《青青点读十八大》专题节目,《科学发展谱新篇》系列访谈,反映石景山区各级单位和广大干部群众贯彻落实党的十八大精神。十八大胜利闭幕以后以"学习贯彻落实十八大精神"、"学习党的十八大报告"、"重点工程完成时"、"文化志愿者在社区"等主题板块宣传党员干部学习贯彻落实十八大精神的情况。

(张　凡)

【新闻高清制作网建设】 区广电中心按照市局"三年内区县实现制播存高清化"要求,推进新闻高清制作网建设,全年投入专项资金60余万元,用于购置高清设备和高清网改造。搭建具有5个站点的高清非编工作站,实现采集、制作、存储新闻全部高清化,为下一步实现全台高清化奠定良好基础。

(张　凡)

【"7·21"自然灾害报道】 区广电中心面对"7·21"突发的自然灾害,及时启动新闻宣传采访应急预案,第一时间冲在采访报道第一线,连续奋战17个小时,不顾个人安危及时、准确报道辖区险情和干部职工抢险救灾情况,发挥重要舆论作用。

(张　凡)

石景山报

【概况】 《石景山报》为中共石景山区委机关报,由区委宣传部主办。主要职责是:宣传区委政策方针,反映基层工作动态,报道先进典型事迹;在首都主流报刊和电台做好本区新闻宣传,负责与新闻媒体联系,办好石景山宣传网等。年内,编辑部围绕中心工作,服务大局,牢牢把握正确舆论导向,坚持团结稳定鼓劲、正面宣传为主的方针,以深入创新为途径,以"零差错"为目标,集中力量、提前策划,大力宣传石景山区打造北京CRD,建设现代化首都新城区的丰硕成果,全力打造"石景山服务"品牌。全年编辑出版《石景山报》100期,共1200版,办报质量不断提高。

地址:石景山区石景山路18号
电话:88699820
邮编:100043

(杜　雷)

【"十大新闻"评选】 1月20日,"爱玛裕杯"《石景山报》2011年度十大新闻评选获奖读者揭晓。特等奖由读者郑锡福获得。"阜石路二期高架桥工程建成通车"、"首钢北京石景山钢铁主流程停产"、"首块唐代石板经惊现石景山"、"公益反哺储蓄爱心"、"我区非公企业创新能力不断增强"、"莲石湖系统景观工程完工"、"全市环境大考核·石景山区荣获第一名"、"成功举办动漫嘉年华·世漫大会·动漫周"、"石景山CRD标识正式发布并启用"、"石景山区第十一次党代会召开·产生新一届领导班子"等10条新闻入选《石景山报》2011年度十大新闻。

(杜　雷)

1月20日,十大新闻揭晓　(石景山报供稿)

【宣传推介“石景山服务”】 区委提出要进一步完善服务体系，全力打造具有区域特色的“石景山服务”品牌。编辑部发挥区域媒体优势，将“石景山服务”品牌做深做细。抽调专人编采消息及时报道，全年刊发各类稿件240余篇，其中头版刊发20余篇。开设专栏重点报道，与人保局、建委、民政局、妇联等单位合办专栏30余个，宣传区域经济发展规划、招商引资政策、帮扶企业措施、经济建设成果；与科委园区合作，全年制作经济类专版40余块，不同程度反映辖区经济领域所取得的成绩；与区委组织部合作，开办“石景山区优秀企业家”“石景山区科技人才”系列报道，共报道明星企业和企业家近百次。策划选题特别报道，联合科委园区、工商联、海联会，在全区范围内开展非公经济领域统战系列报道。以“每期一个专版、每版一个企业”方式，连续报道36家驻区民营企业。

（杜 雷）

【重要会议报道】 围绕学习贯彻市第十一次党代会和区“两会”精神进行重点报道。仅“两会”期间就专访30名人大代表和政协委员，在民主法制版为代表、委员参政议政开辟专栏。在市第十一次党代会期间，派记者到北京会议中心采访，与区委研究室完成综述报道2篇，展现党代表风采。会议结束后，一方面对与会代表基层宣讲情况进行后续报道，另一方面开办“学习贯彻党代会精神，迎接十八大胜利召开”专栏，刊发区领导及各委办局主要领导的学习体会文章6篇。

（杜 雷）

【“7·21”自然灾害报道】 在“7·21”自然灾害应急抢险工作报道中，全体采编人员体现较高的敬业精神和专业素质。克服雨大、交通堵塞等困难，及时赶到现场进行采访。集中力量对于防险救灾中涌现出的先进人物事迹，第一时间进行采写。郭伟、吴赛赛制作的“防汛救灾”专刊，黄蕊采写的“天泰养老院抢救老人”，佟阳凌晨2点赶赴金顶街养老院现场采写“紧急转移41位老人”，徐巍采写的“暴雨夜11名老师守护84名学生”等报道，都是得到线索后第一时间采访、写稿、见报，收到较好社会反响。

（杜 雷）

“7·21”自然灾害救援 （区委宣传部供稿）

【党的十八大宣传报道】 在十八大召开期间，围绕全区党员干部和各界群众收听收看开幕式、闭幕式盛况，刊发头版消息9条。全面反映党员群众热议党的十八大精神，刊发综合新闻30余条。配合社会各界深入学习贯彻十八大精神，刊发6个十八大报告解读专版，把党的十八大的声音和精神传播到每个社区和居民中间。

（杜 雷）

【民生问题报道】 民生问题是区委区政府的重点工作，编辑部与区委组织部、区委办、政府办、社工委等单位配合，加强对重大节日各级领导走访慰问送温暖的报道。开辟专栏，对有关领导进行专访，刊发评论员文章，就劳动就业、住房保障、医疗、帮困等政策进行解读，围绕就业援助月活动宣传就业创业先进典型，开辟专栏10个，刊登各类报道120余篇。加大对社区的报道，开辟社区新闻、社区人物版面，宣传正面典型人物和故事。全年报道社区人物20余名，成为报纸的品牌栏目。加大贴近百姓的宣传，开辟卫生健康、民主法制、百姓生活、市民学校、消费维权等版面。特别对医疗制度改革，生产、食品、药品安全生产，居民文明养犬，黑车治理、烟花安全燃放等工作进行大量重点报道。

（杜 雷）

【经济发展报道】 编辑部服务地区经济发展，大张旗鼓地宣传本区发展规划和招商引资政策，重点报道经济建设成果，介绍园区建设和企业，推介明星企业家。共刊登新闻报道80余篇，专版30块。文化创意产业和CRD建设是又一个报道重点。全年围绕CRD标识设计与宣传、全区企业推介、金融博览会，进行全面深入报道。共出专版20余块，相关报道近百篇。

（杜 雷）

【创先争优报道】 创先争优活动是本区党建工作的主旋律，当年进入收官阶段。安排专人，及时跟踪报道区领导调研活动，开辟“党代表亮身份走基层共建和谐美好家园”专版，撰写系列评论员文章，对全区各单位学习情况进行详细报道，刊发相关报道30余篇，专版10余块。

（杜 雷）

【“两委”换届报道】 2～4月，社区党组织换届选举正式启动，4～6月，126个社区居委会开展换届选举工作。期间，对选举期间发生的新闻事件进行跟踪报道。开办“选举之窗”专栏，刊登有关法律法规和领带讲话精神。开办“换届选举”专版，对整个换届选举工作进行综述性报道。共刊登相关报道60余篇。

（杜　雷）

【老旧小区整治报道】 5月，区委区政府开始启动8个老旧小区的综合整治，着力解决老旧小区建设标准不高、设施设备陈旧、功能配套不全、日常管理制度不健全等群众反映强烈的问题。自6月始，编辑部定期推出老旧小区综合整治系列报道，共刊发报道10余篇，专版5块。

（杜　雷）

【国防建设报道】 围绕国防建设开展情况，安排记者进行重点报道，做到图文并茂，为群众所喜闻乐见。在全民国防教育日、“八一”和“春节”军地走访慰问，以及军民共建，民兵整组、训练，征兵等重要时点刊登专版，加大报道力度，确保国防教育进家入户，深入人心。设立固定的国防教育专栏宣传国防知识，读者普遍认为收获很大，不仅了解国防知识，对军事知识有更加浓厚的兴趣。

（杜　雷）

医 疗 卫 生

截至年底，辖区有各级各类医疗卫生机构209个（含北京朝阳医院京西院区、北京军区总医院京西医院、首钢矿山医院及矿山地区社区卫生服务站1个和医务室2个），其中医疗机构204个（三级医院4个、二级医院8个、一级医院14个、社区卫生服务中心9个、社区卫生服务站41个、其他医疗机构128个），其他卫生机构5个。实有床位4127张。全区卫生技术人员6825人，其中执业（助理）医师2626人、注册护士3053人。平均每千常住人口拥有卫技人员10.68人、执业（助理）医师4.11人、注册护士4.78人、床位6.46张。全区医疗机构门诊538.35万人次，同比增长19.63%，急诊33.50万人次，同比增长12.78%；入院8.69万人次，比上年增长9.24%；出院病人8.77万人次，同比增长10.22%；住院手术4.26万人次，比上年增长20.15%；门诊次均费用336.75元，比上年增加11.30%；住院次均费用15146.65元，比上年增长9.15%。药品收入占业务收入54.15%，比上年增长1.25个百分点。其中，二级以上医院门诊336.39万人次，比上年增长20.53%；急诊29.55人次，比上年增长19.07%；出院8.48万人次，比上年增长10.35%；住院病人手术4.19万人次，同比增长18.94%。门诊次均费用392.07元，同比增加13.65%；住院次均费用15076.98元，同比增长9.47%；药品收入占业务收入比例为47.54%，同比降低0.12个百分点。二级以上综合医院出院病人平均住院日10.99天，同比减少0.47天；实有病床周转次数30.84次，同比提高2.18次；实有病床使用率92.66%，同比增长2.57个百分点。社区卫生服务机构全年门急诊139.89万人次，同比增长21.99%。组织无偿献血207.56万毫升，同比增长9.89%；医疗用血170.12万毫升，同比上升3.02%。全区甲、乙类传染病报告发病率181.47/10万，国家免疫规划疫苗接种率保持在98%以上，重性精神病人规范管理率达100%，孕产妇系统管理率97.58%，孕产妇死亡率0；婴儿死亡率3.83‰。本区人均期望寿命83.95岁，疾病死因顺位前三位依次为恶性肿瘤、心脏病和脑血管病。石景山区卫生局（简称区卫生局）是区政府负责卫生工作的职能部门。行政编制36人，工勤编制3人。增设区公共卫生事件应急处理办公室。下设党委办公室、办公室、人事科、财务审计科、医政科（科教科）等11个科室，下辖卫生监督所、动物卫生监督所、疾病预防控制中心等13个局属医疗卫生机构。年内，改革创新，不断深化医药卫生体制改革。着眼发展，加快推进基础设施建设。健全机制，提升公共卫生服务保障水平。多措并举，不断提高医疗服务质量。转变观念，创新社区卫生服务模式。综合治理，有效落实安全生产和维稳责任。围绕中心，加强行风政风建设。石景山区被市卫生局授予"北京市卫生应急综合示范区"称号。区卫生局获首都精神文明单位、北京市无偿献血工作先进集体等荣誉。

地址：石景山区体育场南路6号院
电话：68873891　68879937
邮编：100043

（徐晓光　赵超英）

卫生改革

概　述

区政府与市政府签订《北京市深化医药卫生体制改革2012年主要工作责任书》。推进区属公立医院改革，制定明确的考评方案及细则，鼓励社会资本办医，突出改革试点，社会资本举办医疗机构达108家，更好地满足多层次的医疗卫生服务需求。北京市对上年度医改工作进行全面考核评估，石景山区医改综合成绩排名全市第五。"医改责任书"中九个方面的39项重点工作任务全部完成。全年投入医改资金19642万元，同比增长5.80%。

（徐晓光　刘媛媛）

【公立医院改革】 区卫生局印发区属公立医院目标管理考评细则。将次均费用和总费用增长率、住院床日以及药占比等控制管理目标纳入区公立医院目标管理责任制考评范围。由医院管理委员会办公室牵头，卫生、人力社保、财政、药监等多部门配合采取查阅资料、现场实地查看等形式，对区属4家公立医院进行目标管理考评。9月，朝阳医院京西院区启动"医药分开"试点，取消药品加成，取消诊疗费、挂号费，设置医事服务费。与试点前相比，医保患者药占比、门诊次均费用均有下降，患者对医生服务的总体满意率达到92%。

（徐晓光　刘媛媛）

【鼓励社会资本办医】 区卫生局落实北京市进一步鼓励和引导社会资本举办医疗机构若干政策，政策鼓励和引导社会资本办医。5月成立专家组，专题研究如何有效运用社会资本举办首钢医院优质医疗资源，充分发挥区域医疗中心重要作用，满足地区居民对医疗卫生服务多层次、便捷性需求。形成"关于探索推进北京大学首钢医院医改试点工作的调研报告"，分析以首钢医院为代表的大型企业举办医院在建设发展中面临困境与深化改革的必要性。

（徐晓光　刘媛媛）

【培养卫生人才】 区卫生局加大各类医药卫生人才培养力度，克服工学矛盾，选派人员参加北京市相关培训，特别是为基层医疗机构人员提供更多学习机会。开展社区医生培训巡讲、家庭医生式服务培训、社区慢病管理培训班、全科医师能力提升培训等多种形式培训。基层卫技人员全年参加市区两级培训2748人次。继续实施社区卫生服务机构"四个一批"工程。其中"回来一批"效果明显，全年共投入经费159.01万元，返聘专家99人在社区卫生机构发挥余热，专家门诊224637人次。强化解放军总医院与石景山医院对口协作和人才培养机制，探索央地人才一体化培养模式。

（徐晓光　刘媛媛）

【基层医疗卫生机构综合改革】 区卫生局完善基层医疗卫生机构补偿机制，继续政府举办机构实行收支两条线管理、非政府举办机构实行购买服务管理,同时不分举办类型,对基层医疗机构零差率药品销售、返聘专家、公共卫生等工作进行专项补偿,确保基层医疗卫生机构正常运转。在巩固原有清理化解基层医疗卫生机构债务的同时,加强财务监管,对机构财务进行定期审计,杜绝新债发生。继续重点推进家庭医生式服务。截至年底,全区累计签约132155户、347123人,签约率54.8%。继续开展基层医疗卫生机构与大医院转诊预约工作,建立健全分级诊疗、双向转诊制度,全年预约转诊2286人次,转诊成功2286人次,转诊成功率100%。

(徐晓光　刘媛媛)

【完善医疗保障体系】　加强对基本医保定点医疗机构医疗服务行为监管力度,依法加大对骗保行为处罚力度。全年召开专项工作会12次,进行现场督导29次,查处违规并拒付49万元,追回个人违规20万元。根据市民政局关于进一步加强城乡特困人员重大疾病医疗救助有关问题的通知精神,进一步推进特重大疾病救助工作在本区开展,全区有39人次享受重大疾病医疗救助,累计支出救助金39.22万元。

(徐晓光　刘媛媛)

【完善基本药物制度】　区卫生局落实国家基本药物临床应用指南和基本药物处方集。鼓励公立医院和其他医疗机构优先使用基本药物。同时继续增加海特花园、重兴园、永乐二、寿山福海、中础5家社区卫生服务站实行基本药物零差率销售,下发社区卫生服务机构药品管理办法及药品比例控制规定,按照社区卫生服务中心、站设置类别限定药品比例。全区49家社区卫生服务机构开展零差率药品销售。全年零差率药品销售16775.58万元,同比增长22.18%。

(徐晓光　刘媛媛)

【提升公共卫生服务水平】　区卫生局推进区疾病预防控制和卫生监督机构、人口和计划生育服务机构标准化建设。继续全面落实国家及本市基本和重大公共卫生服务项目,建立居民健康档案517784份,其中电子健康档案436398份,电子化率68.8%。高血压规范管理36766人;糖尿病规范管理11552人。为65岁以上老年人健康管理13506人。60岁以上无保障老年人免费体检1686人。累计免费接种流感疫苗38587支。推进脑卒中筛查和防控项目工作,完成502名目标人群脑卒中风险评估和229名高危人群颈动脉彩超筛查。组织开展适龄妇女两癌筛查工作,其中宫颈癌筛查10528人,乳腺癌筛查10874人。累计为孕产妇免费发放叶酸671人份,筛查新生儿5917名,为0~6岁儿童免费健康体检40654人次。培养家庭保健员571名。对重性精神疾病患者免费服药1937人次。

(徐晓光　刘媛媛)

卫生应急

概　　述

年内,调整区突发事件卫生应急专家咨询委员会成员及区卫生应急处置队伍。梳理和完善突发公共卫生事件预警响应和应急响应等各项应急指挥工作机制,加强对应急预案动态管理,及时修订和完善各类应急预案(方案),增强预案针对性和实效性,主要包括食物中毒、生活饮用水、传染病防控等方面应急预案(方案)。组建由70人组成的区突发事件卫生应急专家咨询委员会,成立包含7个专业17支卫生应急队伍。各级各类医疗机构均成立突发公共卫生事件应急队伍及医疗救援队,按专业要求配置相应装备。全年组织开展突发公共卫生事件应急演练6次。开展各项卫生应急培训27次,培训1529人次。

(班玉贞)

【创建卫生应急综合示范区】　区卫生局启动创建北京市卫生应急综合示范区工作。在区卫生局增设区公共卫生事件应急处理办公室。制定并组织实施卫生应急综合示范区建设方案。9月21日,经过自我评估、自主申报,石景山区卫生应急工作接受市卫生局组织的市级评审专家组现场实地考评验收。10月29日,石景山区被市卫生局授予“北京市卫生应急综合示范区”称号。

(班玉贞)

【突发公共卫生事件】　区卫生局全年处置突发公共卫生事件2起,1起为1例百日咳临床诊断病例,依据“国家突发公共卫生事件相关信息报告管理工作规范”,本区连续5年未发生百日咳病例,发生1例则为突发公共卫生事件;另1起为水痘突发疫情,一周内发生17例病例(一周内发生10例病例为突发公共卫生事件)。暴发疫情处置2起,分别为手足口1起、水痘1起(涉

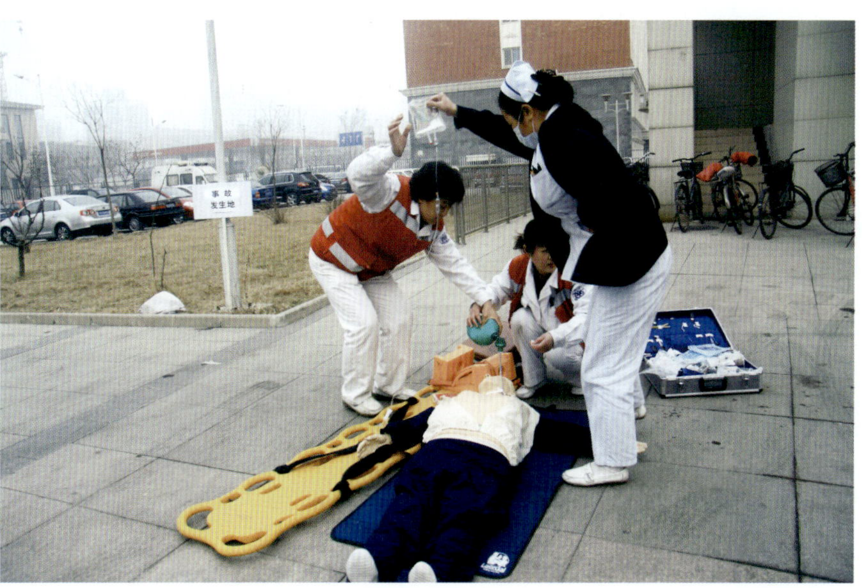

1月19日,全区医疗机构应急演练　(区卫生局供稿)

及 18 例病例)。

(班玉贞)

【7·21 自然灾害处置】 区卫生局成立卫生应急工作领导小组,并在第一时间组织全区医疗卫生机构召开灾后卫生应急工作部署会,强调全行业属地管理。区卫生系统各单位、各部门快速反应、积极应对,启动应急机制,以安全生产、医疗救治、有效预防和控制特大暴雨洪涝后传染病疫情、食源性疾患和饮用水污染等突发公共卫生事件为重点。共出动 120 救护车 20 车次,救治和转移患者 23 人;环境消毒 21800 平方米;饮用水、食品、外环境监测 247 件;制作并发放卫生防病知识手册、海报 11 万余份。

(班玉贞)

【十八大安保工作】 区卫生局组织实施十八大公共卫生安全隐患排查整治专项行动实施方案、"十八大安保公共卫生安全隐患排查整治专项行动督查方案。累计出动 12781 人次,排查场所 6127 个,确定公共卫生安全隐患 207 个,整改完成 206 个,1 个市政供水管网安全隐患采取严防严控措施;对医疗机构进行医疗纠纷矛盾排查,确定医患纠纷 10 起。累计检查各类单位 1484 户次,发现 37 个问题,已及时整改。累计上报市卫生局、区综治办每周工作动态 12 期,印发工作简报 61 期。

(班玉贞 刘丽娜)

医疗服务

概 述

区卫生局加强医疗机构管理,多措并举,提高医疗服务质量。开展"三好一满意"、"医疗质量万里行"、"抗菌药物临床应用整治"等专项活动,认真部署,定期督导,专项反馈;发挥区 17 个医疗质量控制和改进办公室及专家成员智囊团队作用,加强全区医疗机构质量控制管理网络建设。建立分级诊疗和双向转诊机制,坚持双休日门诊,全面实施社区卫生延时服务,扩大预约挂号统一平台覆盖面,预约诊疗平台覆盖区三级医院和二级综合医院。加快康复医疗服务体系建设。推进"优质护理服务示范"工作。加强医疗风险防范,促进医患关系和谐,排查医疗纠纷与矛盾,建立预警机制,通过行政调解、第三方调解,有效化解医疗纠纷。大力提倡无偿献血,献血宣传进社区、进学校,加强临床用血管理,全区达到临床用血供需平衡、安全有效。

(徐晓光 赵超英)

【医疗工作】 全区医疗机构年门诊 5383545 人次,同比增长 19.63%;急诊 334963 人次,同比增长 12.78%。入院 86938 人次,同比增长 9.24%;出院 87653 人次,同比增长 10.22%;住院手术 42585 人次,同增长 20.15%;门诊次均费用 336.75 元,同比增加 11.30%;住院次均费用 15146.65 元,同比增长 9.15%。药品收入占业务收入 54.15%,同比增长 1.25 个百分点。其中二级以上医院门诊 3363906 人次,同比增长 20.53%,急诊 295469 人次,同比增长 19.07%;出院人数 84799 人次,同比增长 10.35%,住院病人手术 41910 人次,同比增长 18.94%;门诊次均费用 392.07 元,同比增加 13.65%;住院次均费用 15076.98 元,同比增长 9.47%。药品收入占业务收入 47.54%,同比降低 0.12 个百分点;二级以上综合医院出院患者平均住院日 10.99 天,同比减少 0.47 天;实有病床使用率 92.66% ,同比增长 2.57 个百分点;实有病床周转次数 30.84 次,同比提高 2.18 次。

(乔伯文)

【准入管理】 区卫生局全年办理医疗机构许可 251 件,审批医疗机构 12 个,其中一级综合医院 1 个、社区卫生服务机构 8 个、诊所 1 个、医务(卫生)室 2 个;医疗机构变更登记 52 家 56 项;医疗机构校验登记 165 个,注销 6 个,停业 11 个,年检不合格暂缓校验 5 个。办理执业医师首次注册 64 人次、变更注册 393 人次。

(高 晖 李 卓)

【医疗质量管理】 区卫生局成立康复医疗质量控制和改进办公室。发挥区 17 个医疗质量控制和改进办公室及专家成员的智囊团队作用。6 月,制定并下发"石景山区加强基层医疗机构监管工作实施方案"。对辖区基层医疗机构监管工作落实情况进行督导检查。对区中医医院进行绩效考核。9 月,向辖区各级医院下发市、区两级"关于加强医疗质量管理保障医疗安全的通知"和"关于加强中秋节、国庆节及党的十八大期间医疗安全及信息上报工作的通知"。10 月,对辖区内二、三级医院落实党的十八大医疗安全和矛盾排查与化解专项行动情况进行专项检查。组织区口腔质控专家对辖区 31 家口腔诊所和门诊部进行现场考核。区病案质控办修订"病案管理工作制度"、"病案质量控制评分标准"。二、三级医院完善"病案质控办工作流程－PDCA 循环"。对辖区医院进行病历首页填写培训与督导检查,推进"电子病历书写基本规范"的落实。

(乔彦云)

【医院感染管理】 1 月,组织辖区各医院进行医院感染管理自查。对区内设有发热门诊的医院进行专项检查。10 月,组织区级院感专家对辖区内各级医院进行院感管理检查与技术指导。12 月,对一级及以下医疗机构医务人员进行新型冠状病毒诊治与防控培训。全年组织专家解答区内医疗机构有关咨询 29 次,对辖区内医疗机构医务人员进行相关知识培训 400 余人次,

(乔彦云)

【优质护理服务】 5 月 9 日,举办纪念"5·12"国际护士节 100 周年"天使之歌"晚会,为 30 年以上护龄工作者代表颁发证书、证章,对 100 名区优秀护士、11 名区优秀护士长、10 个区优质护理服务示范病区、4 名区优秀护理管理者进行表彰并颁发证书和奖牌。辖区 40 家医疗机构的 220 名医务人员演出丰富多彩的文艺节目。组织开展区医药卫生职业(护理)技能比赛。区护理质控办督导检查辖区二、三级医院优质护理服务工作。其中 4 家三级医院、3 家二级医院的"优质护理服务病

区”覆盖率达100%。

（乔彦云　武凤娇）

【对口支援】　辖区二、三级综合医院与社区卫生服务中心开展对口支援，为患者送医疗、送便捷、促健康，为社区卫生服务机构传技术、促管理、带人才。选派2名医务人员到新疆和田市进行为期一年的医疗技术支援。有关医院派出医务人员59人次，对口支援内蒙古及京郊房山、门头沟、密云等区县开展诊疗服务，共诊治患者5652人次，会诊95人次，手术225人次，讲座49次。

（李　卓）

【中医管理】　区卫生局投入专项经费20万元，为辖区社区卫生服务中心购置中医诊疗设备；编印并下发《石景山区社区卫生中医实用技术手册》及11种中医健康教育处方；为社区卫生服务机构配置中医宣传展板473块。在开展老年人中医健康指导试点工作基础上，全面启动社区卫生服务机构中医药工作推进月活动。统一开展“五个一”即“一本书、一套处方、一堂课、一期专栏、一次健康讲座”活动。10月，启动石景山区基层中医药服务能力提升工程。区中医医院对口帮扶五里坨、八宝山2个社区卫生服务中心，开展中医专家下社区巡诊活动，共派出6名中医专家下社区为居民提供诊疗服务与健康咨询，义诊180人次，发放健康宣传材料200余份。

（高　晖　汪　磊）

【药械管理】　区卫生局制定并印发抗菌药物临床应用专项整治活动方案。与26家医院签订责任书，重点对全区6家二级医院的控制指标进行月监控，对16家医院抗菌药物临床应用专项整治工作进行督导检查。联合公安分局、药监分局对持有麻醉药品、第一类精神药品购用印鉴卡的14家医疗机构进行专项督导检查。

（高　晖）

【血液管理】　全年组织无偿献血10378单位207.56万毫升，其中团体无偿献血2210单位、街头献血8168单位。医疗用血9659单位，其中成分血9650单位，成分输血率99.9%；血浆3935单位。无偿献血者临床用血血费报销40人次，报销金额30889元。获市级无偿献血先进集体140个、先进个人142个。表彰区级无偿献血先进集体120个、先进个人122个。

（李小洁）

【纠纷处理与事故鉴定】　全年接待医疗纠纷来信、来访、来电159人次。调整和完善医疗事故技术鉴定专家库。受理医疗事故技术鉴定委托4起，其中终止1起、中止2起、鉴定1起结论为非医疗事故。

（李　卓　曹　静）

【继续医学教育】　区卫生系统举办市级继续医学教育项目13项、区级继续医学教育项目285项。开展脑血管疾病防治知识及技能培训，中医药标准化基础知识培训，辖区社区卫生服务机构全科医生合理使用中成药专项培训，北京市基层中医适宜技术培训。审核各级各类医疗卫生机构卫生人员培训证书4972本。局属医疗卫生机构继续医学教育学分达标率99.28%，驻区二、三级医疗机构卫技人员继续医学教育达标率98.14%。

（包曹歆　武凤娇）

【医师定期考核】　区卫生局开展全科医师、中医类别医师技能和业务理论培训，举办医师定期考核法律法规和业务水平考试。对局属医疗卫生机构及辖区一级以下医疗机构执业医师1181人进行定期考核，其中缺考9人，合格1172人。

（包曹歆　武凤娇）

【医疗队伍建设】　区卫生局全年招收应届毕业生17人，招聘社会在职人员12人，内部调整5人。区属卫生事业单位专业技术岗位新聘用131人，其中，正高2人、副高18人、中级35人、初级76人。选拔社区卫生首席专家1人、健康管理专家4人、社区卫生业务骨干17人获批北京市“十百千”卫生人才培养对象。完成对20名社区卫生骨干的重点培养。区疾控中心申报的“区县级基层公共卫生日常风险评估技术的适用性研究”项目获批北京市优秀人才资助项目。选送10人参加“2012年中法急救高级模拟培训班”；17人参加北京市“重性精神疾病防治培训班”；辖区一、二级医院的住院医师58人参加北京市住院医师规范化培训。社区卫生医疗机构51人通过考核取得全科医师、防保医师等专业岗位培训合格证书。

（任　爽　李　晶）

【科研工作】　二级医疗机构承担科研项目4项，其中国家级1项，市级3项；获区科技进步三等奖2项。区属单位发表论文261篇，其中被SCI收录12篇，在核心期刊发表88篇。编辑出版《石景山医药卫生》专刊，刊载论文53篇。

（包曹歆　李　晶）

4月24日，中础社区卫生服务站进入中础大厦义诊　（区卫生局供稿）

【基本建设】 石景山医院医疗楼扩建工程竣工并投入使用；原住院病房楼装修改造工程开工建设。五里坨医院老年护理院装修改造工程完成并投入使用。区动物疫病防控体系建设项目业务用房工程开工建设。完成广宁社区卫生服务中心消防外挂楼梯及污水处理和融景城小区配套社区卫生服务站业务用房标准化建设基础改造项目。

（郭振玲　贯彩霞）

【年度收支】 区属医疗卫生单位上年结余7497.2万元。全年总收入106257万元（含基本建设拨款2900万元），其中财政拨款19937.9万元、事业收入83146.3万元、其他收入3172.8万元；总支出102250.7万元，收支结余11503.5万元；用事业基金弥补收支差额341.7万元，结余分配3114万元，年末结余8731.2万元。

（安冬生）

社区卫生服务

概　　述

社区卫生服务管理中心（简称社管中心）是隶属于区卫生局的事业单位，负责对各级社区卫生服务组织实施检查、评估和专业技术指导；建设老年病、慢性非传染性疾病防治网络。年内，推进家庭医生式服务工作，加强对慢病、妇女儿童、残疾人等重点人群签约力度。强化慢性病及老年人健康管理，加快社区卫生服务网络建设，使家庭医生式服务工作和健康档案的更新、慢病随访、老年人健康管理有效地结合。推广中医药文化建设，做好中医治未病，老年人体质辨识工作。创建北京市示范社区卫生服务中心。继续加大绩效考核监管力度，制定相对科学、公平、合理、可操作性强的社区卫生服务绩效考核标准，建立绩效考核长效机制。探索社区首诊负责制，进一步拓展社区卫生服务功能。完成社区卫生服务信息平台与区级、市级平台成功对接。同时做好药品管理、家庭保健员培养、返聘专家、人员培训、常规数据监测等工作。年内，在北京市医改评估中，石景山区社区卫生服务绩效考核成绩由上年全市第16名提升到第9名。鲁谷社区卫生服务中心获“北京市示范社区卫生服务中心”称号。

（田爱红　贯彩霞）

【服务体系建设】 社管中心调整社区卫生服务机构设置规划，由2006年9个社区卫生服务中心、27个社区卫生服务站调整为9个社区卫生服务中心、48个社区卫生服务站。至年底，实际运行9个社区卫生服务中心，41个社区卫生服务站。全年门急诊1398875人次，同比增长21.99%；医疗收入37186.5万元，同比增长29.35%；药品收入32250.2万元，同比增加30.68%。免疫接种169542人次，同比增长10.51%；儿童保健33351人次，同比增长11.5%；孕产妇保健13848人次，同比增长7.09%；访视精神病患者11211人次，同比减少2.95%。开展社区健康教育讲座560次，同比增长19.66%。建立社区卫生家庭医生式服务团队77个，累计签约132155户、347123人。实施慢性病管理，管理高血压患者45728人，其中规范管理36766人，规范管理率80.4%；管理糖尿病患者14326人，其中规范管理11552人，规范管理率80.6%；管理冠心病患者4891人，管理脑卒中患者3236人。建立居民健康档案517784份，其中建立电子健康档案436398份，电子健康档案建档率68.8 %。9个社区卫生服务中心和40个社区卫生服务站实行药品零差率销售，销售总额16775.58万元。

（田爱红　贯彩霞）

【推行家庭医生式服务】 区政府将家庭医生式服务列入折子工程，制定并下发“石景山区社区卫生家庭医生式服务工作方案”，成立社区卫生家庭医生式服务工作领导小组，建立家庭医生式服务激励机制，设置家庭医生式服务专项经费78万。至年底，建立社区卫生家庭医生式服务团队77个，累计签约达到132155户、347123人。其中老年人及慢性病人家庭医生式服务签约率达到70%以上目标。

（田爱红　曾玉香）

【门诊延时服务】 辖区9个社区卫生服务中心延长门诊服务时间至晚8时，提供全科医疗、药房、输液等服务项目，保证“健康通”手机通畅，及时解答居民医疗卫生问题，提供测量血压、健康指导与咨询。全年延长门诊服务时间段内投入医生4416人次，护士4518人次，医技4161人次，其他人员3937人次。延长门诊服务时间段内累计门诊量43728人次，免费测量血压14697人次，咨询15503人次。

（张　杰　汪　磊）

【建立功能社区卫生服务站】 社管中心分别在公安分局及消防支队办公区建立功能社区卫生服务站。辖区功能社区卫生服务站增至4家，共诊疗10339人次。

（田爱红　郭星华）

【预约转诊】 社管中心落实转诊预约工作实施方案，在双向转诊基础上，建立大医院与社区卫生服务机构转诊预约绿色通道。10家社区卫生服务中心（站）分别与首钢医院、朝阳医院京西院区、石景山医院、玉泉医院签订预约转诊关系协议书。预约转诊2286人次，转诊成功2286人次，转诊成功率100%。

（张　杰　汪　磊）

【返聘退休医学专家】 社管中心返聘专家99人服务于22家社区卫生服务机构。专家门诊224637人次，会诊1139人次，开展培训8201人次、宣教2498人次、带教155人次、咨询9735人次、查房4762人次、其他203人次。对返聘专家进行综合测评，李小军、任贵英、张素爱、高学勤被评为“2012年度石景山区优秀返聘专家”。

（张　杰　耿　喆）

【推广“社区健康通”】 社管中心与24家社区卫生服务机构签订社区健康通使用协议，全区共有204部健康通投入使用。使“健康通”手机成为社区家庭健康服务团队与社区居民家庭之间的桥梁，24小时向社区居民开放。居民可以通过给团队成员打电话，随时随地与社区医护人员沟通，得到方便、快捷的健康指导和咨询服务。

（张　杰　耿　喆）

【老年人健康管理】　社区卫生服务机构为65岁以上老年人提供健康管理13506人次，管理率31.47%；为60岁以上无保障老年人进行免费体检，体检1686人次，体检率23.31%。

（田爱红　肖　卉）

【社区卫生人才培养】　社区卫生首席专家1人、健康管理专家4人、社区卫生业务骨干17人获批北京市“十百千”卫生人才培养对象。组织实施石景山区“加强社区卫生人才队伍培养”项目，对20名社区卫生医疗骨干进行重点培养。辖区社区卫生技术人员共参加市、区两级培训2748人次。其中市级培训153人次；区级培训2595人次。51人通过考核取得全科医师、防保医师等专业岗位培训合格证书。

（张　杰　汪　磊）

【家庭保健员培养】　社管中心培养家庭保健员571人，其中中医家庭保健员60人。全年开展培训193场，培训3882人次；其中中医课程48场，培训1353人次。举办主题为“中医养生、共享健康”家庭保健员健康生活欢乐赛活动。

（田爱红　肖　卉）

疾病预防与控制

概　述

石景山区疾病预防控制中心（简称疾控中心），为市禽流感、麻疹、艾滋病及甲型H1N1流感病毒网络实验室，承担疾病预防与控制、应急事件预警与处置、疫情收集与报告、监测检验与评价、健康教育与促进、应用研究与指导、技术管理与服务等重要公共卫生职责。可开展各类检验检测278项。具有国家计量认证合格证书以及职业健康检查和职业病危害因素检测与评价的资质。年内，加强传染病疫情防控，做好重点地区、重点人群的监测和防控，强化疫情监测和报告，及时对疫情进行分析及趋势研判；加大卫生防病知识宣教，提高群众防病意识。深入贯彻落实区“健康北京人—全民健康促进十年行动规划（2009～2018年）”实施方案，全面开展健康教育和健康促进活动，推进“健康促进1.2.6.8工程”，启动创建北京市慢性非传染性疾病综合防控示范区工作，提高全民健康知晓率，增强市民健康素质。会同多部门组织举办全面健康生活方式行动厨艺比赛、全民健康生活方式行动演讲比赛等活动。荣获北京卫生系统最具影响力科室微博奖。

（班玉贞　张艳霞）

【生命统计】　全年出生3134人，出生率8.50‰；死亡2316人，死亡率6.28‰；自然增长率2.22‰。死因顺位前十位依次为：恶性肿瘤，心脏病，脑血管病，呼吸系统疾病，内分泌、营养和代谢性免疫疾病，损伤和中毒，消化系统疾病，神经系统疾病，泌尿生殖系疾病，传染病。人均期望寿命83.95岁，其中男性83.06岁、女性84.91岁。

（张艳霞）

【传染病防治】　全年报告法定传染病18种4387例，发病率691.64/10万，其中报告死亡5例，均为乙类传染病，包括乙肝3例、丙肝1例、戊肝1例，死亡率0.79/10万，病死率0.11%。甲类传染病无报告。乙类传染病12种925例，发病率145.83/10万，其中，细菌性痢疾400例、肺结核159例、梅毒148例、猩红热90例、病毒性肝炎54例、淋病51例、艾滋病18例、麻疹1例、百日咳1例、布病1例、疟疾1例、甲型H1N1流感1例。丙类传染病6种3462例，发病率545.80/10万，其中，报告其他感染性腹泻病2118例、手足口病1160例、流行性腮腺炎115例、流行性感冒51例、风疹17例、急性出血性结膜炎1例。流感样病例监测累计监测门急诊就诊病例1385183人次，其中流感样病例28809人次。全年无脊灰野病毒病例发生，接报处理AFP病例3例、百日咳1例，无白喉、新生儿破伤风、流脑、乙脑、狂犬病病例发生。

（张艳霞）

【艾滋病防控】　全年新增艾滋病病毒感染者51例，其中艾滋病病人11例。全区艾滋病病毒感染者/艾滋病病人累计182人。筛查检测艾滋病抗体110624人份，阳性者104人，HIV抗体检出率为0.09%；艾滋病哨点监测调查各类人群1824人，检出艾滋病抗体阳性者6人，阳性率0.3%。艾滋病高危人群干预37535人次，抗体检测9705人份，阳性者87人，检出率0.9%。3个艾滋病自愿咨询检测门诊共接待艾滋病咨询检测者1095人，检出艾滋病抗体阳性者83人，检出率7.6%。社区药物维持治疗门诊累计治疗人数453人，在治人数242人，维持治疗率91.2%，在治人数比上年增加14.7%，社区药物维持治疗门诊已连续四年被评为国家优秀门诊。开展“中盖艾滋病项目”、“全球基金艾滋病防治项目”、“北京市高危人群干预及动员检测项目”及“北京市吸毒人群干预项目”等艾滋病防治项目工作，健全性病艾滋病防治网络，对各级各类医疗机构性病艾滋病防治情况进行督导检查。开展艾滋病防控宣传活动，全年发放性病艾滋病宣传资料共计10种109812份，免费发放安全套224801只、润滑油40000支。

（班玉贞　张艳霞）

【计划免疫】　疾控中心召开专业会议和专业培训23期，参加人次数1445人次，其中学校托幼4次，参会310人次。辖区20个预防接种门诊实现预防接种管理信息电子化。全年应急接种MV1人、MR226人、MMR243人、水痘疫苗987人。儿童免疫规划疫苗接种165488人次，其中基础108898人次，接种率99.99%；加强免疫接种56590人次，接种率99.99%。学校、托幼园所补种疫苗11种，补种5019人次，补种率95%以上。遵循“知情同意、自愿免费”原则，全区累计接种招标免费流感疫苗38587支（较上年升高6.3%），其中60岁以上老年人16568支，学生22019支。接报处理疑似预防接种反应4例，处置及时率100%。全年报告疑似预防接种异常反应45例，报告率17.02/10万，达到3/10万的指标；疑似预防接种反应调查及时率、录入完整率、及时审核率及个案调查完整率均为100%，全部达到监测标准。外来务工人员接种流脑A+C疫苗2419

人,接种麻疹疫苗2378人。完成学龄前流动儿童强化查漏补种工作,调查适龄儿童14362人、补卡133人、补证47人、补种7中疫苗463针次。

(班玉贞 张艳霞)

【手足口病防控】 疾控中心召开全区手足口病托幼园所保健医、学校校医培训会,通报发病情况和发展趋势,部署相关工作。强化疫情监测与报告工作,编辑流行形势分析5期。加大对托幼园所、中小学校及流动人口聚集地等重点场所监察力度,对各级医疗机构开展专项检查。全年出动监督检查人员642人次,监督车214辆次,督查学校、托幼机构及医疗机构215户次。及时处置手足口病聚集性和暴发疫情,对于集体单位发生的首例病例及时到现场进行处置,累计完成148起疫情调查处置。开展手足口病病原学监测工作,全年累计采集检测手足口病咽拭子标本186件,阳性率63.4%。访视手足口病1126例,完成个案调查、随访工作。开展手足口病宣传6次,其中现场宣传5次、在《石景山报》刊登防治知识2期;解答群众咨询800余人,发放“致家长一封信”、宣传册、海报、折页等资料5万余份。对学校、托幼机构以及保健科人员进行培训4次,310人次。

(班玉贞 张艳霞)

【结核病防治】 结核病防治所正式迁入区疾控中心门诊楼,实验室并入区疾控中心微生物实验室,新购DR影像系统投入使用。门诊2594人次,免费查痰抗酸染色涂片1285份,其中涂阳215份;培养1006份,其中培阳98份。登记管理115人,其中本市59人、外地56人,监化率100%,发放免费药品24425人次,继续执行DOTS策略防治结核病。对大学新生5727人进行结核菌素监测,其中强阳性240例,免费胸片检查238人,痰涂片及培养16人,未发现结核病人。新生儿卡介苗接种6258人,接种率100%;PPD监测4571人次,阳转率99%。组织有关医疗卫生单位开展“世界防治结核病日”宣传活动,开展结核病防治培训5次。

(班玉贞 张艳霞)

【精神卫生】 执行卫生部重性精神疾病管理治疗工作规范(2012年版)。登记在册精神病人2607人,其中住院治疗267人(五里坨医院247人,房山农疗基地收治20人)、社区管理2340人。重性精神病人规范管理率达100%。结合十八大专项“暖心”行动,联合各委办局对未建档的精神病人432人进行入户访视;并对全区登记建档的重性精神病人进行梳理和风险评估,核查并完善健康档案信息。对辖内区4家具有精神疾病诊疗资质的医疗机构的重性精神疾病患者信息上报进行督导检查。对贫困重性精神病人进行入户访视,免费投药1937人次。选派6名精神康复者参加北京市第三届精神康复者职业技能大赛,荣获集体三等奖。开展对辖区精防医生及公安民警、街道居委会安保人员300人进行应对精神病人的危险性评估和突发肇事肇祸事件应急处置培训。

(班玉贞 李 靖)

【慢性非传染性疾病防治与管理】 7月19日,区政府启动石景山区创建北京市慢性非传染性疾病综合防控示范区工作。成立创建工作领导小组,制定并组织实施《石景山区创建北京市慢性非传染性疾病综合防控示范区工作实施方案》。疾控中心在3个社区卫生服务中心开展2010年~2011年度筛查出脑卒中高危人群随访工作,共随访2059人次,现场督导9次。成立40个高血压自我管理小组,组织开展授课及活动230余次。利用慢病管理软件开展健康管理与慢病综合干预。开展区成人慢性病及其危险因素监测工作,共监测抽样人群4200余人。建立居民健康档案517784份,其中电子健康档案436398份。管理高血压45728人,规范管理36766人,规范管理率80.4%;管理糖尿病14326人,规范管理11552人,规范管理率80.6%;管理冠心病4891人;管理脑卒中3236人。培养家庭保健员571人。开展高血压日、糖尿病日等宣传活动14次,发放宣传材料21种8万余份。发表科普文章45篇。

(班玉贞 张艳霞)

【公共卫生监测与评价】 疾控中心检测职业危害场所8家,检测样品197件,合格196件,合格率99.5%。网络直报尘肺病、职业病、疑似职业病和农药中毒34例。开展医院职报人员培训2次,对部分医院开展职业病网络直报绩效考核。医疗单位射线装置和机房防护检测111台,合格109台,合格率98.2%。工业X线探伤机专用探伤室防护检测合格率100%。放射工作人员外照射个人剂量监测55户338人1173人次,送检率97.4%。完成食品委托检测681件,除大肠菌群检测方法与卫生标准不符无法评价外,其他指标均合格的食品641件,合格率94.1%。食品现场抽检食品样品134件,合格133件,合格率99.2%;餐具现场抽检65件,合格率100%。开展食品安全风险监测工作,其中食源性致病菌监测水平样品285件,合格261件,合格率91.6%;食品污染物监测416件,合格403件,合格率96.9%。对1486户公共场所进行办证和审证的监测,监测50419件,合格50239件,合格率99.6%。监测自备井和二次供水92件,合格84件,合格率91.3%;监测末梢水122件,合格105件,合格率86.1%;检测地下水10件,合格2件,合格率20%。食品从业人员体检34801人,公共场所从业人员体检13941人。

(张艳霞)

【感染防治】 疾控中心全年监测医疗机构区级以上11个,区级以下18个,诊所45个,学校医务室4个,托幼机构25个。共监测152户次,采样1837件,合格1778件,合格率96.8%。其中物表及工作人员手涂抹采样1391件,合格1341件,合格率96.4%;空气采样246间(件),合格237间(件),合格率96.3%;高压锅监测采样162件,合格160件,合格率98.8%;医院污水5件,其他38件,全部合格。托幼机构消毒效果监测51户次,采样716件,合格693件,合格率96.8%。其中物表及手采样448件,合格427件,合格率95.3%。空气采样110间(件),合格109(件),合格率99.1%。消毒工作检查医疗机构152户次、托幼机构51户次。传染病病家或疫点消毒18户次，7月21日暴雨水灾后预防性消毒68户次，进行物表消毒面积29850平方米，消毒效果评价5户。传染病疫情病家消毒技术指导112户次，检查社区服务站（中心）40户次。传染病防控督导检查，发热门诊检查1户次；肠道门诊12户次。病媒生物监测：蝇监测21次，共6类环境每次设点7个场所，共累计布放蝇笼119个；蚊监测18次，成蚊共监测3类环境每次5个点，累计布放诱蚊灯180套；白纹伊蚊专项监测6次，2个点，布放诱蚊诱卵器600个；幼蚊监测共4类环境每次6个点，共累计检查容器46个，取水样270勺。蟑螂密度监测12次，每次设点8个场所，累计布放粘蟑板4080张。鼠密度监测12次，每次设点4个。布粉块600块，鼠夹1300把。抗药性监测：完成本年度家蝇、德国小蠊及淡色库蚊幼虫对敌敌畏、仲丁威、溴氰菊酯、毒死蜱及乙酰甲胺磷等5种药物抗药性监测。出血热鼠监测，布放鼠夹1500把，捕鼠30只，鼠心肺标本送市CDC实验室进行出血热抗原抗体的检测。

（张艳霞）

【学校卫生】 启动中小学生传染病早期预警监测系统，实现晨午检防病相关信息网络实时报告。定期对中小学校医进行二级培训，发放折页、手册、挂图、光盘等宣传品共4万余份。对50所中小学校开展传染病管理状况调查。完成3.6万名学生健康体检和既往病史的筛查和整理。在全区中小学校开展视力不良分级警示工作。对27所学校的照明改造工程效果进行检测评估，结果全部合格。在全区学校开展“6.6”爱眼日活动、“爱眼护眼 从小做起 从我做起”的预防近视眼专题活动。对40所中小学校开展营养午餐现状调查。开展中小学生伤害流行现状问卷调查。开展学生控烟宣传活动，制作20块控烟知识宣传展板并在各中小学校轮流展出。7～9岁儿童实施窝沟封闭5102人。

（班玉贞 张艳霞）

【健康教育与促进】 上年健康促进工作开展情况通过北京市健康促进工作委员会考核组的考评。制定下发工作计划，围绕“1.2.6.8工程”开展全民健康教育和健康促进工作。开展健康促进示范社区创建活动，累计49个社区获得健康促进示范社区称号。落实“阳光长城计划2012”行动。在6个街道（社区）内开展“北京健康科普专家团巡讲活动”。加强健康大课堂师资队伍建设，健康大课堂师资达109人。开展社区健康大课堂讲座560场。开展各类卫生主题日宣传活动14次，发放宣传品23种20余万份，咨询5500人次。在《石景山报》刊登健康教育科普文章42篇，在石景山卫生信息网发表科普文章16篇。区健康教育所全年发微博912条，粉丝12000。获市卫生系统最具影响力科室微博奖。

（班玉贞 张艳霞）

【妇女保健】 产妇分娩6054人，活产6209人，围产儿死亡30例，死亡率4.95‰。监测围产儿6054人，其中本市户口3526人，出生缺陷52例，包括本市户口37例，本市户籍出生缺陷发生率10.49‰。本区户籍出生数3145人，产妇数3104人，活产数3134人；无孕产妇死亡，孕产妇系统管理3028人，孕产妇系统管理率97.58%。围产儿死亡15人，死亡率4.77‰。妇女病检查17015人，患妇女病7390人，患病率43.43%；未发现妇科及乳腺恶性肿瘤。继续开展2011～2012年适龄妇女两癌免费筛查，为辖区适龄妇女进行两癌免费筛查累计10874人，其中宫颈癌筛查10528人，确诊宫颈癌2例；乳腺癌筛查10874人，确诊乳腺癌10例。开展适龄妇女增补叶酸预防神经管缺陷工作，全区16个发药医疗机构为育龄妇女提供叶酸免费发放和咨询指导，免费发放叶酸671人份。开展预防艾滋病、梅毒和乙肝母婴传播项目，发放乙肝免疫球蛋白90支，为58名乙肝表面抗原感染孕妇所生婴儿进行注射。

（祁 强 郭淑菊）

【儿童保健】 区儿童早期综合发展服务中心在区妇幼保健院建成投入使用。新生儿疾病筛查率98.14%，新生儿死亡率2.23‰，婴儿死亡率3.83‰，5岁以下儿童死亡率4.47‰；6个月内婴儿母乳喂养率88.37%，儿童保健系统管理率96.23%。0～6岁儿童听力筛查率95.39%，高危儿智力监测覆盖率100%。0～6岁儿童免费体检40654人次。新生儿访视7512人次，新生儿疾病筛查5917人次，智力筛查4905人次，听力筛查24435人次，视力筛查7750人次，口腔检查24924人次，血色素检查22973人次。0～1岁儿童神经心理测查率85.66%，3～4岁儿童实施氟化泡沫防龋14827人。

（祁 强 郭淑菊）

【母婴保健技术许可】 对17家医疗机构计划生育技术服务及4家助产机构的新生儿窒息抢救技术、危重症孕产妇转会诊流程、爱婴医院等内容进行专项督导检查；组织开展产前筛查、超声筛查、出生缺陷监测、妇幼报表等工作的质控20次；对督导与质控中发现的问题，要求各相关机构及时整改。完成玉泉医院等10家医疗机构计划生育资质许可换证工作，对98名母婴保健技术服务人员资质进行换证及新考证工作，补发出生医学证明33例。全区计划生育手术6460例，其中本市户口2703例，外地户口3757例，无节育手术并发症发生。

（祁 强 郭淑菊）

卫生监督

概　述

石景山区卫生局卫生监督所（简称卫生监督所）为区卫生局直属副处级行政执法机构。年内，加大卫生监督执法力度，将日常监督与专项整治有机结合，开展食品、生活饮用水、公共场所、学校、职业放射及医疗安全卫生监督检查115181户次，行政处罚266起，其中罚款98起，罚款19.12万元。对台湾街、游乐园酒吧街、盛景国际广场等58项许可开通绿色通道，设立重点项目审批岗，进行一对一的服务和全程代办。全年发放卫生许可证804户，受理群众投诉举报162起，办

结率100%。全年未发生食物中毒和生活饮用水污染事件。获首都文明单位、卫生部保健局颁发的“全国政协十一届五次会议保障贡献奖”。获区优秀服务窗口、行政服务大厅金奖。

（王妍妍　张树华）

【行政审批】 卫生监督所全年受理卫生行政许可申请1087人次，现场审查2010户次，发放卫生许可证804件。执业医师变更、注册申请受理299件；母婴保健申请受理42件；医疗机构放射诊疗许可26件。

（徐　进　张树华）

【公共卫生监督】 辖区餐饮服务单位1218个，其中餐馆661个、快餐店21个、小吃店73个、饮品店41个、食堂345个、集体用餐配送单位5个、现制现售70个、其他2个。餐饮单位建档率100%。卫生监督所监督检查3881户次，合格3737户次，合格率为96.29%。应量化餐饮服务单位1117个，已量化747个，量化率为66.88%。其中优秀单位170个、良好单位为345个、一般单位232个。辖区公共场所经营单位699个。其中旅店业98个、文化娱乐场所25个、公共浴室22个、理发店及美容店508个、游泳场12个、体育场3个、商场31个。监督检查1369户次，合格1365户次，合格率99.71%。完成10个商场量化评级，其中A级8个、B级2个；量化分级率32.26%。完成22个公共浴室的量化评级，其中A级2个、B级14个、C级6个；量化分级率100%。生活饮用水卫生。辖区供水单位185个，其中集中式供水26个、二次供水159个。监督检查584户次，合格540户次，合格率92.47%。监督覆盖频次达到100%，市政供水、二次供水、自备井监督覆盖率达到100%。

（肖文平　张树华）

【学校卫生监督】 区内学校87所，其中公立中学22所、公立小学18所、大学1所、民办高校5所、其他学校9所、托幼机构32所。学生营养餐配送单位3个。学校、托幼机构食堂共101个。其中中小学食堂35户、大学食堂18户、托幼机构食堂48户；学生营养餐配送单位共3户。卫生监督所全年开展学校卫生监督检查48户次，合格率100%。开展学校、托幼机构食品安全监督检查306户次，监督覆盖率100%。开展学生营养餐配送单位监督检查28户次，合格率100%，覆盖率100%。

（肖文平　张树华）

【职业放射卫生专项监督】 辖区职业危害单位124个。卫生监督所监督检查84户次，覆盖率67.74%。开展《职业病防治法》宣传系列活动。制作悬挂条幅4条，展板5快，发放张贴宣传画200张，发放宣传材料1200份，宣传册600本，宣传袋200个，咨询2000人次。放射单位36个，全年监督检查49户次，合格49户次，合格率100%，监督覆盖率100%。对在岗放射工作人员进行培训。

（肖文平　张树华）

【医疗卫生监督】 卫生监督所全年对医疗机构和传染病疫情防控监督检查3892户次，合格3824户次，合格率98.25%。其中检查医疗机构许可428户次、卫生技术人员执业许可780户次、传染病防控和疫情报告459户次、消毒隔离428户次、医疗废物352户次、消毒产品424户次、预防接种54户次、实验室安全88户次、医疗美容2户次、医疗广告182户次、母婴保健25户次、血液安全9户次、医疗质量534户次，受理投诉举报及信访件48件、取缔非法行医79户次。全区医疗、预防、保健机构195个，全年日常监督检查覆盖100%。开展传染病疫情防控、医疗机构依法执业、医疗美容、医疗废物管理、预防接种门诊、肠道门诊、健康体检、临床用血安全、结核病防治、母婴保健（计生、助产）、医保定点机构依法执业、学校、托幼机构传染病防控、实验室安全、血液透析、冬季传染病防控、消毒产品生产企业、打击非法行医等专项监督检查。

（崔　超　张树华）

【大型活动保障】 卫生监督所完成十八大安保、全国政协十一届五次会议、北京台湾文化艺术节、“天宏杯”2012年首届北京国际武术文化节、首钢光影文化节、区两会以及各类节假日的食品安全保障工作。出动监督员284人次、监督车140车次，共监督检查营养餐配送单位12户次、餐饮服务单位465户次、庙会摊点680户次、公共场所单位32户次、生活饮用水12户次、医疗机构76户次。制作现场检查笔录86份，出具卫生监督意见书30份，现场快速检测378件，均合格。

（肖文平　张树华）

【产品抽检】 卫生监督所食品卫生抽检15类食品、2类食品相关产品350件样品，合格336件，合格率为96%。不合格的样品分别为1件果酱、1件酱腌菜、1件煎炸用植物油、1件豆腐丝、3件面包糕点、7件快餐盒。卫生监督员对抽检不合格单位，依法进行行政处罚，罚款2起，罚款4000元；依法下达卫生监督意见书，要求整改。对于不合格定型包装食品，已移交至区食品安全办公室处理。监督抽检营业面积3000平方米以上的商场超市的室内空气质量144件，三星以上的宾馆和普通旅店的公共用品用具72件、游泳池水68件（全区在营业的17个游泳场所）、集中空调通风系统70件，共计354件，合格332件，合格率93.8%。不合格样品有3件公共用品用具、18件游泳池水和1件集中空调送风管道细菌总数。对于公共场所抽检不合格单位，依法进行警告的行政处罚，下达卫生监督意见书，责令限期整改。

（肖文平　张树华）

动物卫生监督

概　述

石景山区动物卫生监督所隶属于区动物卫生监督管理局，承担区内动物防疫、检疫、兽医医政、药政以及动物及动物产品安全监管的行政执法工作，并受石景山区动物卫生监督管理局委托行使兽药、饲料、种畜禽监督执法工作。年内，按照抓管理保质量、抓屠宰保源头、抓市场保规范的指导思想，积极开展工作，逐步形成屠宰检疫、监督执法、市场监管相互协调工作运行机制。区防治重大动物疫病指挥部办公室与区防治重大动物疫病成员单位30家签订动物防疫工作责任书。全年监督检查动物及动物产品各类场所1065户次,行政处罚40起,罚款1.47万元;查扣并无害化处理违法销售的动物产品2130公斤;销毁假劣兽药660支。取缔活禽交易摊点6个,查扣并无害化处理活禽368只。

(翟君辉　杨国平)

【防疫和检疫净化】　辖区存栏肉牛120头,特禽3只,羊95只,鹿28头,马13匹,注册犬8385条。以程序化免疫和春、秋集中防疫相结合方式,对存栏动物进行口蹄疫、高致病性禽流感和狂犬病疫苗防疫,免疫率100%。春、秋季集中对存栏牛、马检疫净化,检疫净化牛结核、牛布氏杆菌病,马鼻疽、马传染性贫血,结果为阴性。对120条注册犬进行狂犬病抗体监测和病毒检测,结果合格。

(翟君辉　杨国平)

【动物及产品检疫】　年内产地检疫鸽子49500羽、其他动物798头,动物产品800吨,屠宰检疫生猪63700头、回收检疫证明3186份、耳标63700枚。

(翟君辉　杨国平)

【动物及产品检查】　监管对象1307个,其中养殖户12个,屠宰企业1个,动物产品加工企业3个,动物诊疗机构12个(医院6个、诊所6个),超市、农贸市场、专营店、冷库105个,宾馆餐厅、食堂、饭店1174个。开展日常监督和绿剑行动等专项行动,监督检查1065户次,查处违反动物防疫法案件40件。其中现场处罚32件,立案处罚31件,全部结案,收缴罚款1.47万元、查扣并无害化处理动物产品2130公斤;销毁假劣兽药660余支。在市场中抽检动物产品654份,检查违禁药品和兽药残留,结果为阴性。对西黄村牧业食品公司屠宰的生猪数10%进行"瘦肉精"快速检测,抽检生猪尿样6520份,结果为阴性。

(翟君辉　杨国平)

【狂犬病防治】　联合公安、城管部门进行无主动物收容救置68次。收容救置犬、猫3013只。5~9月,组织动物医院到所有派出所、社区居委会集中开展狂犬病免疫工作,免疫犬6000条。举办"文明养犬进社区"和"狂犬病、流浪动物危害"宣讲活动12次,其中3次活动被区电视台报道。动物诊疗机构执业兽医注册备案11人。

(翟君辉　杨国平)

【诚信责任体系建设】　继续落实北京市动物卫生监督所提出的"风险分级、量化监督、档案管理"和诚信责任体系建设精神。对具备资质的263家单位建立更新纸质、电子档案,并进行风险分级、量化监督,其中达到A级46家、B级196家、C级21家。签订责任书192份、协议书436份、承诺书192份。

(翟君辉　杨国平)

医疗机构

中医医院

【概况】　石景山区中医医院是一所政府举办非营利性二级中医综合医院。属于市基本医疗保险定点医院。现有职工211人(含社区卫生服务中心)。卫生技术人员中正高3人,副高15人,中级75人,初级师76人。设有18个临床科室,5个医技科室,肾病、内科、骨伤、肛肠、针灸5个病区,开放床位120张。年内,医院以等级评审为契机,大力引进人才,深化中医药内涵建设,凸显中医特色专科优势;加强硬件设施投入,改善就医环境;完善制度体系,增强服务意识,提升服务质量。开通114预约挂号,拓宽服务平台。通过医院等级评审检查,晋升为二级乙等中医医院。与市中医医院签署协作医院协议,在业务上进行广泛合作。与朝阳医院京西院区签署对口支援协作协议,实现与上级医院对口支援。全年业务收入同比增长21.41%。收到群众表扬信26封,锦旗19面。北京市中医药"薪火传承3+3工程"正式命名张振忠基层老中医传承工作室为第一批基层老中医传承工作室。获区"巾帼服务品牌"先进集体。获市中医药管理局创先争优先进个人、优秀护士称号各1人。

地址:石景山区八角北路
电话:6886290(院办)
　　88982461(医务科)
　　68875912(医疗保险科)
邮编:100043
网址:www.sjszyy.cn

(孟林洁)

【医疗工作】　中医医院全年门急诊189024人次,同比增长13%;日均门诊701人次,同比增长17.55%;住院1049人次,同比增长24.39%;业务总收入同比增长21.41%。规范医疗查房流程,优化优势病种诊疗方案,开展临床路径病种数5个。突出中医特色,加强非药物治疗人次,降低药品比,成立中医综合治疗区,将原有的激光、理疗、醋疗等科室进行整合,实现统一管理。开展中医特色治疗,三伏贴治疗患者1268人次,三九贴治疗患者202人次。规范处方管理,全年检查处方28456张。抽查住院病历354份,其中甲级病历占92%。实行中医新病历首页,实施住院医生工作站及电子病历。开通114电话预约平台。安排19名医师下社区出诊,支援八角社区卫生服务中心及下属6个社区卫生服务站,全年诊疗、咨询服务患者1869人次,诊疗患者5864人次。

(李长征)

【传染病防控】　中医医院加强传染病知识全员培训,全年进行鼠疫、不明原因肺炎及流感样病例、维持无脊髓状态、手足口、EV71感染重症病例临床救治、细菌性痢疾等专题讲座5次。肠道门诊全年诊疗患者30人,感染性腹泻9人次,细菌性痢疾2人次。发热门诊诊疗91人次,无传染病或重症患者。

(李长征)

【文化宣传】　中医医院在区广电中心"生活与信息"栏目录制3期中医健康知识讲座,开展"中医专家下社区"活动,义诊、咨询居民2421人次。开展社区大讲堂活动,共有7位专家进社区宣传普及中医药养生保健知识。更新制作中医文化宣传展板159块。

(李长征)

【护理工作】　中医医院修订护士长手

册,制定中医特色的质量评价标准,成立专项质控小组。选派护士长外出培训4次,选派业务骨干外出培训、学习5次。组织中医护理理论培训3次,培训242人次。实时推进责任制整体护理,层级排班,针对优质护理服务病区制定质控表。优质护理服务病区达到100%,护理处置95176人次,其中中医护理处置14864人次。1名护士获市中医管理局优秀护士称号。

（陈 涌）

【医疗保险】 中医医院制定中医院实名制就医实施细则,严格执行“急三、慢七、慢性病半个月、十种病一个月”的开药时限。加大处方检查力度,对不合格处方全院点评并给与相应处罚。加强过程和终末病历的控制,严把出、入院标准,检查医保病人住院病历各项检查、治疗、用药、诊断记录是否完整准确,加强病历内涵质量的控制,做到因病施治、合理检查、合理治疗、合理用药、合理收费。通过电子显示屏将收费项目、收费标准、药品价格公布于众,全面推行住院病人费用“一日清单制”,自觉接受社会监督。

（范京梅）

【社区卫生服务】 八角社区卫生服务中心有职工101人,下设社区卫生服务站8个,服务人口91826人。全年诊疗总人次61391人次,较去年同期增长18.51%,业务收入增长20.96%。建立慢病管理制度,实施门诊35岁以上居民首诊测血压制度。开展成年人健康危险因素调查800人,对脑卒中潜在高危及高危人群规范化管理741人,随访2062人次;进行肿瘤患者生存状况随访680人,随访率92.77%。培养家庭保健员44人。2011年9月至2012年3月共进行适龄妇女两癌筛查1485人次,对发现35例可疑病例,全部进行追访。其中良性肿瘤10人(4人已行全子宫切除术),恶性病变2人,其余23人药物治疗后定期复查。管理在册精神病人398人,免费投药300人次。为辖区65岁以上老年人、60岁以上无社会养老保障老年人、低保老人免费健康体检3055人。儿童体检4097人,新生儿访视、儿童体检、智力筛查、听力、视力检查等累计达6429人次。流感样病历监测67944人次。儿童计划免疫22251人次,其中二类疫苗4813人次。开展60岁以上老年人流感疫苗免费接种2235人。辖区传染病发病1007例,对菌痢、水痘、结核等传染病流调624人次。传染病疫情网络直报率达100%,无传染病漏报、迟报发生。

（周 强）

妇幼保健院

【概况】 石景山区妇幼保健院位于依翠园小区,是区卫生局直属的二级妇幼保健机构,承担全区妇女保健、儿童保健、婚前保健、出生缺陷监测及计划生育技术指导与管理工作,是以保健为中心,医疗、科研、健康教育为一体的医疗保险定点专科医院,是地区公共卫生体系重要组成部分。现有职工55人,其中卫生专业技术人员47人(高级职称3人、中级职称22人、初级职称21人、无职称1人),非卫生专业技术人员3人,工勤人员1人。新购置医疗设备总值22万元,其中10万元以上设备1台。获“首都文明单位”、“北京市无偿献血工作先进单位”等称号。

地址:石景山区依翠园5号

电话:68625569

邮编:100040

（郭淑菊 董金娜）

【改革与管理】 妇幼保健院开展妇幼保健新项目,1月1日起启用全血细胞分析仪(五分类)、阴道炎检测仪。整理、规范0-6岁儿童保健门诊体检内容,增加6个月和1岁儿童体检项目。开设外科及理疗科,引进伟力彩色精子质量检测仪。3月,数字X线摄影系统开始临床使用;8月,安装使用LIS(实验室信息管理系统)。12月,完成二楼诊室及走廊装修改造工程,完成石景山区早期儿童发展中心评估验收。

（郭淑菊）

【医疗保健】 妇幼保健院妇产科门诊5268人次,计划生育手术315人次。妇女保健门诊9380人次,口腔科门诊294人次,儿科门诊5682人次,儿童保健门诊8808人次。儿童健康体检15218人次,其中,儿童入托体检6534人次;预防接种5743人次。托幼园所保教人员集体体检1222人次,亲子班陪护、务工人员和集体体检3454人次。

（郭淑菊 侯杉杉）

【儿童保健】 妇幼保健院为辖区41所幼儿园的10098名儿童进行免费体检。完成0~6岁儿童免费健康体检40654人次,新生儿访视7512人,新生儿疾病筛查5917人次,听力筛查24435人次,智力筛查4905人次,视力筛查7750人次,口腔检查24924人次,血色素检查22973人次。为儿童氟泡沫防龋1107人次。对辖区20个儿童保健服务单位、31个托幼院所进行卫生保健工作绩效考核。

（郭淑菊 王 红）

【妇女保健】 妇幼保健院免费孕前体检1222人次。开展预防艾滋病、梅毒和乙肝母婴传播项目,为乙肝表面抗原阳性孕产所生婴儿注射乙肝免疫58人份。开展本区适龄妇女增补叶酸预防神经管缺陷工作,通过16个医疗机构为育龄妇女提供叶酸免费发放和咨询指导,累计发放叶酸671人份,发放率21.6%,育龄妇女服用叶酸覆盖率61.0%。

（郭淑菊 侯杉杉）

【婚前保健】 妇幼保健院婚前医学检查970人,其中男性婚检528人,女性婚检442人,婚前医学检查率11.0%。检出疾病67人,疾病检出率6.9%,以生殖系统疾病为主,对受检者进行婚前卫生指导和卫生咨询。

（郭淑菊 侯杉杉）

【两癌筛查】 妇幼保健院继续开展2011~2012年适龄妇女两癌免费筛查,全区累计为辖区35~65岁妇女进行两癌免费筛查10874人,其中乳腺癌筛查10874人,乳腺癌转诊可疑病例1101人,确诊乳腺癌10例宫颈癌筛查10528人,宫颈癌转诊可疑病例139人,确诊宫颈癌2例。

（郭淑菊 李 娟）

【医学教育】 妇幼保健院举行继续医

学教育项目培训25次，包括区级项目12次，单位自管项目13次。其中传染病培训7次，包括AFP、鼠疫、手足口、儿童常见传染病等重点传染病，参加培训298人次。全院45人参加学分审验，达标率100%。外出培训人25人次，院内继续教育资金投入为25800元。

（郭淑菊　侯杉杉）

【健康教育】 妇幼保健院普及妇女卫生知识，组织各种宣教活动。全年发放宣传材料150种5800份，张贴宣传画70种200张，自制宣传板43块25期；全区孕妇学校发放宣传材料160种3500份，讲课78次，听课1500人次。与区计生委合办围孕期妇女"人生课堂"，累计听课3570人次，发放围产保健相关宣传材料42840份。

（郭淑菊　侯杉杉）

【指标完成情况】 助产机构：分娩总数6054人，活产数6209人，其中剖宫产2626例，剖宫产率43.38%，围产儿死亡数30例，围产儿死亡率4.95‰。产前筛查：孕20周～24周B超筛查胎儿5416例，筛查异常280例；血清学筛查6200例，筛查异常350例。围产儿出生缺陷监测：监测围产儿总数6054人，其中本市户口3526人；发生出生缺陷52例，其中本市户口37例，本市户籍出生缺陷发生率10.49‰。孕产妇系统管理：户籍出生数3145人，产妇数3104人，活产数3134人；孕产妇死亡0人，死亡率0；围产儿死亡15人，死亡率4.77‰；孕产妇系统管理数3028人，孕产妇系统管理率97.58%。计划生育技术服务：计划生育手术总数6460例，其中本市户口2703例，外地户口3757例，无节育手术并发症发生。儿童保健指标：新生儿疾病筛查率98.14%，新生儿听力筛查率99.17%，新生儿死亡率2.23‰，婴儿死亡率3.83‰，5岁以下儿童死亡率4.47‰。六个月内婴儿母乳喂养率88.37%，儿童保健系统管理率96.23%。0～6岁儿童听力筛查率95.39%。高危儿智力监测覆盖率100%。0－1岁神经心理测查率85.66%。妇女病体检：实查17015人，患妇女病7390人，妇女病患病率43.43%。按单病种患病率排前五位的依次为：乳腺小叶增生3795例（患病率22.30%）、子宫肌瘤2094例（患病率12.31%）、慢性宫颈炎1860例（患病率10.93%）、阴道炎1345例（患病率7.90%）、卵巢肿物795例（患病率4.67%）。未发现妇科及乳腺恶性肿瘤。

（郭淑菊　王　红）

五里坨医院

【概况】 五里坨医院位于石景山西部开发区内，是一所集五里坨医院、区精神卫生保健所、五里坨社区卫生服务中心为一体的医疗机构，为北京市医疗保险定点机构。医院建筑面积11075平方米，人员编制183人，现有职工197人，其中正式职工133人，聘用职工64人。床位编制280张。承担全区精神病人门诊治疗、住院康复及面向全区开展老年疾病的治疗护理工作。医院坚持以病人为中心，以全面提高医疗质量为主题，以建立和谐医患关系为目标，严抓医疗规范化和核心制度的落实，使医院的各项工作高效有序进行。精神卫生保健所承担全区精神病人治疗、管理及"中央补助地方重性精神疾病管理治疗项目"工作。与区公安、残联、民政、街道等部门密切合作，有效地控制石景山区精神病人肇事肇祸事件发生。自1997年起连续获区"文明单位"称号。全科医师刘贵被卫生部授予"全国医药卫生系统创先争优先进个人"称号。

地址：石景山区石门路322号
电话：88902313
邮编：100042

（李　靖）

【精神疾病防治】 五里坨医院登记在册重性精神病人2607人，新建档人数360人。区重性精神疾病管理工作效果评估均达标，其中，重性精神疾病治疗网络覆盖率100%（规定100%），患者检出率4.1‰（规定2.5‰），检出患者管理率80%（规定80%），检出患者规范管理率77.4%（规定70%），在管患者病情稳定率72%（规定60%）。执行卫生部《重性精神疾病管理治疗工作规范（2012年版）》。结合十八大专项"暖心"行动，联合各委办局对未建档精神病人432人进行入户访视。对全区登记建档的重性精神病患者455人进行梳理和风险评估，评估出有肇事肇祸倾向的、存在安全隐患的患者22名，完善健康档案信息，纳入重点管理。选派6名精神康复者参加北京市第三届精神康复者职业技能大赛，荣获集体三等奖。开展对辖区精防医生及公安民警、街道居委会安保人员300人进行应对精神病人的危险性评估和突发肇事肇祸事件的应急处置培训。区应急小组成员参加市卫生局举办的突发公共事件后的心理危机干预培训和演练。组织有关医疗机构开展"世界精神卫生日"宣传活动。

（薛　云）

【社区卫生服务】 五里坨社区服务中心现有职工46人，含副高及以上4人，中级13人，初级31人。服务面积26.94平方公里，服务人口2.7万。年内，被批准为北京市基层中医药综合服务区建设单位。开展针灸、推拿、拔罐、康复等中医药适宜技术，开展中药代煎服务等，为周边百姓提供防、治、保、康、健、教、计划生育适宜技术六位体的社区卫生服务。全年门诊69491人次，门诊观察10290人次。管理高血压患者1317人，规范管理988人，管理糖尿病患者378人，规范管理284人，规范管理率均达到75%。培养家庭保健员44人。社区卫生家庭医生式服务团队累计签约3616户、9055人。功能社区站根据实际创新思路，与干警集体签约，签约人数占服务人口100%。

（沈凌霞）

【老年病防治】 10月，老年护理院装修改造工程完成并投入使用。全年收治患有老年痴呆症、抑郁症、脑血管疾病、酒中毒所致精神障碍的患者共120人。根据病人病情，做好评估，制定适合每个病人的治疗方案和康复措施，开展心理治疗、行为矫正、各种工娱治疗、理疗、针灸、按摩等康复治疗。开展人性化服务，护理上针对老年的生

理病理特点，制定防跌倒、防褥疮、防噎食、防外跑及各种并发症等具体措施。

（辛建华）

北京市石景山医院

【概况】 石景山医院创建于1987年10月，是区政府举办集医、教、研、防为一体，以心内科、心外科等为特色的二级甲等综合医院，是市急救中心石景山分中心、首都医科大学教学医院、市医疗保险A类定点医疗机构、区域医疗中心。医院总占地面积近5万余平方米，建筑面积9.5万余平方米。编制床位600张，实际开放床位540张，设有31个临床科室，13个医技科室，4个社区卫生服务站。现有职工1350人，在编职工759人，合同职工591人；其中卫生技术人员1102人（含正高24人、副高70人、中级307人、初级师288人、初级士413人）。医疗设备总价值16708.67万元，拥有1.5T高场超导核磁共振诊断仪、64排螺旋CT扫描机、数字成像血管造影仪、16人高压氧舱、乳腺机等万元以上设备1090台件。新购置医疗设备总值3571.22万元，其中西门子多普勒超声诊断仪、乳腺机等万元以上设备215台件，其中10万～100万元设备71台，100万元以上设备3台。医院立足石景山区，辐射京西地区，秉承“仁爱厚德、大医精诚”的院训，坚持不懈、孜孜以求，为广大人民群众提供优质高效的医疗服务。被市药监局、市卫生局授予北京市药品不良反应监测工作先进单位，被市体检中心授予高招体检工作先进单位，被市卫生局、市肿瘤研究办公室授予北京市肿瘤登记报告先进单位，医院急诊科被北京市总工会授予工人先锋号。

地址：石景山区石景山路24号
邮编：100043
电话：68668131
网址：www.bjsjsyy.com.cn

（靳淑琴）

【医疗工作】 石景山医院全年门急诊1247129人次（不含社区），同比增长14.4%，其中门诊1129400人次，急诊117729人次；急诊危重症抢救1039人次，抢救成功率95.7%，同比降低1.3个百分点。入院17603人次，同比增长7.2%；出院病人17521人次，同比增长6.5%。住院病人手术例数3811例，同比增长8.1%，甲乙级手术比32.9%。病床使用率97.2%，病床周转次数33.4次/年；平均住院日10.6天。孕产妇死亡率0/万，新生儿死亡率0‰，围产儿死亡率5.65‰。开展主动脉窦瘤破裂+室缺修补术、冠脉血管内彩色超声成像检查等新技术新项目25项。新增加15个病种的临床路径管理，全年临床路径入组率51.02%，完成率96.23%，有效缩短患者住院时间，控制医疗费用过快增长，医疗过程更加合理。组织院内会诊11次，外院专家会诊156次；外请专家授课16次。组织三基三严培训8次。全院207名临床医技人员参加徒手心肺复苏考核。修订医院感染管理工作手册、科室医院感染管理监控手册及医院感染管理登记本。建立健全《高风险诊疗技术操作资格授权管理制度》、《辐射安全管理制度》等14项规章制度。修订临床用血审批制度，制定临床用血科室评价及公示制度，试行血液信息化管理。开展全院病案书写培训，全年检查运行病历1080份、终末病历11508份，甲级病历率99.76%。应用医院感染监控网络，实现院感实时上报。全年取样检测2167件，合格率97.23%；医院感染率为0.97%，同比下降0.21%；无菌手术切口的感染率为0.15%，同比下降0.21%；医院感染现患率2.12%，同比下降0.02%。向房山区大安山卫生院、琉璃庙镇卫生院派出3批次医务人员完成支农工作，共计42天；向新疆和田地区派出1名医务人员进行为期1年的医疗支援。全年发生医疗纠纷37例，赔付83.35万元，其中经第三方调解解决17例，赔付83.25万元；医患双方协商解决1例，赔付0.1万元。

（靳淑琴）

【医疗服务】 全院40个科室提出326项服务措施。中医科开展“一好二请三微笑”和“一杯水送温暖”活动；心内科发放免费挂号条和医护联系卡，为重病人办理住院手续等；运动医学科利用中午休息时间开展门诊牵引工作；消化科增加节假日胃镜、肠镜检查；停车场增加出口、延长开放时间；器械科耗材下送，膳食科延长就餐时间等。门诊大力推行“微笑、真诚、主动、周到”四个服务主题活动，银联卡自助缴费、通柜服务等措施，有效缓解病人等候时间长，门诊布局不合理等问题。全年收到锦旗158面，表扬信504封。医院对10名“医疗服务标兵”、10名“护理服务标兵”、10名“服务临床标兵”、10个“创新服务项目”集体进行表彰。

（靳淑琴）

【预防保健】 石景山医院完成儿童计划免疫接种4303人次，免费流感疫苗接种1532人次。坚持每月举办孕妇学校，开展防病宣传日活动13次，出动人员144人次，宣传受众人群1561人次。开展社区健康大课堂18次，出动人员101人次，受众1277人次。

（靳淑琴）

【社区卫生服务】 石景山医院扩大社区卫生服务范围，新承办融景城社区卫生服务站。开展2项新的服务项目，全年收入比上年增加25%，治疗收入增加20%。公共卫生服务全部达标，家保员服务获得优秀奖，家庭医生式服务获得专项奖。组织健康教育38场，工作人员参加168人次，居民参加1856人次。

（靳淑琴）

【护理工作】 石景山医院制定基础护理操作考核标准15项，修订常用护理技术操作33项，统一标准和流程；制定各个专业分级护理内容和岗位职责流程，试点护理绩效考核。8月，18个病区全部推行优质护理服务工作，优质护理服务示范病区达到100%。骨科被评为石景山区护理服务先进病区。坚持护理岗位大练兵，开展培训5次，练兵覆盖率为100%。23个护理单元46名护士参加为期3天岗位大比武活动，评出优胜护理集体10个，优胜护士个人10名。杨咏梅、杜秀丽和刘坤分别荣获石景山区卫生系统优秀护理管理者、优秀护士长和优秀护士称号。

（靳淑琴）

【科研教学】 石景山医院召开6次大型学术活动，邀请多位国内外知名专家进行学术交流。申报国家自然基金1项、北京市自然基金5项、区科研立项4项；申报院级科研项目21项，获批15项。发表论文147篇，其中SCI论文1篇，中华系列论文5篇；获区科技进步三等奖2项。申报首都医科大学校长基金项目5项、教育教学质量专项1项、学生科研创新项目6项；获批校长基金2项、学生科研创新项目3项；获得首都医科大学2012年教学成果二等奖1项。开展继续教育项目241项，有23151人次参加，全院971名专业技术人员，继教学时学分达标率99.79%。外出参加学术会议和学习班82人次、选派9人次进修。承担首医147名临床本科生的临床教学工作，涉及41个科室221名教师；完成理论授课871学时、见习带教489学时；2007级学生获得首都医科大学技能会考集体二等奖；眼科李哲清主任获得首都医科大学第六届青年教师基本功比赛一等奖，同时获得最佳演示奖，朱晓玲主任获得优秀指导教师奖。经首都医科大学评审，医院获批副教授1人、讲师16人。

（靳淑琴）

【信息化建设】 石景山医院建立预约挂号系统，可提供网上预约、电话预约、窗口预约、诊间预约、自助预约、社区预约6种预约方式，做到分时段预约就诊。建立门诊大厅自助服务区，检验自助服务区，遵循先看病后缴费理念，简化就诊流程，方便患者就医，缩短看病时间。完善临床路径及抗生素的系统应用。建立院级影像存储系统，储存放射、B超、CT及核磁影像信息并部分为临床调阅，为相关职能科室，搭建管理查询平台。开发文件发布系统，进行文件发布及文件阅读、执行及监控管理。

（靳淑琴）

北京大学首钢医院

【概况】 北京大学首钢医院（简称首钢医院）建于1949年10月，是一所非营利性三级综合医院和市医保A类定点医院。职工总数1767人，（在编职工1206人、合同制人数561人），其中卫生技术人员数1512人（含正高36人，副高106人，中级519人，初级师388人，初级士165人、无职称298人）。医疗设备固定资产总值21218.16万元；新购置医疗设备总值1435.07万元，其中10万元以上设备34台（套），百万元以上设备4台（套）。2月1日，成立三级评审办公室。3月10日，举行吴阶平塑像揭幕和纪念馆开馆仪式。5月9日，举行“护理创新工作室”揭牌仪式。7月17日，新成立泌尿外科党支部。10月12日，成立外事办公室，外事办公室与党院办公室合署办公。增补修订多项制度措施及预案流程，签订责任状、组织培训考核、加强分级管理和处方权管理以及开展自查自纠、落实奖惩等有效措施，取得阶段性成果。获得上年度北京市无偿献血先进单位，“北京市药品不良反应监测工作先进单位”荣誉称号，北京市医疗保险管理一等奖，市卫生局“临床安全用药工作组”先进集体，被评为全国百姓放心示范医院，成为卫生部内镜与微创医学培训基地。

地址：石景山区晋元庄路9号
电话：57830827（办公室）
邮编：100144
网址：www.sgyy.com.cn

（吴妍彦）

【改革与管理】 首钢医院制定“医疗安全（不良）事件报告制度”、“住院时间超过30天患者管理与评价制度”、“医疗质量管理与持续改进方案”、“非计划再次手术监测制度”、“门诊疑难病症多学科会诊制度”等多项制度措施及流程，推动临床科室严格按照制度落实执行。新增规章制度176个，如“消防安全检查管理规定 ”、“院领导行政查房制度”、“医院多部门质量安全管理协调制度”等；修改制度110个，岗位职责新增48个，修改77个。对2005年版应急预案汇编进行全面梳理更新，所有预案全部进行修改，新增预案47个，重新进行分类。通过制订方案、签订责任状、组织培训考核、加强分级管理和处方权管理以及开展自查自纠、落实奖惩等有效措施，取得阶段性成果。开展“纯洁队伍讲作风，弘扬精神树形象”主题教育活动，“一和三同”活动，廉洁文化“五进”活动，卫生系统领导干部防止利益冲突的活动；医务人员拒收“红包”59人次，共计5.2万元；收到表扬信121封、锦旗61面。

（吴妍彦）

【医疗工作】 首钢医院全年门诊842593人次，急诊抢救2199人次，成功率94.54%。编制床位1006张，实际开放839张，住院患者23301人次，出院23286人次，住院病人手术5943例；病床使用率93.05%，病床周转次数29次；出院者平均住院日11.79天。加强病案管理，以运行病历实时监控为主，对检查中发现问题随时反馈。定期抽查全院终末病历。甲级病案率92.23%。加强感染管理，医院感染发生率2.76%。健全医院规章制度约10万字，建立医院感染管理手册，培训医务人员约1100人次。落实重症监护室及呼吸内科重症监护室支气管内窥镜清洗消毒设施，在检验科细菌室、药剂科配合下，对耐药菌进行统计、筛选后，反馈给临床（由统计资料改为统计分析，由每年2期，改为每年4期）；加强Ⅰ类切口手术预防使用抗菌药物比例、选择药品合格率、给药时机合格率、疗程合格率、联合用药率管理，以上数据均较上年明显好转并达标（卫生部要求），每月向全院通报结果；加强环境卫生学、消毒灭菌效果及手卫生监测情况，手卫生合格率提高1%。全年医保出院15501人次，出院医保病人总费用25946.90万元，出院医保病人次均费用1.67万元。为首钢公司领导干部健康体检315人，为首钢职工进行健康体检31405人。全年组织医务人员开展各类宣传义诊活动11次，组织管理健康教育工作，发放健康教育处方6344张，自制宣传材料8490份；参加患者21516人次。为医务人员举办健康教育讲座19次。本年度保险缴费97.9万元，保险赔付68.4万元。经北京市医疗纠纷人民调解委员

会调解12起，经法院判决7起。

（吴妍彦）

【医疗援助】 首钢医院全年组织5支医疗队21名队员前赴内蒙古自治区丰镇市医院、凉城县医院进行为期3个月对口支援，开展专题讲座35次，开展临床手术75例，参与疑难病例会诊40余次。为当地群众义诊420人次。1月5日，医院泌尿外科主治医生周哲完成为期一年的第七批援疆工作回京。每月安排各科室医务人员对口支援社区卫生服务工作，确保古城、苹果园、老山、金顶街四个社区卫生服务中心每天安排主治医师以上人员出诊；定期安排医务人员前往河北省曲阳县第二医院及首钢矿山医院，开展医疗支援工作。4月25～26日，党委书记刘慧琴、院长雷福明带领健康管理专家团队赴首钢京唐公司和迁钢公司为一线干部职工开展健康讲座和健康咨询。6月7～8日，党委书记刘慧琴、副院长向平超带领健康专家团到首秦公司为干部职工举办健康讲座及义诊咨询。

（吴妍彦）

【社区医疗】 首钢医院社区卫生服务管理人口209695人，63782户；提供家庭病床服务床日14602个，上门医疗健康服务1011人次；发放宣传材料18286份。家庭医生总数51人，签约户数为45280户；管理高血压病患者449342人次，糖尿病患者14719人次，冠心病患者4068人次，精神病患者14044人次，恶性肿瘤患者456人次，建立健康档案57392份。预防接种54334人次，接种率100%，新生儿管理覆盖率100%。4个社区卫生服务中心全部开展中医药诊疗服务并完成多数社区低保人员、残疾人及适龄妇女的免费体检；完成20000例慢病人员调查。对所属5个社区站全部进行重新装修，对社区全部人员进行公共必修课和岗位必修课培训。

（吴妍彦）

【护理工作】 首钢医院修订完善护理流程和护理制度共70项，补充6项。开展优质护理服务示范病区工作，不断探索和创新以病人为中心的护理模式、绩效考核及护士分层管理。护理文件书写合格率99%，基础护理合格率94%，特级护理合格率100%，一级护理合格率93.84%，技术操作合格率98.83%，安全护理合格率99.64%，急救物品完好率96.6%。护理人员在统计源期刊发表论文1篇。护理专案立项13项，在研首发基金科研项目2项。举办市级继续教育项目培训班4期，区级项目1期，院级项目1期。举办市级继续教育项目19次，举办院级继续教育讲座13次。护理人员继续教育学习达标率100%，通过北京市的抽查。护理带教本科生38名，护理教学大专生35名。北京市专科护士取证8名，专科进修1名。

（吴妍彦）

【医疗科研】 首钢医院年内在研项目17项。本年度共发表论文82篇，其中SCI收录2篇，核心期刊63篇。1月，吴阶平泌尿外科医学中心主任那彦群教授参与完成“尿石病因诊断技术和防治体系创建与应用”课题荣获2011年中华医学科技奖二等奖。血管医学科主任王宏宇教授负责的《中国血管病变早期检测技术应用指南》通过市科委首都十大危险疾病科技成果推广项目评审，获市财政拨款科研资金17万元，并作为推广项目负责单位。中华中医药学会举办中华中医药学会肺系病专业委员会成立大会暨第十五次全国中医肺系病学术交流会，中医科主任卢世秀当选中华中医药学会肺系病专业委员会常务委员，中医科医师李步满当选青年委员。血管医学科主任王宏宇被中国社工协会康复医学工作委员会评为2011年度中国社会工作协会先进个人。心血管内科谢荣爱获区三级医院病历评比活动一等奖，免疫风湿科关欣、骨科姚洪春分获二、三等奖。4月，获批2012年国家级继续教育项目2项，市级继续教育项目32项。5月29日，经北京市海外学人工作联席会批准及市委组织部、市人力社保局认定，本院于2011年3月引进的海归人才苑学礼博士被评为“北京市海外高层次人才”，同时被聘为“北京市特聘专家”，获得市政府奖励资金100万。首钢总公司召开“首钢科技大会暨践行首钢精神表彰会”，表彰第五批“首钢优秀青年人才”。医学影像中心尚存海、吴阶平泌尿外科医学中心周哲获二等奖，护理部刘维维获三等奖。8月，血管医学科主任王宏宇申报的项目《Early vascular disease detection in Chinese population》获2012年度北京市优秀人才培养C类项目经费资助。

（吴妍彦）

【学术交流】 4月11日，首钢医院与区医学会联合举办“2012年北京西部医学论坛”研讨会。8月8日，举办“铺就从生物医学研究到发表国际科研论文的成功之路：如何撰写高水平的学术论文（SCI）”讲座。8月16日，卫生部泌尿外科专科医师准入专家组工作会议在首钢医院吴阶平泌尿外科医学中心召开。10月11～14日，血管医学科主任王宏宇、慢性病研究所副主任郭来敬应邀参加第二十三届长城国际心脏病学会议暨亚太心脏大会。

（吴妍彦）

【医学教育】 首钢医院完成北医2008级生物医学英语专业临床教学任务和2009级口腔专业教学任务，共41人，956学时；完成2008、2009级辽宁医学院临床教学任务，共127人、2090学时。医院培养硕士研究生5人，博士生1人。参加市卫生局专科医师规范化培训的住院医师共118人，其中一阶段96人，二阶段22人。参加继续医学教育的医疗、医技人员532人，护理人员745人；接收来院进修生共26人。举办短期学习班10次，参加人数1200人/次。为本院职工举办学习班46次，参加人数150人/次。脱产学习53人/次。到院外进修9人。2012年度录取研究生41人，其中硕士研究生22人、博士研究生6人。

（吴妍彦）

【国际交流】 首钢医院年内出国进修1人，参加各种国际学术交流33人。2月，来自法国的Sandrine Millasseall博士一行2人来首钢医院血管医学科开展学术访问。血管医学科主任王宏宇教授就血管病变早期检测技术现状及未来发展趋势与法国专家进行交流。

（吴妍彦）

【信息化建设】 首钢医院建立完善应急启动系统，HIS系统安保等级由一级变更为二级，已收到市公安局批复备案资料。完善抗生素管理信息系统，建立教学PACS系统。临床路径系统已在医院试点科室试运行中。物流管理系统进入试运行阶段。按照三级医院评审要求，建立数据采集系统。完成服务器更新与数据库升级改造工作。

（吴妍彦）

清华大学玉泉医院

【概况】 清华大学玉泉医院(清华大学第二附属医院，简称玉泉医院)是一所向社会开放的二级甲等综合性医院，1983年12月建院，2003年4月划归清华大学。为医疗保险定点医院，具有高级干部医疗保健资质；被评为“爱婴医院”，妇产科获得三级助产机构资质；加入市社区服务热线呼叫系统(96156)；被市人力资源和社会保障局定为市工伤保险定点医疗机构。占地面积3.258万平方米，建筑面积5.2万平方米，绿化面积近1万平方米。截至年底，有职工698人，其中正式在编人员397人，合同制人员301人。其中卫生技术人员533人(高级职称81人，中级职称159人，初级职称285人，未聘任专业技术人员8人)。其他专业技术人员15人，管理人员54人，工勤人员56人，停薪人员3人。引进各类人员22人，其中副高以上人员1人，博士2人，硕士9人，本科7人。设备总价值9632万元。引进设备233台件，总价值552.6476万元，其中万元以上设备38台件，10万元以上8台件，100万元以上1台。重点学科是神经中心和妇产科。神经中心汇集一批高学历、临床经验丰富的医师，是清华大学医学院博士后流动站及博士学位授予点，也是清华大学生命科学与医学研究院——脑科学与神经疾病研究所的临床治疗中心。下设功能及微创神经外科、脊髓神经外科、脑瘫及周围神经外科、癫痫研究中心、精神卫生科等多个临床专业组；开设神经外科综合病房，诊治脑膜瘤、胶质瘤、垂体瘤、颅咽管瘤以及脑血管疾病(颅内动脉瘤、颅内动静脉畸形、海绵状血管瘤、烟雾病等)等疾病。妇产科开设普需和特需专家门诊及VIP病房，满足不同医疗需求者，采取医疗与保健相结合的服务模式，提供系统的孕前、孕期、产后一条龙服务。被中国妇幼保健协会授予全国首家“导乐分娩示范医院”称号。获年度市“医疗保险工作评比”二等奖。

9月11日，“导乐分娩示范医院”揭牌　　（区卫生局供稿）

地址：石景山区石景山路5号

电话：88257755

邮编：100049

网址：www.yuquanhosp.com

（于殿文）

【医疗服务】 玉泉医院全年门诊234996人次，比上年增长20.1%；急诊18300人次，比上年增长33.72%；出院病人9109人次，比上年增长8.49%；平均住院日11.8天，比上年减少1天；病床使用率87.3%，比上年减少0.5个百分点；病床周转次数27.4，比上年增长2.6次；病房手术4866人次，比上年减少13.74%；门诊手术544人次，比上年增加15.25%。神经外科各专业共接诊门诊病人12277人次，较上年增加25.5%；急诊542人次，较上年减少53.3%；出院病人2517人次，较上年增加7%；手术2267人次，较上年减少2%。妇产科分娩2287例，较上年增加28.7%。开通网上和电话预约挂号，8月，专家号可预约数量从每诊次10个增加到20个，同时开通普通门诊预约挂号工作。全年预约挂号27961人次。完善医院抗菌药物分级管理制度。制定抗菌药物分级目录，对不同管理级别的抗菌药物处方权进行严格限定，明确各级医师使用抗菌药物的处方权限，完善特殊抗菌药物临床应用审批程序。制定明确的限制使用抗菌药物和特殊使用抗菌药物临床应用程序；完善抗菌药物使用率和使用强度控制制度、抗菌药物临床应用监测与评估制度。门诊抗菌药物使用率从21%降到16.14%，住院患者抗菌药物使用率从95.2%降到71.14%，住院患者外科手术预防使用抗菌药物术前0.5～2小时内给药百分率(从77.39%上升到88.30)、I类切口手术患者预防使用抗菌药物时间≤24小时的比例(从15%上升到34.94%)、接受抗菌药物治疗住院患者微生物检验样本送检率(从6.36%提高到58.23%)。成立院临床路径管理委员会、临床路径指导评价小组，建立领导小组专题会议制度、专家组督查制度、分析报告制度和定期评估制度。继续对口支援房山南窖乡卫生院、房山区佛子庄乡

及区杨庄社区卫生服务站医疗工作。医保出院病人3127人/次，同比增加42%。作为石景山区首家总额预付试点医院，成立总额预付工作小组，制定总额预付工作方案。要求医生做到合理检查、合理用药、合理治疗。一部分病种实行临床路径管理。要求医生严格执行医保用药适应症、医保开药天数及大型仪器检查管理规定。医务处、门诊办每月进行一次处方点评。全面实施医生工作站，做到医保信息及时上传。

（于殿文）

【院感管理】 玉泉医院坚持对新上岗医生、护士、实习生进行有关医院感染知识培训，并进行理论考核。继续开展医院感染漏报率调查，提高医务人员感染报告意识。加强多重耐药菌管理。完善规章制度，制定管理规范、流程，做到发现病例及时到科室指导。定期与不定期消毒隔离检查，及时发现问题，改进消毒隔离工作。继续加强医疗废物的管理，坚持定期检查反馈，确保医疗废物管理不松懈，医疗废物管理趋于规范。编印内部刊物《临床药学与医院感染》，指导医院感染管理工作。

（于殿文）

【护理工作】 玉泉医院制定“医嘱执行制度”、修定“住院患者满意度调查表”、制定“出院患者满意度调查表”、规范毒麻药品清点及使用登记本，下发“优质护理服务工作标准”推动优质护理工作。选派专科护士培训2人，参加各专业学习班63人，外出参观学习21人。组织新技术讲座13次，“三基”训练操作考核370人次。在七个病区开展“优质护理示范病房”工作，达到区二级医院50%开设要求。一科获得区“优质护理示范病房”先进集体。护士节表彰优秀护士23人，优秀带教老师3人，区级先进9人，30年护龄5人。发表论文9篇。护理工作总量1397269人次，比上年同期增加151298人次，增加11%。

（于殿文）

【科研管理】 玉泉医院本年获批项目：首都医学发展基金青年项目（6.5万）、干细胞治疗神经系统疾病863项目子课题（55万）、横向合作项目（7万元）。结题项目：2010～2012年国际自然科学基金面上项目，中期报告项目：2011～2013年国家自然基金项目、2010年首发基金项目。国内外期刊发表论文76篇，其中SCI收录4篇，国内会议论文12篇，国际会议论文4篇，著作1部。

（于殿文）

【教学培训】 玉泉医院在清华大学医学院招收临床专业研究生（含硕博）6人，接收滨州医学院、安徽医学高等专科学校、大庆医学高等专科学校等的口腔、检验、临床医学、医学影像等本、专科毕业实习轮转11人。神经外科接收各地进修人员10人次。8月，接收清华大学八年制医学生到医院短期参观学习。

（于殿文）

【信息化建设】 玉泉医院实现HIS与LIS检验业务全方面对接，使检验信息全院共享，促进医院信息系统应用水平。完善医保门诊实时上传相关工作。完成工业和信息化部门诊部内医生工作站工程，更新数据服务器及网络设备，完成医生工作站软件本地化改造，对门诊部医生进行门诊医生站软件操作培训，制定和规范门诊医生站医生工作流程和注意事项，完善门诊医生站软件功能，通过首信公司医保病人门诊实时结算医生站认证。新购进并安装调试工作站计算机40台，打印机42台。

（于殿文）

北京康复中心

【概况】 北京康复中心（北京工人疗养院，简称康复中心）是一所集医疗、康复、科研、疗休养于一体的现代化综合性医院，是市总工会下属全民所有制事业单位。开放医疗床位397张。占地面积86532平方米。先后被批准为为涉外医疗机构、市劳动模范健康体检唯一定点医疗单位、北京市医疗保险定点医院、北京市工伤定点医院、市残联小儿脑瘫定点医院、区肢体残疾康复技术指导中心、市工伤康复定点医院、全国工伤康复定点医院、当年被批准为石景山区康复医疗质量控制和改进办公室。拥有康复机器人、步态分析系统、CT、DR、多普勒超声、心电图机、骨密度仪、运动平板、呼吸机、心电监护、高压氧舱、减重步行跑步机、悬吊系统、运动控制训练系统、平衡评价训练系统、言语及吞咽治疗评价系统、起立床、MOTOMED上下肢主被动训练仪、理疗仪器等各种医疗设备和康复设备。医院坚持以康复医学为导向的“大康复、小综合、医教研三位一体”的功能定位，形成以神经康复、脊髓损伤康复、骨科康复、儿童康复、心肺康复、疼痛康复、老年康复等康复医学七个亚专业以及残疾人康复矫形为八个重点学科。设有门急诊、医技、住院、康复、体检中心和职能科室40余个。3月1日，成立改革发展部，7月3日成立医学工程科。8月30日，成立康复部评定科。10月16日，成立北京康复中心第一届理事会。同月24日，市总工会、市残联签署共建北京康复中心合作协议。现有在编职工283人，其中专业技术人员222人，包括高级职称20人，中级职称90人，初级职称90人，行政后勤人员61人；外聘职工共计192人，其中专业技术人员144人，包括高级职称2人，中级职称5人，初级职称94人，行政后勤人员48人。

地址：石景山区八大处西下庄
电话：58823388(总机)
邮编：100144
网址：www.bjrrc.com.cn
www.xishanhosp.net

（李鹏宇）

【医疗工作】 康复中心全年门诊63468人次，急诊4051人次，急诊危重症抢救84人次，抢救成功率98.81%。入院2365人次，出院2327人次，病床周转5.86次，床位使用率84.97%，平均住院日62天，死亡率1.8%。住院手术97例。开展病历质量多重监管工作，实行科内质量控制及科室互查相结合，推动科室病程记录的及时书写，保证出院病历可在48小时内返回病案室。开展病历评比活动，激励科室不断提升病历质量。医保年门诊次均费用 400 元，高于同级同类医院 16.28%，次均费用自身增长 15%，药占比 83%。全年共出院医保病人 1049 人次，平均住院日 26 天，次均费用 13487 元，与同级同类医院持平，次均费用自身增长 15%，自费比例 3.17%，住院病人药占比 41.16%。审核工伤医保、工伤康复费用清单 787 份。审核、维护新增或调价的诊疗项目、服务项目 127 条。复审医保病历 224 份，发现问题均与相关科室沟通。继续落实院内急救轮岗工作方案。定期安排医生到西黄村社区和龙泉医院出诊，做好对口支援社区及卫生支农工作。制定下发医院感染管理工作手册、医院感染暴发报告及处置应急预案等，制定并修订医院感染管理制度。建立健全医院感染三级管理体系，以围手术期抗菌药物使用为重点加强抗菌药物合理使用管理，开展抗生素耐药预警报告，通过多种形式提高手卫生的依从性。组织院感培训 515 人次。将全面综合性监测与目标性监测相结合，组织院感质量检查 10 次。院内感染率 3.14%，漏报 4 例，漏报率为 6.06%。全年无一起院感暴发事件发生。住院患者抗菌药物使用率 25.94%，使用抗生素前病原学送检率 46.15%。

（李鹏宇）

【护理工作】 康复中心组织护理不良事件讨论 3 次，院内伤口护理会诊 3 人次，定期进行护理质量月督察反馈 12 次，季度大检查 4 次。组织护士长进行夜间、节假日护理质量专项检查 5 次。按期进行半月内随访出院患者、出院患者满意度调查、住院患者季度大调查。进行理论、技能操作考核 4 次，护理业务大查房 4 次，责任护士优质护理服务病房互查 1 次。心内科病区被区卫生局评为区优质护理服务先进病区。选派 5 名护士外出进修学习，11 名护士参加首钢医院举办的血管培训班，5 名护士参加区卫生局应急培训会，15 名护士长及护士参加第七届北京国际康复论坛护理分论坛，8 名护士长及 2 名护士长助理外出参加护理管理培训班。组织部分护士进行停电应急演练，并进行考核。全院护理业务学习 4 次。进行护工培训 20 次，进行护工质量月考核 12 次；季度满意度调查 4 次，月满意度调查 12 次。

（李鹏宇）

【预防保健】 康复中心完成妇幼保健、计划免疫、传染病、艾滋病管理、健康教育等国家指令性任务。排查门诊病例 57268 人次、病房 1911 人次；传染病管理率、访视率、及时率、访到率、合格率、疫源地消毒率均为 100%，宣教率 98%；地段预防接种率 98%。

（李鹏宇）

【科研教学】 康复中心修订科教经费管理办法、医学继续教育项目管理办法等 11 项科研教学相关规章制度。组织完成 5 项科研项目申报，其中 1 项市委组织部优秀人才培养资助 D 类项目获批；完成北京市自然科学基金依托单位注册工作。全年申报课题、在研课题 3 项，发表论文 16 篇。申报新技术、新业务 9 项。外派学习、进修、培训共计 31 人次。组织院内外继续教育讲座、培训、技能比赛 40 次。接收实习、进修人员 67 人次。

（李鹏宇）

【设备采购】 康复中心与市残联共同完成第一批康复设备的参数编写、专家论证、修订审核与招标工作，完成 341 项设备的招标，涉及资金 7287.5 万元。第二批康复设备技术参数取得市财政评审中心批复，涉及资金约 16600 万元，设备 450 项。取得市经信委对医院管理信息系统升级改造项目批复，涉及资金 1490.9 万元，开发升级 41 个子系统，硬件设备 1825 项。

（李鹏宇）

【建设项目】 康复中心改扩建一期（医疗综合楼等 4 项）工程完成室外综合管线工程、主楼南侧沥青道路工程，实现新建医疗综合楼与康复楼结构封顶，完成二次结构施工。工程招标专业分包完成招标进度 75%。二期工程正在申请立项，新建建筑面积 3.7 万平方米，增加床位数 400 张，预计总投资 2.6 亿元。整体工程完成后，总床位数 800 张，总建筑面积 9.8 万平方米。新建锅炉房、燃气、基坑支护、移改以及部分综合室外管线工程。

（李鹏宇）

中国医学科学院整形外科医院

【概况】 中国医学科学院整形外科医院（简称整形外科医院）于 1957 年由著名整形外科专家宋儒耀教授创建，是中国整形外科事业的摇篮。占地 10 万平方米，是一座中国古典式园林建筑群，以中国古典特色建筑入选《英国世界建筑大全》。经过 50 年发展，现已成为集医疗、教学、科研于一体的整形外科三级甲等专科医院。系国家卫生部直属单位之一，是北京协和医学院临床教学医院，设整形外科研究所，是《中华整形外科杂志》的编辑出版单位。医院现有职工 685 人（在编职工 460 人，派遣制员工 210 人，合同制临时工 15 人），其中具有正、副高级职称人员 93 人，中级职称人员 180 人。开设床位 328 张，包括普通整形外科、现代美容外科等 24 个特色中心，并在平安大街开设平安门诊部，在国贸中心开设北京医科整形美容门诊部。研究所设有研究中心，下设分子生物学实验室、细胞生物学实验室、组织与免疫化学实验室、动物实验室和解剖实验室。是北京协和医学院整形外科学、麻醉学和生物化学与分子生物学博士研究生和硕士研究生培养点，口腔学硕士研究生培养点，也是卫生部整形外科专业进修生培训基地。现有博士生导师 18 人，硕士生导师 20 人。年内，举办第四届国际美容整形外科高级研讨会暨第九届颅颌面外科国际会议，来自 10 个国家和地区近 400 名医师参会；有 52 名专家进行 56 场次专题发言。每年定期举办整形美容学习班和科普宣教讲座，自 1979 年恢复建院以来共接待国际整形外科专家 300 余人，举行大型国际学术会议 17 次，参加人数达 5000 余人。

地址：石景山区八大处路 33 号
电话：88964826
邮编：100144
网址：http//www.zhengxing.com.cn

（郝亚利）

【医疗工作】 整形外科医院全年门急诊90034人次，比上年增长4.67%；实际床位328张，入院9836人次，比上年减少0.90%；床位使用率83.70%，平均住院日9.94天；门诊手术23483台次，比上年增长20.87%；住院手术9476台次，比上年减少0.38%。七日确诊率100%，出入院诊断率100%，死亡率为0。以患者为中心，完成三好一满意、抗菌药物专项整治、医师定期考核等各项任务。参与北京市首批第二类医疗技术临床应用准入申报，并顺利通过“口腔正颌类手术”及“头、面、颈部巨大神经纤维瘤切除及成形术”两种第二类医疗技术审核。组织院内21项新技术、新项目评审申报，并参与全国医疗服务价格项目对接工作。加强院际间协作，与北医六院建立由具备资质专科医师进行有效的精神伦理方面医学鉴定、会诊及复核工作流程。院内开设第一个无痛整形病房；完成医院新购置CT机、全景机、手术室C型臂、口腔牙片机移机、CDC等的预评价和控制效果评价、环保局环境评价及卫生局《建设项目卫生审查认可书》、《放射诊疗许可证》、《辐射安全许可证》等检测报告和验收登记。编写整形外科医院临床医师培训教材。全年组织卫生应急医疗救治演练5次，完成十八大安保期间的公共卫生安全隐患排查整治专项行动。为近300人次医疗保险、新型农村合作医疗办理转诊、转院审批手续。接收“明天计划”患者7人，与门头沟妙峰山卫生院签订对口支援合同。接收进修医师51人，接收卫生部“515工程”项目培养人员1人。实施临床科主任短期出国进修学习计划。继“优秀青年医师人才培养计划”后，启动“整形外科医院优秀青年医师资助接力计划”。已选拔4批优青计划人选共计38人，出国率63.16%，学成回国率达50%。

（郝亚利）

【护理工作】 整形外科医院围绕优质护理服务开展工作，新建导管滑脱登记报告制度和护士长弹性排班制度。选拔基础理论扎实、技能操作规范、综合素质较高人员分别担任实习生班主任、新员工指导员和在职护士指导员，负责不同岗位、不同级别、不同阶段临床护士培训，由护理部对各环节质量进行监控。为达到卫生部开展优质护理服务病区床护比要求和病区扁平式护理，在院内动态调整科室人员20人次。建立护理部机动护理人力资源库，用于应急时刻人力调配。

（郝亚利）

【科研教学】 整形外科医院中标科研项目33项，获科研经费903.5万元。其中国家自然科学基金项目5项、联合外单位申请中标项目1项、人事部留学回国人员基金1项、教育部留学回国启动基金1项、北京市自然科学基金1项、参与联合申报“国际科技合作专项项目”1项、北京协和青年基金3项、研究生创新基金7项、北京协和教育基金1项、北京市科委“首都医疗特色项目”3项、北京市卫生局卫生行业发展科研专项1项、国家国际科技合作专项项目1项、“中央高校基本科研业务费”青年培养项目1项、北京市科技计划重大项目1项、外国文教专家项目5项。完成科技体制改革和科研业务经费申报工作，资助经费112万元。获得专利16项，其中发明专利1项、实用专利15项。毕业研究生21人（其中博士生8人、硕士生13人），全部被授予相应学位。招收博士研究生9名，转博研究生13名，硕士研究生35名。获院校优秀博士论文1人，获市级优秀毕业生称号1人，获院校及优秀毕业生称号1人。在核心期刊发表论文158篇，发表SCI论文62篇。出版论著、译著3部。举办2期国际级继续教育培训班，培训卫生技术人员1125人次；举办区级继续教育培训班14期，培训卫生技术人员1400人次。

（郝亚利）

3月23日，国际眼科会诊中心启用 （区卫生局供稿）

中国中医科学院眼科医院

【概况】 中国中医科学院眼科医院（简称眼科医院）于1986年经卫生部批准兴建，建立于1994年9月，是集医疗、科研、教学为一体的中医、中西医结合非营利性三级甲等医院（专科）。3月，眼科医院国际眼科会诊中心启动。5月，京西国医馆开馆。11月，内科病区正式启用。12月，成立纪监审办公室。有职工331人，其中卫生技术人员248人，包括正高16人，副高24人，中级46人，初级146人。医疗设备总价值6201万元，新购置医疗设备总值417万元，其中10万元以上设备9台（套），100万元以上设备1台。眼科医院被国家中医药管理局评为三级甲等医院（专科），北京示范中医药房建设单位；第一、二党支部荣获国家中医药管理局直属机关先进党组织称号；获北京卫生系统第一届职工运动会优秀组织奖。

地址:石景山区鲁谷路33号
电话:68688877
邮编:100040
网址:www.ykhospital.com.cn

(杨 丹)

【改革与管理】 9月底,眼科医院完成三级甲等医院评审工作,以此为契机,切实加强医疗质量和医疗安全管理,提升医院管理水平,树立中医药文化价值观念。建立适应医院特点的医疗质量管理体系,完善各项医疗管理制度。出台"抗菌药物管理办法",修订关于医疗纠纷和医疗事故中经济赔偿的处理办法、患者投诉问题的处理办法、应急管理预案。每月检查运行病历和终末病历,检查病历1700份,将检查结果汇制成质控简报。加强医德医风建设,制定医德医风绩效考核指标,并纳入考核体系,与个人、科室奖金分配和年终评优相结合。患者满意度保持在95%以上。全年收到锦旗83面、表扬信68封,拒收钱物30次。

(杨 丹)

【医疗工作】 眼科医院全年门诊249895人次,急诊3469人次。实有床位227张,入院4386人次,出院4364人次,床位周转21.4次,床位使用率99.2%,平均住院日16.7天,三日确诊率99.9%,出入院诊断符合率99.2%,治愈率57.56%,好转率40.1%,住院手术8565例。6个病区共查运行病历1478份,甲级病历率100%。培训1次,每月出病历质控简报。全年监测4361人,发生医院感染6人,感染率0.13%,无医院感染漏报。编写医院感染管理指南,使临床科室有章可循;每月逐项检查和平时抽查相结合,发现问题要求各科室及时整改;完成医院感染工作输机、上报及数据汇总;每月对重点部门的空气、物体表面、手进行轮转监测,并将监测结果汇总、分析,通过"院感通讯"反馈给各科室。全年医保出院2126人次,总费用2407.35万元,次均费用为1.13万元。按季度出版"医保通讯",开展医保基金总量控制,每月对医保中心下发指标完成情况进行分析,以月简报形式下发至各科室。

(杨 丹)

【医疗援助】 眼科医院继续与10家远郊区县中医医院开展中医药携手网络工程工作,构建北京地区中医、中西医结合眼科医教研一体化网络平台。参加市中医局组织的北京—内蒙古中医携手工作,与呼和浩特国际中蒙医院和满洲里中蒙医院结成帮扶对子,扩大服务范围。连续13年支援革命老区——湖北麻城乘马岗医院,派出优秀医务人员4人历经15天,诊治患者1930人次,开展眼科手术226台。"7·21"自然灾害后,在第一时间为房山区中医院捐款50万元。

(杨 丹)

【护理工作】 眼科医院修订护理岗位制度与职责30余项,加强教育与培训,创新临床服务模式,改变功能制护理为责任制整体护理。探索适合眼科医院科室发展的工作模式,实行小组责任制和护士责任包干制。责任护士对所分管的患者实行责任制整体护理。重点做好患者入院教育、住院护理、出院指导。规范中医特色专科护理,初步开展特色病种的辨证施护,全年召开重点科室护理质量会议10余次,护理质量安全查房400余人次,开展夜查房58次,护理技术操作检查考核205人次。护理文件书写合格率≥95%,护理病历书写合格率100%,基础护理合格率≥90%,特级护理合格率≥90%,一级护理合格率≥90%,技术操作合格率≥95%,安全护理合格率100%,急救物品完好率100%。全年培训30余次,1500余人次参加,接受8项中医护理技术培训,合格率100%。首次举办国家级护理继续教育学习班2次。护士进修6人次,在核心期刊发表论文8篇。

(杨 丹)

【医疗科研】 眼科医院组织国家"十二五"中医院行业建议书6项,科技部"重大新药创制"科技重大专项建议5项,2013年国家科技计划(863计划、支撑计划)备选项目2项。申报其他类课题35项,中标课题11项,其中国家自然科学基金2项,863子课题1项,市科委首都临床特色应用研究专项1项、市中医药科技发展基金项目3项、中国中医科学院名医名家项目4项。高健生研究员获2012年度中国中医科学院"岐黄中医药基金会传承发展奖",高健生研究员专利"一种治疗早期糖尿病视网膜病变的中药制剂"成功转让。全年发表论文67篇,SCI收录3篇,论著(副主编)1部。

(杨 丹)

【医学教育】 眼科医院专业技术人员完成继续教育学分合格率100%。录取研究生6人,其中硕士生4人、博士研究生2人。接收进修10人。举办国家级继续教育学习班3项,740人次参加;区级继续教育学习班15项,每次约80人参加。出国研修5人,到院外进修3人。

(杨 丹)

【对外交流】 眼科医院接收境外住院患者8人次,主要来自美国、印尼、菲律宾、中国香港等国家和地区;门诊诊疗外籍患者73人次,主要来自马来西亚、印尼、新加坡、美国、中国香港、中国台湾等国家和地区;接待参观50余人次,主要来自塞浦路斯、尼日利亚、美国等,其中部级及部长以上级团组2个,接待学员15人次。

(杨 丹)

【信息化建设】 眼科医院门诊分诊叫号系统启用,开展新网站上线工作,建立中医远程会诊系统,完成医院住院HIS系统医生、护士工作站,住院登记,病房、药库系统的培训。

(杨 丹)

首都医科大学附属北京朝阳医院京西院区

【概况】 首都医科大学附属北京朝阳医院是集医疗、教学、科研、预防为一体的三级甲等综合医院,首都医科大学第三临床医学院,北京市医疗保险A类定点医疗机构。原中铁建总医院整体划转市卫生局并入北京朝阳医院,正式命名为北京朝阳医院京西院区(简称京西院区),于2005年5月开院。形成一院两址、东西呼应、资源共享的发展新格局。京西院区占地面积

9月1日，朝阳医院京西院区进行医药分开现场咨询　（区卫生局供稿）

5.9万平方米，建筑面积7.6万平方米。医院以呼吸病学、心脏病学、高压氧医学、职业病学、实验医学、急诊医学、泌尿外科学为优势学科，以器官移植、微创手术、介入治疗为技术重点。京西院区医疗设备总价值11086万元，其中10万～100万元以下设备185台，100万元以上设备19台。新购置医疗设备总值475万元，其中新增10万元以上医疗设备12台。京西院区现有编制床位480张，在职职工952人（其中：在编541、派遣348、东派西52、返聘及劳务11人），其中卫生专业技术人员797人，含正高36人，副高66人，中级181人，初级师335人，初级士184人。

本部地址：朝阳区工人体育场南路8号

联系电话：85231000

邮政编码：100020

京西院区地址：石景山区京原路5号

联系电话：51888114

邮政编码：100043

网址：http://www.bjcyh.com.cn

（崔　颖）

【改革与管理】　京西院区采取多项措施，推进新型诊疗流程和管理模式，多科室联合协作，实行窗口、电话、网络、医生工作站多渠道预约挂号，推广分时段预约挂号、预约时间延长至3个月就诊，取消首诊专家点名预约挂号，按职称挂号的专业专科门诊，引导理性就诊。患者预约就诊率达46.96%。稳步落实DRGs试点“临床路径”工作，与院本部同步全面开展各科室临床路径试点工作，建立起一套“程序化、日程化、流程化、时限性、计划性”的标准化治疗模式与治疗程序，共开展病种133种，入组6331例，入组率82.1%；完成5907例，完成率93.3%。深入开展抗菌药物临床应用专项整治活动，加强抗菌药物临床应用管理，优化抗菌药物临床应用结构，规范抗菌药物临床应用，要求住院患者抗菌药物使用率不超过60%，门诊患者抗菌药物处方比例不超过20%，抗菌药物使用强度力争控制在40DDD以下。

（崔　颖）

【医疗工作】　京西院区全年门急诊795472人次，同比增长19.67%；日均门急诊1912.8人次/日，同比增长16.36%；出院人数16006人次，同比增长7.85%；病房手术7109例，减少3.71%，其中大、中手术比例61.49%，同比增长3.45%；床位使用率90.82%，平均住院日9.79天，降低0.74天。双休日、节假日门诊105903人次，较上年增长39.28%。外地患者在门急诊患者所占比例为16.09%，同比减少7.85%；住院外地患者所占比例为24.75%，同比减少5.68%；门急诊就诊医保患者443498人次，所占比例为73.82%，同比增长15.02%；住院出院医保患者9948人次，所占比例为61.97%，同比增加5.3%。医药总收入46800万元，同比增幅为15.8%。修订医院感染管理制度。召开医院感染管理委员会会议，明确各部门在预防和控制医院感染工作中的责任。全年医院感染发生率1.16%，感染漏报率2.69%，一类手术切口感染率0.06%。接受上级行政部门检查30次，均合格并得到肯定。全面实施医保住院类业务持卡实时结算工作，重点开展北京市职工基本医疗保险总额预付试点工作。审核申报医保出院10047人次，同比增长24.92%；次均费用1.54万元，同比下降4.63%；做到历史数据分析到位，目前数据监管到位，后期数据预测到位，异常数据干预到位。建立与市医调委的长期合作。邀请相关专家座谈，对院内发生的医疗纠纷逐例进行分析和指导，并将53名专家信息上报市医调委专家库备案。

（崔　颖）

【医疗援助】　京西院区继续开展对房山阎村镇中心卫生院为期一年的医疗定点支援工作，受益人数4000余人；继续开展对口支援门头沟区中医医院的门诊、查房、手术和健康教育等指导性工作；全年派出卫生支农服务医师11人。坚持公益性活动，开展健康讲座521次，参加听课人数19503人次。

（崔　颖）

【护理工作】　京西院区扎实推进优质护理服务工程，优质护理病房开展覆盖率达100%。妇产科及七层护理单元被评为2012年度“石景山区优质护理服务示范病区”，获“区级优秀护士长”1名，“区级优秀护士”11名。改革护理模式，实施垂直管理。对全院护理岗位优化配置、动态管理。住院患者病情由轻制重，实行临床护理能力（以职称等级为划分标准）逐层管理，做到严格把关，全程护理，形成全院工作服务于临床的格局，把时间还给护士，把护士还给病人。推进单病种临床护理路径的制定和各科护理常规的修订工作。对重点病区病房管理、基础护理、运行护理病历等进行检查,对存在的问题及时总结并反馈。检查相关内容37038项,合格率98.9%,护理满意度调查结果达98.16%。开展"三基三严"岗位练兵,进行全员护理操作培训考核1609人次,计2256项次,达标率100%。举办护理继续教育各类培训课程18次,参加培训3311人次,学分达标率100%。注重专科护士培养,选派66名护士参加ICU、急救、产科、透析室等各类专科护士培训学习班。在核心期刊发表论文22篇。

(崔 颖)

【医疗科研】 京西院区全年发表论文127篇,其中中华类期刊20篇,SCI5篇。课题立项8项,其中:国家自然科学基金项目2项;北京市自然科学基金项目1项;首都医科大学基础-临床合作课题项目2项;社会基金项目3项,科研经费共计61万元。

(崔 颖)

【医学教育】 京西院区建设规范化教学体系。新增疝和腹壁外科、耳鼻喉头颈外科、药理科三个专科医师培训基地,累计专科医师培训基地23个,其中普通专科13个、亚专科10个。承担首都医科大学公共卫生学院2010级卫生法学专业、首都医科大学第三临床医学院2008级临床医学专业、2010级护理专业、北京护士学校2009级、2010级的教学及临床实习工作。举办继续教育讲座、技能培训等活动40次,累计参与达9000余人次。完成2013年研究生推免工作,共计19人。

(崔 颖)

【社区医疗】 京西院区年门诊194885人次,同比增长22.2%。开展家庭医生式服务工作,宣传4场,义诊活动2场,签约21000人。管理高血压等各类慢性病人22389人次,完成无保障老年人健康体检及脑卒中规范随诊560人。计免门诊20960人次,健康教育讲座25场次,参加人数1268人次;更新宣传板报20块,完成各类辅助检查51116人次,上门服务806人次。

(崔 颖)

【基础建设】 京西院区改扩建工程主体建筑已完工,门急诊楼、辅诊楼外墙装修已基本结束,室内初装已结束,正在进行各种主管线安装工作。积极协调各相关部门,争取到市政府为二期工程拨款4541万元、丰台住房公积金管理中心为家属楼维修款项76万元。加大基础设施改造力度,共改造基础设施20余处,包括放射科、日间手术室改造维修工程、锅炉房北侧停车场改造、医疗及生活垃圾房改造工程等,共计投入资金约427万元,使广大患者、医务工作者的就诊、工作环境得到明显改善。

(崔 颖)

首钢矿山医院

【概况】 首钢矿山医院始建于1959年,由首钢矿业公司管理,是市二级甲等医院、医保定点医院、工伤医疗定点医院、职业健康检查定点医院、爱婴医院、区大病统筹定点医院、唐山市医保定点医院、华北煤炭医学院定点教学医院。医院占地42202平方米,建筑面积25590平方米,设有临床、医技科室18个,职能管理科室9个,后勤服务科室1个。有职工315人,其中卫生技术人员267人,含副高24人,中级91人,初级152人;行政管理人员20人;工勤人员15人;其他技术人员11人;退养2人。有CR机、16排CT机、高千伏X光机等医疗设备194台(件)。固定资产原值7765.33万元,净值4180.59万元。新购置医疗设备15台(件),价值217万元。荣获北京市中、高招体检工作先进单位称号。

地址:河北省迁安市首钢矿业公司
电话:0315-7710856 7713124
邮编:064404

(郑玉伟)

【改革与管理】 矿山医院强化规章制度的贯彻落实,以医院等级复审为契机,修订完善医疗、护理、院感等专业制度50项。继续与中国中医科学院眼科医院等合作,邀请专家来院手术、会诊等,促进专科技术水平的提高。严格落实"零投诉"管理办法,受理投诉1件次。深入开展微笑服务和群众性立功竞赛活动,组织召开纪念"5.12"护士节100周年大会,命名"十佳"服务标兵和"十佳"微笑之星。扎实开展健康教育促进活动,先后6次组织医疗骨干深入厂区、社区开展咨询服务,开展电视讲座3期,利用局域网发布医疗健康知识23期。加强职业道德建设,以防范商业贿赂为重点,坚持廉洁文化建设与廉洁行医教育相结合,开展廉洁文化进岗位活动,强化廉政教育关。组织"廉洁从业,从我做起"主题征文,举办演讲比赛,签订廉洁从业保证书和承诺书等。开展廉洁文化建设,设计廉洁文化长廊,制作廉政桌牌,不断强化医务人员廉洁从业的思想防线。

(郑玉伟)

【医疗工作】 矿山医院全年门诊158450人次,急重症抢救115人次,抢救及时率100%。床位255张,入院4294人次,出院4276人次,床位周转率16.77次/床。无孕产妇及新生儿、围产儿死亡。建立质量管理委员会和科室质量管理小组两级质量控制体系,完善五个委员会及科室管理小组职责及制度。定期组织召开医疗、病案、院感、输血、药事委员会会议及医疗质量分析会,讲评分析,规范科室质量管理。成立病案检查小组,围绕用药合理性、书写及时性、告知到位性、诊疗规范性等方面加强管理,提高病案质量。甲级病案率为90%以上,无丙级病历。投资添置生物监测仪、高压水(气)枪、超声清洗机和小型快速灭菌器等设备,提高消毒、灭菌质量。贯彻国家法律法规,加强医疗废物处理,加大监测力度,组织医务人员院感管控知识培训等,院感发生率控制在0.42%,无院感爆发流行。加强医保专业管理,严格落实实名制就医。坚持"四个合理",加强医保总额及次均费用控制,使住院病人次均费用低于石景山区次均费用指标,门诊病人次均费用较上年同期大幅降低。加强医保政策的宣传教育,组织全员开展医保政策法规的学习和培训,普及医保知识。

(郑玉伟)

【医疗护理】 矿山医院严格执行护理

规章制度，定期召开护理质量与安全分析会，组织案例教育，提高护理人员责任意识，保证护理安全。从加强护理质量细节管理入手，规范护理操作规程，持续提高护理质量。规范护理文件书写，定期进行护理文件质量控制检查，发现问题进行整改，护理文件质量得到进一步提高。开展护理岗位技能比赛、"三基、三严"培训，提高护理队伍整体素质。

（郑玉伟）

【医疗科研】 矿山医院有16篇论文在科技核心期刊杂志上发表。开展冬病夏治"三伏贴"疗法、软通道介入颅脑穿刺技术治疗高血压脑出血、综合康复疗法治疗腰椎间盘突出症及寒性疼痛治疗等多项新技术。有2项课题分别荣获矿业公司优秀科技项目科技成果类四等奖及技术措施类二等奖。

（郑玉伟）

【医学教育】 矿山医院以"六个一"即"读一本书、讲一堂课、练一项技能、攻一项课题、写一篇论文、带一名学生"活动为载体，开展全员学习提素活动。组织业务讲课、技术练兵59场次，召开技术创新和管理案例讲坛5期，交流案例20个，促进业务水平和管理能力的提升。围绕经营重点和专业难点，实施课题攻关40项。组织签订师徒对子44对，深化导师带徒活动，促进青年人才成长。选派普外、妇科、创伤外科、肿瘤、心血管等专业技术骨干外出进修，参加短期培训班，强化定向培养，带动专科技术水平的提升。

（郑玉伟）

【体检工作】 矿山医院定期召开体检质量分析会，认真查找差距，落实整改措施，保证体检数据的准确性。严格落实异常结果告知制度，全年共告知异常结果1278人次，及时追踪复查结果，提高检后服务质量。完成矿区中、高招体检工作，并荣获北京市中、高招体检工作先进单位称号。

（郑玉伟）

药品监督管理

概　　述

北京市药品监督管理局石景山分局（简称药监分局），负责对辖区内药品、保健食品、化妆品和医疗器械的研究、生产、流通、使用环节进行行政监督、技术监督和执法监督，保证人民用药安全有效。年末，全区有药品企业122家，其中药品生产企业3家，药品经营企业119家；医疗器械企业372家，其中医疗器械生产企业43家，医疗器械经营企业335家；保健食品企业236家，其中保健品生产企业7家，保健食品经营企业229家；化妆品企业763家，其中化妆品生产企业3家，化妆品经营使用单位980家；各类医疗机构205家。年内，牢固树立"法治、人文、学习、和谐"工作理念，着眼"具有首都水平，适应首都发展，服务首都人民"药品监管建设目标，结合石景山区大调整、大建设、大发展主基调，严格药品市场准入，强化药品市场监管，加强对全区药械市场秩序的监督执法，全年共接受上级批转、群众举报和协查案件88件，立案12件，作出行政处罚12件，没收违法所得1011.50元，罚款41028.60元。被国家食品药品监督管理局评为年度全国保健食品化妆品监管工作先进单位，被市人力社保局与市药监局联合评为药监系统先进集体，被市药监局评为调研优秀组织奖，被区委区政府评为精神文明先进单位。

地址：石景山区古城南里16号
电话：68885118
邮编：100043

（胡成杰）

6月5日，胶囊类药品专项检查　（药监分局供稿）

【药械质量抽验检验】 药监分局完成市局下达的药品抽验590件，其中：监督性抽验280件，针对性抽验282件，基础测试80件，医疗器械抽验22件，保健食品抽验68件，化妆品抽验46件。区药检所完成药品针对性抽验任务282件，稽查查案检验5件，其中化学药品131件，中成药122件，中药饮片34件。药物基础性测试55件，快筛25件，检出不合格药品6件。收回监督性抽验不合格检验报告1批次，监督性抽验合格率为99.57%。

（胡成杰）

【行政许可】 药监分局行政许可办理各类业务事项896项，受理各类许可、服务事项346项，其中包括药品经营企业行政许可67项，医疗器械生产许可11项、经营企业许可187项，保健食品经营卫生许可81项，许可全部在规定时限内办结，办结率达到100%，群众调查满意率为100%。

（胡成杰）

【药品质量认证】 药监分局按照GSP标准对相关企业经营状况、人员配备、场地设施等情况进行重点调查分析。坚持按照"标准不走样、条件不减低、程序不减少”，不断加强药品经营企业的认证监管，全年通过GSP认证25家，其中20家通过GSP现场认证检查并签发证书，进行GSP跟踪检查38家次，其中有3家企业发现违规项目并现场下达检查意见书，针对连锁企业和集中设库企业发现的问题，将问题汇总在所有门店内进行通报，提交整改报告确保安全。

（胡成杰）

【基本药物监管】 药监分局强化药品生产企业质量安全第一责任人意识，监督企业不断完善质量保证体系，做好基本药物生产企业日常监督检查，检查覆盖基本药物9个品种，重点检查中标价格明显偏低品种，检查是否按核查的处方工艺生产、物料来源以及物料平衡，杜绝偷工减料、以次充好、替代投料、掺杂使假等违法违规行为。同时，完善辖区2家药品生产企业的监管档案，对企业基本情况、品种情况、监管情况等按照要求完成归档整理。

（胡成杰）

【推进新版GMP实施】 药监分局推进实施新版《药品生产质量管理规范（2010年修订）》（GMP）。监管辖区药品生产企业实施新版GMP，参加行业协会组织的培训，到全国首家通过新版GMP认证的拜耳医药保健有限公司进行学习参观，并与企业质量部门进行经验交流，直观认识新版GMP在硬件和软件上的新要求，成立辖区新版药品GMP推进工作领导小组，做好新版药品GMP实施进展情况调研，有计划推进辖区药品生产企业新版药品GMP的实施，进一步促进药品生产企业质量安全管理体系水平的提升。

（胡成杰）

【医疗机构药品监管】 药监分局落实《医疗机构药品监督管理办法（试行）》实施细则制订和实施，重点检查营利性医疗机构和私营诊所，按照基本药物相关要求，加强社区卫生服务中心药品日常监管，在日常监督检查工作中，重点监督基本药物购进情况、其他非基本药物采购渠道、药品储存条件等情况，以保证基本药物质量安全，完成对辖区医疗机构监督检查72家次。

（胡成杰）

10月30日，药品经营管理规范认证 （郭　芳　摄）

【中药饮片专项整治】 药监分局组织辖区1家中药制剂生产企业、38家使用中药饮片医疗机构和1家医疗机构制剂室开展自查工作，重点针对中药饮片采购渠道、验收记录、检验项目以及重点品种进行检查，检查相关单位40家次，出动执法人员80人次，同时开展28个重点品种针对性抽验工作，检查中发现个别供货商资质、中药饮片出厂检验项目不完整，要求相关单位现场进行整改。

（胡成杰）

【胶囊专项检查】 药监分局对辖区涉及胶囊剂生产企业及医疗机构开展专项检查，检查医疗机构70家次，出动210人次。经现场检查，辖区内医疗机构均未使用文件中所列铬超标胶囊，对于涉及铬超标胶囊生产企业生产其他胶囊剂品种，要求各医疗机构立即停止使用。重点检查北京龙泰基药业有限责任公司，该企业涉及品种有乙肝扶正胶囊、乙肝解毒胶囊、天麻胶囊和元胡止痛胶囊4个品种，其中乙肝扶正胶囊、乙肝解毒胶囊、天麻胶囊已多年未生产，元胡止痛胶囊自上年至今未生产。空心胶囊供应商为包头市金兴药业胶囊有限责任公司，后于2010年更名为“青岛益青药用胶囊有限公司”，该企业提供的供应商资质有效。该企业于2010年3月购入312万粒空心胶囊（批号为F14－1001）用于元胡止痛胶囊生产，共计3批次，按照市局要求进行主动全面召回，共召回6698盒（40.188万粒）。该公司由于违反药品管理相关规定，于3月28日暂停一切生产、销售活动。

（胡成杰）

【制毒化学品监督检查】 药监分局加强特殊药品监督管理，对辖区使用麻黄碱单方制剂医疗机构开展核查工作。检查重点是核实上年度麻黄碱单方制剂的采购、使用情况，核对实物库存数量，是否帐物相符。同时对药品购进、储存、票据管理、人员及含麻黄碱类复方制剂实名登记情况进行监督检查，对特殊药品储存条件以及药品出入库管理情况进行检查。检查企业83家次。

（胡成杰）

【特殊药品经营使用管理】 药监分局根据年度特殊药品检查工作计划，对二类精神药品批发企业、蛋白同化制剂和肽类激素批发企业进行日常监督检查，并通过使用药品追溯系统对企业销售药品情况进行追踪核查，对瑞达医院美沙酮门诊进行督导检查，重点对药品美沙酮的储藏条件、进出库记录、药品使用记录等管理情况以及药

5月30日，药监分局开展联合执法行动 （药监分局供稿）

品储存安全进行检查，并现场核查当日美沙酮库存量帐物相符，处方使用量、实际使用量基本一致，对辖区11家医疗机构开展麻醉药品和第一类精神药品使用与管理情况开展专项检查。

（胡成杰）

【受灾地区药品监管】 7月21日，北京遭受特大暴雨袭击后，药监分局保障灾后药品市场安全，及时走访慰问受灾企业，扎实做好灾后的药品安全监管工作，对受损药品进行封存登记，做好善后处理。帮助企业解决实际困难，尽快恢复正常营业，保障市场正常供应。深入辖区生产一次性使用无菌产品企业，实地察看企业防汛情况，要求吸取自然灾害教训，备好沙袋等防汛设施，启动企业应急预案，在汛期企业领导24小时在岗，积极应对突发应急事件。

（胡成杰）

【保健食品企业监管】 药监分局针对在上年整顿工作监督检查中发现的问题，严格按照《保健食品良好生产规范》以及国家食品药品监督管理局保健食品生产和经营日常监督现场检查工作指南要求，对辖区保健食品生产和经营企业开展日常监督检查工作。共对保健食品生产企业检查12家次，经营单位195家次，检查产品约800余种（赴外阜对委托生产地检查3家次）。

（胡成杰）

【保健食品专项检查】 药监分局开展查处“七色瘦”假冒保健食品、“标识为金帝华牌糖舒尔克胶囊”、“康爱斯螺旋藻片等假冒保健食品”、“以螺旋藻为原料的保健食品”、鱼油保健食品、完美芦荟胶、保健食品违法添加化学药物成分和化妆品违法使用禁限用物质专项整治工作，检查保健食品经营企业100余家次。紧急查处胶囊和明胶类产品，在第一时间按要求对3家生产胶囊类产品生产企业进行严格检查和产品控制，企业及时对产品进行送检，胶囊类保健食品生产企业使用空心胶囊和明胶产品均经过质量检测合格。

（胡成杰）

【化妆品企业监管】 药监分局加强对化妆品经营企业、尤其是专卖店场所加大监督检查力度，检查重点是经营和使用不符合卫生要求的化妆品及化妆品标签、标识。对化妆品生产企业日常监督检查6家次，检查化妆品经营企业单位140家，检查品种700余种。

（胡成杰）

【医疗器械专项检查】 药监分局对“彩色平光隐形眼镜”进行专项检查，专项检查25家次，覆盖辖区所有持证企业，在检查中发现资质档案管理不完善，法规意识薄弱等现象，通过现场告知及向企业发放“备忘录”等形式，要求企业加大工作管理力度。对“无菌、植入类医疗器械经营企业”进行专项检查，检查企业52家次，其中涉及新标准核发企业跟踪检查1家，有20家企业申请核减经营范围，有6家主动注销，有1家企业被处罚，同时完成“妇幼保健医疗机构在用医疗器械”，“医疗器械使用及不良事件监测”，“定制式义齿使用专项”检查。

（胡成杰）

【取缔“黑诊所”】 药监分局与区卫生、公安、工商部门开展联合执法行动，对黑诊所及可能发生游医药贩地区进行有效打击。6月26日，分局联合执法队分成三组，在片区民警和流管办同志带领下，同时对衙西、衙南和衙北地区展开行动，取缔黑诊所11家，查封扣押药械10箱，约40公斤，折合人民币5000余元。8月10日，与区卫生监督所、区计生委等相关部门联合打掉一家地处首钢厂区外面一片临建之中无证行医用药的“黑诊所”，执法查处大量药品、输液器，执法人员依法对该“诊所”进行取缔，共没收药械30余公斤，其中包括一台黑白B超仪。11月2日，分局稽查执法人员全体出动，对辖区八角大街、沃尔玛、八角北里、五芳园等重点地区开展环境整治专项行动，取缔6起非法收药行为，没收药品4袋。

（胡成杰）

【药监法制宣传】 以安全合理用药为主要宣传内容，依托“药学知识大讲堂”学习品牌为平台，不断加大药监法制宣传力度，利用《北京社区报》、区电视台、《石景山报》等媒体进行广泛宣传，深入开展“进社区、进学校、进军营、进机关、进工地”系列药品法制宣传。

（胡成杰）

体 育

北京市石景山区体育局(简称区体育局)是负责全区体育工作的区政府职能部门。年内,以满足群众多元化体育需求为出发点,广泛深入开展全民健身运动,增强竞技体育综合实力,推动体育产业科学发展。对全区173处全民健身工程进行更新换代,加强体育骨干培养力度,强化体育组织建设,完善全民健身服务体系。举办金秋体育盛会、阳春保健社区体育生活周、“和谐杯”乒乓球赛等群众体育活动50余项,丰富市民文化生活,提升全民身体素质。在全市率先启动“三大球进校园”活动,创新体教结合模式,探索体育后备人才培养新思路。加强业余训练,竞技体育水平显著增强,本区培养输送3名优秀运动员在伦敦奥运会上分别取得亚军、第五名、第七名佳绩。承办北京国际自盟场地自行车世界杯赛、中国甲级足球联赛等高水平赛事,提升赛事组织水平,发挥品牌效应,增强地区影响力。加快八大处网络体育集聚区和西五环体育产业带建设,争取市级引导资金,规划莲石湖时尚体育公园、自行车全民健身基地项目,推进体育产业化进程。强化体育市场监管,截至年底,全区有67家体育经营单位,联合公安、消防等多部门组织开展安全检查105次,及时排查安全隐患,确保群众健身安全。

地址:石景山区石景山路32号
电话:68878705
邮编:100043

(贺琼瑶)

群众体育

概　　述

区体育局深入贯彻落实《石景山区全民健身实施计划(2011—2015)》,广泛开展足球邀请赛、和谐杯乒乓球赛、太极拳邀请赛等体育活动50余项,吸引50万人次参与。抓好“阳春保健社区体育生活周”和“金秋体育盛会”两大品牌活动,丰富内容载体,创新活动形式,便于群众参与。利用体育彩票公益金,加强公共体育设施建设,对全区173处全民健身工程进行摸底检查,及时更新换代,确保健身设施安全有效。加强基层体育组织建设,培训社会体育指导员300余人,发挥全区21家体育协会、132个晨晚练辅导站点、14个国民体质测试点作用,完善全民健身服务,提升群众健康素质。推进生活化社区建设力度,全区37个社区获得“北京市体育生活化社区”命名。金顶街街道办事处被国家体育总局授予“2012年全国全民健身活动先进单位”,区体育总会、金顶街街道、八宝山街道、五里坨街道、古城第二小学被市体育局授予“2012年北京市群众体育先进集体”。

(贺琼瑶)

【迎春足球邀请赛】 1月7日,在苹果园中学体育馆举行。为广大足球爱好者提供一个交流、娱乐与增进友谊的平台,在群众中营造良好足球氛围。北京元老明星队和区机关队、财政局队、体育局队参赛。由文体界明星毕福剑、郭瑞龙、马元安、沈祥福、任丽萍、谢朝阳等组成的北京元老明星队获得冠军。

(贺琼瑶)

【第4届社区千人跳绳大赛】 2月25日在区体育中心举行。来自9个街道127个社区全部报名参赛。参加比赛的1400余人中,年龄最大的60多岁,最小的10岁。本次大赛采取老少皆宜的绕“8”字比赛形式,每队10人,共有45支参赛队获得名次。其中,八角街道八角北里社区等10个社区获一等奖,苹果园街道下庄等15个社区获二等奖,鲁谷六合园北社区等20个社区获三等奖,八宝山街道等9个单位获优秀组织奖。

(贺琼瑶)

【第九套广播操培训】 3月22日在区体育中心举行,全区30多家单位60余名小教员参加培训。区体育局与区总工会多措并举,推广普及第九套广播体操:通过区直机关工委抓好机关干部职工的培训,发挥表率作用;通过街道、社区居委会开展培训活动,建立群众基础;由总工会、体育局、卫生局组成联合机构,面向全区职工,以工间操形式推广。同时,开展全区范围广播操比赛进行推广。

(贺琼瑶)

【清明踏青健身活动】 3月29日,区体育局联合区委宣传部、区市政市容委、环保局联合主办的清明踏青健身活动在莲石湖公园举行。健身群众代表宣读清明健身倡议书,近300名健身爱好者在公园广场打起腰鼓,抖起空竹,放起风筝,踢起毽,各种民俗传统体育项目悉数上演,他们中既有80多岁精神矍铄的老人,也有在读书的小学生。50名自行车爱好者进行10公里环湖骑行。活动旨在弘扬清明传

2月25日,第四届社区千人跳绳大赛　　(区体育局供稿)

4月28日,第九届"工会杯"拔河比赛 (区体育局供稿)

统健身项目,倡导绿色出行、低碳环保生活方式,营造全民健身的浓厚氛围。

(贺琼瑶)

【健身气功新功法培训】 4月,区社体中心、武术协会、健身气功协会联合主办的健身气功社会体育指导员培训班在体育中心举行。培训为期一个月,内容是国家体育总局健身气功管理中心推出的新功法《太极杖养生》、《大舞》。全区21个站点共100余人参加培训,60名学员通过技能考试,向群众推广新功法。

(贺琼瑶)

【全区气排球比赛】 4月20日,在区体育馆举行。区法院、老干部局、国税局等9支代表队参加。最终,国税局夺得冠军,八宝山街道获得第二名,老干部局一队获第三名。气排球运动是一项集运动、健身、休闲于一体的新兴群众性体育项目,是国家体育总局向全国推广的中老年体育项目,具有安全性高、场地限制小、简便易操作、趣味性强等特点,深受健身群众喜爱。此前,区体育局专门举办气排球项目教员培训班,工商分局、区市政市容委、区教委等31个单位约50余人参加培训。本次比赛旨在进一步推广气排球运动,促进全民健身活动深入开展。

(贺琼瑶)

【工会杯拔河比赛】 4月28日,第九届庆五一"工会杯"拔河比赛在区体育中心举行。来自全区14支代表队近300人参加比赛。本届拔河比赛区内非公企业积极派队参与,北京东标电气股份有限公司、北京明诚公司等6支非公企业代表队占参赛队伍总数的一半。经过六轮角逐,区环卫中心队获得冠军,亚军为园林局队,神农庄园队获第三名。拔河比赛已成为职工体育活动的传统项目。比赛由区总工会、区社会体育管理中心共同主办。

(贺琼瑶)

【区足球协会换届】 5月15日,区足球协会第六届全体委员会第一次会议在首钢篮球中心会议室召开。会议审议通过区足球协会第五届委员会的工作报告和章程修改草案,选举产生第六届委员会组织机构成员。北京首钢股份有限公司总经理韩庆当选为新一届足球协会主席,首钢总公司设备部部长王玉海当选为常务副主席。

(贺琼瑶)

【中老年人健身表演赛】 5月17日,全区第九届中老年人优秀健身项目表演赛在区体育中心举行,来自各街道社区及老龄系统22支代表队参加比赛。北辛安南北岔太平鼓队夺得最佳创编奖,区工会活动中心获得最佳表演奖,翠微舞蹈队等5支表演队获得优胜奖,区老干部局等17支队伍获得优秀奖。

(贺琼瑶)

【阳春保健社区体育生活周】 5月24日,第二十七届阳春保健社区体育生活周启动仪式暨老山社区趣味运动会在蓝天二中举行。市、区有关领导出席仪式,并向社区居民代表、社会体育指导员代表发放健身储蓄券和健身积分卡。健身群众表演太极、空竹等民族传统项目,与会领导参加30米推铁环互动项目,老山街道的13个社区代表队近300名居民参加个人跳绳、沙包掷准、50米托球跑、立定跳远、集体跳绳等项目的比赛。阳春保健社区体

阳春保健社区体育生活周 (区体育局供稿)

育生活周期间，全区举办跳绳、拔河、社区运动会等活动近30项，共10万人次参与其中。

（贺琼瑶）

【太极拳邀请赛】 5月25日在区体育中心举行，由区体育总会主办。来自全区太极拳晨晚练站点的22只代表队共220人参赛，松林太极拳队等7支队伍获一等奖，重兴园太极拳队等7支队伍为二等奖，翠微太极拳二队等8支队伍获三等奖。全区已建立各类太极拳晨晚练辅导站点50多个，采取一对一指导、小班教学、团体培训、上门辅导、名师推荐、宣传表演等多种方式，开展各式太极拳套路、器械和推手的培训活动。

（贺琼瑶）

【和谐杯乒乓球比赛】 6月7日，区第六届“和谐杯”乒乓球比赛闭幕式暨市民体质测试交流赛在体育馆举办。“和谐杯”乒乓球比赛由区体育局、区直机关工委、区社会办、教委、总工会、残联等部门共同主办，4月启动，分预赛、决赛、总决赛三个阶段。来自全区各系统13支代表队150余名运动员参与决赛角逐，苹果园街道等4支队伍获一等奖，区法院等4支队伍获二等奖，区直机关一队等5支队伍获三等奖。市、区有关领导出席活动并为获奖单位颁奖。来自各行业共200余名市民参加体质测试交流赛活动。

（贺琼瑶）

【参加全国健身气功交流大会】 6月20～21日，第五届全国健身气功交流比赛大会（普及功法）在重庆合川区举办。区体育局选拔4名优秀健身气功爱好者代表北京市参加比赛，与来自全国各省、自治区、直辖市和新疆生产建设兵团共29支队伍进行角逐。最终，北京代表团获集体项目《六字诀》比赛二等奖、《八段锦》比赛三等奖。

（贺琼瑶）

【参加北京市拔河比赛】 7月13日，由区环卫中心、园林局组成的代表队参加在地坛体育馆举行的全国拔河比赛新星赛北京站暨2012年北京市首届拔河比赛。本次比赛分为600公斤级男子组和600公斤级男女混合组，北京市各区县及承钢等32支代表队参赛。石景山区的两支队伍分别获得男子组第六名、混合组第六名。

（贺琼瑶）

10月22日，“九九重阳”登山大会 （区体育局供稿）

【全民健身日活动】 8月8日，是全国第四个“全民健身日”，适逢伦敦奥运会举办。“全民健身日”优秀健身项目展示暨市民篮球联赛启动仪式在体育馆举办。健身群众代表宣读“每天锻炼一小时，健康生活一辈子”的全民健身倡议书，获得全区优秀健身项目比赛前三名的八角街道秧歌队、金顶街街道翠微太极拳辅导站和艺枫舞蹈队共计350名群众进行健身项目展示，动员和激发广大群众关注奥运、积极健身的热情。为将全民健身活动引向常态化，区体育局注重结合地区的健身传统，组织开展阶段性的系列活动，举办的体育节和体育活动均安排较长活动周期，强化活动延续性。

（贺琼瑶）

【第27届金秋体育盛会】 9月16日在石景山体育场开幕。开幕式包含入场式和大型表演两部分：入场式有79家机关、企事业单位报名参加，队伍总数创历史新高；大型表演《体育赞歌献礼十八大》包括“健身总动员”、“运动在金秋”和“喜迎十八大”三个篇章，来自全区近3000名社区群众、中小学生、机关职工等参与演出，6000多观众观看开幕式。本届盛会历时三个月，设立5个板块，既有大家喜闻乐见的传统体育项目，也有群众基础厚实的时尚健身项目，还有展现区域文化特色的民族传统项目，包括五人制足球、篮球、乒乓球、登山、健身秧歌、空竹、武术等近30项运动赛事或体育展示表演，同时举办健身知识大讲堂、群众体质测试赛等体育科普活动。此外还把受到广泛喜爱的趣味运动会纳入其中，全区9个街道（社区）、公检法、部队、学校、区属机关、企事业单位及驻区单位共91家单位踊跃报名参加各项活动，参加人数均超过往届，其中开幕式表演展示队伍15支、趣味运动会31个单位，篮球比赛22支队、足球比赛16支队，参加人数近两万人次，参与群众超过30万人次。苹果园街道等20家单位获“优秀组织奖”，北京易华录信息技术股份有限公司等39家单位获“突出贡献奖”。

（贺琼瑶）

【北京市登山大会】 10月22日，“九九重阳”北京市第三届登山大会暨第二十七届石景山区金秋体育盛会登山活动在八大处公园举行。26个区属、驻区单位和社区群众500余人参加活动。登山大会由市体育局联合海淀区、石景山区、房山区政府主办，分海淀、石景山、房山3个会场举行。本次活动通过登山健身方式，进一步提高市民的健身意识、健康水平和生活质量，丰富传统假日活动内容，满足市民多元化健身需求。

（贺琼瑶）

【健身气功百城展示活动】　11月28日，由区体育局、区委防范和处理邪教问题领导小组办公室主办的“百城”健身气功交流展示活动在石景山体育馆举行。来自全区22个健身气功站点的300名健身气功爱好者，身着整齐的练功服，伴随着优美的乐曲旋律，依次展示“太极养生杖”、“大舞”两套健身气功，金顶街翠微站点、国际雕塑公园站点的健身气功爱好者共同展示“导引养生十二法”、“马王堆导引术”两项新推出的健身功法。他们动作灵活连贯、舒展大方，在形、神、意、气等方面表现出较高水平。区有关领导为北方工业大学健身气功站点等8个“健身气功先进站点”，苗子益、钮金丽等35位“健身气功工作先进个人”颁发奖杯和证书。

（贺琼瑶）

【公共体育设施建设】　区体育局对全区173处全民健身工程进行安全检查，制定全民健身工程更新方案，利用体育彩票公益金对损坏、到期的器材进行修护和更新，保障群众健身安全。全民健身工程覆盖全区9个街道社区、企事业单位和驻区单位等，共计173套，总面积为16万平方米。

（贺琼瑶）

竞技体育

概　　述

区体育局创新体教结合模式，联合区教委启动“三大球进校园”活动，引导全区中小学校开展“三大球”教学和课外运动，与北京市足、篮、排俱乐部沟通，邀请专业教练员、运动员进校指导，激发学生参与兴趣，增强青少年身体素质，促进健康成长，同时探索建立体育后备人才培养新模式，实现教育和体育良性均衡发展，夯实竞技体育发展基础。努力做好奥运会参赛保障工作，本区输送的运动员常思、曾春蕾、邢宇顺利进入大名单，在伦敦奥运会上奋勇拼搏，分别夺得花样游泳女子团体银牌、女子排球第五名、男子射箭团体第七名的优异成绩，为国家、北京市和石景山赢得巨大荣誉，区体育局被北京市体育局授予“奥运贡献奖”。本年是新一轮“国家高水平体育后备人才基地”评审年，区业余体校按照评估标准，认真组织申报工作，受到市领导充分肯定。同时，以“基地”申报为契机，体校不断完善硬软件设施，加强教学管理，优化训练环境，提升业余训练工作水平，全年向上级部门输送体育后备人才23名。

（贺琼瑶）

【“三大球进校园”启动】　4月25日，区体育局与区教委共同主办的“三大球进校园”活动启动仪式在古城教育集团篮球馆举行。市、区及市三大球协会有关领导出席活动，共同按动启动器，并为三大球进校园的15所学校代表授旗。古城第二小学、京源学校小学部、北师大励耘实验学校进行自创的篮球、足球和排球操展示，首钢金隅篮球俱乐部教练员闵鹿蕾、许利民及球员吉喆、陈世东、孙晓雨等现场与学生代表队进行友谊赛。至此，“三大球进校园”活动在全区中小学中全面展开。辖区内每所学校将至少开展足球、篮球、排球项目中的一项，并将该项目列入各年级课程表，同时结合体育课教学和课外体育活动，采取灵活多样的教学组织形式。各校还将在班级、年级之间开展篮球三对三、五对五，排球双人对垫球和双人对传球，足球颠球、五人足球等各种形式的三大球比赛，并在此基础上按照东、中、西部地区分区，进行校际之间的循环赛，然后在全区范围内进行淘汰赛。以此动员全体学生积极参与“三大球”项目。

（贺琼瑶）

【助力三大球进校园】　自5月30日起，区体育局邀请北京金隅男篮、汽车男排等俱乐部的教练员、运动员助阵“三大球进校园”活动。每周三下午在学校课外活动时段，面向苹果园中学等15所中小学校学生进行技术指导，增强学生对“三大球”运动的兴趣，提高学生运动水平。活动为期一个月，闵鹿蕾、朱彦西、吉喆等专业教练员、运动员参加。今后，还将定期组织球星进校园、夏令营、冬令营等活动。

（贺琼瑶）

【第30届奥运表彰会】　11月6日，石景山区第30届奥运会总结表彰会在体育馆新闻发布厅举行。会议对在伦敦奥运会上取得优异成绩的石景山籍运动员、教练员及突出贡献单位进行表彰。北京市木樨园体校等3家单位被授予“第30届奥运会突出贡献单位”，

11月6日，区体育馆伦敦奥运总结表彰会　　（区体育局供稿）

3月31日，区体育场中甲足球联赛 （区体育局供稿）

常思等五人被授予“第30届奥运会先进个人”。

（贺琼瑶）

【参加奥运会获佳绩】 2012年伦敦奥运会中，本区培养输送的运动员常思、曾春蕾、邢宇奋勇拼搏，分别夺得花样游泳女子团体银牌、女子排球第五名、男子射箭团体第七名的成绩，是石景山区运动员参加奥运会以来人数最多、成绩取得较大突破的一次，为国家、首都和石景山区赢得巨大荣誉。其中，常思在8月10日举行的花样游泳集体自由自选项目比赛中，与队员一起摘得银牌，是中国花游在奥运会上最好成绩。

（贺琼瑶）

【后备人才基地申报】 2012年是新周期“国家高水平体育后备人才基地”评审年，区业余体校按照认定条件和评估标准，认真准备申报材料，完善体校硬软件设施，加强业余训练管理，基地申报工作受到市级领导和评审专家组肯定。

（贺琼瑶）

【体育后备人才培养】 区业余体校以基地申报为契机，引进先进科研器材，新建武术训练馆，改造体操训练馆，优化教学环境；科学选拔体育后备人才，严格业余训练管理，提升工作水平。向上级体育部门培养、输送体育后备人才23名。

（贺琼瑶）

体育产业

概 述

石景山区作为北京奥运会射击（飞碟）、自行车（包括场地自行车、小轮车及山地自行车）的比赛地，场馆布局集中、特色鲜明。奥运会后，区体育局不断创新奥运场馆赛后利用措施，2009年率先在全国建立“奥运场馆体育产业联盟”，年内，承办北京国际自盟场地自行车世界杯赛、中国篮球职业联赛、中国甲级足球联赛等高水平赛事，丰富群众业余生活，提升石景山区知名度，特别是首钢金隅男女篮双夺冠的突破，使体育赛事的社会经济效益更加凸显。整合区域资源，打造“莲石湖时尚体育公园”和“自行车全民健身示范基地”项目，争取市级引导资金，推动项目发展，壮大西五环体育产业带。加快八大处网络体育集聚区建设，重视市场培育，发展壮大ECL电子竞技冠军联赛，参加“北京2012年国际体育资源营销和服务交易会”，宣传和推广电子竞技产业项目，拓宽投融资渠道，加快项目招商引资。开展体育产业重点领域专项调查，摸清产业发展情况和特点。全区体育经营单位共67家，涉及游泳、台球等25个项目，全年体育产业总产值突破5亿元，体育从业人员近3000人，体育产业成为地区经济新的增长点。

（贺琼瑶）

【场地自行车世界杯赛】 1月13～15日，2011～2012北京国际自盟场地自行车世界杯赛在老山自行车馆举行。赛事由国家体育总局、市政府主办，中国自行车运动协会、市体育局和区政府联合承办，比赛设男子组和女子组，男子组下设9个小项，女子组下设8个小项。来自美国、德国、英国等44个国家和地区500余名运动员、教练员参加比赛，中国选手在本届世界杯赛场上共拿到3金3银4铜。区有关领导出席颁奖仪式，为获奖运动员颁奖。

（贺琼瑶）

【中甲足球联赛】 2012赛季中国足球甲级联赛于3月17日正式打响，北京八喜足球俱乐部主场由朝阳体育中心迁至石景山体育场。同日，北京八喜足球俱乐部新闻发布会在体育场召开，区相关领导、俱乐部董事长、副总经理以及新赛季球队新任主帅和内外援悉数出席。3月17日～10月28日，北京八喜队主场迎战深圳红钻队等15支甲级队伍。

（贺琼瑶）

【中乙足球联赛】 4月28日～9月28日，中乙足球联赛举行，北京青年队在石景山体育场主场迎战河北青年队等12支乙级队伍。

（贺琼瑶）

【中国足协杯比赛】 6月2日，东芝2012中国足协杯赛在石景山体育场举行，北京八喜队主场迎战北京理工队。中国足协杯赛5月26日开幕，本赛季球队扩至48支。

（贺琼瑶）

【中老年优秀健身表演赛】 6月27日，市级群众体育活动——北京第15届中老年优秀健身项目表演赛在石景山体育馆举行。中国科学院老年人体协、中铁十六局、北京老体协太极拳委员会等来自市、区的老年健身组织数百人参赛。各参赛队员在健身操，健身秧歌、健身腰鼓，武术，柔力球，健身气功，综合才艺等六大项展开角逐，切磋技艺、笃厚友谊。

（贺琼瑶）

【北京国际武术邀请赛】 7月21～23日，"天宏杯"2012年首届北京国际武术文化节暨第九届北京国际武术邀请赛在石景山体育馆举行。国家体育总局武术运动管理中心主任高小军、市体育局局长李颖川、副区长杨东起等领导出席文化节开幕式。此次盛会共计三天，设90个项目，分为个人单项和集体表演项目，吸引来自欧洲、美洲、亚洲等十几个国家和地区以及国内各省市共101支代表队1131名运动员报名参赛。

（贺琼瑶）

【北京市青少年跆拳道锦标赛】 7月24～25日，在石景山体育馆举行。赛事由市体育局主办，区体育局承办，来自16个区县共292名运动员进行两个组别共300余场比赛。区体育局从场地设施、安全保卫、赛场组织等多方着手，积极为比赛举办搭建平台，出色完成比赛承办工作。

（贺琼瑶）

【中国联通乒乓球挑战赛选拔】 8月12日，"乒乓在沃"第三届中国联通乒乓球挑战赛北京八赛区选拔赛在石景山体育馆举行。本次赛事共设5个年龄组，来自在校学生、公务员、离退休干部、军人以及职业乒乓球退役选手和爱好者共245名选手参加，最终产生5个年龄组的前四名。

（贺琼瑶）

【体育产业专项调查】 8月28日，全区体育产业重点领域专项调查工作动员培训会在电子竞技馆举行。调查历时3个月，重点调查体育健身休闲单位、单项运动协会、职业体育俱乐部及其主场场馆、体育中介组织、票务公司等，共涉及全区207家单位，通过收集、分析调查数据，为研究制定体育产业发展政策提供科学依据。调查报告显示，2011年全区体育产业收入达5.5亿元，其中体育服务业实现收入4.2亿元。

（贺琼瑶）

【北京市中小学生跆拳道比赛】 12月16～17日，2012年"八喜"杯市第六届中小学生跆拳道比赛在石景山体育馆进行。来自各区县378个单位2500余名运动员参加品势、个人竞技比赛，其中竞技比赛采用中国跆拳道协会审定的单败淘汰制（4人以下采用单循环制，含4人）的最新竞赛规则。中央电视台教育频道、少儿频道、《北京晚报》、《新京报》、新华网等众多媒体进行报道。

（贺琼瑶）

【八大处网络体育集聚区建设】 区体育局依托"中国电子竞技馆"，完善服务，做大做强竞游ECL电子竞技冠军联赛，选拔高水平的电子竞技选手，扩大市场效应。借助"北京2012年国际体育资源营销和服务交易会"平台，宣传和推广八大处网络体育集聚区"电子竞技平台"项目，促进招商引资，加快投融资进度，推动项目发展。

（贺琼瑶）

体育执法

概　　述

区体育局加强体育市场监管，联合公安、卫生、消防等部门对辖区内体育项目经营单位进行安全检查，重点检查游泳场馆和地下经营场所，动用执法人员160人次，发现安全隐患20处，全部整改完成。加大体育法规培训，强化体育经营单位从业人员法制理念，发放"规定"、"条例"手册和安全材料，切实提高经营业主、工作人员和健身群众安全意识。抓好安全应急工作，指导体育经营单位制定应急预案，明确岗位职责，开展体育经营场所应急演练，提高处置突发事件应急能力。切实做好减溺工作，严格审核从业人员资格，加强水上模拟急救训练，举办救生技能比赛，提高救生能力，区体育局在第四届北京市体育大会救生比赛中获"优秀组织奖"。全年本区体育经营单位无重大安全事故发生，完成溺亡零指标任务。

（贺琼瑶）

【行政执法】 区体育局联合区安监局、公安分局、卫生局等多部门对全区体育经营单位进行执法检查，全年累计检查105次，动用执法人员160人次，下达执法文书103件。检查中发现安全隐患20处，整改完成20处，执法人员现场指挥扑灭失火事故一次，下发限期整改通知书2份。加强"两会"、节假日、"7·21"自然灾害和十八大前夕的安全执法，与体育经营单位签订安全生产责任书，并协助体育经营单位制定和落实安全生产管理制度。重视减溺工作，完善联席会架构，联合区卫生局、公安分局、消防支队、安监局等部门不定期检查，及时排除

6月6日，副区长杨东起带队安全检查　（区体育局供稿）

隐患；严格游泳培训班的审批，加强游泳场馆救生员管理、培训和资质审查，全年本区游泳场馆无溺亡事故。加强应急演练，以杨庄游泳馆为主会场，开展体育经营单位应急预案演习，明确岗位职责，完善应急预案。本区体育经营单位无重大安全事故发生，有效保障群众生命财产安全。

（贺琼瑶）

【十八大安全检查】 10～11月，区体育局成立专项执法检查组，对全区体育经营单位进行全覆盖安全排查，检查体育经营单位69次，下达执法文书68件，发现安全隐患11处，全部整改完成，确保体育经营单位安全运营。

（贺琼瑶）

【体育法制宣传】 区体育局重视体育法规知识培训，全年开展体育经营单位安全培训5次，加强安全教育和指导；各体育场馆成立安全工作领导小组，对员工定期培训。对各体育经营单位、健身群众下发执法检查手册2000本，发放“规定”、“条例”手册1600本，各类安全生产材料、宣传折页及挂图9700余份，制作安全生产和依法经营展板10块，指导体育经营单位健全安全生产管理制度，切实提高体育经营单位业主、从业人员和健身群众的安全意识。

（贺琼瑶）

【等级证书审批】 区体育局按照国家有关规定，严格审批运动员等级注册，公开办事程序。全年共审批等级运动员30人，涉及游泳、田径等8个项目，注册信息通过市体育局网站、区政府信息公开进行网上公示，无一例虚假投诉现象。

（贺琼瑶）

社 会 事 业

石景山区寿山福海养老服务中心五星级挂牌仪式
北京寿山福海国际养老服务中心
BEIJING SUNSHINE INTERNATIONAL CARE HOUSE

民政工作

概　　述

北京市石景山区民政局(简称区民政局)是负责本区民政事业管理工作的区政府工作部门。年内,着眼发挥民政在保障和改善基本民生、加强和创新社会管理、支持和推进国防建设、提供和强化公共服务等职能作用,深入实施"惠民、济困、救助、优抚"工程,加快推进民政事业科学发展,有效维护社会稳定、促进平安和谐。健全和完善社会救助体系,牵头实施济困工程,动员社会力量参与慈善救助工作。实施救助项目99项,投入资金1.22亿元,救助困难群众26.4万余人(户)次。发展适度普惠型社会福利事业,深入落实老年人优待办法和"九养"政策。加大养老服务机构建设力度。推选出市级"孝星"325名、为老服务先进单位33家。积极开展社区服务,助力"六型"社区建设。落实福利企业扶持保护政策,扩大福利彩票销售量和福彩公益金争取力度。健全和完善双拥优抚安置体系,细化落实关于深化双拥工作推进军民融合式发展的意见,深化"强军育才接力工程",推进"强军爱兵暖心工程"。全面落实优抚政策,完成各项安置任务。协调地方政府投入经费2360余万元,解决部队用水、用电、修路、治理营区周边环境等问题。健全和完善专项社会事务管理体系。推动社会组织建设和管理创新,全区有社会组织211个,总数比上年末增加13%。开展婚姻登记工作标准化建设,进一步完善婚姻登记服务,登记合格率100%。继续实施殡葬惠民工程,做好清明节群众祭扫接待工作。推进跨区建设项目管理。保护见义勇为人员合法权益。年内,创建10个"全国综合减灾示范社区",获市"敬老爱老助老为老服务示范单位"等荣誉。

地址:石景山区古城北路

电话:68863615

邮编:100043

(杜海营)

【社会组织管理】 2月9日,区民政局召开社会组织评估指标培训会,邀请北京海朝社会组织服务与评估中心专家就评估目的和意义、原则和依据、程序和方法等重点内容进行培训和讲解,40余个社会组织的负责人参加培训。之前还召开社会组织评估工作动员会,下发社会组织规范化建设评估工作方案,动员社会组织积极申报参评。全年审批社会组织行政许可事项53项,其中成立27项(社团6项、民非21项),变更16项(社团3项、民非13项),社团筹备7项,注销3项(社团1项、民非2项)。本区有社会组织211个,其中社会团体66个,民办非企业单位145个,社会组织总数比上年末增加13%;有156个社会组织完成年检四级审批和网上发布,其中年检合格153个,基本合格3个。区教育学会等36个社会组织参加评估,占应参评总数的28.8%,列全市第二位。其中被评为5A级的4个、4A级的23个、3A级的9个。

(杜海营)

【发放永辉爱心卡】 2月,200户特困家庭领取到区慈善协会和永辉超市携手发放的价值1000元的"永辉爱心卡"。受助家庭凭卡可在一年内到永辉超市鲁谷店选购米面粮油等生活必需品。受惠对象涵盖全区低保户、低保边缘人群、残疾人等各类型、各年龄段的特困家庭及个人。永辉超市一直致力于慈善公益事业,与区慈善协会合作,连续8年不间断向老、弱、病、残等特困户发放"永辉爱心卡",捐赠力度逐年递增。区慈善协会在与永辉超市合作过程中,秉承"诚信慈善"理念,自觉接受社会各界监督,采取实名登记制,严格审核特困家庭资质,确保"永辉爱心卡"及时发放到有需求的困难群众手中。

(杜海营)

【流浪乞讨人员救助】 3月12日,区流浪乞讨人员救助管理工作领导小组召开"接送流浪孩子回家"专项行动工作部署会。印发实施方案,牵头协调区综治办、教委、公安分局和各街道办事处等十余个部门开展接送"流浪孩子回家"专项行动。民政、公安、城管部门实行首接责任制,积极探索长效机制建设,提高救助保护能力。持续开展流浪乞讨人员排查、梳理和集中宣传、救助行动。严厉打击拐卖、拐骗未成年人以及胁迫、诱骗、利用未成年人乞讨和实施犯罪等活动,帮助流浪未成年人回归家庭、告别流浪。11~12月,做好寒冷天气救助。组织救助服务小分队,到繁华地带、桥梁、涵洞、地下通道等流浪乞讨人员聚集地巡视,劝说、引导、护送流浪乞讨人员到救助机构接受救助。对因不同原因流浪乞讨的人员实行分类救助:对陷入困境、居无定所、流落街头的进城务工人员及时帮助;对流浪未成年人、精神病人、危重病人、残疾人、老年人及时予以救助保护,需住院治疗的,采取先救治后救助的方法,保障其生命安全;对不愿意到救助站接受救助的流浪乞讨人员,除为其提供必要的御寒衣被和食品外,还发放求助告知卡,确保其能及时得到救助。增加物资储备,准备好充足的冬季衣服、被褥及食品。全年共救助流浪乞讨人员317人次,其中,"接送流浪孩子回家"专项行动救助未成年流浪乞讨人员19人。截至年底,基本实现街面无流浪未成年人的目标,基本杜绝户籍人口中出现未成年人因生活贫困、灾病致贫等原因外出流浪乞讨现象。区救助站获"首都民政系统行风建设示范单位"称号。

(杜海营)

【清明祭扫服务保障】 3月31日~4月7日清明节群众祭扫重点日期间,抽调和组织警力、消防、执法和服务保障人员1200余人,做好治安防范、交通疏导、山林防火、殡葬市场秩序维护以及宣传、服务等各项保障任务。成立以主管区长为总指挥,区民政局、公安分局、文明办、区委宣传部等20余个部门组成的清明节群众扫墓服务工作指挥部,把保障群众安全、有序、文明扫墓摆在突出位置。设立14个宣传点,倡导文明低碳扫墓的新方式,推广生态、环保、文明、节俭的绿色殡葬方式,组织志愿者服务活动,引导群众自觉抵制迷信低俗、愚昧落后的扫墓习俗。八宝山革命公墓、人民公墓、老山骨灰堂和福田公墓4个集中扫墓点共接待祭扫群众44.39万人、车辆6万辆;对群众反映强烈的老山郊野公园、衙门口、红光山、松林公园等乱买乱葬情况严重的地区进行集中平毁;为430人发放丧葬补贴215万元。

（杜海营）

【重视防灾减灾】 汛期前,区民政局修订完善灾害应急救助预案并进行桌面推演,建立汛期市、区、街道三级联络通讯网。在“5·12”和“10·13”两个减灾日期间开展防灾减灾宣传活动,完成139个社区应急避险图的绘制。与金顶街街道、广宁街道联合开展“减灾知识到社区”活动,展出宣传板30余块,发放宣传品2100余份。年内,5个社区被评为“全国综合减灾示范社区”,20个社区被评为市级“综合减灾示范社区”,136名社区灾害信息员取得初级灾害信息员证书。

（杜海营）

【救灾善后维稳】 7～8月,区民政局建立健全“7·21”自然灾害灾情会商、联络员协调等机制,统一做好灾情数据的采集、报送和灾害应急救助、抚慰等工作。开展基本生活救助、医疗救助及应急救助,解决受灾群众有饭吃、有衣穿、有干净水喝、有基本住所、有病能医,为因灾死亡人员家属发放慰问金及丧葬补助。成立善后工作专项组,实行日会商、日报告制度。工作组人员及街道、社区人员持续入户上门与家属代表见面谈话,协调相关部门和聘请法律专家答复家属疑问,做好善后维稳工作。做好接收救灾捐赠物资工作,累计接收社会捐款49.58万元,食品、衣被等物资9654箱(件),折价74.31万元。

（杜海营）

【城市低保救助】 11月,区民政局按照一个采暖季每户400元的发放标准,对城市低保对象中依靠燃煤自采暖过冬的家庭给予一定救助。全区符合救助范围的低保家庭有954户,共发放资金52.2万元。年内,城市低保标准由原先的500元调整至520元。调整后,月人均领取低保金由原来的453.38元增加到471.41元;低收入家庭认定标准由原先的731元调整至740元。全区享受低保待遇5045户、10334人,累计支出救助金5823.1万元;享受粮油帮困待遇3271户、3819人,累计支出救助金184.85万元,合计支出6007.95万元。向10180户次低保家庭、20950人次低保对象发放临时生活补贴,支出资金523.75万元。按新规定标准,全区有38人次享受重大疾病医疗救助,累计支出救助金39.22万元。

（杜海营）

7月24日,搬运救灾物资　　（区商务委供稿）

【济困工程“一涨一平”】 区民政局救助项目数量增长,年计划61项,完成和在实施的项目87项,增加26项;投入资金持平:年计划完成1.1亿元,实际投入基本持平。项目增加原因:一是党和政府加大对民生的投入力度。市委、市政府分别于1月1日和7月1日两次提高低保标准,在每月500元基础上,根据物价上涨情况为低保对象发放生活补贴150元;加大廉租住房补贴力度,全年投入资金约2200万元;低保、低收入家庭大学新生教育救助标准由4000元增至4500元;区临时救助标准由1万元提高到3万元。二是各项惠民政策接连出台,市、区两级对于特困人员陆续出台建立特困人员住院押金减免和出院及时结算制度、为散居孤儿发放生活费等,缓解特困人员生活、就医等方面的困难。三是关心首钢停产后的困难群众,两节期间开展送温暖活动,对首钢困难群众、退休职工、下岗女工、特殊人群等进行节日走访慰问,共计1393人(户),发放慰问金及物品67.18万元。四是重大节日慰问增多,全年有25项,采取不同形式慰问困难群众、劳模、困难党员、特殊人员等16271人次,发放慰问钱物共计641.4万余元。五是实施项目的成员单位略有增加,区民宗侨办、八角街道、五里坨街道年初原无计划,年内完成5个项目,主要是慰问困难群众、党员和少数民族困难人员。

（杜海营）

【优待抚恤】 区民政局为48名残疾军人办理换证、补证手续,为1名优抚对象调整伤残等级,为3名病故军人遗属办理定期补助金。为全区507名优抚对象调标67.49万元,发放一次性抚恤金645.8万元,义务兵优待金156.6万元。规范整理全区370份伤残军人档案。在重大节日集中走访优抚对象1967余户次,送慰问金和慰问品价值76.34万元。

（杜海营）

【退役士兵安置】 区民政局全年接收退役士兵131名,包括义务兵99名,一期士官15名,转业士官17名。其中复工复职退役士兵12人,复学18人,自

10月23日，寿山福海养老服务中心获评五星级 （区民政局供稿）

谋职业21人，自主就业22人，安置57人。发放自谋职业补助金63万元，报销社会保险12.6万元；发放自主就业补助金165万元，为14名自主参加培训的退役士兵报销培训费3.95万元。

（杜海营）

【见义勇为权益保护】 区民政局将户籍不在本辖区的23名见义勇为人员的档案关系及有关材料转至其户籍所在地管理，对本区调整后的34名见义勇为人员及其家庭情况进行整理和更新。依法确认"7·21"特大暴雨自然灾害中救人的张金龙和在首钢小区救火的景智鑫2人见义勇为行为。为52名见义勇为人员送去6.24万元的慰问金以及价值3万多元的慰问品，为8名生活较困难的见义勇为人员发放3.1万元专项补助金。

（杜海营）

【零散烈士墓集中迁移保护】 上年6－8月，区民政局对辖区内零散烈士墓进行全面摸底调查，前期调查显示本区共有5座零散烈士墓，墓群周围环境相当恶劣，发挥不了烈士纪念功能。是年，积极争取资金支持，多方协调其他区县公墓，最终确定把本区零散烈士墓分别安葬安放在门头沟区天山陵园功臣园和八宝山革命公墓。做好安抚工作，耐心与烈士家属沟通，签订书面迁移安葬安放协议，尽量满足家属合理要求。

（杜海营）

【推进老龄工作】 区民政局开展老人维权知识讲座和老年人优待办法宣传8场，举办敬老文体活动35场，发放"营养工程"、"孝心工程"等宣传手册8000册。与区计生委组织"千名老人养老服务需求"调研，查找老龄工作中存在的问题并形成调研报告。在办理3件区人大代表、政协委员议案、提案基础上，探索老年人医疗康复、精神需求等热点问题的解决途径。继续落实"老年人优待办法"和"九养政策"，规范日托所和"老年餐桌"建设工作。为4505名60周岁以上老人办理优待证，为4955名65周岁以上老人办理优待卡；向90周岁以上高龄老人发放津贴88.91万元，向95周岁以上高龄老人发放医疗补助20.27万元；为60岁以上有需求的老年人配发新一代"小帮手"电子服务器696部，为高龄空巢老人免费安装"一按灵"（紧急医疗救援呼叫器）呼叫系统475部。对接北京市"孝星"评选表彰工作，推选出市级"孝星"325名，为老服务示范单位33家。向高龄特困和百岁老人发放慰问金3.6万元，并为45对金婚老人和30对钻石婚老人举办庆祝活动。推动街道、社区组织"孝星"事迹巡回宣讲16场。以"活力石景山，多彩老龄化"为主题组织设计、参展国际老龄产业博览会，组织"老年妇女编制品"义卖和书画诗词选展活动。走访慰问特困、高龄、失能、空巢等老年人代表和百岁老人54人。

（杜海营）

【养老机构建设】 新增养老床位310张，增长率为11.4%，9家养老机构实际拥有床位3020张。组织养老机构年检，申请获得市床位资助417.54万元。通过职业技能学习和培训，养老护理员持证率由52.5%上升到79.9%。深入开展创星评比活动，寿山福海养老中心被授予北京市首家民办五星级养老机构，区社会福利院通过3星级养老机构复审，金梦圆老年乐园通过2星级评审，天泰老年公寓通过1星级评审。

（杜海营）

【养老服务中心(站)建设】 年内，建成鲁谷永乐西小区、老山街道、广宁"乐龄"、五里坨联勤部"万家幸福"、苹果园街道"老年福"和金顶街"老年福"一分部等6家居(村)级养老管理服务中心(站)，通过市老龄委领导的检查验收。广宁"乐龄"和五里坨联勤部"万家幸福"养老管理服务站采取由部队出场地、政府政策支持、社会兴办的公办民营养老模式，这一新兴的专业化为老服务形式得到民政部和市民政局的肯定。

（杜海营）

【孤残儿童管理】 区社会福利院儿童部共收养孤残儿童17人，散居孤儿11人，其中年内审核移送弃婴4人。全年为散居孤儿发放基本生活费132人次、18.48万元。排查民办和个人收养孤儿57人，其中社会组织收养外地孤儿55人，事实收养1人，家属抚养1人。

（杜海营）

【地退和超转人员管理】 本区有地退人员(1986年后由民政部门接收的机关事业单位的退休职工)182人，其中建国前老工人8人，建国后一般人员173人，退职1人。年内，区民政局向去世地退人员补发抚恤金，调节地退人员收入分配4次，人均月增资900元左右。本区有超转人员(因国家建设

7月25日,八宝山街道组织捐赠活动　(八宝山街道供稿)

征地农民转为居民的超过劳动力年龄,男60岁,女55岁的人员)1563人,其中市管超转人员1322人(一般人员1265人、病残52人、孤老5人),区管超转人员241人。年初,调整超转人员生活补贴,养老金由每人每月1100元调至1210元,调整幅度10%。11月,为超转人员办理医保卡,完善征地超转人员的医疗待遇和管理。

(杜海营)

【社区志愿者管理】　区民政局开展社区志愿服务卡计时系统建设,先期在鲁谷义工协会和八宝山义工协会进行试点。向1500名正式注册登记的志愿者配发集身份证、信息卡、计时卡、荣誉卡于一体的IC卡,为各社区志愿服务组织配发刷卡机,实行社区志愿者统一登记和规范注册管理。健全各项制度,为社区志愿服务信用体系、培训体系、时间储蓄反哺制度的建立和评比表彰的完善奠定基础。

(杜海营)

【婚姻收养登记】　区民政局设立网上预约登记受理窗口,推行结婚登记颁证服务,开展离婚登记前调解,组织收养登记统计,全面争创文明服务窗口。全年办理结婚登记4584对,离婚登记1115对,补发婚姻登记证941对,出具婚姻登记证明798件;办理补领收养登记证1件,摸排上报有事实收养登记1件。

(杜海营)

【社会捐赠和慈善救助】　区民政局、慈善协会组织“春风送暖”和“冬衣送暖”两次社会捐赠活动,募集捐款33.07万元,收到棉衣、毛衣、棉被等衣物45355件,全部发运西藏、江西、内蒙古等地。“爱心家园”全年累计救助困难群众12926户、29596人次。补充粮油物资107979.6公斤,帮扶困难群众的基本生活。开展“共产党员献爱心”捐款活动,参与捐赠总人数达2.4万人次,捐赠总额超过94万元。以“大病应急救助”项目为重点,开展多种类的慈善项目,共投入资金383万余元,救助本区565名困难群众和支持援建地区建设。

(杜海营)

【福利彩票发行】　全年销售彩票1.45亿元。其中销售电脑福利彩票1.2亿元,同比增长7.98%;即开型福利彩票销售2500万元,整体销量实现十一年连续稳步递增。

(杜海营)

【军休干部安置和管理】　经市军休办同意、区编办批准,成立第七、第八干休所。新接收军队离退休人员383人,其中退休干部363人,离休干部2人,退休士官18人。本区累计接收军休干部1929人,实有军休干部1479人。本年度为军休干部办好事实事9件。6月下旬,召开中共石景山区军队离退休干部第八次代表大会,选举产生新一届军休党委委员和纪委委员。组织“石景山军休精神”大讨论,提炼概括以“忠诚、奉献、谦和、乐观”为表述语的“石景山军休精神”。举办“春华秋实”军休工作回顾展,总结回顾近三十年来本区军休工作成果和经验;全年编写《石景山军休》专刊12期,发放1.68万份。

(杜海营)

【军队无军籍退休职工管理】　截至年底,全区累计接收军队无军籍退休职工1426人,实有1286人,分散在8个街道管理。全年共组织2次军工业务培训,4个重大节日集中走访慰问全体军工,分4批组织军工外出参观疗养,全年发放军工工资5500余万元。

(杜海营)

【福利企业生产】　全区有福利企业4家,安排社会劳动力238人,其中残疾人职工84人。福利企业全年销售收入2982.49万元,实现利税－141.08万元。区福利企业生产办提取20万元残疾人公益金,支持北京市香香唯一食品厂发展,并积极做好该厂迁址协调和职工思想稳定工作。

(杜海营)

双拥工作

【概况】　石景山区具有拥军优属的优良传统,各级党委、政府和广大人民群众始终把驻军官兵看作自己的亲人,把部队的困难当成自己的困难,尽心竭力帮助解决,驻区部队一如既往地关心支持地区各项建设事业,为石景山科学发展、全面转型作出新的贡献。军地双方以军民融合式发展为主线,坚持推动国防建设和经济建设良性互动的战略思想,适应社会转型和军队变革新形势,积极探索双拥工作发展新思路,不断拓展双拥模范城“六连冠”成果,深入开展国防教育活动,不断拓展“强军育才接力工程”覆盖面,扎实落实拥军优属“五个百分之百”。年内,区政府投入经费2360余万元,积极协调解决部队用水、用电、修路、治理营区周边环境等问题。全年接收安置军转干部108人、退役士兵130人、随军家属18人，为138名选择自谋职业的随军家属发放政府补助409万元；安排187名随迁子女入学；接收安置军队退休干部383人，成立了第七和第八干休所。拥政爱民活动良性发展，驻区部队充分发扬特别能吃苦、特别能战斗的作风，在做好战备、训练工作的同时，积极投身石景山区经济社会建设。全年组织官兵15000余人次，动用车辆1000余台次，参加地方道路改造、植树绿化、清淤通渠、环境卫生清整和基础设施建设等活动；清理垃圾、淤泥20余吨，擦拭路边护栏、公交站牌50余处，挖树坑2500余个，植树1500余株，绿化环境0.7公顷。驻区部队官兵还广泛开展了捐资助学、照顾孤寡老人、救助困难群众等便民助民活动。

地址：石景山区古城路民政局203室
电话：88928319
邮编：100043

（张宏印）

【走访优抚对象】 区委区政府坚持春节和“八一”双拥月走访慰问传统。1月9日，荣华、夏林茂、赵玉民、岳德顺等与北京军区副参谋长陈建、军区政治部副主任廖可铎、军区联勤部副政委李钟铮、军区装备部副部长王大喜等，分四组走访慰问八宝山、八角、广宁街道的8户优抚对象家庭，给每户优抚对象送去慰问品和慰问金。“八一”前夕，军区司、政、联、装四大部首长与区四套班子领导分四组走访慰问8户伤病残军人、军烈属、困难家庭等优抚对象代表，给每户送去价值600元的慰问品和1000元慰问金。在军地领导走访慰问的同时，区民政局与各街道共筹集慰问金40.1万元和价值6.6万元的慰问品，对190户优抚对象、残疾人和困难家庭等进行慰问。

（张宏印）

【慰问部队官兵】 1月9日和“八一”前夕，区四套班子主要领导带领相关部门工作人员先后走访慰问武警十九支队、预备役高炮四团、区消防支队、区武装部、军区联勤部警卫连、军区疾病控制中心、北空第一通信团等基层部队官兵，总计赠送慰问金和慰问品225万余元，带去全区人民的问候祝福。区领导分别与部队领导座谈，互相介绍军地建设和发展情况，并对进一步做好双拥工作，走军民融合式发展之路，实现互促共长、互助共赢交换意见。全区各单位采取不同形式对共建部队进行慰问，并赠送慰问品。7月14～16日，荣华、赵玉民等前往北京军区内蒙古朱日和训练基地，慰问部队驻训官兵，观摩参演部队训练演习，送去慰问金50万元。

（张宏印）

【召开军政座谈会】 1月18日，区委区政府与北京军区举行春节军政座谈会，军区副司令员黄汉标及司政联装四大部领导、驻区部队团以上单位领导与区四套班子领导参加，军地双方共商双拥大计，共贺新春佳节。“八一”军政座谈会于7月26日召开，夏林茂向与会部队首长介绍地区上半年经济社会发展情况，荣华和军区副政委黄建国分别致辞，区四套班子和军区四大部领导参加。

（张宏印）

【增进军地互动】 1月18日，石景山区军民春节联欢晚会在区体育馆举行。北京军区司政联装四大部领导与区四套班子等军地领导出席，驻区部队官兵、各界群众代表近2000人观看演出。8月，区双拥办、区文委、区武装部、石景山游乐园和北京歌剧舞剧院联合举办庆“八一”拥军慰问演出游园会，军地领导与驻区部队官兵、群众代表700余人欢聚一堂，用歌声庆祝中国人民解放军建军85周年。区双拥办组织北京军区联勤部和区直机关工委庆“八一”军地领导乒乓球友谊赛，14名军地运动员进行了激烈的循环对抗赛。通过比赛，进一步增进了军地领导感情交流。区双拥办、区妇联和北京军区联勤部共同举办“情牵石景山”军地青年联谊会，来自区行政事业单位、驻区各部队男女青年100余人参加“鹊桥会”。

（张宏印）

【获评市级双拥模范区】 6月12日，在北京市双拥模范城（县）暨双拥模范单位和个人命名表彰大会上，石景山区被市委市政府、北京卫戍区、市双拥工作领导小组命名为“北京市双拥模范区”。这是本区连续第7年获此殊荣。辖区4个街道被命名为“双拥模范街、乡、镇”，55个单位被评为“基层双拥工作示范单位”。近年，区委区政府发挥双拥工作的特殊优势，全局着眼，全民参与，全力以赴，推进全区双拥工作制度化、规范化建设，双拥工作在继承中巩固完善、在改革中发展创新，形成军民融合、科学发展的喜人局面。

（张宏印）

1月18日，军民春节联欢晚会　（区民政局供搞）

【促进家属就业】 7月初,区人保局、区双拥办联合举办随军家属就业座谈会,听取随军家属的就业需求,介绍本区就业形势等随军家属关心的问题。邀请3名优秀随军家属,说亲身经历、讲就业理念、话成功感受,科学引导随军家属就业。同月18日,举行随军家属专场招聘洽谈会,驻区部队随军家属200多人参加。区社工委和8家事业单位提供20个职位,驻区23家企业提供126个职位供随军家属选择。通过招聘洽谈,44人报名参加事业单位、社区工作者的考试,49人与企业签订就业意向协议。为鼓励随军家属自主创业,12月21日,区双拥办集中为138名自谋职业的随军家属发放409万元政府补助金。年内,积极协调驻区部队符合条件的随军家属报考社区工作者岗位,参加石景山区面向社会公开招聘社区工作者竟聘,为随军家属开辟就业新途径。

(张宏印)

【再创全国双拥模范城】 经过全区军地双方共同努力,本区荣获"全国双拥模范城"称号。全国双拥模范城"六连冠"实现之日,就是争创"七连冠"启航之时。7月26日,区委区政府召开创建"全国双拥模范城"大会,总结创建工作,明确部署任务,交流经验成果,表彰模范单位和个人,激励全区军民再鼓干劲,团结拼搏,在新的起点上推动双拥工作创新发展,为地区转型发展奠定坚实基础。夏林茂从强化领导,凝聚力量,筑牢双拥共建工作基础;拓展内容,创新机制,深入开展国防教育和双拥宣传工作;求真务实,以人为本,办实办好军心民心工程;积极探索,不断完善,推动双拥共建工作持续发展;整合资源,挖掘特色,精心打造军民融合品牌五个方面回顾过去四年双拥共建取得显著成果。提炼总结四点工作体会,就今后四年创建工作,提出要进一步巩固创建成果,在更高起点上谋划推进双拥工作;进一步强化宣传教育和舆论引导,在更广范围上营造双拥共建热潮;进一步加大对驻区部队的支持力度,以更实举措推进军队和国防现代化建设;进一步落实双拥各项政策,以更好服务做好优抚安置工作;进一步培育区域特色精品,在更深层面推进军民融合式发展;进一步落实双拥创模各项任务,以更大决心确保顺利实现"七连冠"创建目标六个方面任务。荣华就如何贯彻会议精神,在新的更高起点上推进双拥工作,提了四点要求:强化责任抓双拥,在双拥创建思想认识上要有新提高;服务大局抓双拥,在促进军民融合发展上要有新突破;围绕需求抓双拥,在解决军地热点难点问题上要有新举措;与时俱进抓双拥,在深入开展双拥创建活动上要有新成效。

(张宏印)

【军营现场办公】 7月26日,第30次"区长进军营现场办公会"在北京军区联勤部指挥楼举行。夏林茂率领相关职能部门负责人现场办公解决实际问题。军区副参谋长陈建,联勤部副政委张圣荣,装备部副部长王大喜等机关领导参加办公会。针对驻区部队提出的军区机关大院正常用电需求、扩建第一通信总站三营周边道路、解决"218工程"饮水和改造联勤部机关营院供电主进电源等12个问题,夏林茂责成相关部门在前期深入调研和广泛征求各方意见的基础上,制定详细解决方案,并就相关的现场勘测、技术论证、组织实施等问题进行具体说明。他强调要划定时间表,明确责任人,加快工作进度,抓好施工安全,高标准解决好部队提出的问题。军地领导还就相关政策法规、重难点问题以及远景规划等进行现场沟通,交换意见。

(张宏印)

【驻区武警投入救灾】 "7·21"特大自然灾害发生后,驻区部队视汛情为命令,始终奋战在救灾抢险第一线,全力抢救人民生命财产。武警石景山支队出动官兵245人,消防支队全员出动,成功疏散群众3200余人次,搜查房屋157户,救出遇险群众100余人次,搬砖2700余块,搬运沙袋800余个,清理积水9550多立方米,清理水淹车辆50余台。积极开展善后募捐活动,主动参与灾后重建和社会维稳工作。

(张宏印)

【先进事迹宣讲进军营】 8月,由区文明办、双拥办共同举办的"身边榜样"进军营事迹报告会先后在北京军区政治部文化工作站、66061部队隆重举行。6名来自不同战线的"身边榜样",向部队官兵讲述了他们的先进事迹和感人故事。驻区部队官兵代表、各街道及社区居委会干部代表500余人聆听事迹报告。

(张宏印)

【扩大技能培训规模】 区双拥办扩大第二期"强军育才接力工程"职业技能培训的覆盖面。在巩固上年3个培训教学点的基础上,在武警石景山支队、66057部队、93658部队、66018部队等4个驻区部队中全面展开职业技能培训。协调区业余大学参与"强军育才接力工程"职业技能培训,为66057部队开设计算机班,培训官兵403名,部队官兵反映良好。通过扩大培训规模和内容,官兵"入伍即入学、在伍有作为、退伍即成才"的目标初见成效。

(张宏印)

殡葬管理与服务

【概况】 北京市殡葬管理处(简称殡葬管理处)隶属于北京市民政局,所属事业法人单位20个(不含机关);下属公墓17家,殡仪馆2家,培训中心1家。年内,以科学发展观为指导,深入建设"大民政",扎实推进各项工作。创新推进"零百千万"工程,为低保、优抚对象免费提供5~8种保障类骨灰盒,以丰富"零"字工程内涵;确保千元殡仪服务组合环节达到8项以上;推出多种"万"元墓型或骨灰安葬方式,进一步扩大万元安葬的受众群体。鼓励市民骨灰撒海、树葬、花葬、草坪葬以及骨灰深埋、撒散等生态葬法,推广小型墓、壁葬、骨灰寄存等节地绿色葬法,并在城市社区倡导时空邮箱、网络祭扫等绿色健康的悼念缅怀方式。全年办理骨灰撒海业务30次,撒放骨灰1003份。殡仪馆免费提供保障类骨灰盒28个,销售百元骨灰盒1426个,百元骨灰盒销售率为12.81%;办理千元殡仪服务6398份,千元服务办理率为25.65%。公墓办理万元以下骨灰安

葬业务2039个，万元工程办理率为28.2%。标准化建设进展顺利，完成八宝山殡仪馆、万安公墓、东郊殡仪馆、朝阳陵园、万佛华侨陵园等5个单位的标准体系建设。信息化建设迈上新台阶，两个殡仪馆的辅助决策系统建成并投入运行，八宝山革命公墓等8个单位的墓园信息系统完成方案设计。清明服务接待以"同心祈福"为主题，强化"传承、公益、服务、平安"的清明服务工作理念，实现清明期间服务零投诉、平安无事故的预期目标。20个扫墓点共接待扫墓群众162.9万余人，疏导车辆30.3万余辆。

地址：石景山区石景山路9号
电话：88257779
邮编：100039
网址：www.babaoshan.com.cn

（王　琦　李世龙）

【丁关根遗体送别】 7月28日上午，中国共产党的优秀党员，久经考验的忠诚的共产主义战士，我党宣传思想文化战线的卓越领导人，中国共产党第十三届中央政治局候补委员、中央书记处书记，第十四届、十五届中央政治局委员、中央书记处书记丁关根遗体送别仪式在八宝山殡仪馆大礼堂举行。胡锦涛、吴邦国、温家宝、贾庆林、李长春、习近平、李克强、贺国强、周永康等党和国家领导人及曾经担任党和国家领导职务的老同志，以及社会各界群众数千人参加送别活动。

（曹丽娟　杨秉洪）

【伍绍祖遗体送别】 9月24日上午，中国共产党的优秀党员，忠诚的共产主义战士，党的建设工作、国防科技工作、体育工作和青年工作的优秀领导干部，政协第十届全国委员会常务委员、社会和法制委员会副主任，原中国人民解放军国防科学技术工业委员会政治委员、党委书记，国家体育总局原局长、原党组书记，中共中央直属机关工作委员会原主持常务工作的副书记伍绍祖遗体送别仪式在八宝山殡仪馆大礼堂举行。胡锦涛、吴邦国、温家宝、贾庆林、李长春、习近平、李克强、贺国强、周永康等党和国家领导人及曾经担任党和国家领导职务的老同志，以及社会各界群众参加送别活动。

（曹丽娟　杨秉洪）

【清明便民服务】 本区有4处祭扫点，安放骨灰量12.1万份。由于清明节小长假之前的周末（3月31日、4月1日）调换为工作日，全市清明祭扫人流、车流成为5年来最集中的一年，创2008年设立清明法定假日以来的新高。殡葬管理处以"平安·文化·惠民"为目标，圆满完成清明节群众扫墓服务保障，八宝山地区接待扫墓群众42.6万人。八宝山革命公墓整合服务资源，创新清明服务举措，主推"文化清明"建设，组建志愿者队伍，推出"高档鲜花祭台"、"24小时预约祭扫"等24项便民、利民、惠民服务项目。万安公墓提供免费的班车服务、网上纪念馆服务和描字服务。福田公墓推出78个单价9800元（含刻字、礼仪服务等内容）的双人墓穴，设立"温馨无限"和"服务驿站"2个大棚，为扫墓家属提供墓碑清洗等便民利民服务，并举办"福田新桃祈福会"活动。八宝山殡仪馆推出"外埠来京人员集体共祭"活动，并免费向群众开放部分悼念室，发放《殡葬服务指南》、《清明文化手册》、"便民服务一卡通"等宣传材料。

（综　合）

3月31日，清明红色祭扫　（团区委供稿）

【加强业务创新】 殡葬管理处深入推进殡葬改革，结合全国第三批殡葬改革示范活动，突出两项重点，推进三项工程，强化四项殡葬社会事务管理。"突出两项重点"即：大力推进绿色殡葬，一是保持绿色殡葬业态，大力开发生态殡葬、绿色殡葬，减少占地式发展方式，创立新型公墓形态；二是全面提升殡葬工作满意度。"推进三项工程"即：创新落实"零百千万"工程；全面规范管理全市殡仪服务；推动土葬区改革。"强化四项殡葬社会事务管理"即：一是加强殡葬法规政策研讨及理论研究；二是加强和规范公墓管理；三是稳步推进农村公益性公墓建设；四是有计划、按步骤推出行业标准的制定，推进公墓数字化标准等地方标准。年内，八宝山殡仪馆推出免费上门洽谈服务、平板电脑介绍业务、短信平台等便民服务项目；成立刘瑞安工作室、遗体养护工作室、青清女子整容工作室，遗体整容服务向高端化改革；推出送灵服务，体现殡仪服务的人性化；重新装修梅兰竹菊告别厅，更新配套设施，为不同需求的告别活动提供良好服务场所。全年开展免费上门服务18次，守灵服务233次，追思厅使用509场。八宝山革命公墓推出葬后祭奠仪式服务项目，举行各类追思祭奠仪式1200余场次，满足家属不同需求。福田公墓在网站上开设清明专题滚动播报，扩大网络影响，上网活动稿件5篇、照片77张。八宝山人民公墓开展个性化碑文、铭文和祭文撰写，推出交互式安葬礼仪服务和鲜花租摆等业务，受到群众广泛好评。

（综　合）

【实施惠民工程】　针对社会上对一些地区殡葬用品和经营性墓地价格偏高等问题的反映，国家发改委会同民政部联合发布《关于进一步加强殡葬服务收费管理有关问题的指导意见》。根据殡葬服务需求特点，将殡葬服务区分为基本服务和延伸服务，包括遗体接运、存放、火化和骨灰寄存等基本服务收费标准实行政府定价。殡葬管理处对公益性公墓收费标准采取严格的政府定价管理，继续实行低收费政策，对低保、低收入群体提供降价、减免费用等更多种类优惠服务，满足群众基本需求。同时提倡移风易俗、厚养薄葬和节地环保的丧葬方式。八宝山殡仪馆推出4项长期免费服务：向保障类群体免费提供骨灰盒、免费使用小型告别厅、免费班车送骨灰到老山骨灰堂、免收老山骨灰堂停车场停车费。全年累计销售百元骨灰盒1426个，办理千元套餐及千元以下消费5596个，提供保障类骨灰盒18个，免费送骨灰服务28次。八宝山人民公墓办理万元以下骨灰安葬业务400个，同比增长94.2%；福田公墓办理万元以下业务61份，同比增加11份，增长22%，其中花坛葬19份，生态葬13份，草坪葬8份，立体（骨灰墙）安葬21份。

（综　合）

【完善安防系统】　殡葬管理处通过签订责任书、组织演练等形式，完善安全工作方案，加强安保力量，做好防火、安全生产、重点危险部位及重点人员的管理。建设和改造八宝山人民公墓、福田公墓等13个单位的监控报警系统和消防设施，建立技防安保工作平台，技防监控及电子围栏设施达到全覆盖。全年顺利保障重大治丧活动55起。市殡葬管理处被市防火安全委员会评为“消防工作先进单位”，革命公墓获市公安局集体嘉奖，八宝山人民公墓被市公安局授予集体三等功。

（王　琦　张　青）

【殡葬管理业务】　年内，殡仪馆火化遗体24939具；公墓（陵园）办理墓穴租赁业务5460份，占用土地0.45公顷，较上年同期略有减少；办理墓穴续租业务5223份、老墓改造业务1655份；殡仪馆、公墓骨灰堂寄存骨灰9991份；办理骨灰墙、廊、亭等租赁业务1229份。

（王　琦　张　青）

【规范太平间管理】　殡葬管理处制定深入推进太平间规范化管理的实施意见，提出并采取五项规范措施：一是积极与市殡葬协会协调，将殡仪馆所属的41家太平间发展为市殡葬协会会员单位，将太平间纳入行业管理，建立政府检查监督、行业协会自律良好工作机制。二是建立服务监督与评价体系，邀请行风监督员对太平间服务站进行“星级评比”活动。三是加强业务培训，建立和健全从业人员持证上岗制度。2月，举办行风建设与规范化管理提升培训班，90余名从业人员参训。四是继续加大服务环境设施的建设改造力度，在太平间告别厅、收银处、存尸室安装监控系统，确保业务安全。五是加强丧葬用品销售监管，严格控制丧葬用品销售范围，对丧葬用品实行限价。

（王　琦　张　青）

【殡葬理论研究】　3月26日，殡葬管理处参加民政部组织的第三届“清明论坛”暨殡葬理论学术交流会，分别获“优秀组织奖”和“优秀成果奖”。《“人文殡葬”的表现形式及其实现途径》一文获一等奖，另外还获得1个二等奖、9个三等奖、3个优秀奖。全年出版《八宝山》杂志4期、《殡葬理论研究》6期。

（王　琦　李世龙）

【行业技能大赛】　10月21～22日，殡葬管理处承办北京市第三届职业技能大赛殡葬行业竞赛。殡仪服务员、墓地管理员和遗体整容师三个工种的技能决赛在八宝山殡仪馆举行，参赛选手95人。通过理论考试、个人才艺展示、殡仪方案策划和实际操作技能等内容的角逐，评选出全市殡葬行业的“北京市技术能手”。经过初赛、复赛、决赛三个阶段的技能比拼，累计有477名参赛选手获得不同等级的国家职业资格证书，占全部报名参赛选手比例的42.21%。殡葬管理处有18名选手获奖，占决赛获奖人数的60%，包揽三个工种的第一名。举办以“营造墓园文化艺术氛围，提高殡葬工作文化内涵”为主要内容的艺术墓设计系列竞赛活动，收到竞赛作品110件，收集墓志铭285件。

（王　琦　张　青）

人力资源和社会保障

概　述

北京市石景山区人力资源和社会保障局（简称区人力社保局）是负责全区人力资源和社会保障工作的区政府职能部门，内设19个行政科室和11个事业单位。年内，围绕“以人为本，保障民生，优质服务，构建和谐”中心任务，完成市政府下达的各项目标任务。就业形势持续向好，就业指标全面超额完成。城镇登记失业率控制在2.04%，实现六年连续降低的可喜成绩。共帮扶5000余名就业困难人员实现再就业，并连续六年保持“零就业家庭”动态为“零”的目标；全区九个街道社保所连续三年全部达到五星级标准。社保体系日趋完善，实现从制度到人群的全覆盖。五险基金收缴提前1个月完成市局指标，收缴率全部在98%以上，全年基金收缴40.2亿元，同比增长20%，全年基金支付55.8亿元，同比增长18%；基金监管力度不断加大，全区67家定点医疗机构门诊数据上传质量全部达标。引进硕士以上学历及高级专业技术人才30人；为589人次办理北京市工作居住证；博士后（青年英才）工作站取得初步成果；科级干部竞争上岗比例达到82%。劳动关系和谐稳定，劳动合同签订率为98.8%；对辖区内1500余家用人单位实施劳动保障监察；为劳动者追回工资1900余万元，实现农民工工资无拖欠；处理劳动争议仲裁案件2900余件，同比增长19%，审限内结案100%；建立“一把手”信访维稳机制，案件办结率达100%。

地址:石景山区杨庄路66号
电话:68861840
邮编:100043

(李艾娟)

【登记失业率为十年最低】 全区城镇登记失业人员总量为11729人(其中:上年结转4962人,当年新增6767人),同比减少7633人,下降53.01%。城镇新增就业12910人,完成目标值10000人的129%、挑战值10500人的122.95%;登记失业人员实现就业7234人,完成目标值6800人的106.38%、挑战值7200人的100.47%,其中困难人员实现就业5002人,完成指标3000人的166.73%;年末实有城镇登记失业人员3962人,登记失业率控制在2.04%,比目标值3%低0.96个百分点,比挑战值2.5%低0.46个百分点,达到十年来最低值。

(李艾娟)

【就业考核体系实现新突破】 区政府调整和充实区社会保障和就业工作领导小组组成人员,继续实行一把手负责制。从组织机构建设和责任分工等方面入手,强化对就业再就业工作的责任分工,成员单位达36个。12月,区人力社保局制定下发就业工作绩效考核管理办法,全面调整就业工作考核办法,由原来按照工作完成量考核,修改为按就业工作整体完成情况进行考核奖励,并实行一票否决制。根据下达的就业工作目标责任书,结合主要业务工作目标分解表量化分值,按分值高低分三个等级进行考核奖励。超额完成指标、就业服务质量高、工作方法有创新的单位列入一等;能够完成指标及各项任务的单位列入二等;有未完成指标的单位列入三等。按照就业工作年度考核评分实施细则,组织36家成员单位、9个街道(社区)办事处及人力社保局部门相关科室,分别对成员单位和街道(社区)办事处全年就业工作进行全面考核,评出优秀等次5个、目标完成等次4个。

(李艾娟)

【实施新一轮促进就业政策】 11月,区政府出台继续实施促进就业优惠政策的通知(石政发〔2012〕47号)及促进就业优惠政策实施细则。主要内容包括:自谋职业社会保险补贴扩大到所有登记失业人员,灵活就业社会保险补贴比市里降5岁,单位招用补贴增加未就业在职介中心存档的大学生和驻区非区属的国家机关、事业单位、社会团体及本区的自收自支事业单位,奖励稳定就业前10名用人单位,奖励非公企业招用失业人员,外区就业交通补贴等。

(李艾娟)

【完成各项就业指标任务】 区人力社保局全年开发绿色就业岗位1197个,安置本市城乡劳动力566人,完成指标任务的188.67%。采集空岗信息21701个,完成指标任务的119.24%;开展职业指导19398人次,完成指标任务的167.22%。推荐失业人员成功就业4439人,完成指标任务的168.14%。全区社区岗位安置4255人,完成指标任务的170.2%;用人单位招用120人,完成指标任务的120%。自4月1日起,区社区公益性就业组织专项补贴标准由本市上年职工平均工资的56%调整为65%,协管员工资及福利待遇大幅提高,公益性岗位安置就业特困人员的作用加强,本年度新安置69人。初步完成区、街两级创业指导服务体系建设,实现创业785人,完成指标任务的196.25%;带动就业1920人,完成指标任务的128%;完成小额担保贷款144万元,完成指标任务的144%。全年认定充分就业社区85个,认定充分就业街道1个。协调解决首钢迁安北京籍失业人员系统外管理问题,接收迁安京籍失业人员档案352份,办理失业登记223人,其中127人实现就业。清理隐性就业档案415份,提高单位就业比率。与区相关部门联合举办"春风行动"、"就业援助月"、"民营企业招聘周"、"高校毕业生专场招聘洽谈会"、"随军家属专场招聘洽谈会"等专场招聘会84场,参会单位1839家,提供岗位34783个,有5142人次达成就业意向。为农民工及在校生进行职业技能鉴定256人次,办理职业资格证书240人次(其中农民工28人次、在校生212人次);认定首钢技师学院和古城职业技能培训学校作为2012-2014年度石景山区定点培训机构,有8个职业工种可开展免费职业技能培训。开办失业人员政策培训班2期、创业政策讲座1期、创业能力提升班2期,培训学员244人。全区在人力社保部门存档的流动就业人员5.11万人,其中参加社会保险1.21万人。当年新接档案1.13万份,转出1.38万份;办理退休业务2021人。

(李艾娟)

【帮扶困难群体实现就业】 围绕5月1日实施的《北京市就业援助规定》,区人力社保局、民政局、残联、各街道(社区)办事处依照本区制定的就业援助宣传月活动方案,开展宣传、走访、职业指导、招聘洽谈会等活动。活动期间,走访援助对象家庭75户,发放就业援助规定手册等材料600余份,开展职业指导3800人次,张贴宣传画130余张,举办就业困难人员招聘会13场,参展单位234家,提供岗位4561个,现场达成意向776人。

(李艾娟)

【人才综合服务港项目建设】 区委组织部、区经信委针对文化创意产业人才招聘难、培养难、管理难的问题,搭建一个由政府引导,市场化运营,企业、高校、人才三方参与的产业人才公共就业服务平台。总体框架由一个人才综合服务门户、四大平台(在线学习平台、人才评测平台、企业化实训平台、人才中介服务平台)组成,形成线上线下紧密互动的交流沟通渠道。截至年底,通过搭平台、创服务等方式,全区汇聚创业型高端人才16名,其中,中央"千人计划"人选1名,北京市"海聚工程"人选6名、中关村"高聚工程"人选9名,形成良好的高端人才集聚效应。

(李艾娟)

【促进高校毕业生充分就业】 3月,区人力社保局启动"北京地区高校毕业生供需见面、双向选择招聘月"活动。举办"高校毕业生就业专场招聘会"9场,参会单位204家,提供岗位5798个,达成意向576人。5月9日,"就业门诊部”首次走进校园，为北方工业大学近100名学生现场把脉“坐诊”，开展精细化、专业化职业指导。同月11日，举办以“人才服务、职场扬帆”为主题的高端人才招聘洽谈会。6月21日，举办2012年未就业高校毕业生专场招聘洽谈会。全年本区生源高校毕业生2250人，其中2138人实现就业，就业率95%。应届大中专残疾人毕业生6人全部实现就业。离校未就业高校毕业生办理求职登记351人（其中上年结转78人，本年新增273人），当年实现就业222人，就业率63%。

（李艾娟）

【“城乡手拉手”合作促就业】 8月16日，区人力社保局与门头沟区人力社保局举行“城乡手拉手”签约仪式。两个区县的6对街道（乡镇）社保所结为协作对子，建立两区街、镇“二级对接”就业协作关系。金顶街、古城、八角社保所与门头沟区的社保所在信息发布、供求信息共享、跨区域转移就业、劳务输出与输入等方面建立长效机制，搭建招聘、求职双向信息发布平台，促进农村剩余劳动力实现转移就业。截至年底，提供就业岗位1380个，开展业务交流62次。

（李艾娟）

【职业技能大赛】 3月，成立由区人力社保局、妇联、民政局、园林绿化局、残联等14个委、办、局、群团组织共同参与的“北京市第三届职业技能大赛石景山赛区竞赛组委会”，制定实施方案。6月21日举办开幕式。5～9月期间，对首钢技师学院、公交总公司、地铁运营公司、北京电力集团等单位进行现场质量督导近100场次，发放参赛资料1.1万余份，创办《赛讯简报》6期。全区共有33个工种的2396人参加初赛，700余人进入复赛，最终20名选手进入北京市各工种决赛前十名，331名选手取得相应等级职业资格证书（其中高级工以上169人）。12月26日召开全区表彰会，颁发“优秀组织奖”8个、“优秀工作者”奖项23个、“优秀选手奖”奖项20个、“最佳参与选手奖”奖项14个。

（李艾娟）

【就业优惠政策】 区人力社保局全年累计申请促进就业资金1.02亿元。其中：市失业保险资金8912.03万元，区再就业资金1320.15万元，两级促进就业资金共惠及19165人（含享受区域性政策自谋职业、灵活就业社会保险补贴559人）；为11554人次发放失业保险金1312万元。首次拨付3家非公企业招用失业人员法人奖励1500元。

（李艾娟）

【五七家属工参保】 区人力社保局按照《关于北京市五七家属工参加职工基本养老保险的意见的函》实施细则，将本区“五七”家属工参加职工基本养老保险的单位和人员情况报市局备案，原由企业承担的费用全部改为区政府承担。截至年底，首钢总公司、北方工业大学涉及的1376人基本养老保险收缴工作完成，缴费金额4359.4万元；区属单位221人通过初审后上报市局复核，为维护社会和谐稳定发挥作用。12月7日，首钢总公司“五七家属工”档案移交仪式在首钢举行，首批符合规定要求的1302名“五七家属工”实现社会化管理。

（李艾娟）

【保障范围扩大】 原市属公费医疗单位纳入职工基本医疗保险，1月起正式开始缴费，本区涉及16家。区人力社保局按照全市统一政策，实现农业户籍人员与城镇户籍人员享受医疗保险待遇并轨，4月1日起农民工医疗保险缴费比例调整，从原来的1%调整到12%。在京就业的外国人纳入社会保险覆盖范围，中央机关和参公管理的事业单位职工纳入工伤保险覆盖范围，机关事业单位职工以及企业中非本市户籍职工纳入生育保险覆盖范围，彻底打破劳动者“身份、户籍、地域”界限，基本实现社会保险从制度到人群的全覆盖。

（李艾娟）

【推进扩面征缴】 年初，成立以区长为组长的全区扩面征缴工作领导小组，加强财政、工商、税务、民政、住房公积金管理等职能部门的联动协调。对辖区6383家企业208879人进行五险基数采集工作，基数采集率100%。社会保险关系转移接续工作开展顺利，接收外省市转入287人养老基金804.16万元。全区累计征缴社会保险基金40.2亿元，各项社会保险基金征缴率均达到98%以上，全面完成市下达的征缴任务。全区共有8149家单位36.53万人参加（含离退休人员）养老保险，收缴基金250396万元，累计基金支出343529万元；有7514家单位38.75万人参加（含离退休人员）基本医疗保险，收缴基金127615万元，累计基金支出190707万元；有8248家单位24.12万人参加失业保险，收缴基金

6月21日，举办职业技能大赛　　（区人力社保局供稿）

10058万元，累计基金支出10623万元；有8469家单位22.68万人参加工伤保险，收缴基金6594万元，累计基金支出8648万元；有8143家单位22.73万人参加生育保险，收缴基金7741万元，累计基金支出4602万元。城镇居民医疗保险参保51653人，其中"一老"10173人，"一小"39146人，无业居民2334人；城乡居民养老保险参保2097人，收缴基金404万元。

（李艾娟）

【社保水平提高】 年内，社会保险待遇调整4次，涉及10.7万人，调整金额3259.87万元，各项社保待遇及时足额发放；简化参保单位办理退休审批、待遇核准支付流程。全年为5529人核准养老金，月人均水平2700.03元，比上年月人均水平增加165.53元，增幅6.53%；养老金代发银行试点工作成功，代发银行扩大到12家。退休人员领取社会保险待遇资格异地认证1.2万人；减轻群众医疗负担，城镇居民医疗保险住院报销比例和最高支付限额分别统一为70%和17万元；城镇居民、灵活就业人员和失业人员的生育费用纳入医保报销范围。截至年底，发放社会保障卡41241张。

（李艾娟）

【监管力度加大】 区人力社保局进一步夯实社保基金监管体系和监督系统。坚持双岗复核和自查与抽查相结合的内控监督机制，对基金收、管、支全过程实行信息化监督。对44家参保单位进行专项审计；配合国家审计署长春特派办审计组做好对本区社会保障资金的审计工作。运用四险（养老、失业、工伤、生育）、医疗基金监督系统处理疑似问题，加强基金监督工作。针对少数骗取医保基金的违法违规行为，建立事前预防、事中监控、事后打击相结合的反欺诈机制，对有骗保行为的35名嫌疑人进行约谈，追回违规金额11.7万元；对跨院重复大剂量开药的114位参保人发放《个人告知书》；追回定点医疗机构不合理费用共计49.2万元。

（李艾娟）

【医保总量控制】 年初，区人力社保局制定当年医疗保险基金总量控制工作的实施方案，成立领导小组，对全区67家定点医疗机构实行职工医疗保险费用总量控制。各医疗机构每月上报总量控制情况分析，做到实时监控，对阶段性超出总量控制指标的定点医疗机构建立院长约谈机制。对存在问题的医疗机构进行全区通报批评，做出暂缓支付一个月医保费用的处理决定，同时将各医院落实情况列入医保监管档案。推进医疗保险付费制度改革，清华大学玉泉医院申请参加职工基本医疗保险总额预付试点工作。本年度医疗保险基金支出增长率降幅明显，同比下降5.02个百分点，其中三级医疗机构基金支出同比下降5.05个百分点，二级下降3.6个百分点，一级下降32.34个百分点。全年共审核定点医疗机构城镇职工基本医疗保险结算343.24万人次，支付医保基金16.2亿元，分别同比上升22.7%和17.5%；加强医院信息系统建设，全区67家定点医疗机构门诊数据上传质量全部达标。

（李艾娟）

【社保经办服务】 区人力社保局全年举办"社保大讲堂"53期，累计培训单位8000余家，实现所有参保缴费单位培训的全覆盖。开展社保大讲堂进园区活动，深入企业讲解社会保险法规政策。推进社会保险网上申报工作，服务大厅设立专门窗口，每个工作日均可为企业办理数字证书的开通和更新业务；通过区政府信息平台向全区参保单位发布各项社会保险政策；开通网上业务的单位数上升到6969家，达到全部参保单位的94.84%；社保权益记录及查询服务实现五险缴费一并告知，增加了对账单网上查询、下载和打印功能。

（李艾娟）

【工伤认定鉴定】 3月1日，石景山医院、北京大学首钢医院、清华大学玉泉医院、北京市工人疗养院及首钢矿山医院等5家工伤定点医院实行挂牌服务。全年受理工伤案件534件，认定工伤508件，视同工伤25件，不予认定工伤2件；累计为63名工伤职工办理康复治疗手续；新聘任18位劳动能力鉴定医疗专家，涉及医学、法学等10个学科；分两批组织医疗专家深入河北迁安矿区为13名重伤职工进行上门鉴定。年内共鉴定伤病职工485人（因病提前退休劳动能力鉴定确认30人），再次鉴定申报率和改变率是北京市唯一保持"双零"的区县。

（李艾娟）

【社会保险稽核】 区人力社保局接待群众投诉、咨询6456人次，受理社会保险投诉158件。实地稽核80户，涉及缴费人数1565人，收回少缴漏缴社会保险费239.34万元。累计完成专项补缴的单位21家，涉及补缴人数2797人次，补缴社会保险金额193.96万元；受理举报欺诈冒领社会保险待遇6起，涉及金额30余万元。向905家欠费单位发放催缴通知书，补缴欠费金额1.028亿元（历年欠费113.26万元），其中一笔长达10年的110.27万元医疗保险欠费收缴入账，实现了社保欠费百万元以上大户动态为零目标。

（李艾娟）

【高层次人才引进】 区人力社保局坚持"以用为本"，进一步加大对高新技术、现代制造、金融、文化创意、现代服务等重点产业、重点领域人才引进的支持力度。对区域内有引进高层次人才需求的单位进行摸底，有5家企业的8个职位通过审核，面向社会公开招聘8名高层次人才，引进人才1人；引进硕士以上学历及高级专业技术人才30人，接收安置高级人才随迁家属4人；为589人次办理北京市工作居住证，其中3人次为海外留学人员。

（李艾娟）

【机关事业单位招录】 在全市各级机关年度考试录用公务员工作中，本区46家（次）单位招录96人，经过面试、体检、考察环节，录用64人。进一步规范事业单位招聘工作，强化笔试命题纪律，合理布局考试科目和比例，扩大选人范围，提高面试考官整体水平，招聘工作更加公开、透明。全年266家（次）事业单位招聘558人，经笔试、面试、体检、考察等环节，聘用365人。

面向合同期满大学生"村官"招录公务员2名。面向服役期满退役大学生士兵招录公务员2名、招聘事业单位工作人员2名。与区民政局、社工委加强配合,录用20名社区工作人员(其中随军家属、毕业生各10人)。

(李艾娟)

【军转干部安置】 区人力社保局坚持行政团职干部由区委组织部根据干部级别、任职时间、立功受奖情况、参战经历、在边远地区艰苦岗位工作经历及相关职位具体要求,通过综合考察、指令性安置、考核选调等办法安置并确定职务的原则。坚持营连职及技术干部按照"考试进入党政机关、重点安置事业、专业尽量对口、自愿选择企业"及考试与功绩加分相结合、双选与指令性分配相结合的原则进行安置。安置上年度军转干部99人,实际报到49人。安置本年度军转干部103人,实际报到52人。33家行政单位接收军转干部41人,22家事业单位接收军转干部61人,1名军转干部要求自谋职业。完善企业军转干部数据库,240名企业军转干部入库。

(李艾娟)

【随军家属就业安置】 区人力社保局采取指令性与双向选择相结合、考试与考核相结合、实行推荐就业和培训帮扶就业、积极开发社区和公益性岗位等办法,对随军家属进行妥善安置。7月18日,在首钢篮球馆影视厅举办随军家属专场招聘洽谈会,35家单位(其中8家事业单位、4家街道办事处、驻区23家企业)提供146个岗位(其中行政事业单位和社区工作者岗位20个,企业岗位126个),来自驻区部队200多名随军家属到场求职。49人与企业性质用人单位达成就业意向协议,44人报名参加事业单位、社区工作者考试,通过笔试、面试、体检、考察等环节,事业单位聘用随军家属8人;社区聘用专职工作者10人。全年机关、事业单位共接收随军家属32人。

(李艾娟)

【事业单位岗位设置】 全区有事业单位256家,岗位设置总量9184个(其中管理岗位1607个、专业技术岗位6160个、工勤岗位1417个),实际聘用人员7979人(其中管理岗位1276人,专业技术岗位5620人,工勤岗位1083人)。完成全区事业单位2011年度考核工作,全区256个事业单位共计7923人参加考核,通过总结述职、民主测评、公示、确定考核结果等环节,最终1126人获得考核优秀等次和一次性奖励。

7月18日,随军家属就业安置会 (区人力社保局供稿)

(李艾娟)

【专业技术人员职称管理】 区人力社保局做好中学高级教师职称评委会、学科评议组成员的确定工作。通过随机抽取,从14个学科84名高级评审专家库确定42名学科评议组成员,并从中产生14名评议委员会委员,新组建高级教师职称评委会及学科评议组,负责本年度申报高级职称的教师评审、听课、答辩等工作。完成首钢迁安矿业公司职工子弟学校中、小学教师系列职称评审委托代评工作。做好事业单位职称审核备案工作,截至年底,全区新聘专业技术人员365人,其中高级职称49人、中级职称116人、初级职称200人。

(李艾娟)

【博士后创新实践基地】 6月28日,"石景山区博士后(青年英才)创新基地"在金隅科技大厦正式授牌,这是本区首次成立创新实践基地。该基地由园区企业北京建筑材料科学研究总院有限公司、北京易华录信息技术有限公司、北京海斯迪克新材料有限公司、北京东土科技股份有限公司、北京意科能源技术有限公司、北京阳光诺和药物研究有限公司等6家企业组成。6家企业分别设立"博士后(青年英才)创新实践基地工作站",企业性质全部为高新技术企业,其中1家为上市企业,2家建有国家和北京市认定的企业技术中心、重点实验室。行业涉及新一代信息技术、生物医药、新能源、节能环保、新材料等战略性新兴产业以及信息服务、流通服务等生产性服务业。成立由区人力社保局牵头,区委组织部、区财政局、科委、教委、公安分局等多部门组成的创新实践基地领导小组,配套出台基地管理暂行办法,对基地的组织机构建立、人员招收、考核管理、资金支持等做具体规定。设立博士后(青年英才)专项资金1000万元,用于对基地和企业工作站进行扶持、帮助和奖励。

(李艾娟)

【高层次人才服务管理】 区人力社保局围绕本区重点产业发展需要,坚持稳步扩大、质量建站原则,扩大博士后设站规模和招收数量。截至年底,"博士后(青年英才)创新实践基地"设工作站8个,其中2个为上市企业,获得市"经费资助"35万元,启动9个科研

项目,招收12名青年英才,发表论文10篇,申请专利4项,成果转化前景预期不低于20亿元产值规模。年内补充完善区高级专家数据库,补充专家21名,专家库有专家129人。做好特殊津贴人选的初审和上报工作,韩大庆(北京东方信联科技有限公司CEO、高级工程师)获得北京市向国务院推荐享受政府特殊津贴推荐人选资格。

(李艾娟)

【公务员管理】 区人力社保局完成全区上年度督查考核工作。全区有69家单位参加考核,其中21家单位被确定为"业绩突出"单位,25家单位被评为"工作创新"单位,23家单位被确定为"考核达标"单位。完成上年度行政系统科及科以下公务员考核奖励工作,有1981人参加考核,其中优秀385名、称职1516名、不定等次80名;在考核基础上授予嘉奖382名,授予三等功70名。完成第二批纳入基层机关相关工作,将工程建设安全监督站等6家单位纳入基层机关范围。推进科级干部竞争上岗工作,本年度行政机关共有184人参加科级竞争上岗,80人通过竞争走上科级领导岗位,科级竞争上岗的比例为82%。截至年底,全区纳入基层机关范围的单位共有53家,区政府系统有公务员1808人,参照管理人员276人。

(李艾娟)

【干部教育培训】 区人力社保局完善教育培训工作领导责任制,建立健全各类培训制度,促进干部教育培训工作不断向前发展。全年组织各类培训24期,培训7500人次。其中,组织公务员初任、任职及老科长更新知识培训5期;首次将企业(含非公企业)专业技术人员纳入继续教育,举办培训班2期,培训320余人次;举办北京市"游戏动漫产业管理与发展"高级研修班1期,对文化创业产业中的非公企业专技人员和管理人员开展系统的专题培训,在全市尚属首例。首次举办全区"公务员、事业单位管理人员、专技人员学习大讲堂"系列讲座,共组织11期,培训2000余人次。

(李艾娟)

【规范公务员津贴补贴】 5月,开展公务员津贴补贴规范工作,涉及全区81家工资统发单位6053人(在职人员4484人,离休人员107人,退休人员1462人)。通过规范津贴补贴,公务员的工资项目大幅缩减,工资结构统一、规范;各职务间的工资比例关系更为科学、合理;工资机制趋于完善,增大任职年限、工龄等因素对工资的影响;加大对违反工资纪律的惩处力度,工资更加透明、阳光。全面实施区县保留津贴,坚持"公开、公平、公正"的原则,向基层倾斜、向执法岗位倾斜、向一线岗位倾斜,在年度限额内按季度落实。

(李艾娟)

【事业单位收入分配制度改革】 区人力社保局调整事业单位绩效工资水平,采取"限高、稳中、补低"的办法,加强对事业单位收入水平调控。为绩效工资水平低于托底线的单位增加到托底线,为其他事业单位按绩效工资调控线增加绩效工资总量。经过调整,缓解事业单位收入分配差距过大的矛盾。根据公务员津贴补贴规范水平,为义务教育学校增加绩效工资总量,由教育行政主管部门统筹使用。指导事业单位按照规范的程序和要求实施绩效工资分配方案。调整事业单位离退休人员补贴,归并退休费项目,向退休早、年龄大、贡献大的人群倾斜,全区3946名退休人员均有不同程度的增资。完成机关事业单位退休合同制工人的增资和补发工作;协助社工委追加街道托幼园所53名退休职工退休经费,化解此类人群的上访倾向;会同国资委落实区国有企业职教幼教退休教师退休费的调整与补发。

(李艾娟)

【军转干部服务】 区人力社保局积极稳妥推进自主择业军转干部住房补贴工作。成立由区领导担任组长、副组长的专项工作领导小组,成员由区人力社保局、住建委及财政局等部门组成,完成全区281名自主择业军转干部本人及家庭的住房情况调查、统计、整理及汇总工作。落实自主择业军转干部退役金增资和生活补贴调整工作,全区281名自主择业军转干部退役金、生活补贴补发到位,补发784万余元,人均月增加884元。强化教育培训,提高创业和就业能力,组织自主择业军转干部适应性培训,培训率达100%。全区有204名自主择业军转干部实现就业,比例达73%;做好企业军转干部维稳工作,为6名企业军转干部办理提前退休手续,为3名困难企业军转干部申请社会保险补助。

(李艾娟)

【企业人才服务】 区人力社保局按照总量控制、专业对口、择优引进的原则,重点支持区域经济发展重点保障的企业。全年申报非京生源毕业生170人,其中非公企业123人,占全部接收人数的72%。上报获得国家级奖项和承担过国家"973计划"、"863计划"的专家6名。做好服务重点企业工作,通过召开座谈会、走访重点企业等形式,宣传和解读相关政策,为企业发展提供人才服务。

(李艾娟)

【人事考试有序】 区人力社保局全年承接考试13场42科次,设立考点43个,考场698个,接待考生34429人次。开展资格审核5次,接待考生8300余人次;承接发放证书工作4次,共发证680张。事业单位公开招考工作首次由区人才培训考试中心组织落实,区人才培训考试中心与市考试中心沟通,确定公布考试时间和试卷数量,对全体监考人员进行培训,强调回避制度,确保考试公平公正。5月19日、10月27日,笔试工作顺利实施,考试过程平稳有序,年内接待招考单位37个、考生849人次,打印及发放准考证849人次,落实考点2个、考场30个。

(李艾娟)

【"彩虹计划"推进】 区人力社保局以中小微和非公企业为重点,深入开展"双百双规范"、劳动合同制度专项行动等活动,全面推进集体合同"彩虹计划"。全年累计监控企业410户,涉及职工5.62万人,其中城镇职工3.64万人,农民工1.98万人;累计签订劳动合同5.56万人,劳动合同签订率98.8%。截至年底,集体合同执行期内企业139户，涉及职工8.33万人；工资集体协商67户，涉及职工2.42万人；开展农民工签订劳动合同“春暖行动”，发放宣传材料4000余份。

（李艾娟）

【劳动保障监察】 区人力社保局加大维护劳动者权益力度，推进劳动保障监察网格化建设，采集10122家用人单位信息。对辖区内1541家用人单位进行劳动保障监察，涉及职工4.78万人，完成市局下达指标的154%。立案查处各类劳动违法案件216件，结案率100%，督促17家用人单位办理社会保险登记，责令为154名职工缴纳社会保险费94.98万元，查处工资类违法案件126件，督促9家用人单位签订劳动合同58份，共作出行政处罚12件，处罚款2.85万元。

（李艾娟）

【拖欠工资处置】 区人力社保局建立企业欠薪预警机制，全面查清建筑工程项目和施工企业情况，编制在建施工项目和施工企业目录，实施工资支付情况动态监控。建立全天候不间断的应急值班制度，24小时备勤。对情况复杂且处理难度大的讨薪案件，与公安分局、区建委、信访办、集体经济办、武装部等部门建立联动机制，形成合力妥善解决。全年查处工资类违法案件126件，为劳动者3424人（城镇职工36人，农民工3388人）追回工资1909万元。其中包含处理建筑企业拖欠农民工工资案件62起，为农民工3193人追回工资1847万元。全年未发生群体讨薪到市政府上访事件。

（李艾娟）

【专项执法检查】 2月8日～3月20日，区人力社保局开展清理整顿人力资源市场秩序专项执法大检查，出动执法检查人员202人次，检查单位97户（其中职介中介机构22户、用人单位75户），下达询问通知书6份，未发现被查单位有严重违法、违规行为。3～9月，开展“劳动用工规范一条街”工程，根据本区实际情况，将中础大厦、北京国际汽车贸易服务园区、高科技园区实兴西街作为规范重点，涉及135家单位3145名职工，补签劳动合同166份，劳动合同签订率达到98.5%；单位参保率100%，人员参保率99%；用人单位100%按月足额发放工资；督促7户用人单位建立劳动用工规章制度。5月15日～6月30日，深入开展《社会保险法》实施情况专项执法大检查，出动检查人员60人次，对75家单位进行专项检查，涉及劳动者580人，查处纠正2件违反工时、休息休假规定的案件，并处以罚款0.42万元，责令补签30份劳动合同。

（李艾娟）

【劳动人事争议仲裁】 区人力社保局坚持“速立、速结”制度，严格把握案件审限开展工作。1月，按照市局部署和《劳动人事争议仲裁组织规则》要求，原区劳动争议仲裁委员会和原区人事争议仲裁委员会进行合并整合，新成立劳动人事争议仲裁委员会。全年共处理劳动人事争议案件2952件（人事争议案件1件），同比增长19%；受理案件1705件，同比增长19.1%，案前行政调解1247件，同比增长5.2%。在受理的案件中，集体劳动争议82起，涉及职工918人。调解或调解撤诉773件，占结案的62%。审限内结案100%。通过仲裁裁决或调解方式企业为劳动者支付劳动报酬252.69万元、经济补偿及赔偿金507.85万元。

（李艾娟）

【劳动人事争议预防】 区人力社保局加强对企业劳动争议调解中心的指导，首钢和物美两家劳动争议调解中心发挥作用明显。首钢劳动争议调解中心受理本企业劳动争议案件56件，调解成功41件，成功率73.2%；物美劳动争议调解中心共受理本企业劳动争议案件11件，调解成功11件，成功率100%。推进全区劳动争议调解体系建设，按照市局、市总工会、市司法局等六方联动机制要求，所有劳资双方要求仲裁立案的案件均推荐到区劳动争议调解中心先行调解。加强法规、政策宣传，预防争议发生，全年对用人单位2200余人次进行劳动法规及政策宣传。

（李艾娟）

残疾人事业

概　　述

北京市石景山区残疾人联合会（简称区残联）是全区残疾人的统一组织，是将残疾人自身代表组织、社会福利团体和事业管理机构融为一体的残疾人事业团体。归口区委管理，业务上接受北京市残联指导。下属残疾人就业服务中心、活动中心两个事业单位，在9个街道设街道残联，138个社区成立残疾人协会，形成区、街道、社区三级工作网络。主要职能是履行“代表、服务、管理”职能，代表残疾人共同利益，维护残疾人合法权益；开展各项业务和活动，直接为残疾人服务。年内，以实施区残疾人事业“十二五”发展规划，推进残疾人保障体系和服务体系建设为重点，落实残疾人保障政策，拓宽残疾人就业渠道，加强康复宣传和残疾预防，开展丰富多彩的文体活动，获市“第六届职业技能大赛优秀组织奖”，区级“文明单位”、“先进基层党组织”等荣誉。

地址：石景山区古城北路
电话：68860754
邮编：100043

（刘会生）

【残疾人救助】 区残联落实社会保障政策，保障残疾人基本生活。全区享受低保残疾人1248人，享受生活补助残疾人2011人，发放一次性临时救助1.2万元；享受居家养老（助残）券残疾人3099名，累计发放助残券面值270.3万元；享受廉租住房残疾人438名，入住社会福利机构残疾人16名，153名残疾人享受居家养护补贴，为133名残疾人配备小帮手电子服务器；走访慰问残疾人5196人，慰问款达175万元。为符合享受个体就业保险补贴政策的27名残疾人办理保险补贴，补助金额14.75万元；为306名参加职业康复劳动的智力、稳定期精神残疾人拨付运行经费179.34万元，投意外伤害保险3.06万元；为全区803名肢体残疾人发放机动轮椅车燃油补

贴21万余元。救助残疾儿童48名，救助金额28万余元。

（刘会生）

【残疾人就业】 区残联开展以“帮扶到人、政策到位、岗位到手、追踪到底”为主题的就业援助活动，举办招聘会17次，推荐残疾人365人次，为543人次提供就业服务。新安置残疾人就业120人次，其中按比例就业94人次，福利企业就业12人次，社区就业4人次，个体就业2人次，其他就业8人次。安置应届残疾人大学生、中专生就业6名。为14家符合条件的盲人按摩店发放行业扶持款，扶持金额17万元。鼓励残疾人个体就业和自主创业，给予个体就业残疾人韩金良、自主创业残疾人张连贵一次性扶持资金补贴6万元。

（刘会生）

【职业培训和教育】 区残联以促进残疾人就业为目标，强化培训基础地位，重点围绕在职在岗、定岗和定向培训，开展计算机维修、麦秸画制作、编织、网页、平面设计、宫灯制作、平面制图、聋人计算机操作、盲人保健按摩等多种职业技能培训，全年完成培训506人。组织残疾人参加北京市第三届职业技能大赛暨北京市第六届残疾人职业技能竞赛，15名残疾人选手在决赛中取得佳绩，其中4人分获美发项目第一名、钩针编织项目第二名、广告设计和钩针编织项目第三名。认真落实《中华人民共和国义务教育法》、《中华人民共和国职业教育法》，开展残疾儿童学前教育“康教结合”试点调查和送教上门志愿服务工作，为20名未入学适龄残疾儿童送教，其中5名通过送教已进入普校和培智学校就读，其余15名纳入培智学校学籍。

（刘会生）

【就业保障金审核代征】 区残联与区地税局召开残疾人就业保障金审核代征工作研讨会，制定审核代征工作实施方案；与区电视台、专刊合作开办《残疾人就业保障金审核代缴工作》专题栏目；与区法制办、地税局联合举办残疾人就业保障金审核代征工作执法培训，加强行政执法力度；与区国资委召开落实国有及国有控股企业安排残疾人就业工作座谈会，研究探讨区属国有企业残疾人就业问题；借助残疾人就业保障金审核代征的有力契机，对未安排残疾人就业的单位，按比例征缴残疾人就业保障金；鼓励用人单位安置残疾人就业，发放扶持集中安置残疾人就业单位、安排残疾人就业岗位补贴和超比例奖励金额506万元。全年核定用人单位11663家，核定金额4084万元，审核率为68.94%。

（刘会生）

【推进康复服务】 区残联以“人人享有康复服务”为目标，全面完成全年康复任务。完成肢体康复训练1530人；听力言语儿童康复系统训练50人；智残儿童康复系统训练30人；精神残疾人职业康复劳动训练74人；成年智力职业康复训练201人；盲人定向行走训练130人；入住农疗基地精神残疾人27人；为285名贫困精神病人免费服药。为1名听力残疾儿童免费植入人工电子耳蜗，价值15.3万元，为1名儿童人工电子耳蜗升级补助6万元。

（刘会生）

【丰富文体活动】 4月，区残联成立残疾人阅读指导委员会，组织残疾人参加市、区举办的文化读书讲座活动2次，开展“阅读改变生活”主题征文比赛及“北京精神我践行，学习雷锋做表率”为主题的演讲活动。开展和推广适合残疾人特点的盲人健身瑜伽、轮椅太极扇等群众健身活动。区残联、金项街街道、古城街道、广宁街道先后成立“肢残人合唱团”、“海燕艺术团”、“追梦艺术团”、“心声艺术团”等残疾人文艺团队，组织残疾人参加“古城之春”艺术节文艺汇演，获得“唱响心中最美的歌”歌咏比赛二等奖和“炫舞石景山”舞蹈大赛优秀奖。

（刘会生）

【宣传残疾人事业】 5月，区残联在首钢剧院召开“残疾人之歌”文艺汇演暨残疾人自强标兵、扶残助残先进个人和先进集体表彰大会，表彰残疾人自强标兵10名、扶残助残先进个人40名、扶残助残先进集体30个。民革石景山主委、致公党石景山副主委分别与残疾人结成对子，并向他们捐赠款物，营造良好的扶残助残社会效应。利用电视、电台和报刊等宣传媒体，加大对残疾人事业的宣传。全年在《北京日报》、《中国残疾人》等媒体刊发各种稿件196篇，制作专题报道7部。

（刘会生）

【加强民办康复管理】 8月，做好北京市残疾人社会组织扶持工作，鼓励和引导残疾人社会组织为残疾人提供优质服务，进一步培育和发展残疾人社会组织，促进残疾人社会组织健康发展，北京市开展全市残疾人社会组织资格认定工作。“小飞象”训练发展中

5月9日，残疾人专场招聘 （区残联供稿）

心,“太阳花”聋儿听力言语康复中心和“漂亮妈妈”聋儿听力言语康复中心纳入北京市残疾儿童少年康复定点机构。加强对残疾人服务类民办非企业社会组织的管理力度,年检初审4家单位,配合市残联进行综合性评估,发放扶持资金30余万元,促进残疾人服务类民办非企业健康发展。

(刘会生)

【提高社区康复水平】 区残联举办残疾人职业康复骨干、辅助器具康复工程师、社区康复管理人员、盲人定向行走等各种管理和业务培训4期,200多人参加培训。9月,建立区家庭康复培训学校,开展重度精神、肢体残疾人家庭看护人员及聋儿家长培训,推动康复服务进家庭。组织精神卫生医生定期到温馨家园巡诊,巩固稳定期精神残疾人康复效果;举办精神残疾人生活技能大赛,10个代表队、近百名精神残疾人参加包饺子、叠衣物、模拟购物等10个项目比赛,展现残疾人康复效果。

(刘会生)

【信访与维权】 区残联举办《北京市实施〈中华人民共和国残疾人保障法〉办法》知识竞赛活动,并组织五类残疾人代表队参加市残联举办的知识竞赛,掀起学法用法的高潮。建立残疾人来信来访专人接待和登记制度,全年接待来信、来访、来电177件,全部做到件件有记录,件件有结果。妥善处理残疾人申请特事特办、残摩车被扣、家庭无障碍改造设施维修、残疾人居家看病等问题,维护残疾人的合法权益。

(刘会生)

【完成换届选举】 8月,区残联完成区、街、居三级换届选举工作。9个街道残联及128个社区残协全部完成换届选举,并选举产生出席区残联第六次代表大会的代表121人,其中各类残疾人及残疾人亲友代表77名,占代表总数的63.64%。在各类残疾人代表中,肢体残疾人30名,占残疾人代表的38.96%;视力残疾人13名,占残疾人代表的16.88%;听力言语残疾人13名,占残疾人代表的16.88%;智力残疾和精神残疾人亲友代表21名,占代表总数的27.27%。12月20日,召开区残疾人联合会第六次代表大会,市残联党组书记、副理事长马大军,区有关领导参加会议。会议审议通过区残联第五届主席团工作报告,选举产生第六届残联主席团。加强残疾人专门协会组织建设,建立健全各专门协会工作制度和例会制度,定期召开各专门协会主席、副主席工作会议,组织知识培训、歌咏比赛等文化活动,实现专门协会“自我管理,自我教育,自我服务”的宗旨。

(刘会生)

4月15日,残疾人在梅兰芳大剧院唱响国粹 (区残联供稿)

【无障碍环境建设】 区残联组织无障碍监督员监督检查全区道路,督促有关单位完善无障碍设施改造和建设,推进无障碍环境建设。结合老旧小区改造开展无障碍宣传主题活动,加强对八角北里、八角北路、古城北路、永乐小区4个老旧小区无障碍改造监督和指导。完成420户残疾人家庭无障碍设施改造,为270户听力残疾人家庭安装可视门铃。开设残疾人信息无障碍网站,为残疾人提供信息交流平台。

(刘会生)

【深化温馨家园建设】 区残联加强示范残疾人温馨家园长效机制建设,为残疾人提供综合性服务平台。在全区范围内推广老山东里示范残疾人温馨家园“课堂式管理”模式,使全区示范残疾人温馨家园管理规范化、建设标准化、服务综合化、活动经常化、运行持久化。制定《石景山区示范残疾人温馨家园运行经费补助办法(试行)》,为街道示范残疾人温馨家园日常运行提供经费保障。完成苹果园街道、八角街道两个街道级示范残疾人温馨家园建设,实现街道层面残疾人服务综合平台全覆盖。

(刘会生)

人口和计划生育

概　述

年末,全区常住人口63.9万人,较上年增加0.5万人,同比增长0.8%,增速在城六区中居第五位。常住人口占全市总人口(2069.3万人)的3.1%,所占份额在城六区中最低。常住外来人口21.4万人,较上年增加0.1万人,同比增长0.5%,较全市4.3%的增速低3.8个百分点。常住外来人口占比33.5%,低于城市功能拓展区41.0%的平均水平6.5个百分点,在城六区中居第四位。人口性别结构均衡。常住人口中男性32.7万人、女性31.2万人,男女性别比为

104.8(女性＝100)。老年人口比重持续上升。常住人口中,0～14岁人口5.8万人,15～64岁人口51.7万人,65岁及以上人口6.4万人,占全区常住人口的比例约为10.0%,较上年的9.8%提高了0.2个百分点。人口自然增长态势基本稳定。全年出生人口6118人,人口出生率为9.61‰;死亡人口2884人,人口死亡率4.53‰;自然增长人口3234人,自然增长率5.08‰。石景山区人口和计划生育委员会(简称区人口计生委)是区政府依法负责全区人口和计划生育工作的职能部门。年内,认真落实"全面做好人口工作"总要求,本着"重统筹、抓重点、强基础、惠民生"的工作思路,一手抓统筹推进,一手抓创新发展,统筹解决人口问题机制得到进一步落实,人口信息化建设取得新进展,创建幸福家庭工作全面推进,人口计生维护稳定工作扎实有效,流动人口服务管理机制不断健全。

地址:石景山区杨庄东路甲65号

电话:68863385

邮编:100043

(王　芹)

【幸福家庭创建】　区人口计生委全面实施以"文明倡导、'宝贝计划'、青春健康、健康生育、生育关怀、'心灵家园'"为主要内容的六大工程,把计划生育优质服务工作进一步引向深入。1月9日,在苹果园第三社区启动"温暖国策百里行"春节走访慰问活动,走访慰问100户计划生育低保家庭、计生干部困难家庭和特别扶助家庭;4月21～22日,为民办学校、打工子弟学校100名男教师进行生殖健康体检和咨询服务活动;10月11日,与首钢计生办联合开展"健康新生活·和谐新首钢"优质服务走进新首钢活动;11月,与中国人口宣教中心联合开展"蓝色关爱项目",先后开展3场关爱女性健康公益讲座,为200多名女职工、女检察官、女大学生开办心理、生理健康教育课。全年为560对育龄夫妇提供免费孕前优生健康检查,为474户计划生育特别扶助家庭支付计生家庭意外伤害保险费14220元,兑现各项奖励、扶助款237万余元。

(王　芹)

【起用药具发放新平台】　4月,区人口计生委正式起用"北京市免费避孕药具发放综合服务平台"。该平台以城市育龄群众避孕需求为出发点,在以人为本、关注民生的服务理念下,充分利用互联网和移动互联网等现代化技术,结合现代物流配送与管理手段,以建设多元化药具发放服务体系,探索新型城市避孕药具发放服务模式。系统引入以"避孕药具物流配送—紧急避孕咨询救助—人工流产绿色通道"为核心的非意愿妊娠三级预防新理念,结合生殖健康自我评估和生殖保健网络视教等个性化的互动服务模式,向全社会推广集宣传教育、健康测评、药具配送、咨询服务、绿色通道等功能和服务于一体的现代化避孕药具发放综合服务网络体系。

(王　芹)

11月7日,早教中心揭牌　(区人口计生委供稿)

【首届家庭人口文化节】　7月12日～9月24日,区人口计生委举办"石景山区首届家庭人口文化节",历时74天。7月12日,在苹果园街道西黄新村西里社区举行启动仪式,市、区领导向20个人口文化活动室、会员之家达标社区授牌、赠书。期间,各街道和社区围绕"幸福家庭·和谐人口"的主题,先后举办健康讲座、知识竞赛、文艺演出、摄影书画展、婴幼儿早教等活动6场,参加群众近15000人。9月24日,在万商花园酒店举行闭幕式,20个幸福家庭、9个优秀社区和9名优秀宣传员受到表彰。

(王　芹)

【0～3岁婴幼儿早教项目】　8月28日,区人口计生委联合区妇联举办区婴幼儿早期发展促进项目启动仪式,与北京抱抱熊文化创意有限公司就"石景山区婴幼儿早期发展促进项目"签署合作协议。该公司向区内1万个0～3岁的户籍婴幼儿家庭免费提供价值492万元的早教产品和专家育儿咨询服务。11月7日,石景山区"非童凡响"婴幼儿早期发展指导中心在区妇幼保健院揭牌成立。内设综合室、亲子教室、早期阅读室、艺术教室、测评室、游泳抚触室等六大功能区,为全区0～3岁婴幼儿及家长(看护人)提供为期十二课时的标准化、系统化科学育儿专题培训,以及40课时的亲子课程,改善和提高婴幼儿的健康和教育状况,提升家长的教养技能和素质。

(王　芹)

【免费孕前优生健康检查】　根据市人口计生委、市财政局关于全面开展国家免费孕前优生健康检查项目工作的通知精神,本区被确定为国家免费孕前优生健康检查项目北京市项目区县,为计划怀孕夫妇提供优生健康教育、体格检查、临床实验室检查、影像学检查、风险评估、咨询指导等孕前优生健康检查服务。年内，添置精液分析仪等先进仪器，投入40余万元作为孕前优生健康检查服务资金，为560对待孕夫妇免费提供孕前优生健康检查。

（王　芹）

【编制服务指南】 由区人口计生委牵头，联合区卫生局、公安分局、民政局、教委、人力社保局等部门完成《生命全周期公共服务办事指南》（简称《指南》）编印。《指南》涵盖公民从出生到死亡，包括户口登记、幼儿园教育、义务教育、居民身份证、结婚、婚假、生育服务证等39项公共服务事项，明确服务办理依据、办理程序、必备材料、办理地点、联系电话和收费标准等事项。12月4日，以法制宣传日为契机，在苹果园街道第三社区举办以“关爱生命全周期·创新服务新模式”为主题的《指南》推介和发放活动，并开展人口计生法制宣传和咨询，受到社区居民的好评。

（王　芹）

【前台办公系统建立】 建立区人口计生前台办公系统。该系统主要由信息管理、信息查询、证件套打、迁入迁出、统计分析5大板块组成，涵盖人口计生工作的全部基础业务23项，覆盖全区育龄群众，实现相关证件的办理、打印、统计、分析及与本区人口库对接等功能，具有书写规范性、工作高效性、业务全面性和强大统计分析功能等优势。5月10日，在京燕饭店举行系统上线启动仪式，各街道现场逐一登录上线。9月，安装二代身份证识别器，对系统进行优化升级，提升操作的便捷性和数据采集的准确性。

（王　芹）

【人口战略研究】 区人口计生委结合区产业结构调整、城市功能转变、经济建设布局调整的实际，完成“推进产业结构调整升级促进人口结构优化的调研”、“人户分离人口公共服务成本投入问题研究”、“人口信息资源共享机制研究”等重点调研课题。其中“石景山区人口发展趋势及调控措施研究”确定为北京市《特大城市人口规模调控》课题的子课题，“关于推进产业结构调整升级促进人口结构优化的调研”和“关于石景山区人户分离人口基本公共服务成本研究”分获区优秀调研报告一、二等奖。

（王　芹）

【流动人口服务管理】 区人口计生委在全区153家社区、单位中全面推开流动人口服务管理“四种模式”（即楼宇模式、社区模式、市场模式、出租楼房地下室模式），实现年度覆盖40%的既定目标。与流动人口主要流出地分别签订《流动人口计划生育服务管理区域协作协议书》，修改完善工作评估标准，主动与流出地沟通座谈、互通信息，积极开展服务。开展宣传教育活动，3月，在远洋沁山水工地举行“春风送暖·与法同行”流动人口法制宣传活动；9月，在中关村石景山园区网站开展人口计生政策知识有奖问答。开展楼宇流动人口服务管理专题调研，完成在华滞留毗邻国家妇女专项排查，进行流动人口动态监测抽样调查，为5014人次开展孕情、环情检查。

（王　芹）

私营个体经济

概　述

北京市石景山区私营个体经济协会（简称区私个协）由全区私营企业、个体经营者及其从业人员组成，下设5个直属分会和4个行业分会。年内，加强协会组织建设，深化企业法律服务，强化行业自律，拓宽融资渠道，为会员提供多样化的金融服务产品，扎实推进私个经济全面协调发展。截至年底，有171家私个企业成功获得贷款，总金额13007万元。

地址：石景山八角西街十二号
电话：88708326
邮编：100043

（杨文彪）

【发放“惠商卡”】 区私个协配合中国邮政储蓄银行北京西区支行（简称西区支行）做好“惠商卡”发放试点工作。惠商卡是中国邮政储蓄银行北京分行与北京市私个协为进一步加强对私个企业的服务力度，专门面向全市私个企业会员发放的多账户、多业务、多服务合一的商业“绿卡通惠商卡”。10月初，区私个协召开由西区支行领导及各分会会长参加的“惠商卡”发放协调会，提出真正发挥“惠商卡”的便利服务作用。各分会与银行网点密切合作，通过个别企业首先享受惠商卡带来的强大企业金融业务支持的方式，向广大会员宣传推广，并有序开展发放工作。年内，有300余户会员企业成为惠商卡的服务对象。另外，协会还通过加强与民生银行、北京银行、星展银行的合作，拓宽融资渠道，为会员提供生产设备抵押、商铺承租权质押、应收账款质押等多样化的融资服务产品，适应小、微企业需求。

（杨文彪）

【细化法律服务】 区私个协组织各分会开展政策法规进企业、进社区活动10余次，印制和发放宣传材料2000份，指导中心律师接待160余名会员现场咨询，为企业挽回经济损失近930万元。组织《中华人民共和国劳动合同法》、《小企业会计准则》等法律、法规培训16次，培训会员1500人次。8月，举办法律知识竞赛，全区160余户企业参与答题，有效激发会员学法、用法热情，取得良好的宣传培训效果。

（杨文彪）

【工商户转型升级】 区私个协适应个体工商户经营发展需要，鼓励个体工商户做大做强，支持、引导个体工商户向现代企业制度转换。4月初，区私个协会联合区工商分局制定工作方案，下发《促进个体工商户转型升级意见》，动员各工商所及各分会加大政策宣传和引导，为有需要的会员提供专门咨询与服务，缩短转型升级流程与工作时限。7月中旬，举办转型升级工作培训，为拟升级的100余名个体户答疑解惑，解除会员升级前后的疑虑。在会员办理转型升级期间，通过省略经营范围中的行政许可申请、保留名称中字号、无需提供住所证明等措施，主动提高工作效率。良好的投资环境和不断出台的优惠政策吸引越来越多

的个体小老板升级为企业主，促进本区经济结构的优化和升级发展。年内，有50余户个体转型升级为企业。

（杨文彪）

【社会责任建设】 区私个协成立“非公经济组织承担社会责任建设领导小组”，教育引导会员增强社会责任意识，自觉履行社会责任。10月30日，区私个协会与区工商分局联合举办“践行北京精神，承担社会责任”企业论坛，市、区私个协及相关单位领导和180名会员代表参加论坛活动。京汉置业集团股份有限公司、北京华海基业科技孵化器有限公司、北京标派科技有限公司、北京容恩众合有限公司、北京诚安堂药房有限责任公司等6家企业在论坛上发言。区私个协整理编辑《“践行北京精神，承担社会责任”企业论坛文集》，向广大会员发放500余册；与区广电中心合作录制“走进演播室”企业访谈系列节目，针对企业诚信经营与承担社会责任进行深一步探讨，将“践行北京精神，承担社会责任”活动引向深入。

（杨文彪）

【组织公益活动】 区私个协开展“一帮一”扶贫助困活动。古城分会开展为残疾贫困家庭子女提供“每天一袋奶”工程，企业与会员签订最长达15年的捐助期，并随时接受分会、区协会及区残联共同监督。古城分会被区残联评为“助残工作先进单位”，并在“弘扬雷锋精神，履行社会责任”动员大会上做重点发言。组织“7·21”捐款活动，各分会积极配合，会员踊跃参与，向房山受灾地区群众捐款42725元，送上私个协会员的爱心与祝福 。

（杨文彪）

【食品行业自律】 区私个协成立“引导食品行业自律服务项目”领导小组与评估小组，由市食品监控中心、区食品办、区私个协、区工商分局等部门和人员组成。制定项目实施方案及项目经费使用方案，开展全区食品行业调研，将食品安全知识教育、食品安全监管提示等内容纳入项目活动中。组织交流学习、技术支持、跟踪指导、知识竞赛等活动，向2927户食品流通行业会员发放宣传材料6000余份，会员培训覆盖率达80%。年底，实施项目总结和效果评估，开展“食品安全示范店”推荐评选活动，北京京客隆首超商业有限公司金顶街店等9家单位被评为“食品安全示范店”。

（杨文彪）

【举办“创富大赛”】 3月29日～6月21日，区工商分局、西区支行、区私个协联合举办“邮储银行杯”中小企业创富大赛。活动期间，大赛组委会派出30余名工作人员，对全区540多家企业进行实地走访和资料分析，设立固定报名点13个，接受咨询上千人次。工作人员深入生产一线、在工厂车间、商宇大厦积极开展金融知识普及行动，在区内15家重点写字楼设置流动宣传点，先后组织金融座谈会、“国家银河培训工程—中小企业论坛”和“石景山区企业服务季启动仪式及金融服务专场”等活动，为企业答疑解惑，提供专业服务。6月21日，决赛在区海航大酒店举行，500多家中小企业代表出席比赛。39家企业分别获得一、二、三等奖和专项奖，北京藏经阁收藏品文化中心等9家企业在层层选拔中脱颖而出，成功获得500万～1000万元不等的融资机会。

（杨文彪）

【会员小组建设】 区私个协以“将头兵尾相连，组织成网顺畅”为目标继续加强会员小组建设。各分会根据实际情况，以增强班子的凝聚力与战斗力为目的增补6名分会理事。苹果园分会成立园区“商务楼宇工商工作站”，专门设立商务楼宇会员小组，并将部分外资企业纳入服务对象。金顶街分会组织36个会员小组长召开交流会提升小组活动能力。全区共建立183个会员小组，吸纳会员5647名。

（杨文彪）

【发挥党团带动作用】 区私个协召开“庆‘七一’创先争优总结表彰会”，表彰1个先进基层党支部和2名优秀共产党员。协助玉泉鲁谷农副产品市场、北京市京西旧货市场中心、北京四园美市场有限公司、北京华普联合商业投资有限公司金顶华普超市等4个市场、超市、商场组建临时党支部，使零散党员找到参与组织活动的集体。以党建带团建，引导帮助10户企业建立团支部，并组织团干部及部分青年骨干参加业务培训活动。

（杨文彪）

居民生活状况

概　　述

截至年底，全区有300户常规居民家庭调查户和50户常规居民低保家庭调查户，街道覆盖率分别达到100%和56%。据居民家庭生活抽样调查资料显示，本区常规居民家庭人均可支配收入为35420.08元，比上年增长10.9%；居民家庭人均消费性支出为20529.66元，比上年下降3.8%；人均存入储蓄款35644.68元，比上年增加3804.38元；人均社会保障支出4028.1元，比上年增加337.65元。

（张清淑　谭召辉）

【居民收入】 居民家庭人均总收入40160.29元，同比增长9.9%，其中，工资性收入、经营净收入、财产性收入和转移性收入均呈现增长态势。工资性收入和转移性收入分别拉动总收入增长5.3个和2.9个百分点，是拉动总收入增长的主要力量。在四项收入共同增长、税收利好政策效应延续的推动下，本区居民人均可支配收入达到35420.08元，同比增长10.9%。

工资性收入增长因素：一是部分行业工资标准提高，部分单位发放的过节费和年终奖金高于上年同期水平；二是最低工资标准提高到1260元，增幅为8.6%；三是机关工资调整，补发增资额度于4～6月陆续到位；四是教师补发上年1月至当年9月的工资，标准是小学和初中教师700元/人/月，幼儿园、高中和职高教师400元/人/月，同时补发上年年终奖10000元/人；五是居委会正式人员补发1～11月的工资，标准是800元/人/月，本区居委会正式人员19人，共167200元。转移性收入增长因素：一是北京市企业退休人员平均基本养老金水平由每月2280元提高到2510元，增幅为10.1%；二是政府加大对困难群众的生活帮扶力度，尤其是元旦春节期间，中央财政支持在全国范围内为城乡困难群众发放一次性生活补贴，补贴标准比上年提高一倍，低保家庭收到节日慰问金每人500元左右；三是从1月起，北京市兑现中央财政对基础和福利养老金的补贴，基础和福利养老金每月增补27.5元，增幅分别为8.3%和11.0%；四是从1月起，北京市城市最低生活保障标准由每月500元提高到520元，增幅为4.0%，与上年同期每月480元的标准相比，增幅为8.3%；五是从4月起，机关事业单位退休人员按照每月400~500元不等上调离退休金，并补发上年的增资额。财产性收入和经营净收入增长因素：一是住宅限购和税费提高促使住宅成交量明显下跌，楼市转冷助推房屋租赁市场的升温，在一定程度上促进房屋租金上涨，本区城镇居民家庭人均出租房屋收入同比增长41.4%，是带动居民家庭财产性收入增长的重要因素。二是小微企业减负措施有利于经营利润的提高；居民家庭外出游玩活动增加，推动从事餐饮和旅游等经营活动的家庭经营净收入提高。

（张清淑　谭召辉）

【居民消费支出】　居民家庭人均消费支出20529.66元，同比降低3.8%。八大类消费中，其他商品和服务、医疗保健、食品支出增幅较高；城镇居民家庭居住支出、家庭设备用品及服务支出、交通和通信支出同比增幅均未超过-10%，主要受制于家电促销政策中断、房地产和汽车市场调控政策延续等因素影响。从消费结构上看，食品、衣着、医疗保健、其他商品和服务支出比重有不同程度上升，其余四大类支出比重均有不同程度的降低，从增长点看，食品、医疗保健支出是带动消费增长的主要力量，分别拉动人均消费支出增长1.6个和0.9个百分点。

（张清淑　谭召辉）

居民收入主要来源及增长情况

收入项目	金额(元)	同比增长(%)	拉动总收入增(减)(百分点)	构成(%)
家庭总收入	40160.29	9.86	—	100.0
其中:可支配收入	35420.08	10.91	—	—
1. 工资性收入	25952.47	8.86	5.3	64.6
2. 经营净收入	338.91	150.21	0.5	0.8
3. 财产性收入	506.67	29.80	0.3	1.3
4. 转移性收入	13362.24	9.61	2.9	33.3

城镇居民消费支出增长情况

消费项目	金额(元)	同比增长(%)	拉动消费支出增(减)(百分点)	构成(%)
消费支出	20529.66	-3.8	—	100.0
食品	6994.57	5.1	1.6	34.1
衣着	1801.47	2.2	0.2	8.8
居住	1194.04	-28.4	-2.3	5.8
家庭设备用品及服务	1186.09	-22.3	-1.7	5.8
医疗保健	1992.48	9.6	0.9	9.7
交通和通信	3661.71	-12.2	-2.5	17.8
教育文化娱乐服务	2781.53	-5.4	-0.8	13.5
其他商品和服务	917.75	14.1	0.6	4.5

【食品支出】　人均食品支出6994.57元，同比增长5.1%。作为消费性支出的主体，其对消费性支出的拉动作用仍比较明显，食品支出拉动消费性支出增加1.6个百分点，占消费支出的比重(恩格尔系数)为34.1%。从食品消费构成看，蔬菜类支出增长最快，同比增长20.9%，人均支出为629.54元；其次是干鲜瓜果类和肉禽蛋水产类消费增长明显，分别同比增长15.6个和4.6个百分点，人均支出分别为881.99元和1591.1元。在肉禽蛋水产品类消费中，以羊肉消费增长最为明显，人均支出129.35元，同比增长27.6%。在干鲜瓜果类消费中，以鲜瓜消费增长较明显，人均支出84.24元，同比增长22.3%。

（张清淑　谭召辉）

【衣着和医疗保健支出】　人均衣着支出为1801.47元，同比增长2.2%。带动衣着支出增长的主要原因是服装单价同比上升7.1个百分点，同时，其消费的数量同比下降5.2%，可见居民对于衣着类的消费更加追求时尚美观和档次的提高。居民人均医疗保健支出为1992.48元，同比增长9.6%。其中，医疗器具和滋补保健品支出明显增加，同比增长均在30%以上。

（张清淑　谭召辉）

【教育和文化娱乐支出】　人均教育文化娱乐服务支出为2781.53元，同比降低5.4%。其中，人均文化娱乐用品支出同比降低6%，人均支出788.59元。

其中居民家用电脑(包括平板电脑)、摄像机的支出增长明显,分别同比增长46.1%和7.3%。另外,居民健身意识增强,体育用品和健身活动分别同比增长72.5和83.8%。居民人均其他商品和服务支出为917.75元,同比增长14.1%。其中,人均金银珠宝饰品支出同比增长35.1%,人均支出333.81元。

(张清淑 谭召辉)

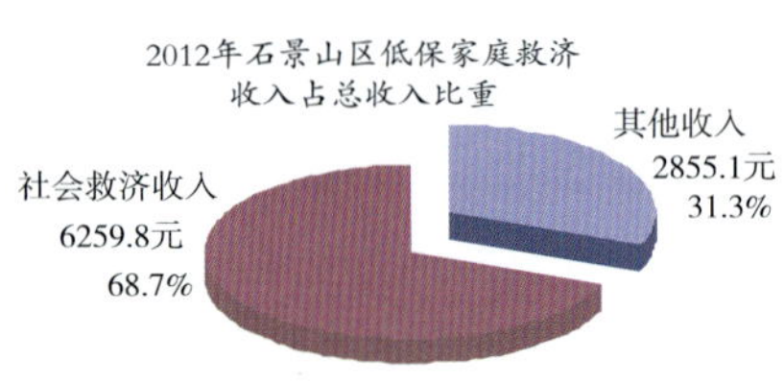

【低保家庭收入稳步增长】 低保家庭人均总收入为9114.9元,比上年增加564.5元,增长6.7%。其中,人均可支配收入8151.7元,比上年增加309.8元,增长4%;人均工资性收入1515.1元,比上年增加275元,增长22.2%;人均转移性收入7599.8元,比上年增加298.1元,增长4.1%;人均社会救济收入6259.8元,比上年增加808.7元,增长14.8%。最低生活保障收入5554.7元,比上年增加700元,增长14.4%。拉动全区低收入人群收入增长的主要因素有:一是最低生活保障标准上调。上年7月开始,最低生活保障标准由每人420元提高到每人500元,增长19%;1月再次上调到520元,增长4%。二次共计每人提高100元,增长23.8%。二是元旦、春节期间,市区二级政府先后共计有三次向低保家庭发放过节费及生活补贴,人均700元。三是最低工资标准提高。从1月开始,全市职工最低工资标准由1160元提高到1260元,增长8.6%;同时,非全日制从业人员小时最低工资标准、法定节假日小时最低工资标准分别提高7.7%和10.0%。四是二次调高基础养老金和福利养老金。基础养老金、福利养老金标准比上年1月分别提高15.3%和20.7%。除市政府统一的节假日慰问金和补贴外,全区对于住平房住户的取暖补贴从上年起由以前的300元增加到400元,对于困难群体的实物补贴也是逐年增加。

(张清淑 孙晓亮)

【八大类消费全线飘红】 低保家庭人均消费性支出7615.9元,比上年增加992.6元,增长15%。消费结构八大类支出和上年相比,呈现全面上升。主要因素为:一是恩格尔系数持续降低。人均食品支出3809.5元,比上年增加367.2元,增长10.7%,恩格尔系数降低2个百分点。二是食品、教育、居住和医疗占消费性支出82%。人均教育文化娱乐服务支出970元,比上年增加169.5元,增长21.2%;人均居住支出766.3元,比上年增加117.7元,增长18.2%;人均医疗保健支出756.6元,比上年增加163.2元,增长27.5%。四项占消费性支出的比重分别为50%、12.7%、10.1%和9.9%,四项相加占消费性支出的比重为82.7%。三是除交通通讯外其他消费项目增幅在10%以上。人均杂项商品和服务支出120元,比上年增加38.5元,增长47.3%;人均家庭设备用品及服务支出373.7元,比上年增加68.2元,增长22.3%;人均衣着支出385.4元,比上年增加38.3元,增长11%;人均交通和通讯支出434.4元,比上年增加30元,增长7.4%。消费结构八大类支出中,除交通通讯外其他消费项目增幅在10%以上。消费性支出增长的原因,一是收入增加带动低保家庭居民的消费意愿;二是人力、原材料和能源价格上涨导致食品、衣着、居住等支出被动增加,生活成本加大;三是低收入群体中老、弱、病、残者较多,医疗保健支出所占比重一直较大。

(张清淑 孙晓亮)

【生活品质显著提升】 社会保障意识逐渐增强。人均社会保障支出703.9元,较上年增加253.5元,增长56.4%。30%低保家庭享受廉租房政策。符合廉租房条件的低保家庭中,有11%的家庭租赁私房,有19%的家庭租赁公房。生活环境进一步优化。低保家庭人均居住面积19平方米,比上年高出0.7平方米;98.2%的家庭独用自来水,81.5%的家庭有厕所浴室,85.2%的家庭能用上暖气,79.6%的家庭用上管道天然气,洁燃具占有率达到80%以上。耐用消费品拥有量提高。洗衣机、电冰箱、彩电、沐浴热水器四大件百户拥有82台以上。洗衣机每百户82台,电冰箱每百户95台,彩色电视机每百户108台,沐浴热水器每百户82台,分别比上年高出8台、8台、5台和9台;固定电话每百户85部、移动电话每百户111部、计算机每百户41台,分别比上年高1部、38部和10台。有9.3%的移动电话和39%的计算机可以接入互联网,有98%的电视可以接收有线电视。

(张清淑 孙晓亮)

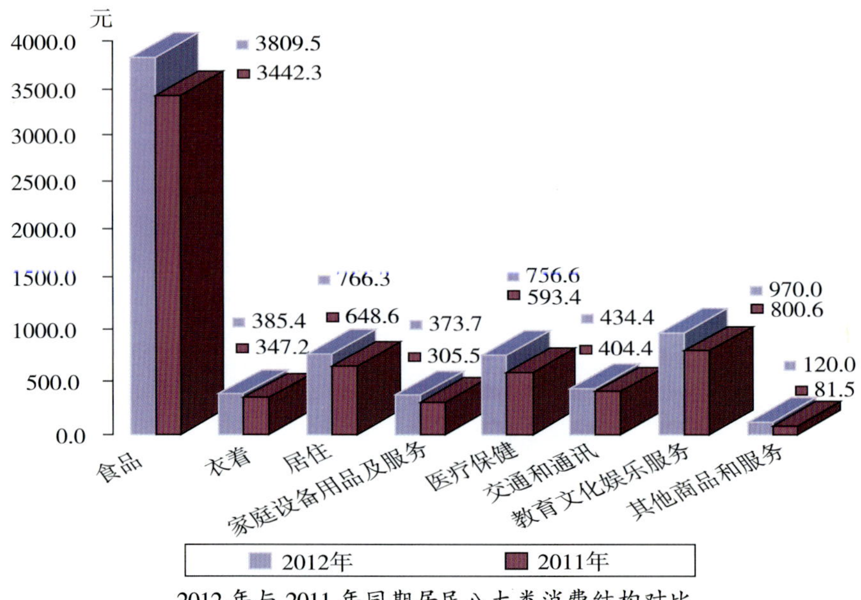

2012年与2011年同期居民八大类消费结构对比

北京 2013 石景山年鉴

SHIJINGSHANNIANJIAN

社会建设

社会领域党建及社会建设

概　　述

石景山区委社会工作委员会(简称区委社会工委)是负责本区社会建设工作的区委派出机构,石景山区社会建设工作办公室(简称区社会办)是负责本区社会建设工作的区政府工作部门。机关行政编制17名,其中区委社会工委(区社会办)书记(主任)1名,区委社会工委副书记1名,区社会办副主任2名,科级领导职数5正2副;机关工勤事业编制1名,随自然减员逐步核销。

年内,围绕区委区政府中心工作,结合区情实际,以加强社会服务管理创新为重点,以发挥街道基础作用为保障,以社区工作者和志愿者队伍建设为抓手,加快形成党委领导、政府负责、社会协同、公众参与、法治保障的社会管理体制。完成社区"两委"换届选举,实现"直选比例高、参与率高、人员素质高"的工作目标。深入开展"我是党员我承诺"和"共建双承诺"活动,搭建社会领域党建工作联建共建协调机制;构建社区党组织大党委制模式,将122名驻社区党员民警任命为社区党组织副书记;完善商务楼宇工作模式。全区社区用房平均面积420平方米,95%社区用房达到或超过350平方米的标准。年内,60个社区达到社区公共服务全覆盖标准,创建19个市级"一刻钟社区服务圈",覆盖35个社区;29个社区顺利通过市政府绩效管理工作领导小组"六型"社区考核评议,完成挑战值目标;网格化社会服务管理体系建设全面铺开。政府购买服务工作有序推进,社会组织培育扶持力度不断加大;枢纽型社会组织工作机制逐步完善,社会工作事务所服务水平进一步提高,完成星缘社工事务所、智达社会工作事务所注册工作。社会建设信息化工作稳步推进,基本实现社区在线服务网站建设的全覆盖;组建161人的社会建设信息化工作联络员队伍,覆盖全区各街道、社区、科技园区和商务楼宇。

地址:石景山区石景山路18号
电话:88699851
邮编:100043

(王　磊)

【深化"五站合一"模式】 辖区有商务楼宇35座,楼宇内非公企业1332家、社会组织24个,所辖楼宇面积在10000平方米以上的20个,5000~10000平方米的8个,5000平方米以下的7个;吸纳就业人口3万余人。区委区政府针对流动人口多、社会服务覆盖难等特点,以"建阵地、建组织、建服务体系,实现党建工作全覆盖"为工作目标,于2008年创造性地将商务楼宇"党建工作站、社会工作站、工会工作站、团建工作站、妇联工作站"五站合署办公,建立起立体化的楼宇党建服务模式,并在全市推广。截至年底,全区已建立商务楼宇工作站35个,实现全覆盖;有专职工作者31人,兼职工作者95人;办公面积701平方米,活动场所面积905平方米;建立党组织87个(其中党委2个、党总支部2个、独立支部80个、联合支部3个),覆盖非公企业358家、社会组织10个;党员1431名,其中流动党员476名。对商务楼宇党建、社会、工会、共青团和妇联工作职责进行细化,统一规范工作站服务项目和内容,根据楼宇企业特点,在各工作站内推出"一网一报一刊一群一视频":开通非公党建网、推出创先争优党员手机报、创办非公党建信息专刊、创建非公党建QQ群、构建非公党建会议视频系统。加强工作站与楼宇企业之间、党组织与非公党员之间的沟通联系。继续加强商务楼宇社会建设、统战工作和群团组织建设,以党建带统战、带群团组织建设,加强与新社会阶层代表人士的沟通、教育培养和关怀鼓励。市领导郭金龙、王安顺到本区进行调研,实地查看瑞达大厦"五站合一"工作站建设,给予充分肯定。

(王　耿)

【社会领域党建】 年初,区委社会工委深入实施非公企业党建推进工程,继续扩大非公企业党组织覆盖,特别是规模以下非公企业采取"四建一管"模式,即通过独立建、联合建、挂靠建、区域建和依托管理等方式,因地制宜设立党组织,解决规模以下非公企业组织覆盖难问题。3月15日和9月28日两次召开街道社会党委工作研讨会,听取各街道(鲁谷社区)、园区党工委社会领域党建工作情况汇报,专题研究解决社会工作党委运行过程中的存在问题。4月,推广党群共建模式,暂时没有条件健全党组织的企业,以工、青、妇、科协等组织为"传送轴",先建群团组织或协会团体,依托这些组织发展党的组织;协调区科协筹备成立"枢纽型"社会组织党建工作委员会和社会组织联合党组织组建工作,指导其开展"枢纽型"社会组织党建试点工作。年底,总结和推广区科协社会组织党建试点工作经验,规范"枢纽型"社会组织党建工作运行机制,全面推进"枢纽型"社会组织党建工作,加强"枢纽型"党组织建设。年末,非公企业建立党委5个、党总支9个、党支部152个、联合党支部5个、群团组织256个,共171家非公企业党组织,党员3006人。

(王　耿)

【规范社区工作者工资】 区委社会工委制发进一步规范调整社区工作者待遇的通知,对社区工作者实施绩效考评,优化工资结构,合理拉开工资档次,建立工资激励和增长机制。自1月起补发,社区工作者人均每月增资800元,补发工资约1850万元,至11月全部发放到位。

(董妍君)

【招录280名社区工作者】 2月18日,公开招聘社区工作者。全区共招聘260人,其中社区岗位234人,商务楼宇工作站岗位20人,枢纽型社会组织岗位6人。本次以用人单位分配名额为标准,按综合成绩由高到低确定进入政审、体检环节人员,综合成绩由笔试成绩和面试成绩各占50%组成。3月14~20日进行公示,最终录用260人。6月18日,经过资格审查、面试等环节,完成由市民政局统一招考的10名社区工作者录用工作。7月27日,与区人力社保局联合招录10名军嫂进入社区工作。

（董妍君）

【社区学习雷锋活动】 3月3日，玉泉西里中社区青年汇与八宝山街道团工委联合举办为贫困家庭献爱心——慈善募捐活动，筹集款项全部用于改善贫困家庭子女求学等问题。同日，老山街道新居民互助站社区青年汇组织27名新居民志愿者利用周末休息时间，义务为社区居民开展理发、修理自行车和小家电等服务；八角街道社区服务中心社区青年汇联合街道团工委也在同一天开展“志愿服务暖人心，雷锋精神代代传”主题活动，组织地区志愿者30余人，深入社区为居民开展专业特色医疗服务。同月4日，北京京西健康体检中心社区青年汇与广宁街道团工委共同开展学雷锋义务健康体检咨询活动，为社区居民开展内科、测量血压、眼科、口腔科、妇科、心电图、骨密度等体检与咨询，现场体检及咨询人数近百人，向现场居民发放体检券，到该中心进行免费体检。5日，区志愿者联合会号召全区18支志愿服务队伍、近6万名志愿者广泛开展学雷锋志愿服务活动。5月5日，社会公益行暨鲁谷义工“学雷锋促和谐”宣传服务活动在鲁谷半月园广场举办。12家社会组织开展养老咨询、义诊服务、手工义卖、幼儿教育、康复训练、志愿服务等方面宣传、展示和服务活动，发放宣传品2600余份。鲁谷义工表演自编自创10余个“学雷锋促和谐”文艺节目。

（李明轩）

【街道社会工委换届】 3月5日，下发做好街道社会工作党委换届选举工作的意见。广泛动员、加强统筹、精心组织、层层落实，通过“三推一选”（“三推”指民主推荐时，采取由党员和群众公开推荐、上级党组织推荐与个人报名自荐相结合的办法，推荐新一届社区党组织班子成员候选人。“一选”是正式选举时，召开党员大会或党员代表大会，由党员或党员代表以无记名投票的方式，差额选举产生新一届社区党组织班子成员）方式，完成全区9个街道社会工作党委换届选举工作。选举产生9名社会工作党委书记、24名副书记、74名党委委员。新一届街道社会工作党委成员构成呈现出“三高两降”特点。“三高”：一是直选比例高，达到100%；二是党员、居民参与率高，社会单位、“两新”组织、非公企业党员、群众参与率均在95%以上，比上一届提高25%；三是人员素质高，大专以上文化程度的占93%，其中研究生学历以上的占36%，连续任职的占51%，有党建工作经验的占80%。“两降”：一是平均年龄降低。新一届街道社会工作党委成员平均年龄为47.3岁，比上届降低2.3岁；年龄45岁以上成员64名，占成员总数的60%，比上届降低4%；二是行政单位人员比例降低。从事行政单位工作的委员占40%，比上一届降低10%；从事“两新”组织和非公企业工作的委员占50%，比上一届提高10%。实现街道社会工作党委由行政单位主导向社会单位主导的转变，使街道社会工作党委在社会领域党员和群众中的凝聚力、吸引力和影响力更强，全面提升街道社会领域党建工作质量。

（王　耿）

【社区“两委”换届】 3月7日，区委社会工委召开社区“两委”换届选举工作会议，对社区“两委”选举工作统一部署、分步实施，要求全区上下步调一致，确保社区党组织和社区居委会两个选举整体谋划、统筹推进。印发工作手册，形成领导小组统筹推进、区委组织部指导把关、社会工委组织协调、各街道具体实施、区委巡视组监督检查的工作体系。同月20日，组织社区换届选举大会现场模拟演练培训。通过现场操作、角色模拟的实景式培训方式，将整个社区换届选举工作的组织流程走一遍，确保换届选举心中有数。4月底，完成社区党组织换届选举。坚持把严格程序、依法办事、发扬民主贯彻换届选举工作始终，在民主推荐、候选人确定、组织考察、正式选举等各个环节，确保程序严谨、实施规范，使每一个步骤、每一个环节都有依据、不出问题。此次社区党组织换届选举直选比例达到99.2%，比上届提高43.2%；社区党员、群众参选率均在90%以上。选举产生新一届社区党委72个，社区党总支30个，社区党支部22个，高学历、高素质的中青年干部成为社区党务工作者队伍的主体。6月，第八届社区居委会选举工作顺利结束，126个社区参加换届选举（其余15个社区因涉及拆迁问题不参加换届选举），采取全体选民选举方式的社区1个，采取户代表选举方式的社区36个，采取居民代表选举方式的社区89个，直选比例为29.37%；产生新一届居委会成员812人，其中主任126人、

5月5日，举办社会公益行　　（区委社会工委供稿）

副主任150人、委员536人，有党员345人，占42.49%。各街道(社区)对新当选的社区“两委”成员按照年龄、学历等特点分类进行摸底登记，建立工作台账；健全完善社区居委会各项规章制度，邀请有关部门负责人、院校专家等对社区书记、主任进行集中培训，介绍前沿理论，传授工作经验，让新任社区“两委”成员尽快融入社区、学会工作，切实发挥社区带头人作用。8月8日，召开社区“两委”换届选举工作总结暨街道书记、主任联席会。

(王　耿　董妍君)

【推进志愿反哺管理】 3月，总结苹果园街道公益反哺家园经验，在全区推广，制定并印发《北京市石景山区志愿反哺管理办法(试行)》，在志愿者星级认定、反哺标准、工作程序上进行明确规定；通过政府购买服务的形式，设立63万元的公益反哺专项经费。“志愿反哺”是石景山区为进一步推动志愿服务事业健康发展、健全志愿服务激励机制开展的一项社会服务和管理创新实践。其主要做法是“一卡积分、量化考核、定期奖励、十年反哺”。通过积分卡记录志愿者的服务时间、项目，依据积分卡情况对志愿者实行星级认定，设立志愿反哺基金，按照不同的星级对志愿者定期进行奖励，对年满70周岁或因病、因残等原因退出志愿者队伍的荣誉志愿者，在其年满80周岁前(80周岁后享受全市“九养”政策)，由街道通过志愿反哺基金为其每月购买服务。服务由老人在理发、家具保洁、洗衣服、拆洗被褥等项目中自行选择。

(李明轩)

【军营社区成立十周年】 4月27日，区委社会工委举办联勤部军营社区成立十周年总结交流活动。军地双方领导先后参观社区老年大学书画展、老年餐桌、文体活动室，出席联勤部军营社区成立十周年庆祝大会，观看军营社区成立十年建设成果录像片，并对8个模范团队、8个和谐家庭和26个优秀个人进行表彰。联勤部军营社区是由北京军区联勤部与区委区政府共同创建的全国全军首家军营社区，于2002年4月28日正式挂牌。社区面积148万平方米，有人员7000余人。十年来，围绕“落实科学发展要求、发挥军地共建优势、抓住重点关键环节、创建全国文明单位”的工作思路，不断改革创新，持续打基础，锐意谋发展，深入抓落实，全面促提升，探索“五化五心”(即组织建设网络化，努力提供聚力凝心的中坚力量；综合管理一体化，努力提供信赖放心的安全支撑；服务保障精细化，努力提供亲情贴心的人文关怀；文体活动群众化，努力提供愉悦舒心的精神生活；生态环境花园化，努力提供优雅赏心的宜居美景)社区建设新模式。军营社区建设不断取得新进步，共获得军地党政机关奖励102项，上年被中央精神文明建设指导委员会授予“全国文明单位”称号。

(董妍君)

【“星级争创”活动】 6月25日，召开社会领域“星级争创”暨基层组织建设年工作推进会。39个星级党建示范社区、40名星级党务工作者和70名星级党员受到表彰。区委社会工委组织全区140个社区开展星级党建示范社区、星级党员、星级党务工作者争创活动。实行分层创建、分类指导、分档考核、分段推进，明确区、街、社区党组织在争创活动中的责任体系，形成上下一起抓、三级同步动的联动机制。同时，还延伸开展党员设岗定责、党员示范楼院、党员志愿服务等活动，建立联系点制度，定期到联系点调研指导，确保创建活动方向一致、措施有力、发挥实效。稳步推进开展活动，在社区营造典型引路、争当先进的良好氛围。

(王　耿)

【基层组织建设年】 8月，召开深入推进基层组织建设年工作会，对进一步深化创先争优活动进行再动员、再部署、再推进，通过交流经验、深化认识、明确思路，把基层组织建设年活动进一步引向深入。会议印发进一步推进基层组织建设年工作的通知，金顶街街道党工委、公安分局八角派出所党支部、丽贝亚建筑装饰工程有限公司党支部作典型发言。按照中央和市委部署，集中开展的创先争优活动进入总结收官阶段，基层组织建设年也从分类定级转入晋位升级，活动重心进一步向抓重点、抓具体、抓机制、抓长远转移。年内，按照中央、市委和区委一系列部署和要求，全区各级党组织积极落实基层组织建设年的各项任务，工作进展比较顺利，取得阶段性成效，在一些方面实现创新和突破，商务楼宇“五站合一”、机关与社区党组织“共建双承诺”等优质载体得到市委和广大党员群众的高度认可。区委社会工委构建社区党组织大党委制模式，协调区公安分局，将122名驻社区党员民警任命为社区党组织副书记。总结推广协会建立党组织模式，加大在产业链、商业街、综合市场、行业、商会等区域建立党组织力度，破解规模以下组织覆盖难问题。对全区非公有制经济组织和社会组织党建情况进行集中摸底调查，完成社区党建“四网六库”(为北京市社工委组建，主要为全市社会领域服务。四网指社会建设OA网、社会建设信息发布网、社会组织网上服务网、社会公共服务信息网；六库指社会领域建设库、社区基础数据库、社会工作者数据库、志愿服务工作数据库、社会组织数据库、社会建设多媒体资料库)建设。按照“基层党组织分类定级参考标准”综合运用基层党组织自评、党员群众测评、上级党(工)委评定等方式，对141个社区党组织，226个非公企业党组织，10个社会组织党组织进行摸排、测评、打分，划分四个档次进行分类定级。在此基础上，按照巩固先进、推动一般、整顿后进的要求，指导社会领域党组织认真抓好整改落实。

(王　耿)

【网格化社会服务管理】 9月18日，召开网格化社会服务管理体系建设推进大会，预计用一年左右时间，在全区初步建立起网格化社会服务管理工作体系框架。市社会建设领导小组办公室副主任赵小卫参加会议，荣华讲话。会议指出网格化社会服务管理是北京市加强社会管理工作的重要创新，要重点抓好六个方面工作：一是搭建三级平台，实现资源整合；二是科学划分三类网格，实现三网融合；三是发挥主要功能，逐步搭载项目；四是健全运行机制，实现环环相扣；五是完善信息系统，提高工作效能；六是健全监督体系，提升工作水平。

（王　耿）

【普法教育基地揭牌】　10月23日，社区工作者普法教育基地在区法院揭牌。年内，研究制定社区工作者普法教育工作方案，明确举办社区工作者普法教育基地的指导思想及工作目标，成立社区工作者普法教育工作领导小组，规定工作内容和考核方法。聘任姜庶伟等10人为社区工作者普法教育基地教员，聘请10名区法院法官为教员。教育基地建立后，组织100名社区工作者进入区法院审判庭现场旁听庭审活动；区法院法官进社区开展法律咨询20余次，开展法律讲座15次。

（王　耿）

【社会组织十八大安保】　10月25日，召开社会组织十八大安保专项行动暨志愿服务动员部署大会。下发开展“喜迎十八大，携手促和谐”志愿服务活动的通知，号召全区志愿者立即行动起来，开展志愿服务活动，以实际行动参加到党的十八大安保专项行动中来。截至年底，共排查657个社会组织、2996家非公企业和部分重点居民区，有效整改隐患240处。

（李明轩）

【社会领域创先争优】　10月26日，召开社会领域创先争优活动总结交流会。对全区社会领域创先争优活动进行总结，50余名非公企业、商务楼宇党务工作者和社区党组织代表就创先争优活动经验进行深入交流。年内，区委社会工委充分发挥在社会领域的指导、协调、督促职能，注重发挥好组织推动、目标引领、载体建设、示范带动等作用，促进创先争优活动向纵深发展。结合开展基层组织建设年活动，坚持抓组织覆盖、抓晋位升级、抓品牌创建、抓素质提升、抓工作保障、抓机制建设，充分利用和深化既有载体，依托“我是党员我承诺”主题实践活动、“星级党建示范社区”创建活动、领导点评活动和开展“一月一典型”项目推进活动，组织社会领域广大党员用实际行动推进中心工作，保持和发展党的先进性，发挥党员先锋模范作用。

（王　耿）

【“一刻钟社区服务圈”建设】　11月20日，召开“一刻钟社区服务圈”建设工作推进会。与会人员实地参观古城街道“千百十”便捷家园服务并作深入交流。“一刻钟社区服务圈”是指社区居民步行15分钟能够享受到社区就业、社会保障、社会救助、医疗卫生、社区安全、社区文化体育教育、环境美化以及购物、餐饮、日常修理等方面的服务。年内，创建市级“一刻钟社区服务圈”19个，覆盖35个社区，服务人口17.3万人。截至年底，全区完成市级“一刻钟社区服务圈”建设48个，覆盖95个社区，服务人口43.4万人。

（董妍君）

【社区工作者队伍建设】　全区共有社区工作者1390人，包括专职党务工作者、社区居委会成员和社区服务站专职人员。其中，女性占82%，党团员占51%，大专及以上占71%，平均年龄40岁。就业人员1091人，占84%；离退休人员200人，占16%。历次公开招考人员698人，占54%。79人持有国家社工师资格证书，293人持有助理社工师资格证书，持证人员比例达到26.8%。区委社会工委制定社区工作者行为礼仪管理规定，进一步规范社区工作者队伍管理。重点规范工作期间的仪容、仪表、仪态及基本接待礼仪等方面，并纳入日常考核中。

（董妍君）

【推进社会建设信息化】　全区有139个社区建成社区在线服务网站，占社区总数的98%。组建161人的社会建设信息化工作联络员队伍，将与居民日常生活密切相关的政策法规、办事流程、社区事务等进行网上公开，提高居民生活的便捷度，打造社会建设网站区、街、社区三级网络平台。66个社区办公网实现与政府办公OA网连接。金顶街街道为智慧街道建设试点，同时在各街道选择1～2个社区作为智慧社区建设试点，为社区居民提供更加智慧、幸福、安全和谐的生活环境。

（王　磊）

【政府购买公共服务】　通过政府购买服务的方式，扶持社会组织开展公共服务。年内，争取市级政府购买服务经费257.5万元用于购买19个社会组织提供的公共服务项目；区级政府购买服务工作专项经费追加至350万元，购买37个服务项目。在项目日常监管中，加大过程监督，随时掌握项目运行情况；结项时成立由区社会工委、财政、民政、监察等部门及清华大学、北方工业大学等高校专家组成的考评小组，对项目进行集中抽查评估；在工作收尾时，接受区审计局的专项审计。经过北京市购买服务绩效评估小组考核，区政府购买服务项目中的漂亮妈妈听力言语康复中心的“和谐共享，重获新声”听障儿童救助行动项目、小飞象训练发展中心的“星”心的希望——自闭症患者家庭公益援助行动项目和金顶阳光社会工作事务所的“金顶阳光社区重点人群关怀计划”项目被北京市评为优秀项目。截至年底，通过政府购买服务、给予奖励、补贴等形式，共吸引、支持和培育50余家社会组织，服务团队2000余人，其中大部分服务人员具有本领域的任职资质，能够从专业角度出发更好地为百姓提供公共服务。区政府购买的服务项目内容涉及扶老助残、就业帮扶、志愿服务等，服务成果惠及辖区60万常住人口和20万流动人口。

（李明轩）

【培育社工事务所5家】　区委社会工委通过购买服务、购买岗位、给与一次性开办资金等措施，打造社工服务、专业人才培养的平台。培育社会工作事务所5家，专兼职社工56人，相对固定的志愿服务团队500余人，主要开展重点人群关怀、养老服务、社区服务、就业指导、残孤儿童救助等服务项目。金顶阳光社会工作事务所以金顶阳光两限房、廉租房小区的重点人群为主要服务对象，重点开展“社区关怀计划”。乐龄老年社会工作服务中心通过开展乐龄互助小组、日间老年照料室等项目，推进以志愿服务为主要内容的参与式社区居家养老服务。源泉儿童之家开展北京及周边省市残孤儿童的医疗救助、照料和康复工作。星缘社工事务所，以志愿服务管理和项目开发为重点，倡导“奉献、友爱、互助、进步”的志愿服务精神。智达社会工作事务所针对首钢分流人员及4050失业人员开展就业指导和就业岗位开发等工作。

（李明轩）

【购买社工岗位30个】 区委社会工委在前期购买专业社工岗位试点工作的基础上，年内为各个街道、社工事务所及枢纽型社会组织购买专业社工岗位30个。其中，市社工委下拨资金39万元购买岗位13个，区配套近100万元，购买工作岗位17个。针对不同岗位，分别制定岗位职责和管理办法，加强专业社工岗位管理工作制度化、规范化建设。

（李明轩）

【完成109项社会建设实事】 年初，区委社会工委下发社会建设拟办实事项目，汇集27个部门7个方面109项办实事项目。具体包括：社会基层管理、就业和社会保障、宜居城市建设、医疗卫生事业、教育文化体育事业、社会安全稳定和枢纽型组织参与社会建设。截至年底，各类项目全部完成。

（李　露）

【构建“枢纽型”社会组织】 区委社会工委开展第二批枢纽型社会组织的认定工作，工商联成为第10家枢纽型社会组织。完成枢纽型社会组织社工岗位的“三定”方案，各枢纽型社会组织有专职社工编制17个。加强枢纽型社会组织自身建设，组织开展培训会，从明确自身定位、健全组织机构、完善例会信息制度等方面，提出工作标准，完善工作制度，加强桥梁纽带作用发挥。

（李明轩）

【“六型社区”创建】 区委社会工委根据市民政局部署，重点打造干净、规范、服务、安全、健康、文化社区，实现社区的环境整洁，管理规范，服务完善，安全稳定，健康幸福，文明祥和。年内，“六型社区”建设领导小组26个成员单位，建立协调联络、街道交流促进、社区互查学习等机制，强化创建工作任务和责任落实。通过电视、报纸、网络、96156等信息平台广泛宣传“六型社区”建设创建标准、评选方式、宣传口号，并采取联合检查、街道互查、社区自查等方式，按照创建标准，加大检查督导力度，及时整改存在问题。全区29个社区经自荐申报、市“六型社区”创建工作联席会议办公室全过程评估和检查验收，被命名为北京市“六型社区”示范社区。

（董妍君）

社区党建

【概况】 全区有社区党组织142个，社区党员33000名。社区党委78个，党总支37个，党支部27个。社区党组织书记142人，平均年龄44.9岁；社区党组织副书记101人，平均年龄37岁；社区党组织班子成员763人，平均年龄50.1岁。完成社区党组织换届选举，提高社区党组织班子的整体素质，扩大社区民主政治建设的发展趋势，夯实社区党组织在构建和谐社区中的主导地位。完善联建共建协调机制，建立街道党工委领导、社会工作党委具体协调、社区党组织和商务楼宇党组织为基础、驻区单位党组织和辖区“两新”组织党组织共同参与的社会领域党建工作联建共建协调机制，推动社会领域党建工作由条块分割、互为封闭的治理模式向区域联动、一体发展模式转变，实现区域资源整合、共享、效用最大化。按照“科学规范、权责一致、运转高效、充满活力”要求，探索不同类型社区党组织设置形式。构建社区党组织大党委制模式，协调公安分局，将驻区122名社区党员民警任命为社区党组织副书记，增强社区党组织力量。按照“基层党组织分类定级参考标准”综合运用基层党组织自评、党员群众测评、上级党（工）委评定等方式，狠抓社区党组织晋位升级，指导社区党组织认真抓好整改落实。深入开展创先争优活动，依托“星级争创”和“共建双承诺”平台，强化创建机制，细化创建内容，量化创建标准，激发社会领域党建活力，增强党组织的创造力、凝聚力和战斗力，努力构建双向促进、双向受益、共同提高的党建工作新格局。

（王　耿）

【基层党组织建设】 八宝山街道开展“基层组织建设年”活动，扎实推进分类定级工作，强化指导，抓好整改，实现基层党组织晋位升级。以项目化管理促进基层组织规范化建设，指导社区党组织结合实际树立社区党建品牌项目。西里西社区党委的“社区联建门店”、瑞达社区党总支的“星光五彩线”、玉泉西里北社区党支部的“党员服务e站”等项目，提升党建工作科学化水平，在北京市建设学习型党组织检查验收中，受到上级单位好评。

（孟令姝）

【发挥党建引领作用】 鲁谷社区夯实党组织基础。健全“一推两培养”、“三公示四票决”党员发展长效机制，对推荐、发展、接收和转正四个关键环节全部实行无记名投票方式进行表决，并向党员群众公示。发展机关、社区、非公企业新党员69名。充实基层党组织后备人才库，将51名表现突出的社工纳入其中，分别培养为党组织负责人、居委会骨干和优秀青年社工三类种子，并建立相应的管理、培养机制。有27名后备人才担任社区正、副职书记或主任，2人担任专职党务工作者，提拔使用率为56.9%。制定基层党组织党务工作者和社区工作者中的党员轮岗交流实施意见，安排22名正副职进行跨居委会任期性交流，20名后备人才进行轮岗培养性交流，49名基层党组织班子成员进行调整优化性交流。开展争先创优活动。选派22名机关党员干部以“编外书记”形式到居民区党组织挂职帮带；在街道、社区、改造楼栋三个层面成立综合改造临时党组织，指导开展老旧小区综合整治工作；给9个评定为一般的基层党组织建立整改公开机制，落实实施内容，跟踪督查解决问题。发挥“三圈”品牌效应。深化“党员互助圈”，催生“爱心小屋”、“社区帮帮团”等一批组团式服务项目，丰富党内帮扶工作内容；深化

"窗口服务圈",建立"一核多辐射广服务"的窗口行业格局,提高行业服务效能;深化"党建文化圈",涌现出七星文化茶座、六南画苑等文化项目和五芳园乐友团、新居民艺术团等文化团体,促进社区文化繁荣发展。

(马玉秋)

【特色社区品牌创建】 老山街道各基层党组织结合工作实际,搭建创建载体,强化创建措施,完善创建机制。形成健康俱乐部、兴趣协会、社区博客、邻里节、文明宜居楼门、亲情聊天室、党员过政治生日等一批知名度较高、辐射带动和示范导向作用较强、具有鲜明时代特色的党建品牌。通过党建特色社区品牌的创建及实施,有效地引导广大党员自觉按照"牢记宗旨、心系群众"要求,在本职岗位上主动亮出身份、做出承诺、树好形象,发挥先锋模范作用。

(魏国清)

【廉政文化创建】 老山街道被市纪委办公厅确立为第一批廉政文化创建活动联系点。制定扎实推进廉政文化建设的实施意见和年度廉政文化创建活动计划,以老山西里社区廉政文化一条街为重点,以社区廉政文化宣传橱窗为主要形式,加强廉政文化阵地建设。协助老山西里社区推进"崇德社"建设,组建读书组、歌舞组、书画苑等群众组织。开展"践行北京精神,反腐倡廉"文艺演出、"喜迎十八大,倡廉洁促和谐"廉政文化书法绘画展览、讲廉政故事、读廉政书籍等群众喜闻乐见的廉政文化活动6次,参加人员950人次。

(魏国清)

【党建成果创新】 古城街道深化党建成果创新建设。继续巩固和拓展创新实践,实施党建工作"四制一体"化,即党员管理制、宣传制、学习制和活动制,赋予"五站合一"工作站新内容。继续深化"我是党员我承诺"活动,81名机关党员结合自身岗位进行承诺,并印制上墙,接受群众监督。指导各社区党委、党总支开展党员承诺活动,地区143个基层党组织和3678名党员作出承诺3495条,兑现承诺3412条。推进"共建双承诺"活动。指导社区党组织积极与共建单位找准活动切入点和需求点,组织走访慰问、志愿服务、学习培训、挂职交流等活动40余次。推荐评选"我身边的先锋"创先争优先进基层党组织、优秀共产党员、优秀基层党建创新项目、星级党务工作者和星级党员,获得市级表彰2个、区级表彰24个,街道表彰212个。

(孔 微)

【推进基层党建】 八角街道开展竞赛式定级,形成创先争优态势。将360度绩效考评与社区党组织分类定级参考标准相结合,开展基层组织建设竞赛活动,确定"好、较好、一般、较差"四个等级,对考评较差的社区,不能评先进。坚持项目化管理,提升运行操作实效。将"党组织关爱工程"项目化管理与绩效考评工作有效衔接,随时检查社区党建项目是否达到了预期效果,存在问题及时给予修正。突出现场会推进,强化各项工作落实。把现场会作为推进基层党建规范化建设的有效措施,在特钢社区召开"金色亲情暖人心,雷锋精神代代传"现场会、在机关召开"争创优质服务窗口和优质服务标兵"推进会,在非公企业召开"弘企业文化,展企业风采"推进会。实行样板式引路,放大社区示范效应。坚持"一社区一品牌"抓培育,结合"我身边的先锋"评选表彰活动,推出一批优秀党建项目,对"金色亲情服务,文化大舞台"等进行表彰,起到示范效应。注重规范化制度,夯实基础建设。将基层党组织的各项工作制度进行重新梳理,制成统一制式清单,做到用制度管理基层党组织。

(孔存娣)

【推动非公党建】 八角街道通过实行"四化"推进非公党建。制度规范化——建立联席会议、党员活动、志愿服务等制度及楼宇服务、信访接待等工作记录。服务项目化——创建"牵手健康加油站"、"书香志愿者"、"楼宇青年汇"、"温情四季"等楼宇党组织关爱工程项目。资源一体化——打造"楼社双带互融"的工作模式,社区党委书记为楼宇党建工作提供经验指导和活动场地,楼宇党支部利用专业知识为社区孤寡老人义务维修电脑,利用资金优势帮扶社区弱势群体。活动多样化——组织非公党员开展"跟着党,走向新辉煌"学习十八大精神、"党旗飘飘"庆七一联欢会、运动会、摄影比赛、踢毽比赛、"立秋饺子宴"等活动10余次。宣传信息化——开通街道非公党建网、楼宇博客、楼宇微博,在长城网"红色港湾"栏目建立非公支部空间,设立"红色短信"教育课堂,创建楼宇QQ群。

(孔存娣)

【法制副书记进社区】 5月,八角街道

廉政文化宣传橱窗 (老山街道供稿)

通过区法院、检察院、司法局推荐，选聘9名优秀法官、检察官和司法工作者到9个社区担任法制副书记。任职期限为5～12月，主要职责是列席社区班子有关会议，协助社区开展法制咨询、法制教育及社会治安综合治理。街道和相关部门对他们在社区开展的法制宣传教育、参与的矛盾纠纷调解、协助的矫正帮教工作、走访社区困难家庭、帮助社区制定和完善有关规章制度情况等五方面进行考核，对工作成绩突出的人员予以表彰奖励。

（孔存娣）

【强化党组织建设】 金顶街街道在基层组织建设年活动中做好基层党组织分类定级、晋位升级工作，形成有效管用的长效机制63项，实现"五好"党组织达80%以上的目标。全面总结创先争优三年工作成效，深入开展"我是党员我承诺"，强化"党员先锋岗"、"党员绿丝带"、"一区一品"创建，"五个一"喜迎十八大系列活动。强化街道机关党建。在创建"党员先锋岗"活动基础上，开展学习型机关创建活动，规范工作制度、工作职责、工作流程、机关形象、文明用语、规范行文等，推动机关工作作风转变，保障机关工作有序、高效运转。开展创建"爱心社区"活动。以弘扬"北京精神"、构建和谐社区为目标，有效统筹整合社区党建资源、公共资源、共建资源、志愿服务资源、社区人才资源等，开展以"党的关怀暖人心、惠民政策安民心、共建措施贴民心、志愿服务连民心、社区队伍献爱心"为内容的爱心社区争创活动。推广"3＋1"工作法。针对非公企业和社区门店，不断推广完善"3＋1"工作法，坚持每季度走访一次、登记一次，宣传一次，年底联欢一次，不断强化对非公企业和社区门店党员职工的教育引导，使其切身感受到党组织关怀。

（炼立颖）

【召开创先争优经验交流会】 9月，广宁街道组织各基层党组织召开创先争优工作经验交流会，推动成果转化。自上年创先争优活动开展以来，各基层党组织以"我是党员我承诺"和"党员责任岗"为载体，强化领导，真抓落实，真正做到科学发展上水平、党员干部受教育、人民群众得实惠。截至年底，共建立长效机制10余条，征求合理建议20余条，公开承诺3000余条，为民办实事好事1500余件。

（姜　月）

【三级联创促党建】 五里坨街道将"三级联创"纳入社区目标考核，采取量化打分、民主测评形式，坚持经常性检查和年终考核结合，坚持考核结果运用与社区党组织书记使用、评先评优挂钩。细化社区党建考核项目，以专题讲解、答疑解析、座谈讨论等形式，对社区党组织书记、专职党务工作者进行系统培训，强化联创指导。完成11个社区党建"三级联创"考核评价，创建"五星级"党建示范社区6个，"五好"基层党组织8个。

（介卫星 张振颖）

八宝山街道

概　述

八宝山街道位于石景山区东南部，东起玉泉路，西至鲁谷大街，南起吴家村路，北至石景山路，辖区面积5.24平方千米。区域道路近30条，呈四纵（石景山路、鲁谷南路、莲石路、吴家村路）四横（玉泉路、鲁谷东街、鲁谷大街、雕塑中街）分布；京九铁路、一线地铁从辖区内穿过，30多条公共汽车运营线路途经此地。辖区有社区15个，常住居民2.01万余户、4.6万余人，流动人口3343余户、2.16万余人。街道内设机构12个，其中街道工委内设机构4个，办事处内设机构8个；工作人员91人，区司法局、统计局设所派驻工作人员4人。年内，按照"抓服务、惠民生、保稳定、强保障"的要求，贯穿保稳定和促发展两条主线，围绕建设"宜商、宜居、生态、服务、便利"型街道的目标，从楼门、社区、街道三个层面，统筹开展各项工作。坚持招商引资，引进企业108家，注册额2.71亿元，其中注册资金千万以上的企业11家，注册资金百万以上的企业97家，完成便民工程19项。开展作风建设年主题系列活动，获北京市"安全生产社区"、"信访工作先进单位"等荣誉。

地址：石景山区鲁谷东街18号
电话：68682169
邮编：100040

（孟令妹）

【夯实综治基础】 八宝山街道按照市、区十八大安保工作总体部署，协调辖区职能单位开展综合治理十大专项行动，从源头化解各类突出矛盾。探索"五字"工作法（造：造舆论、造氛围、造声势；定：定方案、定制度、定责任；查：查漏洞、查隐患、查环节；整：整顿、整治、整改；考：考验、考察、考评）、"四包"特色承诺（包段承诺、包重点地区承诺、包重点部位承诺、包重点人承诺），开展"走百家商户、握千名志愿者手"的访百家、握千手活动，了解企业安保落实情况，引导其积极参与到社会面防控中来。辖区群众安全感连续三年呈上升趋势。处理好各种矛盾，加强以街道办事处、司法所、工商所、派出所等部门共同参与的"四位一体"矛盾排查大调解信访机制。畅通群众利益表达机制，坚持领导接访、重点化解等工作制度，切实以群众工作统揽信访工作。年内，开展矛盾排查15次，排查重点矛盾15起，完成亿霖木业案款返还处置工作，化解长城羊毛衫厂上访、鲁谷住宅居民上访等工作。共接办、接待、回复各类群众来信来访事件173件（次），重大矛盾集体访5件（次），调解社区、邻里、家庭矛盾25起，调解率达100%。

（孟令妹）

【打造精品社区】 八宝山街道创新社会管理，打造精品社区。管理网格化——做实做细社区网格划分、网格员配备、网格管理制度建设等工作，依据户籍人口、流动人口和管辖面积，将15个社区划分成67个网格，配齐网格员，选出网格长和网格信息员。服务信息化——利用网格化管理的契机，将辖区15个社区居民的基本情况、计生、党建、综治、文化等信息全部录入系统，确保信息覆盖面和精准度，促进社会管理效率的提升。建设特色化——15个社区结合自身特点，抓重点、干亮点，发挥示范带动作用，全面推动“一居一品”建设。如四季园社区的“幸福红蜡烛”，专为孤寡老人服务；瑞达社区的“星光五彩线”，成立家政服务、下岗失业人员再就业培训等帮扶站；玉泉西里中社区的党员流动驿站，为流动人口党员服务。联系常态化——加强机关干部下社区工作，开展为居民“办实事、解难事”活动，定期安排机关干部下社区，鼓励他们主动听民声、解民忧、帮民困。推进街道干部帮助社区抓发展，为居民服务，形成用心用情用力服务居民的良好工作局面。

（孟令姝）

【安全生产检查】 八宝山街道坚持“以人为本、安全第一、预防为主、服务群众”的工作理念，严格落实安全生产责任制，突出抓好重点单位、重要部位、重要时段的安全检查督促工作，扎实推进安全生产年各项工作落实，辖区安全生产形势得到持续平稳发展。完成元旦、春节、全国“两会”期间的安全生产检查与保障工作。以十八大安保为契机，开展“打非治违”和“护航”专项检查行动，全年组织开展安全生产、消防等检查300余人（次），检查单位800余家（次），发现隐患200余处，并及时督促整改。

（孟令姝）

【安全社区创建】 3月，八宝山街道召开安全社区创建工作动员部署会，成立安全社区创建工作办公室，抽调专人，明确分工，采取“分析研判、目标计划、落实措施、评估成效、持续改进”的闭合式工作模式，历时几个月，设立并完成36个安全社区创建项目，形成14.5万字的工作报告。经过前期的反复修改完善，11月底，顺利通过北京市安全社区创建工作验收，成为全区两家安全社区创建达标单位之一。

（孟令姝）

【流动人口服务】 八宝山街道调整辖区内14个新居民互助服务站组织机构，实有新居民互助队员76名，覆盖14个社区和一个新居民居住大院，涉及新居民2.3万人。变“防范式管理”为“服务式管理”，组织开展法律安全知识宣传活动，为新居民子女零至六岁儿童免费接种疫苗25人次，节假日走访慰问新居民87人次，及时解决新居民欠薪30余万元。排查发现隐患出租房屋21户、群租房屋53户，消除各类安全隐患13处，核查各类重点人8人次，协助派出所处理出租房扰民事件2起。签订预防煤气治安责任书552份，安装风斗260个，销毁各种不合格的炉灶具12套，组织7次联合大检查，实现春冬季供暖及十八大期间无事故发生。

（孟令姝）

【国家卫生区复审】 八宝山街道以国家卫生区复审为契机，加强组织领导，全面提升地区环境水平。开展各类联合执法检查120余次，出动街道城管科、城管分队、公安派出所、工商、卫生监督、城管监督员等2700余人次，整治无照经营、非法露天烧烤等各类环境秩序问题千余起。开展地区环境清理活动，发动地区群众、社区、物业、单位、街道机关人员7600余人次，清运无主垃圾、渣土两千余吨，清刷非法小广告8.8万平方米、1万余张，拆除违建面积1750平方米，发放各类迎复审宣传品3万余份，制作健康教育展板316块。

（孟令姝）

【全力防汛救灾】 八宝山街道发挥地区防汛分指挥部的统筹协调作用，落实“属地管理、分级负责，谁主管、谁负责”原则，形成良好防汛工作格局。优化、充实防洪抢险队伍，补充防汛物资储备，机关领导带领干部群众冲在抢险救灾第一线，有效应对“7·21”特大暴雨灾害，将地区受灾损失降到最低。汛期共出动应急抢险人员2000余人，车辆50台次，出动水泵7台，排除防汛隐患400多处，保证地区居民汛期生命、财产安全。

（孟令姝）

【完成社区换届】 八宝山街道广泛动员，健全选举机构，深入调查研究，严格依法选举，做好换届选举工作。选举过程中，做到舆论宣传到位，业务培训到位，具体措施到位，信息收集到位，实现14个社区换届选举一次成功。本次换届选举，共选出居委会成员86人，其中主任14人，副主任20人，委员52人。15人退离工作岗位，6人进行轮岗，把好交接环节、交接内容两道关。

（孟令姝）

【玉泉西里南社区成立】 8月17日，玉泉西里南社区居委会成立，办公用房面积170.71平方米，活动用房面积186平方米，有工作人员9人。街道实施社区办公用房装修工程，保障社区工作正常运转，为居民提供各类服务。

（孟令姝）

【网格化服务管理】 11月5日，八宝山街道召开网格化服务管理推进大会。年内，成立网格化服务管理领导小组，办公室设在社区建设科。1个社区为1个大网格，以社区服务站为载体，社区书记为网格服务管理第一责任人，社区居委会主任（服务站站长）为网格责任人，落实网格内各项工作。实行三级网格管理负责制，按照“便于管理、有利工作”的原则，按照“千米方圆地域、千户人口”为标准，共划分三级网格。一级网格：以八宝山街道四至为依据，划分1个大网格；二级网格：以15个社区四至为依据，划分15个社区网格；三级网格：以15个社区为依托，按照居民区、社会单位、楼宇区划分网格58个。各网格每周召开一次例会，办事处每月召开两次网格服务管理会商会，汇报总结各网格运行情况。制定网格化管理平面示意图将网格化管理工作实行情况和信息员作用的发挥程度作为考核重点，采用周督查、月检查、年考核的办法，对社区进行综合管理。将服务体现在网格，将管理落实在网格，将问题解决在网格，将矛盾化解在网格。达到切实改善民生，化解社会矛盾，促进地区和谐，提高地区居民群众生活满意度的目的。

（孟令姝）

【十大服务项目】 八宝山街道以“规范化、精细化、人性化、个性化”为服务理念，创新建立“10+X”服务管理工作模式，变被动服务为主动服务，在全地区范围首批启动推进十大为民服务项目。包括:针对地区老年人的“我家有医生”、“社保孝星代理团”、“银色关爱服务”项目;针对社区老党员的“红色温情家园”服务项目;针对地区贫困、单亲妇女的“阳光母亲姐妹驿站”服务项目;针对辖区侨胞台属的“侨胞连心社”服务项目;针对为公益事业奉献多年的社区志愿者的“公益反哺双服务”项目;针对辖区残疾人的“康馨牵手服务”项目;以及惠及全地区居民群众的“城市管理360”、“法律维权服务”项目。通过人性化、精细化、科学化的社会服务,使地区居民群众真正受益。

(孟令姝)

【开展扶贫助困】 八宝山地区有低保家庭420户、904人。“两节”期间,发放低保金过节费15万元、低保春节临时性补贴8.4万元、优抚春节过节费3.3万元、优抚临时性补贴2.6万元,低保优抚总计29.5万元。为低保特困人员发放超市优惠券12.3万元。低保医疗救助69人次,救助金额11.45万元。救助低保大学生2户,救助金额9000元;为大病患者徐贵文申请慈善协会大病医疗救助8万元。发放军工工资26.34万元、地退工资40万元、超转工资110万元,报销超转药费43万元。积极维护残疾人的合法权益,对残疾人进行培训和教育,提高残疾人就业率。借助社会力量,活跃残疾人群众性文化体育活动,增强残疾人自强、自立的信心,促进残疾人更好的融入社会。发放“助残券”150人次1.76万元,小帮手服务器14台,为15名聋人家庭安装可视门铃,投入资金近4万元用于残疾人慰问及各类补助。全年发放低保金254万元,报销药费20.4万元,审核报销原民政医药费17人次、2.1万元 。

(孟令姝)

【抓好住房保障】 八宝山街道受理限价房申请家庭172户,初审合格129户;经适房申请家庭92户,初审合格76户;公共租赁房申请家庭164户,初审合格126户;廉租房申请家庭18户,初审合格14户。解决廉租房实物配租家庭32户,公共租赁房远洋沁山水共入住家庭54户,真正让公开、公平、公正的阳光撒满住房保障的每一个角落。9月,在区廉政工作检查中,街道住保工作制度规范,档案完备,得到上级单位肯定。

(孟令姝)

【化解矛盾纠纷】 八宝山街道运用“五站式”服务,创新社会管理,化解矛盾纠纷。第一站,由社区调解员进行走访、排查,进行民情反馈,对能够当场化解的矛盾及时化解。第二站,由15个社区居委会干部将上报未化解的矛盾纠纷进行汇总整理,约见矛盾双方进行调解。第三站,社区“两委”组织集中调解矛盾。第四站,街道综治维稳中心对于影响较大的矛盾纠纷事件进行分析、判断、分类、分级调解处理,并上报街道工委。第五站,对调解失败的矛盾纠纷,由街道分管领导视实际情况,定期召开专题协调会研究并协调区相关职能部门联合解决。

(孟令姝)

9月27日,便民工程验收　(八宝山街道供稿)

【做好为老服务】 八宝山街道办理65岁以上老年人优待证304张,办理60以上老年人老龄证251张,为52名高龄老人发放高龄津贴4.03万元。为853名符合资格的老年人办理养老(助残)券服务,发券金额48万元。组织地区老年艺术节文艺演出5场,丰富老年人业余生活。举办地区孝星先进事迹报告会,40人被评为市级孝星。

(孟令姝)

【深化民生保障】 八宝山街道召开大型专场招工招聘会5次,举办职业指导大课堂12期,开展以“春风行动”为主题的系列就业援助活动2次,为就业困难人员提供诚信服务及个性化服务,为550人解决就业难题,为314人办理灵活就业,与40多个企业单位建立长期合作关系。倡导“视退休人员为父母、视办事人员为亲人”的服务理念,在窗口配备老花镜,针线盒、急救包等物品,推进集规范服务、延伸服务、承诺服务、人性化服务于一体的居民服务办公体系,全年为702人办理就业登记证及再就业优惠证,为248人次报销药费约9万元,为2600人办理“一老一小”参保手续。11月,通过区人保局五星级社保所验收。

(孟令姝)

【群众文体活动】 八宝山街道落实文化建设资金支持约31.8万元。组织开展“夏日广场”及“金秋文艺”等系列文化活动86场。在“古城之春”艺术节系列文化活动中,获一等奖1个、二等奖1个、三等奖7个、优秀奖2个。在玉泉西里中、玉泉西里北、三山园、四季园、永东北5个社区推进“体育生活化社区”试点建设,探索街道—社区—家庭体育工作三步走构想,营造全民健身的良好氛围。居民自发组建秧歌队、太极拳等健身团队,参加体育活动群众达3.7万人，占辖区总人口的80%以上。在区第四届社区千人跳绳大赛中，获一等奖一名、三等奖三名；获区第六届和谐杯乒乓球决赛一等奖，并代表石景山区参加北京市总决赛，获城区组二等奖。

（孟令姝）

【完成便民工程】 八宝山街道投入资金346万元，实施便民工程19个项目，年内均已完工并经过验收，并进入使用阶段。项目内容紧贴群众需求和辖区特点，包括升级三山园70号楼前绿地，装修改造青年楼社区、永东北社区“一米阳光”爱心服务中心、西里南社区活动用房，铺装改造华奥学校北侧道路、城管分队南平房，改造三山园、永乐小区74号楼、鲁谷住宅1号楼、2号楼停车设施等，解决老百姓关心的热点、难点问题。

（孟令姝）

【计生宣传服务】 5月，八宝山街道以提高出生人口素质为重点，推进0～3岁婴幼儿早期发展服务项目，举办首届健康宝宝大赛活动。9月，举行“春蕾奖学金”发放仪式，关注女孩成长。11月，玉泉西里中社区0～3岁“灵动宝贝”健康教育示范基地落成，设有300平方米活动室，配备宣传橱窗、早教图书及设备，并聘请专家定期授课，为地区群众提供专业、系统的早教服务，受教育人群达千余人。年内，开展大型计生宣传服务5次，知识讲座6次，发放优生优育、生殖健康等宣传册2000多份。

（孟令姝）

【重视社区教育】 八宝山街道挖掘共建单位资源，加强科普教育。以四季园社区科普基地为平台，举办中医药药膳讲座、健康养生讲座60余次，4000余人参加。与八宝山社区卫生服务中心、北京市同文中学、银河消防支队、鲁谷工商所等单位达成共建，举办知识竞赛、摄影知识讲座、计算机培训、走访参观等300余次，受益人数万余人。

（孟令姝）

【精神文明创建】 八宝山街道紧扣弘扬“北京精神”、“做文明有礼的北京人”核心主题，指导开展群众性精神文明创建活动。丰富载体，组建区首家“青春唱响”大学生社工宣讲团。结合党的十八大及“北京精神”，组织开展“党在百姓心中”、“身边榜样故事”等主题宣讲活动，组织各类座谈交流11场。以瑞达社区为试点，创建社区楼门文化。投入资金近17万元，改造改建特色楼门和文化庭院；利用百米橱窗、四季园科普广场等宣传阵地，开展党的十八大、国家卫生区复审、迎接国庆、安全社区创建等大项活动的政治宣传及环境布置。组建由15人组成的网络通讯员队伍，加强学习培训，没有发现有害政治言论及有负面影响的网络舆情。

（孟令姝）

鲁谷社区

概　述

鲁谷社区位于本区东部，长安街西延长线南侧，东起鲁谷大街，西至五环路，北临西长安街，南与丰台区交界。辖区面积6.19平方千米，总人口9.78万人，其中：常住人口6.17万人、流动人口3.61万人。辖区有居民委员会22个，中央、市、区级单位40家，各类商业服务网点800余个，小区物业服务企业21个。京广铁路贯穿而过，石景山路、鲁谷路、莲石路、鲁谷大街、银河大街、五环路等“三横三纵”6条主要街路经纬交错。辖区绿化覆盖面积265.4万平方米，绿化覆盖率40.41%。年内，围绕“坚持科学发展，深化全面转型，加快建设现代化首都新城区”主题，立足发展大局，把握辖区特点，坚持求真务实，扎实推进社区各项事业持续发展，完成各项工作任务，获北京市“社会领域先进党组织”、“创建学习型社区先进街道”等各类荣誉表彰20余项。

地址：石景山区鲁谷南路8号
电话：68622901
邮编：100040

（马玉秋）

【完成居委会换届选举】 2～9月，鲁谷社区除面临拆迁的衙门口3个居委会外，其他19个居委会均参加换届选举。本次选举共登记选民39914人，其中本市选民39729人，非本市选民185人。居民小组总数379个，居民代表总数860人，其中党员（含预备党员）417人，党员居民代表所占比例为50.7%。19个社区选举委员会成员共计148人，其中党员125人，占总人数的85.6%。推选的19名居委会主任中，有16名为社区居委会党组织书记，1名为社区居委会党组织副书记，2名为社区居委会党组织委员。新当选的居委会班子结构呈现“三高一低”特

5月9日，永乐西南社区换届选举　（鲁谷社区供稿）

征:文化程度高,政治素质高,45岁以下成员比率高,平均年龄降低。

(马玉秋)

【义工协会代表大会召开】 8月27日,鲁谷义工协会第五次会员代表大会在区青少年活动中心金鹏剧场召开。区社工委、文明办、民政局和鲁谷社区领导及400多名鲁谷星级义工参加会议。审议通过义工协会第二届理事会工作报告,选举产生第三届理事会、监事会。评选出8个鲁谷义工品牌项目,向新晋级的462名星级义工颁发徽章,4个服务队、17人分别被授予"鲁谷义工先进集体"、"十佳星级义工"和"优秀义工工作者"称号。鲁谷义工协会共有注册义工1149人,累计奉献时间64.5万小时。奉献时间最多的王新华,累计奉献时间7212小时。

(马玉秋)

【丰富宣传活动】 11月,成立鲁谷社区十八大精神宣讲团,深入挖掘宣讲线索,组织宣讲报告会,广泛宣传十八大精神。开展"身边榜样"评选宣传,与北京电视台、北京人民广播电台等多家媒体合作,录制播出8期鲁谷社区典型人物专场节目。与《京华时报》律师团建立长期合作关系,开展法律进社区、律师进社区等公益普法活动。建立舆情引导工作队伍,制定网络舆情研判预警制度,开通鲁谷社区宣传专题微博。全年组织各类讲座、汇演30余场,各类学习交流活动180余次,直接受教育党员群众超过2.6万人次。

(马玉秋)

【维护地区稳定】 鲁谷社区健全社会面防控体系。成立社区社会面防控工作领导小组、督查小组,严格落实机关干部包片责任制,制定多级防控方案,针对群体性事件特点,完善修订应急预案。织密网格化管理体系,将原有22个网格重新细化为30个网格,制定网格化管理实施方案,加强网格化力量配置。发挥群防群治传统,登记和发动3750名社会巡逻志愿者参与维护秩序。化解各类矛盾,开展大排查、大接访、大化解活动,对排查工作中发现的16件矛盾纠纷和3名重点上访人员,采取"五包一"(包稳控、包教育训诫、包矛盾化解、包解决实际问题、包思想转化)稳控工作,帮助五类特殊人群解决实际问题,从源头上减少不稳定因素。加强重点地区管控。在万达商务区、铂尔曼酒店周边和长安街沿线等重要区域设立25个执勤点位,在衙门口地区建立由党团员和居民组成的巡逻队,配合公安部门开展街巷执勤,确保社区秩序稳定。

(马玉秋)

【注重环境建设】 鲁谷社区以国家卫生区复审为契机,以创建绿化模范城为牵引,美化地区环境,打造宜居社区。开展整治街面环境秩序和取缔无照经营等专项执法行动,进一步巩固石景山路、银河大街、万达商圈等辖区主干道和重要场所的环境治理成果。划分三个区域做好辖区环境建设工作:以"北部政治经济文化活跃带"为核心,展现风采点。加强万达商务圈周边的整治和巡查力度,与538家社会单位重新签订三包责任书,开展整治街面环境秩序、取缔无照经营等专项执法行动,共查处违规行为86起、规范门前三包210家、清除违规悬挂条幅73条。以"中部居民聚集带"为中心,清除空白点。对老旧小区卫生脏乱、垃圾渣土乱倒点及卫生管理空白区域,发动多方力量进行清理,清除楼道堆积物1200立方米、垃圾130吨,清理绿地1.4万平方米,协调清运无主垃圾1680吨。以"南部城乡结合带"为重心,弥补薄弱点。加大衙门口地区综合整治力度,采取定点蹲守、定期巡查和联动执法的方法,治理无照游商300余个,环境秩序得到明显改善。利用3～5月造林绿化黄金季节,组织义务植树活动。年内种植各类植物10万余棵,更新改造草坪、花圃1300平方米,排查处理擅自侵占绿地、非法砍伐等行为5起。

(马玉秋)

【居委会用房达标】 鲁谷社区结合实施便民工程和规范社区用房,加大居委会基础设施建设力度。预算批复项目资金632万元,区财政追加85万元,共计717万元。项目包括8项新建项目和3项装修项目。新建办公及服务用房面积1800平方米,累计新增办公及服务用房2540平方米(包括配套用房及地下人防设施),全部完成北京市社区规范化试点建设工作。辖区内21个社区居委会办公及服务用房均达到350平方米以上的标准。居委会新增用房面积用于建设社区阅览室、居民活动室等设施,更好地为社区居民服务。

(马玉秋)

【"惠民"建设入佳境】 辖区21个社区均实现服务站建设平台化、工作事项明晰化、运行机制联动化、志愿服务常态化、队伍建设专业化、设施使用最优化、经费管理科学化的工作目标。19个居委会上报医院、商场、超市和金融等行业服务网点399家,在新岚大厦和永乐西小区建立"一刻钟便民服务圈"精品示范园。惠民乐园启用4个月以来,实现社会需求与战备要求的有机结合,最大限度地满足群众精神文化生活需求。将"六型社区"创建工作纳入社会建设整体工作中,有5个社区达到"六型社区"标准,完成年度创建任务。

(马玉秋)

【社会救助扎实】 鲁谷社区坚持以人为本,服务基层,全面推进社会救助工作。年内,立足为民解困,加大救助政策落实力度,对贫困家庭的特殊困难给予临时救助。审核低保家庭低保金近350万元;发放粮油帮困金11.3万元,审核发放超转人员工资484万元。走访慰问残疾人家庭756户,送去22.4万元的生活用品,为58名听力残疾人安装可视门铃。立足为老服务,让"暖巢服务"走进空巢家庭。为192位老年人办理老年证,为483位65岁以上的老人办理优待卡,给90岁以上的老人发放高龄补贴5.8万元;推举、评选市级孝星45名。完成第九批和第十批限价房448户家庭的意向登记、摇号、选房,落实第二批57户廉租房实物配租选房工作。"7·21"特大自然灾害发生后,广泛开展募捐,筹集、发放各类救灾物资409箱,走访慰问受灾居民469户。

(马玉秋)

【推进再就业】 鲁谷社区挖掘各种就业潜力,推进再就业工作深入开展。盘活辖区资源,拓宽就业覆盖面。对辖区范围内单位的在岗、空岗情况逐个摸底,掌握用工需求,登记造册,定期更新,一旦出现空岗,第一时间反馈给求职者。用活保障政策,为再就业提供推动力。为就业困难者落实税费减免、职业培训和小额担保贷款及贴息等相关扶持政策,鼓励失业人员自谋职业、自主创业、灵活就业。灵活援助方式,实现就业指导、援助及推荐一条龙服务。设立专门窗口和热线电话,宣传就业政策,提供用工信息、法规权益、安全常识等咨询服务。建立一对一帮扶制度,确保动态援助。全年举办各种主题招聘会6场,多渠道解决就业325人,职业指导727人,开发岗位1726个。18个居委会被认定为"充分就业社区",鲁谷社区被评为全区首个"充分就业街道"。

(马玉秋)

【文化基地建成】 鲁谷社区以"生命乐园、幸福家庭、和谐人口"为理念,以"亲亲宝贝"、"驿动青春"、"爱之密语"、"孕育之谜"、"金色夕阳"五大版块为主要内容,创建鲁谷社区人口文化幸福基地。基地于8月建成,位于鲁谷南路14号楼地下防空洞内,建筑总面积185平方米,配有投影、电视、音响、健身游艺数码产品等声光电专用设备,综合运用高科技手段,全力打造寓教于乐、全新体验式的幸福健康人口基地。自建成后,接待市、区领导参观指导5批次,组织青少年学习体检活动6场,举办亲子早教活动3场,参与群众达1000人次。

(马玉秋)

【假期三乐园活动】 鲁谷社区着眼创建服务型社区,针对暑期时间长、家长不放心的实际,开展"假期三乐园"活动。"爱心乐园"组织青少年与外来务工人员子女开展"手牵手"结对行动,在互帮互助中增进了解、取长补短。"友谊乐园"借助读书会、故事会等媒介,开展寻找社区小玩伴等活动,促进孩子间的交流沟通。"科学乐园"组织观看科普影片,邀请在校大学生普及科学知识,激发孩子们的学习求知热情。

(马玉秋)

【社区文化建设】 鲁谷社区广泛筹集资金150余万元,用于文化活动室、益民书屋、社区文化广场等基础设施建设,打造学有去处、乐有其所的社区人文环境。开展"弘扬京西文化、传承民族精神"宣传活动,邀请文化遗产传承人翟广孝表演传授太平鼓艺术;举办第八届"和谐鲁谷"文化节、书画灯谜展和第九届"鲁谷杯"楹联征集等7场大型活动,组织舞蹈、摄影、书画、楹联等各类培训班500余次,开展各类文化娱乐活动120余场次。鼓励企业通过购买演出、公益捐助等方式参与公共文化服务建设,实现企业和居民文化活动各自的社会价值。由"北京在行动"国际文化中心赞助举办的"同在蓝天下和谐建鲁谷"等系列文艺演出,充调动各界参与社区文化建设的积极性。加强经费支持保障,为96支文艺团队添置乐器和演出服装,邀请专业老师进行辅导,推荐参与市、区各类文艺演出。22个社区组织演出53场次,参与人数达6500人次;社区五芳乐友会、重聚园花会队等优秀品牌团队入选市、区级品牌团队。

(马玉秋)

【完善便民服务】 鲁谷社区向96156公共服务网络平台发布本社区信息450篇,市中心网站热点信息60篇。为居民提供三大类70余项便民服务,接受服务对象66052人次。接受市、区中心转发的社区服务需求40次,群众对求助办理结果满意率达100%。"银龄港湾"和居家养老服务队共为583位老人和残疾家庭,提供家政、代买代购和带看病等服务1100余小时。为享受北京市居家养老(助残)券的1308位老人发放代金券148.8万元;鲁谷和谐博爱家园项目通过区政府购买公共服务项目检查验收。

(马玉秋)

【提升自治水平】 鲁谷社区建立点面联动工作机制,完善以社区代表为点,居民代表、人大代表以及政协委员共8个联组为面的横向联动工作机制,为人大代表、政协委员履职尽责搭建平台。建立民评官的考评机制,搞好民主评议科队站所工作,监督政府依法行政。社区代表50余人对各科队站所的工作环境、管理效能、履职效率和服务效果等方面进行考察。建立零距离诉求机制,创建本区首家社区代表服务接待室,实行"听、说、看、接、写、议"六字工作法,适应民意表达渠道多样化要求。建立培育组织化解机制,把加强物业管理工作纳入和谐社区建设当中,有效促进物业管理健康发展,保障广大业主的合法权益。年内完成聚兴园、碣石坪15号楼两家业委会的换届和备案,召开17次协调会调解业主与物业公司的纠纷。

(马玉秋)

【惠民乐园启用】 8月,鲁谷社区依托民防工程建设的鲁谷社区惠民乐园正式启用。乐园以"快乐、健康、和谐"为理念,坚持社会管理与为民服务相结合、社会需求与战备要求相结合、科技创新与文化创新相结合的办园宗旨,集教育、宣传、学习、培训、服务五大功能于一体。年内,引进3D、激光、地面互动投影等技术,通过寓教于乐的展示形式,举办科普、计生、普法、消防等各类大型活动8次,参与群众2000余人次,使社区居民在感受科技魅力的同时增长文化知识。

(马玉秋)

老山街道

概　述

老山街道位于石景山区东部,东起玉泉北路,北至田村路,与海淀区接壤;南起石景山路,与八宝山街道相连;西至西五环路,与八角街道相接。辖区面积6.1平方千米,常住人口约4.3万人,其中:户籍人口28837人,流动人口13813人。辖区有中央、市属、区属企事业单位179家。下设11个内设机构,其中党工委机构4个,办事处机构7个,人员编制77人,实有人员73

8月17日,召开“十八大安保专项行动动员部署大会” （老山街道供稿）

人,下辖12个社区居委会,社区干部115人。年内,街道认真贯彻落实党的十八大和市第十一次党代会精神,活化载体,党的建设明显加强;服务群众,社区建设开创新局面;精细管理,地区环境进一步改善;周密部署,确保地区安全稳定。获得“全国示范家庭教育指导中心”、“北京市先进社区居民委员会”、“首都群防群治优秀团队”、“首都巾帼志愿服务优秀团队”、“北京市96156社区服务平台工作先进街道”、“首都社区志愿服务组织之星”等多项市级和国家级荣誉,其中,“红蜡烛”特殊家庭子女跟踪教育小组被评选为市社工委主办的10大“感动社区人物”。

地址:石景山区老山南路18号
电话:88972978
邮编:100049

（魏国清）

【社区换届选举】 3～6月,老山街道完成社区“两委”换届选举。社区党组织“公推直选”率达到100%,选举产生新一届社区党组织班子成员58人,平均年龄50岁,每个社区至少配备1名45岁以下干部,大专及以上文化程度39人,从优秀大学生社工中选拔专职副书记3名。社区居委会选举产生居委会成员82人,平均年龄37岁,本科文化程度37人。本次换届社区党组织书记与居委会主任“一肩挑”8人。

（魏国清）

【十八大安保维稳】 老山街道组建十八大安保机构。成立专项工作组,下设6个小组,负责专项行动的宣传报道、组织协调、具体实施和监督。依托社区社情恳谈会和社区情报信息员队伍,掌握各类重点人、地、物、事、组织等信息,排查化解各类社会矛盾。建立“两级联包”维稳工作机制,有效整合专业警力、专职巡逻队以及志愿者队伍,实现整体联动、科学调配、专群对接。组织出动53460人次参与地区社会面防控巡逻,确保整个地区重点区域、重点部位、重点人员无失控漏管,完成十八大安保专项行动任务。

（魏国清）

【处置“7·21”汛情】 进入汛期后,老山街道成立防汛工作领导指挥小组,组建140人规模的应急与救灾工作队,设置防汛热线,落实汛期值守,多次组织开展拉网式汛情隐患排查,对辖区防汛重点点位进行实时监测,及时妥善处置强降雨汛情。强降雨发生后,及时组织疏浚梁公庵地区积水,动用钩机和铲车对排水沟深挖拓宽,铺设两条各30米长的泄洪管道,有效缓解雨水囤积问题。防止山体滑坡,迅速组织重点监控部位——何家坟144号出租房屋7户32人安全撤离。妥善安置受灾居民,发放慰问金235000元,分别发放纯净水80箱、牛肉30箱、方便面146箱、火腿肠72箱等救灾物资。开展救灾自救募捐,收到辖区居民捐款26049元,衣服1117件。街道先后投入206万元进行灾后恢复重建工作。

（魏国清）

【国家卫生区迎复审】 3月,老山街道制定工作方案、工作标准、任务分解、奖惩办法等,与社区居委会、物业公司、商家店铺分别签订责任书,与城管、工商、公安、卫生等职能部门形成联勤联动工作合力,发挥“六位一体”城市运行长效管理模式效力,圆满完成迎复审工作任务。迎复审期间,出动干部群众6000多人次,集中整治大会战6次,清理拆除非法户外广告76块,粉刷户外广告9万余平米,清运渣土2390吨。出动联勤联动人员3328人次,集中整治行动21次,出动车辆1036台次,取缔各类无照经营、乱设摊点169起。

（魏国清）

【争创充分就业社区】 老山街道采取所长包片、工作人员包委、协管员包人“三包”措施,开展争创充分就业社区活动,完成全年就业指标任务。严把登记第一关,建立失业人员信息卡,增设人员特长及履历,完善信息详细程度,方便岗位推荐。广开就业门路,深挖政府公益性就业岗位,举办招聘恰谈会,鼓励明诚公司、智达物业公司等辖区内外多家企业吸纳失业人员,开发就业岗位500余个。开设老山就业交流群,广泛收集用工信息,由专人提供企业招聘信息和招聘会举办信息,每月月初发送就业快讯。联系成功就业人员在企业内进行人才推荐,形成良好再就业链条。对成功就业人员建立信息台账,做好跟踪反馈工作。利用北京市劳动力市场信息系统对街道管理的700多名失业人员逐一进行信息比对,对已就业还没有办理调档手续的人员,督促办理调档手续。采取一对一就业指导方式,向失业人员宣传优惠政策,鼓励他们自主择业和灵活就业。年内,街道东里北、何家坟等

6个社区被评为“充分就业社区”。

（魏国清）

【助力大学生就业】 老山街道采取入户走访、电话联系等方式，对应届、往届高校毕业生基本信息、就业状况、求职意向等进行摸底调查，建立动态管理台账进行分类管理，有针对性地提供就业指导、信息咨询等就业服务。摸清辖区内家庭困难、就业困难毕业生的基本情况，帮助其认清就业形势，树立正确择业观，并为其开通绿色通道，采取优先提供就业岗位信息、优先推荐工作等措施帮助其尽快实现就业。做好毕业生的就业失业登记工作，及时提供创业补贴、职业技能补贴及特困家庭就业扶持等政策，鼓励支持失业大学生自主创业。开展具有针对性、实用性、可操作性的职业培训及自主创业专题讲座，提高毕业生职业技能和创业能力，实现“培训促创业，创业促就业”的倍增效应。年内老山地区高校应届毕业生共69人，实现就业58人，就业率达到84%。

（杨永巍）

【流动人口服务】 老山街道按照市、区流动人口服务管理专项行动的部署和要求，通过多部门联合检查和以社区服务站自查相结合的方式，普查流动人口和出租房屋基础信息，排查安全隐患和各类矛盾，开展出租房屋和人员租住地下空间、流动人口聚居区以及建筑工地、房屋中介、废品收购等特殊行业的专项整治。辖区共有流动人口12397人、出租户2230户，检查率95%；用工单位、单位门店、施工工地、地下空间检查率100%。发现、消除各类安全隐患225起，开具整改通知书59份，地区流动人口违法犯罪实现刑、治拘双零。

（魏国清）

【社区敬老服务】 老山街道将社区敬老、家庭养老融为一体，协调地区卫生服务中心、老山物业公司、老山邮局等社会单位，调动社区单位与志愿者力量，将有偿服务与无偿服务相结合，专业服务与志愿服务相结合，探索社区单位参与、社区居民互助（即低龄老人帮助高龄老人、健康人帮助残疾人）、街道组织监督的社区敬老服务模式。年内，建立何家坟晚晴托老（残）所、东里敬老院、社区乐龄中心、夕颜活动中心等托老敬老机构，内设老年餐桌、图书室、活动室、休息室等设施和场所，依托96156社区服务热线、居家养老服务商及共建单位，为辖区老人提供医疗、家政、就餐送餐、代为缴费、生活用品配送等服务。

（魏国清）

【第二届人口文化节】 7月11日，老山街道以“缘来一家人”人口座谈会拉开第二届人口文化节序幕。活动历时三个多月，于11月6日闭幕。各社区相继开展“人口与环境可持续发展”摄影展、流动人口已婚育龄妇女免费查环、查孕、查病义诊宣传、关爱女性健康知识讲座、独生子女家庭才艺展示及和谐家庭表彰等活动。宣传服务对象涵盖育龄人群、青少年、老年人、失业人员和外来流动人口等群体，在大宣传、大联合基础上融入服务，扩大健康内涵，促进社区新型生育文化建设与发展。

（魏国清）

古城街道

概　述

古城街道位于石景山区中部，辖区总面积15.5平方千米，占全区总面积的18.2%；人口总数74031人，户籍人口40891人，常住流动人口28216人，多为汉族，还有满族、蒙古族、苗族等8个少数民族；下辖20个社区居委会。辖区有企业2350家，其中，第一产业4家，第二产业273家，第三产业2253家；内资企业2503家，外资企业17家，港澳台商投资10家。辖区内既有市管大街，又有区管、自管街巷；既有“城中村”，又有条件较差的“厂中村”。年内，紧密结合地区实际，团结和带领地区干部群众，抓住重点，突出特色，创新思路，狠抓落实，着力构建“六型”街道，圆满完成各项工作任务，促进地区各项事业健康、协调、可持续发展。年内，获得北京市“安全生产月”活动优秀组织奖、“北京市红旗单位”等市级荣誉，获区级荣誉近百项。在市区以上新闻媒体刊登新闻稿件165篇，其中在市以上新闻媒体刊登稿件23篇，在本区报刊登新闻稿件142篇。

地址：石景山区古城路6号

电话：68872356

邮编：100043

（孔　微）

【创新3项安保机制】 古城街道建立“一事一案”机制，成立安保重点问题矛盾化解组，针对排查出的重点问题，采取一事一案、专案专办的处理机制，做到处置及时、措施有效、责任明确。强化“4+2”维稳机制，整合工会、共青团、妇联、残联四大社会团体及楼宇、物业两大社会组织力量，形成横向到边、纵向到底、全力以赴、齐抓共管的良好氛围，群防群治力量增加29%。建立安保会商机制，每周定期召开各安保成员单位会商会，将监测、研判、预警、处置、引导五位一体的维稳工作模式落到实处。十八大期间，启动社会面等级防控17天，日均出动巡逻志愿者1097人次；开展流动人口聚集清查活动7次，查获制假、吸毒窝点等4个；组织打击游商、店外经营、“黑车”、“黑摩的”专项行动9次，出动工作人员190人次，执法车辆68台次。辖区三类可防性案件发案率下降30.7%，下降率在全市50个重点关注的街道中位居第一，破案率位居全区第一。

（孔　微）

【网格化管理】 古城街道深化网格化管理建设。搭建情报信息收集分拣平台，实现对网格内人、地、事、物的全方位、全天候、零距离动态管理和服务。采取“四个一”工作措施，建立网格化信息员队伍体系。一是建立一套领导对接督查机制，形成街道工委副书记负总责、各社区副书记负专责、科级干部负实责、信息员负己责的“四方”责任体系，实施“四级主导四级对接”的研判、督察机制。二是整合一支网格化信息员队伍，以楼栋为基点，以社区、辖区单位为依托，按照一楼一员、一片一员标准，成立一支526人的实名制网格化信息员队伍,变依职能分类管理为网格内综合管理。三是制定一套管理细则及工作流程,制定网格化信息员考核细则,同时建立奖励激励制度,对报送有价值信息的信息员给予奖励。通过建立“四图一档”(网格化信息办公室工作流程图、网格化信息组织机构流程图、网格化信息收集流程图、网格化信息研判处置流程图以及网格化信息员情况及工作职责档案),规范信息上报、处置程序,掌握信息员基本情况。四是搭建一个情报信息收集分拣平台。将上报信息分别按照类别、级别进行分拣,依据社区、机关各科所室、辖区职能队所的职责和处置能力,分送到相关部门、社区处置。全年收到信息500余条,其中有价值信息148条,一级信息2条,二级信息40条,三级信息106条,为领导决策提供信息保障。

(孔　微)

【社区平稳换届】 3~6月,古城辖区20个社区居委会,除有5个社区因拆迁工作不参加换届外,其余15个社区全部进行换届选举工作,共登记选民20114人,直选率达到27%。其中4个直选社区参选率为97.5%,其余11个社区参选率为88%。新一届居委会有成员125人,平均年龄38岁,其中党员占比30.4%,大专及以上学历人员占比75.2%。此次换届共选举产生居委会主任20人,其中书记、主任一肩挑的16人,占80%;两委班子中交叉任职的34人,占27.2%;连选连任人员90人,占72%,新一届社区班子总体具有较为丰富的基层工作经验。

(孔　微)

【“7·21”抢险救灾】 古城街道深入社区开展防灾救灾、自护自救知识宣传工作。印发并张贴“致古城地区居民的一封信”6000份,邀请北京蓝天救援队队长在受灾严重的北辛安地区开展防汛避险知识培训,提高居民抗灾能力及意识。全面排查安全隐患,加大对北辛安危旧房屋的反复排查力度,做好雨后防疫、清淤等各项工作,共排查受损房屋1000余间,清理各类垃圾、渣土50吨,清除淤泥、杂物30余吨,清掏排水沟200米,喷洒杀虫药200瓶,布放鼠药22桶。组织地区单位、社区开展捐款捐物活动,共募集善款2.5万元,及时将681箱慰问物资发放到受灾地区。制定街道灾后重建计划,加速家园重建,提高城市防洪抗灾能力。

(孔　微)

【排查安全隐患】 古城街道以专项行动为重点,协调多个部门,组织开展安全生产“护航”、有限空间治理、食品安全、“三超一疲劳”(超速、超员、超载和疲劳驾驶)违法行为查处等检查行动。组织检查人员561人次,检查企业800余家(次),关闭查封企业5家,责令停产停业整顿企业3家;与各单位、社区签订集中整治“三超一疲劳”行动责任书85份。完成北辛安地区消防安全堡垒建设,将该地区院落划分为不同的小组,建立消防安全堡垒。全区建立消防安全堡垒44个、重点院落3个,并为20个出租大院设立宣传展板88个、配备灭火器144个。

(孔　微)

4月30日,特钢社区选举投票现场　(古城街道供稿)

【化解社会矛盾】 古城街道把各种工作力量集中到社区,把各种管理资源整合到社区。依托各职能部门及社区社情恳谈会,将矛盾化解在基层、消除在萌芽状态。地区各级矛盾调解组织共化解矛盾纠纷400余件,走访谈话128人次。落实信访代理制,与区有关部门和首钢合作,彻底化解水屯地区30年来的供电隐患诉求。全年接待来访136起,来访群众287人次。其中处级领导接访76次,接待来访群众136人次,绝大部分矛盾得到妥善化解和处置。开展信访大排查,按照信访频次、上访地点和上访原因划分上访人等级,根据社区每周上报的矛盾排查表,分析和查找信访苗头,消除上访隐患。投入矛盾化解资金5万余元,帮扶和救助上访困难户。

(孔　微)

【流动人口管理】 古城街道推行信息化管理、公寓化管理、居民化管理及社会化管理的“四化”长效管理机制。完善新居民互助服务站建设,为28户家庭的子女联系入托入学,为320余人提供就业信息400余条。请派出所民警和司法所人员讲课,组织法律知识培训5次,参加培训人员累计1800余人次。集中开展流动人口和出租房屋基础信息大普查,做好出租房屋税代征代缴工作,累计代征代缴出租房屋税10万余元。

(孔　微)

【人口计生管理】 古城街道以首钢搬迁为契机,探索拆迁地区人口计生工作管理新模式。在深化“六访”工作法的基础上,通过“两签订一提供”,即:社区与辖区内全部育龄夫妇签订自治协议书、社区与驻区所有单位签订计划生育双向协议书及为居民提供计生政策法规咨询等服务，做到管理到位、宣传到户、服务到人。以楼宇计生试点工作为契机，探索商务楼宇计生服务管理新模式。通过在领秀大厦等单位建立计生联合协会组织、成立计生协会会员之家、开通计生网络大课堂等，使楼宇育龄群众切实找到了家。以天圣发市场改扩建为契机，探索市场创业流动人口计生服务管理新模式。通过“三个提供”，即：为商户和顾客提供免费图书借阅、提供免费避孕工具及为商户提供定期体检，着力打造特色计生服务。

（孔　微）

【精细化整治环境】　古城街道坚持“属地管理、主动作为、标本兼治、着眼长效”的原则，打造七个亮点工程（即：护心工程、精品街区建设工程、净化校园周边环境工程、美化视觉环境工程、服务群众暖心便民工程、进京第一印象通道整治工程和扬尘污染控制工程）。加强对非法小广告、无照经营、施工工地管理、门前三包、安全隐患问题及非法运营行为的整治力度，完善城市功能，提升环境品质。全年拆除违建13处，拆违面积为6613平方米。组织社区居民及地区单位清理卫生死角168处、垃圾渣土和各类杂物约550吨。粉刷沿街小广告1500处，面积约2.3万平方米。对新开张沿街商户进行“卫生责任区告知书”登记，重新登记150家。

（孔　微）

【引进企业78家】　古城街道把招商引资与日常工作结合起来。保证日常工作水平不降、位次不落，做到两不误、双推进。依托地区现有孵化器基地、写字楼等资源，发挥载体优势，实现筑巢引凤。同时将每一个引进到古城注册经营的企业都视为宣传古城、推介古城的窗口，不断加强沟通联系，实现以商招商、以企引企。要求各部门主动出击，掌握信息，及时挖掘既有可行性、又有可批性的项目，争取更多相关部门的资金支持。向各重点企业发送政府相关部门的联系方式及办事处经济服务部门的业务范围，为困难企业提供服务，拓宽与企业沟通和发展的渠道。全年引进企业78家，注册总资金2.7亿元人民币，同比增加一倍以上，创开展招商引资工作以来的新高。

（孔　微）

【就业保障服务】　古城街道以古城路社区就业工作站为促就业工作辐射中心，通过每天走访、每周帮扶的方式，掌握失业人员最新动态，送就业政策上门。发挥社保所职业指导师作用，面向高中毕业生开展一对一专业指导，为学生建立贴合实际的职业生涯规划。积极与辖区企业联系，了解企业最新需求，开展有针对性的岗位集中培训。全年实现就业1145人，完成年计划的104%；安置就业困难人员792人，完成计划的168%；社区安置失业人员547人，完成计划的151.9%；公共职业介绍机构介绍推荐成功453人，完成计划的142%；完成职业指导人次数2695人次，完成计划的279%；创业带动就业实现创业93人，完成计划的155%；带动就业302人，完成计划的137%。

（孔　微）

【服务信息平台】　古城街道推进社区公共服务信息平台建设，除拆迁地区外的16个社区居委会网站均已正式上线，实现社区网站全覆盖。居民可通过社区党建、社区建设、社区资讯等10个板块，便捷、全方位了解社区动态。整合完善公共就业和社会保障服务功能，进一步扩展人口计生服务、流动人口管理、社保住保信息及96156等电子平台的服务功能，完成96156社区服务信息网平台“一刻钟社区服务圈”页面的申报工作。

（孔　微）

【便捷家园建设】　古城街道依托“96156”社区服务平台，建立“千百十”（“千”指千平方米地域和千户居民；“百”指百家优质商户和百支社区志愿者团队；“十”指十大类社区基本公共服务和十项公益服务及特色服务）便捷家园栏目，实现与社区服务热线的对接。投入3.2万元实施“反哺”计划，春节前夕为88名76岁以上老年志愿者送手工水饺，为280名志愿者发放理发票2520张，实现与政府购买公共服务的对接。合理平衡网点布局，加大服务设施建设，实现与完善便民服务网点体系建设的对接。按照“千百十”便捷家园从中心圈向辐射圈到未来圈发展的工作思路，先后到北辛安、水泥厂地区与商户签约，新引进签约商户7家，选定古城路社区为车载蔬菜直销社区。年内，签约商户76家，服务种类包括餐饮、美容美发等近20项。

（孔　微）

【文化品牌建设】　古城街道针对社区文化活动少、文体队伍少、居民参与少的弊端，以注重主题、注重载体、注重群体、注重品质为宗旨，组织社区之间联手开展文化活动，打造文化型社区和文化品牌。筹集资金60余万元，着力打造“文化相伴·魅力古城”文化艺术年系列活动。通过每月轮流举办社区科普公益活动，发掘、培养、引导亮点工作，提升整个地区的文教体卫科普水平。其中，北辛安南北岔社区被评为市级非物质文化遗产传承教育基地，“社区之声”群众合唱比赛被评为区文化特色活动，天翔社区的“绿色阳台种植活动”被评为区科普重点工程。

（孔　微）

八角街道

概　述

八角街道位于石景山区中部，辖区面积5.48平方千米，常驻人口11.6万人，其中，户籍人口8.2万人、流动人口3.4万人。辖区有19个社区居委会，有16个党委、3个党总支、2个直属党支部，6628名党员。年内，围绕全区“大调整、大建设、大发展”的工作主基调，以党的十八大安保工作为主线，坚持全面转型、科学发展，秉承“同心、创新、温馨”的八角精神，扎实推进基层党组织建设，切实保障和改善民生，大力促进社会服务管理创新，着力维护地区安全稳定，努力建设“绿色、健康、人文、和谐”新八角。土库曼斯

坦民主党代表团、柬埔寨人民党代表团、日本东京都区市町村友好代表团以及沈阳、邯郸等国内外社团组织，先后到八角街道调研参观，对街道工作给予高度评价。获得“全国科普示范社区”、“北京市创先争优先进基层党组织”、“北京市安全社区”等多项市级荣誉。

地址：石景山区八角北路甲36号
电话：88982141
邮编：100043

（孔存娣）

【打造“为民服务圈”】 八角街道以“服务群众、创造和谐”为宗旨，重点打造志愿服务、便民服务、救助服务、文体服务、平安服务等五个“为民服务圈”工程，提升居民幸福指数，为社区和谐发展提供动力。志愿服务圈：街道志愿者服务协会拥有健康咨询、治安巡逻、绿色环保、敬老帮扶等志愿者队伍108支，在册人员2838人；围绕权益维护、文化服务、心理咨询、医疗卫生等主题，培育金色亲情、快乐老年读报组等19个志愿服务特色品牌，促进志愿服务常态化，服务居民10万余人次。便民服务圈：组建保洁、绿化、监督检查、环境志愿者4支队伍，完善自助绿化模式，提升精细化管理水平。完善居委会职责，按照“分工不分家、专干不单干”原则规范社区服务站建设，实行社区议事协商会、多方会商制度，梳理社区日常工作21类、144项服务项目、317个服务内容。设立便民超市、职业指导站、心理辅导站等。救助服务圈：协调长庚医院为老年人提供家庭药箱管理、预约看病等服务；实行特困人员住院押金“绿色通道”垫付救助制度，建立特别帮扶家庭“心灵家园”，成立“120”应急担架队，及时为独居重病老人提供急救、办理住院手续等服务，为低保家庭发放医疗救助18万余元。文体服务圈：建立“街道－社区－楼门”三级文化圈层，举办“学雷锋社区唱响北京精神”原创节目百场演出、“八角杯”全民健身运动会等，有文体团队52支，每年举办活动千余次；发挥社会单位力量参与社区服务，将19个社区与北方工业大学11个学院、社团对接，开展八角北里社区外语大课堂、八角南里社区健康大讲堂、杨南社区五点半课外辅导班等服务。平安服务圈：建立八角地区安全社区网站，19个社区成立安全社区管理工作站、火灾隐患信息工作站。建立安全监测与监督、社区安全隐患检查、定期协商议事等制度。完善包括办公区、展示区、阅览区、播放区的宣教基地，制作发放“便民安全提示卡”1.5万张，发送安全信息2万余条。法制副书记进社区举办法律讲座19次，提供法律意见40余件，解决居民矛盾9件。人大代表社区联络站收集群众问题、建议50余条，第一时间向人大代表反映并协调解决20余条，畅通选民与代表联系。

（孔存娣）

【打造美丽八角】 民生立街——成立全市首家社区亲子俱乐部，打造失独家庭“心灵家园”工程，建成老残一体的温馨家园。各社区就业服务工作站入户宣传，举办政策咨询会，推进创业服务、指导与小额担保贷款三方联动的创业帮扶体系，为3名失业人员申请小额贷款5万元。引导、鼓励各种不同类型的失业人员调整心态，参加技能培训，提升求职技能。加强与上级部门、中介、企业、公益性组织的联动，举办招聘会5场，开发就业岗位1460个，安置失业人员1110人。建立辖区劳动争议调解中心，新成立103家企业工会，协调解决劳动争议，维护职工劳动报酬、社会保障等权益。文化兴街——原创百余个文化作品，举办“群心向党，喜庆十八大”等文艺演出。开办文化大讲堂，举办国学教育、法制宣传、社交礼仪等系列讲座；开展星级文明户评比活动，举办以品尝百家菜、欢乐游园会、文娱表演等为内容的邻里节。环境优街——实行临时党支部挂帅，处科领导承包，社区物业、楼门组长、居民代表三级会议听证的“113”老旧小区宣传动员模式，完成全区90%以上开工任务量。深化精细管理美化市容工作，投资387万元完成21项便民工程，打造八角CRD文化健身科普休闲广场。实施环境提升行动，每月定期开展清洁日活动，举办“社区绿色环保志愿服务”系列活动，实施“自助绿化”工程，借助便民工程改造社区绿地千余平米。平安稳街——自主开发社区综治维稳分中心信息系统，与市一中院举办“首都雷锋号”法官志愿者入驻社区活动，与区法院、检察院、司法局开展法制副书记进社区工作，建立社区社情恳谈会制度，收集信息60条，解决33条；探索社区无缝信访工作机制，严格程序，采取信访排查、信访接待、信访预警、信访会商、信访督察、信访听政“六步工作法”，运用人文关怀和心理疏导的方式化解信访矛盾，全年化解矛盾纠纷75件、处理便民热线68件。

（孔存娣）

【打造社区“夕阳乐园”】 八角地区有60岁以上老年人近1.6万人。街道尝试“闹钟式”服务，提升为老服务水平。以“定时”方式建立老年人档案：社区工作者做好60周岁左右老年人的摸底调查资料，填写详细、真实、便于联系的家庭地址、电话、个人及家庭成员信息等，建立并及时完善老年人健康档案。以“计时”方式实行分组管理：按照60岁、65岁、80岁、90岁四个年龄段，将老年人进行分组管理，做到心中有数。以“闹铃”方式开展提醒服务：依据老年档案，在老年人59岁、64岁、79岁、89岁时，通过电话通知、上门告知等方式，提醒其及时办理应该享受的老年证、乘车优待卡、养老券、老龄津贴等待遇及所需材料，有效避免老年人因忽视而不能及时享受的问题。关注老年人精神文化需求和发挥余热愿望，成立秧歌队、舞蹈队等老年人文体团队和快乐老年读报组，举办老年书画展、老年人艺术节等活动。及时为需要帮助、符合条件的老年人办理居家养老服务，选聘26名居家养老服务队员、社区志愿者，与高龄、失能、特困老人开展一帮一结对帮扶，定期提供问候、家政、处理突发事件等服务。发动老年人相助，动员70岁以下身体健康的低龄老人为80岁以上高龄、患病和残疾老人服务，进行陪医、陪聊、助浴等。引进12家企业为居家养老"老年餐桌"定点单位,建立8个便民菜站。为80岁以上空巢老人安装便捷的医疗呼叫器80余个,建立特困人员住院押金"绿色通道"垫付救助制度,"120"应急担架队及时为独居重病老人提供急救、办理住院手续等服务,成立"金色亲情服务队"、"尊老敬老乐淘淘帮扶队"等队伍,为老人提供家电维修、上门理发、聊天解闷等服务;与易盟集团合作,试点开展为老人配餐送餐服务;与社区医院合作提供上门医疗服务。"终极关爱"小组提供临终关怀。鼓励开展邻里互助,为行动不便的空巢老人提供代购物品和应急求助服务。

(孔存娣)

3月8日,唱响"北京精神" (八角街道供稿)

【打造特色文化】 八角街道发挥"八角"艺术团等11支优秀群众文化队伍的作用,用"搭建舞台、健全网络、挖掘人才、组织活动"的方式,把地区文艺人才分类集中起来,依靠文艺人才的创造性和专业性,提高地区文化服务质量。举办社区文化艺术节、老年艺术节等活动千余场;以全国文明楼栋——八角北路43号楼为标杆,培育"以德为邻、共建家园"为主题的楼门文化,通过整治楼道环境、张贴便民提示、书画作品等,使居民从进楼门到进家门都能感受到温馨文化氛围。以八角北里社区文化大舞台为引领,先后创作小品、舞蹈、歌曲、诗歌、戏曲等形式优秀作品20多个,原创歌曲《平安社区之歌》成为全国推广传唱歌曲。

(孔存娣)

【完善人才选拔机制】 八角街道委托区教育学院进行笔试和面试命题、组织闭卷考试和阅卷,提高考试公信力。多渠道推荐干部,采用社区"两委"推荐、群众推荐、个人自荐等方式举荐后备干部,扩大选人用人渠道。引入"大评委制"面试,设置9名常任考官和群众评委,常任考官由街道处级领导和机关科室负责人组成,群众评委涵盖社区书记、主任、普通干部、居民代表,落实群众的知情权、参与权、选择权、监督权。全方位考察干部,通过组织机关科室负责人和社区干部民主测评、与社区人员考察谈话、实绩分析等形式,真实全面考察其德、能、勤、绩、廉等情况,树立以能力为基础、以实绩为前提、以公认为尺度的选人用人导向。经过考察,有6名社区副职、18名社区干部进入街道社区后备人才库。

(孔存娣)

【社区居委会换届】 6月,八角街道19个社区居委会完成换届选举。其中,公园北社区是本区唯一采取全体有选举权的居民选举方式的社区。选举产生新一届社区居委会领导班子成员135名,其中,男性36人,女性99人;大专以上文化程度121人,占89.6%,比上一届提高了19.2%;党员70人,占51.6%;平均年龄35岁,比上届下降了2.6岁。

(孔存娣)

【廉政风险防控试点】 八角街道是全区6个廉政风险防控试点单位之一。形成党工委统一领导、党政强力推进、纪工委牵头组织督促、各科室各负其责、全员积极参与的领导体制和工作机制。梳理科室职权目录299项、集体决策事项目录32项,初步形成以涉权事项为统领,跨越岗位、部门、单位、层级的职权网络。规范流程管理。将科室工作流程按内外分别规范,内部流程重在梳理内部运行管理程序,外部流程重在规范窗口部门面向居民的业务流程;按照"酝酿—决策—执行—监督"四个环节规范集体决策流程。绘制科室权力运行流程图275项,领导集体决策权力运行流程图31项。从思想道德、岗位职责、业务流程、制度机制和外部环境等方面查找科室廉政风险点75项、个人廉政风险点214项,制定系列风险防控措施303条,逐步建立"大小有界、运行公开、过程留痕、全程监控"的权力结构和权力运行机制。

(孔存娣)

【"心灵家园"工程】 八角街道在八角南路社区建立300平方米"心灵家园"活动基地,为特别帮扶家庭提供服务场所,配备心理咨询室、图书角、游艺室、理发室等设施。依托辖区长庚医院,为地区90户208人特别帮扶家庭开展健康体检,建立档案。依托区政府办公网,开通亲情短信服务平台,搭建亲情关怀、精神抚慰的空中桥梁。整合地区餐饮、家政等资源,提供送餐帮厨、打扫卫生等优惠服务项目。建立志愿者队伍,开展心理疏导、读报、聊天、理发等服务;组织特别帮扶家庭开展手工艺品制作,向地区非公企业推介作品,为经济困难家庭提供必要物质帮助。

(孔存娣)

【推进就业服务】 八角街道开展免费技能培训,实现技能对接。针对企业

需求、失业人员情况和就业意愿，每月开展1次技能培训，提高失业人员再就业能力。多渠道开发就业岗位，开展岗位对接。加强与上级部门、中介、企业、公益性组织、社区的联动，挖掘就业岗位，开发就业岗位1460个。提供就业援助，推进政策对接。对失业人员采取综合包户、一对一帮扶、干部包干等形式，免费提供信息查询、岗位推荐、定向安置等“零距离”服务，1110名失业人员实现再就业；对已经实现就业的就业困难人员进行跟踪服务，稳定其就业。加强创业指导，促进创业对接。推进创业服务、创业指导与小额担保贷款“三方联动”的创业帮扶体系，为3名失业人员申请小额贷款，办理贷款金额5万元。

（孔存娣）

【民情工作体系】 八角街道搭建街道、社区、辖区单位、民警、楼门组长、民情信息员“六级民情预测网”，建立问题快速收集、反映、处置机制，最大限度地把群众问题解决在萌芽状态。建立四位一体民情工作体系，即一室：在19个居委会大厅设立民情工作室，制定社区书记主任接待、居委会成员协办、党委成员监督反馈三项工作制度。一会：19个社区分别建立由社区老干部、老党员、楼门长、居民代表等组成的民情信息队，以定期召开民情恳谈会的形式收集民情信息，采取社区班子集体讨论研究解决。一册：社区工作者每人一本民情日记，每月通过工作随访、入户走访、事后回访的方式访问不少于10户家庭，对走访过程中居民反映的问题和建议实行全程跟踪制，记录群众反映问题的处理过程。一台账：社区工作者每天轮值负责接待来访，做好民情热线台账的记录，实行首问责任制。通过建立民情工作体系，施工扰民、邻里纠纷、供暖问题、下水管道堵塞等都在第一时间得到协调解决或答复。

（孔存娣）

【拓展精细化管理】 八角街道采取五种方法推进社区精细化管理。补漏法：将19个社区的环保积极分子、流动人口的新居民组成403人的精细化美容环境志愿者“补漏”队伍，实现小区环境卫生城市运行不间断。公约法：制定社区环境卫生公约，倡导社区居民自觉维护小区环境卫生，打造“十无”（无流动乱设摊、无跨门乱经营、无随意乱悬挂、无噪音乱扰民、无违法乱搭建、无私自设广告、无随意乱停车、无随意乱占道、无随意毁绿化、无随意乱张贴）环境优美小区。传递法：举办“三口之家”家庭环保知识竞赛，开展“我是社区小卫士”活动，通过“大手拉小手”的亲情传递方式，让社区居民从小树立起节能低碳绿色环保意识。惠民法：筹措资金53万元对小飞象智力培训中心进行升级改造，投资363万元落实22项便民工程。推进法：组建社区“绿袖标”垃圾分类指导员队伍，开展“垃圾分类从我做起”主题宣传活动，推广日常生活垃圾分类处理好的经验做法。

（孔存娣）

【残疾人帮扶】 对辖区1547名残疾人进行康复需求调查登记，做到残疾类别、残疾程度、康复需求、经济状况“四清楚”。建成405平方米的街道级温馨家园，设有活动室、多功能室、培训室、日间照料室、康复训练室、咨询室和职康站，吸收稳定期精神和智力学员51人。与八角医院建立定期义诊制度，实行一人一档。为70户残疾人家庭进行无障碍改造，安装可视门铃43个、阳光软件38个，救助残疾儿童20名，在19个社区配备轮椅等辅助器具方便残疾人使用。成立残疾人馨蓝艺术团，设有合唱队、轮椅操队、书法、剪纸工作室等项目。举办“我参与、我快乐”、“双手描绘温馨家”、“残疾人技能大赛”等主题活动，满足残疾人精神需求。

（孔存娣）

【大学生就业服务】 与北方工业大学联合成立人才培养与实践基地以及杨南五点半课堂等6个合作项目，组织开展学生辅导进社区、政策宣讲进社区、知识科普进社区等活动。建立冠坤会客厅、小飞象训练中心、八角北路乡土植物园、八角金色亲情志愿服务四家社会实践基地，开展项目规划、社会调查、重点帮扶、法律援助等青年社会实践活动，为学生提供实习岗位，增强就业能力。进社区、进校园大力宣传自主创业扶持政策，邀请自主创业典型介绍经验；针对高校毕业生就业现状，邀请区人力资源市场高级职业指导师对地区60名大学生进行创业指导。针对特困家庭的新毕业大学生，指定专人与其结对，进行一对一就业帮扶，包括重点指导、重点服务、重点培训、重点推荐，搭建快速就业通道。多渠道开发就业岗位。加强与上级部门、中介、企业、公益性组织的联动，开发就业岗位605个。

（孔存娣）

【流动人口管理】 八角街道深化居住地管理模式。登记造册出租房主3320户，与房主签订计划生育责任书；登记建卡流动人口3.4万人，做到来有登记、住有管理、走有注销。提升楼宇管理模式。依托楼宇工作服务站，成立人口计生工作小组，定期召开楼宇大厦指导员工作会，开展“优质计生服务，走进楼宇大厦”等多种形式的宣传活动10余次，逐步将计生工作融入楼宇大厦的管理中。强化社区管理模式。依托社区新居民温馨驿站，发挥楼门组长、新居民义工服务队的作用，开展信息的采集、宣传教育、综合服务等工作，实现服务社区化。探索自治管理模式。在流动人口较为集中的聚集地、农贸市场等地成立“流动人口自管小组”，协助开展流动人口信息采集、查证验证、生殖健康等管理服务工作，满足流动人口多样性需求。

（孔存娣）

苹果园街道

概　　述

苹果园街道地处石景山区北部，东经新四平台、晋元庄与海淀区搭界，南抵京门铁路，西起首钢福寿岭疗养院、礼王坟、金顶山一线，与金顶街街道连接，北依京西翠微、青龙诸峰与五里坨街道隔界。辖区面积13.13平方千米。北京射击场、北京工人疗养院、北京铁路分局疗养院、中国医学科学院整形医院、中关村高科技园区石景山园、北京军区首脑机关、中共中央宣传部培训中心等中央、市属机关企事业单位坐落在辖区内。街道下辖社区22个。年内,以提高人民群众满意度为目标,以创新社会管理与服务为突破口,以维护安全稳定和改善民生为着力点,进一步巩固"新居民"、"公益反哺"活动成果,完善城市管理服务机制,提高公共服务水平,获得"首都绿化美化先进单位"、北京市城乡结合部重点村建设工作先进单位、先进基层党组织等多项荣誉。

地址:石景山区苹果园南路23号

电话:68872724

邮编:100144

(王　静)

【"两委"换届选举】 3月,苹果园街道22个社区居委会中有20个社区完成选举工作,2个社区因涉及拆迁暂未参加。90名社区干部进行调整交流,34名社工妥善退离;新一届社区"两委"班子成员"一肩挑"和交叉任职比例较上届有所提升,平均年龄降低明显,35岁以下23人占62%,11名大学生社工走上领导岗位,文化程度大幅提升;结构进一步优化,形成梯次配备。

(王　静)

【特色文化品牌】 4月10日,金苹果艺术团揭牌成立,邀请国家一级演员朱宝光等专家担任艺术团总监。年内,举办"多彩文化、和谐社区"喜迎十八大社区文艺展演活动。7月,成立金苹果合唱团,制定合唱团活动守则,实行自愿报名原则,调动22个社区居民的参与性,合唱团队员达到90人。

(王　静)

【应对自然灾害】 苹果园街道面对7·21自然灾害,启动公共事件突发应急预案,联合辖区内各单位投入100万余元,消除各类安全隐患。排查辖区重点道路、危旧房屋、低洼院落、在建工地、供电设施、排水设施等20个风险点,8230人次参加救灾抢险。汛期转移受灾人员62名、31户,未发生死人、伤人事件,安全度过汛期。

(王　静)

【服务十八大安保】 8月,苹果园街道在全区率先召开迎接党的十八大维稳工作动员会,成立地区迎接党的十八大安保行动指挥部及重点部位综合治理办公室,全面落实干部联系社区、情报信息报送、例会会商等制度。先后召开33次维稳工作会议,研究地区维稳形势,协商解决难点问题。发挥社区党组织、专业部门、人大代表、治安志愿者和维稳信息员的作用,加强公共安全隐患排查整治,查出无资质幼儿园5家、存在安全隐患单位118家,并责令整顿解决。

(王　静)

【参加医疗保险】 9月初,苹果园街道街道制作30条宣传横幅、25块展板,8000页宣传单分别在各社区服务站、居民小区、楼门及共公场所进行宣传。分别在22个社区举办城镇居民参加医疗保险的政策解读及享受待遇的动员会。针对上一年度参加城镇居民医疗保险的具体情况,根据各社区居民登记台账逐户进行澄清,特别是对新出生的婴幼儿、学龄前儿童及无业人员的参保情况进行摸底,对符合参保条件的居民建立台账,为集中参保提供依据。对新参保的居民信息及时上报区医保中心,通过信息反馈及时对信息有误或扣款不成功的参保人进行错误信息更改,确保参保正确率100%。共有5472人参加城镇居民医疗保险,其中当年新参保682人。

(王　静)

【管理体系认证】 9月28日,苹果园街道顺利通过中国质量认证公司的考核认证。街道对照ISO9001质量管理体系要求,全面梳理街道工作职责,编写近30余万字的《管理服务体系手册》、《岗位说明书》和《部门工作手册》三项基础材料,明确工作目标和质量要求,初步形成内部分工明确、网络健全、制度完备、服务到位的有机体系。

(王　静)

【环境卫生整治】 苹果园街道以国家卫生区复审为契机,加强环境卫生整治。成立环境秩序联合整治工作队伍,与22个社区签订责任书;整合地区资源,成立苹果园地区综合执法队,摸清底数、完善台账,完成北方工大北门周边和天宇市场周边等10项综合整治任务。开展全员围剿小广告行动,压缩小广告停留的时间和空间。发动700余人捡拾白色垃圾、劝阻不文明行为。每月不定期组织职能部门,开展市容环境、生态环境、设施环境和秩序环境四个方面的监督检查,对辖区重点区域及琅山、边府等自然村的卫生死角进行清理,清理垃圾100余吨,并落实盯守、处罚等长效措施,巩固整治成果,

(王　静)

【安全监管新方式】 苹果园街道实施企业安全ABC分级管理,制定企业单位安全管理分级评定标准,对企业安全现状进行评估,实施分级管理。将人员密集重点企业划分为A、B、C三个等级。其中,A级为没有重大安全隐患,且安全管理较好,安全事故风险控制能力较强的企业单位;B级为没有较大安全事故隐患,但安全管理现状存在一定的漏洞和缺陷的企业单位;C级为存在重大安全隐患,安全管理差,需重点监管的企业单位。在社区成立隐患投诉工作站22个,对社区上报的隐患投诉,迅速协调相关部门和有效力量,及时进行会商,提出整改意见,使安全隐患消除在萌芽状态。实现火灾隐患举报投诉全覆盖,提升基层发现和解决安全隐患的能力。公安部副部长刘金国对这一做法给予专门批示。

(王　静)

【推进示范点建设】 苹果园街道开展北京市"六型社区"示范点的创建工作。重点考察社区的环境整洁、管理规范、服务完善、安全稳定、健康幸福、文明祥和等六个基本方面,同时考察各社区推进"六型社区"建设工作的突出特色、创新措施和主要成效。确定西山枫林一、苹四、军一和装备部等4个社区为示范点。开展北京市规范化社区示范点的创建工作。重点对社区服务站建设、社区工作职能、社区运行机制、社区志愿服务、社区工作者管理、社区基础设施配置、社区经费投入等7个方面、27项主要指标、近100项

具体指标，进行全面规范。经过软硬条件的综合考察，确立以西黄村西里、海一、苹四、苹三、西山枫林一、西山枫林二、西井、装备部等8个社区为示范点。

（王　静）

【建设智慧社区】 苹果园街道结合社区政务服务网络建设，推进公共服务体系建设。将社区重点特色工作、便民服务项目等在社区网上公示。结合"一刻钟服务圈"建设，推进便民服务体系建设。通过社区网络为居民提供吃、住、购、娱"一站式"信息服务。完善社区生活服务智能配送体系，重点提供面向老年人、残障人的餐饮、家政等生活服务项目。结合网格化社会服务管理体系建设，推进社区服务管理体系建设。建立综合式、共享式的智慧社区数据功能模块，安装建设14个"小帮手"自助缴费信息机，为社区居民提供实时服务。结合平安建设网络化，推进信息化管理防控系统建设。建设综治维稳工作中心视频监控系统，对地区重点区域和主要大街实现与公安同步的实时监控，提高对突发事件应急指挥和处置的水平。建立消防设施数据库，实现电子化管理。

（王　静）

【推进共驻共建】 苹果园街道以"军民融合，共同发展"为工作思路，不断开创双拥工作新局面。新年、春节及八一双拥月期间，街道领导走访慰问辖区部队官兵，送去空调、食品等节日慰问品。在五四青年节和建军85周年之际，分别举办"飞扬的青春"军地青年联谊会及"唱响主旋律，共育幸福花"八一军民联欢会。苹一、西山枫林一等6个社区获区"双拥工作先进社区"，街道获区"军民共建先进单位"称号。同时，深化对驻街单位的社会化服务。坚持到单位沟通了解情况，根据需要帮助解决劳动用工等实际问题，并对特困职工开展送温暖活动。开展"共驻共建"活动，促进驻街单位和社区共同发展。

（王　静）

【提升服务水平】 苹果园街道开展政策宣传、法律咨询、健康讲座等活动，通过信息平台、热线电话、宣传手册为居民提供各类便民服务信息，全年共开展政策宣传46次，张贴各类通知、温馨提示17类6000余条，发放宣传手册3万余份，发布信息9000余条。地区有611户1265人享受低保，全年核算低保金617万，占全区享受低保10290人的12.9%。为20种服务人群、5.1万多名服务对象（服务对象占全区总人数的20%）提供12万余人次的失业和就业、社会保险代理、社会保障、社会化管理和社会救助等服务保障工作，发放各种资金1410万元，申报各种政策性补贴1590万元，住房保障窗口接待咨询人数达6000余人。整合地区资源，广泛联系企业收集岗位信息，举办各类招聘会，满足不同失业人群的要求。开展烛光行动，发挥社区居民力量促进就业，有905名失业人员实现再就业。将首钢解合人员、残疾人、高校毕业生列为重点帮扶对象，开展政策解答、职业指导等系列活动，建立就业基地4个，挖掘3100个空岗信息，定期举办大小型招聘会6场，达成就业意向1560人（其中成功录用的首钢分流人员36名）。成立68支社区志愿者服务队，做好弱势群体救助服务，对社区孤寡老人、残疾人提供帮扶活动，对残疾人提供免费培训等送温暖活动。

（王　静）

10月，本区首家便民直通车开进海特小区　　（苹果园街道供稿）

【服务管理创新】 苹果园街道注重安全管理智能化，为新建社区办公服务用房安装电子监控摄像头，并与街道城市管理指挥中心联网，实现电子监控全覆盖。注重环境改造精细化，加强社区环境常态化整治力度。在实施老旧小区改造工程的同时，先后实施环境改造类便民工程30项，其中整修便民路13条，扩建机动车停车位340个，建休闲健身广场3处，整修楼间花园7处，粉刷楼道和安装门禁设施87个。注重便民服务人性化，联合城管、工商等部门，继续深化"一刻钟服务圈"建设；在22个社区广泛开展便民服务终端调查，建立基础台账；组织社区干部、党员开展"连民心入户走访群众征求意见"活动，搭建一站式服务大厅；结合社区实际成立扶残助老、就业、医疗志愿者服务队，开展上门服务。注重居民教育常态化，开展学习贯彻十八大精神等系列主题活动，创建学习型社区。在22个社区开办周末大讲堂，每周对居民进行一次素质培训教育，引导居民养成健康向上的生活方式。

（王　静）

【促进大学生就业】 苹果园街道就大学毕业生创业培训、就业前景、以创业带动地区就业等方面与东城区安定门街道进行交流和探讨。推广青创园市场运作模式。组织兄弟街道参观"北京青年创业园石景山园”，了解青创园为创业大学毕业生创业、就业、培训、实习、交流等方面提供的网络营销服务的市场运作模式，为大学毕业生就业及创业服务提供借鉴。通过为大学生提供就业信息和就业岗位、为有创业愿望的提供小额贷款、举办专场招聘会等形式，352名应届大学毕业生成功就业，就业率为95.1%。

（王　静）

【扩展招商引资】 苹果园街道年内引进企业注册资金100万以上的58家，1000万以上的9家，总注册资金为5.4亿元，获区“招商引资突出贡献奖”。继续完善招商引资工作制度，努力打造“苹果园服务”品牌，建立与上级有关部门和专业投资公司的合作关系，加强信息网的巩固与建立，建全三级招商组织网络建设，形成不断扩展的招商渠道。

（王　静）

金顶街街道

概　　述

金顶街街道位于石景山区西北部，东以金顶山为界与苹果园街道毗邻，南以京门铁路为界与古城街道相接，西以黑头山为界与广宁街道接壤，北至蟠龙山，与五里坨街道相接。金顶街地区位于石景山区城乡结合部，辖区面积6.9平方千米，下辖16个社区居委会，地区总户数31902户，共90887人。其中北京户籍人口78015人，非京籍人口12872人。辖区内有中央、市、区、街属企事业单位100余家。年内，金顶街街道围绕全区中心大局，保民生、保稳定、促和谐，围绕六个“着力”开展各项工作，打基础、抓落实、见成效，街道工作实现“六大提升”：着力改善民生福祉，提升社会建设管理水平；着力构建平安街道，提升社会维稳能力；着力开展精细管理，提升城市整体形象；着力优化服务环境，提升经济发展水平；着力完善文化服务体系，提升文化建设水平；着力加强党的建设，提升统筹辖区发展能力。荣获“全国全民健身活动先进单位”、北京市“群众体育工作先进单位”、“阳光计生行动示范单位”、“人口和计划生育先进集体”、“首都环境建设先进集体”等荣誉。

地址：石景山区金顶街五区一号金顶街街道办公楼
电话：88711860
邮编：100041

（炼立颖）

【社区换届选举】 3月27日，金顶街街道16个社区圆满完成社区党组织换届选举工作。16个社区党委、71个党支部、6863名党员，全部采取直选方式，共选出84名党委委员，其中，书记16名，副书记13名。6月16日，16个社区全部完成第八届居委会换届选举投票工作。16个社区居委会共登记选民51824人，较上届增加4523人，共划分382个居民小组，选举出896位居民代表。其中4个社区采取用户直选的方式进行，直选比例为25%。16个社区居委会产生新一届社区居委会成员100人，平均年龄38岁，其中主任16人、副主任22人、委员62人。其中社区书记或副书记当选主任10人。

（炼立颖）

【抗击自然灾害】 7月21日20时许，受特大暴雨影响，模式口中里13栋下山体发生滑坡，导致附近赵山沟上平房临16号西侧屋墙倒塌，3人被埋，事故造成2死1伤。“7·21”特大暴雨使金顶街地区遭受严重损失，受灾总人口达2000多人。街道组织20多批3500余人次进行不间断巡查，出动车辆200多台次，全面检查灾害隐患点244处，转移安置受灾群众700余名。同月27日，有效应对新一轮降雨，将模式口山上的金顶街敬老院40余名老人提前转移到颐养年养老院。筹措400多万元治理东山坡护坡、赵山边坡等5处隐患。

（炼立颖）

【服务十八大安保】 11月，金顶街街道成立十八大安保专项行动领导小组，下设宣传报道组、环境秩序治理组、应急处置组、督查组、后勤保障组等10个工作小组，统一指挥、协调落实安保工作。与各职能部门、单位、社区、科室签订十八大专项行动责任书73份。十大专项行动联勤联动、整体推进，志愿者参加联合行动2952人次，为十八大胜利召开作出应有贡献。

（炼立颖）

【深化民生服务】 金顶街街道建立“五个一”就业服务机制。即：一社一账、一人一卡、一户一表、一情一帮、一周一岗的就业服务工作法。送服务，促就业，组织劳动协管员开展特困就业援助月培训和社区招聘活动，开辟“信息直通车”和劳动保障政策宣传栏；与沃尔玛、物美、丽贝亚等单位携手举办招聘会，搭建就业平台。将宣传材料、岗位信息携带入户走访。送指导，帮就业，街道服务大厅和社区服务站主动开展群体性职业指导，鼓励自主创业和带动就业；举办创业成功人士经验交流会；特邀高级职业指导师对应届、往届未就业大学生进行一对一指导，提高择业成功率。全年开展职业指导2096人次，力促帮扶到人、政策到位、岗位到手、追踪到底。送温暖，助就业。开展领取失业金人员家庭月人均收入低于896元基础情况调查，9名享受待遇人员符合补助范围。走访特困人员55户。送认定，稳就业。入户走访92名隐性就业人员，督促本人办理就业认定及办理单位就业登记和委托存档。截至年底，辖区有1274人实现就业、再就业，9个社区被认定为充分就业社区。低保工作实现应保尽保。为1166户低保家庭、2434人发放低保金1136.79万元。住房保障工作全面推进，受理居民保障性住房申请598户，完成1348户两限房和1003户经适房选房签约工作。审核上报保障性住房家庭1149户，组织166户廉租房实物配租家庭参加选房，入住沁山水公租房家庭21户，办理公租补贴家庭13户。以金顶阳光两限房新建小区便民服务体系建设为契机，以“一刻钟服务圈”为标准建设综合型社区商业服务中心，打造示范精品社区，构建社区商业便民服务网络。

（炼立颖）

4月11日,失业人员招聘 （金顶街街道供稿）

【关爱残疾人见成效】 多角度帮扶,提升残疾人生活质量,做好地区2233名残疾人的生活困难补助及送温暖等工作。为贫困残疾人排忧解难,重点走访18户一户多残、老残一体的重残家庭,为他们送去过冬的棉被、衣物和困难补助金9000元。举办“让爱永恒—文化助残,构建和谐金顶街”为主题的残疾人文艺汇演,组织开展趣味运动会、乒乓球比赛、象棋比赛,为残疾人搭建展示自强自立风采的舞台。联系辖区单位,帮助有劳动需求的残疾人就业。对1322名残疾人进行就业状况摸底调查,发放扶持资金2万元,全年安置15名残疾人,扶持残疾人个体创业1名,促进残疾人群体稳定。

（炼立颖）

【服务首钢分流人员】 金顶街街道建立街居两级首钢分流人员台账,摸清人员底数和基本状况。开展社会保险知识宣传,举办专场招聘会、就业培训9次,开发公益性和企业工作岗位1234个,优先安置首钢解合人员。成立留守家庭服务站,帮助首钢富余人员解决子女教育、老人赡养及其他方面的困难。树立和宣传党员帮带示范户,发挥先富职工带富作用。成立志愿者协会,发放爱心卡,举办恳谈会,开展丰富多彩的社区文化活动,吸纳首钢富余人员参与,引导他们尽快融入社区生活、参与社区建设。

（炼立颖）

【开发“智慧金顶街”】 金顶街街道与歌华有线电视网络股份有限公司合作,整合街道、区经信委及歌华有线三方资源,以金顶阳光小区为试点,在高清交互数字电视上合作共建“智慧金顶街”资讯平台。歌华有线高清机顶盒用户开机页面即为“智慧金顶街”应用首页面,只需操作遥控器,就可通过电视实现视频在线浏览,及时了解街道“政务公开”、“生活服务”、“社区业务一览”、“城市管理”、“科普在线”等资讯。街道和社区结合实际需求及项目目标定位,5次调整完善栏目架构,组织30余人的信息员队伍收集和更新资讯内容,用科技创新管理,以管理提升服务,推进社区服务进家庭,打造智慧型社区。

（炼立颖）

【构建“大综治”格局】 金顶街街道形成以街道综治维稳工作中心为主,社区社情恳谈会、社区内防控网格为基点的“一中心、两基点”社区维稳工作管理机制。协调城管、综治、流管、信访、安全等多部门联合办公,既分工又合作,提升地区维稳工作整体水平。综治维稳工作中心设立一厅五室联合办公:“一厅”即群众接待大厅,区分综治维稳接待处、城建管理接待处、信访应急接待处和服务新首钢接待处4个席位;“五室”即情况会商室、矛盾纠纷调解室、人民调解工作室、安全消防办公室、流动人口服务管理办公室。及时妥善处理群众来信来访,全年接待群众来访112人次,受理转办件33件,领导批示7件,回复率100%。召开社区社情恳谈会36场,收集、解决各类问题39件。推进社区防控网格化建设,科学划分网格单元,合理配置管理力量,把人、地、物、事、情、组织全部纳入网格进行管理,做到网中有格,按格定岗,人在格上,事在网中,形成覆盖综治全领域的维稳工作体系。

（炼立颖）

【打造精细化管理】 金顶街街道以迎接国家卫生区复审为契机,全面整治地区环境,开展环境整治行动。组建联勤联动专项执法队、社区环境志愿队、环境卫生保洁队、爱国卫生检查队等四支志愿者队伍,共1000余人,提醒和规劝违章停车、店外经营、非法烧烤等行为,维护辖区环境卫生秩序。更换破损垃圾桶等公共设施40处,规范门前三包近280个门店,清理生活垃圾、无主渣土等共出动150车次,清理乱贴小广告150公斤,涂刷小广告20000平方米,拆除违法广告牌匾1000平方米,出动人员2000人次。开展“绿化示范楼院”、“双优楼院”品牌创建,对辖区60余个楼院进行精细化整治,管区绿化率达40%以上。以街面、门头牌匾、墙体广告为整治重点,实施街区美化亮化,打造具有京西古道特色的精品街区。把垃圾管理工作作为“一把手”工程来抓,深入推进金一区、金四区、金五区的垃圾分类试点工作,获“北京市环境秩序整治突出贡献奖”。

（炼立颖）

【实施16项便民工程】 金顶街街道以优化社区环境、方便居民生活为目标,以群众满意为标准,打造顺民意、解民忧、惠民生的便民工程。年内,投资440万元(其中政府拨款375万元,自筹资金65万元)完成石门路CRD休闲公园建设、老旧小区改造、模西社区图书馆维修、隘口园西侧道路硬化、模西社区北门出口护坡加固、东山坡电力改造等便民工程16项；建成金三区、模北、西福村1157平方米社区用房。

（炼立颖）

【扩大招商引资】 金顶街街道整合建华工贸公司建立的绿色环保企业孵化基地、人大政协代表组、街域群众组织等优势资源，扩大街道招商引资渠道和触角。完善高效、优质、便捷的服务体系，建立服务和关怀机制，坚持一事一议、特事特办机制，协调落实"一企一策"优惠政策。年内，引进企业21家，注册资金1.14亿元。

（炼立颖）

【文化惠民工程】 金顶街街道强化人才队伍建设，建立地区文化骨干及志愿者数据库400余人。推进文化设施建设，搭建金五区文化固定舞台，完成科普长廊建设，更新文体设施5处。以践行"北京精神"为依托，开展爱国篇、创新篇、包容篇及厚德篇四大类主题活动共计300余场。打造协会服务品牌，通过市民政局委托专家组对协会的4A级评估。文体类、助困类、经济类14支队伍开展形式多样的文艺活动、公益活动、爱心互助活动，不断丰富地区群众的文化生活。

（炼立颖）

【社工服务新方式】 金顶阳光社工事务所整理和汇编廉租房居民信息，按不同人群实行分类建档，并形成廉租房居民基本生活状况评估报告，为弱势群体集中的廉租房家庭开展服务。年内，接待居民来访、咨询200余件，涉及政策咨询、物业纠纷、交通理赔、房屋拆迁、产权分配、财务归属、法律援助、邻里矛盾等多方面问题，均已妥善解决。在入户摸底调查的基础上，针对廉租房家庭的特点，开展寒假青少年实践、金顶阳光社区居民登山赛、绿色交换—社区垃圾分类宣传、"扶残助残、有你有我"社区助残周等丰富多彩的社区文化活动。

（炼立颖）

广宁街道

概　述

广宁街道地处石景山区西部，辖区面积6.1平方千米，常住人口12212人，流动人口9230人。境内东南是由四平山、黑头山边麓形成的山地，与金顶街街道接壤；西部是沿永定河东北岸干涸的河滩与麻峪工贸公司企业驻地，与门头沟区相邻；四平山北侧是由大唐国际北京高井热电厂及一些中小企业形成的工业区和沿高井排洪渠两岸形成的电厂住宅小区，与五里坨街道相接；南部为广宁村住宅小区。境内有丰沙、京门两条铁路穿过，广宁路、电厂路、双峪路、阜石路（含阜石路高架路）四条为市级主干道，有过境公共汽车线路12条。广宁村、麻峪村、柳林庄、电务三段、麻峪29号院小区及高井是境内6个主要住宅小区，并以此为主形成麻峪、麻峪北、高井路、新立街、东山五个社区。辖区设有一所中学、三所小学。广宁地区是北京市电力主要生产基地，北京京能热电股份有限公司、大唐国际北京京西发电有限公司、大唐国际北京高井热电三厂三家电力企业比肩立于此地，西北热电中心开工建设。年内，街道坚持以为民为宗旨，以安民为保障，以乐民为动力，以便民为重点，把握"和谐稳定"这一主题，坚持"服务塑形、和谐共建"工作理念，开展基层组织建设年活动，全力加强社区建设，城市环境进一步改善，人民生活水平进一步提高，精神文明建设进一步加强。高井路社区被评为北京市"先进社区居民委员会"；麻峪社区女子健身队被评为北京市"巾帼志愿服务优秀团队"。

地址：石景山区广宁村新立街4号
电话：88992395
邮编：100041

（姜　月）

【组建麻峪北社区居委会】 3月9日，麻峪北社区筹备组成立，做好人员的调配、办公设施等各项筹备工作。3月21日，麻峪北社区党总支召开第一次党员大会，选举产生党总支委员7名，其中，书记1名，委员6名，平均年龄54.43岁。

（姜　月）

【建立社区人才储备库】 3月，广宁街道成立社区人才储备选拔考核领导小组，按照个人自荐、组织推荐、资格审查、笔试、面试的程序，从报考者运用理论知识分析解决实际问题的能力及语言表达、临场应变能力等方面对4个社区的专职工作者进行考核。共有24人报名，8人入选人才储备库。

（姜　月）

【完成社区"两委"换届】 3～5月，广宁街道5个社区居委会完成换届选举。选举产生新一届社区居委会领导班子成员共29人，平均年龄38岁，比上届下降1岁；拥有大专以上学历成员人数占总人数的86.2%，比上届上升8.9%；党员所占比例为31.0%。整个换届选举工作呈现"一稳三高"的特点。"一稳"即按照"严格程序、发扬民主"的思路，以"先易后难、有序推进"为原则，严把程序关，做到法定程序不变通，规定程序不减少，各项操作程序环环相扣，步步到位。同时坚持一社一策，因时适宜，成熟一个社区选举一个，确保换届选举稳步推进。"三高"即一是户代表选举方式比例高，采取户代表选举方式的社区占参选社区的40%，高于全区平均水平。二是投票率高，居民代表参选率达到100%，两个户代表选举方式的社区参选率分别达到97%和100%。三是候选人得票率高，主任、副主任正式候选人得票率均为99%以上，委员正式候选人得票率均在95%以上。3月8～23日。4个社区均采取"公推直选"方式，完成社区党委换届。选举党委书记4名，党委副书记3名，委员27名。换届后书记平均年龄46岁，较换届前下降5岁，大专以上文化程度比例提高25%，达100%；新一届党委成员的平均年龄为56.5岁，较上届下降1.7岁，其中大专以上学历11人，较换届前提高45%。

（姜　月）

【社区养老新模式】 5月30日，广宁街道举办政府·社会助推养老新模式启动仪式。与乐龄日间照料中心合作，通过政府购买服务的方式，购买100人次的老年日间照料体验活动，发放给符合条件的老年人，让更多老人和家庭了解并能够享受到优质的养老服务。《北京青年报》、《北京日报》、《新京报》、《石景山报》、北京电视台、区有线电视台等多家媒体报道启动仪式。中央电视台根据此次活动的后续影响制作针对老龄化的专题报道。

（姜　月）

【流动人口调查】 6月，广宁街道完成地区流动人口实有人口调查。地区共有流动人口8440人，出租房屋1247户；院落562座，平房3104间、楼房792间，门店231个876人。出租房屋全部登记录入，采集率、登记录入率和信息准确率全部达到100%。基本实现"底数清、情况明"的目标，达到"来有登记、走有注销，租有登记、停有核销"要求。

（姜　月）

【应对特大暴雨】 7月21日，广宁地区多处出现险情。街道出动车辆120余次，使用抽水泵5台、防汛膨胀袋300余条和麻袋200条组织抢险，社区及社会单位人员500余人投入抢险救援。8月起，积极做好善后工作，对险情点逐一进行排查，制定恢复重建方案。

（姜　月）

【整合志愿者资源】 8月2日，广宁街道成立爱心志愿者协会，实行志愿者实名注册登记制度和志愿服务三级管理体制。协会下设5个社区志愿者分会，分会下设爱心服务队，队员由掌握不同专长的志原者组成。协会定期组织活动，通过"公益反哺"激励和奖励志愿者，志愿服务由以往的"运动式"转变为"经常性"。通过建立协会，凝聚志愿者力量，使更多的社区居民享受志愿服务，并吸引更多居民加入志愿服务行列。

（姜　月）

【做好十八大安保】 8月，成立广宁地区十八大安保专项行动指挥协调小组，制定安保专项行动方案。各相关部门和单位围绕各自工作职责全力以赴，加大对地区重点部位、重点人的看护力度，确保地区安全稳定。召开动员部署、誓师、会商等各类会议5次，参与社会面防控安保人员4000人次，组织联合检查13次，排查安全隐患35起。

（姜　月）

【创建绿色街巷】 广宁街道以"世界环境日"为契机，以环保宣传"六进"为载体，利用板报、墙报、横幅、标语等手段，在社区成立环保宣传点、宣传栏，力求每月有活动。加强煤烟型污染控制，设立环保监督员，做好对地区小工厂、小企业的监控工作，加大企业污染物信息公开力度。及时向区环保工作领导小组办公室反映情况，加强信息沟通，促进相关问题解决。做好地区施工现场监督管理，发现存在扬尘污染的工地，及时通报有关部门予以整改；做好绿化工作，确实做到黄土不露天；做好堆物堆料的管理和遮盖工作，防止扬尘污染。对高井路两侧商户的门头牌匾进行更换，高度及宽度统一，对道路两侧的铁艺围栏进行粉刷。找准环境卫生脏、乱、差点，动员地区单位和社区居民开展爱国卫生运动。全年组织环境卫生扫除活动12次，参加人员7200人次；出动各种车辆216台次，清扫保洁面积76395平方米，清理堆物堆料156处、垃圾渣土283吨；拾捡白色垃圾73公斤，清除各类非法小广告3850处，规范、更换和拆除门头牌匾84块。

（姜　月）

8月2日，爱心志愿者协会成立　　（广宁街道供稿）

【落实住房保障】 广宁街道严把初审关、公示关、复核关，受理五种政策性保障用房80户，累计备案1126户。其中限价房496户、经适房349户、廉租房租金补贴70户、实物配租97户，公租房114户。有3户家庭享受公租房补贴，3户月补贴额3833元。廉租房续签64户、新签18户、核算租金补贴金额109万元，停发租金的20户。五房变更家庭共43户，取消廉租房、经适房、限价房资格11户，处理信访、举报、筛查等26户。组织350余户申请家庭参加限价房选房。

（姜　月）

【非公企业建会】 广宁地区220家非公企业全部完成建会工作，完成率100%。录入会员信息1376人，为1104名会员办理京卡，完成率80%，位列全区街道系统第3名。推进工会经费税务代收工作，地区25人以上非公企业共计17家，完成15家企业税务代收。

（姜　月）

【丰富文体活动】 广宁街道改造高井CRD文化休闲广场灯光、音响，开展群众喜闻乐见的文体活动。组织社区文艺表演队参加第29届"古城之春"艺术节系列活动，组织250名社区居民到长安大戏院观看地方戏曲。举办各类培训班，如新立社区戏曲班、高井社区民族乐器班等，培训人数达200人。为各个社区的"益民书屋"增添图书千余册。

（姜　月）

五里坨街道

概　述

五里坨街道位于石景山区北部，东沿香山公园西南、青龙山、翠微山、虎头山一线与海淀区、苹果园街道接壤，南沿福寿岭、109国道、高井村、丰沙铁路、永定河一线与金顶街街道、广宁街道相连，西与门头沟区三家店为邻，北沿猴山、克勤峪、白石岗诸峰与门头沟区、海淀区毗连，辖区面积21.5平方千米，常住人口4.1万人，流动人口1.1万人。管辖社区11个，农转居社区6个、军营社区2个、军企社区1个、校园社区1个、楼房社区1个。109国道（石门路）过境，有黑陈路、潭峪路、红卫路市政公路3条。辖区内有行政、事业单位19个，大小企业217家，驻区团以上部队18个，规模较大、级别较高的有北京现代建筑材料公司、北京兴盛恒泰投资管理公司、北京工业技术职业学院、解放军7312工厂和北京军区联勤部等。8月，街道机构由“三部三室”调整为11个，其中工委4个，办事处7个；机关行政编43人，副处级以上职数6人，科级领导职数18正2副；机关工勤事业编制2名，随自然减员逐步核销。年内，建立“联防联控联管”机制，成立群众工作组，协调解决回迁建设纠纷，促进安置房顺利施工，投入5.8万人次开展大防控，实现十八大安保目标；加强城市管理，开展综合整治，建设便民工程，顺利完成国家卫生区复审工作，区域环境明显改善；以保障改善民生为重点，推进为群众“做好事、办实事”活动，促进社会事业不断发展；有效应对“7·21”特大暴雨，保障辖区群众，特别是山区群众的生命财产安全；社区建设得到加强，创建“六型”社区2个；“三级联创”、基层组织建设年、作风建设年成效显著，创建“五星”社区6个、“五好”基层党组织8个、120名党员干部受到表彰，领导班子和干部队伍作风明显好转；招商引资取得新成效，统筹辖区发展的能力不断增强。获北京市敬老爱老为老服务示范单位、北京市精神文明社区等多项荣誉。

地址：石景山区五里坨车站路1号
电话：88904238
邮编：100042

（介卫星）

【做好十八大维稳】 五里坨街道成立地区党的十八大安保专项行动指挥协调小组、10个专项工作组，专设安保指挥中心，内设7个工作组，制定实施行动方案等18个文件，与社区、单位签订安保责任书。6月29日和10月24日，分别进行2次安保动员部署，开辟宣传专栏，悬挂横幅、国旗，编辑信息简报，营造喜迎十八大社会氛围。启动联防联管联控机制，排查矛盾纠纷30件，妥善处置25件，稳控化解5件。采取以房管人、以业管人、以网络管人措施，保证154名低风险重点人稳定。专人专管、定人定时、全面管控，保证41个重点巡防部位、15个光节点安全。出动执法力量1000余人次，开展16次专项整治，保障交通、环境、经营秩序安全；检查企业140家，隐患整改率100%，企业生产安全。投入30余万元，慰问平安志愿者、配备防寒保暖马甲，调动安保积极性。先后启动30余天等级防控，投入群防群治力量3.8万人次，保障十八大期间社会面的安全稳定，实现“大事不出、小事也不出”的维稳目标。

（介卫星　张振颖）

【军营社区成立十周年】 4月27日，五里坨街道召开联勤部军营社区成立十周年总结大会。军地领导共同参观社区老年大学书画展、党建教室、服务站、社区大食堂、老年餐桌、爱心便民超市、饮用纯净水站、托老所、家用电器维修室、裁缝室、图书室、学生托管室、文体活动室，并观看军营社区十年建设成果录像片、向社区先进团队和优秀个人代表颁奖。市、区及部队领导对军营社区10年来，加强组织建设、完善综合管理、落实服务保障、丰富文体活动、改善社区环境等各方面工作取得的显著成绩给予充分肯定，对加大各项工作协调力度，优化双拥工作平台，推进“星级社区”建设方面提出殷切希望。

（介卫星）

【社区换届选举】 5月，五里坨街道6个社区完成换届，“公推直选”率达100%。6个社区党组织选举产生新一届委员40名，其中书记、副书记11名；社区党组织班子成员平均年龄53.6岁，比上一届降低了1.7岁；45岁以下班子成员11人，平均每个社区都有1～2人，比上一届增加6人；新当选的6名社区书记中5名连任，平均年龄43岁，比上届降低了4.2岁。新一届班子成员本科学历比上届增加4人，研究生学历增加1人，2名大学生社工进入社区党组织领导班子；1个社区为书

5月18日，宣传就业政策　　（五里坨街道供稿）

记、主任“一肩挑”，与上届持平；新一届“两委”交叉任职6人，比上一届增加1人。6个社区居委会登记选民7571人，选举产生委员32人，其中主任6人、副主任5人、委员21人。红卫路和联勤部大院2个社区采取户代表方式选举，占1/3，参选率97%；采取居民代表选举的社区4个，占2/3，参选率为92%。新当选的居委会成员中党员19人，占成员总数的59%。

（介卫星）

【“7·21”抢险救灾】 7月21日，五里坨地区5处排水设施损坏、7条道路被毁、多间民房受损。街道动员各方力量开展抢险救灾和恢复重建，处级领导包社区，机关、社区干部包区域。累计投入2000余人次、车辆230台次、编织袋1000个、砂石料60吨、膨胀袋10箱。号召各级党组织、党员群众捐款8万元，企业爱心捐助10万元。投入55万余元维修道路1.7千米、翻新供水管线2.1千米、维修水井泵房5处、铺设通信电缆500米。重点保障1400多户浅山区居民的人身财产安全。实现大灾面前“零”伤亡，雨中处置“零”误差，灾后救助“零”漏洞。

（介卫星　张振颖）

【成立人大代表之家】 9月1日，五里坨街道专门腾出30平方米会议室一个，建立人大代表之家活动室。投入近3万元，配备办公桌椅、文件柜、笔记本电脑等办公设施，搭建代表履职平台，拓宽联系选民渠道。完善人大代表活动日、学习宣传、评议工作、联系选民等制度，配套记录薄、登记卡，制订实施年度活动计划，做到“五有”（即有阵地、有制度、有计划、有记录、有学习资料），保证人大代表活动经常化、规范化。年内，组织人大代表联组活动6次；五里坨代表团在区第十五届人民代表大会第一次会议上，提出建议6件、议案转建议2件，涉及旅游开发、文化娱乐、医疗卫生、道路交通、公共设施建设等方面的问题。8条建议全部办结并答复代表。

（介卫星　张振颖）

【创先争优活动】 9月25日，五里坨街道召开创先争优活动总结及常态化、长效化部署会。工委所属党组织形成长效工作机制34个，其中街道级4个、社区基层党组织30个。“我是党员我承诺，稳定和谐作贡献”主题实践活动向入党积极分子、社区干部拓展延伸，18个基层党组织1442名党员和24名入党积极分子分别提出承诺167条、2234条、51条。各级党组织、党员干部、入党积极分子公开承诺内容、履诺时限，接受群众监督，履诺率均达100%。

（介卫星　张振颖）

【社会工作党委换届】 12月12日，五里坨街道社会工作党委召开第二次代表大会第一次会议，以直接差额选举方式，选举产生街道第二届社会工作委员会委员11名。街道第二届社工委召开第一次党委会，会议采取无记名投票等额选举的方式选举产生社会工作党委书记和副书记。

（介卫星　张振颖）

【实施11项便民工程】 五里坨街道争取政府投资390万元，带动社会投资10万元，实施西山机械厂社区文化广场改建、红旗小学门前及隆恩寺新区居委会门前道路铺设、陈家沟与双泉寺两条山中自然村内道路翻修以及高井村内排水管线疏通翻修等便民工程11项，其中精品工程1项。

（介卫星　张振颖）

【环境整治迎复审】 五里坨街道以迎接国家卫生区复审为契机，建立环境卫生台账，开展“爱护环境，促进健康”宣传活动，发动群众改善城市环境面貌，提高城市环境质量。组织相关部门150余人，清理白色垃圾200公斤、生活垃圾200余吨，清除各类小广告约3000余条。开展环境整治16次，规范石门路沿线（高井路段）“门前三包”和店铺经营，与57家商户负责人签订环境秩序责任书，拆除非法广告牌匾50余块，清理门前堆物堆料40余吨。协调相关部门遮盖、围挡、洒水拆迁区域9万平方米，6次动员300余人清理“7·21”特大暴雨防洪沟杂物30余吨，保障重点区域、部位环境整洁，确保达到复审要求。

（介卫星　张振颖）

【创建市级“六型社区”】 五里坨街道按照“环境整洁、管理规范、服务完善、安全稳定、健康幸福、文明祥和”六型标准，以联勤部大院、红卫路社区为试点，开展“六型社区”创建工作。10月15日，2个试点社区顺利通过检查验收，分别获得97.35分和91.13分。联勤部大院社区软硬件环境兼优，基础工作扎实，服务项目丰富，被评为北京市示范单位。10月25日，北京市创建“六型社区”西片工作研讨观摩会在联勤部大院社区举行。

（介卫星）

【社区网格化建设】 五里坨街道以社区网格为单元，现有基础数据为载体，做到全面、准确、及时掌握人、地、物、事、组织的基础信息，保证随时掌握，及时更新，全面核查。严格落实网格巡查制度，在巡查中发现问题、隐患及时进行处置、报告，做到问题源头治理。强化网格负责人的协调、组织作用，通过多种渠道及时汇总问题隐患，第一时间协调安排相关工作人员处理解决。按照自上而下分层解决的原则，尽量将问题在网格内解决，解决不了的按照职责和权限逐层报告解决。设立综合管理执法组，通过集中办理、联合执法、综合整治的方法，发挥网格工作合力，基本满足网格化服务管理需求。

（介卫星）

【保障改善民生】 五里坨街道低保工作实现“该救的一户不漏，该助的一人不丢”。低保新申请7户12人，复审266人，取消48户109人；医疗救助106人，低保家庭176户380人；发放低保金及生活困难补助金289万元。住房保障工作全面推进，截至年底已参加选房数据，经济适用房309户，限价商品房320户，廉租房30户，公共租赁房18户。热心服务弱势群体，年内为344名残疾人发放资金（含物资折价）、个体保险补贴11.38万元；新签约老年餐桌2家、建立社区日托所2个、为747位老人发放养老（助残）券45万元。超额完成就业指标，职业指导890人，挖掘空岗695个，推荐成功196人，实现创业25人；社区岗位安置就业困难人员 202 人，用人单位招聘就业困难人员 27 人。

（介卫星）

【基层组织建设年】 五里坨街道围绕"强组织、增活力，创先争优迎十八大"主题，扎实开展基层组织建设年活动。研究制定方案，层层动员部署，明确责任目标，创新五项制度。地区 210 家"两新"组织，通过单独组建、挂靠组建、区域联建等方式，消除党建盲点。按照"基层党组织自评、党员群众测评、街道党工委评定"程序，对 18 个基层党组织分类定级，确定"好"、"较好"、"一般"分别为 7 个、9 个、2 个，并公示定级结果。查摆突出问题 29 个，健全台账，公开承诺整改措施、时限，接受群众监督。对于评定为"一般"的基层党组织，下派党建指导员、联络员，开展"共建双承诺"、党代表走基层、点对点帮扶、机关科室与社区帮扶等活动，形成晋位升级合力。创建"五星级党建示范社区"6 个。

（张振颖）

【推进绿化美化】 五里坨街道围绕争创全国绿化模范城市，开展石门路沿线绿化美化，组织居民管护社区绿地，绿化机关办公楼屋顶。开展经常性绿化美化宣传，重视节假日花卉布置和古树保护。唯一的垃圾分类试点小区——隆恩寺新区社区西山峻景小区，居民垃圾分类知晓率达到 100%，基本做到分类投放，其他垃圾、厨余垃圾分类运输，减量效果明显，初步达到垃圾分类预期目的，被评为市级"垃圾分类贡献奖"。

（介卫星）

【招商引资 150 余家】 五里坨街道引进注册资金 100 万元以上的企业 150 多家，注册资金 2 亿多元，完成年指标的 5 倍。入区库税收 2322 万，完成指标的 10 倍。被评为区"招商引资工作突出贡献单位"。

（介卫星）

【传播文明风尚】 五里坨街道开展"双十佳"宣讲比赛活动，1 名宣讲员被区委宣传部选送到北京市参加比赛。组织网络志愿者参与"雷锋在我心中"微博寄语活动，1 人微博寄语被首都文明办采纳，获"优秀微博寄语奖"。评选推荐"身边榜样"，树立"敬业奉献"、"孝老爱亲"、"助人为乐"先进典型 13 名，5 名受到区级表彰，1 人事迹被收录区级典型材料。

（张振颖）

联勤部军营社区托老所和老年餐桌开业 （五里坨街道供稿）

【基层文化建设】 五里坨街道整合地区各类资源，改善社区活动场所、文化设施等基础性建设，在联勤部社区安装 LED 科普视窗，方便社区居民了解时事新闻及生活常识等。围绕工作重心，开展丰富多彩的文化活动，组织大型文化活动 10 余场，丰富居民文化生活。在各社区设立文化宣传栏，定期通过板报、宣传画等形式向居民群众宣传健康知识、文明知识、家庭教育、社会公德等，发放各类宣传材料 1000 余份。利用书法、绘画、秧歌等居民喜闻乐见的活动形式，吸引地区居民积极参与，举办各类群众性文化体育活动 20 余场次，形成社区文化、校园文化、企业文化、家庭文化等社会文化事业整体推进的崭新局面。

（介卫星）

【做好军工服务】 五里坨街道落实军退职工各项政治生活待遇。整理军退职工归并工资档案 354 份；走访慰问生活困难及生病军工 23 户；发放军退职工慰问品 1416 人次 10 万余元；协助区军退办组织 60 名军退职工外出疗养，30 名 70 岁以上军工去北京郊区观光游览；组织军工文艺演出活动 6 次，参加人数达 500 余人次。落实超转人员政策，为 27 名超转人员做好各种服务工作，按时发放超转人员工资及慰问金，及时报销药费。

（张振颖）

【流动人口管理服务】 五里坨街道逐门逐户走访出租房主和流动人口 1 万余人，核对信息 10570 条，录入市流管网新登、核销、更新、迁移信息 7800 余条。宣传出租房屋管理政策和流动人口依法登记、办证等法律法规，提升管理服务效率，发放宣传材料 1.6 万份，法律服务爱心卡 200 余张，解答流动人口提出的法律咨询 20 余件，登记流动儿童 3000 多名，做到"底数清、情况明、基础实"。

（介卫星　张振颖）

【新居民互助服务】 成立以街道主要领导为组长，街道相关部门和地区单位为成员的"新居民互助站"领导小组，制定新居民互助服务站职责和成立新居民互助服务站实施方案，明确工作职责，详细分解任务，严格工作要求，确保有效落实。以"以人为本，保障民生，共创和谐，促进发展"为主题，开展清理环境卫生、提供便民服务、新居民职业介绍、知识竞赛、政策宣传等五项活动，增强新居民对地区的认同

感和归属感。通过组织文体活动，推动互帮互助，倡导和谐文明，宣传政策法规，维护地区稳定，为新居民创造和谐有序的发展环境、公平竞争的创业环境、渠道畅通的就业环境、安全稳定的居住环境、温馨舒适的生活环境。

（介卫星　张振颖）

【完成征兵和民兵整组】 五里坨街道成立征兵工作领导小组，开展征兵宣传，逐一走访登记在册预征对象。同时严格征兵纪律，接受群众监督，严格政治审查，确保兵员质量。期间，派出97人次，行程600余千米，电话联系30余人次，走访6所学校、12个单位、8个派出所，取得政审材料100余份，为部队输送优质兵员6名。在辖区规模企业少、大专院校少、可利用资源少、整组难度大的情况下，通过深度走访、加强沟通赢得各方理解支持，组建3个民兵连和1个独立步兵连，共计编入354人。同时组建机关应急分队、网络分队各1个，编入50人。其中应急分队专业对口率达到90%、复转军人比例达到50%、党团员比例达到90%。

（介卫星）

人　物

中共北京市石景山区第十一届委员会

书　　记　荣　华(女)
副 书 记　夏林茂　吴克瑞
常　　委　荣　华(女)　夏林茂　吴克瑞
　　　　　刚　杰　高道忠　李文起
　　　　　王文光　文　献　田利跃
　　　　　陈　强　富大鹏(达斡尔)
委　　员　(按姓氏笔画为序排列)
　　　　　王文光　王军辉　王宏芬(女)
　　　　　王忠华　王金龙　王春风
　　　　　文　献　田利跃　邢俊毅
　　　　　吕秀艳(女)　刚　杰(满)　刘亚泉
　　　　　齐　兵　孙　钢　李　艳(女)
　　　　　李文起　李桂珍(女)　杨东起
　　　　　肖　平　吴克瑞　张　帆(女)
　　　　　陈　强　岳德顺　赵玉民
　　　　　荣　华(女)　种　磊　侯宝华
　　　　　夏林茂　高　明　高洪雁(女)
　　　　　高道忠　郭景明　崔恩平
　　　　　崔章程　梁建新　韩　冰(女)
　　　　　富大鹏(达斡尔)
候补委员　(按得票多少为序排列)
　　　　　李元涛　杨贵宝　宋　平(女)
　　　　　陈　伟　岳林华　宋世媛(女)
　　　　　李金柱　王亚兰(女)

石景山区第十五届人大常委会主任、副主任、委员

主　任　赵玉民
副主任　付生杜　石玉贵　张文华(女)
　　　　范北燕　马丽萍(女,回)
委　员　(21人,按姓氏笔画排列)
　　　　马振才　王宏芬(女)　田景安
　　　　白宏宽　吕　军　安宝喜
　　　　许保国　孙金城　杨文钢
　　　　李　敏(女)　李希英　肖　红(满)
　　　　何云飞　张　清(女)　陈　新
　　　　岳　强　郑章石　赵美云(女)
　　　　夏　阳　龚志彪　梁正刚

石景山区人民政府区长、副区长

区　长　夏林茂
副区长　文　献　田利跃　李　艳(女)　司马红(女)　杨东起　刘亚泉

中国人民政治协商会议北京市石景山区第九届委员会

主　　席　岳德顺
副 主 席　刘国庆　司尚国　刘建国　赵继新
　　　　　高　杰　于秀云(女)
秘 书 长　刘福利
常务委员　王　强　王亚迅　王明生
　　　　　王泽群　毛　轩　左小兵
　　　　　白德骏(回)　刘志成　魏志强
　　　　　王智勇　刘东晖(满)　杨学兵
　　　　　苏文颖　李凤芹(女)　汪礼俊
　　　　　张　文　张　杰　张军柱
　　　　　张春禄　陈文彰　赵　红(女)
　　　　　赵建平　释常藏　秦玉山
　　　　　郭绍华

中共北京市石景山区第十一届纪律检查委员会

书　记　刚　杰(满)

副书记　许景山　仲长军(女)　韩孟荣

常　委　张新东　高维华　王　朴(女)　杨春华　田成立

石景山区委工作机构主要负责人

办公室主任　富大鹏(达斡尔)

办公室常务副主任　徐亚玲(女,1月免)
姚茂文(2月任)

组织部部长　李文起

组织部常务副部长　郭绍华

宣传部部长　王文光

宣传部常务副部长　王铁峰

文明办主任　李秀国

统战部部长　李文起(兼)

政法委书记　吴克瑞(兼)

政法委常务副书记　王景泉(12月免)
朱钢银(12月任)

政法委副书记　陈　强(兼)　刘亚泉(兼,3月任)
刘道东(兼)

综治办主任　刘道东

610办公室主任　张德玉

研究室主任　姚茂文(2月免)
赵恩国(2月任)

区编办主任　杨立华(女,1月免)
徐亚玲(女,1月任)

社会工委书记　沈代平(副区级)

机关工委书记　郭　婧(女)

教工委书记　邢俊毅(副区级)

中关村科技园区石景山园工委书记
李　艳(女,兼)

农工委书记　李金柱

老干部局局长　宁慧娟(女)

党校(行政干校)校长　李文起(兼)

党校(行政干校)党委书记、常务副校长
侯宝华(副区级,10月免党委书记)

党史办公室主任　李金克

保密办主任　王雪颖(女)

广电中心主任　魏志安

石景山区政府、人民团体、党政分设工作机构党委(党组)书记

检察院党组书记　王春风

法院党组书记　王忠华

总工会党组书记　李桂珍(副区级,女)

妇联党组书记　王宏芬(女)

工商联党组书记　王亚兰(女,1月免)
丁仁猛(2月任)

发改委党组书记　王书重

经信委党组书记　李元涛

文化委党委书记　翟培新

住建委党委书记　姚尚志

市政市容委党委书记　裴士信

商务委党组书记　宋世媛(女)

卫生局党委书记　李俊岭(副区级)

体育局党总支书记　徐春生(2月任)

司法局党组书记　郭景明

民政局党组书记　李凤莲(女)

环保局党组书记　张瑞龙(副区级)

人力社保局党委书记　刘志明

财政局党组书记　陈　伟(1月任)

统计局党组书记　陈　伟(1月免)
岳林华(9月任)

审计局党组书记　严　光(副区级)

档案局党组书记　任连田(7月任)

城管大队党委书记、政委　王志信(副区级)

园林绿化局党组书记　付建国

公园管理中心党总支书记　王金兰(女)

国资委党委书记　王金龙

环卫中心党委书记　张玉国(2月免)
郭毅深(2月任)

石景山医院党委书记　苏砚军

安全监督局党组书记　韩从笔(2月任)

石景山区第十五届人大常委会工作机构负责人

财政经济工作委员会主任委员　安宝喜
城建环保工作委员会主任委员　田景安
教科文卫工作委员会主任委员　杨文钢
内务司法工作委员会主任委员　吕　军
维护妇女、儿童、老年人权益小组组长　吕　军

石景山区人大常委会办事机构负责人

办公室主任　龚志彪
研究室主任　张　清
代表联络室、市人大代表联络处主任　赵美云(女)
财政经济工作委员会主任　安宝喜
内务司法工作委员会主任　吕　军
教科文卫工作委员会主任　杨文钢
城建环保工作委员会主任　田景安

石景山区人民政府工作机构主要负责人

政府党组成员、办公室主任　富大鹏(达斡尔,1月免)
　种　磊(1月任)
发改委主任　高　明
经信委主任　李元涛
教委主任　叶向红(女)
教育督导室主任　刘志成(12月免)
集体经济办公室主任　孙金生
动物卫生监督管理局局长　孙金生(兼,1月免)
　葛　强(兼,1月任)
市政市容委主任　刘建国(1月免)
　高殿亮(1月任)
水务局、 地震局局长　刘建国(兼,1月免)
　高殿亮(兼,1月任)
住建委主任　肖　平
商务委主任　宋世媛(女)
金融办主任　杨京春(女)
外事办公室主任　斯琴格日勒(女,蒙古族,3月任)
国资委主任　杨贵宝(1月任)
科委主任　王亚迅
知识产权局局长　王亚迅(兼)
人口计生委主任　宋　平(女,7月免)
　张　帆(女,7月任)
监察局局长　许景山(兼)
文委主任　高洪雁(女)
信访办主任　杜　涛
研究室主任　姚茂文(2月免)
　赵恩国(2月任)
区志办主任　张相明(兼)
民防局局长　崔　泽
法制办主任　张培莉(女)
民宗侨办主任　肖　贝
社会办主任　沈代平(副区级)
体育局局长　徐春生(3月免)
　李劲挺(3月任)
卫生局局长　葛　强
旅游委主任　吴海龙(7月免)
　宋　平(女,7月任)
档案局(馆)局(馆)长　张相明
财政局局长　刘亚泉(1月免)
　陈　伟(1月任)
审计局局长　仲长军(女,1月免)
　王亚兰(女,1月任)
安全监督局局长　杨文明
统计局局长　陈　伟(1月免)
　岳林华(9月任)
人力社保局局长　梁建新
环保局局长　岳林华(9月免)
园林绿化局局长　付建国
民政局局长　王军辉
投促局局长　徐　涛
环卫中心主任　高殿亮(1月免)
　张玉国(2月任)
流管办主任　刘道东(兼)
维稳办主任　王景泉(兼,12免)
　朱钢银(兼,12任)
行政投诉中心主任　许景山(兼)
行政服务中心主任　李景利
城市管理监督指挥中心主任　吴克瑞(兼,1月免)
　田利跃(兼,1月任)
城市管理监督指挥中心常务副主任
　刘建国(兼, 1月免)
　高殿亮(兼, 1月任)

城管监察大队大队长 冯重北
西部建设办副主任 王国利(主持工作)
机关行政事务管理处处长 张建刚
石景山医院院长 付 锐
公园管理中心主任 王金兰(女)
八大处公园管理处主任 王金兰(女)
房屋征收事务中心主任 傅庆华(2月任)

石景山区政协专门委员会负责人

经济科技委员会主任 刘卫东
社会法制与民族宗教委员会主任 刘丙杰
城建环保委员会主任 孙立忠
学习与文史委员会主任 杨玉玲(女)
教文卫体委员会主任 蒋志谋
提案委员会主任 于惠兰(女)

石景山区政协工作机构负责人

政协党组成员、秘书长 刘福利
政协党组成员、办公室主任 刘福利(2月免)
王彦明(2月任)
政协研究室主任 蒋志谋
政协专委会工作一室主任 刘卫东
政协专委会工作二室主任 刘丙杰
政协专委会工作三室主任 孙立忠
政协专委会工作四室主任 杨玉玲(女)
政协专委会工作五室主任 于惠兰(女)

石景山区各民主党派、工商联负责人

中国国民党革命委员会北京市委员会石景山区工作委员会主任委员 李凤芹(女)
中国民主同盟北京市委员会石景山区工作委员会主任委员 赵继新
中国民主建国会北京市委员会石景山区工作委员会主任委员 司马红(女)
中国民主促进会北京市委员会石景山区工作委员会主任委员 于秀云(女)
中国农工民主党北京市委员会石景山区工作委员会主任委员 王明生
中国致公党北京市委员会石景山区工作委员会主任委员 高 杰
九三学社北京市委员会石景山区工作委员会主任委员 左小兵
工商业联合会主席 马丽萍(女,回)

石景山区群众团体负责人

总工会主席 李桂珍(女,副区级)
常务副主席 王智勇
共青团石景山区委书记 张 帆(女,6月免)
杨俊峰(11月任)
妇女联合会主席 王宏芬(女)
归国华侨联合会主席 张 文
文学艺术界联合会主席 郭 明
科学技术协会主席 佟长江
残疾人联合会理事长 崔 宁(7月免)
高春玲(女,8月任)
红十字会会长 田春生(副区级)
常务副会长 郭增辉(1月免)
宋菁慧(女,2月任)

石景山区政法部门负责人

北京市公安局石景山分局局长 陈 强
北京市公安局石景山分局政委 郑燕生
人民检察院检察长 王春风
人民法院院长 王忠华
司法局局长 郭景明

石景山区军事机构负责人

人民武装部党委第一书记　荣　华(女)
人民武装部部长　耿振虎
　　政委　高道忠
石景山消防支队队长　岳爱军
　　政委　高国富
民防局局长　崔　泽

区国资委系统主要负责人

国资委党委书记、副主任　王金龙
国资委主任、党委副书记　杨贵宝(1月任)
国资委党委副书记、纪委书记　高　竹(女)
国资委副主任　邵立文(8月任)
国资委副主任　郑朝阳
国有企业监事会主席　杨贵宝(兼)
国有企业监事会调研员　时才仁
国有企业监事会调研员　韩若姮(女)
国有企业监事会监事　李念之
国有企业监事会监事　杨书锐(女)

区国资委监管企事业单位负责人

北京市石景山区国有资产经营公司
　　董事长、党委书记　胡志勇
北京实兴腾飞置业发展公司
　　董事长、党委书记　陈　新
　　总经理、党委副书记　明万富
北京宏润投资经营公司
　　董事长、党委书记　张继忠
　　总经理　秦玉山
北京万商投资发展有限公司
　　董事长、党委书记　毛　盾
　　总经理、党委副书记　李海涛
北京石景山游乐园
　　总经理、党委书记　吴海龙
北京市石景山区房屋经营和市场管理中心
　　主任、党总支书记　李茂生
北京石开房地产开发有限公司
　　董事长、党总支书记　陈　新
　　总经理　王志刚
北京盛景嘉和物业管理有限公司
　　董事长、党总支书记　张恕峰
北京市石景山物资总公司
　　总经理、党总支书记　米庆中
北京市石景山区建筑公司
　　党委书记　王铁峰
　　总经理、党委副书记　徐庆春
北京市石景山区第二建筑工程公司
　　经理、党总支书记　张宗富
北京燕金源置业有限公司
　　董事长　陈　新
　　总经理、党支部书记　刘成林

石景山区街道(社区)工委办事处负责人

八宝山街道
　　工委书记　崔恩平
　　办事处主任　吴　燕(女)
鲁谷社区行政管理中心
　　工委书记　崔章程
　　中心主任　高国强
老山街道
　　工委书记　孙　钢
　　办事处主任　任连田(8月免)
　　　　崔　宁(8月任)
古城街道
　　工委书记　齐　兵
　　办事处主任　陈婷婷(女,6月免)
　　　　王永明(6月任)
八角街道
　　工委书记　李路海
　　办事处主任　陈婷婷(女,7月任)
苹果园街道
　　工委书记　王春燕
　　办事处主任　杨旭东
金顶街街道
　　工委书记　吕秀艳(女)
　　办事处主任　刘云清
广宁街道
　　工委书记　胡冀民
　　办事处主任　迟志禹
五里坨街道
　　工委书记　韩　冰(女)
　　办事处主任　王永明(6月免)
　　　　周西松(11月任)

全国(含系统)先进集体及先进个人

先进集体

全国双拥模范城

石景山区

全国国土资源系统纪检监察先进集体

北京市国土资源局石景山分局纪检组

全国地方外事先进集体外事管理工作优异奖

石景山区政府外事办公室

致公党中央社会服务工作先进集体

致公党石景山区工委

国家一级档案馆

石景山区档案局(馆)

先进个人

全国五一劳动奖章获得者

贾树庆　北京市保安服务总公司石景山分公司分队长

中国侨界创新人才贡献奖

高　杰

全国优秀工会工作者

宋福田　北京市石景山区苹果园街道总工会主席

北京(含系统)先进集体及先进个人

先进集体

首都劳动奖状

趣游(北京)科技有限公司

北京市工人先锋号

石景山医院急诊科
石景山游乐园西南门售票岗

北京市"三八"红旗集体名单(8个)

中国银行北京石景山支行
石景山区社会保险基金管理中心
石景山区人民法院书记员室
石景山区八大处公园票务班
石景山区妇女联合会
石景山区信息网络中心
石景山区看守所女子管教队
石景山医院检验科

北京市模范职工之家

中国教育工会北京市石景山区委员会
北京实兴腾飞置业发展公司工会委员会

北京市模范职工小家

北京石景山游乐园票务部二分部工会小组
北京市石景山区妇女联合会工会

北京市基层双拥工作示范单位

居委会20个：

五里坨街道东街社区居委会
五里坨街道隆恩寺社区居委会
五里坨街道红卫路社区居委会
五里坨街道军区联勤部大院社区居委会
苹果园街道西山枫林第一社区居委会
苹果园街道西山枫林第二社区居委会
苹果园街道西黄新村西里社区居委会
苹果园街道军区装备部社区居委会
苹果园街道军区大院第一社区居委会
苹果园街道军区大院第二社区居委会
广宁街道办事处东山社区居委会
金顶街街道模式口西里北社区居委会
金顶街街道模式口西里中社区居委会
八角街道八角北里社区居委会
八角街道古城南里社区居委会
古城街道天翔社区居委会
古城街道西路北社区居委会
老山街道办事处东里北社区居委会
八宝山街道四季园社区居委会
鲁谷社区服务中心衙门口南社区居委会

其他单位21个：

北京市第九中学
北京市苹果园中学
北京市京源学校
石景山区六一小学
石景山区古城第二小学
石景山区少年国防教育基地
北京工业职业技术学院继续教育学院
北京朝阳医院京西院区
北京市石景山医院
北京协和医学院整形外科医院
区军转干部服务中心
区文化馆
区图书馆
区司法局五里坨司法所
区司法局苹果园司法所
区自来水公司
区市政工程管理所
区环境卫生服务中心
八大处公园管理处
石景山游乐园
区爱心助残养老便民服务社

干休所6个：

区军队离休退休干部第一休养所
区军队离休退休干部第二休养所
区军队离休退休干部第三休养所

区军队离休退休干部第四休养所
区军队离休退休干部第五休养所
区军队离休退休干部第六休养所
驻区部队 8 个：
武警石景山消防支队古城中队
武警北京总队三师第十九支队三大队七中队
北京军区司令部工程兵管理处
北京军区政治部幼儿园
北京军区联勤部疾病控制中心
中国人民解放军 66018 部队
中国人民解放军 66061 部队
中国人民解放军 66111 部队

先进个人

首都劳动奖章

门美子　丁海涛　马振才　霍文德　张竟芳

北京市“三八”红旗奖章名单(16 名,按姓氏笔画排序)

门美子　石景山区人民检察院助理检察员
毛慧敏　中关村科技园区石景山园管理委员会副主任
王艳君　石景山区文委行政执法队办公室主任
叶向红　石景山区教育委员会主任
刘　建　北京高井热电厂副总经济师
吕秀艳　石景山区金顶街街道党工委书记
何　静　石景山区卫生局监察科科长
吴　燕　石景山区八宝山街道办事处主任
宋　平　石景山区人口和计划生育委员会主任
李　宁　石景山区城管大队老山分队分队长
李　沁　沁人心彩传媒科技(北京)有限公司董事长
赵卞琴　北京市规划委员会石景山分局副局长
崔　兰　北京实兴腾飞置业发展公司副总经理
曹彦彦　北京市古城外国语学校校长
韩　悦　石景山区妇联组宣部部长
廖芙秀　北京易华录信息技术股份有限公司董事、副总裁、董事会秘书

北京市优秀工会工作者

方庆祥　李瑞萍　孙秀兰　张吉荣

北京市优秀工会积极份子

刘淑梅

北京市优秀职工之友

陈　新　龙鹏飞

石景山区(含系统)先进集体及先进个人

先进集体

石景山区优秀基层党建创新项目(50 个,按实施单位排序)

党建联建门店　八宝山街道党工委
流动党员学习驿站　八宝山街道玉泉西里中社区党支部
鲁谷六合画苑　鲁谷社区党工委
第一书记　鲁谷社区党工委
党员互动圈　鲁谷社区党工委
爱心小屋　鲁谷社区七星园南党总支
“红蜡烛”特殊家庭子女跟踪教育　老山街道党工委
社区社情恳谈会　老山街道党工委
健康俱乐部　老山街道东里社区党委
文化大舞台　八角街道八角北里社区党委
牵手健康加油站　八角街道古城南路社区党委
“120”应急担架队　八角街道公园北社区党委
金色亲情服务队　八角街道八角北路特钢社区党委
“串串烧”夕阳红助老服务　古城街道西路北社区党委
名誉社区主任　古城街道十万平社区党委
“学习身边楷模”主题活动　苹果园街道党工委
公益反哺家园　苹果园街道党工委
“党员结对、企业加盟”社区助老新模式　苹果园街道海一社区党委
社区百姓讲坛　苹果园街道西山枫林一社区党委
协会 + 党建模式　金顶街街道党工委
“绿丝带”党员服务队　金顶街街道党工委
党建经费项目化管理模式　广宁街道高井路社区党委
“双为”工程　五里坨街道党工委
共创和谐军营社区　五里坨街道党工委
“一月一典型”项目推进　石景山区委社会工委
社区党建星级争创　石景山区委社会工委
商务楼宇“五站合一”　石景山区委社会工委
共建双承诺　石景山区直机关工委
法律援助服务进社区　石景山区司法局党总支
阳光统计　石景山区统计局党总支
“一窗通办”服务模式　石景山区国税局第七党支部
“1234”凝聚力工程　石景山区委园区工委
创业导师制　留创园联合党支部
党员提案制　北京意科能源科技有限公司党支部
共建党员联系户、争创党员示范岗　北京景阳天昊投资管理公司党总支
“双名”工程　石景山区委教育工委
教育故事会　北京市京源学校党总支
青年教师鸿鹄培训项目　北京市第九中学党总支
党风廉政建设“两点三线”工作法　石景山区实验小学党支部
党员战斗小组　石景山区公安分局党委
党员领导干部换位体验　石景山区公安分局党委
检察人才队伍群体化建设　石景山区检察院机关党委
司法为民主题教育实践活动　石景山区法院机关党委
重点工程全程监管模式　石景山区实兴腾飞置业发展公司党委
“四好先进个人”评比活动　石景山区住建委党委
城市管理志愿者队伍建设　石景山区城管大队老山分

队党支部

创建文明机关大讨论活动 石景山区人力社保局党委

党员示范岗创建活动 石景山区卫生局卫生监督所党支部

零库存运作模式 物美集团党委供应链党支部

创党员作用发挥平台 打造党建服务品牌 银建投资公司党委

石景山区创先争优先进基层党组织(55个,按组织建制排序)

石景山区住房和城乡建设委员会党委
石景山区人民法院机关党委
北京实兴腾飞置业发展公司党委
石景山区建筑公司党委
八宝山街道永东北社区党委
老山街道老山东里社区党委
老山街道老山西里社区党委
八角街道八角北里社区党委
八角街道八角北路特钢社区党委
古城街道西路北社区党委
古城街道十万平社区党委
苹果园街道西山枫林一社区党委
金顶街街道模式口西里中社区党委
广宁街道新立街社区党委
广宁街道高井路社区党委
五里坨街道军区联勤部大院社区党委
五里坨街道西山机械厂社区党委
石景山区人大机关党总支
石景山区集体经济办机关党总支
石景山区统计局党总支
八宝山街道瑞达社区党总支
鲁谷社区重兴园党总支
鲁谷社区衙门口西党总支
北京金宝山投资管理公司党总支
北京古城泰然投资管理公司党总支
石景山区委办、党史办联合党支部
石景山区委组织部党支部
石景山区纪委监察局党支部
石景山区政府办党支部
石景山区政协机关党支部
石景山区财政局党支部
石景山区环保局党支部
石景山区残联党支部
石景山区投促局党支部
石景山区经信委党支部
石景山区规划分局党支部
石景山区科委园区机关党支部
石景山区公安分局老山派出所党支部
石景山区公安分局八角派出所党支部
石景山区公安分局新古城派出所党支部
石景山区人民检察院政治处、纪检组联合党支部
石景山区人力资源和社会保障局劳动监察党支部
金顶街街道机关第四党支部
石景山区城市管理监察大队老山分队党支部
北京市苹果园中学党支部
石景山区古城第二小学党支部
石景山区疾病预防控制中心党支部
石景山区医院外科党支部
石景山区房屋修缮所党支部
石景山区自来水公司党支部
石景山区环境卫生服务中心垃圾清运队党支部
国家无线电监测中心检测中心党支部
趣游(北京)科技有限公司党支部
北京星河出租汽车有限责任公司党支部

石景山区双拥模范单位

爱国拥军模范单位(36个):

区委办公室
区委组织部
区委宣传部
区精神文明建设委员会办公室
区社会治安综合治理委员会办公室
区委直属机关工作委员会
区政府办公室
区教育委员会
区民政局
区司法局
区财政局
区人力资源和社会保障局
区市政市容管理委员会
区文化委员会
区卫生局
区统计局
区园林绿化局
区城市管理监察大队
中关村科技园区石景山园管理委员会
八宝山街道办事处
鲁谷社区行政事务管理中心
老山街道办事处
八角街道办事处
古城街道办事处
苹果园街道办事处
金顶街街道办事处
广宁街道办事处
五里坨街道办事处
区妇女联合会
区公安分局
区公安交通支队
区环境卫生服务中心

八大处公园管理处
区军队离休退休干部安置服务管理中心
北京石景山游乐园
北京工业职业技术学院继续教育学院

拥政爱民模范单位(15 个):

石景山区人民武装部
中国人民解放军 66019 部队
中国人民解放军 66240 部队
中国人民解放军 66061 部队
中国人民解放军 66057 部队
北京军区政治部文化工作站
中国人民解放军 66410 部队
北京军区疾病预防控制中心
中国人民解放军 66476 部队
中国人民解放军 66294 部队
中国人民解放军 66018 部队
中国人民解放军 93658 部队
中国人民武装警察部队石景山支队
中国人民武装警察部队石景山消防支队
中国人民解放军北京陆军预备役高炮第四团

国防教育先进单位(10 个):

区少年国防教育基地
区广播电视中心
《石景山报》编辑部
八角街道人民武装部
广宁街道人民武装部
五里坨街道人民武装部
鲁谷社区人民武装部
首钢总公司人民武装部
北重公司人民武装部
北京工业职业技术学院人民武装部

先进少年军校(10 所):

北京市天泰中学
北京市同文中学
北京师范大学励耘实验学校
北京教育学院石景山分院附属学校
北京教育学院石景山分院附属小学
石景山区实验小学
石景山区银河小学
石景山区爱乐实验小学
石景山区第二实验小学
石景山区杨庄小学

军(警)民共建先进单位(10 对):

66018 部队——苹果园街道办事处
66057 部队——北京师范大学励耘实验学校
66410 部队——北京市第九中学
66469 部队——区图书馆
66476 部队——老山街道办事处
66240 部队——古城街道西路北社区
66019 部队 62 分队——八角街道北里社区
93658 部队四连——北京小飞象发展训练中心
北京军区司令部勤务汽车队——区公安交通支队
武警石景山消防支队——北京市京源学校

石景山区 2012 年防汛救灾工作先进集体

中共石景山区委办公室
中共石景山区委组织部
中共石景山区委宣传部
石景山区武装部
石景山区政府办公室
石景山区应急办
石景山区政法委维稳办
石景山区市政市容管理委员会
石景山区市政工程管理所
石景山区防汛办
石景山区发展和改革委员会
石景山区国有资产监督管理委员会
北京盛景嘉和物业管理有限公司
石景山区住房和城乡建设委员会
石景山区住房和城乡建设委员会物业管理科
石景山区经济和信息化委员会
石景山游乐园
石景山教委基建房管中心
石景山区商务委员会
石景山区文化委员会
法海寺文物保管所
慈善寺文物保管所
第四季冰川陈列馆
石景山公安分局
石景山分局治安支队
石景山公安分局内部单位保卫大队
石景山公安分局八角派出所
石景山公安分局新古城派出所
石景山公安分局模式口派出所
石景山公安分局金顶街派出所
石景山公安分局广宁派出所
石景山区集体经济办公室
北加农机技术咨询中心
北京欣安天成投资管理中心
北京金石腾飞投资管理中心
北京华美天祥贸易有限公司
北京市麻峪工贸中心
八大处农工商公司
石景山区民政局
石景山区民政局社会福利救济科
石景山区颐养年养老院
石景山区卫生局

石景山区疾病预防控制中心
石景山区园林绿化局
石景山区园林绿化局绿化工程一队
石景山区园林绿化局绿化工程二队
石景山区园林绿化局玉泉花圃
石景山区政府法制办公室
石景山区西部建设办公室
石景山区信访办公室
石景山区气象局
石景山区安全监管局
石景山区财政局
石景山区民防局
石景山区司法局
石景山区环境保护局
北京市国土资源局石景山分局
石景山规划分局
石景山区机关行政事务管理处
石景山区公安消防支队
石景山区公安消防支队古城中队
石景山区公安消防支队八大处中队
石景山交通支队
石景山区城管大队
石景山区城管大队金顶街分队
石景山区总工会
爱华外语研修学院
石景山医院急诊科团支部
石景山区公园管理中心
北京市八大处公园管理处
石景山报
石景山区广电中心新闻部
石景山区红十字会
八宝山街道
八宝山街道永东北社区
八宝山街道永东南社区
老山街道
老山街道何家坟社区
老山街道 11 号院社区
八角街道
八角街道城管科
八角街道建刚南里社区
八角街道民政科
八角街道北里社区
古城街道
古城街道南北岔社区
古城街道庞村社区
古城街道水泥厂社区
苹果园街道
苹果园街道琅山社区
苹果园街道西黄村社区
苹果园街道边府社区
苹果园街道西井社区
金顶街街道
金顶街街道西福村社区
金顶街街道模式口村社区
金顶街街道赵山社区
金顶街街道铸造村社区
金顶街街道金一区社区
金顶街街道金五区社区
广宁街道
广宁街道新立街社区
广宁街道麻峪社区
广宁街道麻峪北社区
广宁街道高井路社区
广宁街道东山社区
五里坨街道
五里坨街道黑石头社区
五里坨街道隆恩寺社区
五里坨街道高井社区
五里坨街道东街社区
鲁谷社区
鲁谷社区衙门口西社区
鲁谷社区衙门口东社区
鲁谷社区衙门口南社区
石景山供电公司
北京首钢实业有限公司物业管理分公司
市排水集团第四管网运营分公司三分公司
物美商业集团股份有限公司
丽贝亚建筑装饰工程有限公司

先 进 个 人

石景山区创先争优优秀共产党员(100 名,按姓氏笔画排序)

丁兆伟 浙江江山欧派木门驻京办事处经理、老山街道流动人口党支部副书记
于德水 金顶街街道社区服务者协会太极拳队队长
万苏建 石景山区军休五所军休干部
卫柏松 博拓投资有限公司副总裁
马海英 五里坨街道隆恩寺新区社区党总支书记、居委会主任
王 华 广宁街道办事处综治办主任
王文忠 鲁谷社区重兴园居民区党员
王玉华 金顶街街道金二区社区党员
王玉娟 八角街道八角北里社区党委书记
王立君 石景山区检察院反贪局侦查二处处长
王存生 八角街道杨庄北区社区党员
王兴华 石景山区机关行政处膳食科科长
王宝录 石景山区自来水公司党支部书记、经理

王建民　石景山区体校举重教练
王钢成　石景山区环卫中心公厕粪肥管理处粪便消纳站管理班班长
王秋菊　古城街道十万平社区党委书记
牛爱辉　石景山区公安分局金顶街派出所民警
毛颖芳　鲁谷社区重兴园党总支书记
文祎军　石景山区人保局医疗保险事务管理中心主任
甘秀舫　八角街道非公党总支书记
厉秀琴　八角街道地铁家园社区党员
田进峰　石景山区城管大队八角分队教导员
白继林　八角街道办事处社保所职员
邢　军　北京市第九中学教师
邢宝柱　北京麻峪工贸中心党总支书记、总经理
任惠琴　古城街道办事处民政科主任科员
认证住　苹果园街道苹一社区党员
刘　贵　五里坨街道社区卫生服务中心全科诊室负责人
刘　震　北京丽贝亚建筑装饰工程有限公司党支部书记、副总经理
刘梦芳　北京万商如一快捷酒店管理有限公司财务部副经理
刘淑俭　八宝山街道玉泉西里北社区党支部书记
闫秀清　北京明诚技术开发有限公司党支部书记
关名彦　老山街道东里南社区党委书记、居委会主任、社区服务站站长
许建林　石景山区住建委安监站科员
孙　革　石景山区人保局专业技术人员管理科科长
孙　琦　石景山游乐园运营二部服务员
孙爱凤　石景山区杨庄小学办公室主任兼大队辅导员
苏广顺　石景山区人保局法制科科长
李　宁　石景山区城管大队老山分队分队长
李　丽　石景山区市政工程管理所第二项目部项目经理
李　玟　石景山区公安分局苹果园派出所民警
李　磊　银建的士分公司经理
李东年　古城街道西路北社区党委委员
李伯芬　古城街道天翔社区党员
李振玲　石景山区集体经济办公室信访办主任
李菊华　石景山区公安分局八宝山派出所主任科员
杨　华　苹果园街道海一社区党员
杨　磊　鲁谷社区久筑党支部书记
杨华琴　八宝山街道办事处社保所副所长
杨树明　石景山区城管大队党委办公室主任
吴明英　北京宏润嘉和农贸市场有限责任公司市场管理主任
邱建生　五里坨街道联勤部军营大院社区党委书记
佟金力　鲁谷社区七星园北党总支第二党支部书记
汪淑华　金顶街街道金一区社区党委书记
宋　琦　石景山区发改委政府采购中心副主任
宋继强　石景山区公安分局内保大队民警
张　维　八宝山街道鲁谷住宅社区党总支书记
张之福　石景山医院神内一科主任
张学敏　金顶街街道铸造村社区党员
张泽民　鲁谷社区六南党总支委员、第三党支部书记
张艳君　石景山区实验幼儿园党支部书记、园长
张悦华　石景山区国税局机关党委办公室科员
张海霞　石景山区地税局第一税务所科员
陈亚璐　北京金寰亚管理咨询有限公司党支部书记
陈京燕　石景山区住建委物业管理科科长
范金慧　石景山区信访办办公室主任
周永春　石景山区园林绿化局绿化工程一队队长
郑　博　石景山区质监局质量科科长
孟　伟　广宁街道东山社区党员
孟俊霞　苹果园街道苹四社区党委书记
赵　五　石景山区环卫中心垃圾清运队管工班班长
赵金凤　五里坨街道南宫社区党员
郝沛琴　鲁谷社区万达大厦楼宇工作站站长
郝彦田　北京星河出租汽车有限责任公司党支部书记、总经理
郝殿诏　古城街道老古城前街社区党总支书记
柯　军　石景山区市政市容委市政工程办公室主任
贺卫红　石景山区民政局优抚安置科科长
贾卫平　石景山区文委文物科科长
贾树庆　石景山区保安分公司驻实兴金海物业保安分队队长
晏国全　金顶街街道办事处社保所职员
徐　进　石景山区卫生局卫生监督所审批办证科科长
徐桂荣　石景山区碧泉商场党支部书记
宸哲峰　石景山区文委办公室主任
梁广富　石景山区工商分局主任科员
梁宏茹　石景山区公安分局勤务指挥处科长
梁金才　苹果园街道海二社区党员
葛金胜　北京市京源学校美术教研组组长
韩　娜　石景山区委园区工委党群工作办公室主任
程铁妮　金顶街街道金五区社区党委副书记
焦智华　石景山区中医医院针刀科主任医师
谢　云　老山街道老山东里社区党员
谢建华　物美集团党委组织科科长、行政经理
靳宝嵩　石景山区公安分局治安支队行动中队中队长
虞　明　北京重德物业管理有限责任公司党支部书记
路　军　石景山区国有资产经营公司经营部部长
臧中凯　退休干部、石景山区政协原主席
翟海潮　北京天山新材料技术股份有限公司副总经理
樊秋芬　北京景阳天昊投资管理公司党总支书记
穆建新　石景山医院门诊办主任

石景山区百名身边榜样名单

助人为乐身边榜样(20名,按姓氏笔画排序)

王乃贵　石景山区千禧贵龙理发店店长

王玉娟(女)　石景山区八角街道八角北里社区党委书记
王　凯　北京军区警卫营三连战士
王晓庆　石景山区住建委住房保障科科长
朱宝光　北京军区政治部战友文工团原副团长兼京剧队队长
伊增朴　石景山区金顶街街道赵山社区居民
刘德高　石景山区八角街道八角北路社区居民
杨　红(女)　石景山区八角街道八角南路社区居民
杨拓荒　北京市第九中学退休教师
张凤云(女)　石景山区鲁谷社区五芳园社区居民
张　剑　石景山区人民检察院反贪局干警
张瑞霞(女)　石景山区公共文明引导员
陈守信　北京军区联勤部原生产部部长
赵生杰　石景山区树仁学校校长
赵国强　石景山区鲁谷社区双锦园社区居民
郝彦田　北京星河出租汽车公司党支部书记、总经理
施莲霞(女)　石景山区五里坨街道石府社区居民
徐代秋(女)　石景山区八宝山街道情报所社区居民
桑佩燕(女)　石景山区古城街道古城南路东社区居民
谢书山　石景山区鲁谷社区七星园南社区居民

见义勇为身边榜样(5 名,按姓氏笔画排序)

刘洪德　石景山区五里坨街道红卫路社区居委会主任
何　磊　当代商城鼎城店商场管理部第一商场领班
武海森　北京景山学校远洋分校教师
贾树庆　北京市实兴金海物业管理中心海特分队队长
韩胜利　石景山区苹果园街道琅山社区居民

诚实守信身边榜样(5 名,按姓氏笔画排序)

劳裕明　石景山公安分局鲁谷派出所副所长
赵书兵　石景山区西黄村体育彩票站店主
钟青林　北京市三林星鞋城经理
徐桂荣(女)　石景山区碧泉商场党支部书记
梅洛明　北京明诚技术开发有限公司董事长

敬业奉献身边榜样(25 名,按姓氏笔画排序)

门美子(女)　石景山区人民检察院公诉二处副处长
马振才　石景山区古城街道老古城后街社区书记
王永前　新华社半月谈杂志社党委副书记、纪委书记、总编室主任
王兴华　石景山区机关行政处膳食科科长
王　霞(女)　石景山区八大处公园工程园林科科长
叶　艳(女)　石景山区实验小学校长
由　班(女)　北京市古城外国语学校教师
付　晓(女)　万达集团万千百货北京区域公司副总经理
冯　雷(女)　石景山区古城第二小学教师
全宇虹(女)　中国国际广播电台新闻采编中心时政部主任
刘亚琴(女)　石景山区图书馆协会秘书长
刘秀杰　石景山区城管大队指挥中心城管热线组长
刘忠光　北京市检察院第一分院反贪局正处级检察员、主侦检察官
杨吉龙　石景山区人保局调解仲裁科科长
杨全录　石景山区国家税务局第一税务所主任科员
邱建生　北京军区联勤部机关营院管理办主任兼联勤部社区书记
辛建华(女)　石景山区五里坨医院护士长
张　亮　北京鲁谷集中供热厂输煤班班长
张海霞(女)　石景山区地方税务局第一税务所科员
周永春　石景山区园林绿化局绿化工程一队队长
贾银虎　石景山公安分局苹果园派出所社区民警
徐　进　石景山区卫生局卫生监督所审批办证科科长
葛金胜　北京市京源学校美术教师
韩　娜(女)　中关村科技园区石景山园党群工作办主任
魏长朋　石景山区人民法院执行一庭执行员

孝老爱亲身边榜样(15 名,按姓氏笔画排序)

王海芝(女)　石景山区广宁街道个体食品店店主
王淑霞(女)　石景山区老山街道老山东里社区居民
吴寿平　北京军区装备部综合计划部装备动员办公室主任
张美霞(女)　石景山区古城街道古城后街社区居民
陈淑艳(女)　石景山区苹果园街道装备部社区居民
苑长山　石景山区古城街道北辛安大街社区居民
范金慧(女)　石景山区信访办办公室主任
郑洪斌(女)　石景山区中铁建总医院社区居民
孟宪义(女)　石景山区鲁谷社区重聚园社区居民
孟桂荣(女)　石景山区五里坨街道高井社区居民
郝双喜　石景山区金顶街街道金三社区居民
高全静　北京经济管理学校学生
董明兰(女)　石景山区鲁谷社区五芳园社区居民
詹　琳(女)　石景山区八宝山街道三山园社区居民
蔡贵国　首钢矿业协力公司职工

创新有为身边榜样(20 名,按姓氏笔画排序)

丁大文　石景山公安分局巡警支队一中队中队长
丁海涛　北京神农庄园饮食管理有限公司厨师长
于双立　当代商城鼎城店物业部主管
卫建平　首钢机电公司机械厂数控中心主任
王钢成　石景山区环卫中心公厕粪肥管理处班长
朱军盈　石景山区自来水公司管网抢修班班长
刘华京　石景山区疾病预防控制中心放射卫生科科长
刘　宏(女)　首钢技术研究院用户技术研究所电焊工
刘晓群(女)　石景山区爱乐实验小学教师
孙艳艳(女)　石景山医院检验科主任、党支部书记
李　平　北京东土科技股份有限公司董事长、总经理
李富瑞　石景山区环卫中心道路清扫队队长助理
杨　佳(女)　中国科学院研究生院教授
杨海峰　高井热电厂设备部电气点检副点检长
张学臣　中铁建设集团南宁分公司副总经理
陈　杰　北京朝阳医院西区疝和腹壁外科主任

赵　五　石景山区环卫中心垃圾清运队管工班长
赵　新　石景山区文化馆职工
蒋海越　中国医科院整形外科医院主任医师
谢家麟　中科院高能物理研究所研究员、博士生导师

志愿服务身边榜样（10名，按姓氏笔画排序）

万苏建　石景山区红十字绍家坡康复医院院长
包羡华（女）　石景山区八宝山街道永东北社区居民
曲芬兰（女）　石景山区广宁街道东山社区居民
任增主（女）　石景山区苹果园街道苹一社区居民
刘双义　石景山区八角街道八角北路社区居民
邵誉培（女）　石景山区老山街道老山东里社区居民
赵迎春（女）　石景山区鲁谷社区五芳园社区居民
赵宝海　石景山区公共文明引导协调办公室副主任
梁金才　石景山区苹果园街道海二社区居民
谢　云（女）　石景山区老山街道东里社区居民

石景山区2012年防汛救灾工作先进个人

于泽生　石景山区公安分局老山派出所民警
于洪军　石景山区永定河管理所常务副所长
凡　喆　石景山区委宣传部办公室主任
马兴旺　石景山区市政工程管理所养护部部长
马军改（女）　八角街道党工委办公室主任
马宏伟　石景山区公安分局八宝山派出所民警
马和林　八角街道办事处城管科主任科员
马宝国　五里坨街道高井社区居委会主任
云景盘　石景山区民防局科长
亓卫东　金顶街街道办事处副主任
孔德鹏　石景山区总工会办公室科员
方开瑞　老山街道东里社区干部
王　伟　广宁街道麻峪社区居委会副主任
王　刚　八宝山街道永东南社区党委书记、居委会主任
王　钢　石景山区总工会办公室副主任科员
王　艳（女）　苹果园街道西山枫林二社区居委会副主任
王文香（女）　石景山区环卫中心道路清扫队副队长
王文满　北京四季青印刷厂工人
王永飞（女）　鲁谷社区行政事务管理中心城管部副部长
王永明　古城街道办事处主任
王永顺　石景山区自来水公司副经理
王立军　石景山区安监局监管科科长
王传东　苹果园街道办事处副主任
王红伟　老山街道办事处信访办主任
王红军　古城街道北辛安铁新社区党总支书记
王克义　石景山区公安分局新古城派出所民警
王利宁　石景山区交通支队交通科民警
王志玲（女）　石景山区体育局服务中心主任
王佳乐（女）　苹果园街道西黄村社区居委会委员
王学秀（女）　金顶街街道西福村社区党总支书记
王　岩（女）　古城街道水泥厂社区党委书记、居委会主任
王建军　石景山区城市管理监督指挥中心培训部长
王建军　石景山区园林绿化局绿化工程二队班长
王　杰　石景山区市政市容委副主任
王金华（女）　广宁街道新立街社区党委书记、居委会主任
王俊明　石景山区公安分局苹果园派出所副所长
王　勇　金顶街街道办事处办公室主任
王　勋　石景山区纪检监察局执法监察室科员
王春艳　苹果园街道党工委书记
王　珊（女）　石景山区园林绿化局副调研员
王　茜（女）　石景山区民政局社区服务办公室主任
王振河　五里坨街道纪工委书记
王　浩　八角街道办事处城管科科长
王海鹏　五里坨街道隆恩寺社区居委会副主任
王铁峰　石景山区委宣传部常务副部长
王　彬　老山街道何家坟社区居委会副主任
王淑明　石景山区自来水公司杨庄水厂厂长
王　琳　石景山供电公司配电区主任
王琳琳（女）　石景山区气象局副科长
王新村（女）　苹果园街道边府社区居委会主任
王颖玲（女）　石景山区卫生局副局长
王　鹏　老山街道办事处流管办主任
王燕春　石景山区经信委信息网络中心工作人员
见国峰　排水集团第四管网运营分公司工程公司工作人员
车玉刚　首钢物业分公司机修车间电工班长
邓　磊　石景山区商务委服务交易科科员
邓江华　北京双全律师事务所主任
邓宏洁　古城街道铁新社区居委会副主任
邓金明　金顶街街道办事处副主任
付振国　石景山区国土分局科长
冯　涛　石景山区公安分局勤务指挥处科长
卢　振　石景山区公安消防支队副班长
卢满钧　八角街道办事处副主任
司洪海　苹果园街道办事处城建科科长
左林强　石景山区公安消防支队班长
田春涛　首钢物业分公司副经理
田　原　鲁谷社区行政事务管理中心城管部副部长
田福彬　古城街道办事处民政科科长
白　石　石景山区住建委施工安全科科员
白　竑　石景山区公安分局鲁谷派出所民警
白京军　石景山区公安分局新古城派出所政委
白建锋　石景山区园林绿化局园林科科长
石文婷（女）　石景山区民政局社会福利救济科科员
石惠英（女）　苹果园街道下庄社区居委会主任
石　磊　鲁谷社区行政事务管理中心副主任
艾红波（女）　八宝山街道永东北社区党委书记、居委会主任

任志忠　石景山医院急救站医师
任连田　石景山区档案局党组书记
伍新民　石景山区城管大队金顶街分队科员
关　旭　排水集团第四管网运营分公司三分公司管网部科长
刘　攀　首钢物业分公司苹西所所长助理
刘　颖　石景山区商务委流通管理科科员
刘三龙　古城街道庞村社区居委会主任
刘义国　石景山区公安分局治安支队民警
刘为兵(女)　北京丽贝亚建筑装饰工程有限公司后勤管理部经理
刘云清　金顶街街道办事处主任
刘少如　石景山区公安消防支队副支队长
刘月明　八角街道办事处副主任
刘永升　五里坨街道办事处副主任
刘光银　鲁谷社区行政事务管理中心副主任
刘国成　北京欣安天成投资管理公司总支委员
刘建宝　排水集团第四管网运营分公司三分公司经理
刘松林　石景山区防汛办主任
刘　泽　石景山区统计局办公室主任
刘　威　石景山区政府办副主任、应急办主任
刘哲章　广宁街道麻峪北社区居委会副主任
刘晓宏　石景山区民政局社会福利救济科科长
刘　海　石景山区民政局社会福利救济科主任科员
刘润荣　石景山区红十字会办公室主任
刘淑丽(女)　八角街道办事处民政科科长
刘　斌　石景山区发改委电力办主任科员
刘墨强　苹果园街道办事处城建科主任科员
刘　磊　石景山区应急办应急指挥组组长
吕秀艳(女)　金顶街街道党工委书记
吕　岩　石景山区应急办预案管理组组长
孙　伟　八宝山街道办事处城管科副科长
孙　微(女)　石景山区委督查室副主任
孙俊丰　八角街道八角北里社区居委会主任
孙　钢　老山街道党工委书记
孙继先　广宁街道办事处主任科员
孙　焱(女)　《石景山报》编辑部科长
师文辉　石景山区环境保护局副局长
朱　亮　石景山区五里坨医院副院长
朱钢银　石景山区公安分局副分局长
朱继功　石景山区政府办公室主任助理
朱新民　八宝山街道办事处副主任
朴海军　老山街道办事处主任科员
毕晓梅(女)　石景山区民防局副局长
汤建华　鲁谷社区行政事务管理中心副主任科员
祁　月(女)　石景山区委宣传部外宣科副科长
祁月武　石景山区交通支队北辛安大队大队长
纪　兢(女)　石景山区信访办主任科员
邢博越　石景山区西建办项目推进科科长
齐　升　苹果园街道办事处办公室主任
齐　兵　古城街道党工委书记
齐　忠　石景山区市政市容委办公室主任
严　峻　八宝山街道办事处城管科副主任科员
严　震　石景山区环卫中心垃圾综合处理厂厂长助理
佟纪光　广宁街道办事处副主任
吴　燕(女)　八宝山街道办事处主任
吴小书　石景山区公安消防支队班长
吴成九　五里坨街道东街社区干部
吴　红(女)　金顶街街道办事处副主任
吴　凯　石景山区工商分局科员
吴晓娟(女)　金顶街街道西福村社区居委会主任
吴　瑕(女)　石景山区市政市容委副主任
宋　欣　石景山区公安分局模式口派出所警长
宋　研　石景山区公安分局金顶街派出所政委
宋红屹　石景山区交通支队事故科科长
宋继强　石景山区公安分局内保大队民警
库　浩　鲁谷社区行政事务管理中心事务部副部长
应　娜(女)　古城街道团委书记
张　华(女)　石景山区住建委广宁房管所所长
张　震　石景山区商务委规划发展科科员
张大鹏　石景山区环卫中心业务科科长
张云英　八角街道办事处宣传科科长
张　平　石景山区慈善协会救灾事务管理中心主任
张术瑞　石景山区旅游委副科长
张玉国　石景山区环卫中心主任
张　帆　五里坨街道办事处副主任
张启臻　石景山区环卫中心垃圾清运队队长
张希星　北京国际雕塑公园职工
张　凯　石景山区交通支队北辛安大队警长
张　凯　石景山区维稳办副主任科员
张国明　北京金石腾飞投资管理中心经理
张建军　石景山区交通支队北辛安大队警长
张　虎　鲁谷社区行政事务管理中心副主任科员
张春颖(女)　金顶街街道模式口村社区居委会副主任
张洪江　五里坨街道办事处副主任
张秋芬(女)　石景山区公安分局刑侦支队民警
张根群　古城街道办事处副主任
张桂勇　鲁谷社区行政事务管理中心办公室主任
张海东　石景山供电公司检修部主任
张海楠　石景山区委办公室副主任科员
张继奎　石景山区住建委房屋管理科主任科员
张莎丽(女)　石景山区妇联副调研员
张　瑶(女)　金顶街街道铸造村社区党总支书记
李　杰　石景山区八大处农工商公司副书记
李文亮　金顶街街道模式口村社区居委会委员
李长海　北京四季青印刷厂工人

李正平 老山街道11号院社区党支部书记
李永亮 老山街道宣传部副部长
李红霞(女) 八角街道景阳东街第一社区居委会主任
李 京(女) 金顶街街道办事处民政科科长
李学军(女) 古城街道南北岔社区居委会副主任
李金生 八角街道办事处副主任
李姜霖 石景山区应急办副主任
李海军 鲁谷社区行政事务管理中心科员
李海波 石景山区公安消防支队科长
李艳惠(女) 苹果园街道琅山社区居委会主任
李 崇 石景山区公安消防支队中队长
李群堂 石景山区公安分局八角派出所民警
李路海 八角街道党工委书记
杜思立 金顶街街道办事处综治办主任
杜春林 石景山区城管大队五里坨分队副主任科员
杜鸿雁(女) 苹果园街道办事处宣传科科长
杜 雷 《石景山报》编辑部副科长
杨大东 石景山区交通支队交通科民警
杨旭东 苹果园街道办事处主任
杨红成 金顶街街道办事处城管科科长
杨红梅(女) 广宁街道办事处副主任
杨国栋 石景山区广电中心新闻部记者
杨宗福 八宝山街道办事处城管科主任科员
杨育忠 石景山区社会办科长
杨贵宝 石景山区国资委主任
杨清霞(女) 石景山区信访办副主任
杨 斌 石景山区环卫中心公厕粪肥管理处主任
汪承炳 广宁街道办事处防汛办工作人员
沈文明 石景山区应急办副主任科员
肖漫丽(女) 五里坨街道宣传部部长
苏宇明 苹果园街道第一社区居委会副主任
辛 凯 苹果园街道办事处科员
迟志禹 广宁街道办事处主任
陆文军 石景山区民政局干休二所所长
陈 鹏 石景山区委组织部主任科员
陈 鹤 古城街道办事处城建科科长
陈 雷 石景山区商务委办公室科员
陈 飞 石景山区应急办综合保障组组长
陈永强 古城街道北辛安南北岔社区党委书记、居委会主任
陈跃军 苹果园街道西黄村社区居委会主任
陈婷婷(女) 八角街道办事处主任
陈福柱 石景山区市政工程管理所常务副所长
周永春 石景山区园林绿化局绿化工程一队队长
周光才 老山街道11号院社区干部
周守恒 石景山区环卫中心渣土清运队队长
孟全会 八角街道办事处办公室主任
岳 星 《石景山报》编辑部科长
明万富 北京实兴腾飞置业发展公司党委副书记、总经理
武铁成 五里坨街道城建科副科长
畅忠杰 五里坨街道办事处城建科科长
罗 凯 老山街道何家坟社区党总支副书记
苗凤梅(女) 石景山区气象局科长
郑 一 石景山区委组织部副主任科员
姚 震 石景山区城管大队宣传科副科长
姜玉玺 石景山区发改委办公室副主任
种 磊 石景山区政府办公室主任
胡晓颖(女) 古城街道南大荒社区居委会主任
胡冀民 广宁街道党工委书记
荣 海 北京华美天祥贸易有限公司董事长助理
要西泽 金顶街街道办事处工委办公室主任
赵 杰 石景山区环卫中心检查调度队副队长
赵世英 八宝山街道办事处副主任
赵冬冰 石景山区交通支队北辛安大队警长
赵冬梅(女) 慈善寺文物保管所副所长
赵红梅(女) 金顶街街道赵山社区党总支书记
赵宝忠 古城街道白庙社区居委会主任
赵晓艳(女) 石景山区疾病预防控制中心科长
赵雅莉(女) 老山街道办事处行政办主任
赵 颖(女) 五里坨街道黑石头社区党总支书记
郝玉刚 石景山区水政监察大队
郝殿诏 古城街道前街社区党总支书记、居委会主任
饶黎忠 石景山区公安消防支队班长
唐 健 石景山区公安分局广宁派出所民警
唐 军 石景山区城管大队鲁谷分队队长
唐红屏(女) 苹果园街道西井社区居委会主任
唐福海 石景山区规划分局科长
展增利 石景山区集体经济办企业和资源管理科科长
徐文清(女) 老山街道办事处城建科科长
徐晓光(女) 石景山区卫生局办公室主任
徐晓炜 石景山区纪检监察局办公室主任
徐晓洁(女) 石景山区广电中心新闻部主任
徐 燕(女) 鲁谷社区行政事务管理中心副主任
栗 民 石景山区城管大队鲁谷分队副分队长
聂纪军 鲁谷社区残联理事长
聂建辉 石景山区教委基建房管中心副主任
贾卫平 石景山区文委文物科科长
贾文胜 重德物业公司副经理
贾富强 石景山区法制办科长
郭冬梅(女) 八宝山街道三山园社区党委副书记
郭桂云(女) 八宝山街道四季园社区党委书记、居委会主任
高凤武 石景山区公安消防支队处长
高 华 石景山区交通支队勤务指挥科民警
高伯华 八宝山街道办事处城管科科长

高国强　鲁谷社区行政事务管理中心主任
高金山　石景山区人力社保局办公室主任
高雪文　广宁街道办事处防汛办科长
高殿亮　石景山区市政市容委主任
崔栋亮　八宝山街道办事处城管科科员
崔恩平　八宝山街道党工委书记
崔章程　鲁谷社区党工委书记
康小利(女)　石景山区广电中心新闻部记者
曹文有　石景山区集体经济办企业和资源管理科主任科员
曹长鸿　广宁街道东山社区党委书记
曹　丽(女)　石景山区政府办公室信息科科长
梁学刚　石景山区市政市容委副主任
梁谦民　鲁谷社区行政事务管理中心主任科员
盛敏前　广宁街道办事处办公室主任
菅吉正　石景山区园林绿化局玉泉花圃书记、主任
隗晨曦(女)　石景山区财政局科员
黄义波　石景山区政府办公室秘书科副主任科员
黄绍坤　老山街道办事处副调研员
揭霈霖　石景山区公安分局治安支队副支队长
景清彪　石景山区水利工程质量监督站站长
程华祥　石景山区武装部政工科科长
舒　文　苹果园街道琅山社区居委会委员
董新理　石景山区安监局副局长
蒋清涛　古城街道办事处工勤人员
韩玉山　石景山区机关行政处副处长
韩　冰(女)　五里坨街道党工委书记
鲁文盛　石景山区卫生局卫生监督所所长
褚育琳(女)　古城街道北辛安大街社区党总支书记
蔡　勇　石景山区城管大队广宁分队副分队长
谭中伟　石景山区公安分局巡警支队副中队长
樊　典　石景山区防汛办科员
樊振喜　北京北加农机技术咨询中心经理
樊　超　鲁谷社区衙门口南居委会委员
潘奉先　八大处公园护园队副队长
薛　雷　石景山区民政局办公室主任
霍凤花(女)　广宁街道高井路社区居委会委员
霍文德　石景山区环卫中心道路清扫队队长
霍秀娟(女)　金顶街街道办事处招商办科长
魏忠奇　五里坨街道办事处民政科科长

爱国拥军先进个人(70人):

冯雅男(区委办公室综合组组长)
杨昆仑(区委组织部干部组主任科员)
黄丽君(区委宣传部新闻科科长)
宋　薇(区委政法委、维稳办主任科员)
李树立(区直机关工委纪工委书记)
刘云艳(区社会治安综合治理委员会办公室副主任)
包和平(区人大办公室主任科员)
刘　威(区政府办公室副主任)
蒙树红(区政协办公室副主任)
袁成钧(区教育委员会副主任)
阮起良(区文化委员会党委副书记)
董聪慧(区文化委员会副主任)
刘家清(区人力资源和社会保障局党委副书记、工会主席)
朱昌领(区卫生局党委副书记、纪委书记)
陈　强(区市政市容管理委员会副调研员)
陈福柱(区市政市容管理委员会市政所常务副所长)
战　菲(区妇女儿童工作委员会办公室副主任)
刘　泽(区统计局工会副主席、办公室主任)
潘长林(区少年国防教育基地党支部书记)
张宏印(区民政局双拥工作科科长)
杨崇艳(区民政局优抚安置科副科长)
王立平(区军队离休退休第三干部休养所所长)
刘福平(区军队离休退休干部房管所所长)
丁立军(区司法局苹果园司法所所长)
王　芳(区司法局五里坨司法所司法助理员)
刘学明(石景山医院党委副书记、纪委书记、工会主席)
张怀忠(区人才交流服务中心党委书记)
陈爱杰(区人力资源和社会保障局流动调配科科长)
王海增(区工商分局工会主任科员)
辉　毅(区工商分局金顶街工商所副所长)
茹雪莲(区私营个体经济协会副秘书长)
陈　伟(区园林绿化局办公室主任)
郝　炘(区公安交通支队交通科副科长)
管志宝(区公安交通支队北辛安大队副大队长)
杨树明(区城市管理监察大队党委办公室主任)
张士刚(区公园管理中心综合管理科科长)
朱春林(八大处公园管理处护园队队长)
杜立荷(区环卫中心党委副书记)
刘长成(区广播电视中心副主任)
王　红(区图书馆馆长)
殷志祥(石景山游乐园副总经理)
刘鸿静(石景山游乐园总经理办公室主任)
许志顺(北京万商投资发展有限公司党总支副书记)
胡兰梅(区公安分局人口管理大队民警)
刘炳旺(区公安分局苹果园派出所民警)
孟秋文(区公安分局高井派出所民警)
鲁　辉(区公安分局五里坨派出所民警)
朱新民(八宝山街道办事处副主任)
韩淑玲(八宝山街道办事处民政科主任科员)
闻　文(老山街道办事处副主任)
孙东旭(老山街道西里社区居委会党委书记)
刘洪刚(古城街道办事处副主任)
周丽萍(古城街道西路北社区居委会党委书记)
刘元萍(苹果园街道办事处副主任)

李显清(苹果园街道办事处民政科科员)
吴绮丽(苹果园街道西山枫林二社区居委会主任)
张双林(八角街道办事处副主任)
张　彤(八角街道古城南里社区居委会主任)
吴　红(金顶街街道办事处副主任)
侯棚莉(金顶街街道办事处团工委书记)
王梦元(广宁街道办事处副主任)
朱莉莉(广宁街道东山社区居委会主任)
王　芳(五里坨街道办事处副主任)
魏忠奇(五里坨街道办事处民政科科长)
高兴昌(五里坨街道联勤部大院社区居委会主任)
聂纪军(鲁谷社区行政事务管理中心民政科科长)
韩晓明(鲁谷社区衙门口南居委会党委书记兼主任)
张利明(首钢总公司武装部部长、双拥办主任)
马长江(首钢总公司武装部主管师)
徐炜彦(北京工业职业技术学院继续教育学院院长)

拥政爱民先进个人(30 人):

马林华(中国人民解放军 66240 部队政治委员)
吴晓辉(中国人民解放军 66061 部队部队长)
武晓军(中国人民解放军 66444 部队政治委员)
焦振华(中国人民解放军 66294 部队政治处主任)
朱建峰(北京陆军预备役高炮第四团政治处主任)
程华祥(区人民武装部政工科科长)
康　波(北京军区联勤部政治部办公室秘书)
李　勇(中国人民解放军 66410 部队副主任)
李新立(北京军区疾病预防控制中心政治协理员)
魏新生(北京军区政治部文化工作站主任技师)
姚人前(中国人民解放军 66476 部队火炮室副主任、工程师)
单　凯(中国人民解放军 66400 部队政工组长)
杨明明(北京军区政治部文化工作站正营职干事)
张　靖(中国人民解放军 93658 部队政治处干事)
王会梅(中国人民解放军 66018 部队政治处干事)
梁晋华(中国人民解放军 66240 部队政治处干事)
刘晴华(中国人民解放军 66359 部队政治处干事)
王振华(北京军区联勤部勤务汽车队队长)
刘旭光(北京陆军预备役高炮第四团 37 高炮营营长)
石克奇(中国人民解放军 66018 部队 73 分队政治指导员)
于建军(中国人民解放军 66019 部队 61 分队政治教导员)
王　方(中国人民解放军 66019 部队 76 分队政治指导员)
卢　南(中国人民解放军 66057 部队一连连长)
吴　琰(中国人民解放军 93658 部队二营四连政治指导员)
韩东山(中国人民武装警察部队石景山支队政治处保卫股股长)
王洪琪(中国人民武装警察部队石景山消防支队政治处纪检科科长)
于　宁(中国人民武装警察部队石景山支队八中队中队长)
李　发(中国人民武装警察部队石景山消防支队八大处中队政治指导员)
吴　兵(中国人民武装警察部队石景山消防支队石电中队政治指导员)
王良绪(中国人民解放军 66476 部队雷达室高级士官)

统计资料

地区生产总值

表 1

单位:万元

项　　目	2012 年	2011 年	增长速度%（现价）	增长速度%（不变价）
合　　计	3382138	3206588	5.5	6.9
第一产业				
第二产业	1278246	1218151	4.9	14.6
工业	770787	769852	0.1	14.8
建筑业	507459	448299	13.2	14.3
第三产业	2103892	1988437	5.8	2.2
交通运输、仓储和邮政业	56384	57217	-1.5	4.4
信息传输、计算机服务和软件业	485167	476941	1.7	0.0
批发和零售业	230496	232271	-0.8	-3.8
住宿和餐饮业	58456	54476	7.3	-0.9
金融业	198416	173793	14.2	12.4
房地产业	174913	173186	1.0	0.0
租赁与商务服务业	139761	115732	20.8	14.6
科学研究、技术服务和地质勘察业	191882	175204	9.5	5.0
水利、环境和公共设施管理业	23877	23747	0.5	-8.6
居民服务和其他服务业	46883	40679	15.3	8.3
教育	157674	146802	7.4	0.4
卫生、社会保障和社会福利业	100400	91609	9.6	1.8
文化、体育和娱乐业	103665	95404	8.7	0.2
公共管理和社会组织	135918	131376	3.5	0.3

资料来源:北京市统计局反馈。

财政收入与支出

表 2

单位:万元

项　　目	金额	项　　目	金额
一、财政收入总计	259022	二、财政支出总计	574844
公共财政预算收入合计	250656	公共财政预算支出合计	518188
(一)区县固定税收小计	28175	一般公共服务	43946
房产税	13418	国防	336
车船税	7643	公共安全	39707
印花税	6694	教育	90678
资源税		其中:教育费附加支出	29434
耕地占用税	420	科学技术	9274
(二)共享税收小计	215566	文化体育与传媒	24589
增值税	32725	社会保障和就业	104540
营业税	101005	医疗卫生	32495
城镇土地使用税	1587	环境保护	14604
土地增值税	10833	其中:排污费支出	10
教育费附加收入	6596	城乡社区事务	81194
城市维护建设税(85%)	26153	农林水事务	20008
企业所得税	36667	其中:水资源费支出	1059
企业所得税退税		交通运输	
(三)分级收入小计	6915	资源勘探电力信息等事务	35007
国有资本经营收入		商业服务业等事务	11513
国有资源(资产)有偿使用收入	1258	金融监管支出	1095
其他收入	658	地震灾后恢复重建支出	1499
罚没收入	1048	国土资源气象等事务	495
行政性事业性收费	3163	住房保障支出	3018
排污费收入	20	粮油物资储备等管理事务	660
水资源费收入		债务付息支出	
公路运输管理费收入		其他支出	3530
政府性基金预算收入合计	8366	政府性基金预算支出合计	56656
国有土地使用权出让收入	5272	教育	10527
政府住房基金收入		文化体育与传媒	194
残疾人就业保障金收入	3055	社会保障和就业	2641
其他政府性基金收入	39	城乡社区事务	39266
		其他支出	4028
国有资本经营预算收入合计		国有资本经营预算支出合计	
债务收入合计		债务还本支出合计	

资料来源:石景山区财政局。

银行存贷款情况

表 3

单位:万元

项　　目	2012 年	2011 年	增长速度%
1、期末银行存款余额	11501470	10328551	11.4
#单位存款	6157443	5954437	3.4
储蓄存款	5237595	4277340	22.4
其他存款	47596	65411	-27.2
2、期末银行贷款余额	3667823	3764358	-2.6
#境内短期贷款	1185875	1260578	-5.9
境内中长期贷款	2454196	2463524	-0.4

资料来源:北京市统计局。

现金收支情况(年人均)

表4　　　　单位:元

收　入	金　额	支　出	金　额
一、期初手存现金	774.2	五、家庭总支出	27730.0
二、可支配收入	35420.1	(一)消费支出	20529.7
三、家庭总收入	40160.3	其中:服务性消费支出	5552.1
(一)工资性收入	25952.5	(二)购房与建房支出	646.2
1. 工资及补贴收入	25683.8	(三)转移性支出	2458.7
2. 其他劳动收入	268.7	其中:1. 交纳的个人收入税	433.3
(二)经营净收入	338.9	2. 捐赠支出发	1378.9
(三)财产性收入	506.7	3. 购买彩票	2.8
(四)转移性收入	13362.2	4. 赡养支出	332.0
其中:1. 养老金或离退休金	12123.9	(四)社会保障支出	4028.1
2. 赡养收入	165.6	六、借贷支出	34607.8
3. 捐赠收入	169.9	其中:1. 存入储蓄款	35627.9
四、借贷收入	23720.2	2. 归还借款	25.9
其中:提取储蓄存款	23079.3	3. 借出款	0.0
		4. 储蓄性保险支出	214.1
		5. 归还住房贷款	305.9
		七、期末手存现金	657.6

消费性支出(年人均)

表5　　　　单位:元

项　目	金　额	项　目	金　额	项　目	金　额
消费支出	20529.7	其他衣着用品	54.3	其他	6.0
一、食品	6994.6	衣着加工服务费	10.7	五、交通和通讯	3661.7
粮油类	747.0	三、家庭设备用品及服务	1186.1	交通	2569.8
肉禽蛋水产类	1591.1	耐用消费品	418.2	通信	1092.0
蔬菜类	629.5	室内装饰品	20.5	六、教育文化娱乐服务	2781.5
调味品	120.3	床上用品	93.0	文化娱乐用品	788.6
糖烟酒饮料类	759.7	家庭日用杂品	548.8	文化娱乐服务	1139.9
干鲜瓜果类	882.0	家具材料	0.6	教育	853.0
糕点、奶及奶制品	651.0	家庭服务	105.1	七、居住	1194.0
其他食品	49.1	四、医疗保健	1992.5	住房	416.1
饮食服务	1564.8	医疗器具	48.9	水电燃料及其它	706.3
二、衣着	1801.5	保健器具	125.8	居住服务费	71.6
服装	1313.6	药品费	977.0	八、杂项商品和服务	917.8
衣着材料	8.0	滋补保健品	224.9	其它商品	623.4
鞋类	414.9	医疗费	609.9	服务	294.4

固定资产投资完成情况(建设地)

表6　　　　单位:万元、平方米

项　目	计划总投资	自项目开始至期末累计完成投资	本年完成投资	#住宅	本年新增固定资产	房屋建筑施工面积	#住宅	房屋建筑竣工面积	#住宅
合　计	2175327	1071610	700730	38231	288594	579439	12831	143173	
按隶属关系分									
中　央	615904	241211	221501		24768	101022			
市　属	262970	150159	63286	2231	21101	93923	12830		
区　属	602872	438491	210185	36000	188667	102326	1	88120	
其　他	693581	241749	205758		54058	282168		55053	

房地产开发建设生产情况

表 7

建设单位分组情况	完成投资额（万元）	#商品房及经济适用房	#住宅	房屋建筑施工面积（m^2）	#商品房及经济适用房	#住宅	房屋建筑竣工面积（m^2）	#商品房及经济适用房	#住宅
合　计	1069396	649465	425122	4410709	4385412	2425479	967132	967132	357331
市　属	214980	171857	124566	627771	627771	525369	0	0	0
区　属	532601	316978	219657	2443053	2417756	1338944	664667	664667	322787
其　他	321815	160630	80899	1339885	1339885	561166	302465	302465	34544

注：1.“本年完成投资”下的“商品房及经济适用房”是由“本年完成投资”减“土地开发投资”减“其他费用”得到的。
2.“房屋建筑施工面积”下的“商品房及经济适用房”是由“房屋建筑施工面积”减非房地产开发项目的施工面积得到的。
3.“房屋建筑竣工面积”下的“商品房及经济适用房”是由“房屋建筑竣工面积”减非房地产开发项目的竣工面积得到的。

户籍人口数

表 8

单位：人

地　　区	2012 年户籍人口	男	女	2011 年户籍人口
合　计	371347	191892	179455	366045
八宝山街道	29265	15505	13760	27647
老山街道	28810	15030	13780	28802
八角街道	70798	36666	34132	69009
古城街道	40187	20446	19741	40457
苹果园街道	59105	29488	29617	58372
金顶街街道	54816	28357	26459	54079
广宁街道	12334	6285	6049	12275
五里坨街道	21450	10544	10906	21299
鲁谷社区	41544	21125	20419	40779
迁安矿区	9394	5527	3867	9450
首钢集体户	3644	2919	725	3876

数据来源：北京市公安局石景山分局。

人口出生与自然增长情况

表 9

单位名称	出生人数（人）	死亡人数（人）	出生率（‰）	死亡率（‰）	自然增长率（‰）
合　计	3802	1460	10.31	3.96	6.35
八宝山街道	482	78	16.94	2.74	14.20
老山街道	285	89	9.89	3.09	6.80
八角街道	651	250	9.31	3.58	5.73
古城街道	337	196	8.36	4.86	3.50
苹果园街道	602	228	10.25	3.88	6.37
金顶街街道	546	249	10.03	4.57	5.46
广宁街道	109	35	8.86	2.84	6.02
五里坨街道	234	81	10.95	3.79	7.16
鲁谷社区	460	197	11.18	4.79	6.39
迁安矿	33	53	3.50	5.63	-2.13
首钢集体户	63	4	16.76	1.06	15.70

数据来源：石景山区人口和计划生育委员会。

附 录

中共北京市石景山区委主要文件目录

中共北京市石景山区委文件

京石发〔2012〕1号 中共石景山区委印发《关于推动石景山区文化繁荣发展的行动方案》的通知

京石发〔2012〕2号 中共石景山区委关于印发《石景山区2012年建立健全惩治和预防腐败体系任务分解方案》的通知

京石发〔2012〕3号 中共石景山区委关于印发《区委常委会2012年议题计划》的通知

京石发〔2012〕4号 中共石景山区委石景山区人民政府印发《石景山区创建全国绿化模范城市工作方案》的通知

京石发〔2012〕5号 中共石景山区委石景山区人民政府关于印发《石景山区维护稳定工作责任制》的通知

京石发〔2012〕6号 中共石景山区委关于印发《〈石景山区第十一次党代会报告〉今后五年主要目标任务分解方案》的通知

京石发〔2012〕7号 中共石景山区委关于印发《进一步加强和改进党校工作的实施意见》的通知

京石发〔2012〕8号 中共石景山区委石景山区人民政府印发《石景山区关于进一步加强廉政风险防控管理的实施意见》的通知

京石发〔2012〕9号 中共石景山区委印发《中共石景山区委关于加强新形势下党外代表人士队伍建设的实施意见》的通知

京石发〔2012〕10号 中共石景山区委关于在全区学习宣传贯彻北京市第十一次党代会精神的通知

京石发〔2012〕11号 中共石景山区委印发《关于深入开展社区党的建设“三级联创”活动的意见》的通知

京石发〔2012〕12号 中共石景山区委关于认真学习宣传贯彻党的十八大精神的通知

京石发〔2012〕13号 中共石景山区委北京市石景山区人民政府印发《石景山区关于进一步改进工作作风、密切联系群众的实施办法》的通知

中共北京市石景山区委办公室文件

京石办发〔2012〕1号 中共石景山区委办公室 石景山区人民政府办公室关于调整石景山区相关工作领导小组的通知

京石办发〔2012〕2号 中共石景山区委办公室关于表彰2011年度信息工作“三优”的通报

京石办发〔2012〕3号 中共石景山区委办公室关于2012年度信息目标管理考核办法的通知

京石办发〔2012〕4号 中共石景山区委办公室 石景山区人民政府办公室转发区委区政府研究室《石景山区2012年重点协作调研课题计划》的通知

京石办发〔2012〕5号 中共石景山区委办公室 石景山区人民政府办公室关于成立石景山区迎接党的十八大维护社会稳定指挥部的通知

京石办发〔2012〕6号 中共石景山区委办公室 石景山区人民政府办公室关于石景山区开展迎接党的十八大维护社会稳定“十大专项行动”的通知

京石办发〔2012〕7号 中共石景山区委办公室关于转发《中共石景山区委党的建设工作领导小组2012年工作要点》的通知

京石办发〔2012〕8号 中共石景山区委办公室 石景山区人民政府办公室关于印发《“石景山服务”行动计划》的通知

京石办发〔2012〕9号 中共石景山区委办公室关于印发《中共北京市石景山区委办公室主要职责内设机构和人员编制规定》的通知

京石办发〔2012〕10号 中共石景山区委办公室关于印发《中共北京市石景山区委组织部主要职

	责内设机构和人员编制规定》的通知
京石办发〔2012〕11号	中共石景山区委办公室关于印发《中共北京市石景山区委宣传部主要职责内设机构和人员编制规定》的通知
京石办发〔2012〕12号	中共石景山区委办公室关于印发《中共北京市石景山区委统一战线工作部(中共北京市石景山区委台湾工作办公室、北京市石景山区人民政府台湾事务办公室)主要职责内设机构和人员编制规定》的通知
京石办发〔2012〕13号	中共石景山区委办公室关于印发《中共北京市石景山区委、北京市石景山区人民政府研究室主要职责内设机构和人员编制规定》的通知
京石办发〔2012〕14号	中共石景山区委办公室 石景山区人民政府办公室关于印发《石景山区重大决策社会稳定风险评估实施细则(试行)》的通知
京石办发〔2012〕15号	中共石景山区委办公室 石景山区人民政府办公室转发《区委政法委关于做好党的十八大安保工作深化三项重点工作任务分工方案》的通知
京石办发〔2012〕16号	中共石景山区委办公室 石景山区人民政府办公室印发《2012年区领导分工负责重大项目建设实施方案》的通知
京石办发〔2012〕17号	中共石景山区委办公室 石景山区人民政府办公室转发《区双拥办关于2012年“八一”期间开展双拥月活动的通知》的通知
京石办发〔2012〕18号	中共石景山区委办公室 石景山区人民政府办公室发《关于党的十八大安保专项行动方案》的通知
京石办发〔2012〕19号	中共石景山区委办公室 石景山区人民政府办公室转发《石景山区争创全国双拥模范城“七连冠”四年规划(2012年－2015年)》的通知
京石办发〔2012〕20号	中共石景山区委办公室 石景山区人民政府办公室关于成立北京市石景山区西山八大处文化景区建设工作领导小组的通知
京石办发〔2012〕21号	中共石景山区委办公室 石景山区人民政府办公室印发《关于推进网格化社会服务管理体系建设的意见》的通知
京石办发〔2012〕22号	中共石景山区委办公室 石景山区人民政府办公室印发《关于进一步精简文件和简报的方案》的通知
京石办发〔2012〕23号	中共石景山区委办公室印发《关于进一步加强和改进非公有制企业党的建设工作的实施意见》的通知

北京市石景山区人民政府主要文件目录

北京市石景山区人民政府文件

石政发〔2012〕1号	关于印发《政府工作报告》今后五年目标任务分解方案的通知
石政发〔2012〕2号	关于印发二〇一二年折子工程的通知
石政发〔2012〕3号	关于印发《2012年石景山区迎接国家卫生区复审工作方案》的通知
石政发〔2012〕4号	关于调整石景山区住房保障工作领导小组成员单位和工作职责的通知
石政发〔2012〕5号	关于印发《2012年石景山区人力资源和社会保障工作要点》的通知
石政发〔2012〕6号	通告
石政发〔2012〕7号	关于印发《石景山区老旧小区综合整治工作实施方案》的通知
石政发〔2012〕8号	关于成立石景山区老旧小区综合整治工作指挥部办公室的通知
石政发〔2012〕9号	印发《关于深入推进义务教育优质均衡发展的意见》的通知
石政发〔2012〕10号	印发《石景山区2012年十件教育拟办实事项目》的通知
石政发〔2012〕11号	关于成立石景山区人民政府第三届行政复议委员会的通知
石政发〔2012〕12号	印发《关于加强环境保护重点工作的实施意见》的通知
石政发〔2012〕13号	关于印发《2012年石景山区十件环保实事》的通知
石政发〔2012〕14号	关于印发《石景山区2012年创建扬尘污染控制区工作方案》的通知
石政发〔2012〕15号	关于开展2012年“送温暖 献爱心”社会捐助活动的通知
石政发〔2012〕16号	关于取缔侯庄子非法摊群聚集区的公告
石政发〔2012〕17号	关于印发《石景山区鼓励知识产权服务业和促进高技术产业发展办法》的通知
石政发〔2012〕18号	关于印发《石景山区促进设计产业发展暂行办法》的通知
石政发〔2012〕19号	关于印发《石景山区促进商务服务业发展的意见》的通知
石政发〔2012〕20号	关于印发《石景山区进一步促进中小微企业发展办法》的通知

石政发〔2012〕21号 关于印发石景山区重点企业名单的通知

石政发〔2012〕22号 关于表彰2011年度石景山区区域经济发展突出贡献单位、纳税百强单位的决定

石政发〔2012〕23号 关于印发《石景山区博士后(青年英才)创新实践基地管理暂行办法》的通知

石政发〔2012〕24号 关于印发《石景山区新增固定资产投资项目用能限额标准管理办法(试行)》的通知

石政发〔2012〕25号 通告

石政发〔2012〕26号 关于北京奥陶矿泉饮料有限公司矿区范围的公告

石政发〔2012〕27号 关于印发《北京市石景山区农村土地确权登记发证工作实施方案》的通知

石政发〔2012〕28号 关于印发《石景山区既有节能居住建筑供热计量改造工作方案》的通知

石政发〔2012〕29号 关于印发《石景山区开展2011年度土地矿产卫片执法检查工作方案》的通知

石政发〔2012〕30号 关于成立北京市弹簧厂改制工作组的通知

石政发〔2012〕31号 关于印发《石景山区企业国有资产监督管理暂行办法》的通知

石政发〔2012〕32号 关于北京市华城饮料有限责任公司矿区范围的公告

石政发〔2012〕33号 关于表彰二〇一二年教育先进单位和优秀教育工作者的决定

石政发〔2012〕34号 通告

石政发〔2012〕36号 关于印发《石景山区"十二五"期间居住区停车设施新建工作实施方案》的通知

石政发〔2012〕37号 关于印发第四届政府法律顾问团成员名单的通知

石政发〔2012〕38号 成立石景山区压减燃煤工作领导小组的通知

石政发〔2012〕39号 2012年冬季征兵命令

石政发〔2012〕40号 关于进一步加强和改进消防工作的意见

石政发〔2012〕41号 关于表彰在第30届奥运会上取得优异成绩的石景山籍运动员、教练员及有突出贡献单位的决定

石政发〔2012〕42号 关于2011年度石景山区科学技术奖评审结果的通知

石政发〔2012〕43号 关于印发《石景山区2012－2013年度预防煤气中毒工作方案》的通知

石政发〔2012〕44号 关于印发《石景山区推进公共机构供热计量改造工作方案》的通知

石政发〔2012〕45号 印发《关于治理和整顿自办幼儿园的工作意见》的通知

石政发〔2012〕46号 关于表彰2011年度在部队立功受奖人员的决定

石政发〔2012〕47号 关于继续实施促进就业优惠政策的通知

石政发〔2012〕48号 关于印发《北京市石景山区2012－2020年大气污染治理措施》的通知

石政发〔2012〕49号 关于印发《石景山区行政单位国有资产管理暂行办法》的通知

北京市石景山区人民政府办公室文件

石政办发〔2012〕1号 关于北京中鼎筑业装饰工程有限公司"10.31"一般生产安全事故结案的通知

石政办发〔2012〕2号 关于北京福润星杰装饰有限公司"11.22"一般生产安全事故结案的通知

石政办发〔2012〕3号 关于为使用集体性质房屋的相关企业办理工商登记注册的通知

石政办发〔2012〕4号 关于调整石景山区政府系统相关工作领导小组情况的通知

石政办发〔2012〕5号 关于成立石景山区共同查处利用集体土地违法建设住宅销售行为工作组的通知

石政办发〔2012〕6号 关于成立石景山区土地储备资金专项检查自查领导小组的通知

石政办发〔2012〕7号 关于聘请区政府特约监察员的通知

石政办发〔2012〕8号 关于成立北京市石景山区农村土地确权登记颁证工作领导小组的通知

石政办发〔2012〕9号 关于启用"北京市石景山区旅游发展委员会"印章的通知

石政办发〔2012〕10号 关于调整石景山区绿化委员会组成人员的通知

石政办发〔2012〕11号 转发区消防支队《关于做好石景山区火灾隐患情报信息工作切实加强消防安全管理的意见》的通知

石政办发〔2012〕12号 关于进一步规范区政府常务会议、区长办公会议若干事项的通知

石政办发〔2012〕13号 关于印发《2012年区政府常务会议和区长办公会议议题计划》的通知

石政办发〔2012〕14号 关于中国建筑股份有限公司"9.12"一般生产安全事故结案的通知

石政办发〔2012〕15号 转发区社会办《关于石景山区社区居民委员会换届选举工作的意见》的通知

石政办发〔2012〕16号 关于调整石景山区爱国卫生运动委

员会组成人员的通知
石政办发〔2012〕17号　关于印发《2012年石景山区民族宗教侨务工作要点》的通知
石政办发〔2012〕18号　关于启用"北京市石景山区房屋征收事务中心"印章的通知
石政办发〔2012〕19号　关于印发2012年石景山区政府系统政务信息目标考核评比细则的通知
石政办发〔2012〕20号　关于贯彻落实《北京市行政问责办法》的通知
石政办发〔2012〕21号　关于启用"北京市石景山区农村土地确权登记颁证工作领导小组办公室"印章的通知
石政办发〔2012〕22号　关于印发《2012年区政府联络区人大、区政协工作安排》的通知
石政办发〔2012〕23号　关于印发《2012年社会建设拟办实事项目》的通知
石政办发〔2012〕24号　关于印发《北京市石景山区2012年药品安全百千万工程建设工作计划》的通知.
石政办发〔2012〕25号　印发《关于开展相对集中行政复议审理权试点工作的实施方案》的通知
石政办发〔2012〕26号　关于开展2012年石景山区民主评议基层站所(服务窗口)工作的通知
石政办发〔2012〕27号　印发《关于进一步加强企业生产经营建设上下游环节安全生产工作的实施意见》的通知
石政办发〔2012〕28号　关于成立石景山区土地矿产执法检查工作协调小组的通知
石政办发〔2012〕29号　关于调整石景山区查处违法建设指挥部组成人员的通知
石政办发〔2012〕30号　关于分解实施北京市石景山区清洁空气行动计划(2012年大气污染控制措施)任务的通知
石政办发〔2012〕31号　关于四川省信诚建设劳务有限公司"3.11"一般生产安全事故结案的通知
石政办发〔2012〕32号　转发区体育局《关于进一步加强石景山区青少年运动员文化教育工作的实施意见》的通知
石政办发〔2012〕33号　关于印发《石景山区社会保险扩面征缴工作方案》的通知
石政办发〔2012〕34号　关于集中开展安全生产领域"打非治违"专项行动的通知
石政办发〔2012〕35号　关于集中开展安全生产领域"打非治违"1号行动的通知
石政办发〔2012〕36号　关于调整石景山区政府信息公开工作领导小组成员单位及职责分工的通知
石政办发〔2012〕37号　关于开展2012年科技周活动的通知
石政办发〔2012〕38号　关于北京首钢建设集团有限公司"3.27"一般生产安全事故结案的通知
石政办发〔2012〕39号　关于调整和完善石景山区招商引资工作领导小组的通知
石政办发〔2012〕40号　关于印发《石景山区缓解交通拥堵第九阶段(2012年)工作方案》的通知
石政办发〔2012〕41号　关于印发《北京市石景山区人民政府办公室主要职责内设机构和人员编制规定》的通知
石政办发〔2012〕42号　关于印发《北京市石景山区房屋征收事务中心主要职责内设机构和人员编制规定》的通知
石政办发〔2012〕43号　关于为西山汇新媒体基地非科技类型企业办理工商注册登记的通知
石政办发〔2012〕44号　关于全力做好重大活动服务保障工作的通知
石政办发〔2012〕45号　关于开展安全生产打非治违2号行动的通知
石政办发〔2012〕46号　关于印发区政府领导分工负责部分重点建设项目和土地上市项目情况的通知
石政办发〔2012〕47号　关于组织对2012年第一季度排查确认10件突出火灾隐患实施挂账督办工作的通知
石政办发〔2012〕48号　关于组织对近期排查确认17件突出火灾隐患实施挂账督办工作的通知
石政办发〔2012〕49号　关于印发《石景山区创建北京市慢性非传染性疾病综合防控示范区工作实施方案》的通知
石政办发〔2012〕50号　关于南通启益建设集团有限公司"4.10"一般生产安全事故结案的通知
石政办发〔2012〕51号　关于做好住户调查改革工作的通知
石政办发〔2012〕52号　印发《关于推行消防安全网格化管理实施意见》的通知
石政办发〔2012〕53号　关于印发《2012年石景山区下半年指标任务分解方案》的通知
石政办发〔2012〕54号　关于做好重点领域政府信息公开工作的通知
石政办发〔2012〕55号　关于印发《石景山区流动式起重机安全检查专项实施方案》的通知
石政办发〔2012〕56号　印发《关于进一步加强地质灾害防治工作方案》的通知
石政办发〔2012〕57号　关于成立"石景山区汉唐风险处置信访维稳工作组"的通知
石政办发〔2012〕58号　关于成立石景山区流浪乞讨人员救助管理工作领导小组的通知
石政办发〔2012〕59号　关于开展2012年度人口抽样调查工

作的通知

石政办发〔2012〕60号　关于保定市昊诚建设工作有限公司“9.6”一般生产安全事故结案的通知

石政办发〔2012〕61号　关于深圳市奇信建设集团股份有限公司“9.9”一般生产安全事故结案的通知

石政办发〔2012〕62号　印发《石景山区2012年度扫雪铲冰工作方案》的通知

石政办发〔2012〕63号　关于启用“北京西山八大处文化景区管理委员会”印章的通知

石政办发〔2012〕64号　关于印发《北京市石景山区旅游发展委员会主要职责内设机构和人员编制规定》的通知

石政办发〔2012〕65号　关于印发《石景山区2013年元旦春节烟花爆竹安全管理实施工作方案》的通知

石政办发〔2012〕66号　关于印发《北京西山八大处文化景区管理委员会主要职责内设机构和人员编制规定》的通知

石政办发〔2012〕67号　关于印发《石景山区各级防火安全委员会工作规范》的通知

石政办发〔2012〕68号　关于成立北京市石景山区人民政府绩效管理工作领导小组的通知

区域教育单位名录

石景山区幼儿园名录

机构名称	机构地址	办公电话	行政负责人	办学类型
北京市石景山区师范学校附属幼儿园	北京市石景山区永乐小区甲42号院	68652877	齐景华	幼儿园
北京市石景山区实验幼儿园	北京市石景山区八角北里小区	68843113	张艳君	幼儿园
北京市石景山区幼儿园	北京市石景山区古城南里17号	68874902	左丽君	幼儿园
北京市石景山区第二幼儿园	北京市石景山区八角南路东街	68874643	佟桂香	幼儿园
北京市石景山区八角北路幼儿园	北京市石景山区八角北路甲18号	68876355	鲁建平	幼儿园
北京市石景山区八角幼儿园	北京市石景山区八角南路甲18号	68874744	许亚文	幼儿园
北京市石景山区第三幼儿园	北京市石景山区海特花园小区	88794819	徐　艳	幼儿园
北京市京源学校幼儿部	北京市石景山区京原路10号	68645864	王　珣	幼儿园
北京市石景山区北辛安小学	北京市石景山区北辛安南岔13号	68872398	章　雯	附设幼儿班
北京市石景山区麻峪小学	北京市石景山区麻峪南街51号	88991876	肖印军	附设幼儿班
中国科学院高能物理研究所幼儿园	北京市石景山区玉泉路19号乙	88235964	杨红宇	幼儿园
北京市石景山区向阳农工商公司幼儿园	北京市石景山区衙门口村向阳亨泰投资管理	68684485	牛彦玲	幼儿园
古城地区民族幼儿园	北京市石景山区古城西路	68872073	李玉伶	幼儿园
北京军区装备部幼儿园	北京市石景山区绍家坡驻军1号	66397026	杨桂荣	幼儿园
北京军区司令部幼儿园	北京市石景山区八大处甲1号	66398422	王红霞	幼儿园
北京军区政治部幼儿园	北京市石景山区八大处甲1号	66399546	段春梅	幼儿园
北京军区联勤部机关幼儿园	北京市石景山区高井甲32号	66384436	王　青	幼儿园
北京特钢燕鼎金地幼教中心	北京市石景山区八角北路特钢小区内	68872802	高亚丽	幼儿园
北京金色未来幼教中心首钢大地老山西里幼儿园	北京市石景山区老山西里社区	88297108	李　荣	幼儿园
北京金色未来幼教中心首钢大地老山东里幼儿园	北京市石景山区首钢老山东里小区	88973110	王　慧	幼儿园
北京金色未来幼教中心首钢大地古城幼儿园	北京市石景山区古城小街15号	68872147	史玉玲	幼儿园
北京金色未来幼教中心首钢大地八角幼儿园	北京市石景山区古城南路10号	68874088	马　建	幼儿园
北京金色未来幼教中心首钢大地苹果园幼儿园	北京市石景山区苹果园大街151号	88727831	时进霞	幼儿园

机构名称	机构地址	办公电话	行政负责人	办学类型
北京金色未来幼教中心金苹果幼儿园	北京市石景山区苹果园街道七区16号	88754805	张桂萍	幼儿园
北京金色未来幼教中心首钢大地金顶街幼儿园	北京市石景山区金顶街五区	88723422	白　静	幼儿园
北京金色未来幼教中心首钢大地模式口幼儿园	北京市石景山区模式口南里小区内	88294643	王明翠	幼儿园
首钢矿山街道居民管理委员会第二幼儿园	河北省迁安市首钢矿业公司滨河村	0315－7713469	刘赞芬	幼儿园
首钢矿山街道居民管理委员会第三幼儿园	河北省迁安市首钢矿业公司滨河村	0315－7713550	孙兴霞	幼儿园
北京市石景山区灵童潜能开发幼稚园	北京市石景山区玉泉路北临1号翠谷玉景苑15	58974885	谢　承	幼儿园
北京市石景山区希望之星幼儿园	北京市石景山区吴庄重兴园小区	68654023	李兆兰	幼儿园
北京市石景山区新世纪幼儿园	北京市石景山区八宝山街道六合园小区8区8	68626456	王世兰	幼儿园
北京市石景山区瑞吉欧双语艺术幼儿园	北京市石景山区八角南路47号	68822781	左海燕	幼儿园
北京市石景山区方舟双语艺术幼儿园	北京市石景山区西井路19号	88798467	李金霞	幼儿园
北京市石景山区首钢大地现代幼儿园	北京市石景山区黑石头现代生活小区	51725817	王艳弟	幼儿园
北京市石景山区京西生态双语幼儿园	北京市石景山区隆恩寺红卫路1号	51517985	邢　丽	幼儿园
北京市石景山区家宝贝艺术幼儿园	北京市石景山区鲁谷路74号住宅配套楼	68609368	杨　丽	幼儿园
北京市石景山区蓝天宇锋幼儿园	北京市石景山区景阳东街	68602930	孙玉兰	幼儿园
北京市石景山区伊顿慧智双语幼儿园	北京市石景山区玉泉西里一区14号楼	59623300	闫　坤	幼儿园
北京市石景山区尚德幼儿园	北京市石景山区五里坨街道办事处周转房	68080006	高美玲	幼儿园
北京市石景山区三色幼儿园	北京市石景山区杨庄南区甲5号	88982799	徐　娜	幼儿园
北京市石景山区新世界国际幼儿园	北京市石景山区石景山路2号	68663536	李艳玲	幼儿园
北京市石景山区可儿幼儿园	北京市石景山区鲁谷东街20号	68659763	杨　彬	幼儿园
北京市石景山区新世界实验幼儿园	北京市石景山区广宁村新立街151号	88991225	韩显云	幼儿园
北京市石景山区爱贝儿幼儿园	北京市石景山区五里坨炮厂小区	51583197	王春英	幼儿园
北京市石景山区二十一世纪实验幼儿园	北京市石景山区西黄新村西里雍景四季小区	88938065	张　曼	幼儿园
北京常春藤双语幼儿园	北京市石景山区老山东里甲20号	88972449	王雅君	幼儿园
北京市石景山区黄庄学校	北京市石景山区黄庄村43号	88681619	陈恩显	附设幼儿班

石景山区小学名录

机构名称	机构地址	学校类型	办公电话	行政负责人
北京市石景山区爱乐实验小学	北京市石景山区重聚中街	小学	68656411	张竞芳
北京市石景山区实验小学	北京市石景山区八角北里39号院	小学	68863879	叶　艳
北京市石景山区北辛安小学	北京市石景山区北辛安南岔13号	小学	68872398	章　雯
北京市石景山区杨庄小学	北京市石景山区杨庄小区	小学	68813625	张美玲
北京市石景山区金顶街第四小学	北京市石景山区金顶街北路	小学	88722510	陈　娜
北京市石景山区京原小学	北京市石景山区鲁谷路66号	小学	68660464	厉左艺
北京市石景山区金顶街第二小学	北京市石景山区金顶北路71号	小学	88717111	陈凤云
北京市石景山区六一小学	北京市石景山区八大处路乙2号	小学	88963055	王京兰

机构名称	机构地址	学校类型	办公电话	行政负责人
北京市石景山区苹果园第二小学	北京市石景山区苹果园一区甲 10	小学	68872198	杜　杰
北京市石景山区西黄村小学	北京市石景山区八大处路 102 号	小学	88932653	张立田
北京市石景山区第二实验小学	北京市石景山区老山西街 21 号	小学	88970161	苑爱红
北京市石景山外语实验小学	北京市石景山区首钢黄南苑小区	小学	88996422	刘世彬
北京市石景山区海特花园小学	北京市石景山区海特花园小区	小学	88798911	吴幼颖
北京市石景山区师范学校附属小学	北京市石景山区永乐东区甲 31 号	小学	68655415	王瑞敏
北京市石景山区石景山小学	北京市石景山区模式口西里甲 32	小学	88992808	蒋新华
北京市石景山区古城第二小学	北京市石景山区古城南路东小街	小学	88923449	王　英
北京教育学院石景山分院附属小学	北京市石景山区古城小街 18 号	小学	68872083	贾洪波
北京市石景山区向阳小学	北京市石景山区衙门口村大横街	小学	68687838	李润华
北京市石景山区水泥厂小学	北京市石景山区京原路 68 号	小学	88958865	陈　军
北京市石景山区先锋小学	北京市石景山区邵家坡 1 号	小学	88722419	魏春英
北京市石景山区红旗小学	北京市石景山区高井甲 32 号	小学	88902251	孔德英
北京市石景山区八角北路小学	北京市石景山区八角北路 52 号	小学	68830747	吴继红
北京市石景山区古城第六小学	北京市石景山区古城南里 18 号院	小学	68875305	张竟芳
北京市石景山区炮厂小学	北京市石景山区黑石头 7312 厂院	小学	88950092	朴红丽
北京市石景山区广宁村小学	北京市石景山区广宁村新立街 151 号	小学	88993222	苏银德
北京市石景山区玉泉路小学	北京市石景山区玉泉路西何家坟	小学	88233583	王建华
北京市石景山区银河小学	北京市石景山区六合园甲 24 号	小学	68644930	杨丽红
北京市石景山区麻峪小学	北京市石景山区麻峪南街 51 号	小学	88991876	肖印军
北京市石景山区电厂路小学	北京市石景山区高井路 18 号	小学	88953963	傅立新
北京市石景山区五里坨小学	北京市石景山区五里坨车站路 7 号	小学	88904267	王迎梅
首钢矿业公司职工子弟学校	河北省迁安市杨店子镇滨河村	小学	0315－7710094	武书育
蓝天第一学校小学部	北京市石景山区苹果园三区	一贯制学校小学	88742739	牛淑英
京源学校小学部	北京市石景山区京原路 10 号	一贯制学校小学	68644124	白宏宽
景山学校远洋分校小学部	北京市石景山区鲁谷东街 22 号	一贯制学校小学	88690802	徐秀筠
北京师范大学励耘实验学校小学部	北京市石景山区八大处路 8 号	一贯制学校小学	88962352	林福森
黄庄学校小学部	北京市石景山区黄庄村 43 号	一贯制学校小学	88681619	陈恩显
台京学校小学部	北京市石景山区衙门口村西南后街	一贯制学校小学	68663821	刘运贵
华奥学校小学部	北京市石景山区永乐东小区	一贯制学校小学	68664165	王桂云

石景山区中学名录

机构名称	机构地址	学校类型	办公电话	行政负责人
北京市石景山区石景山中学	北京市石景山区模式口西里甲 31 号院	初级中学	88293411	李先平
北京市蓝天第二中学	北京市石景山区老山西里甲 2 号	初级中学	88979150	王立山
北京市第九中学分校	北京市石景山区金顶北路 8 号	初级中学	88751337	郝显军
北京市天泰中学	北京市石景山区石门路 342 号	初级中学	88902163	焦凤儒
北京市石景山区实验中学	北京市石景山区八角路 40 号	初级中学	68861032	冯　岩
北京市杨庄中学	北京市石景山区八角北路 53 号	初级中学	68861314	曾科建
北京市高井中学	北京市石景山区高井路 26 号	初级中学	88953764	刘福花
北京市苹果园中学分校	北京市石景山区西井路	初级中学	88931340	于志勇

机构名称	机构地址	学校类型	办公电话	行政负责人
北京佳汇中学	北京市石景山区模式口南里	初级中学	88296005	麻宝山
北京市古城外国语学校	北京市石景山区八角南路甲16号	初级中学	68875390	曹彦彦
北京市同文中学	北京市石景山区永乐小区甲8号	初级中学	68653297	叶　奔
北京教育学院石景山分院附属学校	北京市石景山区古城东街5号	初级中学	68888118	贾洪波
北京市蓝天第一学校	北京市石景山区苹果园三区	九年一贯制学校	88742739	牛淑英
北京市古城高级中学	北京市石景山区古城南路6号	高级中学	68871582	曹彦彦
北京市苹果园中学	北京市石景山区苹果园南路25	高级中学	88932450	于志勇
北京市第九中学	北京市石景山区模式口大街16号	高级中学	88753160	郝显军
北京市京源学校	北京市石景山区京原路10号	十二年一贯制学校	68644124	白宏宽
北京师范大学励耘实验学校	北京市石景山区八大处路8号	十二年一贯制学校	88962352	林福森
北京景山学校远洋分校	北京市石景山区鲁谷东街22号	十二年一贯制学校	88690802	徐秀筠
首钢矿业公司职工子弟学校	河北省迁安市杨店子镇滨河村	完全中学	0315－7710094	武书育
北京市石景山区台京学校	北京市石景山区衙门口村西南后街	九年一贯制学校	68663821	刘运贵
北京市石景山区华奥学校	北京市石景山区永乐东小区	九年一贯制学校	68664165	王桂云
北京市石景山区黄庄学校	北京市石景山区黄庄村43号	九年一贯制学校	88681619	陈恩显
北京市艺考高级中学	北京市石景山区西井路6号	高级中学	82593068	邹　群
北京市礼文中学	北京市石景山区老山东里甲19号	完全中学	88977433	欧阳蒙

石景山区职业教育、高等教育学校名录

机构名称	机构地址	学校类型	办公电话	行政负责人
北京市黄庄职业高中	北京市石景山区鲁谷东街29号	职业高中学校	68638293	王彦荣
北京市古城旅游职业学校	北京市石景山区古城西路丙2号	职业高中学校	68638293	王彦荣
北京盛基艺术学校	北京市石景山区隆恩寺路1号	职业高中学校	88903140	荆　跃
北京工业职业技术学院	北京市石景山区石门路368号	高校附设中职	51511004	陈建民

石景山区民办教育机构名录

学 校 名 称	学 校 地 址	负责人	电　话
北京盛基艺术学校	北京市石景山区隆恩寺路一号	荆　跃	51511888
北京佳汇中学	北京市石景山区模式口南里	麻宝山	88291033
北京市石景山区华奥学校	北京市石景山区永乐东小区	王桂云	68664165
北京市石景山区台京学校	北京市石景山区衙门口村西南后街	李文英	68663821
北京市石景山区黄庄学校	北京市石景山区黄庄村43号西南郊苗圃	陈恩显	88681619
北京市艺考高级中学	北京市石景山区八大处杏石口甲2号	邹　群	88704163
北京市礼文中学	北京市石景山区老山东里	欧阳蒙	88977433
北京市石景山区希望之星幼儿园	北京市石景山区吴庄	李兆兰	68638180
北京市石景山区新世纪幼儿园	北京市石景山区八宝山街道六合园	王世兰	68626456
北京市石景山区瑞吉欧双语艺术幼儿园	北京市石景山区八角南路47号	左海燕	68822781
北京市石景山区方舟双语幼儿园	北京市石景山区西井路19号	李金霞	88798467
北京市石景山区灵童潜能开发幼稚园	北京市石景山区玉泉路北临1号翠谷玉景苑15	谢　承	58974071
北京市石景山区首钢大地现代幼儿园	北京市石景山区黑石头现代生活小区院内	王艳弟	517285817
北京市石景山区爱贝儿幼儿园	北京市石景山区五里坨炮厂小区招待所院内	许爱国	51583197

学校名称	学校地址	负责人	电话
北京市石景山区新世界国际幼儿园	北京市石景山区国际雕塑公园内	李艳玲	68662026
北京市石景山区二十一世纪实验幼儿园	北京市石景山区西黄新村西里雍景四季 11 楼	张曼	88938065
北京市石景山区可儿幼儿园	北京市石景山区鲁谷东街 20 号	杨彬	68659763
北京市石景山区新世界实验幼儿园	北京市石景山区广宁村新立街 151 号广宁小学	刘变英	88991225
北京常春藤双语幼儿园	北京市石景山区老山东里甲 20 号	曹礼南	88977842
北京市石景山区京西生态双语幼儿园	北京石景山区隆恩寺红卫路 1 号	邢丽	51517985
北京市石景山区家宝贝艺术幼儿园	北京市石景山区鲁谷路 74 号住宅配套楼	杨君荣	68609368
北京市石景山区蓝天宇锋幼儿园	北京市石景山区景阳东街	宋良萍	68602930
北京市石景山区伊顿慧智双语幼儿园	北京市石景山区玉泉西里一区 14 号楼	闫坤	59623300－1008
北京市石景山区尚德幼儿园	北京市石景山区五里坨街道办事处周转房	张雪英	68080006
北京市石景山区三色幼儿园	北京市石景山区杨庄南区甲 5 号	徐娜	88982799
首钢幼儿保教中心	北京市石景山区古城小街 15 号	张春红	88293522
北京群星表演艺术学校	北京市石景山区黄庄职业高中	吕丽萍	68688730
北京市石景山区苹果园培训学校	北京市石景山区苹果园南路 25 号	李鸿池	68872390
北京市石景山区信德培训学校	北京市石景山区模式口东街	王桂梅	88748048
北京市古城旅游服务培训学校	北京市石景山区古城大街 23 号	文大信	68877223
国家检察官学院培训中心	北京市石景山区香山南路 111 号	杨迎泽	61731377
北京市石景山区成教培训中心	北京市石景山区 51 号院	张燕	68865852
北京市石景山区启蒙艺术培训学校	北京市石景山区八角北里	张金玲	68830104
中国成人教育协会培训中心	北京市石景山区晋元庄路 6 号院	孙永龙	59805870
北京市石景山区育人培训学校	北京市石景山区古城高级中学院内	蒲秀莲	88706836
北京市石景山区海特艺术培训学校	北京市石景山区海特花园	周淑芬	88796176
北京市石景山区统计干部培训学校	北京市石景山区杨庄东路 71 号	董年龙	68826046
中国医学科学院整形外科医院培训中心	北京市石景山区八大处路 33 号	曹谊林	88772048
首钢工学院培训学校	北京市石景山区晋元庄路 6 号	王林	59805671
北京市石景山区图书馆培训学校	北京市石景山区八角南路 2 号	王红	68878504－8409
中国科学院研究生院培训中心	北京市石景山区玉泉路甲 19 号	苗建明	88256553
北京市石景山区金帆艺术培训学校	北京市石景山区京源路 10 号	张玉娟	68628570
北京市北方艺术学校	北京市石景山区苹果园大街 161 号	王松	68861396
中国国际广播电台培训中心	北京市石景山区石景山路甲 16 号	李萍	68892473
北京市石景山区创新教育培训中心	北京市石景山区古城第二小学	张平	68820786
北京市石景山区阳光培训学校	河北迁安首钢矿业子弟学校	李诚阳	0315－7710094
北京市石景山区非凡培训学校	北京市石景山区八宝山南路	刘冰	68873626
北京市石景山老年大学	北京市石景山区八角北路 7 号	王松	68875723
北京新旅程培训中心	北京市石景山区八角北路 9 号	吴献斌	68669555
北京市石景山区业余大学培训中心	北京市石景山区八角北路 51 号	王松	68645188
北京市石景山区青少年文化教育培训学校	北京市石景山区鲁谷南路 11 号	付桂荣	68681406
北京市石景山区精华培训学校	北京市石景山区石景山图书馆 4 层	廖中扬	62122020－6230
北京市石景山区瑞博教育培训中心	北京市石景山区八角西街 95 号	高世宝	68838533
北方工业大学培训中心	北京市石景山区晋元庄路 5 号	罗学科	88803283
北京市石景山区巨人文化艺术培训学校	北京市石景山区西黄新村西里 4 号楼二层	尹雄	51608188－8444

学校名称	学校地址	负责人	电话
北京市石景山区玛雅乐清培训学校	北京市石景山京原路7号	马　雅	58370260
北京市石景山区信实培训学校	北京市石景山区依翠园乙16号3层	张　伦	68625403
北京市石景山区豪斯曼培训学校	北京市石景山区第二实验小学	赵云凤	88974272
北京市石景山区沃格办公自动化培训学校	北京市石景山区苹果园第二小学	王荣富	85494112
北京市石景山区金晓文化培训学校	北京市石景山区苹果园北大街甲2号	牛淑和	68821514
北京市石景山区中软培训学校	北京市石景山区向阳小学院内	田若珠	88970430
北京市石景山区华特培训学校	北京市石景山区八大处22号	王　河	68874428
北京市石景山区智诚文化补习学校	北京市石景山区首钢工学院12号楼	何　新	58973068
北京市石景山区华英培训学校	北京市石景山区首钢工学院8号楼	李明明	88995559
北京市石景山区泰兆培训学校	北京市石景山区京原小学	桂卫红	13241921399
北京市石景山区翠薇文化补习学校	北京市石景山区首钢高级技工学校10号楼	王知勉	51911268
北京市石景山区兴华文化补习学校	北京市石景山区古城二小内	佟维萍	88910127
北京市石景山区金实艺术文化培训学校	北京市石景山区杨庄南区地铁古城家园东区	孙淑洁	68812304
北京市石景山区爱德斯培训学校	北京市石景山区鲁谷六合园814号	马　亮	64183765
北京市石景山区华夏英才培训学校	北京市石景山区古城第六小学	杨　肇	68815096
北京市石景山区金苹果电脑培训学校	北京市石景山区苹果园南路23号	郎兆圣	88921172
北京市石景山区升华培训学校	北京市石景山路甲18号院3号楼万达广场E座2211室	邵日新	88977226
北京市石景山区增智培训中心	北京工业职业技术学院东角楼	安源福	88750302
北京市石景山区爱华外语研修学校	北京市石景山区古城南路古城第六小学	陈　曦	68823303
北京市石景山区新思维文化艺术培训学校	北京市石景山区模式口西里石景山小学	杨　琦	68876015
北京市石景山区希望培训学校	北京市石景山区金顶街第二小学	王敬东	81810902
北京市石景山区知能培训学校	北京市石景山区福田寺甲3号	刘立生	15611207221
北京市石景山区汇英艺术文化培训学校	北京市石景山区银河商务区写字楼17层1901	许蕴卿	68692273
北京市石景山区中意汽车驾驶学校	北京市石景山区永乐西小区57号综合楼	赵国业	83603837
北京市西郊驾驶学校	北京市石景山区吴庄	赵忠立	68689739
国家体育总局老山汽车摩托车驾驶学校	北京市石景山区老山西街15号	张燕华	68862585
北京市石景山区启明星艺术培训学校	北京市石景山区石景山路46号	刘宣明	68869262
北京市石景山区加祥培训学校	北京市石景山区八角西街95号	徐瑞春	68867861
北京市石景山区好贝德培训学校	北京市石景山区五里坨小学	王瑞平	13311158310
北京市石景山区星乐汇培训学校	北京市石景山区八角西街85号二层	张荣欣	88288666
北京市石景山区向日葵钢琴艺术培训学校	北京市石景山区鲁谷东街22号	李瑞霞	13381379416
北京建达培训学校	北京市石景山区鲁谷东街29号	王　超	13611162778
北京市石景山区领语堂培训学校	北京市石景山区石景山路22号长城大厦4层	赵　勇	68653355
北京市石景山区华育信息技术学校	北京市石景山区隆恩寺红卫路一号院	周海涛	13911483398
北京市石景山区新国人培训学校	北京市石景山区八角南路房管所办公楼二层	许建琦	66127398
北京市电力公司进网作业电工培训中心	北京市石景山区模式口3号院	顾联军	63679970
北京市清大世纪培训学校	北京市石景山区八大处高科技园区西井路3号	王　政	68609368
首钢幼儿保教中心培训学校	北京市石景山区西井一区综合楼	孙丽凤	88295796
北京市石景山区前程教育培训学校	北京市石景山区金顶街首钢今时宾馆3号楼	杨建荣	88719608
北京博识教育中心	北京市石景山区晋元庄6号首钢工学院15号楼	李　民	13701373842
北京市石景山区广学天梯教育学校	北京市石景山区古城大街51号	才广学	51712890

学校名称	学校地址	负责人	电　话
北京市石景山区金科教育培训学校	石景山区八大处高科技园区西井路3号	朱丙国	15699795895
北京市石景山区东方女子古筝新筝乐团培训学校	北京市石景山区碣石坪11号楼	姜　森	68662633
北京市石景山区鑫昀教育培训学校	北京市石景山区鲁谷路35号冠辉大厦	施敏强	88696309
北京市石景山区学而思培训学校	北京市石景山区石景山路23号中础大厦	张超月	52926759
北京市石景山区博森睿智国际教育中心	北京教育学院石景山分院	田　静	13641175327
北京市石景山区阳光未来培训学校	北京市石景山区阜石路159号	钱晓辉	15010118153
北京市石景山区立万专艺国际艺术培训学校	北京市石景山区石景山路乙18号院3号楼13层	马丁丁	56293090
北京市石景山区华大天下教育研究培训	北京市石景山区古城南路52号	雷云萍	13910269978

区域科研机构名录

驻区科研单位

中国科学院高能物理研究所	北京市918信箱	88235008
中国科学院研究生院	石景山区玉泉路(甲)19号	88256030
中国电子基础产品装备公司	石景山路23号	68874820
信息产业部电子科学技术情报研究所	石景山区鲁谷路35号	88686108
中国瑞达系统装备公司	石景山区鲁谷路74号(北京市134信箱)	68608573
中国医学科学院整形外科研究所	石景山区八大处路33号	88772077
首钢国际工程技术有限公司	北京石景山路60号	68872480
首钢技术研究院	石景山区首钢厂东门	88293178
北京市建筑材料研究院	石景山区金顶北路69号	88721857
北方工业大学	石景山区晋元庄路5号	88804420
首钢工学院	石景山区晋元庄路6号	68871841
北京工业职业技术学院	石景山区石门路368号	51511004
中国政法大学法庭科学研究所	石景山区鲁谷路116号	68621174
国家检察官学院(中央检察官管理学院)	石景山区香山南路111号	61719114
中国电子科学研究院	石景山区高科技园区双园路11号	68893295
中央财政干部管理学院(中央财政管理干部学院)	石景山区福寿岭	88714733/4838

区域卫生机构名录

卫生医疗单位

综合医院12家

北京大学首钢医院	北京市石景山区西黄村晋元路9号	88294978
首都医科大学附属北京朝阳医院(京西院区)	北京市石景山区京源路5号	51718020
北京市石景山医院	北京市石景山区石景山路24号	88689000
清华大学玉泉医院	北京市石景山区石景山路5号	88257755
首钢矿山医院	河北省迁安市滨河村	0315-7710856
北京市石景山区五里坨医院	北京市石景山区石门路322号	51513851
北京首钢特殊钢有限公司泰康医院	石景山区古城小街1号	88924142
中国瑞达系统装备公司瑞达医院	北京市石景山区鲁谷路74号院	68689047
北京市燕都医院	石景山区鲁谷大街重兴嘉园1号	88730120

北京市石景山区同心医院	北京市石景山区鲁谷大街吴家村	68632004
北京市昆仑医院	北京市石景山区永乐东区	88682537
北京中康佳中医药研究院长庚医院	北京市石景山区古城南里8号	88296303
中医医院5家		
中国中医科学院眼科医院	北京市石景山区鲁谷路33号	68688877
北京市石景山区中医医院	北京市石景山区八角北路	68877025
北京市石景山区老医药卫生工作者协会模式口中医医院	北京市石景山区模式口甲48号	88719986
北京市石景山区老医药卫生工作者协会中医骨伤医院	北京市石景山区八角北里	68885018
北京联科中医肾病医院	北京市石景山区模式口西102号	88122258
专科医院6家		
中国医学科学院整形外科医院	北京石景山区八大处路33号	88964826
北京市石景山区老医药卫生工作者协会风湿病医院	石景山区古城小街1号风湿病医院	68874320
北京米赫眼科医院	北京市石景山区永乐东小区(原黄楼幼儿园)	68669720
北京市石景山区老医药卫生工作者协会路安康复医院	北京市石景山区古城西路安和小区6、7号楼	68874318
北京市石景山区红十字绍家坡康复医院	北京市石景山区绍家坡金顶山路19号	88729330
北京古城都市丽人医院	北京市石景山区古城大街37号	68882323－8998
部队医院1家		
北京军区总医院京西医院		
疗养院1家		
北京工人疗养院(北京康复中心)	北京市石景山区八大处西下庄	58823366
门诊部10家		
北京市石景山区疾病预防控制中心门诊部	北京市石景山体育场南路6号院	68662805
中国科学院研究生院门诊部	北京市石景山区玉泉路甲(19)号	88256119
北京市石景山区民政局北里门诊部	北京市石景山区民政局北里门诊部	68875716
北京圣唐思邈中医门诊部	北京市石景山区黑石头村东侧	68882802
北京市石景山区老医药卫生工作者协会口腔门诊部	北京市石景山区依翠园19号楼底商(银河大街11－8号)	88680288
北京市石景山区老医药卫生工作者协会京西门诊部	北京市石景山区鲁谷路35号	68657699
北京张海明整形美容门诊部	石景山区石景山路29号京燕饭店4层	68870821
北京易宏堂门诊部	石景山区玉泉西里二区33号楼配套1－2层公建33－2号、33－1号2层	68663938
北京康瑞祥中医门诊部	北京市石景山区万商花园酒店运动中心南侧	68606565
北京市石景山区预防医学会门诊部	北京市石景山区体育场南路6号	88605032
妇幼保健院1家		
北京市石景山区妇幼保健院	北京市石景山区依翠园5号	68625569
精神病防治所1家		
北京市石景山区精神卫生保健所	北京市石景山区石门路322号	51513851
急救站1家		
北京市石景山区急救站	北京市石景山区石景山路24号	68667890
疾病预防控制中心1家		
北京市石景山区疾病预防控制中心	北京市石景山体育场南路6号	68662805
卫生监督所1家		
北京市石景山区卫生局卫生监督所	北京市石景山体育场南路6号	88605081
中小学保健所1家		
北京市石景山区中小学卫生保健所	北京市石景山区永乐西小区	68611300
社区卫生服务中心(站)50家		
北京市石景山区八角社区卫生服务中心	北京市石景山区八角北路	88928019
北京市石景山区五里坨街道社区卫生服务中心	石景山区石门路322号	51510589

北京市石景山区古城社区卫生服务中心	北京市石景山区古城路	88296532
北京市石景山区苹果园社区卫生服务中心	北京市石景山区苹果园大街220号	88707858
北京市石景山区老山社区卫生服务中心	北京市石景山区老山西里	88296531
北京市石景山区金顶街社区卫生服务中心	石景山区金顶北路22号院1号楼	88778785
北京市石景山区鲁谷社区卫生服务中心	北京市石景山区鲁谷小区六合园2号	51718209
北京市石景山区八宝山社区卫生服务中心	北京市石景山区鲁谷东街38号	88682861
北京市石景山区广宁街道社区卫生服务中心	北京市石景山区广宁中学院内	88990400
石景山区金顶街四区社区卫生服务站	北京市石景山区金顶街四区	88757497
石景山区五里坨街道黑石头社区卫生服务站	石景山区五里坨街道黑石头村口	88954148
北京市石景山区广宁街道寿山福海社区卫生服务站	北京市石景山区双峪路23号	88991616－9961
北京市石景山区苹果园街道刘娘府社区卫生服务站	北京市石景山区苹果园街道刘娘府大队1号	88689021
北京市石景山区广宁街道麻峪社区卫生服务站	北京市石景山区麻峪南沟甲5号	13439149590
北京市石景山区八角街道体育馆路社区卫生服务站	北京市石景山区石景山路32号	88707949
北京市石景山区八宝山街道远洋山水社区卫生服务站	北京市石景山区玉泉西里二区29号楼	88689021
北京市石景山区苹果园街道西山枫林社区卫生服务站	北京市石景山区香山南路166号院56号	88994615
北京市石景山区广宁街道高井社区卫生服务站	北京市石景山区高井	88689034
北京市石景山区鲁谷街道永乐社区卫生服务站	北京市石景山区永乐西小区23号楼底商	88689021
北京市石景山区依翠园社区卫生服务站	北京市石景山区依翠园5号	68625536
石景山区金顶街街道模西社区卫生服务站	北京市石景山区模式口西里小区	88293254
北京市石景山区璟都馨园社区卫生服务站	北京市石景山区时代花园南路28号院2楼	88930010
北京市石景山区苹果园街道雍景四季社区卫生服务站	北京市石景山区苹果园街道冠景新城B区12号楼首层106室	15311084328
北京市石景山区八角街道中里社区卫生服务站	北京市石景山区八角中里居委会	88928021
北京市石景山区金顶街街道赵山社区卫生服务站	北京市石景山区金顶街赵山宿舍院内平房	88714801
北京市石景山区古城街道北辛安社区卫生服务站	北京市石景山区古城街道北辛安南岔149号	68872427
北京市石景山区重兴园社区卫生服务站	北京市石景山区八宝山南路重兴嘉园1号一层	13522816646
北京市石景山区苹果园街道海特花园社区卫生服务站	北京市石景山区海特花园45号楼1单元101－102室	88794771
北京市石景山区老山街道中础社区卫生服务站	北京市石景山区石景山路23号院	68885504/03
北京市石景山区八角街道北方工大社区卫生服务站	北京市石景山区晋元庄5号	88803257
石景山区杨庄社区卫生服务站	北京市石景山区杨庄村西口	68874002
石景山区苹果园街道西黄村社区卫生服务站	北京市石景山区西黄村后街24号	88702957
石景山区老古城社区卫生服务站	北京市石景山区老古城北后道8号	68820341　1369333816
石景山区五里坨街道西山社区卫生服务站	石景山区黑石头路99号	88952242
北京市石景山区五里坨街道南宫社区卫生服务站	北京市石景山区石门路368号	51511215　1366121153
北京市石景山区八角街道南路社区卫生服务站	北京市石景山区八角南路20栋旁	68816992
北京市石景山区政达社区卫生服务站	北京市石景山区石景山路18号	88699406
北京市石景山区八角街道古城南里社区卫生服务站	北京市石景山区古城南里5栋	68844325
北京市石景山区古城街道金世界社区卫生服务站	北京市石景山区杨庄北区21栋地下室	88929572
北京市石景山区八角街道北里社区卫生服务站	北京市石景山区八角北里房管所楼1层西门	68863275
北京市石景山区八宝山街道永乐第二社区卫生服务站	石景山区八宝山街道永乐东区23楼4单元	68637183
北京市石景山区八宝山街道远洋沁山水社区卫生服务站	石景山区八宝山街道玉泉西里一区一号楼底商	68615117
北京市石景山区八角街道八角北路社区卫生服务站	石景山区八角北路特钢小区17栋旁	68884381
北京市石景山区古城街道十万平社区卫生服务站	石景山区古城街道十万平17栋北	88707925
北京市石景山区古城街道水泥厂社区卫生服务站	北京市石景山区京源路68号	88806839
北京市石景山区金顶街街道模东社区卫生服务站	北京市石景山区模式口东里小区	88292145
北京市石景山区苹果园街道西井一区社区卫生服务站	北京市石景山区苹果园街道西井一区社区卫生服务站	88707926
北京市石景山区首钢厂东门社区卫生服务站	北京市石景山区首钢总公司办公厅院3号楼	68872042
北京市石景山区五里坨街道红卫路社区卫生服务站	石景山区隆恩寺路99号(工程兵管理处卫生所)	66394546

首钢矿山水厂社区卫生服务站	首钢矿山医院水厂第二住院部一层	03157710068 转 5200

诊所 58 家

北京市日新口腔诊所	北京市石景山区八角西街 61 号西二楼一层	88921249
北京市王志国口腔科诊所	北京市石景山区模式口中街南职工宿舍	86056674
北京市石景山区建筑公司万方诊所	石景山区古城西路 15 号	68844118
北京张丽华中医诊所	北京市石景山区玉泉路 65 号	51887598
北京市石景山区老医药卫生工作者协会模式口西里口腔科诊所	北京市石景山区模式口西里	88721625
北京志雅口腔诊所	北京市石景山区老山西街八角公园门区 12 号商业用房	88978953
北京嘉信诊所	北京市石景山区西下庄 1 号楼综合商场一层	88965818
北京市刘锦玲口腔科诊所	北京市石景山区黄南苑小区院内物业楼一层	88997785
北京市石景山区老医药卫生工作者协会口腔科诊所	北京市石景山区海特花园 57 栋北区 2 号	51956726
北京市赵慧兰口腔科诊所	北京市石景山区苹果园三区 20 栋 8－102	88715618
北京市弘济药店有限公司苹果园诊所	北京市石景山区苹果园南路 128 号	68833437
北京市王秀玲口腔镶复诊所	石景山区老古城西路	68823784
北京时雨中西医诊所	北京市石景山区游乐园南门广场商用房	13520692721
北京德康杏林诊所	北京市石景山区	
北京市弘济药店有限公司诊所	北京市石景山区杨庄北路	68842624
北京建国清秀诊所	北京市石景山区衙门口西后街 21 号	68633440
北京市翟鸿印中西医诊所	北京市石景山区边府社区服务中心	88724608
北京仁顺堂中医诊所	石景山区玉泉西里远洋山水 39 号楼 10 号	15911012697
北京鲁谷永乐诊所	北京鲁谷永乐诊所	88684265
北京文杰枫林诊所	石景山老山街道文化活动中心二层	88974634
北京雅士美口腔专科诊所	石景山区鲁谷路 27 号	68653707
北京中健安康口腔诊所有限公司正达口腔诊所	石景山区八角南里 15 栋门面	88923369
北京市王雅红口腔镶复诊所	北京市石景山区古城大街 75 号院羲景长安 1－1－107	68870013
北京中健安康口腔诊所	北京市石景山区杨庄银创家园南小区 D 座 1 单元 101 号	88293369
北京市黄德民口腔科诊所	石景山区西黄新村东里 1＃底商 07 号	88705688
北京孙家琪中西医诊所	北京市石景山区把角北里 29－7－102	68848351
北京嘉信泽洋口腔诊所	北京市石景山区阜石路 166 号泽洋大厦 309 室	88909890
北京市古城娜仙子美容美体有限责任公司惜娜医疗美容诊所	北京市石景山区杨庄 28 号西城忆树 1 号楼 1 号底商	88909802
北京冰蝶整形美容诊所	北京冰蝶整形美容诊所	68667799
北京市时珍平安诊所	北京市石景山区八宝山南路 29 号 7 号楼 1 层	51885505
北京市圣医坊诊所	北京市石景山区海特花园商业楼一层 2－A2－B	51956112
北京立文同创科技发展有限公司吉源口腔诊所	北京市石景山区苹果园海特花园 28 号楼 1 门 102	88794859
北京珍鹊中医诊所	北京市石景山区香山南路 166 号院 18 号	13311284278
北京王雅平口腔镶复诊所	石景山区金顶街西口	88738997
北京市张玫口腔诊所	北京市石景山区模式口村农村信用社旧址	88753398
北京皓齿口腔诊所	石景山区古城大街 75 号院 3－1-2-107	68838461
北京弘泰堂中医诊所	北京市石景山区麻峪村东街 36 号院 2 号	88991807
北京市王建歧中西医诊所	北京市模式口大街 168 号	88725119
北京吉田光军口腔诊所	北京市石景山鲁谷大街北重西厂十二号楼二单元 102	88687707
北京博杰爱雅口腔诊所	石景山区八角南里 15 号楼首层 7 号	68887628
北京市唐凡华口腔科诊所	北京市石景山区古城路园北小区 54 栋平房	88927485
北京茂华口腔诊所	北京市石景山区时代花园东街1号楼 111－112 室	010－88980808

北京瑞嘉口腔诊所	北京市石景山区八宝山南路重兴嘉园 4 号楼 102	010 - 68636560
北京诚安堂药房有限公司老山诊所	北京市石景山区老山东里 29 楼前	88973788 - 822
北京济世慈仁中医药研究院中西医诊所	石景山区高井路 29—9 号	88953048
北京锦安堂诊所	北京市石景山区鲁谷小区五芳园 18 号	68629250
北京佳铭诊所	北京市鲁谷村 7 号楼	68650314
北京耿银珠中西医诊所	北京市石景山区石门路 408 号	88906659
北京市高宝维内科诊所	北京市石景山区老古城前街 22 号	68235565
北京市李奇灿中西医诊所	北京市石景山区金世界物业中心后院(杨庄北区)	68870165
北京梅宝馨口腔科诊所	北京市石景山区五里坨新马路 8 号	88906454
北京济润中西医诊所	北京石景山鲁谷依翠园 13 号底商 2 号	68629347
北京同仁堂连锁药店有限责任公司古城中医诊所	北京市石景山区古城南路 32 号	88981624
北京市王焕荣中西医诊所	北京市石景山区模式口大街 217 号	88717556
北京市天泰悦馨诊所	北京市石景山区五里坨西街 20 号	88903073
北京金象大药房医药连锁有限责任公司鲁谷金象诊所	北京市石景山区鲁谷路公汽八场 3 号楼	68636155
北京兴安口腔诊所	北京市石景山区香山南路 168 号院 7 号楼一层 48 号	13552975197
北京李春琼内科诊所	北京市石景山区自来水公司良安东里 8 排 45 号	13522530228

卫生所、医务室 57 家

北京市石景山实验中学卫生室	北京市石景山区八角路 40 号	68861032 - 325
国家体育总局自行车击剑运动管理中心医务室	北京市石景山区老山西街 15 号	68868432
北京市天泰中学卫生室	北京市石景山区石门路 342 号	88902163
北京市石景山区师范学校附属幼儿园卫生室	北京市石景山区永乐东小区	68652877
北京市石景山区幼儿园卫生室	石景山区古城南里	68874902
北京金色未来幼教中心首钢大地模式口幼儿园医务室	北京市石景山区模式口南里小区	88755285
北京市黄庄职业高中卫生室	石景山区鲁谷东街 29 号68652190 - 2104	
北京市蓝天第二中学卫生室	石景山老山西里	68872461 - 8023
北京市石景山区第三幼儿园卫生室	北京市石景山区苹果园海特花园	88792445
首钢工学院医务室	北京市石景山区西黄村	59805852
北京市古城高级中学卫生室	石景山古城南路	68872084
北京市石景山区少年国防教育基地医务室	北京市石景山区红卫路 1 号	88901083
北京金色未来幼教中心首钢大地八角幼儿园医务室	石景山区古城南路 10 号	68874088 - 806
北京市人民检察院医务室	北京市石景山区石景山路 12 号	68299132
北京市石景山区社会福利院医务室	北京市石景山区杨庄村 17 号	68865347
北京市第九中学医务室	石景山区模式口大街	88759928
北京市石景山区第二幼儿园卫生室	北京市石景山区第二幼儿园卫生室	68874643
北京市石景山区八角北路幼儿园卫生室	北京市石景山区八角北路幼儿园	68876355
国家广播电影电视总局国际台医务室	北京市石景山区鲁谷小区 65 号楼 7 - 102 号	68636183
北京市杨庄中学医务室	石景山八角北路 53 号	68873778
新华通讯社机关事务管理局鲁谷卫生室	北京市石景山区京源路 8 号	63076032
北京市高井中学卫生室	石景山区高井路 26 号	88953764
北京市石景山区六一小学医务室	北京市石景山区六一小学八大处路乙 2 号	88964512 - 1012
北京市石景山区实验幼儿园医务室	石景山区八角北里	68864966
北京市石景山区青少年活动中心卫生室	北京市石景山区鲁谷南路 11 号	68662402
中国科学院高能物理研究所幼儿园卫生室	北京市石景山区玉泉路 19 号(乙院)	88235963
北京市苹果园中学卫生室	北京市苹果园中学南路 25 号	889794698 - 8021
北京市苹果园中学分校医务室	石景山区西黄村西口	88931340 - 231
中国电子科技集团公司电子科学研究院医务室	北京市石景山区八大处高科技园区双园路 11 号	68893711
北京市第一中级人民法院卫生室	石景山区石景山路 16 号	59891120
中国科学院高能物理研究所卫生所	北京市石景山区玉泉路 19 号乙院	88235961

中国地震应急搜救中心医务室	北京市石景山区玉泉西街1号	59956422
北京市京源学校卫生室	北京市石景山区鲁谷小区七星园	68644122－8888
北京市石景山外语实验小学卫生室	北京市石景山区首钢黄南苑小区	88996420－822
北京金色未来幼教中心首钢大地苹果园幼儿园卫生室	北京市石景山区苹果园大街151号	87675335
北京市石景山区古城第二小学卫生室	北京市石景山古城南路	68832985
北京金色未来幼教中心金苹果幼儿园卫生室	石景山区苹果园路16号	68815812
北京市石景山区八角幼儿园卫生室	北京市石景山区八角南路幼儿园	68874744
工业和信息化部电子科学技术情报研究所医务室	北京市石景山区鲁谷35号电科大厦	88686045
北京市石景山区民族养老院医务室	北京市石景山区模式口南里清真寺西侧	88719092
北京市石景山区金顶街第二小学医务室	北京市石景山金顶街北路	88717777
北京市同文中学卫生室	石景山区永乐东小区	68653297－804
北京市石景山区佳汇中学卫生室	北京市石景山区金顶街街道模式口南里小区	88296005
北京市石景山区实验小学卫生室	北京市石景山区八角北里	68862278－8831
国家体育总局射击射箭运动管理中心医务室	北京市石景山福田寺甲3号	88962277－790
北京市第九中学分校医务室	石景山区金顶北路8号	88751337－8003
北京市石景山区石景山中学医务室	石景山区模式口西里	88293411－805
北京金梦圆老年乐园医务室	北京市石景山区八大处路35号	88961161
北京市石景山区颐养年养老院医务室	北京市石景山区高井北街149号	88908996
北京市红十字会急诊抢救中心石景山区看守所医务室	北京市石景山区古城南里甲1号	15301059381
首钢矿山医院迁钢厂区医务室	河北省迁安市杨垫子镇车圆寨村	03157710856
首钢矿山医院迁钢生活区医务室	河北省迁安市区	03157710856
北京师范大学励耘实验学校医务室	北京市石景山区八大处路8号	88962352
北京市公安局石景山分局医务室	北京市石景山区古城南路1号	88788242
大唐国际发电股份有限公司北京高井热电厂卫生所	北京市石景山区高井	88953788
北京中新企业管理学院医务室	北京市石景山区杨庄路西口	68811520
北京地铁技术学校医务室	北京市石景山区福寿岭	88935427
其他卫生机构3家		
北京市石景山区卫生局社区卫生服务管理中心	北京市石景山区石景山路24号(石景山医院办公楼四层)	68832727
北京市石景山区卫生局医院管理中心	北京市石景山区石景山路24号	68635049
北京市石景山区卫生信息中心	石景山区体育场南路6号院	88605067

区域文化设施名录

全国重点文物保护单位

法海寺	模式口大街北	88713976
承恩寺	模式口大街东段路北	88724148

北京市重点文物保护单位

长安寺	八大处	88964661
灵光寺	八大处	88964661
三山庵	八大处	88964661
大悲寺	八大处	88964661
龙泉庵	八大处	88964661
香界寺	八大处	88964661
宝珠洞	八大处	88964661
证果寺	八大处	88964661
八宝山革命公墓	石景山路	88255681

慈善寺	五里坨天泰山	88905988
冰川馆	模式口大街28号	88722585
田义墓	模式口大街北	88724148
老山汉墓	老山驾校内	68607156
皇姑寺	西黄村	88701190

石景山区文物保护单位

崇兴庵	鲁谷村	68607156
龙泉寺	模式口大街北	88713976
双泉寺	双泉寺村	68607156
礼王府	福寿岭铁路疗养院内	88961133
万善桥	黑石头村东	68607156
隆恩寺冰川擦痕	五里坨	68607156
雍正御制碑亭	首钢制氧厂内	68607156
福田公墓	福田寺村	68607156
贤良寺塔院	八大处长安寺南200米	68607156
石景山古井	石景山南侧	68607156
石景山古建群	石景山南侧	68607156
八大处冰川漂砾	八大处公园五处龙泉庵	68607156
四柏一孔桥	模式口大街北	88713976
瑞王坟碑楼	西山枫林东南角	68607156
兴隆寺	五里坨小青山上	68607156
翠云庵	高井村	68607156
崇国寺塔	八宝山革命公墓南300米	68607156

图　书　馆

石景山区图书馆	八角南路2号	68874077
石景山区少年儿童图书馆	古城南路11号	68875256

电影院放映场所

北京市石景山古城电影院	古城南路15号	68866386
北京万达国际电影城有限公司石景山店	石景山路乙18号4号楼3层万达影城	68663399

歌舞娱乐场所

北京萃朋苑餐饮有限公司	双峪路37号	88993572 13801014252
北京老来福娱乐有限公司	永乐西小区得实电子有限公司	68688584 13910061761
北京康悦娱乐有限责任公司	衙门口虹艺玩具厂院内15号	68635056 13051576880
北京市遥感星空音乐茶座	刘娘府路西侧琅山苗圃院内	88728068 13801369383
北京市仙鹤楼酒店管理顾问有限公司	京源路口	68665588 13331072999
北京神农庄园饮食管理有限公司	实兴北街东侧	13901054689
北京鑫金玉阁歌厅	古城南街东侧55－1	13910933608
北京京港之夜娱乐有限公司	古城北路81号	13651340335
北京市星光歌厅有限责任公司	古城南路45号	68873241 13901234999
北京心相乐歌厅	五里坨2号	13366771336
北京玉鼎娱乐有限责任公司	金顶街西口星座兴石超市四层	88749385 13371729920
北京海特饭店飘歌舞厅	实兴东街1号	88795844 13331137931
北京大歌星餐饮娱乐有限公司	石景山路乙18号万达广场D座2层	13699262001
北京金雁翎饮食中心	麻峪村北	88992470 13126681649
北京湾仔情娱乐有限责任公司	八大处希望公园内	13901165510

北京派丽舫餐饮娱乐有限公司	八大处西黄村西口	13911232399
北京午夜至尊娱乐有限公司	八大处 58 号对面	13601057908
北京京西豪门娱乐城	八宝山南路 29 号院 7 号楼地下室一层	51885112
北京海龙腾歌厅	古城西路 121 号	68884183 86185846
北京漂森情娱乐中心	鲁谷路 58 号院	13601010466
北京荣荟星园音乐茶座	北辛安和平街 29 号	13381152569
北京鑫鑫金唱纳练歌场有限公司	八角西街 68 号	13341019581
北京华晨兔兔娱乐有限责任公司	八角北里 1 号楼东侧甲 2 号	15011261007
北京时尚风情娱乐中心	古城北路甲 4 号	88928881 13601317222
北京火焰娱乐有限公司	古城南里甲 5 号	68877332 13901326447
北京花丽都娱乐俱乐部有限公司	海特花园 50 号楼公建工程 5 层	13911727579
北京市鑫鑫沁园春饭庄	广东门(区服务公司)商业房	13522007896
北京金色海滩洗浴中心	古城西路南侧北京明塑包装厂内	13901380791
北京西山明珠歌厅	西黄村西头三角地红房子东房	13370155799
北京温情如家啤酒屋	八宝山南路 29 号	13810200633
北京大江南花园酒店有限责任公司	八大处路 58 号北段路东	88703883 139010586582

音像制品经营单位

北京歪歪兔教育科技有限公司	八大处高科技园区西井路 3 号 3 号楼 1283 室	68883303
北京秋彤健身顾问有限公司丹彤健身俱乐部	海特花园 57 号楼底商二层 2－2	52638806
北京昊治文化有限公司	鲁谷路 52 号(皓月写字楼)536 号	13911466606
北京格动音像制品有限公司	古城西路 90 号	88914841
北京雅利华文商贸中心	黄庄村 43 号	88680676
北京布娃娃教育科技有限公司	石景山路 23 号院科研中试楼八层 801 室	68867900
中基育通(北京)教育科技有限公司	石景山路 23 号院办公楼西配楼 8 层	13910701393
北京市根源升商贸中心	永乐东小区 49 栋西平房 1 号	51811319
北京书霖文苑图书销售中心	古城路 58－1－1 号	
北京东兴文化传播有限公司	双园路 1 号 1 号院 107 室	
北京天厚科贸有限公司图书城	苹果园南路甲 11 号	88796548
八大处百货商场	杏石口路	13661220882
北京诚安堂药房有限公司金顶街分店	金顶街二区商业用房一层	88973774－812
北京诚安堂药房有限公司	老山东里	
北京市谷香佳膳食品有限责任公司	香山南路 168 号院 7 号楼一层底商 48 号	13910182508
北京市喜隆多购物中心有限公司	苹果园南路 13 号	13521911171
北京传奇时代图书有限公司	八宝山南路重兴嘉园 4 号楼一层 102 号	
北京市新动感音像制品经营部	高井路 29－2 号	13381185276
北京翰良文化有限公司	体育场南路 2 号景阳宏昌大厦 811 室	13701295252
北京市金彩蝶音像制品服务部	东下庄 11 号	13146457156
北京世纪宏辉文化传播有限公司	八大处高科技园京宝公司办公楼 426 室	88790886
北京牡丹四星音像有限公司第二十八分店	阜石路 158 号一楼入口北侧	64037312
北京乐友达康科技有限公司石景山母婴用品专营店	八宝山南路重兴嘉园 4 号楼三层	13801285889
北京日东升投资有限责任公司	古城南街 52 号	13521911171
北京好旺通音像制品中心	刘娘府四海公园 2、3 号房	13126935613
北京市宝龙行商贸有限责任公司	杨庄北大街路西商用平方	13901337879
北京福星闪亮音像制品销售中心	古城南路锅炉厂(副食品商店 2 号)	13718756733
创意博奥教育科技(北京)有限公司	石景山路 23 号科研中试楼八层 811 室	68867900
北京市瑞奇晓婉商贸中心	八宝山南路(台宝加油站对面)	13911220520
北京银贝文化交流中心	依翠园 3 号楼商业用房	68610499

北京光合作用文化传播有限公司石景山店	石景山路乙18号4号楼万达广场商业步行街 233 号	13811928430
北京龙逸雅轩文化发展中心	古城大街特钢公司十一区(首特创业基地 A 座 721 号)	13683079371
北京梦幻明星文化发展中心	八角(石景山游乐园内)	68876016
北京东方托普文化传播有限公司	八大处高科技园区北京京宝办公楼 424 室	13269198770
北京语航环球教育咨询有限公司	苹果园北大街甲 2 号 427 室	13911839244
北京当代商城有限责任公司石景山分公司	阜石路与杨庄东路交叉西北角	13901231613
北京华科堂图书有限公司第一经营部	海特花园 57 号底商福客隆超市内	13801006776
决策探索(北京)管理咨询中心	双锦园 10 号楼 8302 号	13901008017
北京牡丹四星音像有限公司第四十六分店	石景山路乙 18 号院 4 号楼地下一层 32 课	13911083532
北京边听边看音像店	苹果园南路甲 11 号天宇商海小商品市场前二楼 25、26 号	13693252785
北京丽英宇音像店	苹果园南路甲11号天宇商海小商品市场前二楼18号	13651304313
北京丽君海音像店	苹果园南路甲11号天宇商海小商品市场前二楼15号	13718286366

互联网上网服务营业场所

名 称	地 址	电 话
北京协成金豆互联网上网服务有限公司	古城路古城小街甲 6 号	13011296431
北京百合海业英达上网服务有限公司	南路甲 11 号	88931058
北京市万亚辰上网服务有限公司	苹果园地铁斜对面二楼	13901009250
北京崇光成辉上网服务有限公司	金顶街西街南北装饰公司内	88731067
北京世纪传讯上网服务中心	西黄村首钢地质勘查院外	13301083939
北京金正上网服务有限公司	八大处路 22 号办公楼一层西厅	13311397223
北京红峰鸟上网服务中心	鲁谷新岚大厦西侧一层大厅	13910610610
北京忠义合上网服务有限责任公司	古城大街 10 号	13241012153
北京市瑞龙嘉恒上网服务中心	石景山永乐西小区得实电子有限公司二层	68627095
北京一线缘好风景上网服务有限公司	杨庄西口福利院内	68826475
北京天之使者上网服务有限公司	钢校煤厂	13901068167
北京喻世三言上网服务有限公司	西黄村北方工大路北东侧	13801364329
北京腾龙网信上网服务中心	南宫石门路 379 号	13801193332
北京余乐网上网服务有限公司	古城西路 28 号	13911086366
北京吉祥在线上网服务有限公司	北京市石八角东街 181 号	13301037009
北京市龙腾神州上网服务中心	古城大街 53 号	13691166820
北京市零星上网服务有限公司	古城路南里甲 5 号办公楼二层北侧	13901388874
北京永远在线上网服务中心	鲁谷新岚大厦西二层	13520722506
北京市华翼三友上网服务有限公司	古城北路甲 3 号	13301083939
北京天罗网上网服务有限责任公司	西黄村物美超市二楼	13055067830
北京龙之风上网服务有限公司	金顶西街杨家坡临街楼	13301369225
北京市聚友网缘上网服务有限公司	苹果园路物美天翔超市(原副食商场)三层	13366033718
北京世纪金福上网服务中心	八角南里 14 号楼	88923231
北京宏泰基业上网服务有限公司	银河大街 3 号	68684303
北京千龙网都华城上网服务有限公司	海特花园 50 号楼地下一层北侧	13301365207
北京千龙网都火凤凰上网服务有限公司	石景山路 42 号地下一层	13269697070
北京瑞得在线流星雨上网服务中心	古城东街 18 号星座超市 3 层	13311560780
北京千龙网都市联友上网服务有限公司	金顶街西口华禹铸造厂南侧	13051088171
北京千龙网都和美上网服务有限公司	五里坨路 2 号	13381080822

名　　称	地　　址	电　话
北京红色起点上网服务有限公司	石门路318号	13701011103
北京千龙网都宇亿通达上网服务有限公司	模式口北里40号楼前	13801169012
北京千龙网都立龙上网服务有限公司	模式口东里	13301365416
北京零度聚阵黄金时代上网服务有限公司	八宝山街道办事处二层	13911056612
北京千龙网都任君行上网服务有限公司	古城南大街1号	13701213005
北京雅思网艺互联网上网服务有限公司	苹果园大街(原副食商场二楼)	13366066406
北京零度聚阵华文上网服务有限公司	苹果园刘娘府路四海公园西侧	13301378786
北京千龙网都瀚海网缘上网服务有限公司	八宝山南路首钢机电有限公司重型机器分公司七千米西半部	15910820776
北京千龙网都旗舰上网服务有限公司	苹果园北路苹果园大街甲2号	13381129021
北京千龙网都鑫领域上网服务有限公司	苹果园大街135号	13241198218
北京零度聚阵飞越上网服务有限公司	衙门口村村北口	13901040405
北京千龙网都鸿利云霄上网服务有限公司	八大处路26号亚视办公楼	13901080433
北京千龙网都新起点上网服务有限公司	八角北路甲18号	15801269188
北京千龙网都巨大上网服务有限公司	鲁谷南路重聚园商业楼	13911160661
北京千龙网都仙鹤楼上网服务有限公司	鲁谷路五环桥东仙鹤楼	13381272000
北京千龙网都天润上网服务有限公司	杨庄中区锅炉房	68848849
北京千龙网都三色人生上网服务有限公司	八角南路18#三层	68864073
北京千龙网都网聚时空上网服务有限公司	金鼎商业中心二层298号	88725654
北京零度聚阵天天上网服务有限公司	古城西街西侧	13701278257
北京千龙网都骑士在线上网服务有限公司	鲁谷路74号院9号楼裙楼地下一层	68664563
炫秀(北京)上网服务中心	杨庄东路128号	13910961019
北京市快乐吧吧上网服务有限公司	老山西街八角公园门区10、11号	13901063883
北京天龙忆达上网服务有限公司	北辛安大街69号	13051887957
北京双胜鑫上网服务有限公司	鲁谷大街118号永乐西小区9号楼前商业楼	13901190224
北京裕丰文盛上网服务有限责任公司	老山西里41号楼南侧	13381095839
北京美速上网服务有限公司	古城南里甲5号	13301369288
易网世界(北京)国际上网服务有限公司	八宝山南路29号院7号楼地下一层	13901258628
北京市风行龙互联网上网服务中心	古城西路20号	13801391130
北京嘉仕金诚上网服务有限公司	八宝山南路重兴园甲2号	13311578087

图书经营场所

单　位　名　称	经　营　地　址	法　人	联系电话
北京康达振华文化发展有限公司	鲁谷路74号院十号楼206室	张桂虎	68658976
北京广协出版信息中心	杨庄东路126号	杨秀玲	82597155
北京百福鑫创劳务有限公司	北辛安和平街9号	李运鼎	68810487
北京乘云阁图书有限公司	八角中里科技馆	组俊玉	88708914 88708689
北京新华联合文化传播中心	京原路口南向阳综合楼	李　婧	68624789
北京金锋盾经济文化发展中心	京原路展龙大厦312室	梅金锁	68624321
北京锐标文化发展中心	古城大街古城宾馆319室	杨　肇	68815096
北京新锐时空文化交流中心	古城大街西侧	魏明明	88924586
北京市古城文社书店	古城大街古城宾馆旁	龚文瑞	88916704
北京市九州博文图书有限公司	北辛安袁家胡同12号	何小满	

单 位 名 称	经 营 地 址	法人	联系电话
北京京审华信书刊经营中心	杨庄路110号华信大厦909室	李 刚	68829564
北京红旗在线图书有限公司	鲁谷路52号	王 军	68650181
北京水木文泉图书有限公司文泉学苑书店	北方工业大学办公楼一层	范为国	88802018
北京经卫联合医药信息研究所	七星园展龙写字楼515	李宝山	68611602
华教联合(北京)文化传播中心	京原路口南展龙大厦	施进军	68624789
水木时代(北京)教材教学研究中心	景阳宏昌大厦1113室	宣 侠	82866611 82866284
北京华联综合超市股份有限公司石景山分公司	石景山路万商大厦裙楼	赵国清	68666688－6508 68666688－6518
北京市鑫海威信息中心	鲁谷路35号电科大厦10层	万鹏远	88686257
北京华普联合商业投资有限公司鲁谷超市	鲁谷西路	蒯英海	68639939
北京市石景山区利众书店	鲁谷大街12号	尹庆章	68667246
北京林墨轩文化用品销售中心	八角北路小学南侧门面房	芦永杰	88915656
北京万卷天地图书有限公司	南大荒80号院西侧3号平房	王德高	84495089
北京国联图书有限公司	八角北路小学北侧	卢永青	88915656
中基育通(北京)教育科技有限公司	石景山路23号院办公楼西配楼8层	徐美玉	68867900 68864116
北京结缘龙腾文化用品店	鲁谷路玉都雅风市场二层0928	刘本平	
北京秀雅香轩文化用品店	鲁谷路玉都雅风市场二层0948	彭述中	
北京燕传书文化用品店	鲁谷路玉都雅风市场二层0938	李秀平	
北京天之星经济文化中心	玉泉西路地震局综合观测中心院内	闪中明	88257899 51522188
北京天厚科贸有限公司图书城	苹果园南路甲11号后三楼	蒲红英	88796548
北京翰良文化有限公司	景阳宏昌大厦1115室	李长河	51810666
北京首钢源景文化发展有限公司	首钢厂东门院内陶楼三层	姜兴宏	88293618
北京金华鸿文化传播中心	京原路向阳综合楼展龙写字楼609号	许华丽	86950883
北京市和讯通达书店	金顶街红光金鼎市场1B394号	张道敏	86183880
北京陆机文化传媒有限公司	展龙大厦617室	田向阳	68610322 68621751
北京众智百川教育科技科技中心	杨庄110号华信大厦1218室	温广超	51713700
北京世纪宏辉文化传播有限公司	八大处高科技园京宝公司办公楼426室	马朝晖	88795937 88790886
北京东方托普文化传播有限公司	八大处高科技园京宝公司办公楼424室	丁 颖	88790886 88795937
北京海纳天成文化传播有限公司	八角北里综合商业楼211号	芦 刚	51957089
北京昊冶文化有限公司	鲁谷路52号皓月写字楼536室	王 茹	87993827 88685009
北京市文力本果品商亭	五里坨石门路258号	夏文伏	88908187
北京金蚂蚁文化发展中心八角分部	八角地铁东北出入口内	祝亚君	68286894 68151832
北京轩地方圆书店	古城西路20号5号楼景华丰写字楼A603室	李金平	68845399
北京龙翔世纪文化发展中心	京原路向阳综合楼A327号	袁明高	51713210

单位名称	经营地址	法人	联系电话
北京育禾华盛文化传播中心	京原路口南向阳综合楼B448室	施成军	68610788
北京卓远今朝国际文化传播有限公司	石景山路22号长城大厦629室	李纪梅	65469653
北京建享和谐文化交流中心	古城西路20号景华丰写字楼A408	屈 刚	52631350
北京心灵坊文化传播中心	鲁谷南路26号展龙写字楼1002室	赵 猛	68625649
北京市虹彩天空书店	金顶街红光金鼎商业中心一层1B176号	刁景民	88730133
北京嘉文视野文化传播有限公司	阜石路166号泽洋大厦301B室	曾柳江	52638558
北京大唐天和文化传播有限公司	古城西路20号5号楼A621	刘紫栋	52631688
北京世达环球科贸有限公司	阜石路166号泽洋大厦706室	李 超	88909467
北京银贝文化交流中心	依翠园3号楼商业用房	王金英	68644110
北京布娃娃教育科技有限公司	石景山路23号科研中试楼八层801	徐美玉	68867900
北京市喜隆多购物中心有限公司	苹果园南路13号	刘东晖	52635123
北京诚安堂药房有限公司	老山东里	李伯军	88973774－812
北京日东升投资有限责任公司	古城南街52号	刘东晖	52635123
北京歪歪兔教育科技有限公司	八大处高科技园区西井路3号3号楼1283室	宗芳斌	63992580－115
北京中住联合科技发展有限公司	衙门口向阳工业小区	李浩桢	81822311
北京诚安堂药房有限公司金顶街分店	金顶街二区商业用房一层	李伯军	88973774－812
北京牵手文化交流有限公司	黄庄村43号院东4幢	李慧琴	88878138
北京光合作用文化传播有限公司石景山店	石景山路乙18号4号楼二层233号	廖建宇	
北京市元培林书屋	古城南路北方锅炉厂宿舍区校外活动站	方其林	88797871
北京大唐之都文化传播有限公司	古城西路20号5号楼A620	刘紫栋	52631655 15301091782
北京辉煌文化交流有限公司	古城北路21楼5单元一层西2间	赵雅莉	68861115
北京昊福文化传播有限公司	阜石路166号泽洋大厦1102室	福 生	52638909
北京丽家丽婴婴童用品有限公司第四十一便利店	石景山路22号A座长城大厦A－2底商	周 威	
北京龙腾达文化发展中心	古城西路20号5号楼B605	刘江霞	
北京龙腾瀚海文化传播有限公司	古城西街25号C座113室	蒋 泰	15810358793 13161830059
北京美廉美连锁商业有限公司鲁谷超市	鲁谷依翠园新岚大厦地上一层	李小南	13701276754 82034533
创艺博奥教育科技(北京)有限公司	石景山路23号科研中试楼八层811室	徐美玉	68867900
北京智慧文渊信息咨询中心	麻峪新街58号	梁 勇	13681347419
北京五月书香文化传播有限责任公司	古城西街25号B座406室	边丽涛	13681156080
北京永辉超市有限公司	鲁谷大街东侧	张轩松	
北京物美商业集团股份有限公司西山枫林店	香山南路168号院15栋一层	许少川	
北京诚安堂药房有限公司五芳园店	五芳园15号楼1层3号	李伯军	88973788－820
北京诚安堂药房有限公司八角北里店	八角北里实验小学对面华联超市内	李伯军	88973788－820
北京华裕恒泰国际管理咨询有限公司	京原路向阳综合楼展龙写字楼528B室	杨勇刚	68686637
北京龙逸雅轩文化发展中心	古城大街特钢公司十一区首特创业基地A座721	袁明高	13683079371

单 位 名 称	经 营 地 址	法 人	联系电话
北京九州博文科贸有限公司	八大处高科技园区西井路3号3号楼2410房间	刘永壮	13120089764
北京双春阁书店	八大处路东侧（天翔超市）	喻士丰	88968700
北京卓远启明国际文化传播中心	双峪路35号	李纪梅	
北京中科工研工程咨询服务有限责任公司	玉泉路19号（甲）21号楼科研楼东二层204、205	侯泉林	88256707
北京语航环球教育咨询有限公司	苹果园北大街甲2号427室	董红军	88795169 88256709
北京永辉超市有限公司石景山分公司	鲁谷大街东侧二层	彭华生	
北京经纶纵横生物科技传媒有限公司	鲁谷路128号2号楼102室	李 昊	68658301 68658322
北京东方仕林书店	重聚园9楼901室	李 淼	
北京时代音符文化发展中心	八宝山南路重兴嘉园4号楼401－26	郝洪学	
北京博弈前程教育科技有限公司	金顶街首钢今时宾馆一层11号	杨建荣	88719608
北京当代商城有限责任公司石景山分公司	阜石路与杨庄东路交叉西北角	刘建勤	88939169

区域体育健身设施名录

石景山区体育经营单位

名 称	地 址	开设项目
万商健身中心	石景山路22号	游泳、健身
北京实兴海特健身中心	八大处科技园区	游泳、健身、保龄球
北京环美游泳馆	苹果园北路36号	游泳
八大处富斯特滑道	八大处公园内	滑道
国家体育总局射击射箭运动管理中心射击场	福田寺甲3号	射击
首钢体育馆	首钢篮球中心	篮球、排球、羽毛球、网球、壁球、乒乓球、台球
北京市吉跳龙羽毛球运动中心	石景山路23号	羽毛球
北京市兴钢文化交流中心模式口分部	模式口南里活动站1号	健身、健美
北京市兴钢文化交流中心苹果园分部	苹果园1－3号	健身、健美
北京市兴钢文化交流中心八角分部	八角小区内	乒乓球
北京市兴钢文化交流中心老山分部	老山东里49、60、61、62号一层	健身、乒乓球
北京市石景山区高井节能服务公司康体中心	电厂路东侧	游泳、健美
石景山区体育中心网球馆	石景山路32号	网球
老山自摩中心－健身中心	老山自摩中心内	游泳、健美
北京军区联勤部健身中心	北京军区联勤部院内	游泳、保龄球
石体娱乐中心游泳馆	石景山路32号	游泳
首钢红楼游泳馆	石景山路首钢总公司院内	游泳
九中游泳馆	北京市第九中学内	游泳

名　称	地　址	开设项目
高能物理研究所游泳场	玉泉路高能物理研究所内	游泳
工业职业技术学校游泳馆	五里坨工业职业技术学校内	游泳
首钢杨庄游泳馆	杨庄小区内	游泳
国广公寓游泳馆	鲁谷大街国广电台内	游泳
丹彤健身中心	海特小区内	健美
石景山区体育场	石景山路32号	足球、田径
石景山区体育馆	石景山路32号	篮球、羽毛球、排球
首钢老山游泳场	老山小区内	游泳
北方工业大学游泳场	北方工业大学南院	游泳
市政铁路疗养院	市政铁路疗养院内	保龄、沙壶、乒乓、健身房、网球、篮球、游泳
北京市星球娱乐有限责任公司	鲁谷74号院	台球
北京市国利伟业体育交流中心—8台	永乐西小区粮管所	台球
北京巨龙大成文化体育用品商店	首钢八角小区43号	台球
北京金络台球厅	鲁谷新岚大厦南三层	台球
北京开心乐园体育健身中心4层	西井路17号	台球
古城百合台球厅	古城路	台球
北京星牌伟业体育发展有限公司星牌台球俱乐部	区阜石路159号	台球
浩沙健身远洋山水店	远洋山水小区内	健身、游泳

职业服务机构名录

职业介绍机构名录

名　称	电　话	地　址	备　注
石景山区职业介绍服务中心	68879893	石景山区杨庄路66号	
石景山区外来劳动力职业介绍服务中心	68879893	石景山区杨庄路66号	
石景山区鲁谷社区职业介绍所	68642117	石景山区六合园东部社区中心	
石景山区广宁街道职业介绍所	88993075	石景山区广宁村立新街4号	
石景山区八宝山街道职业介绍所	88682938	石景山区八宝山街道办事处	
石景山区古城街道职业介绍所	68879143	石景山区古城街道办事处综合服务大厅	
石景山区苹果园街道职业介绍所	88799673	石景山区苹果园街道办事处	
石景山区八角街道职业介绍所	88982139	石景山区八角街道办事处	
石景山区老山街道职业介绍所	88973349	石景山区老山东里	
石景山区金顶街街道职业介绍所	68873043	石景山区金顶街街道办事处	
石景山区残疾人劳动就业服务中心	68821872	石景山区古城幼儿园东院	
石景山区工会职业介绍所	88923043	石景山区石景山路35号	
石景山区妇女儿童活动中心	68875501	石景山区八角西街	

名 称	电 话	地 址	备 注
北京市爱依家政服务有限责任公司	68826919 68870438	石景山区古城南路 52 号	具有 2 家分支机构
北京市益友嘉职业介绍有限公司	68885486	石景山区八角北路社区服务中心	具有 1 家分支机构
石景山区五里坨街道职业介绍所		石景山区五里坨车站路 1 号	
北京田慧园人力资源服务公司	68874794	石景山区北辛安和平街	
北京国广一帆人力资源管理有限公司	68892001	石景山区石景山路甲 16 号北院	
石景山区人才交流服务中心	68868107	石景山区杨庄东路 66 号	

民办职业技能培训学校

学校全称	办学许可证号	学校地址	负责人	办学类型（允许开办的培训职业(工种)名称和培训层次）	招生电话
北京市石景山区职业技能培训学校	1107104000001	石景山区古城东街 11 号	王 辉	计算机文字录入处理员、中式烹调师、家政服务员、保健按摩师、花卉工(初、中级)	68875360
北京市古城职业技能培训学校	1107103000002	石景山区古城大街 23 号	刘 冰	美容师、美发师、中式烹调师(高)、餐厅服务员、调酒师、花卉工、西式面点师、计算机调试(初、中、高级)。	68873414
北京市石景山区业余大学职业技能培训学校	1107103000003	石景山区八角北路 51 号院	王 松	计算机文字录入处理员、秘书(高)、公关员(高)、物业管理员、保育员、育婴员。(初、中、高级)。	68875355
北京市石景山区阳光职业技能培训学校	1107104000004	石景山区模式口西里培智学校院内	张 昶	计算机操作员、计算机维修工、中式烹调师、中式面点师、餐厅服务员、保健按摩师、美容师、美发师、家政服务员。(初、中级)	88748051
北京市首钢职业技能培训学校	1107101000005	石景山区晋元庄 6 号首钢技师学院内	孙继伶	维修电工、装配钳工、机修钳工、焊工、车工、铣工、冷作钣金工(高级技师、技师、高、中级、初级)营销师(技师、高、中级)企业人力资源管理、电子商务、项目管理、加工中心操作员(高、中级)汽车维修工(高、中、初级)数控铣床操作工(中级)家政服务员、仓库保管工、计算机文字录入处理员、计算机调试工、计算机操作员、制作设备维修工 (中、初级)	59805765
北京市石景山区现代服务职业技能培训学校	1107124000006	石景山区京原路 2 号桥三角地 1 号 3 号楼	李孔文	家政服务员、育婴员、养老护理员(初、中级)	13701003535(康) 15210236305(傅小鸣)
北京市石景山区安邦职业技能培训学校	1107104000007	石景山区老山西里 21 号实验二小院内	项学贤	保健按摩师(初、中级)	68680867

学校全称	办学许可证号	学校地址	负责人	办学类型（允许开办的培训职业（工种）名称和培训层次）	招生电话
北京市石景山区红顺职业技能培训学校	1107104000013	石景山区八角街道社区服务中心	李清华	按摩师、美容师、仓库保管员、商品营业员、花卉工、客房服务员、医药商品购销员、计算机调试工、制冷维修工、中式面点师、公共区域保洁员、足部按摩师、手工编织（非等级）（初、中级）	51620651
北京市石景山区育才职业技能培训学校	1107104000009	石景山区鲁谷大街18号	王龙军	计算机文字录入员、计算机维修工、家政服务员、按摩师（初、中级）	52636543
北京市石景山区棋槟职业技能培训学校	1107104000010	石景山区模式口南里文化馆一层	赵丽华	汽车维修工、工艺编结工（初、中级）	88996229
北京市石景山区博闻职业技能培训学校	1107104000011	石景山区鲁谷南路26号展龙大厦西楼二层	高　丰	家政服务员、公共区域保洁员、停车场管理员（非等级）（初、中级）	68622858
北京市石景山区新天地职业技能培训学校	1107104000012	石景山区古城北路3号	李长春	计算机调试工、美容师、花卉工、中式烹调师、办公应用软件（初、中级）	51952585

律师、公证服务机构

律师事务所

北京方正律师事务所	北京市石景山区八角北里	68842567
北京市华夏律师事务所	北京市石景山区石景山路22号万商大厦602	68636613
北京市双全律师事务所	北京市石景山路甲18号万达广场E座2811室	13501000103
北京市博天律师事务所	北京市石景山路甲18号万达广场E座3层309室	68681755
北京市合达律师事务所	北京市石景山路甲18号万达广场C座2210	88696642
北京市佳泰律师事务所	海特花园46号楼2单元601室	68810997
北京市信之源律师事务所	北京市石景山路甲18号万达广场E座1611	13501394769
北京市中顾律师事务所	八大处高科技园区西井路三号楼1227室	82616007
北京市京晓律师事务所	北京市石景山区政达路2号CRD银座1029	88930905
北京市兆泰律师事务所	北京市石景山路甲18号万达广场F座612	88682216
北京市凯诺律师事务所	北京市石景山区政达路6号北方中惠国际中心D座801	52632699
北京孙海清律师事务所	石景山区八角北路45号楼1单元3号	13521779287
北京市恒顿律师事务所	北京市石景山路甲18号院万达广场E座512室	88696916
北京市品臻律师事务所	北京市石景山区石景山路22号万商大厦1318室	88684266
北京京扬律师事务所	北京市石景山区政达路2号CRD银座1434	68647528
北京京青律师事务所	北京市石景山区政达路2号CRD银座722室	68647587
北京京翔律师事务所	北京市石景山区杨庄北区16号楼105室	68863605
北京思科律师事务所	北京市石景山路甲18号万达广场F座2102室	88696089
北京市俊望律师事务所	北京市石景路18号万达广场c座1213室	88696173
北京翔帮律师事务所	北京市石景山区古城南里甲5号318	68866445
北京法铭律师事务所	北京市石景山区石景山路3号玉泉大厦815室	88258209
北京华本律师事务所	北京市石景山区政达路2号CRD银座1单元8层822室	68647508
北京冉民律师事务所	北京市石景山区石景山路23号中础大厦420	52402867

北京市慎默律师事务所	北京市石景山区八大处高科技园区西井路 3 号 3 号楼 7760 室	65255259
北京新儒律师事务所	北京市石景山区政达路 2 号 CRD 银座 B 座 1323 室	52420877
北京秉道律师事务所	北京市石景山区银河南街 2 号院紫御国际 3 号楼 1211	88865600

公　证　处

北京市燕京公证处	八角北里司法局 2 楼	88915322 68834410 68875084

法律服务所

北京市石景山区八宝山街道法律服务所	永乐西小区	13911506990
北京市石景山区八角街道法律服务所	鼎城 9 层	13501293959
北京市石景山区古城街道法律服务所	杨庄敬老院 2 楼 205 室	13321191098
北京市石景山区苹果园街道法律服务所	苹果园首钢文化馆二楼	13801014427

石景山公安分局派出所

八宝山派出所	永乐小区甲 66 号	68668751
八角派出所	八角北路甲 38 号	68875652
古城派出所	老古城北后道甲 1 号	68872373
苹果园派出所	实兴大街甲 1 号	68836781 68872303
老山派出所	老山东里	88971590
模式口派出所	模式口南里甲 1 号	68875574
金顶街派出所	金顶街五区 3 栋	88732328
鲁谷派出所	依翠园甲 16 号	88682186
广宁派出所	广宁复兴街 75 号	88992177
五里坨派出所	五里坨东街甲 1 号	88952410
石景山路派出所	石景山体育馆内	68875350
八大处派出所	八大处公园内	88964250
高井派出所	高井甲 32 号	66384471
四平台派出所	八大处甲 1 号	88963060

科技中介服务组织

北京爱思济会计事务所	石景山路 23 号中础大厦 206 室	68872158
北京普洋会计事务所	实兴大街 30 号西山汇 A2 楼一层 10 号	13699238288
北京源中源登记注册代理事务所	实兴大街 30 号西山汇 A2 楼一层 1 号	13311284514
北京金海会计服务有限公司	实兴大街 30 号西山汇 A2 楼一层 1 号	13601259623
北京安平生财务咨询有限公司	实兴大街 30 号西山汇 A2 楼一层 1 号	13521837702
财智信商联盟(北京)科技有限公司	石景山科技馆二楼	13910777439
首钢总公司专利中心	首钢厂东门首钢技术研究院	88296581
石景山区人才交流中心	杨庄东路 66 号人才交流中心	68871056
北京国辰世纪企业管理咨询中心	石景山路 22 号长城大厦	68666240
石景山区生产力促进中心	八角西街 40 号	68863350
北京 863 信息安全科技发展有限公司	石景山路 40 号	68812109
首特科技孵化器	特钢公司院内	88982098
北京盛世易达咨询有限公司	双园路 9 号京宝公司 307 室	13001263436
北京汇丰国际登记注册代理事务所	实兴大街 30 号西山汇 A2 楼一层 3 号	13911131343
北京颖通嘉琳登记注册代理事务所	阜石路 166 号泽洋大厦 718X6	13641314173
北京市双全律师事务所	石景山区碣石坪 12 号 1－2303B	68667174
北京领步科技发展有限公司	苹果园西井路 3 号	51620688

金嘉恒科技发展有限公司	西井路3号3号楼	13911827608
北瑞驰胜安科技开发有限公司	石景山路甲18号院2号楼	5249615
北京顺然天成咨询有限公司	实兴大街30号西山汇A2楼一层16号	13520369807
北京英信国和会计师事务所	实兴大街30号西山汇A2楼一层13号	13911717803 68256488
北京华海基业科技孵化器有限公司	石景山路22号长城大厦506室	68666252
联合信用管理有限公司北京分公司	实兴大街30号西山汇A2楼一层17号	13521855803 64912118－814
北京国帆知识产权代理事务所	实兴大街30号西山汇A2楼一层18号	13901311903
北京知易知识产权代理有限公司	实兴大街30号西山汇A2楼一层19号	13691067119
泽羚投资咨询(北京)有限公司	实兴大街30号西山汇A2楼一层24号	13910630689
北京国泰创业投资基金管理有限公司	实兴大街30号西山汇A2楼一层34号	18618333678
北京市外商投资企业职业介绍中心	实兴大街30号西山汇A2楼一层35号	13901325723
北京柏卓人力资源开发咨询有限公司	实兴大街30号西山汇A2楼一层35号	13901052348
中国互联网协会	实兴大街30号西山汇A2楼一层28号	13301127966
工业和信息化部电子知识产权中心	石景山区鲁谷路35号电科大厦6层	88686227

福 利 机 构

北京市石景山区社会福利院	杨庄路17号	68842135
北京市金顶街街道敬老院	法海寺公园旁	88720370
北京市慈善寺敬老院	五里坨潭峪村口	88903508
北京市金梦圆老年乐园	八大处路35号	88961199
北京市寿山福海养老服务中心	双峪路23号	88990006
北京市天泰老年公寓	黑石头村	88959754
北京市颐养年养老院	高井北街149号	88908996
北京市西山八大处老年公寓	八大处北空院内	88965745
北京市民族养老院	模式口南里小区	88719092
北京市老年福敬老院	模式口西里小区	88292255

街道社区居委会

古城街道

八千平社区居委会	古城北路八千平	68875184
古城路社区居委会	古城路18栋楼前车棚	68874653
南路东社区居委会	古城南路28栋前	68835582 68874955
南路西社区居委会	古城南路16栋前地下室对面车棚	68875391 68827934
十万平社区居委会	老古城大楼十万平5栋西	68874328
北小区社区居委会	古城北路8栋前	68875712
环铁社区居委会	杨庄大街地铁车辆段居民区	68835233
特钢社区居委会	特钢东门大楼一栋前	68810165
西路南社区居委会	古城西路8栋	68882076
西路北社区居委会	古城西路北10栋	68874303 68829434
天翔社区居委会	古城北路21栋后院	68882488
古前街社区居委会	北后道刑警大队门口	68819071 68878506
古后街社区居委会	北后道刑警大队门口	68819073 68878343
大街社区居委会	北辛安大街56号	68826703
南北岔社区居委会	北辛安南岔34号	68876114 68836117
铁新社区居委会	北辛安新房子16号	68871476

南大荒社区居委会	永定林居民区院	88806089 88806150
水泥厂社区居委会	京源路 68 号	88957201
白庙社区居委会	白庙村 35 号	88912423
庞村社区居委会	庞村后街 2 号	88295211

苹果园街道

苹一区社区居委会	苹一区 5 栋楼北侧	68844260 68877461
苹二区社区居委会	苹二区 6 号楼后面	68844546 68870591
苹三区社区居委会	苹三区 19 栋西	88719085 88736486
苹四区社区居委会	苹四区 13 栋对面	88708061 88725239
海特第一社区居委会	海特花园 15 栋后平房	88790239
海特第二社区居委会	海特小学北侧	88790874
海特第三社区居委会	海特花园 56 号楼旁平房	88796485 88791077
西井社区居委会	西井二区甲一号	88931244 88932431
西黄村社区居委会	西黄村木材厂南侧三楼	88705057
西黄新村社区居委会	西黄新村北里 12 号楼 109 号	88783611
琅山村社区居委会	琅山村 64 号	88728914 88752643
边府社区居委会	雍王府 1 号	52637020 88759370
装备部社区居委会	装备部大院 37 号	66397155 66397061
八大处社区居委会	八大处路 6 号六一教工院内	88962994
三疗社区居委会	工人疗养院 6 号楼前平房	88960306
西山枫林一社区居委会	香山南路 168 号院 8 – 9 – 101	88782445
西山枫林二社区居委会	香山南路 166 号院 8 – 6 – 102	88774971
军区第一社区居委会	军区大院 58 – 1 – 101	66398257
军区第二社区居委会	军区大院 15 – 3 – 104	66398446
西黄新村东里社区居委会	西黄新村东里 13 号楼 108 号	88702083
西黄新村西里社区居委会	西黄新村西里 13 号楼旁 12 号楼北侧	88701646
下庄社区居委会	八大处路甲 26 号院 8 栋 11 门 101 号	88960745

金顶街街道

金一区社区居委会	金顶北路 20 号院 19 号楼首层	88775047 88749902
金二区社区居委会	金顶街二区综合楼	88750554 88750423
金三区社区居委会	金 3 区 6 栋东南侧平房	88748025
金四区社区居委会	金顶北街 68 号(金顶街工商银行北侧)	88722550 88748026
金五区社区居委会	金五区甲 9 栋楼一层	88724302 88749971
赵山社区居委会	赵山 2 号楼北侧平房	88744007 88748007
西福村社区居委会	金顶山路 168 号院 5 栋 6 门 103 号	88723576
铸造村社区居委会	铸造二区 47 号	88714343 88748033
模式口村社区居委会	模式口村 76 号	88728098 88750148
模东里社区居委会	模式口东里 9 号楼西侧	88728152 88717592
南里社区居委会	模南里 9 栋北侧	88722187
中里社区居委会	模南里 26 栋楼前	88728616
模北里社区居委会	模北里 38 栋 512 号	88748010 8991155 – 3713
模西中社区居委会	模西 20 栋楼前	88722602 88748826
模西南社区居委会	模西 33 栋北侧	88722602
模西北社区居委会	模西 10 栋楼前	88724325

五里坨街道

军区联勤部大院社区居委会	高井甲 32 号	66384479

西山机械厂社区居委会	北京 99 号信箱	51725435
石府社区居委会	五里坨石府南路 26 号	88951287
西街社区居委会	五里坨东街 47 号	88902443
东街社区居委会	五里坨东街 47 号	88902445
高井社区居委会	高井南街 11 号	88902446
南宫社区居委会	石门路 368 号居委会	51511273
黑石头社区居委会	黑石头南街 49 号	88951284
隆恩寺社区居委会	五里坨隆恩寺礼堂	88901286
红卫路社区居委会	北京 1228 信箱工兵管理处转居委会	51512279
隆恩寺新区社区居委会	隆恩寺路 19 号院西山峻景业 1 楼	61803063

广宁街道

新立街社区居委会	广宁村新立街 113 号	88991868
东山社区居委会	广宁村复兴街东山	88991398
高井路社区居委会	广宁村电厂路 21 号	52552881
麻峪社区居委会	麻峪南沟乙 5 号	88991931

八宝山街道

三山园社区居委会	永乐东区 84 楼东侧平房	68657086
四季园社区居委会	永乐东区 27 楼前白楼	68681076
永东南社区居委会	永乐东区 32 楼南平房	68684695
永东北社区居委会	永乐东区 7 号楼前	68658546
鲁谷住宅社区居委会	鲁谷住宅 7 楼东侧一层	68636654
情报所社区居委会	情报所 24 号楼前平房	88686047
电科院社区居委会	电科院社区院 31 号楼东二层	68683508
玉泉西社区居委会	玉泉路甲 65 号院平房	68636681
瑞达社区居委会	瑞达社区北院 11 号楼北侧	68689014
青年楼社区居委会	青年楼社区内	68687279
中铁建社区居委会	八宝山南路 29 号院食堂二层	51885679
西里西社区居委会	西里二区 7—3—106	88685338
西里中社区居委会	西里二区 29 号楼一层(底商)	88609638
西里北社区居委会	西里二区 1 号楼一层(底商)	88680676

鲁谷社区

依翠园南社区居委会	依翠园 13 号楼底商依翠园南居委会	68624224
依翠园北社区居委会	鲁谷路市运八场 3 号楼南侧	68663737
双锦园社区居委会	永乐西小区 3 号楼东面	68636674
五芳园社区居委会	鲁谷南路 5 号	68620956
六合园南社区居委会	六合园 20 号楼南侧	68625271
六合园北社区居委会	六合园 12 号楼北侧平房	68626880
七星园南社区居委会	七星园 10－13－101	68627417
七星园北社区居委会	七星园 7 号楼对面	68627418
衙门口东社区居委会	衙门口上后街南头	88681730
衙门口西社区居委会	衙门口西街 44 号	68636683
衙门口南社区居委会	衙门口西南后街	88681010
新华社社区居委会	京原路 8 号新华社第二工作区西配楼 102 室	3077157
石景山医院社区居委会	碣石坪小区 3 号楼西侧平房居委会	68659138
久筑社区居委会	双锦园 16 号楼底商久筑服务站	68658542

西厂东社区居委会	北京重型机电厂西厂宿舍 10 号楼 3 门 103 号	68683321
新岚社区居委会	依翠园乙 16 号新岚大厦一层	68641236
永乐西南社区居委会	永乐西区 20 号楼北侧平房院	88681799
永乐西北社区居委会	永乐西区 20 号楼北侧平房院	68686532
重聚园社区居委会	重聚园 18 号楼西侧物业综合办公楼四层	68686316
重兴园社区居委会	重兴嘉园 1 号楼 6 层居委会	68655994
碣石坪社区居委会	碣石坪 12 号一单元 101	88690992
聚兴园	天和景园 1－10－101	53666011

八角街道

八角北里社区居委会	八角北里 45 栋北侧	68883787
八角中里社区居委会	八角中里 21 栋北侧	68863698
八角南里社区居委会	八角南里 17 栋楼旁	88910810 68849734
八角北路社区居委会	八角北路 44 栋楼前平房	68882386 68872161
八角路社区居委会	八角路 11 栋西边	68874285
八角南路社区居委会	八角南路 10 栋北侧	68873979 68879213
杨庄南区社区居委会	杨庄小学北侧	68875242
杨庄中区社区居委会	杨庄中区 19 栋楼后侧	68872711
杨庄北区社区居委会	杨庄北区 49 栋西侧	52651532
公园北社区居委会	古城路甲 61 号	68872798
古城南路社区居委会	古城南路 50 栋院内	68874196
古城南里社区居委会	古城南里 5 号楼南侧	68874340
建钢南里社区居委会	八角南里 1 号楼南侧平房	68879285
八角北路特钢社区居委会	八角北路 9 栋北侧	68878797
地铁古城家园社区居委会	八角北路 59 号	88922228
黄南苑社区居委会	黄南苑小区 2 号楼前平房	88996424
中铁建总医院社区居委会	京源路 5 号院 1 号楼东侧	51718491
时代花园	时代花园南路 23 号院 15 号楼一层	88937457

老山街道

老山西里社区居委会	老山西里 4 栋南侧平房	88970474
老山东里社区居委会	老山东里 5 栋东侧小树林内	88975996
老山东里南社区居委会	老山东里 28 栋东侧平房	88973339
老山东里北社区居委会	老山东里 49 栋北侧平房	88973470
何家坟居委会	玉泉西街何家坟居委会	88255146
高能所居委会	玉泉路 19 号乙高能所居委会	88233098
玉泉西路居委会	玉泉西街 1 号院玉泉社区	88255501
11 号院居委会	玉泉路 11 号院	68289034
翠谷玉景苑居委会	翠谷玉景苑 1－6－103 号	68289034
京源社区居委会	石景山路 23 号院	68810401
玉泉北里二区第一社区居委会	玉泉新城 19 号楼地下室	88620097
研究生院社区居委会	玉泉路 19 号丙 12 号楼 101 号	88256073

索 引

说 明

· 本索引为主题索引，又称内容分析索引，主题词（标目）以《北京石景山年鉴》(2013)正文中出现的专业名词、名词词组、机构名称为主。

· 本索引共三部分。第一部分为汉语拼音索引，以音序排列，音序相同时，以第二字排序，以此类推；第二、第三部分为数字索引和英文字母索引。

· 本索引的文字部分为主题词，主题词之后的数字表示所在页码，数字之后的 a、b、c 分别表示该页的左、中、右栏。主题词后有多个页码的，则表示互见内容所在的位置。

· 总述、特载、专文、大事记、人物、统计资料、附录及正文中的表格、图片等内容不在索引范围内。

汉语拼音索引

A

B

北京石景山
年鉴

北京石景山
年鉴

北京石景山
年鉴

K

L

M

R

S

北京石景山
年鉴

T

W

北京石景山
年鉴

Z

数字索引

英文字母索引